国家古籍整理出版专项经费资助项目

徽商会馆公所征信录汇编

李琳琦　梁仁志　整理

上

人民出版社

整 理 说 明

一、本书所收资料以清朝（公元 1644—1911 年）由徽商创建或参与建设的会馆、公所类征信录文献为主，间亦涉及明朝（公元 1368—1644 年）和民国时期的文献，俾便于保持征信录资料的完整性和考察徽商会馆、公所类组织发展、盛衰的全过程。

二、本书所收资料按刊刻时间排序。为保持不同年份续刊的同一征信录资料的完整性，特将其连续排列，按照其最早一种的刊刻时间确定其在全书中的排序。

三、凡原件或破损残缺，或因字迹不可辨认者，均以□号标明；错、别字用【】更正于后；衍字、衍文用〔〕标明；脱字用（）补入；文意不通难以理解者除照录外，用〔?〕存疑。

四、凡异体字、俗体字、古体字，除个别有特殊含义者外，均改为通行字体。

五、本书所收资料一律使用规范简化字体加标点，并按现行行文规范及征信录的内容实际对原资料进行合理分段，俾便于读者阅读、引用。

六、本书所收资料使用序号与现行标准不一，整理时一仍其旧。

七、本书所收资料中的数目字一般用大写的汉字"壹"等，或用小写的汉字"一"等，或用"乙"等，有时也不尽然，为尊重原意，整理时均一仍其旧。

八、为便于查考各征信录之作者及其版本，特将资料版本信息统一标注于每种资料之前。

九、大部分征信录文献无分卷和目录，为方便读者阅读和征引，整理者均酌加目录于每份文献之前。

总 目 录

徽商研究再出发（代序） ··· 李琳琦　梁仁志 1

汉口紫阳书院志略 ·· 1

重续歙县会馆录 ·· 129

（黟县）登善集 ·· 257

陕省安徽会馆录 ·· 273

新安怀仁堂征信录 ·· 295

闽省安徽会馆全录 ·· 329

京都绩溪馆录 ·· 363

新安惟善堂征信全录（光绪七年刊） ································ 401

新安惟善堂征信全录（光绪十七年刊） ······························ 471

新安惟善堂征信全录（光绪二十九年刊） ···························· 623

（武汉）新安笃谊堂 ·· 787

嘉庆朝我徽郡在六安创建会馆兴讼底稿 ······························ 865

新安会馆收捐清册 ·· 885

新安屯溪公济局征信录 ·· 899

歙县馆录 ·· 939

九江新安笃谊堂征信录 ·· 965

重建新安会馆征信录 ·· 1019

徽商公所征信录 ·· 1043

思义堂征信录 ·· 1085

徽宁医治寄宿所征信录 ·· 1143

徽宁思恭堂征信录 …………………………………………………… 1203

新安思安堂征信录 …………………………………………………… 1311

旅溧新安同乡会简章 ………………………………………………… 1338

安徽旅通同乡会章程 ………………………………………………… 1342

后　记 ………………………………………………………………… 1351

徽商研究再出发（代序）

李琳琦　梁仁志

一

王国维先生指出："古来新学问起，大都由于新发现"。① 徽商研究的兴起就是以大量新资料的发现为直接导因的。傅衣凌先生于 1947 年发表的《明代徽商考——中国商业资本集团史初稿之一》② 一文，即是以方志、文集、笔记中大量徽商资料的发现为基础。日本学者藤井宏的《新安商人的研究》③，是国外学者最为系统研究徽商的著作，藤氏在其中译本序言写道：

> 1940 年，我曾在东京尊经阁文库读书，因另有目的，浏览万历《歙志》，对其中构成新安商人核心的歙商活动状况记载之详明，史料之多，大为惊讶，自是，我遂开始对有关新安商人的研究。不久，就将其成果吸收到《明代盐商之一考察》一文中。……战后不久，我在静嘉堂文库翻阅明代各种文集时，发现汪道昆的《太函集》乃是有关徽州商人史料之宝藏，为之狂喜。拙著《新安商人的研究》就是根据《太函集》所提供的大量珍贵史料作为本书的骨架，也只有根据《太函集》各种史料始有可能为立体的、结构最密的掌握新安商人营业状况开辟道路，谅非过言。④

上引文字，凸显了新资料对徽商研究兴起的重要意义，也反映出资料对研究本身的重要作用，即史料在一定程度上决定了研究的"骨架"。

20 世纪 80 年代，安徽师范大学张海鹏教授以敏锐的学术眼光，组建团队⑤，作

---

① 王国维：《最近二三十年中国新发见之学问》，《王国维文集》第四卷，北京：中国文史出版社，1997 年。

② 原载《福建省研究院研究汇报》1947 年第 2 期。

③ 原文连载于《东洋学报》第 36 卷第 1 号、第 2 号、第 3 号、第 4 号（1953 年 6 月、9 月、12 月、1954 年 3 月）。

④ 藤井宏：《〈新安商人的研究〉中译本序言》，《中国社会经济史研究》1984 年第 3 期。

⑤ 当时为明清史研究室，后一度改称徽商研究中心、徽学研究所，现为安徽省人文社会科学重点研究基地安徽师范大学皖南历史文化研究中心。

出了开展徽商研究的决策。其率领的安徽师范大学徽商研究团队就是"从积累资料做起"①。他们"利用两次的寒暑假，北上合肥、北京，南下徽州各县，遍访图书馆、档案馆、博物馆、科研单位，访求珍藏，广搜博采，埋首于史籍、方志、谱牒、笔记、小说、文集、契约、文书、碑刻、档案之中，爬梳剔抉，索隐钩沉，抄录了百余万字的资料，涉猎各类书籍共 230 余种，其中徽州的宗谱、家规近百种"，② 并在此基础上于 1985 年出版了"迄今为止徽商研究最具代表性和权威性的原始资料汇编"③ ——《明清徽商资料选编》④。张海鹏先生在该书的前言中写道：

> 大家在实际工作中都深感研究徽商所遇到的一个困难问题，就是材料比较分散。有的学者为了研究一个问题，只得穷年累月，东搜西索，披览摘抄；一些外国学者则是要远涉重洋，其劳神费力更可想见。值此"徽州学热"在国内外刚刚兴起之际，我们想，如能把分散的有关徽商资料进行摘录，汇集成编，这对大家的研究工作多少可以提供一点方便。为此，我们集研究室全体同人之力，并借"地利"、"人和"的有利条件，在最近几年中，利用教学之余，冒寒暑，舍昼夜，到有关图书馆、博物馆、科研单位以及徽州各地，访求珍藏，广搜博采，从史籍、方志、谱牒、笔记、小说、文集、契约、文书、碑刻、档案中，进行爬梳剔抉，初步摘录近四十万言，编辑成册，定名为《明清徽商资料选编》。
>
> 这部徽商资料集共涉猎各类书籍二百三十余种，其中徽州各姓的族谱、家规近百种。我们在搜集资料的过程中发现，徽商的事迹，谱牒所载往往比史、志更翔实而具体，有不少是史、志所不载而家谱记述之，正如有的"谱序"所说："编修家乘，可以补国史之不足"，这是不错的。况且徽州向来"有数十种风俗胜于他邑"，而"千载谱系，丝毫不紊"乃是其中之一。直到现在，这里保存的"家规"、"族谱"之多，仍为"他邑"所不能比。我们从所披阅的族谱中，采摘了不少徽商活动的资料，从而也使这部资料集别具特色。当然，族谱中不乏夸张溢美之词，但其史料价值则是必须肯定的。

这段话既表明了《明清徽商资料选编》的"资料"来源，也表达了作者编纂该书的目的，即"对大家的研究工作多少可以提供一点方便"。事实证明，这本书的问世极大地方便了徽学乃至经济史和商业史的研究者。以此为基础，徽商研究迅速升温，国内外徽商研究队伍不断壮大、成果不断涌现。正因如此，叶显恩先生称赞该书"极大地推进了国内外的徽学研究"⑤。

① 瞿林东：《二十年的功力——评一个徽商研究的学术群体》，《中华读书报》2006 年 1 月 6 日。
② 王世华：《张海鹏与徽学研究》，《安徽师范大学学报》（人文社会科学版）2001 年第 1 期。
③ 卞利：《20 世纪徽学研究回顾》，卞利主编：《徽学》第 2 卷，合肥：安徽大学出版社，2002 年。
④ 张海鹏、王廷元主编：《明清徽商资料选编》，合肥：黄山书社，1985 年。
⑤ 叶显恩：《张海鹏与徽学研究》，王世华、李琳琦、周晓光主编：《纪念张海鹏先生诞辰八十周年暨徽学学术讨论会论文集》，芜湖：安徽师范大学出版社，2013 年。

以张海鹏先生为首的安徽师范大学徽商研究团队正是在广泛搜集资料的基础上撰写出了《徽商研究》[①]。"在这部近55万言的徽商研究专著中，作者分别从徽州商帮的形成与发展，徽商的资本积累，徽商在长江流域的经营活动，徽商与两淮盐业，徽商在茶、木、粮、典和棉布业中的经营活动，徽商与封建势力，徽商的贾儒观与商业道德，徽商资本的出路，徽商与徽州文化，徽商个案研究和徽商的衰落等十一个方面，对驰骋明清商业舞台数百年的徽州商帮进行了迄今为止最全面的研究，是徽商研究中的一部创新性著作。"[②]《徽商研究》的成功可以说正是奠基于《明清徽商资料选编》。就如叶显恩先生所言："《明清徽商资料选编》和《徽商研究》两部著作，是徽商研究的里程碑。前者是一项重大的徽商研究的基础工程，后者则是一部有丰富创获的研究成果。在学界产生了深远的影响。"[③] 这两本书的巨大学术影响进一步凸显了新资料对徽商研究的重要意义，也反映出安徽师范大学徽学研究团队重视新资料搜集整理的优良传统。

当前，徽商研究主要依据正史、文集、笔记、小说中的相关资料，同时重视利用徽州"数以万计的文书、数以千计的家谱和数以百计的方志"，并已取得丰硕成果。然而正史、文集、笔记、小说皆成于封建文人之手，往往与事实"失之毫厘"而"谬以千里"；方志、家谱往往扬善隐恶，需要研究者"运用正确的立场、观点去处理这些材料，必须于字里行间发现史料的真正意义，还给他们真正的面目"[④]，常常费力费时且不易发现"真正意义"；文书则往往较为分散，归户性强的文书并不多见，因此整理起来也颇为不易。此外，无论是正史、文集、笔记、小说，还是方志、家谱、文书中的记载，所反映的大多是徽商个体的活动情况，其对徽商群体缺乏整体性观照。由此，目前的徽商研究大多是在对大量个体徽商资料进行归纳的基础上，得出关于徽商这一商帮群体的整体影像。这种研究固然有其必要性和可取之处，但必然会影响到我们对徽州商帮群体及商帮组织活动的整体而细致的把握。

此外，正如一位从事文学史研究的学者所指出的那样：

> 商人的研究，大体上属于经济史研究的对象。但是，经济史的研究较多关注商人的资本来源、经营品种、经营方式、经营地域，往往使用统计学的方法，得出符合历史面貌的认识和结论。对于商人的文化性格，一般停留在他们是否"诚信"的道德层面，面对商人的心灵却很少关注。因此，在历史学者的笔下，商人只是商人，是抽象的商人，而不是有血有肉、有情感的普通人。[⑤]

造成这种局面的原因，并非只是历史学者不愿意关注有血有肉的商人那么简单，传

① 张海鹏、王廷元主编：《徽商研究》，合肥：安徽人民出版社，1995年。
② 卞利：《20世纪徽学研究回顾》，卞利主编：《徽学》第2卷，合肥：安徽大学出版社，2002年。
③ 叶显恩：《张海鹏与徽学研究》，王世华、李琳琦、周晓光主编：《纪念张海鹏先生诞辰八十周年暨徽学学术讨论会论文集》，芜湖：安徽师范大学出版社，2013年。
④ 陈春声：《走向历史现场》，《读书》2006年第9期。
⑤ 朱万曙：《商人与经济史、文化史及文学史》，《清华大学学报》（哲学社会科学版）2016年第5期。

统史料对商人记载得过于抽象实为一个极为重要的原因。传统时代特别是明清时期的文学作品中有大量的商人描写，这就为文学史家对商人丰满形象的塑造提供了丰富的素材，但这些素材对史学家而言却只能作为旁证，而难以作为真正史料对待或全部的史实来源。这种"苦恼"却是从事文学史研究的学者所难以理解的。因此，要想让历史学者笔下的徽商有血有肉，对富有生活气息的徽商资料的发掘就显得尤为必要。

2005 年开始，我们再次组织安徽师范大学徽学研究团队的同仁及研究生，奔赴上海、北京、南京、江西婺源及安徽合肥、黄山、宣城等地的图书馆、档案馆，复印和手抄了大量未曾面世的由徽商创建或参与建设的会馆、公所类征信录文献，经过整理、标点，最终汇集成近 200 万言的资料集。这类会馆公所类征信录资料不同于正史、文集、笔记、小说和方志、家谱、文书，它更多地反映了徽州商帮群体及商帮组织的活动情况，以及在建设、经营这些会馆、公所等过程中所展现出来的具体、生动、富有生活气息的徽商形象。通过对这些资料进行解读，我们可以直观地感受到徽州商帮这一群体的整体性活动场景，而不再是个体徽商影子的叠加；还可以直观地观察到有血有肉的徽商，而不只是抽象的徽商。从这个意义上说，徽商会馆公所类征信录文献的大量发掘、整理和使用，必将推动徽商研究再出发，也预示着徽学研究又踏上了新征途。

二

会馆、公所是旅外同乡所建立的方便客籍人士"行旅栖止"的公共建筑，更是联乡谊、谋事务、办慈善的公益性社会组织。从现有的资料来看，会馆、公所的共同点多于不同点：其共同点表现在，它们在名称上往往是相通的，它们都是地域性的社会组织，它们的功能性质几乎相同；如果非要寻找其不同点的话，则公所"同业"的色彩相对来说要明显一些，其近代性也更强。

明清时期，徽商足迹几遍天下，重视乡谊和族谊的徽商，在其侨寓集中之地多建有公馆或公所。特别是南北两京、苏浙、湖广、江右，既是徽商的辐辏之地，也是徽商会馆和公所的集中之区。诚如清人所言："凡商务繁盛之区，商旅辐辏之地，会馆、公所莫不林立。"① 也正如徽人所说："矧吾徽六邑，士农工贾，虽曰咸备，而作客为商者为更盛，是非大丈夫，志在于四方者也。溯思前人敦仁慕义，古朴纯真，凡诸城镇无不有会馆设焉，实乃恭桑与梓之义。"② 据陈联先生统计，清代的徽商会馆至少在百所。③

会馆、公所和义庄、义园、义阡、殡所等善堂、善会组织是"孪生兄妹"。正如明隆庆三年（1569）江西抚州推官黄愿素所云："今天下一统，歙人辐辏都下，以千

① 《旅常洪都木商创建公所碑记》，常州市木材公司编：《常州市木材志 1800—1985》，1986 年。
② 光绪《新安怀仁堂征信录·同治六年分募簿启》。
③ 陈联：《徽州商业文献分类及其价值》，卞利主编：《徽学》第 2 卷，合肥：安徽大学出版社，2002 年。

万计。嘉靖辛酉年，既捐赀创会馆，以联属之矣。又念邑人贫而病卒，而莫能归榇也，相与为义阡之举，以为瘗旅之所。"① 前者主要是客籍同乡生者的"联属"之地，后者主要是客籍同乡死者的"瘗旅之所"，践行的是"敦睦之谊，冥明一体，生有所养，死有所葬"② 的理念。所以，或先有会馆、公所，再建义庄、义园、义阡、殡所等善堂、善会组织，如上述的京都歙县会馆即是；或先有义庄、义园、义阡、殡所等善堂、善会组织，继之再建会馆、公所，如京都绩溪会馆之设，就是"由于先有义地，故同乡得以岁时会集谋复建馆耳"。据《绩溪义冢碑记》载："乾隆丁巳，同乡诸耆长构地，立绩溪义冢于三义庵，岁时会集省奠。事各就绪，乃谋复建会馆，众议咸协，于壬戌春展墓之次再申前议，遂捐输得数百金，立今会馆。"③ 正因如此，徽商在客籍地所建的善堂、善会亦称会馆，如徽商在浙江杭州塘栖镇所建的新安怀仁堂义所也称"新安会馆"，据史料载："兹据新安会馆司董蔡子香、洪浩然等禀称：窃生等籍隶安徽，向在塘栖生理者，或有病故之后，其棺木一时未能回里，不免风霜雨雪，殊属堪怜，是以择在塘栖水北德邑该管地方，设立新安会馆，停泊棺木，又在南山设立义冢，掩埋寄存未能归里棺木。"④ 徽商在客籍地所建的这类与会馆功能相辅相成的善堂、善会很多，史载：徽商"建惟善堂权厝之所于杭城外海月桥桃花山麓，愿世守焉。夫市之有商人，因客居者所倚赖，凡一切善举商家每为之创，而同乡乐观厥成。是故，上洋有思恭之举，皋城有敦善之筹，禾郡有广仁之设，苏松等处各立殡房，意美法良，彰彰可考。"⑤ 正是基于以上的联系，我们把徽商善堂、善会征信录纳入到徽商会馆公所征信录汇编之中。

此外，"清末民初在同乡组织的发展史上有了一个很大的变化，便是同乡会的兴起。"⑥ 而清末民初的许多同乡会就是在原来的会馆公所基础上改革而成，如汉口徽商所建新安六邑同乡会即是在汉口徽州会馆的基础上改名而来；民国十二年（1923）由歙县商人建立的歙县旅沪同乡会也是在歙县会馆的基础之上改组而成。考虑到徽商所创建的同乡会与徽商会馆之间的延续性，本汇编也收录了两种徽商同乡会的资料。

关于徽商会馆公所征信录类文献留存情况的专题性研究或统计尚未及见，但从徽商会馆公所及善堂善会的数量则可推知，这类文献的实际数量当非常可观，留存下来的也应该为数不少，只不过因分藏在各地公、私之手，我们暂时无法准确统计而已。目前，我们所知道的徽商会馆公所类征信录有 50 余种，能够看到的约 30 种；收入本汇编的为 22 种，再加 2 种同乡会资料，共 24 种。现将收入本汇编的 22 种征信录类文献按编排顺序简略介绍如下：

---

① 道光《重续歙县会馆录·节录义庄原编记序》。
② 光绪《京都绩溪馆录》卷四《会馆建修缘起·绩溪义园记》。
③ 光绪《京都绩溪馆录》卷四《会馆建修缘起·绩溪义冢碑记》。
④ 光绪《新安怀仁堂征信录·钦加六品衔、署杭州府仁和县塘栖临平分司陈为晓谕事》。
⑤ 光绪十七年《新安惟善堂征信全录·新安惟善堂后刊征信录序》。
⑥ 高洪兴：《近代上海的同乡组织》，洪泽主编：《上海研究论丛》第 5 辑，上海：上海社会科学院出版社，1990 年。

《汉口紫阳书院志略》。又名《紫阳书院志略》，清董桂敷编，嘉庆十一年
（1806）刻本。除"卷首"外，凡八卷：图说、道统、建置、崇祀、学规、禋产、艺
文、杂志。"原志略成于雍正乙卯乾隆丙辰间，当日分纲列目，秩然有条，惟卷帙未
完备，且有标目数十而卷中仅存一二者。盖一时未暇收辑，故逮今六七十年迄无成
本。其间缺略，有可补者补之，其实无可考者则姑缺之。"① 汉口紫阳书院是书院和
会馆的联合体。嘉庆时的翰林院庶吉士、婺源人董桂敷在《汉口重修新安书院碑记》
中说："余维书院之建，一举而三善备焉：尊先贤以明道，立讲舍以劝学，会桑梓以
联情。"② "会桑梓以联情"，就是指汉口紫阳书院所具有的商人会馆的功能，说明它
又是徽商在汉口"敦睦桑梓，声应气求"的联络、计议之所。嘉庆时，徽籍人士、
时任湖北汉阳知府的赵玉在《紫阳书院志略序》中云："盖尝论之，名省之会馆遍天
下，此之书院即会馆也，而有异焉。崇祀者道学之宗主，而不惑于释道之无稽；参
赞之源流，而不堕于利名之术数。入学有师、育婴有堂、宴射有圃、御藻有楼、藏
书有阁，祭仪本家礼、御灾有水龙、通津有义渡，宾至如归、教其不如、恤其不足，
皆他处会馆之所无，即有亦不全者。而后知创始诸君之功不朽也。"③

《重续歙县会馆录》。明徐世宁、杨增续录，清徐光文、徐上镛重录，道光十四
年（1834）刊本。是录分载会馆录与义庄录两部，每部又分为前集、后集、新集三
种，记述了自明嘉靖至清道光间会馆、义庄之缘起、兴革、规章、碑记及历年乡会
试邑人中式题名，捐输商号名称等。时任经筵讲官、体仁阁大学士、管理兵部事务
的潘世恩在《重续歙县会馆录序》中云："吾歙会馆原录作于前明徐月洲先生，名曰
《歙县会馆录》，而义庄统焉。自乾隆乙未，其裔孙杏池先生续之，乃析会馆、义庄
为二编，而分载原录于其前，曰《续修录》。迄今六十年，锓板久失，而事之当增载
者又日益多，编校之任，诚后贤之责矣。蓉舫驾部，月洲先生之八世孙也，慨然思
所以继其先志者，爰仍旧录之例，录自乾隆四十一年以后者为新集。于是此数十年
中，凡馆舍之圮而再新，经费之绌而渐裕，地亩之侵而复归，规条之议而加密者，
咸有稽考。既成，将合旧录梓之，名曰《重续歙县会馆录》。"

《（黟县）登善集》。清道光间（1821—1850）刻本，不分卷。"登善集"是指徽
商在徽州本土设立的由"杭郡惟善堂载回旅榇暂停之所"，是杭州新安惟善堂的中转
机构，"各邑并于邑界水口登岸处设登山集，集有司事如堂"。④ "登善集"之名，典
出《国语·周语》"从善如登"四字："谨摘《国语》'从善如登'四字，为六县分
设，一视同仁，统名'登善'。"⑤ 是集记载有记、募启、公呈、告示、章程、买契、
输契、税票、捐输等内容。《（黟县）登善集·募建黟邑渔镇登善集启》中说："夫羁
旅之亡人，生不幸暴露之惨，仁者如伤。是以檇李之魏塘、武陵之海月桥里街，俱
有六邑厝所之设，任凭停榇，不计久暂，凡以重乡谊、悯羁魂也。渔镇为我黟往来

①　嘉庆《汉口紫阳书院志略》卷首《增订志略凡例》。
②　嘉庆《汉口紫阳书院志略》卷七《艺文·汉口重新新安书院碑记》。
③　嘉庆《汉口紫阳书院志略》卷七《艺文·紫阳书院志略序》。
④　胡敬：《新安惟善堂前刊征信录序》，光绪七年《新安惟善堂征信全录》。
⑤　光绪七年《新安惟善堂征信全录·前刊·七月二十二日禀杭嘉湖道宪宋》。

要冲，一年之中自下江扶柩归者指不胜屈。每见抵□□即寄之沙滩，或十日、或半月，俟择吉始迎归葬，不知此十日、半月，□风霜雨雪所伤滋多。况在客地尚有厝所可保之数□□年，一入本乡反置之沙滩不能保其数日，似乎于义□未周，亦情所不忍也。今拟于渔镇择址，购厂屋一间，为我黟归柩暂停之所，庶风霜雨雪可保无虞。”

《陕省安徽会馆录》。清胡肇智辑录，方延禧校雠，同治六年（1867）刻本。除前序、会馆全图，后跋外，正文凡五卷。绩溪人胡肇智在《重修陕西安徽会馆暨议刻馆录序》中称：“考吾皖之建会馆于西安也，创自嘉庆庚辰，至道光年间拓修殿宇，增议朱文公、关圣帝祀典，规模式廓，礼仪悉备，其原委具载己丑公启及查公《崇祀记》中。同治癸亥，花门变起，逼近省垣，大营、粮台设立馆内，兵勇杂沓，墙宇门屏半多损坏。幸赖诸君子鸠工庀材，重兴修整，五阅月而功始竣。”歙县人方鼎录在《陕西安徽会馆录序》中说：“馆建于嘉庆庚辰，迄于今四十有八年矣。昨岁丙寅，乡人复加修葺，焕然一新。适胡季舲先生秉臬关中，更与乡人谋著为录，以志既往而昭将来。首列图，其规模可见也；次列公启、碑记，其缘可知也；次列条规，敬将事也；次列醵资姓氏，旌众力也；次列兴作所用房券、地契，备考核也；次列义地、条约，所以妥旅魂而期遵守也。秩然有叙，灿然不紊。”以上记载，详细说明了陕省安徽会馆创修和馆录修纂的过程。馆录的辑录者胡肇智、校雠者方鼎录和方延禧均为徽籍人士，所以将此馆录收入汇编中。

《新安怀仁堂征信录》。清光绪间（1875—1908）刊本，不分卷。新安怀仁堂是徽商在浙江杭州塘栖镇设立的会馆善堂，停放一时未能回里的徽人棺木，或掩埋、寄存无法归里棺木。该征信录记载了新安怀仁堂义所的缘起、地方政府的批文、堂规，以及募捐经费和收支账目等。

《闽省安徽会馆全录》。清光绪四年（1878）刊本，不分卷。闽省安徽会馆创建于清同治元年（1862），倡始者为桂丹盟廉访潘茂如观察等皖籍官员。光绪四年，总理船政、抚闽使者庐江人吴赞成在《闽省安徽会馆全录序》中云：“安徽会馆之在福州者，桂丹盟廉访潘茂如观察曩营于九彩园，余赀则于北郭马鞍山置义地，十四年于兹矣。岁丙子，观察以馆舍尚狭，议移爽垲□城南梅枝里旧筑而扩之，既亲董其役，唐俊侯军门复任巨赀为负畚先。越明年，落成，就正楹祀朱子，夫皖闽相去远，而闽乘道学实系徽国大贤寄迹，海滨荣焉。溯江淮三千里间固有息息相通者，宜足抒桑梓之恭且志萍蓬之聚也。于是考祀义庐馆约及义地之应补葺者，都为一录，而属余弁其端。”全录后附有“唐俊侯军门建造台湾凤山县淮军昭忠祠义冢、置买祭田数目、议定出入额款一切章程”。

《京都绩溪馆录》。清道光十一年（1831）经理协理诸人公同订定、校录、付梓，清光绪间（1875—1908）附刻。前有会馆、义园图各一，正文共分六卷，前四卷为道光十一年刻印，后二卷是光绪间增刻的。乾隆二十四年（1759），时为内阁中书舍人的绩溪人胡涵在《绩溪会馆碑记》中云：“岁在甲戌，绩人叶、王、胡、汪四姓等谋复同乡会馆，众人皆喜，共捐资二千余金，于宣武门外椿树头条胡同置屋数十间，工作既备，堂宇焕然。己卯夏，请予为记，以勒之碑。”可见京都绩溪会馆创建于乾隆甲戌，即乾隆十九年（1754）。馆录记载有规条、捐输名氏、契据、会馆建修缘起、筹添来京试费缘起、辛卯后历年添造房屋各账等内容。

《新安惟善堂征信全录》三种。一为清光绪七年（1881）刊，一为清光绪十七年（1891）刊，一为清光绪二十九年（1903）刊，皆不分卷。三种《新安惟善堂征信全录》详细记载了新安惟善堂创建、扩建、重建的过程，以及从嘉庆年间到光绪二十七年的置产、募捐和收支等情况。光绪七年，绩溪胡元洁在《新安惟善堂续刊征信录序》中说："杭州城外海月桥桃花山麓有新安惟善堂权厝所，嘉庆、道光间，歙人余君锦洲创建于前，而其侄若孙及胡君骏誉等复推而广之者也。其经制规条具有成书，胡学士敬序之甚详。咸丰季年毁于兵。同治初，汪君鉴人集资重建，堂之事汪君实司之。既殁，继其事者增高厝所，构新安别墅于其中，建殿祀文、武二帝，又设茶寮以涌喝者。出纳之数既多，惧其久而无稽也，乃续刊征信录。"

《（武汉）新安笃谊堂》。清光绪十三年（1887）续刊，不分卷。是录记载了笃谊堂的缘起、条规及同治光绪年间的捐输和收支账目。笃谊堂位于汉阳，是汉口新安书院附设之善堂。光绪三年，歙人程桓生《序》云："汉镇新安书院建有笃谊堂，在汉阳十里铺义阡之金龙岭地方。良以郡人贸易于斯者盈千累万，疾病死亡在所难免，有义阡以埋葬，有堂屋以停棺，既无暴露之虞，益安亡者之魄，意至善也。"

《嘉庆朝我徽郡在六安创建会馆兴讼底稿》。清光绪十七年（1891）汪家麒手录本，不分卷。嘉庆十四年（1809）、十五年（1810）间，在六安经营的徽商拟在州治东北儒林岗下创建会馆，"为驻足之地"，而六安地方士绅以"擅自创建，妄行掘挖，伤害来龙……添盖楼台，欺压形势，致害合学风水"为由进行阻挠，以致兴讼。底稿详细记录了双方历时两年的兴讼过程。阅此，可知徽商在侨寓地兴建会馆以及商业经营之不易。

《新安会馆收捐清册》。光绪二十年（1894）刻本，不分卷。新安会馆创建于光绪二十年，是由寓居南京的"茶商及杂货商号、漆铺各业解囊佽助"修建而成。清册除前面插刊有光绪二十一年《新安会馆公启》外，主要记载了光绪十九年十月以后至光绪二十年新安会馆经收的茶商、漆商和药材商的捐款情况。

《新安屯溪公济局征信录》。清光绪二十八年（1902）刊本，不分卷。是录记载了屯溪公济局的创办缘起、条规章程、置产助地，以及光绪二十八年的收支账目。屯溪公济局创议于光绪十五年（1889），是一个"仿各善堂成规"，为前来屯溪镇觅衣食的"四方穷民"送诊送药、送棺送葬的慈善机构，经费主要由"茶业各商慨然乐助"。正如创议者们在禀呈官府的文稿中所说："屯镇为休邑之冠，各行业既备且多，四方穷民来觅衣食者踵相接，竭手足之劳，只以谋其口体，一遇疠疫流行，病无以医药、殁无以棺殓者所在多有。职等触目伤心，不忍坐视，爰集同人，仿各善堂成规，于本镇下街地方设立公济局，按年五月起至八月止，延请内外专科，送诊送药，棺则大小悉备，随时给送。所需经费非宽为筹置恐不济事，现经茶业各商慨然乐助，每箱捐钱六文，禀由茶厘总局汇收，永为定例。每年计有六百千文，即以此项为正款经费，其余酌量劝捐，随缘乐助，共襄善举。"光绪十八年，公济局又附设保婴所和养病所，慈善活动范围进一步扩大。后因"茶商续捐已成弩末"，又通过官府征收木捐"赖以济用"。

《歙县馆录》。即歙县试馆录。清歙县汪廷栋编，光绪三十年（1904）木活字本，不分卷。汪廷栋在《歙县馆录弁言》中记述了馆录的编修过程及内容："馆录者，吾邑汪聘卿学正创试馆时所手订也。其中钞存之件仅契据、禀牍两目，而卷之首尾多空白章，殆将以备纪载而永流传欤？意至良法至美，惜有志未竟，遽归道山。继其事者虽不乏人，然均未计及此。光绪癸卯春，予重到金陵，询悉其事，心焉伤之。次年二月，同人有厘订之议，佥以责属予，予不敢违，爰理其旧绪，订以新章，分为五录，曰契据录、公牍录，循其旧也，曰碑记录、馆规录、收支录，补其阙也。既成，仍名之曰'歙县馆录'，用活字板排印成帙。昔之解囊相助者家给一本，以示后人。"歙县试馆坐落于南京江宁县治石坝街，"为吾邑乡试士子而设"，"同治八年，宋端甫以银肆佰伍拾柒两肆钱，陆续购地基。光绪二年，汪士珍始倡议建馆，程国熙、宋琪、程桓生等赞成之，得捐银值钱柒千柒百陆拾余千，成正屋、东厅各三层，层各五间，街南面北；河厅三层，层各三间，街北面南。十五年，正厅后加楼房五间。先后共费金钱壹万贰千叁百余缗，捐所不足，补以历年赁金。"[1]

《九江新安笃谊堂征信录》。清光绪三十二年（1906）刊本，不分卷。是录记载了九江新安笃谊堂的缘起、条规及捐输和收支账目。该堂创建于光绪二十九年（1903），是"仿汉阳新安笃谊堂停枢送榇章程，就地建造殡所义园，为徽属逝者寄厝之地"[2]。

《重建新安会馆征信录》。清汪廷栋等编辑，光绪三十二年（1906）刻本，不分卷。该征信录之内容、结构与《歙县馆录》几同，除前叙后跋外，正文分公牍录、图说录、碑记录、馆规录、器具录和收支录。汪廷栋在《碑记录》中说："金陵马府街旧有新安会馆，毁于兵，四十年未能兴复。光绪甲辰夏，予因公过其地，惜之，爰集同乡公议重建。本处人少力薄，又借助于他山，幸赖各埠同乡咸念桑梓，解囊相助。经始于甲辰十月，初竣工于乙巳腊月。"

《徽商公所征信录》。清宣统元年（1909）刊本，不分卷。这里的"徽商公所"又称"徽国文公祠"，是由旅居杭州的徽州木商于清乾隆年间创建。宣统元年，婺源木商江城在《征信录序》中记述："浙之候潮门外徽国文公祠，即徽商木业公所也。乾隆时创自婺源江扬言先生，其子来喜又于江干购置沙地，上至闸口，下至秋涛宫，共计三千六百九十余亩。盖无公所，事无从叙；无沙地，排无以安。而建立公所、购置沙地，其有裨于木业者岂浅鲜哉！……咸同间，发逆犯浙，公所被焚，木业蹉跎，有一败不可再兴之势。而今则栋宇重辉也，而今则规模重整也，盖得后起诸君子实心实力襄赞其间，卒使开创宏规蹶而复振。"之所以要编征信录，江城继之又说："公所向无征信录，人多疑之。今将紧要底据及每年收支逐笔刊明，条分缕晰，俾后继者率由旧章，永维公益，是则木商之大幸也已。"

《思义堂征信录》。清金文藻辑撰，宣统三年（1911）石印本，不分卷。思义堂

---

① 汪廷栋：《歙县馆录·碑记录·创建江南歙县试馆记》，光绪三十年木活字本。

② 《九江新安笃谊堂征信录·笃谊堂落成，首士绘图粘契请县盖印词》，光绪三十二年刊本。

是徽商于清嘉庆十八年（1813）在南汇县新场镇东南三十六都建立的公所善堂，"新场镇东南三十六图地方，建有思义堂安徽公所，傍连冢地，凡徽籍之物故于此，无力扶榇者代为埋葬，有力之棺寄停堂中以待回籍搬迁。"① 咸丰十一年（1861），堂在战乱中"遭毁圮"；"同治纪元，诸同仁又踊跃输将，集捐万缗，重建堂宇。"② 因为"斯堂重建已后，费用浩繁，皆出同乡善姓捐助，尚未刊行征信"，所以经理者"将光绪十三年至宣统二年逐年收支账籍汇列成册，镌印征信录，禀呈钧座，分送同乡，以示大信而昭慎重。自同治元年起，光绪十三年三月止，账籍概由胡君湄泉掌管，一俟交出，再行续刊。"③

《徽宁医治寄宿所征信录》。民国五年（1916）第五刻，不分卷。是录记载了徽宁医治寄宿所开办缘起经过、简章规则、总理协理、乐输芳名、收支账目，以及医治寄宿名额。该医治寄宿所是徽州、宁国两府绅商在上海设立的专为两府贫苦病人医治寄宿的慈善机构，宣统元年（1909）动议、二年始建、三年落成。由于"徽宁人士之旅居沪渎者实繁有徒，其安富尊荣者固多，而劳苦食力者奚啻千百计。（宣统）己酉春，休邑司总吴君韵秋、绩邑司年程君伯埙暨施君维垣、王君云卿等，目击夫乡人中之贫病无依者，良用恻然，而思有以补救之。此议设徽宁医治所之缘起也。"其启动经费来源于"两府绅商捐助戊申徽属水灾项下尚余规元三千有奇"，其开办与经常费则是"由余鲁卿、汪莲石、张子谦、朱汉舲诸董发起特别常年茶丝等捐。……其中尤以茶、丝两帮善士为最热心，茶则每箱捐钱四文、丝则每担捐银五分"。④

《徽宁思恭堂征信录》。民国九年（1920）第四十刻，不分卷。徽宁思恭堂又称徽宁会馆，是徽州、宁国两府绅商于乾隆十九年（1754）在上海城南设立的会馆善堂机构。"其初两郡旅沪人无多，先辈见客死他乡者寄棺乏地，于是合群策群力建屋数椽、购地数亩以备寄棺埋葬之用。复经后贤逐渐推广，以次施棺、掩埋、归榇，诸善举迭兴，房屋渐添，规模粗具。……光绪戊子年改建西厅，奉朱文公神位于前，进而以后进为先董祠，旁添内外两三间为办事处，翻造正殿为武圣大殿……殿前建戏台一座，金碧辉煌，照耀人目，游廊配以看楼十二间。……丁未春，同人议将殿东空地建东厅两进，为徽国文公专祠……越明年落成，屹然与西厅对峙，前为思恭堂正厅，驻堂办公在是焉。沪上为各帮会馆荟萃之地，大都注重华美，若论工料之坚实、布置之周妥，实为诸会馆冠。"⑤ 此征信录即是"徽宁两郡人作客是邑，置办义冢、公所册籍也"。

《新安思安堂征信录》。黟县旅休同乡会编，民国九年（1920）第一刻，不分卷。该录记载了思安堂建立的经过、董事姓名、捐输芳名及收支账目。思安堂是旅居上海、休宁的黟籍绅商于民国六年在休宁县十六都珠塘铺建设的善堂，额曰"思安"，

---

①　光绪十一年六月《安徽思义堂公牍》，清金文藻：《思义堂征信录》，宣统三年石印本。

②　宣统三年六月《思义堂刊征信录启》，清金文藻：《思义堂征信录》，宣统三年石印本。

③　宣统三年六月《思义堂刊征信录启》，清金文藻：《思义堂征信录》，宣统三年石印本。

④　汪洋：《徽宁医治寄宿所序》，民国五年《徽宁医治寄宿所征信录》。

⑤　《徽宁思恭堂征信录·徽宁会馆全图记》，民国九年第四十刻。

"有丙舍以起停由沪运屯旅榇及为在屯同乡殡所，附设同乡会以为私团研究、进行慈善之会议场，至于殡厝满期，照章掩埋，则于堂之左近山麓置有义冢。"①

三

"馆之有录，所以纪事实、备考证也。"② 徽商会馆公所类"征信录"是有关徽商会馆公所、义园善堂兴建过程、运行机制、管理体制及相关徽商活动的原始档案材料汇编，内容可靠，史料价值高。它不仅可以帮助我们从整体上系统了解徽商商业慈善组织或机构的具体建立、运营过程，徽商的商业经营状况、商业网络，徽州绅商在建设、经营这些会馆、公所过程中与官府和当地民众的关系，同时还可以帮助我们去认识具体、生动、富有生活气息的徽商形象。因此，这批文献对商业史、社会史、慈善史、政治史、教育史等的研究都具有重要价值，甚至为重写徽商史乃至商帮史提供了可能。

（一）商业史价值

徽商会馆公所类征信录类文献的商业史价值，学界已有专文讨论。③ 但需要进一步指出的是，若从整体的视角来利用这批文献，则其史料价值当更为凸显。如一些学者认为，近代以后徽商就彻底衰落了，甚至"几乎完全退出商业舞台"④。但透过这批征信录我们却发现，进入近代，徽商竟掀起了大规模重建或重修会馆公所、善堂善会等商业或慈善机构的高潮。如黟县的登善集倡建于道光二十一年（1841），杭州塘栖镇的新安怀仁堂之重建始于同治四年（1865），西安的安徽会馆于同治五年由"乡人复加修葺，焕然一新"⑤，福州的安徽会馆改建于光绪三年（1876），"乃择置城南梅枝里屋一区改建安徽会馆，鸠工庀材，卑者崇之，隘者扩之，经始于今春中和节，迄秋仲藏事，视旧贯闳崇多矣。"⑥ 新安屯溪公济局在光绪十五年（1889）也得到重建。其他如九江的新安笃谊堂、杭州的徽商公所、南汇的思义堂、上海的徽宁医治寄宿所、徽宁思恭堂、休宁的新安思安堂等之重建或创建也都是近代以后的事情。在这些机构的创建过程中，徽商不只扮演了组织者的角色，更是最主要的经费提供者。如杭州塘栖镇的新安怀仁堂，"创自前人，历有年所。自咸丰庚申遭乱，其屋尽毁于兵燹，斯时露棺暴骨，行者伤之。直至同治乙丑，同人渐集，始得共助堆金，迁葬于南山之麓。爰后于会馆旧址筑垣墙、治屋宇，共造厝所十七间，外起门房七间。是时规模虽云粗具，然较之旧日，尚未得其半，而经费已有所不支矣。不意于庚午春，有同乡江君明德者运茶申江，道出栖镇，见此会馆，慨然动容，

---

① 《新安思安堂征信录·休宁县公署布告》，民国九年第四十刻。

② 《重续歙县会馆录·重续歙县会馆录序·徐宝善序》，道光十四年刊本。

③ 具体讨论可参见王振忠：《试论清、民国时期徽州会馆征信录的史料价值》，黄浙苏主编：《会馆与地域社会：2013 中国会馆保护与发展（宁波）论坛论文集》，北京：文物出版社，2014 年。

④ 李则纲：《徽商述略》，《江淮论坛》1982 年第 1 期。

⑤ 方鼎录：《陕西安徽会馆录序》，《陕西安徽会馆录》，同治六年刻本。

⑥ 潘骏章：《新建闽省花巷安徽会馆记》，《闽省安徽会馆全录》，光绪四年刻本。

旦望此工程浩大，倘非多为捐助，何日得以告竣？于是查访同事，慷慨许助，曰：'君等欲成此事，吾当为将伯。'遂于茶捐内抽捐以成斯善举。"① 新安屯溪公济局之重建，"所需经费非宽为筹置恐不济事，现经茶业各商慨然乐助，每箱捐钱六文，禀由茶厘总局汇收，永为定例。每年计有六百千文，即以此项为正款经费，其余酌量劝捐，随缘乐助，共襄善举。屯镇以茶业为大宗，此后遇有应办善事，即于此局公议，以归划一。"② 可以说，近代以后，靠"茶捐内抽捐"或"茶业各商慨然乐助"，几乎成了徽商商业和慈善机构重建或重修所需经费的最重要保障。上述事实清晰地表明：一是近代以后特别是太平天国运动失败之后，随着社会环境的日趋稳定，徽商出现了一个中兴的局面，其社会影响力和经济实力仍不容小觑，故认为近代以后徽商就彻底衰落甚至退出历史舞台的观点，显然不符合客观历史事实；二是中兴以后的徽商已从"首重盐业"③ 转向了"以茶为大宗"④，即传统的徽州盐商没落了，代之而起的是茶商成为近代徽商新的中坚力量。

以往的徽商研究往往局限于某一特定区域，这就常常给人造成一种假象：在一地经商之徽商群体除了跟家乡保持密切联系外，跟在其他地方经商之徽商群体似乎没有什么关联。但通过这批征信录的记载我们却发现，不同地区经商的徽商群体之间的互动颇为频繁。据《重续歙县会馆录·续录后集·附记》载：

> 重兴会馆之议，起于少光录赀输，自黄比部而方君子立、程君聚贤、鲍君永厚、范君万成左右其间，置六十余楹。日久尚嗟人满，仍有僦舍而别居者，光禄吴南溪先生以为忧。乾隆庚午，两淮诸公以国庆入都，光禄以此为言。时家厚庵随兄朴村邸舍中，谓兄"宜曲体光禄公意，谋诸同事。"未几诸公归邗，光禄公札踵至，诸公乃议拨二千金邮寄京师。其时醝务殷繁，又适值大差，勤劳委顿，遂因循未举。后光禄公告归武部，江公越门、侍卿吴公淡人言于程少司马莘田先生，复寄公函以申前议。时家朴村已即世，厚庵继司醝务，复订于同人。邗城同人不知京师之翘首跂足，渴于望岁也。仍复从容就议，遵前输数，将收集而邮寄之。戊寅冬，予服阕入都过邗，家厚庵谓予曰："顷吾得吴中翰二匏书，欲予以独力竣会馆功。君弟左亭来札亦趑此言。殊不知此间诸同人已有成议，特需时日耳。奈何迫不及待遽先众而独成之？"予曰："众擎固易，举众力亦难齐，克日成工无如独力。予窃以二匏及家三弟之言为是也。"厚庵曰："此举非吾所难，第无言以谢诸同人，若之何？"予曰："此何足介介也！会馆南园多旷地，招徕后进，日引月长，他年增置书斋，仍践诸公原义举，前所输二千金恢而广之，不益善乎？"厚庵欣然曰："此吾志也！第君至都为我致江、吴诸公，虽予独董其成，幸无使在扬诸同人雅敦桑梓之忱泯没而不彰也。"予心诺其言，抵京日即遍闻前致函诸公，皆曰善。己卯年二月初八日动土起工，四月

①　《新安怀仁堂征信录·新安怀仁堂征信录缘起》，光绪刊本。
②　《新安屯溪公济局征信录·禀呈》，光绪二十八年刊本。
③　张海鹏、王廷元主编：《徽商研究》，合肥：安徽人民出版社，1995年，第22页。
④　刘汝骥编：《陶甓公牍》卷三，《官箴书集成》第10册，合肥：黄山书社，1997年。

终报竣。

可见，北京徽州绅商与扬州徽商关系颇为密切，北京歙县会馆之重建更有赖扬州徽商之资助。再如杭州的新安惟善堂之经费来源，除收取杭州徽商的"盐业堆金"、"箱茶堆金"、"木业堆金"、"典业堆金"、"面业堆金"等各行各业堆金外，常州、江都、海盐、泰州、南通州、海门、枫桥、南翔、德清等各地徽商或徽州商号也都积极捐输。① 金陵新安会馆在光绪三十年（1904）重建过程中，也是"幸赖各埠同乡咸念桑梓，解囊相助"，除金陵省城外，上海、南通州、扬州、东台、芜湖、汉口、九江、安庆省城的徽商或徽州商号也都积极捐助。② 据此可以推论，我们对徽商商业网络、关系网络之构建乃至明清商帮之"帮"的意涵等问题仍有进一步认识或讨论之空间和必要。

（二）慈善史价值

在以往的慈善史书写中，慈善活动和机构的组织者或经营者主要是士绅，商人几乎都是以捐助者的身份出现，除此而外似乎再也找不到他们的影子。但这批徽商会馆公所类征信录文献却完全打破了我们对明清慈善事业的旧有认知，从这批文献中可以清清楚楚地看到，徽商不只是慈善活动和机构的捐助者，也是组织者、经营者，他们所构建起的慈善事业不仅体系庞大、网络完备，而且组织严密、经营有道，可以说丝毫不逊色于士绅主导下的慈善事业的发展。而且，相较于士绅主要是在拥有得天独厚的地利、人和之便的本土即所谓的"地方"进行慈善活动，徽商慈善网络的建构则主要是在徽州本土之外的异地，其所面对的困难和承受的风险要大得多，由此，其经验和教训也更值得借鉴。

与此同时，传统的慈善史研究或注重宏观制度层面的考察，或注重对慈善机构的个案研究，但对由不同的慈善机构所构建起来的慈善网络之关注则受制于史料的局限，往往甚少关注或语焉不详。这批文献则为我们揭示了徽商慈善机构之网络化、系统化特征。这种特征主要表现在两个方面：一是并非每一个善堂善会都是独立运行的，而是与其他善堂善会共同构成了一个完整的慈善链条或网络。如黟县登善集之设就是为了完成杭州新安惟善堂之后续工作，"缘徽郡之在浙省贸易间有贫苦病故而柩难归者，即寄停于徽郡之惟善堂义园中，即在堂中给以川资送柩回徽。以各邑之柩到埠时皆有义所可寄，惟黟邑柩到渔亭向无义所，必先起放于沙滩，方能告知死者之亲属来领，风雨已甚伤心，暴水尤虞漂泊。兹职等在渔亭买受汪姓渔山公共山业一片，公建义园，便于柩到即起停其中。"③ 杭州新安惟善堂的规条中也明确规定："登善集每于船户载到之时，照依惟善堂知照册分别核收，即于通衢四镇填写各柩姓名、住址，以待亲属领回。或虽有亲属，赤贫者，准其到集报明，司事查其的实与路之远近，助给抬费；或自有山地祖坟可以附葬者，又给助葬钱二千文。此为

① 光绪七年《新安惟善堂征信全录·前刊·捐输名目》。
② 汪廷栋等：《重建新安会馆征信录·碑记录》，光绪三十二年刻本。
③ 《（黟县）登善集·建登善集请示公呈》，道光刊本。

极贫而论，不得视为常规。倘自能扛抬营葬，有意迟延、托词窘乏者，六个月尚不领回，即代葬集中公地。……嘉禾苏松等郡邑各善集将来载到旅榇，堂中专人代为照料一切，俱照杭郡之式以归一致。"① 二是不同地域的徽商善堂善会之间具有一定的关联性。如位于江西九江的新安笃谊堂，即"仿汉阳新安笃谊堂停柩送榇章程，就地建造殡所义园，为徽属逝者寄厝之地"②。再如杭州新安惟善堂除与登善集为合作关系外，与徽商在常州所设公堂也有密切关系，其在道光十八年《七月二十二日禀杭嘉湖道宪宋》所附的条例中就说："常州公堂亦系新安众商创，捐钱五百千文，仍存公堂营运，周年一分生息，收来专为津贴旅榇载送之费，议定不准提本，以杜挪移，堂中宜勒石垂久"③。综上，徽商会馆公所类征信录类文献为我们深入认识明清商人与慈善事业之间的关系提供了丰富的史料，也为我们重新认识明清慈善事业之实际运作提供了宝贵的资料。

（三）教育史价值

明清商人在经商之地侨寓的现象十分普遍④，但侨寓商人子弟的教育问题却没有引起学术界应有的重视。究其原因，史料缺乏当是主要障碍。为解决侨寓徽商子弟的教育问题，徽商会馆常常附设书院、义学等教育机构，其中最为有名的就是紫阳书院，它既是崇祀朱熹之祭祀机构，也具有一般书院的教育功能。如清康熙四十二年（1703），两浙都转运盐使高熊征为方便侨寓杭州的徽商子弟读书科举，遂应徽商之请建立紫阳书院。该书院在实际的建设和维护过程中，徽商发挥了决定性的作用，其建设及日常所需的巨额费用均由侨寓杭州的徽州盐商汪鸣瑞独立承担，还有徽商吴琦等也每年捐银四百两，以补膏火。关于徽商捐建杭州紫阳书院的动机，孙延钊认为："大抵鹾商多来自徽郡，为朱子故乡，子弟别编商籍，得一体就近考试，即以斯书院为会文及祀朱子处。故其父兄对于院款，皆自愿输将。"⑤ 可谓实情。无锡也有紫阳书院，"系祖籍新安的盐商创办，从购房至经营、开课经费均由这些盐商独立完成。"⑥ 本资料汇编所收录的《汉口紫阳书院志略》则为我们了解汉口紫阳书院的建设、经营、教学以及汉口徽商子弟的教育等情况提供了丰富翔实的第一手材料。⑦

齐如山先生曾说：书院"未立之初，当然或者也有官员的提倡，但大都是多数绅士的努力，所以书院的资金，都是由地方筹募，多数是由富家捐出，或把原属教官之学田，拨出若干，间乎也有官员捐的廉，总之这笔款，不归官员管理，都由绅

---

①　光绪七年《新安惟善堂征信全录·前刊·禀呈》。

②　《九江新安笃谊堂征信录·笃谊堂落成首士绘图粘契请县盖印词》，光绪三十二年刊本。

③　光绪七年《新安惟善堂征信全录·前刊·禀呈》。

④　关于清代商人侨寓化的状况，可参见龙登高：《从客贩到侨居：传统商人经营方式的变化》，《中国经济史研究》1998年第2期；王日根：《论清代商人经营方式转换的若干趋向》，《浙江学刊》2001年第1期。

⑤　孙延钊：《浙江紫阳书院掌故征存录》（一），《浙江省通志馆馆刊》第1卷第2期。

⑥　李国钧等：《中国书院史》，长沙：湖南教育出版社，1998年第2版。

⑦　具体情况可参见李琳琦：《徽商与清代汉口紫阳书院——清代商人书院的个案研究》，《清史研究》2002年第2期。

士经手"①。这就传统书院的一般情况而言当然大体是准确的，但徽商在侨寓地所设商人书院的具体情况却让我们看到了"不一般"的情况。如前揭杭州紫阳书院、无锡紫阳书院之建设徽商均发挥了决定性的作用，再如汉口紫阳书院，不仅它的资金主要由徽商筹募，其兴建款项乃至日常经费、教学活动的管理工作等也主要由徽商负责。可以说，在杭州、无锡、汉口等紫阳书院的创建和经营过程中，徽商已经取代士绅而成为真正的主导者。由此可见，《汉口紫阳书院志略》等也为我们认识传统书院以及教育的"另类"状况提供了难能可贵的资料。

此外值得一提的是，在本资料汇编所收录的《旅溧新安同乡会简章》中有这样一条规定："会员权利……本会将来设立旅溧公学，会员子弟或本身有享受免费之权利。"徽商同乡会组织公学之设当是徽商会馆设立书院、义学等传统的延续。这条材料为我们思考后会馆时代侨寓徽商子弟的教育问题和同乡组织与教育之关系问题提供了重要启示。

（四）政治史价值

商人与政治之间的关系，是传统商帮史或政治史研究中均无可回避的重要论题。徽商会馆公所类征信录类文献则为我们讨论这些问题提供了最直接最丰富的第一手史料。通过检阅这些文献我们可以清晰地发现：一是无论会馆公所还是善堂善会等机构的设立，都必须得到地方官府的认可甚至支持。最明显的证据就是在创建伊始都必须向各级政府逐级呈送禀文进行备案，有的还同时请求政府给予示禁保护。《重建新安会馆征信录》中收录有《递保甲总局禀一件》，其具体内容兹引如下：

> 具禀……等，禀为公吁勘验给照管业事。
>
> 窃职道等籍隶安徽徽州府，向有新安会馆房屋一所，坐落上元县治东北二段马府街地方，计门面十三号，共四进、天井四方、后院一区，前至官衙、后至马府塘沿、东至李姓、西至杨姓屋宇。前遭兵燹，仅遗空基，所有契据均遭遗失。今清出周围老墙脚，凭官尺丈量，计前阔十六丈一尺、后阔十四丈八尺、东边长十六丈、西边长十六丈七尺，理合照章禀认。查东邻李姓业主未回，兹取具西邻杨姓保结，呈请鉴核。公吁饬勘明晰，发给执照，以凭管业，实为公便。上禀。
>
> 计呈邻结一纸。
>
> 总办金陵保甲总局江苏即补道刘案下施行。
>
> 光绪二年五月　日。

杭州新安惟善堂在建立时分别向"杭府宪文、钱塘县陆"和"杭嘉湖道宪宋"呈送了具体内容基本一致的禀文，中间还提到：

> 今将捐资捐地并创建原由，先行禀明在案，俟堂楹工竣再妥议章程，禀请

---

① 齐如山：《中国的科名》，沈阳：辽宁教育出版社，2006年。

申详立案，用垂久远。现当开工之际，地邻山僻，仍恐地匪无知窃取物料，土工匠作分坊把持，阻挠善举，种种窒碍有妨善政，应请宪台大人钧批，行知仁、钱二县出示晓谕，严行禁止，实为公便不朽。①

通过呈请地方政府"发给执照，以凭管业"和对一些可能会出现的不法行为提前"出示晓谕，严行禁止"，从而为这些机构的建设、后续管理和正常运作取得了合法性并扫清了各种障碍或隐患。

二是当这些机构的利益遭受侵害时，也通常需要通过政府的力量予以解决。如位于南汇县的新安思义堂"寄棺被刨"，堂内执事就连续向南汇县令呈文请求严缉究办。在光绪十一年六月初四日的呈文中提出："现由职等报知各家属查明殓物，另外开呈外，事关公所寄停棺柩刨窃多具，为开棺柩细号清单赴案呈报。伏乞公祖大人电鉴，俯赐勘缉，获犯严究，沾仁上呈。"随后又在七月二十三日呈文中继续给官府施加压力："现在各家属以报案多时，日久更难破获，屡来堂中问信，不得不再备情投叩。伏乞公祖大人恩赐，再刻严比勒限，缉获赃贼，按律究办，以肃法纪而靖地方。顶祝上呈。"②

三是徽商常常借助徽州籍官员的力量来维护徽商群体的利益。如旅汉徽商在与汉口土著就汉口紫阳书院建设发生的争讼过程中，第一次能够取胜，乃因徽州仕宦在朝者势力强大，"共为排解"③之缘故；发生在雍正初年的第二次大规模诉讼能够反败为胜，则因"雍正甲寅（1734），以文公之灵，天假湖南观察许公登瀛，考绩鄂城，爱斋沐、过汉江，瞻谒书院，毅然以成就钜举为己任"。许登瀛乃徽商子弟，在他的周旋下，甫任的湖北巡抚杨秘"饬观察邗江朱公潽，廉得其实，追浮冒，归还祠屋，事始明而祀费有助"。④而事实上，徽商无论是建设会馆公所，还是善堂善会，从一开始都会主动与当地的徽州籍官员合作谋划，以寻求他们的支持，这些徽州籍官员通常也会积极配合和支持徽商的行动。可以说，徽州籍官员的支持对徽商在外地的开拓起到了非常重要的作用，而徽商对教育的重视和对徽州籍官员的资助也为徽州籍官员的成长和发展创造了良好的条件。在徽州，"官商互济"实实在在。

上述三点只是从宏观层面的观察，非常难能可贵的是，这些徽商会馆公所类征信录文献还为我们从微观层面观察商人与政治势力之间的关系提供了线索。如《新安惟善堂征信录》中就记载了杭州新安惟善堂给当地官吏送礼的情况，如给地保送年规即是一例，《光绪五年支用各款总录》中载："支钱七千文，阿宝定例年规六千文、地保定例年规一千文"；《同治四年至光绪四年支用总录》中载："付逐年地保年规送历费，钱六千八百四十文"；《同治十年建茶亭边楼披并装整内外堂支用总录》中载："付地保年规送历费，钱一千一百四十文"；《同治十一年因外堂患水升高翻造支用总录》中载："付地保年规送历费，钱一千一百四十文"；《同治十二年建文武二

①　光绪七年《新安惟善堂征信全录·大清道光十八年五月二十八日为建惟善堂禀杭府宪文、钱塘县陆》。
②　金文藻：《思义堂征信录·安徽思义堂公牍》，宣统三年石印本。
③　董桂敷：《汉口紫阳书院志略》卷八《杂志·书牍·上姚太史书》，嘉庆十一年刻本。
④　董桂敷：《汉口紫阳书院志略》卷三《建置·纪书院本末》。

帝殿宇支用总录》中载："付地保年规并送历，钱一千一百四十文"；《同治十三年建梓荫堂并装整文武帝殿支用总录》中载："付地保年规送历，钱一千一百四十文"；《光绪元年创建新安别墅并造文武殿阁、龙亭支用总录》载："付地保年规并送历，钱一千一百四十文"；《光绪二年补装堂宇并加筑墙支用总录》载："付地保年规并送历，钱一千一百四十文"；《光绪三年修整各堂宇支用总录》载："付地保年规并送历，钱一千一百四十文"；《光绪四年整旧增新各款支用总录》载："付地保年规送历费，钱一千一百四十文"。这种情况几乎一直持续。其他徽商会馆公所征信录类文献中也有类似的记载。

综上，本资料汇编为我们从宏观和微观两个层面考察传统社会徽商乃至商人群体与政治势力之间的关系，均提供了非常丰富、细腻、生动的资料，具有重要的政治史价值。

（五）社会史价值

与传统史学偏好走"上层路线"不同，社会史更喜欢走"群众路线"，关注对底层民众日常的研究。徽商会馆公所类征信录文献正是社会史研究的资料宝库，因为不同于正史、方志、家谱、文集等的记载，它所记录的正是大量普通徽商具体入微的经营史、生活史、奋斗史、交往史，它所揭示的也多半是普通商人群体对社会、生活、生命等问题的基本认知或看法。如在《汉口紫阳书院志略》、《嘉庆朝我徽郡在六安创建会馆兴讼底稿》等文献中，就保存了大量反映徽商与经商地土著士民之间矛盾纠葛和诉讼的内容，对我们具体生动地了解明清时代的土客矛盾，以及徽商在外地生活、经营的艰辛提供了丰富的史料。这在其他类型的文献中是很难见到的。

徽商在侨寓之地建有大量的义园、殡所、善堂，并制定有详细的管理制度，"凡旅榇之至，则先告于司事，司事即遣信告于其家，予以迎柩限期。其家人有力者，任其自备资用迎归故里；力不足者，酌助之；极无力者，尽给之。期已过而其家人莫有至焉者，司事将堂中所置公地代为埋葬，仍立石识姓名，俾异时来迁移者毋贻误。"① 践行的是"奠安旅榇，矜慰游魂"、"生有所养，死有所葬"以及"魂归故土"的理念，表现出徽商对死者的尊重和对生命的思考。但其背后反映的则是社会心理和文化心理，正如绩溪人胡元洁在《新安惟善堂续刊征信录序》中所说："权厝所之有举莫废而死者安，死者安而其一家之人安，家积成邑，邑积成郡，而一邑一郡之人胥安。茔之事一人任之，或数人任之，前之人任之，后之人复任之，纲举目张，无侵无旷，亦各安其所安，则心安而事无不安。"② 这些也为我们从社会史的角度重新理解徽商、认识徽商提供了极为丰富的素材。

最后需要说明一点的是，事实上，早在20世纪30年代初，日本学者根岸佶利就利用《徽宁思恭堂征信录》对上海徽宁思恭堂的沿革、组织、职能和会计等作了初步研究，后陆续有学者利用此类资料进行相关研究。但总体来说，目前对徽商会馆类文献资料的研究利用仍不充分。其中一个重要的原因就是资料之难得，一方面

---

① 光绪七年《新安惟善堂征信全录·前刊·新安惟善堂前刊征信录序》。
② 光绪二十九年《新安惟善堂征信全录·续刊序》。

是因为这些资料本身保存就比较分散，不易被学者发现和利用；另一方面是由于史料的人为封锁情况异常严重，这种现象以前多半限于各县级及以下地方的档案馆、图书馆、博物馆等，而近些年来这种情况大有向上蔓延之势。还有一个重要的原因则是研究视角往往仍局限在商业史领域，而忽视了从"人"的角度重新认识、书写出有血有肉的徽商。正是有鉴于此，我们才下定决心继承我们的老师张海鹏先生"对大家的研究工作多少可以提供一点方便"的教诲，决心通过自己的努力来尽可能使这些资料得以面世，从而嘉惠学林，以期推动徽商研究的进一步发展。我们期待着能以这批徽商会馆公所类征信录的出版为契机，实现徽商乃至中国商帮史研究视角和路径的重要革新，促进"徽商研究再出发"。

汉口紫阳书院志略

清·董桂敷编
清嘉庆十一年（1806）刻本

目　录

卷首 ·· 5

  增订汉口紫阳书院志略序 ·· 5

  旧凡例　十二则，照原本录 ·· 6

  增订志略凡例　十五条 ·· 7

卷一　图说 ·· 9

  绘图 ·· 9

  图记 ·· 9

卷二　道统 ·· 11

  源流 ·· 11

  事实 ·· 14

  题赞 ·· 36

卷三　建置 ·· 38

  纪书院本末　原 ·· 38

  祠宇　依重修规式 ·· 39

  楼阁 ·· 40

  厅舍 ·· 41

  门巷 ·· 42

  别建 ·· 42

卷四　崇祀 ·· 44

  纪恩 ·· 44

  祀仪 ·· 45

  附载 ·· 47

  祭文 ·· 47

卷五　学规 ·· 50

  教条 ·· 50

  谕条 ·· 58

  摘训 ·· 60

卷六　禋产 ·· 63

  契墨 ·· 63

  执照 ·· 70

  纪产 ·· 71

  义阡 ·· 73

　　岁入 ··· 75

　　岁出 ··· 76

卷七　艺文 ··· 78

　　撰述 ··· 78

　　题咏 ··· 93

　　撰述增订　嘉庆二十四年冬月刊 ·· 101

　　题咏增订　嘉庆二十四年冬月刊 ·· 102

卷八　杂志 ·· 105

　　缘起 ·· 105

　　书牍 ·· 107

　　杂著 ·· 110

　　人物 ·· 115

　　禁示 ·· 118

　　义阡禁碑 ·· 123

　　规则 ·· 127

　　题跋 ·· 127

卷　首

增订汉口紫阳书院志略序

　　事之难成也久矣。书院者，天下之公举也。朱子，天下后世之所师法也。吾新安又朱子之乡也，以新安之人，合其心力建书院、奉朱子，宜若易然。然而议初起而沮挠者有之，事方集而摇撼者有之，功已成而蚕食者有之。昔人作事之难如此，吾于《汉口紫阳书院志略》一编而有感焉。志略者，昔之乡先生志其所以建书院之情，而因备及创建以后之事，以告后之君子者也。盖昔乡先生之旅处于斯也，其心未尝一日忘新安之教，故于乡里聚会之余，共敦孝方睦姻任恤之谊，思有所托以行之永久，乃议创建书院。将待其成，与父兄子弟朋友日相讲习于其中，本朱子之德行以为仪，述其所以教人者，以为乡之后进式。若今志中所列道统、学规诸条目，皆昔人所以创建书院之本情也。既创之矣，则将厚其墙垣、高其闳阆，程物材、定法则、严约禁、昭文章、足财用，而后可以称其情之所欲而无歉。今夫水之赴壑也，或遏其流则激而怒；鸟之冲霄也，或萦其翼则仰而号。人之趋善也亦然。苟或阻之，则其刚正之气愈不容以自抑。以书院之创而有类于此，势不得不率吁众戚，旁呼将伯，多方弥缝维持而调护之。若志中所列建置、崇祀、禋产、艺文、杂志，而间及于书牍、禁示、呈词，皆当年创建以后之实事也。夫事过则情迁，人心类然。而昔之人必志之而传之，何也？意岂自为表襮哉！亦谓我书院初基，经纬未定，群言递起，竭力以溃于成，中更因循，产契潜佚，又赖我友君子起而争之，用能条理始终，整齐严密，既大以公，式奠孔固。继自今以往，尚其永监于兹，罔有或怠，故志之以告夫后来君子也。独念是志之作，距始建之初已四五十年，乃得纪其大略。纪略之后，距今又六七十年矣，而省视其目，秩然有条，周览其篇，或存或缺，岂作志之人未及待其成而奄逝耶？抑迟迟以需同志之缉【辑】而后遂逡巡耶？何中间数十年竟无为之收残补阙者，而直至今日也？甚矣！一书之成亦如此其难也。幸今重修书院，诸君检阅旧稿为之重录。余来汉上，遂以增订之任相属。噫！余之谫陋何足以任昔人之所难。但以斯志曾竭昔人之心，及今而尚未有成，则后此见闻日以益远，补葺之难更甚今日，是志不其终泯矣乎。余故承诸君之委，循其节目，补其遗文，缺其散佚者。编成，将付剞劂，为序昔人所以作是编之意，俾后之人共见当时创始之难，相与乐其成而无俾其坏也。

　　时嘉庆十有一年，岁次丙寅夏五月，婺源后学董桂敷序。

旧凡例　十二则，照原本录

一、是编以志名者，重书院也。书院志与郡邑志别。诸志率先山水、次遗迹、次建置、次人物，而以艺文终焉。斯志厘为八纲：首图说、道统，次建置、崇祀、义学、艺文、禋产、杂志。盖成自郡人旅处者以不获瞻阙里，登讲席，爰建夫子祠，设义塾，以启迪来学，非有山水遗迹可以爰据成编，览者原之。

一、人物非经硕儒论定不敢擅为臧否，故但于杂志篇后略撷首功数人事实，以备采择，余则有俟后之君子。

一、江汉大别为山水之最著者，汉口因以得名。故绘图必先汉口，重舆图也。坊市楼阁，以次备列，俾按图而索，眉目了然。

一、书院为崇道之区，子朱子集汉、唐、宋以来诸儒之大成，又所订经书集注为国家造士之所特遵，故于舆图后即载道统。道统之传，翕然千古，然表章莫详于先哲，崇祀莫隆于圣朝。本志不敢以撮土而增泰山，只就传谱赞列之卷次，用志景仰。

一、建置首载宫墙，盖及门、升堂、入室，乃夫子教人为学之次第。汉口为七省通衢，士商云集之所，琳宫梵宇，不知凡几，独吾郡首建书院，尊崇正学，礼教攸关，入其门者，安得不为提撕警觉，使之循序而进乎！他如文昌阁、魁星楼、义学、义渡，皆体夫子之道，以诞敷文教，康济生民，故并详之。至郡人尚有开巷筑堤、修桥治路，积功累行，非由书院公举者，概不滥登。

一、始建独祀四先生者，盖死于勤事而功烈特超众人之上也。书院之建，始于康熙甲戌，维时赞襄者奚止百人，四十年来蹻事增华者难更仆数。若为一一标举，非惟繁不胜书，且恐挂一漏百。然而簿册芳名，又难听其湮没，故于纪本末篇后，存其梗概，用资鼓励。

一、报功专纪数君子者，以其始终卫道之坚，护持之至，非有专祠，无以慰舆情也。若夫创建之初，贤士大夫莫不乐闻此举，以崇道为己任，不惜多方奖掖，砥砺于成，厥功伟矣。要皆名标史册，勋勒鼎彝，非本志所能罄，惟留姓字，以备参考。

一、义学条目悉本朱子垂教大旨，不敢别立课程，惑乱向学心志。附录摘训，以示丽泽相资之义，庶旅处者得以时加省察。

一、艺文卷中，凡于先达篇章，不惮邮筒搜求，冀得一言半词，价重连城。嗣后诸公倘见往哲所作汉口紫阳书院文，本志所未载者，幸为录寄，锡等百朋。至于时贤著作，亦不惮访罗，倘有惠存，续当补入。其书牍一门，创建之初，力挽计阻，层见叠出，其情诡，其事琐碎，有难以述诸记载者，存之俾有所考，亦见先后诸君子捍卫之艰，有不容淹没也。

一、禋产为书院首重，非大书特书，彰明较著，不足立纲纪而杜侵渔。每年输国赋、春秋二祭、义学馆谷、义渡祠役、工食杂费等项，岁出已属浩繁，而屋宇既多，岁修不易，若三年五年小修大整，费复不赀，苟不清厘有绪，耕九余三，以为久安之计，一旦经理非人，难保不前功尽废。历考四方书院，振兴一时，其初非不肸蠁争雄，瞬眼而遂陵夷废弛，皆由创始未惶虑终，代远年湮，人心懈怠。窃权柄而蚕食者有之，恃豪右而霸踞者有之，挟劳怙德而阴图厚利者有之，假公济私而寻事朘削者有之，甚至奇衺相煽，盗卖肥家。即有负侠任道者欲起而争之，苦未能究其原委，而身处柔懦，虽明知底蕴，终无凭据，未敢显叱其非。种种弊端，莫可殚述。以此，卷中自始基至告成，前后祀产、契墨，并每岁出入正项，细大不遗，锱铢必载，条分缕析，井井可稽，俾后人开卷了然。稍有前项不肖，虽三尺童子皆得讼而正之。

一、事备稽考而文不可分入各卷，下者略之，则无以信今而传后，故另集一卷，名曰杂志，庶前后事迹了若指掌。至一切呈词案宗，本非志乘之所宜载，而关系书院，不宜泯弃，亦止于必不可缺者十载一二，尚讳其名，余从芟隐，用存厚道。

一、书院历五十年，迄今诸事犅备，因纂戢【辑】志略一编。续有增添，续有捐助，当与续收。诗文或三年或五年，计其多寡，添入志后。永远为例。

增订志略凡例 十五条

一、原志略成于雍正乙卯乾隆丙辰间，当日分纲列目，秩然有条，惟卷帙未完备，且有标目数十而卷中仅存一二者。盖一时未暇收辑，故逮今六七十年迄无成本。其间缺略，有可补者补之，其实无可考者则姑缺之。

一、原志分目，禋产在艺文之后，兹易居前，以杂志与艺文相比附，余悉仍旧。

一、原本各卷首俱有小引数行，今仍其旧文录之。

一、图说一卷旧只存金图记一篇，今皆补图。其祠宇厅舍，只依新建格式为之，别为图记补遗，以附于后。

一、道统卷内旧只抄宋史道学一传，余俱未备，今补全。但既有本传，又有年谱、行状，大要俱备，似道学传可不必复载，免致卷帙繁冗也。

一、建置旧目，门堂寝室皆备，今无可考。然今之制度大率依旧，故只就重修规式、丈尺书之，仍书始建年号，下书某年重造，或书如旧式。其新建者则直书某年建云。

一、文昌阁、六水讲堂之属，皆昔人有规而未成者，故艺文志中有记。今已补造，记仍其旧，以示不忘前志也。

一、崇祀卷向列御赐匾额、上谕及诸疏，此乃阙里志所载。汉口书院未及奏请恭奉匾额，则诸篇可不必存，俟将来奏请时，再以奏章及谕旨登之可也。其升配之典，亦为文庙而设，然录之所以见圣朝尊崇之盛典，似无不可。至于书院春秋祭款，由盐库颁发，曾经部奏，自宜附入，今补登之。外祀仪各条，亦皆旧本所缺，今依春秋二祭，现在所行礼仪事物，为补成卷帙，诸祝文旧有仍之。报功、始建二祠祝文，则今所补也。文昌、魁星二条无可附，故载于末。

一、报功祠向奉六公神主，今增入毕制军。其余先达姓氏，不能尽悉，大略见杂志奉主入祠文及雍正十二年祀士文内，可以参考。

　　一、始建姓名自四先生外，尚数十人，旧本缺录。今不能尽悉，惟就诸文稿中所有者登之，末卷附以重修姓字。其捐输诸名号已勒于石，不复登载，一依原本体例。

　　一、学规所列条目，旧本未录全，今依文集及大全补入。

　　一、禋产照旧录，增新置各契。其纪产旧目有数条，今仅存一条，余俱缺。岁入岁出各条，亦但有其目。今照现在入出之数书之。其不能定数者，则但约其大概，或虚其数目。

　　一、艺文旧所存者照录，有未备者今皆补作，如宴谢轩、启秀书屋各记是也。亦有旧录所具而文不可存、不必存者，为删汰其一二。其文可不必存而题不容缺者，亦仍酌存。杂志一卷亦然。其书牍一类，向列之艺文，今移入杂志，照原目佚其大半。兹只据现存数篇录之，可以想见当年大概。

　　一、杂志或存或佚，今录其存者，益以后来诸篇并新作若干首。其人物所缺诸传，无从查补，访之故老传说，亦仅得其大略，故今不复补作传，只作汪传书后一篇，以存诸公梗概。其呈词、告示一门，昔人所载，原欲使后人知当日创事之艰难及禁条之严肃，今亦略依其例，附载一二，以示将来云。

　　一、旧本有规则数十条，今不备，惟就所存者抄附卷末。

董桂敷识

卷一　图说

日星天图，川岳地绘。布景传神，文字之外。大工既成，规制具备。不有描摹，谁悉梗概。首揭示人，有粉本在。

凡志必有图，图必有说。有图，则已到者如溯旧游，山川亭榭，历历可指；未到者想象规模，辄神往焉。汉江书院，自始建迄今垂五十余年，始告成功，事经创造，尤不可无图以昭近远，而即附以总图记于后，原委彰彰具在，阅者详之。

绘图

江汉形胜坊市总图（图略）

新安坊渡魁星阁图（图略）

书院全图（图略）

戟门图（图略）

尊道堂图（图略）

寝室图（图略）

文昌阁图（图略）

图记

汉口徽国文公祠堂总图记

按：汉水发源嶓冢，导漾而东，合沧浪、三澨诸流，至于大别，与岷江会，是为汉口。地隶汉阳，延袤四十余里，阛阓绣错，帆樯林立，雄踞吴越上游，南瞰滇黔，西通秦蜀，北达幽燕，四方之食货集焉，而去汴洛最近，盖亦适当地利之中云。自李唐时即已艳称于诗，所谓"居杂商徒偏富庶，地多词客足风流"是已。国朝以来，繁盛称最，祠庙随在竞胜，金碧照耀，惟徽国文公祠堂规模正大，雅冠众构。议者以尊贤与尊神不同，非标异也。汉口无县治，城郭分坊四：曰居仁、曰由义、曰循礼、曰大智。文公祠堂在循礼坊境内，岿然中立焉。通河巷道不一，自江之下游逆数而前，其最著名者为四官殿、龙王庙、大马头、接驾嘴。接驾嘴者，胜国时迎立世庙过此，因名。俗讹呼为薛家嘴。康熙间，前参议姑苏金公祖诚始建禹王阁，开遵义巷以御火灾，居民德之。再上为新码马头，即祠前近日所建魁星阁是也。为石级四十有一，飞檐高啄，上干青云，登临眺览，恍置身斗牛宫矣。溯流而上，如沈家庙、永宁巷、老官庙、五显庙、关圣祠、宗三庙等处，名称甚众，要皆不及魁星阁之大观也。阁下出入门洞有三，阁背颜曰安土敦仁。巷路宽坦，东割汲道以石凳閾之，西起楼房鳞列成市。直行八十武为紫阳坊，达大街焉。街北为新安巷，深可三十余丈，宽广稍逊前衢，而市屋皆列于东，岁取赁息以供祠用，不可废也。巷尽则祠。屏墙适当后街通衢，东曰礼门，西曰义路。自是而木栅、而门楼，间以周垣，而仪门、而甬道，辅以长廊，始获登尊道堂焉。由堂后回厅循两庑拾级而升，是为文公寝，石栏、天池，俨具方塘一鉴之致。楼上供奉圣祖仁皇帝御书朱子诗，为前太史阳羡潘公宗洛督学楚江时，蒙恩颁赐，不敢亵渎，因讲学祠中，特命石工敬勒供奉，是为御书楼。祠后拟为文昌阁，左报功、右始建，二祠参立如翼。折而西，则园亭、炊舍、旁厅、义学、六水讲堂。自北而南，首尾相衔，广深与祠基等。惟祠东一巷，深邃直达后堤，巷南额曰"康衢"，接武礼门、义路。局日居多，出入祠事咸从是巷焉。自祠后至屏墙，计长五十丈，由屏墙至大街三十二丈，由紫阳坊至魁星阁二十三丈，统计广深一百五丈。垂创之艰，经费之钜，亦大概可见矣。他如藏书之富，舍菜之隆，车服、礼器，罔不一一如礼。谓非江汉地脉钟灵有以致之与！抑盖良由我文公之德之学仰沐圣朝崇儒重道，而乡人向化之速，有不期然而然者也！余因披览全图，愧无作赋长才，以纪其胜，爰为之记，以补图所不及云。

乾隆元年岁次丙辰、季秋月下浣，海阳后学金承统谨识。

图记补遗

金图记于汉江坊渡原流及书院规制已备，但重建后规式有拓于前者。如新安巷，旧记云稍逊前衢，今则巷易为街，宽广与前衢等，而街东又一太平里水巷矣。街西本有水巷，甚窄，旧记所未及。旧记云祠后拟为文昌阁，今则阁巍然峙于寝室之北，并阁下报功、始建二祠，棼橑涂塈，焕然皆新矣。其西园亭学舍庖湢之属，旧记颇不详悉，盖当时建置有已成者、有未就者、有待新者，故作记时只得述其大概。今既已完备，依式作图矣。其文昌阁西序，由闸门达者曰宴射轩。轩北小厅曰近圣居，其上为藏书之阁。又北隙地治为花圃，为亭数橼，循以回廊。自轩以南曰启秀书屋，有堂、有室、有房，为生徒肄业之地。前有小巷，西出为闳巷，南为斋厨。厨当主敬堂之北，由厨以达于堂。其西则愿学轩，轩堂相并，而轩广稍杀。又南曰六水讲堂，祠西厅堂宏敞，以此为冠。又南小厅，则祭时更衣之所，曰致一斋。斋之前曰兼山丽泽。又南有屋数间，旧义学处也，今移学舍于内，遂改为市屋。余悉如旧图云。

嘉庆丙寅年夏五月，董桂敷记。

卷二 道统

天地诞生，宥启群蒙。尼铎峄灯，响朗天中。新安嗣脉，学有统宗。群山联络，百川会同。继孔绍孟，徽国文公。

道统之在朱子，先儒言之详矣。至我朝升配十哲，直省采觚家有不遵朱注者显斥之。尊其人，则其人之本末不可不详也。羹墙梦见，亦圣人景仰之诚使然。为志道统。

源流

道学渊源

尧、舜、禹、汤、文、武、周公之道，得孔子而传。自生民以来，有孔子而为万世道德之宗。

周灵王二十一年庚戌，鲁襄公二十二年。冬十月庚子，孔子生。周建子，十月即夏之八月。今行夏时，以八月二十七日申时孔子生。敬王四十一年，鲁哀公十六年。夏四月十八日乙丑，孔子卒。年七十三。今二月十八日忌辰。

孔子名丘，字仲尼，鲁昌平乡陬邑人。仕鲁，为大司寇，摄相事。卒时鲁哀公诔之曰尼父。至唐太宗贞观二年，升为先圣，玄宗开元二十七年，赠文宣王；宋真宗大中祥符元年加封立圣文宣王，五年改为至圣文宣王；元成宗大德十一年，加封大成至圣文宣王；明世宗嘉靖九年，尊为至圣先师孔子。以师之尊同于亲，君不得而臣之意。

孔子传之颜子、曾子。

颜子名回，字子渊，鲁曲阜人。唐太宗贞观二年，升配享。玄宗开元二十七年赠兖国公，元文宗至顺元年加赠兖国复圣公，明世宗嘉靖九年改称复圣颜子。

曾子名参，字子舆，鲁南武城人。唐玄宗开元二十七年赠郕伯，宋度宗咸淳三年封郕国公、升配享，元文宗至顺元年加赠郕国宗圣公，明世宗嘉靖九年，改称宗圣曾子。

曾子传之子思子。

子思子名伋，字子思，孔子之孙。宋徽宗崇宁元年封沂水侯，度宗咸淳三年封沂国公、升配享，元文宗至顺元年加赠沂国述圣公，明世宗嘉靖九年改称述圣子思子。

子思子传之孟子。

孟子名轲，字子舆，邹人。宋神宗元丰六年封邹国公、八年升配享，元文宗至顺元年加赠邹国亚圣公，明世宗嘉靖九年改称亚圣孟子。

宋濂溪周子得孟子不传之统。

周子名敦颐，字茂叔。道州营道县人。宋真宗天禧元年丁巳生。以其舅龙图学士郑向荫补分宁簿，有疑狱久不决，敦颐至，一讯立辨，邑人惊以为神。部使者荐之，调南安司理参军，移桂阳令，治绩尤著。徙知南昌，历合州判官。时赵抃行部，惑谗口，临之甚威。及通判虔州，而抃复守虔，因熟视其所为，乃大悟，执其手曰："吾几失君，今而后始知周茂叔也。"神宗熙宁初，为广东转运判官、提点刑狱，因病求知南康军，遂家庐山莲花峰下。前有溪合于溢江，乃取营道所居濂溪名之，世称濂溪先生。六年癸丑六月七日卒，年五十七。敦颐得圣贤绝学，发明微言，为有宋大儒之冠。宋宁宗赐谥元，理宗淳佑【祐】元年追封汝南伯、从祀孔子，元仁宗加封道国公。

周子传之二程子。

程子名颢，字伯淳，河南洛阳人。五世而上，居中山之博野。宋仁宗明道元年壬申生。嘉祐二年丁酉举进士，调鄠及上元主簿，因吕公著荐，为中允、监察御史里行。神宗素知其名，数召见。一日从容咨访，报正午始趋出。中人曰："御史不知上未食乎？"前后进说甚多，尝劝帝防未萌之欲，及勿轻天下士。帝俯躬曰："当为卿戒之。"王安石议更法令，言者攻之甚力。颢被旨赴中堂议事，安石方怒，颢徐曰："天下事非一家私议，愿平气以听。"安石为之愧屈。出知扶沟，除判武学，究为论新法不合罢归。哲宗立，召用，未行而卒，时神宗元丰八年乙丑六月十五日也。是年三月哲宗立，明年丙寅方改元元祐。年五十四。颢自十五六岁时，与弟颐师事周敦颐，倡明正学，以真儒命世。文彦博采众论，题其墓曰"明道先生"。宁宗嘉定十三年赐谥纯，理宗淳祐元年追封河南伯、从祀孔子，元文宗至顺元年加封豫国公。

程子名颐，字正叔，明道先生之弟。宋仁宗明道二年癸酉生。年十四，与兄颢同受学周敦颐。皇祐二年，年十八，上书劝仁宗以王道为心，生灵为念，乞召对，不报。神宗元丰间，大臣屡荐不起。哲宗嗣位，司马光、吕公著共疏其行谊曰："窃见河南处士程颢【颐】，力学好古，安贫守节，言必忠信，动遵礼义，年逾五十，不求仕进，真儒者之高蹈，圣世之逸民。望擢不次，使士类有所矜式。"召为校书郎，及入对，改崇政殿说书。每进讲，色甚庄，继以讽谏，然以礼法自持。苏轼谓其不近人情，遂不合。罢崇政殿说书，主管勾西京国子监。元祐七年，服除，拟除判。苏辙进曰："颐入朝必不肯静。"太皇太后纳之，遂差管勾崇福宫。绍圣间，以元祐党坐窜涪州。徽宗立，移峡州，寻以赦复宣德郎，仍便居住。还洛。崇宁二年，言者希蔡京意，论颐学术颇僻，素行谲诞，乃毁颐出身文字，其所著书令监司严加觉察。颐自是迁居龙门之南，止四方学者曰："尊所闻，行所知，可矣，不必及吾门也。"五年丙戌，复宣义郎。大观元年丁亥九月庚午，卒于家，年七十五。世称伊川先生。高宗赠直龙图阁，宁宗赐谥正，理宗淳祐元年追封伊阳伯、从祀孔子，元文宗至顺元年加封洛国公。

二程子传之杨子。

杨子名时，字中立，南剑州将乐人。宋仁宗皇祐五年癸巳十一月二十五日巳时生。幼颖异，潜心经史。神宗熙宁九年丙辰登进士，值河南二程讲孔孟绝学，时调官不赴，以师礼见颢于颍昌，相得甚欢。其归也，颢目送之曰："吾道南矣。"颢卒后，又见颐于洛。年已四十，事颐愈恭。一日值颐瞑坐，时与游酢侍立，不敢去，颐既觉，则门外雪深一尺矣。杜门不仕者十年，久之，历知浏阳、余杭、萧山三县，皆有惠政。转荆州教授，德望日重，四方之士千里从游，称龟山先生。会有使高丽者，国王问龟山先生安在，使回以闻，徽宗召为著作郎。面对，陈时政甚切，除迩英殿说书，进谏议、兼侍讲。金兵围京城，时条陈战守机宜甚悉。钦宗朝，兼国子祭酒，首请黜王安石从祀，使邪说淫辞不使学者为之惑。谏官马瀚力主王氏，上疏诋时，遂罢祭酒，除徽猷阁直学士，提举崇福宫。高宗立，擢工部侍郎，继除侍读。累丐外，以龙图阁直学士提举杭州洞霄宫。已而从其请，致仕。卒绍兴五年乙卯四月二十四日，年八十三。十二年，加赠少师，谥文靖。明孝宗弘治八年，封将乐伯、从祀孔子。

杨子传之罗子。

罗子名从彦，字仲素，先世自豫章避难，家剑浦，后住沙县。宋神宗熙宁五年壬子生，少从吴仪受业。闻同郡杨时得河南二程氏学，慨然慕之。及时为萧山令，遂徒步从学焉。初见三日，惊汗浃背曰："吾不至是，几虚过一生。"时亦熟察之曰："惟斯人可与言道。"一日与论《易》至乾九四爻，时云："伊川说得甚善。"从彦即走洛见伊川问之。既而筑室山中，绝意仕进。尝采祖宗故事为《遵尧录》，靖康中，拟献阙下，会国难不果。高宗绍兴二年壬子，以特奏名授惠州博罗主簿。五年乙卯卒于官，年六十四。学者称之曰豫章先生。理宗淳祐七年谥文质，明神宗万历四十二年从祀孔子。

罗子传之李子。

李子名侗，字愿中，南剑州剑浦人。宋哲宗元祐八年癸酉生。少游乡校，有声闻。郡人罗从彦得河洛之学于杨时之门，侗遂往学焉。从之累年，尽得其所传之蕴。于是退而屏居山田，结茅水竹之间，谢绝世故四十余年，箪瓢屡空，怡然自适。朱松与侗为同门友，雅敬重焉。尝与沙县邓迪语及侗，迪曰："愿中如冰壶秋月，莹彻无瑕，非吾曹所及。"松以为知言，亟稍道之。松子熹从侗游，执经门下者十年。侗晚年，闽师汪度辰来迎，将相与讲所疑。侗往见之，至福唐疾作，遂卒于府治之馆舍，时孝宗隆兴元年癸未十月十五日也，年七十一。世称延平先生。理宗淳祐七年赐谥文靖，元顺帝至正二十八年追封越国公，明万历四十二年从祀孔子。

李子传之朱子。

孔子生周东迁之庚戌，文公生宋南渡之庚戌。孔子之门人父子皆贤，则有曾参、曾皙；文公之门人父子皆贤，则有季通、仲默。孔子尝望颜子传道之统，文公已勉直卿传道之责。孔子集群圣之大成，文公集诸儒之大成。孔子卒年七十三，葬于九龙山后，谓之孔林；文公卒年七十一，葬于九峰山下，目为朱林。孔子父今称为启圣公，文公父今称为启贤公。孔子私淑之徒，有孟子舆；文公私淑之徒，有真希元。孔子之洙泗，诏称东鲁阙里；文公之考亭，坊表南闽阙里。信乎若合符节，岂揆其道之一而已哉。先圣后贤，一动一静，亦自无有不同者矣。蔡松庄先生曰："夫子行在《孝经》，志在《春秋》，慷慨在《毛诗》；文公行在《小学》，志在《纲目》，慷慨在《离骚》云"。

事实

宋史本传、宏简录

朱熹字元晦，一字仲晦，徽州婺源人。父松卒，遗命依其友刘子羽，寓建州之崇安。松字乔年，第进士；胡世将、谢克家荐，除秘书正字；赵鼎为相，进校书著作郎；常同又荐，升度支员外郎、史馆校勘；历司勋吏部郎中；以论和议忤秦桧，风御史言松怀异自贤，出知饶州，未上卒。

熹幼颖悟，甫能言，父指天示之曰："天也。"熹问："天之上何物？"父异之。授以《孝经》，题其端曰："不如是，非人也。"尝从群儿戏沙上，端坐，以指画八卦。年十八贡于乡，登绍兴十八年进士。主同安簿。选秀民充弟子员，日与讲论圣贤修己治人之道，禁女妇出家为僧道。旋请祠，监潭州南岳庙。

孝宗即位，三上书。首言："帝王之学，不可不熟讲。陛下毓德之初，亲御简策，不过讽诵文辞，吟咏情性，又颇留意老释。夫记诵词藻，非所以探渊源而出治道；虚无寂灭，非所以贯本末而立大中。必先格物致知，使义理所存，纤悉毕照，则自然意诚心正，而可应天下之务矣。"次言："修攘之计，不可以不早定，今乃以讲和之说误之。愿断以义理之公，闭关绝约，任贤使能，立纪纲，厉风俗。数年之后，国富兵强，视吾力之强弱，观彼衅之浅深，徐起而图之。"再次言："监司守令，本原之地在朝廷，不可以不加意。今乃奸赃狼藉，肆虐以病民者，莫非宰执、台谏之亲旧宾客。其已失势者，既按见其交私之状，则夫尚在势者，岂无其人乎？"

隆兴元年入对，又言："陛下虽有生知之资，高世之行，而未尝随事以观理，即理以应事。是以举措之间，动涉疑贰；听纳之际，未免蔽欺；平治之效，所以未著。"次言："君父之仇，不共戴天。今所当为者，非战无以复仇，非守无以制胜。"因陈古先圣王强本折冲，威制远人之道，除武学博士。既而与洪适论和不合，丐祠归。

乾道三年，陈俊卿、刘珙荐为枢密院编修。内艰免丧，梁克家特申前命，又辞。诏奖熹安贫守道，廉退可嘉，改主管台州崇道观。熹自以求退得进，于义未安，再辞。淳熙元年始拜命。龚茂良荐授秘书郎，力辞，复主管武夷山冲佑观。五年，史浩起知南康军。至郡，兴利除害，值岁旱，讲求荒政，劝人出粟，多所全活。讫事，奏乞依格推赏。间诣郡学，引进士子，与之讲论。奏复白鹿洞书院，创立学规，人皆遵守。明年大旱，应诏条具民间利病。熹上疏，略曰："人君恤民之本，在正心术以立纪纲。然而天下之纪纲不能以自立，必人主之心术公平正大，无偏无党，然后有所系而立。君心亦不能自正，必亲贤臣，远小人，讲明义理之归，闭塞私邪路，然后乃可得而正。今宰相、台省、师傅、宾友、谏诤之臣，皆失其职，陛下独与一二近习之臣，朝夕谋议。上以蛊惑心志，使陛下不信先王之大道，而悦于功利之卑说，不乐庄士之谠言，而安于私媟之鄙态。下则招集天下之嗜利无耻者，文武汇分，各私其人。所喜在阴为引援，擢置清显；所恶则密行訾毁，公肆排挤。交通货赂，盗弄威福。所谓宰、傅、宾、谏，反出其门墙，承望其风旨；其幸能自立者，亦不过龊龊自守，未敢一言斥之；其甚畏公论者，略警逐其徒党，既不能深有所伤，亦不敢正言以捣其囊橐窟穴之所在。势成威立，使号令黜陟不复出于朝廷，而出于一二人之门，名为陛下独断，而实此辈阴执其柄。"上读之，怒曰："是以我为亡也。"熹引疾请祠。

陈俊卿荐之甚力。赵雄为帝言："士多好名，陛下疾之愈甚，则人誉之愈多，无乃适所以高之。不若因用其长，使渐当事任，能否自见。"上以为然，除提举江西常平茶盐公事。录前救荒之劳，加直秘阁，辞。以所奏出粟人未推赏，俟赏行始受职。入对，首陈灾异之由与修德任人之说，言："陛下初尝选拔英豪，任以政事。不幸其间不能尽得其人，又不复广取贤哲，而姑取软熟易制者以充其位。于是左右私亵使令之贱，始得以奉燕闲，备驱使，而宰相之权日轻。陛下又虑其势有所偏重，因以壅己，复时听外廷之论，将以阴察此辈之负犯而操切之。陛下既未能循天理、公圣心，以正朝廷之大体，而又欲兼听士大夫之言，以为驾驭之术，不知士大夫之进见有时，其礼貌既庄而难亲，其议论又苦而难入，孰若近习从容无间。其便嬖侧媚既足以蛊心志，而狡猾附会又足以眩聪明。是以虽欲微抑此辈，而内势日重；虽欲兼采公论，而外势日轻。重者既挟以满其所欲，轻者又借以恣其浸淫。惟陛下了无所得，独受其弊。何怪德业日隳，纪纲日坏，邪佞充塞，货赂公行，兵愁民怨，盗贼间作，灾异数见，饥馑荐臻乎！"上为动容。

会近郊大饥，宰相王淮奏改浙东提举。即日单车就道，移书他郡，募来商，蠲其征。比至，则米舟麇集矣。熹又日钩民隐，按行郡县。官吏惮其风采，多自引去，所部肃然。厘革丁钱、和买、役法、榷酤，政有不便于民者随事处画，必为经久之计。上语王淮曰："熹之政事，却有可观。"

时蝗旱相仍，前后奏请，稽缓后时。熹不胜忧愤。复奏："为今之计，独有断自圣心，沛然发号，责躬求言。其次尽出内库之钱，以供大礼之费为收籴之本，诏户部免征旧负，漕臣依条检放，宰职沙汰被灾路分州军监司、守臣之无状者，各选贤能，责以荒政，庶几犹足以结人心，消其乘时作乱之意。不然，臣恐所忧者不止于饥殍，而将在于盗贼；蒙害者不止于郡县，而上及于国家也。"

熹行部至台州，台民讼知州唐仲友者以百数。熹讯得其实，连上章劾之，上令浙西提刑委清强官究实。王淮与仲友同里且姻家，不得已，夺仲友江西提刑新命，转以授熹，辞不肯拜，乞奉祠。

适陈贾除御史，偕郑丙力诋程氏之学，且以沮熹。指言近日有所谓道学者，大率假名以济伪，愿考察其人，摈弃勿用。遂奉崇道祠者五年。淮罢，周必大相，除熹提点江西刑狱。入奏言近年刑狱失当，经总制钱病民，及江西诸州科罚积弊。而其末言："陛下即位二十七年，因循荏苒，无尺寸之效，何以仰酬圣志。尝反复思之，无乃陛下天理有所未纯，人欲有所未尽，为善不能充其量，除恶不能去其根，公私邪正、是非得失之机，交战于中。故体貌大臣非不厚，而便嬖侧媚反居腹心；痌瘝英豪非不切，而柔邪庸缪反叨政柄。非不乐公议正论，而有时不容；非不墜逸说殄行，而未免误听；非不欲报复仇耻，而未免畏怯苟安；非不欲爱养生灵，而未免叹息愁怨。愿陛下自今以往，一念之顷必谨而察之；果天理耶，敬以克之，不使少有壅阏；果人欲耶，敬以克之，不使少有凝滞。圣心洞然，中外融澈，无一毫之私欲得以介乎其间，而后天下之事将惟所欲为，无不如志矣。"初熹赴召，或劝以正心诚意之论上所厌闻，愿勿为言。答曰："吾平生所学，惟此四字。岂可隐默以欺吾君乎？"及奏，上谕："久不见卿，今当处以清要，不复以州县为烦也。"除兵部郎官，以足疾辞丐【焉】，依旧职改直宝文阁，主管嵩山崇福宫。又上封事言："天下大本者一，今日急务者六。古先圣王兢兢业业，持守此心。凡饮食、衣服、器用、财贿，与夫宦官宫妾之政，无一不领于总宰。使其左右前后，一动一静，无不制以有司之法，而不得隐其毫发之私。陛下果有如此之功乎？宫省事禁，臣固不得而知，至于左右近习，前所面陈者，虽蒙圣慈开谕，然自王抃既逐之后，诸将差除多出此人之手。陛下竭民膏血以奉军储，士顾未尝得一温饱，皆将帅巧为名色，夺取其粮以图进用，至使宰相不得议制置得失，给谏不得论除授是非，则陛下所以正心以正朝廷者，未能如古圣王也。至于辅翼太子，惟王十朋、陈良翰号能称职，此后不过邪佞儇薄庸妄之辈，所讲所读姑以应文备数，未闻有箴规之效。师傅、宾客既不复置，詹事、庶子有名无实，其左右春坊，直以宦官数辈从容朝夕，陪侍游燕，既无以发其隆师亲友、尊德乐义之心，又无以防其戏慢媟狎、奇衺杂进之害，非所以严豫教也。至选任大臣，必得刚明公正之人，而后可任天下之事，陛下岂不知之？直以左右便嬖恐妨己事，多方排摈，惟取疲懦软熟，平日不敢直言正色，临事决可保其不至妨己，然后任之。是以除书未出，物色先定，姓名未显，中外逆知必非天下第一流人物矣。至于振肃纪纲，变化风俗，则今日宫省之间，禁密之地，天下不公之道，不正之人，反皆得以窟穴盘据于其间。其所以熏蒸销铄，使陛下目见耳闻，无非不公不正之事，好善之心不著，疾恶之意不深。虽有作奸犯法，未能深割私爱，勇付外廷。是以纪纲隳于上，风俗弊于下，甚者金珠为脯醢，宰相可啗则啗宰相，近习可通则通近习，惟得之求，无复廉耻。有一刚毅正直、守道循礼之士，群议众排，指为道学，加以矫激之罪，必使无所容身而后已，此岂治世之事哉！若夫爱养民力，修明军政，则自虞允文为相，尽取版曹岁入窠名之必可指拟者，号为岁终羡余之数，输之内帑。顾以有名无实，积累挂欠，不可催理者，拨还版曹。使经费缺乏，督促日峻，中外承风，竞为苛急。而内帑之积，二十余年以来，认为私贮，典以私人，宰相不得节其出入，版曹不得考其存亡，日销月耗，以奉燕私之费，此民力之所以重困也。凡诸将求进，必先掊克士卒，以自结于权幸，而后姓名达于贵将。贵将以付之军中，使自什伍而上，节次保明，称其材武，然后具奏。陛下但见等级推先，案牍具备，诚以为公荐，岂知其论价输钱为债帅哉！彼有智勇才略之人，孰肯抑心下气于宦官宫妾之门？而陛下所得以为将帅者，皆庸夫走卒，而犹望其修明军政，激劝士卒，以强国势，岂不误哉！凡此六事，皆不可缓，而本在于陛下之一心。一心正，则六事无有不正，否则，徒为文具，而天下事愈不可为矣。"疏入，夜漏下七刻，上已就寝，亟起秉烛读之终篇。明日，除主管中太乙宫，兼崇政殿说书。力辞，改秘阁修撰，奉外祠。

光宗即位，降诏奖谕，擢知漳州。奏罢属县无名之赋七百万，减经总制钱四百万。俗未知礼，揭古丧葬嫁娶之仪以示，禁男女传经聚僧庐为会，及女不嫁而庵居者。会朝议欲行泉、汀、漳三州经界，熹乃访事宜，择人物及弓量之法上之，后不果行。子丧，请祠。复主管南京鸿庆宫。翊善黄裳自言学不及熹，与彭龟年奏，乞召为宫僚。留正谓："非不知熹，恐其性刚不合，反为累耳。"乃差知潭州。申敕属郡，令严武备，遣人谕洞獠以祸福，戢奸吏，抑豪民。所至兴学明教，四方学者群至。

宁宗即位，赵汝愚首荐。赴行在，因奏："太皇太后躬定大策，陛下寅绍丕图。前日未尝有求位之心，今日未尝忘思亲之念。愿充未尝求位之心，以尽负罪引慝之意；充未尝忘亲之心，以致温清定省之礼。"会赵彦逾按视山陵，言会稽土肉浅薄，下有水石。孙逢吉覆按，别求吉兆。有旨集议，上言："寿皇极德，衣冠之藏，当博访名山，不宜偏信台史，委之水泉沙砾之中。"不报。有旨修葺东宫，欲徙居之。熹奏："此必左右近习倡为邪说以误陛下，而欲因以遂其奸心。臣恐不惟无以感格太上皇帝之心，亦恐寿皇在殡，兴作土木，神灵或有未安。又闻太上皇后惧忤太上圣意，不欲其闻太上之称，又不欲闻内禅之说，此又虑之过者。父子大伦，三纲所系，久而不图，将有借其名以造谤生事者，此又臣所大惧。愿陛下明诏大臣，首罢修葺，回就慈福、重华之间，草创寝殿，使粗可居。又愿下诏自责，减省舆卫，过宫之日暂变服色，如唐肃宗改服紫袍、执控马前，以伸负罪引慝之诚，则太上虽有忿怒之情，亦且霍然消散。至若朝廷纪纲，则愿严诏左右勿预。其实有勋庸而褒赏未惬者，并诏大臣公议其事，稽考令典，厚报其劳。凡号令之弛张，人才之进退，一以委之大臣，使反复较量，酌取公道。缴驳论难，择其善者称制临决，则不惟近习不得干预朝政，大臣不得专任己私，而陛下亦得以明习天下之事，而无所疑于得失之算矣。"疏入，不报。又勉上进德疏，言："愿陛下于日用之间，以求放心为之本，玩经史，近儒学。数召大臣，切劘治道，群臣进对，赐以温颜，反复询访，以求政事之得失，民情之休戚，而因以察其人才之邪正、短长，庶于天下之事各得其理。"又奏："礼经与敕令，子为父，嫡孙为祖父，皆斩衰三年；嫡子为其父后，不能袭位执丧，则嫡孙继统代之执丧。自汉文之后，独我寿圣皇帝超出万古。陛下以世嫡承重，服制宜遵寿皇。一时仓卒不及详议，遂用漆纱浅黄之服，不惟上违礼律，且使先志之美举而复坠，臣窃痛之。然既往之失不及追，将来启殡发引，礼当复用初丧之服。"会孝庙升祔，复议迭毁之制。孙逢吉、曾三复请并祧僖、宣二祖，奉太祖居第一室，祫祭则正东向之位。熹以为藏之夹室，则是以祖宗之主下藏于子孙之室，神宗既奉僖庙以为始祖，所谓有举之而莫敢废者。不听，除为国史实录院同修撰，辞，不允。上疏论劾韩侂胄居中用事，防微杜渐，间不可忽。御批："悯卿耆艾，恐难立讲，可除宫观。"以为宝文阁待制。固辞州郡差遣，依旧提举鸿庆宫。沈继祖诬以十罪，落职罢祠。庆元五年致仕。六月三月卒，年七十一。

临没，正坐整衣冠，遗书嘱其子在及门人范念德、黄干，拳拳以勉学及修正遗书为言。家故贫，非其道义，一介不取。徙建阳考亭，箪瓢屡空，晏如也。诸生远至，与共豆饭藜羹。登第五十年，仕只九考，立朝才四十日。党禁严锢，犹日与诸生讲学不休。或劝其谢遣，笑而不答。其为学，必务穷理以致其知，反躬以践其实，而以居敬为主。尝谓圣贤道统之传，散在方策，圣经之旨不明，而道统之传始晦。乃竭其精力，以研穷圣贤之经训。所著《易本义》、《启蒙》、《蓍卦考误》、《诗集传》、《学庸章句》、《或问》、《语孟集注》、《太极图》、《通书》、《西铭解》、《楚辞集注》、《辨证》、《韩文考异》；所编次《论孟集义》、《孟子指要》、《中庸辑略》、《孝经刊误》、《小学书》、《通鉴纲目》、《宋名臣言行录》、《家礼》、《近思录》、《程氏遗书》、《伊洛渊源》及《仪礼经传通解》未脱稿，皆行于世。及将窆，复有言其徒送伪师之葬，四方会聚，非妄谈时人短长，则谬议时政得失，下令随处守臣约束。嘉泰初，学禁稍弛，诏复华文阁待制，与致仕恩泽。侂胄死，复遗表恩赐，谥曰文。嘉定二年，赠中大夫、宝谟阁直学士。宝庆三年，赠太师，追封信国公。绍定三年，改徽国公。淳祐初，从祀孔子庙廷，以其《学》、《庸》、《语》、《孟》、《训说》立于学宫。有文集百卷，生徒问答八十卷，别录十卷。黄干称，道之正统待人而后传。语载《宏道录》。世以为知言。子在，绍定中为吏部侍郎。

年谱

宋高宗建炎四年庚戌九月甲寅，朱子生。朱子本歙州人，世居州之婺源水平乡松岩里。宣和末，厥考吏部韦斋先生松为政和尉，遭父承事府君丧，以方腊乱睦不能归，遂葬其亲于其邑护国寺之侧。尝侨寓建、剑二州。是岁馆于尤溪之郑氏，而朱子生焉。

绍兴元年辛亥　朱子二岁。

二年壬子　朱子三岁。

三年癸丑　朱子四岁。按行状云：先生能言，韦斋指天示之曰："天也。"问曰："天之上何物？"韦斋异之。

四年甲寅　朱子五岁。始入小学。

五年乙卯　朱子六岁。

六年丙辰　朱子七岁。

七年丁巳　朱子八岁。通《孝经》大义，书其上曰："若不如此，便不成人。"间从群儿嬉游，独以沙列八卦，端坐默视。

八年戊午　朱子九岁。

九年己未　朱子十岁。按《语录》云：十数岁时，读《孟子》至圣人与我同类者，喜不可言，以为圣人亦易做。

十年庚申　朱子十一岁。受学于家庭。

十一年辛酉　朱子十二岁。

十二年壬戌　朱子十三岁。

十三年癸亥　朱子十四岁。三月，丁父韦斋先生忧。初禀学于胡藉溪、刘草堂、刘屏山三君子之门。韦斋卒于建水之水南，享年四十七。当疾革时，手自为书，以家事嘱少傅刘公子羽，而诀于藉溪胡宪原仲、白水刘勉之致中、屏山刘子翚彦冲，且顾谓朱子曰："此三人者，吾友也。其学皆有渊源，吾所敬畏。吾即死，汝往父事之，而惟其言之听。"韦斋没，少傅为筑室于其里第之旁，朱子遂牵母夫人迁而归焉。乃遵遗训，禀学于三君子之门。三君子抚教如子侄，白水刘公因以其女妻之。三刘寻下世，独事藉溪最久。

十四年甲子　朱子十五岁。葬韦斋先生。墓在崇安县五夫里之西塔山。

十五年乙丑　朱子十六岁。

十六年丙寅　朱子十七岁。按《语录》云：某年十七时吃了多少辛苦读书。

十七年丁卯　朱子十八岁。秋，举建州乡贡。考官蔡兹谓人曰："吾取中一后生，三篇策皆欲为朝廷措置大事，他日必非常人。"

十八年戊辰　朱子十九岁。春，登壬佐榜进士。

十九年己巳　朱子二十岁。

二十年庚午　朱子二十一岁。春，铨试中等，授左迪功郎，泉州同安县主簿。

二十二年壬申　朱子二十三岁。

二十三年癸酉　朱子二十四岁。夏，始受学于延平李先生之门。初，朱子学靡常师，出入经传，泛滥释老有年。及见延平，洞明道要，顿觉异学之非。于是专精致志，剖微穷源，昼夜不懈，至忘寝食，而道统之传盖有所归矣。秋七月，至同安。长子塾生。

二十四年甲戌　朱子二十五岁。是岁仲子埜生。

二十五年乙亥　朱子二十六岁。建经史阁，立故相苏公祠于学宫。苏公名颂，以学术名节为可师也。

二十六年丙子　朱子二十七岁。七月，秩满。冬，奉檄走旁郡。

二十七年丁丑　朱子二十八岁。春，还同安，候代不至，罢归。士思其教，民怀其惠，相与立祠于学。

二十八年戊寅　朱子二十九岁。以养亲请祠。十二月，差鉴潭州南岳庙。

二十九年己卯　朱子三十岁。八月，召赴行在，辞。

三十年庚辰　朱子三十一岁。冬，再见李先生于延平。

三十一年辛巳　朱子三十二岁。贻书黄枢密论恢复。

三十二年壬午　朱子三十三岁。春，迎遏李先生于建安，遂与俱归。八月，应诏上封事。是月，复予祠。

孝宗隆兴元年癸未　朱子三十四岁。三月，再召，辞，有旨趣行。十月，至行在。辛巳，入对垂拱殿。十一月，除武学博士，拜命未归。是岁，《论语要义》、《论语训蒙口义》成。

二年甲申　朱子三十五岁。正月，《困学恐闻》成。之延平，哭李先生。

乾道元年乙酉　朱子三十六岁。四月，请祠。五月，复差监南岳庙。作《说议序》。

二年丙戌　朱子三十七岁。

三年丁亥　朱子三十八岁。八月，访南轩张公敬夫于潭州。道经昭武，谒黄端明。十二月，至自长沙，除枢密院编修。用执政陈俊卿、刘珙荐也。

四年戊子　朱子三十九岁。四月，崇安饥，贷粟于府以赈之。《程氏遗书》成。七月，大水，奉府檄行视水灾。省札屡趣就职，固辞。

五年己丑　朱子四十岁。是岁，子在生，作《太极通书后序》。九月戊午，丁母孺人祝氏忧。

六年庚寅　朱子四十一岁。正月，葬祝孺人。墓在建阳县崇泰里后山天湖之阳，名曰寒泉坞，自作圹记。《家礼》成。七月，迁韦斋先生墓。十二月，召赴行在，以丧制未终辞。

七年辛卯　朱子四十二岁。创立社仓于所居之里。

八年壬辰　朱子四十三岁。《论孟精义》成。四月，有旨疾速起发，再辞。是岁，《资治通鉴纲目》成。纲仿《春秋》而群史之长，目仿《左氏》而稽诸儒之粹。《八朝名臣言行录》成。《西铭解义》成。

九年癸巳　朱子四十四岁。省札再趣行，又辞。就乞差监岳庙。《太极图传》、《通书解》成。五月，有旨特与改秩宫观，辞。《程氏外书》成。

淳熙元年甲午　朱子四十五岁。六月，始拜改秩之命。

二年乙未　朱子四十六岁。五月，东莱吕公伯恭来访，《近思录》成。偕东莱及梭山陆公子寿、象山陆公子静，会于鹅湖。江西陆九龄子寿、九渊子静、清江刘清之子登皆来会，相讲其所闻。二陆俱执己见，不合而罢。六月，作晦庵。庵在芦峰之雪谷，自为记。

三年丙申　朱子四十七岁。二月，如婺源省墓。六月，除秘书省秘书郎，辞。八月，再辞，许之，遂复与祠。仍差主管武夷山坤祐观。十一月，令人刘氏卒。次年二月葬于建阳县之唐石大林谷。

四年丁酉　朱子四十八岁。六月，《论孟集注》、《或问》成。十月，《周易本义》、《诗集传》成。

五年戊戌　朱子四十九岁。八月，差知南康军，辞，不允，仍令疾速之任。

六年己亥　朱子五十岁。三月，省札再趣行。是月晦赴上，立三先生祠祀周子，以二程子配及五贤堂以祀陶靖节、刘西涧父子、李公择、陈了斋也。六月，奏乞蠲减星子县税钱。十月，重建白鹿洞书院。

七年庚子　朱子五十一岁。正月，请祠，不报。三月，复请祠，不允。南轩张公讣至，哭之。四月，申减属县科纽木炭钱岁二十缗。应诏上封事。大修荒政。十一月，作卧龙庵。

八年辛丑　朱子五十二岁。正月，开场济粜。二月，陆象山来访。朱子与俱至白鹿洞书院，请升讲席。子静以君子小人喻义利章发论，朱子以为切中学者隐微深锢之病。三月，差提举江西常平茶盐待次。闰三月，去郡东归。七月，除直秘阁，辞。东莱吕公讣至，为位哭之。八月，差提举调东常平茶盐。十一月己亥，奏事延和殿。十二月，视事于西兴。有短先生者，谓其疏于为政，上谓宰相准曰："朱某政事却有可观。"

九年壬寅　朱子五十三岁。正月，条奏救荒事宜。有诏捕蝗，复上疏言事。诏行社仓法于诸郡。条奏诸州利病，劾奏前知台州唐仲友不法，毁秦桧祠。永嘉学有秦桧祠，移文毁之。八月，除直徽猷阁，辞。差江西提点刑狱，辞。与江东提刑梁总两易其任，再辞。十一月，始受职名，任力辞新任，请祠。

十年癸卯　朱子五十四岁。正月，差主管台州崇道观。四月，武夷精舍成。四方士友来者甚众。

十一年甲辰　朱子五十五岁。力辨浙学之非。

十二年乙巳　朱子五十六岁。二月，崇道秩满，复请祠，差主管华州云台观。

十三年丙午　朱子五十七岁。三月，《易学启蒙》成。八月，《孝经刊误》成。

十四年丁未　朱子五十八岁。三月，《小学》成，差主管南京鸿庆宫。七月，差江西提点刑狱，辞。

十五年戊申　朱子五十九岁。正月，趣奏事之任，复以疾再辞，不允，且趣入对。六月壬申，奏事延和殿。除兵部郎官，以足疾请祠，诏依旧职名提刑江西。七月，除直宝文阁，主管西京崇福宫。九月，复召，辞。十一月，趣入对，再辞，遂上封事。除主管西太乙宫兼崇政殿说书，辞。始出《太极通书》、《西铭解义》以授学者。

十六年己酉　朱子六十岁。正月，除秘阁修撰，辞。是岁，序《大学中庸章句》。四月，再辞职名，许之，仍旧直宝文阁，降诏奖谕。闰五月，更化覃恩转朝散郎，赐绯鱼。八月，除江东转运副使，又辞。十一月，改知漳州，再辞，不允，始拜命。

光宗绍熙元年庚戌　朱子六十一岁。四月，到部，首颁礼教。十月，以地震及足疾不能赴锡宴自劾，仍请祠，不允。刻《四书五经》于郡。

二年辛亥　朱子六十二岁。复除秘阁修撰，主管南京鸿庆宫，任便居住。正月长子塾卒。四月，去郡，再辞职名。七月，再辞职名，不允。诏：论撰之敢以审名儒。乃不敢辞。九月，除湖南转运副使，辞。十二月，仍以漳州经略，不行，自劾。

三年壬子　朱子六十三岁。始筑室于建阳之考亭。陈同甫来访。十二月，除知静江府广西经略，辞。

四年癸丑　朱子六十四岁。正月，再辞。十二月，除知潭州湖南安抚，辞，不允。

五年甲寅　朱子六十五岁。正月，再辞，诏疾速之任。洞獠侵扰郡境，遣使谕降之。改建岳麓书院。本枢密刘公南轩旧观。七月，宁宗即位，召赴行在奏事。上在藩邸，闻朱子名德，倾心已久。至是，首加召用。八月，除焕章阁待制兼侍讲，再辞，不允，仍趣令疾速供职。九月晦日，至自长沙，次于郭外。十月朔，乞且带旧职奏事。次日，入国门。越日，奏事行宫便殿。辞新除职名，不允。上孝宗山陵议状。辛丑，授诏进讲《大学》差兼实录院同修撰，再辞，不允。更化覃恩授朝讲郎，赐紫金鱼袋。乙巳晚讲，乞令后省看详封事。庚戌，讲筵留身奏四事。闰月朔，编次讲章以进。请修嫡孙承重之服，上庙祧议。准告，封婺源县开国男，食邑三百户。戊辰，入史院。丙戌，诏除宝文阁待制，知江陵府湖北安抚，辞。十一月，还考亭，复辞前命，仍乞追还新旧职名。十二月，诏依旧焕章阁待制，提举南京鸿庆宫。竹林精舍成。后更名沧州。

宁宗庆元元年乙卯　朱子六十六岁。正月，辞旧职名，三月，又辞，并不允，转朝奉大夫。五月，复辞职名，并乞致仕，不允。十二月，屡辞职名，诏依旧充秘阁修撰宫祠如故。是岁，《楚辞集注》成。

二年丙辰　朱子六十七岁。二月，申乞改正恩数。十二月，褫职罢祠。先是台臣击伪学，既榜朝堂，胡纮、沈继祖之徒争以朱子为奇货。纮草疏将上不果，以稿授继祖，遂奏，褫职。是岁始修《礼书》。

三年丁巳　朱子六十八岁。别蔡元定于寒泉精舍。《韩文考异》成。

四年戊午　朱子六十九岁。作《书传》。十二月，引年乞休。

五年己未　朱子七十岁。四月，有旨令守朝奉大夫致仕。始用野服。

六年庚申　朱子七十一岁。三月辛酉，改《大学·诚意章》。甲子，朱子卒。三月初九日也。十一月壬申，葬于建阳县唐石里之大林谷。会葬者几千人。

行状

宋故朝奉大夫、华文阁待制，赠宝谟阁直学士、通议大夫，谥文，朱先生行状。

曾祖绚，故不仕。姚汪氏。

祖森，故赠承事郎。姚程氏，赠孺人。

父松，故任左承议郎，守尚书吏部员外郎兼史馆校勘，累赠通议大夫。姚孺人祝氏，赠硕人。

本贯徽州婺源县永平乡松岩里。

先生姓朱氏，讳熹，字仲晦。父朱氏，为婺源著姓，以儒名家，世有伟人。吏部公甫冠，擢进士第，入馆为尚书郎兼史事，以不附和议去国。文章行义为学者师，号韦斋先生，有文集行于世。吏部公因仕入闽，至先生始寓建之崇安五夫里，今居建阳之考亭。

先生以建炎四年九月十五日午时生南剑尤溪之寓舍。幼颖悟，庄重能言。韦斋指示曰："此天也。"问曰："天之上何物？"韦斋异之。就傅，授以《孝经》。一阅封之，题其上曰："不若是，非人也。"尝从群儿戏沙上，独端坐以指画沙，视之，八卦也。

少长，历志圣贤之学，于举子业初不经意。年十八，贡于乡，登绍兴十八年进士第，以左迪功郎主泉州同安簿。莅职勤敏，纤悉必亲，郡县长吏，事倚以决。苟利于民，虽劳无惮。职兼学事，选邑之秀民充弟子员。访求名士以为表率，日与讲说圣贤修己治人之道。年方逾冠，闻其风者，已知学之有师而尊慕之。历四考罢归，以奉亲讲学为急。二十八年，请奉祠，监潭州南岳庙。明年，诏赴行在，言路有托抑奔竞以沮之者，遂以疾辞。三十二年，祠秩满，再请。

孝宗即位，复因其任。会有诏求直言，因上封事，其略言："圣躬虽未有阙失，而帝王之学不可以不熟讲；朝政虽未有阙遗，而修攘之计不可以不早定。利害休戚虽不可遍以疏举，然本原之地不可以不加意。陛下毓德之初，亲御简策，不过讽诵文辞，吟咏性情。比年以来，欲求大道之要，又颇留意于老子、释氏之书。记诵词藻，非所以探渊源而出治道；虚无寂灭，非所以贯本末而立大中。帝王之学，必先格物致知以极夫事物之变，使义理所存纤悉毕照，则自然意诚心正而可以应天下之务。"次言："今日之计，不过修政事，攘夷狄。然计不时定者，讲和之说疑之也。今敌于我有不共戴天之仇，则不可和也，义理明矣。知义理之不可为而犹为之，以有利而无害也。以臣策之，所谓和者，有百害而无一利，何苦而必为之？愿畴咨大臣，总揽群策，鉴失之之由，求应之之术，断以义理之公，参以利害之实，闭关绝约，任贤使能，立纲纪、厉风俗，使吾修政攘夷之外，了然无一毫可峙为迁延中已之资，而不敢怀顷刻自安之意。然后将相、军民，无不晓然知陛下之志，更相激厉，以图事功。数年之外，志定气饱，国富兵强，视吾力之强弱，观彼衅之浅深，徐起而图之，中原故地不为吾有而将焉往！"次言："四海利病，系斯民之休戚。斯民休戚，系守令之贤否。监司者守令之纲，朝廷者监司之本。欲四民之得其所，本原之地亦在朝廷而已。今之监司，奸赃狼藉，肆虐以病民者，莫非宰执、台谏之亲旧宾客。其已失势者，既按见其私之状而斥去之，尚在势者，岂无其人？顾陛下无自而知之耳。"

明年，改元隆兴，复诏，辞，不许。即入对，其一言："大学之道，在乎格物以致其知。盖有是物，必有是理，然理无形而难知，物有迹而易睹。故因是物以求之，使是理了然于心目之间而无毫发之差，则应乎事者自无毫发之谬。陛下虽有生知之性，高世之行，而未尝随事以观理，故天下之事多所未察。未尝即理以应事，故天下之事多所未明。是以举措之间，动涉疑贰；听纳之际，未免蔽欺。平治之效，所以未著，由不讲乎学之大道，而溺心于浅近虚无之过。"其二言："君父之仇，不与共戴天，乃天之所覆，地之所载。凡有君臣父子之性者，发于至痛不能自已之同情，而非专出于一己之私。然则今日所当为者，非战无以复仇，非守无以制胜，是皆天理之同然，非人欲之私念也。"末言："古先圣王制御敌人之道，其本不在乎威强，而在乎德业；其备不在乎边境，而在乎朝廷；其具不在乎兵食，而在乎纪纲。今日谏诤之途尚壅，佞臣之势方张。爵赏易致，而威罚不行。民力已殚，而国用未节。则德业未可谓修，朝廷未可谓正，纪纲未可谓立，凡古先圣王所以强本折冲，威制敌人之道，皆未可谓备。"三札所陈，不出封事之意而加剀切焉。先生以为制治之原莫急于讲学，经世之务莫大于复仇，至于德业成败则决于君子小人之用舍，故于奏对，复申言之。盖学有定见，事有定理。而措之于言者如此。除武学博士，待次。

乾道改元，促就职。既至，以时相方主和议，请监南岳庙以归。三年，差充枢密院编修官，待次。五年，三促就职，会魏掞之以布衣召为国子录，因论曾觌而去，遂力辞。先生尝两进绝和议、抑佞幸之戒。言既不行，虽擢用狎至不敢就。出处之义，凛然有不可易者。寻丁内艰。六年，复召，以未终丧辞。七年，既免丧，复召，以禄不及养辞。四年之间，辞者六。九年，有旨："安贫守道，廉退可嘉。"特改合入官。主管台州崇道观。先生以改秩畀祠，皆进贤赏功，优德报勤之典，今无故骤得之，求退得进，于义未安，再辞。

淳熙元年，又再辞。上意愈坚，始拜命。改宣教郎，奉祠。二年，除秘书郎。先生以改官之命，正以嘉其廉退，今乃冒进擢之宠，是左右望而罔市利，力辞。时上谕大臣欲奖用廉退，执政以先生为言，故有是命。会有言虚名之士不可用者，以故再辞。即从其请，主管武夷山冲佑观。

五年，差权发遣南康军事，辞者四，始之任。先生自同安归，奉祠、家居几二十年。间关贫困，不以属心，涵养充积，理明义精，见之行事，益辉然矣。至郡，恳恻爱民，如己隐忧，兴利除害，惟恐不及。属邑星子，土瘠税重，乞从蠲减，章凡五六上。岁值不雨，讲求荒政，凡请于朝，言无不尽。官物之检放，倚阁、蠲减、除豁、带纳如秋苗夏税、木炭月桩、经总制钱之属，各视其色目为之条奏，或至三四，不得请不已。并奏请截留纲运，乞转运、常平两司拨钱米充军粮、备赈济，申严邻路断港遏粜之禁。选官吏授以方略，俾视境内，具知荒歉分数、户口多寡、蓄积虚实，通商劝分，多所全活。其设施次第，人争传录以为法。迄事，奏乞依格推赏纳粟人者凡数四。郡滨大江，舟舣岸者，遇大风辄沉溺，因募饥民筑堤捍舟，民脱于饥，舟患亦息。先生视民如伤，至奸豪侵扰细民、挠法害政者，惩之不少贷。由是豪强敛戢，里闾安靖。数诣郡学，引进士子与之讲谕。访白鹿洞书院遗址，奏复其旧。又奏乞赐书院敕额及高宗御书石经板本九经注疏等书者至再。每休沐，辄一至书院，质疑问难，诲诱不倦，退则相与徜徉泉石间，竟日乃反。又求栗里陶靖节之居，西涧刘屯田之墓，孝子熊仁瞻之间，旌显之，犹以不得悉行其志为恨。明年，诏监司、郡守条具民间利病，遂上疏言："天下之大务莫大于恤民，恤民之本又在人君正心术以立纪纲。今日民间特以税重为苦，正缘二税之入，朝廷尽取以供军，而州县无复赢余，则不免于二税之外别作名色，巧取于民。今民贫赋重，若不计理军实，去其浮冗，则民力决不可宽。惟有选将吏、核兵籍可以节军赀，开广屯田可以实军储，练习民兵可以益兵备。今日将帅之选，率皆膏粱子弟、厮役凡流，所得差遣靡费已是不赀。到军之日，惟望哀敛刻剥以偿债负。总馈饷之任者，亦皆倚负幽阴，交通货赂。其所驱催东南数十州之脂膏骨髓，名为供军，而辇载以输权幸之门者不可以数计。然则欲计军实以纾民力，必尽反前之所为，然后乃可冀也。授将印，委利权，一出于朝廷之公议，则可以绝苞苴请托之私，而刻剥之风可革。务求忠勇沉毅实经行阵之人，则可以革轻授非才之弊。而军士畏爱，搜阅以时，窜名冗食者不得容于其间。又择老成忠实、通晓兵农之务者，使领屯田之事，付以重权，责其久任，则可以渐省列屯坐食之兵，稍损州郡供军之数。军籍既核，屯田既成，民兵既练，州县事力既纾，然后可以禁其苛敛，责其宽恤，庶几困穷之民得保生业，无复流移漂荡之患矣。所谓其本在于正心术以立纪纲者，盖天下之纪纲不能以自立，必人主之心术公平正大，无偏党反侧之私，然后纪纲有所系而立。君心不能以自正，必亲贤臣，远小人，讲明义利之归，闭塞私邪之路，然后方可得而正。今宰相、台省、师傅、宾友、谏净之臣皆失其职，而陛下所与亲密谋议者，不过一二近习之臣。此一二小人者，上则蛊惑陛下之心志，使陛下不信先王之大道而说【悦】于功利之卑说，不乐庄士之谠言而安于私亵之鄙态；下则招集士大夫之嗜利无耻者，文武汇分，各入其门。所喜则阴为引援，擢置清显；所恶则密行谮毁，公肆挤排。交通货赂，则所盗者皆陛下之财；命卿置将，则所窃者皆陛下之柄。陛下所谓宰相、师傅、宾友、谏净之臣，或反出入其门墙，承望其风旨。其幸能自立者，亦不过龌龊自守，而未尝敢一言以斥之。其甚畏公论者，乃略能惊逐其徒党之一二。既不能深有所伤，而终亦不敢明言以捣其囊橐窟穴之所在。势成威立，中外靡然向之，使陛下之号令黜陟不复出于朝廷而出于此一二人之门，名为陛下之独断，而实此一二人者阴执其柄。盖其所坏，非独坏陛下之纪纲，乃并舆陛下所以立纪纲者而坏之。民又安可得而恤？财又安可得而理？军政何自而修？土宇何自而复？宗庙之仇耻又何时而可雪耶？"

先生在任，尝用札子奏事，后因台谏言用札子非旧制，遂奏乞罢黜。又以致人户逃移自劾者再，以疾请奉祠者五。将满，除江西提举常平茶盐事，待次。初，庙堂议遣先生使蜀，上意不欲其远去。故有是命。诏以修举荒政，民无流殍，除直秘阁，凡三辞，皆以前所奏纳粟人未推赏，难以先被恩命。

会浙东大饥，易提举浙东常平茶盐事。时民已艰食，即日单车就道，复以南康纳粟人未推赏辞职名，具乞奏事之任。纳粟赏行，遂受职名。入对，其一言："陛下临御二十年间，水旱、盗贼，略无宁岁。意者德之崇未至于天与？业之广未及于地与？政之大者有未举，而小者无所系与？刑之远者或不当，而近者或幸免与？君子有未用，而小人有未去与？大臣失其职，而贱者窃其柄与？直谅之言罕闻，而谄谀者众与？德义之风未著，而污贱者骋与？货赂或上流，而恩泽不下究与？责人或已详，而反躬有未至与？夫必有是数者，然后足以召灾而致异。"其二言："陛下即政之初，盖将选建英豪，任以政事。不幸其间不能尽得其人，是以不复广求贤哲，而姑取软熟易制之人，以充其位。于是左右私亵使令之贱，始得以奉燕闲，备驱使。而宰相之权日轻。又虑其势有所偏，而因重以壅己也，则时听外廷之论，将以阴察此辈之负犯而操切之。陛下既未能循天理、公圣心，以正朝廷之大体，则固已失其本矣。而又欲兼听士大夫之公言，以为驾驭之术，则士大夫之进见有时，而近习之从容无间。士大夫之礼貌既庄而难亲，其议论又苦而难入。近习便嬖侧媚之态，既足以蛊心志，其胥吏狡狯之术，又足以眩聪明。此其生熟甘苦既有所分，恐陛下未及施其驾驭之术，而先堕其数中矣。是以虽欲微抑此辈，而此辈之势日重；虽欲兼采公论，而士大夫之势日轻。重者既挟其重以窃陛下之权，轻者又借力于所重，以为窃位固宠之计。中外相应，更济其私，日往月来，浸淫耗蚀。使陛下之德业日隳，纪纲日堕，邪佞充塞，货赂公行，兵愁民怨，盗贼间作，灾异数见，饥馑荐臻。群小相挺，人人皆得满其所欲；惟有陛下了无所得，而国家顾乃独受其弊。"其三言："救荒利害。如州县旱伤，早行检放，从实蠲减。劝谕人户赈粜，务得其平。纳粟之人，早行推赏，所纳米数，仍减其半。乞拨丰储仓米一十余万石，以备济粜。州县新旧官物并且住催，绍兴丁身等钱预行蠲放，及免米商力胜税钱。量立赏格，官吏违慢者奏劾，昏病者别与差遣，仍差选得替，待阙宫庙，持服官员，时暂管干。"其四言："水旱三分以上，第五等户免检并放。五分以上，第四等户依此施行，乞行著令。及请颁行社仓条约于诸路。"其五言："绍兴和买，乞议革其弊。"其六言："南康尝乞蠲减星子租税，有司拒以对补，各细鄙狭，不达大体。"其七言："白鹿书院请赐书额。"

先生所对奏札凡七。其一二皆自书，以防宣泄。又以南康所上封事，缮写成册，用袋重封，于阁门投进。后五札亦有非一时救荒之急者，当悾偬不暇给之际，而忧深虑远，从容整暇，盖急于救民，馨竭忠恫，不敢有所隐也。

先生所居之乡，每岁春秋之交，豪户闭粜牟利，细民发廪强夺，动相贼杀，几至挺变。先生尝帅乡人立社仓以赈贷之，米价不登，人得安业，至是乞推行之。白鹿书院事，本不暇及，前期执政使人谕以且宜勿言。先生因念主上未必有鄙薄儒生之意，而大臣先为此言，不可。及对，卒言之。上委曲访问，悉从其请。先生初拜命，即移书他郡，募米商、蠲其征。及至，客舟之米已辐辏。复以入奏荒政数事，推广条上，情词恳恻，条目详密。日与僚属寓公钩访民隐，至废寝食。分画既然定，按行所部，穷山长谷，靡所不到，拊问存恤，所活不可胜计。每出皆乘单车，屏徒从，所历虽广，而人不知。郡县官吏惮其风采，仓皇惊惧，常若使者压其境，至有自引去者，由是所部肃然。而尤以戢盗、捕蝗、兴水利为急，大抵措画悉如南康时，而用心尤至。初奏绍兴和买之弊，至是乞先与痛减岁额，然后用贯头科纽，惟恐真下户受其弊，则请参用高下等第均敷，及减免下户丁钱以优之。又乞免台州丁钱。至于差役利害，亦尝条具数千言申省。义役之法，则乞令均出义田，罢去役首，免排役次，官差、保正、副长输收义田，仍令上户兼充户长。又乞取会福建下四州见行产盐法，行于本路沿海四州。又乞依处州见地之法，改诸郡酒坊为万户。于救荒之余，犹悉及他事以为经久之计。先生犹以徒费大农数十万缗，无以全活一道饥民自劾。又以前后奏请多见抑却，幸而从者，又率稽缓后时，无益于事，蝗旱相仍，不胜忧愤，复奏言："为今之计，独有断自圣心，沛然发号，责躬求言，然后君臣相戒，痛自省改。其次，惟有尽出内库之钱，以供大礼之费，为收籴之本。诏户部无得催理旧欠，诏诸路漕臣遵依条限检放租税，诏宰臣沙汰被灾路分州军监司守臣之无状者，遴选贤能，责以荒政，庶几犹足以下结人心，消其乘时作乱之意。不然，臣恐所忧者不止于饿殍，而在于盗贼；蒙其害者不止于官吏，而上及于国家也。"复上时宰书云："朝廷爱民之心，不如惜费之甚，是以不肯为极力救民之事。明公忧国之念，不如爱身之切，是以但务为阿谀顺旨之计。然民之与财，孰轻孰重？身之于国，孰大孰小？财散犹可复聚，民心一失，则不可复收。身危犹可复安，国势一倾，则不可复正。至于民散国危，而措身无所，则其所聚有不为大盗积者耶？"

九年，以赈济有劳，进直徽猷阁，辞。知台州唐仲友与时相王淮同里为姻家，迁江西提刑，未行。先生行部，讼者纷然，得其奸赃伪造楮币等事，劾之，时久旱而雨。奏上，淮匿不以闻，仲友亦自辩，且言弟妇王氏惊悸病笃。论愈力，章至十上，事下绍兴府鞫之，狱具情得，乃夺其新命授先生，先生以为是蹊田而夺之牛，辞不拜，遂归。寻令两易江东，辞，及辞职名。且言："唐仲友虽寝新命，已具之狱，竟释不治，则是所按不实，难以复沾恩赏，并不许受职名。"再辞新命，且乞奉祠，言："所劾赃吏，党与众多，并当要路，大者宰制幹旋于上，小者驰骛经营于下，若其加害于臣，不遗余力，则远至师友渊源之所自，亦复无故横肆抵排。为臣之计，惟有乞身就闲，或可少纾患害。"时从臣有奉时相意上疏毁程氏之学以阴诋先生者，故有是言。

十年，差主管台州崇道观。先生守南康、使浙东，始得行其所学，已试之效卓然，而卒不果用，退而奉崇道、云台、鸿庆之祠者五年，自是海内学者尊信益众。

十四年，除提点江西刑狱公事，待次，以疾辞，不许，遂拜命。

十五年，促奏事，又以疾辞。不许，遂行。又以疾请奉祠者再，淮罢相，遂力疾入奏。首言："近年以来，刑狱不当，轻重失宜，甚至涉于人伦风化之重者。有司议刑，亦从流宥之法，则天理民彝，几何不至于泯灭！"又言："州郡狱官乞注又举主关升及任满铨试第二等以上人，常调关升及省部胥吏，并不得注拟。若县狱则专委之令，或不得人，则无所不至，亦望令县丞或主簿同行推讯。"又言："提刑司管催经总制钱，起于宣和末年仓卒用兵，权宜措画。其始亦但计其出纳之实数而随以取之，及绍兴经界，民间投违限，契约所入倍于常岁，自今遂以是年为额，而立为比较之说，甚至灾伤检放、倚阁钱米，已无所入，而经总制钱独不豁除。州县之煎熬何日而少纾，斯民之愁叹何时而少息？"又言江西诸州科罚之弊。至其末篇，乃言："陛下即位二十有七年，而因循荏苒，无尺寸之效可以仰酬圣志。尝反复而思之，无乃燕间蠛濩之中，虚明应物之地，天理有未纯，人欲有未尽与？天理未纯，是以为善不能充其量；人欲未尽，是以除恶不能去其根。一念之顷，公私邪正、是非得失之机，朋分角立，交战于其中。故礼貌大臣非不厚，而便嬖侧媚得以深被腹心之寄；寤寐英豪非不切，而柔邪庸谬得以久窃庙廊之权。非不乐闻公议正论，而有时不容；非不圣谗说殄行，而未免误听；非不欲报复陵庙仇耻，而不免畏怯苟安；非不欲爱养生灵财力，而未免叹息愁怨。凡若此类，不一而足。愿陛下自今以往，一念之发则必谨而察之。此为天理耶，为人欲耶？果天理也，则敬以充之，而不使其少有壅阏；果人欲也，则敬以克之，而不使其少有凝滞。推而至于言语动作之间，用人处事之际，无不以是裁之，则圣心洞然，中外融彻，无一毫之私欲，得以介乎其间，而天下之事，将惟陛下之所欲为，无不如志矣。"

是行也，有要之于路，以正心诚意为上所厌闻，戒以勿言者。先生曰："吾平生所学，只有此四字，岂可回互而欺吾君乎？"及奏，上未尝不称善，曰："久不见卿，浙东之事，朕自知之，今当处卿清要，不复劳卿州县。"除兵部郎，以足疾丐祠，未供职。本部侍郎林栗，前数日与先生论《易》、《西铭》不合，至是遣部吏抱印迫以供职，先生以疾告，遂疏先生欺慢。时上意方向先生，欲易以他部郎，时相竟请援以前江西之命，仍旧职名，又令吏部给还，改官以后不曾陈乞磨勘。盖先生改秩，既出特恩，其后累任祠官，无绩可考，以故不曾陈乞磨勘者十有四年。先生行且辞曰："论者谓臣事君无礼，为人臣子有此名，罪当诛戮，岂可复任外台耳目之寄？"章再上，除直宝文阁，主管西京嵩山崇福宫。栗亦罢。辞磨勘及职名，不许，转朝奉郎。未逾月，再召。时庙堂知上眷厚，惮先生复入，故为两罢之策。上悟，复召。先生受职名，辞召命，以为迁官进职皆为许其间退，方窃难进易退之褒，复为弹冠结绶之计，则其为世观笑，不但往来屑屑之讥。又促召。

初，先生入奏事，迫于疾作，尝面奏。以为口陈之说，有所未尽，乞具封事以闻，至是再辞，遂并具封事，投匦以进，其略曰："今天下大势，如人有重病，内自心腹，外达四支【肢】，无一毛一发不受病者。臣不暇言，且以天下之大本，与今日之急务为陛下言之。盖大本者，陛下之心。急务则辅冀太子，选任大臣，振举纲维，变化风俗，爱养民力，修明军政，六者是也。故先圣王兢兢业业，持守此心，虽在纷华波荡之中，幽独得肆之地，而所以精之一之，克之复之，如对神明，如临渊谷，犹恐隐微之间或有差失而不自知。是以建师保之官，列谏净之职，凡饮食酒浆，衣服次舍，器用财贿，与夫宦官、宫妾之政，无一不领于宰。使其左右前后，一动一静，无不制以有司之法，而无纤芥之隙，瞬息之顷，得以隐其毫发之私。陛下之所以精一克复，而持守其心，果有如此之功乎？所以修身齐家而正其左右，果有如此之效乎？宫省事禁，臣固不得而知，然爵赏之滥，货赂之流，闾巷窃言，久已不胜其籍籍，则陛下所以修之家者，恐其未有以及古之圣王也。至于左右便嬖之私，恩遇过当，往者渊、觌、说抃之徒，势焰熏灼，倾动一时，今已无可言矣。独有前日臣所面陈者，虽蒙圣慈委曲开譬，然臣之愚，窃以为此辈但当使之守门传命，拱扫除之役，不当假借崇长，使得逞邪媚、作淫巧于内，以荡上心；立门庭，招权势于

外，以累圣政。臣窃闻之道路，自王抃既逐之后，诸将差除，多出此人之手。陛下
竭生灵膏血以奉军旅，而军士顾乃未尝得一温饱，是皆将帅巧为名色，夺取其粮，
肆行货赂，于近习以图进用；出入禁闼腹心之臣，外交将帅，共为欺蔽，以至于此。
而陛下不悟，反宠昵之，以是为我之私人，至使宰相不得议其制置之得失，台谏不
得论其除授之是非，则陛下所以正其左右者，未能及古之圣王又明矣。至于辅翼太
子，则自王十朋、陈良翰之后，宫寮之选，号为得人，而能称其职者，盖已鲜矣。
而又时使邪佞儇薄、阘冗庸妄之辈，或得参错于其间，所谓讲读，亦姑以应文备数，
而未闻其有箴规之效。至于从容朝夕，陪侍游燕者，又不过使臣宦者数辈而已。唐
之六典，东宫之官，师傅、宾客，既职辅导，而詹事府、两春坊实拟天子之三省，
故以詹事庶子领之。今则师傅、宾客既不复置，而詹事、庶子有名无实，其左右春
坊遂直以使臣掌之，何其轻且亵之甚耶！夫立太子而不置师傅、宾客，则无以发其
隆师亲友、尊德乐义之心。独使春坊使臣得侍左右，则无以防其戏慢媟狎、奇衺杂
进之害。宜讨论前典，置师傅、宾客之官，罢去春坊使臣，而使詹事、庶子各复其
职。至于选任大臣，则以陛下之聪明，岂不知天下之事，必得刚明公正之人而后可
任哉！其所以常不得如此之人，而反容鄙夫之窃位者，直以一念之间，未能撤其私
邪之蔽，而燕私之好、便嬖之流，不能尽由于法度。若用刚明公正之人以为辅相，
则恐其有以妨吾之事，害吾之人，而不得肆。是以选抡之际，常先排摈此等，置之
度外，而后取凡疲懦软熟、平日不敢直言正色之人而揣摩之，又于其中得其至庸极
陋，决可保其不至于有所妨者，然后举而加之于位。是以除书未出，而物色先定；
姓名未显，而中外已逆知其决非天下之一流矣。至于振肃纲纪，变化风俗，则今日
宫省之间，禁密之地，而天下不公之道，不正之人，顾乃得以窟穴盘据于其间。而
陛下目见耳闻，无非不公不正之事，则其所以熏蒸销铄，使陛下好善之心不著，嫉
恶之意不深，其害已有不可胜言者矣。及其作奸犯法，则陛下又未能深割私爱，而
付诸外廷之议，论以有司之法，是以纲纪不能无所挠败。纲纪不正于上，是以风俗
颓敝于下，盖其为患之日久矣，而浙中为尤甚。大率习为软麈之态，依阿之言，以
不分是非，不辨曲直为得计。下之事上，固不敢不忭其意；上之御下，亦不敢少拂
其情。惟其私意之所在，则千涂【途】万辙，经营计较，必得而后已。甚者以金珠
为脯醢，以契券为诗文，宰相可啗则啗宰相，近习可通则通近习，惟得之求，无复
廉耻。一有刚毅正直，守道循理之士出乎其间，则群议众排，指为道学而加以矫激
之罪。十数年来，以此二字禁锢天下之贤人君子，复如崇、宣之间，所谓元祐学术
者，排摈诋辱，必使无所容其身而后已。呜呼！此岂治世之事，而尚复忍言之哉！
至于爱养民力，修明军政，则自虞允文之为相也，尽取版曹岁入窠名之必可指拟者，
号为岁终羡余之数，而输之内帑。顾以其有名无实，积累挂欠，空载簿籍不可催理
者，拨还版曹，以为内帑之积，将以备他日用兵进取不时之需。然自是以来二十余
年，内帑岁入不知几何，而认为私贮，典以私人，宰相不得以式贡均节其出入，版
曹不得以簿书勾考其存亡，其日销月耗，以奉燕私之费者，盖不知其几何矣，而曷
尝闻其能用此钱以易敌人之首，如太祖皇帝之言哉！徒使版曹经费阙乏日甚，督趣
日峻，以至废去祖宗以来破分良法，而必以十分登足为限。以为未足，则又造为比

较监司、郡守殿最之法以诱胁之。于是中外承风，竞为苛急，此民力之所以重困也。诸将之求进也，必先掊克士卒以殖私财，然后以此自结于陛下之私人，而祈以姓名达于陛下之贵将。贵将得其姓名，即以付之军中，使自什伍以上节次保明，称其材武堪任将帅，然后具为奏牍，而言之陛下之前。陛下但见其等级推先，案牍具备，则诚以为公荐而可以得人矣，而岂知其论价输钱，已若晚唐之债帅哉！夫将者，三军之司命，而其选置之方乖刺如此，则彼智勇材略之人，孰肯抑心下首于宦官、宫妾之门？而陛下之所得以为将帅者，皆庸夫走卒，而犹望其修明军政，激劝士卒，以强国势，岂不误哉！凡此六事，皆不可缓，而本在于陛下之一心。一心正，则六事无不正，一有人心之私欲以介乎其间，则虽欲愈精劳力，以求正夫六事者，亦将徒为文具，而天下之事，愈至于不可为矣！"

疏入，夜漏下七刻，上已就寝，亟起秉烛读之终篇。明日，除主管太乙宫，兼崇政殿说书。时上已有倦勤之意，盖将以为燕翼之谋。先生当草奏疏，言："讲学以正心，修身以齐家，远便嬖以近忠直，抑私恩以抗公道，明义理以绝神奸，择师傅以辅皇储，精选任以明体统，振纲纪以厉风俗，节财用以固邦本，修政事以攘夷狄。"凡十事，欲以为新政之助。会执政有指道学为邪气者，力辞新命，除秘阁修撰，仍奉外祠，遂不果上。先生当孝宗朝陛对者三、上封事者三。其初固以讲学穷理为出治之大原，其后则直指天理人欲之分，精一克复之义；其初固以当世急务一二为言，其后封事之上，则心术、宫禁、时政、风俗，披肝沥胆，极其忠鲠。盖所望于君父愈深，而其言愈切，故于封事之末有曰："日月逾迈，如川之流，一往而不复，不惟臣之苍颜白发已迫迟暮，而窃仰天颜，亦觉非昔时矣。"忠诚恳恻，至今读者犹为之涕下。

先生进疏虽切，孝宗亦开怀容纳，武博编修、秘省郎曹之除，盖将引以自近；守南康，持浙东、江西之节，又知其不可强留而授之。至是，复有经帷之命。先生之尽忠，孝宗之受尽言，亦未为不遇也。然先生进言，皆痛诋大臣近习，孝宗之眷愈厚，而疾者愈深，是以不能一日安其身于朝廷之上，而孝宗内禅矣。

光宗即位，再辞职名，仍旧直宝文阁，降诏奖谕。除江东转运副使，以疾辞者再。覃恩转朝散郎，赐绯衣银鱼。改知漳州。又再以疾辞，不许。时光宗初政，再被除命，遂以绍熙元年之任。奏除属县无名之赋七百万，减经总制钱四百万。加意学校，教诱诸生，如南康时。又以习俗未知礼，采古丧葬嫁娶之仪，揭以示之，命父老解说，以教子弟。释氏之教，南方之盛，男女聚僧庐为传经会，女不嫁者私为庵舍以居，悉为之禁，俗大变。郡有故迪功郎高登，忤秦桧贬死，为奏请诏雪，褒其直。会朝论欲行泉、漳、汀三州经界，先生初仕同安，已知经界不行之害，至于访事宜、择人物，以至弓量之法，洞见本末，遂疏其事上之。且言必可行之说三，将必至于不能行之说一。盖谓经界法行，息争止讼，大为民利，而占田隐税，侵渔贫弱者所不便。及其宣德意，榜之通衢，则邦民鼓舞，而寓公、豪右果为异议以沮之，遂因地震及足疾不赴锡宴自劾。其冬，有旨先行漳州经界，南方春旱，事已无及。明年，属有嗣子之丧，再请奉祠，除秘阁修撰，主管南京鸿庆宫。先生以当上初政，尝辞前件职名，已降褒诏，从其请，难以复受，辞者再。诏论撰之职，以宠名儒。乃拜命，除荆湖南路转运副使，再辞。漳州经界竟报罢，遂以前言经界可行自劾。三年，再以病辞，乞补满宫观，从之。又数月，差知静江府、广南西路经略安抚，辞。四年，又辞，主管南京鸿庆宫。未几，差知潭州荆湖南路安抚，以辞远就近，不为无嫌，力辞。五年，再辞。有旨，长沙巨屏，得贤为重。会洞獠扰属郡，遂拜命赴镇。至则遣人谕以祸福，皆降之。申教令，严武备，戢奸吏，抑豪民。先生所至，必兴学校，明教化，湖湘士子素知学，日伺公退，则请质所疑，先生为之讲说不倦，四方之学者毕至。又以南康、漳州所申改正释奠仪式为请。录故死节五人，为之立庙。孝宗升遐，先生哀恸不能自胜，又闻上以疾不能执丧，中外汹汹，益忧惧。遂申省，乞归田里，言："天下国家所以长久安宁，惟赖朝廷三纲五常之教，建立修明于上，然后守藩述职之臣，有以禀承宣布于下，所以内外相维，大小顺序，虽有强猾奸究，无所逞志。不然，以一介书生，置诸数千里军民之上，亦何所凭恃而能服其众哉？"又草封事，极言父子天性，不应以小嫌废彝伦。言颇直切，会今上即位，不果上。上在潜邸，闻先生名，每恨不得先生为本宫讲官，至是，首召奏事。先生行且辞，除焕章阁待制、侍讲，辞，不许。又再辞，且言："陛下嗣位之初，方将一新庶政，所宜安惜名器，若使幸门一开，其弊岂可复塞？至于博延儒臣，专意讲学，盖将求所以深得亲欢者，为建极导民之本。固所以大振朝纲者，为防微虑远之图。顾问之臣，实资辅养，用人或谬，所系非轻。"盖先生在道，闻南内朝礼尚阙，近习已有用事者，故预是言。又不许，遂奏乞且依元降指挥带元官职奏事者再。及入对，首言："乃者天运艰难，国有大咎，所谓天下之大变，而不可以常理处者。太皇太后躬定大策，陛下寅绍丕图，可谓处之以权，而庶几不失其正矣。然自顷至今，亦既三月，或反不能无疑于逆顺名实之际，祸乱之本，又已伏于冥冥之中，窃为陛下忧之。尚犹有可诿者，亦曰陛下之心，前日未尝有求位之计，今日未尝忘思亲之怀。此则道心微妙之全体，天理发用之本然，所以行权而不失其正之根本也。诚即是心而克之，则所谓求仁得仁而无怨，终身欣然乐而忘天下者，臣有以知陛下之不难矣。借曰天命神器不可无传，宗庙社稷不可无奉，则转祸为福，易危为安，亦可以舍此而他求哉。充吾未尝求位之心，则可以尽吾负罪引慝之诚；充吾未尝忘亲之心，则可以致吾温清定省之礼。始终不越乎此，而大伦正、大本立矣。"次言："为学莫先于穷理，穷理必在于读书。读书之法，莫贵于循序而致精。致精之本，又在于居敬而持志。"又三札言："湖南岁计，入少出多，不可支吾。乞裁减差到诸班换授，归正杂色补官员数。郡州边防全无指画，以致瑶人侵犯，乞移置寨栅，增拨戍兵。潭州城壁，乞行计度修筑。"既对，面辞待制、侍读，不许。翌日，又辞待制职名，乞改作说书差遣。以为未得进说而先受厚恩，万一异时未效涓埃而疾病不支，遂窃侍从职名而去，则臣死有余罪。上手札："卿经术渊源，正资劝讲，次对之职，勿复牢辞，以副朕崇儒重道之意。"遂拜命。

会赵彦逾按视孝宗山陵，以为土肉浅薄，掘深五尺，下有水石，旋改新穴，比旧仅高尺余。孙逢吉覆按，亦乞少宽月日，别求吉兆。有旨集议，台史惮之，议遂中寝。先生竟上议状言："寿皇圣德功，宜得吉土以奉衣冠之藏。当广求术士，博访名山，不宜偏信台史罔上误国之言，固执绍兴坐南向北之说，委之水泉砂砾之中，残破浮浅之地。"不报。覃恩转朝请郎，赠紫章服，兼实录院同修撰，再辞，不许，拜命受诏。进讲《大学》。先生以平日论著敷陈开析，务积诚意以感上心，遂奏乞除朔望、旬休及过宫日分，不以寒暑双支月日诸假故，并令早晚进讲。又乞置局看详四方封事，瑞庆节免称贺。皆从之。复因有旨修葺旧东宫，为屋三数百间，遂具四事奏言："当上帝震怒，灾异数出，畿甸百姓饥馑流离，太上皇帝未获进见，寿皇因山未卜，太皇太后、皇太后皆以尊老之年，茕然忧苦，不宜大兴土木以就安便。寿康定省之礼，所宜下诏自责，频日继往，顾乃逶迤舒缓，无异寻常。太上皇帝必以为此徒备礼而来，其深闭固拒而不得见亦宜矣。朝廷纪纲，尤所当严，上自人主，下至百执，各有职业，不可相侵。今进退宰执，移易台谏，皆出陛下之独断，大臣不与谋，给舍不及议，正使其事悉当于理，亦非为治之体，况中外传闻，皆谓左右或窃其柄，而其所行又未能尽允于公议乎。此弊不革，臣恐名为独断，而主威未免于下移；欲以求治，而反不免于致乱。"末复申言："殡宫之卜，不宜偏听台史胶固缪妄之言，堕其交结眩惑之计。"皆不报。先生进讲，每及数次，复以前所讲者编次成帙以进。上亦开怀容纳，且面谕以求放心之说甚善。所进册子，宫中尝读之，今后更为点来。

先生知上有意于学，遂以札子勉上进德，其略言："陛下日用之间，语默动静，必求放心以为之本，而于玩经观史、亲近儒臣，已用力处，益用力焉。数召大臣切劘治道，俾陈今日要务，略如仁祖开天章阁故事。至于群臣进对，亦赐温颜，反复询访，以求政事之得失，民情之休戚，而又因以察其人情之邪正短长，庶于天下之事各得其理。"又奏："礼经敕令，子为父，嫡孙承重为祖父，皆斩衰三年。嫡子当为父后，不能袭位执丧，则嫡孙继统而代之执丧。自汉文短丧，历代因之，天子遂无三年之丧。为父且然，则嫡孙承重可知。人纪废坏，三纲不明，千有余年，莫能厘正。寿皇圣帝至性自天，孝诚内发，易月之外，犹执通丧，朝衣朝冠皆以大布，所宜著在方册，为世法程。间者，遗诏初颁，太上皇帝偶违康豫，不能躬就丧次。陛下以世嫡承大统，则承重之服著在礼律，所宜遵寿皇已行之法。一时仓卒，不及详议，遂用漆纱浅黄之服，不惟上违礼律，且使寿皇已行之礼举而复坠，臣窃痛之。然既往之失不及追改，惟有将来启殡发引，礼当复用初丧之服，则其变除之节，尚有可议。欲望明诏礼官，稽考礼律，预行指定。"会孝宗祔庙，议宗庙迭毁之次，有讲并祧僖、宣二祖，奉太祖居第一室，祫祭则正东向之位者。有旨集议，僖、顺、翼、宣四祖祧主，宜有所归。自太祖皇帝首尊四祖之庙，以僖祖为四祖之首。治平间，议者以世数浸远，请迁僖祖于夹室。未及数年，王安石等奏，僖祖有庙，与稷契无异，请复其旧，诏从之。时相雅不以熙宁复祀僖祖为是，先生度难以口舌争，遂移疾，上议状，条其不可者四：以为藏之夹室，则是以祖宗之主下藏于子孙之夹室。至于祫祭，设幄于夹室之前，则亦不得谓之祫。欲别立一庙，则丧事即远，有毁无立。欲藏之天兴殿，则宗庙、原庙不可相杂。议者皆知其不安，特以其心急欲尊奉太祖三年一祫时暂东向之故，不知其实无益于太祖之尊，而徒使僖祖、太祖两庙威灵相与争校强弱于冥冥之中，并使四祖之神疑于受摈，彷徨踯躅，不知所归，令人伤痛不能自已。今但以太祖当日追尊帝号之心而默推之，则知太祖今日在天之灵于此必有所不忍。又况僖祖祧主迁于治平，不过数年，神宗皇帝复奉以为始祖，已为得礼之正，而合于人心，所谓有其举之而莫敢废者乎。又拟为庙制，以辩议者一旦并迁僖、宣二祖，析太祖、太宗为二之失。复引元祐大儒程颐之说，以为物岂有无本而生者。今日天下基本盖出僖祖，安得谓无功业？议状既上，庙堂持之不以闻，即毁撤僖、宣庙室，更创别庙以奉四祖。宰相既有所偏主，楼钥、陈傅良又复牵合装缀，以附其说。先生所议，颇达上听，忽有旨召赴内殿奏事，因节略状文，及为札子，画图以进。上然之，且曰：“僖祖国家始祖，高宗、孝宗、太上皇帝不曾迁，今日岂敢轻议？”欲令先生于榻前撰数语，以御批直罢其事。先生方惩内批之弊，因言乞降出札子，再令臣僚集议。既退，复以上意谕庙堂，而事竟不行。经生学士知礼者，皆是先生，一时异议之徒忌其轧己，权奸遂从而乘之。上之立也，丞相赵汝愚密与知阁门事韩侂胄谋之，侂胄于太皇太后为亲属，因得通中外之言，侂胄自谓有定策功，居中用事。先生自长沙辞免待制、待讲，已微寓其意。及进对，复尝再三面言，又约吏部侍郎彭龟年共攻之。龟年出护使客，侂胄益得志。先生又于所奏四事疏中，斥言左右窃柄之失，后因讲筵留身复申言前疏，乞赐施行。既退，即降御批云：“悯卿耆艾，方此隆冬，恐难立讲，已除卿宫观。”宰相执奏不行。明日，径以御批付下，台谏给舍亦争留，不可。除宝文阁待制，与州郡差遣，力辞。寻除知江陵府，又力辞，仍乞追还新旧职名，诏依旧焕章阁待制，提举南京鸿庆宫。庆元元年，又乞追还旧职，不许。赵丞相亦罢，诬以不轨，谪永州。丞相既当大任，收召四方知名之士，中外引领以观新政，先生独惕然以侂胄用事为虑。既屡为上言，又数以手书遣生徒密白丞相，当以厚赏酬其劳，勿使得预朝政。且有分界限、立纪纲、防微杜渐、谨不可忽之意。丞相方谓其易制，所倚以为腹心谋事之人，又皆持禄苟安，无复远虑。丞相既逐，而朝廷大权悉归侂胄。先生自念身虽间退，尚得侍从职名，不敢自嘿，遂草书万言，极言奸邪蔽主之祸，因以明其冤，词旨痛切。诸生更谏，以筮决之，遇遁之同人，先生默然退，取谏稿焚之，自号遁翁。以庙议不合，乞收还职名。又以疾乞休致，不许。先是，吏部取会磨勘，至是转朝奉大夫，又辞职名，乞休致。又以尝妄议山陵自劾，又言已罢讲官，不敢复带侍从职名，诏依旧秘阁修撰。二年，又言：“昨来疏封锡服，封赠荫补，磨勘转官，皆为已受从官恩数，乞改正。”沈继祖为鉴察御史，上章诬诋，落职罢祠。四年十二月，以来岁年及七十，申乞致仕。五年，依所请。六年三月甲子，终于正寝。十一月壬申，葬建阳县唐石里之大林谷。嘉泰二年，除华文阁待制，与致仁恩泽。傅伯寿，故家子，尝执弟子礼，恨不荐己。先生辞次对、除修撰也，伯寿行祠，有伪慢等语。及先生没，伯寿守建宁，又不以闻，故复职之命犹生存也。自先生去国，侂胄势益张，鄙夫憸人，迎合其意，以学为伪。谓贪黩放肆，乃人真情，廉洁好礼者皆伪也。科举取士稍涉经训者，悉见排黜；文章议论根于理义者，并行除毁；《六经》、《语》、《孟》悉为世之大禁。猾胥贱隶、顽钝无耻之徒，往往引用以至卿相。绳趋尺步，稍以儒名者，无所容其身；从游之士，特立不顾者，屏伏丘壑。依阿巽懦者，更名他师，过门不入。甚至变易衣冠，狎游市肆，以自别其非党。先生日与诸生讲学竹林精舍，有劝以谢遣生徒者，笑而不答。

先生既没，善类已排摈，群小之势已成，侂胄志气骄溢，遂至擅开边衅，几危宗社，而生灵涂炭矣。开禧三年，佴胄伏，凶徒憸党，根株斥戮。嘉定元年，诏赐谥，与遗表恩泽。明年，赐谥曰文。又明年，赠中大夫，特赠宝谟阁直学士。后以明堂恩，累赠通议大夫。先生平居惓惓，无一念不在于国。闻时政之阙失，则戚然有不豫之色；语及国势之未振，则感慨以至泣下。然谨难进之礼，则一官之拜，必抗章而力辞；厉易退之节，则一语不合，必奉身而亟去。其事君也，不贬道以求售；其爱民也，不徇俗以苟安。故其与世动辄龃龉，自筮仕以至属纩，五十年间，历事四朝，仕于外者仅九考，立于朝者四十日，道之难行如此。然绍道统，立人极，为万世宗师，则不以用舍为加损也。

自韦斋先生得中原文献之传，闻河洛之学，推明圣贤遗意，日诵《大学》、《中庸》，以用力于致知诚意之地。先生早岁已知其说，而心好之。韦斋病且亟，嘱曰："籍溪胡原仲、白水刘致中、屏山刘彦冲，三人吾友也，学有渊源，吾所敬畏。吾即死，汝往事之，而惟其言之听，则吾死不恨矣。"先生既孤，则奉以告三君子而禀学焉。时年十有四，慨然有求道之心，博求之经传，遍交当世有识之士，虽释老之学，亦必究其归趣、订其是非。延平李先生学于豫章罗先生，罗先生学于龟山杨先生，延平于韦斋为同门友。先生归自同安，不远数百里，徒步往从之。延平称之曰："乐善好义，鲜与伦比。"又曰："颖悟绝人，力行可畏；其所论难，体认切至。"自是从游累年，精思实体，而学之所造者益深矣。

其为学也，穷理以致其知，反躬以践其实，居敬者所以成始成终也。谓致知不以敬，则昏惑纷扰，无以察义理之归；躬行不以敬，则怠惰放肆，无以致义理之实。持敬之方，莫先主一。既为之箴以自警，又笔之书，以为小学、大学皆本于此。终日俨然，端坐一室，讨论典训，未尝少辍。自吾一心一身，以至万事万物，莫不有理。存此心于齐庄静一之中，穷此理于学问思辨之际，皆有以见其所当然而不容已，与其所以然而不可易，然充其知而见于行者，未尝不反之于身也。不睹不闻之前，所以戒惧者愈严愈敬；隐微幽独之际，所以省察者愈精愈密。思虑未萌，而知觉不昧；事物既接，而品节不差。无所容乎人欲之私，而有以全乎天理之正。不安于偏见，不急于小成，而道之以正统在是矣。其为道也，有太极而阴阳分，有阴阳而五行具，禀阴阳五行之气以生，则太极之理各具于其中。天所赋为命，人所受为性，感于物为情，统性情为心。根于性，则为仁、义、礼、智之德；发于情，则为恻隐、羞恶、辞让、是非之端；形于身，则为手足、耳目、口鼻之用；见于事，则为君臣、父子、夫妇、兄弟、朋友之常。求诸人，则人之理不异于己；参诸物，则物之理不异于人。贯彻古今，充塞宇宙，无一息之间断，无一毫之空阙，莫不析之极其精而不乱，然后合之尽其大而无余。先生之于道，可谓建诸天地而不悖，质诸鬼神而无疑矣。故其得于己而为德也，以一心而穷造化之原，尽性情之妙，达圣贤之蕴；以一身而体天地之运，备事物之理，任纲常之责。明足以察其微，刚足以任其重，宏足以致其广，毅足以极其常。其存之也，虚而静；其发之也，果而确；其用之也，应事接物而不穷；其守之也，历变履险而不易。本末精粗，不见其或遗；表里初终，不见其或异。至其养深积厚，矜持者纯熟，严厉者和平，心不待操而存，义不待索而精，犹以为义理无穷，岁月有限，常歉然有不足之意，盖有日新又新不能自已者，而非后学之所可拟议也。其可见之行，则修诸身者，其色庄，其言厉，其行舒而恭，其坐端而直；其间居也，未明而起，深衣、幅巾、方履，拜于家庙以及先圣；退坐书室，几案必正，书籍器用必整；其饮食也，羹食行列有定位，匕箸举措有定所。倦而休也，瞑目端坐；休而起也，整步徐行。中夜而寝，既寝而寤；则拥衾而坐，或至达旦。威仪容止之则，自少至老，祁寒盛暑，造次颠沛，未尝有须臾之离也。行于家者，奉亲极其孝，抚下极其慈，闺庭之间，内外斩斩，恩义之笃，怡怡如也。其祭祀也，事无纤巨，必诚必敬，小不如仪，则终日不乐，已祭无违礼，则油然而喜。死丧之际，哀戚备至；饮食衰绖，各称其情。宾客往来，无不延遇，称家有无，常尽其欢。于新故虽疏远必致其爱，于乡间虽微贱必致其恭。凶吉庆吊，礼无所；赒恤问遗，恩无所阙。其自奉则衣取蔽体，食取充腹，居止取足以障风雨，人不能堪，而处之裕如也。若其措诸事业，则州县之设施，立朝之言论，经纶规画，正大宏伟，亦可概见。虽达而行道，不能施之一时，然退而明道，足以传之万代。谓圣贤道统之传，散在方册，圣经之旨不明，则道统之传始晦。于是竭其精力，以研穷圣贤之经训。于《大学》、《中庸》则补其阙遗，别其次第，纲领条目，粲然复明；于《论语》、《孟子》，则深原当时问答之意，使读而味之者，如亲见圣贤而面命之；于《易》与《诗》，则求其本义，攻其末失，深得古人遗意于数千载之上。凡数经者，见之传注，其关于天命之微、人心之奥、入德之门、造道之域者，既已极深研几，探赜索隐，发其旨趣而无所遗矣。至于一字未安，一词未备，亦必沉潜反复，或达旦不寐，或累日不倦，必求至当而后已。故章旨字义，至微至细，莫不理明词顺，易知易行。于《书》则疑今文之艰涩，反不若古文之平易；于《春秋》则疑圣心之正大，决不类传注之穿凿；于《礼》则病王安石废罢《仪礼》，而传记独存；于《乐》则悯后世律尺既亡，而清浊无据。是数经者，亦尝讨论本末，虽未能著为成书，然其大旨固已独得之矣。

若历代史记，则又考论西周以来至于五代，取司马温公编年之书，绳以《春秋》纪事之法，纲举而不繁，目张而不紊，国家之理乱，君臣之得失，如指诸掌。周、程、张、邵之书，所以继孔孟道统之传，历时未久，微言大义，郁而不彰，先生为之裒集发明，而后得以盛行于世。太极、先天二图，精微广博，不可涯涘，为之解剥条画，而后天地本原，圣贤蕴奥，不至于泯没。程、张门人，祖述其学，所得有深浅，所见有疏密，先生既为之区别，以悉取其所长，至或识见小偏，流于异端者，亦必研究剖析，而不没其所短。南轩张公、东莱吕公，同出其时，先生以其志同道合，乐与之友。至或识见少异，亦必讲磨辩难，以一其归。至若求道而过者，病传注诵习之烦，以为不立文字，可以识心见性，不假修为，可以造道入德，守虚灵之识而昧天理之真，借儒者之言，以文老佛之说，学者利其简便，诋訾圣贤，捐弃经典，猖狂叫呶，侧僻固陋，自以为悟；立论愈下者，则又崇奖汉唐，比附三代，以便其计功谋利之私。二说并立，高者陷于空无，下者溺于卑陋，其害岂浅浅哉！先生力排之，俾不至乱吾道以惑天下，于是学者靡然向之。

先生教人以《大学》、《语》、《孟》、《中庸》为入道之序，而后及诸经。以为不先乎《大学》，则无以提纲挈领而尽《语》、《孟》之精微；不参之以《语》、《孟》，则无以融会贯通，而极《中庸》之旨趣。然不会其极于《中庸》，则又何以建立大本，经纶大经，而读天下之书，论天下之事哉！其于读书也，必使之辨其音释、正其章句，玩其辞、求其义，研精覃思，以究其所难知，平心易气，以听其所自得。然为己务实，辩别义利，毋自欺、谨其独之戒，未尝不三致意焉，盖亦欲学者穷理及身而持之以敬也。从游之士，迭诵所习，以质其疑。意有未喻，则委曲告之，而未尝倦；问有未切，则反复戒之，而未尝隐。务学笃则喜见于言，进道难则忧形于色。讲论经典，商略古今，率至夜半，虽疾病支离，至诸生问辩，则脱然沉疴之去体。一日不讲学，则惕然以为忧。抠衣而来，远自川蜀；文词之传，流及海外；至于四夷，亦知慕其道，窃问其起居。穷乡晚出，家蓄其书，私淑诸人者，不可胜数。先生既没，学者传其书、信其道者益众，亦足以见义理之感于人者深矣。既往圣将微之绪，启前贤未发之机，辩诸儒之得失，辟异端之讹谬，明天理、正人心，事业之大，又孰有加于此者！至若天文、地志、律历、兵机，亦皆洞究渊微。文词字画，骚人才士，疲精竭神，常病其难，至先生未尝用意，而亦皆动中规绳，可为世法。是非资禀之异，学行之笃，安能事事物物，各当其理、各造其极哉？学修而道立，德成而行尊，见之事业者又如此。秦汉以来，迂儒曲学，既皆不足以望其藩墙，而近代诸儒有志乎孔、孟、周、程之学者，亦岂能以造其阃域哉？呜呼！是殆天所以相斯文，笃生哲人，以大斯道之传也。先生疾且革，手为书嘱其子在与门人范念德、黄干，尤拳拳以勉学及修正遗书为言。翌旦。门人侍疾者请教，先生曰："坚苦。"问温公丧礼，曰："疏略。"问仪礼，颔之。已而正坐整衣冠，有顷而逝。

门人治丧者，既一以仪礼从事。而讣告所至，从游之士与夫闻风慕义者，莫不相与为位而聚哭焉。禁锢虽严，有所不避也。呜呼！天又胡不慭遗以永斯道之传，而遽使后学失所依归哉！

先生所著书，有：《易本义》、《启蒙》、《蓍卦考误》、《诗集传》、《大学中庸章句》、《或问》、《论语孟子集注》、《太极图》、《通书》、《西铭解》、《楚辞集注》、《辨证》、《韩文考异》；所编次有：《语孟集义》、《孟子指要》、《中庸集略》、《孝经刊误》、《小学书》、《通鉴纲目》、《本朝名臣言行录》、《古今家祭礼》、《近思录》、《河南程氏遗书》、《伊洛渊源录》，皆行于世。先生著述虽多，于《语》、《孟》、《中庸》、《大学》尤所加意。若《大学》、《论语》则更定数四，以至垂没，《大学》"诚意"一章，乃其绝笔也。其明道垂教，拳拳深切如此。《楚辞集注》亦晚年所作，其爱君忧国，虽老不忘。《通鉴纲目》仅能成篇，每以未及修补为恨。又尝编次《礼书》，用工尤苦，竟亦未能脱稿。所辑《家礼》，世多用之，然其后亦多损益，未暇更定。平生为文，则季子在类次之矣。《生徒问答》，则后学李道传尝裒辑锓版，未备也。

娶刘氏，追封硕人，白水草堂先生之女。草堂，即韦斋所嘱以从学者也。其卒以淳熙丙申，其葬以祔穴。原本误以令人卒于乾道丁酉，坊刻悉从之，今改正。子三人，长塾，先十年卒；次埜，迪功郎，监湖州德清县户部新市犒赏酒库，后十年亦卒；季在，承议郎，提举两浙西路常平茶盐公事。女五人，婿儒林郎静江府临桂县令刘学古、奉议郎主管亳州明道宫黄干、进士范元裕，仲季二人亦早卒。孙男七人，钜、铨、鉴、铎、铚、铉、铸。钜，从政郎，新差监行在杂买务杂卖场门；铨，从事郎，融州司法参军；鉴，迪功郎，新辟差充广西经略安抚司准备差遣；余业进士。女九人，婿承议郎主管华州云台观赵师夏，进士叶韬甫、周巽亨、郑宗亮、黄辂，从政郎绍兴府会稽县丞赵师郜、黄庆臣、李公玉。曾孙男六人，渊、洽、潜、济、浚、澄；女七人。

先生没有年矣，状其行者，未有所属笔，在以干从学日久，俾任其责。先生既不假是而著，干之识见浅陋，言语卑弱，又不足模仿万一。追思平日步趋謦欬，则悲怆哽咽不忍书，亦不忍忘也。窃闻道之正统待人而后传，自周以来，任传道之责，得统之正者，不过数人。而能使斯道章章较著者，一二人而止耳。由孔子而后，曾子、子思继其微，至孟子而始著；由孟子而后，周、程、张子继其绝，至先生而始著。盖千有余年之间，孔孟子之徒所以推明是道者，既已煨烬残阙，离析穿凿，而微言几绝矣。周、程、张子崛起于斯文湮塞之余，人心蠹坏之后，扶持植立，厥功伟然。未及百年，蹖驳尤甚。先生出，而自周以来圣贤相传之道，一旦豁然如大明中天，昭晰呈露，则摭其言行，又可略欤？辄采同志之议，敬述世系、爵里、出处、言论，与夫学问、道德、行业，人所共知者，而又私窃以道统之著者终之，以俟知德者考焉。谨状。

嘉定十四年辛巳正月　日，门人奉议郎、主管亳州明道宫黄干状。

题赞

紫阳朱子遗像（图略）

明英宗像赞：德盛仁熟理明义精，布诸方策启我后人。

朱子自写照铭

乾道九年癸巳，时年四十四岁，而容发凋悴遽已如此。然将修身以毕此生而已，无他念也。唐福元为予写照，因铭其上，以自戒云。

端尔躬，肃尔容。检于外，一其中。力于始，遂其终。操有要，保无穷。

朱子自题警语

绍熙元年孟春，时六十一岁，对镜写真，题以自警。

从容乎礼法之场，沉潜乎仁义之府。是予盖将有意焉，而方莫能与也。佩先师之格言，奉前烈之遗矩。惟暗然而日修，或庶几乎斯语。

朱子自题像诗

庆元庚申二月八日，南城吴氏社仓书楼为予写真，因题其上云。

苍颜已是十年前，把镜回看一怅然。履薄临深谅无几，且将余日付残编。

历代名贤像赞

体备阳刚之纯，气合喜怒之正。晬面盎背，吾不知其何乐；端居深念，吾不知其何病。置之钓台捺不住，写之云台提不定。天下之生久矣，以听上帝之正令。

宋门人陈亮

德禀纯阳，清明刚健。笃学真知，全体实践。集儒之粹，会圣之真。金声玉振，绍古作程。

宋门人陈淳

貌温而严，德刚而粹。春融秋肃，渊澄岳峙。道光二程，识高百氏。生遇明时，难进易退。天假之间，斯文大备。伟哉夫子，垂孝万世。

宋门人陈宓

理明义精，德盛仁熟。折衷群言，如射中鹄。末学梯航，斯文菽粟。在庆元初，中行独复。

宋门人赵汝腾

自甲子来，凡几庚戌？不有二庚戌，安有今日！前庚作，后庚续，日月行天，照人心目。

宋门人林兴祖

周动迁，宋南渡。夫子生，文公出。元气之会，应期而兴。笔削千古，阐明六经。精其知闻，力其践行。玉振金声，集厥大成。在一郡必达，在一道必达，亦足以发。在天下必达，在后世必达，必来取法。

宋后学熊禾

义理精微，蚕丝牛毛。心胸恢廓，海阔天高。豪杰之才，圣贤之学。景星庆云，泰山乔岳。

元后学吴澄

龙门遗韵，冰壶酌源。理一分殊，折衷群言。潮吞百川，雷开万户。洒落荷珠，需然教雨。

元后学王柏

全体大用之学，继往开来之儒。析之极其精而不乱，合之尽其大而无遗。

明后学丘浚

道衍濂洛，统承洙泗。集诸儒之大成，阐六经之精义。遗像清高，报祀无匮。

明后学杨四知

卷三　建置

千秋垂范，一日肇基。篑土方覆，积渐而恢。规模宏远，制度整齐。余力备举，罔有或遗。郁葱具瞻，汉水之湄。

流览者乐其崇闳，心计者叹其美备。衣裳在笥，千丝万缕，不知红女之劳；苍卢尽赓，夕耨朝耕，莫悉农夫之瘁。书院之缔造至于如是，后之继今，亦可以息肩矣。然而创之难，守之者亦难，高门大厦，畴非祖宗之遗，而肯堂构者，必待其人。愈崇闳，则必无失其为崇闳而后可；愈美备，则必无失其为美备而后可。是有待于我新安后来之秀。

纪书院本末　原

汉镇固非通都钜邑，然襟江带湖，绵亘大别之阴，占籍编户者踵相接。人众则情涣，涣则必思所以联结之；居安则志隳，隳则必思所以振励之。顾俗尚神宇，未有书院。有之，自紫阳书院始。所以尊先贤，正人心，厚风俗，亦仰承国家振兴教化，风励末俗之盛心也。康熙甲戌岁，余姓以基地求售，适当汉脉中区。吾徽人士甫有成议，然虑弹丸不足以展崇祀事。会接壤业主知其议，纷纷炫价以俟，遂谋诸同志，概厚其值而收之，纵横得地若干丈。于时协议者二十四人，乃公举吴公蕴予、汪君文仪、余君南宜，执牛耳以董率厥任。于是上其议于督抚、两院，报曰可，复请之汉阳守令，然后敬谨奉行。圭测形胜，宜负癸抱丁以迓文明。不敢越理，僭拟学宫；不得绚俗，比类神庙。

爰募徽地工师，一遵吾郡世族祠堂规制。庀材蠲吉，百役齐兴，不虞一二亡赖忽尔操戈要挟，布棘环攻，好事者从中萋菲。幸贤有司特加惩创，始为敛迹。

经始于乙亥仲春，越明年正月庚申日为上梁期。时太史祁邑张公瑗，典试西蜀告竣，取道汉江，适遇是期，与汉阳太守戴公梦熊，迭为主宾，酌酒为文以祭焉。嗣云南主考太史庐江宋公衡，粤西主考太史全椒吴公昺，其先皆徽人，慕书院之举，维舟诹访。冠盖相望，一时传为盛事。无何蛳蝀复沸，欲赴部讦告，已而通籍诸先达觉其谋，事寻寝。又一年门楼成，择嘉平月庚申日修释菜礼，奉安朱子神主。与其事者，则四川学使江公皋、内阁中书孙公皋、吏部候补主政程崔嶷、荆州府别驾吴公荣苑、署夔州府参戎事金公章、兵部主事李公其式。当是时，规模已巍然大观。执事者经营五载，亦既手胼足胝矣。然涂塈丹腰，所需尚繁，将伯之乎，四顾莫应，以故新置公产，旋购旋质，而吴君蕴予亦焦劳成疾，呕血酸辛，未几下世。继其志者，则又群推余君本立。公尔忘私，先后一辙，前此未竟事功，不数载与南宜、文仪两先生艰贞砥砺，克底于成，洵为书院始终之大愿力、大护持也。

嗟乎！吾乡山峻水清，固不乏慷慨激昂奇男子，然往往出于衣食粗给之人。至拥大业、称素封者，虽不乏好义之士，亦间有以为迂阔，好语仁义而无实济者。视四君挺七尺躯，成千秋业，宁不汗颜？建祠配飨，佥议允宜。虽然踵事增华，莫谓无人。岁丁酉，而戴子良玉、江子箴极、陈子汉先、汪子次山等，又以西厅客舍落成于书院之偏矣。或曰：书院之崇美，固不遗余力。第闻大厦之倾，支非一木，不葺，将隳坏。于是汪子天泽忧之，而无佐理之者。辛丑冬，会吴蕴予族侄明经任文，创建之始，与有勋劳，因诣书院，集众金议，乃与江子箴极，汪子兆瑜、元长二三老成为之倡。区画联会赎产之策，一时赴约者四十人，得金三百两焉。于时汪子贞佑、叶子廉臣、陈子汉先、戴子良玉、杨子云士，汪子长公、次山等，复以其朋侪旧置市屋输入为助。原有羡息五十六两，并联会共成三百余金，赎回市屋大小若干间，岁入租税百余两。三年之内，吴子独肩厥责，一一如数相偿，经理度支，洪纤毕载。寻议修葺，议续置。日新月盛，渐有可观。所急者惟河路未通，祀产未立，义学未成，强弩之末，殆不能破缟札。

雍正甲寅，以文公之灵，天假湖南观察许公登瀛，考绩鄂城，爰斋沐、过汉江，瞻谒书院，毅然以成就巨举为己任。购基址、辟津衢，便民水火，于是六邑士商，无不踊跃用命。时领袖程子辑瑞等十一人，则更以蒸尝无托，岁箕敛以从事，非礼也。因穷溯新安巷屋原委，始知昔年有朵颐，经管之人迁沿隐没，渐致失传。至是群起理争，犹弗予。会大中丞襄平杨公馣来抚楚，初下车，六邑士民往愬之，伤观察邗江朱公潘，廉得其实，追浮冒，归还祠屋，事始明而祀费有助。明年，魁星阁及紫阳坊成，一切经费甚不赀，然工以次竣，六邑侨居，咸诵中丞观察之德，而乐为襄事也。是岁，杨大中丞已移节西蜀，少司马吴兴吴公应棻继其任。比入楚，即造书院，谒朱子，宣讲圣谕，黄童白叟，皆拱听欢呼，称仅见盛事。爰仿朱子白鹿洞遗规，捐金怂惠，以风同郡，于是义学、讲堂，不日告成，实补书院之阙典。回视期月之间，向之所急三事，天作之合，靡不纲举目张。积愿毕伸，常以为落落难合，乃有志者事竟成。吾徽郡占籍汉口者之幸，亦圣朝崇儒重道，化流江汉，浸淫渐渍，中于人心。故或先或后，赞襄匡佐，以迄于成，岂不休哉！至若主持名教，翊道右文，前此诸名公巨卿，如大学士某，暨先后讲学其中。诸荐绅先生，如大中丞某，以及创始要终，或输资效力，或捍敌勤劳，或奔走翊赞，或设法善后，不避怨嫌，不辞艰险。前后诸君子，稽其姓氏如某某等，是皆有功于书院。诚不可泯，例得附书，并垂不朽。呜呼盛哉！

祠宇 依重修规式

尊道堂，康熙甲戌建，嘉庆丁巳重造。栋高二丈八尺八寸，东西广五丈七尺。前堂深四丈四尺，达于檐，檐高一丈八尺。堂后深一丈五尺，达檐，檐高一丈六尺。东西廊深各八尺，南北广各六丈。仪门内廊檐深一丈，广与堂等。仪门脊高二丈二尺四寸，外深一丈有六寸。东西四丈，各割八尺五寸以为门塾，门檐高一丈七尺有二寸。门堂宽广如旧式，地视前培高二尺有四寸。

寝室，康熙甲戌建，嘉庆丙辰重造。栋高三丈八尺有五寸，楼下高一丈七尺有八寸。东西广五丈七尺，深三丈一尺。檐高一丈九尺有五寸，楼上檐高一丈二尺。东西廊深各八尺，广各三丈一尺有八寸。式如旧，地培高二尺有四寸。

戟门，康熙甲戌建，嘉庆丁巳重造。脊高三丈二尺五寸，地广与堂等。两旁有房，东房西墙，西房东墙，相距三丈三尺有七寸。门高一丈四尺，广六尺有六寸，深九尺，檐高二丈四尺。

戟门内向为平台。春秋二祭演剧，则以直木承板为台，平时拆去其板木。中广一丈六尺，原一丈四尺，今增。两边广各一丈一尺五寸，原一丈，今增。深一丈六尺，原一丈四尺。脊高三丈三尺，中檐口二丈四尺，两边檐口一丈九尺有五寸。

门旁两房，广各一丈有五寸，深各一丈九尺。

自戟门至仪门，两檐间相距五丈四尺。自戟门檐至照墙四丈八尺五寸，如旧式。

照墙高二丈三尺，广五丈六尺，如旧式。

崇祀先达，报功、始建二祠，在文昌阁下，乾隆乙卯建。深各二丈七尺，广各一丈三尺，檐高二丈一尺二寸。

半亩池，康熙甲戌建，嘉庆丙辰重造。在寝室之阶下，周以石栏两层。池面纵广一丈四尺六寸，横广一丈七尺五寸，深一丈二尺，受水三千余石。

楼阁

御书楼，在寝室之上，康熙甲戌建，嘉庆丙辰重造。楼高一丈七尺八寸，深广与寝室等。中奉圣祖仁皇帝御书朱子六言诗一首，二十四字。康熙四十一年十二月二十四日赐前湖北学政臣潘宗洛，四十五年三月初一日敬摹勒石，虔奉于楼上。碑高四尺有五寸，广一尺有七寸，载《湖北通志》。

附录六言诗：春晓云山烟树，炎天雨霁风林。江阁月临静夜，溪桥雪拥寒襟。

藏书阁，旧在主敬堂，嘉庆癸亥重建，在近圣居之楼上。脊高二丈五尺，广一丈四尺有八寸，深一丈七尺有五寸。

文昌阁，乾隆乙卯建，在寝室之后。栋高三丈八尺有八寸，阁下高一丈七尺有五寸。东西至二祠之墙，广二丈九尺，深三丈七尺有五寸。前檐高一丈八尺有五寸，阁上檐高一丈。东西廊深各九尺，广各二丈八尺二寸，东西檐高一丈六尺。

对厅，中广一丈六尺有五寸，两边广各二丈，深一丈四尺有五寸。

附经造事略：

后檐墙脚，自东至西，掘土深八九尺，然后入松桩，自一丈四五尺至二丈三四尺者止。

西首墙脚，亦同后檐。即阁西大门一带墙。

东祠西墙，西祠东墙，掘土深如前，惟桩稍短数尺，脚石窄尺许。

以上共用松桩一千一百余根，与掘下土平。以大石周围填筑，再用红条石铺盖三层，每阔七尺，横直相错，上渐收窄，以次收至面，仍有四尺余阔。总计砌石共十三层，用红条石四千六百余块。乃以漕河白石铺面为脚，内外两层，参差排砌，计阔一尺六寸。文昌阁三层直抵寝楼后墙。

西首墙脚，同前。

东首墙角，自下至上计十三层，一眠一竖，参错布列。外系白石，内填红石。

阁下前檐柱脚及东西祠前墙，则就昔年所筑碌岸竖立，因旧而造，约阔三尺。

阁下础脚填筑，与正墙相仿。

墙垣俱属头城砖。每块十七斤，至十八斤止。错综两行。眠砌直至楼板，方继以二城砖，至俱是眠砖。下广约一尺五寸，上广约一尺三寸，然后结脊。识此，以见创造之不苟。其余大概可以类推。

魁星阁，雍正甲寅年建，在新安渡口。自渡口登岸，为石级四十有一。又北行十余步，始至阁下。阁负木兰，面大别为汉口登览之胜地。阁高四丈一尺二寸，深三丈二尺四寸，广二丈八尺五寸。阁下南北门洞轩敞，南曰"新安津梁"，北曰"安土敦仁"。自阁下至紫阳坊，长二十三丈。

厅舍

宴射轩，在文昌阁之西偏，嘉庆癸亥年建。为公私宴会之所，乃前人有规而未造者。轩高二丈二尺，广二丈九尺二寸，深三丈三尺五寸。南北东西各四楹四分之，前堂有其三，后室有其一。室北达近圣居，前庭罗石为小阜，杂植花木。从檐至垣一丈八尺。西序之西有小轩，地不盈丈。南有对廊，达启秀书屋。东檐下为小回廊，出西内巷，直抵夹街焉。

近圣居，在宴射轩北，嘉庆甲子建。深广各得轩之半。高逾之地最幽静，谊诵读。上有藏书阁。

启秀书屋，在宴射轩南，嘉庆癸亥建。广与轩相称，深稍杀。南北五分之，以三为堂，二为室。东西四分之，以二为堂，二为房。房分南北，有楼。楼上前后左右皆房，以便诸生徒肄业焉。

六水讲堂，嘉庆己未建。亦前人有规而未成者。栋高二丈八尺，堂广三丈一尺六寸，堂深四丈，堂北五尺。东西四楹，南北五楹。檐高一丈六尺，檐广一丈二尺至墙。

主敬堂，在六水讲堂之北，旧建。嘉庆己未重造，视旧基增廊。脊高二丈五尺八寸，广二丈一尺，深三丈三尺。堂分三之一以为室，室檐口阔六尺二寸，堂檐八尺三寸。对厅深一丈一尺，楼下高一丈三尺。楼以庋祭器，与西轩通。

愿学轩，在主敬堂之西，旧建，嘉庆己未重造。旧基在今六水讲堂之西南隅，广深仅逾丈许，今移建于此。深与主敬堂齐，广一丈五尺六寸，亦分三之一以为室，檐径八尺三寸。对厅深如主敬堂，楼与堂相连。

致一斋，在六水讲堂之前，嘉庆庚申建。广一丈四尺四寸，深一丈二尺。为祭时更衣之所。

兼山丽泽，康熙丁酉建，嘉庆丁巳重造。在致一斋之东南，即旧所谓西厅也。

脊高二丈有八寸，广二丈四尺有五寸，深二丈五尺。檐高一丈四尺，广九尺，对廊深九尺。

厨房，在主敬堂之北。纵广一丈七尺有五寸，横广三丈六尺。

门巷

义路，在西墙之南，东与礼门相对。门广七尺有二寸，高一丈一尺。

礼门，在祠东墙之南，西与义路门对。门位高广同。

东巷，在祠墙之东，南至夹街，榜曰"康衢接武"。宽广八尺，深直达后堤。

西内巷，在祠墙之西，诸厅舍之东，北抵宴射轩，南出夹街。宽广四尺有五寸，深二十九丈有三尺。

新安街，在书院照墙之前，原名新安巷，地颇狭，乾隆乙未始辟而成康衢。广一丈余，深自夹街至大街，长三十二丈。两旁市屋皆书院基业，岁收其租以入祠。街南榜曰"道启贤关"。

紫阳坊，在大街之南，与新安街斜对。南出魁星阁，至新安马头坊北，榜曰"紫阳遗泽"。自坊至魁星阁，长二十三丈。

西水巷，旧有，在新安街西。长与街等，广仅二尺有四寸。近又增设东巷，以便行汲往来焉。

东水巷，名太平里，在新安街之东。嘉庆甲子买宅重辟，深与新安街等。北出夹街与祠东巷相直，广四尺余。

义埠，即新安码头也，雍正甲寅创开。广二丈九尺，为石级四十有一。上建魁星阁。

别建

准提庵，在书院墙外西北隅。堂有两进，东有厅舍，西有隙地。初未有书院时始建此庵，以为同乡公事聚会之地，此吾郡会馆之初基也。南北东西四至详契墨。曾因僧人盗卖基地，勒碑永禁焉。

三元殿，在准提庵之西。为殿两进，殿后有大厅，旁有客厅，室舍备具。外有隙地，比准提庵更扩。初，吾郡之来汉上者，谋建一公所，始于准提庵，继之以三元殿。此皆书院之嚆矢也。四至详契据。

玉皇殿，在十里铺，乾隆乙巳造。正殿两进，东偏有余屋。地基宽广。有碑记。

义舍，旧在三元殿之旁。因同乡游宦往来，无处下榻，留住书院又恐启冗杂之渐，故建屋数椽以为仕宦暂寓之所。今室屋坍塌，拟续修理完备，以补前贤遗制焉。

义阡，有数处：

一在十里铺紫霞观下首，乾隆己未契买刘姓麦地。东西十六丈，南北十八丈。有三契，辛酉、壬申续买丈尺，详契。

一在十里铺玉皇殿对过，乾隆丙戌契买胡姓业地，名怀三里又一甲。东西三十四丈五尺，南北二十七丈五尺。

　　一在潘家庙，土名陶家山。

　　一在十里铺紫霞观面前西首，乾隆乙巳契买朱家林麦地。丈尺详契据。有三契。

　　一在许家湾，嘉庆甲子契买许家湾山地一段。东至西宽十一丈二尺，南至北长二十六丈二尺。与乾隆壬申所买刘姓山地毗连。

卷四　崇祀

道尊德贵，俎豆馨香。祠宇展成，寝寐羹墙。祀绵风远，异地同疆。褒封升配，国有典常。乡人祗恪，百祀允昌。

紫阳夫子，生当宋季，历官九考，在朝才四十日。一二憸人排挤之，几同伐檀削迹。讵知诎于一时，而信于百代。累朝优恤，弈世尊崇，至我圣祖仁皇帝，命升配十哲，复颁御书匾额于婺源书院。汉口虽非朱子生长之地，而某等皆生居阙里，因侨寓而建书院，虔奉烝尝，敢不摹勒御书，悬之书院，用纪圣代之荣恩，并志从前之恤赉！其享祀仪文规则，亦附载于后。

纪恩

圣祖仁皇帝上谕

朕自冲龄，即好读书，亦好写字，一切经史，靡不遍阅成诵。在昔贤哲所著之书，间或字句与中正之理稍有未符，或稍有疵瑕者，后儒即加指摘，以为理宜更正。惟宋之朱子，注明经史，阐发载籍之理，今五百余年，其一句一字莫有论其可更正者。观此，则孔孟之后，朱子可谓有益于斯文，厥功伟矣。朕既深知之而不言，其谁言之？特谕集议优崇之典。今以朱子向祀孔庙东庑之列，应如所议，移于大成殿十哲之次，配享先圣，以昭表章先贤之意。其以六月十五日丁卯本主升配祭告。特谕。

康熙五十一年五月二十日。

朱坤恭纪

钦惟我皇上睿资天纵，圣学日恭。郅治时雍，化迈尧、舜、禹、汤、文、武之上。经筵恒御，道契《诗》、《书》、《易》、《礼》、《春秋》之全。直追洙泗心源，深晰经传奥旨。乃乘万几之暇，独勤乙夜之观。谓先臣朱熹者，本诚正之学，殚注释之勤。讲道以格致为先，空寂非流二氏。为学以性天为要，精微独阐千秋。洵为孔孟功臣，实过汉唐学者。特申上谕，通酌追崇。自庑廊以跻升，居殿堂而配享。揖让颜、曾、思、孟之下，俨如躬侍门墙；追陪闵、冉、游、夏之中，恍若新承几席。

允俞廷议，特举隆仪。更传命于九区，俱造主于十哲。肃申祭奠，虔告升堂。此真万古未有之洪恩，实著百世不刊之盛典。臣坤世承俎豆，分列草茅。曩蒙御匾褒崇，久仰天章云汉。兹奉隆仪升配，益窥圣学渊源。爰望阙以叩首，并合族以镂心。世祝圣治弥隆，儒风丕著。行见虹井，云腾五色，叨逾数而逾光。紫阳山耸千层，志隆恩于不朽。

翰林院五经博士臣朱坤恭纪。

春秋祭款

先贤祠庙，旧有额编祭款，多寡不一。乾隆五年，奉旨各祠庙，每岁一体给予祭银四十两。故婺源阙里，向只一十八两，自五年以后有二十二两之增。其银在于本省地丁银内动支，诚圣朝褒崇之盛典也。汉口创立书院，自乾隆二十九年亦蒙前道宪朱详盐院题明，文公祠春秋祭费，每祭给银一百五十两，由部奏请，其银自盐运使库解湖北省道库给发。每年二祭，共给祭银三百两。司盐首事者届期承领，付书院为办祭分胙之用。奏请以来，于今已四十余年矣。书之以志恩荣之所自云。

祀仪

春秋祭期，定以三、九月十五日。盖九月十五乃文公之诞辰，故春祀亦以季月之望。祀期有定，则各事乃可先期预备，不必拘拘于仲月及二丁也。

祭器为祀典之重，平日藏于主敬堂，昭慎重也。前祭之旬日，司事者启椟省视，有缺坏则修补，有不洁则浣涤，不可稍掉以轻心，致贻简亵之咎。如尊爵、碗箸、盘盒、炉盆、壶勺、瓶盏、巾帨，以及琴、剑、书、砚，一切凡祭所陈者，俱当整饬。祭毕，洗濯什袭，仍藏之椟中。

祭品所以奉神，当有定式。孔子以簿书正祭器，不以四方之食供簿正，非不欲美多品也。盖一有一无者，物产之不常；而以妥以侑者，脭臡之有则。兹酌礼与俗之中，定为祭品仪式，俾得永远遵循。

迎神，神位前设筵席、汤点二事。茶、酒献用嘉果十五盘，皆枣、栗、榛、柿常用之品。檀速降香大烛。

正祭，设筵席，殽核、庶馐、醴酒、嘉果、黍稷。献用三爵三馔。鸡、鱼、肉。牲用少牢。羊、豕。楮帛檀速降香奠茅烛各物，俱先事预备。

办事人员，年首今定为二十人，并上年年首共四十人，俱于初八日入书院办理祀事。凡应办事物，应办祭品，皆各供其职事，不到者有罚。

三九月之朔，司年令祠役遍启诸同乡，告以祭期。初八日，启请主祭者，或同乡仕宦道此经过，或同乡有官湖北者，皆可主之。启交盐司月之家送，以此事由盐务专办故也。书院另具启二十八副，令祠役遍启诸执事之家，俾得先期习礼，无致陨越。

执事人员，凡二十有八人；外奉祀生四人，以小童为之。

祭之前三日，执事者二十八人，俱入祠演仪，西厅备茶果四席待之。排班壹肆，登降揖让，奉奠祝嘏，一如正祭之礼。

前祭之夕，涤祭器，省牲视杀。以小盘盛毛血，置之堂下，为祭时瘗埋之用。

陈设，设尊爵于东庑，设盥盘、巾帨于西庑，设炉瓶、祭品、香烛于堂上，设香案于中堂。诸物各随其所宜设之。

前夕迎神，执事者六人同司年首者入寝室，二人执烛立于前、一人捧香、二人引道、一人告祝。司年者俯伏四拜，奉主登堂，就座安神，俯伏四拜。

黎明，司年者设奠行礼，执事赞祝，如堂祭。祭毕，入祭先达二祠。

堂祭仪注：是日早，复启请主祭者。司事者待于门内，主祭者入，先就西厅致一斋坐。茶罢，俟发鼓更衣。引赞者二人前导，立于仪门内西。待鼓乐参堂三周，然后排班序立。

执事序立时，除引赞二人同主祭者立于门内，余二十六人左右各依次排班，班各十三人。大赞居左班之一，司樽者二人次之，司香者次之，司酒者次之，司帛者次之，司爵者次之，司馔者次之，亚献司爵、司馔者二人又次之，终献司爵、司馔者二人又次之，司茶者居末。陪赞居右班之一，司盥者二人次之，司祝者次之，司果盒者次之，司茶壶者次之，司酒壶者次之，引嘏词者二人次之，读嘏者次之，撤馔者三人居末。排班毕，然后执事、通赞者二人先立通赞所，奉祀生四人立神座两旁，余人各立其位。

仪节：通唱：序立。执事者分立东西两庑。执事者各司其事，主祭者就位。引赞二人揖导。降神。引赞者揖导主祭者诣西庑盥洗所，揖。引唱：盥洗，授巾。复揖，旋诣东庑尊爵所，揖，司彝者举鼎酌邑、司邑者奉邑、司香者奉香升堂，引赞者揖升趋中案。诣灌献位。揖。跪，灌茅。主祭者以邑灌地。上香。凡三上。伏，兴，复位。降自西阶，有揖。通唱：参神鞠躬拜。四拜，平身。奠帛行初献礼。引赞者揖导至东庑司奠所，揖，司尊者举鼎酌酒、司帛者奉帛、司爵者奉爵、司馔者奉馔，升，引赞揖、升，趋神座前。引唱：诣神位前。揖。跪，奠帛，献爵，献馔，兴。揖，降自西阶，由西庑旋至东庑。祝者捧祝，升，引赞揖、升，趋中案。诣读祝位，跪，告祝，司祝者跪于主祭者之右，读祝毕。兴，复位。降揖如前。通唱：鞠躬拜，二拜，平身。行亚献礼。引赞揖导至司尊所，揖，执事酌酒奉爵、奉馔。升如前仪。引唱：诣神位前，跪，献爵，献馔，伏，兴，复位。如前。通唱：鞠躬拜，二拜，平身。行三献礼。导、升仪同亚献礼。引唱：诣神位前，跪，献爵，献馔，伏，兴，复位。如前。通唱：鞠躬拜，二拜，平身。行侑食礼。引导至司尊所司，壶者奉壶、司果者奉果，升、揖如前。引唱：诣神位前，跪，侑酒，献果，伏，兴。通唱：饮福受胙。引唱：诣饮福位，降由西庑，旋至东。司嘏者奉嘏词，升，引导，升，趋中案。跪，宣嘏，司嘏者立于左宣毕。饮福，受胙，伏，兴。引唱：鞠躬，四拜，平身。伏位。通唱：辞神鞠躬拜，四拜，平身。撤馔。司帛者捧帛，读祝者奉祝，司爵者奉爵，各诣燎所。望燎。主祭者出就燎所祭酒，复入。送神登位。引导升堂，奉主入寝室，四拜平身，出，复位。礼毕。退就西厅更衣。

二祠仪注，行一献礼，先设馔于筵，主祭者就位，跪，上香，奠酒、奠帛，司祝者读祝毕，行礼、鞠躬、四拜，焚帛。礼毕。

主祭官正祭毕，更衣，即送归寓，另择日款待。迎送款礼，俱盐司月之家承办，以颁赐祭款系司盐处承领也。

执事者二十八人，俱于十六日在书院设席款待。

祭毕颁胙，主祭及诸礼生者，俱系盐务司月之家办理。

新开水巷后，联会者复议颁胙。每股春秋二祭，各给胙肉二斤、饼四对。此项由书院出支。

三月初九日为文公梦奠之辰，设筵席祭于寝室。或同乡官主之，或老成主之，或司年首者主之。礼行三献，祝嘏、楮帛、仪物，略如正祭之礼。

仕宦往来，官长莅任，必谒书院。司年不尽能应酬，公举老成练达之士十人，凡遇往来恭谒者，司年先期知会，答应迎送。

司年从前只十二人，后增至十四人，今增至二十人。以祀产渐增，祠务綦繁，不如是不能董理周密也。每年秋祭后廿六日，揭清所存银两。一切祭器、祭物、文契，公交下首，务期明悉周详，毋得延舛。

岁入正项，除一切支用外，有余项，在司年公举妥处生殖，不必希图多利，致有亏欠，俱于祭后交盘之期归齐，现银公交下首。遇有业产，公商即置。司总不得私行挪移，假名借领。如有存匣者，公设三锁三钥，司总互相稽察，庶觊觎之心不生，而侵渔之弊永杜矣。

祠役四人，分事值月，务择同郡小心谨慎、勤劳办公者充之。每年额给工食外，有市屋小礼，令其公分。祠之内外门巷，每日打扫，朔望倍加诚敬，洒扫洁净。早开中门，以便绅士恭谒。祠之祀产、市屋，务听司年者调拨，催取租息，不至稍懈。祠之堂庑楼房，不许听人囤积货物，以及容留闲人饮酒戏耍，致生事端。祠之街巷，屡有示谕，严禁不许收荒摆摊。祠役不得徇畀，容隐不报。如敢不守祠规，徇私偷懒，即行斥革。以上二条，俱旧规约附录。

附载

文昌之祭，以二月初三日设奠于阁上。书院司年者行礼，献用果品、三牲、酒醴、香烛。礼行一跪四叩，首赞者读祝焚楮帛，三揖，礼毕。

按，文昌之名，取诸星象，其神于经史无可考。世所传阴骘文，皆是教人为善之词。则其奉为明神，列之祀典也，允宜书院于寝室后新建文昌阁。既奉其神，例当有祭，然不可以常礼亵之，又不当以祭先贤之礼混用之。《记》曰："大礼必简"。今以简为敬，既用以示尊严之意，且于书院春秋正祀，有以昭其别云。

魁星之祭，以八月初三日祉果茗于阁上。司年者行礼，略如祭文昌之礼，不用祝。

祭文

迎神告文

维　年　月　日，后学某等敢昭告于太师徽国文公朱夫子之神位。慈值奠楹、岳降之辰，恭迎神主，出就飨筵，惟神韵格。敢告。

春祭文　黎明用此

在天日星，行地江河。日星在天，远耀高罗。江河行地，浩无津涯。夫子道统，远绍洙泗。唐宋元明，诸儒振起。道集大成，位十哲次。颁宫升配，典祀优隆。圣居生近，教泽素蒙。虽在侨寓，与阙里同。今当春月，祀典虔举。少长咸集，升阶列序。跻跻锵锵，拜启跪俯。夫子灵爽，涉降在兹。顾我乡人，献俎捧卮。神怡情悦，食饮庶几。尚飨！

春正祭文

于惟夫子，百世之师。后孔而圣，淑程于私。纲常日丽，经教云垂。地维镇定，天柱扶持。缅南渡际，似东迁时。黄裳既奏，丹诏新披。忤韩见斥，暨蔡是嗤。四十六日，五百年期。参同论难，骚屈唔咿。乃彰问学，毋俾昏迷。道未坠地，文实在兹。泽流奕叶，功铸钟彝。桑梓志慕，俎豆攸宜。吴山崒崒，楚水涟漪。在汉之阳，用建厥祠。当此嘉会，敬献春卮。秧针袅袅，麦浪离离。雨催蔬甲，风卷茗旗。于惟夫子，尚来格思。尚飨！

生日祭文　十五日黎明用

维我夫子，日照月临，扶道统于将绝；金声玉振，集诸儒之大成。今幸瞻仰有依，羹墙如在。一年降诞称觞，同存日之跻堂；每岁季秋延首，冀在天之来享。藉馨香之上达，诚格重霄；绵教泽于后生，福垂千祀。矢切精虔，伏惟昭格。尚飨！

秋正祭文

于惟夫子，仁熟义精，继道统于千圣；金声玉振，集大成于诸儒。大小在人，遗泽未坠。矧羹墙实切，而瞻仰有依。兹当岳降之期，敬修称寿之典。通古今于一息，与天地而无穷。伏愿陟降于昭，佑启后哲；蒸尝歆享，示我周行。尚飨！

嘏词

文公命：工祝承致，多福无疆；于汝后贤，来汝后贤。使汝受禄于天，希圣希贤；眉寿永年，勿替引之。

忌日祭文

夫子之生，为千秋之道统而笃其生。夫子之殁，形虽离而自有不殁者，历万古而常存。今幸门墙式廓，灵爽攸凭。对春露而神伤，首忆山颓之日；望讲堂而肃拜，敢驰神在之忱。矢祭奠之不渝，企神灵之俯鉴。尚飨！

文昌祝文

伏以桂殿宏开，大地壮江山之色；薇垣高耸，同文瞻日月之辉。故联轸翼于南维，市廛交会；而灿斗牛于东壁，桑梓分光。仰维帝君，探阴骘之本原，司下方之禄籍。转洪钧于一气，朗列宿于三台。神宜宅乎紫阳之宫，彩特绚乎朱衣之笔。式瞻高阁，同晋升阶。筮谷且以告虔，展葵忱以将事。伏愿鉴兹诚悃，锡以姘幪。焕六邑之文星，昭如云汉；丽九霄之卿月，朗彻天都。降福孔多，依光曷罄。尚飨！

报功祠祝文

于维群公，尊德乐义，扶正抑邪。先贤道契，护卫功多。俶初卜筑，首靖纷拏。中更差忒，刮垢爬罗。垣墉既奠，康衢载歌。通津利涉，建阁嵯峨。煌煌大功，百祀不磨。重修倡首，梓谊攸加。理宜令祀，用答幽遐。春秋时享，庙貌静嘉。几筵式洁，笾豆则那。思成绥賮，灵斿降过。于慈岁岁，虔报无涯。尚飨！

始建祠祝文

惟我列公，系出名家，学宗先哲。乡邑之型，四方之杰。旅寓汉皋，崇祠肇设。教奉紫阳，以端学术。群邪嫉正，鼓簧弄舌。力辟榛芜，志坚于铁。弗恤其私，维公之切。堂构克成，规模宏彻。合郡欢声，群公热血。既明若仁，兼以勇决。身殁百年，芬馨弥烈。专祠虔报，典礼无阙。有醪在樽，嘉肴成列。庶用顾歆，鉴兹蠲洁。尚飨！

卷五　学规

　　鳣堂讲席，圣学相承。菁莪棫朴，髦士蒸蒸。尽性致命，各有知能。下学上达，循理而登。后生小儒，戒惧战兢。

　　记曰："学以聚之"。书院之设，尊朱子，联梓谊也。今聚其人而不学，则所以奉朱子之意云何？亦失所以为聚之义矣。然而，学非弋取功名之具。圣贤之绪言具在，将以体诸躬而见诸行，非严之于蒙养之先，非积之以涵濡之久不为功。此眉庵中丞创举义学之说也。今建学舍，延明师，与弟子约：先器识而后文章，先学问而后功名，一遵吾紫阳夫子分年读书法。浸淫乎经史，而纳躬于轨物，藏焉、修焉、息焉、游焉，或以道德，或以文章，务为有用之学。坐而言，起而行，经知守变，亦知权书，曰惟学、逊志、务时，敏于以希圣希贤，未必不由此基也。

教条

白鹿洞书院揭示

　　父子有亲，君臣有义，夫妇有别，长幼有序，朋友有信。

　　右五教之目，尧舜使契为司徒，敬敷五教，即此是也。学者学此而已。而其所以学之之序，亦有五焉。其别如左：

　　博学之，审问之，慎思之，明辨之，笃行之。

　　右为学之序。学问思辨，四者所以穷理也。若夫笃行之事，则自修身以至于处事接物，亦各有要。其别如左：

　　言忠信，行笃敬。惩忿窒欲，迁善改过。

　　右修身之要。

　　正其义，不谋其利。明其道，不计其功。

　　右处事之要。

　　己所不欲，勿施于人。行有不得，反求诸己。

　　右按物之要。

　　某窃观古昔圣贤所以教人为学之意，莫非使之讲明义理，以修其身，然后推以及人，非徒欲其务记览、为词章，以钓声名取利禄而已也。今人之为学者，既反是矣。然圣贤所以教人之法，具存于经，有志之士，故当熟读、深思而问辩之。苟知其理之当然，而责其身以必然，则夫规矩禁防之具，岂待他人设之，而后有所持循哉？近世于学有规，其待学者为己浅矣，而其为法又未必古人之意也。故今不复以施于此堂，而特取凡圣贤所以教人为学之大端，条列如右，而揭之楣间。诸君其相与讲明遵守，而责之于身焉，则夫思虑云为之际，其所以戒谨而恐惧者，必有严于彼者矣。其有不然，而或出于此言之所弃，则彼所谓规者必将取之，固不得而略也。诸君其亦念之哉！

玉山讲义

先生曰："某此来得，观学校鼎新，又有灵芝之瑞，足见贤宰承流宣化、兴学诲人之美意，不胜慰喜。又承特设讲座，俾为诸君诵说，虽不敢当，然区区所闻，亦不得不为诸君言之。盖闻古之学者为己，今之学者为人。故圣贤教人为学，非是使人缀辑言语，造作文辞，但为科名爵禄之计。须是格物、致知、诚意、正心、修身，而推之以至于齐家、治国，可以平治天下，方是正当学问。诸君肄业于此，朝夕讲明于此，必已深有所得，不然，亦须有疑。今日幸得相会，正好商量，彼此之间，皆得有益。"

时有程珙起而请曰："《论语》多是说仁，《孟子》却兼说仁义。意者夫子说元气、孟子说阴阳，仁恐是体、义恐是用。"先生曰："孔孟子之言，有同有异，固所当讲。然今且理会何者为仁？何者为义？晓此两字，义理分明，方于自己分上有用力处，然后孔孟之言有同异处，可得而论。如其不晓自己分上元无工夫，说得虽工，何益于事？且道如何说个仁义二字底道理。大凡天之生物，各赋一性。性非有物，只是一个道理之在我者耳者。故性之所以为体，只是仁义礼智信五字。天下道理，不出于此。韩文公云：'人之所以为性者五'。其说最为得之。却为后世之言性者，多杂佛老而言，所以将性字作知觉心意看之，非圣贤所说性字本旨也。五者之中，所为性者，是个真实无妄底道理，如仁义礼智皆真实而无妄者也。故信字更不须说，只仁、义、礼、智四，于中各有分别，不可不辨。盖仁则是个温和慈爱底道理，义则是个断制裁割底道理，礼则是个恭敬樽节底道理，智则是个分明是非底道理。凡此四者，具于人心，乃是性之本体。方其未发，漠然无形象之可目。及其发而为用，则仁者为恻隐，义者为羞恶，礼者为恭敬，智者为是非。随事发见，各有苗脉，不相淆乱，所谓情也。故孟子曰：'恻隐之心，仁之端也。羞恶之心，义之端也。恭敬之心，礼之端也。是非之心，智之端也'。谓之端者，犹有物在中而不可见，必因端绪发见于外，然后可得而寻也。盖一心之中，仁义礼智各有界限，而其性情体用又自各有分别。须是见得分明，然后就此四者之中，又自见得仁义两字是个大界限。如天地造化，四序流行，而其实不过于一阴一阳而已。于此见得分明，然后就此又自见得仁字是个生底意思，通贯周流于四者之中。仁固仁之本体也，义则仁之阳制也，礼则仁之节文也，智则仁之分别也。正如春之生气，贯彻四时。春则生之生也，夏则生之长也，秋则生之收也，冬则生之藏也。故程子谓四德之元，犹五常之仁。偏言则一事，专言则包四者，正谓此也。孔子只言仁，以其专言者言之也。故但言仁，而仁义礼智皆在其中。孟子兼言义，以其偏言者言之也。然亦不是孔子所言之外添入一个义字，但于一理之中分别出来耳。其又兼言礼智，亦是如此。盖礼又是仁之著，智又是仁之藏，而仁之一字，未尝不流行乎四者之中也。若论体用，亦有两说。盖以仁存于心，而义形于外。言之则曰：仁，人心也；义，人路也。而以仁义相为体用。若以仁对恻隐，义对羞恶而言，则就其一理之中又以未发已发相为体用。若认得熟，看得透，则玲珑穿穴，纵横颠倒，无处不通。而日用之间，行著习察，无不是著功夫处矣。"

珙又请曰："三代以前，只是说中、说极，至孔门答问，说着便是仁，何也？"先生曰："说中、说极，今人多错会了他文义，今亦未暇一一详说。但至孔门方说仁字，则是列圣相传，至此方暂次说亲切处尔。夫子所以贤于尧舜，于此亦可见其一端也。然仁之一字，须更于自己分上实下功夫始得。若只如此草草说过，无益于事也。"先生因举孟子道性善，言必称尧舜一章，而遂言曰："所谓性者，适固已言之矣。今复以一事譬之：天之生此人，如朝廷之命此官，人之有此性，如官之有此职。朝廷所命之职，无非使之行法治民，岂有不善？天之生此人，无不与之以仁义礼智之理，亦何尝有不善？但欲生此物，必须有气，然后此物有以聚而成质。而气之为物，有清浊、昏明之不同。禀其清明之气，而无物欲之累，则为圣；禀其清明而未纯全，则未免微有物欲之累，而能克以去之，则为贤。禀其昏浊之气，又为物欲之所蔽而不能去，则为愚、为不肖。是皆气禀物欲之所为，而性之善未尝不同也。尧舜之生，所受之性亦如是耳。但以其气禀清明，自无物欲之蔽，故为尧舜。初非有所增益于性分之外也。故学者知性善，则知尧舜之圣非是强为。识得尧舜做处，则便识得性善底规模样子。而凡吾日用之间，所以去人欲、复天理者，皆吾分内当然之事，其势至顺而无难。此孟子所以首为文公言之而又称尧舜以实之也。但当战国之时，圣学不明，天下之人，但知功利之可求，而不知己性之本善、圣贤之可学。闻是说者，非惟不信，往往亦不复致疑于其间。若文公，则虽未能尽信而已能有所疑矣，是其可以进善之萌芽也。孟子故于其去而复来，迎而谓之曰：'世子疑吾言乎？'而又告之曰：'夫道，一而已矣。'盖古今圣愚，同此一性，则天下固不容有二道。但在笃信力行，则天下之理虽有至难，犹必可至。况善乃人之所本有，而为之难乎？然或气禀昏愚而物欲深锢，则其势虽顺且易，亦须勇猛着力，痛切加功，然后可以复于其初。故孟子又引商书之言曰：'若药弗瞑眩，厥疾弗瘳。'若但悠悠似做不做，则虽本甚易，而反为至难矣。此章之言，虽甚简约，然其反复曲折，开晓学者最为深切。诸君更宜熟读深思，反复玩味，就日用间便著实下功夫，始得《中庸》所谓尊德性者，正谓此也。然圣贤教人，始终本末，循循有序；精粗巨细，无有或遗。故才尊德性，便有个道问学一段事。虽当各自加功，然亦不是判然两事也。《中庸》曰：'大哉，圣人之道，洋洋乎！'发育万物，峻极于天，优优大哉！礼仪三百，威仪三千，待其人而后行。故曰：苟不至德，至道不疑焉。是故君子尊德性而道问学，致广大而尽精微，极高明而道中庸，温故而知新，敦厚以崇礼。盖道之为体，其大无外，其小无内，无一物之不在焉。故君子之学，既能尊德性以全其大，便须道问学以尽其小。其曰致广大，极高明，温故而敦厚，则皆尊德性之功也。其曰尽精微，道中庸，知新而崇礼，则皆道问学之事也。学者于此固当以尊德性为主，然于道问学亦不可不尽其力。要当时之有以交相滋益，互相发明，则自然该贯通达，而于道体之全无欠阙处矣。今时学者心量窄狭，不耐持久，故其为学，略有些少影响见闻便自主张，以为至是不能遍观博考，反复参验。其务为简约者，既荡而为异学之空虚；其急于功利者，又溺而为流俗之卑近。此为今日之大弊，学者尤不可以不戒。某又记得，昔日曾参见端明汪公，见其自少即以文章冠多士，致通显而未尝少有自满之色，日以师友前辈多识前言往行为事。及其晚年，德成行尊，则自近世名卿鲜有能及之者。乃是此邦之人，诸君视之，丈人行耳。其遗风余烈，尚未远也。又知县大夫，当代名家，自其先正温国文正公以盛德大业为百世师，所著《资治通鉴》等书，尤有补于学者。至忠洁公，扈从北狩，固守臣节，不污伪命，又以忠义闻于当世。诸君盖亦读其书而闻其风矣。自今以往，傥能深察愚言于圣贤大学有用力处，则凡所见闻，寸长片善，皆可师法，而况于乡之先达与当世贤人君子之道义风节乎？《诗》曰：'高山仰止，景行行止。'愿诸君留意，以副贤大夫教诲作成之意，毋使今日之讲，徒为空言，则区区之望也。"

读书之要

或问：程子通论圣贤气象之别者数条，子既著之精义之首，而不列于集注之端，何以？曰："圣贤气象，高且远矣。非造道之深，知德之至，邻于其域者，不能识而辨之，固非始学之士所得骤而语也。乡【向】吾著之书首，所以尊圣贤，今不列于篇端，所以严科级，亦各有当焉尔。且吾于程子之论读是二书之法，则既撮其要，而表之于前矣。学者诚能深考而用力焉，尽此二书，然后乃可议于彼耳。"曰："然则其用力也奈何？"曰："循序而渐进，熟读而精思，可也。"曰："然则请问循序渐进之说。"曰："以二书言之，则先《论》而后《孟》，通一书而后及一书。以一书言之，则其篇章、文句、首尾、次第亦各有序而不可乱也。量力所至，约其程课，而谨守之。字求其训，句索其旨，未得乎前，则不敢求其后；未通乎此，则不敢志乎彼。如是循序而渐进焉，则意定理明，而无疏易凌躐之患矣。是不惟读书之法，是乃操心之要，尤始学者之不可不知也。"曰："其熟读精思者何耶？"曰："《论语》一章，不过数句，易以成诵。成诵之后，反复玩味，于燕间静一之中，以须其浃洽可也。《孟子》每章或千百言，反复论辩，虽若不可涯者，然其条理疏通，语意明洁，徐读而以意随之，出入往来以十百数，则其不可涯者，将可有以得之于指掌之间矣。大抵观书，先须熟读，使其言皆若出于吾之口；继以精思，使其意皆若出于吾之心。然后可以有得尔。至于文义有疑，众说纷错，则亦虚心静虑，勿遽取舍于其间。先使一说自为一说，而随其意之所之，以验其通塞，则其尤无义理者，不待观其他说而先自屈矣。复以众说互相诘难，而求其理之所安，以考其是非，则似是而非者，亦将夺于公论而无以立矣。大抵徐行却立，处静观动，如攻坚木，先其易者而后其节目；如解乱绳，有所不通，则姑置而徐理之。此读书之法也。"

童蒙须知

夫童蒙之学，始于衣服冠履，次及语言步趋，次及洒扫涓洁，次及读书写文字，及有杂细事宜，皆所当知。今逐目条列，名曰童蒙须知。若其修身治心，事亲接物，与夫穷理尽性之要，自有圣贤典训，昭然可考，当次第晓达，兹不复祥著云。

衣服冠屦第一

大抵为人先要身体端整，自冠巾、衣服、鞋袜，皆须收拾爱护，常令整洁整齐。我先人常训子弟云："男子有三紧：谓头紧，腰紧，脚紧。"头谓头巾，未冠者总髻；腰谓以绦或带束腰；脚谓鞋袜。此三者要紧束，不可宽慢，宽慢则身体放肆不端严，为人所轻贱矣。

凡着衣服，必先提整衿领，结两衽纽带，不可令有阙落。饮食照管，勿令污坏；行路看顾，勿令泥渍。

凡脱衣服，必齐整折叠箱箧中，勿散乱顿放，则不为尘埃杂秽所污，仍易于寻取，不致散失。着衣既久，则不免垢腻，须要勤勤洗浣。破绽则补缀之，傥补缀无害，只用完洁。

凡盥面，必以巾帨遮护衣领，卷束两袖，勿令有所湿。

凡就劳役，必去上笼衣服，只着短便，爱护勿使损污。

凡日中所着衣服，夜卧必更，则不藏蚤虱且免敝坏。

苟能如此，则不但威仪可法，又可不费衣服。晏子一狐裘三十年，虽意在以俭化俗，亦其爱惜有道也。此最饬身之要，毋忽！

语言步趋第二

凡为人子弟，须是常低声下气，语言详缓，不可高言喧哄，浮言戏笑。父兄长上，有所教督，但当低首听受，不可妄大议论。长上检责或有过误，不可便自分解，姑且隐嘿，久却徐徐细意条云，此事恐是如此，向者当是偶尔遗忘，或曰当是偶尔思省未至。若尔则无伤忤，事理自明。至于朋友分上，亦当如此。

凡闻人所为不善，下至婢仆违过，宜且包藏，不应便尔声言。当相告语，使其知改。

凡行步趋跄，须是端正，不可疾走跳踯。若父母长上有所唤召，却疾走而前。不可缓舒。

洒扫涓洁第三

凡为人子弟，当洒扫居处之地，拂拭几案，常令洁净。文字笔砚，凡百器用，皆当严肃整齐，顿放有常。取用既毕，复置元所。父兄长上坐起处，文字纸札之属，或有散乱，当加意整齐，不可辄自取用。凡借人文字，皆置簿抄录主名，及时取还。窗壁、几案、文字间，不可书字。前辈云："坏笔污墨，瘝子弟职。书几书砚，自黥其面。"此为最不雅洁，切宜深戒。

读书写字文第四

凡读书，须整顿几案，令洁净端正，将书册整齐顿放。正身体，对书册，详缓看字，仔细分明。读之须要读得逐字响亮，不可误一字，不可少一字，不可多一字，不可倒一字。不可牵强暗记，只是要多诵遍数，自然上口，久远不忘。古人云"读书千遍，其义自见。"谓读熟则不待解说，自晓其义也。余尝谓读书有三到：谓心到、眼到、口到。心不在此，则眼不看仔细。心眼既不专一，却只漫浪诵读，决不能记，记亦不能久也。三到之法，心到最急。心既到矣，眼口岂不到乎！

凡书册，须要爱护，不可损污绉绺折。济阳江禄，书读未完，虽有急速，必待掩束整齐然后起。此最为可法。

凡写文字，须高执墨锭，端正研磨，勿使墨汁污手。高执笔，双钩、端楷书字，不得令手楷着毫。

凡写字，未问写得工拙如何，且要一笔一画，严正分明，不可潦草。

凡写文字，须要仔细看本，不可差误。

杂细事宜第五

凡子弟，须要早起晏眠。凡喧哄斗争之处不可近，无益之事不可为，谓如赌博、笼养、打毬、踢毬、放风禽等事。凡饮食有则食之，无则不可思索，但粥饭充饥不可缺。凡向火勿迫近火傍，不惟举止不佳，且防焚爇衣服。凡相揖必折腰。凡对父母、长上、朋友必称名。凡称呼长上不可以字，必云某丈。如弟行者，则云某姓某丈。凡出外及归，必于长上前作揖，虽暂出亦然。凡饮食于长上之前，必轻嚼缓咽，不可闻饮食之声。凡饮食之物，勿争较多少美恶。凡侍长者之侧，必正立拱手，有所问，则必诚实对言，不可妄诞。凡开门揭帘，徐徐轻手，不可令震惊响。凡众坐必敛身，勿广占座席。凡随长上出行，必居路之右，住必居左。凡饮酒不可令至醉。凡登厕处必去外衣，下必浣手。凡夜卧必以灯烛，无烛则止。凡待婢仆必端严，勿得与之嬉笑。执器皿必端严，惟恐有失。凡危险不可近。凡道路遇长者必正立拱手，疾趋而揖。凡夜卧必用枕，勿以寝衣伏首。凡饮食举匙必置箸，举箸必置匙，食已则置匙、箸于案。

杂细事宜，品目甚多，姑举其略，然大概具矣。凡此五篇，若能遵守不违，自不失为谨愿之士。必又能读圣贤之书，恢大此心，进德修业，又于大贤君子之域，无不可者。汝曹宜勉之。

读书法

今读书紧要，是要看圣人教人做工夫处是如何。

读书将以求道，不然读作何用？今人不去这上理会道理，皆以涉猎该博为能，所以有道学、俗学之别。

开卷便有与圣贤不相似处，岂可不自鞭策？

圣贤之言，须常将来眼头过、口头转、心头运。

立志不定，如何读书？

学须做自家底看，便见切己。今人读书，只要科举，用已及第，则为杂文学古人态，不为自己受用，而反做外面事看，有何益哉！人常读书，庶几可以管摄此心常存。横渠有言："书所以维持此心，一时放下，则一时德行有懈。"其何可废耶？

世间凡事须臾变灭，皆不足以置胸中。维穷理修身，是究竟法耳，可记可记。

读书理会道理，只是将勤苦睚将去，不解得不成就。今世上有一般议论，成就后生懒惰，如云：不敢轻议前辈，不敢妄立论之类，皆中怠惰者之意。前辈固不敢妄议，然论涉行事之是非何害？固不可凿虚立论，然读书有疑有所见，自不容不立论。其不立论者，只是读书不到疑处耳。将精义诸家说相比并求之，亦便自有合辩处。

某之为学，乃铢积寸累而成。

诵数以贯之，古人读书亦必是记遍数，所以贯通也。

书须熟读。所谓书只是一般，然读十遍时与读一遍时终别，读百遍时与读十遍又自不同也。今人未尝读得十遍，便道我已晓。可戒可戒。

既识得了，须更读百十遍，使与自家相乳入，便说得也响。

今学者本文尚且未，如何会有益？

因言读书之法曰：且先读十数遍过了，已得文义四五分，然后看解，又得二三分矣，却读正文，又得一二分。向时不理会得孟子，以其章长故也。因如此读，元来他章虽长，意味却自首尾相贯。

尝看横渠读书多遍成诵之说，最为捷径。

学以静为本。读书闲暇且静坐，教他心平气定，见得道理，渐次分明。昔伊川见人静坐，便叹其善学。门人问："何谓也？"伊川曰："这个却是一身总要处，他日长进亦只是在这里，人只是一个心做本，须存得在这里，识得道义、条理、脉络，自有贯通处。"

读书须是有精力。杨至之云："亦须是聪明。"曰须是聪明，亦须是静，静方运得精神。盖静则心虚，道理方看得出。

读书须将心贴在书册上，逐句逐字，各有着落，方始好商量。大凡学者，须是收拾此心，令专静纯一，日用动静间，都无驰走散乱，方始得其看文字精审。俱如此，方是有本原之学。

读书看文字，多是以昏忽了事，所以不仔细。今学者且于静处收拾，教意思在里，然后尽心去看，则其义理未有不明者也。

读书须静着心，宽着意，思沉潜，反复将久，自会晓得去。

读书觉得困倦时，即瞑目静坐，使神逸气定。

觉得闲思杂虑起来缠绕，即当扫除静定，使其心收敛，不容一物，则思虑自息矣。

昔陈烈先生苦无记性。一日读《孟子》："学问之道无他，求其放心而已矣。"忽悟曰："我心不曾收得，如何记得书？"遂闭门静坐，不读书百余日，以收放心，却去读书，遂一览无遗。

章子厚欲问康节先生传数学。康节曰："必相从林下二十年，而后可与语数学。"既能静坐二十年，则数学不待传。静坐之久而虚灵不昧，凡事自可知之。昔延平先生说罗先生解《春秋》也浅，不似胡文定。后来随人入广，在罗浮山住两三年去，那里心静，须看得较透。二三年者尚得如此受用，而况二十年静乎！

读书须是要身心都入在这里面一段，更不问外面有何事，方见得一段道理出。今人却一边去看文字，一边去思量外事，只是枉费了功夫。不如放下文字，待打叠教意思静了去看，方好。

书须成诵。惟精思多在夜间，或静坐得之。

读书看义理，须是胸次放开，磊落明快，恁地去。第一不可先责效，才责效便有忧虑底意。只管如此，胸中便结聚一并子不散。今日放置闲事，不要闲思量，只专心去玩味义理，便会心精，心精便会熟。

学者读书多缘心不在，故不见道理。圣贤言语，本自分晓，只略略加意自见得。若是专心，如何不见。

心不定，故见理不得。今学者读书，须先定其心，使之如止水，如明镜。暗镜如何照得物？

只合看自家底，留心去看不是自家，枉了思量。

读书须且虚心静虑，依傍文义，推寻句脉，看定此句指意是说何事，略用今人言语，衬贴替换一两字，说得古人意思出来。先教自家心里分明历落，如与古人对面说话，彼此对答，无一言一字不相肯可，此外，都无闲杂说话，方是得个入处。

学者读书，须要敛身正坐，缓视微吟，虚心涵泳，切己省察。又云："读一句书，须体察这一句，我将来甚处用得。"又云："文字是底固当看，不是底也当看，精底固当看，粗底也当看。读书有个法，只是刷刮净了那心后去看。若不晓得，又且放下，待他意思好时，又将来看。而今却说要虚心，心如何解虚得？而今正要将心在那上面。"

今人读书，看未到这里，心已在后面，才看到这里，便欲舍去了，如此只是不求自家晓解。须是徘徊顾恋如不欲去，方会认得。

读书不可有欲了底心。才有此心，便心只在背后白纸处，了无益。

人做功课，若不专一，东看西看，则此心先已散没了，如何看得道理出？须是看《论语》，专只看《论语》；看《孟子》，专只看《孟子》。读这一章，更不得看后章；读这一句，更不得看后句。这一字理会不得，更不得看下字。如此则专一，而功可成。若所看不一，泛滥无统，虽卒岁穷年，无有透彻之期。某旧时看文字，只是守此拙法，以至于今。思之，只有此法，更无别法。

读书固收心之一助，然今于读书时收得心到，不读书时便为事所夺，则是心之存也常少，而其放也常多。何益！胡为而不移此读书工夫，向不读书处用力，使动静两得，而此心无时不存乎？况有即读书时亦收不得心者。深为可戒。

初学于敬，不能无间断。只是才觉间断，便提起此心，那知觉处便是接续。某要得人只就读书上体认义理。日间常读书，则此心不走作。

今有圣贤言语，有许多文字，却不去做。而师友只是发明得道理，人若不自向前用工，师友如何着得力？

读书不可不先立程限。政如农功，如农之有畔。为学亦然。今之始学，不知此理。初时却说用着心去，终至都不理会了。此是当初不立程限之故。

观书须从头循序而进，不以浅深难易有所取舍，自然意味详密，至于浃洽贯通，则无紧要处所下工夫，亦不落空矣。今人多是拣难底好底看，非惟圣贤之言不可如此问别，且是只此心意便不定叠。纵然用心探索，得到亦与自家这里不相干，突兀聱牙，无田地可安顿。此病不可不知也。

读书之法，当循序而有常，致一而不懈，从容乎句读文义之间，而体验乎操存践履之实，然后心静理明，渐见意味。不然，则虽广求博取，日诵五车，亦奚益于学哉？故程子曰："善学者求言必自近。易于近者，非知言者也。"此言殊有味。

读书须是遍布周满。某尝以为宁详毋略，宁下无高，宁拙毋巧，宁近毋远。

学者当以圣贤之言反求诸身，一一体察，须是晓然无疑，积日既久，当自有见。但恐因循怠惰，或贪多务广，或得少为足，皆无由明耳。

山谷与李机仲帖云："大率学者喜博而常病不精。泛滥百书，不若精于一也。有余力，然后及诸书，则涉猎诸篇，亦得其精。盖以我观书，则处处得益；以书博我，则释卷而茫然。"某深喜之，以为有补于学者。

学者只是观书，都不知有四边，方始有味。

读书须是虚心切己。虚心方得圣贤意，切己则圣贤之言，不为虚说。

读书法悉载性理大全。此乃家训中勉励初学数十条，余不尽录。

谕条

谕学者

朱子曰：学如不及，犹恐失之。此君子所以孜孜焉爱日不倦，而竞尺寸之阴也。今或闻诸生晨起入学，未及日中而各已散去，此岂爱日之意也哉？夫学者所以为己，而士者或患贫贱，势不得学，与无所于学而已。势得学又不为，无所于学而犹不勉，是亦未尝有志于学而已矣。然此非士之罪也，教不素明而学不素讲也。今之世，父所以诏其子，兄所以勉其弟，师所以教其弟子，弟子之所以学，舍科举之业，则无为也。使古人之学止于如此，则凡可以得志于科举斯已尔。所以孜孜焉爱日不倦，以至乎死而后已者，果何为而然哉？今之士唯不知此，以为苟足以应有司之求矣，则无事乎汲汲为也。是以至于惰游而不知反，终身不能有志于学，而君子以为非士之罪也。使教素明于上，而学素讲于下，则士者固将有以用其力，而岂有不勉之患哉？某是以于诸君之事，不欲举以有司之法，而姑以文告焉。诸君苟能致思于科举之外，而知古人之所以为学，则将有欲罢不能者，某所企而望也。

沧州精舍谕学者

老苏自言："其初学为文时，取《论语》、《孟子》、《韩子》及其他圣贤之文，而兀然端坐，终日以读之者七八年。方其始也，入其中而惶然，以博观于其外，而骇然以惊。又其久也，读之益精而其胸中豁然以明。若人之言，固当然者，然犹未敢自出其言也。历时既久，胸中之言日益多，不能自制，试出而书之，已而再三读之，浑浑乎觉其来之易矣。"予谓老苏但为欲学古人说话声响，极为细事，乃肯用功如此，故其所就亦非常人所及。如韩退之、柳子厚辈亦是如此，其答礼【李】翊、韦中立之书，可见其用力处矣。然皆只是要作好文章，令人称赏而已。究竟何预己事，却用了许多岁月、费了许多精神，其可惜也。今人说要学道，乃是天下第一至大至难之事，却全然不曾着力，盖未有能用旬月功夫，熟读一人书者。及至见人，泛然发问，临时凑合，不曾举得一两行经传成文，不曾照得一两处首尾相贯。其能言者，不过以己私意敷演立说，与圣贤本意义理实处，了无干涉，何况望其更能反求诸己，真实见得、真实行得耶？如此求师，徒费脚力。不如归家杜门，依老苏法，以二三年为期，正襟危坐，将《大学》、《论语》、《中庸》、《孟子》及《诗》、《书》、《礼记》，程、张诸书，分明易晓处，反复读之，更就自己身心上存养玩索、着实行履，有个入处，方好求师，证其所得而订其谬误。是乃所谓就有道而正焉者，而学之成也可冀矣。如其不然，未见其可。故书其说，以示来者云。

又谕学者

书不记，熟读可记；义不精，细思可精。唯有志不立，直是无着力处。只如而今，贪利禄而不贪道义，要作贵人而不要作好人，皆是志不立之病。直须反复思量，究见病痛起处，勇猛奋跃，不复作此等人。一跃跃出，见得圣贤所说千言万语，都无一物不是实语，方始立得此志。就此积累功夫，迤逦向上去，大有事在。储君勉旃，不是小事。

谕诸生

朱子曰：古之学者，八岁而入小学，学六甲五方书计之事。十五而入大学，学先圣之礼乐焉。非独教之，固将有以养之也。盖礼义以养其心，声音以养其耳，采色以养其目，舞蹈降登、疾徐、俯仰以养其血脉，以至于左右起居，盘盂几杖，有铭有戒，其所以养之之具，可谓备至尔矣。夫如是，故学者有成材，而庠序有实用，此先王之教所以为盛也。自学绝而道丧，至今千有余年，学校之官有教养之名，而无教之养之之实。学者挟⑭而相与嬉其间，其杰然者乃知以干禄蹈利为事，至于语圣贤之余旨，究学问之本原，则罔乎莫知所以用其心者。其规为动息举，无以异于凡民，而有甚者焉。呜呼，此教者过也，而岂学者之罪哉？然君子以为是亦有罪焉尔。何则？今所以异于古者，特声音、采色之盛，舞蹈降登、疾徐、俯仰之容，左右起居、盘盂几杖之戒，有所不及为。至推其本，则理义之所以养其心者故在也，诸君日相与诵而传之，顾不察耳。然则此之不为，而彼之久为，又岂非学者之罪哉？仆以吏事得与诸君游，今期年矣。诸君之业不加进，而行谊无自著于州里之间，仆心愧焉。今既增修讲问之法，盖古者礼义养心之术，诸君子不欲为君子耶，则谁能以是强诸君者？苟有志焉，是未可以舍此而他求也。幸愿留意毋忽！

谕诸职事

尝谓学校之政，不患法制之不立，而患礼义之不足以悦其心。夫礼义不足以悦其心，而区区于法制之末以防之，是犹决湍水注之千仞之壑，而徐爇萧苇以捍其冲流也，亦必不胜矣。诸生蒙被教养之日久矣，而行谊不能有以信于人，岂专法制之不善哉，亦诸君子未尝以礼义教告之也。夫教告之而不从，则学者之罪。苟为未尝有以开导教率之，则彼亦何所趋而兴于行哉？故今增修讲问之法，诸君子其专心致思，务有以渐摩之。无牵于章句，无滞于旧闻，要使之知所以正心、诚意于饮食起居之间，而由之以入圣贤之域，不但为举子而已，岂不美哉！然法制之不可后者，亦既议而起之矣。惟诸君子相与坚守而力持之，使义理有以博其心，规矩有以约其外，如是而学者犹有不率，风俗犹有不厚，则非有司之罪。惟诸君留意！

摘训

德业相劝

朱子曰：德谓见善必行，闻过必改，能治其身，能治其家，能事父母，能教子弟，能御童仆，能肃政教，能事长上，能睦亲故，能择交游，能守廉介，能广恩惠，能受寄托，能救患难，能导人为善，能规人过失，能为人谋事，能为众集事，能解斗争，能决是非，能兴利除害，能居官举职。

业谓居家则事父母，教子弟，待妻妾；在外则事长上，接朋友，教后生，御童仆。至于读书，治田，营家济物，畏法令，谨租赋，好礼、乐、射、御、书、数之类，皆可为之。非此之类，皆为无益。

过失相规

过失，谓犯义之过六，犯约之过四，不修之过五。

犯义之过：一曰酗博斗讼。酗谓纵酒喧竞，博谓赌博财物，斗谓斗殴骂詈，讼谓告人罪恶。意在害人，诬赖争诉，得已不已者。若事干负累，及为人侵损而诉之者非。二曰行止逾违。逾礼、违法、众恶皆是。三曰行不恭逊。侮慢齿德者，持人短长者，恃强凌人者，知过不改、间谏愈甚者。四曰言不忠信。或为人谋事，陷人于恶；或与人要约，退则背之；或妄说事端，荧惑众听者。五曰造言诬毁。诬人过恶，以无为有，以小作大，面是背非。或作嘲咏匿名文书，及发扬人私隐；无状可求，及善谈人之旧过者。六曰营私太甚。与人交易，伤于掊克者；专务进取，不恤余事者；无故而好，干求借贷者；受人寄托，而有所欺者。

犯约之过：一曰德业不相劝。二曰过失不相规。三曰礼俗不相成。四曰患难不相恤。

不修之过：一曰交非其人。所交不限士庶，但凶恶及游惰无行，众所不齿者而已。朝夕与之游处，则为交非其人。若不得已而暂往还者非。二曰游戏怠惰。游谓无故出入，及谒见人正务闲适者；戏谓戏笑无度，及意在侵侮，或驰马击鞠，而不赌财物者；怠惰谓不修事业，及家事不治，门庭不洁者。三曰动作无仪。谓进退太疏野及不恭者，不当言而言、当言而不言者，衣冠太华饰及全不完整者，不衣冠而入街市者。四曰临事不恪。主事废忘，期会后时，临事怠慢者。五曰用度不节。谓不计有无，过为多费者；及不能安贫，非道营求者。

礼俗相交

礼俗之交：一曰尊幼辈行，二曰造请拜揖，三曰请召送迎，四曰庆吊赠遗。

尊幼辈行凡五等：曰尊者。谓长于己三十岁以上，在父行者。曰长者。谓长于己十岁以上，在兄行者。曰敌者。谓年上下不满十岁者。长者谓稍长，少者谓稍少。曰少者。谓少于己十岁以下者。曰幼者。谓少于己二十岁以下者。

造请拜揖凡三条：曰凡少者、幼者于尊者、长者，岁首、冬至、四孟月朔，辞见贺谢，皆为礼见。皆具门状，公服。若当行礼而有故，皆先使人白之；或遇风雪，则尊长先使人谕止来者。此外候问起居，质疑白事，及赴请召，皆为燕见，尊者受谒不报。岁首、冬至，具己名榜子，令子弟报之，如其服。长者岁首、冬至，具榜子报之，如其服，余令子弟以己名榜子代行。凡敌者，岁首、冬至，辞见贺谢，相往还。门状名纸同上，唯止服帽子。凡尊者长者，无事而至少者幼者之家，唯所服。深衣、凉衫、道服、背子可也。敌者燕见亦然。

曰凡见尊者、长者下马，俟于外，次乃通名。凡往见，入门，必问主人食否，有他客否？有他干否？有妨则少俟，或且退。后皆仿此。主人使将命者先出迎客，客趋入至庑间，主人出降阶，客趋进，主人揖之，升堂，礼见，四拜而后坐。燕见不拜。旅见则旅拜，少者、幼者自为一列，幼者拜则跪而扶之，少者拜则跪扶而答其半。若尊者、长者齿德殊绝，则少者坚纳拜请。尊者许则立而受之，长者许则跪而扶之。拜讫，则揖而退。主人命之坐，则致谢，讫，揖而坐。退，凡相见，语终不更端则告退。或主人有倦色，或方干事则有所俟者，皆告退可也。后皆仿此。则主人送于庑下。若命之上马，则三辞。许则揖而退出大门乃上马，不许从其命。凡见敌者，门外下马，使人通名，俟于庑下或厅侧。礼见则再拜。稍少者先拜，旅见则特拜。退则主人请就阶上马。徒行则主人送于门外。凡少者以下，则先遣人通名，主人具衣冠以俟客入门，下马则趋出，迎揖、升堂。来报礼则再拜谢。客止之则止。退则就阶上马。客徒行则迎于大门之外，送亦如之。仍随其行数步，揖之则止，望其行远乃入。

凡遇尊长于道，皆徒行则趋进揖，尊长与之言则对、否则立于道侧，以俟尊长已过，乃揖而行。或皆乘马，于尊者则回避之，于长者则立马于道侧揖之，俟过，乃揖而行。若己徒行而尊者乘马，则回避之。若己乘马而尊长徒行，望见则下马前揖，已避亦然。过既远，乃上马。若尊长令上马，则固辞。遇敌者，皆乘马，则分道相揖而过；彼徒行而不及回避，则下马揖之，过则上马。遇少者以下皆乘马，彼不及避，则揖之而过；彼徒行不及避，则下马揖之。于幼者则不必下可也。

请召迎送凡四条：凡请尊长饮食，亲往投书。礼薄则不必书。专召他客则不可兼召尊长。既来赴，明日亲往谢之。召敌者以书简，明日交使相谢。召少者用客目，明日客请往谢。

曰凡聚会皆乡人，则亦以齿。非士类则否。若有亲，则必叙。若有他客，有爵者，则坐以爵。不相妨者坐以齿。若有异爵者，虽乡人亦不以齿。异爵谓命士大夫以上，今升朝官是。若特请召，或迎劳出钱，皆以专召者为上客，如昏【婚】礼则姻家为上客，皆不以齿爵为序。

曰凡燕集初坐，别设桌子于两楹间，置大杯于其上。主人降席，立于桌东西向。上客亦降席，立于桌西东向。主人取杯亲洗，上客辞。主人置杯桌子上，亲执酒斟之，以器授执事者，遂执杯以献上客。上客受之，复置桌子上。主人西向再拜，上客东向再拜。兴，取酒东向跪祭，遂饮，以杯授赞者，遂拜，主人答拜。上客酢主人如前仪，主人乃献众宾如前仪，唯献酒不拜。若众宾中有齿爵者，则特献如上客之仪，不酢也。若婚会，姻家为上客，则虽少亦答其拜。

曰凡有远出远归者，则迎送之。少者幼者不过五里，敌者不过三里，各期会于一处拜揖如礼。有饮食则就饮食之。少者以下，俟其既归，又至其家省之。

庆吊赠遗凡四条：曰凡同约有吉事则庆之。冠子、生子、预荐、登科、进宫之属，皆可贺。婚礼虽曰不贺，然礼亦曰贺。娶妻者盖相以物助其宾客之费而已。有凶事则吊之。丧葬、水火之类。每家只家长一人，与同约者俱往，其书问亦如之。若家长有故，或与所庆吊者不相接，则其次者当之。

曰凡庆礼，如常仪有赠物。或其家有不足，则同约为之借助器用，及为营干。凡吊礼，闻其初丧，未易服，则率同约者深衣而往哭吊。此吊尊者，则为首者致辞面旅拜。敌以下则不拜，主人拜则答之。少者以下则扶之。不识死者则不吊，不识死者则不哭。且助其凡百经营之事。主人既成服，则相率素幞头，素服素带，具酒果食物而往奠之。死者是敌以上则拜而奠，以下则尊而不拜。主人不易服则亦不易服，主人不哭则亦不哭。情重则虽主人不变、不哭，亦变而哭之。赙礼用钱帛，众议其数如庆礼。及葬，又相率致赗。俟发引，则素服而送之。赗如赙礼，或以酒食犒其役夫，及为之干事。及卒哭，及小祥，及大祥，皆常服吊之。

曰凡丧家不可具酒食、衣服以待吊客，而客亦不可受。

曰凡闻所知之丧，或远不能往，则遣使致奠，就外次衣吊服再拜，哭而送之。唯至亲笃友为然。过期年则不哭。情重则哭其墓。

患难相恤

患难之事，一曰水火。小则遣人救之，甚则亲往，多率人救且吊之。二曰盗贼。近则同力追捕，有力者为告之官司。其家贫则为之助，出募奖之。三曰疾病。小则遣人问之，甚则为访医药，贫则助其养疾之费。四曰死丧。缺人则助其干办，乏财则赙赠借贷。五曰孤弱。孤遗无依者，若能自赡，则为之区处，稽其出内，或闻于官司，或择人教之，及为求婚姻。贫者协力济之，无令失所。若有侵欺之者，众人力为之办理。若稍长而放逸不检，亦防察约束之，毋令陷于不义。六曰诬枉。有为人诬枉过恶不能自伸者，势可以闻于官府则为言之，有方备可以救解则为解之。或其家因而失所者，众共以济财之。七曰贫乏。有安贫守分而生计大不足者，众以财济之，或为之借贷置产，以岁月偿之。

右吕氏乡约训条，朱子摘以诫学者。兹于义学厅壁，表而揭之，使后生小子知劝善规过、交友事长、睦姻任恤之道，讵可以其浅近而忽诸！

卷六　禋产

薪传统绪，德馨弗替。肃雍骏奔，蘋藻釜筥。崇德报功，慎厥终始。仰止高山，溯洄汉水。恒产恒心，永贻禋祀。

禋产者何？市屋也。市屋曷云祠产也？曰：以屋之所入，供祠之所出，终岁沛然而有余。创于昔，增于今，扩充于后，犹子舆氏所谓恒产也。乌可以不志？初，乡之善士醵金购东隅之屋，改置市房若干椽，续又赎还西廛，改置若干椽。今复辟基展地，达巷开津，总计较旧置加倍。要之六邑之人心一，一则坚，坚则久而不懈。故综其岁入岁出之规，著之于册，绳绳相续。自今已往，以岁息之盈衰而益产，无论市廛、田亩，岁月递增，即黍稷馨香粢盛丰洁，以及膏火修葺，均有所出，可百祀相仍也。宁仅目睫之见哉！

契墨

书院基址五契

立大卖基地文契人刘仁庵、刘咸有，同侄以韶、声玉，有祖遗分受基地一段，计宽六丈，坐落汉镇循礼坊四总后街。前至街南本基港心、北至塘坡港心、东至本基大巷余邓墙脚、西至刘乾吉基地，四至明白。立有水程，先尽亲族典主，并无承买。复请牙中说合，出卖与新安文会为业。当日三面议定，时值正价纹九银三百两，外亲族答贺表劝折席银三十两。仁等兄弟同侄，当日眼同收足，并无货物准折逼勒等情。自卖之后，听从买主填基盖造，刘门不得生端异说。其基地系承祖遗业，倘存字迹，日后刷出无用。所有质典与受分不明等情，俱系仁等承营。地课地粮买主照间完纳。今欲有凭，立此文契存照。康熙三十三年六月　日，立大卖基地文契人刘仁庵、刘咸有，同侄以韶、声玉押。

立大卖基地房屋文契人余大霭，承父百圭先年价买族人应菲兄弟基地一段，计宽三丈六尺，坐落汉口循礼坊四总后街。东至李杨屋地、西至买主巷地、南至官街、北至邓宅墙脚，四至明白。身父盖造铺面楼房三间，后层土库楼房三间，四围墙垣板壁俱全，并后余地至邓墙止，该身分法一半。今因父柩久停在屋，无力搬回。立有水程，先尽亲族原业，俱不承买。复请牙中说合，情愿出卖与新安文会名下为业。当日三面议定，时值纹九价银一百三十五两，满门亲族答贺表劝折席银十三两五钱。其银当日一并收足。此系二比情愿，并无私债准折货物抬算逼勒成交等情。自卖之后，听从买主盖造管业，内外人等，不得异说。基地钱粮照册完纳，来脚地契俱已缴付。今恐无凭，立此文契存照。康熙三十三年七月　日，立大卖基地房屋契人余大蔼押。

立大卖基地房屋文契人余大震，承父百圭先年价买族人应菲兄弟基地一段，计宽三丈六尺，坐落汉口循礼坊四总后街。东至李杨屋地、西至买主巷地、南至官街、北至邓宅墙脚，四至明白。身父盖造铺面楼房三间，后层土库楼房三间，四围墙垣板壁俱全，并后余地至邓墙止，该身分法一半。今因父柩久停在屋，无力搬回。立有水程，先尽亲族原业，俱不承买。复请牙中说合，情愿出卖与新安文会名下为业。当日三面议定，时值纹九价银一百三十五两，满门亲族答贺表劝折席银十三两五钱。其银当日一并收足。此系二比情愿，并无私债准折货物抬算逼勒成交等情。自卖之后，听从买主盖造管业，内外人等，不得异说。基地钱粮照册完纳，来脚地契俱已缴付。今恐无凭，立此文契存照。康熙三十三年七月　日，立大卖基地房屋契人余大震押。

立大卖基地文契人翟鸣霄，今将自己价置基地一段，坐落循礼坊四总后街地尾。前至邓宅墙脚、后至塘边、左至杨宅基地、右至买主基地。今因出路不便，请凭中牙说合，情愿出卖与新安文会名下为业。当日三面，时值估价纹九银四十二两，其有答贺表劝一并在内。系翟亲手收讫。此系二比情愿，并非勒逼等情。自卖之后，听从买主盖造。倘前业首尾不明，俱系翟人承管。外有老契一纸，当时缴付。恐后无凭，立此文契存照。康熙三十三年七月　日，立大卖基地文契人翟鸣霄押。

立大卖基地房屋文契人邓聚芝，今因不便管业，所遗兄弟基地房屋一所，坐落循礼坊四总塘后。土库平房三进，厢房披厦四间，屋内装修门扇、窗棂、板壁，四围墙垣石岸俱全。四至俱以本宅墙脚为界。凭中牙议明，情愿出卖与新安文会名下为业。当日得受时值纹九价银四百六十两，表劝杂项在内。系聚亲手收讫。自卖之后，其基屋悉听拆卸改造，永远为业。邓氏内外人等，倘有藉端生说，俱系聚承管。今欲有凭，立此文契存照。其契内价银系聚一并亲收，倘日后聚兄升如异说，在聚承管，此批。康熙三十四年六月　日，立大卖基地房屋文契人邓聚芝押。

无基浮屋三十一契

三十五年十月，契买杨士美瓦屋一所，价银一百十三两。

三十五年四月，契买谢惟贤、赵黄甲瓦屋一所，价银七十两。

三十五年　月，契买罗自明瓦屋一所，价银七十两。

三十四年十二月，契买鲁传礼瓦屋一所，价银一百四十两。

三十三年十二月，契买吴定民瓦屋一所，价银二百两。

三十三年十二月，契买余永祥瓦屋一所，价银三十七两。

三十四年三月，契买熊翼六瓦屋一所，价银三十五两。

三十三年十二月，契买王伯华土窖一所，价银十八两。

三十三年十一月，契买李士尤竹屋一所，价银六两。

三十三年七月，契买翟鸣霄竹屋一所，价银二十八两。

三十五年八月，契买杨秀卿、顾显卿竹屋一所，价银十八两。

三十四年四月，契买秦特起竹屋一所，价银十一两五钱。

三十四年四月，契买汪廷爵竹屋一所，价银十一两五钱。

三十四年四月，契买周文卿竹屋一所，价银三十五两。

三十四年四月，契买萧明寰、彭君美竹屋一所，价银五两。

三十四年四月，契买杨继美竹屋一所，价银十六两。

三十四年四月，契买李正贤竹屋一所，价银十一两五钱。

三十四年四月，契买周元卿、周一臣尊屋一所，价银六两。

三十四年四月，契买罗卿明草屋一所，价银四两六钱。

三十四年四月，契买万世文草屋一所，价银六两。

三十四年四月，契买胡明甫草屋一所，价银十三两。

三十四年四月，契买张瑞林草屋一所，价银二两。

三十四年四月，契买陈伯吉草屋一所，价银一两八钱。

三十四年四月，契买熊以公、王公化草屋一所，价银二两六两。

三十三年十一月，契买任源泽竹屋一所，价银四两。

三十七年十二月，契买周门黄氏铺楼二间，价银三十三两。

  以上所买各屋，俱为拆造书院基地之用。

三十八年正月，契买马凌寰竹屋一间，价银四十四两。

三十九年五月，契买刘文远、刘修远瓦屋二间，价银五十两。原该书院地租扣清补此数。

四十一年十二月，契买罗自明土屋一进，价银二十七两。

乾隆七年十月，契买朱黄氏瓦屋一进，价银一百二十两。在刘顺五基地内。

乾隆七年十月，契买袁祖耀瓦屋二间，价银一百二十两。同前。

乾隆七年十一月，契买刘文进瓦屋一所，价银三十六两。同前。

乾隆七年十一月，契买刘克成住屋一所，价银三十六两。同前。

三十七年三月，契拼陈斌店屋一所，价银二十四两。沈家庙桥头书院地。

后河麦地

立大卖麦地文契人萧位极、萧俊极，今将祖遗受分汉口循礼坊堤外湖岸麦地一大段，东至本塍路边、西至曾纯甫麦地、南至王祥宇麦地、北至己地塍沟。今因移业就业，请凭牙中情愿出卖与新安文会名下为业。当日得受时值价纹九银三十三两，外答贺表劝等项银三两五钱，一并收讫。其地有应纳湖岸麦课，凭中议定，买主帮认平戥银八钱，交付萧茂户内承领完纳。自卖之后，听从更佃招种，永远管业，萧门亲族不致异说。如有重复来历不明等情，俱系位、极承管。今恐无凭，立此文契存照。康熙三十四年五月　日，立大卖麦地文契人萧位极、萧俊极押。

汉阳基屋

立大卖基地房屋文契人廖仲昆同男铉等，今将父遗自己受分基地一段，自盖竹瓦草房二重、竹披二间，屋内虎皮窗格门扇装修俱全。坐落鼓楼前集贤坊，前至官街、后至郎官湖沟、左至万宅墙界、右以本宅墙脚为界，四至明白。今因移业就业，请凭牙中说合，情愿绝卖与新安文会名下为业。当日得受时价纹九银一十五两整，答贺表劝一并在内，系仲昆父子亲手收讫。自卖之后，其基房听从买主移旧换新，永远为业。廖门亲族，不得藉端异说，以及重复典当不明等情，俱系卖人承管。今欲有凭，立此文契，永远为照。康熙三十四年十月　日，立大卖文契人廖仲昆，男铨、铉，代笔胞弟廖叔昆、廖素峰押。

新安巷基屋

立杜卖基房文契人邓聚芝，自置汉镇土库基地房屋一所，计七进，回披楼及门扇、板壁、窗棂、鼓皮俱全，水呈开载明白。坐落循礼坊头总上岸，前至官街、后抵巷心、左至谢宅、右至水巷墙垣，四至明白。今因住居窵远，管业不便，先发水呈，请凭中牙吴蕴宇、汪天泽等说合，出卖与新安文会名下为业。当日得受时值纹九正价银一千二百两，外满门答贺表劝起神画字等项银一百二十两，系聚芝一并亲手收讫。彼即契明价足，并非货物准折。此系自售自分房，族人等毋得异说。上首老契总付买主收执，听从移旧造新，永远为业。其基地钱粮即过户完纳。今欲有凭，立此杜卖文契，永远存照。康熙四十年三月　日，立杜卖基地文契人邓聚芝押。

照墙前基屋

立大卖基房文契人余楚玉，今有父遗汉镇循礼坊四总基地铺面、房楼三间，并后披屋，内装修板壁、门扇、间板、楼梯俱全，左右墙垣、墙脚，俱系本宅造就。北至官街、南至谢宅墙脚。今因年迈回籍，父子商议，先尽亲族，并无承买。请凭官牙中亲友说合，情愿卖与徽国文公祠内杂货店名下为业。当日得受众店已捐纹九正价银一百八十两正，外满门答贺表劝起神折席小礼杂项银二十两正，系楚玉父子亲手收讫。并非债利准折其业，亦无分受不明等情。自卖之后，一杜一绝，听从众杂货店移旧造新，永远为业，楚玉家庭亲族，不致藉端异说。如有等情，俱在卖主父子承当，不涉买主之事。今欲有凭，立此绝卖基屋文契，永远存照。康熙四十六年四月　日，立大卖基房人余楚玉同男大海、大源押。

循礼坊后街桥头市屋

立杜卖基房文契人朱坤林，同侄清泉，有自置土库楼房一所，并边厢平屋一间，四围墙垣、石脚基地、鼓皮门窗及一切浮装俱全。坐落循礼坊四总，前至街心、后至本宅墙脚、左至街心、右至本宅墙脚，四至清白。今因移业就业，伯侄好作商量，先尽亲族，并无承买，请凭牙中说合，情愿卖与文公书院为业。当日得受时值价银足纹二百五两正，答贺表劝起神下匾折席小礼，一并在内，系伯侄眼同亲手收讫。此系自卖自业，遵奉新例，永远杜绝。自卖之后，听从书院移旧造新。倘有原业藉端及不明等情，尽是卖人承当。其门摊地粮，听凭更名完纳。今欲有凭，立此文契存照。雍正八年八月　日，立大卖文契人朱坤林同侄清泉押。

循礼坊正街市屋

立大卖房屋基地契约人金峻阶，同嫂彭氏，今情愿将祖遗基地铺面、土库楼房两进，坐落循礼坊新安巷上首，前至街心、后至黄宅墙脚、东西皆至本家墙脚。其屋内窗棂、板壁、鼓皮、楼梯、柜台，上下装修俱全。先尽亲族人等，俱不承买，央中出卖与文公书院为业。三面公估议定时值九五足纹银三百两整，原业答贺表礼起神画字等项一切在内。其银当日眼同中、亲等，卖主亲手收足。自卖之后，听从买主居住管业，完纳门摊楚闽银三钱二分。如有重复典当不明等情，尽是卖主承管，无得异说。今恐无凭，立此存照。雍正十一年十月　日，立大卖契约人金峻阶、金阿彭押。

熊家巷基

立大卖巷地契人熊蓉矶，同侄圣卿、荆山，今有自己户下祖遗巷路一条，计宽三尺。前至官街、后至河边、东至熊墙脚、西至魏墙脚，土名熊家巷，坐落循礼坊二总。因管业不便，凭中人郑卜孚等，出卖与文公书院为业。受价纹银四十五两整，折席小礼一并在内，其银当日亲手收足，并无货物抬折抑勒等情。自卖之后，任凭书院拆改。火巷其地并无重叠典卖、亲邻争执情弊。倘有熊姓亲戚内外人等，生端异说，俱系卖人理值，不干买主之事。今恐无凭，立此卖契，永远存照。其上首老契一纸，并缴买主收执。又批。雍正十二年八月　日，立大卖巷地熊蓉矶同侄圣卿、荆山押。

基地房屋

立大卖基房文契黄仲华，同弟鼎元，侄文锦、文明，今有祖遗土库楼房基地一所，计六进，坐落循礼坊二总下岸，前至官街、后至河心、东至许捧日所买黄宦屋墙脚、西至黄廷佐宅屋墙，四至明白。屋内门窗、板壁、窗棂、鼓皮、回披、厢楼俱全。今因兄弟叔侄管业不便，好作商量，开立水程，先尽亲族，并无承买，请凭牙中徐敬五、方有章等说合，卖与徽州文公祠内为业。当日三面，得受时值纹九银九百两整，满门答贺、表劝、起神、下匾、拆席、画字等项一并在内。并无货物抬算钱债准折。此系兄弟叔侄商量，情愿公卖公业，一杜一绝。契明价足，眼同牙中收讫。其屋随即交祠管业，听从拆造，无得异说。所有上首老契，当日缴出。基地钱粮听祠过户完纳。倘有家门亲族人等生情异说，尽是卖人承当，不涉买主之事。今欲有凭，立此文契付文公祠，永远存照。雍正十二年十二月　日，立大卖基房文契黄仲华、黄鼎元，同侄文锦、文明押。

循礼坊后街基屋

立大卖房屋基地文契人刘顺五，今有分得先年祖父用价买龚姓循礼坊四总后街基地，于上自造土库铺面楼房二间、厢披二间，又大厅对楼共四进，格扇、鼓皮、窗棂、地板、雨枧、晒台俱全。前至官街、后至行路、左以本宅墙脚、右至鼓宅墙脚为界，后地尾一大段，四至眼同钉界明白。其地课照册完纳。今因移业就业，先尽亲族人等并无承买，情愿凭中说合，一并扫土绝卖与文公祠名下为业。当日三面议定，时值估价九五色银一千一百两整，答贺、表劝、起神、下匾、小礼、折席一并在内，其银当成契日，系顺手收足，并无准折抬算等情。自卖之后，一杜一绝，任凭买主管业起造，无得异说。倘有内外人言，尽是卖人理直，不涉买主之事。所有上首承买龚姓房屋基地赤契，当日一并缴付买主收执。倘有上首未缴来脚与一应契墨，日后检出，概作废纸。今欲有凭，立此大卖基地房屋文契，付买主永远存照。乾隆元年十二月　日，立大卖房屋基地文契人刘顺五押。

循礼坊大街基屋

立大卖基屋铺面文契戴正位，今有先年买受谢姓基屋一所，坐落循礼坊大街新安码头对面老岸，坐北朝南，前进铺面官街为界、左抵本家原开谦吉典屋、右抵新安书院基屋、后抵本屋墙脚，四面墙垣俱属本屋。自前铺面起，计八进，屋内门扇、鼓皮、窗格、对楼、厢房、腰墙、寸木、条石，俱属本屋。又后过本基夹街，别有铺屋三大间，坐北向南，左抵本屋墙脚、右与新安书院共业，戴占三股之二，后抵书院之业，照本屋墙脚拖后管业。今书院众等议，照新安码头开通大路，防回禄、利济行人，洵属义举，修价通商，义不容辞。愿照原买谢姓价银市纹曹平七千五百两，自应加立大卖文契，绝卖新安书院名下为业，其银当日收足，其屋任听书院拆毁改造。此系情通义让，两无反悔。倘有本家亲族以及旁人异说，总在卖主一身承当，不涉买主之事。所有钱粮听书院推收完纳，批列于后。老契纸当日批月交出，并无片纸存留。今欲有凭，立此大卖文契付据。乾隆四十一年　月　日，立大卖基屋文契戴。

沈家庙后街基屋

立大卖基地土库楼房文契余祖志，同子三房国逵、二房国迈、四房国遵，长房孙昌宠，今有自置基地土库楼房东西厅二所，坐落循礼坊二总沈家庙后街。其东厅一所，计一大栋，前至官街、后至白家巷、左至罗宅墙脚、右至戴宅墙脚；其西厅并铺面前后计五栋，前至官街、后至本宅、右至孙宅墙脚、左至以本宅新墙毗连姚宅墙脚为界。四至悉载明白，其屋内鼓皮、格扇、门户、窗棂、栏杆、板壁、厢房、厨房、楼梯、枧筒、各处晒台以及铺面、铺板、四面墙垣，一应装修俱全，更有屋内砖瓦、木植、石块等项一并在内。外有厨屋基地三尺，系孙宅墙脚余地。每年租银三两二钱。因搬眷回里，管业不便，祖孙父子兄弟好作商量，出立水程，先尽亲族、原业，俱不承买，只得请凭族友说合，情愿立大卖文契出卖与新安书院名下为业。当日三面议定，时值价银三千二百两整，外起神、下圃、答贺、表劝、折席、杂费银一百两整。其银当时系同子孙等眼同三面，亲手收讫。契明价足，并无勒买抬算等情，亦无重复典卖等事。自卖之后，拳石寸木，皆属买主管业，听凭改造、自住、招租。基地钱粮，任从过户，照册完纳。余姓内外人等，不得生端异说。倘有首尾不明，一切异议，尽在余人承管，不涉买主之事。今欲有凭，立此大卖文契，付书院永远存照。大清乾隆五十年十二月　日，立大卖文契人余祖志。

三皇殿后基屋

立大卖基地房屋文契人刘国富、刘国贵，今有父遗下土库楼房基地一所，计二进，坐落循礼坊二总三皇殿后，前至官街滴水、后至书院墙脚、左至本宅板壁、右至本宅墙脚为界，四至明白。今因移业就业，其有屋内门窗、墙壁、窗棂、鼓皮、晒台俱全，今因乏用，开立水程，先尽亲族，并无承买，只得请凭中证傅坤、喻文龙说合，时值价银九八兑一百二十两整，情愿扫土出卖与徽州文公祠内名下为业。其银当日凭中三面眼同，刘姓弟兄亲手收足，其满门答贺、表礼、起神、下匾、代笔、折席等项，一并在内。此系刘姓弟兄自相情愿，并无货物抬算、钱债准折，以及重复典卖、勒逼等情。自卖之后，一杜一绝，任凭买主管业起造，无得生端异说。尚有内外人言语，尽是卖人承当，不涉买人之事。所有来脚红契一纸并钱粮券，当日一并缴付买人收执。其基地钱粮，听从过户完纳无阻。今欲有凭，立此大卖文契，永远存照。乾隆六十年十月　日，立大卖契人刘国富、刘国贵押。

新安街东基屋

立杜大卖契戴绍武等，缘汉镇新街为文公书院甬道上首，水巷窄小，水夫往来多由甬道，日无干路，未能洁净，本家向有下首土库楼屋及夹街余屋，书院公同情商，让与拆通水巷，利济行人，诚为美举。今三大房兄弟公商，自愿将承祖遗下汉镇循礼坊坐落新安码头对面，坐北朝南土库楼屋铺面七大进，并基地巷间，其屋东至本巷墙垣墙脚为界、西至书院新街铺屋墙脚为界、前至官街、后至夹街，四至界明，屋内墙垣、门窗、隔扇俱全。又将夹街余屋楼房两间半，四至照原界为定，一并尽行凭中立契，出卖与文公书院为业。当日得受曹平净圆丝价银一万两整。自卖之后，听从拆通巷路，水火均可无虞，以全盛事。钱粮门摊在于戴谦吉户内，推入书院户内办纳收租无异。倘有内外人言等情，尽是本家承值，不涉书院之事。今欲有凭，立此杜大卖契，久远存照。嘉庆八年七月　日，立杜大卖契戴绍武、戴介维、戴履中、戴虞风、戴霭堂押。

所有老契，因三大房公产，彼此交代，向年遗漏，日后检出，不作行用。又批。

祠后基屋

立大卖契人程门倪氏同孙程绍元，今因需用，自愿将子手置买铺面楼房，并基地共三间，坐落土名循礼坊三总文公祠后，其屋前至官街、后至胡宅、左至官街、右至吴宅，上至青天、下至黄泉，四围墙壁、砖瓦、阶檐、条石、柜台、楼梯、铺板、板片、门扇，装修一应俱全，发立水程，已尽亲族，无人承买，今请凭周正昌等说合，立契出卖与新安书院名下为业。当日三面议定，得受时值价银一百四十两整。其银当日凭中眼同绍元亲手一并收足。其屋随即交与买人管业，听从拆改建造。此系自卖自业，无得异说。倘有内外人言说及一切来历不明等情，尽是卖人承值，不涉买人之事。今欲有凭，立此大卖屋契一纸，永远存照。嘉庆九年八月二十四日，立杜大卖屋契人程门倪氏同孙程绍元亲笔押。

准提庵契约

立杜后约人黄光颜、父颖阳、兄君荣，同表亲蔡时卿，有后湖荒地一块，作成与徽僧长乐填墩募盖准提禅林，种植树木，屡遭水泛倾圮，□僧苦行护持廿载。方今徽郡众善姓等捐赀，鼎建殿宇，永远香火，垂成功德。其有西傍相连荒地一块，系萧云章所卖与本庵作菜地，长乐去价约据。于上年四月间，因地致起讼端，彼此俱控本县侯老爷、前任守道陈老爷，两词俱经审结，道批立案。今西复填墩兴造三元殿，颜善向众说明前情，众念作福盛举，僧且弱门，公议将所募布施银两内捐出十八两整，凭本坊约所王公对等，及善信陈郓恒、余仲达等，付颜收讫。颜对神立誓，自后再不得藉端生事侵害，永杜异说。如颜再有异说，听众经公理论。立此杜约，永远存照。康熙七年十一月十八日，立杜后约人黄光颜押。

执照

码头基屋照

湖广汉阳府汉阳县正堂纪录一次，梁为承买基房，价已呈缴，恳给执照，以便管业事。雍正十二年十一月二十四日，奉布政司批，据许捧日呈前事，呈称有原任工部尚书黄奉部变价还项基地楼房一所，在汉口循礼坊二总正街下岸，系原买魏嗣文等，契载楼房并基地一所、铺楼一进、内楼房五进、披厦厢房与铺面、门窗、户扇俱全，计价纹银九兑一千三百六十八两。向因地处河滨，又系多年未经修理之房，悬价莫售。捧日因其接连新安书院，人烟稠密之通衢，情愿照价承买，拆造通河火道码头，以利居民商旅。业经黄尚书奉部差出，家人费文贵、杨发，具呈汉阳，捧日照数呈缴屋价折实库平纹银一千三百六十八两。蒙县详解，宪库在案。此屋系照原契之价兑足，丝毫无欠。其解费已经声明，悉系黄尚书家兑出，与许捧日无涉。所有原买契二纸与现在租约，俱已缴收。但系奉部变价还项，业主并无卖契，理应呈恳宪台，伏乞俯给执照，以便管业，拆造码头，则居民商族均戴洪慈于无既矣。等情。奉批，仰汉阳县给照报查等因，奉此，合行给照。为此牌给原呈照、原买契约管业。其所买房屋价银，俱系承买家丁费文贵、杨（发）兑足收清。其有解费，不得干涉买主。余照契载界址拆造火道码头，管业无违。右牌给原呈执照，雍正十二年十一月二十九日。

承买缴价呈

具呈新安书院许捧日，为赐批执照，以便管业事。切有原任工部尚书黄，在汉口循礼坊二总正街下岸，买有魏嗣文等楼房并基地一所、铺楼一进、内楼房五进、披厦厢房与铺面、门窗、户扇俱全，奉部变价还项。今照原契纹银九兑一千六百两，市平扣实纹银库平一千三百六十八两，转卖到新安书院，开火道码头，以利居民、行商、客旅往来湾泊之津梁。黄尚书奉部差出，家人费文贵、杨发具呈天台，捧日照数呈缴，屋价折实库平纹银一千三百六十八两，恳赐兑收，批解藩库。此屋系照耗契之价兑足，所有此项银两日后解费，悉系黄尚书家兑出，与买主许捧日无涉。所有前后黄尚书家原买契二纸与现在租约，俱缴许捧日处。事属两相情愿，为此呈明，伏乞天台赐批执照，以便管业，顶戴靡涯矣。雍正十二年七月　日，汉阳县正堂梁准据转。

受买退业呈

具呈原任工部尚书黄变产，家人费文贵、杨发为呈明变产缴价凑完赔项事。切文贵老主因原任广西布政司，任内有捐纳一案，经九卿议，赔银二十四万余两，咨请兵部给发路引，差文贵等来楚变产，凑完家主赔项。除已变解咨抵外，今有老主原买汉口循礼坊二总正街下岸楼房连基地一所、铺楼一进、内楼房五进，披厦、厢房、铺面、门窗、户扇俱全，照原契价纹银库平一千三百六十八两，出卖与新安书院许捧日所有。原卖契二纸，并现在租屋约三纸，俱缴许捧日，照契约管业，其价许捧日交送天台弹收。理合呈明，伏乞恩赐详请，咨明大部，凑完家主赔项，沾恩无既。雍正十二年七月　日，汉阳县正堂梁批准据详。

准提庵三元殿执照

汉口镇众商汪公达等禀，为恳恩赏照杜后事。有僧人长乐苦修，众等捐赀买地盖庵，因逐年屡被地恶侵占，控告不休。今蒙审立案，踏清界址。伏恳天台批夺准照，沾恩无既。上禀。

前抵汪馆港岸、左抵宋宅尾港岸、右抵容膝港岸、后抵义冢，两边抵港。

康熙七年十二月　日具，汉阳县侯老爷十三日批准照。

纪产

纪赎市屋入祠

文公书院建于汉滨，为吾乡讲学敦仁地。当时六邑之众，莫不踊跃从事，迄今三十余年，栋宇巍峨，规模宏敞，莫不羡乎轮焕之美。然创建赖有群贤，而修葺竟无公橐，不得不亟为未雨绸缪之计。因查祠内向有楼房铺面，只缘公事掣肘，悉皆典质于人。今欲图新，莫如赎旧。惟时江箴极、汪兆瑜、汪元长、吴任文，倡邀布店同志共集会银三百两，随同汪天泽、汪公远、戴良玉、吴斯友，公交朱穆文，向程辅臣子既白，让价一百四十三两，赎出原质楼两进即今义学、铺面一进即义学前。并将先年给存汪元长处会银五十六两，向汪元长、谢友兰让价四十四两，赎出原质铺楼一间即照墙前。因思杂货众店，从前所买照墙外铺楼三间，并基地一片，久有乐输之议，今会同汪贞佑、叶廉臣、陈汉先、戴良玉、杨云士、汪长公、汪次山等议明，以三年租息，拨【拨】还各输会本原数，其房屋租息同入书院，以备递年修葺公费，所谓弗遗余力。从兹书院不朽，同人之心志亦不朽也。时康熙六十年十二月　日。

同赎姓氏：

汪兆瑜、汪笙友、汪箴极、吴尔玉、汪元长、汪千古、吴任文、程理安、程我云、黄鼎先、程师远、程叔茂、戴德良、汪殿元、戴景文、汪兆声、潘汝先、项东白、程舜公、程子允、张文声、查肇周、汪盛侯、朱穆文、吴有容、汪涵碧、程辑瑞、汪尹嘉、汪公璜、汪启文、张德文、许克三、张含中、金殿扬、李佑臣、吴元贞、邵伯容、汪汉臣、汪伯扬、程作舟。

立调换墨据

立调换墨据。浙宁公所、新安书院。缘我两郡人士，荟萃汉皋，均经创立会馆，崇祀先贤，敦联桑梓。兹因浙宁公所重新建造，限以基址浅窄，未遂宏敞规模，视得公所屋后毗连隙地，系属新安书院发祥之三元殿屋外余基。盖思阖郡公业，非价值可容求割。爰请托居间，再四同诣新安书院，情商俯凑，蒙议慨允。今浙宁公所公将原置南京会馆前首住屋一所、铺面一所，又新置循礼坊程姓铺屋三间，检同契据交与新安书院执业，过户输粮；新安书院公将三元殿前照墙外西南隙地，划割一块，深计四丈，其宽前计三丈、后计二丈七尺，眼同钉界，调换与浙宁公所，合锦成造。至落成之后，浙宁公所永以墙为界。此外隙地，原系新安书院本业，浙宁公所后人不得饰词侵占。而公所屋后开启便门，听由出入。但新安书院业产，历来税赋钱粮载入册籍，有增无减，未便割税开除，所有换给之地，每年应纳钱粮，新安书院永代完纳，后人不得竞较，此乃通商调换，情义允协，两无私徇，继启英贤，咸宜信守。恐后无凭，立此调换墨据二纸，各执一纸，永远存照。

一、浙宁公所原契买南京会馆前刘姓之屋印契一纸。

一、浙宁公所新契买循礼坊程姓铺面、楼房屋契一纸。

均交新安书院收执。再批：其新安书院所更换与浙宁公所地基之钱粮，因大契连产，未便开除，当日议定，每年浙宁公所交出银五分，原寄新安书院户内代纳。

嘉庆九年八月　日，立调换墨据。

浙宁公所董事：叶显扬、刘凤鸣、宋端华。

新安书院董事：汪衡士、胡克能、余阛望、黄威侯。凭中见议：浙宁公所冯甸安、余允安、冯用韬、沈西成；新安书院金霞青、余逢源、吴星源、许尚德、汪恒盛、李殿鳌、吴际南、黄仲容。司书：余超宗。

立永远杜卖基地房屋

立永远杜卖基地房屋约人刘龄万，同子廷光、婿长媳张氏，今有自置土库楼房一栋、铺面一间、厢房两间，并后出头后路，房内门扇、板壁、楼梯、鼓皮、窗棂、格扇，并铺面、铺板、柜台、铺内装修，以及房内寸木、拳石，一应俱全，不得擅动丝毫，前至官街为界、后至南京会馆墙角为界、东至本宅墙脚为界、西至铺面本宅墙脚为界，厢房正屋，南京会馆墙脚为界，四界明白，坐落循礼坊二总。今因移业就业，父同婿媳好作商议，先尽亲族人等，无人承买，情愿请凭亲中说合，出杜卖与浙宁公所名下为业。当日议定时值价银元丝银三百八十两整，其有搭贺、表礼、起神、下圃、折席，一并在内。契明价足，当日龄万父子眼同中人亲手收讫。并无货物抬算、逼勒、准折等情，亦无重复典卖等弊。自卖之后，听从买主盖造、居住、招租，刘门亲族人等不得生端异说。倘有生端此等情弊，俱系卖主一身承管，不涉买主之事。已卖己业，一杜一绝，永无异说。今欲有凭，立此杜卖文契一纸，付买主永远存照。

再批：其有老契，因被窃去，请有印照一纸，一并缴出。

又批：门摊一钱五分四厘六毫，在许明宇户内完纳。

乾隆三十七年二月初六日，立大卖刘龄万押、同子刘廷光押。

立恳借字

立恳借字人刘廷光，同母曾氏、嫂张氏，兹因乾隆三十七年间，同故父刘龄万，将自置房屋基地二所，出杜绝大卖浙宁公所。契明价足无讹，本无异说，今因父亲身故，家道萧条，度日艰难，情不得已，只得央原中向公所哀求，恳借银八十两整，以为养母度日，嗣后永断葛藤。今欲有凭，恳借字为据。乾隆四十二年四月二十四日，刘廷光亲笔。

义阡

玉二里又五甲三契

立绝卖地契人刘成位、刘鲁瞻，今有承父受分麦地一段，坐落紫霞观前院子地，南至行人大路、北至本宅花地、东至地田坡、西至本宅地，四至眼同钉界明白。今因移业就业，情愿出卖，无人承买，凭中说合，出卖与新安书院名下为业作义冢。三面议定，时值价银一百二十两，表劝、折席、小礼、代笔等项一并在内。当日银契两相交明，并无货物抬算、准折等情。其地自卖之后，一杜一绝，听从筑茔安葬。册载麦粮二斗一升，在玉二里又五甲刘参生户内，本年已经完纳，其后买主起割过户，完纳无辞。倘有来历不清、重复典卖及内外人等生端异说，俱系卖主一身承管，不涉买主之事。今欲有凭，立此绝卖文契，永远存照。乾隆四年十二月　　日，立卖地契人刘成位、刘鲁瞻亲笔。

立绝卖地契人刘舒庵、刘新运，有承父受分麦地一段，坐落紫霞观院子地，南至书院本地、北至人行路、东至田坡、西至本地沟，四至眼同钉界明白。今因移业就业，情愿出卖，无人承买，凭中说合，出卖与新安书院名下为义冢。三面议定，时值价银九十两整，表劝、折席、小礼、代笔等项，一并在内。当日银契两相交明，并无货物抬算、准折等项。其地自卖之后，一杜一绝，听从筑茔安葬。册载麦粮二斗三升半，在玉二里又五甲刘大兴、刘运生二户各半，其后买主过户完纳无辞。倘有来历不清、重复典卖及内外人等生端异说，俱系卖主一身承管，不涉买主之事。今欲有凭，立此绝卖文契，永远存照。乾隆六年十一月二十七日，立绝卖契人刘舒庵、刘新运押。

立绝买田契约人刘舒庵、刘成位，同侄掞责，今有承父受分粮田三丘，坐落紫霞观前，其田东抵人行走路、西连义冢，北抵走路、南抵走路，四界明白，眼同钉界，其有走路不在界内。今因移业就业，凭中说合，出卖与新安书院名下为业作义冢。三面议定，时值价纹银一百三十两整，表劝、折席、小礼一并在内。当日银契两相交明，并无货物抬算、准折等项。其田自卖之后，一杜一绝，听从筑堑安葬。册载民米二斗四升，在玉二里又五甲刘参生、刘大兴、刘瞻生三户，过割完纳无辞。倘有来历不明等情、重复典卖及内外人等生端异说，俱系卖主一身承管，不涉买主之事。今欲有凭，立此绝卖文契，永远存照。乾隆十七年五月初一日，立卖田契人刘舒庵、刘成位同侄掞贵。

怀三里又一甲三契

立卖麦地契人邹自龙、陈正泰、陈正明，同母彭氏，今将自置麦地大段一块，坐落地名紫霞观西首朱家林，东至西十五丈、南至北十四丈，计麦地二石三斗，东至姜姓为界、南至杨姓为界、西至邹姓为界、北至黄李二姓为界，四界明白，并无别界混连。情因岁歉，钱粮紧急，二姓相商，央中说合，自相情愿，大卖与新安书院名下为业，其麦苗一并在内。凭中言定，时值价银纹九色一百二十两整。其银当时三面亲手一并收足，并无准折、逼勒等情。自卖之后，听从买主管业，立界围堑、葬坟立坊，无得异说。其业在先并无典当他人及重复交易等情。其钱粮在怀三里又一甲，正银一钱，在姜天章户内完纳，交割新安书院名下完纳。倘有亲族人等生端，尽在一身承当，不涉买主相干。今欲有凭，立此大卖契约，永远存照。乾隆五十年二月初八日，立大卖麦地契人邹自龙、陈正泰、陈正明押。

立大卖麦地契人姜蔡氏，今将自置麦地二块，坐落地名紫霞观西首朱家林。东首一块，西边东至四丈五尺、南至北五丈，中间东至西三丈五尺、南至北七丈，东边西至东三丈五尺、南至北二丈，计麦地三斗二升，东至袁宅堑脚为界、南至坡为界、西至本宅为界，北至黄李二姓为界。又西首一块，东至西九丈五尺、南至北十丈零五尺，计麦地一石零五升，东至邹姓为界、南至堑脚为界、西至萧姓为界、北至黄李二姓为界。四界明白，并无别界混连。情因岁歉，钱粮紧急，无处设办，央中说合，自相情愿，大卖与新安书院名下为业，其麦苗在内，凭中言定，时值价银纹九色六十八两整。其银当时三面亲手一并收足。并无准折、勒逼等情。自卖之后，听从买主管业，立界、围堑、葬坟、立坊，无得异说。其业在先并无典当他人及重复交易等情。钱粮在怀三里又一甲姜天章户内完纳，正银六分，交割新安书院名下完纳。倘有亲族人等生端异说，尽在卖主一身承当，不涉买主相干。今欲有凭，立此大卖契约，永远存照。乾隆五十年十二月十一日，立大卖麦地契人姜蔡氏押。

立大卖麦地契人陈正泰、陈正明，同母彭氏，今将自置麦地大段一块，坐落地名紫霞观朱家林，东南至西北十一丈五尺、西南至东北到嘴尖二十二丈，计麦地二石八斗，西北至山埂为界、东南至地边为界、西南至山边为界、东北至山边为界，四至明白，并无别界混连。情因岁歉，钱粮紧急，母子相商，央中说合，自相情愿，大卖与新安书院名下为业，其麦苗一并在内。凭中言定，时值价纹九色一百三十两整。其银当时三面亲手收足，并无准折、逼勒等情。自卖之后，听从买主管业，立界、围堑、葬坟、立坊，无得异说。其业在先并无典当他人及重复交易等情。其钱粮在怀三里又一甲姜天章户内完纳，正银一钱二分，交割新安书院名下完纳。倘有亲族人等生端异说，尽在卖主一身承当，不涉买主相干。今欲有凭，立此大卖契约，永远存照。乾隆五十年十二月十五日，立大卖麦地契人陈正泰、陈正明。

许家湾一契

立大卖花地契人陈门辛氏，同子陈光祖，今有承父受分花地一大段，坐落十里铺东岳庙西首凤栖乡许家湾，东至刘宅塘坡为界、西至程姓花地为界、南至塘坡为界、北至本宅地坡为界，四至眼同钉界明白。计长二十六丈二尺，宽十一丈二尺。今因乏用，母子相商，发立水程，已尽亲族人等，俱不承买，请凭亲中徐文亮说合，情愿出卖与新安书院名下为义冢。三面议定，时值价银六十两整，表劝、折席、代笔、小礼等项一并在内。其价银当日眼同陈光祖亲手收足。自卖之后，一杜一绝，听从买主筑堑安葬。其有钱粮元银四分整，在前湘河辛克宠户内完纳。本年已经完纳，以后听其买主起割，过户完粮无辞。倘有来历不明、重复典卖及内外人等生端异说，俱系卖主一身承当，不涉买主之事。此系自卖受分己业，永无异说。今欲有凭，立此大卖文契一纸，付买主永远存照。嘉庆九年八月十八日，立大卖地契约人陈门辛氏、子陈光祖押。

玉二里又五甲一契

立大卖水田约人罗吴氏，同子正理，今有父遗受分水田一丘二斗整，坐落许家冲，北至新安义地坡脚为界、南至本丘田脚为界、东至本丘田脚为界、西至水沟为界，四界明白。每年额租二石整，册载钱粮正银五分六厘正，米三升二合，在玉二里又五甲罗义生户内完纳。今因乏用，出立水程，先尽亲族人等，俱不承买，今母子商议，请凭亲中吴洪发等说合，时值价元银曹平九六二十四两五钱整，表礼、折席一并在内。情愿出卖与徽郡士商名下为业。其价银当日凭母舅眼同吴氏母子亲手收足讫。并无抬算、逼勒、图谋等情，亦无重复典卖等弊。自卖之后，听从徽郡士商耕平改作义扦【阡】，安葬管业。其约内钱粮正米，听从买主过户完纳。罗门亲族人等不得借口生端。此系自卖己业，一杜一绝，永无异说。今欲有凭，立此大卖文约一纸，付徽郡士商永远存照。乾隆六十年　月　日立，大卖水田约人罗吴氏、子正理押。

岁入

新码头市屋十家，岁收租银二百零六两。
新安街东市屋十八家，岁收租银一千一百一十二两。
新安街西市屋十八家，岁收租银一千一百三十七两。

太平里水巷号屋，岁收租银八百六十两。

利济通津东水巷夹街北市屋六家，岁收租银一百六十五两。

书院西巷南隅市屋，岁收租银一百两。

后街西首至沈家庙九家，并钟山分秀三家，岁共收租银五百两。

升基巷后街五家，岁收租银三百二十四两。

后湖地租，岁收租银六两。

以上岁收市屋租银，共计四千四百零四两。

岁出

文公祠钱粮，岁纳银二两二钱零二厘。

又文公祠钱粮，岁纳银一两二钱五分四厘。

又新安书院钱粮，岁纳银一钱五分半。

右系已过户头纳粮之数。仍有照原业户头纳税者开后：

戴正位户，岁纳钱粮银五钱八分半。

戴谦吉户，岁纳钱粮银八钱八分。

李兆有户，岁纳钱粮银三钱二分三厘。

罗义生户，岁纳钱粮银五分六厘。

胡远生户，岁纳钱粮银九分三厘。

辛克宠户，岁纳钱粮银二分三厘。

以上钱粮。

朱文智门摊，岁出银二钱五分七厘。

朱文仁门摊，岁出银二钱五分七厘。

朱文圣门摊，岁出银二钱五分七厘。

朱文义门摊，岁出银二钱五分七厘。

朱文忠门摊，岁出银二钱五分七厘。

朱文和门摊，岁出银二钱五分七厘。

又新安书院门摊，岁出银一钱五分四厘。

右系书院各屋门摊银数。仍有照原业户纳门摊者开后：

萧义盛，岁出银二钱五分七厘。

吴元茂，岁出银二钱五分七厘。

熊占元，岁出银二钱五分七厘。

戴正位，岁出银二钱五分七厘。

浙宁公所调换业，岁出银一钱五分四厘。

以上门摊。

凤栖里又三甲义阡，岁纳米一斗三升六合三勺。

又胡远生怀三里又一甲义阡地，岁纳米三升九合。

又罗义生玉二里又二甲义阡地，岁纳米三升二合。

以上粮米。

春秋二祭，每祭一切使费约用五百数十两，两祭共用一千余两。

文昌会费用约百两。

魁星会费用约五十两。

水龙工食每岁共给银八十四两。

门差杂费、修屋检漏、添补器用、码头添灯、水龙房灯、魁星阁香纸，

右六项每岁约用银三百两零。

祠役工食四人，每岁共给银七十二两。向止五十六两，今增十六两。

三元殿香烛，每岁给银四十八两。丙寅年新增。

玉皇殿香灯银，每岁给银一两二钱。

书院守夜三人，每月给银二两七钱，每年共银三十二两四钱。又看守马【码】头一人，每岁给工食银陆两。

茶烟、灯油、巷灯各项，每岁共银二十一两六钱。

会馆杂工一人，岁给工食银十八两。

以上岁用数，共计银约一千八百三十两。

修理新置各铺

以上岁用共计银约（整理者注：以下原缺）

卷七　艺文

　　垂天为文，画地成章。作者嗣兴，炳炳烺烺。韩湖苏海，宋艳班香。用表道德，曰维阐扬，裒集成函，艺苑之光。

　　凡志必载艺文。艺文者，借他人之词藻，为本地之风光，然必传闻海内，绵历久远。名公巨卿，凭眺登陟，日积月累，次第裒集，然后盈册。书院新构，留题者少，间有佳著，集未颁布，亦无由捃摭。今就现有者列入。次及匾对。匾对，亦题咏也。兼及尺牍。尺牍则取建造以来，于书院有关系者，以其体属艺文，录存以见始建之艰，又不止为辞藻设矣。览者原之！尺牍今移入第八卷。

撰述

御书楼题词　潘宗洛书源

　　繄书院之枕汉滨兮，屏木兰而几大别；中有缥缈之飞楼兮，瞰江南而踞湖北。吾徽人士之肯构兮，仰止乎紫阳夫子而景行列圣相传之道脉；余家自婺山迁于荆溪兮，荣叨一第侍讲于经筵之侧。沐君恩之浩荡兮，沅芷畹兰，命衡文于三湘七泽；向宝吾皇大书子朱子之诗兮，颁宸草于秘笈。意临池之染翰兮，必有取乎六义之精切；赐微臣之讽咏兮，勉励乎风雅比兴之法则。选良工镌于贞珉兮，以垂圣泽于无斁；庆斯楼之齐云兮，离奎璧而咫尺。乃择吉以正位兮，表风云之遇合；士庶群瞻而胥乐兮，共讶赤文绿字之奇特。等神农之穗书兮，类伏羲之六画；状笔力于千钧兮，化右军之八法。俨神虬之戏海兮，驾浪腾空；譬彩凤之鸣冈兮，朝阳振翼。瞻龙跳而虎卧兮，岂人间之所易得；爰额斯楼曰御书兮，至大至高而不褒。若夫序寂灭为圣教，摹虚无云道德，匪不笔超而墨逸兮，乌敢拟我天王之浚哲文明。崇吾夫子之道于亿万斯年，而光昭乎日月。

御书楼赋　赵申乔

　　翼轸之会，江汉之交。名山砥柱于大别，众流澎湃以来朝。敞晴川以历历，敷芳草之夭夭。爰有紫阳书院，宅其灵皋；寓贤游士，斯咏斯陶。建御书之楼阁，伟嵂崒以岧峣。盖紫阳之在南宋也，学集濂关，心宗洙泗。偶遭兴于六言，亦浑涵夫四气。当春而山树烟萦，经秋而江楼月系。炎威正炽，喜两壑之凉生；冬日方寒，快溪桥之雪霁。对景怡情，歌风见志。恍若襟开明道，偏在傍花随柳之间；宛如趣叶尧夫，恒居梧月杨风之际。洵啼佑启夫后人，遂极优崇于圣世。尔其启圣，钥握贤枢，协天作则，与古为徒。一道统承，既礼陶而乐淑；万几清晏，亦笔染而墨濡。昔咏歌而征道妙，今挥洒而见御书。龙凤翔舞，云霞卷舒。写象外之元机，尘腐之恒情尽洗；状眼前之实景，清虚之客气皆除。卷彼鄂渚校又之使，即是黄山受业之儒。天章下贲，宸翰攸敷。气蒸云梦之泽，光溢洞庭之湖。万世从兹而共宝，小臣岂得而私储！爰以瑞日卿云之藻，奉诸崇儒讲学之庐。于是高躔云红【虹】，迥缠气紫。奎光腾涌，偕绣闼以宏开；藻采缤纷，翼雕甍而突起。上凌霄汉，近俯沧茫。鸟革翚飞，波谲云诡。东瞻黄鹤，怜甍牖之渺然；西眺汉阳，笑孤城之蕞尔。幸宫墙之有阶，乐菁莪其难已。凤藻凌虚而振采，仰九嶷而识庐阜非遥；龙章飞彰以流光，俯七泽而惊婺源伊迩。岂比井干崇丽，专示高华；鲁殿灵光，徒夸观美云尔哉！赋已系之以诗，诗曰：紫阳书院兮江之滨，御书楼兮高嶙峋，凌风雨兮惊鬼神。天王手泽兮亿万春，欲登道岈兮入此门。

尊道堂序 原

堂以尊道名者何？盖尊道即所以尊吾紫阳夫子也。夫子以实践之学，绍不传之绪，无在不以身体力行为事。所谓道也者，乃日用事物当行之理，天下古今之所共由，初不远人，而人不可须臾离也。孔孟以后，圣道废置不讲久矣。有宋诸儒崛起，至吾紫阳夫子集其成而圣道复明，天下后世始如长夜之复旦，是以历久弥高，追宗独异而升配十哲，则圣朝重道之旷典为尤著焉。吾儒读夫子传注，体夫子志，固无论矣。即如农工商贾，亦莫不同此纲常伦理之当然，但病不求耳。曾子曰："夫子之道，忠恕而已矣。"孟子曰："尧舜之道，孝弟而已矣。"圣如尧、舜、孔子，而其道究不外于孝弟、忠恕。孝弟修于家，而忠恕行于外，苟能体认力行，拳拳弗失，道在其中矣。汉镇为商贾总汇，熙熙攘攘，以争旦夕之利。吾乡之侨于此者，惧其久而沦于薄也，取辅仁之义焉；虑其众而难齐也，创合涣之规焉。于是卜地拓基，建夫子祠，宫墙堂奥，规画宏壮。岁率同乡父老子弟，修祀事、陈俎豆、列管弦，相与升降周折，诵歌舞蹈，使之颒乎耳目，束乎筋骨，以畅其烦郁，而防其淫越。四方之士，观者如市，登其堂，靡不啧啧备兴，而道心生焉。以故吾乡无贵贱老少，咸知循礼守义，不肯自弃于四方之末，而不与闻君子之大道也。所以然者，则以生近夫子之居，家秉夫子之教，其由来尚矣。山川间气所钟，笃生夫子，以启迪来学。又际昌明盛世，重道尊儒，文明之象，丽日星而流江湖。俾阛阓贸迁之人，咸知尊道乐义，创遵典礼，夫岂徒然者哉！乡人之建是祠，要知非徒以栋宇之隆，仪文之盛，而遂谓吾崇祀夫子也。必也从事于伦常日用之间，不悖孝弟忠恕之道，斯尊夫子矣。故曰尊道即所以尊吾紫阳夫子也。岂若一切寻常庙貌以祸福动人，起人敬畏，争相祈祷者所可同日语哉！爰盥沐敬为之序，以告吾同乡焉。

尊道堂记 吴镇兖济平

昔夫子讲学于紫阳之山，六邑之士，或及门而受业，或私淑而得传。稽之郡志，所称闻道者三十二人。而此三十二人者，推明朱子之学以训闾里，凡冠、婚、丧、祭，谨循家礼，以为乡人法。故新安人生而闻朱子之言，长而循朱子之礼，渐渍涵濡，移风易俗，不知遗泽之深，教化之积也。弟新安土薄田少，计其地产，不足以共生齿之繁，不能无仰给他方，故汉镇列肆万家，而新安人居其半，亦其势使然也。然平时之所渐摩，即习且久，虽居阛阓而理之讲明于心者，震耀于平旦夜气之间，而所循之礼，又皆其耳目手足所习惯而不可易，而夫子之流风余韵，遂载之以俱南矣。于是有志之士，思构堂以奉夫子，而习礼其间，以讲明正学。其议一创，闻者响应。此由诵法服习旧有根源，故道义之气郁于中而大作于外。捐赀若营己私，效力如趋父事，沛然若决江河而不能已也。爰选期度土，抡才鸠工。议主事者四人、襄事者二十四人，积地千步、积屋百间、议资万缗，以康熙甲戌年始事，甲申年落成，而颜其堂曰尊道。盖新安人尊其素所得于心者，不敢屑越而时时讲习于此，因萃其明德之馨香以达于朱子在天之灵，庶或鉴之，此新安人之志也。方营造之初，不足于地，乃售民房以益之。既付价而仍令暂栖，以俟迁移。人苦不知足，既获厚值，又不费铢黍，雇屋资得暂依止，及至营构毁拆，久假之后，反生溪壑，好事者遂凭之作竞，鼓动浮言，几兴大讼。其为计也，不啻尽辍弦诵之音，尽毁羹墙之志不止。赖世教昌明，名公巨卿，皆当时理学鸿儒，同心扶轮，极力攘斥，其氛乃靡。然后新安人得遂其尊道乐义之心，则知斯道非新安一郡之人所独尊，而天下贤士大夫所共尊也。堂既成，公卿莅兹土者，进而行释奠之礼。其文物之繁盛，礼节之闲都，观光者咸有所感于心而翕然向化，岂独新安人入市而忘其市心，居其地而不沿其俗哉！盖仁义礼乐之风，骎骎乎蒸被江汉之区，而振其不竞。吾于是而知创造诸人之功，等于三十二人不可没也。主事者吴蕴子、汪文仪、余南宜、余本立，襄事者二十四人，而先人建周其一也。兖也不才，不能光昭前德。应试春官，取道江汉，以对越夫子之灵，而受其福祚。于焉仰榱桷之巍峨，视堂基之爽垲，观墙垣之周匝，而想前人缔造之深心，诚欲垂诸无穷，其为斯道计至深远也。因为溯其始末，记而藏之，俾敬承于勿替云。

义学记　吴应棻

五百余岁以来，天下言学者咸奉朱子为大宗。而新安人士，近阙里之居，窥藏书之秘，流风余韵，继继承承，经术发明，后先相望。即入塾而肄，负笈而游者，亦莫不墨守彝训于勿喧。乙卯春，予奉命摄抚湖北，道经汉口，首抠衣谒夫子祠，知为新安侨寓者尸祝之所。观其礼器祭法，有条不紊，未尝不叹东南邹鲁之称，洵然而圣贤诗书之泽，之足以衣被于后人者至无穷也。考朱子生平涉历，内外所至不废讲学。江汉会同之地，舟车尤数往来焉。绍兴戊寅暨隆兴改元，请祠，两得监南岳庙之命。绍熙癸丑，有湖南安抚之命。甲寅后，有湖北安抚之命。其再予岳祠也，访南轩张氏于长沙，与论喜怒哀乐未发之旨。其抚湖南也，再建岳麓书院，迄今侈为盛观。假使湖北之节不寝，当必有树立于晴川芳草间者。祠之设，虽乡后进不忘其所自乎，夫亦犹行朱子之志也，其不可以饰俎豆而废弦诵也明矣。爰进诸生之有事于祠者，语之少长协从。讲堂学舍，不日而成，吾知朱子之所学，不以旅处而辍业者。于是乎聿兴而释菜有仪，横经有教，其所以衍朱子之绪者，亦于是乎大备也。

因濡笔而记其岁月，若夫学规之本末，进修之次第，朱子之书具在，固乡人所习闻，安用子申命以行事哉！

义学记　许象纪

古者教化行而风俗美，学所先也。文翁治蜀，修讲塾于成都市，声教大洽，比于齐鲁。张霸在会稽，举贤士，讲艺功课，境遍书声，野无草窃。此汉治所以兴也。迨学校废而老成谢，虽有贤者出任封疆，下郡县劝置义学，上以诚求，不下以诚应，久亦视为具文，比比皆是。我国家文教振兴，超越前古。岁乙卯吴大中丞眉庵先生，以文学侍从来抚湖北，甫下车，即渡江至书院宣讲圣谕，凡孝弟农桑，讲信修睦，皆一一为父老子弟亲加劝勉。及宣至端士习、崇学校二条，辄怃然谓吾乡人曰："圣天子作人雅化，一道同风。今兹书院既兴，宜有义学。昔我紫阳夫子，始在玉山开讲院，嗣于白鹿洞、岳麓书院教授弗倦。今吾捐俸为之倡，愿诸君继之，用以敬承夫子之志。"于时乡人咸顿首奉命，阅三月而义学成。余适偕家观察蓬园先生来鄂渚，中丞商议学，师于观察，观察未有所举。中丞曰："君家固有人，向余见洞庭石台赋，斯人其在欤？"翌日，观察命余赴辕谒，相见如平生欢，礼优意挚。爰命余秉铎，余固辞，而首事诸君遂下榻委任焉。自入讲堂以来，小心祗惧，无怠无荒，日与诸子弟敦诗说礼，一本吾夫子之所以教人者为法。居无何，中丞奉召还朝，子赋短章送江干，中丞顾谓余曰："义学既建，行将请于朝，定客籍，使小子有造，彬彬焉，蒸蒸焉，歌鹿鸣而占鸿渐。务其教以实学，毋蹈虚名。昔汉孝明时，羽林介胄之士悉通《孝经》，矧兹商民子弟渐摩起迪，有不蔚为王国之桢干者！"予感中丞已离棘辕，攀卧者载道，冬冬鼓发，登舟行矣，尚谆嘱及此。回念初下车创议，今则勖以实学，望以王国桢干，始终之教育不倦，是即文翁、张霸之心也，岂若奉行故事，徒为粉饰具哉？余为歉然。义学生徒，其何以仰承盛意也？爰拜手而为之记。

六水讲堂记　原　汪□□

徽之属邑有六：曰歙、曰休宁、曰婺源、曰黟、曰祁门、曰绩溪。里之人侨于楚者，建书院祀文公，西构厅事，颜之曰"六水讲堂"。盖萃六邑之人讲学于此也。嗟夫！吾新安之有紫阳夫子，绍先圣之薪传，为诸儒之统会，众水朝宗，群山尊岳，固为孔孟以后直接道统之人。然而彭蠡巨区，宽比望洋；匡庐太白，高同太华。徽郡六邑，六邑之中，后先继起，讲明义理，号称儒宗，于歙则汝节罗先生、白云唐先生，休宁则东山赵先生、枫林朱先生，婺源则玉斋、双湖、云峰三胡先生，黟则黟南程先生，祁门则环谷汪先生，绩溪（则）汪先生。山川孕毓使然，实亦近其居者熏其德，父兄有师传耳，目有闻见，是以理学之帜于新安为独盛。今既去故乡，迁异地，理学种的，或亦因所居而渐移，此讲堂之所以不可不设。而堂不以六水名，则后之人士且将忘其乡先生阐发讲贯之勤，留遗至今日，以有此书院，而目为故事，视为游眺燕会之所，则今日创兴诸君子之盛心，亦淹没而不彰矣。读朱子之书，而参之以诸先生之著述，朝于斯，夕于斯，涵濡而浸淫，身体而力行，紫阳夫子有传人，即六水诸先生有继起。名山峻岭，无不分干于昆仑；长江大河，无不朝宗于海若。岂不盛哉！往者默庵汪先生常讲学于此，六邑之人，至今耳其训不敢忘。即汉口四方杂处之人，亦无不沐浴熏陶，感发兴起。则书院之为功于人心风俗者，又不独六邑之人被其泽也。继今而起者，其所关非浅鲜矣。

兼山丽泽记　原

《易》曰："方以类聚，物以群分。"盖未有类而不聚者也，亦未有群而不分者也。善恶之趣舍或殊，而吉凶之感召亦异。天人理欲之间，辨之，诚不可不早辨也。是故择不处仁，不足言知。群居终日，言不有义，圣人难之。古君子能安所止，而不为俗所累者，大抵相资于诗书礼乐、友朋讲习之力居多。孟子曰："一乡之善士，斯友一乡之善士；一国之善士，斯友一国之善士。"推而天下，论世尚友，亦未始或异也。吾徽介处万山之中，地狭人稠，散而之四方者，其势使然。然守先生之制，仰事俯畜，共此恒心，终不至于放僻邪侈，则又易地皆然也。汉口舟车辐辏，为宇内第一都会。曩吾乡之居是邦者，念桑梓虽离，寄籍此乡，乃群聚一方，是聚而分，分而仍聚也。源同流别，久而涣散。又虑居处阛阓，习俗移人，后生小子，几不知籍本新安，邹鲁弦歌之化，先畸旧德之谓何，特建紫阳书院，奉子朱子神主祀焉。榜其堂曰"尊道"。相与陶淑乎礼乐，以收其心，甚盛举也。余虽未登其堂久矣，心焉向往之。乃者踵事诸君，补阙增华，复于书院西偏，另构厅事若干楹，后置廊房数椽，以为学者朝夕讲肄之所。从此熏蒸陶淑，敬业乐群，庶无负乡先生德泽之流传，久而弥耀也。乃因戴子良玉走书索记于余，余方嘉乡人之能安所止，而善于相辅以成仁也。殿撰戴有祺，以"兼山丽泽"颜之。益悟《易》类聚群分之旨，取《艮》止《兑》说之义，以发明之。俾乡人从善如登，斯厅共书院不朽矣。是为记。

半亩池记　汪份武曹

池颜半亩，本夫子之诗也。天光云影，池中之景象若影若现，而源头活水，果能识所从来乎？盖吾人各具方塘，各有活水，泪泪没没，不觉其鉴也，不知其来也。徘徊斯池，徒为半亩囿已，可慨已。兹于尊道堂后凿斯池也，要使学者尘净天空，涵煦万有，溯流穷源，触处见道。夫水凝则垢，活则清。日日清，又日清，源头在我矣。故其渟蓄不泄，得坎之道焉；含宏光大，得坤之义焉；满而不溢，得谦之用焉；顺澈流通，得巽之旨焉。将见云净池虚，天鉴鉴人，人鉴鉴心，则半亩中一鉴道源，洋洋乎随在皆夫子之德水，谓为天池也可，谓为文渊学海也可。是为记。

西厅记　原　阙名

尊道堂即成十余年，首事之人后先凋谢，共存者亦老且归休矣。于是戴君良玉起而总理其事，因西偏隙地，谋作厅事，谂于众曰："古者择宫之制，有文庙以妥先师，则必有明伦之堂，栖士之舍，燕射之圃，庖厨之所，盖宫室之制备，而体统始尊。今吾属构堂以奉朱子，而宫室之制不备。公卿来谒，或更衣于堂庑之下，非礼也。春秋祭祀，则无以为致斋之地，非敬也。祭毕又无以为燕私酬酢之居，非情也。"众咸曰："然。"时适逢圣祖仁皇帝万寿，普天同庆，张灯设彩于尊道堂，乃就堂西拟构厅事，以为簪组晏间休息之所。众皆踊跃捐赀，不日告成。阅二年，并其余屋石岸，一切就理，则戴君之力也。大抵新安在汉各有生业，不难于捐赀急公，而难于出身任事。盖奉公者必废私，故创造书院之人，生业多致中落，俗以为鉴。是以西厅之成，非戴君之慷慨任事不能为也。先是，事无大小，皆聚议于尊道堂，自有西厅，则非行大礼、集大众，尊道堂之门不启。而桑梓间二三宾旅，聚情话旧，亦乐西厅之便，岂非公私咸得乎。西厅成，戴君之业败，游广东，不得志，复至汉江，衣敝不能更为，而见书院之体统日以尊，朋情日以密，较未有此厅时气象迥然不同，脱帽大笑，纵饮欢呼，以为此生平得意之事。翌日病卒，以丧归。

紫阳书院藏书阁序　查景璠冠玙

经者，圣贤明道之言也；史者，古今得失之迹也。皆晰乎天人理欲之界，严乎是非趣舍之辨，以为万化之权舆者也。六经，非日月之经天乎！诸史子集，非群星列宿之分罗而棋布乎！是安可不兼收而并蓄也耶？我紫阳夫子生于宋，产于徽，精研理窟，目破万卷，遥遥一灯，直接道统。其于经、史、子、集，不啻独照暗室而使之明，茫茫长夜而使之旦，洵五百年道统所属。爰稽朱子一生，逊志时敏，于《易》有《本义》、有《启蒙》，《诗》有《集传》，《学》、《庸》有《章句》，《论》、《孟》有《集注》，加之《语录》、《或问》，尤阐道德之奥而达圣贤之阃。于《孝经》又有分编，《太极图》、《通书》、《西铭》又各有解。而且《礼记》编次有端，以属黄干；书传有旨，以属蔡忱。功诚伟矣。而所著《近思录》、《小学书》、《宋名臣言行录》、《伊洛源渊录》、《通鉴纲目》、《家礼》诸书。若《离骚》、若《韩文》、若《陶诗》又皆注有考。著述如林，未易悉数。此经诸子手定之书，所宜藏者也。盖以书之有经也，所以阐明夫内圣外王之道，明体达用之实，以及致治拨乱之原，所以正君臣、父子、夫妇、昆弟、朋友之伦，笃亲疏、长幼之序，所以著名物、象数、品节、制度之大，而下逮乎兽鱼、草木、昆虫之细，吾夫子无不贯通而精察焉，则斯阁宜藏。若夫历代之史，自史、汉迄金、元，或称书，或称史，其间因革损益之宜，治乱兴亡之鹄，以暨天文、地理、舆服、兵刑、民物、食货、君臣上下、忠佞邪正，莫不罗列而可鉴。况吾夫子因《通鉴》而成《纲目》，于以继《春秋》赏罚之权，史犹学者之所宜留心也，则斯阁也宜藏。至若诸子百家，自佛老之异端邪说以外，其各成一家言者，莫不具有上下古今之识，依乎仁义道德之旨，虽支分派别，不无异同，而皆衷乎吾道德也，则诸子百家亦宜藏于斯阁矣。璠质本弩骀，学无根柢，一登斯阁，见夫玉轴牙签，青箱缥帙，煌煌乎大观也。迤徘徊其中，抽甲乙之编，检丙丁之籍，循循乎俨与圣贤相酬酢，即俨与夫子相晤对。谁谓积简成编，不足以启人之奋发，而可弁髦视之也哉？夫吾乡不乏奇隽之士，尚冀于斯阁之书，口不绝吟，手不停披，经则穷夫圣贤道德之蕴，史则推夫是非得失之实，子集百家则寻求其辅经赞史之意。津津焉，娓娓焉，酝酿而粹精焉，则才其华而撷其实，于以深究夫格物、致知、诚意、正心、修身、齐家、治国、平天下之旨，达为名臣，处为鸿儒。则是书也，不第为束诸高阁之蠹籍，是阁也，不第为庋藏奇秘之渊薮，而直作良士之菑畬也矣。兹犹始创，规模略举，未尽搜罗，继今以往，宋元诸儒笺疏不在十三经之中、汉晋以来各家撰集不列二十一史以内者，将出余力广谘博采，以充牣其中，未必不为艺林学圃之大观，斯则幸矣。是为序。

藏书阁跋　*余德瑛*

予少阅朱子藏书阁记，乃知学圣人之道，未有不读圣人之书者也。顾《易》、《诗》、《书》、《礼》、《乐》、《春秋》、《语》、《孟》之绪言，别黑白而定一尊，必折衷于朱子，抑又知读圣人之书，未有不遵朱子之书者也。自宋乾道戊子，阁始建于婺源学宫。淳熙丙申，朱子为知县事，宣教郎林虑所藏御书石经暨群籍千四百余卷，而记其事。越明神庙甲辰，复从朱子裔孙崇沐之请，而改建于阙里之后。其所藏，则献靖公集外，朱子遗书悉在焉。呜呼，朱子之学，正而能博，经解积数百万言，他若周、程、张、邵五子之书，司马氏之史，屈之骚，昌黎之文，名臣之言行经济，旁及参同杂学诸家，莫不纲罗研镜，各有成编。平日诗、古文、奏疏、笔札，以逮门弟子记录之语，卷帙又甚富，非键户十年用心于内者，往往不能卒其业。我圣祖仁皇帝御纂《朱子全书》，提纲挈要，以为学者指南。曩日祇读之下，窃谓学朱子者，当由此书沉潜反复，超然有得，然后进窥其全，庶不至望洋向若而叹乎！乡人有事于湖北者，祠朱子以为嘉会之地，而复仿阙里规制，建阁藏书。首奉御纂一函居中，凡属朱子论定者，用以次第插架。呜呼！其亦可谓知所学矣。今春介予戚友赵君其书公车之便，请记阙繇。予惟朱子之记，其所以发明读书者至详且尽，后人何敢复赞一辞。然予闻族祖正希太史占楚籍时，与熊鱼山黄门究研性命，其文章多得于悟境，卓然成一家言。而近时汪默庵筑密窝于逆旅，玩易著书，熊孝感相国、张仪封尚书，皆亟推之。此乡先生善学朱子，而有声于江汉者，今之人其尚克闻风而兴起乎。慎无记诵剽窃，而不知穷理修身之要，有如朱子之记所戒也。因附跋简末，以为阁中之读藏书者劝。

宴射轩记　*董桂敷*

古者学校修明，家有塾，党有庠，州有序，国有学。天子将祭，则先习射于泽，下及侯国，莫不皆然。天子诸侯之射也，先行宴礼；卿大夫士之射也，先行乡饮酒之礼。其为典至重。周官国子，春合诸学，秋合诸射，以考其艺而进退之。乡大夫宾兴贤能，以乡射之礼，五物询众庶。州长春秋以礼会民，而射于州序，党正国索鬼神而祭祀，则以礼属民而饮酒于序，以正齿位。盖其时三德六艺之教行，凡庠序之地，觞酒豆肉之旁，无人不尽志于射，以习礼乐。所谓以宴以射，则宴则誉也。夫宴者，所以会宾朋之欢也；射者，所以观士君子之德行也。先王于会欢之余而寓德行之意，所以养天下之人才，俾之优悠服习，和平其心，轨物其身，此其所关于世教者甚大。故其人才之成，温文儒雅，入则侍帷幄、备宿卫，出则折冲御侮，可以为天子将帅之臣。盖自胶庠讲习时，而华国制胜之略已裕矣。孔子观于乡饮乡射间，而叹王道之易。易者，良以此也。自子衿赋而学校教衰，不特和容兴舞、参连剡注之法不详，并乡饮之仪亦缺。行苇宾筵之诗概置弗讲，而坐迁屡舞、号呶弁之态是循是率，谁复起而问古意之存者乎？我国家敦崇学校，明著礼文，所在郡县，自学宫外，俾得建立书院，诸生以时肄礼，咸彬彬秩秩然。吾乡承紫阳遗泽，士大夫多知礼意，故汉皋之书院，昔之创建者，既有学舍进子弟而课之以学问，又于寝室后西偏拟作厅事，命之曰宴射轩，将放古之道以行于今，意不徒为公私宴会之地而已。今书院重修，是轩始成，乃于中堂太书其额而著之。夫名之于义，犹舆之于马、舟之于楫，相辅而行，相因而著，非虚为此标榜也。由乎命名之意，而循乎古人之法，相与从事于雍容尔雅之场，教化有不兴，风俗有不醇，人材有不备者乎？吾故著宴射之义，所系于儒术轻重者如此，以为吾乡人士劝。若夫构造之完密，木石之修洁，足以豁人心目者，姑置弗论云。

启秀书屋记　董桂敷

凡书院必有厅舍，其分堂布室、榜署之书，莫不各有意义存其间。汉口紫阳书院，昔立学舍，今治而新之。如"六水讲堂"、"兼山丽泽"之属，皆前人所命名，惟书屋为近时增置，特取陆士衡文赋"启夕秀于未振"之语，颜之曰"启秀"。余绎命名之义，为文以著之，曰：天下未尝无才也。造物精灵之气，汇于山川，磅礴而郁积，必有所泄以出其奇。其钟于物则蔚然而深秀，草木得之而华实，禽鸟得之而文章，水得之而珠，石得之而玉。其于人也为士，刚者为高明，柔者为沉潜。故人者，五行之秀气，而士又四民之最秀者也。是以古者育材，命乡论秀士升之司徒，曰选士；司徒又论选士之秀者，而升之学；然后乐正论秀，以升之司马，而授之官。周官宾兴贤能，郑司农注以为兴贤，若汉时举孝廉；兴能，若汉时举茂才。茂才，即今之所谓秀也。秀才之名，由来已久，人尝忽之，而不知当其名而无愧乎其实者。盖天地之所诞钟，国家之所乐育，萃数十年、数百年之菁华，发泄而成，培植酝酿而出，非第如世俗之所称俊秀而已。湖北为江汉所会，大别、黄鹄、高冠、九真诸山，耸峙于江之南北，其雄伟浩瀚之概，当必有魁奇卓荦之士出其间。而又值国家久道化成之余，文采之彬彬逾于往昔，不特生斯土者然也，士商游处，其子弟固亦不乏人矣。名曰启秀，义岂苟然已哉！其启之之法奈何？曰正学术、勤功课、择师儒、厚培养，四者备而后可以言善。今之入塾者，受经书句读，后辄从事于科举之学，身心德行、本原之地置不复讲，即圣经贤传之旨亦未尝研绎探索，惟取所谓时文者朝哦而夕诵之，偶或见售，辄以其术自耀，人亦从而交誉之。此其所以自待与人之相待者何太薄也！儒者之学，务举其大。以孝弟、忠信、礼义、廉耻为基，以《诗》、《书》、《礼》、《乐》、《易》、《春秋》、孔孟之书为的，以射、御、书、数、诸子百家、历代之史为游艺，以日用事物、伦类酬酢、言行进退为经纬，如是而学术端矣。其致功也，则又立之程度，朝而受业，昼而讲贯，夕而服习，夜而计过，无憾而后即安；寒暑弗辍，风雨不易，虽有外务，勿弃其功，如水之流而无使间断。然而后生小子知自刻厉者盖鲜。其责成当有所归，必求其品行醇正，学问淹贯，讲说勤恳者属之。虽如韩昌黎之抗颜，郑康成之答问，柳子厚之口讲指画，世不多觏，要亦不愧其为经师人师者，而后可以居其位。若夫修脯之资，薪米之费，膏火之给，宜稍宽之以有余，俾人人无内顾之忧，始得专志向学。又于其中择贤能勤勉者，时时奖赏之，以为怠惰废业者劝。如是而四者备矣。循是以行，十年之间，吾见人材之出，皆俨然有名儒硕辅之思。居乡则一乡之望，在朝则天下之望。以是言造物之所钟，国家之所育，不诚当之而无愧也夫乎！然则今之立书屋者，其于启秀之法，安可以不亟讲也哉？

主敬堂记　董桂敷

六水讲堂之北曰主敬堂，祭器之所藏弄也，经师弟子之所讲肄也，其命名也固宜。书院之祭也，以春秋之季，旬有五日行事。是月之朔，司事者遍启诸同乡，省视祭器，有不整者修之，不具者补之。越八日，司年之家新旧四十人俱入治事，凡祭物、祭器、祭费，预筹而备之，启告主祭者及诸执事皆有启。旬有二日，夙兴，诸执事者二十八人及奉祀生四人，俱入肄仪，登降、揖让如祭礼。前祭之夕，陈祭器、省牲、视濯、视杀，祝期日质明行事。设奠奉主于中堂之北。祭之日，执事者各共乃职、治乃事，交户交阶，罔敢逾越。主祭者斋肃盛服，趋跄以入，即事，自灌献馈食以及酳爵，送神，莫或不虔。礼成，温温而退，其敬也如是。其讲学也，师坐于上，子弟执业立于下。长者进受业，有问之，应唯敬对，请益而后退。诸弟子进请业皆以齿。勤者诱掖之，惰者警戒之，有不率教者，则夏楚以收其威。日课不毕，不敢即安。月试无功，不敢与勤勉者齿。出入进止，见规行矩步，毋或纵肆。其敬也如是。故敬者，与神交之道也，初学入德之门也。堂主名敬，厥惟称哉。虽然主敬之义，将尽于此而已乎？曲礼曰："毋不敬。"武王之铭曰："安乐必敬。"《春秋》传曰："敬者，德之聚也。"能敬必有德，故君子应事接物，言必忠信，行必笃敬，不以地而移，不以人而忽，不以时而间。敛其神于至静，静之至则动，亦斋居也；操其心于至密，密之至则疏，亦防维也。《诗》曰："相在尔室，尚不愧于屋漏。"岂待于祭乎！《易大传》曰："无有师保，如临父母。"岂待于学乎！登斯堂者，顾其名而思其义，庶几可与入于圣贤之域，而无愧吾朱子主一无适之训也欤！

愿学轩记　董桂敷

山不能皆泰华，川不能皆河海，光辉照临不能皆日月。此宇宙之精英，间气所独聚，虽造物亦末由自主者也。人之有孔子也，犹夫泰华、河海、日月也。自开辟以来，天地之生人，不知其几千万亿矣，而不闻有二孔子。天地之所穷也，然而穷于势而不穷于理。理有所不可穷，则人不得诿其咎于天，天亦不能限其量于人。此孟子所以有愿学孔子之说也。夫孟子之视孔子有问矣，而其言曰："人皆可以为尧舜"；曰："圣人先得我心之所同然耳。"虽推孔子为生民未有，而志愿所在，不以自外，何也？其同然者，天命之性无不善，而其皆可以为者，则存乎其人之学，有圣性而益以圣学。孔子之所以为孔子，由所性而学圣人之学。孟子所以结愿于孔子，此固非孟子一人之私言，而天下万世人人之公言也。然而孟子以来，抱此愿而无忝者几人哉？汉世人才称盛，学之醇者惟董子。唐之时有韩愈，其言曰："孔子传之孟轲，轲之死不得其传焉。"则未尝以斯道之传归董子也。而韩子之学，其于孟子，果若是班乎？汉宋，周、程、张诸大儒出，始能上溯道统之源，而我朱子集其大成，乃为孟子以后第一人。其学则自格、致、诚、正，以及修、齐、治、平之道，无不体用具备。然则朱子之学，孟子之学也，即孔子之学也。其所愿同于孟子，故其所学至于孟子，则谓孟子之言即为朱子道也可。今夫如堂如防，隒者、堕者、归者、崧者、峤者，其巉岩耸峙，皆学乎泰华者也；岷潘之原，桐柏、鸟鼠、熊耳、王屋、百川之流，逶迤奔赴，皆学乎河海者也；荧惑、太白、岁星、辰星、镇星、二十八宿之灿著，皆学乎日月者也。自天子以下，公、侯、卿、大夫、士、庶人，皆学乎孔子者也。其所学者何也？君臣、父子、夫妇、昆弟、朋友之伦，视听、言动、日用、事物之则，推而至于天地、日星、风云、雷雨、山川、草木、鸟兽、金石之变，礼、乐、射、御、书、数之文，阴阳、鬼神、寒暑、屈伸、往来、进退、存亡之理。即物以致其知，本身以践其行，无间于须臾，无移于异术，敬修其可愿，如是焉终身而已矣。苟能如是，是即朱子，是即孟子也已。则谓孟子之言，即为天下后世之为学者道也可。新安书院于主敬堂之西轩，署曰“愿学”。余来斯轩，诸君曰：“愿有记。”因述其义而著之。若谓谦让不遑，自托于公西氏未能愿学之列，则非所以名斯轩之意也。

近圣居记　董桂敷

方丈之居，盈尺之几，可以置笔砚、摊经史，亦足欣然自得，无求于外者矣。然而境之所处，有不同焉者。今夫荒山深林，穷谷僻壤，无弦诵之声，温文尔雅之士，日与樵夫、牧竖相游处，则茧室也陋矣。蓬户瓮牖，板林将穿，妻孥戚戚，声聒于耳，米盐之末，摒挡凌杂，则环堵也困矣。衡门近市，湫隘嚣尘，入营锥刀，出咨货贿，时或佣夫丐徒，喧呶叫啸于侧，则敝庐也俗矣。夫求大木者必依于山，采珍贝者必宅于水，天下之至情也。岩峦石罅中有球璧，则十里之内草木皆生其辉；澄潭巨浸中有蠙珠，则一川之流沦澜并写其韵。非草木、沦澜之独异也，其所附近之势然也。孟子曰：“游于圣人之门者，难为言。”非圣门之士独异也，亦其近于学问者然也。彼夫百世而闻风，千里而声应，离远近之迹以求之，则凡亘宇绵宙皆得谓之为近，原不在区区咫尺之间。若乃太甲之徂宅，孟母之三迁，则实以居止之近而移其性。故谚曰：“近朱者赤，近墨者黑。”言乎身之所习，必将有所转移变化，触于外而动于中。此即择不处仁焉得智之说也。昔者鲁恭王坏孔子宅，升堂闻壁中有金石、丝竹之声，乃不坏宅。夫以旧宅之壁，而有金石丝竹之声，足以动后世之王公贵人，则知圣贤精灵之气随所托而呈露。苟以吾儒亲炙其间，其所感发，当有不知其然而然者矣。新安书院于正室后之西北隅，因隙地为室，广不过一弓，而幽静雅洁，足以读书考道，异夫前之所谓陋者、困者、俗者，故取孟子终篇之语，颜之曰“近圣居”。近朱子也，近道也，即以近夫千古而上之圣人也。曩余幼时读书紫阳阙里之侧，其居亦曰“近圣”，从师其中，殆将十年，稚弱颛蒙，不能有所奋发，至于今兹，学不加进，无以大异于常人。记是居，盖不胜俯仰愧悔之情焉。书之以为居是居者勖也。

致一斋说　董桂敷

尊道堂之西，其厅大者曰“六水讲堂”，讲堂之南有小厅，春秋祭祀之辰，主祭者入，先莅此厅，斋肃更衣，然后将事，余颜之曰"致一斋"。客问其说，余曰：古者之祭也，散斋七日以定之，致斋三日以齐之，齐不齐而致其齐，斯志专，专斯一。一者，诚也。诚而后可以格于神明。祭之为言察也，又际也。内自察其心之诚，以上与神明相际，夫如是之为一。记曰："专，致其精明之德"；又曰："致其恍惚，以与神明交，庶或飨之"。此致一说也。客曰："唯唯。"已复从而申之曰：凡人之心，未有无所检制而能定制也。酬酢之烦，千变万化，憧憧往来，私意日积而不可遏，故圣门答仲弓问仁曰："出门如见大宾，使民如承大祭。"盖谓见宾承祭之时，必将绝其憧憧之私，使不至于纷扰。人能常持此心，斯能戒慎恐惧，主一而无适。是故圣人之制祭祀也，为之礼以展其意，为之乐以达其情。礼有升降、揖让、周旋、裼袭之文，鼎俎、笾豆、簠簋、尊彝之器。乐有金石、丝竹、匏土、革木之音，清浊、高下、疾徐、疏数之节不一也。而其本曰敬、曰和。敬和者，礼乐之精，人心之聚，而即鬼神之会也。故圣人曰："夫礼必本于太一"；又曰："乐者审一以定。"礼会于一而繁文治，乐协于一而众声谐，志定于一而百虑齐，道统于一而万殊贯。一之为义大矣哉！昔之圣贤，所以洗心，退藏于密，不显亦临，无射亦保者，其道皆由于此。吾朱子本格致诚正之学，折衷群儒，由博返约，大旨亦不外乎此。此致一之说，所为会通也。执祭而言之，特一隅之举而已。既以语应客，遂书而为之记。

报功祠记　原

繄吾紫阳夫子，圣门道统，南渡儒宗。阐发六经之微，剖析百氏之奥。一灯遥接，光照五百余年；二祀推崇，班逾七十二士。于是同乡思慕，立书院于汉滨；肇建有年，切羹墙于彰水。其如争端倅起，久假忘归。赖群公匡救之功，宜克配俎豆之永。大中丞杨公秘：二西名家，四知令誉。复新安之古巷，义路宏开；建始辟之丰碑，礼门生色。大中丞吴公应棻：三让家风，一经世德。秉金辉而抚楚，壮我皇猷；驾采鹢以渡江，谒吾夫子。倡赀建学，振靡起衰，三郢之士气云蒸，百代之人文蔚起。湖北观察公朱公潙，紫阳贤裔，青琐儒臣。狴犴无私，津巷之居廛，判成铁案；蜩螗知儆，市衢之祀产，难蔽冰壶。衡永观察许公登瀛：月旦评高，湖湘泽遍。创开津巷，即今新安码头，魁星阁。捐养廉之禄三千；构建崇楼，架虹霓之观百尺。肇兴义学，广置祀田。凡前人未逮之志，悉倚赖今日之四公；而当年赞翊之勋，亦难忘两邦之太守。初，书院之建也，汉阳太守戴公梦熊，一户重道，息蚍蜉于铄金削骨之时；五马凭轩，化魑魅于烈日炎霜之下。迨后栋宇虽成，宫墙未竣，安陆太守吴公肇荣，竭捐清俸，不负初心；坚约同人，董成厥志。故能竹苞松茂，奠不朽丕基；鸟革翚飞，壮无休之巨丽。今日者罄乡人慨慕之忱，报群公卫道之力。立祠昭祀，克配明禋。伫看汉阳江上，和风甘雨，遥连黄海三十六峰之云；大别山前，春祀秋尝，永附紫阳百千万年之享。

始建祠记　原

盖闻伟绩丰功，共仰先贤令范；浚源培本，难忘哲士鸿规。而况树业千秋，匡扶道德；聊情六邑，振肃纪纲者乎？吾乡建紫阳书院于汉口，自康熙甲戌始。劳心劳力，历数多年；成始成终，群推四老。其一默庵汪先生。潜心理学，驰誉儒林。着书立说，门多问字之侯芭；阐幽发微，座有谈经之匡鼎。自任事以来，目萦心算，惟矢真诚；骨瘁神枯，了无退悔。其二蕴如吴先生。东山雅度，北海高风。身入书院之中，家置浮云之外。一呼四应，工师来自故乡；九鼎片言，木石聚于江岸。经权有道，出入无私。正当大举之时，忽有外氛之集，披肝沥胆，沐雨栉风。爰是九载工程，托钵之金钱无济；屡书告急，太仓之粒粟难分。遂罄橐而输工，遽呕心以下世。其三南宜余先生。开元博士之后裔，嘉鱼寄籍之诸生。志切匡时，心存卫道。感一时之义激，致数载之蔓延。涉水攀辕，不禁大声呼吁；锄奸扦敌，遂使狂吠潜消。天不慭遗，伤于劳瘁。其四本立余先生。即南宜先生之族弟也。协力承肩，同心任事。迨至三君继殁，犹能只手完工。树荫他年，饶屋之松杉遍植；流徽奕祀，连云之金碧交辉。穷渐不支，一子之书香，庶几裕后；老能益壮，卅年之缔造，务欲观成。凡我后人步驱之所，孰非前辈创建之功！今荷各上宪稽古右文，仰体圣天子崇儒重道。倡义学而泽及后生，归古巷而路通四达。义埠宏开，明禋永赖。是皆大慰四先生之志矣。四先生有知，得无含笑于九京乎！乡人思四先生始建之功，群议于寝堂后辟地为祠，以飨春秋之祀。余乐斯议之有光前烈，而能鼓舞后来也，爰笔记之，以为同人告焉。

东祠附祀毕制军述　董桂敷

文昌阁下东祠，所以崇祀杨、吴两中丞，朱、许两观察，戴、吴两太守者也。六公者，皆以尊道创义，扶正抑邪为任。时不必同，事亦不必尽合，要其有功迹于书院，则先后如出一辙焉。乾隆戊申，毕秋帆先生奉简命制军全楚，数谒祠堂，见庭宇岁久、宋桷欹侧，阶下莓苔、延缘柱础、墙根隙地、邻逼湖荡，率沮洳未治，谓宜崇筑厥址，焕而新之。至乙卯而重修之议定矣。先是乡之老成有念及此者，以土木奋兴，资用繁巨，前之人竭精毕虑，阅数十年始得罢役，今之材木物价倍值于前，而经营筹画又不敢与前人比，遂迟迟未发，蓄念以待时会。自制军议创，人心协同。于是醵金庀材，大工肇举，捄度筑削，向之下湿者培以高，倾欹者治以坚，遗基未就者完以固。十年之间，堂构涂墍，纤悉毕备。此固同乡之好义乐输，任事者之经理周密，实亦制军之创于前，劝谕于后，有以助而成之也。乡人士以制军之功，不在前六公下，宜在崇祀之列，爰建木主，奉入东祠，偕六公春秋致祀焉。

文昌阁记　查景璠

闻之德行者本也，文艺者末也。士人匡居诵读，动期科名显达，莫不知奉文昌帝君，而忠君、孝亲、敬兄、信友之道，漠不加意。就使词华烂然，适以佐其浮嚣之具耳。《书》云："作善，降之百祥；作不善，降之百殃。"《易》曰："积善之家，必有余庆。"《诗》曰："嘉乐君子，显显令德；宜民宜人，受禄于天。"稽于古训，若合符券。天何言哉？理之所是，心之所安，则天之所与，即帝君之所默相尔。帝君本末，正史未经见，然就化书所述，十七世为士夫，九十二化身，所行皆崇德祛恶，所言皆克己利人。天地日星，山川坛壝，不必定列名姓、定有出处。而二帝之所特祀，六宗之所备列，精之所寓，神斯显焉。即托为之书，亦未尝非原其意，而代之口也。今奉帝君者儒衣冠，无不尊崇顶礼，虔若宗祖，然日诵所为阴骘文，训饬士子文，不啻谆谆然耳提而面命焉。而卒莫知取法，不亦辜帝君而失崇奉之意乎？吾乡建书院，向奉紫阳夫子，兹更建阁以奉帝君，夫亦欲束身于道德之场，范我驰驱于圣贤之域。吾愿登斯阁者，即取平日所为务科名、期显达之心，而从事于德日崇、恶日祛，己必克、人必利，涵泳乎其所已知，增益乎其所未能，以循至乎忠孝敬信，内可自慊，而外亦可以励俗。浮云之过，未必不为响遏而停，则又不祈福而自福，不求祥而祥至，帝君其亦心许之。不然，而徒夸飞阁之崇巀，丹垩之辉煌，圣像之庄严，帝君岂有私于人者，而妄加之福耶？同人其勖诸！即以斯言为之记。

魁星阁记　许登瀛

缀文家多奉魁星为司文章之柄，考之纪传，未见所出。《天官书》斗魁戴筐六星曰文昌宫，或取义于此。而所谓六星者，上将、次将、贵相、司禄、可命、司寇，又不尽主文。明顾宁人常辨之。然万物之精为星，魁之义为首，文章固天下之至精而首出者也。象以心生，经纬人名，何必尽有所据乎！乡人士客汉滨，建书院以祀紫阳夫子有年矣。甲寅秋，予以公事来鄂渚，留连弥月，渡汉谒祠，因与桑梓耆旧握手道故，仰瞻堂构轮奂，顾而乐之。既稔津渡湫隘，未免犹有憾，予固知辟其径之非易易也。乃捐俸为之倡，购基拓巷，经营肇兴，自是礼门之衢直达汉江上流。爰建魁星阁于渡埠，背木兰，面大别，与黄鹤、晴川楼阁相鼎峙，天地自然之文章具焉。予醑一斝于魁星之前，以语乡人士曰：新安为人材渊薮，占客籍擢巍科者，代不乏人。今建兹阁，正欲使吾乡之侨寓汉滨者，父兄训其子弟，朋友勉其同侪，相与砥砺切磋，浸淫于诗书礼乐之中，挹其精华，发为文章，黼黻皇猷，羽仪上国，以克副圣天子作人雅化。行请督抚大吏，题立商籍，则新安俊义，联翩竞起，光鹿鸣之盛典，表雁塔之新声，未必不由此基。予为吾乡祝，亦为吾乡操觚挟策者勖也。若夫雕甍耸萃，绣闼流丹，吞山光而挹江濑，阁中之胜概无穷，自有作赋巨手，予不多赘。

文公忌日设祭记　朱世润霖里

余居阙里，垂髫时，闻汉上紫阳书院落成，心向往之，而未遑一谒也。岁辛亥，奉召入都应袭，乃于春仲戒行李，渡彭蠡，由浔江溯流而上。上巳日抵汉滨，斋沐谒我祖文公，即止宿书院西厅之后阁。而乡之耆旧亲串，日相往来，意洽而情挚。《传》所谓授馆具徒，薪燎菊濯，致餐献饬，执祀展车者罔不毕至，诚宾入如归矣。越朔九日，乃我祖梦奠之辰，余设俎豆，陈牺牲，萃乡人同致祭焉。是日也，微雨初晴，风恬气朗，饮福于尊道堂后，硕彦咸集，举昭穆旅酬之礼。其杖者挹余而言曰："书院之始建也，兴者三，踬者三。六邑千百人中，得二十四人为之倡。二十四人中，又举四人力厚志坚、勇往奋发者为之主。而事务之烦丛，锱铢莫可胜算。迨其后三君即世，复赖一二杰士，劻勤维持，矢志不衰，崛起而振兴之。官斯士者，自连帅方伯以及百执事，畴不崇儒重道，乐观阙成？初有好事者，扰攘不已，百方驾【架】捏，思有以阻挠之，赖内外诸巨公，侃侃正论，邪说熄焉。及功垂九仞，而一篑告亏。斯时也，赵壹探囊，谁为捐酿，首事群公，不惜倾囊倒箧，手足胼胝，竭心思，废寝食，以底于成。"余闻斯言，重有感于吾乡人之勇于为善也。夫始事十年，赀累数万，等于平地为山，初无畏缩逡巡之念。历艰难，越险阻，御灾捍患，几于殒身而不顾，克成其事。是诚学识胆力透辟宗颠者欤！乌可以不志？宴享既退，乃于夜窗篝灯而为之记。

与祭记　*吴肇荣子华*

孔子曰："吾不与祭，如不祭。"盖笃于诚也。凡祭皆诚，而况与吾紫阳夫子之祭乎！初吾乡人士建书院于汉滨，祀吾夫子。首事者吁请于当事，当事体圣主稽古右文，崇儒重道之盛典，佥署曰可。于是鸠工选材，期于不日成之。顷为好事者所忌，流谄簧鼓，骎骎乎邪说充塞仁义，而阙功几隳。余自甲戌奉命守安陆，为之倡捐，乃复多方捍御，始得宫墙巍焕，奉吾夫子之神主于寝室，以享烝尝，而予之微衷庶乎无愧矣。今当秩满言归，维舟汉上，谒吾夫子祠，乡人士进为言曰："秀秋望日为夫子生辰，例乡大夫主祭，先生有功于祠，非先生不可。"予以老辞。咸曰："先生笃于诚者也！诚则格、格则飨，幸无负所请！"乃斋沐，届期夙兴，偕乡人士而与祭焉。噫！幸矣。弟予以薄德藐躬，觍然居诸乡先生之右，抑又愧矣。夫吾夫子大本达道，格致诚正，自秦汉以来，赖兹一灯，绍列圣之薪传，以集诸儒之大成，是以圣朝特加褒锡，配享泮宫。况吾乡人熏其德、沐其化，愈久而不能忘者耶！昔吾夫子之在闽也，颜其书室曰"紫阳"，盖以紫阳为徽之故山，夫子表之，示乡关之在望也。吾乡人建祠于汉上，亦不啻依吾徽之阙里，朝夕趋承，荐俎豆，奉粢盛，竭如在之诚，恍然夫子之式临。慢闻忾见，何莫非一诚之所通也哉！乃战兢敬翼，再拜起立，歌高山仰止之诗而退。

重修紫阳书院后序　*程健学*

吾郡书院，高踞紫阳山，为子朱子讲学之地，至今沐浴余泽，咸遵其礼法。而有志之士，以躬行实践为务，学其所学，代不乏人，宜其崇祀勿替，堂构时新也。健偕计北上，往来吴越间，见所在皆有紫阳书院。侧闻吾乡前贤之请建于汉皋者，并有义学、义渡，有藏书阁，有先儒讲堂，非袭书院名，而有其实，规模尤为宏远。窃心向往之，未能至也。戊午春，适当重建鼎新，落成释奠，而健得与于祭。仰瞻榱桷之巍峨，堂基之爽垲，目睹又过于耳闻。凡夫为寝、为堂、为门、为塾，前贤之记备矣。抑犹有未备者，庙之前为魁星阁，翼然临于汉水之上。自阁而北，以达于门，夹道皆阛阓，栉比鳞次，而莫不整齐；矢直砥平，而莫不豁达。庙之后为文昌阁，北枕木兰，其南则下瞰汉阳大别，如俯而凭几。阁之下，敞其中为习礼之地。东西两专祠则又张拱而翼如，始建以祀先贤，报功以祀名宦，皆祀其大有功于书院者。稽之书院志略一编，肇造于康熙甲戌年，自尊道堂，旁及六水讲堂、宴射轩，以次竣工。尚未有今日之斋皇壮丽也。乃南北两阁及二祠之记，记而未成也。为记者区画摹绘其楼阁，已不啻与黄鹤、晴川鼎峙于大江左右，而责成于后之人以实之。

后之人遥距百余年，曲尽其制，若善成夫画宫于堵者之所为，斯已奇矣。又况庙门至魁星阁，今之所见栉比鳞次，乃昔之竹屋参差，犬牙错杂者；今之所见矢直砥平，乃昔之水巷逶迤、洿泥濯淖者。不读志略，孰知缔造艰难，前后贤如出一辙哉？夫懋迁非必循族姓之所鬻，即侨寓亦非必食旧德、服先畴、用高曾规矩也。犹拳拳服膺，奉朱子之礼法，而非徒饰庙貌为观美。况居紫阳之故居者，宜何所持循乎？书院重修，多贤襄事，任其劳而不居其功，亦并不欲人之著其名，是亦敦本尚实之征也。诸父老属健为落成后序，故备书之。

汉口重修新安书院碑记　　董桂敷

汉口之有新安书院也，自康熙甲戌岁，吴公蕴予、汪公文仪等创始之，阅十二年而成。至乾隆乙卯岁，毕秋帆制军以祠宇寝久，恐就倾颓，建议重修，汪君衡士等实经理之，亦阅十年而后成。余以嘉庆丙寅春，自京师乞假南归，取道汉上，展谒祠堂，仰瞻榱桷，周视垣墉，规模严峻，既硕且固，未尝不叹前人创业之恢宏，与后人经理之周密，相得益彰也。三月望，为春祀之辰，乡人士不鄙弃余，俾主裸献。既而出书院旧编志略，属余增订。辞，不获，则为详览周咨，诠次而补缀之。将成，复以重修勒石之文为请。余维书院之建，一举而三善备焉：尊先贤以明道，立讲舍以劝学，会桑梓以联情。三者创立之大端，而兴修之所由亟也。其垦辟艰难之故，捍御维持之力，昔人诚倍于今人。若夫经营劻勷，振成规而光大之，厥功有不后于昔人者矣。方制军之创议也，一呼而百诺，旬月之间，慨然怀必成之志。固激于意气哉？迨夫度五十余丈之规，筑数仞之墙，集万夫之役，铢积寸累，头会箕敛，输者已竭其力，而作者莫竟其功。四顾屏营，几于怠已，卒能从容措置，不懈益虔。举凡尊道之堂、楼神之寝，以及斋厨厅舍，前人已有者新之；文昌之阁、宴射之轩、讲堂书屋之设，前人未竟者补之。外若水龙之制，街东汲道之辟，并前人所缺略者增之。星纪未终，条理毕具，何其备也！事有极艰，巨萃精勤，旁观视之，若以为自然而成，不殚心力者。试使当局而筹之，其烦顿劳瘁，殆将避之惟恐不暇，又何心与力之有？今诸君之任此也，非特尊贤劝学，敦崇梓谊，其所树立，卓然足以不朽！抑其审度区画之有方，出内权衡之有道，亦可为后之兴功立业者法。况乎让美于前而不自居，其挹谦之度，尤深有得于先贤遗教，而非近俗之所能及者欤！余不敏，于诸君子，无能为役，而复兴之难，则实已洞见之。故于志略，既详载其建置增修之大概，而书碑之文则独表其功迹，非徒以表诸君也。堂构之成，率百数十年而不能无敝坏。百数十年之后，将复有起而任此事者，省视余文，当益奋然感发，叹成功之不易，而思媲美于前贤，是则今日之所预为厚期也夫！

新安通衢记　　王恩注

古者崇礼大贤，宫室则圬人塓之，道路则司空易之。其有门不盈车，道弗难行者，有心人窃为之深忧。况于崇祀先贤，高山深仰止之思，嘉宾喜周行之示，既已高闬闳而厚墙垣矣，可无坦坦履道以与内美相称合哉！我徽士侨寄远方，所在建祠以祀朱子，而唯汉镇最巨。明宫斋庐，宏廓静深；观飨式时，严严翼翼。自门阙堂阶，以达于寝室，复庙重檐，莫不餍饫心目。然而康衢未通，委巷局促，瞻谒者每以不称为叹。岁在辛卯，董事诸公，顾瞻咨嗟，商便居田民，厚予其直，于是廛宇之非己有者，道路之机捏反侧者，罗致而恢廓之。砥平矢直，心舒目开，对宇望衡，轩豁呈露。由水滨而遥望宫墙，几以为天然平衍，而不知心与力之俱瘁也。先是佣人之行汲者，接迹周道，不雨而濡，因重设之隘巷，令明禁宣。街衢严饬，绮罗锦绣之交错，玩好百物之灿陈，此前日湫隘嚣尘，估客敛迹焉者也。季春重九，搢绅先生来雝而至肃，此前日人不得顾，车不得旋焉者也。昔者人谓斯何？今者人谓斯何？使非明敏公直而矢之以无倦，安能外观灿耀，适与内美相称合也哉！迓来汉上，虔谒庙堂，闲步康庄，闻之同人最悉，故乐得而记之。夫礼门义路，先师遗教具存，使后人顾名思义，履周道而兴率由之思，其贻泽岂浅鲜哉！

题咏

诗二首

寄题汉口紫阳书院

陈祖范 亦韩

韦斋身居闽，印记犹紫阳。晦翁述先志，更以颜其堂。至今仰止者，泰华相低昂。书院衍道脉，嘉名披吴圌。苏州书院名紫阳。近传汉江口，栋宇尤炜煌。问谁集众力，徽国乃宗邦。旁以憩宾旅，中以肄文章。来往必敬恭，曾不异维桑。美哉此建置，名实诚相当。

又

查 祥 星南

道统传洙泗，儒宗集大成。圣宫隆俎豆，家庙盛虀盛。梓里尊崇切，侨居奉事诚。辟基临汉水，建院列江城。奉主严时享，升堂励景行。书楼罗典籍，学舍集诸生。巨细钦全备，勤劳叹始营。创兴皆硕彦，继续悉才英。不受群嚣沮，难忘众力擎。历时工始竣，踵事费犹宏。檐桷看飞翥，庭墀见敞明。余工兼博济，盛举表升平。近过争瞻仰，遥观即震惊。龟山青郁郁，鸳瓦碧晶晶。民俗潜熏德，传闻著有名。寰中多创建，莫并此峥嵘。

匾额

福 乾隆五十六年十二月二十日，钦锡兵部尚书、都察院右都御史、湖广总督，臣毕沅。

徽国文公祠：

尊道堂 康熙戊寅之春，黄元治书。

异地同师 康熙丁丑春月，后学张瑷敬题。

过化存神 康熙丁丑嘉平月，中宪大夫、湖广安陆府后学吴肇荣题。

继往开来 康熙丁丑季冬月，陕西驿盐道程兆麟题。

辉映齐云 康熙丁丑仲春月，丙子科云南大主考、翰林院编修宋衡题。

道山学海　　康熙三十八年春月，武英殿大学士、吏部尚书李天馥敬题。

吾道中天　　康熙己卯仲春月，湖广总督、部堂东莱郭琇题。

如日中天　　康熙己卯仲春月，内阁大学士、宛平王熙题。

道源洙泗　　康熙己卯季冬月，后学程鹤巘敬题。

斯文在兹　　康熙庚辰春月，文华殿大学士、礼部尚书张英题。

汉南教泽　　康熙三十九年春月，知黄州府事加五级许锡龄题。

承先启后　　康熙庚辰菊月，赐进士出身、分守武昌道庄揩敬题。

道统攸传　　康熙庚辰仲秋月，翰林院检讨、充三朝国史纂修官，婺源后学吴文炎题。

道接鲁邹　　康熙壬午孟夏月，赐进士第、翰林院编修，后学汪溁敬题。

道启来兹　　康熙癸未岁孟夏月，督学使者西河王祚兴题。

真儒集成　　康熙甲申孟春月，提督湖广全省学政、翰林院检讨潘宗洛题。

统接大成　　康熙乙酉孟冬月，钦差湖广大主考，后学文岱题。

圣域贤关　　康熙丁亥桂月，詹事府左春坊左赞善、翰林院检讨戴绂敬题。

心传如揭　　康熙丁亥季春月，同知江南徽州府事柯宗仁敬题。

圣学渊源　　康熙戊子冬月，居越后裔嘉敬题。

道统正传　　康熙己丑季春月，武昌府通判，海阳后学王鼎延敬题。

千古真儒　　康熙庚寅仲夏月，知成都府崇庆州，后学王尔类题。

仰止景行　　康熙辛卯仲夏月，山西汾州府知府，休宁后学姚震敬题。

学炳日星　　康熙壬辰仲秋月，戴朝冠敬题。

邹鲁功臣　　康熙癸巳孟夏月，万寿恩科湖广大主考李天祥敬题。

圣道薪传　　康熙甲午冬月，湖广全省学政，大兴薄有德敬题。

班列十哲　　康熙五十六年春三月，福建汀州知府，休宁吴澍敬题。

理阐精微　　康熙丁酉仲冬月，知云南府安宁州事，休宁后学程梦英题。

修道垂教　　康熙戊戌仲春月，湖北布政使、湖广布政使司督理诸道参议许大定敬题。

江汉秋阳　　康熙戊戌仲春月，后学吴炯敬题。

洙泗津梁　　康熙戊戌中秋，海阳后学程仪千敬题。

道与天长　　康熙庚子仲春，同知江南徽州府事赵良埒敬题。

功襄关洛　　康熙辛丑仲春，湖广岳州府通判，后学程子琨题。

格致诚正　　雍正丁未季秋月，中宪大夫、知湖广辰州府事汪立名敬题。

百代儒宗　　雍正丁未十二月，钦命督理福建盐政汪亮卿敬题。

南渡尼山　　雍正乙卯春月，钦命巡察湖北湖南等处地方、湖广道监察御史，后学程仁圻
敬题。

源宗江汉　　雍正八年八月，钦命提督湖北学政、日讲官起居注、翰林院侍读凌如焕敬题。

天下第一人　　雍正庚戌之秋，后学夏力恕题。

学海朝宗　　雍正庚戌菊月，署理广东等处提刑按察使司按察使，谭滨后学黄文炜敬立。

孔道以明　　雍正癸巳仲春月，督理湖南湖北等处驿传、兼理清军盐法道杨晏敬题。

治纪南国　　雍正甲寅季夏月，署理湖南按察使司，后学许登瀛敬题。

学宗洙泗　　雍正乙卯仲春月，湖北巡抚，都察院后学杨秘敬题。

　　列圣功臣　　雍正十三年九月，武昌守道，后裔潘敬立。

　　江汉穷源　　雍正乙卯九月，湖广湖南布政使司、分守岳常澧道按察使司副使，休宁孙元题。

　　日月经天　　雍正乙卯夏月，提督湖南学、政翰林院检讨吴大受敬立。

　　统接闻知　　乾隆丙辰仲春月，督理湖广湖北等处驿传、兼理清军监法道程世绥题。

　　重昭道统　　乾隆丁巳季夏，同知江南徽州府事加一级任宗游题。

　　仁义之府　　乾隆丁丑孟春月，赐进士出身、诰授光禄大夫、内廷供奉、经筵讲官、军机大臣、太子太傅、吏部尚书、前刑部尚书、协办大学士、军功加六级，休宁后学汪由敦敬题。

　　正学标准　　乾隆五年仲秋月，赐进士出身、翰林院编修、四川道监察御史，休宁后学程盛修题。

　　雨化南天　　乾隆五年季夏月，特授奉直大夫、刑部浙江清吏司员外郎，后学黄元题。

　　羽翼圣经　　乾隆七年六月，赐进士出身、覃恩诰授奉政大夫、山东道监察御史吴炜题。

　　道源永汇　　乾隆丁卯季春月，后裔明仪敬立。

　　纲维全史　　乾隆壬申孟夏月，云南武定府和曲州，婺源后学王廷言题。

　　道尊南纪　　乾隆癸酉春三月，武汉黄德道，谭滨后学黄履昊敬题。

　　圣学光明　　乾隆二十年，湖广湖北武昌府知府，歙邑后学吴谷题。

　　凝德以道　　乾隆二十年仲秋月，召试博学闳辞文郎、护湖南宝庆府理徭同知、署理常德府同知、候补知县，后学戴永值敬书。

　　孔孟正宗　　乾隆二十五年二月，湖广湖北武昌府事，海阳后学黄兴让题。

　　道衍尼山　　乾隆三十六年十月，赐进士第、翰林院编修、辛卯科钦命广西正主考、加三级纪录三次，休宁后学汪存宽敬题。

　　圣学正宗　　乾隆三十六年九月，赐进士第、翰林院编修、辛卯科钦命湖北副主考、加一级纪录二次，休宁后学黄良栋敬立。

　　儒言宗海　　乾隆辛丑五月，湖北学政，后学吴省钦敬立。

　　正学醇儒　　乾隆乙未季秋月，赐进士及第、敕授承德郎、翰林院修撰、充四库全书纂修官、加一级纪录一次，休宁后学黄轩沐手敬题。

　　微言翼教　　乾隆乙未季秋月，赐进士及第、敕授承德郎、翰林院修撰、加一级，歙县后学金榜敬题。

　　洙泗薪传　　乾隆乙未季秋月，赐进士及第、敕授承德郎、翰林院修撰、充四库全书纂修、加一级休宁后学吴锡龄敬题。

　　道学流芳　　乾隆乙未年立。嘉庆戊午孟秋月，更衔诰授资政大夫、兵部侍郎兼都察院右副都御史、巡抚云南等处地方、提督军务兼理粮饷、加三级纪录十六次、随带军功加二级，歙县后学江兰立。

　　化雨先沾　　乾隆四十一年三月，署理湖北按察使司印务、分守武汉黄德道，后学吴之黼敬书。

　　诸儒集成　　乾隆四十二年九月，海阳后学戴第元敬题。

　　私淑渊源　　乾隆丙甲五月，赐进士第、中宪大夫、知四川夔州府事，歙县后学江权敬立。

　　濂洛同揆　　乾隆戊戌孟冬月，赐进士出身、文林郎、内阁撰文、中书舍人，里后学吴泰来敬立。

　　岳峙渊渟　　乾隆乙巳季春，赐进士出身、诰授朝议大夫、掌山西道监察御史加二级、前翰林院编修加二级，歙邑后学郑爔敬题。

宗邦远式　乾隆甲辰季秋月，钦授修职郎、世袭翰林院五经博士加三级，文公十九世嫡裔学彬百拜立。

江汉同流　乾隆甲辰春月，特授湖北汉阳府同知，古歙后学姚任道书。

模楷永垂　乾隆五十一年九月，钦命湖北正考官、文渊阁校理、翰林院编修、记名御史，乡后学吴敬舆谨题。

大道心传　乾隆丁未季冬，诰授光禄大夫、户部右侍郎管理钱法堂事务兼署兵部左侍郎军功加一级，休宁后学汪承需敬题。

斯文不坠　乾隆己酉秋九月，赐进士及第、诰特光禄大夫、兵部尚书兼都察院右都御史、湖广总督，后学毕沅敬题。

继往开来　乾隆三十九年季秋，诰授中宪大夫、刑部广西司郎中、升任贵州石阡府知府加二级纪录八次，祁门后学洪彬敬题。

道闲先圣　乾隆甲寅季春，诰授中宪大夫、湖南辰沅永靖兵备道，歙西后学潘成栋敬题。

六经一贯　乾隆己亥仲冬月，后学汪焘敬书。

表章功重　嘉庆元年孟夏月，赐进士出身、诰授光禄大夫、经筵讲官、太子太保、南书房供奉、户部尚书兼管顺天府尹事务加三级，歙邑后学曹文埴【埴】敬题。

道阐圣经　嘉庆戊午季秋月，赐进士出身、诰授中宪大夫、日讲起居注官、咸安宫总裁、詹事府少詹事、教习庶吉士、戊午科湖北正主考官、提督广东学政加一级，歙邑曹振镛敬题。

濂洛集成　嘉庆戊午季春，赐进士出身、国子监学政加一级，后学程健学敬立。

圣学宗风　嘉庆己未春月，赐进士出身、刑部主事、山西司员外郎加一级，绩邑后学方体敬题。

道隆化洽　嘉庆四年孟春月，署黄州府知府，后学谢登隽敬题。

百世兴起　嘉庆庚申季春月，赐进士出身、敕授文林郎、翰林院庶吉士加一级，歙县后学鲍桂星敬题。

闽洛同源　嘉庆庚申嘉平月，赐进士出身、敕授文林郎、翰林院庶吉士、实录馆纂修官加一级，古歙程国仁敬题。

道宗洙泗　嘉庆辛酉季秋月，诰授奉直大夫、知广西宁明府事，休宁后学戴霆敬题。

道学流芳　嘉庆辛酉冬月，诰授中宪大夫、议叙道刑部正郎、云南贵州清吏加四级纪授四次，歙西汪必诚敬晋。

功侔神禹　嘉庆壬戌秋九月，赐进士出身、钦点国子监学政，绩邑后学石城敬立。

笔继春秋　嘉庆甲子季春月，覃恩诰授中宪大夫、兵部武选司员外郎加二级又军功加一级随带，后学江淦敬立。

百世师传　嘉庆乙丑夏春月，诰授资政大夫、钦授监运使司、又军功议叙加四级，歙西汪必相敬立。

源深泽远　嘉庆丙寅仲夏月，赐进士出身、敕授文林郎、翰林院庶吉士加一级，婺源后学董桂敷敬书。

西厅：

六水讲堂　乾隆丙辰夏午月，曹文埴【埴】书。

兼山丽泽　康熙丁酉之春，戴有祺书。

主敬堂　乾隆戊辰之秋，程珣题。

愿学轩　乾隆己巳之春，夏力恕题。

致一斋　嘉庆丙寅仲夏，董桂敷敬书。

启秀书屋　嘉庆甲子之春，吴世淮书。

宴射轩　嘉庆戊子之夏，马家骥书。

近圣居　嘉庆甲子之春，汪元恺书。

魁星阁：

文光远射　雍正岁次旃蒙单阏孟秋，朱潘题。

光映天都　乾隆元年丙辰仲春，程世绥敬立。

象著文垣　乾隆丙辰仲春月，金承统敬题。

文昌阁：

光腾云汉　嘉庆二年丁巳孟春，总制全楚使者毕沅题。

经纬扬华　嘉庆二年丁巳春二月，海阳汪承需题。

义埠：

新安津梁　雍正十三年孟秋月，许登瀛题。

达道共由　雍正乙卯仲秋，夏力恕题。

吾道其南

联句　照原衔

作纲目，继春秋，涑水司马公，赖笔削而史书不谬；

由问学，尽德性，庐山白鹿洞，辨异同而圣道始明。

后学汪绎题

阐六经奥旨，注千圣微言，昭昭然若日月当天，孔孟以来，于斯再旦；

塞百氏旁流，汇诸儒正派，浩浩乎如江汉朝海，周程而后，大矣蔑如。

后学黄元治题并书

水之行地，犹神之在天，况岳麓有遗踪，则鄂渚蘋蘩益见，道昌朱鸟；

生近其居，如亲炙其世，虽日月无私照，而乡人俎豆还同，号系紫阳。

后学张瑗拜书

九州郡邑皆祀庙庭，爰集六水，枌榆挹江汉洋洋，遥望文澜于虹井；

万禩师儒具瞻山斗，肆会两湖，桑梓仰宫墙翼翼，俨沾教泽于紫阳。

天都后学吴肇荣敬题

大别峙龟蒙之秀，千岩万壑，拥五岳以纷罗，性郭岭孤标，真作道峰砥柱；

汉水分洙泗之源，三湘七泽，汇百川而争逝，信紫阳一派，能回学海狂澜。

后学江皋拜题

承千圣之危微，业在守先，信史凛于春秋，巍巍道山，秀耸徽闽争望岳；
阐四子之秘奥，志存待后，大义昭于日月，渊渊学海，泽流江汉尽朝宗。

后学宋衡敬题并书

创合涣之宏规，羡威仪雕肃，山若增高，水若增远；
崇国故之元祀，愿训行无斁，天与同久，地与同长。

后学汪璲敬题并书

衡云护几筵，做鹿洞遗规，凛虆墙以修睦，所过所存，咸被千年教泽；
汉水洁蘋藻，分虹井佳气，光俎豆以乐群，有严有翼，永钦万古心传。

后学姚震敬题

承千圣道统，正百代儒宗。

后学汪嘉树并题

道统缵唐虞，溯本穷源，知遗风之未远；
声灵钟院宇，忾闻慢见，信斯文其在兹。

居越后裔嘉题

惟精惟一，亘古之光华如旦；
无声无臭，千秋之俎豆聿新。

三韩后学柯宗仁敬题

循是路，而由是门，式遵古训；
登斯堂，而入斯室，矧敢斁思。

后学汪钧敬题

远接尼山，道在黄岩白岳之间，宜六邑群英，奉为千秋俎豆；
近宗濂水，祠于广汉永江之畔，知两湖人士，共瞻数仞宫墙。

永年后学李天祥敬题并书

到南渡后，谁知孔圣人尚存，即今日仰庙貌于黄鹤楼前，岂不是秋阳江汉；
便北朝中，也问朱先生安在，想当年寄学规于白鹿洞口，何处寻汴水钱塘。

后学夏力恕熏沐拜题

接危微精一之传，远溯唐虞，近宗孔孟，千百世道心不绝；
阐河洛图书之秘，约该周邵，博采程张，亿万年性学当明。

后学许大定敬题

功著六经，圣道之薪传，显垂千古；
位崇十哲，盛朝之典祀，荣冠群儒。

　　　　　　　　　　　　　　　　　铁岭后学杨晏敬题

学阐群经，越秦汉晋唐而始标真谛；
道光千古，汇周程张邵而重集大成。

　　　　　　　　　　　　　　　　　维扬后裔潘敬题

白鹿山房，著述文章皆妙道；
紫阳理学，东南邹鲁得真传。

　　　　　　　　　　　　　　　　　莘野吴睿敬题

文献著丹岩，万世宗师传道脉；
渊源照汉水，千秋俎豆仰仪型。

　　　　　　　　　　　　　　　　海阳后学吴元伦拜题

乾隆二十四年岁在己卯夏六月
　道脉衍千年，自孔孟垂教以来，诚意正心阐薪传，俨授受一堂，永作今古师儒
之极；
　人文聚六邑，当春秋展虔而外，型仁讲让敦梓谊，看冠裳异地，依然东南邹鲁
之乡。

　　　　　　　　　　　　　　　　后学汪良选沐手敬题

乾隆癸酉春三月既望
　传道脉于紫阳，沅芷澧兰，鄂渚同□俎豆；
　接心源于黄岳，风琴雅管，晴川远叶笙簧。

　　　　　　　　　　　　　　　　潭滨后学黄履昊拜题

乾隆己酉秋九月
　道统得薪传，经史遗文，独轶汉唐标奥义；
　心香崇梓里，春秋秩祀，遥从江沔溯真源。

　　　　　　　　　　　　　　　　休宁后学毕沅敬书

绪宗洙泗，功翼传经，瞻教泽布九州胜地，永治平于邦国，徽声历代弥尊，虹
井毓灵章五色；
　典肃春秋，荣崇俎豆，仰光华照三楚名区，长溯洄夫汉江，文运齐天不朽，紫
阳钟秀脉千寻。

　　　　　　　　　　　　　　　　海阳后学杨奋飞拜献

三纲底柱留全史；
千古功成在六经。

后学夏力恕敬题

杂联

道学慕前徽，爰萃六邑诸生，于兹讲习；
文明昭圣代，伫看千秋百世，贻厥谟猷。

仰大成于往圣，观海难言，却就这江永汉广，分泗水之支流，益信此中涉川有自；
留微绪于来贤，指迷未远，请都向义路礼门，范考亭之正轨，不须他处问道所由。

里人夏力恕题

乾隆丙辰之夏
摹斗鬼仪型，开文运于紫阳，笔蘸长湖，描不尽鹦鹉洲边，草痕波影；
符状元诗讖，接仙风于黄鹤，金储大别，买不了胭脂山下，月色江声。

宝田洪元声沐手敬书

旧学商量加邃密，
新知培养转深沉。

子朱子句，汪应铨书

肇开文运立中极，
旋转王衡见太平。

嘉庆二年丁巳春二月
左挹鹤楼，右揽晴川，溯十载汉渚经游，枌社簪缨崇道脉；
瑞霭斗魁，祥凝东壁，三千里楚江星耀，天都人士颂奎垣。

海阳汪承霈题并识

嘉庆二年丁巳孟春
璧月耀奎躔，瑞彩缤纷生汉渚；
卿云辉禄籍，祥光焕灿映天都。

总制全楚使者毕沅题

嘉庆三年春月
观象六星，鄂郡人文珠映采；

登楼百尺，汉皋云物境生辉。

祁闻谢登隽敬书

嘉庆丙寅仲夏月
圣译如闻，庭下笙镛府孔壁；
心源未远，眼前江汉即朱塘。

后学董桂敷敬题并书

嘉庆丙寅仲夏月
功在紫阳，千载干城维道统，
祠依东序，百年黎献仰官师。

后学董桂敷敬题并书

嘉庆丙寅仲夏月
盛服正容，大祭人方观典礼；
升堂入室，先贤吾欲见羹墙。

星江董桂敷敬题并书

嘉庆丙寅仲夏月
作室溯勤墉，汉浒重瞻阙里；
专祠隆报绩，灵斿长护寝筵。

星江董桂敷敬题并书

嘉庆甲子之冬
学礼首桑弧，集兰襟于江汉名区，既句既坚，无忘天地四方之志；
歌诗陈瓠叶，设蒲筵兮春秋佳日，言慈言孝，私淑程朱三子而来。

华阳胡秉虔题并书

太乙明从金殿下，
斗牛光并玉壶悬。

朱潘再题

撰述增订　嘉庆二十四年冬月刊

紫阳书院志略序　赵　玉

紫阳乃江南徽郡城外山也，绵亘蜿蜒，壁立千仞，文峰出松括之表，灵秀所钟。《尔雅》谓大山峎，小山岠；大山宫，小山霍；小山别，大山鲜。兹殆所称别者与？

而幽邃平夷，绰有余地，易于登陟，与黄海问政诸山，同为胜境。山多只树林，有
宋名儒祝公确墓碑存焉。确以赀雄于歙，而与婺源朱韦斋先生同为南渡理学之宗。
韦斋名松，文公父也。虽家婺源，常与其徒讲学于郡之紫阳山。及成进士，任福建
龙溪尉，遂挈眷之闽。屡迁至朝奉大夫，以不附和议忤秦桧，弃官归。是时，文公
年十九，成进士，亦官于外。经方腊之乱，道阻绝，公父子不能归里，韦斋恸焉。
以在闽所寓之室，颜其额曰紫阳，并刻私印，以见讲学故山，未尝一刻忘也。韦斋
遂殁于建阳。文公居丧服阕，复以紫阳之室恢而大之，以祀亲继其志也。遵父遗命，
行步千里，从学于李愿中、罗从彦之门，遂得周、程嫡派而集大成。屡征不起，强
之应命，未几辞职，如是者三四。先后在朝止四十日，章疏数十上，皆以报仇雪耻、
正心诚意为谏。言之激烈，甚于贾生之痛哭，汲黯之批鳞。虽为权幸所嫉，而名重
三朝，暂踬旋起。身殁后数年耳，韩侂胄死，理陵悔悟，即谥为文，赠太师徽国公，
录其三子于朝，赐紫阳书院额于讲学之故里，此又自古忠臣之受报，未有如此之速
也。然则紫阳之名，亦称于汉口，何居？盖斯文不丧，公之神在天无所不之者也。
而况汉口寰区巨镇，徽人客游天下，惟汉口为多，有成邑成都之渐。其在故乡，车
服礼器，熏公之德，子子孙孙，经数百年，虽来异地，不能忘根本也。又况公曾两
次奉祠，皆在湘湖，岳麓、白鹿洞两书院，皆公创建，则此地乃公所经游，乐亲戚
之情话者。而乡人之思公如慈父母，祀展春秋亦固其所，不但已也。必以紫阳名之，
盖神所依凭，如仿新丰于汉代，疑缩地于长房。公在汉口，相对无非乡人，一如在
紫阳也。盖尝论之，各省之会馆遍天下，此之书院即会馆也，而有异焉。崇祀者道
学之宗主，而不惑于释道之无稽；参赞之源流，而不堕于利名之术数。入学有师、
育婴有堂、宴射有圃、御藻有楼、藏书有阁，祭仪本家礼、御灾有水龙、通津有义
渡，宾至如归、教其不知、恤其不足，皆他处会馆之所无，即有亦不全者。而后知
创始诸君之功不朽也。兹配享诸君，劳心力于前者，毕制军复继于后，已载志略，
无庸再赘。后之人嗣而葺之。徽俗古称好义，必多踵事而增，无美不备者，将附前
志开雕，悠久而无疆矣。至若祠宇之壮观，规条之严肃，名曰书院，而不曰会馆，
以其非浮屠老子之宫，而先圣先贤之明德维馨也。玉虽籍隶桐城，本属天都之桑梓；
承乏守土，僭叨灌献于几筵俎豆之间，其忾闻慢见之情，不仅如羹如墙而已。诸同
乡请纪其略，何敢以固陋辞。是为序。

题咏增订　嘉庆二十四年冬月刊

匾额

安抚万禩　赐进士及第、尚书房行走、翰林院侍讲学士，歙后学程昌期敬题。

脉道流馨　乾隆辛巳孟秋，江州守，休宁后学黄肇隆熏沐敬书。

隐然为霖　嘉庆十二年春三月，敬集朱文公闲云诗帖。敕授文林郎、前举孝廉方正给流品
衔、御试太和殿、召对乾清宫、特用知县，海阳后学黄世墀拜题。

与造物游　嘉庆十三年岁在戊辰孟夏之月，诰授奉政大夫、特调武黄江防同知加二级、又

随带加一级纪录六次，二十世孙庆光百拜敬书。

绍古作程　嘉庆十三年岁次戊辰季秋月，诰授朝议大夫、署陕西潼商兵备道知同州府事军功加二级、寻常加五级纪录十次，古歙后学洪范敬书。

阐经定史　嘉庆己巳年仲春月，赐进士出身、钦命提督山东学政，历任陕甘、福建、山东举考官，福建道监察御史，古歙后学程世淳敬题。

愿学孔子　嘉庆庚午秋月，赐进士出身、诰授中宪大夫、钦命湖南正考官、刑部贵州清吏司员外郎，后学程祖洛。

圣道薪传　嘉庆十五年岁次庚午孟冬月，诰授奉政大夫、乾隆甲辰南巡召试钦取一等二名、特赐举人授内阁中书加五级，古歙后学郑宗洛敬题。

阙里同瞻　嘉庆壬申季春月，赐进士出身、敕授文林郎、翰林院庶吉士，歙后学罗永符敬题。

正谊明道　嘉庆十八年岁次癸酉孟春月，敕授儒林郎、诰授奉直大夫、诰封朝议大夫、布政司理外【问】加四级，后学黄家凤敬题。

温严刚粹　赐进士出身、翰林院庶吉士，歙后学程恩泽敬题。

正心诚意　嘉庆丁丑秋七月，赐进士出身、诰授朝议大夫、知湖北汉阳府事、前翰林院庶吉士，后学赵玉敬题。

圣道昭明　嘉庆二十二年仲冬月，诰授资政大夫、署理浙江宁绍台海防水利兵备道、钦命督理海关、前署杭嘉湖道事、丙子科乡试提调加四级纪录十次，古歙后学程立埻敬题。

圣学宗风　嘉庆己卯夏月更衔，赐进士出身、诰授通议大夫、湖北按察使司按察使，绩溪后学方体敬题。

圣学宗传　嘉庆二十四年九月望日，赐进士及第、日讲官起居注、南书房供奉、己卯科钦命湖北正考官、左春坊左庶子加三级纪录八次，休宁后学吴信中敬书。

道阐圣经　嘉庆二十四年岁次己卯孟冬月更衔、赐进士出身、诰授光禄大夫、经筵日讲起居注官、太子太保、体仁阁大学士、管理工部事务、翰林院掌院学士、会典馆正总裁加三级，古歙后学曹振镛敬立。

联句

嘉庆强圉赤奋若之岁

仿新安习礼，为楚泽升香，诵过三滢至大别，远哉明德，绍以正心诚意，启弈【奕】祀圣域贤关，功侔禹迹；

从泮水居歆，降南都时享，仰濯江汉暴秋阳，焕乎文章，迄今一道同风，集诸儒声金振玉，统接尼山。

　　　　　　　赐同进士出身、国子监学正，前新安紫阳书院肄业弟子，休宁金琛敬题

嘉庆丁丑季秋月

对乡人说乡语，灵爽式凭，似讲格物致知于黄山白岳；

明圣学接圣传，羹墙如见，直验存神过化于汉水方城。

　　　　　　　　　　　　　汉阳郡守赵玉并书

文昌阁联句

嘉庆丁丑秋日

奠位三台读周官，樵燎升香，统领星辰风雨而泰阶平，人文化成天下；

过宫百吉降汉水，薪傅嘉会，御兹兰蕙酒椒而灵旗展，阴骘锡福生民。

知汉阳府事赵玉敬书

卷八　杂志

承承继继，昭兹来许。儒先宜师，绝学务举。前人创功，后人继绪。景其始难，勿以懈沮。汇为杂志，垂及万古。

志末附以杂志者何？事之无所统系，别为一卷，以备稽考也。噫！事既杂矣，曷为乎志？志之，盖欲使四十余年之事，如判指掌。前人之经营图度，千辛万苦，千百年后，如将见之。披斯志也，文不嫌俚，事不厌琐，虽曰杂事，其所关系，非浅鲜也。

缘起

启建书院序　　汪　璲默庵

《易》著旅卦，《诗》戴嘤鸣，诚以闭门家居非丈夫事。然而行路之难，昔人言之稔矣。或牵车而服贾，或游学于他邦，事久情适，安于所寓。一枝匏寄，千里萍游，梓里联情，友于契合，安可以无其道哉！所以都会丛集之地，每纠合同郡为公所，即京华首善，通籍仕宦者，莫不皆然。程子曰："人生天地之间，未有不相亲辅而能自存者也。"予尝考先王合涣之道矣，为之享帝立庙，以萃天祖之精神。教民设宗祧，以序其昭穆；为大宗小宗，以统其族姓。至于一乡之中，吉凶有无相周恤，岁时伏腊、祭酺饮射相周旋，凡所云敦族睦姻、拯灾恤患之制，无不纤悉具备。至于离乡井、栉风沐雨之徒，行李往来，则又有迎送之馆，库厩脂辖，矜其不能而恤其不足。民生其间，遵道遵路，居者有礼让爱敬之心，行者无羁栖寒寋之苦，何风之厚也！然则公所之设，讵非先王合涣之遗意欤？汉镇为楚省翊辅，吾新安之人负笈来游，掇巍科而赞皇猷者，硕辅真儒后先辉映，而服贾经商亦不乏伟人。且壤接江右，吴越瓯闽之交，幽冀青齐秦蜀滇黔之会，连毂结袵，鳞次而麇集，虽同井亲故子弟相距数千里之外者，又往往于此而遇之，统纪管摄之道，尤不可不讲也。于是合郡同志之士不敢泄泄，卜地于中区，表以南山，背负木兰，广十二丈，纵四十丈，建造书院，崇奉紫阳夫子之主。不敢以祷祀混之，惧其邻于谄也；不敢以狭隘鄙猥亵之，惧其等于陋也。第规模宏敞，经费繁巨，非协情合志，共襄盛举，其何以整齐而统摄之，于以副我夫子之赫声濯灵而不即于谄淫亵慢也耶？凡我同人，自有同情，踊跃输将，不日而成矣。爰推古昔先王合涣之旨，为有取于旅次嘤鸣之义焉。是为序。

再劝乐输文　原

有志者事成，力倦者终辍。今紫阳书院之举，志亦坚矣，而终未成，则非倦于力也，辍于力之不能继也。辍于力之不能继，则非一人之责，凡我同郡力可有为而未经为，或为之而未竟其力者之责也。曾具启遍告同志，讫少应者，此不惮再三之渎也。以为不足重乎？紫阳夫子，宋代圣人也，举世所尊事也。以为未必成乎？则规模已大备矣，今止一篑也。以图节省乎？则琳宫绀宇，恐不乏布施也。以为一之为甚，其可再乎？闻之乐善之城，惟日不足，视其力何如，不以重叠而自沮也。且协助者中道而止，任其事者亦竟废然告退，是置前功于尽弃也。诸同乡不唾其面否？唾之诚甘诸君之心，未必不顾而自惭，则不得以有志不成，力倦中辍责之矣。嗟乎！可与观成，难与图始，此为百姓言也，非为士大夫言也。且今日书院业已垂成，非图始也。为书院惜，更为诸同乡念。从前亦曾协力，纵未经协助，亦未经倡言以为书院不当建者，则心许谅亦久矣。今再漠然，则某等志未尝不坚而力自不继，后有议论，责亦有归。康熙戊寅之秋，里人方佺、查宗偁、孙皋、王光裕、吴暄、程鹤嶷谨启。

再劝乐输启　原

谚云："谋事易，成事难；始事易，终事难。"《诗》不云乎："靡不有初，鲜克有终。"盖今日之谓也。方紫阳书院之初建也，人心踊跃，趋事恐后，所谓一鼓作气也。迨岁序迁流，力疲心瘁，资斧既不充囊，朋辈又皆星散，无怪乎衰而竭矣。此所以十载以来，惟吴蕴翁一人坚心奋志，竭蹶经营。然孤掌奚鸣，纵使百计图维，难作短袖之舞耳。今门堂楼室，巍然可观，惟涂垩丹艧，一切阶壁傍庑，尚未完备，势不能停工辍作，任一篑之终亏。用是分项计赀，约略三千余金，今除已注承认外，仍缺千金。以合郡济济多士，稍为解囊，成功亦易。为此公募。诸乡台先生，以如云如雪之襟期，遂希圣希贤之盛举，各随愿力，署簿慨输，将芳名与贞珉并垂，而胜事同汉江俱永矣。谨启。

募建文昌阁启

窃以千秋胜事，古人乐观厥成；一篑功亏，君子莫辞其责。维兹新安书院，背临湖渚，受朔气以凄凉；襟逼桑榆，腾炎蒸而郁燠。依傍成基，尚余隙壤。思欲随方布景，栽桃李以成溪；选胜标奇，结亭台而映水。北构文昌之阁，高拱薇垣；西开宴射之轩，遥通柳岸。或报功而崇祀，爰增黝垩之堂；或游目以骋怀，亦启舱篷之室。朱栏碧沼，触处生情；翠竹红花，引人入胜。俾名士文旌卒至，据梧即以谈元；大夫使节光临，登楼于焉作赋。斯亦桑梓之盛事，风雅之胜场也。第开基只辟荒芜，奚事铺金以买地；缔造因其缺陷，终须炼石而补天。运土填湖，难作鸟衔木石，涂丹施艧，宁同蜃吐楼台。堵上画宫，虽规为之有则；道傍筑舍，知成就以何时。爰启同袍，复谋解囊。俾沧江成于剩水，遥通道学之渊源；碣石开自残山，永作宫墙之屏翰。不远胜于挥金净土，布栗空门者哉！

乾隆五年，岁次庚申孟夏月吉旦。

募修汉镇新安书院序

汉镇为楚省通衢，远方士商，辐辏云集于此，一大都会也。向建有新安书院，奉祀徽国文公栗主。凡我同郡之士往来过从，即次如归，非独团聚乡井，且以寓羹墙先哲之意。盖肇自康熙甲戌，乡前辈捐资共创。阅丁酉有西厅之举，辛丑有义学讲堂之设。至乾隆乙未，复开康衢以通商旅，并置市屋十余椽，取给租赁，以足春秋二祀之需，固井井有条。第历年久远，风雨飘摇，栋梁剥落，且地形坎窨，积水漫溢。岁次戊申，遭汉镇水患，水积数月，后檐墙垣又复颓塌。若不及今修葺，难免前功隳毁。余自戊申奉命持节来楚，于今七载，幸得岁物丰成，而民气恬宁。今年春，乡人汉临衡士等集同人为请曰："此书院之议修举久矣，顾筑室道谋不成，且以物力维艰，又各因他故未暇。今幸明公屏翰三楚，惟此福曜所临，莫非天作之合。念此工程浩大，非撮土可成，必赖众擎则易举。且北构文昌阁，西开宴射轩，前人已立成格，空余基址，有志未逮。某等公议襄此巨役，愿公赐一言弁首。"余惟江汉名区，南北往还，会馆之设，所在多有。而新安之以书院名者，独以文公之乡而重也。余世家新安，而通籍于吴，念乡人之为此举，无非充其好意乐善之怀，而为维系桑梓之本，且其所以恪守问文公之道谊家法者深矣。余特述其所以谋始之意如此，惟冀同乡诸老体昔贤缔造之难，为后起观型之劝，交相乐助，共破悭囊，鸠工庀材，刻期告竣，俾惯舍如旧，规式一新，往来者有于处之安而免琐尾之叹，则余于诸君有共乐焉。是为序。

赐进士及第、诰授荣禄大夫、兵部尚书兼都察都院右都御史、总督湖广等处地方军务，同郡后学毕沅撰。

书牍

覆吴子丹书　吴积隆

冬廿有七日，捧读翰教，极荷关注，诸同人感慨佩靡已。独某久仰鸿名，无缘识荆，知非常之人必建非常之业，为朝廷增一番事业，必能为吾道担一分责任。欣慕！欣慕！某等不揣蚤力，妄任文公书院之举。为首数人，三载以来，备历艰辛。一应鸠工庀材，苦于费少，尚在进退维谷之时，张宋两翰苑道经目击，即同乡莅任于楚之诸公咸以举行非妄，而怀忌操戈者诚不知其何意也？然书院议举之先，幸而呈明督抚，各宪无不嘉与举行。即举之后，幸邀同乡诸先达培植作养。其间几番构讼，又幸而蒙各宪不次创惩。今欲诳耸大部，更幸而遇先生。凡此皆我朱子之道德感乎。迹其所行，不惟欺我都人士，且褻视吾乡诸先达。不小【肖】承教云云，殊为雀跃。敢祈先生作狂澜砥柱，商酌于同乡诸先达，俯念崇儒重道，并力玉成。倘得入告，邀沛恩光，则功侔天地。否则止沸徙薪，亦只在巨卿之一言，而宵小自遁。都人士感戴靡涯矣。所有序文、联匾、案牍，总录呈览，仰祈照拂，勒名贞珉，千古不朽。

附吴子丹来书

汉镇建立会馆，乃吾乡之义举，内奉文公朱子神位，崇儒重道，名义昭然，实千古盛事也。弟闻此举，憾不得为诸公少分担荷之力，以佐不逮，此心徒切向往。近闻楚人哓哓不已，弟窃异之。访之同乡中，咸无知者。适友人相见，出袖中一册云，此土著人有沮挠此举者。因楚之同乡，走就商酌，极力周旋，将此册存下，缓为调摄。盖不知吾友祖籍亦吾乡也。今弟即浼之，缓其来意，探其首从及匪类之倚附者。先此星驰奉闻，恐多一番举动，即多一番纷更。祈诸公留神，候妥示以便遵行。不宣。

上姚太史书　汪　璲

莅临三楚，德荷二天。荣幸既多，裁候屡阙。客夏世兄由汉莅滇，把晤之下，备悉愚衷。兹有吾乡同人启建紫阳书院于汉口，诚以圣朝崇儒右道，理学重光，特许直省营建书院，为士民观摩地。况我徽国文公，宸翰表异，迥出群贤之右，以故江南建书院于姑苏，浙江建书院于西湖。所以舍亲吴积隆、余尚煜等，念本新安下士，今隶江汉编氓，鼓箧肇牵，麇集于此，既不得时瞻阙里而登讲堂，又无所居肆以成其事，是一出户终无以闻诗礼而沐圣化矣。用是协议，捐资创建书院，设立义学，庶几丽泽有所，观摩有基，乡井旅寓，同归大道，所以仰副圣世振民育德之至意也。已蒙当事嘉与，批详炳据，此老先生按楚时所亲见。近闻有好事者，怀嫉流谤，幸当事诸公晓以道义，共为排解，自必潜消默释。然窃意其所执以相攻者，不过以我文公既崇祀学校，又特祠阙里，何必汉上多赘此举？夫文公书院，与异端淫祠，孰正孰邪？三纲五常之教，与无父无君之说，孰得孰失？今佛老之宫遍天下，即汉镇蕞尔地，岂止数百区？而日增月益，势犹未已。且各省之建祠于此者，皆巍然壮丽，竞相矜尚，未闻有起而非之者。何独于我文公反不能忘情？何独于汉口地方反不应建造？昔者文公尝请建大成殿于白鹿洞，时亦有倡此说以沮之者，文公疏辟始息。可见先后暗合，古今一辙，无足怪也。当代巨公名乡，皆久秉清枢，治神人而和上下，固必扶正抑邪。而位尊威严，讵敢轻以下情达上？惟老先生沐爱分辉，匪朝伊夕，故敢为吾乡同人陈其梗概。伏冀仰承道统，俯查舆情，将见日午中天，魑魅避遁，岂惟蒙休一时！而老先生维持振兴之功，将与昔贤疏辟匡扶，并垂不朽矣。谨启。

附太史姚华曾覆书

道路修阻，音书阔绝；云树之思，时形梦寐。去冬捧读瑶函，如聆玉屑；伊人秋水，殊慰鄙怀。家兄由楚回滇，即有小缄奉复，不意此礼竟付洪乔。疏略之愆，仰祈慈鉴。至尊谕云云，闻之舍亲，甚为不平。且素习老年台理学家传，夙推祭酒，此事本属正大，若辈狂吠，何足为虑？倘须匾额，可寄信来，以便转致。顺候近履，诸惟心照。谨覆。

上张太史书　吴积隆

一函谅呈慈览，兹不赘渎。专恳者：适接吴子丹翁书云：有人欲沮书院之举，谋之有力者。彼不知有力者，亦吾乡人也。因即酌之子翁，密书嘱为筹画。第思三载以来，心力乏竭，一切鸠工庀材，多从挪移措勉，今且追呼逼迫，何能向长安道上一问津耶？惟有仰望同乡诸老先生，固此藩篱耳。我老先生贲临汉江时，即蒙光降，始终关切，固不待恳。而广平先生亦经枉驾，目睹情形，闻此必为发指。今并肃托。再汪文仪翁，亦有所专致。祈老先生砥柱狂澜，不惜齿颊余芬，乡人士匪直感逾顶踵，即文公在天之灵，更藉庇不朽矣。吴子翁慷慷豪杰，亦吾乡之望，捍御必有同心。幸鉴鄙怀，以慰乡忧。引领祷切，不戬。

附张太史静斋覆书

客冬小怦来都，得接手教。缘乏便鸿，未及裁答。顷复接手翰，知吴子丹驰书云云，真为识者所哂。此中原委，谅已悉知。但解铃还须系铃之人，因同程天翼翁往晤三槐。渠见词严义正，答以来日设筵，力行劝解，仍送匾到祠，弟即额谢。总之，见怪不怪，其怪自灭。倘槐堂匾到，即修函致谢，亦酬酢之常礼，浮论置若罔闻而已。率覆不宣。

与同乡书　吴积隆

志称吾乡山峻水清，灵秀之气磅礴扶舆，往往多奇节砥行之士崛起特立。以故事无大小，不为则已，为则断不肯寄人篱落，务必副其愿望之所欲，至竭其力而后止。此自古迄今，莫不皆然，勿谓古今人果不相及也。汉镇为仕商辐辏重地，各省皆藉庙貌以名会馆，金碧辉焕，互相矜尚，独吾乡缺然。积隆等不自量力，议修缺事，建立紫阳书院。爰奉特旨，崇祀朱子，既事顺而名正，阐道闲邪，又足以淑人心而端风化，岂淫祠之可同日语哉！意谓吾乡好义之士如林，稍分其余，便可不日而成，遂于谋始之初，妄创宏规，且未遍告诸先生，以致事事相左。然诸先生族望声华，凤所仰赖；举足群追，发声争和。今合郡创大工两年，未有乐输，致启奸心。既而置册认输，各载亲笔，恃以无恐。五载以来，次第就举。外侮叠侵，皆化飞灰矣。而工尚未竟，事多缺略，无如乐输之项，有批少而二三倍出者，有既批而半出未足者，多寡相形，皆视诸公而上下其手。于是五载拮据，翻成债窟。欲暂停工，以俟后之君子，窃恐风雨漂摇，栋折榱崩，前工尽废，贻讥大雅。此去冬所展转踌躇，正难擘画。孰意冬间，有自都门颁示，繁言啧啧。得书，亦未敢轻闻左右，急飞尺一，遍告同乡先达。幸我夫子之道如日中天，诸阁下皆欲赐衔题额，满汉大宗伯无不嘉惠。行且龙跳虎卧，来自天上；寻劈椽书，宠锡日边矣。然窃念硕辅名卿，所以不靳栽培作养者，亦以我夫子为继起宣圣之一人。而吾乡之同业汉上者，宁无水源木本之思乎？念欲仰副培植之盛心，则前此暂停之说，势既不可已。然今踵事而告成功，则惟诸先生是望。倘获宏大愿力，如疾雷震耳，彼出纳稍吝之家亦且欣然解囊，追随恐后，抑思道院精蓝，糜费金钱者何限？究无补于风教。苟叱彼糜之余，成此一篑之功，六邑共仰，永垂不朽。某等庶叨末光，以告无罪于桑梓。相提而论，孰得孰失？惟诸先生辨之。窃恐不察尊贤卫道之苦衷，谓为请益之张本，似非某等所望于诸先生暨诸先生始终玉成之雅意也。故敢以书闻，惟鉴察不宣。

杂著

书院上梁记　张　瑗蓬若

汉镇距吾乡仅一彭蠡耳，黄山、白岳，与大别高观，灵气摇相应接。吾乡六邑人士，以其地利之美，食货之繁，挟荚【箧】而游者比比也。丛集萃处，久而安焉，比户多乡人，不啻旅于乡矣。方今文运昌明，咸有志于学，乃纠同志，创建书院，祀我紫阳夫子，以绍礼乐诗书之绪，诚继往开来之盛举也。予薄宦京师，久暌乡闾。岁丙子奉命典试西蜀，归由汉上，舣舟献岁。首春三日，乡之学博汪子文仪、吴子蕴予，过余蓬窗椒酒，旧雨新笺，相与把臂言欢，揖而告曰："谷日庚申，书院上梁之吉，幸遇文旌，请与祀。"余跃然曰："有是哉！夫紫阳夫子，为吾乡宋代一圣人。出阙里志。阐幽发微，缵千百年道统之绪余焉，敢不与？"届期黎明就道，见夫灯彩烺煌、香花缬匝中，汉阳太守戴君梦熊，安陆太守吴君肇荣，一时毕至。少焉，日光晶莹，照耀画栋雕甍间。爰举筋介乡人而祝之曰："惟兹梁木，庇乎大厦。枕江面汉，居高抚下。道通洙泗，世际虞夏。景运天开，文明永赖。"余与二太守酌而庆之。乡之人士，鳞次雁集，皆各欢欣鼓舞。丐余作记，乃临风拜手而为之书。

奉神主入祠祭文

维康熙三十七年，岁次戊寅季冬月辛丑朔，越祭日庚申，新安后学四川学政江皋、内阁撰文中书孙皋、吏部主事程鹤巇、荆州府通判吴宗苑，进士金章、李其武，生员余尚煜、吴积隆等，敢昭告于太师徽国文公朱夫子之神位。呜呼！惟我夫子，德懋学醇，修二帝三王之道；理明义晰，阐六经四子之微。是以圣朝褒典，迥出诸儒之右。特允言官请诏直隶各省营建书院，为士民观摩地。以故阙里紫阳，坛壝巍焕，云蒸霞蔚，月盛日新。某等客居汉滨，久暌梓里，群切私淑之衷，怅无讲习之地。于是积隆、尚煜等购地捐资，倡建书院。厥功将竣，缋祀维新。乃卜兹吉，奉夫子神主于寝室，庶几羹墙在望、步趋有依，会极归极、是训是行，用以仰副圣天子崇儒重道、化民成俗之至意。敬率合郡绅衿士庶，用修释菜之礼。伏愿昭格上下，陟降庭止，启佑后贤，永垂无斁。尚飨！

祀后土文

维康熙三十三年，岁次甲戌八月丙申朔越二日，徽郡六邑首事人吴蕴予、余南宜、余本立、汪邻石、金干臣、吴希耳、徐公儒、杨茞臣、江子宽、余静先、汪子苍、金敬思、汪公远、金云五、余西谟、吴建周、汪去华、方君英、吴以宁、汪肇源等公祀后土之神而言曰：书院之举，联合郡之客汉皋者，讲信修睦，正人心、倡教化，而资行旅之难者也。第工程浩大，费用维艰，凡我同人，既仔肩创始，务矢志观成。毋畏缩，恶苟安；毋惑于浮言而生猜忌，毋格于时势而致因循；毋是己而非人，毋私心而罔利；毋以谤为惧，毋以誉为喜。戮力齐心，量能任事，同声相应，同气相求。噫！是举也，类愚公之移山，等精卫之填海。稍有懈缩，鲜不功亏一篑，贻笑千年。兹当辟土之期，洁诚斋沐，对神合志，铭戒宣文。后土有灵，是纠是鉴。谨告。

纪火

康熙庚寅八月二十六日，武汉二府同日灾，汉口特甚。自晨至夕，毁万余家，火光烛天，河水皆炽。自市廛、巷漠、渡口，延烧巨舰小舠，夹岸滨河，焚溺蹂躏，死者不可胜纪。书院墙垣高峻，幸无恙。附近民居，悉为灰烬。男妇老幼，逃于宫墙戟门内，及尊道堂寝堂前，其箱箧衣饰，皆担荷贮书院无失，保全生命不下数千人。远近闻之，咸谓书院之有裨于阛阓匪浅鲜云。

纪水

雍正丁未六月初六日，江水暴潢，堤岸崩溃。汉口街市，低处可行舟，堤内居民，水平檐角皆驾板为巢，汹汹焉有不可终日之势。惟书院基高，水仅盈尺，民皆避入书院，蚁聚雁集，堂庑充塞，阶除及戟门后院，构席篷数百所，可炊可寝，几三阅月，间有病者给医药，死者助棺敛。吾郡人悉竭力捐赀，乐施不倦。

祀后土文

维雍正十二年，岁次甲寅孟冬月癸卯朔，越二十有二日甲子之宸，按察司副使朱潘、布政司参议许登瀛，汉阳府知府张廷庆、同知田三乐、知县梁瑛、经历饶锐，绅商程璋、吴宗熟、汪朝录、江涵苍、吴元渡、吴元伦、吴鼎和、吴继敦、汪会进、程兆凤、宋兆权、吴浣等，敢昭告于后土之神。呜呼！维神坤德，上配乾元。不重不泄，万物载焉。繄惟汉镇，亿井兆烟。祝融弗戒，回禄堪怜。爰开火巷，紫阳祠前。履道坦坦，利涉大川。壬交丙合，坎后离先。庶民其乂，泽溥市廛。兹当启土，斋沐告虔。事期久大，工倍力坚。周行康济，于万斯年。谨告。

复新安巷碑记

紫阳朱夫子阐明圣学，纪述洙泗，文章功业，固已昭著彪炳，垂于万世。我朝崇儒重道，配享之旷典超迈千古，尤为罕觏。故薄海内外，靡不奉为师范，道其道而德其德者也。楚之汉镇，为商贾云集之区，而新安人来于此者尤多。彼邦人士，慕夫子之德之学，建祠于斯，已历年所。又于祠前购地，以广前衢，并起市屋赁租息以备祠用。迨岁久，为某姓侵隐。余甫下车，据士民公呈，批朱观察廉得其情。溯本穷源，踞之屋宇既归于祠，而侵渔之租息亦偿于公。赵璧复还，士民之勇敢好义，洵足嘉美。而歙邑文穆公后裔许观察复捐购基址，扩充祠宇，创设马【码】头，利济行旅，尤为振兴起废之举。士民程璋等又请余记，余何能以不敏辞？爰成数语，置于祠侧，庶后之任斯士者振文教而保贤祠，恤元元而思澡洒。览予斯记，谅有同心。今而后，祠中择人稽核，弗致縻费而蹈前辙。推广圣朝崇祀之典，久而弥笃，是又余之所厚望焉。捐资董理诸姓氏应勒碑阴，共志不朽。是为记。时雍正十二年，岁次甲寅季冬月，湖北巡抚加五级记录七次襄平杨秘记。

重修书院首事纪迹　董桂敷

书院之修，倡议者毕制军，董理者二十有六人，而汪翁衡士其首也。初创修议兴，旁观者莫不以兹役重大，人事难齐，恐兴工之后费用不继，中辍则隳前人之功，图终又无将伯之应首事者。物议丛集，将何以自谢？或以此劝翁且诿厥任。翁曰："此合郡公事，人人思诿，夫谁肯任者？余既承制军之命及同乡之举，余不敢辞。兹事之成，余与诸君共任之。"于是责吉兴工，同乡捐输者咸集，各以其说进，翁俱领之，而莫测其所从也。乃于襄事诸君谋役所始，命工筑基于寝室之后。测深培高，首建文昌阁。阁成，度其赀可以成寝室，乃毁旧而重新之。室成，又度其赀可以成正堂，然后毁新如寝室。由内及外，秩然有序，人始服翁之识见加人一等也。盖常情皆务外观之耀，先其内则在外者易以图功。察其堂构之可成而始毁其旧，则或有赀用不继而旧观固依然在也。其捐输之入，先后皆归于翁，而工食材物之出，悉由诸君之手，无纤毫之不昭晰者。此其所以祠宇厅舍，次第成功，悉能举前人遗规而光大之欤！方书院之兴役也，时值邪匪扰攘，北逮于孝感。孝感距汉口不百里，且夕可至。居民闻此皆苍黄怖恐，或浮家挈妻孥远去，或舣舟渡津以待。有劝书院停工者，翁曰："书院中，夫役凡百余人，一旦尽罢去，则近旁见者，将讶为贼且至，远近震骇，民心何以安？吾姑举吾事，安静以待之。"时役夫有二十余人家孝感者，去无所之，亦不欲罢，遂兴役如故。居民日来窥伺，见书院举动无异，则相与慰藉。既而官军剿贼扑灭，汉口安堵无恙。前之将避去而视书院为行止者，窃意书院乃制军首倡，必有确实消息，因暂倚以为安。而岂知翁识量之超，胆量之雄，置身家于度外，而思以安合镇人心，固假书院为干城之卫也乎！夫措置之秩然有序，出入之毫发不苟，求之流辈虽不易得，然智计老成之士犹能及之。若夫不罢工于苍黄之日而志在安人，则非有学术干济者不能也。翁少长于市，而顾见及此，其所挟持何如哉？余来汉上，与翁数相间，问其年七十有七矣。而精神耳目志气一如少壮，与人立谈，终日不倦，吾以是知翁之非常人也。

其二十余人，余不能遍知，所知之深而有形迹可纪者，翁以外，如李君殿鳌。日在书院中，家距书院约三里而远，率常朝至暮归，夜庀其家事，而昼任书院之事，虽风雨亦然。工役之兴，区画多出于君。去镇十里有玉皇殿，亦同乡诸公捐建，君实经理之，朝暮出入如书院。其行事精勤类如此。余以增修志略，屡有所询，君言之皆历历有据。其于今昔事宜，随在留意，书院之事，殆无有熟于君者。又于诸事皆能见其大体，视方隅之士，相去奚可以道里计也。

外若余君晓新，任事勤勉，能克己济公。余闻而重之。而相见日浅，仅得其大略。

又吴君润苍，向任书院事最久，勤慎明敏，为诸君所推服。以嘉庆壬戌年卒于督工之次，乡人父老子弟设奠西厅，痛之如失所亲。今诸君每言及之，犹各相太息也。

其余诸君，或佐理经费，或助视兴作，或兄弟交赞，或父子并勤，盖皆好义乐善，持公履洁者。

噫！世间重大之任何限，而能胜与不能胜则器识别焉。事业之成，岂不重赖有人哉！岂不重赖有人哉！

纪水龙　董桂敷

汉镇居民稠密，不下数十万户，火灾之患常有。虽开通火道以便行汲往来，然仓卒之顷难以施力，以一肩之水敌方扬之火，势不能胜。又接续不时，指挥不力，往往连延栉比，甚者男女奔窜无所出，遂厄于一烬。于是汪君衡士与诸君议，以为书院兴修以来，诸利人之事罔不悉举，惟救火之策无闻，宜增设水龙以备缓急，补书院之缺而为郡邑之倡。诸君皆谓善，从而怂恿之。乃募苏工之善制者，为水龙二，制成立之程式。凡用役夫二十二人，平居无事，月给工食白金七金，使各治其业。有事而用之，则各衣皂衣，操水具，或挑或挽，各随其宜而奋其力，火熄乃已。每水龙出则给赏以四金，司盐之家给之。事宜既定，闻之郡守长吏，颁示而行之。由是汉镇有火灾，水龙至，则视其高下向背，纵之横之，水势所逮，燎应手扑灭，附近民居，得以安息，其有益于人者如此。余维五行之相胜也，有时而穷，惟人巧能操必胜之权。虽造物鬼神，亦避之而莫能与争，而五行乃得各奠其位。金之克木也，钝则不入；木之克土也，拔则不受。制其锐，培其根，而金与木之胜固在。今夫水阳类也，火阴类也，阳之胜阴常也。火上炎而烈，得风以助之，则阴者转窃阳之势以相陵，而水以柔顺善下，反处于阴弱无能，是阳转屈而阴转胜。有良工者，逆水之性而善用之，激一线之水以达至至高，而出乎烟焰之上，则刚阳得位，而窃其势者遂失其据，而不能敌其衡而截之也。如斩蛇之剑，一击而中分。其悬而注之也，如将军之从天而下，飞瀑之自崖而泻。其遥而射之也，如养由基之发矢，穿杨叶，彻七札，投无不中，中无不深。其猛而制之也，如钱塘之潮方怒，吴越王水犀万弩突出齐发，弦响而涛声息。且夫龙为水属，人不得而狎之。然其嘘云喷雨水，下汩崖谷，有神于用者矣。取其用之神，而适得乎水之分，以制乎郁攸之威，此即古圣人所为立成器以为天下利，兴神物以前民用之遗意也。书院之有此举也，其利不诚普哉！汪君与诸君创之，其存心济物，亦可谓有加而无已者矣。

集会颁胙议　董桂敷

紫阳书院重造既成，又买室于新安街之东，而通水巷焉。先是，街西故有巷，狭窄殊甚，汲者相逢辄左右格碍，而街乃书院之中衢，使汲者出入，泥泞载道，则无以示敬，于是任事诸君集议更通一巷。适戴氏宅在街东，自街南直达街北，诸君请售。戴以书院公举，许之。价值用费，计一万一千金。而书院自兴修以来，费用甚巨，虽藉众力捐输，会其用数尚亏四千金。加买宅通巷之费，则已亏之一万五千金。书院岁入房租凡四千三百余金，春秋二祭及各度支不下二千，余止二千三百余金，仅敷每岁一万五千金之息。而此一万五千金亏乏，终不得补。诸公相与熟虑深思，以为前此建造时，同乡既各有捐输，且并取其厘金矣。此时重捐则无名，不捐又无济，于是倡为集会之举。每百金为一筹，凡作一百五十筹，随人度力受筹。每筹岁给还十六金，以十年为率，十年之后，各筹已得百六十金矣，除母金百数外，尚得子金六十，亦不为无所赢余。自是而后，不复给。计每年书院所给凡二千四百金，岁取屋租之人给焉，即有不足，所乏无几。十年之后，以有余不足，补之而有余，则皆书院之余矣。如是而书院乃可久远无亏乏。第念集会之始，皆以曾捐输为辞，未必尽能踊跃，且此既在捐输之后，前之捐输者，已勒名于石矣。此时若重勒石，则以有名者更何所慕？是必有变通之计而后可行，于是复议散胙。入会者，每祭颁胙肉二斤，传之子孙，永远勿坠。彼既收岁给于前，又绵胙肉于后，则莫不相为鼓舞，而事克举矣。议成，问者金曰："善。"或疑前之捐者未给胙，而今给胙，于义似未安。是殆不然。捐输在书院未成之前，则书院之成，皆众人之力，其名已与书院同不朽矣，不假于胙也。集会在书院既成之后，书院之成，不由于会，彼不得有名，故以散胙者永其名于子孙，义则同，势而异也。且人慕颁胙，则已捐输者复入会，既勒名，又受胙，夫谁谓不宜者！况乎前此之捐输，或数百金、数十金、数金，多寡悬殊，势有必不能一例给胙者乎！且即今人之入会者，虽每岁有十六金之获，以常情生息准之，则十年后其母金已毕入书院矣。有所入于书院而无名，又不给以胙，人谁受之？故吾谓此举，行则人情各得，书院之亏费可补，事之尽善而议之不可复易者也。是议也，汪君衡士倡之，任事诸君和之。属余书颠末于会簿之首，爰本其意而书之如此。

鼎建玉皇殿碑记

汉南怀三里前有东岳古刹，去城十里，远接山光，平挹野色，幽深寂静，莫能具状，往来行人尝憩息于其间。余等籍隶新安，客游楚省，昔年两置义阡于庙前，设立阡葬号簿，始经十里铺僧照管，继交庙僧综理。庙僧谓谁？即今主持之永清也。因来此甚密，酬酢益深。每值清明令节，不无哀念孤魂；睹盂兰大会，难免惨伤明侪。仰叩佛法，超升上乘；俯伏僧力，解脱下厄。或三五为期，一七为率。虽伊蒲青精，可修净供；而夙兴夜寐，莫寄襜帷。且玉帝金身，现无事奉，爰与度画。庙东隙地一段，计宽丈余，狭隘不能展布。又公输购置胡姓水田，四界契载明白。充其方圆，增其广阔。居近父老佥称，斯地自元、明以来，历属庙址。今复建庙，理所当然。虔诚公立字据，以垂永照。此君子成美与人为善之心也。选乙巳十月，鸠工庀材，经营伊始，迨辛亥九月，垣墉涂既，轮奂维新，题颜曰"玉皇殿"。由是旅进旅退，随敢戏豫驰驱；或远或近，无不斋栗祗肃。仰瞻圣容，衮冕黼黻，有威有仪，昭其严也；遥望宫阙，巍巍峨峨，去雕存朴，昭其质也。桷桯楹闲，昭其度也；五色比象，昭其文也；宝鸭喷烟，昭其洁也；炬光炜煌，昭其明也。禋祀如斯，神其吐乎！殿前存有余地，构木为椽，置瓦为覆，以蔽风雨。左植树木几株，右列卉草数种。缀石为山，掘地成池。维斯乡人，花晨月夕，聊以畅叙幽情。纵抚景伤怀，不无家乡万里之思，而握手言欢，亦可顿释纡郁，不啻对桑梓而兴敬止也。时有晋觞而祝者曰："公等既设义阡以事鬼，是其仁也。又建峻宇以奉神，是其敬也。仁敬兼至，自莆禄尔康矣，保艾尔后矣。"在祝者或以理当如是，岂知某等之恪恭奉神者肃其心也，竭诚事鬼者哀其类也，非图报而后若此。窃愿凡我同人，后之视今，亦犹今之视昔。思既有创于前，务求继美于后。俾斯庙之不朽，即义阡之不朽尔。休邑沈塘詹钧撰稿，渠口李庆抡书丹。

人物

汪文仪传

　　新安汪子文仪，讳璿，庠讳璲，号默庵，顽叟其晚号也。生而颖异不凡，四岁见垢中有金器弗取，归闻以失环诘侍婢，乃指其处得之。九岁通经书，善属文。十三值国变，暂撤制艺，惟事节录理学诸先儒书，沉潜体认，慨然具希贤之志，昭然有黑白之分焉。父惟晦公以孝友闻，璲承之愈笃。有弟三人，早年痛弟璞不寿，呕血数升。厥后复哭其季，血症又作，几毙。尝叹今人于妻子则曰分内事，于父母则曰有兄弟在，至于兄弟之伦则久不讲，尔我较然矣，即有资助，周之已耳。殊不知分刑一气天合，固无可比也。所以古人不曰宜尔兄弟，如夫如妇，而反曰宴尔新婚，如兄如弟。璲家三百余指，待哺一身，手口卒瘏，而丝粟不私，老死不二，故能先行后从如此。壮游三吴，闻东林讲洛关之学，遂执贽高汇旃先生。会讲印证，邮筒往复者，四十年如一日。其论学书有曰："朕兆之说，发自梁溪。盖见金溪所托于孟子，先立乎其大者，及求放心，良知良能等语，未暇推勘，因谓入道，各有派别。若孟子之于孔子，气象迥不相同，断以吾儒学脉有二。孟子微见朕兆，朱陆遂成异同，文清文成便分两歧。云云。以调停之。以为学陆王者之敝，而非陆王之自为敝也。不知金溪、姚江，当身阳儒阴释，欺己欺人，心劳日拙，已自一齐差却，岂待学者而后流而大壤也哉？故窃疑发此语时，似未得读清澜之书，良有以也。且毋论其是调停与非调停，细研此语，原自有病。《说文》曰：'几微形见，谓之朕兆。'然则朕兆者，其未著未显之异同两歧乎？异同两歧者，其已著已显之朕兆乎？微见者其遂成便分之所由始，遂成便分者微见之所由终乎？盖道岂容有二，以为气禀则不止有二。律以文章脉络，得毋等孟子于陆王乎？夫歧孟子与孔子而二之，与等孟子于陆王也而一之，皆不可也。在先儒一语之偶误，原不宜过为推求，今援为甄别儒先之定论，则恐伪以传伪，所失非浅鲜也。"娓娓千言，其严辨如此。中年学易，晚而成书，大抵以闲邪为存诚之学，素位为寡过之方，是诚有得于易者。著有《读易质疑》、《语余谩录》、《周易便读》、《平点学蔀通辨》等书行世。年七十四，乙酉卒于汉寓密窝。越丁亥，始闻讣于其从弟珽，为位而哭，以诗悼斯道之益孤也。其一曰："皓首穷经斥异闻，扶筇担笈总论文。新安家学堪千古，江汉先生又见君。"其二曰："交深契厚已多年，荏苒浮沉各一天。自恨虚生长面腼，逍遥曳杖让君先。"今春余以省墓还楚，其孤匍匐舟次，乞一言为先人光。往来江上，仓卒未能也。暑退凉生，检阅其状，述及遗书，而高生大酉适至，重以为请。两姓道义之交，盖三世矣。因力疾诠次其学行以答其意。且以见斯人之自有可传，而亦以见余畴昔缔交之不苟。若夫易解之精详，文章之醇肆，有目者自能知之，何俟余呶呶为！子一，曰钧，廪膳生；孙三，曰震亨、升元、师贞。

论曰：国初士大夫惩前朝之祸，深晦讲学之名，有言东林二字，辄口噤而不敢应。赖梁溪二三遗老守先待为兢兢耳。汪子生紫阳之乡，裹粮走千余里，拜道南而从高氏游，通紫阳之志，使东南学脉会称会归焉，厥功懋矣！然《书》有之曰："非知之艰，行之维艰。"观其修身教家，无疚无恶，以视夫佻口而谈道学，与缄口而不敢出者，其相去何如也？噫！希贤之志，吾谓惟汪子践之。时康熙岁次戊子桂月中秋日，濡川熊赐履拜书于清凉旧圃。

文学汪默庵先生传

文学汪先生，讳璲，字文仪，号默庵，新安之金城里人也。系出周鲁成公子汪侯，而分派则自唐开国铁佛公始，代有闻人。历传至文学，颖悟过人，十龄通经史大家，然不屑事俗儒章句。而惓惓于韩之原道。年十六，即手录理学诸书，潜心体认，可谓闻道甚早矣。性孝友，色养其尊，乡宾惟晦公，继志守身，贻亲令名。丁内外艰，哀毁骨立，行道伤之。以弟夭，忧劳成咯血症。越四十余年，复为其季病且殁两发旧疾，几殆。人服其至性，近世希觏。少遭丧乱，家中落，兼治生以佐甘旨，瞻仲季。而一灯午夜，虽祈寒暑雨，终其身弗少懈。中年僦居汉阴，因占籍楚中，文誉日噪。不十年弃去，淡如也。惟力于躬行，一言一动，必秉成法，身修教成，庭内肃然。生平乐与善而不妄交，所师友者，锡山高汇旃先生、吴趋徐俟斋先生，及同里汪石樵、叶简崖，紫阳、还古数会友而已。故高寄诗有曰："游吴握手皆奇士，还里论心有硕儒。"盖纪实也。于忧患中以读《易》，求寡过之旨，故所著有《质疑》二十卷，凡八易稿，而研究愈精。孝昌熊文瑞先生亟称之曰："足下辩志既勤，卫道复力，立言端以洛闽为宗，而其才又足以发明之，故词旨明晰，发前人所未发，诚大有功于四圣。"近大中丞濡川张公序之曰："力学笃行，道宗孔孟，理本程朱。其实地发明处，都从身心体验。吾知大《易》真诠，自伊川、紫阳而还，汪子分一席矣。"爰从公请，以先生从祀东林龟山杨先生道南祠，其见重于有道如此。又有《语余谩录》、《文集》、《悠然草诗集》、《仪典堂文录》、《大学章句绎义》、《周易补注》、《便读》、《月课问答》，各如干卷。其它校录、评选前贤书甚富，或行于世，或藏于家，皆可垂诸不朽者。年七十四卒。疾革之前数日，仍手答吴门蔡九霞论格物致知之义，辟异说、阐正学，娓娓数千百言，则生平之所养可知也已。有子曰钧，食饩有年，能世其家学。

赞曰：子少与邻右同庠，得拜先生于汉寓密窝。仪范严肃，望如山岳，及聆其謦欬谈论，则累日坐春风中，不忍去也。尤善言《易》，每与予反覆于吉凶、消长、进退、存亡之道，不啻三致意焉。后予作令西安，犹寓书敦勉，进予以古之循吏，意气固已勤恳矣。今先生没，名愈尊，道愈显。虽未少见诸设施，而著述宏多，皆大有关于名教，开示来学。盖彬彬质有其文，醇儒之业，不徒称独行君子云。时康熙庚寅岁清和上浣，长沙后学陈鹏年沧洲拜手书于句吴官舍。

书汪文仪先生传后　　董桂敷

始建书院，任事者凡四人，今惟汪文仪先生有传二篇，粗具梗概。而吴蕴予先生及余南宜、本立二先生传皆缺，于例宜补。然传者以传信也，三先生之行迹，其详不可得闻矣，于其所不知而传之，是诬也。以今日之乡评证之，当日之记载，虽未尝有传，而其可传者固在。汪先生之为人，不待述已，而当时任事独首推吴，吴殁，汪为文祭之，称其具卓杰之才，可以立事济人，重然诺，信有慈众，且奉为道仪之宗，称许之者至矣。其述书院之事，则曰："蝍蟟羹沸，谈笑挥之；诪张瞀伏，外侮悉平。"又曰："百折而志弥贞，此其光明雄伟之概，雍容整暇之度，非有大学问大经济者，不能及也。"汪先生以理学自任，必不为过情之誉。以汪先生之所推许，则可以信吴先生矣。南宜先生与吴、汪同事，众推三人，并执牛耳，前后俱无间词，其为人亦大概可知。吴先生殁也，时襄事者甚众，而代吴者，群举本立先生。既而委私任公，正直如吴，辛勤劳瘁如吴，其为人又可知已。今志中载吴先生笔札数条，皆慨然以公事为己事，其言吾乡多奇节砥行之士，事无大小，为之，则不肯寄人篱下，务副其愿望之所欲，至竭其力而后止。斯言也，盖以自道，亦为诸同事者信。古人有言曰："景不为曲物直，响不为恶声美。"生而为合郡所推崇，殁而专祠以享之。人心之公，夫岂偶然幸获者哉！

公祭吴蕴予先生文　　汪　璲

维康熙壬午冬月初七日，同里戚友汪璲等，谨致于蕴予吴隐君之灵而言曰：呜呼！孰使翁而竟止于斯耶？孰使吾侪忽然不得见翁，竟呼翁之灵以哭翁耶？计翁之年，甲子一周有六矣，胡为乎疏者哭之如哭所亲，亲者哭之如痫瘝于乃身？且若以为夭而不寿，若以为天之降割而不仁者，何也？盖翁具卓杰之才，可以立事，可以济人。重然诺，赴人之厄，不爱其身。怒不藏而怨不宿，不保其往也，唯予其进而不辍。其勤信于友，历数十年恒如一日。慈于众，虽少长咸集，各餍以去，而无不欣欣。诚所谓道义之宗，仪表之式，而兼服其气谊如云。宜乎其有以感人肺肠，不期哭而哭，不期悲而悲，岂能托太上之忘情！若夫我文公书院之初议也，诚补吾郡之缺事，然而大工大役欲骤举而事不易成，加以乘埤者、伏莽者，蝍蟟沸羹，以书院为质的，环向而龂龁之，翁则无事呼号，谈笑挥之，诪张瞀伏，而外侮悉平。至于有终鲜克倦勤者，亦属人情。翁则百折而气弥贞，手足既疲于胼胝，心思复竭于经营。近者人心复振，落成可期，翁则忽尔蝉蜕，乘虹上升。得无积忿于功亏一篑，九载之绩未获遂愿，而宁以身殉者，鼓厥后英。一腔热血，死贤于生，目虽未瞑，而其志皎然，则与日月而争明。呜呼已矣！今则亡矣！戚友怅怅失所依矣。晴川共客携手同趋，自翁之往，而谁与归？呜呼！以翁之襟怀无滓，其行于天也，为风之清，为霞之丽；其藏于地也，为金之精，为玉之玭。续闻有孙，绢衣有子，区区延促，何足为翁訾？第璲等溯洄无从，恍中央之宛在；音容仿佛，怅笑语之莫追。谨按《尚书》记功之文，循祭法勤事之典，勒石立圭，跻附两庑。佥议既同，春秋岁举；百世不毁，翁其歆我。呜呼尚飨！

始建书院姓氏

吴积隆　汪　璲　余尚煜　余宗经　吴定邦　余应菲　汪大中　金　生　汪映涛　余祖仪　黄云生　余廷壎　朱之贵　程　祥　余绍基　徐如珍　汪亦遐　金成兆　张继曾　汪　钧　金启桢　汪振仑　方君英　吴　江

开建码头姓氏

程　璋　吴宗熟　汪朝录　江涵苍　吴元度　吴元伦　吴　浣　吴任文　吴继敦　汪会进　程兆凤　宋兆权

开建新街姓氏

汪掌明　汪衡士　汪天吉　姚勋臣　吴敏修　程右献　程东书　余毓辉　吴洪茂　余用宾　方位存　汪孚远　舒圣功　汪宏济　金育存　许耀文　吴广明　余毓华　毕坤成　汪万侯　汪赓虞　徐秀升　黄识堂　江韶九　余正宗　汪文宗　吴允成　汪廷显　汪萃中　吴涵远　孙士融　余允康　汪文济

重修书院姓氏

汪衡士　江岱川　程东书　汪秉衡　余汉临　余允康　吴润苍　余晓新　李益三　汪嘉会　胡克能　李殿鳌　汪耀廷　余晓江　吴涌川　余阆望　汪鼎大　余祥茂　姚保合　余超宗　黄仁泰　詹肇村　黄方至　汪旭江　吴维晓　余子美

禁示

兴工示

湖广汉阳府正堂加一级戴，为崇文教，厚风俗，恳恩严示，以杜纷扰，以便兴工事。

本年二月初二日，据生员、耆民吴定邦、余尚煜、余应菲、汪大中、汪映涛、金生、余祖仪、程祥、黄云生、汪钧、吴江、余廷壎、朱之贵、余绍基、徐如珍、汪亦遐、金成兆、吴积隆、张继会、余宗经、金启桢、汪振仑等呈称，营建书院，为士民观摩行，所购基址，久蒙印给，惟租地人户，旧构草竹房屋在上，今兴工伊迩，业经契明价足，理合迁徙。第人众心杂，观望游移，若不请示晓谕，诚恐化民成俗之盛举，反滋纷争扰攘之浇风。云云。为此，示仰该坊牙行诸色人等知悉，传谕众户，于所购地内有现住草竹瓦房篱园等物，尽行迁移，听候兴工。

康熙三十四年二月初三日示。

汉阳邑侯张公捐免门摊税碑

为先贤既邀旷典，恳赐勒石，以垂永久事。

据举人金生、州同汪应春等呈前事词称："生等购买汉口循礼坊四总基地一段，原系佃民胡尧臣等七户共纳门摊钱粮一两零八分二厘二毫，蒙台尊贤重道，捐补豁免。批词印照，炳若日星，诚旷典也。但笔墨恐历久消磨，勒石则万年不弊。恳乞恩赐碑记，永行捐补豁免。生等摩勒贞珉，则培植洪恩，直与天地同永矣。"等情。据此为照，创建书院，崇祀先贤，以为后学仰瞻，有功名教不浅。其祠基原名胡尧臣等七名共额门摊钱粮一两零八分二厘二毫，本县已经捐补，注册开除。后莅兹土者，崇儒重道，谅有同心，合行勒石，以垂永久。为此示仰豁免门摊人户胡尧臣、万实甫、朱云霄、周寿、喻允吉、上林班、洪秀华及看祠人等，一体遵照须知。牌者一、勒石一，立案。

康熙四十四年五月　　日。

捐金育婴词

具呈徽州府属六邑寄籍士民程璋、吴宗熟、汪朝录、江涵苍、吴元度、吴元伦等，为另襄善举，叩请宪裁事。

情因某霸吞祀产，激奔抚宪，蒙送台审明，断令退产归祠，清算多收租息。某央黄泽乾等劝念同乡，除还原质借本银壹千两外，退还多收租银壹千两，仍该祠息情求免算。璋等因开造码头，业经许捧日捐买有基，六邑绅士乐输有项，是以允从谊让，此固难逃宪鉴。前月二十八日，奉委汉分府照约清产归祠，共计退还铺面一十六间、偏厅一所、厨房二间，当经具领在案。统计每岁可收租银三百六十余两。除祭祀需用而外，积其盈余，自此修葺不致缺费矣。六邑士民，焚顶宪仁无既。至于某捏捐火路，谎耸抚辕，蒙送台前审明，不加深究，思予薄罚。某自当感戴凛遵。但据黄泽乾等呈请，将所罚银两凑开码头费用，蒙谕璋等具领。切思祠前码头，系六邑士民仰体各上宪德化，共襄义举，并不须他乡外县资助分文。况某名下仍该退还祠息，尚且依劝情让，是码头需费已足，焉敢领凑埋没六县公举。但事由霸吞祠产起，若不遵领，诚恐上负宪恩。因思各上宪胞与为怀，口碑载道，而育婴堂之举，尤属仁心仁政，官斯土者既推保赤之恩；蒙其泽者应体如天之德，愿将所领罚银二千两内，捐出原银一千两，呈缴台前，伏乞验明，赏收育婴堂内，少助乳育之需。余一千两若再捐助他处，则本祠无以用志甘棠，又非所以仰体宪仁也。查祠后地处卑洼，半属湖荡，久欲填筑成基，创建文昌阁，并造偏厅书屋于西首，以保护祠墙，庶可免风雨漂摇之患。向因工程浩大，众力不齐，以致因循。兹蒙宪恩，请将此银为倡。虽不敷顶，璋等情愿再行劝募捐输，共襄其事。谨将原银一千两公封存贮，俟码头告竣，即便兴工。落成之日，仍恳详请勒石，俾贤者知感而不肖者知警，亦以仰副上宪崇儒右学之盛心也。伏乞批示遵行。雍正十二年十一月初八日具。

分守道宪朱批：准据情转详。银两发交武汉二府转发当商生息，以充育婴堂公用可也。

晓谕示

湖北分守武汉黄道兼理水利事务布政司参议朱，为严行晓谕，以杜侵占事案。

奉署抚部院杨批前事，又奉督部堂迈批同前事。奉此为照，某霸占文公祠祀产，侵吞租息，捏捐火路，诳呈抚宪。并据六邑士民程璋等呈控前由，均批到道。当经本道审明，清产归祠外，续据程璋等呈称，开造码头，业经许捧日捐买有基，士民捐输有项，不便将罚银两领凑，埋没六邑公举。请将罚项银二千两，以一千两捐入育婴堂生息，少助乳育之需，以一千两存祠，俟码头告成，再行劝募捐输，凑造祠后文昌阁之费。等情。已经详明两院，批示在案。诚恐贤愚不等，日后复生觊觎，侵渔糜费，亦未可定，合行出示晓谕。为此，示仰徽州府属六邑寄籍士民人等知悉，嗣后凡祠中经费，务择殷实端方之人督理，一切出入公同登记稽核，毋致侵鱼糜费，复蹈前辙。有干未便，各宜凛遵毋忽。

雍正十三年正月二十一日。

准提庵三元殿府禁示　勒碑

特调湖北汉阳府正堂加五级、又随带加三级纪录十二次潘，为吁示勒碑恩垂不朽事。

据职监程钟暄、余敦、吴超禀前事，禀称：职等徽郡商民，前在治循礼坊公建准提庵，又于西傍添建三元殿，供佛停棺，守业百余年。近遭流民余裕芳等，呼引族众，占踞庙内，胆敢捏造悖谬，不经合约，冒称家庙山主，伙串愆僧源玉，即月影行慧等，盗卖庙傍余地，分肥不均，计使老朽余汉宗隐匿实情，架词妄控。经汪县主审讯详，蒙责逐、碑禁在案。讵料若辈愍不畏法，胆将禁碑碎毁。职等情出不得已，只得于去冬月十三日，以顶恩再叩。等情。缕禀崇辕，蒙批候饬县讯详。去腊月，署县讯明，分别惩创，详奉钧批。如详分别重惩，谕令另招住持，将该处余地丈量，栽立界至，以免盗卖，缴结存。职等现在遵奉，慎选住持，但两庙余地甚宽，内多棚民赁栖，第恐年深日久，奸徒仍蹈前辙，复滋讼累。只得公叩赏示，勒石以垂永久。再，一应闲杂人等，一例赏禁，不许停留庙内。如有强梗占踞者，许首士及住持禀究。如蒙恩允，则榆火永赖，上禀。等情。据此，除禀批示外，合行出示晓谕。为此示仰徽郡绅士及彼地保甲人等知悉，所有庙傍余地，应照此次丈量，栽立界至，永远执管。该庙僧等毋得串同流棍，冒认准提庵、三元殿山主名色，觊觎盗卖。以及闲杂人等，盘踞庙内，滋生事端。如有不遵，许该管首士具呈赴府，以凭究处。宜凛遵毋忽。特示。

乾隆三十八年闰三月十七日示。

准提庵三元殿永禁示　勒碑

特调湖北汉阳府汉阳县正堂加三级纪录三次汪，为恳恩示禁永靖佛地事。

据商士程钟暄、方应谦、吴日涞、徐名进、戴世昂、孙天昭、汪有彬、汪鸣镛、程大鹏、许正芳、戴维铣、汪士烜、余淳、汪森泰、吴启锌、吴敦复、程震元、潘龙旗、吴超、汪联鉴、姚文河、余其怿、潘怡大、方祥泰、罗泰宁、汪立泰、汪永成、余萃珍、汪意隆、汪松华、吴洪茂、汪锦茂具呈前来，呈称："缘顺治年间，徽僧长乐等先后在汉披剃，汉镇徽人聚数捐资，公买蔡时卿、萧云章后湖荒地一段，建造准提庵，次建三元殿，招徽僧长乐住持香火，一切地契等物，交付长乐收执。百余年来，相沿无异。康熙四十九年，复又买堵仁山空地一段，界址分明，契字炳据。讵三元殿住挂僧月影，素行不端，罔守清规，串通准提庵僧行慧，流寓汉镇之同乡余汉彩、余希敏、余汉宗、余裕芳等，将庙西基地三尺，东界九尺五寸，胆敢立契盗卖与浙宁公所为业。今书院众等俯念余地尚多，诚恐孽僧等仍蹈前辙，若不呈明示禁，将来何所底止？为此，叩乞电［?］情作主，恩赐示禁，以杜后患，并恳饬差押逐该庙僧月影、行慧并余汉彩等，毋许在庙为匪，庶佛地得以永靖，六邑商民均戴鸿慈无既矣。上呈。"等情。据此，除批禀押逐外，合行示禁。为此，示仰彼地居民，及庙僧公所，嗣后毋许藉占准提庵、三元殿庙基及余地之处，倘有不法之徒，任意故违，许该管商士指名具呈，以凭究处，毋违。特示。右仰知悉。

乾隆三十八年闰三月十七日复立。

义舍示禁

特调湖北汉阳府正堂、军功纪录二次陈，为吁恩赏示御悍安良事。

据贡监生程璋、吴继祺、吴元伦、汪朝录、汪会建、程兆凤、吴浣、吴应法、李日煊、毕大震、程清远、朱昌源、汪大灏、汪云垒、汪时诱、汪维宠、吴师宗、余大宜、徐德璋、余成龙等呈前事，呈称："生籍隶徽州，向在汉镇循礼坊崇建文公书院，设立义学，敦睦雍肃，罔敢忽亵。间有同乡往来，视为公所，屡欲居停，窃惧押渎骚扰，未便开端。爰以书院余基三元殿傍，盖造楼屋十楹，专为桑梓过客暂时栖息之所，此皆生等仰沐德化，尽乡情而肃书院也。但阖郡人稠，来踪未易辨晰，因立簿扇，议定规条，虽不过偶尔暂寓，亦藉面熟担保，方敢登明容留，如期迁去，庶几源澄而流可清。又恐日久法弛，或恃强霸住，或久假不归，或非法妄为，或酗酒滋事，均未可定，不请示禁，恐难约束。为此，连名公吁，伏乞春生笔底，赏示儆戒。严肃于今兹，杜患于未萌，则旅寓靖而良善安矣。上呈。"等情。据此，合行出示禁约。为此示仰徽籍往来人等知悉，嗣后不许在于院内，恃强霸住，久假不归，或非法妄为，或酗酒生事。倘有不遵示禁，仍蹈前辙者，许管书院之人，扭禀该管衙门，解府以凭究治，决不宽贷。各宜凛遵，毋违。特示。

时乾隆八年闰四月　日示。

重修饬禁示

兵部尚书兼都察院右都御史、总督湖广等处地方军务兼理粮饷毕，为严行饬禁事。

照得汉邑文公书院，为崇祀先儒之所，因历年久远，日就倾圮，急宜修葺完整，以肃观瞻。兹据徽士商汪湘等具禀，现在庀材鸠工，卜吉维新，实为崇儒重道之盛举。诚恐汉镇地方，五方杂处，人烟辐辏，良莠不一，或有无知棍徒，乘间攫窃料物，及藉端滋扰，亦未可定。合亟出示严禁。为此，示仰该处保甲军民人等知悉，如敢乘此兴工之际，攫窃木料、砖石及藉端寻衅滋扰，许该商等指名赴地方官具报，以凭严拿究办，不稍宽贷。各宜凛遵，毋违。特示。

乾隆六十年七月十一日，实贴新安书院晓谕。

新街谕禁示

特授湖北汉阳府正堂加三级、军功随带加一级纪录十二次刘，特授湖北汉阳督捕清军府加十级、军功加五级纪录十次木，为谕禁事。

照得汉镇徽州会馆前面街道，为行人往来要津，故于街之左右各开水路一道，一为挑水上岸，一为下河汲水，左右回环其间，使中道不淋漓。原以利行人而免拥挤，无如近今以来，挑水人夫只图便捷，舍却水道，辄于正街挑走，沿途泼潵，渍满街衢，行旅深为不便。合亟出示谕禁。为此，示仰该地保甲及水夫人等知悉，嗣后尔等挑水人夫上岸下河，务仍由水道行走，不得再于中途往来挑送，有碍行旅。如敢故违，许该地保甲即行扭禀地方官，以凭究惩。倘该保甲人等，敢于藉端滋事，查出定亦并拿，重究不贷。各宜凛遵，毋忽。特示。

嘉庆五年二月二十五日示。

水龙晓谕示

特授湖北汉阳府正堂加三级、军功随带加一级纪录十二次刘，特授湖北汉阳督捕清军府加十级、军功加五级纪录十次木，为申明添设水龙章程，以防火患，而靖地方事。

照得汉镇为商贾辐辏之区，人烟稠密，每多风火之虞。经本府于上年劝谕，新安会馆众商于原设水龙之外，复添设水龙二座。并因本地制造，未能合式，特令捐资遣人赴苏购办回汉，存贮公所，召募水头，给与工食，专司扑救在案。兹届隆冬，风高物燥，火烛尤宜预防。第恐奉行日久，原募水头人等，稍事怠玩，合将前议章程，再行胪列，晓示于后。

计开　　十条抄五

一、新添水龙，宜安设适中公所，以期救应迅速也。汉镇地方宽广，道路不一，唯新安会馆尚属适中之地，且系本馆所捐，以之收贮，庶于远近有备。

一、召募水头，宜分别酌给工食也。查水龙要在用之得法，必须召募水头，方克有济。兹水龙二座，应募水头各二名，系曾正邦、山云、曾正安、山正茂等，并雇募人夫，统共二十二名，每月给银七两，每年共给工食银八十四两。此项银两，原系会馆众商按年公捐，应听自行按季给发。至每次赏劳银四两八钱，系匣商公捐，亦听按次赏给。均毋庸官为经理。

一、原设水龙五座，应仍遵循旧章也。查汉镇向设水龙、钩搭，一切俱有，旧定章程，毋庸更异，以免藉口。倘因现新添，不即同往扑救，查出定行究治。

一、酌定赏罚，以示惩劝也。救火务须勇往，如夫役人等，有能冒烟走险，登时扑灭者，自当捐廉奖赏。倘闻风火事故，不及前来扑救，以致延烧多处，或火已经落架，始将水龙赶到塞责者，定即分别责革，召募顶补，以昭炯戒。

一、劝谕商民，宜广为捐资，照式添备也。汉镇风火靡常，旧有水龙，所汲不能高出楼房。新制水龙，最为得用。惜又止此二座，设遇风猛火烈，水少难济，必须多备预防，以期充足。倘该商民人等，亦有急公好义，情愿捐资制备者，不妨禀请照式添造，同贮公所，更与地方有裨，本府等深有厚望焉。

以上各条，务各凛遵，如敢故违，定行拿究。特示。

嘉庆五年十月二十六日示，实贴新安码头晓谕。

印契录示

特授湖北汉阳府正堂加五级纪录十次、又军功加一级纪录二次明，为呈簿请印给示勒牌，以便稽查，以垂永久事。

据新安书院绅商、士庶汪湘、汪相、余兆昆、余大晶等呈称："窃汉镇新安书院，供奉文公，历为徽郡士商公所。置有基地、市屋，司事轮年承管，收取租息，以备春秋二祀之需。自康熙七年至乾隆六十年，先后买置公产，契约六十七纸。唯恐年代久远，契约繁多，碾转流交，或有遗失散漫，无凭稽核，谨将各契汇录成簿，呈请钤印发执，卑有稽查，并恳给示勒碑，用垂久远。庶公产无虞废失，客民永戴鸿慈。"等情。据此，除将呈到抄簿印发外，合行给示。为此，仰该书院绅商、士庶人等知悉，嗣后书院公产契约，遇有司事交替，均须按簿点收，秉公承管。如有遗失散漫，许即执簿鸣官，以凭查究。各宜凛遵，毋违。特谕。

嘉庆四年六月二十日示。

义阡禁碑

新安义阡弁言

汉镇文公祠前，新安码头告竣，诸同事乐善不倦，复念吾乡旅榇暴露荒郊，久停古寺，虽有子孙，谁能辨其乃父乃祖？盖因客游斯地，患病云亡，或一时不便谋归，或孤身无人代殡，始而草率，继则因循，以至棺枯骨露，诚堪悯恻。用是，于乾隆己未年制序劝谕，公择汉阳十里铺紫霞观前刘姓麦地一段，东至西十六丈，南至北十八丈，册载麦粮二斗一升，不惜重贽，买作葬基。一脉中抽，两砂合抱，质之形象，金云吉壤。官契既印，宪示频颁，四围钉界明白。前立坊表，颜曰"新安义阡"。自西而东，分定层列；由北而南，编号挨葬。葬定规则，横五尺，直八尺，深圹四尺。设簿二册，一存新安书院，一给十里铺玉皇庙。举凡扦葬，须从书院给票，将死者乡里姓名，按号注簿，方许执票前往，挨次安葬，毋得紊乱。守阡四人，执票依号，亦注玉皇庙簿度。日后孝子慈孙，或立碑祭扫，或迁回故土，俱可按簿查考，知在几列几冢，不致认棺滴血，恸哭呼天矣。若非书院印票，守阡之人，不得滥行收葬。条规既立，永远遵循，毋怠毋荒。如其未待号满，踵事增华，则又望于同乡好义诸君子焉。

时乾隆五年　日立。

府县二示

特授湖广汉阳府正堂纪录六次钟，为书院公置义冢，吁请给示勒石，以广宪仁事。

据江南徽州府六邑士商程璋、吴元伦、佘勍、吴宗熟、吴浣、程日朗等呈前事，呈称："窃惟民胞物与，孰非天地之身；存顺没宁，共此生死之理。圣朝叠沛泽枯之典，荡荡难名；草野争推乐善之心，孳孳不倦。汉镇商民杂处，直省通衢。旅榇未封，独吾徽为更甚；贫棺相望，岂抔土所能藏？璋等目击心伤，用是捐赀公买宪治十里铺紫霞观前刘参生户内麦地一大段，地势平衍，宽厚可葬千百棺，以为新安义冢，四围钉界明白。窃恐无知恶棍，觊觎异乡公业，藉端渔利，或纵放牛羊，或暗谋侵盗，非邀宪恩给示，勒石严禁，难以垂久。为此公吁台前，伏乞慈嘘彩笔，弗至侵害于豪强，庶泽逮黄泉，永沐奠安于域兆矣。"等情。据此，除行汉阳县查明申覆外，合行示禁。为此，示仰附近居民，以及保甲人等知悉，示后敢有不法土豪地棍，在于义冢界内，藉端渔利，纵放牛羊，暗谋侵盗等事，许保甲人等扭赴该管衙门，以凭法究，决不姑宽。倘保甲人等通同徇隐，一并究治不贷。各宜凛遵，毋违。须至碑示者。

乾隆五年九月　日立。

湖北汉阳府汉阳县正堂加三级、纪录五次刘，为公置义阡，恳恩锡示勒石，以永宪仁事。

据徽郡六邑士商程璋、吴继祺、佘勍、吴元伦、汪朝录、吴浣等呈前事，词称："窃惟掩骼埋胔，明王之巨典；停棺露朽，功令所首严。璋等生逢盛世，身沐宪恩，窃念汉镇黔黎，多半异乡赤子。或客游物故，久淹萧寺之中；或贫榇无归，渴殡荒郊之外。以致朽棺遍野，堪怜孤旅之魂；暴骨成丘，谁覆一抔之土？用是六邑桑梓，捐赀两契，公买宪治十里铺紫霞观前刘姓麦地一段，东至西计一十六丈，南至北计三十六丈，照契册载，麦粮共四斗四升半，在玉二里又五甲刘参生、刘大兴、刘运生户内起割，另呈过入新安书院内完纳。四围钉界明白，筑以土堄，前立墓表，颜曰'新安义阡。'自上而下，分定层列编号，挨次而葬。葬从书院给票，将死者乡里姓名注簿，方许凭票前往照号扦埋，弗致紊乱。倘本人子孙昌盛，后有愿迁回故土者，或力有不能，不愿轻举者，俱可按簿查考，知在几列几冢，立碑封志，逢时祭享，不致错认。窃恐无知地棍，欺凌异孤，藉端阻挠。或日久侵占耕种，或纵放牛羊践踏，以及土豪听信阴阳，暗谋盗葬等情，均不可不先事预防。为此公吁台前，伏乞彩笔生春，恩准锡示严禁，勒石永垂。庶幽魂下奠于北邙，仁政上跻乎西伯。结草衔环，存殁均感。"据此，查捐置义冢，收埋客旅尸棺，善行可嘉，合行给示禁谕。为此，示仰附近居民保甲人等知悉，凡书院给票在于界内安葬，如有藉端阻挠，以及侵占耕种，纵放牛羊践踏者，许即指名赴县禀究。各宜遵照毋忽。须至碑示者。

乾隆七年三月　日立

新安义阡续置序

吾徽郡自来多好善乐施之士，凡遇胜事，莫不踊跃而争先。况乎恤我同乡，泽及枯骨，岂其有创于前而无继美于后者乎？昔在汉镇，既已建书院、造码头，而乐善之心，孜孜不倦，又公捐赀斧，置买一地以为新安义阡。维时地取其宽，计长一十八丈，阔一十六丈，编号而葬，以横四尺、直八尺为规，洵义举也。无如历今二十有七年，已葬千百余冢，地虽宽广，棺实停盈，嗟吾乡之旅榇将不免暴栖之虞矣。圣等目击蹰踟，每与二三同志，拟为续置以继前功，奈皆以力绵为叹。乃荷黄陂街各号诸君子，愿以团拜会银六十两，率先捐输，而一时新安人士，无不欣然解囊而乐助之。用是卜地于旧阡之半里许，适有怀三里又一甲胡永生户麦地一丘，东至西三十四丈五尺，南至北二十七丈五尺，内惟西南一隅胡姓葬坟，横直挖除七丈，其余尽行出售。当同相度地，维塝垲且亦宽舒，质之形家，金云吉壤。因不惜重价，赀而购焉。契成于丙戌之冬，鸠工于丁亥之夏。前立墓表，侧构土祠，如前之规模壮观也。周围筑堑塝石为阶，如前之工程巩固也。树碑立禁，左请府示，右请县示，如前之勒石永垂也。他如扦葬之规，设簿以填姓名，给票以凭开穴，挨号鳞葬，定其尺寸、层列，悉一一如前之规条而新之。此义阡之续置，殆所为继美之胜事欤！然非诸公之乐善好施不及此。爰叙其颠末，书诸簿首，以告来者。

时乾隆三十二年　月　吉日立。

府县二示

特调湖北汉阳府正堂加四级、纪录十三次兆，为仰体仁化，续置义阡，公吁宪恩，赏禁勒石事。

据汉阳县详前事，详称："乾隆三十二年五月二十日，奉宪台批，据前署县左令详覆，余圣伊、张声远、李万彩、汪万秀、汪万林等公买基地以为义冢，请示勒石一案。详由奉批。余圣伊等续置胡永生麦地，以为新安义阡，诚属乐输善举。如详，饬令开明四至，勒石以垂永久缴等因。奉此，卑职莅任，遵即饬令余圣伊等将四至地界开呈，去后，随据余圣伊、张声远等赴卑县开呈四至、纳粮数目，并恳请宪台给与印示勒石，前来计单开怀三里又一甲胡永生出卖麦地一片，坐落土名十里铺鲁家山，其地东至小路为界、南至古路为界、北至胡姓园地，高低分界。其丈积自东至西计长三十四丈五尺，自南至北计阔二十七丈五尺，内西南一角，横直周围七丈，胡姓挖除葬坟，其余外空地尽卖与新安书院为义冢，每年上纳官粮银二钱四分。"等情。据此，该卑职查得余圣伊等，置买义冢，诚属善举。苐恐日久被侵，欲邀宪恩，颁给印示，以便勒石垂久等情。除详批仰候给示勒石此缴外，合行给示勒禁。为此，示仰附近有地居民人等知悉，兹有余圣伊、张声远、李万彩、汪万秀、汪旺林等，公买胡永生麦地一片，除原主扣除葬坟外，其余空地俱为新安书院义冢，四至纳粮开载明白，诚乐输之善举。凡尔联界地户，毋得潜行侵越，以安幽魂。如敢故违示禁，许该商等指名赴府县禀究，断不姑宽，各宜凛遵毋违。特示。

乾隆三十二年八月二十日示。

　　署湖北汉阳府汉阳县事、汉川县正堂加十级、纪录十九次左，为禀明书院续置义冢，公请示禁，以广宪仁事。

　　据余圣伊、张声远、李万彩、汪万秀、汪望林呈前事词称："缘汉镇多系徽商，久居廛市，昔年建有新安书院，凡公置产业则归书院完粮。乾隆五年间，六邑乐输，公买基地，以为义冢。旁筑土堑，前立墓表，颜曰'新安义阡'。当曾呈请前府宪，前宪给示勒石，至今永保奠安，诚沐仁思于不朽矣。无如历今二十有七年，已葬千百余冢，地虽广宽，棺实停盈。用是，桑梓公商，励勤继志，复捐买宪治十里铺怀三里又一甲胡永生户麦地一片，东至西计三十四丈五尺，南至北计二十七丈五尺。内惟西南一隅，胡姓葬坟横直挖除七丈，其余尽属新安公业，周围定界明白。其税粮照册折算，每年上官二钱四分，在胡永生户内起割，另呈过入新安书院完纳。所有筑堑竖碑，分列层次，编号安葬，悉与前冢无异。但恐人心不古，欺凌异孤，或藉端阻挠，或侵占耕种，或纵放牛羊践踏，或垂涎而谋盗葬，非邀宪恩给示勒石严禁，难以垂（久）。为此，公叩春生彩笔，弗致受害于豪强；泽逮黄泉，永沐栖安于域兆。生死衔恩，顶祝上呈。"等情。据此，除词批示外，合行给示严禁。为此，示仰彼地居民诸色人等知悉，嗣后尔等各守己界，毋许在于余圣伊等公买义冢界内，藉端阻挠，侵占盗葬及纵放牲畜。倘有不法地棍，恃强欺孤，有前项情事，扰害义冢，许本禀人等协同该地保甲指名，立即赴县具禀，以凭严拿重究。本县言出法随，决不姑宽，各宜凛遵毋违。特示。

　　乾隆三十二年四月二十日示。

许家湾新置义阡禁示

　　特授湖北汉阳府汉阳县正堂加十级、纪录十次陈，为呈明义冢，乞恩赏示事。

　　据新安书院职贡监生汪湘、吴栋、胡嘉、李庆抡、余兆昆、吴世淮等禀称："窃汉镇乃商民杂处，直省通衢之地，旅榇未封、贫棺相望者不可胜计。前程璋等于乾隆壬戌年，买十里铺刘姓山地，已蒙前宪恩赏示禁勒石。奈年深久远，叠叠成丘，已不堪葬，且一成为敦丘，再成为陶丘，哀哀泉下，鬼邻何安？湘等愿述前意，今复捐资买毗连山地一段，土名许家湾。东至西宽十一丈二尺，南至北长二十六丈二尺，可葬千百棺，为新安义冢，四围钉界明白。葬者向书院给票，将死者乡里姓名注簿，凭票前往照号扦葬。倘本人子孙昌达，迁回故土，按簿可稽，不至错误。诚恐无知豪棍，觊觎异乡公业，藉端渔利耕种，或纵放牛羊，或暗谋侵盗，非邀宪恩给示勒石严禁，难以垂久。为此公吁，伏乞慈嘘彩笔，赏示严禁，沾恩上禀。"等情。据此，除呈批示外，合行出示晓谕。为此，示仰该地保甲及附近居民人等知悉，尔等务知异乡公业，毋许藉端渔利，暗谋侵盗，或纵放牲畜，践踏坟墓，致干查究。倘有不遵，许该地保甲扭禀赴县，以凭究治，决不宽贷。各宜凛遵勿违。特示。

　　嘉庆九年十一月　日示，实勒许家湾晓谕。

规则

旧规十六条

书院公同酌遵原议旧规开列于左：

一、尊道堂为春秋祭祀先贤之所，理宜洁净严肃。凡属桑梓，不得在此设宴演剧。以及回廊东西两庑，均不得堆晒货物，庶昭成敬。

一、凡春秋祭日，办事诸人，理宜整肃衣冠，各尽诚敬。

一、凡祀产租息，司匣者按季发折，着祠丁收取。如有过期不能全清者，定于春秋祭期通知值年司事诸公一同坐索，否则锁门另召。不得徇情，有误公事。

一、凡司老匣者，为众司事之统理，务宜频至书院查察，各尽勤慎。

一、新老两匣契墨印簿，年例于十月初三日早晨，公同查点，封固存匣。

一、凡市屋修理检漏，司年公同估修，惟令祠丁逐日照应，不得任其擅专。

一、凡每年春秋祭典，原有成规，另牌张挂。值年诸公，临期务宜敬谨照办，勿得稍存懈怠，率意更张。

一、凡祭器陈设等物，祭毕，值年首事于九月二十六日交盘之期，务须公同照簿查点，当时封锁，不得徇情私借。尚有损坏遗失，经手赔偿无辞。

一、凡仕宦有至书院恭谒拈香者，祠丁先期知会两匣年首，早至伺候，以便迎送。

一、凡仕宦假馆及桑梓借寓，概不奉命，恐开杂沓之渐荐者。高明各宜自谅。

一、照墙新街及本码头，曾经请官示严禁，毋许摆摊挑水。祠役随时查察，毋得疏惰。

一、文昌阁、六水讲堂、主敬堂、愿学轩等处，桌椅什物，公议不借，以免遗失损坏。

一、照墙前大街乃书院之中衢，理宜开朗洁净。其东西铺面，当整饬清雅，不许住居家眷，如不依议者，令其退屋另召。

一、凡祠丁应办之事件，另有条规，各宜遵行，违者即行斥革。

一、书院所设水龙两座，并器具等件，司年者务令祠丁随时查察。遇有损坏，即行修整，不得疏忽。夫役工食，四季给发，不得预支。其余章程，另有规条悬挂。倘有不遵约束调遣者，当即斥退，另召妥役。

一、凡选用祠丁，务要小心谨慎，能干办事者充之，不得轻举滥进。

题跋

汉口紫阳书院志略原跋

汉口紫阳书院志略八卷。考书院创始于康熙甲戌，迄今百数十年。人物日盛，规制日增。前河后湖，面大别而瞰长江，清淑之气，呈于檐宇，真足以安子朱子之灵，享祀不忒也。吾乡之人，敦礼义、重名教，俎豆一先生，尊闻行知，服膺勿失者久矣。汉镇五方萃处，吾乡之人为尤多。每有地方义举，无不踊跃争先，况于崇祀先贤盛事。合众力、庀众财，经营揆度，百工具兴，首事诸君子其勤且劳，为何如乎？志略一书，遍缉【辑】有年，然后之人犹须诠次详晰，以成完书。余不敏，窃愿随诸君子观厥成焉。

署黄州府事、宜昌府同知、候补知府，祁门谢登隽跋。

跋

志略八卷修缉【辑】既成，余自汉归里五阅月，而首事诸君裒然以板本见寄矣。诸君之任事，诚勤敏矣哉！板本行，而前人创建之功与今日重修之劳，俱载以永久。第斯志为前贤卒业，以板本为告成；为后贤观型，于板本为肇始。编之数十年，而成之以数月，其中损益去取，或犹有待于精汰者。如艺文卷中，不皆名手所作，以旧本仅存，不遽概从芟抹也。有待于增补者，如建置、禋产、杂志各卷，则视书院之兴修，随时而可附益者也。其它或仍或削，惟冀后来君子具鸿裁卓识者，鉴草创之勤，加之以润色，是书庶其完备矣夫！校阅终篇，爰复书数语于后。

嘉庆丙寅仲冬月，董桂敷跋。

重续歙县会馆录

明·徐世宁　杨　增　续录
清·徐光文　徐上镛　重录
清道光十四年（1834）刊本

目 录

重续歙县会馆录序 ·· 134

  序 曹振镛 ··· 134

  序 潘世恩 ··· 134

  序 徐宝善 ··· 135

  序 徐上镛 ··· 135

凡 例 ·· 136

续修会馆录原序 徐光文 ··· 137

续录原例 ··· 138

续修会馆录节存原编记序 ··· 139

节录义庄原编记序 ··· 141

续录前集 ··· 142

  经 始 ··· 142

  重 修 ··· 142

  万历三十一年重修会馆纪实 ··· 143

  众捐录 ··· 143

续录后集 ··· 151

  新建歙县会馆记 ··· 151

  会馆增南院书斋记 ··· 152

  附 记 ··· 152

  重建兰心轩记 ··· 154

  乾隆三十二年捐资会馆生息记 ··· 154

  乾隆三十六年增置会馆房产记 ··· 155

  乾隆六年会馆公议条规 ··· 155

  乾隆二十八年增议条规 ··· 156

  会馆公捐录 ··· 158

  乡试中式题名录 ··· 164

  会试中式题名录 ··· 167

  武乡试中试题名录 ··· 169

  武会试中式题名录 ··· 170

新 集 ·· 171

  重修歙县会馆记 ··· 171

  在京绅士捐输姓氏 ··· 171

京外诸公捐输姓氏 ……………………………………………… 172

茶　商 ……………………………………………………………… 173

姜　店 ……………………………………………………………… 174

会馆全图 …………………………………………………………… 174

会馆岁输经费记 …………………………………………………… 174

捐输姓氏 …………………………………………………………… 175

纪增置房产 ………………………………………………………… 175

嘉庆十年公议条规 ………………………………………………… 176

嘉庆十九年续增条规 ……………………………………………… 178

道光十年续议条规 ………………………………………………… 179

会馆公捐录 ………………………………………………………… 179

乡试中式题名录 …………………………………………………… 182

会试中式题名录 …………………………………………………… 184

武乡试中式题名录 ………………………………………………… 184

武会试中式题名录 ………………………………………………… 185

续录义庄前集 …………………………………………………… 186

纪创置 ……………………………………………………………… 186

义阡地图 …………………………………………………………… 186

纪增置义阡 ………………………………………………………… 187

春秋祭祀 …………………………………………………………… 188

别葬法 ……………………………………………………………… 188

杜冒葬 ……………………………………………………………… 188

义阡建庄屋增地亩捐输录 ………………………………………… 189

义庄承管 …………………………………………………………… 190

续增阡地 …………………………………………………………… 191

续录义庄后集 …………………………………………………… 192

康熙雍正两朝义庄捐输总录 ……………………………………… 192

吴南溪先生议整义庄由 …………………………………………… 194

公议起捐输例 ……………………………………………………… 195

义庄堆坟种树由 …………………………………………………… 196

义庄重造大堂由 …………………………………………………… 200

义庄未了工程及善后事宜 ………………………………………… 203

义庄新存券约 ……………………………………………………… 205

新增阡地四至节录 ………………………………………………… 205

义庄记功备录 ……………………………………………………… 205

乾隆四十年义庄捐输 ……………………………………………… 206

乾隆四十一年义庄捐输 …………………………………………… 208

义庄新集 ·· 211

  乾隆十四年顺天府尹禁碑　节录 ······························ 211

  乾隆三十四年巡城察院禁碑　节录 ·························· 212

  碑后记 ·· 212

  乾隆五十年兼摄府尹示禁碑记 ································· 212

  义庄房屋全图 ··· 213

  节录续增义阡地契五纸 ·· 213

  公议义庄条规 ··· 214

  义庄移界兴讼始末 ··· 214

  乾隆四十年至四十九年捐输 ···································· 216

  乾隆四十三年重建义庄房屋捐输 ··························· 220

  乾隆四十九年公置义庄庙内香鼎捐输 ·················· 221

  乾隆五十年置地捐输 ·· 222

  乾隆五十二年新地种树立碑捐输 ··························· 224

  乾隆五十三年义庄兴工捐输 ···································· 225

  乾隆五十七年义庄兴工捐输 ···································· 228

  嘉庆三年义庄兴工捐输 ·· 230

  嘉庆五年义庄兴工捐输 ·· 231

  嘉庆六年义庄兴工捐输 ·· 233

  嘉庆十二年义庄兴工捐输 ··· 235

  嘉庆十四年义庄兴工捐输 ··· 236

  嘉庆十九年义庄兴工捐输 ··· 237

  嘉庆二十年后门面捐输 ·· 238

  汇记义庄工程 ··· 239

  道光元年义庄兴工捐输 ·· 240

  道光二年至九年捐输 ·· 241

  道光十一年义庄兴工捐输 ··· 245

  道光十年至十三年捐输 ·· 247

新刊重续会馆录捐输 ··· 252

重续歙县会馆录序

序　曹振镛

吾歙之建会馆于京师，肇自前明，规模已备。厥后，乡之贤士大夫相继经画，以至于今，非一朝夕之故矣。夫会馆之设，所以待贡举之士，馆之兴废，士之盛衰视焉。我国家定鼎于兹垂二百年，海澨山陬，沐浴圣化，莫不拓一椽于辇下，以待歌鹿鸣而来者。况吾歙人文蔚起，掇巍科、登显仕，未易更仆数者哉！夫源远者流长，根深者木茂，以吾歙人才之盛，既足增辉斯馆，而乡人之官于朝者，复能代有增修，于以见山川之灵秀，风俗之敦庞，历数百年如一日，固当笔诸简编以示后人者。至于义阡之设，昉于周官之族葬。邑之人托业于斯者众，既不能无疾病死丧，而力之弱者又莫能归窆，于是营义阡而葬之；又惧阡之不堪垂久，于是置守阡者，而筑室以居之，辟田以食之。盖自明许文穆公至今，封植有加，樵苏弗犯；春秋改节，奠酹无愆。魂而有知，何必黄山之麓、白岳之巅也！夫有馆以集誉髦，有阡以安旅榇，吾乡之笃于梓谊亦云厚矣！邑人徐月洲县尉始辑是录，徐杏池前辈续之，自乾隆甲午以前厘然在目，今距杏池前辈续录时又阅六十年。其间规条之未备者，损益必精；出纳之有恒者，权衡必当。既不可不殚述以昭来许，而乡人之登科名与夫好义捐输者，尤不可不著其姓名以流芬于奕禩也。则是录之需乎重辑亟矣！驾部徐君蓉舫，月洲县尉之裔也，克敦古谊，聿绍前徽，纂成兹编，将付剞劂，而乞言于余，余既嘉徐君渴于赴义之心，而尤愿后之来者有以继之也。于是乎书。

道光甲午秋九月，经筵日讲、起居注官、太傅、武英殿大学士、翰林院掌院学士、里人曹振镛撰。

序　潘世恩

吾歙会馆原录作于前明徐月洲先生，名曰《歙县会馆录》，而义庄统焉。自乾隆乙未，其裔孙杏池先生续之，乃析会馆、义庄为二编，而分载原录于其前，曰《续修录》。迄今六十年，锓板久失，而事之当增载者又日益多，编校之任，诚后贤之责矣。蓉舫驾部，月洲先生之八世孙也，慨然思所以继其先志者，爰仍旧录之例，录自乾隆四十一年以后者为新集。于是此数十年中，凡馆舍之圮而再新，经费之绌而渐裕，地亩之侵而复归，规条之议而加密者，咸有稽考。既成，将合旧录梓之，名曰《重续歙县会馆录》，而属序于余。余惟邑馆之设，其始未有不计其久远，而后多衰替者，非乡谊之不古若也，为其事而没其名，虽急公之子有意，阻而力倦耳。若夫一经营之迹，一赞画之劳，而咸得具其月日、书其姓氏，使后之览者曰：此某之所艰难而倡率之者也，此某之所慷慨而助成之者也。则知没世之后犹将称焉，其有不激于义而忍以秦越视哉？且积久玩生，事之通病。苟及其未衰，得一人修而明之，其整齐祗肃之意，气象又若一新焉。余既美驾部之善，承先志而尤愿为来者勉也！是为序。

道光甲午孟冬，经筵讲官、体仁阁大学士、管理兵部事务，潘世恩撰。

序 徐宝善

馆之有录，所以纪事实、备考证也。七世祖月洲公始作《歙县会馆录》，世父杏池先生续之，距今易六十寒暑矣。馆舍之缮修，房产之增置，科第捐输之姓氏，与夫义庄之葺旧谋新，皆待重编于录。今岁从子上镛司馆事，同人爰以相属。余告之曰："昔《烛湖全集》，父兄同编；《江村遗稿》，祖孙并录。皆先贤盛事也。然仅传其一家著述耳。是录纪会馆、义庄，关阖邑善举。月洲公创于前，杏池公续于后，而重续之责幸逮夫女【汝】。女【汝】其必敬必慎，举数十年来应补辑者详载于编，毋略毋讹、毋从事不力，以贻前人羞，庶克绍先泽，而不为诸君子所诟病乎！"书既成，问序于余，即以告诫之语，弁于简端。

道光阏逢敦牂阳月，翰林院编修，篁城徐宝善序。

序 徐上镛

吾歙《会馆录》肇自前明，余八世祖月洲公所作也。乾隆乙未，从祖杏池先生续之。越今六十年，锓板无存，书亦鲜觏。道光丁亥，以义庄讼事，欲征故迹，检公匦，所藏编已有残缺，非另付梓无以垂久远。矧历年来，当增载者日益多，昌溪吴君德文有志重续，集众赀以刊之而未果。今岁，余司馆事，同人复申前说，以编录之任委余。余维先泽所留，前徽宜嗣，且兹亦司馆者事也，义不敢辞。爰就簿籍所载、碑额所登者，悉心编次，阅时五月而成。特缀数言为缘起。

道光甲午七月，前明纂录徐月洲公八世孙上镛谨识。

凡　例

一、原录统义庄于会馆，名《歙县会馆录》，续修录因之。兹重续是编，仍遵其例。

一、续修录分会馆、义庄为二编，编分二集，以原录为前集、续修录为后集。今仍其名，各加续录二字于上以别之。重续者为新集，分系于后集之后。

一、原录有阡地图及庄屋二图，续修录以庄屋已非旧制，将图删去，惟义阡图以高低二形辨别良贱，为立法之始，尚存于编。兹录按今会馆、义庄房屋规制，皆补绘图以便观览。

一、续修录所载间有亥豕之讹，谨为改定。余有可疑而无由考证者悉仍其旧，不敢蹈妄改金根之诮。

一、续修录会馆、义庄公议条规，前人立法已为尽善。而因时制宜，历年所增议者，兹俱按年编入。

一、会馆旧日房产甚少，故续修录未载房契，惟义庄后集有之。历年来会馆、义庄，俱有增置房产地亩，兹悉节录卖契，载明界址，以备稽考。

一、续修录成于乾隆四十年，兹录自乾隆四十一年起。会馆、义庄修建房屋，增置产业及公议条规，捐输姓氏，乡会科目，均照簿一一详载。

一、刊刻是书，全赖诸君子乐善捐输，成兹义举。计捐赀尚有赢余，交存茶行生息，除每年义庄祭祀、添备纸锭外，其会馆、义庄应有续刻事宜，拟逢甲巳年续刊附于卷末，工价即在此项开支。

续修会馆录原序　　徐光文

事有出于中心之不容已【已】者，无凭藉而亦兴，不激劝而加厉。太史公称文王阴行善事。东汉明帝问东平王苍："处家何事最乐？"对曰："为善最乐！"此皆出于肺腑之诚，无所为而为也。吾乡之有会馆兼设义庄，盖自有明以来，诸乡先生向仁慕义以成此盛举，非博休称于日下，非祈厚报于方来，又何藉余表章【彰】而扬抟之！虽然余亦自有中心之不容已者存也。余六世祖月洲公，昔曾为徽歙会馆录一书，几经寒暑而成。今其书仅有存者，且所载只崇祯十年以前事，迄国朝来杳无嗣音。乾隆初，少光禄吴南溪先生雅意创兴会馆，人文之盛数倍于前，义庄亦南溪先生倡议修葺，数十年来人情踊跃，虽时兴时替，而欣然好义者居多。余不佞，亦尝从事其间，最深悉此中原委。甫经三十余年之事而询之，新进多有不知，则不纪事之故也。余既念先月洲公旧录不可不续而成书，而又念吾乡义举实足承先而启后，又不可不笔之于书，以见南溪先生之善作，而后起之能善承也。即今诸同人欣然好义，之初心岂为传芳于后！而余续是录以传其名，传其事，并即传其不希传世之心，是则余心之所不容已【已】也。后有作者其亦鉴余此志也夫！

乾隆四十年秋七月，前明纂录徐月洲公六世孙光文谨序。

续录原例

　　一、前明末季，余六世祖月洲公偕郡城杨君玉门同订《歙县会馆录》一书，载会馆事宜及义庄原委特详。历年既久，其书已不可得。曩于汪君廷辅处得见原本，恨其篇帙不全，然而吉光片羽不胜捧砚之悲，因携存会馆匣中以备典故，今三十年矣。廷辅向余力索，义不可以复存，故取诸匣而归之。但廷辅取去，仍贮作坊匣中。他日会馆重稽旧典，仍可向作坊取阅，犹寄之外府耳。上镛按：此书今不复存。

　　一、此录重纪捐输姓氏，旌尚义也。但因名纪事源流，亦略见一斑。必欲周知前明旧事，则原书具在，正不必以此书不备为嫌。

　　一、续录与原录微有不同，盖原录以纪馆事为重，故纪馆事独详，由会馆以及义庄，至叙义庄迄，仍并捐输于会馆，此原书之体也。兹录亦遵前例，先会馆而后义庄。但义庄自康熙十四年至今乾隆四十年，诸同人皆以此为义举，加意捐输为经久计，故叙义庄之事较详，识者其鉴别之。

　　一、前明会馆义例最详：一曰建置、二曰会规、三曰祭祀、四曰庆吊、五曰义庄、六曰名宦、七曰乡绅、八曰材干。即建置一条中又分十二目：曰经始、曰馆图、曰房契、曰免帖、曰匾联、曰碑文、曰重修纪实、曰重置馆后地、曰后馆图、曰居守、曰值会、曰器物。其余七总条下皆载目录，多有关于礼教。但旧馆久已无存，规例与今各别，且今日会馆所行别有条规，故不敢全载旧文以启纷更之渐。

　　一、会馆及义庄自经始以来，所费不赀，合邑同人捐赀输助，此公义也。至郡邑大夫及诸佐倅原无输助之理，原录所载太守以下输数恐有名无实，且恐滋后来夤缘请托之渐，兹概从芟削。

　　一、原录载诸名人记序甚多，半属称颂浮文，铺张泛论无关事实，概可从删。唯其间有详核源流，可备典故者，节而录之，以冠篇首。

　　一、前明输数多寡太相悬绝，甚至有遗漏输数者，或详或缺，非体也。兹录于前代所输，只重其人，详书姓字、居址，其间有不可考者，缺之。唯后集所载诸同人，则详书捐数，以纪其实。

　　一、此录分会馆、义庄前后各二集。自后每年续刻，附于各后集之末。

续修会馆录节存原编记序

嘉靖三十九年，河南郑州典教野航郑公涛序云：吾歙俗素敦乡谊，惟以事来京，涣治各私，金惧其涣也，故萃之以会；既会矣，惧其易暌也，故联之以馆；既馆矣，惧其易乱也，故申之以约；既约矣，惧其易弛也，故永之以录。录成而余始至，持以示余。余曰："慎厥终如其始，永会之道，如是而已。"谛观会约，首叙置馆，志创始之艰也；次立会长，举正、副，敬长推贤，示有统纪也；次处会费，严出入，言财用不可缺，亦不可耗也；次时宴会，重规劝，言相亲相成、情欲其通、义欲其正也。忻戚不同，面交之薄也，故庆吊之礼次之；同乡弗恤，路人之忍也，故赒恤之义次之。开乐助之条，图有终也；标优免之款，酬首倡也。凡若此者，要皆约人心以敦乡谊。其作合之初，心何若是其坚也！故余题曰"崇义馆"。睹斯录者悉如兹约，则兹馆、兹会可长存而不替矣。

万历十四年，武英殿大学士、礼部尚书许文穆公国碑记云：徽歙会馆者，歙从事诸君所建也。自嘉靖季年，杨、鲍诸君倡其始，许、刘诸君葳其成。旧在菜市中街，狭隘不称，乃营西城陬，为堂三、重室九个。经始于嘉靖四十一年十二月庚辰，落成于四十二年十二月甲子。博士鲍君额其馆曰"崇义"。文按：额乃三十九年题菜市中街之馆。后移于此。而余则颜其堂曰"汇征"。程君松伐石请记云。

万历十四年孟秋月，巡按直隶监察御史钟岳方公万山序云：间者文轩程君、葵阳许君，奋臂首义举，吴君汝立、刘君舜臣、许君良知、汪君文祚、程君惟美五人掌计一切出纳，参知而后行焉。举徐君世宁、杨君熠二人掌录一切纂修，参酌而后笔焉。于是乎，敝者新之，缺者补之，而会馆复兴矣。不佞不文，感相公之先倡，诸君之有礼，乃书"观光义聚"四字贻之，而系之序云。

天启三年，工科给事中方公有度大门碑记云：歙之有馆，其初在菜市口，未几移正阳门西，则世庙时杨良臣、鲍时惠诸君力也。历嘉靖乙丑，万历壬午、癸卯，凡经三次修葺，则王西圆、张容庵、程文轩、许葵阳、姚元洁、程复一、江星海，实效其力。顾门宇库黯，尚未克称。万历庚申，吴伯达、方治成、徐苊卿、汪德鸣、汪尚志、程世延、江盈之、孙贞一、汪君召、方德延、许茂之诸君先后以隶事谒选，相与协力而改创焉，焕然翚飞，临乎广衢，厥功殆不在肇其经始者下矣。

崇祯三年，礼部仪制司徐公成治序云：吾邑会馆历岁既久，雨剥风侵，遂多颓垣飘瓦。夫以一时文物之地，而黯敻于鸟迹虫书，此非有心者所安也。吾里朱镜新、杨为辅、江承宣、吴东白、江惟成诸君慕义唯恐后人，构多金以鸠工集事。俾会馆广而益新，更设层楼以穷千里之目，可谓备众善矣。

　　崇祯十年，户部右侍郎吴公国仕序云：是馆也，自世庙庚申迄今上丁丑，盖七十有八祀，凡三修葺，一再仍旧，今复更新云。丙戌之举，先达许文穆记其事，方钟岳序其录，陈嵋阳跋其后。文按：此跋不传。癸卯之举，并置义庄，增阡地，董事则汪苍衡、程坤舆。不独堂纪岿然，与作者竞爽，读野航《斗城叙记》，文按：凌斗城先生叙记今亦不传。更得诸君子而益光矣。前人递踞其胜，来者嗣起为难。今敬明为辅，心齐练水，德美拮据，杨、许诸公之后，轮奂有余美，几令人忘创始之艰，不佞其又何辞以统嗣诸君子之美而为诸君子发焉。

节录义庄原编记序

隆庆三年，江西抚州推官黄公愿素碑记云：今天下一统，歙人辐辏都下，以千万计。嘉靖辛酉年，既捐赀创会馆，以联属之矣。又念邑人贫而病卒，而莫能归榇也，相与为义阡之举，以瘗旅之所。凡不幸没于兹土，而不能归者，覆以丹土、覆以绿榛，不复委弃道旁，以伤孝子仁人之心。隆庆己巳，首事郑君楫、江君世充、江君用仁，复相与谋曰：寒食、中元，马医夏畦靡不楮钱麦饭以应其节，兹旅丧委骸数千里外，异日耕夫莪子鱼鳞其上，知为谁氏之墓耶？于是表以封树，限以沟域，为之立石植界，清明、中元为文羹饭祭之，是可以观乡谊之笃也。地在永安门外下马社，地方通计三亩有奇。文按：通计地亩此时已增至三十余亩矣。此地又俗名十里庄，今俗讹称曰石榴庄。东至张家地、西亦至张地、南距陈家坟、北邻道。记毕为楚声，旌以哀之，曰："魂兮魂兮，厝于荒陬；狐兔为窟兮，莎露飕飕；山川信美兮，不如首丘；魂兮魂兮，滞于京华；父母何在兮，妻子天涯；云踪漂泊兮，六合为家。"

万历四十六年，南京户部郎中汪公元功记云：当嘉靖间，吾邑杨忠、许标诸君，既建歙会馆于京师；寻江州倅龙、仇卫幕自宁，创义阡于永定门外，以收旅榇之槀葬者。隆庆中，郑楫、江世宽、江同仁议设寒食、中元二祭，俾化者无若敖氏之戚，笃榆社而泽白骨，事人事鬼之义备矣。不三十年，葬者甚多，几无地可容。万历丙辛间，程文德、张汝黉、俞文美更拓其地。语在《斗城凌公碑记》文按：碑记无可考及《会馆录》中。今又三十余年矣，累累藉藉，地复垂尽，兼无居守，几何免于樵牧之虞？于是吴之启、方时用、徐拱宸、汪彦钟、汪自高、程有祚、江应科、孙镕、汪应位诸人，喟然太息曰：有其作之，鲜克善成；有其始之，鲜克令终。安在其为义举，是后来者之责也！乃募众建厅堂三楹，东西耳房六间，门楼一座，飞甍杰然，藻绘焕然，不逾时落成，额曰"徽歙义庄"。缭以周垣凡五十丈，而赢植灌木若干株以为蚧荫，并捐金益地若干亩。盖余乡僻在万山，耕桑之地不藉温饱，男子束发即事四方，况京师尤膻途乎。今其死者非族类即懿亲，夫急生计而捐生暴骸之不保，遑问鬼馁，非仁人君子介于其侧，谁复为之恫心！由前则杨、许若而人，由今则诸君子者，岂不炳炳乎哉！唯是，莫为之后，虽盛弗传。盖能辟地广阡，斯灵长之泽可衍；亦必择人居守，庶意外之虞可防。从此引而伸之，是岂一人之力、一时之计哉！

续录前集

前明　皇呈【篁城】徐世宁月洲、郡城杨熠玉门　同编

月洲公六世孙光文　谨录，月洲公八世孙上镛　重录

经　始

歙之有馆，肇自嘉靖间。双峰杨君忠、东桥许君标，时卒业三考，见邑人涣而不萃，邈若秦越，慨吾歙文献邦，顾不他郡邑若也，乃各出己资若干，置馆菜市之中街，而立之会。交接以道，庆吊以礼，联疏为亲，情义蔼然。吾邑士大夫仕于朝、宦于外者，义是举而作兴之，书联揭匾，捐助俸金。主会者计所积已充，遂易旧馆而更置于前门之西城下，堂构三重，颇称宏敞。来者始有依归，无论崇卑，咸得解装于斯，而从容别定馆舍。此徽歙建置会馆之由也。语云"观河洛而思禹功，饭黍麦而思稷德"，不忘其初也。是馆也，杨、许诸君倡于前，刘、张诸君和于后，兴一邑之利，贻百世之安，有功吾歙岂小补哉！今特表而出之，刊于经始之末，以志诸君之功，后人知其劳而颂其德也。

倡首姓名：文按：原编多未注字、爵、里居，无从稽考，可考者唯杨、许二君两别号耳。余仍共旧。

杨忠字良臣，号双峰　鲍恩　许标字时惠，号东桥　叶栾　吴文辅　程用卿　俞良京　仇自宁　鲍鉴　汪昙　江在　曹守中　巴镠

和成姓名：

刘嵩　张孔容　吴时行　宋柯　俞佐　黄彦武　程悌　汪臣　程大用　许国忠　王金文按：公字西园，后甲子年与张汝学、字容园，同修会馆　许希禹　汪子昭　汪希贤　汪东秀　巴钟　徐绅　鲍子道　程敬思　柯廷秀

重　修

自古创业唯艰，守成不易，故继述之责属之后人。吾邑会馆，杨、许诸君倡于前，刘、张诸君和于后，竭力建置，数年始成。至嘉靖甲子乙丑，西园王君金、容庵张君汝学，修理一次。迄万历十年，又经二十余载，风雨所坏，复不能支。时则有文野程君彬、葵阳许君重光、斗崖程君唯美，感创置之艰，虑覆坠之易，慨然以修理之责自任，奋臂首义，会众亦向风乐助，量力捐资有差。于是鸠工集材，备加整

顿。先是门房低狭，与中堂不称，爰撤而新之，筑土砻石，增高三尺有奇，称壮丽焉；余或修或葺，悉由三君指画。早暮孜孜，虽胼胝弗惜，不二月而告竣，焕然改观。守成之责，三君亦可风矣！

首事捐资姓名：

吴守愚　许重光葵阳　许一濂　程文德　项一中　洪应乾　汪应兆　程彬文野　刘舜臣　程惟美斗崖　汪安成　许一鲁　巴文熹　方焕　汪阶　黄宰　许登云　汪本清　潘世光　汪汝器　方贞明　杨增　江存鳌　江梦熊　吴良锡　徐世宁原名杭，号月洲，徐村人，历三考授龙泉县尉

万历三十一年重修会馆纪实

歙，北辕燕都数千里而遥，冠盖辐辏，舟车络绎，其盛几甲于东南。先是，杨、许、刘、张诸君子洎西园王君金等首经营此馆，其后程君文彬等重为修葺，而许文穆公固尝额其堂曰"汇征"。盖诸缙绅先生所脱屦，而征夫使者之所厨传，其在斯乎！岂其不经而为此不赀之务？毋亦以行李暴露，舍于隶人而无能视归如庐舍也，我阖邑之人岂有赖焉！今又日以颓圮矣，无乃逢执事之不闲而未得缮葺，其若缙绅先生所脱屦与征夫使者之所厨传何将？今之君子较昔逊让未遑，而惮拮据斧藻之劳，何以使先执事至今有荣施也？姚君泂、赵君应联谋之程君应元，并谋之阖邑诸君，相与计，埏埴材礴若干，前后拓堂庑若干，视先执事之递举递循者而益崇大之，美哉轮奂，吉祥止止矣。顾诸君不自以为功，亦曰因陋就简，安在其宏阖邑之轩举，而湫底狭隘之不事于拓新，是区区者风雨燥湿之不时，月迁岁化，讵能无委之草莽哉！况徽阖邑之灵宠而告瘁从事，将入都门而苫斯馆者，且谓夫夫也众，为政狭【挟】道旁之耳目而关捷于一时，吾侪又何辞焉！故协力构饬，以不释负担是惧，其何敢自以为功！工既竣，爰得镌之于珉以志本末。夫固谓先执事之益有宏施，而后之视吾侪者咸知兢兢于斯，以无殒越而勒不朽云尔。是役也，姚、赵、程三君实董其事，其襄事则有江君洪诏、张君文栋、俞君文俭，而捐赀以佐成功者，则江君文元等之力。执简以纪者衡六赵宗时也。

修馆捐资姓名：

姚泂　赵应联　程应元　江文元　唐文学　汪国宾　吴一渔　罗六衣　朱时明　詹尧臣　罗周彦　程时伟　江洪诏　程嘉烈　程文焜　方训明　吴元言　贺应宾　江中桂　江中立　方仁明　江大鲸　方旸明　汪安照　俞文俭　江一桢　张邦烈　项元桂　郑肇明　许守济　俞文耀　许九章　俞文美　张文栋　李一恭　江应麟

众捐录

文按：前明会馆众捐录，原编分名宦、甲第、乡试、武职、贡监五条。其捐数多寡绝不以名位而殊，多者五六两，少者只二三钱，甚有缺载输数者。迄今历年既久，数益无征。且倡首杨、许、刘、张诸君皆不书数，余概可不书也。名宦条应从

删，余四条合为一编，盖捐输录非乡、会题名可比。明先达如学士唐名皋、都宪江名东之、尚书殷名正茂，及诸显仕多不列名。则此录以捐输重，不以名位重矣。凡属好义之人，无论名位崇卑，合归一编，名下书字兼注里居、官职，令阅者知其人足矣，输数概不详载，不与今日现输诸君一例而论。

汪一中　南华，居潜口，丙戌进士，江西廉副，阵亡，谥忠愍。

方　瑜　晖山，居潜口，甲辰进士，知南宁府。

汪道昆　南明，居崇明山，丁未进士，兵部左侍郎。

方宏静　采山，居岩镇，丁未进士，户部侍郎。

方良曙　旸谷，居中塘，癸未进士，应天府尹。

程大宾　心泉，居槐塘，丙辰进士，贵州廉使。

程道东　字和，居介塘，己未进士，知大理府。

王天爵　古庵，居王干，己未进士，广西巡按。

凌　琯　斗城，居大塘冲，壬戌进士，山西廉使。

许　国　颍阳，居上路，乙丑进士，官至大学士。

李汝节　心乔，居溪南，乙丑进士，知吉安州。

张一桂　玉阳，居黄备，戊辰进士，礼部右侍郎。

黄应坤　健所，居上路，戊辰进士，山西、山东巡抚。

王在前　雅堂，居上路，戊辰进士，南刑部郎中。

罗应鹤　闻野，居呈坎，辛未进士，保定巡抚。

方　扬　古宇，居罗下田，甲戌进士，知杭州府。

程有守　梁湖，居呈坎，甲戌进士，知弋阳县。

吴应明　怀溪，居溪南，丙戌进士，太常寺少卿。

程子鈇　扶兴，居槐塘，丙戌进士，杭州推官。

黄全初　镜宇，居黄村，己丑进士，南户部郎中。

洪文衡　桂渚，居桂林，己丑进士，大理寺少卿。

杨武烈　澹中，居上北街，壬戌进士，建昌府推官。

吴士琦　廷州，居溪南，壬辰进士，陕西布政。

洪佑圣　经寰，居桂林，丁未进士，江西巡抚。

洪辅圣　邻虞，居桂林，丁未进士，行人司正。

殷宗器　太寰，居项里，丁未进士，吏部主事。

吴之俊　芝房，居茆田，癸丑进士，南刑部主事。

吴中明　左海，居篁墩，丙戌进士，南户部侍郎。

方万山　钟岳，居罗下田，丁丑进士，云南廉使。

洪世俊　含初，居桂林，乙未进士，太常寺少卿。

鲍应鳌　中素，居鲍屯，乙未进士，礼部郎中。

洪养蒙　见知，居桂林，乙未进士，中书科。

毕懋良　见素，居县城，乙未进士，工部左侍郎。

陈与郊　墹阳，居岩镇，甲戌进士，吏科给事中。

洪　都　九霞，居桂林，乙未进士，太常寺少卿。

汪承爵　九华，迁临清，乙未进士，知南康县。

吴宗尧　谦庵，居北圻，乙未进士，知益都县。

程　寰　人林，居百花台，乙未进士，湖广廉使。

吴一新　蛟湖，居溪南，乙未进士，知永明县。

程　文　彬所，迁上元县，癸未进士，知宁波府。

方元彦　岱阳，居岩镇，丙戌进士，浙江巡抚。

洪翼圣　南池，居桂林，戊戌进士，光禄寺卿。

毕懋康　东郊，居上路，戊戌进士，兵部右侍郎。

程　奎　聚所，居潜口，丁丑进士，太常寺卿。

汪元功　苍衡，居丛睦坊，乙未进士，户部右侍郎。

汪之彦　九水，居大里，戊戌进士，建昌府推官。

程子鳌　坤与，居槐塘，辛丑进士，礼部员外。

吴国仕　长谷，居冲山，甲辰进士，户部右侍郎。

汪有功　雪廷，居丛睦坊，甲辰进士，四川道御史。

吴汝显　中涵，居中和村，甲辰进士，山东副使。

江世东　石钟，居江村，甲辰进士，云南道御史。

程国祥　我旋，居古城关，甲辰进士，户部尚书。

唐　晖　中楫，居槐塘，庚戌进士，巡抚湖广。

江秉谦　兆豫，居上北街，庚戌进士，巡北城御史。

汪元标　和邱，居江村湾，丙辰进士，福建佥事。

汪应元　洲凫，居郡城，丙辰会魁，顺天督学。

黄愿素　若镜，居黄村，己未进士，吏部郎中。

方有度　方石，居罗田，丙辰进士，吏科给事中。

方一藻　元根，居罗田，壬戌进士，兵部右侍郎。

仇梦台　泰符，居阳冲，己未进士，户部主事。

吴孔嘉　天石，居溪南，乙丑探花，官编修，请立杭州商籍。

徐成治　新寰，居朱方，壬戌进士，礼部主事。

吴家周　榔梅，居澄塘，丁丑进士，礼科给事中。

罗人望　虚舟，居呈坎，乙丑进士，南武学教授。

程子铎　黄舆，居槐塘，戊辰进士，户部主事。

吴彦方　南罗，居石桥头，乙丑进士，四川道御史。

吴廷简　能天，居溪南，戊辰进士，浙江佥事。

姚思孝　永言，居九沙，戊辰进士，户部给事中。

方士亮　慕庵，居岩镇，辛未进士，福州府推官。

王文金　乳山，居王干，戊辰进士，兵科给事中。

洪天擢　简臣，居桂林，丁丑进士，南兵部主事。

曹　烨　石帆，居航埠头，辛未进士，户部主事。

洪明伟　伯上，居桂林，庚辰进士，知西安县。

姚宗衡　霞淑，居街口，庚辰进士，翰林院检讨。

潘　侃　松山，居岩镇，举人，知彭泽县。

吴　勋　玉泉，居上北街，举人，知上航县。

殷守善　心源，居项里，举人，知上航县。

程世英　心田，居上路，举人，知庄浪县。

凌尧伦　虚楼，居新城，举人，金华府同知。

江容可　碧潭，句上临河，举人，登州府推官。

江大鲲　少溪，居东门龙舌头，举人，粤省运使。

谢　谏　盟吾，居谢家巷，举人，知桐乡县。

洪大德　斗垣，居上北街，壬午举人，知京山县。

王献忠　靖吾，居林塘，丁酉举人。

叶逢时　心阳，居大和坑，甲午举人，知浮梁县。

江湛然　方台，居江村，乙酉举人，知桂林府。

吴廷简　能天，居溪南，戊辰进士。名复载，此会试前所输。

徐学易　方与，居朱方，举人，判宁波府。

姚宗衡　幼舆，居邑城，举人，山东平原教谕。

黄一铎　公路，居邑城，举人，桐城教谕。

许启敏　元健，居许村，举人，永平府推官。

程士贤　师尹，居介塘，保举，知考城县。

管懋光　石门，新安街，武举，袭指挥广东游击。

潘文灿　函可，居潘村，浙江举人，知郏城县。

余必明　果齐，袭职卫指挥。

王　仪　金斗，袭新安卫指挥。

穆天爵　桂峰，卫指挥。

王　诏　雪湖，卫籍，四川松潘总镇。

翟凤翔　岐山，卫指挥。

翟　鉴　思湖，卫指挥。

贺　相　虹江，卫指挥。

赵　涞　桐峰，武进士，袭卫指挥。

张　光　友竹，卫指挥。

倪　宇　慕竹，卫指挥。

杨为栋　与竹，卫籍，广东海防参将。

王文元　少湖，卫籍，蓟州副总。

余应瑞　芝山，应袭指挥。

高可学　继山，卫籍，浙江参将。

汪应兆　文轩，居绵潭，锦衣卫尉。

管大同　通吾，卫指挥。

陈宗盛　士昌，卫指挥。

蔡　勋　中塘，卫指挥。

焦衍庆　怀石，卫指挥。

张季膺　膺之，卫指挥。

王尚诏　公辅，卫指挥。

李时成　乘六，卫千户。

郑　栋　隆吉，卫千户。

杨一龙　云鳞，卫籍，山东都司。

吴万善　北钥，由卫指挥考授神枢营中军。

胡祖虞　雨阶，卫籍，乙丑进士。

方光灿　璞山，锦衣卫千户。

江德懋　一宇，居江村，南赣守备。

黄　榜　云嵩，居竦塘，武英殿中书。

方大中　养真，居灵山，大兴县丞。

程道宏　鲤洲，居托山，序班。

许应登　少山，居许村，武英殿中书。

赵应宿　仰松，居仰村，儒士，历升江西参议道。

程大宪　见山，居唐贝，鸿胪寺署丞。

汪增光　滨泉，居上路，鸿胪寺署丞。

汪居敬　少南，居潜口，锦衣卫千户。

叶先春　瑞蜂，居新洲，锦衣卫千户。

汪元禄　烈泉，居潜口，河东布经。

黄　冕　浦江，居竦塘，判沔阳州。

黄子学　心齐，居潭渡，上饶县丞。

汪道全　松屏，居潜口，保定府经。

吴一龙　元潭，居溪南，山西布经。

王　炜　味柏，居上路，澧陵县丞。

仇　诰　新山，居阳充，桐乡县丞。

汪守仁　竹野，居江村，南昌县丞。

曹　铎　岩石，居航埠头，南乐县丞。

程良御　雨山，剧竦川，滑县丞。

程世臣　石山，居竦川，泰府典仪。

方　釜　白谷，居岩镇，判顺宁府。

江　龙　会水，居郡城察院前，宁州同知。

吴　有　浦汀，居溪南，宾州同知。

吴思训　文洲，居莘墟，广东理问。

张良价　一屏，居定潭，新会县主簿。

杨仲宽　竹坞，居上路，萍乡县主簿。

汪　云	遇野，居潜口，山东理问。
程　激	竹野，居上路，江西理问。
刘　润	鹤屿，居刘村，东莞县丞。
汪文昭	云溪，居潜口，南京光禄寺署臣。
汪　锴	怀峰，居章祁，云南提举。
汪文源	裕庵，居潜口，浙江副理问。
汪凤梧	龙泉。
程　兰	默斋，居荷花池，监生。
汪子昭	似峰，居潜口，南京卫经历。
潘　丝	见泉，居上北门，判严州府。
余　学	悦吾，居半沙，南城兵马司吏目。
汪凤翔	玉堂，居上路，栖霞县丞。
朱大忠	联城，居小北门，闽县主簿。
毕立忠	瑞亭，居上路，南京兵马司指挥。
胡沛然	左江，居长庆，北京武学训导。
潘　纬	少逸，居岩镇，武英殿中书。
李之芳	小田，居上路，靖州吏目。
方远宝	见云，居岩镇，光禄寺署丞。
程世桢	慕川，居托山，宁德县主簿。
许景星	榆石，居东门，光禄寺监事。
郑　桂	几山，居岩镇，黄岩县丞。
程世业	仰卫，居托山，南京光禄署丞。
徐学皋	赞虞，居朱方，留守后卫经历。
吴文炳	环溪，居北岸，南城副指挥。
许　汶	华麓，居上路，鸿胪寺鸣赞。
程汝宁	古池，居荷花池，北城正指挥。
许汝良	淳予，居上路，光禄寺署丞。
汪士明	敬明，居潜口，中书舍人。
许志吉	见一，居上路，南京大理寺评事。
许志文	康岐，居上路，顺天府治中。
王道济	安宇，居上路，中书舍人。
江东凤	锦江，居北街，高安县丞。
吴德任	敬所，居烟王村，增城主簿。
江　鋐	源泉，居留村，安宁州同知。
王世经	元修，居王干，武英殿中书。
江守谊	虞初，居章祁，应天府经历。
吴汝纪	纯所，居中和村，福建理问。
程汝守	丹邱，居荷花池，南康县丞。

吴尚诰　惺台，居冲山，寿阳县丞。

吴邦仁　静轩，居莘墟，光禄寺监事。

程应干　心阳，居岩镇，龙骧卫经。

吕元明　倚山，居黄潭，判蓬州。

程秉衡　省吾，居牌边，福建布经。

项中立　任鲁，居郡城南街，广东顺德县丞。

黄和鸣　文亭，居官塘黄村，开封照磨。

吴从谦　蒙谷，居澄塘，云南提举。

胡　敬　内斋，居岩镇，泰安州吏目。

胡道诏　见南，居项里，绍兴卫经。

闵士藉　惺微，居岩镇，光禄署正。

毕力念　瑞宇，居上路，东城兵马司吏目。

许立言　叔次，居旧城，浙按知事。

程　槟　宾吾，居槐川，光禄寺署丞。

鲍承先　伯绪，居西凌村，监生。

许志才　桃石，居上路，尚宝司少卿。

曹致大　宏宇，居雄村，奉新县主簿。

郑国聘　小洲，居长龄桥，藤县主簿。

方绍文　德甫，居岩镇，监生。

汪文耀　五台，居古塘，余姚县主簿。

汪胜蛟　泽宇，居溪南，武举。

柏望龄　季鹰，居岩镇，监生。

程凌凤　霄羽，居托山，博罗县丞。

江子循　宾闳，居溪南，义乌县主簿。

程可征　公车，居荷花池，汶上县主簿。

方贞度　衡阳，居岩镇，宁波府经。

程自和　元甫，居牌边，嘉兴县主簿。

方汝章　二楚，居方村，平阳府照磨。

江文薮　涵虚，居郡城龙舌头，光禄寺署丞。

李起忠　心奎，居章村，延平府检校。

汪仁皋　孟坚，居竦口，山东都司经历。

汪兆显　象文，居水界山，陕西花马监正。

郑一鸿　居岩镇，江西布经。

曹公佐　南石，居雄村，郯城县丞。

许一爵　养吾，居律村，太医院吏目。

胡邦望　伯达，居方塘，太医院吏目。

许志仁　善卷，居府城，工部主事。

许志古　信孺，居上路，刑部郎中。

许志伸　引言，居本城，中书舍人。

汪守荣　澹如，居岩镇，上林苑监丞。

汪仪周　居竦口，监生。

吴有浚　澄予，居莘墟，礼部儒士。

汪国辅　如德，居上路，中书舍人。

许守悌　仲庸，居许村，浙江运经。

朱任卿　季衡，居浯村，汝州吏目。

黄赖嘉　士会，居黄村，平阳县丞。

项阂馨　云庵，居古城关，武英殿中书。

罗德美　彦庵，居古城关，湖广按经。

仇秉忠　乔瞻，居杨冲，知永宁州。

江　袭　尚䌹，居上路，阴阳学正。

程时杏　惟馨，居上路，府医学正科。

杨文成　世遂，居上路，太医院冠带医士。

巴应奎　文聚，居河西，太医院冠带医士。

宋　模　文范，居后村。

何　铎　汝振，居上北街。

黄　钞　小□，居虬村。

汪增宠　召锡，居上路。

方尚煸　鉴泉，居柿山方村。

吕良禹　子高，居旸村。

胡一和　子美，居胡村。

王　沛　德夫，居古溪。

王邦佐　斗文，居上路口，永平府税课大使。

鲍自成　华阳，居西凌村，上馆儒士。

鲍自立　仰石，居西凌村，儒士。

外邑附录　文按：原编会馆、义庄二录皆有外邑人姓名，特摘出附录于后。

方邦度　婺源人，字听泉，丁未进士，户部郎中。

潘　怀　婺源人，字元溪，扬州府通判。

黄腾宇　绩溪人。

文按：以上三人皆外邑输资入馆，此同郡异邑入会馆之始也。自崇祯甲申兵火之变，馆舍荡然，无能复振。至国朝张山南先生名习孔，绍村人以京寓牛穴胡同宅捐为阖郡公会之地，额曰"新安会馆"，六邑皆称颂之。但人多地窄，既不能容，而董事无专主之人，久而颓废。乾隆初，后院已为他省人占居，只存厅事三楹、廊房两个，每公会则借用浙绍会馆以设几筵，予尝与焉。吴光录南溪先生见而嗟悼，始有创建歙邑会馆之议，续前明而立馆，则断自南溪先生始。

续录后集

篁城徐光文亭玉编次，从孙上镛谨录

新建歙县会馆记

　　京师为首善之区，声教所被莫不向风慕义，延颈接踵于于然而来，各省凭轼结轺至者，自服官入觐以迄偕计游学之士不可亿计。然各随其所隶州县设立邸舍，使鞍马仆夫有所休息，以纾栉沐之劳；岁时伏腊有所燕集，以敦和好之谊。是以宾至如归，有适馆授粲之乐而无采菖依樗之叹。吾歙为秦旧县，黄山练水、世毓名贤，程朱遗范、渐摩熏染，情谊深而风俗厚，虽侨居寄籍他郡邑者，类皆不忘其乡。依依水源木本，矧京师为冠盖，所集可无会聚之区，以讲乡谊而崇古道哉？前明相国许文穆公等曾建歙县会馆于城西，年远不可复识。国朝初，提学张山南公乃以其所居宅公之阖郡，今新安会馆是也。基址稍褊，地狭人众，不足以容。乾隆五年，侍御史南溪吴君乃倡议建歙邑会馆，以复前明之旧，因寄书于同乡之侨寓广陵者易君融斋、黄君一亭，谋之比部正郎黄君昆华。比部毅然曰："此举不烦众力，吾当肩任其事。"于是继踵前徽，以其所置邸第一区概然公之于众，计屋凡六十三楹，计值一十六万缗。高闳华榱，前厅后舍，不劳荒度经营而会馆已具。至其门堂廊庑之当整饬者，黝垩丹漆之；当设施者，陈列器具之；当完备者，则二三同志仍量力轮助以襄盛举。越明年告成。金日是不可以无书，遂载其始末勒之于石。

　　乾隆七年秋月，兵部左侍郎，邑人凌如焕撰。

专输姓名

刑部江西司郎中、议叙三品黄履昊。

议建姓名

内阁学士、前礼部侍郎李绂。
兵部左侍郎凌如焕。
大理寺少卿周炎。
山东道监察御史吴炜。
翰林院编修吴华孙。
翰林院编修朱桓。

刑部浙江司郎中胡宝琳。

刑部浙江司员外郎黄元。

户部湖广司员外郎程志仁。

内阁中书舍人胡宝璪。

兵部职方司主事张肇殷。

候选主事洪本仁。

贵州安顺府永宁州知州易学仁。

候选通判汪淳修。

候选州同程豫。

候选州同方远　　字子立者。馆中同姓名者有三人，故注字以别之。

候选州同程德星。

候选州判鲍思叙。

候选经历范振芳。

文按：新立会馆之功，非藉黄公昆华独力捐输不能成，而非南溪先生之创议则莫为之倡也。其同议者则先生小［?］阮翼堂前辈及易公学仁、黄公元、方君远、程君德星、鲍君思叙、范君振芳，数公之力居多。时余偕计在京，知之最悉，故附注于此。

会馆增南院书斋记

古者郡国于京师各有邸舍，考之《前汉·百官志》，郡国邸舍设长丞主之。其后历代相沿，虽不领于官，而会馆之设实祖其意。吾乡自光禄吴南溪先生首议创立会馆，而监司黄君昆华独捐邸第一区，距今垂二十年。吾乡来者有即次之安，无僦赁之苦。迩年以来，居者益众，至不能容，同里诸公谋所以广之。馆之南，购有隙地，可构而苦于无资，因遍告之邗江侨寓，诸君闻议，捐二千金以成其事，逾年资尚未集。而吴中翰二匏专致札陈臬徐君厚庵，乃先独捐，如数寄京师。于是鸠工庀材，经始于己卯之二月，暨四月工告竣，增屋凡四十余楹。里人咸曰：此义举，实足与黄君后先继美，不可以不记！而以勒石之文委余。余闻徐氏多慷慨好义之事，厚庵之兄朴村按：朴村名士修，字禹和，建紫阳学舍，增助膏火；季父学圃按：学圃名璟庆，字赞侯，捐置安徽录遗试院于金陵；朴村之子近仁按：近仁，名麒牲，复捐建篁墩程朱二夫子阙里祠。乡人方啧啧称叹，今厚庵又复为此，何其乐善之不倦也！意者徐氏，其将兴乎！抑余闻厚庵之将捐也，语其宗人篁城太史曰："独捐吾何所吝？第此公事也，业议公捐而吾独为此，毋乃有掠美之嫌乎？"太史曰："不然。独捐以应今日之需，公捐以储将来之用，固并行而不悖者也。又何患焉！"厚庵乃首肯。此其善让不伐又有过人者，故并书之，为来者劝。己卯初夏，兵部右侍郎程景伊撰。

附　记

重兴会馆之议，起于少光录赍输，自黄比部而方君子立、程君聚贤、鲍君永厚、范君万成左右其间，置六十余楹。日久尚嗟人满，仍有僦舍而别居者，光禄吴南溪先生以为忧。乾隆庚午，两淮诸公以国庆入都，光禄以此为言。时家厚庵随兄朴村邸舍中，谓兄："宜曲体光禄公意，谋诸同事。"未几诸公归邗，光禄公札踵至，诸公乃议拨二千金邮寄京师。其时鹾务殷繁，又适值大差，勤劳委顿，遂因循未举。后光禄公告归武部，江公越门、侍卿吴公淡人言于程少司马莘田先生，复寄公函以申前议。时家朴村已即世，厚庵继司鹾务，复订于同人。邗城同人不知京师之翘首跂足，渴于望岁也。仍复从容就议，遵前输数，将收集而邮寄之。戊寅冬，予服阕入都过邗，家厚庵谓予曰："顷吾得吴中翰二匏书，欲予以独力竣会馆功。君弟左亭来札亦匙此言。殊不知此间诸同人已有成议，特需时日耳。奈何迫不及待遽先众而独成之？"予曰："众擎固易，举众力亦难齐，克日成工无如独力。予窃以二匏及家三弟之言为是也。"厚庵曰："此举非吾所难，第无言以谢诸同人，若之何？"予曰："此何足介介也！会馆南园多旷地茶商方君汉霖司匣时，曾与南院地外增置园地一区，宽广可以建造，招徕后进，日引月长，他年增置书斋，仍践诸公原义举，前所输二千金恢而广之，不益善乎？"厚庵欣然曰："此吾志也！第君至都为我致江、吴诸公，虽予独董其成，幸无使在扬诸同人雅敦桑梓之忱泯没而不彰也。"予心诺其言，抵京日即遍闻前致函诸公，皆曰善。己卯年二月初八日动土起工，四月终报竣。予独悉此事颠末，又体家厚庵委曲成全之意，故述其略如左，即以是邮寄南溪先生，当亦快然满志也。乾隆二十四年夏五月，翰林院编修邑人徐光文书。

专输姓氏

徐建勋　名士业，号厚庵，上路口人。钦赐按察使司、晋奉宸苑卿。

原寄札姓氏

吴南溪　名炜，字觐阳，溪南人。庚戌进士。兵科给事，后转古北口兵备道，上书房行走，官至光禄寺少卿。

公札姓氏

程莘田　名景伊，字聘三，云塘人。己未进士。时为兵部右侍郎，后历礼部尚书转吏部尚书，今协办大学士。

江越门　名权，字熙璿，郡城人。乙丑进士。礼部郎中，后出为四川保宁府太守，今现任夔州府。

吴淡人　名绥诏，字淡人，溪南人。戊辰进士。由编修改侍御史，后提督陕西学政，调奉天学政，今升光禄寺正卿。

专札姓氏

吴二匏　名宽，上路口人。召试钦赐内阁中书。

徐左亭　名焕，徐村人。甲戌进士。应选同知，改选江西石城县令。

董事姓名

方汉霖

重建兰心轩记

吾邑会馆之立垂三十年，虽间有修葺而未能大加整理。厅事之南为兰心轩，渐就颓败，其后楹湫隘黟暗，非改造不可以居。徒以公费无出，因循而不能举。乾隆壬午冬，比部鹤洲许君偕兄子枢部韬所、静泉两君谒选入都，慨然太息，以为："此宁可复缓耶？吾将身任其事。"于是召匠庀材，经始于三月九日，至五月十日毕工，计捐资八百金有奇。轩之东西焕若初构，爽垲有加，而通馆、门庭、舍宇赫然鼎新，器用咸备，甚盛事也。士大夫仕宦于中外，力不能为者无论已，其有拥厚赀、登脤仕者，往往饰舆马、治居室，以声色、饮食、燕会相征逐，否则经营生计、求田问舍，惟曰不足，至公事所在，每断断焉有所必较。今许氏竹林独能为人之所不肯为，可谓难矣。而未已也，馆南有隙地一区，尚可建屋数楹，许公复以为己任，期以乙酉年必就，此非勇于为义而始终不倦者乎！勒之于石，以见许君之功足与昆华黄君、建勋徐君并垂不朽，且可以为来者之劝也。里人云塘程景伊记。

同输姓名

许荫采　字鹤洲，唐模人。刑部广西司郎中。
许日辉　字韬所，鹤洲之侄。兵部武选司主事。
许日舒　字静泉，鹤洲之侄。兵部职方司主事。

董事姓名

徐　焕　字左亭。见前。
程步瀛　字履英，槐塘人。廪膳生，中式副榜。

乾隆三十二年捐资会馆生息记

学士竹虚曹公未第时，封公枫亭先生及世父干屏先生并有重望，凡邑中义举咸奉推为祭酒。咨请而行于乡谊，尤为切挚里中，公车及诸同学往来淮上，靡不容接尽欢，礼意交至。余兄弟属年家子，夙承青睐又无论已。乾隆七年，都门会馆告成，例有批输。学士自筮仕以来，历次已捐数百金。岁戊子，余值馆匣，统计匣中存积，万不能支，恐前功尽弃，大失南溪先生创建之意。一日遇学士于圆明园，偶语及之，欲为经久之计，实未敢冀公有厚输也。公曰："某抱此志久矣。缘此际萧条，宦况食指繁多，故未遑议及，今承明谕，容熟商之。"公于是邮寄家书，禀请封君重捐为经久计，而余实不知也。余时正与灿远吴君商复茶行厘头之旧议，甫就，而封君书至，自淮慨输五百金，每年生息资会馆之用。此吾乡自建会馆以来，有明迄今未有之创举也。嗣后，许君鹤洲为会馆置产，租息亦归于公，而馆用益裕如矣。至灿远吴君所议复之厘头专归义庄，而义庄亦不缺于用。此一举也，岂独同人沾润，俾司事从容展布，不以值匦为畏途，会馆自此有备而无患。而厘头与杂项捐输悉给义庄之用，不以馆费贻重累于茶行，岂非不朽之盛事哉！唯是鹤洲置产，馆中已勒石纪其事，而封公倡议捐输缺焉不载，后之人其孰知之，余今编次馆录，深知其原委，故不揣固陋而为之记。时乾隆四十年秋月，杏池徐光文书。

乾隆三十六年增置会馆房产记

比部许君鹤洲竹林重建兰心轩，焕若一新，已具详前记中。馆南尚有隙地，鹤洲复有志构造。既请假南归，遇疾易箦之际尚瞿然曰："会馆隙地未为谋也，吾已诺诸公矣，当以白金二千缗为之。"卒后，两枢部及君嗣龣阶，邮其赀京师，谋鸠工矣。在朝诸君金商曰："吾邑公车近将百人，会馆既不足以容，即馆南隙地一撮土耳，既有重赀，何不更分置处所，俾居止有余，且闲时可收赁金为将来修葺备乎！"乃寄言商之许氏，如众议，以为虽变通前说，其图裨益于桑梓人士一也。时司其事者比部吴君雨亭。于是以其赀九百缗置屋一区，为新分会馆，屋三十余楹；在草场胡同更另典屋两所，一在王官府斜街，一在盆儿胡同，共一千一百缗，暂出赁收其息以待公用。时乾隆三十六年辛卯也。夫人情当仕宦时意气豪举，莫不欲利泽施于人，名声昭于时，及退而闲居，则或置度外，不以关怀，况其当疾病颠危之际而能不忘一诺，好行其德者乎！此则鹤洲贤达之所为，而其昆仲竹林又能成其志，是固卓卓可传者也。诚不可以无书！邑人云塘程景伊撰。

专输姓氏

许鹤洲　见前。

董事姓氏

吴雨亭　名恩诏，溪南人。户部员外，今转浙江金衢严道。

乾隆六年会馆公议条规

一、会馆为潭渡黄君昆华独立捐输，而公众又分助修饰整齐、置备器用等项。创立之意，专为公车以及应试京兆而设，其贸易客商自有行寓，不得于会馆居住以及停顿货物，有失义举本意。

一、平时非乡会之年，谒选官及外任来京陛见者，皆听会馆作寓，每间输银三钱兼批输银三十两以上。其他踪迹不明以及因公差役人等概不留住，以致作践。

一、非乡会之年，房屋虽空，京官有眷属者，及凡有家眷人皆不得于会馆居住。盖家口人杂，一住别无余地，且难迁移，殊非义举本旨。其初授京官与未带眷属或暂居者，每月计房一间，输银三钱，以充馆费，科场数月前务即迁移，不得久居。

一、公车之年，如应试众多，正房宽大，每间二人，小房每间一人，均匀居住，以到京先后为定，不得多占房间，任意拣择，其房屋什物亦复爱惜，毁坏者着落修补。

一、每年同乡公会一次，爵齿并尊者为上，余各以齿序坐。

一、外籍与本籍原无分同异，但须乡贯、氏族实有可征者方准入馆，如无可查考，不得概入。

一、会馆择在京殷实老成有店业者，分班公管。每年二人轮流复始。其公匣、契纸、银两并收支会簿，上下手算清交代。凡有应行事件，与在京现仕宦者议定而行。京官亦每年以一二人掌管，其有出差、告假，交留京者接办，无致废弛。

一、住馆之人去来必白掌管者，以便查点器用。其不合例之人，司年者以馆规致辞。如将馆房私借外人居住以及霸占等弊，公议重罚，仍斥本人不许入馆。

一、朔望神前香灯，以及祀典，司年者用公项酌办。

一、乐输银两，将前已付及后续收者皆登载明白，司年之人不得滥行开销花费，每年择日公同结算，有私支未清者鸣众公罚。

一、嗣后中甲科及中顺天乡试者，各输资以立匾额。其内外官至三品上者输银一百两，翰铨科道输银三十两，援例正郎以下、主事以上者输银六十两，司道以下、州县以上输银五十两，佐贰以下输银十两，为将来拓充房屋之资，或另置产取租，以为春秋公会之需，并资助乡会人士盘费之不足者。但内外任，悉听量力，不必强勉。

一、本籍、外籍虽皆同乡，但吾乡寄籍者甚多，恐房间不足，转令本籍向隅，殊失立会馆本意。公议：凡乡会试之年，先尽本籍居住，如房间有余，再让外籍，庶不失由近及远之意。

一、会馆置用椅桌家伙等件，悉行开载簿内，如有遗失，惟看管人查究。

一、所收银两不得放债生利，惟买产坐租，万无贻误。司事者如擅行出入，查出公罚。

一、看管人役给住房三间，又将隔舍车店租息，每月给赏一千文，以为工食。原备役使及看守门户查点什物而设，倘怠惰污秽，并容留匪类及盗卖馆中桌椅、私借等弊，送城究治，即行驱出另召。

以上各条斟酌公议，务宜永久遵行，后人不得紊乱，以幸盛举。

乾隆二十八年增议条规

吾邑会馆自乾隆辛酉吴南溪诸公始议劝输，黄昆华观察捐宅一区为之倡。己卯，徐厚庵陈桌拓置南院房宇。今岁癸未，许鹤洲比部洎韬所、静泉两枢部竹林，复增新葺旧、添置器物，先后经营、备费资力。必定章程，方可垂诸久远。建立之初原有条例，今复因时制宜，就原例公同商酌，增损详悉共计二十条，刊刻刷印。凡寓会馆者，各送一册，务期遵守，毋致紊乱，庶全公所，亦洽乡情。

一、会馆新旧房屋几及百间，公车尽容下榻，除大厅暨兰心轩上下存为同人公叙之所，不得居住外，其余房屋由内及外、自左达右编定号数，以到京先后为序，每人居住房一间，不可多占，亦不拣择。

一、会馆原为公车及应试京兆者而设，其贸易来京自有行寓，不得于会馆居住以及存贮货物，有失义举本意。

一、非乡会试之年，谒选官及来京陛见者，均听于会馆作寓，每间月出租银一钱，按季送司年处。其它因公差役以及无事闲游者，概不留住，以防作践。

一、非乡会试之年，京官或未觅有寓所者，亦听暂时居住，照例输租。惟将届应试入都时，务须早为迁让，不得阻踞。其有眷属者，并不许暂行借寓。

一、本籍外籍皆属同乡，但吾邑寄籍者多，凡乡会试之年，先尽本籍及外籍而现在本邑住家者居住，其余外籍须房间实在有余，询明乡村族属，确有可凭并京官作保者，方准作寓。

一、自本年为始，阄定京官二人轮流掌管。凡有应商事件，传集公议而行。其公匣、簿籍、契纸、银两及馆内物件，公同查明交收，每年以五月公会后择日邀众齐集馆内算清，上下手交代。如遗失短少，咎有所归。其馆内房屋修葺最关紧要，司年者每月须到馆亲勘，有应修处即行通知，估计修理，不得因循，以致迟修多费。

一、会馆房间钥匙存司年京官处。凡欲到馆居住者，先向司年亲取钥匙开住，将房内什物书明粘单壁上，照数点交，不得损坏。临去时仍将钥匙交还司年，并当面查点，各件如有损失，务令赔补，司年不得徇情。

一、凡谒选引见以及京官暂寓会馆者，馆内房屋什件须公同留心照管，毋致损坏、遗失。倘本房家伙不敷所用，自行添置，不得移动别房，以致错乱。出京时所置物件，即捐与馆内公用。再拴养马匹，头口大门内有马篷，毋得牵入馆内作践，如违公罚。

一、凡住会馆之人所带仆从，旧宅即住厨房、新宅令住小房，俱不得占住正屋。至门扇家伙俱各责令小心照应，毋许糟蹋，如违公罚。

一、乡试中式输银一两，会试中式输银二两，登名匾额。其乡试第一名者输银十两以上，会试第一名者输银二十两以上，若状头输银五十两以上，鼎甲输银三十两以上，各另悬名匾。惟外籍乡贯系族，无可查考者，毋庸滥入。

一、京官三品以上输银三十两至六十两，翰铨科道输银十两，郎中、员外输银二十两，主事输银十两，七品京官输银六两、奉差者输银十两；外官三品以上输银五十两至一百两，道府以下、州县以上输银三十两至六十两，佐杂输银六两至十两。此系公同酌定之数，不可减少，其有好义增捐者不拘银数。俱于得缺赴任时即交司年收存登簿，为将来置产、岁修及各公用，不得多开少付，不得指名兑会，并责成司年京官催取。

一、每年京官三品以上者输银三两，五品以上者输银二两，七品以上者输银一两，司年于年终送单，随书随付，收入岁支簿内，以备公用。

一、馆内倘有余银，只置产坐租，丝毫不得借贷于人，贪利贻误。

一、公匣内向立有捐输簿，登载捐输姓氏、银数。积年以来或有已付而未登簿，或仅批单而未应付，现在阄定司年之人彻底查对，将已付银数、人名各按年登载，并补勒石。其已书未付者各寄札催取，久不答者，即于本名下批明。嗣后务须现书现付，方便登簿，并入交代内清算。

一、立收支总簿，每年一结；并立逐时收支银钱流水账簿，每月一结。俱存公匣，上下手交代。

一、茶行向有捐输之例，乾隆十六年公议加增，二十四年已止不行。今核对总数，共捐输折实银数不及二千两，内支文、武、乡、会、翻译考试，并为六安茶行讼事等费用至一千七百余金。既非合邑公举，且未传知同人在茶行亲友，以己银办己事，虑费有不齐，特借公匣存贮，亦为先事通融之法，但一概收支入于会馆公账内，未免混杂不明。除将费用剔开另结外，所余银数共三百金，应载明捐输簿内，以志雅谊。

一、石榴庄经会馆请碑禁示，并动公项修理，每年清明、中元两节，皆银、茶行前往祭祀。嗣后仍应听首事人传知同乡京官，各出清钱百文以供纸烛之费。

一、看馆人公食，议定由司年按季给付，其按月收房租等，责令取讨交匣，不得擅取擅用；至在馆作寓者来去，俱令禀明司年，其查点房屋什物时，并令一同在旁过目，勿听推诿。

一、门上代看馆人承值，每日自大厅至门首俱责令打扫洁净，其往来闲杂人等不许容留，违者司年究逐。

以上各条公同酌议，妥协详悉。凡我同乡各宜自爱，永远遵守，幸毋作俑，致乱成规，则斯馆之设，可以垂久矣。

会馆公捐录

乾隆六年初立会馆捐输　　会馆碑匾只详书捐数，至字爵、里居多不全备，自后请详开付馆，以便登载

黄履昊　字昆华，潭渡人，部郎，历任武汉道，一千八百两。

吴　炜　字觐阳，南溪南人，号南溪，光禄寺少卿，三十两。

徐　裡　字谷符，号守瓶，徐村人，赠左春坊左中允，十两。

徐　禧　字天吉，号晓峰，徐村人，赠左春坊左中允，二十两。

洪肇楸　字苏游，洪坑人，历任山东莱州府知府，五十两。

吴华孙　字冠山，号翼堂，南溪南人，编修，福建学政，四十两。

洪本仁　字东阆，桂林人，候补主政，五十两。

程素安　岑山渡人，一百两。

易学仁　字融斋，岩镇人，永宁州知州，五十两。

方瑞薰　字简亭，齐武人，贡生，五十两。

梅士可　梅村人，三十两。

程德星　字聚贤，呈坎人，候选州同，三十两。

方廷瑞　磻溪人，三十两。

范宗琦　字又韩，篁墩人，候选州判，二十两。

方凤昌　二十两。

吴若李　西溪南人，候选州同，五十两。

方以誉　十六两。

吴汉友　昌溪人，十六两。

罗光士　字昭实，呈坎人，国学生，十六两。

姚位东　深渡人，十两。

程天如　十两。

贺士棋　字琴侣，郡城人，监生，十两。

洪梅占　三阳坑人，十两。

方玉章　十两。

方星彩　十两。

方有怀　十两。

方玉珩　字韫山，齐武人，十两。

程德美　汤口人，十两。

王景和　五两。

杨习有　五两。

潘朝正　岩镇人，五两。

蒋在田　五两。

吴泉玉　昌溪人，五两。

许思鲁　五两。

江玉山　五两。

罗象贤　呈坎人，五两。

程汉年　呈坎人，候选州同，三两。

吴圣一　北岸人，三两。

洪植三　五两。

方惟先　四十两。

程宗尧　崇村人，十二两。

方玉炎　度昭，齐武人，十两。

方文达　磻溪人，十两。

方含美　齐武人，五两。

江子昭　五两。

吴宾厚　三两。

方功惟　十两。

方子立　名远，狮山方村人，候选州同知，二十两。

鲍永厚　名思叙，号省庵，候选州判，三十两。

金士仁　字惺若，金村人，直隶庆云县知县，三十两。

黄芑山　潭渡人，三十两。

江咸宁　字省南，丰瑞里人，江苏安东县教谕，十两。

郑捷甲　字平肃，岩镇人，知湖北应山县，十两。

汪汗倬　字大章，松明山人，山东督粮道，二十两。

吴山玉　字怀朗，西溪南人，刑部员外，三十两。

吴之黼　号竹坪，石桥人，刑部员外郎，三十两。

吴廷枫　字丹宸，江西瑞州府知府，二十两。

黄兆熊　潭渡人，江西余干县知县，十两。

项理忠　字靖公，小溪人，广东韶州府通判，十两。

江　权　字熙泉，号越门，礼部郎中，知夔州府，二十两。

许宗峙　字霁堂，郡城人，直隶蔚州知州，十两。

江嗣仑　字英玉，江村人，封襄阳游击，二十两。

汪　葵　字和赓，慈姑村人，湖北荆州府守备，十两。

罗　炎　号松轩，呈坎人，直隶故城县知县，五两。

许　鉴　郡城人，直隶阜平县知县，十两。

吴玉生　号鱼浦，西溪南人，刑部浙江司员外，十两。

罗　珽　字玉廷，呈坎人，浙江海宁县丞，十两。

项　樟　号芝庭，小溪人，凤阳府知府，十两。

方介臣　苏村人，监生，十两。

茶行公捐三百两。

乾隆二十二年以后捐输　字爵、里居亦不详

徐士业　字建勋，号厚庵，钦赐奉宸苑卿，寄捐二千两。

汪汉倬　见前，六十两。

程　苍　岑山渡人，四十两。

方有光　字日容，罗田人，河南洛阳县知县，三十两。

许登瀛　沧亭，郡城人，湖南衡、永、彬道，二十两。

黄　元　字汝旸，潭渡人，户部郎中，二十两。

胡　翼　筠亭人，湖北天门县知县，二十两。

吴以镇　字瑾含，西溪南人，翰林院编修，二十两。

胡宝瑔　字泰虚，方塘人，河南巡抚，十两。

洪文兰　字岷山，户部员外，十两。

金长溥　字瞻源，岩镇人，吏部稽勋司主事，十两。

许联奎　字东堂，郡城人，陕西葭州知州，十两。

姚任道　字亮卿，深渡人，安东县教谕，十两。

凌应春　字冰衡，沙溪人，十两。

黄粹然　潭渡人，四川新津县知县，八两。

黄修忠　字蔚岑，潭渡人，甘肃平庆道，四两。

吴国谞　字子廉，石桥人，内阁中书，四两。

吴廷枫　见前，四两。

方　英　字鞸若，岩镇人，十两。

汪如椿　字鼎年，西溪人，山西保德州知州，六两。

洪肇枞　见前，五两。

程国表　字正旸，岑山渡人，湖北荆南道，五两。

汪德溥　富竭人，甘肃成县知县，四两。

汪　济　富竭人，四两。

许执中　字扶南，许村人，仪征批验所大使，四两。

程志洛　字洪诰，岑山渡人，福安县知县，四两。

罗廷梅　字南有，呈坎人，翰林院庶吉士，四两。

汪朝栋　字南若，岩镇人，福建盐（场）大使，四两。

凌应熊　郡城人，四两。

汪　涛　号亦山，富竭人，浏阳县知县，四两。

胡梦桧　字汝调，永安县知县，四两。

郑　爔　字引泉，郑村人，翰林院编修，三十两。

黄之升　字以蕃，黄村人，六合县税课司，十两。

许荫材　字尺五，号松堂，唐模人，刑部员外郎，三十两。

方思孝　字立行，岩镇人，隆平县知县，十两。

项　淳　字芸堂，岩溪人，吏部主事，三十两。

庄　采　字素施，阳坑人，金坛县知县，五两。

方汉烈　号毅斋，齐武人，浙江盐运副使，十两。

汪廷与　号持斋，潜口人，今内阁学士，二十两。

蒋全迪　字道周，蒋村人，平罗县知县，八两。

程公佩　槐塘人，二十两。

江　权　字熙泉，号越门，礼部郎中，今知夔州府，二十两。

徐光成　字韶九，徐村人，岁贡生，敕封修职郎，十两。

吴绶诏　字青纤，号淡人，南溪南人，今光禄寺正卿，二十两。

黄烽照　字文野，号鹤溪，郡城人，内阁中书，六两。

吴玉生　号鱼浦，西溪南人，刑部员外郎，十两。

程杏芳　字溪堂，簰边人，二十两。

曹文埴　字近薇，号竹虚，今升詹事府正詹，一百二十两。

吴　宽　号二匏，路口人，内阁中书，六两。

金云槐　号莳廷，岩镇人，检讨，涖历巡漕御史，二十两。

乾隆二十四年会馆修造捐输　此单向刻观光堂前北首照墙石上，今增入

程景伊　字聘三，号莘田，云塘人，今协办大学士，二十两。

吴绶诏　见前，二十二两。

吴玉生　见前，十二两。

曹文埴　见前，二百三十二两。

金云槐　见前，二十二两。

吴恩诏　见前，二两。

蒋雍植　号渔村，黄山人，翰林院编修，二两。

黄燨照　见前，今转佛山同知，七两。

罗廷梅　见前，二两。

汪丞煊　字亦恬，岩镇人，一两。

胡汝金　字砺亭，方塘人，二两。

龚　泰　字岱瞻，岩镇人，二两。

汪还仁　字立人，西溪人，今安东学教谕，二两。

方鹤皋　字冲寰，岩镇人，二两。

郎祚康　字晋锡，郡城人，一两。

郑曜图　郑村人，二两。

江　权　见前，十二两。

郑　燨　见前，二十二两。

项　淳　见前，十二两。

程杏芳　见前，二十二两。

吴　宽　见前，八两。

曹　坦　字中履，雄村人，二两。

江　炯　字郁章，郡城人，一两。

程　沆　字晴岚，岑山渡人，一两。

张　炳　字豹林，郡城人，一两。

汪　昱　字起霞，邑城人，一两。

胡赓善　字受谷，郡城人，一两。

汪得韬　一两。

吴　栻　字韬一，岩镇人，二两。

汪化龙　二两。

程廷丰　字丹谷，洪坑人，二两。

吴之黼　见前，二两。

乾隆二十八年以后捐输

许荫采　号鹤洲，唐模人，刑部郎中，偕侄共两千八百两。

许日辉　字韬所，兵部武选司主事，鹤洲公侄，捐数见上。

许日舒　字静泉，兵部职方司主事，鹤洲公侄，捐数见上。

曹景宸　号枫亭，雄村人，晋封翰林院侍读学士，五百两。

洪云锦　号漪园，洪坑人，拣选湖南知县，三百两。

程　沆　字晴岚，岑山渡人，翰林院庶吉士，三十两。

吴　珏　字西玉，郡城人，壬午江南解元，癸未进士，十两。

胡　瑨　字澹中，郡城人，光山县知县，十两。

刘　楸　字茇若，向杲人，分发直隶知县，四两。

江　恂　廉畦，江村人，湖南乾州厅同知，六两。

吴九龄　号浑斋，南溪南人，梧州府知府，十二两。

潘邦和　石钧，分发四川县丞，三两。

刘　标　字锦洲，向杲人，广西梧州府知府，一百两。

徐　焕　字左亭，号梅槼，徐村人，石城县知县，十二两。

江　兰　字畹香，江村人，今鸿胪寺正卿，十两。

汪　涛　再任山西绛县，今汝州知州，八两。

汪廷枢　字冠中，霸州河工吏目，十两。

刘　枢　号鹤亭，向杲人，拣发直隶县丞，六两。

许兆虎　字禹山，郡城人，武定府知府，五十两。

徐　昆　蕴谷，朱方人，今宁波府知府，五十两。

朱芫会　号纫椒，浯村人，鄱阳县知县，十两。

程　埙　号耕迟，槐塘人，嘉鱼县知县，十两。

徐玉野　字梦卿，徐村人，昭通府经，今署姚州，十两。

黄　钟　峨村，君州知州，六两。

吴绶诏　见前，官御史日提督陕西学政，十两。

程　堂　岑山渡人，淮北监掣同知，六两。

项兆龙　号兰汀，小溪人，荥阳县知县，十两。

江廷泰　字阶平，号益堂，江村人，竹溪县知县，十两。

江　炯　字郁章，郡城人，乐会县知县，十两。

许荫楷　宇葵里，唐模人，今南昌府知府，十两。

程文球　号春谷，洪坑人，余杭县知县，十两。

吴之黼　号竹屏，石桥人，湖北武汉道，五十两。

程廷丰　号听泉，洪坑人，南屏县知县，十两。

江登云　字舒青，江村人，今江西协镇，二十两。

汪　棣　字炜华，松明山人，刑部员外郎，二十两。

程国诏　字丹书，岑山渡人，兵部郎中，二十两。

蒋全迪　蒋村人，今知兰州府，三十两。

汪　沁　富竭人，阶州知州，四两。

潘成栋　号兰圃，甸子上人，广安州知州，二十两。

曹　城　号顾崖，雄村人，翰林院编修，十两。

洪　朴　字伯初，洪坑人，今刑部员外郎中，十两。

金　榜　号柘田，岩镇人，壬辰状元，翰林院修撰，五十两。

郑宗彝　号东亭，岩镇人，刑部主事，三十两。

王　照　字炳周，王村人，内阁中书，六两。

曹　坦　字中履，雄村人，萧县知县，十两。

汪　涛　　见前。今知许州，十两。

方大川　　号艺兰，岩镇人，内阁中书，十两。

吴恩诏　　见前。浙江金衢严道，三十两。

胡鼎蓉　　方塘人，陕西山阳县知县，十两。

程　易　　岑山渡人，盐运司运使，四十两。

许　第　　唐模人，分发湖南州判，六两。

曹　坦　　见前，候选主事，十两。

黄承裕　　郡城人，分发福建府经，六两。

吴承绪　　字芬余，西溪南人，中书科中书，二十两。

汪　吉　　郡城人，分发浙江县佐，四两。

项　嵊　　号瑶溪，严溪人，光禄寺署正，十两。

曹文埴　　见前，官庶子日提督江西学政，十两。

许宜磐　　字青圃，许村人，分发两淮运经，十两。

徐光文　　字亭玉，号杏池，徐村人，侍讲、提督河南学政，十两。

鲍锦璋　　字云书，号唐村，鲍屯人，候选县佐，六两。

洪　朴　　字伯初，洪坑人，刑部员外郎、湖南主试，十两。

汪启淑　　号秀峰，绵潭人，工部员外，三十两。

朱　焕　　四川吏目，四两。

黄　沛　　山东东昌都司，十两。

黄惠龄　　见前，分发福建邑令，十两。

吴封英　　兵部员外，二十两。

杨嗣本　　分发浙江吏目，四两。

巴国柱　　号立亭，分发浙江道，五十两。

何秉权　　字禹平，富塌人，辉县令，十两。

蒋士椿　　上路口人，简州州判，六两。

汪廷瓒　　字珍卣，富塌人，四两。

胡鼎臣　　字润堂，方塘人，十两。

范兆炳　　字霁亭，篁墩人，二两。

上铺按：原刻官阶，后来升迁难以遍考，今俱一仍其旧。

乡试中式题名录　　文按：乾隆以前，系南溪先生追叙，自后则概有捐费，今间有惜费而不题名者，应候公议酌定

顺治乙酉科：汪远

顺治丙戌科：鲍兰　张习孔按原刻孔作本　刘兆元仁和　方跃龙于潜

顺治戊子科：何如龙　王仕云江宁　闵叙江都　吴涵钱塘　汪继昌嘉兴　程涞山阳

顺治辛卯科：汪有朋　许书　郑嗣武　吴伯琼　罗丞祚顺天　王铉江宁　吴元石

杭州　方日章于潜　胡文学鄞县

顺治甲午科：洪乘轩泾县　吴琬玉更名植　鲍济　徐斌　程瀚江宁　汪灿江都 江皋桐城　吴矿钱塘　徐懋贤　黄如瑾溧阳

顺治丁酉科：汪嘉桂　项时亨　王国相　罗苍期　鲍懋经　洪世绂　程鹏翀 洪圩　徐冯　郑为光顺天　汪溥勋

顺治庚子科：郑吉士钱塘

康熙癸卯科：王家相　汪虬繁昌　江德新顺天　吴观垣仁和　黄士焕湖广,元 江闿贵州　程万钟常山,按原刻万作黄

康熙丙午科：吴苑　汪浩然　项亮臣　项龙章　许承家　程浚顺天　吴于前湖 广,按榜姓陈　程武琦江都

康熙己酉科：黄迪光　程孟　张坽杭州　王鹤孙钱塘　曹挺湖广

康熙壬子科：吴兰　吴芝骙仪征　江之泗桐城　汪霈钱塘

康熙乙卯科：许承宣顺天　徐喦

康熙丁巳科：黄图泰顺天　鲍夔杭州　孙名佐海宁　胡德迈宁波　吴阶芝湖广 吴岳湖广　吴芝骙湖广

康熙戊午科：汪舟　江笔　鲍荐繁昌　鲍鼎祖　吴侯度　许德义顺天　汪麒孙钱 塘　汪煜黄岩　郑熙绩顺天

康熙辛酉科：汪薇　程淞　方名湖广　黄梦麟溧阳

康熙甲子科：凌嘉藻　程文正江都　吴宁谧淮安　吴耀仁和

康熙丁卯科：吴梦龙　唐鸿举顺天

康熙庚午科：黄遐昌　吴源懋句容　程湜江都　鲍开顺天　吴筠浙江,元　程光 祚湖广　胡师周湖广

康熙癸酉科：程湄江都　江为龙桐城

康熙丙子科：吴蔚起按原刻起作然　许迎年江都　吴焕钱塘　洪勋温州

康熙己卯科：程皆　汪琳　程光佑　吴瞻淇　程彦武进　汪国仪和州　吴琏常山 程大聿湖广　程光炎湖广　程陈脉华亭

康熙壬午科：曹志宏顺天　吴国镳仁和　黄振鹭溧阳

康熙乙酉科：洪泽　洪瀛　吴崧　阮体乾宣城　程鏊　程垲安东　程希畏仁和 唐德培钱塘　江发乌程

康熙戊子科：洪耀　程釜　汪諴　梅鼎臣　黄体先　凌如焕上海　吴观域钱塘 周炎杭州　吴环常山　程梦星顺天　李绂江西,元

康熙辛卯科：洪立进　程芳声　方士模　吴安国　朱世勋宜兴　仇邦楷钱塘　周 灏　许道章扬州,按原刻章作宁　汪泰来仁和,按原刻泰作参

康熙癸巳科：许遄中元　程御龙　黄昌遇江宁　江吴鉴云南　江伦浙江,补　郑 国相浙江,补

康熙甲午科：方炳元　汪坤仁和　徐廷业按原刻姓汪　黄炳先　黄恂儒溧阳

康熙丁酉科：朱陵　凌赓臣顺天　汪元进仁和　曹载宁石门　黄怀祖溧阳

康熙庚子科：程允元　胡正履　吴日章　吴鲲　吴颛孙　程锡琮　方梦骊　吴

枚　吴维翰　吴淞　洪肇㭕仪征　刘正寀仪征　吴炜杭州　汪振甲杭州　程余庆仁和　汪龙甲杭州　汪援甲定海　汪德容钱塘　黄粹然溧阳

雍正癸卯科：方骞　叶舒荣　程锦　叶嘉桂　郑材　胡宝璓榜名金兰　胡烑仁和　王瀛洲杭州　汪作揖金华　郑士锦按原刻士作世　江金城杭州　黄兆熊溧阳　黄斐然溧阳

雍正甲辰科：王遇　洪之蔚　金士仁　方愉仪征

雍正丙午科：叶筠　胡汝华　鲍日烈　纪骝　吴华孙　胡正蒙顺天　汪宏禧钱塘　方琦

雍正己酉科：曹学诗　吴金翼　郑郊仪征　朱桓宜兴　凌应龙上海　汪起谧顺天　胡际泰杭州　方邦基仁和

雍正壬子科：洪纯、金长溥榜姓叶　程瑸　许宗峻仁和　项樟淮安　程仁秩　汪师韩浙江，补　汪为楫湖广，补

雍正乙卯科：程隆家　汪锜　张銮　洪逊　叶昱嘉定　凌应兰上海　徐寊常熟　叶苑仁和　周履坦仁和　洪本仁扬州　叶准钱塘

乾隆丙辰科：洪涟　江观澜　庄采　徐光文顺天　吴紫沧仁和　江汝器钱塘　汪廷翯钱塘　吴玮钱塘　黄克业如皋，补

乾隆戊午科：黄志元　毕擢　方有光　江权　郑捷甲　江咸宁　汪熙绩　吴坦钱塘　吴国锷钱塘　叶宏镐钱塘　郑鸿撰钱塘　程焘仁和　周履基仁和　汪若水溧阳　洪其哲贵州

乾隆辛酉科：罗时愈　吴绥诏　谢溶生仪征　汪元正仁和　江葵顺天，按榜姓赵　汪廷玙镇洋　胡梦桧钱塘　胡翼仁和

乾隆甲子科：张炳　黄燡照　朱嘉叙　吴廷珆　胡汝金　郎祚庭　曹炳顺天　叶庠榴仁和　吴毅杭州　汪泰颐仁和　黄鼎顺天　程文辉顺天　方焕　张文扬州　程瑄仪征

乾隆丁卯科：胡宝璿榜名二乐　江炯　刘标　胡鼎臣　凌应春顺天，按榜姓李　姚任道顺天　汪沁顺天，按榜姓王　项兆龙顺天　项行吾顺天　毕怀图沧州　江名锦补　吴以镇补

乾隆庚午科：唐来松　佘赋伟　项淳　曹元瑞　王朴　程壦　项廷模顺天，原刻名廷　胡世楠顺天　汪圻顺天，按榜姓顾　汪之浚丹徒　胡廷槐杭州　张衡浙江，补

乾隆辛未召试：蒋雍植怀宁

乾隆壬申科：曹文埴　吴恩诏　郑南枝　汪昱　胡瑨　方沛霖按原刻霖作森　程峻六安　汪涛江宁　程文球繁昌　叶临洙钱塘　徐焕顺天　金云槐顺天　许淳顺天，按榜姓李　江泰顺天，按榜姓王　项万年顺天，按榜姓祝

乾隆癸酉科：胡宝光　洪近圣按原刻近作进　龚泰　汪元　郑爔　方思孝顺天　胡溶镇洋，解元　江衡顺天　程懋执通州，按榜姓王　朱芾宜兴　程之章仁和

乾隆丙子科：汪坤　汪其纯　罗廷梅　洪钧　程德炯　程启佑　朱芫星　朱芫会　吴枞顺天　汪还仁顺天　程廷丰顺天，按榜姓于　许慎杭州　洪锡璋仪征　洪銮芜湖　汪得稻杭州　凌应曾顺天，按原刻曾作会

乾隆丁丑召试：吴宽

乾隆己卯科：曹桂　吴庆爵　胡赓善　汪承煊　周世衔按原刻衔作衡　潘应椿　江朝举　吴重光江都　程沉安东　许如麟　汪若水杭州　洪邦耀鄞县　叶道泰钱塘　曹坦河南　汪献之顺天　王仕升仁和　程元基顺天

乾隆庚辰科：汪百名　洪巤　汪顄　汪为善　朱麟定宜兴　程杏芳顺天　王照仁和　王邦治钱塘　汪毓英嘉兴　潘瑛仁和　吴龙章青阳　汪星五浙江，补

乾隆壬午科：吴珏解元　江上峰　汪锡魁　胡珊　金廷梓榜名梓　吴覃诏　汪苏曹榜　项为材　吴应诏仪征　朱步云宜兴　汪焕宜兴　谢浤生仪征　程沉丹徒　朱麟征宜兴　朱受宜兴　潘奕隽钱塘

乾隆壬午召试：程晋芳

乾隆乙酉科：江南金　吴必良　汪昌　潘宗硕　吴瓛　许玫锦　吴绍沄　方昌镐顺天　方义方仪征　方槐浙江　曹应琦太仓　潘奕藻吴县

钦赐：胡鼎蓉

乾隆乙酉召试：金榜　洪朴　吴楷仪征

乾隆戊子科：洪榜　吴潆　许楠　朱诜宜兴　郑宗彝江宁　徐方江西　程在嵘霍山　汪梦旗顺天，补　许烺浙江，补　程玉树江西，补

乾隆庚寅科：程瑶田　程世淳顺天　汪昶　曹城　郑奇树　吴报捷　吴钜　吴绍濂仪征　吴玉墀钱塘

乾隆辛卯科：程名恒　汪广堂　方大川顺天　吴甸华顺天　汪端光仪征，补

乾隆甲午科：胡枚　项应莲　程家训　方世基　吴绍浣江苏　许焕浙江　吴承绪仪征　宋家骧江宁　徐午顺天　项占龙湖广　程一飞武进，补　汪鋈江宁，补　郑文明仪征，补

会试中式题名录

顺治丁亥科：朱廷瑞按原刻姓牛　张光祁

顺治己丑科：张习孔　刘兆元　方跃龙于潜　汪继昌嘉兴

顺治壬辰科：洪琮　何如龙　王仕云江宁　罗汉章丹徒　吴元石杭州，按：更名雯清　刘廷献仁和　胡文学浙江

顺治乙未科：许书　郑嗣武　汪有朋　闵叙

顺治戊辰科：程瀚　吴矿钱塘　黄如瑾溧阳

顺治己亥科：罗苍期　王国相　洪乘轩　项时亨　鲍济　郑为光仪征　吴涵钱塘　徐元文状元，昆山，补

顺治辛丑科：徐斌　程涞山阳　江皋桐城

康熙甲辰科：王鋐江宁　程万钟常山

康熙丁未科：洪圩　汪溥勋　黄士焕湖广

康熙庚戌科：汪浩然　汪虹繁昌　江德新　徐乾学昆山，补

康熙癸丑科：汪鹤孙浙江　徐秉义昆山，补

康熙丙辰科：许承宣江都　程浚仪征　汪霈钱塘

康熙己未科：鲍荐繁昌

康熙己未博学鸿辞科：汪霦钱塘，补

康熙壬戌科：吴苑　阮尔询宣城

康熙乙丑科：汪薇　许承家江都　黄梦龄溧阳　汪煜黄岩

康熙戊辰科：唐鸿举　程珣休宁

康熙辛未科：程文正江都

康熙甲戌科：程湜仪征　程湄江都　吴岳湖广

康熙丁丑科：许迎年江都　程本节合肥

康熙庚辰科：江为龙桐城　鲍巘杭州

康熙癸未科：吴瞻淇　吴蔚起　吴涟浙江　吴焕钱塘

康熙丙戌科：程彦武进

康熙己丑科：汪诚　程阶　方觐江都　李绂临川　吴筠仁和　吴观域钱塘

康熙壬辰科：洪泽　鲍开常熟　汪泰来钱塘　程梦星江都

康熙癸巳科：曹志宏　程銮　江发乌程

康熙乙未科：凌如焕上海

康熙辛丑科：吴鲲江西

雍正癸卯科：洪肇楙仪征　朱世勋宜兴　周炎杭州

雍正甲辰科：朱陵　程锡琮六安　汪德容浙江，原刻顺天　胡炌仁和

雍正丁未科：黄斐然溧阳

雍正庚戌科：吴炜　吴华孙　汪振甲浙江　胡际泰杭州　方邦基仁和　汪宏禧钱塘　唐廷赓定海　罗克昌高邮

雍正癸丑科：金士仁　程仁秩江都　朱桓宜兴　项樟淮安　汪师韩钱塘　凌应龙上海

乾隆丙辰科：程栋　方骞　叶昱嘉定

乾隆丁巳科：程隆家　洪本仁扬州　许宗峻仁和　黄克业如皋　凌应兰上海

乾隆己未科：程景伊武进　叶苑仁和

乾隆壬戌科：郑捷甲　谢溶生仪征　仇然钱塘

乾隆乙丑科：徐光文　江权　李友棠临川　吴毅杭州　张文扬州

乾隆戊辰科：金长薄　曹学诗　庄采　吴绥诏　汪廷玙镇洋　叶世度仁和　胡梦桧钱塘　洪其哲贵州

乾隆壬申科：曹晫　刘标　吴以镇　汪涛江宁　郑鸿撰钱塘　程瑄仪征

乾隆甲戌科：徐焕　程垻　胡瑨　汪永锡钱塘

乾隆丁丑科：罗廷梅　洪钧　郑爔　朱芫会　江廷泰江都　程文球繁昌

乾隆庚辰科：曹文埴　程之章　汪献芝

乾隆辛巳科：项淳　金云槐　蒋雍植怀宁　汪为善昆山　曹坦河南　陈步瀛江宁

乾隆癸未科：唐来松　王百名　吴珏　程沆安东　洪锡

乾隆丙戌科：胡珊会元　吴礼镇洋　王邦治浙江

乾隆己丑科：汪焕宜兴　程元基仪征　潘奕隽浙江

乾隆辛卯科：程晋芳　曹城　吴覃诏　程世淳　洪朴

乾隆壬辰科：金榜状元　王照仁和　郑宗彝江宁

乾隆乙未科：吴绍溁　许烺浙江，补

上铺按：科目题名原刻自国初起，至乾隆乙未科止，除本籍外，其寄籍多有后来补入匾额者，虽随时登记而疑误挂漏在所不免，其中确有可稽者为改正之、漏者补之、疑者两存之，皆注于名下。

武乡试中试题名录

文按：乾隆朝以后题名，例有捐输，今惜捐费而不题名非理也，候公议从长酌定

顺治戊子科：王庆云　毕嘉禾

顺治甲午科：徐勋　罗维屏　何大邦　毕熙儒原刻姓章　洪向都

顺治丁酉科：何如彪　王之策　吴攀桂　汪隆

康熙癸卯科：项封尧　郑玑　黄珍　胡燀浙江　王晌浙江　吴谦青州

康熙丙午科：毕震　罗昭　吴璠　徐可祚　程邦傅　胡守思浙江，原刻思作恩

康熙己酉科：洪经义　何良玉　程钏原刻钏作剑　闵京　姚英　胡国瑛浙江

康熙壬子科：胡士昌　毕锡祐　何良瑜　项昕原刻名祈　程大期　程丰　王廷瑚

康熙乙卯科：吴纬　项揆文　项澍　汪彪　谢珩

康熙戊午科：曹志宁　洪奇　许勋　吴朝宷　王佐　项兆　胡国鼎　汪文雄　王廷璟　王效忠　闵长宁

康熙辛酉科：方承烈　洪尧昭　许廷佐　程机　萧彩　吴宽　黄宗　程志功　林师贤

康熙甲子科：吴巑　方鹤鸣　吴湘龙　黄彬　潘铃原刻名铨　郑经元　程之栋

康熙丁卯科：许奇　吕荣登　吴烈　胡世熊　程熊　王继善补

康熙庚午科：许禧然　仇元祯　吴廷缄

康熙癸酉科：谢恩　程良辅　吴登简　方祥受

康熙丙子科：汪海　毕天枢　许斌　黄师尹　方一淳　仇英　毕昶　胡天恒

康熙己卯科：方智　黄浤浙江　徐鉴湖广　黄章　王道　洪其烈　方用仪

康熙乙酉科：黄云　许其璙　汪淮　毕洪都　胡天渭浙江

康熙戊子科：郑申原刻名甲　汪嗣仑　江右浙江　汪乔林　江国维盱眙　张日偲扬州　郑嵩扬州

康熙辛卯科：方钊　洪翔　王德纯　王机

康熙癸巳科：洪如章　洪一鹤　黄光迪

康熙甲午科：鲍炘　毕家栋　吴正遂　江名标

康熙丁酉科：王维崧

康熙庚子科：江日铉　程兆能　方正谊　汪鸿

雍正癸卯科：汪钧　汪瀛　程兆熊　项元

雍正甲辰科：黄堂

雍正丙午科：江日燧　许襄

雍正己酉科：江之淑　许文煌原刻名又煜　王维任浙江

雍正壬子科：饶秉晋　黄钟补　项廷标补

雍正乙卯科：张国佐补　江永清补

乾隆丙辰科：许永清　许璘仪征

乾隆戊午科：许冠群　许邦佐　程学　黄永谐

乾隆甲子科：江嘉诂

乾隆丁卯科：江登云　汪葵

乾隆壬申科：许成基　王洪烈补

乾隆癸酉科：江绍萱　王峄德原刻姓汪

乾隆壬午科：徐义安

武会试中式题名录

顺治己亥科：何如彪　毕家禾

顺治庚子科：洪向都

顺治辛丑科：汪隆　王之策浙江　吴攀桂　王斌泾县

康熙甲辰科：胡章　项对尧

康熙庚戌科：胡守思浙江，原刻思作恩　胡国瑛浙江　吴璠

康熙癸丑科：胡士昌

康熙丙辰科：谢珩

康熙壬戌科：项兆　许廷佐　闵长宁

康熙乙丑科：汪彪　萧彩　程机　黄宗

康熙戊辰科：吴烈　吴朝宷

康熙辛未科：仇元英　吴巘　洪奇　程熊

康熙甲戌科：吕荣登原刻姓吴　吴登简　曹志宁

康熙丁丑科：何良瑜

康熙庚辰科：徐鉴

康熙癸未科：王道安庆

康熙丙戌科：洪其烈

康熙己丑科：仇英　汪乔林　毕洪都　胡天渭浙江

康熙癸巳科：江国维　江名标　王机　黄敏业山东

康熙戊戌科：王德纯

康熙丁丑科：上铺按：康熙丁丑在戊戌之前，原刻隶此，疑是辛丑之讹。吴敦简

雍正庚戌科：黄堂原刻名崇　江日燧

雍正癸丑科：黄钟　项廷标

乾隆壬戌科：何文环

乾隆乙丑科：江永清

乾隆戊辰科：江登云

乾隆壬申科：汪葵原刻名英

新　集

相国雄村曹俪笙先生、大阜潘芝轩先生　鉴定
本邑会馆诸同人参订　　篁城徐上镛序声编次
竹溪徐瑨贯玉参校　　　岩镇郑复光元甫校字

重修歙县会馆记

　　吾歙会馆自吴光禄南溪倡其议，黄观察昆华以其邸寓输于公，徐、许诸公拓南院、葺兰心轩，而规模大备。岁久渐颓圮，重以嘉庆辛酉夏之霖潦而鼩鼬不可复支。先是大司农曹文敏公，暨家封君肯圆先生谋于两淮诸君，共输白金三万两，将辇之而北俾重建，不幸两公相继逝，事以不果。甲子元夕，余饮同年程梓庭比部所，酒酣谈会馆事，相向累歔。梓庭曰："今重建之谋已矣，盍踵其旧而新之？"余曰："幸甚！计费不下六七千金，两淮未可猝图，余与君姑起而集腋乎？"梓庭慨然诺之，且覆杯为约。诘旦，遂偕谒今相国曹俪笙先生。先生瞿然曰："此先文敏公未竟之志也，敢不亟图！"立输二百金以倡，且设馔集茶行诸君子议劝输，而官京师诸公各踊跃从事。其年秋，先葺内外厅事及东西厢；明年，仕京外者邮赀亦渐至，又续修兰心轩前后宇舍，然南院犹未遑及也。积三载聚沙之力，更赖家赠侍御席芬先生独输二千一百金，乃得完旧观，偿宿愿焉。呜呼！可谓难矣。余创议后典豫试，寻观学其地，不获为梓庭分劳，而梓庭独肩繁巨，凡庀材、督工、置什物，皆与茶行诸君子殚极心力，无豪【毫】发之憾；至于慎管出纳，增益规制，尽美善以垂久远，则梓庭一人终始之力。此吾乡人所共睹，非余阿好之词也！书而镵之石，以著吾乡人之好义与梓庭之急公，以为来者劝。其乐输姓氏则胪而载之左方。梓庭名祖洛，与余同己未进士，官刑部郎中。茶行倡输而兼督葺者吴君德文、方君德昭、王君渭田、张君景尧、吴君玫廷、方君汉青、张君翠芳也。

　　嘉庆甲戌孟陬，内阁学士，里人鲍桂星撰。

在京绅士捐输姓氏

曹振镛　字俪笙，雄村人，现任武英殿大学士，二百两。
程祖洛　字梓庭，邑城人，现任闽浙总督，一百两。
叶世澧　字东注，叶村人，户部郎中，二百两。

吴大冀　　字伯野，昌溪人，兵部郎中，二百两。

程元吉　　字蔼人，岑山渡人，翰林院编修，八十两。

程世淳　　字端立，临河人，福建道监察御史巡视北城，五十两。

郑文明　　字健堂，岩镇人，山东武定府知府，五十两。

郑　槐　　字荫远，岩镇人，刑部主事，五十两。

吴承鸿　　字用仪，上市人，礼部司务，五十两。

吴　椿　　号退旃，西溪南人，现任都察院左都御史，三十两。

潘世恩　　字芝轩，大阜人，现任体仁阁大学士，二十两。

金应城　　字子彦，岩镇人，现任礼部郎中，二十两。

赵慎畛　　字笛楼，岩镇人，闽浙总督，十两。

程国仁　　字鹤樵，槐塘人，贵州巡抚，十两。

方　振　　字容斋，横山人，翰林院侍读学士，十两。

汪必昌　　字□□，□□人，太医院御医，六两。

金延恩　　字冕仪，岩镇人，六两。

汪应镛　　字绎堂，郡城人，四川泸州州判，四两。

郑光黻　　字宸云，岩镇人，云南昆明县县丞，四两。

吴　枌　　字菊君，昌溪人，道光壬午科举人，四两。

胡鸣玉　　四两。

洪福田　　字兰畹，岩镇人，工部郎中，三百两。

宋道勋　　字建元，上丰人，工部郎中，二百两。

江士相　　字得六，江村人，户部郎中，二百两。

鲍勋茂　　字树堂，棠樾人，通政使司通政使，一百两。

许立藩　　字树屏，唐模人，五百两。

鲍士贞　　字固叔，岩镇人，河南候补知府，二百两。

江　兰　　见前，云南巡抚，二百两。

洪　莹　　字宾华，洪坑人，翰林院修撰，四十两。

鲍桂星　　字双五，岩镇人，工部侍郎，一百两。

京外诸公捐输姓氏

鲍漱芳　　字席芬，棠樾人，二千一百两。

程振甲　　字篆名，邑城人，吏部员外郎，五百两。

方大川　　字蕴波，岩镇人，监察御史，三十两。

王立煜　　字燮堂，镇口人，云南平彝县知县，五十两。

王家景　　字辰北，王村人，福建知县，三十两。

何学诗　　字子兴，富竭人，江苏沭阳县知县，三十两。

张匡麒　　字□□，邑城人，湖南麻阳县知县，三十两。

方　溥　　字绍虞，岩镇人，浙江盐场大使，二十两。

吴绍元　字芷江，丰南人，梁垛场大使，十二两。
江复初　字□□，□□人，直隶栢乡县知县，十两。
毕　昉　字序三，郡城人，广东盐知事，十两。
曹　蓬　字今是，雄村人，四川合州知州，一百两。
吴鸿诏　字春帆，昌溪人，河南南阳县知县，五十两。
项瀛槐　字□□，文公舍人，候补道，五十两。
金应琦　字元梦，岩镇人，山西巡抚，三百两。
项应莲　字西清，文公舍人，贵州思南府知府，五百两。

茶　商

吴惇成	一百五十两。	永茂号	十两。	方鼎元	五两。
方广信	一百两。	王茂熙	十两。	方玉田	五两。
王涌信	七十两。	王泽远	十五两。	王成远	五两。
张中和	一百两。	许廷珍	十两。	吴辅长	五两。
吴信成	一百两。	王槐庭	十两。	吴浚功	五两。
方协成	三十两。	方仲仁	十两。	张汉三	五两。
张德大	十两。	世美号	二十两。	程殿辉	五两。
吴君让	五十两。	方佑衡	十两。	源隆号	
王君六	二十两。	王金佩	十两。	王佑卿	五两。
方胜达	十两。	张冠亭	十两。	方又迁	五两。
方含中	十两。	胡慎堂	十两。	吴道钧	五两。
蒋鲁书	十五两。	吴士修	十两。	吴耀魁	五两。
吴尹宾	十两。	吴佩芳	十两。	张振文	五两。
方景渊	十五两。	吴玉辉	八两。	张德纯	五两。
方献卿	十两。	王德明	八两。	王汝配	五两。
王耀青	二十五两。	吴鹤亭	五两。	方介亭	五两。
方汝砺	十两。	王景佳	五两。	程彻瞻	五两。
方孝明	十两。	谢秉和	五两。	谢仰韩	五两。
方振扬	十两。	蒋西容	五两。	吴涧中	五两。
胡汉儒	二十五两。	张兴武	五两。	吴大谟	五两。
冯灿远	十两。	汪圣谟	五两。	许眷西	五两。
汪抚安	十两。	方佩玉	五两。	洪华彩	五两。
方仰西	二十两。	方汉宗	五两。	汪景旸	二十两。
王览亭	二十五两。	洪配周	五两。	方肇煌	十五两。
王辅臣	十两。				

姜　店

锦春号　十两。
锦新号　十两。

会馆全图

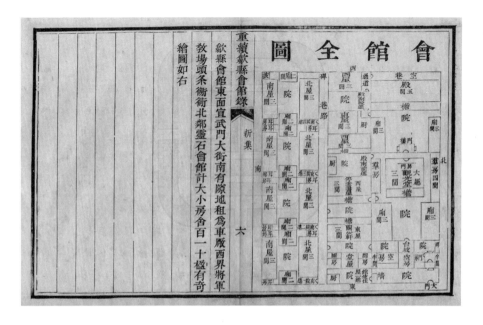

歙县会馆东面宣武门大街，南有隙地租为车厂，西界将军教场头条胡同，北邻灵石会馆，计大小房舍百一十楹有奇。绘图如右。

会馆岁输经费记

　　吾歙会馆之重葺也，余记之详矣。以工巨，殚众力竭，蓄积成之，而岁时经费遂无出。会两淮诸君子有公助扬州会馆之举，岁凡三千金，其议自侍郎阮芸台夫子发之。余乃与同人谋曰："歙于淮亦梓乡也，盍援扬例以请乎？"皆曰："诺。"爰合辞寓书于诸君子，而家侍御树堂先生赞尤力。诸君子为请于都转德公，德公请于醝政阿公，公批其牍曰："自辛未年始，准于辛工项下岁支三千金助歙馆经费如扬例。"于是岁修年例一切费皆裕如，而京官与乡会试之贫者并沾润焉，于乎可谓盛举也已！斯举也，阮师发之，都转醝政成之，好义而乐输则两淮诸君子也。昔家封君肯园先生倡重建之议，欲共输三万金举之而北，诸君子翕然从之，不幸封君没，事以不果。余与程比部梓庭谋，重葺费不足，赖家赠侍御席芬先生捐二千一百金续成之。今未十年，而诸君子复玉成斯举。扬与歙地异而德均，于以治比乡间，作新轮奂，播德流惠，垂诸无穷，岂不与家封君父子后先辉美哉！爰不辞而续记之，以为来者告云。

嘉庆十九年甲戌孟陬，内阁学士鲍桂星撰。

捐输姓氏

江广达　尉跻美　张广德　鲍有恒　黄潆泰　王履泰　汪肇泰　吴开大　黄双茂　罗甡泰　洪恒裕　程震泰　邹同裕　余承瑞　曹恒和　巴恒大

纪增置房产

吾歙会馆向有房产，收租以供岁修杂用。自嘉庆九年重修会馆后，其陆续捐输余赀及历年度支余积，遂添置房产为久远计。契纸藏诸匣，宜抄刻录中，顾内有旧房契三纸，原刻未载，此必当补者也。谨援义庄置产刊契之例，附契于后。

附契八纸　节录

乾隆二十一年五月，张纪显将自置瓦房一所、门面房六间、南边接檐房二间、后临街房六间，共计大小瓦房十四间，坐落西城宣武门外桥南大街路西，卖与歙县会馆为业。契内书：同管事人杨时泰、王有翼，中人方汉霖、胡履吉。附徐姓红契一张、上首红白契十张。

乾隆二十四年二月，崔起龙将自盖灰棚三间、米铺后接檐两间半，卖与歙县会馆为业。契内书：中保人赵文学。

乾隆二十四年九月，石宝将典与人临街门面六间半、前接檐房六间半、北厢房二间并后有落地一块，东至官街、西至后街、南至张姓房、北至歙县会馆，坐落西城宣南坊头铺，卖于歙县会馆为业。契内书：保房契人至亲陈廷书，中保人张汉臣、房牙徐永祥、总甲王德，代书陈良木。附赎回废白典纸共计九张。

嘉庆十八年十二月二十八日，毛松山同胞弟苇斋将自置房屋一所，共计瓦房、灰棚六十二间，坐落日南坊，前门在米市胡同、后门在绳匠胡同，卖与歙县会馆为业。契内书：中人符兰圃、郑宸云。附原有红契二纸。

嘉庆十九年闰二月，同里金讷斋将自置房屋一所，共计瓦房十三间、灰棚一间，坐落棉花九条胡同中间路，北大门朝南，后通草厂胡同，卖与本县会馆为业。契内书：中（人）罗子铭、方广亭、金子彦。附来脚契一纸，并上首赤契五纸半。

嘉庆二十二年十月二十七日，马世英将自置瓦房一所，门面两间半、二层两间半、后层三间、北厢房一间、临街灰棚一间、后有落地一条，共计房棚十间，坐落在北城五铺潘家河沿北头中间路东，卖与观光堂为业。契内书：知情底保人胡邦儒，中保人廖清泰。附马姓本身红契一张、上首红契五张。

嘉庆二十三年三月初三日，彭雅泉凭中将自置住房一所共计四进三十八间，东边客厅一所计房五间，坐落在西皮市四眼井路南，前至制造库大街、后至四眼井南小横街胡同、西至戴宅、东至皮作坊，卖与歙县会馆为业。契内书：中保人戴南江。

附上首红契三张、原买契一张。

嘉庆二十三年三月，舒徐氏同子震卿，央中将自置民房一所共计瓦房二十二间，又灰棚二间，坐落在正阳门西皮市四眼井路南，卖与歙县会馆为业。契内书：中（人）戴南江。附上首红契五张、白契一张，又自置白契二张。

嘉庆十年公议条规

一、会馆房屋，除大厅及兰心轩上下为同人公叙之所，不便居住外，其余房间由内及外、自左达右，以到京先后为序，每人住房一间，不可多占，并不可拣择。如各房业已住满，方可于兰心轩暂住。

一、会馆原为公车及应试京兆者而设，其贸易来京自有行寓，不便于会馆居住以及存贮货物，有失义举本意。

一、本籍外籍皆属同乡，但吾邑寄籍者多，凡乡会试之年，先尽本籍及名隶外籍而家住本邑者居之，其余外籍须房间实在有余，询明乡村族属，确有可凭并京官作保者方得居住。

一、会馆为乡会试习静之所，下榻诸公敬业乐群，所带家人及看馆人等，不得征歌选伎、酣酒呼卢，违者议究。

一、非乡会之年，谒选官及来京陛见，并京官未觅有寓所者，均听于会馆作寓。外官每房一间，每月出租钱大钱二百文；京官每房一间，每月出大钱一百文。按月交司年收贮。惟将届应试之期，务须早为迁让，不得占踞。其他因公差役并各衙门供事书吏，以及无事闲游者，概不留住，如司年徇情，公议重罚。上镛按：此项租钱于嘉庆十九年公议蠲除。

一、京外官及乡会试人等有眷属者，不得于会馆居住。

一、馆内司年阄定京官二人轮流掌管。凡有应商事件，传集公议而行。其公匣、簿籍、契纸、银两及馆内物件，公同查明交收，每年以封印后，择日邀众齐集馆内算清，上下手交代，如遗失短少，咎有所归。其馆内房屋修葺最关紧要，司年者每月须到亲勘，有应修者即行通知，估计修理，不得因循以致迟修多费。

一、会馆房间钥匙存司年处，凡欲到馆居住者，先向司年领取钥匙开住。至房内家伙什物俱有簿登载，每一物又有字记，司年照数点交，书单粘壁，不得损坏遗失，亦不得移动别房家伙；临去仍通知司年当面查点收清，如有损失，务令赔偿，司年不得徇情。

一、各房厨灶，或二人一处，或四人一处，俱系按地分派，每厨房门框上悬牌书明，不得混占。

一、凡谒选引见及京官暂住会馆者，馆内房屋物件公同留心照管，毋致损坏、遗失，倘本房家伙不敷，所用自行添置，不得移动别房以致错乱，出京时所置物件即捐与馆内公用。再拴养马匹，头口大门外盖有马篷，不得牵入馆内作践，如违公罚。

一、凡住会馆之人所带仆从，可住厨房及二门外小房，俱不得占住正房。至门扇、家伙须各责令小心照应，毋许糟蹋，如违公罚。

一、乡试中式输银一两、会试中式输银二两、乡试第一名输银十两以上、会试第一名输银二十两以上、状头输银五十两以上、鼎甲输银三十两以上，各登名匾额，其有另悬名匾者听，惟外籍乡贯，系族无查考者，毋庸滥入。

一、乐输定例：京官，三品以上输银三十两至六十两，翰、詹、科、道输银十两，郎中、员外输银二十两，主事输银十两，七品以下输银六两，奉差者各酌量捐助如试差五两至十两，学差、仓差、漕差廿两至五十两；外官，三品以上输银五十两至一百两，道府以下，州县以上输银三十两至六十两，佐贰输银十两至三十两，佐杂输银六两至十两，盐务官员照外任各官品级加倍捐助。此系公同酌定之数，不可减少，其有好义增捐者，不拘银数。俱于得缺赴任时由司年送单请书、收存登簿，为将来置产、岁修及各项公用，不得多开少付，不得指名兑会，并责成司年催取。

一、每年京官三品以上输银三两、五品以上输银二两、六品以下输银一两。司年于年终送单，随书随付，收入岁支簿内，以备公用。

一、馆内倘有余银，只可置产坐租，不得借贷与人，贪利贻误。

一、乐输姓氏、银数，向来立匾登载、复有簿备查。积年以来，有匾无簿，诚恐日久漫漶，难以稽查。今宜仍循旧例，立簿登记，必须现书现付，方便登簿、登匾，并入交代内清算。

一、乡会题名匾额，向俱有簿，详载姓系、籍贯、科分、名次，年久不行，今宜仍如旧例。

一、司年立收支簿，每年一结，存公匣内，上下手交代。

一、文武圣诞，由司年传单，书分三品以上四两、五品以上三两、六品以下二两，余俱以一两为率，其有从丰者听，务须随书随付，以便按名备席，毋得书知不付。至每月朔望祀神香烛，司年于公项备办。

一、本籍公车齐集，每人各赠元卷银二两；其本籍乡试暨外籍乡、会诸公，俟馆内岁有常息，再行议送。

一、乡、会试闱后，司年传知同乡京官，各出分金，办席接场，如分金不敷，于公匣内开支。

一、石榴庄义冢，前经会馆请碑禁示，并动公项修理。近年以来，均系茶行公议捐修，复增置义地，其契仍存公匣，馆内每年议定贴费二十四金。其清明、中元两节祭祀，皆系茶行经理，首事人传知司年，每节于公匣内出贴费一两，并同乡绅士各京钱一百五十文，以供纸烛之费。嗣后仍如旧例。

一、看馆人给住房三间，每月工食制钱二千文，由司年按月给付。其馆内房租等项，责令取讨交匣，不得擅收擅用，至在馆作寓者来去俱令禀明司年，其查点房屋什物时并令一同在旁过目，勿听推诿，倘有怠惰及盗卖、私借等弊，司年查出究逐。

一、门上代看馆人承值，每日自大厅至门首俱责令打扫洁净，其来往闲杂人等不许容留，违者司年究逐。

嘉庆十九年续增条规

吾乡会馆度支向苦不充，兹札致淮扬诸桑梓，公议岁输三千金以助经费，诚属非常义举，自宜加意撙节，以均实惠而杜虚糜。兹公同酌拟规条如左：

一、会馆存项，自甲子兴修后余剩无多，且向无生息之例，是以更形支绌。近年公议，责成司年按月出放，以一分取息，年终本利清交下手，不得拖欠丝毫，今截至庚午年止，除岁例支用，约存银一千六百两有奇，加以递年所余，除置买市房及出借妥处按月取息以垂久远外，其每年春秋演剧及一切公用俱于所入息银内照例开支，足敷经费，不必仍输分金，偶有公饯京外等官事亦如之，其年例传单亦可停止。

一、会馆岁修向无成例，不过二三十两足矣，不得浮支。其有应行大修者，临期公议。

一、本籍乡试诸公向无元卷，今拟每人送元卷六两，其帮项则惟会试致送。

一、乡试向无接场，今拟照会试之例添设举行。

一、会试接场酒席，照团拜之例给价。

一、会试向例除接场公宴外，本籍诸公各送元卷二金，今拟加增数目，除旧例二金照给外，每本籍一人送帮费三十两、外籍十两。

一、会馆公车到京解装之日，每位开支饭食银五钱，交馆使预备，以当洗尘。

一、乡、会试接场，届期照例传知齐集，不必仍输分金。

一、本籍同乡乡、会试后，实在无力归里者，查询确实，酌送川费若干。

一、本籍乡、会试，留京无馆、薪水不继者，酌送帮费若干。

一、司年除科甲出身外，惟拔贡特用之小京官暨由贡监援例六品以上、家业殷实者得与焉，此外无庸滥及。

一、本籍同乡京官四品以下，科甲出身暨拔贡特用之小京官，每年以二千五百两为率，于岁暮分送炭资；三品以上暨外任官员则不致送，其家业殷实者皆不致送。

一、京官炭资于邗项寄到之次日，照现在人数按股均分，其业经告假者概不致送。

一、试差回京本年不送炭资，次年减半致送，下年照例全送。

一、学差回京俟二年后照例致送炭资，如又出差则不送。

一、本籍同乡在京病故，无力殡殓回里者，酌送赙仪若干，京官另行公酌。

一、每年除定数应行支用，并预备酌送各项外，所有赢余银两，责成司年或置房产或交妥铺生息，按月取租，以为经久之计。

一、吾乡向称文薮，京官人数较多，所有资助之项，只能及本籍诸公，其客籍人愈繁多，实难博济。兹拟仍循往例，不敢议增。其占籍他省而实居本邑者，仍照本籍之例致送。

一、会馆本为京官、外官公集暨乡、会试公车栖止而设，近年留住之人不无稍滥，诚恐滋生事端，今拟于定议之后，除京官、外官、候补、候选人员暨乡会、公车而外，概不留住，司年亦不得私自徇情。

一、看馆人王五年老，其子王元人尚勤干，父子效力，向只月给工食大钱二千，实不敷用，今拟每月加给大钱一千。

道光十年续议条规

一、查岁入房租，历年公账内俱系一年仅敷一年之用，甚少赢余，所有乡会试各费，定于每年寄到邡项内酌拨。

一、查邡项三千两，原议以二千五百两为帮贴京官以资办公之用、余五百两原议乡会试元卷及会试帮费一款，均于此内支销。近年乡会试留京人数众多，各项开支日渐增加，遂致公项绌乏，是以己丑年会试元卷、帮费系挪借认利，始得按照旧规届期致送。现在邡项又减至二千四百两，益形支绌。今议定，本籍会试元卷、帮费以一百六十两为率，乡试元卷以八十两为率，乡会试留京炭资以三百二十两为率，无论人数多寡，照数摊分，余作同乡京官帮项。

一、外籍会试向来每位致送帮费十两。查吾乡迁居客籍者无处无之，其会试诸公来赴会馆者一科多于一科，所有帮费若按照每位致送十两之数，逐渐增加，其势难行。今议改为每位致送元卷二两。

一、本籍乡会试诸公无力归里及留京无馆者，旧议酌送帮费。现在经费不敷，暂行停止；日后充裕，再议酌行。

一、或有谊关桑梓，事难漠视者，公同商酌，量力捐赀帮助，勿支动会馆余存银两，以期公私两益。

一、收房租另立收租账簿一本，以某处路南、路北房屋一所为纲，下注明房间若干、每月租钱若干、某人租赁，以逐年逐月收租钱若干为目，以便稽查催收。

一、修理房屋另立账簿一本，以某处房屋为纲，以逐年修理挨次汇写为目，并注明修理何处，以便查核。

会馆公捐录

乾隆四十一年以后捐输

许日辉　见前，偕弟共捐二千两。

许日舒　见前，捐数见上。

许自觐　字黼阶，唐模人，贡生，捐数见上。

许安治　字缨泉，郡城人，甘肃通判，十两。

蒋士椿　见前，六两。

陈步瀛　字□□，碣田人，河南陈州府知府，官至巡抚，八两。

曹自鎏　字忍菴，雄村人，户部山东司员外郎，十两。

蒋大光　字觐文，山东蓬莱县知县，十两。

吴　椿　字怡堂，石桥人，浙江试用知州，三十两。

郑宗汝　字雨芗，岩镇人，刑部山东司员外郎，二十两。

徐　钢　字炼夫，路口人，户部山西司郎中，二十两。

程德炯　字素涵，邑城人，山西陵川县知县，二十两。

吴承绪　见前，江西吉南赣宁兵备道，四十两。

许　烺　字乐亭，唐模人，翰林院编修，六两。

汪　咏　字午庭，潜口人，翰林院庶吉士，六两。

吴绍浣　字杜村，西溪南人，河南南汝光道，六两。

何永昌　字思敏，富堨人，贵州思州府知府，十两。

胡鼎蓉　见前，字松溪，官至知府，十两。

吴廷珆　字琢亭，北岸人，广西陆川县知县，五两。

王家骥　字德符，郡城人，江苏试用吏目，十两。

郎煜奎　字松坪，郡城人，浙江龙游县知县，十二两。

江德量　字秋史，江村人，翰林院编修，十两。

汪　焕　字云章，□□人，福建崇安县知县，六两。

郑奇树　字力张，岩镇人，山东济南府同知，六两。

项为楷　字端培，文公舍人，四川试用知县，六两。

方　槐　字树南，宇沙人，广西试用知县，六两。

姚任道　见前，福建莆田县知县，十两。

汪昌柽　字荫溪，富堨人，分发河南试用□□，四两。

金云槐　见前，浙江督粮道，五十两。

许　璜　字筠坡，唐模人，广西郁林州知州，三十两。

曹　墅　字莪村，雄村人，光禄寺典簿，十两。

江　炯　字简堂，郡城人，四川万县知县，二十两。

汪　棣　见前，十两。

程国诏　见前，二十两。

洪　朴　见前，十两。

郑　沄　字枫人，长龄桥人，浙江观察，四两。

方成凤　字翅羽，官塘人，詹事府主簿，十两。

汪之潩　字苕川，稠墅人，候选布政司经历，四两。

王家骙　四两。

汪廷瓒　见前，四两。

吴　映　字澄轩，岩镇人，江西贵溪县典史，二两。

姚任道　见前，湖北汉阳府同知，十两。

潘成栋　字兰圃，甸子上人，六十两。

江　兰　见前，二十两。

何　青　字数峰，富堨人，广东盐大使，六两。

金应琦　见前，六十两。

汪　柱　　字石卿，潜口人，山东试用知县，六两。

江元赞　　字卫篁，郡城人，浙江试用知县，六两。

金应琦　　见前，五十两。

何　青　　见前，广东澄海县知县，十两。

吴　桓　　字盘斋，□□人，江苏试用知县，八两。

许　钧　　字醒斋，山东试用县丞，六两。

吴荫槐　　字会川，信行山人，湖北试用知县，四两。

汪朝藟　　字山樵，五都滩头人，浙江藩库大使，四两。

孙世悦　　字又恂，郡城人，江西试用从九品，四两。

黄周鼎　　字□□，□□人，四川盐源县知县，十两。

宋道勋　　见前，十二两。

嘉庆十年至二十三年捐输

王立宪　　字辅臣，镇口人，长芦盐大使，六两。

汪　杏　　字□□，潜口人，分发广东□□，四两。

何学传　　字春山，富竭人，现任山东永阜场大使，六两。

王立煜　　见前，三十两。

吴名馨　　字畹滋，西溪南人，贵州黎平府同知，六两。

汪正炜　　字觐光，西山边人，湖南溆浦县知县，四十两。

吴应辰　　字殿扬，丰南人，直隶平山县知县，四十两。

毕　昉　　见前，十二两。

项立木　　字诚之，文公舍人，山东县丞，十两。

鲍　珊　　字沧碧，岩镇人，陕西大荔县知县，五十两。

殷长福　　字□□，□□人，河南西华县知县，三十两。

吴绍沄　　字萍乡，丰南人，广西义宁县知县，十六两。

许理成　　字辅菴，许村人，江西试用道，二百两。

项立本　　见前，山东滕县知县，三十两。

潘元寿　　字晓庭，旬子上人，湖北江夏县，三十两。

金纶恩　　字宝言，岩镇人，浙江试用运副，二十四两。

张匡麒　　见前，三十两。

洪　勋　　字江门，洪坑人，河南固始县知县，五十两。

程立埩　　字莲溪，呈坎人，浙江试用道，一百两。

巴　坛　　字□□，□□人，广东试用盐知事，六两。

吴藻臣　　八两。

吴鸿诏　　见前，五十两。

鲍嘉荫　　字云樵，岩镇人，浙江玉泉场大使，十六两。

洪天垠　　字□□，岩镇人，浙江盐场大使，四两。

洪天增　　字□□，岩镇人，山东县丞，四两。

洪　范　字养泉，东村人，山东运河道，二十两。

许寿蟾　字丹崖，唐模人，云南提举，十两。

道光元年至十四年捐输

朱祖振　字检之，浯村人，江西藩库大使，四两。

鲍　珊　见前，现任陕西兴安府知府，八两。

王立名　字□□，镇口人，三十两。

鲍步墀　字侍朝，棠樾人，湖南候补道，五十两。

鲍虎文　字□□，□□人，安徽提塘后官总兵，四十两。

鲍承㷊　字朗如，新馆人，河南知县，三十两。

程含章　字月川，□□人，浙江巡抚，五十两。

程德增　字益堂，郡城人，河南新郑县知县，五十两。

程祖洛　见前，五十两。

［程祖洛　见前，五十两。］

江　锦　字制川，江村人，两淮盐运判，十两。

江德涟　字漪文，锦之子，现任两广运库大使，六两。

何　均　字锦裳，富堨人，候选卫千总，肆两。

何正策　字仲方，富堨人，候选盐经历，肆两。

乡试中式题名录　上镛按：续录后集题名至乾隆甲午科止，今自乾隆丁酉科以后悉照题名区续叙

乾隆丁酉科：吴槚元　毕起麟　金应瑸顺天榜　程嘉谟顺天榜　江元赞榜姓徐，顺天榜　吴桓无为州　汪廷楷丹徒　朱世经浙江　吴一骐浙江　汪本庄浙江

乾隆己亥科：曹振镛　周广心　纪正心　项铭槐　汪正炜　汪焞　程昌期顺天榜　江德量仪征

乾隆庚子科：程絜矩　程学桓　程廷梁　洪锡珂　洪淑泽　黄晖　吴勋捷　郑棠仪征　许浚湖北

乾隆庚子召试：洪梧　朱文翰　江涟江都

乾隆癸卯科：黄金鉴　曹铭　程怀祖　汪柱　郑环杰　吴映熙顺天榜　江藻鉴昭文　许嗣榛浙江

乾隆甲辰召试：程振甲　金应琦　鲍勋茂　朱承宠　郑宗洛仪征　汪彦博镇洋

乾隆丙午科：朱绳　汪龙　胡梧实顺天榜

钦赐：郑槐江宁

乾隆戊甲科：吴德照　汪煦祁　程元吉安东　郑士杰仪征，榜名柏　江复初和州，顺天榜　吴蕊甲浙江

乾隆戊甲召试　吴镕顺天

乾隆己酉科：吴荫槐　凌廷堪顺天榜　胡鸣谦常熟　汪梦桂扬州　潘世璜吴县

王家景浙江榜，名继旦　朱淞浙江

乾隆壬子科：吴椿　鲍桂星顺天榜　汪世烈扬州　潘世恩吴县　胡源凯浙江　方振江西

乾隆甲寅科：毕琪英　汪坤厚　潘世荣吴县　黄勤修宿迁，顺天（榜）　汪效伯浙江　张渭浙江　程国仁河南

乾隆乙卯科：汪云卿　方廷瑞　程式莈　郑兆扬州

钦赐：程骏业

嘉庆戊午科：程祖洛　胡士雄　吴鸣捷　仰濂　曹约顺天榜　黄承吉元，江都　汪显第嘉定　鲍曾博浙江　程赞清仪征榜，名赞宁　洪饴孙阳湖

嘉庆庚申科：曹玉圭榜名珪　洪风诏　曹名英　曹淮金榜名怀金　张廷诰　汪烨　金式玉浙江，顺天榜　许枝湖北

钦赐：吴思齐

嘉庆辛酉科：黄台　项儵　汪熙　方椿　黄兆辂　方绍董凤阳　汪铮仪征　徐宣仪征　程德增甘泉　汪煜甘泉　胡勋裕青浦　周涵浙江　程家督河南　孙上桢宣城　孙振桂宣城

嘉庆甲子科：洪莹　江铭　曹振镕　程川佑　程恩泽　汪士侃无锡　许光俊元和　胡勋尧青浦　程家祥芜湖　程能抚全椒

嘉庆丁卯科：罗尹孚榜名永符　汪澍含山　鲍珊顺天榜　汪喜孙甘泉

嘉庆戊辰科：曹浩愈　程厚　胡树　洪福田顺天榜

钦赐：程治鉴

嘉庆庚午科：朱文来顺天榜　吴榕顺天榜　郑兆杞江宁　程家诰浙江

钦赐：鲍藜照　江绍莲　汪炼湖北

嘉庆癸酉科：程家颐河南　汪如增丹徒　吴文镕仪征

钦赐：吴灼

嘉庆丙子科：徐瑾　鲍骏　闵宗肃　柯华国　鲍庚顺天榜　胡荣林顺天榜　罗绍伦顺天榜，榜名承域　项名达浙江　吴廷珠仪征，顺天榜　许朝保江西，顺天榜　方用仪江西，榜名用中　谢益桐城　潘曾沂吴县

嘉庆戊寅科：许宏矩　鲍文淳榜名廷淳　宋均　徐宝善顺天榜，榜名三宝　鲍承恭浙江　程廷泽太仓，榜名骊　汪元爵镇洋，顺天榜

嘉庆己卯科：曹廷升榜名文升　方德裕宣城　鲍上观繁昌　吴泰初湖北，顺天（榜）　洪守彝浙江　潘遵礼苏州　程莘田繁昌

道光辛巳科：江裕榜名光勋　汪梦珏含山　吴绍彬浙江　黄鸿业海州　朱琛浙江

道光壬午科：许球　吴枌　程照顺天榜　方日华顺天榜　张匡奎六安　张栋芜湖　方震时仪征

钦赐：曹恩澲

道光乙酉科：毕琳　徐上镛顺天榜　程德麟全椒　王光绶青阳，顺天（榜）

道光戊子科：汪湛恩　周茂洋　胡正仁　程葆仪征，榜名官堡

道光辛卯科：汪立权元　方允环　王茂荫顺天榜　蒋嘉炜顺天　洪德本扬州，顺天

榜　吴文锡仪征，顺天榜　汪桂浙江　潘俊浙江榜，姓吴

　　道光壬辰科：江健　庄承诰浙江

　　道光甲午科：程梯功　潘曾莹吴县，顺天榜　汪觐光甘泉，顺天榜

　　钦赐：曹绍樆

会试中式题名录　　上镛按：续录后集题名至乾隆乙未科止，今自乾隆戊

戌科以后悉照题名区续叙

　　乾隆戊戌科：汪锡魁　汪咏　吴绍浣　吴一骐浙江

　　乾隆庚子科：程昌期　江德量仪征　吴甸华沐阳

　　乾隆辛丑科：曹振镛　程嘉谟　程嘉训　汪学金镇洋

　　乾隆甲辰科：潘奕藻吴县

　　乾隆丁未科：朱承宠　郑文明仪征　汪彦博镇洋

　　乾隆庚戌科：朱文翰元　洪梧　凌廷堪　洪亮吉阳湖　黄洙甘泉

　　乾隆癸丑科：潘世恩状元，吴县

　　乾隆乙卯科：潘世璜吴县

　　嘉庆丙辰科：赵慎畛湖南

　　嘉庆己未科：鲍桂星　程祖洛　王家景浙江　程国仁河南

　　嘉庆辛酉科：吴鸣捷　方振江西　吴毓宝云南

　　嘉庆壬戌科：吴椿　金式玉浙江　程赞清仪征，榜名赞宁

　　嘉庆乙丑科：程家祥芜湖　黄承吉江都　程元吉安东　程家督河南

　　嘉庆戊辰科：张廷诰

　　嘉庆己巳科：鲍珊　黄台　洪莹状元　程厚　郑士杰仪征，原名柏　胡勋尧青浦

汪士侃无锡

　　嘉庆辛未科：吴榕　朱文来　程恩泽　罗尹孚榜名永符

　　嘉庆甲戌科：程川佑　郑兆杞江宁

　　嘉庆丁丑科：汪熙　徐瑾

　　嘉庆己卯科：吴文镕仪征

　　嘉庆庚辰科：徐宝善榜名三宝，原名汝銮　方用仪江西

　　道光壬午科：鲍承焘浙江

　　道光癸未科：鲍文淳榜名廷淳　许球

　　道光丙戌科：徐上镛　项名达浙江

　　道光己丑科：周茂洋　程德麟全椒

　　道光壬辰科：王茂荫

　　道光癸巳科：胡正仁　程葆原名官堡，本科改归原籍　朱丽宣荆溪

武乡试中式题名录

　　乾隆庚午科：按：后集至壬午科止，是科在前区乃序于壬午科，后疑系续补或字有讹，姑

仍照匾登录，存以俟考。吴秉钺

　　乾隆甲午科：鲍友仁六安

　　乾隆庚子科：江龙骧　江树勋　吴廷奎广德

　　乾隆丙午科：鲍友礼六安

　　乾隆戊申科：胡标　吴定国广德

　　乾隆己酉科：江金殿　鲍友智六安

　　乾隆甲寅科：鲍友信六安

　　嘉庆庚午科：饶忠铭　鲍虎臣六安

　　嘉庆丙子科：鲍翰雄六安

　　嘉庆己卯科：鲍鼎元六安

　　道光壬辰科：吴光弼浙江

武会试中式题名录

　　乾隆癸丑科：鲍友智六安
　　嘉庆己未科：鲍友信六安

续录义庄前集

前明　皇呈【篁城】徐世宁月洲、郡城杨熠玉门同编
月洲公六世孙光文谨录，月洲公八世孙上镛重录

纪创置

我歙馆初未置义阡，有丧之家往往僦地浮葬，卒为刍牧陵夷，遗骸莫保。嘉靖癸亥岁，杨君忠、许君标暨汪君昙辈，因谈及此，恻然于心，于是倡率会众并募寓京乡宦江公会水、翟公岐山诸君，得金若干，购地三亩于永定门外，建为义阡，凡邑人物故于京，无力归榇者，咸与葬焉。死者得即土之安，生者免泄颡之戚，亦泽及枯骨之义也。昔王忱注情无主棺骸，永受阴报，诸君倡义之功，受福其有穷耶！捐赀姓氏附列于后：

江龙、杨忠、吴有、许标、徐炫、仇自宁、汪昙、许希禹、巴镠、曹守中、汪子昭、方凤来、方釜、翟凤翔、方大中、何沛、鲍恩、吴文辅、王有正、程泽、鲍子道、仇显栋、汪稷荫、汪东秀、汪钧、毕球、程烈、杨时泰、王金、汪世臣、郑楫、项廷鸣、张孔容、俞良京、黄彦武、汪栋、江存惠、汪宏源、金恺。

义阡地图　　文按：此日地形已拓至数倍，立界之处又不同矣。然分良贱为高低二形法，始于此。

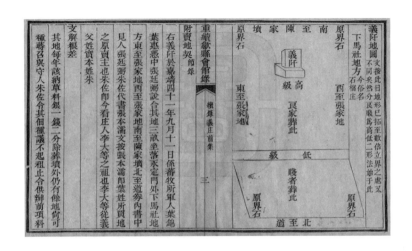

附卖地契　节录

右义阡，于嘉靖四十一年九月十一日系蕃牧所军人叶锦、叶惠，凭中张廷弼说合，其地三亩，坐落永定门外下马社地方，东至张家地、西至张家地、南至陈家坟、北至道。券内书中见人：张廷弼、朱佐，代书：张本濡。文按：张本濡即叶姓所买地之原卖主也，朱佐即今看庄人李大等之祖也。李大等从义父姓，实本姓朱。

支解粮差

其地每年该纳草料银一钱二分。除葬坟外仍有余地尚可种莳，召与守人朱佐，令其佃种，议不起租，止令供办前项料草。因地之利、充地之用，实为两便，但恐前后坟渐多而地渐蹙，花利无几，支解不敷，未免重为馆累，宜速议增置地亩为急。

经理界至

买地后，众虑界至未明，于嘉靖四十二年五月，四角各埋界石，上刊徽歙界石字，下深四尺，书此以诏后人，使可考也。赤契并原契佃约，永远收执。上镛按：此立界石之始。年久颓坏，乾隆十四年重立新界石，另有碑拓可证。

纪增置义阡

歙馆初置义阡，亡骸得安其所。昔杨君忠等购地下马社，有高低二形，凡新安物故于京者皆与葬焉。渐至累累之冢，余地有限。今值会程君文德、张君汝赟、俞君文美、汪君安照等，恐弗克继先司会创义之初心，传启同邑诸公输，今增置地六亩及下形地一亩，皆与旧冢相连，尤为成局。附契于后。

附契二纸　节录

万历十四年十二月十八日，镇抚司军匠余丁郑坤、郑钦，凭中将父置白地二亩，坐落永定门外大兴县下马社地方，卖与歙县会馆为义阡。其地东至郑家坟、西至塝下路、南至戴龙地、北至寇志地。契内书中见人：戴龙、朱龙、朱虎、朱其。文按：朱龙、朱虎、朱其，即今看庄人李姓之上代也。

万历十九年闰三月十六日，镇抚司军匠籍陈大纲、陈大经、陈大纶，凭中将承祖下马社低地形一亩，卖与歙县会馆为义阡。东至小沟为界、西至徽歙会馆阡、南至申家高坡、北至官路。契内书：中见、地邻寇至【志】，并附朱龙、朱虎、朱豹名。

捐资姓名

程文德　张汝赟　俞文美　汪安照　方尚密　方尚兰　方世明　方教明　方月明　方丰明　方节明　方训明　方尚宝　方裕明　方瑞明　方亮明　方贞明经手　方旸明值会

春秋祭祀

我邑置有义阡，以待旅葬客死，遗骸虽有所归，而未议祭祀，其精魂游于寥廓，冯【凭】依无主，终未免抱恨九原。隆庆己巳，松泉江君世宽、乐山江君用仁，议于寒食、中元二节，设庶羞之馔以祀之。其后也只设清明一祭，而中元之祀不行。夫旧例未可轻蔑，所当仍旧举行，以妥幽魂于地下也。每节司会预备祭品、祭章，约众诣阡行礼，藉以看封界、查埋柩，并勾销信票云。

祭品

三牲、蒸饼、酒、烛、香楮、金箔

祭章

告后土文补：维　年　月　日，徽歙某、官某等谨以瓣香片楮，昭告于本境土神而言曰：惟神正直，丕显灵明；累累千冢，籍属乡氓；瘗藏斯土，荆棘纵横；资神默佑，长妥幽京；瓣香抒敬，祈鉴斯诚。尚飨！

告祀坛文：维　年　月　日，本邑会馆乡姻眷族某等谨以清酌庶羞之仪，致祭于乡里五音、义冢众魂而言曰：嗟尔众魂，縈蜗蝇之羁旅，游京国以栖迟；别妻孥于万里，托知交而遂依。行囊萧索，贫窭难归；构疴弗起，藁葬于兹。迢迢首丘嗟其远，而旅魂无祀为尔凄；其履清霜于宿草，悲夜月兮鹃啼；嗟人生如柯梦，胡累累而若斯。某等念同乡土，仗义输资，鬻地为冢，立界树碑，春秋二节，祀于郊墰。尔魂四海为家，幸托京畿，幕天席地，此为崦嵫。唯灵根其耿耿，庶仿佛而歆之。尚飨！

别葬法

歙人辐辏京师，仕商萃处其间，或有家人厮养，久寓于兹，娶妻生子，生齿日繁，凡有死亡，保无乞地以葬。若不别良贱，混然一丘，春秋祭祀，殊为不便。今因其地有高低二形，即别其界为良贱之域，良葬于上、贱葬于下，上下之等，秩然不紊，而后死者安于享祀，生者便于行礼。自后敢有僭越，定责其起舆改扦。司事发票即予填定良贱，毋得徇情。此乃名分所关，司事徇情，众攻未便。

杜冒葬

义阡去城十余里，值会者交代无常、经理不周，守地之人保无利人之私、纵容别省郡人冒葬。其事已数犯矣。若不严为之防，恐冒葬不止，为侵地之渐也。今议刊成信票，填明良贱，丧家取票往阡，交付守者收照，指地与葬。每当春秋祭日，司事携簿来阡，对票查坟，注簿勾销原票。倘或有冢无票，罪在守者，即行鸣官究处不贷。守者知警，则冒者无由而入义阡，可永保无虞矣。值会者其慎之。

义阡建庄屋增地亩捐输录

自嘉靖中杨、许诸君置义阡以来，未有庄屋，至万历戊午吴君之启等十人集众公议，乃建厅堂两厢及大门为一院，又增置地三亩以广旧阡，吾乡义举莫盛于此。户部苍衡汪君已为之记。其同时协力诸公，慷慨捐资，亦足传不朽也。故详志其姓、字、里、居，以附于后。

义庄屋图　文按：今庄屋已非昔制，故原图不载。

大堂三间、廊房六间、大门一座。

增置阡地　原契节录

卖主朱龙、朱朝、朱良臣、戴龙，凭中里长郭明，将自己下马社地三亩卖与徽歙会馆为义阡，东至戴家地、西至李家坟地、南至陈家坟地、北至齐驸马低形。

首议姓名　文按：首事诸公，名在会录，岁久会录无存，诸君字、职、里、居反无可考，殊可怅也。

吴之启、方时用、徐拱宸、汪彦钟、汪自高、程有祚、汪应科、孙镔、汪应位、许如樟。

公捐姓名

郑本烈　二槐，居长龄，顺天府经历，浙江都司断事。
江时望　汝霖，居江村。
黄秉诚　豫所，居竦塘，儒士。
吴　琛　南野，居莘墟。
方应宾　献廷，居岩镇，灌县主簿，董工独任赖以成功。
汪天经　少槐，居潜口，儒士，装修神像。
胡昌龄　希文，居岩镇。
毕懋端　仰庵，居邑城，上路乡荐。
毕懋政　澄宇，居邑城，上路。
方良运　寰宇，居环山。
鲍庆泽　尔儒，居棠樾。
胡大顺　惟德，居岩镇。
洪应绥　子章，居访塘，监生。
方汝鸾　允恒，居坤沙。
吴万钧　经衡，居莘墟。
吴敏仁　涵静，居溪南。
罗周俊　肖南，居呈坎。

吴　锞　　敬南，居莘墟，<u>监生</u>。

吴应鲤　　禹门，居澄塘，<u>监生</u>，南城兵马司指挥。

吴一言　　太衡，居溪南。

陈儒龙　　子为，居黄坑，<u>监生</u>。

吴一鹤　　鸣臬，居莘墟。

吴　场　　省吾，居莘墟。

吴　嵋　　宏宇，居莘墟。

吴士章　　西如，居莘墟。

吴汝行　　见林，居莘墟。

唐应台　　于垣，居槐塘。

罗学尧　　康衢，居呈坎。

罗建元　　复所，居呈坎。

吴　钥　　仲启，居澄塘，主簿。

程光国　　于宾，居邑城迎恩门。

孙　炼　　纯吾，住郡城小北街。

吴文灿　　伯明，居澄塘。

姜应照　　明甫，居邑城碢上。

洪嗣贞　　元启，居桂林，<u>监生</u>。

毕士鲲　　仲化，居邑城上路。

吴士龙　　明寰，居莘墟。

吴定国　　君正，居莘墟。

吴允抡　　简臣，居莘墟，<u>监生</u>。

吴国勋　　纪常，居莘墟。

吴任良　　敬明，居莘墟，<u>贡生</u>，光禄署正，丁丑辑修会馆。

汪　震　　长东，居郡城小北街。

罗灿然　　伯暗，居呈坎。

程有忠

方国泰

方大中　　养真，居灵山，大兴县丞。

义庄承管

万历四十六年六月初十日，立承管朱龙、朱虎、朱朝即今日看庄人李大等上代，承管到徽歙会馆新造义庄一所，计厅屋三间、东西厢房六间、门楼一座，门窗户扇并四围墙垣俱全。身等情愿立约承管居住，其厅屋三间、东厢房内上首一间，会馆存留往来坐止，不敢妄行作践；余厢房五间，系身等居住今又于正厅左右造房四间，以居看管之人，厢房亦不令其住居作践。庄墙内外树木不致疏虞损坏，如有此情，听照会馆条约鸣治。递年春秋二祀，身等三分轮年供值不误。立此承管存照。

一、新置地系身种作，办纳钱粮。

一、旧阡地安葬累累，拜台前砌有砖地，不得与人安葬。拜台后有地一区，不许锄种，有碍葬坟。台基、砖石、碑记俱全，一概不许损坏，木植不许擅取丫枝。

续增阡地

天启三年增置阡地三亩，捐输姓名：洪贞嗣　字元启。

节录卖契：天启三年七月二十四日，卖主朱龙、朱豹、朱朝，愿将自己下马社地三亩卖与歙县会馆洪名下为义阡，东至齐府地、西至徽歙义庄、南至义庄地、北至义庄地。

崇祯元年，江君守仁捐置阡地二段共二亩五分。自记云：守仁入都即承委以馆务，每春秋祭祀往庄见葬者累累，地亩窄狭，乃捐己资若干，置买原阡之后旁上下二地助入义庄。券载于左，以备稽览。

江守仁　字惟成。

节录卖契：崇祯元年八月初六日，大兴县下马社人张敬，愿将承祖坟外余地一段计税一亩三分，东至卖主地、西至新卖地、南至卖人养坟地、北至官地，又将下坡地一段计税一亩二分，东至新卖地、西至官道、南至本主地、北至官道，卖与歙县江名下为义阡。中见人：里长朱良材，管庄朱良卿、朱良栋。

崇祯四年增置阡地四亩，捐输姓名：杨邦奇、吴一祯、江守仁。

节录卖契：崇祯四年三月十六日，卖主朱良卿、朱良臣、朱良栋、朱良才，凭中姚成，将承祖下马社地四亩卖与歙县会馆杨、吴、江名下为义阡，东至歙馆义阡地、西至本人地、南至本人地、北至歙馆义阡。

崇祯六年增置阡地一亩二分，捐输姓名：方邦胜、杨邦奇、方邦都、汪起龙、江重光、郑世龙、姚士谟、程学信、曹观政、张其芳。

节录卖契：崇祯六年八月二十四日，卖主胡守仁、胡守义、胡守礼，凭中朱良卿、里长郭天福，愿将己下马社地一亩二分卖与歙县会馆为义阡，东至朱家地、西至丁家地、南至卖主地、北至歙会馆义阡。

崇祯十年增置阡地一亩二分，捐输姓名：程文赐。

节录卖契：崇祯十年正月二十二日，卖主郑应凤，凭中朱良卿、里长郭天福，愿将己坟左臂地一亩二分卖与徽歙会馆为业，东至本主地、南至官道、西至买主地、北至汪家地。

崇祯十年增置阡地四亩八分，捐输姓名：鲍庆泽、吴士龙、吴定国、吴允龙、吴国勋、吴任良。

节录卖契二纸：

崇祯十年三月二十二日，卖主闫承德，凭中朱良卿、朱良臣、朱良栋，愿以己坟左地八分卖与鲍名下为义阡，北至会馆地、东至陈地、西至闫地、南至王地。

崇祯十年九月二十六日，卖主朱良卿、朱良臣、朱良栋、朱良才，愿将承祖下马社地四亩卖与歙县吴名下助会馆为义阡，东至歙馆义阡地、西至本人地、南至本人地、北至歙馆义阡地。

续录义庄后集

篁城徐光文_{亭玉}编次，从孙上镛谨录

康熙雍正两朝义庄捐输总录

余先世月洲公纂会馆录，叙义庄事最为详备。至国初杨监正光先重加修整，改易门向，取其合法也。迄乾隆初，少光禄吴南溪先生始责成司馆，以重其事。余乙丑始通籍，丁卯委襄馆事，亲赴义庄，见先生新题棹楔，光耀轩楹，徘徊瞻眺，想见前朝诸先达好义之深，与国朝百年来诸同乡之继前休、防后患者如此其至也。窃忆前朝，崇义馆、汇征堂旧构，尽毁坏于甲申兵燹之灾，值事旧人星流云散，而此一抔之土，萋萋宿草，不改其初，借非吾乡诸同人怀仁抱义，历久弥坚，其能阅百年之迢递，尚得松楸郁郁、庙貌峨峨若此乎！前集叙至崇祯十年而至，兹特举本朝来捐输之可考者，踵而登之，都为一册，其经南溪先生所熟商者，则另辑于后。

康熙十四年重修义庄捐输　　原序

盖闻有废必举，无善不传。义馆之修，予虽倡始，实赖众成。今将捐助姓名开列于后，以为继起广拓捐修者之劝。邑人杨光先题，司事洪善立、汪从德立圖。

胡　璋十两、鲍国勋五两、胡元鼎五两、汪贤甫五两；

吴鱼山四两、鲍训下同、吕　吉、张君超、程元美、汪时旭、胡仲升；

郑国栋三两、方大宾三两；

江浩然二两、杨君爱下同、江一龙、程士骐、程观佑；

程用仁一两、程德甫、吕辛源、吴正芬、方石云、胡兆圣、吴象魁、朱振三、方去胜、许从心、汪从先、吴舜卿、程纯若、许元佐、江曦和、许继先、江彦超、鲍　玉、范惟杨、林文茂、黄纯素、江敬东、方时遇、方大有、叶龙翔、叶元辉、洪道高、江元龙、吴善庆、鲍君选、黄君恒、吕大成、汪　衡、洪　伟、鲍汝湘、仇君选、程尔辑、胡秉葵、周季藩、汪良佐、江君玉、姚德华、姚信之、许百惟、孙孟辉、王简臣、王汉章、胡盛之、黄学卿、程玉节、程晋藩、刘先举、汪嘉遇、胡百祥、洪子云、程仲吉、程文华、贺尔年、吕有民、方尔新、方大义、梅新宇、洪天德、吕万聘、胡以裕、方大宪、罗元通、鲍达道、程振寰以上皆一两；

汪尚赐八钱、曹允升、方君辅、吴仲祥、王汝调、洪国典、方乾初、鲍汝顺、吴国泰、程家庆以上皆八钱；

姚念周五钱、郑一文、姚象辉、汪惟聚、方天胜、方天祥、吴君敬、吕春元、吴惟忠、程国升、吴贤辅、吴自修、凌尚武、程源清、方国度、郝百高、汪圣时、宋旭祁、许凤光、洪尔成、汪吉甫、汪霞生、胡兆先、姚景文、姚象明、罗仲偏、程希泰、方瑞先、方日中、方廉玉、陈溪文、鲍汝化、汪耀宇、郑一夔、郑邦守、汪希衡、许文长、叶君茂、胡贞复、叶天统、许遵时、许公著、李九朝、许思盛、鲍一辉、黄君肇、黄元度、程元会、方文仲、方天宠、吕惟芳、王启泰、吕万魁、程德暄、吕国贞、陈文杰、郑玉德、程德如、方心吾、程君俊、吕诏应、吴国泰、鲍国善、罗国瑞、方华云、郝一标、黄美云、胡美明、沈时忠、胡世明、程辉吉、程慕吾、吕正迪、汪正甫、吕文魁、方应魁、凌育英、胡承诏、方天伸、张宏宇、王　麒、方克期以上皆五钱；

程嘉益三钱、程嘉益、鲍国忠、洪善文、王希烈、江子芳、王廷臣、程君仲、方邦凤、洪润身、程嘉祥、郑应光、胡总缙、张百顺、童瑞甫、郑文甫、汪建之、殷宜远以上皆三钱。

康熙四十九年制办供器捐输

程士俊、郑晋卿、王嗣迪、程士魁、程士达、叶光平、张如禄、王起正、郑德瞻、毕　启以上各一两五钱，程德五、程起德、宋德耀、叶德进、程起蛟、叶廷衡、戴光煌、郑士悦、曹大赞、郑子贤、汪夏九、叶维佑、叶熙诏、程时霈、鲍福喜、程天街、唐福饶、程必庆、程起耀、胡士麟、郑兆裴、黄长全、王启辨、何永仁、刘祈成、胡士春、王启龙、叶　恂、王观德、汪若旦、仇圣日以上各一两。

雍正元年修理义庄捐输

柯德本捐银十五两。

雍正二年修理墙垣捐输

茶、银两行公捐八两零。

雍正三年合众修理庄屋及置办器皿捐输　　有序

本邑义阡，旧有庄屋为岁举祀事同人聚集之所。去夏积雨，瓦砾飘零，若不及此时修整，恐将来倾圮，重加兴造工费更繁，兼计什物器皿年来渐致散失，临时缺用更费周章。特告阖邑同人，协力绸缪，权加补茸。捐数各书于后。

首事姓名：黄子韩、鲍云从、吕君扬、仇馨远、方子立、鲍彩如、汪龄友、徐仲儒、汪涵五、程圣先、程麟书、程辅仁、方雅林、程文远、方秀华、黄仲明。

公输姓名：黄子韩十两，方子立、周辉越五两，方秀华四两；

许聘以三两、汪涵五下同、程圣玉、方允文、吕君扬、程圣玉、程圣先、鲍彩如；

朱紫周二两、洪琴岳下同、曹怀圃、许士楷、吴方材、鲍今有、洪凛堂、黄天武、程文远、程麟书、仇亮臣、程宪公、徐仲儒、程□□；

胡承乾一两、方殿升下同、黄仲明、潘渐水、吴元辉、方承锡、汪宏业、程襄臣、程嘉言、程茂先、汪华辅、程辅仁、陈永吉、汪龄友、汪文龙、吴继武、汪明显、仇圣日、程惇印、方盾先、黄以藩、程日照、汪佐周、吕仲辉、方文新、鲍宏远、程仲襄、胡介眉、程周仁、项仲春、梅春来、徐绍吕、许良茂、汪文乐、鲍祥芝、程兆文、汪晋昭、汪成辉、陈永华、叶盖材；

程君德五钱、程祁山下同、仇廷章、程静五、鲍明岐、程圣揆、仇子器、方玉山、凌雅馨、汪尔章、程朝韩、汪文禧、项来章、方文黄、鲍君扬、方意茂、鲍君义；

程圣如三钱、程宏远下同、方振明、宋玉典、程公远、程士哲、汪公美、汪湧川、吕永荣、叶瑞甫、郑天如、程尹明、程敦远、郑公裕、胡亮公、仇云卿、仇茂公、汪明远、徐文彰、徐彬衡、仇书蒋、黄公定、王麟长、鲍盾先、鲍岐山。

雍正九年地震修后墙及神座捐输

首事叶子明、郑川公、程君助、汪云登以上皆一两，王国辅、汪永升、叶鲁瞻以上皆一两；

叶鸣臯、程君助、汪云登、郑以功、叶子明、郑志远、叶永元、郑九如、柯文珍、郑翰章、叶成之、汪闵贵、方自大、王大桂、程绍先、江永黄、胡光明、郑起鹏、程宗友、叶天章、胡以彩、吴培禄、叶天有、王仲国、程天培、王德卿、许观寰、胡德公、王相臣、胡大旭、胡德辅、胡希仁、胡灿玉、胡大泉、吕观九、李君锡、汪天洪、冯起云、胡世春、毕尔亮以上三五钱不等。

吴南溪先生议整义庄由

南溪先生庚戌通籍后，即以同乡事为己任。乾隆初，建议新置会馆，馆工既竣，百废俱兴，义庄亦兼摄于司馆之人，以复前明旧制。是时，义庄甫因地震重修未久，稍可支延，唯门墙亟须修葺，并议定葬坟工价，无许看庄人恣意掯勒，永为定例。此诸同乡数十年来拮据支撑，所兢兢然恐无以继者，得先生竭力经营，从此可永保无虞矣。

一、议打坑埋葬，每棺钱八百文。

一、议起棺改葬，每棺钱一千文。

一、议每季祭祀，钱八百文。

一、圆坟，每棺钱三百文。

以上条规，毋得勒掯多索；如蹈前辙，即行斥逐无辞。

修葺门墙司事姓名

程公茂二两、方闻誉二两、郑九如一两、方循鲤一两。

公捐姓名

贺琴侣五钱、范荣茂下同、贺嗣敏、王开文、方锦源、张松如、方丹书、蒋圣台、王德庆、张定五、王正静、方台卿、王灿文、洪子黄、王象明；

王景和三钱、贺冠英下同、吴泉裕、方圣思、方苍厚、鲍　侯、柯明若、方在滨、方步孔、方淋友、吴锡龄、贺岱瞻、方盛周、姚侣璠、姚万侯、汪四寿、吴旭辉、方涵仲、王步云、王是东、柯荣远、吴尧明、吴永燧、贺若干、谢荣章、程敬五、方重友、吴行先、方象华、鲍荣华、方珍一、贺立中、方汉升、方兑言、王右尊、方翼三、吴友琦、吴象书、吴友先、王瑞芝、王成万、方顺之、吴仲敬、方韫山、汪璇吉、叶茂全、王尔安、吴晋公、吴灿远、吴望如、吴君峰、方元臣、潘凤仪、方天玉、方东鲁、方瑾玉、方谨臣、方履珍、罗天成。

公议起捐输例

余受南溪先生交代只空匣耳，虽云程君聚贤存有子金在蒋君润辉茶铺中，支取并未给分文。是年馆中门房右屋被灾，大堂之两厢已成马厩，余与同事汪君廷辅、程君仲襄竭力经营，借资应垫，积债至二百金无所出。兼之义庄厅事倾危，急须整理，乃商之茶业诸君。时有方君汉霖劝众公输，议起厘头之例，照货摊输，朝官亦照品级输资，以归画一，其事久商未决。至十三年七月，予请假归觐，于起程之日大会同乡诸公于会馆，面定此议，始卸事于方君汉霖而后行。自后汉霖代偿会馆积欠，增置南院书斋外园地一区，又起工修整义庄大堂并建回廊，增置义阡地八亩地契存匣，皆余出京后事也。

附录：方君汉霖立捐输题名匾

义庄创自前明，岁远年深，渐恐废弛。乾隆十三年七月，同乡诸公重议会馆捐输，仕宦贸易各立规条，萃集资斧以备公用。因于十四年四月，将义庄重加整理，四至各立新界，旧置房间倾圮尽为修葺，上供神像焕然复新，朝廊添盖客座三间为春秋祭祀来人憩息之所，又置办桌凳等共用银若干，俱系会馆捐输，公匣支用。夫义庄统于会馆，以见乡谊殷勤，且俾残魂有赖，无尽深心实寓于此。今藉众擎，全此美举，捐输姓氏馆中已各立匾标题，兹不复赘。上铺按：此匾今已不存。聊叙端委，惟祈将来共守旧规，时加振作，庶几数百年义举永垂勿替，是所厚望云尔。

首事姓名

方子立、张公选、金瞻原名长溥，吏部主政、方度昭、吴焕文、范万成、徐亭玉名光文，是年散馆后即回籍、方韫山、汪华辅廷辅之兄、程仲襄、贺嗣敏、方汉霖司事、方珍一、曹宅英名晒时，为国子监学正，壬申入翰林、蒋圣兆、蒋润辉、吴青纡名绥诏，时甫入翰林，今升光禄寺正卿。

捐输姓名

张杰三、洪舜都、方量衡、方以誉、蒋润辉、蒋贤五、吴泉裕、吴楚善、吴尚五、吴含忠、吴西瑞、吴汝成、吴可石、吴右铭、谢瞻友、程彬如、程仰泉、许宁远、谢以庄、程汉年、张宏荃、吴天锦、蒋在运、谢以衡、洪景武、吴望如、吴日荣、方廷侃、方衡佩、方介臣、胡佩苍、方远思、方曙东、王象明、吴则尧、范万成、方观臣、吴质先、吴汉文、汪以敬、洪尔俊、洪峻生、许雄占、方升泰、胡东秀、方我健、洪柏友、方汉霖、吴肩仁、吴晋余、吴我先、吴楚白、洪眉山、方耀南、程金耀、方经远、蒋绪远、洪圣友、汪景侯、吴士机、方星彩、方麞周、王乔年、洪震一、许文治、江东旭、汪汉耆、罗象山、程宗尧、吴汉友、许仁度、程彩昭、吴永燧、江玉山、方文远、方简庭、洪景岳、方用安、吴文坚、方景广、方同春、王佑三、方盛周、程易成、洪维岳、方鸣皋、方集远、方我周、方日辉、贺在葵、方敬符、方于畯、蒋圣兆、方廷锡、方韫山、方廷瑞、谢孔嘉、洪毓奇、江寅望、吴近春、罗恺如、方行中、祁恺云、程圣谟、方敏登、吴衡品、蒋圣祁、方丹书、吴象书、吴锡山、张书升、方汉升、方和裕、潘殿云、贺冠云、方西序、贺玉成、吴灿远、张士达、方在滨、方仰山、方耀廷、吴子厚、张焕三、张宣武、张若衡、张公选、吴焕文、方度昭、方珍一、贺嗣敏、方孝芬、方文煌、鲍经五、方我宾、王麟士、洪殿先、姚位东、胡永成、元馨号。

义庄堆坟种树由

自乾隆十三年后，义庄之事，虽捐数足敷所用，而经理不周，众心未协，旋即停止捐输唯会馆中京官品级年例尚存。余自二十三年服阕入京，席未暖，复丁父艰回籍，至二十八年复入京师，寓内城僧舍。同邑吴君灿远来访余，以为义庄工程未毕，今已停输，夫工程暂停，未为大害，唯是义阡剥落，多成平地，看庄人耕种其上，仍不免暴露之虞，今亟须培筑以保之。历来石界虽坚，不能禁人不为移动，现在界内多有他省郡人坟墓，业难长保。今已请巡城当事吴淡人先生禁示立碑，尚须沿界栽树，以清地亩，胜石界多矣。余抵掌称善，遂与之力商，复起捐输之例。三十三年春，大举兴工，堆坟、栽树，又门楼未有台阶，应砌石为岸，以壮观瞻。此三项所支银数，俱由吴君季先详记登簿，此千人所共见也。又前此捐输，茶铺、银楼派费未全，今一例输资，详列于后。

首事

吴灿远名家焌，昌溪人。

督工

吴季先名家仲，昌溪人。
汪廷辅名登俊，槐塘山后人。

公捐

乾隆三十二年至三十四年捐输

观光堂四十八两、项任田二十两、王彩宾十五两、吴淡人十两、刘鹤亭十两、吴竹屏六两、吴敦成五两、叶瑞辅五两、程嘉言五两、仇保功五两、程莘田四两、曹竹虚四两、程戬园三两、王殿武三两、汪廷辅三两、郑源诚三两；

徐玉岩以下二两、徐杏池、吴照亭、吴汉瑞、王乾玉、方殿臣、蒋绪远；

程汉年以下一两、吴凝公、潘以涧、吴汝诚、潘圣如、吴舜衡、张圣文、吴元涛、吴元泰；

姚洪都以下五钱、吴吕宠、方紫田、冯公仁、王是东、蒋日新、李羲和。

茶行

方鼎新行六两、吴惇成行同、蒋绪隆行同、王湧信行同、吴中信行同；

王正兴行四两、程永吉行同。

银行

程仲襄一两五钱、程嘉言下同、王彩宾、汪廷辅、徐斌臣、郑永成、方立三；

鲍锡三一两、程有章下同、汪景源、汪君重；

江天益五钱、汪兆周下同、汪禹功、仇保功、汪文寿、汪聚三。

茶商各字号

吴复享	十一两七钱零	许裕泰	三两六钱零
方茂昌	十两七钱零	方升泰	三两六钱
吴永成	十两	张时顺	二两五钱零
罗东升	九两四钱零	王隆裕	三两四钱零
许通裕	八两九钱零	吴元瑞	三两四钱零
方时春	七两五钱零	吴源裕	三两五钱零
方义泰	七两零	杨隆昌	三两零
方复泰	六两五钱零	罗永德	三两零
程元泰	六两二钱零	吴瑞兴	二两九钱
吴振隆	六两六钱零	方源兴	二两九钱
方德谦	六两零	方万有、方万丰	共二两七钱零
方永泰	六两零	程鼎茂	二两八钱零
洪元盛	二两零	许臣号	二两七钱零
洪允茂、洪元茂	共二两零	王广顺、王恒裕、王治生	共二两
方永丰	五两零	方振昌	二两六钱零
方恒泰	六两零	吴正和	二两五钱
方集茂	五两七钱零	方乾裕	二两五钱
方永丰	五两三钱零	方永昌	三两四钱零
吴日升	四两八钱零	方茂达	二两四钱零
吴大顺	四两二钱零	胡东兴	二两三钱零
张永昌	四两二钱零	方成茂	二两一钱零
吴鼎盛	四两零	方昌泰	二两零
吴元茂	四两零	洪元盛	二两零
王广森	四两零	洪永茂、洪元茂	共二两零
罗裕兴	四两	郑义顺	一两九钱
吴日隆	三两七钱零	罗万盛	二两八钱零

潘永泰	一两八钱零	方源顺	一两二钱
吴兴顺	一两八钱零	方同顺	一两二钱
洪圣茂	一钱七钱零	方成茂	一两二钱
张永盛	一两七钱零	方乾裕	一两二钱
许逊号	一两七钱	方敬和	一两二钱
许三泰	一两六钱	方和茂	一两二钱
程源裕	一两六钱	方春茂	一两二钱
胡义和、胡义太	共二两六钱零	方恒益	一两二钱
方同顺	一两四钱零	潘鼎裕	一两二钱
方森茂	一两四钱	方永聚	九钱
吴元瑞	一两二钱零	程富盛	九钱
方春茂、方达昌	共二两三钱	方通茂	六钱
吴鸿兴	一两八钱	吴瑞达	六钱
张鼎森	一两八钱	世茂号	一两一钱零
张德源	一两八钱	王大茂	一两零
吴聚丰	一两八钱	方鼎达	九钱零
张鼎发	一两八钱	张宏丰	九钱零
方新顺	一两八钱	蒋宁泰	九钱零
潘源昌、潘源发	共一两八钱	方乾义	九钱零
王泰源	一两五钱	方鼎丰	九钱零
方万祥	一两五钱	如春号	八钱零
方和发	一两二钱	方振盛	八钱零
方协发	一两二钱	洪元茂	八钱零
方东隆裕	一两二钱	叶方源	八钱
方采芬	一两二钱	张永盛	八钱
吴临发	一两二钱	吴鼎隆	七钱零
吴北永和	一两二钱	方福茂	七钱零
吴洪茂	一两二钱	吴裕隆	七钱零
吴源兴	一两二钱	胡有成	七钱零
王泰睦	一两二钱	方瑞昌	七钱零
程同源	一两二钱	吴万通	七钱零
张天申	一两二钱	林宏裕	七钱
张天成	一两二钱	程茂远	七钱
张时顺	一两二钱	方允和	七钱
吴乾茂	一两二钱	潘心兴	六钱零
吴祥发	一两二钱	潘恒茂	六钱零
方彩裕	一两二钱	范日盛	六钱零
方通裕	一两二钱	方万泰	六钱

方大隆	六钱	冯益源	四钱零
程乾源	六钱	全茂号	四钱
程恒集	六钱	程勤泰	四钱
王福茂	六钱	方新泰	三钱零
方正隆	六钱	吴大有	三钱零
罗大森	六钱	绳芳号	三钱零
冯和达	六钱	方敦友	三钱
张永广	六钱	万丰号	二钱零
方义茂	五钱零	怡泰号	二钱零
德升号	五钱	程源昌	二钱零
方永源	五钱	福泰号	二钱零
方日昌	五钱	洪利茂	二钱零
方新茂	五钱	潘源昌	二钱
吴公茂	四钱零	胡仁和	二钱
胡大有	四钱零	仁泰号	一钱零

银楼

敦华楼二钱七两、文华楼下同、春华楼、东华楼、天宝楼、兴华楼。

茶铺各字号

方源裕等	八两四钱	吴鼎盛、吴鼎源号	三两
王隆裕等	六两	吴乾发、吴乾达号	二两四钱
方上三益等	四两零	方义茂、方义成号	二两四钱
方正茂等	三两	杨正裕、杨德兴号	二两四钱
方森茂等	二两四钱	方广隆	二两四钱

乾隆三十五年至三十八年捐输　时吴君灿远已卒，余于三十六年赴任河南

观光堂十五两、吴坤凝十五两、王东明十两。

茶行

湧信二两、正兴下同、公绪、鼎新、惇成、聚成。

茶商各字号　此单乃公绪行众商所捐

许通号二两七钱零、程泰号二两七钱零、吴正和一两七钱零、吴大有一两零、胡义和八钱、许德茂七钱零、吴瑞兴一两二钱零、胡大有六钱零、张永昌六钱、吴日升五钱零、范日盛五钱零、张永盛五钱、张元茂永茂五钱、王和泰四钱、许裕泰二钱零、洪开泰二钱、胡仁和一钱零、吴元茂一钱零；

惇成行付十六两四钱、鼎新行付六两五钱。以上未开明各商字号。

茶铺各字号

王隆裕二两、方上益一两四钱；

方森茂一两、方德源同；

吴鼎源六钱、吴鸿兴下同、吴鼎盛、方永聚、吴聚丰、王泰源；

张时顺四钱、吴复茂下同、方恒益、吴乾茂、张天申、方德益、张天成、张永广、吴采芬、杨正裕、杨德馨、王源吉、吴源兴、吴临发、张鼎发；

吴瑞达二钱。

银楼

文华三两六钱，兴华二两四钱、东华下同、春华、敦华、天华。

湧信行三十七、八两年，众茶商字号捐输

王乐山七钱零、王日山四两五钱、王仲明二两五钱、王心培二两六钱、方若干九钱零、方素封四钱、王辉远五两七钱零、方辅周一两六钱、方闻宣一两二钱零、张国祥七钱零、张斗辉一两三钱零、程位兰二钱零、潘永明七钱、方立周六钱零、吴载和一两零、方汉思九钱、张秀扶七钱、吴若金一两二钱零、方鲁儒一两，王东、潘圣如共十两三钱。

各行未经付出之项，陆续应付，载入后条。

义庄重造大堂由

义庄自方君汉霖修大堂、起回廊之后，方拟修两廊、筑围墙以毕工，不意工竣未数年而堂基复陷，回廊三间后墙亦裂缝阔寸许，非拆造不能久长。时吴君灿远即世，赖吴君季先、汪君廷辅躬任其事，苦公项万不敷用，乃出启征输，急竣此工，日夕经营，监工督造，二老人真不可及也。监【鉴】前辙筑基极固，费亦不赀，檐脊加高三尺，阶外护以石台，气象崇闳，较前迥不侔矣。前后收到捐输备列于后。

观光堂公捐

程景伊　协办大学士，十两。　　　金云槐　巡南漕御史，五两。

徐光文　河南学政，二十两。　　　曹　城　翰林院编修，四两。

吴绥诏　光禄寺正卿，十两。　　　吴覃诏　翰林院庶吉士，十五两。

郑鸿撰　山东道御史，四两。　　　金　榜　翰林院修撰，五两。

郑　爔　翰林院编修，四两。　　　郑宗彝　候补主政，十两。

曹文埴　侍读学士，□两。　　　谢景标　知永宁州，二两。

江　兰　鸿胪寺正卿，五两。　　　洪桂殿　贡元，二两。

吴恩诏　金衢严道，五两。

阖邑公捐　茶商茶铺、银行银楼，其输数浮于正额者尽叙入公捐项内

黄以蕃五十两、王殿五五十两、吴广仁五十两、吴康侯三十二两、张圣文三十两、程嘉言二十两、方殿臣二十两、方景皋二十两、吴坤凝二十两、王维淇二十两、王乐山十五两、吴季先十两、黄在公十两、王是东十两、方紫田十两、吴渊士六两；

汪廷辅五两、吴继武下同、胡履吉、郑永成、吴元涛、吴鲁峰、方令仪、王东明、方昆林、张鸣周，吴鼎盛号、吴鼎源号、吴轶凡；

杨怀万四两、吴揩方下同、方廷锡；

张奎文三两、吴我疆下同、姚永年、方律黄、吴冠五、方有学、汪锦若、潘仰亭、程仲襄、方立三、鲍育苍、黄景云；

胡运周二两、汪明章下同、方尊五、方树三、杨宏绪、方承熙、吴端登、潘汉翔、潘云如、潘泾泉、潘佩瑄、方盛学、王景辉、方锡纶、范学中、姚殿文、汪圣符、潘凤仪、方芸辉、方作霖、潘虞山、程且朋、张永广号、方三益号、方乾裕号、吴采芬号、吴亦彰、汪我攀、方敬和号、程同源号、张鼎发号、姚宁泰号、张天申号；

吴乾瑞一两、汪洪裕下同、王东川、鲍锡三、徐心度、李羲河、方用辉、吴君逊、冯昭远、汪振公、吴若文、吴曙东、吴彭年、姚维清、张亮如、冯公仁、方隆攀、方日章、方武臣、吴君宠、吴康有、方绪光、方绪昌、吴舜衡、程仞瞻、方汉封、方应祺、方尔荣、方开仕、吴卫廷、方兆晋、方德益号、吴正大号、冯和达号；

蒋君锡五钱、吴明宝下同、方文谦、吴纶章、庄耀章、蒋朝先、江廷爵、方汉忠、方福三、张能达、方永宁、方承谏、方秉忠、吴明珠、方韶武、吴书六、吴德忠、吴以文、汪仲谦、方吉先、方衡友、方学远、方永明、方孔璧、黄修益、方仲皋、程载锡、吴绍曾、汪登仪、鲍聘三、程升芸、吴君美、吴士元、姚献章、吴士燔、郑洪远、方圣佐、鲍钟如、汪以成、吴荣先、吴履端、谢行远、方天秀、程辉远、黄仲英、广德号、方贯茂号；

方泰昭三钱、蒋继选下同、黄公利、王宇青、吴炳寰、方临光、方维嵩、方佩鸣、方燮廷、方绣中、方元兴、洪尔静、方天禄、胡李开、方李学、方敦仁、王立三、方荣城、潘景岳、姚瑞篁、方又唐、方孝基、方圣与、吴羽吉、方绍周、吴日临、冯世煌、张豫昆、方鼎元、黄在中、吴圣修、姚汉溶、方文庆、汪奕光、方汪全、吴士瀚、潘谟远、冯端臣、张仲宾、方庆元、蒋济涵、方泽民、黄绅公、郑汉侯、方竟成、方次元、方文思、吴承穆、方耕南、方协泰号、张景兰、方圣基、方宇光、吴德和、姚洪都、吴有进、蒋曙东、方文瀚、吴初贵、叶长春；

叶可恕合捐龛座十八两，胡子芳捐油漆工银三两；

聚成行吴季先、方紫田、方景皋以上合捐银五十两；

湧信行王是东十五两。

聚成行自三十五年至三十八年众茶商字号捐输

方德谦	六两零。	吴瑞兴	三两八钱零。
罗承达	五两七钱。	罗云记、罗聚达	共二两八钱。
方茂昌	五两零。	方鼎达	三两五钱零。
吴源裕	四两五钱零。	吴同泰	二两三钱。
方升泰	四两三钱。	方复泰	二两二钱。
方恒泰	三两二钱零。	许通号、许裕号	共二两二钱。
罗元裕、罗兴达	共三两二钱。	方源兴	二两。
罗永达、罗怡达	共三两。	罗元裕	二两。

吴万隆、万有、万亨	共二两。	张永昌	九钱。
潘振昌	二两。	方允和	八钱零。
许镒茂	二两七钱。	吴鼎盛	八钱零。
方德亨	一两六钱。	吴大顺	七钱零。
方万有	一两五钱。	吴奕昌	七钱零。
程亦盛	一两二钱。	方时春、方正春	共七钱。
张元盛	一两一钱。	方万泰	六钱零。
程东兴、程裕兴	一两一钱零。	方大升	六钱。
方达昌、恒泰、春茂	共一两一钱。	敦泰号	六钱零。
方时春	一两零。	方时春、方成玉	共五钱。
罗怡远	一两。	张怡盛	五钱零。
方茂达	一两。	张永昌、张永盛	共四钱零。
方森茂	九钱零。	张同泰	四钱零。
吴时丰	九钱零。	方万昌	四钱零。
吴大有、吴瑞兴	共九钱。	程立记	三钱零。

惇成行三十六七年众茶商字号捐输

吴兴茂	五两八钱零。	张裕泰	九钱。
吴复亨	四两五钱零。	王和泰	八钱零。
吴日升	四两四钱。	张宏丰	八钱。
吴义泰	四两零。	吴祥发	七钱零。
罗裕兴	三两七钱零。	罗仁泰	七钱。
张时顺	三两六钱零。	张鼎丰	六钱。
吴元瑞	三两六钱零。	罗聚达	四钱零。
吴元茂	三两六钱零。	罗怡兴	三钱零。
姚裕和	一两一钱零。	罗东兴	二钱。

鼎新行三十七八年众茶商字号捐输

方茂昌	七两五钱零。	程鼎茂	一两零。
方永丰	四两五钱。	方森茂	一两。
潘裕丰	三两三钱零。	方乾裕	一两。
程元泰	三两三钱零。	方茂达	九钱零。
方恒泰	三两零。	许裕泰	八钱零。
方成茂	二两四钱零。	蒋玉记	七钱零。
罗永德	二两四钱零。	方瑞昌	五钱零。
方源兴	二两一钱零。	方全泰	五钱零。
方新泰	一两零。	方永泰	四钱零。
方怡丰	一两零。	方时春	三钱零。

潘永泰　三钱。　　　　　　　　　　张永昌　二钱。

张永盛　二钱零。

附：神像开光及道场法事捐输

程景伊三两、江兰三两、吴恩诏三两、王维洪六两、吴季先四两、罗元裕三两、方紫田三两、吴载和三两；

程圣谟二两、程且朋下同、罗济涛、谢仲芳、吴元一、方德舆、吴坤凝、黄允荼、吴冠五；

方日章一两、方律黄下同、张斗辉、潘永明、吴卫廷、潘含光、胡履吉、吴广仁、方达先、吴西瑞、程嘉言、汪廷辅、汪静澜、方立三、许臣瞻、方天锡、王辉远、罗廷璋、吴在三、吴康侯、王东明、吴伯龙、方俊卿、郑永城、叶长春、叶可恕；

汪圣符五钱、方锡纶下同、潘仰亭、张鸣周、吴擂芳、黄慎先、方星集、方汉瞻、方君峤、吴尔光、洪志登、黄馨远、黄锦云、贺参武、方素封、方则威、姚永年、吴衡品、吴彭年、吴君辅、蒋朝光、吴亦彰、鲍树凡、程位兰、黄浩川、黄震宇、鲍锡三；

吴尔荣三钱、姚子和下同、吴曙东、吴子钦、李天宠、汪元勋、吴鲁峰、鲍聘三、鲍鼎成、吴耀明、吴佩苍、罗星海、方秉忠、方象贤、吴锡繁、李羲河、王明章、吴巨源、程仲襄、王有功、汪廷爵、黄殿威、汪洪裕。

义庄未了工程及善后事宜　附新定条例及首事姓名

乾隆三十九年，义庄大堂工竣，结核收支总数相符，众皆谓大工既竣，可无庸再捐矣，遂有停止厘头之议。不知此举乃完前方君汉霖一半之工，而回廊尚须拆造，两厢尚须修整，围墙虽经汪君廷辅募修，尚须重辑，累累千冢又剥落将平，不日又须堆筑。坟外余地可耕者无几，无以资看管之生，非增置熟地二三十亩不能持久。又每年补苴罅漏，费无所出，若逢外侮，经公理直何恃而不恐，至巡查人车资饭费其小焉者也。此例一停，百事俱归废弛，前劳尽弃，不大可惜乎！三十九年冬，余自河南任满回京，观此情形，万难自已，赖相国莘田程公同心协力，会集同人，复申前议，永行弗替。其议例详开于左：

公议义庄条例

一、本庄大堂已经修整，回廊尚须拆造，两廊亦须重加修整，宜挨次兴工以完旧制。其余应办之事甚多，但事非紧急，从缓商办。

一、本庄首以保护坟茔为重。如有雨淋沙塌及年久剥蚀者，即行培筑，整旧如新。如看坟人私自平冢耕种，查出即送官按律重究。其葬法，良贱分葬上下二处，仍从旧制。

一、本庄照界管业。界内并无他家尺寸之地，乃看坟人懒于耕种，辄将余地转租与邻近之人，始则私租，继则私典私卖，遂致酿成大案。自后坟外余地永不许租与他人耕种，看坟人懒种则荒之。

一、本庄最严防盗葬。若祖籍非本邑同乡，串通看坟人私行埋葬者，查出除起棺暴露外，仍送官尽法究处。葬家不取票为凭，即为私葬，如地棍强来扦葬，看坟人不报，即以串通盗葬论。

一、每月初一日公举银、茶两行管事一二人赴庄查验，如有应行之事即迅速开支办理，其车费供应俱由公匣给发，倘查出看庄人私弊即行究处；同乡朝官本应一体前往稽查，但职守难离，只于清明、七月半到一二位，预闻本庄之事。

一、每年清明及七月半系银作坊出单，定于某日赴庄化纸，单到照旧例各书京钱百文，当下即行付讫。

一、边界四围皆新栽树木，业已长成，每年砍伐柴薪均须过秤变卖，以佐公用。

一、各处输资俱凭各行司事催取归匣，其有无杂费俱听各行司事开销；其不行催取者坐经手人赔补，其各行照货扣付厘头，有账可查，如应付不付即坐本行赔补无辞。

一、各项所输银两皆书总数于簿，并开明清单二纸，一付会馆、一付作坊，皆令登簿，统于二月会馆团拜之日交付。

一、前明刊《义庄记》一书，记载批输之项甚详，不惟传述旧事，兼可鼓励后人。且本庄堂宇浅窄，日久恐无悬匾之处，不若仍从旧制，刊书散给，尤能遍及也。自乾隆四十年为始，将所收捐输银数编入集中，从此每岁收齐之后，照前续刻，永以为常。姓氏及捐输数目已编入会馆录，则义庄悬匾题名之例亦可停止。

一、本庄应用之项，如兴工、兴讼、置产、堆坟以及零星人工、车费、饭食等项，俱听开销；惟茶行公事费用另有茶行公匣开销，慎勿动用此项，致滋物议。

一、每行每年收支及所存之项目，宜详细登簿，至开付会馆、作坊二处登簿之账，只书某年收过若干、支过若干、仍存若干、连前共存若干四笔总账而已，如此知会，方成公事。

公议义庄捐输条例

一、本邑朝官，向有年例输助本庄之用，但每年多寡不一。自乾隆乙未年定例，每年司馆付银二十四两，于会馆团拜之日交各行司事收贮。

一、茶行，每年每行各输银二两上铺按：今改京钱四千文。

一、茶铺，每门面一间输银二钱今改京钱四百文。

一、银楼，每年每门面一间输银三钱。

一、银作坊，每年各输银五钱。

一、茶客，松茶大箱每件二分、中箱每件一分半，武彝【夷】每件一分，珠兰每件一分半，六安中连每件八厘、折篓每件六厘、小连每件五厘，幌茶每件五厘，皆出各行主人算明扣付。

茶银两行首事姓名

正兴茶行主人王希镗字殿武，居南乡杞梓里；办事姚珊字聚珍，居水南乡深渡。

湧信茶行主人王槐震字是东，居南乡杞梓里、潘经穆字圣如，居南乡大阜；办事张德仪字丽天，居水南乡阳坑。

鼎新茶行主人程廷硕字且朋，居北乡呈坎、吴恒久字照亭居南乡北岸；办事江文侯字廷爵，居水南薛坑。

惇成茶行主人吴永厚字广仁，居南乡昌溪、吴大晋字康侯，居南乡昌溪；办事吴启珽字播方，居南乡昌溪、吴炯字曙东，居南乡昌溪。

聚成茶行主人方廷鹤字紫田，居南乡磻溪、方肇坚字景皋，居南乡磻溪、冯光煜字公仁，居南乡鸿飞、吴启玉字若昆，居南乡昌溪；办事吴兆銈字瑞登，居南乡北岸。

银行公举首事汪登俊字廷辅，居西乡槐塘山后、程敦源字崐来，居西乡汪村边、郑国华字永诚，居西乡郑村、胡廷谟字君辅，居西乡路口。

义庄新存券约

康熙二十二年三月二十四日，立承揽人李云龙系通州人，在马尾筏居住。缘江南歙县义庄坐落十里庄，本系朱大看守，子朱国相承接，已历有年。今朱国相病故、妻王氏寡居、子幼，凭媒说合招赘云龙为夫，情愿带同幼子仍旧看守义冢。凡本县客柩来扦葬者，验明馆票方许停厝，如有盗葬毁冢情弊，自甘照例治罪，所有正厅客坐厢房窗隔俱全，俱系李云龙当面承揽，凭保王之相，立此存照。

新增阡地四至节录

康熙三十二年二月二十七日，立卖地姜尧臣愿将自己地，土名石榴庄二亩三分，出卖与鲍名下为新安义冢，当得价四十二两，即行割业，东至李地、西至李地、南至章茔、北至李地。

康熙五十年，汪村边程君芝函输入义庄阡地八亩，土名杨树底，东至艾地、西至徐地、北至姜地、南至官道，于乾隆三十三年吴君灿远等查清税业，四围栽树为界，其原契仍存程处收执。

乾隆十三年，会馆司事方君汉霖又于下马坡收阡地四亩，东至李地、北至闫地、西南俱至本庄地，原契系孙姓人出笔，于乾隆三十三年吴君灿远查对四至无讹，栽树为界，其原契存司匣收执。

义庄记功备录

《会馆录》一编，大抵皆详叙创建、复兴、输资、助力之功。其所为助力者，无非倡议论、督工程，如吴君季先、汪君廷辅而已。至其间兴利除弊，销蠹害于无形，息鸥张于将炽，不恤经营况瘁，委曲弥缝，俾得历久远而无弊，其功与创建、复兴、输资、助力者殆不啻过之，而人或未之知，非所以纪成劳勉后进也。夫义庄看守之弊不一而足，或盗卖余地，或私平旧冢，或无端作践，以及强梗诸不法之事，此非尽司事所能制，而必假当道之力为之整顿而晓谕之也。光禄卿吴公淡人，当日巡视南城时曾严申禁约立碑，十余年来稍知敛戢。今四十一年春，风闻看庄人戕害坟茔、私赁地亩，其虚实尚未可知，而亦未可付之不理。赖侍御署刑科郑公晴湖亲临庄屋，详加鞫问，虽未遽加惩创，而愚顽知所警惕，奉法畏威，从此可无戕贼之事，则亡灵之倚庇非浅鲜也，其有功于义庄岂特输资助力者可比哉！乃复作此编以纪之。后有踵此而行者，应并列名于此编之后，以传不朽。

吴绶诏　　号淡人，光禄寺正卿，前巡城日立碑示禁。

郑鸿撰　　号晴湖，京畿道署刑科，取供立案。

胡宝瑔　　号饴斋，河南巡抚，前任大京兆，曾立碑示禁。

乾隆四十年义庄捐输

观光堂	二十四两。	江　堂	升也，郡城人，一两。
许兴彝	俊民，许村人，二十两。	毕培基	受堂，邑城人，二两。
汪本煇	又瞻，潜口人，十两。	吴元涛	西溪南人，六钱。
汪廷瓒	珍卣，富竭人，二十两。	吴鲁峰	同上。

茶行

聚成二两，下同、鼎新、惇成、正兴、湧信姓字里居俱见前。

茶铺

源裕、源远、源茂、源达、源通、源新、恒丰方殿臣　磻溪人，三两四钱。

隆裕、隆茂、隆远、隆益、隆达王乐山　杞梓里人，二两。

森茂、林茂、聚茂、仁茂方承熙　磻溪人，一两六钱。

景茂、北三益、大裕方令仪　磻溪人，一两二钱。

泰来、泰源、源吉王景辉　杞梓里人，一两四钱。

同源、恒顺、恒集程隆遇　崇村人，八钱。

义泰、仁泰、万鉴程仞瞻　崇村人，一两。

德源、德昌、声茂方紫田　磻溪人，八钱。

南丰、恒怡丰吴渊士	石潭人，八钱。	宏达、宏发冯植三	鸿飞人，六钱。
乾裕、敬和方又迁	磻溪人，六钱。	复茂、乾茂吴广仁	昌溪人，八钱。
同顺、新顺方廷锡	磻溪人，八钱。	鼎盛、鼎源吴季先	昌溪人，一两。
正茂、景源方景皋	磻溪人，八钱。	东永广张景嘉	□□人，四钱。
宁泰、复泰姚永康	深渡人，六钱。	上三益方澍三	磻溪人，一两四钱。
聚盛、洪茂吴冠五	昌溪人，一两。	鸿兴吴舜衡	昌溪人，六钱。
乾泰、泰和吴康有	昌溪人，八钱。	正大吴大	昌溪人，四钱。
广隆、福太方敏中	磻溪人，六钱。	聚顺张秀符	定潭人，六钱。
正裕、德馨杨君则	邑城人，一两。	鼎发张振宇	定潭人，六钱。

永祥罗廷章　　呈坎人，四钱。
临发吴鸿务　　昌溪人，四钱。
正春潘凤仪　　余坎人，四钱。
泰睦王云先　　杞梓里人，四钱。
天申张允符　　定潭人，四钱。
永聚方兆晋　　齐武人，六钱。
源利方竟成　　齐武人，二钱。
恒益方尊五　　磻溪人，四钱。
通源方尊五　　二钱。
恒盛潘殿臣　　大阜人，四钱。
义生潘佩宣　　大阜人，四钱。
源兴张君宠　　昌溪人，四钱。
瑞达吴亦彰　　昌溪人，二钱。
时顺张圣文　　定潭人，四钱。
源昌潘虞山　　大阜人，四钱。
采芬吴鸿务　　昌溪人，四钱。
和茂方日章　　磻溪人，四钱。
成茂方殿扬　　磻溪人，四钱。
德隆方孔壁　　磻溪人，四钱。
和发方盛孚　　磻溪人，四钱。
德和方紫田　　磻溪人，四钱。
广昌□□□　　磻溪人，四钱。

源发潘永明　　大阜人，二钱。
大成姚惟清　　深渡人，二钱。
益裕张全茂　　定潭人，三钱。
义达冯昭远　　鸿飞人，二钱。
隆兴姚殿文　　深渡人，四钱。
利兴潘治先　　大阜人，四钱。
亦商姚宪章　　深渡人，四钱。
和达冯炳阳　　鸿飞人，四钱。
协泰方怀本　　齐武人，四钱。
信顺方文思　　江村人，六钱。
广德□□□　　水竹坑人，二钱。
祥发吴轶凡　　昌溪人，四钱。
大森罗子昂　　呈坎人，四钱。
万源方绪光　　齐武人，二钱。
永兴姚正先　　深渡人，四钱。
永春方锡纶　　磻溪人，四钱。
聚丰吴康侯　　昌溪人，六钱。
德泰吴广仁　　昌溪人，六钱。
湧源冯有容　　鸿飞人，二钱。
永昌潘虞山　　大阜人，四钱。
永安张泽东　　定潭人，二钱。

银楼

敦华黄允恭　　黄村人，二钱。
文　华　　同上，六钱。

天宝胡君左　　路口人，六钱。
兴华胡继修　　路口人，六钱。

银作坊

汪廷辅　　见前，五钱，下同。
程嘉言　　汪村边人。
王彩宾　　下路口人。
郑永诚　　郑村人。

鲍锡三　　西王村人。
黄景云　　黄村人。
方立三　　张家山人。
汪龙智　　堨田人。

茶商　凡茶商所输厘头银两，以次年二月算清登账，次年五月收齐，故登载于后

进义、恒德汪衡玉　　河坑人，一两六钱。
时顺、张鸣周圣文　　定潭人，四两六钱三分。
义泰、乾茂吴广仁　　昌溪人，十一两二钱八分。

源茂吴于廷　岔口人，一两九钱四分。
亦盛王吉安　□□人，一两四钱四分。
裕兴罗象三　呈坎人，四两八钱六分。
复泰吴鸿兆　昌溪人，一两三钱三分。
和丰张性和　定潭人，一两一钱六分。
聚丰吴康侯　昌溪人，二两四钱四分。
成茂方松友　磻溪人，二钱三分六厘。
通裕□□□　许村人，三两四钱九分。
贞记许云阳　许村人，一两八钱三分。
永丰方辅周　磻溪人，一两九钱四分。
和泰王辉远　镇口人，一两四钱三分。
万和吴载和　昌溪人，五钱一分。
元瑞吴载三　昌溪人，五钱九分。
恒盛张应鲟　小洲人，六钱三分。
源兴方聚友　磻溪人，一两零四分。
恒泰胡敬亭　塔山人，四钱七分。
大顺吴元一　昌溪人，五钱七分。
时春方念邠　磻溪人，一钱五分。
源兴方聚友　七钱六分。
广隆王仲明　杞梓里人，五钱五分。
元泰程汉年　呈坎人，九钱六分。

乾裕方又迁　磻溪人，二钱零六厘。
永茂方素封　磻溪人，七钱四分。
亦盛程位兰　北乡人，五钱八分。
永德罗子昂　呈坎人，一两六钱。
昌泰方问宣　磻溪人，八钱五分。
怡丰方若千　磻溪人，八钱五分。
元泰程汉年　四钱八分。
广隆王仲明　四钱。
德茂许励斋　许村人，八钱。
大顺吴元一　昌溪人，九钱。
鼎达方侣文　磻溪人，七钱。
恒泰方舜河　磻溪人，五钱。
利达方占六　磻溪人，五钱。
廷记方廷明　齐武人，七钱。
森茂程汉年　呈坎人，七钱。
永盛张斗辉　武阳人，二钱。
永成吴昆凝　昌溪人，十两。
汪廷辅
　　堆坎、补树、办桌用银一百五十九两七钱零，余存匣。

乾隆四十一年义庄捐输

观光堂　二十四两
何秉权　禹平，富竭人，二十两
汪启淑　秀峰，绵潭人，工部员外郎，二两
许安治　天牧，郡城人，五两
项　嵘　瑶溪，小溪人，二十两
吴　椿　怡堂，石桥人，候选知州，二两
吴元涛　六钱
吴鲁峰　六钱

新设茶行

本年五月初一日，新立日恒号茶行主人冯明智鸿飞人、司事方履丰磻溪人。上铺
按：原刻未载银数

茶行

正兴二两，下同、湧信。

茶铺

源裕、源远、恒丰、源通、源茂、恒新、源达方景渊　磻溪人，三两四钱。

隆裕、隆达、隆远、隆益、隆茂王□□　杞梓里人，二两。

森茂、聚茂、仁茂、林茂方承熙　磻溪人，一两六钱。

景茂、北三益、大裕方令仪　磻溪人，一两二钱。

同茂方秉恺、同盛方万寿　磻溪人，八钱。

南丰、恒怡丰吴渊士　石潭人，八钱。

德源、德昌、声茂方紫田　磻溪人，八钱。

同源、恒顺、恒集程隆遇　崇村人，一两。

胜茂、正茂、景源方景皋　磻溪人，一两四钱。

仁义、义泰、万鉴程仞瞻　崇村人，一两。

乾泰、泰和、聚达吴康有　昌溪人，一两二钱。

广隆、福太方敏登　磻溪人，六钱。　　成茂方殿扬　磻溪人，四钱。

乾裕、敬和方又迁　磻溪人，六钱。　　德隆方孔壁　磻溪人，四钱。

同顺、新顺方松友　磻溪人，八钱。　　和发方盛孚　磻溪人，四钱。

复茂、乾茂吴广仁　昌溪人，八钱。　　德和方紫田　磻溪人，四钱。

泰源、泰来王景辉　杞梓里人，一两。　广昌吴以文　磻溪人，四钱。

恒益、通源方澍三　磻溪人，六钱。　　正大吴吕瞻　磻溪人，四钱。

鼎盛、鼎源吴季先　昌溪人，一两。　　源发潘永明　大阜人，二钱。

兆泰吴彭年　我强，昌溪人，四钱。　　大成姚惟清　深渡人，银数失载。

正裕、德馨杨君则　邑城人，一两。　　益裕张铨沐　定潭人，三钱。

元吉、永兴姚正先　深渡人，八钱。　　裕达冯世煌　鸿飞人，四钱。

天申、天成张允符　定潭人，八钱。　　鸿达冯桓三　鸿飞人，四钱。

聚盛、洪茂吴冠五　昌溪人，一两。　　宏发冯戎辉　鸿飞人，二钱。

瑞达、洪裕吴亦彰　昌溪人，四钱。　　永丰吴君逊　昌溪人，四钱。

瑞昌、瑞茂吴若文　昌溪人，四钱。　　通裕方日升　磻溪人，银数失载。

上三益方尊五　磻溪人，一两四钱。　　源吉王文光　杞梓里人，四钱。

鸿兴吴鸿在　昌溪人，六钱。　　　　　泰睦王云先　杞梓里人，四钱。

源昌潘虞山　大阜人，四钱。　　　　　临发吴鸿务　昌溪人，四钱。

立达王德明　杞梓里人，银数失载。　　源泰汪我攀　洪琴人，二钱。

隆兴姚殿文　深渡人，四钱。　　　　　利兴潘东源　大阜人，四钱。

永广张景嘉　薛坑人，四钱。　　　　　亦商姚献章　深渡人，四钱。

采芬吴鸿务　昌溪人，四钱。　　　　　和达冯丙阳　鸿飞人，四钱。

和茂方日章　磻溪人，四钱。　　　　　协泰方怀本　齐武人，四钱。

信顺方文思	江村人，六钱。	湧源冯有容	鸿飞人，二钱。
聚顺张秀符	定潭人，六钱。	定隆吴士元	昌溪人，二钱。
广德何兆贞	水竹坑人，二钱。	源利方景成	齐武人，二钱。
鼎发张振宇	定潭人，六钱。	源泰吴若丰	昌溪人，四钱。
复泰姚永康	深渡人，二钱。	德有冯有容	鸿飞人，二钱。
聚远张君逊	昌溪人，二钱。	大昌潘圣如	大阜人，二钱。
源成吴若昆	昌溪人，四钱。	德茂王绍远	镇口人，四钱。
裕顺王厚明	杞梓里人，二钱。	永昌潘虞山	大阜人，四钱。
祥发吴轶凡	昌溪人，四钱。	恒盛潘佩宣	大阜人，四钱。
时顺张圣友	定潭人，四钱。	义生潘殿臣	大阜人，四钱。
永祥罗延璋	呈坎人，四钱。	永安张泽东	定潭人，二钱。
大森罗子昂	呈坎人，四钱。	永春方锡纶	磻溪人，四钱。
宁泰姚永康	深渡人，四钱。	金兰张亮如	定潭人，二钱。
万源方绪光	杞梓里人，二钱。	正达姚德润	大沟源人，二钱。
聚丰吴康侯	昌溪人，六钱。	源顺方日章	磻溪人，四钱。
永聚方兆晋	齐武人，六钱。	福泰江廷爵	薛坑人，四钱。
源兴吴君宠	昌溪人，四钱。	万昌方亮辉	磻溪人，二钱。
德泰吴广仁	昌溪人，六钱。	吴于廷	昌溪人，四钱。
正春潘凤仪	佘坑人，四钱。	方楚周	苏村人，二钱。
采芬吴绍祉	昌溪人，四钱。	方侣黄	齐武人，六钱。

上铺按：乾隆四十年、四十一年捐输姓氏皆于续录刻成之后增入者，兹编新集据茶行存簿录载，仍从四十年始至四十九年止，合为一款，其捐输银数难以分析开除，故仍录之如右。

义庄新集

相国　雄村曹俪笙先生、大阜潘芝轩先生　鉴定
篁城徐上镛序声　编次
本邑会馆诸同人　参订
雄村曹书泽宝纶、岩镇郑复光元甫　校字
竹溪徐瑨贯玉　参校

乾隆十四年顺天府尹禁碑　节录

顺天府尹胡为恳恩给示存案，以全义冢，以垂永远事。

据候选州同方远等呈称：歙县向有义冢，坐落永定门外石榴庄地方，旧置地四十余亩、新置地十余亩。地旁有房屋十数间，上供神像，其右边廊房三间、上廊耳房一间为看守义冢人李芳声、李芳儒居住，坟旁余地甚宽，交付耕种，除办纳官粮外，俱赏作工食。每棺扛葬、每岁清明标祀、加培坟土，俱另有赏给。原为令其恪奉规条，保全枯骨起见。今于乾隆十四年五月，同人捐输银两将旧有房屋重葺一新，并新建对廊房屋三间，其地亩四至，重易石界，皆系接续前人义举之意。但职等寄居京邸，来往无常，看守人即居本地，外人觊觎，故凭防御，而内中弊窦，全属伊身，诚恐日久玩弛，一切俱未可料。叩恳赏示勒碑永禁，并乞唤取尊依存案，俾得保全久远等情。

据此，除呈批歙县义冢，倡自前明，所以安旅魂、重桑梓也。旧地本宽，界址可据，后人恪守前规，且踵其事而加益焉，用能经久不废。今复公捐重葺，基宇聿新，实为盛举。其地亩、房舍及一应器具，看守人等当悉尊条约，准给示永禁，并仰该县唤取尊依，勒石示禁，以保善缘外，合行示禁。

为此，示仰看守义冢人李芳声、李芳儒等知悉：尔等务宜恪守条规，毋得稍滋弊端，致干严究。如有不法棍徒滋事，许尔等立即具禀本府尹衙门，以凭按法究治，决不姑宽。尔等奉批勒石，永远遵守，以杜觊觎，并取碑模附卷备呈。特示。

呈请禁碑首示人名

方远、张世用、金长溥、方玉炎、吴永灿、范振芳、方玉珆、徐光文、汪登士、方鳌、贺芳躅、方永熯、程士佳、曹晒、蒋龙锡、蒋超盛、吴受诏。

乾隆三十四年巡城察院禁碑　　节录

巡视南城察院敦、吴为严颁禁约事。

据职员吴家仲等呈为乞颁禁示，以养材木、以安坟冢事：窃照永定门外十里庄地方，有职等本县义园坐落该处，兹因清厘界址，周种树秧，诚恐附近居民人等或觊柴薪之利、斤斧相寻，或乘典守之疏、牛羊践食，不独心伤目击，怅葱郁之难成，抑且越界侵疆，至丘坟之莫辨。抑恳严颁告谕，永行禁止等因到院。合行严禁。为此示谕：附近军民人等知悉，如有在该义园偷窃树木、污秽作践情事，一经查出，定行锁拿究治，决不姑宽。特示。

碑后记

京师永定门外十里庄，吾邑义园，创由前明许相国文穆公，旧载碑刻。乾隆己巳年，同乡诸君曾经营其地，议定规条，迄今二十余载矣。虽岁有所司，相延勿废，而四隅尚虑侵占，又恐守者之缘以为利也。己丑夏，乃复有事于兹，众酿其金，吴君家仲、汪君登俊等任其劳，厘清地界，植树以周，垒垒垄丘，壅土增厚。先是有毁折林木之案，城院治之，且申典守责。爰请禁约刊石，用示将来。自时缺后，综理弗懈，循省以时，尚其永久，无坠前功。故揭始末而书之碑阴。至捐输姓氏、银两暨出入之数，则别登诸额。歙邑观光堂公记。按以上二碑，续录义庄后集未载，兹录之如右。

乾隆五十年兼摄府尹示禁碑记　　按：告示未经刻石，今已不存

吾歙有石榴庄义阡也，创自有明许相国文穆公，俾同乡井旅榇不能归者窆瘗于此，迄今二百余年，守之罔废。旧置地四十余亩，后又益地十余亩。冢旁余地可耕种，命守者佃之，有屋命守者居之。乾隆十四年，乡人复葺室宇，修石界，请于府尹，爰立禁碑，于是乎祭祀有时，樵采无患矣。余自通籍以来，襄理其事，未尝不叹前人之用意深厚，立法周详，桑梓敬恭之谊，泽及枯骨，尤可风也。今年夏，乡人以其地隘谋拓之，共捐资五百四十余金，置地三十四亩，东至吴坟、西至北头下坡周家地上坡徐家地、南北各至道立界。当益申严禁，禁如前约。夫善作者期善成，善始者贵善终。有其举之勿替，引之于以存睦姻任恤之泽，而表仁人君子之用心，讵不伟欤！余兼摄府尹事，例得示禁，而更喜吾乡人之乐善不倦也。是为记。

经筵讲官、户部尚书兼顺天府尹事，邑人曹文埴。

义庄房屋全图

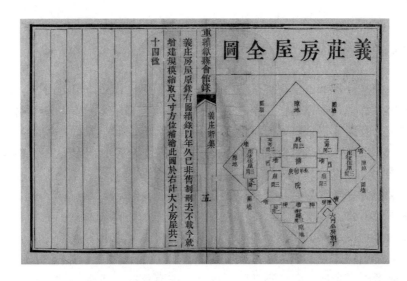

义庄房屋，原录有图，续录以年久已非旧制，删去不载。今就增建规模，缩取尺寸方位，补绘此图于右，计大小房屋共二十四楹。

节录续增义阡地契五纸

乾隆五十年六月，何钧将祖遗地一段计三十四亩，坐落永定门外石榴庄双庙东边，土名蒋家地，东至吴宅坟、西至北头下坡周家地上坡徐家地南头徽歙义庄、南至道、北至道，卖与徽歙会馆义地为业。契内书：百总徐耀宗，外郎张凤仪、徐国安、中保人阎文秀、廖进孝，地临姜樑、吴鉴文、周凤伦、徐文仪、程文学，代笔人阎洁。

嘉庆六年二月，贾禄同子贾虎，将祖遗地一段，计南北长二十四弓、东西宽十四弓，坐落永定门外石榴庄东双庙对面路南，东至徐地、西至契主、南至契主、北至官道，卖与徽歙会馆义地为业。契内书：东临徐永宁，中保人宋德龙，代书人姜宏仁。

嘉庆八年六月，张永贵将承祖分受地一段计六亩，坐落永定门外石榴庄双庙东边，东至孙姓、西至翟家坟、南至业家坟、北至陈姓交界，卖与徽歙义庄名下官业。契内书：百总孙纶，外郎四格、长住，中保人孙五，立契人张永贵亲笔。

嘉庆十二年四月，徐文绘将石榴庄地一段，立契尽行出卖与观光堂名下为业。其地东南北至徽歙义庄为界、西至董姓地为界。契内书：中保人张永贵、李圣光，邻居人董姓，百总孙士永，外郎孙廷栋、吴廷喜，族长徐文纬，族姓徐德顺，代笔人徐文志，立字人徐文绘。

嘉庆十二年四月，孙廷亮将石榴庄地一段，立契尽行出卖与观光堂名下为业。

其地东南北至徽歙义庄为界、西至董姓地为界。契内书：中保人张永贵、李圣先，邻居董姓，百总孙士永，外郎孙廷栋、吴廷喜，族长孙宏仁，代笔人徐文志，立字人孙廷亮。

公议义庄条规

一、向例茶行各举一人司事，董率稽查。每月朔，赴义地周历询查，防有盗葬、侵界、窃树、移碑戕害等事；并查看庄丁勤惰，如有不安本分、从中舞弊者，司事立即通知茶行及同乡京官，以便驱逐，不得徇纵推诿。

一、厝葬义地，间遇穷苦之家无力立碑者，议立号碑以凭记认，庶有亲人起榇者可免错误。

一、义地为阖邑善举，乃近来往往有做靠山、砌拜台，竟视同己业，任意造作者，未免占地不公。今议，除已往不便改动外，嗣后不准做靠山，其拜台只准用砖四块，如有任意占地或庄丁私图牟利，故意违犯，必将靠山、拜台毁去，并将庄丁逐出。

一、冢旁附近余地，向来不准庄丁耕种，虑有伤损，近渐废弛，竟至坟前碑后任意栽种。此后司事询查，务于见时立令拔弃，如庄丁不尊，即行逐出。

一、议公中置办家伙物件，以备阖邑春秋二祭所用。如各族义举祭祀动用公中物件，经手各宜小心，倘有损坏，照数赔偿。

一、向例坟冢，以五年一小修、十年一大修，后改岁修，事多窒碍。今议，仍照向例年限，分别大小修，以符旧制。

一、修葺等费，向皆出自门面、厘头两项，不足则继以捐输。迨嘉庆八年后，厘头又经停止，恐将来繁费难以支持。兹于道光二年，惇成、广信、协成、广诚、信成、公信各行公启兴复，议定松萝每大件输银一分、六安每连输银三厘，其门面钱仍照旧捐输，每行京钱四千文、每铺一间京钱四百文。按年存放生息，以备义庄公用。

一、议每年兴工结账之后，必须重立银钱收支账目，载为一簿，以便稽查，并逐细开一清单，悬贴义庄西厅内，俾同乡往庄者人人共见。定于四月初一日，各行经手所收厘头、门面各钱，交值年收管，不得迟延。

一、本庄大殿后院，向有隙地，关系风水来龙，未便添盖房屋，有妨风水。

一、值年者账目不清，下手不得率行承接，以专责成。

义庄移界兴讼始末

道光七年，内务府正黄旗管理圈房人程大等，将庄屋东边远年石界忽行改移，指称伊业，同乡京官于南城察院呈讼得直，和息结案。各呈节录于后：

七月二十四，呈为强移旧界，侵占义庄，叩究改正事。窃职等籍隶歙县，同乡仕商寓京师者甚多，自前明嘉靖年间公捐创制义庄一所，坐落永定门外土名石榴庄地方，为乡人旅殡之区。嗣后建造庄屋，逾年增置新阡，新旧地业疆界分明，承守至今无异。本月十七日，据看庄仆李才禀报，本日有称邻地业主，系内务府正黄旗管理圈房人程大、程二至彼，喝令家人、车夫等多人，将庄屋东边旧业远年石界刨掘移进一丈余尺，指系伊业，当向理阻不听等情。司年之人亲往查看刨移行迹，与报无异。伏思产业以界石为凭，该业界承守相延，由来甚久，即职等筮仕以来，轮流管理，俱经目见，一旦忽遭侵削，若不吁呈究惩，尤恐恃强任意横占，尚不止是。为此合具公呈，叩乞宪鉴勘明，饬将原界改还旧所，惩横以儆将来，庶保义举而息讼端。上呈。

八月初九日，呈为坊官验明移占属实，指驳饰词，再行陈诉事。窃职等控告程大、程二强移旧界一案，本月初五蒙委张副指挥履勘，职等司年及被控程大、程二俱在当场，其擅自刨移石界，程姓业经认实云云。为此将当场履勘情形，据实再呈。伏惟秦镜高悬，自有公断，惟求执法，饬还旧界，并儆凶顽，俾数千里外之旅魂永安其所，数百年来之善举克守其成，仁人君子造德实深，存殁顶感无既。上呈。

十月初八日，呈为凭中调处，言明还界安业，情愿息讼事。窃职等前控程姓强移义庄石界，已蒙宪委坊官勘明，录供在案。今程姓浼伊亲戚候选知县祥安，谆谆情恳，据称程大、程二自知理曲，恳将石界照旧址竖立，以后古坟内外永不生端侵占，愿具甘结等语。现蒙宪台饬取程大、程二切结存案，并谕令程姓，即请详明府眼同将石界归还原处至界内荒堆。程姓借端起衅，已据详明府，言明程姓不复冒认，程之结内亦以无词相应，职等立石堆前，题明古冢，以杜异日彼此再滋事故，各安各业，永息争端。谨呈。

程姓结底　十月初三日当堂画押

具结人内务府庆丰司厫长、皂住笔帖式福成为石榴庄移桩一案，彼此情愿和息事。窃职今请友人调处和息，言明石桩仍立故处，彼此各以石桩为界，如于界内侵占之时，甘认违约侵占之罪。彼此情愿和息是实，仰祈宪鉴准与和息。谨此具结上呈。按：皂住福成，汉军姓程。

察院批程姓结

此案福成等私移歙县义园石桩，实属不合。业经请人调处，将石桩仍还置原处，准具和结完案。此后宜各安界限，毋得侵占再启讼端，致干未便也。

此案，城上始而偏听，并累及案外茶行方君培中，迨司馆事鲍馨山先生面向争论，始命坊官录供理审。程姓知吾乡公事认真，屡次托人商息，以其狡猾无凭，未之允许。九月秒【杪】，程姓浼予同年祥君安来言，恳求息讼，言明不复冒认荒堆。十月初二日具结，初三日归界旧址，初八日吾乡递息呈后，即于初九日立碑荒堆之上，题名"界内古冢"、额书"奉宪立石"，两旁志年月并"徽歙义庄"字样。是日风闻程姓拟十一日仍来立石，因札致祥君，告以吾乡立碑之事，并示以程姓若再滋事必当累及调处之人，于是其谋始息。计此案历时两月有余，始终其事，克以息目前之争而杜将来之患者，则皆馨山先生之力也。用特附识于右。

具呈绅士衔名

鲍勋茂　见前，官通政使司通政使。

吴　椿　见前，时官通政司副使，今升督察院左都御史。

程　厚　字敦慎，虹梁堨人，时官吏部主事，官至郎中。

金应城　见前，时官礼部员外郎，今升郎中。

程川佑　号焦云，临河人，时官工部主事，今升员外郎。

曹恩汴　号元舫，俪笙相国之子，官户部员外郎。

鲍文淳　号馨山，棠樾人，时官翰林院编修，今升工科给事中。

许　球　字玉叔，郡城人，时官吏部主事，今升掌京畿道御史。

张立铨　字晋衔，柔岭下人，时拣调北城兵马司正指挥，后补南城。

徐上铺　号蓉舫，徐村人，兵部主事。

乾隆四十年至四十九年捐输

观光堂　一百九十二两。　　　　　　吴坤凝　二十两。

吴广仁　十两。　　　　　　　　　　汪又瞻　十两。

张日乾　时顺号，公捐十两。

茶行

惇成四两，下同、湧信、正兴，聚成二两。

茶铺

源裕、源远、源通、源丰、源茂、源达、恒新、恒丰方殿臣　子景渊，二十九两四钱。

森茂、仁茂、聚茂、林茂、源达、恒丰方承熙　十七两六钱。

隆裕、隆远、隆茂、隆达、隆益王耀青　二十两。

上三益、诜诜和、成正裕方澍三　十八两二钱。

义泰、万镒、仁泰、恒泰程仞瞻　八两八钱。

德昌、馨茂、德源、永昌方紫田　四两四钱。

北三益、景茂、大裕方令仪　十二两。

鼎盛、鼎源、源成吴君昆　八两。

乾茂、复茂、德泰吴广仁　十四两。

同源、恒集、恒顺程隆遇　九两八钱。

景源、正茂、胜茂方景皋　九两。

时顺、日茂张圣文、鸣周　五两六钱。

同茂、裕顺方献廷、绍瞻　三两八钱。

聚远、聚兴、复泰吴君逊　二两六钱。

大盛、东宝源吴君逊　二两。

立达王德明、吴于庭　四钱。

大成姚惟清、方楚周　一两二钱。

裕达、宏发冯植三　六两四钱。

泰源、泰来王景辉　十两。

源吉、聚达王文光　七两二钱。　　天和、天泰方应祺　一两六钱。

宁泰、复泰姚永康　四两。　　　　时春、源顺方念邠　一两六钱。

乾泰、泰和吴康有　四两八钱。　　泰睦王云先、圣之　一两二钱。

恒益、通源方献卿　六两。　　　　源泰吴若丰、以勤　一两二钱。

聚顺、天泰张秀符　六两二钱。　　必达、彩发潘君重　一两二钱。

恒丰、怡丰吴渊士　四两八钱。　　万昌、东源方亮辉　六钱。

乾裕、正和方又迁　六两。　　　　德昌、永昌方耀先　八钱。

天申、天成张允符　四两八钱。　　通裕方侣、黄日升　六钱。

湧源、德有冯有容　三两八钱。　　恒茂、德顺程汝光　六钱。

同盛、同茂方胜达　四两四钱。　　源泰汪我攀、三密　四钱。

鼎盛、源成吴德文　四两。　　　　鸿兴吴顺衡　六两。

瑞昌、瑞茂吴若文　三两六钱。　　鼎发张正宇　六两。

宝源、宝和汪我攀　三两二钱。　　聚达王文光　七两二钱。

瑞达、奕茂吴亦彰　二两六钱。　　永聚方兆晋　六两。

德馨、正裕汪怀万　三两。　　　　恒裕王德明　四两二钱。

广盛、森盛王深源　二两。　　　　源昌潘履安　四两。

聚盛、恒茂吴冠五　十两。　　　　聚丰吴康侯　六两。

永广张景嘉、义生潘佩宣、采芬吴鸿诏、永春方锡纶、和发方盛孚子廷基、和茂方日章、临发吴鸿诏、亦商姚献章、正大吴履瞻、恒盛潘殿臣、协泰方怀本、和达冯丙阳、源兴吴君宠、永祥罗廷璋、祥发吴轶凡　以上各四两

利兴潘东源　三两六钱

兆泰吴彭年　子全德，三两六钱

宏达冯戎辉、德茂王昭远、永丰吴曙东、万隆方素封　以上各三两二钱

信顺方文思　三两

丰盛程耀宗　二两八钱

采芬王耕南　二两八钱

德和方紫田、成茂方殿扬、振源方佩鸣、振源潘振麟、德隆方孔壁、大恒吴德中、鼎源吴绣川、大森罗子昂　以上各二两四钱

源发潘永明、永安张泽东、隆兴姚殿文、源利方竟成　以上各二两

光慎吴光远、金兰张亮如、正达姚以舜　以上各一两八钱

仁泰汪遂安、恒泰吴佩芳、福聚姚聚珍、宝裕汪景扬　以上各一两六钱

益裕张全茂　一两五钱

源隆王右清、永茂冯慕卿、万源方绪光、广德柯兆桢、广源潘自东、恒新方庆祖、正春潘凤仪、春泰方怀本、广龙方敏登、采馨程侣廷、源顺方日章　以上各一两二钱

大昌潘圣如　一两

广昌吴以文　一两八钱

立达吴君宠、日丰方日升、广茂王文光、广泰汪奕光、日兴吴柏存、福泰江廷

爵、采芳吴锡蕃、大成方子明、全盛吴翰丰、咸丰潘晋康、源茂方汉宗、正茂方汉瞻、永茂吴瑞登、奕盛汪奕光、九如潘虞山、永兴姚正先　以上各八钱

通裕方侣黄、景春方杏苑、恒义方竟成　以上各六钱

立达吴舜衡、聚达吴康有、永丰吴君逊、万丰吴彭年、元吉姚正先、玉龙吴立南、大昌方在明、鸿裕吴亦彰　以上各四钱

聚源潘自东、湧盛方用和、义达冯绍远、定隆吴士元　以上各二钱

永昌潘虞山　一两四钱

乾发、乾达　二两四钱

同丰、同义　六钱

张京茂　二两一钱

杨德馨、方福泰、方通茂　以上各四钱

王广泰　二钱

顺和　一两二钱

胜顺　六钱

永茂　四钱

源顺　四钱

泰昌　二钱

银楼并作坊

天宝、兴华胡君辅、既修	十二两。	方立三	五两。
文华	九钱。	鲍锡三	五两。
敦华	六钱。	黄景云	五两。
汪廷辅	一两。	程嘉言	子昆来、柏山，共九两。
王彩宾	一两。	汪龙智	五钱。
郑永诚	一两。		

茶商

永德、如春、大森罗子昂	廿七两五钱三分。		
永和、怡泰、和泰王辉远	十二两五钱五分。		
永昌、永达张尊三、国祥	二两五钱二分。		
成茂、采源、日生方松友	八两七钱一分。		
恒泰、春茂方舜河	十五两七钱二分。	恒昌、义昌方鲁瞻	十六两三钱。
亦盛、森盛程位兰	五两四钱七分。	德谦方耀先、德兴	十四两八分。
森泰、元泰程汉年	一两六钱九分。	谨茂、德茂许励斋	三两六钱六分。
亨记、贞记许云扬	四两七钱三分。	裕达、和丰张性和	五两五分。
贻慎、永泰潘永明	五两四钱五分。	元星、乾裕方又迁	一两二钱九分。
瑞兴吴西瑞、若金	十二两零九分。	怡丰、怡达吴冠秋	五两七钱一分。
奕昌、奕顺吴耀明	四两六钱。	通裕许云扬、晴波	廿三两八钱一分。

义泰、乾茂吴广仁　十一两二钱八分。

嘉成、开泰吴广仁　五两一钱。

时顺张鸣周、圣文　四两六钱三分。

姚恒盛、潘奕昌　一两二钱。

顺昌方翰宇　三两二钱二分。

永丰方辅周　九两六钱二分。

永德罗如春　三两零九分。

德恒方士刚　二两四钱九分。

广森王日山　十三两七钱八分。

益元冯有容　二两零四分。

王隆泰、日隆　八钱四分。

泰昌方问宣　一两二钱六分。

永泰潘永明　五两四钱二分。

怡丰方若千　一两。

元泰程汉年　一两四钱四分。

永盛张斗辉　二钱。

万盛王君植　三两一钱一分。

源裕吴泉裕　五两七钱二分。

春茂王景辉　十四两四钱四分。

日隆吴佩仪　三两八钱三分。

永茂方素封　三两四钱八分。

元丰吴康侯　一两一钱二分。

程鼎泰、森泰　七两零七分。

祥发吴轶凡　十一两三钱四分。

玉隆王尔璜　一两九钱一分。

德兴潘汉英　一两三钱九分。

广隆王仲明　五两五钱九分。

恒茂方君岸　五两六钱七分。

源茂吴于庭　三两三钱七分。

恒裕王汉耆　六两五钱六分。

永发程周兰　六钱七分。

大昌方卫宁　四两三钱三分。

隆泰程震云　六钱八分。

永裕方令仪　十三两五钱四分。

源裕吴伯龙　二两一钱六分。

镒茂许若枫　二两一钱。

永盛方象三　三两一钱二分。

昌泰方德三　四钱一分。

永震方昆来　三钱八分。

汪进义、恒德　一两六钱。

高泰姚树和　四钱三分。

姚德馨、恒盛　一两三钱四分。

颐茂方廷明　一两三钱六分。

振昌方鲁儒　三两九钱七分。

德凝吴德基　二两。

恒茂洪炳如　三两二钱五分。

永茂洪景武　一两八钱二分。

隆盛王尧文　五钱六分。

鼎达方侣文　二两五钱四分。

大有胡汉儒　一两一钱二分。

正和吴立川　五钱八分。

广昌方汉占　二两九钱八分。

森茂方汉思　七钱八分。

永盛吴在公　八钱四分。

德亨方俊卿　一两一钱。

罗永兴、永达　六两一钱二分。

元茂吴曙东　六钱五分。

义兴郑天一　二钱一分。

柯正茂、复茂　四两五钱八分。

永盛方静波　一两一钱八分。

亦盛罗玉田　二两零七分。

聚丰吴康侯　二两四钱四分。

裕兴罗象三　六两一钱七分。

元裕罗佑堂　一两四钱。

时春方念邠　一钱六分。

立盛程星朗　二两六钱四分。

元丰吴康侯　二两六钱。

同泰张秀符　八钱四分。

元兴方聚友　一两零一分。

复泰吴鸿兆　一两三钱三分。

三益方澍三　四两八钱。

大顺吴元一　十三两六分。

和成、永和　一钱六分。

许德茂　九钱九分。

方新泰　三钱五分。

姚恒盛　八钱四分。

吴源昌	一两四钱七分。	许森记	一两二钱八分。
方德兴	二两六钱二分。	方松顺	一两四钱六分。
方日盛	三钱一分。	潘德茂	七钱。
张鸣周	四。两	汪福盛	八钱。
方鼎昌	一两六钱一分。	黄万丰	四钱七分。
许裕记	六钱。	方永盛	二两二钱五分。
罗元裕	七两八钱四分。	胡恒泰	四钱七分。
洪永丰	七钱三分。	方德茂	六钱三分。
吴日升	四钱八分。	姚裕和	四两三钱六分。
姚吉盛	四钱。	方紫田	十二两三钱五分。
方广昌	四两零八分。	方永裕	七钱六分。
蒋庆美	一两六钱九分。	吴恒茂	三钱四分。
吴元茂	四钱六分。	方永和	七钱六分。
罗裕达	四两五钱九分。	方肇昌	三钱。
方集茂	二两四钱。	王殿武	七两五钱九分。
汪裕茂	四两一钱七分。	王是东	二两五钱四分。
罗振记	七钱九分。	春　园	六钱四分。
罗云记	七两二钱七分。	立　达	一两二钱六分。
冯德有	四两五钱一分。	森　盛	七钱八分。
方裕昌	三两五钱四分。		

茶行首事

王殿武、吴照亭、方达先、汪晓臣、方楚周、冯明智、潘圣如、吴若昆、王是东、程且朋、方紫田、方景高、吴轶凡、吴广仁、吴康侯、张鸣周、方景梁。

银行首事

汪廷辅、郑永诚、程昆来、胡君辅。

董事

徐杏池、汪廷辅子君卤、郑西桥、吴揩芳、张丽天、郑永诚、姚聚珍、方蕴波、方君辅、吴曙东、潘虞山、程日章、徐玉章、江廷爵、程昆来、吴瑞登、吴彭年。

乾隆四十三年重建义庄房屋捐输

程景伊　见前，二十两；吴绥诏　见前，二十两；吴承绪　见前，号绍堂，十两；徐光文　见前，四两；汪启淑　见前，字慎仪，八两；许正源　字右淇，号晓峰，郡城人，詹事府主簿，六两。

江　兰　见前；江　淦　字汉西，号晴湖，兵部职方司；曹　坦　见前，礼部仪制司主事；郑鸿撰　见前，字毓英；程世淳　见前；吴绍溁　字澂埜，号苏永，西溪南人，时为内阁中书；吴绍浣　见前，号秋岚；曹自鎏　见前，字永劬；方大川　见前。以上各五两。

程晋芳　字鱼门，号蕺园，岑山渡人，翰林院编修；郑　熺　见前，号西桥；曹　城　见前，字仲宣，吏部左侍郎；金　榜　见前，字蕊中；方成凤　见前；汪廷玙　见前，字衡玉。以上各三两。

徐　麓　光文子，字友南，号南云，候选盐场大使；许立垦　字兼也；朱　敝　字辅堂，号惕斋，义成人，历任陕西道；许　烺　见前。以上各二两。

吴永厚　字广仁；吴大厚　字坤凝；方承明　字景渊；程敦源　字昆来；王茂炳　字耀青；鲍汝丰。以上各十两。

胡既修　六两。

方士建　字立三，四两。

冯明智　字有容；方承昭　字景梁；张世惩　字日乾；方廷鹤　字紫田；潘经穆　字圣如；吴绍銈　字西泉；汪　晨　字晓澄；吴启玉　字若昆；张　忠　字鸣周；罗广达　字廷璋；汪元勋　字君卣；王槐震　字是东；黄得庆　字锦云；郑国华　字永诚；程廷硕　字且朋；王维淇。以上各五两。

鲍家锘　字锡三；方兆钟　字律黄；吴　泰　字鲁峰；王应全　字聚美；吴永槐　字于廷；姚　珊　字聚珍；吴恒久　字照亭；吴永寿　字彭年。以上各三两。

吴永宝　字佑清；冯光熤　字公仁；吴巨源；汪泰辉　字奕光；方为霖　字澍三；胡君辅；张德仪　字丽天；吴士济　字以宁；方大傅；潘成鸾　字凤仪；江文侯　字廷爵；鲍有苍；方　俨　字有孚；冯国绥　字淑安；张景嘉。以上各二两。

潘奕记　字甄江；潘舜毓　字虞山；程　锦　字日章；方景颢　字若文；方绍衷　字达先；方志密　字我周；方理端　字裕安；汪应穆　字深如；方希沛　字作霖；黄殿一　字文辉；方尚魁　字斗辉；方昌镐。以上各一两。

首事

徐杏池、郑西桥、王是东、程且朋、方紫田、吴广仁、方景梁、方有孚、吴绍銈、程昆来、郑永诚、汪君卣。

董事

吴佑清、吴广仁、姚聚珍、汪君卣、吴彭年、张鸣周、程且朋、黄锦云、程昆来、冯有容、张日乾、罗廷璋。

乾隆四十九年公置义庄庙内香鼎捐输

吴轶凡　十两，方维祥　五两，罗南浦　五两。

吴广仁、方汉青、方玉占、方令仪，以上各三两。

张日乾、张秀符、吴卫廷、王绍禹、王奎文、方景梁、王奕光、方澍三、吴瑞登、方景皋、方耀先、周东侯，以上各二两。

吴楚城、方又迁、王殿五、程星朗、王聚美、方昆来、王日山、方汉封、张以和、程仪诚、吴以谦、姚正先、潘观光、胡汉儒、冯有容、方羽成、汪深如、吴以宁、潘虞山、方执吉、方朗亭、潘绪亭、方佑仁、潘汉英、方我周、方侃如、罗灿章、方献廷、方汉瞻、吴振方、张振远、张亮如、吴佩芳、张性和、张振文、吴我疆、方应祺、吴佑清、方振扬、罗国柱、罗子昂、程允嘉、鲍玉山、罗丽廷、佘茂远、鲍树蕃、方日升、柯尔旋、方文璠、方瑞周、方胜达、方绍丰、方仰瞻、方献卿、程隆遇、程耀宗、方翰文、柯复茂、王笾嘉、吴星彩、吴绣川、吴致廷、吴兆晋、方侣文、王乾一、程仞瞻、方有光、方律黄，以上各一两。

周辅臣、洪轶上、方锦全、柯殿元、方仰恒、吴若文、姚以舜、冯秀辉，以上各五钱。

乾隆五十年置地捐输

曹文埴　见前，赐谥文敏，晋赠太傅、大学士，五十两。

曹　坦　见前，四两。

汪德量　见前，五两。

吴应霞　字冠秋，岩镇人，中书科中书，十两。

王　照　见前，二两。

罗克昭　字□□，呈坎人，北城兵马司副指挥，四两。

程世淳　见前，六两。

方大川　见前，十两。

程昌期　号兰翘，绍濂人，翰林院侍讲学士，六两。

吴　瓖　字□□，郡城人，内阁中书，二两。

江　涟　字漪堂，□□人，内阁中书，二两。

方成凤　见前，五两。

项应莲　见前，六两。

郑奇树　见前，十两。

方　炳　字□□，□□人，湖南布政司里问，二两。

徐　钢　见前，十两。

曹　城　见前，二两。

程嘉谟　号雪坪，上市人，翰林院编修，二十两。

金应琦　见前，携弟共捐输十两。

金应瑸　字□□，内阁中书，捐输见上。

程振甲　见前，号也园，二十两。

吴映熙　字□□，□□人，候选司务，四两。

汪　昱　字□□，□□人，湖北竹溪县知县，四两。

何　青　见前，一两。

黄周鼎　见前，二两。

郑启绪　字□□，□□人，候选县丞，一两。

胡家瑞　字□□，□□人，礼部四译馆序班，二两。

吴元涛　字□□，□□人，礼部四译馆序班，二两。

汪正炜　见前，四两。

吴鸿昭　见前，二两。

吴广仁、鲍汝丰，以上各十两。

张鸣周、程敦元、方承明、吴康侯、张日乾、王耀青，以上各五两。

洪士达　四两。

黄景云、方胜达、方景皋、吴丽天、吴冠玉、吴佩芳、汪嘉义、方承熙、方令仪、吴坤凝、吴佑青，以上各三两。

胡君辅、方文庆、王聚美、方肇珍、张秀符、洪范、程隆遇、张选文、龚世楠、方耀先、张德纯、项旌、吴仲占、方汉瞻、汪腾蛟、吴浚功、佘茂远、张允符、胡于陶、吴泰、王德明、鲍锡三、方兆晋、程敦淮、吴我疆、冯公仁、冯淑安、柯尔旋、汪廷裕、冯辉远、王汉亭，以上各二两。

柯兆桢、汪我攀、方翰文、吴尔荣、冯植三、王景辉、方侣松、吴以谦、方献卿、罗灿章、方文兼、方秉忠、胡慎堂、吴浚川、程仞瞻、方东岩、汪晓岑、方振扬、吴君逊、方日章、罗惟祥、方治农、吴德忠、方廷耀、郑玉绳、冯昭远、吴思传、方绍丰、张景嘉、余世昆、蒋君锡、蒋西容、方日升、张禹平、方承耀、吴玉辉、王文光、方鼎元、蒋光旭、王深远、姚以舜、方文衍、汪元耀、庄耀章、王笙嘉、吴若文、吴坚武、方圣佐、张静安、吴振余、吴曙东、吴义坚、郑国华、吴以宁、汪仲谦、高又仁、方子明、程洪光、方我周、吴若良、吴履瞻、张德扶、方锡纶、汪正辉、吴若川、王圣仪、姚正先、汪景扬、方廷基、张丽天，以上各一两。

吴绍銈　八两。

方三立、泰来　三两。

吴治千、吴又文、程敦旭、方绍祖、程汝光、张雨田、王府廷、吴履端、方宇和、方秉德、方鼎侯、方永昭、方善基、吴鸿荣、胡圣祥、程忠武、汪荣发、江吉中、吴鸣六、林胜干、吴羽吉、方扨吉、方佛印、方景模、吴学宗、郑载宇、吴上云、程日章、洪轶上、方烈辉、吴再侯、蒋端士、程星海、吴逊三、吴广让、吴士荣、方守如、张铨沐、吴庆宜、吴灶升、吴绍成、方铭之、洪健舆、方位天、方近贤、吴鉴予、方泰庆、张湘浦、方竹书、方相淑、吴赞廷、张日光、方维成、吴灿占、王成远、方万寿、方可仕、方文荣、方秉儒、方惇叙、潘佩瑄、方铭泰、吴德文、谢文彩、汪长顺、吴树田、方廷鉴、冯秀辉、方荣成、黄蕴山、方社祖、吴怀玉、刘以清、方天一、方社春，以上各五钱。

方文炡、江廷爵、吴汉津、吴序先、方执中、程坦旭、吴静安、程侣廷、吴秉衡、方仲连、方钧和、吴君宠、方玉槐、蒋嘉和、方湖亭、方玉堂、方家惟、吴汝诚、鲍文洲、方用和、王殿远、王君旭、凌瑞云、方宪章、方鉴奇、方铭登、罗数江、方宪廷、方象明、张佐臣、贺德机、方麟趾、方文政、方正元、吴昆远、吴家允、程遇周、方泰锡、吴景炎、王立山、方肇申、柯汉云、方在天、胡廷芳、方君一、王嘉友、杨鸿绪、黄圣嘉、吴含宇、方会章、洪炳文、方相校、郑德昭、张文敬、洪大日、吴重隆、吴以勤、方宗素、蒋亭立、张石川、程炯然、吴景满、汪在山、汪载阳、潘觐江，以上各三钱。

董事

吴广仁、鲍汝丰、张鸣周、吴康侯、吴佑清、方胜达、吴浚川。

按：义庄捐输匾额，书名书字，体例未能画一，年远难以遍考，兹具照匾登录，为发凡于此。

乾隆五十二年新地种树立碑捐输

观光堂　二十两。

张鸣周、吴广仁、王怀征，以上各十两。

程元度、吴绍铨，以上各五两。

吴绍溁、曹　坦、曹　诚、曹振铺、程世淳、程嘉谟、鲍勋茂、金应琦、金应瑸、徐　钢、徐午号斗垣，徐村人，江西吴城，同知、方大川、潘成栋、程敦元，以上各二两。

吴　瓘、吴应霞、汪学金、郑宗彝、郑宗洛字景淳，岩镇人，内阁中书、方世基、程昌期、曹　蘧、吴　泰，以上各一两。

洪锡柯、洪淑泽、朱　绳、许玫锦、吴　桓、宋家骥、吴映熙、吴勋捷、毕起畴、江　涟、吴元涛、程瑶田字易田，邑城人，举孝廉方正、汪正炜、程廷梁、汪广堂、项铭槐、汪　柱、程学桓、朱承宠字□□，浯村人，内阁中书、朱文翰号建庵，浯村人，浙江温处道、朱世经、胡梧实字树思，郡城人，兵马司副指挥、王渭田，以上各五钱。

吴　槚　三钱。

茶铺门面钱数　　五十年至五十二年

广源、永春、同茂、采芬、立达、广太、裕达、源顺、源吉、敬和、宝裕、永元、大昌、聚达、大隆、北鸿德、和发、恒益、金源、北永和、东广源、德和、太源、永裕、大有、源通、恒集、同源、晋恒、源泰、景茂、益裕、德昌、新顺、同顺、胜顺、义泰、瑞昌、世美、湧源、天泰、同盛、时顺、鼎源、采馨、正茂、咸丰、协泰、恒茂、广远、恒达、丰泰、源发、正裕、广盛、源成、利兴、宏达、宏发、永丰、景隆、德顺、恒德、森盛、宜达、日茂、乾顺、日丰、源昌、北三益、永祥、太来、上三益、兆泰、湧盛、德有、鼎顺、景春、肇丰、和成、仁聚、谦太、宝和、和达、洪茂、永昌、和茂、宝源、鼎盛、京茂、诜诜、天源、大裕、吉祥、声太、天申、源茂、源裕、东永广、天和、德茂、万丰、乾茂、鼎发、馥太、聚茂、景源、祥发、瑞达、隆茂、恒美、恒丰、源达、恒泰、源隆、隆达、广成、万隆、惇源、义生、福兴、洪益、德泰、天成、聚盛、德茂、谦益、源利、乾裕、日隆、永成、恒新、森茂、广茂、仁茂、源丰、隆裕、恒裕、隆远、通源、金兰、恒顺、永安、聚丰、利泰、九如、程恒泰、恒盛。以上共钱二百一十六千九百文。

茶行各字号厘头银数　　四十八年至五十二年

怡泰　五两四钱二分。　　　　　　　　胡大有　三两三钱一分。

通裕　七两六钱五分。

鼎达　三两二钱三分。

永丰　一两九钱五分。

裕昌　二两九钱六分。

恒德　四两二钱三分。

恒昌　五钱八分。

恒盛　一两八分。

永裕　四两六钱。

广森　二两三钱六分。

茂昌　六两九钱七分。

吴大有　六钱八分。

和丰　二两七钱九分。

天申　一两七钱。

万盛　一两四分。

源昌　一两三钱五分。

广茂　三两三钱九分。

德谦　二两六钱八分。

允茂　八钱九分。

肇昌　一两四钱七分。

森盛　七钱二分。

颐茂　一两五钱一分。

永德　一两七钱二分。

三益　一两九钱七分。

立胜　二两四钱九分。

源昌、锦昌　三两三钱四分。

如春　一两五钱。

大昌　七钱七分。

和盛　九钱三分。

瑞兴　二两二钱。

聚昌　一两四钱三分。

元裕　三两一钱三分。

隆盛　一两四钱一分。

永泰　三钱四分。

永盛　一两一钱一分。

广隆　一两六钱。

永达　一两二钱六分。

贞字　一两四钱四分。

昆泰　一两一钱九分。

丰盛　九钱六分。

永德、如春　二两一钱。

大有顺　四两一钱六分。

沛兴　七钱。

德兴、德谦　九钱七分。

永亨　二两二钱。

谨茂　九钱二分。

元丰　五两一钱四分。

德兴　一两二钱八分。

日隆　二钱八分。

鼎裕　五两一钱四分。

董事

张鸣周、吴佑清、冯有容、方辅周、吴德文、吴广仁、吴玫廷、王汝配、王渭田、王槐征。

按：捐输诸公字爵里居，有已注于前者，名下注"见前"二字，从省也。其有屡见者，并"见前"二字亦省之。无可考者均缺之。下仿此。

乾隆五十三年义庄兴工捐输　修理房屋、拍坟及道场法事

程振甲　一百两。

曹振镛　二十两。

冯有容　十五两。

吴佑清　十二两。

张鸣周、方辅周、吴广仁、王聚美、冯淑安、张日乾、王汝配、吴玖廷、吴德文，以上各十两。

方大川、方澍三，以上六两。

方景梁、周东侯、方杏苑、许廷珍、方有光、吴康侯、王耀青、方景渊，以上各五两。

罗克绍、程嘉谟、张景嘉、王文光、王汉亭，以上各四两。

方令仪、方舜河、吴冠五、方胜达、吴义坚、方景皋、张亮如、郑宗彝、方献卿、张铨沐、程昆来，以上各三两。

曹　坦、汪学金、程昌期、方汉瞻、张瀛若、江次山、方秉忠、王德明、吴佩芳、王笹嘉、徐　钢、朱文翰、曹　城、方殿明、洪广余、冯辉远、方绣黄、吴云表、王景辉、张兴武、汪为霖、朱承宠、吴我疆、王渭田、方东严、方振扬、吴思传、程世淳，以上各二两。

程隆遇　一两五钱。

吴道铺　一两二钱。

程仞瞻、王君旭、吴坤凝、吴宝廷、黄景云、吴振武、吴　泰、吴　瓈、方我周、冯昭远、潘虞山、吴再侯、吴秉衡、方侣文、方立三、方位凝、吴崔廷、程瑶田、吴若文、柯兆贞、方维祥、方天一、吴振远、方耀先、鲍锡三、方执吉、方侣松、郑文明、徐玉麟、汪深如、方鼎元、张振文、吴启琳、吴君仁、方廷基、胡君佐、徐　铺、张丽天、张以和、程日章、吴君球、方铭之、吴元涛、洪翼云、方启东，以上各一两。

冯端臣、方集先、方观德、吴会川、方炳周、吴　镕、方宇和、巴长麟、吴立中、方景全、方晋封、方咸忠、方德裕、潘自东、黄北川、胡家瑞、汪圣武、蒋鲁书、方在天、汪我攀、吴景达、方又唐、吴道凝、吴宾来、方侃如、胡邦达，以上各五钱。

汪渫友、方象明、张德熙、方开生、吴德庆、王瑞芝，以上各三钱。

郑德昭、罗灿章、方锡纶、张秀符、方绍丰，以上各钱二钱。

郑光位　钱一千六百。

方翰文、潘君重、吴典五、张引恬、黄圣嘉、方君岸、洪耀宗、姚以舜、张允符、吴炳寰、方明远、吴曙东、冯秀辉、吴上云、吴象明、吴若梁、吴耀川、王子泰、张文台、洪配周、程自周、冯植三、方贯一、张又新、郑载宇、蒋霖望、方震廷、张泽东、方铭登、吴仲坚、吴履端、方淳叙，以上各钱一千。

汪　柱、汪　暄，以上各钱九百。

柯景望、方佑仁、吴子玉、张绍裘、姚重远、黄绳先、林胜干、吴际安、汪定远、吴正兴、方城达、方性远、方有孚、潘奕冈、张品南、王履中、蒋廷佐、吴在邦、吴可仁、方永宁、方景祥、程宗武、方在鲁、方宇光、吴士燔、杨宏绪、胡廷芳、王静先、方秀山、程炫如、方德辉、吴锡繁、程遇周、方治安、方万涛、方俟玉、汪临川、吴赞廷、吴含宇、方尔吉、方仲开、胡圣辉、方若斯、潘佩暄、方绪光、吴耀衢、吴坚五、洪大日、吴有玉、吴赞康、方丹辉、吴亦彰、江定远、方振廷、方明辉、洪炳文、方视公，以上各钱五百。

姚景安　钱四百。

方兆斌、方缘庆、张协万、姚国田、王景玉、张尚宝、张德祚、方鉴衡、方临光、方荣基、方承先、方文美、刘以清、姚希和、方汉明、蒋端生、方在田、吴观兆、吴公辅、方君美、胡德保、方永吉、方逊贤、胡天吉、姚奕三、王来玉、张洪广、贺德机、方集远、王应祥、吴道先，以上各钱三百。

方启麟　钱二百。

茶铺门面钱数

永裕、永元、永成、聚盛、洪茂、程广源、惇源、永丰、源隆、日丰、上三益、和成、正裕、诜诜、源吉、聚达、广茂、乾顺、正茂、祥发、恒茂、宜达、德顺、鼎源、兆泰、肇丰、采芬、益裕、采馨、聚兴、恒泰、义泰、谦泰、鼎盛、源成、广源、丰源、通茂、鼎发、同茂、北三益、景茂、大裕、吉祥、京茂、广成、恒新、湧盛、和达、茂兴、同源、恒集、裕达、宏发、宏达、源昌、北永和、德和、协泰、天申、乾裕、敬和、和茂、立达、天泰、源泰、新茂、恒顺、日和、永祥、同顺、新顺、正大、泉酉、源裕、源通、德昌、永昌、福顺、宝裕、时顺、亦茂、太源、太来、宝和、宝源、东永广、和发、利兴、晋泰、玉龙、临丰、恒德、谦益、恒盛、恒隆、九如、仁聚、利泰、声泰、景源、永春、瑞达、益美、恒昌、恒足、晋恒、金兰、通顺、鼎顺、湧昌、义丰、洪益、正鸿、德茂、义生、永安、南恒泰、天成、世美、广盛、森盛、采芬、日隆、瑞昌、恒裕、广泰、源利、湧源、源顺、西恒达、同盛、天和、恒益、通源、德有、全美、万峰、森茂、聚茂、仁茂、源茂、源达、恒丰、乾发、乾达、林茂、聚丰、德泰、福兴、大有、乾茂、复茂、万隆、北鸿德、正祥、天源、浚源、隆裕、隆远、隆达、隆茂、金源、福盛、胜顺、景隆、大隆、如春、正达、景春、王恒盛，以上共钱一百十九千七百文。

银行门面银数

程昆来、黄景云、方立三、鲍锡三、胡君佐，以上各一两五钱。

茶商各字号厘头银数　五十一、二两年

高泰	六钱三分。	三益	七钱三分。
广茂	二两八钱三分。	立胜	二两六钱八分。
太茂	一两一钱六分。	瑞兴	二两八钱六分。
仁泰	一两三钱九分。	鼎丰	二两六钱一分。
问记	一钱三分。	广森	三两八钱二分。
隆盛	一两一钱。	春茂	五两二钱九分。
怡泰	三两二分。	广隆	三两一钱三分。
永茂	一两三分。	万成	七钱二分。
日字	二钱九分。	恒豫	四钱六分。

和盛	二两一钱二分。	源昌、锦昌	一两五钱八分。
森茂	三钱。	兆昌	八钱六分。
永裕	二两三钱五分。	永德	六钱八分。
永兴	三钱四分。	永达	一钱四分。
茂昌	一两二分。	怡达	一钱。
德恒	四两七钱一分。	德兴	一两一钱二分。
德谦	四两八钱二分。	洪盛	五钱二分。
大有	一两一钱五分。	天申	五钱。
鼎达	二两三钱七分。	和丰	二两。
允裕	一两七钱七分。	永亭	一两四钱四分。
源裕	一两六钱六分。	元盛	一两六钱。
大昌	五钱二分。	怡盛	五钱。
永丰	二两五钱七分。	裕昌	八钱六分。
元丰	三两八钱六分。	肇昌	二两三分。
兴达	一钱五分。	天昌	四钱。
元裕	一两一钱九分。	立胜	一两五钱。
如春	一两一钱。	元盛	二两七钱。

董事

张鸣周、吴广仁、吴佑清、吴康侯、冯有容、方辅周、吴德文、吴玟廷、冯淑安、张日乾、周东侯、王汝配。

乾隆五十七年义庄兴工捐输　添建月台、卷棚及住房六间，修理厢房并道场法事

观光堂　一百二十两，共五年贴费。

吴广仁　二十两。

惇成行、湧信行、广信行、中和行、源聚行、乾丰行、张鸣周、张日乾、许通号、吴鲁峰，以上各十两。

程嘉谟、鲍勋茂，以上十两。

程昌期、曹振镛，以上六两。

曹　城　四两。

洪　梧　字桐生，洪坑人，沂州府知府，六两。

洪亮吉　字稚存，洪坑人，编修，一两。

汪正炜　四两。

金让舲、王览亭，以上六两。

方辅周、胡汉儒、鲍西岩，以上五两。

方澍三、王聚美，以上四两。

洪召亭　三两。

徐钢、吴巨源、吴宗彝、方汉瞻、吴励堂、吴德文、朱偏石、方胜达、方东岩、冯淑安，以上各二两。

潘畏堂、胡溪云、洪霭吉、郑文明、方湛厓、江次山、洪华彩、张秀符、张德扶、冯昭远、吴义坚、方景梁、方右仁、王渭田、汪深如、吴以宁、方以湘、项苏台、李传勋、吴树廷、吴浚川、方锡纶、洪亢宗、潘虞山、方又谦、方秉忠、洪配周、张以和、程日章、吴若仪、方仲贤、方铭之、张汝湘，以上各一两。

茶铺门面钱数　五十四年至五十六年

世美、广成、德聚、瑞达、德顺、东广源、正达、福兴、广德、肇丰、乾顺、源利、源茂、开泰、宏达、新源、万隆、恒顺、乾发、时顺、和茂、同源、恒远、义泰、协泰、复茂、兆泰、宝裕、吉祥、松茂、同茂、泰来、鼎发、天成、谦泰、天丰、德泰、广达、源顺、源裕、谦益、瑞昌、宏发、景源、日新、森茂、乾达、湧源、复泰、北永和、北三益、天和、通源、元丰、鼎盛、和泰、永宜、荣号、同盛、恒裕、义盛、福顺、上三益、福泰、隆裕、采馨、祥发、洪益、东广裕、聚成、日茂、隆远、源吉、德和、如春、临丰、北恒达、正大、聚丰、聚达、景春、聚茂、日顺、复兴、大隆、昆源、湧盛、新茂、大裕、恒盛、源昌、裕达、增顺、洪茂、采芬、景隆、正和、广泰、恒新、丰泰、正裕、日泰、广盛、源隆、日升、广源、元和、诜诜、鼎源、锦裕、大元、天申、恒泰、德祥、恒益、天泰、鼎隆、隆昌、永成、永安、泰源、源有、义生、金源、义兴、北永成、福盛、采芬、乾聚、广泰、森盛、宜达、兴和、永春、德馨、益裕、大有、西恒达、德昌、乾茂、源通、恒茂、恒丰、永丰、启泰、广茂、立达、程正祥、广远、源达、乾裕、景茂、源泰、永广、同顺、源成、聚盛、敬和、京茂、聚兴、德茂、新顺、正茂、和成、德有、和达、福泰、日丰、湧成、和盛、恒集、天源、隆茂、福茂、启丰、广裕、隆达、成茂、仁茂、福盛、吴恒泰、胜顺、恒发、隆源、金兰、和发、利兴，以上共钱三百四十六千五百文。

银行门面银数

方立三、程昆来、鲍锡三、黄景云，以上各一两五钱。

茶行各字号厘头银数

广茂	一两三钱。	德丰	二两七钱。
源昌	三钱。	日隆	四两五钱。
怡泰	二两。	元丰	一两二钱四分。
永亨	二两四钱二分。	恒隆	七钱。
元盛	一两二钱。	许通裕	二两五钱八分。
和丰	一两九钱。	吴元丰	六钱五分。
天申	二两四钱。	许谨茂	一两一钱。

吴洪盛　一两二分。

张元盛　三两五钱一分。

吴瑞兴　三两三钱九分。

方德谦　三两四钱二分。

罗元裕　五两七钱三分。

复茂　九钱。

方德茂　一两一钱七分。

方恒泰　一两四钱八分。

广全　八钱一分。

王怡泰　十两八钱四分。

锦森、利泰、利茂，以上共一两二钱六分。

立胜　十二两一钱。

王春茂　二十七两五钱五分。

方三益　三两三钱一分。

王广茂　五两八钱四分。

王锦森　四钱六分。

王广隆　十二两一钱一分。

王源吉　三两二钱六分。

王广森　七两五钱六分。

王森泰　一两七钱七分。

汪锦记　二钱六分。

汪泰茂　八两三钱六分。

方怡丰　九钱一分。

王利茂　二钱三分。

吴瑞兴、吴大有，以上三两三分。

姚高泰　一两八分。

王义盛　二钱。

罗永德、罗如春，以上共二两四钱一分。

洪仁泰　六钱五分。

姚裕和　四两四钱四分。

洪源盛　一两七钱。

董事

张鸣周、吴广仁、方辅周、方胜达、吴德文、吴鲁峰、张日乾、王聚美、王渭田、吴浚川、吴若仪、方澍三。

嘉庆三年义庄兴工捐输　拍坟及道场法事

观光堂　一百四十四两，共六年贴费。

金应琦　五十两。

程昆来　钱四千。

茶行

惇成、湧信、中和、广信、信成，以上各钱二十四千，计门面钱六年。

聚源　钱十二千，计门面钱三年。

茶铺门面钱数

日茂、乾聚、乾顺、天聚、永安、北中和、洪泰、恒泰、金兰、金元、立恒、祥泰、义生、德申、彩发、益兴、景裕、东广源、鼎隆、宝裕、福茂、永大、瑞达、广益、乾发、乾达、天和、同盛、同茂、鼎茂、万峰、源美、源利、正和、聚兴、玉成、源茂、仁茂、森茂、源达、恒丰、广达、福兴、大有、德泰、复茂、乾茂、北永成、祥发、德丰、永丰、北永和、永兴、松茂、广成、大来、广源、聚丰、鼎盛、源成、春元、日丰、悦来、隆昌、聚盛、鼎丰、万裕、恒新、协泰、和发、广发、广裕、景源、日新、正茂、恒益、恒裕、北三益、敬和、景茂、大裕、永春、聚茂、万隆、通顺、丰泰、上三益、新源、诜诜、和成、正裕、德聚、景隆、湧盛、嘉裕、源裕、源通、怡茂、大茂、义兴、德昌、兴和、恒盛、广德、森盛、源隆、万盛、洪顺、德和、启丰、广盛、恒裕、万隆、洪益、洪源、隆裕、隆远、隆茂、隆达、源吉、聚达、广茂、源昌、乾裕、泰源、泰来、开泰、湧顺、利盛、信成、德来、天顺、恒集、同源、采春、玉泰、兆泰、鼎源、光裕、洪茂、景春、德隆、聚昌、广泰、谦益、采芬、裕泰、和达、德有、裕达、采馨、宏发、宏达、广源、东永广、日泰、复泰、和泰、德茂、永成、福泰、永宜、程恒泰、西广泰、谦泰、义泰、瑞昌、瑞和、瑞盛、瑞新、恒顺、吴义兴、吴景隆、元和、永隆、和盛、恒昌、通茂、立生、恒达、世美、金源、怡达、福盛、祥盛、鼎发、鼎顺、吉祥、京茂、天申、天丰、天源、天成、复顺、荣号、亦顺、增顺、时顺，以上共钱四百三十一千一百文。

董事

张鸣周、吴若仪、方柄周、吴思传、张以和、吴集成、方汉青、王列明。

嘉庆五年义庄兴工捐输　增置门前地亩并砌围墙、台阶，添盖厨房及修理房屋、坟冢，道场法事。是年四月诸神像开光，系首事张鸣周独立喜助，捐数未载

观光堂	七十二两，共三年帖费。	吴德文	二十两。
吴广仁	五十两。	张鸣周	二十两。
鲍勋茂	二十六两。	汪必城	二十两。
方德昭	二十二两二钱二分。	许通号	十一两一钱一分。

鲍士贞、程元吉、程蓝玉、吴文桂字子华，西溪南人，吏部司务、洪彩华，以上各四两。

曹　城、方振扬、罗佑堂、胡汉功、方胜功、吴玫廷、张日乾、洪印绶、方辅周、世美号、冯护堂、胡汉儒，以上各十两。

王德明　六两。

德恒号　五两五钱五分。

张登贤　五两。

方介廷　三两三钱三分。

吴楚城　二两二钱二分。

吴树廷、吴鹤亭、吴自珍、王览亭、王春茂、王耀青、方楚堂、张灌亭、吴星采、王渭田、吴昌吉，以上各五两。

王辅臣、振达号、吴集成、张以和、方泰来、黄丹林、程祖落、蒋鲁书、吴尹宾、王泽远、程昆来，以上各三两。

潘世恩、江次山、汪德辉、庄春圃、王暎廷、汪邦祥、蒋西容、吴浚川、吴元涛、许醒山、洪配周、方大庆、张文铨、谢进僖，以上各二两。

方雪生　八钱。

吴　椿、吴会川、庄金佩、张世通、江　钰、方仰辉、方景岳、吴若仪、方灿章、吴思传、吴汉昌、汪深如、方炳周、蒋惟善、蒋宽友、胡家瑞、江　涟、汪朝黼、黄益修、朱鹤楼、吴耕筠、吴文征号南芗，南溪南人，候选府经历、罗荟林，以上各一两。

蒋佛智、蒋端士、蒋光德、蒋永安，以上各五钱。

茶行

中和、湧信、广信、惇成、信成。以上各钱十二千，计门面钱三年。

茶铺门面钱数

怡达、福盛、世美、金源、裕盛、恒盛、广德、森盛、源隆、万盛、洪顺、广盛、恒裕、万隆、洪益、洪源、隆裕、隆远、隆茂、隆达、源吉、聚达、广茂、乾裕、太原、泰来、恒昌、开泰、湧顺、利盛、鼎发、鼎顺、北中和、祥泰、永大、吉祥、京茂、荣号、益兴、亦顺、时顺、日茂、增顺、张景裕、彩发、乾顺、乾聚、鼎隆、天申、义生、汪景裕、德义、天成、复顺、程景裕、东广源、福茂、洪泰、永安、恒达、大有、德丰、永丰、北永和、永兴、正大、松茂、广成、大来、祥发、同源、恒顺、信成、德来、天顺、采春、采芬、裕太、和达、德有、裕达、采馨、宏发、宏达、广源、永广、日泰、复泰、和泰、德茂、永成、福泰、永宜、恒泰、西广泰、谦太、义泰、鼎隆、元和、元隆、和盛、通茂、立生、广大、万裕、玉泰、兆泰、鼎源、光裕、洪茂、鼎泰、恒集、恒昌、景春、同春、德隆、广泰、聚昌、瑞和、恒新、协泰、和发、广发、广裕、广益、景源、日新、恒益、正茂、北三益、景茂、大裕、聚茂、万隆、丰泰、上三益、景隆、湧盛、新源、嘉裕、义兴、诜诜、源裕、源通、和成、大茂、怡茂、正裕、德昌、兴和、广大、鼎丰、永茂、聚丰、鼎盛、盛和、源盛、春元、大元、日丰、悦来、隆昌、启丰、聚盛、阜隆、乾发、乾达、天和、同盛、同茂、鼎茂、源茂、仁茂、森茂、源达、恒丰、福兴、德泰、复茂、乾茂、万丰、源美、源利，以上共钱四百二十三千文。

茶商各字号厘头银数　乾隆五十九年至嘉庆四年

立胜	九两七钱。	森泰	三钱九分。
瑞记	四两七钱七分。	广盛	七钱七分。
昱记	三两五钱二分。	万盛	三两五钱。
恒豫	六钱八分。	利太	一两六钱。
太茂	一两三钱五分。	春茂	二十二两六分。
太盛	六两一钱一分。	怡太	十二两三钱二分。
怡盛	三两五钱。	广茂、济美，以上共六两九钱五分。	

万裕　六两六钱六分。　　　　广隆　四两五钱。

隆远　九两一钱四分。　　　　隆盛　一两三钱四分。

日盛　三两七钱。　　　　　　同昌　七钱。

源吉　五两三钱五分。

董事

张鸣周、方楚楠、张子桢、吴西堂、吴若仪、周御贤、方仰辉、吴思传、吴德文、方德昭、吴玫廷、方胜达、吴浚川、汪渭田。

嘉庆六年义庄兴工捐输　修理房屋、坟冢及道场法事

观光堂　七十二两，共三年帖费。

方汉青　五十五两五钱五分。

吴大翼　广仁子，官爵见前，五十两。

方德昭、吴德文、王隆裕、张日乾，以上各廿二两二钱二分。

王渭田、吴士修，以上各十一两一钱一分。

胡汉儒　十五两。

方德茂　十三两三钱三分。

方辅周　十两。

方茂新、方恒新、王德明，以上各六两六钱六分。

方胜达、王君六、方颐茂、王深远、郑德恒、许通裕、方集安、方耀先、方洛丰、王右卿、方右衡、张慎堂、王君植，以上各五两五钱五分。

蒋嘉论、永源号、吴可仲、王览亭、张灌亭、吴玫廷、冯承玉、方右仁、胡丹文、张登贤、王振华，以上各五两。

王泽远　四两四钱四分。

叶士澧　四两。

张以和、方振扬、王汝配、吴鹤亭、汪抚安、王金佩、王学光，以上各三两三钱三分。

程世淳、程祖洛、程元吉，以上各三两。

方位廷、方震廷、郑辉山、吴浚川、方恒茂、方永裕、汪鼎隆、张盛辉、江怡泰、王成远、方宪卿，以上各二两二钱二分，

程昆来、张兴武、洪华采、王辅臣、张德符、张素峰，以上各二两。

周御贤、王槐朴、吴会川、方敬安、张汉三、王立祥、吴楚城、方楚楠、王希模、王子泰、王象春、吴若仪、王履吉、冯秀辉、方楚三、王三亮、吴旭廷、罗松友、方介亭、方仲贤、方宪斌、方仰辉、谢秉和、吴西堂、蒋酉容、谢文彩、汪深如，以上各一两一钱一分。

胡烺如、张子桢、张得明、方在廷、吴元涛、方　振、汪应铺、胡家瑞、黄丹林、方士运、金应城、金廷恩、孙世悦，以上各一两。

张立山、胡宏川、张圣毓、吴广廷、江声振、周士涟、汪君美、郑士肇、郑仲宽、郑灶瑞、郑学文、郑景成、吴景溁、柯柄堂、王化祥、方鉴青、王槐快、王鼎三、王槐株、王德五、王颖思、王希祝、王三希、庄松亭、张亮成、汪圣谟、张保华、张廷周、吕天吉、姚圣宇、胡振千、吴秉衡、吴以成、王懋贤、姚建邦、胡明宝、吴　泰、吴洪庆、吴启祜、程聚安、方万基、方廷辅、方若思，以上各五钱五分。

茶行

中和、广信、信成、惇成、湧信、协成，以上各钱十二千，计门面钱三千。

德大　钱八千，计门面钱二年。

茶铺门面钱数

鼎顺、荣号、益兴、亦顺、日茂、时顺、增顺、金元、张景裕、乾顺、程景裕、东广源、福泰、乾盛、聚和、乾聚、永安、金兰、新兴、祥泰、万隆、复春、景德、景隆、天利、丰泰、正茂、景茂、北三益、大裕、德盛、鼎丰、益泰、恒益、嘉裕、日新、北中和、怡达、裕盛、吉祥、复盛、京茂、立生、广源、玉泰、复泰、锦泰、晋泰、和泰、隆兴、德茂、永成、永宜、义泰、广大、鼎隆、鼎泰、鼎源、光裕、兆泰、恒泰、谦泰、采馨、安发、宏达、通茂、德有、福泰、瑞昌、乾发、乾达、乾元、阜隆、同盛、恒丰、德泰、复茂、乾茂、兴泰、聚盛、大有、福兴、聚丰、鼎盛、大元、春元、源成、盛和、洪盛、源达、祥发、德丰、北永和、仁茂、洪泰、恒泰、同源、广成、松茂、大来、潘广源、森茂、源茂、森泰、恒顺、永丰、北永成、恒盛、森盛、源隆、永茂、万盛、洪顺、广盛、恒裕、万隆、洪益、隆裕、隆远、隆达、隆茂、源吉、聚达、广茂、泰源、泰来、恒昌、开泰、利盛、信成、德来、万泰、源泰、采春、采芬、永广、源利、万丰、启丰、大昌、恒义、源美、悦来、隆昌、庆昌、德昌、永大、乾裕、同茂、义兴、日泰、广裕、广益、景源、天章、聚昌、乾泰、景春、同春、德隆、鼎茂、鼎发、源通、怡茂、源裕、大茂、恒新、大新、新顺、和发、广发、湧盛、聚茂、兴和、广大、日丰、怡庆、上三益、和成、诜诜、兴源、正裕、采芬、裕泰、和达、和盛、启盛、元和、裕达、瑞和、瑞达、恒集、采发、世美、天成、复顺、天申、金源、恒达、祥盛，以上共钱四百四十五千七百文。

茶商各字号厘头银数

春茂	十九两二钱。	隆裕	二十一两。	瑞芬	五两。
源吉	十两四钱四分。	泰茂	五两零四分。	永茂	三两七钱二分。
恒豫	一两九钱二分。	广森	六两。	森裕	二两五钱二分。
日盛	一两四钱四分。	广隆	六两六钱。	隆盛	二两二钱。

董事

方德昭、吴旭廷、吴西堂、张得明、吴德文、方汉青、方集安、方洛丰、周御贤、方仲贤、方楚楠、吴思传、王渭田、方胜达。

嘉庆十二年义庄兴工捐输 置地、栽树，修理大殿、对厅厢房、围墙、住屋

观光堂　七十二两，共三年帖费。
方耀光　五十两。
吴元涛　二两。
黄丹林、毕庆、方泰来，以上各一两。

茶行

惇成、湧信、中和、广信、信成、协成，以上各钱十二千，计门面钱三年。
泰丰　钱八千，计门面钱两年。

茶铺门面钱数

福兴、德新、乾泰、恒丰、仁茂、北永和、大有、洪盛、盛和、松茂、乾发、洪泰、泰来、大源、德丰、泰源、祥发、同源、金兰、嘉裕、采春、增盛、亦顺、大新、方广达、上三益、裕达、瑞昌、怡庆、景春、采芬、洪茂、景德、天利、永成、恒泰、北三益、德盛、光裕、德有、日新、源裕、宏达、和盛、新顺、湧盛、裕泰、立生、日丰、和成、瑞和、胡广达、恒庆、丰泰、永宜、谦泰、景隆、鼎丰、兆泰、同裕、大裕、大茂、通茂、启盛、通源、聚茂、鼎茂、广源、和发、诜诜、和达、鼎泰、采馨、广裕、源美、祥盛、景隆、启丰、信成、丰盛、同盛、恒顺、阜隆、泰和、乾茂、聚源、森盛、永茂、森茂、源达、恒裕、万隆、聚丰、源成、隆远、源吉、春茂、鼎发、程景裕、益兴、元泰、时顺、裕盛、采发、景泰、天申、乾聚、金元、洪益、吉祥、荣号、万隆、聚达、新兴、张景裕、正茂、开泰、鼎顺、东广源、恒益、天聚、日茂、聚和、兴和、万盛、永安、乾顺、正裕、隆裕、致和、京茂、复春、广茂、泰山、福泰、景茂、利胜、顺和、益泰、福盛、元和、永大、和泰、德茂、玉泰、广益、同泰、景裕、鼎源、大昌、广聚、怡达、宏发、玉昌、世美、玉茂、永隆、悦来、锦泰、源利、永广、义兴、北中和、复顺、广昌、恒义、天成、恒新、日泰、同茂、金源、祥裕、万峰、复泰、乾达、德泰、恒盛、源隆、胜茂、源茂、广盛、裕顺、洪源、鼎盛、隆达、隆茂、恒泰、春元、恒昌、泰来、广源、恒集、广成、德来、德茂、森泰、乾元、万泰、晋泰、德昌、广泰、鼎隆，以上共钱五百二十一千八百文。

董事

方德昭、吴思传、周御贤、吴旭廷、潘觐江、张景尧、洪曲江、吴德文、方汉青、方集安、方洛丰。

嘉庆十四年义庄兴工捐输 　拍坟及培筑老地北岸、修理大殿对厅厢房，道场法事

观光堂　七十两。

德泰　二十两。

乾茂、乾发、永丰、采芬、隆裕、春茂，以上各十两。

森裕、源吉、复泰、鼎盛、元丰、广亨、颐茂、恒泰、恒隆、怡茂、广森、郑德恒、三益、怡丰、茂新、隆远，以上各五两。

泰茂、兴达、世美、裕达、日新、许通裕、裕泰，以上各三两。

日盛、沛兴、谢仰韩、广亨、张义盛、时丰、德茂、方春茂、玉成，以上各二两。

茶行

惇成、中和、广信、信成、协成，以上各钱十二千，计门面钱三年。

湧信　钱八千，计门面钱二年。

茶铺门面钱数

协盛、福昌、聚泰、森盛、世美、金源、福盛、怡达、祥盛、景春、同春、德泰、德新、德隆、聚丰、鼎盛、源成、盛和、洪源、丰泰、祥发、潘广源、同盛、正茂、景茂、鼎丰、恒益、嘉裕、隆和、日新、源通、源裕、兴和、日丰、上三益、和成、诜诜、正裕、怡庆、恒庆、恒盛、隆盛、大新、大茂、和发、湧盛、方广大、洪益、隆裕、隆远、隆达、隆茂、源吉、聚达、广茂、泰源、恒昌、泰来、开泰、丰盛、恒顺、天聚、永广、吴启丰、大昌、悦来、庆昌、德昌、永大、玉昌、玉茂、同泰、广聚、广兴、天成、复顺、顺和、荣号、乾顺、亦顺、永安、程景裕、东广源、采发、吉祥、金兰、金元、采芬、裕泰、和达、和盛、启盛、裕达、瑞昌、瑞和、立生、祥裕、胡广大、同裕、长泰、聚茂、益兴、日泰、广裕、广益、景源、和泰、锦泰、晋泰、北中和、鼎隆、景裕、增顺、张景裕、潘万源、聚和、乾聚、玉泰、永成、永宜、洪茂、鼎泰、鼎源、光裕、兆泰、程恒泰、谦太、采馨、安发、宏达、景隆、德有、福兴、大有、复泰、复茂、乾发、乾达、森茂、源茂、源达、仁茂、方恒丰、胜茂、洪盛、广和、嘉泰、同源、恒集、广成、松茂、泰来、乾泰、乾元、方万隆、复春、景德、景隆、天利、德隆、恒新、新顺、源隆、永裕、万盛、广盛、春茂、利盛、信成、元泰、采春、鼎和、义泰、和春、源利、源美、万峰、恒义、义兴、同茂、鼎发、时顺、日茂、通源、北三益、大裕、胡广源、通茂，以上共钱四百十一千二百文。

董事

方洛丰、吴西堂、方宪斌、方集安、吴德文、方汉青、吴浚川、洪曲江、吴

尔昌。

嘉庆十九年义庄兴工捐输 神像开光、修屋、拍坟及道场法事

观光堂　七十二两，三年帖费，又公捐银一百两。

曹振镛　十两。

潘世恩　十两。

鲍勋茂　二十两。

鲍桂星　十六两。

程国仁　十两。

程祖洛　四两。

朱文翰　四两。

金应城　二两。

程赞清　字定甫，岑山渡人，候补四品京堂，二两。

罗尹孚　字子信，邑城人，浙江嘉兴府知府，二两。

程恩泽　字云芬，绍濂人，现任工部右侍郎，二两。

吴　椿　四两。

洪　莹　六两。

程　厚　五两。

洪福田　十两。

江士相　十两。

吴大翼　三十两。

郑　槐　四两。

金纶恩　四两。

黄志斌　字□□，□□人，东直门守备，四两。

蒋光荫　字酉容，冈村人，拣发南城吏目，二两。

程德增　二两。

吴德文、吴宝元、吴灿文、方三益、方岸先、冯裕达、方永丰、王春茂、吴采芬、张洪绅、王焕文，以上各十两。

王恒隆、谢仰韩，六两。

吴若虚、张景尧、洪华彩、郑佩璋、方德茂、方思远、方咸中、吴集成、吴玫廷、吴殿扬、冯承玉、胡振西、方以端、王森裕、王仰唐、方恒益、王世美、吴象培，以上各五两。

王茂彪、方冠南、冯含光、张锦元、罗佑堂、张勇堂、吴绮江、方涉川、吴汉尊、方信堂、方毓菴、许通裕、方裕丰、方鸣冈、方春茂、吴鼎源、方汉青、方集安、方洛丰，以上各三两。

张文岳、程赞瀛、周御贤、吴浚川、吴在远、方楚楠、姚肇成、吴尔昌、汪焕西、方灿章、方辅宾、吴叙川、方静波、吴韦谷、蒋锦堂、凌象洸、张贡廷、黄丹

林、柯明远、方良鉴、吴素光、吴万杰、吴万楷、吴开甲、王渭田，以上各二两。

吴德余、汪世烈、吴钟琪，以上各一两。

茶行

惇成、信成、协成、广信，以上各钱十二千，计门面钱三年。

茶铺门面钱数

大来、怡泰、德春、乾元、德盛、万隆、新泰、程恒泰、聚源、阜隆、彩发、吉祥、利泰、益泰、杨德有、金源、德聚、寿昌、万和、景德、天利、恒新、新顺、大新、大茂、和发、湧盛、福大、隆裕、隆远、隆达、隆茂、复春、森盛、森裕、怡达、万源、北永和、广顺、大昌、玉祥、长太、世美、福茂、广达、景春、同春、德隆、金源、复盛、聚茂、祥盛、时丰、毓丰、荣顺、益兴、源吉、广茂、怡盛、恒昌、丰盛、恒顺、永广、春茂、德昌、庆昌、春庆、天成、复顺、洪顺、永安、程景裕、广裕、金兰、乾茂、采芬、裕泰、和达、裕达、瑞昌、立生、永裕、广大、广泰、　同裕、裕兴、天兴、永太、吉泰、德泰、德新、永聚、乾聚、日泰、聚丰、鼎盛、源成、盛和、鼎和、鼎茂、祥发、广源、同盛、正茂、景茂、北三益、大裕、广达、鼎丰、恒益、嘉裕、日新、源裕、兴和、日丰、上三益、和成、洗洗、正裕、怡庆、隆盛、源隆、永茂、广盛、德成、复有、采春、义泰、和春、源利、源美、万元、义茂、德有、洪昌、万峰、广丰、恒义、义兴、同茂、广裕、广益、景源、和太、恒隆、怡太、北中和、鼎隆、增盛、万源、聚和、玉泰、鼎泰、鼎源、光裕、兆泰、祥泰、谦泰、采馨、宏发、宏达、吴景隆、福兴、大有、复茂、乾发、乾达、森茂、源茂、源达、仁茂、恒丰、胜茂、洪盛、广和、嘉泰、同源、恒有、广成、松茂、日茂、时顺、通源、德来、方鼎茂、景隆，以上共钱四百一十千文。

首事

方岸先、吴殿扬、吴玫廷、吴德文、方洛丰、方集安、方汉青、王渭田。

董事

周御贤、方若川、吴叙川、张配功、吴绮江、吴浚川、吴尔昌、吴仰和、方令名、方楚楠。

嘉庆二十年后门面捐输　向来义庄兴工，茶行计年收取各门面钱归公备用。嘉庆二十年议定，逐年收取一次，存于茶行，每年一分行息，遇兴工时支用。自二十年至道光元年，各门面钱数开载于左

茶行

广信、惇成、协成、忠信、信成，以上各钱二十八千。

广成　十二千。

人和　八千。

茶商

恒新、新顺、大新、北永和、广达、怡盛、恒昌、永广、洪顺、采芬、裕泰、裕达、永裕、兴和、隆盛、吴景隆、恒隆、东怡泰、森盛、森裕、大茂、恒丰、广顺、万成、福有、王大恒、聚有、祥茂、恒昌、兴盛、福兴、大有、德春、乾元、广大、隆裕、隆远、隆达、隆茂、长泰、景顺、源吉、广茂、永安、金兰、乾茂、福大、永泰、德泰、永聚、宝和、鼎丰、恒益、益泰、日新、源裕、采春、源利、源美、德有、广丰、景源、玉泰、通源、新泰、聚元、彩发、吉祥、利泰、广玉、亦顺、德来、方鼎茂、德新、宝源、万利、德玉、丰源、天裕、怡丰、德盛、潘广源、鼎顺、宝丰、正源、元和、吉泰、乾聚、日泰、聚丰、鼎盛、源成、盛和、鼎和、广源、鼎茂、同盛、嘉裕、怡庆、源隆、永茂、广盛、德有、复有、义泰、和春、万源、同茂、广裕、广益、和泰、鼎隆、增顺、聚和、兆泰、谦泰、日茂、时顺、程恒泰、阜隆、祥发、德兴、永利、大茂、元盛、德盛、德隆、丽春、正泰、丰泰、兴盛、西福大、天泰、聚兴、万盛、福盛、祥茂、北聚茂、天全、聚茂、复春、祥盛、复茂、益兴、洪盛、松茂、同源、大来、德昌、广成、庆昌、景德、天利、天兴、景隆、程景裕、广裕、恒有、湧盛、玉祥、杨恒顺、杨德有、和发、毓芬、天成、复顺、瑞昌、福茂、怡达、万源、世美、景春、同春、德隆、金源、复盛、万峰、义茂、容裕、金源、恒裕、恒利、永春、永源、全盛、和顺、隆盛、乾发、乾达、大昌、丰盛、春茂、春庆、立生、和达、广泰、同裕、裕兴、元泰、正茂、北三益、景茂、大裕、广达、日丰、上三益、和成、诜诜、正裕、洪昌、义兴、北中和、鼎泰、祥泰、鼎源、光裕、森茂、源茂、源达、方茂、仁茂、胜茂、广和、嘉泰、德丰、怡泰、万隆、万和、采馨、宏发、宏达、德聚、仁裕、昌新、源顺、广和、和裕，以上共一千五十一千四百文。

董事

吴德文、方岸先、方咸中、吴玫廷、姚肇成、吴殿扬、冯承玉、吴绮江、吴钟琪、吴尔昌、方汉青、方集安、方洛丰、周御贤、王渭田。

汇记义庄工程

历年义庄兴工，俱赖同人公捐克成善举，故一切事宜即按年分注于捐输款下。其有动用公匦存项，无俟临时输助者兴修工程并任事人姓名，特为汇记于左：

嘉庆十六年，修理月台卷棚，添换木料，全堂油饰，首事方德昭、吴玫廷、吴德文、方汉青、方洛丰、方集安、冯承玉、胡丹文，董事周御贤、洪曲江、方楚楠、吴殿扬。

道光五年，修屋、拍坟，首事吴德文、方岸先、方洛丰、方孝明、方汉青、方集安、吴鉴名，董事方培中、方凤山、张秀峰、方丽堂。

道光七年，对厅挑顶、添换石片、油饰檐前望板、增造右首住屋一间、装修厢房槅扇、拍坟，首事方洛丰、方岸先、吴德文、吴鉴名、江楚书、方汉青、方集安，董事方培中、姚肇成、吴荫年、方丽堂。

道光元年义庄兴工捐输　修理大殿大门、围墙、住屋、勒碑、拍坟并添置木器

观光堂　捐银一百六十八两。

程祖洛　二十两。

程国仁、曹振镛、鲍桂星、鲍勋茂，以上各十两。

程恩泽、程　厚，以上各五两。

罗尹孚、郑　槐、金应城，以上各四两。

胡慎仪　十两。

吴鸿淳　字韦谷，昌溪人，贵州开泰县典史，三两。

吴　鳌　字应锽，昌溪人，江西金溪县县丞，二两。

吴兆棠　字石芸，下长林人，云南永北厅同知，四两。

江联奎　字知白，丰瑞里人，山西平鲁县典史，钱四千。

吴德文、吴大寰、吴大楠、王渭田、方岸先、方咸中、张登贤、源吉号，以上各十两。

吴玫廷　八两。

方楚堂　六两。

冯静晖、方文柄、方文伟、方涉川、方思远、方玉田、方环佑、方以仁、方洛丰、方汉青、方启商、方日华、方孝明、吴象堃、吴广济、吴殿扬、吴钟琪、吴玉辉、谢进僖、谢　琦、江立诚、王萃廷、王正诗、王焕文、洪庶安、张勇堂、张问皋、张景尧、广泰号、冯承玉，以上各五两。

吴大典、张汉三、方集安、吴绮江、王泽远，以上各三两。

通源堂、立德号、许锦春、贺辅廷、时顺号、方辅宜、周　昌、谢次宁、吴永汜、蒋光荫、吴广灼、王振涛、方宇周、方汉亭、方佩先、方以川、方仰全、方若川、王毓葊、潘企贤、方瑞隆、方培中、方冠三、王学光、柯明远、凌振远、王以贤、江尔常、吴纬臣、胡丹文、吴素光、王成远、洪映台、方集贤、王文也，以上各二两。

张遂和、张正钟、汪云帆、聚兴号、潘实夫、张遂和、吴大诺、吴大度、吴广采、吴广心、张启淮、吴大铣、程大统、蒋嘉滨、吴景炽、吴景录、吴广浩、方志寅、程元熙、杨道均、蒋光普、姚国福、郑仰山、方令民、吴叙川、王日暄、王养泉、吴德辉、吴德余、吴荫年、吴德音、毕　庆、吴万楷、吴万杰、洪汉章、张韵清、张兴祥、方丽浦、柯明德、冯晋华、洪文柄、方惠文、蒋嘉闾、王耀辰、张聚文、方寿基、汪圣谟，以上各一两。

方绍明、方冠中、庄荣堂、吴德华、张声远，以上各五钱。

项用霖　钱四千。

郑光黻　钱二千。

张文达　钱一千。

首事

吴德文、王渭田、吴钟琪、方汉青、方洛丰、方岸先、方孝明、方集安。

董事

周御贤、张韵清、方若川、方培中、王日宣、吴荫年。

道光二年至九年捐输

观光堂　一百九十二两，八年帖费。

茶行

广信、惇成、协成，以上各钱三十二千，门面钱八年。

广成　钱八千，门面钱二年。

信成、信诚，以上各钱十六千，门面钱四年。

忠信　钱四千，门面钱一年。

茶铺门面钱数

长泰、荣顺、源吉、德来、广茂、广大、德泰、德新、福兴、永聚、宝源、源裕、万利、利大、泰来、德玉、乾茂、元和、玉泰、瑞昌、采发、宝丰、方元泰、立达、天德、恒新、太新、新顺、大茂、裕泰、同裕、正源、西德盛、泰新、广源、聚和、天泰、聚兴、广玉、乾元、吴万盛、聚泰、永昌、世有、有茂、德瑞、隆泰、协茂、致和、元茂、源泰、同源、隆盛、全盛、和顺、景德、天利、天兴、方景隆、洪盛、德昌、庆昌、复茂、复春、广成、恒利、聚茂、祥盛、天全、福茂、吴德隆、大昌、祥茂、和发、毓芬、同茂、永春、义茂、景春、德隆、金源、复盛、万源、万峰、世美、广达、怡达、益兴、北聚茂、同春、复顺、天成、振大、鼎泰、祥泰、洪泰、宏发、聚丰、鼎盛、源成、盛和、广盛、宁丰、谦泰、程恒泰、祥发、德兴、新泰、复聚、鼎源、鼎茂、和春、兆泰、大隆、春茂、天茂、德成、大有、复有、增顺、时顺、日茂、乾聚、永源、景源、乾元、和裕、鼎和、大顺、吉泰、乾裕、济春、景春、恒春、永安、恒益、通源、正茂、北三益、景茂、大裕、广达、福大、上三益、诜诜、德盛、和成、洪昌、德聚、日茂、永利、元盛、同盛、嘉裕、永茂、广隆、万元、广裕、广益、鼎隆、丽春、湧盛、兴和、兴盛、隆盛、正泰、丰泰、日泰、金兰、聚元、西福大、怡庆、日丰、宏泰、吉祥、洪发、万广、森盛、源茂、恒丰、方茂、万成、福有、胜茂、有泰、万隆、王大恒、聚有、永广、广和、德丰、采芬、怡泰、仁茂、永裕、洪顺、裕达、吴景隆、怡盛、恒昌、恒隆、怡泰、源利、源美、德有、益泰、太新、恒盛、福盛、方大兴、德大、程京春、临保堂、万通、昌新泰、恒盛、恒茂、永盛、乾发、乾达、万盛、春庆、立生、和达、广泰、裕兴、义兴、北中和、北元泰、采馨、森裕、永泰、永祥、利大、恒昌、同德、万春、吴恒泰、日增、恒德、信泰、宝泰、泰来、亦顺、隆裕、隆远、隆茂，以上共钱一千一百九十五千二百文。

茶商各字号厘头银数

启丰、恒益、德聚方岸先、启商、以川　七十五两四分，磻溪人。

仁裕、乾发、光大谢秉和、位中　四两六钱六分。

永广、永聚、元盛张登贤　七两四钱七分，柔岭下人。

同春吴鉴明、立堂、右三　三两一钱三分，昌溪人。

天有吴君让、鉴明、立堂　十二两七钱一分，昌溪人。

怡盛、恒足方荟如、吴宪周　十九两七钱四分。

采芬、裕泰胡与遽、继武　三十两一钱六分，七贤人。

裕达、宏达冯承玉、冠英　六十七两四钱二分，鸿飞人。

广和、采芬胡与遽、继武　二十七两二钱五分。

颐茂、采茂方若采　十一两五钱六分，齐武人。

勤丰方仰全、载扬　三两五钱九分。

万泰、日大方毓庵　六钱八分。

馨茂、方茂吴馨园　六两六钱。

立兴、裕兴冯晋华　二两六钱三分，鸿飞人。

景从、德丰方佩先　一两四钱五分。

宏盛方岸先、辅宜　五两二钱四分。

恒兴、祥达谢沐之　十一两六钱二分，呈坎汪村人。

德茂方仰西、在文　三两八钱，磻溪人。

裕达冯承玉、冠英　二十二两四钱六分。

源吉、春茂王文光　二两九钱三分。	正昌方载扬　一两四钱六分。
吉祥、如意方以川　十两八分。	义丰张时若　一两四钱二分。
聚昌、昌茂方岸先　三十九两四钱二分。	怡丰方岸先　九两八钱九分。
元春方汉亭、佩廷　一两一钱三分。	恒泰方逢其　九两三钱五分。
德和吴鉴名、立堂　四两三钱。	洪顺洪庶安　二钱九分。
景德、义生方孝明　十二两七钱二分。	恒新方咸中　一两九钱九分。
济春方道周、潘辅臣　七钱三分。	恒昇吴质中　四两八钱一分，昌溪人。
三益方岸先　十两四钱九分。	鼎泰吴荫堂　一两七分。
广元吴敬之　三两五钱九分。	恒有吴彝仲　八钱二分，昌溪人。
广达冯静辉　九两五分，鸿飞人。	新和方圣名　二钱一分。
宏泰江楚书　九两六钱八分，诸佳坞人。	德泰吴君让　十四两一钱四分。

乾号方若川	一钱二分。		源吉王文光	十两一钱九分。
万裕王以贤	四两三钱九分。		永广张登贤	十八两四钱八分。
祥吉方靖臣	六钱九分。		德丰吴德文	十六两二钱三分。
益昌周季昂	二两三钱二分，溪磅头人。		百顺方楚堂	二两五分。
广隆王焕章	二两三钱六分。		乾泰江楚书	十三两三钱七分。
钰盛方瀛洲	一钱一分。		立源方贯南	七钱九分。
本立方佩先	四钱一分。		茂昌方汉青	二两九钱五分。
凤记吴凤山	六钱三分，石潭人。		万成方洛丰	十二两二钱七分，磻溪人。
复隆吴殿扬	六两八钱七分，北岸人。		鸿源方松坪	二两二钱八分。
日昌方佩锵	九钱八分。		长兴、升恒	四钱六分。
万峰方佑玑	一两。		德恒、得盛	四两四钱一分
万兴方辅廷	二钱九分。		裕盛、怡泰	二钱四分。
永丰方吁占	十三两四钱一分。		吉茂方宇周	七钱八分。
裕丰方鸣冈	四钱七分。		冯福茂	一两七钱九分。
广泰冯含光	十一两五分，鸿飞人。		郑乾裕	四两二钱四分。
恒茂方仰西	二两九钱。		吴宝元	二两八钱三分。
元丰吴若虚	一两二钱八分。		吴德凝	九钱八分。
裕泰王永康	一两一钱一分。		吴兆隆	一钱。
庆隆方羲文	一两三钱五分，方村人。		吴景隆	三钱八分。
德丰吴德文	五钱四分。		冯立大	二钱五分。
永丰方吁占	三十九两七钱六分		冯永兴	四钱三分。
景春方念仁	十八两八钱六分。		王裕成	六钱五分。
乾茂吴君让	二十九两八钱一分。		潘广懋	一两七钱九分。
玉泰吴既堂	十三两六钱五分，昌溪人。		王玉隆	一钱九分。
天盛方汉贤	六钱二分。		王天茂	九钱二分。
萃亨方毓庵	八钱。		王圣记	一钱五分。
复春方霁山	二两一钱四分。		潘恒隆	一钱三分。
德利王日宣	九钱六分。		方怡泰	二钱五分。
源源方若川	二钱三分		吴茂盛	一两八钱二分。
配记张配功	一钱六分		方恒利	九分。
世美王正诗	九钱一分，杞梓里人。		胡利泰	一两二钱八分。
永兴王仲山	一两二钱五分，余岸人。		吴鼎盛	九钱八分。
万盛方汉青	五两四钱七分。		张正大	六分。
景春方念仁	二两七钱二分。		吴鼎茂	五钱九分。
裕隆方鉴山	七钱四分。		谢秉记	三钱七分。
方利方仰西	三十五两三钱。		吴华记	九钱四分。
恒昇方性中	四十三两七钱六分。		吴广馨	六钱六分。
恒发方咸中	三十八两二钱八分。		方公益	一两一钱五分。

吴德有	二两六钱一分。	恒源	五钱六分。
王恒隆	一钱六分。	永成	三钱三分。
大生	一钱七分。	天盛	一钱八分。
太和	一钱八分。	合顺	六两五钱六分。
协泰	一两八钱七分。	谐丰	四钱七分。
泰和	一两三钱四分。	祥泰	六钱一分。
生旺	五钱一分。	东春	二钱八分。
义和	五钱四分。	天长	八钱。
嘉季	一钱。	祥瑞	一两三分。
顺泰	四分。	和泰	一钱七分。
道泰	六分。	启盛	四钱九分。
华盛	一钱。	隆泰	四两六钱二分。
福有	四钱六分。	同兴	一钱四分。
义隆	二两一钱四分。	恒泰	一两九钱一分。
顺记	一钱八分。	公兴	二两九钱七分。
广大	六钱。	同益	九两九钱七分。
复新	二钱五分。	信记	一钱五分。
义生	三钱一分。	合茂	八钱三分。
同源	四钱二分。	鸿昌	二钱四分。
晋记	一钱六分。	永泰	四钱六分。
裕顺	八分。	亨源	一两八钱九分。
大茂	六钱九分。	复元	九钱九分。
日新	一两三钱七分。	祥记	二钱九分。
加礼	一钱二分。	双合	四钱一分。
厚裕	一钱。	吉顺	四钱二分。
广隆	四钱三分。	永记	二钱七分。

茶行首事 按：名讳、里居，年远难考者多，故前俱从略。兹后悉为祥【详】载，即其人有数见前者，亦至是方行补注

惇成行吴德文 名大章，昌溪人。

吴鉴名 名大诮，昌溪人。

广信行方岸先 名肇登，磻溪人。

协成行方洛丰 名成基，磻溪人。

方汉青 名金绪，磻溪人。

方集安 名立抚，磻溪人。

信诚行江楚书 名其祥，诸佳坞人。

董事

姚肇成　名立基，深渡人。　　　　周御贤　名昌，溪磅头人。

吴荫年　名隆安，北岸人。　　　　张秀峰　名文岳，定潭人。

方丽堂　名汝榴，磻溪人。　　　　方若川　名士铨，磻溪人。

方以和　名循义，齐武人。　　　　方凤山　名炳彩，磻溪人。

方培中　名元基，磻溪人。　　　　张日宣　名茂德，杞梓里人。

张韵清　名文铿，定潭人。　　　　吴绮江　名锦，昌溪人。

道光十一年义庄兴工捐输 　神像开光、通堂油饰见新、修理房屋围墙、培筑坟冢及道场法事

曹振镛　十两。

潘世恩、吴椿，以上各六两。

程祖洛　三十两。

鲍勋茂　十两。

张立铨、程厚、鲍文淳，以上各四两。

朱达吉　字颖双，浯村人，现任广西道监察御使，四两。

徐瑆　字贯玉，竹会市人，现任工部制造库郎中，四两。

徐宝善　字廉叔，徐村人，现任翰林院编修，十两。

程枚功　字卜臣，梓庭制军子，现任太常寺博士，四两。

周茂洋　字守迁，溪磅头人，官户部主事，四两。

项名达　字梅侣，□□人，候补国子监学正，四两。

方钟琦　字奏云，岩镇人，八旗官学教习，四两。

许球　四两。

江楚书　十五两。

王仲山、吴君让、冯静辉、胡与遐、吴殿扬、吴德文、方岸先、吴鉴名、方韫辉，以上十两。

方咸中、谢位中，以上各六两。

谢沐之、方汉青、方集安、王晋周、吴纬臣、方佐廷、张右臣、冯焕堂、吴钟琪、王正诗、江慎堂、方念仁、方在荣、冯冠英、冯义如、冯承玉、方荟如、方吁占、冯颖嘉、周季昂、吴重其、方念周、吴右三，以上各五两。

谢秉和、王应矩、张映青、吴次咸、吴琛甫、胡荣光、张正钟、方汉川，以上各四两。

胡用如、吴既堂、方良玉、胡集川、吴吉亭、方瑞隆、方松坪、方在周、方以川、方友堂、王本修、张瑞华、郑仰山、吴绮江、张用宾、程履安、蒋蕴和、潘遵辙、吴韦谷、吴立堂、方佩锵、方耀堂，以上各三两。

姚汝沧、姚成云，以上各二两五钱。

方以和、洪庶安、王文也、方协臣、方宜廷、方景兴、吴承城、吴德元、张序堂、胡启廷、张汉三、潘自东、王蓉舫、潘辅臣、程相廷、吴作舟、吴二泉、江联奎、吴锡俊、方丽堂、潘吉占、方在丰、吴润中、方辅宾、吴研堂、方志煜、吴展六、吴明远、吴叙川、方庶先、吴荫年、吴典如、潘清午、吴昆良、庄云泉、王聘之、方佩先、姚立基、姚洪泽、张仁先、张德福、吴汉林、张宝华、吴尔昌、范庆生、方祝三、冯耀廷、张聚文、吴华廷、吴济之、吴大宝、章漱之、柯承挺、王慎典、方宪文、王佐之、吴道鸣、方曦周、方俊章、吴广灶、王允祥，以上各二两。

方式如、方用谦、吴绍才、张如川、刘辅仁、王耀辰、王年顺、吴殿章、洪海舟、方金城、方士宗、吴灶炎、吴广路、程进思、王德本、吴大绍、方百禄、吴晴树、程士善、吴景瑞、胡浩如、胡泽周、方孔嘉、方庆年、方彦升、方斗轩、洪佐宸、洪百来、吴德音、吴广泰、潘远钊、姚大坚、方景林、胡楷堂、冯文焕、张启滢、方百川、吴德仁、程步堂、方添水、方寿淇、方俯之、张汇川、江志铨、吴元森、冯瞻宇、方道周、方涉山、王槐熟、方镇良、方灶红、汪永造、冯日辉、程德川、张锦侯、吴在衡、程孔焞、方集贤、吴静川、王兆民、王君辅、方惠文、吴大璞、方廷素、张亮成、吴大咏、吴三祥、王配西、方圣谟、汪佩林、程建三、蒋嘉耀、王春和、程君益、方信堂、汪允法、程耀光、蒋建炜、胡杏鳌、方裕辉、方开庆、吴其相、方志辉、吴尔嘉、吴冕卿、张遂和、江立福、王应孔、王应联、周毓万、吴佐亭、王应春、洪渭川、方天应、洪秀东、姚宗岱、吴瑞书、方辅宜、方镜千、方辛彩、吴玉涵、方启商、方佩廷、方汉亭、方秀夫、吴礼全、方金合、凌伦锦、冯存五、方以铭、方灶明、汪晏澜、冯灶友、方云浦、胡佑之、胡振辉、胡用和、方金旺、程毓章、凌佩然、王景峰、方仰源、方宇辉、方六顺、姚均也、程宪章，以上各一两。

方观鹤、李振兴、方致祥、江尔常、汪福金、洪卫恒、吴广淮、方士镕、方双喜、汪立仁、张盈之、张韵清、吴厚堂、姚彩章、吴孔嘉、程灶武、程学水、程永堂、方承敬、方相合、吴广嘉、方锡俭、蒋佛高、张干清、方观禹、冯柏林、方广廷、方楚贤、吴广诚、王兆三、吴绣谷、吴聚辉、方铭登、方晋先、方汝佳、洪星五、方恒辉、方重安、方佩兰、程孔塂、张志浩、程四林、汪明顺、汪树椿、冯光昭、方相本、吴广松、姚宗儒、姚宗璞、姚奕恩、程贵福、姚立化、方德恒、王登来、吴可钊、吴广性、吴大本、吴广焜、凌瑞庭、胡荣宝、胡春平、方铭标、汪光斗、吴霈霖、姚孔昭、方德明、王瑞华、吴广溥、吕裕远、方灶全、姚立锦、吴灶宝、王象演、吴德三、方锦堂、方盛堂、方伟斋、方鸿业、方正安、谢尚义、吴达源、方德宜、吴锦辉、方国安、吴松林、蒋嘉裕、谢耀文、吴广全、吴志鸿、吴广海、吴元淇、方文燽、黄丽明、方盛明、吴大德、张聚宝、谢灶福、吴锟和、洪以华、吴广铠、方启丰、胡锦聚、江其达、方明远、王偶云、王君扬、吴广珍、姚国庆、汪耀光、张楚珍、吴大昶、张海春、吴景熊、张佩琳、王应关、王应瑞、冯禹功、方宁宝、王云川，以上各五钱。

永广号　十五两。

首事

吴德文、吴鉴名、方岸先、方际华名汝樑，磻溪人、方以庭名洲楠，磻溪人、江楚书、方韫辉名玉田，洛丰子。

董事

吴荫年、方以和、方滢川名立沄，磻溪人、张吉晖名志煜，定潭人、姚肇成、姚仲藩名成云，深渡人、方涉山名承远，磻溪人。

道光十年至十三年捐输

观光堂　九十六两，共四年贴费。

茶行

惇成、广信，以上各钱十六千，门面钱四年。
信诚　钱十二千，门面钱三年。
协成　钱八千，门面钱二年。
万丰　钱八千，门面钱二年。

茶铺门面钱数

复元、德成、时顺、聚和、兆泰、济春、乾元、胡裕泰、宏泰、冯宏达、冯裕达、祥发、天茂、冯裕源、方永茂、吴永吉、方恒发、宝泰、西德盛、吴聚远、荣太、恒裕、广德、吴瑞春、永兴、吴元茂、乾元堂、吴德丰、吴聚丰、吴鼎和、张乾聚、吴鼎茂、兴盛、大有、复有、永茂、鼎泰、谦泰、同泰、宏发、兴和、万春、湧盛、通源、天德、天丰、万峰、潘福安、义兴、恒德、立生、隆盛、德昌、隆泰、福茂、义茂、和发、张有泰、东怡泰、方恒新、吴致和、吴协茂、西福大、金源、恒丰、广达、毓芬、景德、同源、聚泰、泰来、源茂、胜茂、采芬、德隆、和顺、吴洪盛、复春、广成、方福有、王世美、吴鼎盛、吴广盛、天利、王永兴、方万成、西景隆、胡广和、太新、吴复茂、庆昌、冯和达、冯和丰、荣茂、吴永顺、天全、天兴、恒泰、同盛、仁茂、大昌、聚元、日丰、怡达、景春、福盛、万盛、豫丰、长泰、恒盛、源美、源泰、亦顺、吴福兴、广裕、隆远、源利、北中和、元和、德来、张福大、江信泰、王源吉、恒茂、德泰、张永聚、张永广、江隆裕、永盛、怡泰、日泰、天泰、广源、德瑞、吴广玉、广升、王森裕、王森盛、方恒春、瑞昌、吴玉泰、谢恒达、江祥瑞、张德大、德新、谢恒通、海隆、吴德隆、源远、王广茂、德玉、张荣顺、胡广大、吴宝泰、吴宝源、谢乾达、张永安、同茂、利大、万广、洪顺、永裕、同裕、永泰、世有、正茂、大裕、采馨、万隆、恒益、方茂、上三益、和成、德聚、有茂、程恒泰、程景春、东景隆、谢乾发、冯裕兴、北三益、广达、元泰、大茂、方正泰、吉祥、金兰、广益、方万元、东德盛、洪昌、日茂、永利、昌新泰、源成、复聚、日增、景源，以上共钱六百二千八百文。

茶商各字号厘头银数

天成、天有吴鉴名、君让、立堂　　十五两九分。

和成吴德文、鉴名、立堂、右三　　二两三钱九分。

同春吴鉴名、立堂、右三　　六两五分。

采芬、裕泰胡与遐、继武　　十四两八钱六分。

协泰、启发、德茂汪永椿　　一两一钱一分，洪琴人。

万利方汝震、立铨、成诜　　二两三钱七分，磻溪人。

广聚方肇瑞、城旺、金铭　　八钱七分，磻溪人。

裕达、宏达冯承玉、冠英　　三十六两二分。

启丰、恒益方肇登、鉴标　　十六两八钱九分。

广和、采芬胡与遐、继武　　四两三钱二分。

春和、元春方泰锟、瑞洪　　一两七钱一分，齐武人。

元盛、永盛张晋衔　　八两五钱五分。

茂盛吴鉴名、立堂　　三钱四分。

复隆、春和吴殿扬　　四两八钱。

裕达冯承玉、冠英　　六两八钱。

荣顺、天生张右臣　　四钱，定潭人。

德茂、恒茂方仰西　　七两三钱七分。

祥泰、全泰汪应德　　四钱一分，洪琴人。

公泰吴琛甫、钧五　　七钱四分，昌溪人。

三益方肇登、肇瑞　　三两八钱三分，磻溪人。

恒益方鉴标、鉴琭　　一两七钱六分，磻溪人。

森裕、万裕王应矩　　一两七钱七分，杞梓里人。

万峰、宏盛方肇璿　　二两六钱八分，磻溪人。

德丰、怡怡方成铣　　一两二钱三分。

宏泰、祥瑞江楚书　　三两一钱六分。

德丰吴德文、鉴名　　一两二钱二分。

德泰、乾茂吴君让　　十两六钱七分。

玉泰、蕙芬吴既堂　　八两一钱六分。

正茂方肇登、肇鼎　　十六两一钱九分。

恒泰、吉泰余作霖　　七两六钱七分，白阳人。

和义、乾泰江楚书　　三两四钱八分。

永广、和茂张晋衔　　十八两五钱二分。

聚昌、昌茂方肇登　　十七两九钱二分。

吉祥、如意方鉴标　　七两五钱九分。

和鸣方泰庆、金铭　　一两九钱七分。

福祥方肇登、立抚　二两七钱四分。

德泰吴君让　三两九钱七分。

广泰冯含光　三两三分。

怡盛方文伟　三两八钱七分，齐武人。

广达冯静辉　二两九钱。

以记冯以政　一钱六分，鸿飞人。

庆昌吴凤山　五钱。

恒兴谢沐之　二两四钱九分。

永兴王仲山　四两四钱四分。

隆泰方开寿　五钱六分，磻溪人。

裕兴冯焕堂　五分，鸿飞人。

庆隆方羲文　一两二钱一分。

鼎盛吴德文　八钱八分。

颐茂方若采　五钱四分。

圣记金子彦　一钱二分。

宝元吴楚琴　二两七钱二分，石潭人。

恒升吴质中　三两二分。

鼎隆吴琛浦　一钱三分。

德凝吴掌恒　一钱六分，北岸人。

顺兴吴厚成　五分，昌溪人。

乾元吴彝仲　五钱一分。

裕源冯武挥　一两五钱五分，鸿飞人。

乾吉武道瑞　三钱二分，昌溪人。

庆祥武冶成　九分，昌溪人。

玉泰吴既堂　九钱九分。

永立吴尔昌　八分，昌溪人。

全茂胡用如　七分，七贤人。

复茂吴鉴名　二钱一分。

怡丰方肇登　一两八钱九分。

永丰方立铨　四两七钱二分。

裕昌方视基　八分，磻溪人。

恒泰方汝源　三两七钱一分，磻溪人。

正泰方汝震　三两，磻溪人。

景春方正心　一两八钱八分，磻溪人。

万盛方应孔　三钱二分，杞梓里人。

乾裕郑骏业　一两三钱七分，项村人。

福茂汪兆澔　九钱四分，洪琴人。

永吉方功治　四钱四分，磻溪人。

景隆吴应暹　　五分，北岸人。

庆隆汪永立　　一钱，洪琴人。

万兴方士铨　　二钱二分，磻溪人。

元春方良海　　二钱六分，磻溪人。

永立吴绍武　　一钱一分，昌溪人。

恒兴王渭川　　三钱，杞梓里人。

万盛方金绪　　六钱三分，磻溪人。

皆成姚成云　　一钱六分，深渡人。

同泰潘青午　　四钱七分，大阜人。

世美王正诗　　一两四分。

宏成姚洪泽　　四钱，深渡人。

瑞春吴华廷　　一两五钱六分，昌溪人。

宏有冯冠英　　三两七钱七分。

三阳吴立堂　　二两六钱二分。

恒发方泰庆　　十八两二钱五分，齐武人。

景春方正心　　七两六钱一分。

永丰方立铨　　十四两九钱三分。

复春方成新　　三两四钱五分，磻溪人。

恒升方隆和　　十两九钱二分，齐武人。

方利方金铭　　七两二钱六分。

崇记蒋嘉耀　　八钱一分，冈村人。

鸿源方锡涛　　四两二钱二分，磻溪人。

原松郑仰山　　五钱七分，唐里人。

永兆蒋宜庭冈村人、吴华庭昌溪人，　一两四分。

玉成吴典如长林人、姚宗岱深渡人，　共七分。

益昌周季昂　　一两六钱六分。

仁裕　　二两一钱。

公记　　八钱六分。

凌天源　　一钱一分，洪琴人。

兴盛　　一钱五分。

天盛　　六钱三分。

公益　　二钱三分。

蓉光号　　一钱五分。

本诚　　一钱二分。

吉茂　　一两三钱。

丰茂　　三钱七分。

成大　　二钱二分。

万兴　　二钱一分。

东盛　二钱二分。

茶行首事

广信行方岸先，惇成行吴鉴名、吴莹之名泰来，德文子，信成行江楚书，万丰行方韫辉。

董事

姚肇成、吴荫年、方以和、张吉晖、方庶先名永富，磻溪人、方滢川、姚仲藩。

新刊重续会馆录捐输

曹振镛　字俪笙，雄村人，现任太傅、武英殿大学士，十六两。

潘世恩　字芝轩，大阜人，现任体仁阁大学士，十二两。

吴　椿　字荫华，西溪南人，现任都察院左都御史，十二两。

程祖洛　字问源，邑城人，现任闽浙总督，三十两。

程恩泽　字云芬，绍濂人，现任工部右侍郎，十二两。

吴文镕　字甄甫，岩镇人，现任翰林院侍读学士，六两。

金应城　字子彦，岩镇人，现任礼部仪制司郎中，六两。

鲍文淳　字粹然，棠樾人，现任工部给事中巡视中城，八两。

徐　瑾　字贯玉，竹会市人，现任工部制造库郎中，八两。

徐宝善　字廉叔，徐村人，现任翰林院编修，十两。

胡士志　字载文，上长林人，敕封文林郎、翰林院庶吉士，六两。

王应矩　字芳仪，杞梓里人，敕封承德郎、户部主事，六两。

吴廷珠　字合浦，西溪南人，现任内阁中书、协办侍读，三两。

许　球　字玉叔，郡城人，现任掌京畿道监察御史，八两。

程　葆　字镇北，槐塘人，现任工部虞衡司主事，六两。

曹恩滢　字鼎泉，俪笙相国子，现任刑部湖广司员外郎，六两。

徐上镛　字序声，徐村人，现任兵部武选司主事，六两。

鲍继培　字善之，棠樾人，刑部广东司郎中，四两。

程德增　字益堂，郡城人，河南新郑县知县，六两。

宋智勋　字廷扬，屯田人，候选布政司理问，四两。

江敦让　字惟逊，江村人，候选盐知事，四两。

金念曾　字子克，岩镇人，现充国史馆誊录、议叙州同，四两。

罗绍伦　字子封，呈坎人，嘉庆丙子科举人，一两。

方允镮　字子佩，灵山人，道光辛卯科举人，二两。

汪　煜　字星言，稠墅人，现任直隶景州知州，二两。

凌伦锦　字二溪，竦口人，增贡生、候选兵马司吏目，二两。

鲍　廣　字子恭，岩镇人，附学生，一两。

徐　缙　字绶卿，徐村人，附监生，一两。

许中道　字从之，许村人，现充功臣馆誊录、盐大使职衔，一两。

吴鼎勋　字翊唐，西溪南人，一两。

张立铨　字晋衔，柔岭下人，南城兵马司正指挥，二十两。

吴大楠　字君让，昌溪人，监生，二十两。

方肇登　字岸先，磻溪人，布政司理问，二十两。

吴大詺　字鉴名，昌溪人，监生，二十两。

吴泰来　字莹之，昌溪人，附学生，二十两。

方玉田　字韫辉，磻溪人，监生，二十两。

吴治洲　字禹功，石潭人，布政司理问，十五两。

方泰庆　字咸中，齐武人，从九品职衔，十五两。

张承弼　字右臣，定潭人，未入流职衔，十两。

汪永稑　字和丰，洪琴人，从九品职衔，十两。

汪永椿　字鹤岭，洪琴人，监生，十两。

冯世科　字颖嘉，鸿飞人，监生，十两。

吴瑞銮　字殿扬，北岸人，十两。

王　翰　字仲山，余岸人，监生，十两。

冯武挥　字冠英，鸿飞人，布政司理问，十两。

胡长龄　字与遐，七贤人，布政司理问，十两。

胡长发　字继武，七贤人，候补刑部司狱，十两。

冯基定　字静晖，鸿飞人，监生，十两。

方正心　字念仁，磻溪人，监生，十两。

谢进僖　字秉和，芳村人，未入流职衔，十两。

吴锡棋　字立堂，昌溪人，监生，十两。

吴锡柏　字琛甫，昌溪人，十两。

方鉴标　字以川，磻溪人，布政司理问，十两。

吴道隆　字既堂，昌溪人，从九品职衔，六两。

张承黼　字贯之，定潭人，未入流职衔，五两。

周广颎　字季昂，溪磅头人，未入流职衔，五两。

吴锡棓　字右三，昌溪人，五两。

吴振东　石潭人，五两。

方肇春　字位东，磻溪人，从九品职衔，五两。

方洪应　瑶村人，五两。

吴广岳　字钟琪，昌溪人，从九品职衔，四两。

吴庭先　字步麟，南溪南人，兵马司吏目，四两。

方锦来　字仲宾，磻溪人，四两。

冯基宏　字含光，鸿飞人，监生，四两。

江立礼　字慎堂，诸佳坞人，四两。

胡天宝　字荣光，阳坑人，四两。

冯存栋　字焕堂，鸿飞人，四两。

吴锡权　字钧五，昌溪人，四两。

王登格　字正诗，杞梓里人，四两。

汪名桂　字步高，潜口人，三两。

汪其琨　字佩林，绵潭人，从九品职衔，二两。

吴祖镟　字用如，七贤人，二两。

吴　锦　字绮江，昌溪人，二两。

方铭旺　字景兴，磻溪人，二两。

张正钟　字秀岩，板桥里人，二两。

方启林　字桂岩，磻溪人，二两。

潘遵槐　字清午，大阜人，监生，二两。

吴大璞　字素光，昌溪人，二两。

姚立基　字肇成，深渡人，二两。

吴广海　字叙川，昌溪人，二两。

吴大霖　字济之，昌溪人，二两。

方秉彦　字俊章，磻溪人，二两。

吴善庆　字德元，昌溪人，二两。

方嘉雷　字雨田，磻溪人，居斜川岸，二两。

方汝榊　字丽堂，磻溪人，二两。

方振鋬　字耀堂，磻溪人，从九品职衔，二两。

吴景炽　字尔昌，号篠溪，昌溪人，二两。

姚成云　字仲藩，深渡人，宗人府银库供事，二两。

汪百福　字秉衡，汪村人，二两。

吴广灼　字华廷，昌溪人，监生，二两。

方良海　字会川，磻溪人，一两。

张志煜　字吉晖，定潭人，一两。

潘遵谦　字吉占，大阜人，一两。

方永富　字庶先，磻溪人，一两。

吴隆安　字荫年，北岸人，居齐武，一两。

冯上闰　字日辉，鸿飞人，一两。

方铭登　字履堂，磻溪人，一两。

王允祥　字瑞如，杞梓里人，一两。

吴道鸣　字辉远，昌溪人，一两。

方兆荣　字圣辉，磻溪人，一两。

冯光瑞　字信之，鸿飞人，一两。

方开寿　字庆年，磻溪人，一两。

汪行远　洪琴人，一两，

方鉴瑷　字卫卿，磻溪人，一两。

张廷纶　字映青，柔岭下人，监生，四两。

吴彩耀　石潭人，一两。

周茂琨　字俪瑶，溪磅头人，一两。

王日隆姜店　十两。

（黟县）登善集

清道光间（1821—1850）刊本

目　录①

记 …………………………………………………………………… 260

募启 ………………………………………………………………… 261

公呈 ………………………………………………………………… 262

告示 ………………………………………………………………… 263

章程 ………………………………………………………………… 264

买契 ………………………………………………………………… 266

输契 ………………………………………………………………… 268

税票 ………………………………………………………………… 269

捐输 ………………………………………………………………… 270

---

① 目录为整理者所加。

记

黟邑渔镇登善集记

文王泽及枯骨，西岐以兴。汉高帝始令从军死者，为槥归其县。稽昔盛治，不惟为民谋厥生，抑且为民恤厥死。政教肇于上，风俗应于下，夫岂徒哉！今天下涵煦，本朝之化尤深矣。闻左善举，比而同之，曷可枚数！余讲学来黟，五年于兹，黟为山水崎驶处，渔镇为商旅所必经，屹然一重镇也。作客不复，岁有过丧，沙淖蒸湿，风雨暴露，邑之人忧焉，乃相率营高敞地若干，暂者结屋覆之，久者丛坎蕤之。鬼无新故，长暝同恫，仁人利溥，于斯益信。他日董事者墨诸册以视予，并请为文纪之，予窃乐圣风之洪邑，而茂俗之翔洽，且蕲后君子可久可大，勿替引之也。于是乎书。

道光己酉，碧阳山长、前进士、通奉大夫、三品卿，钱塘潘恭辰撰。

募 启

募建黟邑渔镇登善集启

夫羁旅之亡人，生不幸暴露之惨，仁者如伤。是以檇李之魏塘、武陵之海月桥里街，俱有六邑厝所之设，任凭停槥，不计久暂，凡以重乡谊、悯羁魂也。渔镇为我黟往来要冲，一年之中自下江扶枢归者指不胜屈。每见抵□□即寄之沙滩，或十日、或半月，俟择吉始迎归葬，不知此十日、半月，□风霜雨雪所伤滋多。况在客地尚有厝所可保之数□□年，一入本乡反置之沙滩不能保其数日，似乎于义□未周，亦情所不忍也。今拟于渔镇择址，购厂屋一间，为我黟归枢暂停之所，庶风霜雨雪可保无虞。顾一木难支大厦，集腋方可成裘，伏冀同人切桑梓之谊，挥忾助之资，大发慈心，共襄善举。匪云借此邀□差，可以慰羁魂云尔。此启。

道光二十一年季夏月，同人公具。

公　呈

建登善集请示公呈

具呈职监余元社，生员胡辅尧，监生汪兴贤、杨本琮，民人方大爵，抱呈戴义，呈为公建义园吁示杜害事。

缘徽郡之在浙省贸易间有贫苦病故而枢难归者，即寄停于徽郡之惟善堂义园中，即在堂中给以川资送枢回徽。以各邑之枢到埠时皆有义所可寄，惟黟邑枢到渔亭向无义所，必先起放于沙滩，方能告知死者之亲属来领，风雨已甚伤心，暴水尤虞漂泊。兹职等在渔亭买受汪姓渔山公共山业一片，公建义园，便于枢到即起停其中，其业之字号、税亩俱详注于呈印契内。惟查士民捐置义冢例应豁免赋粮，第义园与义冢究有不同，不敢擅请豁免，故议立登善集丁名，其税粮即在一都之灵□□户下完纳。现择于七月初十日开工，业内之一草一木皆属义园之物，外人不得觊觎，恐有无知之徒蹧蹋阻挠，滋生事端，有渎宪查。惟此，公吁□□师赏示谕禁，以全义举。上禀。

道光二十三年七月　日，具呈。

奉宪批：公建义园，洵为美举，候即出示查禁。

登善集章程请示备案公呈

具呈职监余元社，生员胡辅尧，监生朱照霈、余添宦、孙兆鸿，民人方大爵，抱呈戴义，呈为公定义集章程吁恩备案□事。

职等前以浙江惟善堂递年资送本邑旅榇到埠□□停放，集所沙滩，暴露风雨堪伤，爰集同人募资买受汪姓渔山公共山地盖造屋舍，当经投印税粮，并具禀沐□□案。越今七年，屋早落成，凡遇浙省送来黟人旅殁棺□□，于到时起停其中，合邑称便。总计捐募经费除买地、造屋两款用过外，实赢余元银四百两、洋钿贰百叁拾元、□钱贰拾贰千玖百文，公议贮典筹息，以供则年。集内规□，而渔镇蹉业乐是义举，则年照引额公派堆金襄助，每年约得堆金钱五六十千文。□□□舒光裕堂祠会则年□助洋钿八圆，核于集内。现定规费足敷支给，惟事属义举，行期久远，谨将公义章程录叩□□师备案赏示，永遵上禀。

道光二十九年九月　日，具呈。

奉宪批：据禀，浙江惟善堂递送本邑旅榇到渔苦无义所，募资购地盖造屋舍，榇谊情殷，属堪嘉尚。公议各规条尤属妥协，准如所请，备案存查。仍候给示，永遵可也。□□抄附。

告　示

黟县宪告示

为公建义园，吁示杜害事。

据职监余元社，生员胡辅尧，监生汪兴贤、杨本琮，民人方大爵呈称：缘徽郡之在浙省贸易间有贫苦病故而柩难归者，即寄停于徽郡之惟善堂义园中，即在堂中给以川资送柩回徽。以各邑之柩到埠时皆有义所可寄，惟黟邑柩到渔亭向无义所，必先起放于沙滩，方能告知死者之亲属来领，风雨已甚伤心，暴水尤虞漂泊。兹职等在渔亭买受汪姓渔山公共山业一片，公建义园，便于柩到即起停其中，其业之字号、税亩俱详载于呈印契内。现择于七月初十日开工，业内之一草一木皆属义园之物，外人不得觊觎，恐有无知之徒蹧蹋阻挠，滋生事端。为此，公吁赏示谕禁，以全义举等情。据此，除批示外，合行出示查禁。为此，示仰渔埠地保□□等知悉，所有余元社等买汪姓渔山公业一处，建立义园，内草木，外人不得觊觎，如有无知之徒阻挠滋端，私行偷□，许原禀鸣同捕保赴县指名具禀，以凭提究。各宜凛遵毋违。特示。

道光二十三年七月初八日示。

□□□告示

□□登善集章程吁恩备案示遵事。

据职监余元社，生员胡辅尧，监生朱照霈、余添宦、孙兆鸿，民人方大爵，抱呈戴义，□□□□□叙等情到县。据此，除批示并将公议各条□□□□□□□给示晓谕。为此，仰登善集司理人等□□□□□□□举购地盖舍，遇有浙江递送旅榇到埠，□□□□□理，不令棺柩暴露沙滩，洵为善举。本县□□□□，各宜凛遵毋违。特示。

□□□□登善集条呈。

道光二十□年拾月初二日示。

章　程

公议登善集章程列后

本集所置集地及义冢山业，国课攸关，每年钱粮，□□成司事者依限完纳，毋得迟误。劝捐经费除渔埠盐业，则年照引派捐堆金约钱伍陆拾千文，及舒志□公祠则年捐洋钱捌元外，共收各捐元银□肆百两、洋钿陆百柒拾肆元、钱贰拾贰千玖百文。计购地、竖造登善集屋共支用过洋肆百肆拾肆元，仍实赢余银肆百元、洋贰百叁拾元。公托渔镇典铺分领生息，定以周年六厘行息，分两季交纳，春季二月、秋季八月，俱交经理银钱之司事者收当，给收票，毋得愆期挂欠。捐钱付本集收账支用。渔镇现开四典，所余银洋即照典数分派摊领，取□□□□存匣。遇有收歇或□□，其歇典缴出本银，则归新开之典接领。如无新开，即以现开之典摊领，不得推诿。□□□□□本，总以止当之日为限，毋得藉口三年期满□□□□□□。银钱及出入账籍，公托渔镇典铺，每典□□□□□管，凡一年收支皆归值年之典经手，他人□□□杜冒滥，公议每年送薪水钱拾贰千文。□□□□□一本，每年即以本年岁干编列字号。凡□□□资送回黔之棺具到埠，值年司事者即照□□数目及地方、姓名查点核对，挨号登载号簿□□。□□埠无分晴雨天时，总须即刻抬移入集安放，其事公托渔镇船行轮流管理，以专责成。抬棺进集厅，凭船行雇倩埠夫，每棺公议力钱壹百文；必须遣一出行之人同去监督安放，此人亦每具送酒钱贰拾文。其棺几具共钱几多，即由本行开明印票，交值年之典查对给发，以免蒙混。

一、集内所存棺具，听凭本家亲属随时来领，司事者即查对号簿照发，注明某年某月日某人领取，或由簿载，或用夫抬，悉听其便。其实在无力者，公议每棺助簿力钱三百六十文，至由杭到渔及抬移入集一切使费，皆自公出，本集不取领棺之家分文。倘有埠夫需索阻挠，凭司事者送官究治。

一、凡停集未领之棺具，每年逢二、八两月，司事者宜照号簿另书一贴，将姓名、里居注明，并载明"定以某年月为限，如不自领，本集届时埋葬"等字，张贴各乡，催各亲属咸知领回，以免拥挤。

一、集内所停棺具，除张贴催领外，竟有无主不能领回者，若任其久搁必有碍于后来之棺位，本集即为埋葬。公议凡惟善堂送到入集棺具，停放总以一年为则，如满一年不领，即为掩埋于本集之义地，立碑刊明姓氏。倘葬后遇有亲属自来起扦领去安葬者听。

一、葬期定以每年清明节之前后，每棺石灰贰百肆拾斤，红石石碑一块，葬时司事者必须查对号簿，注明某年月日。迁葬义地，即邀值年之典同去监督，务使

□□深固，毋任浮浅草率。

一、□□原为本邑旅殁他乡无力回籍之柩停设，只准安放惟善堂送来本邑之棺具，其附近居民及本镇商店尸棺并经过之他邑棺，概不准徇情寄顿，以严限制。

一、公议由集抬棺至义地掩埋并做堆、安碑、挑灰等项，人工每棺共给大钱五百文。石碑长三尺、阔一尺、厚三寸，　上刊　共　字，每块并刊字及送到集，共钱一百文。

一、凡遇疾风暴雨之时，必须进集查看有无渗漏，其事即交船行中之出行人承办，每年给酒资贰千文。见有漏患，即告知值年之典动工修理，而司事者亦须不时亲看，庶免欺蔽。

一、每年逢中元大节，即延本镇之门图僧众在义地施放焰口一坛，以妥孤魂，经资议定钱壹千肆百文。锡箔、纸衣并供献香烛等项，议定开支壹两，易钱零买。如有心愿捐助纸衣者，听其功德。

一、举行之初，经费不丰，度支须量入为出，故不得不受之以节。嗣后如有好善者源源捐助，绰有赢余，则再将章程扩充，或增迁领之资，或助葬埋之费，自可与时权宜，惟期变通妥善。

买　契

登善集义地买契

立杜断卖契人长、二、四、三房支丁汪成栋等，今因修理水口山庙宇正用无处措办，自情愿将祖遗下承册山业一处，坐落土名渔山，系经理淡字陆拾贰号，内取山税壹分正。其山新立四至，钉石为界，东至塝脚为界、西至塝上脑为界、南至山嘴出路为界、北至厝所为界，南至北横长拾丈、东至西直长五丈。今将四至之内尽行央中立杜断契，出卖与登善集名下为业，三面议定时值价九七色曹平元银拾伍两正【整】。其银即交，公同随契收足；其山业即交集内人执管，听从竖造义厝无阻；其税粮另立推单，听从起割过户，推入登善集名下完纳，无得异说。未卖之先并无重复交易及来历不明等情，倘有内外人生端异说，尽是出卖人一力承当，不涉集内之事。今欲有凭，立此杜断卖契，久远存照。

再批，契内改"拾"字、"壹"字两个。此照押。

道光贰拾叁年四月　日　　立杜断卖契人：汪成栋押
　　　　　　　　　　　　汪宏远押：汪儒□押
　　　　　　　　　　　　汪鉴堂押：汪□□押
　　　　　　　　　　　　汪景和押：汪□□押
　　　　　　　　　　　　汪冠贤押
　　　　　　　　　　　执　笔：汪鸿勋押
　　　　　　　　　　　凭　保：汪敦义押

立杜断卖契人汪叙伦堂支丁汪可征、汪可珍、汪可钰同三房人等，今因急用无措，自情愿将承祖遗下册业，土名月山，潜字壹千玖百贰拾捌号、又壹千玖百贰拾玖号，又取土名云岩山，潜字壹千玖百叁拾号，共计三号，内取山拾亩正，立杜断卖契出与登善集会内为业，三面议定时值价九九大钱肆拾千文正。其钱当日收足，其山听从受买会内管业为冢，扦葬作用无阻；其山税另立推单，收割过户，输纳边粮无阻。未卖之先并无重复交易，倘有内外人声说等情，尽身出卖人支当，不涉受买人之事。自成之后，各无悔异。今欲有凭，立此杜断卖契，永远存照。

再批，此三号山税，内汪姓共税拾叁亩内取山税拾亩出卖与登善集名下，仍存三亩税自供。又照。

道光叁拾年桃月　日　立杜断卖契人：汪叙伦押
　　　　　　　　　　　支　丁：汪可珍押

汪可征押

汪可钰押

汪士淋押

中见人：汪可材押

汪可温押

汪可濬押

汪尚滪押

汪有源押

汪可济押

　　立杜断卖契人汪跃鲲、汪跃南、汪可权同侄尚本，今因即用无措，自情愿将承祖所遗册业，土名余塘，即蟹钳荒山一片，系经理潜字壹千捌百叁拾肆号正，计民山税叁亩正，其山新立四至东西南北，今将前项四至山脚内园地四块凭同□□，尽行立契出卖与登善集会内为业，三面议定时值价银拾两正。其银当日收足，其山听从受买会内管业为冢，扦葬作用无阻；其税另立推单，收割过户，输纳边粮无阻。未卖之先并无重复交易，及内外人声说等情，尽身出卖人支当，不涉受买人之事。自成之后，各无悔异。今欲有凭，立此杜断卖契，永远存照。

　　再批，该山计山税叁亩贰分伍厘，因本家上葬有坟，内取三亩出卖，自供山税贰分伍厘，除本家葬坟之外，余地尽行出卖无存。

　　再批，契内改"捌"字一个，又照。

道光叁拾年桃月　日　立杜断卖契人：汪跃鲲押

汪跃南押

汪可权押

同　侄：尚本押

凭族中：汪楠松押

汪鸿勋押

汪香远押

保　尊：孙玉平押

代　笔：汪鉴塘押

输　契

　　立阖族公议，自情愿乐输契据人汪叙伦堂同贰、长、肆三大房支丁等汪可征、汪可铃、汪可钰，今自愿承祖遗下册业，山税壹备，坐落土名梨木坑，系经理潜字壹千玖百叁拾伍、壹千玖百叁拾肆、壹千玖百叁拾陆三号，汪姓共得□□拾柒亩零内取山税拾亩正，立契乐输与登善集会名下为业。未输之先并无重复交易，自输之行□□，即交登善集名下管业，听从扦葬取用无阻。日后倘有内外人声说及业税不清，均是乐输人一力承当，不涉登善集会之事。所有税粮另立推单，听从收割过户，输纳边粮。恐口无凭，立此乐输契存据。

　　　　　　　　　　道光叁拾年叁月　日　立乐输契据人：叙伦堂押

　　　　　　　　　　　　　　　　　　　　支　丁：汪可铃押

　　　　　　　　　　　　　　　　　　　　　　　　汪可钰押

　　　　　　　　　　　　　　　　　　　　　　　　汪可征押

　　　　　　　　　　　　　　　　　凭中支丁：汪士淋押

　　　　　　　　　　　　　　　　　　　　　　　汪可材押

　　　　　　　　　　　　　　　　　　　　　　　汪可温押

　　　　　　　　　　　　　　　　　　　　　　　汪可濬押

　　　　　　　　　　　　　　　　　　　　　　　汪尚潊押

　　　　　　　　　　　　　　　　　　　　　　　汪有源押

　　　　　　　　　　　　　　　　　　司　书：汪可济押

税　票

业主执照税票

黟县七都　图　甲乐善会户丁登善集名下用契价银拾伍两正，收税淡字陆拾贰号土名渔山山税壹分正。今收到七都一图汪大道户丁伦名下推申辰年分粮。

道光二十三年四月　日推收户书（"图记"印章略）。

黟县七都　图　甲乐善会户丁登善集名下用契价银拾两正，收税潜字壹千捌百叁拾肆号、土名余塘即蟹钳，山税三亩正。今收到七都四图汪愈高户丁椿名下推辛亥年分粮。

道光三十年二月　日推收户书（"图记"印章略）。

黟县七都　图　甲乐善会户丁登善集名下用契价钱肆拾千文，收税潜字壹千玖百叁拾号、土名云岩山，壹千玖百贰拾捌、壹千玖百贰拾玖号、土名月山，壹千玖百叁拾伍、壹千玖百叁拾肆、壹千玖百叁拾陆号、土名梨木坑，山税陆亩陆厘陆毫，汪约昌、孟仁推；潜字同上、号土名同上、山税同上，汪友皋、孟实推；潜字同上、号土名同上、山税同上，汪　植、文亿推。

今收到七都四图汪约昌户丁孟仁、三图汪友皋户丁孟实、四图汪植户丁文亿名下推辛亥年分粮。

道光三十年三月　日推收户书（"图记"印章略）。

捐　输

捐输经费银洋款

渔埠薐业递年捐堆金，约钱五六十千文；

舒志道公递年捐洋银捌圆；

胡尚涛公，捐元银壹百两；

胡元熙，捐元银壹百两；

朱作楹公，捐元银壹百两；

王道南，捐元银伍拾两；

邵世兴，捐元银伍拾两；

胡惇贻堂，捐洋银伍拾圆；

金世德堂，捐洋银伍拾圆；

余福照公，捐洋银伍拾圆；

余福钦公，捐洋银伍拾圆；

义聚饰号，捐洋银伍拾圆；

渔镇油业，捐洋银肆拾圆；

李树荆堂，捐洋银叁拾圆；

方志銮堂，捐洋银叁拾圆；

程思敬堂，捐洋银叁拾圆；

胡尚洪，捐洋银叁拾圆；

胡彤庵，捐洋银贰拾圆；

江思成堂，捐洋银贰拾圆；

程叙之，捐洋银贰拾圆；

程绍铨公，捐洋银拾圆；

宏顺布号，捐洋银拾圆；

广顺布号，捐洋银拾圆；

义盛布号，捐洋银拾圆；

聚盛饰号，捐洋银拾圆；

万乾一，捐洋银拾圆；

程渔溪，捐洋银拾圆；

范永丰，捐洋银拾圆；

胡星阁，捐洋银捌圆；

汪明德堂，捐洋银陆圆。

以上除渔埠蓤业、舒志道公递年捐输两款外，共计捐元银肆百两、共计捐洋银伍百陆拾肆圆。

金济川经手各捐洋银钱款

江修齐堂，捐洋拾圆；

范贡三，捐洋拾圆；

汪恒昌绸庄、吴怡生庄、江沛霖，以上各捐伍圆；

潘万春绸庄、吴国位、吴永年，以上各捐洋肆圆；

泰生号、金国仁，以上各捐洋叁圆；

潘国良、刘溶川、胡豫亭、卢陛扬、顾蓝田、吴学然、赵世睦堂，以上各捐洋两圆。

胡鹫峰、韩庆鳌、余镇墉、汪椿龄、周永亨、胡成名、叶德馨、江鸣松、黄廷光、姚仁德堂、汪祥德、王軏凡、方济川、胡南山、万楚良、吴学堂、项益三、万胜邦、吴泰璕、张昆山、潘在镛、张福松、徐福松、关兆荣、徐学元、万成林、万印梅、叶殿和、胡奉璋、江仲暇、刘元坤、查小廷、范霖沧、罗明纲、金履谦、万保之、范懋华、吴松云、汤维新、范丹五、王佐廷、鲍衍庆堂、万近仁、胡捷耕堂、吴礼廷、王燧堂、吴朗如、金广林、万德成、金士成、王益齐号，以上各捐洋壹圆；

吴树德堂、余善裕堂、汪履和、汪方周，以上每二人合捐壹圆，共计捐洋壹百拾圆；

王兴明子国厚、万良玉，以上各捐钱贰千文；

王维厚、王国铨、关文骆、王起丰、金绍文、金敬泉、胡翼廷、方茂林、金德暹、僧淘五，以上各捐钱壹千文。

汪嘉会、王炳和，以上各捐钱柒百文。

陕省安徽会馆录

胡肇智辑录　　方延禧校雠

清同治六年（1867）刻本

目　录

重修陕西安徽会馆暨议刻馆录序　胡肇智 ……………………………………… 276

陕西安徽会馆录序　方鼎录 …………………………………………………… 277

会馆全图 ………………………………………………………………………… 278

卷一 ……………………………………………………………………………… 279

　道光己丑公启 …………………………………………………………………… 279

　崇祀朱子记　查廷华 …………………………………………………………… 279

　建修安徽会馆碑记　吕嘉言 …………………………………………………… 280

卷二 ……………………………………………………………………………… 282

　规条　共十五条 ………………………………………………………………… 282

卷三 ……………………………………………………………………………… 284

　捐输银数姓氏 …………………………………………………………………… 284

　置产并各项工程用钱总数 ……………………………………………………… 287

　新增条规三条 …………………………………………………………………… 287

卷四 ……………………………………………………………………………… 288

　产业契据　共三十九条 ………………………………………………………… 288

卷五 ……………………………………………………………………………… 292

　义园条规　共六则 ……………………………………………………………… 292

　义园契据　共二契 ……………………………………………………………… 292

　增置安徽新义园小记　方延禧 ………………………………………………… 293

陕省安徽会馆录跋　方延禧 …………………………………………………… 294

重修陕西安徽会馆暨议刻馆录序

　　丙寅之夏，余秉臬来秦，适吴刺史钦曾、李大令汉章、邹大令常泰、汪大令齐辉倡修吾皖会馆，文武同寅，皆醵金襄事，余亦捐廉助之。考吾皖之建会馆于西安也，创自嘉庆庚辰，至道光年间拓修殿宇，增议朱文公、关圣帝祀典，规模式廓，礼仪悉备，其原委具载己丑公启及查公《崇祀记》中。同治癸亥，花门变起，逼近省垣，大营、粮台设立馆内，兵勇杂沓，墙宇门屏半多损坏。幸赖诸君子鸠工庀材，重兴修整，五阅月而功始竣。九秋望日，恭逢紫阳夫子诞辰，予将事后，周览前后厅堂，焕然一新，不禁心喜。盖天下事无不待人而理，得其人真诚自矢，勇于从公，虽值艰难之际，皆可相与振兴；苟使偷安自便，无意维持，即处全盛之局，其败也可立而待。岂特会馆为然哉！然则今日吾皖会馆，非得诸君子经理其事，又安得复见辉煌若此哉？今余奉简命为京兆尹，将计北上，而东道为捻寇所阻，暂憩馆中，诸君复与余商立条规，且谋刻馆录以垂久远。余以事关桑梓，谊无可辞，乃相与将旧有条规重为厘正，更搜辑历届捐输姓氏与前后所置产业契据，分录两卷，而以己丑公启、查公《崇祀记》冠之于首，次条规，次捐输，次契据，共成四卷，其义园条规、契据并作一卷附于后。盖七八十年来，吾乡先生所为惨淡经营者，其精神毕聚于此矣，而诸君实先辈之功臣也。若夫遵循旧章，俾无废坠，是在任其事者之及时整理耳。

　　冬月中浣，绩溪胡肇智谨序。

陕西安徽会馆录序

　　余，皖之歙人也，国初始迁扬占籍仪征。徽皖人居邗上者，多修家祠，不及会馆。道光己酉，余将赴京兆试，世父茗庵公勖余曰："汝入都不居扬州馆，即居歙县馆，勿远乡人"，盖示以桑梓敬恭之义焉。比至京师，以习于扬之人，遂假扬州馆以居。越日，往歙县馆谒乡先生，意皖人皆同乡，应有通省会馆当往修谒。乡先生曰："皖省仕商之居京师者，府有馆、州有馆、县有馆，或尚有未立馆者，若通省会馆则未之闻也。"咸丰丙辰、丁巳间，余官内阁，曾与乡人议立安徽会馆，以居乡会试到京之无舍馆者。时皖省连年兵燹，人力不足，斯有志而未逮。越岁己未冬，余改官来秦，下车访询江苏，议建会馆，尚未成。安徽旧有会馆，凡乡人之仕宦于是、幕游于是、商贾于是者，皆于春秋吉日恭祀乡贤、团拜饮福，著为例，斯以见吾乡人之桑梓敬恭，其可忽也！馆建于嘉庆庚辰，迄于今四十有八年矣。昨岁丙寅，乡人复加修葺，焕然一新。适胡季舲先生秉臬关中，更与乡人谋著为录，以志既往而昭将来。首列图，其规模可见也；次列公启、碑记，其缘可知也；次列条规，敬将事也；次列醵资姓氏，旌众力也；次列兴作所用房券、地契，备考核也；次列义地、条约，所以妥旅魂而期遵守也。秩然有叙，灿然不紊。吾益见先生与乡人之桑梓敬恭，而于吾世父之言，信而有征也。录甫成，先生内擢京兆尹，不及待刊，以稿付余。余复与弟延禧校雠付梓，爱书数语于后。

　　同治六年秋七月，方鼎录书于西安郡斋。

会馆全图

（图略）

右会馆全图。门三层，正房三层，大门东边铺面三间、东间之北厨房一间均出租，大门西边东一间为馆内门房、中一间铺面出租、西一间车房。头进大殿三间供奉关夫子、东平王，东西房各一间，庭前东西厢房各三间，二门外东西厢各一间、二门内东西厢各一间；二进中为川堂、东西套房各四间，三门外东西厢各一间、三门内东西厢房各三间；后进大殿三间，供奉朱子，东西房各一间，殿后马棚、空院，东边前偏院房十间、后偏院房四间，房后空院通马棚西边巷路。

卷　一

道光己丑公启

　　窃以皖江秀耸，黄山瑞呈，白岳灵湖万顷，歙浦千波，天地清淑之气，蜿蜒扶舆，磅魄郁积，固昔所号物华天宝、人杰地灵之奥区者也。然人才为世用，财货为世需，车辙马迹，遍于通都大邑，亦往往有之。有如遭逢得偶，捧檄名邦，激昂之居，志存鸿渐，际兹骊歌载道，未免驿馆羁栖，抑或奇赢是操，懋迁异地，富厚自拥，家羡侯封，当此客子离乡，亦须邮亭宿息，会馆之建诚所尚焉。夫事莫难于虑始，众最易于乐成。在昔寄寓西安有汪仁发、程宇周、程万兴等，于乾隆四十四年先募助于西安太守李西昆先生、汉中太守汪元龙先生，创率同乡，量力捐资，通盘结算，积数百金，计锱铢而生发，较分两而盈余。至四十六年，汪仁发复率同乡姚嵩山、郑永亨、方全五、汪素五、程万兴、程宇周，置买义地一所，安置幽魂。由五十六年经吕观成、汪祖格、方天助管理，于嘉庆六年复又经方天助、吕观成、方金玉、许明振、汪祖格、吕宣棋、吕宣天、程振璋、汪士梓、丁明鸿、汪廷福、宋永运等接理，至二十五年房业滋息，共计金三千有零。众之筹画、经营，均属同心也，然既足以安幽魂，犹当以安行旅，是以徐润、刘寅、翟因培、方文昶、汪士梓、丁明鸿、童德明等同心商议于长安水池，方置买房院一区，计值三千二百余金。其中栋宇闳深，堂室轩敞，启牖通扉，曲折缭绕，洵为负担堪弛、宾至如归之一大快事也。惟是绳床设榻，茶灶酒炉，茗碗檠灯，屏风帘幙，在在皆为先务。尤当供奉神灵以迓祯祥而联情好，爰集同志，设牲醴以祷钟灵，演戏酬神，序齿饮福，规制既定，岁以为常。自嘉庆二十五年至道光八年，共计费金六千余两。虽是同人之乐举，而资费繁浩，支用维艰，是以转输于在城之仕宦、商贾并南北两山之寄旅同乡。其中有输而即助者，有输而未助者，先后不齐，殊难勒碑，俟乐输齐交之日，再行议叙芳名。兹自道光八年，徐润、刘寅等将前公议章程交卸于接手办公之首事等经营，惟冀贤能继起，堪膺接管增兴，庶不负集腋成裘之举、崇台积干之喻也。琐琐常言，在所不取，然垂而不朽，须勒石以流芳。

崇祀朱子记

　　礼有其举之莫敢废也，况煌煌巨典。循熙朝崇儒重道之至意，为徽国文公春秋祀事哉。我安徽会馆之建于西安也，规模式廓，先后诸同乡瘁心力者三四辈矣，独于妥侑先贤朱子地，湫隘嚣尘，未臻美善。马君世乔惧其亵也，亟谋首事，辟后寝，设两楹以奉焉，而仍阙如于祀典。每岁秋季恭逢贤诞，惟二尹刘君寅供其蘋藻而已。壬辰春，权佛坪司马张君应纶虑非所以计久长，且不得尊崇之大体，议欲虔修禋祀，岁率为常，时则有若。陇州州丞贤裔廷煐、臬参军汪君平均、郡参军孙君泰、咸宁尉姚君元璋等，咸乐从事，爰为领袖。计江之来青门者，同官若而人、游幕若而人、经商以及寄籍并若而人，周爰咨度，俾各随其心之所欲，量其力之所能，醵金以襄事。华奉简命，理醵权于陕以西者有年矣，睹兹旷典，聿举崇朝，敢不输廉为诸同人劝！果幸争先踊跃，集有多金，遂于是春成释奠之礼，继于是秋献祝嘏之忱，彬乎文物声明，蔚为嘉会，俨若向星源而陈俎豆，登阙里而荐声香，盖美哉！始基之矣，犹未也。所愿与凡百君子各共乃位、恪乃事，神之听之，介尔景福，行见气象日新，精神日萃，所以联桑梓之敬恭者，有千载非一时也。至于会记之权、度支之节，另置簿籍，毋涉他端，斯于肃明禋之道为尤得。顾礼不欲疏，疏则怠；礼亦不欲数，数则烦。自时阙后，春礿秋尝，其不愆不忘，率由旧章焉可。

泾县后学查廷华拜撰。道光十五年勒石。

录此二则，可以见会馆与义园创建原委。

建修安徽会馆碑记

盖闻朴斫之勤，先于丹膺；堑茨之力，等于垣墉。甚矣，莫为之前，事实难与图始，莫为之后，业每坠于垂成，善始善终，善作善成，其功不必概出之一人，其效则相须而共理者也。矧施在济众，谁则义举之，首擎议格多年，畴克竟成其初志，不有瑰异之士后先协力，讵能功成一旦，式足千秋也哉？于是而建修安徽会馆，有足纪焉者。青门曩无安徽会馆也，乾隆戊戌年，耀州刺史、吾邑汪公灏首先捐赀，厥后西安太守、皖城李公西昆，汉中太守、吾邑汪公元龙并徽郡汪子仁发，旋各捐金，始有创修之议，然皆以劳于鞅掌不克修，盖而罢。善始不必善终，善作不必善成，数公固有志而未逮者也。乃吾邑汪子素五、姚子嵩山、方子全五适羁此土，遂以数公所捐之金权子母焉，迨嘉庆辛酉，吾邑汪子秉蒲、方子金玉、吕子观成接理其项，时已积有一千余缗矣。如是又生息者二十年，至己卯共得三千二百两。吁！不有素五、秉蒲等，汪、李诸公所捐银两垂五十年，几何不为不肖者干没耶！是又于捐金一节，证汪、李诸公之见义必为，于经理多年，见素五辈之临财不苟也，不均为瑰异之士哉！然汪、李捐金创建修之议，不能必后之果于建修也；素五、秉蒲权息备建修之费，不能必建修之迄观厥成也；以论善终善成之功，是则归之徐公润、刘公寅、翟公因培及吾邑汪子士梓、方子文昶、丁子明鸿。今见彤轩紫柱，祀朱子则克壮两楹矣；青甃丹甍，侑列神则式遵三礼矣。理公一局，有以会岁时伏腊之衣冠也；厦房廿间，有以备寄籍应试暨同乡流寓之栖止也。崇宏轩冕，栋宇翚飞，伊谁之力哉？元年春，言解组来陕，方子金玉、汪子士梓为言道及此，始知自购址至竣功，除糜费不计外，统共用银六千数百余两；自庚辰春至辛巳夏，历时越十四月云。呜呼！费亦巨矣，工亦繁矣，力愈大矣，非瑰异之士而能部署裕如若此哉！至积项不足，而募化之与乐输银两，不无一二为持簿者侵蚀去，以致会内仍有亏欠，是盖任事者不得已，亦非任事者所逆料也。闻现已设法议以岁得房租陆续弥补，斯尤善为旋干者矣。噫！善始善终，善作善成，其功不必概出于一人，其效则相须而理，余于此益信耶。因要其始终而备述之，他如立规条以垂久远，举首事以专责成，清会计以裕储积，尤所望于后此之执事者。是为记。

壬辰八月，旌德吕嘉言并书。

此记续后访得文殊雅饬。第壬辰距己丑才数年耳，而所叙在事姓名彼详此略，且记自言元年春来陕，闻知此事。考道光元年朱子殿尚未及建，而祀典更未议及，是所叙拓室、议礼年分与查记亦不符合，补录之以备查考。

乡人有言会馆本名旌德，后乃改为安徽会馆者。考此记是旌德人所作，并未言是建德会馆，故特志之。

卷　二

规条

一、馆内头进供奉关夫子、东平王，每逢春秋祀事，向归方天宝、许瑞兴、方天锦三家承办。后进供奉朱文公，每逢春秋祀事，向归詹成圭、胡永元、詹斯美、四如斋四家承办。其经费俱取给于月租，每年上下手交替时公同核算，除每岁常用外，余钱各半分，存以备祀事之需。嗣于同治四年议归詹成圭、詹斯美、胡永元、方天宝四家经理。今公议将新置地租与捐输地租及旧有租息均仍归詹成圭等四家轮班经理，其祀事亦归轮办，不必分班，如同乡续有挟厚资来陕开字号，查明结实可靠者即请入班轮管。每年请同乡官二人总理查核，再于各家中公举二人，一司账务，一管银钱，定于每年十月初一日交替，所有一年内经手出入账目即于是日上下手公同核算，馆中木器家具等项亦须查点清交，如有亏短，着落经手赔补，并将一年出入账目用粉牌逐款开明悬挂神堂，俾众周知。至同乡官如未届交替之期，奉檄赴任，暨出长差离省者，随时公请一人接管，不可虚悬。

一、每年岁支外，如有余钱，须通知众同乡公议存积，添置产业，不得通融挪用，倘经手私借与人，查出罚赔。

一、馆中寻常事件，仍照旧章由司事区分，其有必须商酌者，定期出单传请同乡公议，不准推诿不到。

一、逢祭祀之期，司事先五日出单传知同乡官祭关夫子、东平王，向俱不到，今仍其旧暨众同乡，到者书明单上以便备席，届期各带香资与祭散福。惟向来每逢祭期，昼夜演戏，所费不赀，今公议于每年十月初一算账，交替之日统核所收租息，能敷一年岁支之用，仍照旧办理；倘逢年歉，租息不敷，即传知同乡，到者与祭，备席散福，停止演戏。

一、新置及捐输地亩并义园余地共计租若干，务于登场时一律收清。倘有拖欠之户，设法着追，免致亏缺。其所收租息与每月所收铺租、房租，随时登记，以便交替时公同查核。

一、祭祀之日俱应各整衣冠，齐集行礼，以昭诚敬。至同乡中有另立己会愿在馆酬神者，应听其便，但银钱账目馆内不必过问，以杜牵混。

一、前后神堂两旁房间不必出租，免致祭祀日令其搬移，诸多不便。其余房间照旧出租。二门内东西厢各一间，月租钱各六百文；二殿东西套房各四间，月租钱各一千六百文；三门外东西厢各一间，月租钱各四百文；三门内东西厢各三间，月租钱各一千二百文；大偏院前后对厅、厨房共十间，月租钱三千二百文；小偏院正房、厨房共四间，月租钱一千五百文。以上房间愿住者，先付押租立折，然后搬入，并言明人数多少，注明租折，不得以客招客，每月租钱按期交付，不得短欠。倘访有行凶、赌博、挟优、饮酒以及有讼案者即行辞出。迁出之日查明房租并无蒂欠，仍将原付押租退还。至科场年分，应于六月底让房，以备寄籍士子居住，须在租房时向租客说明，免致临时周折。

一、同乡宦幕、商贾以及正业营生者初到省城，来馆暂住不及半月，毋须出租，愿输者听；其有欲常住者，较外客月租减收十分之三如每月八百者止收五百六十，亦须先付押金立折，并言明人数多少，免滋众议。宦幕跟役中倘有不安本分之徒，在馆滋事，应即驱逐，毋得袒护。至同乡之无恒业及来历不明暨因讼来省者概不留住，所以别流品，免滋扰也。馆内向不准住家眷，今仍照旧章，概不准住。

一、科场年分，寄籍南北山来省应试士子，向俱在馆栖止，自七月起至揭晓后半月止，不收租钱；如有因事勾留不能如期束装者，即自十月初一日起按其所住房间照常出租。如非应试士子及虽是应试士子而非科场年分有来馆住居者，概行照常出租，以示区别。

一、逢西安府府试，凡寄籍府属之童生来省应试，馆内如有闲房，听其居住，酌取常租之半，若闲房为先到者住满，后来者只好在外另觅栖止，不得藉词饶舌致伤梓谊。

一、馆内神堂器具不得搬用，其各房内桌椅凳床亦不得搬移，每房用木牌开明件数钉在门首，租客搬入时司事照牌当面点交，迁去时亦须当面点交，如有短少损伤，客人赔还。客有自置器具者，临行随人搬去，不准寄存，致滋轇轕，如愿助入馆内，司事当面登簿，注明几件，某客所助，并于门首牌上添入，以备查考。

一、每月朔望，司事轮流到馆神前拈香，用昭虔敬，而馆中一切情形藉可随时稽查，如轮拈香而有要事不能到者，准其以次请代，不得无故推诿。

一、馆内用长班一人，每月给予工食五千文，祀事传单、大门启闭以及庭堂打扫皆其专责，倘贪懒遗误，逐出另换。大门二鼓上锁，其住客有正务不能定以时刻者，须预先告知长班，以便等待。至一切往来人客，责令稽查，遇有面生之人，必须盘问明白，果是好人，方准出入，如敢容留匪徒，致生事端，定将长班一并送官究治。

一、馆内所置神帐、灯彩、桌围、椅披以及礼壶、爵樽、炉瓶等件，另立一簿载明件数，归司事经管，每年上下手交替时照簿逐件点明交代，不许私自借用以致遗失损伤，违者罚赔。

一、每岁常支：三月、九月两次祭朱子，每次约需钱壹百千文；五月祭关帝、七月祭东平王，每次约需钱拾千文；清明、十月朔两次祭义园，每次约需钱拾千文；中元在会馆诵经普度约需钱拾余千文。以上共需钱贰百五拾余千文，再加每月朔望香烛以及长班常年工食陆拾余千文，以现在地租、房租与粮价、物价计之，仅可敷用。但年岁有丰歉，物价有高低，总须以本年租息备来年支用，而于上下手交替时通行结算，则盈亏预知。而量入为出，撙节开销，有余即议存，不足即议省，自不至匮乏矣。

卷　三

捐输银数姓氏　　爵里免载，以省繁冗

查历次捐输，有为会馆而推及义园者，有为义园而推及会馆者，迨至动用开销皆计彼此盈亏而斟酌办理，殊难过为区分。今按所捐前后叙载一卷，较便查考。

徐　润，捐地玖亩，计原价银壹百零肆两有契录，未勒碑。

查廷华、张应纶、崔光斗，三人各五十两；

孙　泰，四十两；

詹成圭、许丽京、孙玉树，三人各三十两；

董　淦、胡世敦，二人各二十两；

汪平均，十七两二钱；

朱世铎、程鸾台、张佩芬、朱廷瑛、朱衍庆，五人各十六两；

胡廷瑞、胡永元，二人各十五两；

汪　杰、姚元璋、曹昌龄、郑大榕、姚　俞、马世乔、马汝霖、吴其顺，八人各十两；

江士松、陈　均，二人各八两；

金文照、周承源，二人各六两；

章成基、吴永绶、谭　木、江承恩、高　桦、翟国培、查昌期、李听宣，八人各五两；

夏文运、李振奎、张　建、王用霖、程砚农、詹达夫、左晓莲、沈静厓，八人各四两；

崔　舲、缪元庆、王文谟，三人各三两；

左其荣、左德谦、吴锦沅、郑汉乘、俞汝成、窦起凤、叶彩凤、刘承式，八人各二两；

詹寿图、胡龙光、童德明、汪乙照、汪士梓、方永昶，六人各一两。

道光十五年，已勒碑，共银六百五十八两二钱。

清安泰、李文瀚，二人各二十四两；

陈　煦，二十两；

崇杞林，十六两；

胡大化，十五两六钱；

赵继芬、张召虎、李荫芳、郑　鉴，四人各八两；

徐德口改名锦江、汪承泽，二人各六两；

王邦栋、徐季昌、江景超，三人各四两。

已勒碑，无年分，以其人考之，当在十五年以后。

吴春焕、刘　芬、程佩琳，三人各一百两；

清安泰，五十两；

周祖颐，四十两；

何廷谦、邵　辅、叶景昌、胡佐祥、陈　煦，五人各二十两；

柳坤厚，十一两；

郑　鉴、方延禧，二人各十两；

潘贤杰、邓兆璬、徐宽隆，三人各八两；

徐锦江、吴履青，二人各四两；

杭锡华，二两；

吴尔庆、陈　琦、窦悦兴、天宝楼、詹斯美、胡永元、詹成圭，七人各十千文；

四如斋，六千文；

瑞兴楼、天锦楼，二人各五千文；

张仕达，四千文；

吴廷诗，二千文。

咸丰九年，已勒碑。查何廷谦是十一年辛酉科主考，勒入九年，误也。

舒之翰，二十四两；

方策勋，二十两；

胡永燡，十六两；

洪　荣、史　箴、黄绍谷、胡得成，四人各十两；

朱　泩，八两；

胡宗海、袁　福、何大发、杨泽江，四人各五两；

邱廷桢、陈　璪、方　诚、汪大发，四人各五两；

胡立达，三两二钱；

张　杰、张晴岚、俞廷选、王金海、查相环、余会典、王胜祥、程兴发、李洪元、方启元、张冠军、王永兴、张友元、叶衔铭、王则进，十五人各三两；

光泽恩、罗文绣、徐法勉、陈　云、胡　明、余福章、虞　杰、陈启胜、李发芝、石心怀、余春才、夏玉钟、刘魁元、徐印川、陈义和、张维成　程得元、黄昌德、舒松保、蒋凤才、吴太盛、丁日刚、吴焱林，二十三人各二两；

李宝珍，一两九钱五分；

李丙怀、唐得才、阮进道，三人各一两八钱；

王绍华、郭普应、陈春发、陈子安、包长朋、李公祥、王友胜、项亦清、周至林、严保林、徐学福、金生祥、孙大明、方元生、李发祥、严得兴，十六人各一两五钱；

方得胜，一两四钱；

陶　占、宋得胜、关明保、李凤翔、李洪胜、刘春宏、顾登科、葛长得、关明霄、陈文彬、贾应得、苏克仁、宋怀祥、杨朝桢、王德魁、王金怀、张占胜、赵得胜、余得水、孙长玉、胡春华、胡学正、汤有才、张道得、徐庆云、刘志宽、朱金堂、许金华、陈鹤龄、谢宗贤、彭世高、张永成、孙志学、余得胜、何本军、黄得胜、陈广才、蓝胜清、赵福星、殷章记、吴连方、刘春和、曹连升、胡得胜、詹文友、陈义林、阎洪胜、段广来、余祥文、吴世发、朱泽臣、钱有祥、石广明、李双桂、陈得和、汪明阳、叶正学、汪宝田、王学玉、方长和、李云龙、石连升、石启周、王本善、叶青莲、江德明、何友文、方得知、高玉林、刘福喜、刘长启、田祥发、方高升、孙建一、王长太、盛廷贵、余合明、徐以行、周万胜、舒春荣、陶国来、锁　安、柳得胜、李起凤、殷永祥、吴方同、张得胜、张广胜、郭丰成、徐金元、黄启贵、孟法元、张庆法、姚得胜、吕复忠、李圣桂、俞松柏、张盛祥、陶文全、刘文朝、宫兴合、胡进士、刘全胜、杜占元、刘长顺、张敬礼、史殿才、汪廷连、刘得胜、汪宝银、张天举、陈得宏、汪玉田、雍秀保、余得兴、蒋焕章，以上各一两；

汪有才，九钱；

陈礼恺，八钱四分；

鲍　田、郑家有、薛浴斋，三人各八钱；

朱廷珍、陆保春、王耳黄、方立和、罗华春、胡大发、方得胜、陈得云、夏荣春、史志加、周大德、王友盛、赵开起、潘金山，十四人各七钱八分；

陈天德，五钱。

同治三年，已勒碑，共计捐输银肆百零贰两五钱壹分。

胡肇智，一百两；

汤　敏，五十两；

王　桐、柳坤厚、钟乃澄、方启宪，四人各四十两；

方鼎录、林之焜、胡佐祥、邹常泰、李汉章、吴钦曾、方延禧、徐正燨，八人各二十两；

曹　琛、张　杰、汪兆镛、刘宗辙，四人各十两；

吴　莹，八两；

谭　麟、秦缵先，二人各五两；

汪齐辉、吴履青、王炳辉、陈耿光、徐锦江，五人各四两；

胡得成、汪飏言，二人各二两；

李先梅，五十千文；

邵干卿、邵雨卿，拾千文。

同治五年，共计捐输银五百五拾贰两，所捐钱六十千文是五年以前之项。

方鼎录，六年十二月捐钱五拾肆千文为刊刷馆录之费。

置产并各项工程用钱总数

咸丰十年

置买义园地价用钱六百八十二千二百六十文，并杂费用钱四十三千六百九十一文；义园筑围墙用钱一百零五千七百三十文；义园盖房五间用钱二百十八千七百七十九文。

同治三年

买地用钱六百四十七千七百十四文，杂费用钱一百五十千零六百二十四文；义园补造房用钱二百一十千文　前盖之房被兵勇拆毁。

四年

修理会馆用钱三百零九千三百七十五文。

五年

修理会馆用钱七百五十千文；下乡丈地用钱七十三千九百七十三文；置办木器用钱一百五十九千文。

以上共计用钱三千三百五十一千一百四十六文。嗣后如遇置造工程，不在岁支常用之内者，仍须续刻以昭核实而备查考。

新增条规三条

一、会馆之设所以安皖人，非专图取租息也。若赁居他省之人，势必同乡转难寄寓，殊非敦笃之道。今公议所有会馆房屋不赁居他省之人，庶桑梓之谊弥觉翕然。新增

一、理公局轩楹宏敞，所以集众宾议公事也，设有利其爽垲，皆欲居住，反起争端。今公议诸同乡亦不得租居，留以为同乡中为外属道府州县晋省之寓，于尊崇德望之中仍寓笃厚乡情之意。惟望约束仆从，勿致践毁为要。新增

一、事众举则易成，财预储斯不匮。今公议于紫阳夫子春秋二季之会，所有外道每季捐祭资八两、外府每季捐祭资六两、外州县每季捐祭资四两，春季须三月以前、秋季须九月以前寄到，庶祭资可期宽裕，亦足昭其诚敬。新增

卷　四

产业契据

立卖住房文契人杨警斋，因为不便，今将自己住房通前通后中大庭两进，坐北向南，坐落长安县五味什字水池一坊，自身情愿凭中说合，出卖与安徽绅商名下为会馆，同中言明公议平足色纹银捌百两整，割事画字一并在内。当日银房两交清楚，并无葛藤。倘有亲族内外人等拦阻，如有此情，尽自身当，不干买业人之事。永不找赎。恐后无凭，立杜绝卖契为照。所有房屋地基开列于左：大庭五间七廪，椽门窗玻璃俱全，东西碧纱厨俱全；大庭后东西厦房二间、门楼一座；东西厦房六间、海棠古树一株；二庭五椽房五间，一明四暗，俱有窗隔。

嘉庆二十五年四月二十六日，杨警斋立。

立卖住房文契人杨警斋，因为不便，今将自己住房后半院，坐北向南，坐落长安县五味什字水池一坊，自身情愿凭中说合，出卖与安徽绅商名下为会馆，同中言明公议平足色纹银捌百两整，割事画字一并在内。当日银房两交清楚，并无葛藤。倘有亲族内外人等阻拦，如有此情，尽自身当，不干买业人之事。永不找赎。恐后无凭，立杜绝卖契为照。所有房屋地基开列于左：上房五大间、一明四暗，东西厦房六间，门楼一座，门楼外大夏房二大间，窗隔俱全；后茅房东西四间，西马道一条，甜水井一口，四椽街房一间。

嘉庆二十五年四月二十六日，杨警斋立。

立卖住房文契人杨警斋，因为不便，今将自己住房前半院，坐北向南，坐落长安县五味什字水池一坊，自身情愿凭中说合，出卖与安徽绅商名下为会馆，同中言明公议平足色纹银捌百两整，割事画字一并在内。当日银房两交清楚，并无葛藤。倘有亲族内外人等阻拦，如有此情，尽自身当，不干买业人之事。永不找赎。恐后无凭，立杜绝卖契为照。所有房屋地基开列于左：大门四椽，四椽街房六间，东西厦房六间，大院一个，梧桐树二株。

嘉庆二十五年四月二十六日，杨警斋立。

立写卖房文契人扬警斋，因为不便，今将自己住房通前通后东边偏院一所，坐北向南，坐落长安县五味什字水池一坊，自身情愿凭中说合，出卖与安徽绅商名下为会馆，同中言明公议平足色纹银捌百两整，割事画字一并在内。当日银房两交清楚，并无葛藤。倘有亲族内外人等阻拦，如有此情，尽自身当，不干买业人之事。永不找赎。恐后无凭，立杜绝卖契为照。所有房屋地基开列于左：东边偏院暖房三间、走廊一带共八间，三椽卷庭三间、前后玻璃窗隔全，后三椽花庭三间、玻璃窗隔全、东边碧纱厨全，内木炕一个、炕箱全，后甜水井一口，东边两椽厨房三大间，四椽上房三间、一明两暗、前后窗隔全，后院柴房三间、茅屋一间，俱有天井，大门外上马石一对。

嘉庆二十五年四月二十六日，杨警斋立。

现在会馆房屋以及馆外出租之店铺会馆东边铺面三间、厨房一间，西边铺面一间，皆系就所买杨姓之业修造。

立捐地文约人徐雨农，今将自置小雁塔东马冲霄民地壹段，情愿捐与安徽会馆管业，其界俱照原买印契四至为凭，自捐之后，听凭会馆管业，随地纳粮，过割收租，外人毋得争论。恐后无凭，立此捐约，永远存照计交印契一纸，录后。

道光二年十月　日立。

立写出卖自地人马冲霄，今情愿将自己祖业民地壹段出卖于徐大老爷名下，计地捌亩整，其地南北畛，东至何姓、西至常春、南至何姓、北至卖主，四至分明，同中言清作价纹银，公议平壹百零肆两正，当日银地两交明白。自买后随地差粮，买主徐姓过割上纳，不与卖主相干。日后若有亲族人等异言，有卖主一概承当，画字一并在内。欲后有凭，故立卖契存证。

嘉庆二十三年二月初八日立。

徐公名润，籍贯待查。此地现在收租。

以前旧业俱照原契全录，以后新置之产只载所买年分及卖主姓名、田地亩数、地价钱数并租息额数，以省繁冗，其各原契俱存公匣。

同治三年新买李宗贵地二十亩零七分，去价钱四十一千四百文，每亩年交干麦一斗五升卖主承种。

又买李永魁地十九亩，去价钱三十六千二百文，每亩每年交干麦一斗五升卖主承种。

又买李高义地十八亩，去价钱三十六千文，每亩每年交干麦一斗五升卖主承种。

又买李文星地十五亩五分，去价钱三十六千三百文，每亩每年交干麦一斗五升卖主承种。

又买李万祥地十七亩一分八厘，去价钱三十一千一百文，每亩每年交干麦一斗五升卖主承种。

又买李文馨地十五亩，去价钱三十千文，每亩每年交干麦一斗五升李文志承种。

又买李文志地十一亩，去价钱十九千八百文，每亩每年交干麦一斗五升卖主承种。

又买李文标地十四亩六分，去价钱二十九千文，每亩每年交干麦一斗五升卖主承种。

又买李文根地七亩五分，去价钱十三千五百文，每亩每年交干麦一斗五升卖主承种。

又买李文禄地七亩，去价钱十二千六百文，每亩每年交干麦一斗五升卖主承种。

又买李世仲地二亩五分，去价钱四千五百文，每亩每年交干麦一斗五升卖主承种。

又买李万均地十三亩，去价钱二十三千四百文，每亩每年交干麦一斗五升卖主承种。

又买李万福、李万禄地十一亩，去价钱二十千零六百文，每亩每年交干麦一斗五升卖主承种。

又买李文会地九亩，去价钱十七千二百文，每亩每年交干麦一斗五升卖主承种。

又买李文丰地九亩，去价钱十七千文，每亩每年交干麦一斗五升卖主承种。

又买李家兴地八亩，去价钱十四千四百文，每亩每年交干麦一斗五升卖主承种。

又买李万春地八亩，去价钱十五千四百文，每亩每年交干麦一斗五升卖主承种。

又买李雪福地六亩，去价钱十一千四百文，每亩每年交干麦一斗五升卖主承种。

又买李文忠、李文正地五亩，去价钱九千文，每亩每年交干麦一斗五升卖主承种。

又买李永有地四亩，去价钱七千二百文，每亩每年交干麦一斗五升卖主承种。

又买李眼儿地四亩，去价钱八千文，每亩每年交干麦一斗五升卖主承种。

又买李文斌地三亩五分，去价钱六千三百文，每亩每年交干麦一斗五升卖主承种。

又买李丁儿地三亩，去价钱五千四百文，每亩每年交干麦一斗五升卖主承种。

又买李罗儿地三亩，去价钱五千四百文，每亩每年交干麦一斗五升卖主承种。

又买李转焕儿地三亩，去价钱五千四百文，每亩每年交干麦一斗五升卖主承种。

又买李生和地十三亩八分七厘，去价钱九十六千五百十四文此号已于五年换契，每亩每年交干麦一斗五升卖主承种。

又买李曹氏地五亩，去价钱十千文此号已于五年换契，每亩每年交干麦一斗五升李永茂承种。

以上新置地亩，坐落长安县西乡乾河厫张名里五甲南雷村，原系李生和一人出卖，嗣经查明，李生和从中收买转卖，多有不实，饬令各原卖主另立今契，共计地二百八十六亩三分五厘，共计价钱五百六十三千零十四文。

同治三年买赵镒、赵镇地三十亩，去价钱六十千文，每亩每年交干麦一斗五升赵镒承种。

又买赵潘兴地四亩二分，去价钱七千六百文，每亩每年交干麦一斗五升卖主承种。

又买李永禄地三亩五分，去价钱六千三百文，每亩每年交干麦一斗五升卖主承种。

又买王永清地三亩，去价钱五千四百文，每亩每年交干麦一斗五升卖主承种。

又买刘财地三亩，去价钱五千四百文，每亩每年交干麦一斗五升卖主承种。

以上新置地亩五号，坐落长安县西南乡乾河厫东雷村，共地四十三亩七分，共计价钱八十四千七百文。

两处新置地亩共计三百三十亩零五厘，每年共计收干麦四十九石五斗零。

刘宗辙，□□县人，于同治三年原买李生和地九亩七分，去价钱二十千文，今其人已故，并无亲属，在陕公议将此地暂作刘捐欵，归馆收租，原卖契附载于后：

立卖民地契人李生和，因缺正用，今将自己祖遗业民地一大段坐落长安西乡乾河厫张名里五甲南雷村、玉名村、北军道地，计丈地九亩七分，东至大路、西至小路、南至会馆地、北至会馆地，其他四至有畔，自愿央中出卖与安徽刘宗辙名下永远为业，当日同中言明得受时值价钱二十千文整，其钱地两交清楚。未卖之先，与本家内外人等并无重张交易，如有不明等情，俱身一力承当，不干买主之事。恐口无凭，立此卖契为据。

同治三年九月初一日立。

卷 五

义园条规　共六则，前五则系原议、后一则新增

一、园内埋葬分男左女右，男从左角起挨号向右、女从右角起挨号向左，周而复始，挨次排列，不得任意择越乱序。每棺只准隔六尺，不准隔远，仍归园内土夫挖明坑，朝天落棺，不准撺塘结廊，致碍邻坟，各存方便，免滋众议。看园人如敢不遵，即送官惩治逐换。

一、刊印两联照票，编列号数，遇有领照埋葬之家，问明男女、籍贯、姓氏，填写照内，其照根与执照一样填写，截留存查。将执照交给埋葬之家持付看园人照登园簿，遵照前一条章程顺次隔六尺挖明坑，深八尺，朝天落葬，堆土筑紧作坟。给看园人工食钱一百文，土夫工食钱□□百文，不得争多减少。其执照仍令收存，以备异日迁葬时执以合验，不可遗失。

一、来领照挨葬者是向来熟识之人，即填写付给；若非熟识之人，须寻的实保人，并将保人姓名注明照内，方准领取挨葬。倘异日查出非真皖籍，定惟保人是问，令其迁葬议罚，以杜假冒同乡之弊。

一、义园公同添置义地，本为悯念同乡客殁者起见，非自买之地可比，是以每棺只准隔六尺，不得多占地基，亦不得栽树。若欲于坟前立碑标记，须用矮小碑石，靠坟面竖立，不可过大。

一、此次新添义地四十亩零一分三厘三毫，周围打墙及内外空地并盖房屋用去　亩　分外，其东南一块计地三亩有零，令看园人自种自收，作为看园薪水，不必交租，粮归园户自纳。其余存地三十亩　分，租给　作种，除纳粮之外，每年交种　石　斗　升，不论丰歉，如数交纳，每年至交租时计算葬棺一所减交，永以为例。如租户藉端抗租或有盗卖之弊，一经查出，送官重办。

一、每年清明及十月初一两节，司事轮流赴园祭奠并周历查看，遇有旧坟坍塌者，即令看园人堆筑还原。每年七月十五日，照旧在会馆诵经一日，普度幽魂。

义园契据

立契出卖冢地文字系荐福寺西廊住持僧人马通兴，因为要钱使用，无处打兑，今将自己祖业民地一段，坐落长安县鱼良里四甲，粮名刑夫，计地南北畛，东至一

光、南至大路、西至高王界畔、北至坟地，四至分明。其地八亩，情愿出卖与江西名下为义冢坟地，同中言明每亩价银陆两五钱，共价银五拾贰两，当日银契地两交明白，并不短少。其粮照亩过割上纳，其地任从买主钉界立碑，本寺僧俗人等无得异说，尽是卖主一面承当。恐后无凭，立卖坟地文契存照。

又批：原处字号丈地二亩七分，四至皆同，当日同中言明布价银十七两五钱五分，当面收清。乾隆四十四年七月　日立。

此园历年久远，其围墙坍塌无存，被人盗葬，现无隙地。录以备考。

立卖地契人饱德堂李幼文等，今将父遗受分到南门外兴家坡华邨厥安定里后十甲民地一大段，东西畛，中长一百三十八弓、宽六十四弓；又一小段，南北畛，中长五十弓、宽十六弓。二共计地四十亩零一分三厘三毫，其地北至大路、南至卖地主、东至大路、西至李恭地，四至分明。幼文等自情愿凭中卖与安徽合省公众名下永远为业，以作义地取用。同中言明每亩制钱壹拾柒串文整，共计钱陆百捌拾贰串贰百陆拾文，当日钱地两交清，并不短少。其地内所纳银粮照亩过割上纳，不与卖主相干。如有外人打搅，俱身等一力承当。恐后无凭，立此卖契，永远为据。

上契总共，未便捡发，又照。

再地内打墙盖屋，任凭买主取用，不得侵占卖主茔前明堂。

咸丰十年十月　日立，卖契人李幼文同弟晓文、少文。

此园已筑围墙，并盖房五间为看园人住歇之所；仍拟建造门亭厦房，俟经费充裕，再行议办。

增置安徽新义园小记

陕之南郊旧有安徽义园，始于乾隆四十四年，吕记所云戊戌年者是也。盖初议建会馆而即先置义园，迄于今几九十年矣。葬久而地尽，使更踵而增之。新鬼故鬼之相乘，必至在谷在坑之皆满，鬼固难堪，人尤不忍。咸丰十年冬，偕同乡刘君炤、田君良、玉君珊、江君震、刘君心植、秦君缵先暨詹成圭笔铺，更置地四十一亩有奇，别为新义园。缭以垣堵，樵牧勿伤也；周以室庐，昕夕有守也；为之分左右，则男女有别矣；为之定号次，则迁徙弗淆矣。虑馁之而兴悲，而春秋必致祭，欲慈航之普度而忏礼以讽经，良由园妥游魂无异馆栖羁旅。拓兹黄壤，慰彼青磷，更酌议条规数则，盖事有遵循，传斯永久谨记。其大略如此。

同治六年冬月望日，桐城方延禧谨记。

陕省安徽会馆录跋

　　咸丰十年冬，增置安徽义园新址，因考吾皖会馆原委，盖历四十余年而始成，创造之艰未有甚于此者。善作善成，听其湮没焉可乎？惜记载缺略，勒石者仅祀朱子文及查、吕两先生序，此外馆规、产据数纸而已。禧惧其久而愈轶也，拟与诸同乡辑而录之，以为吾乡掌故，旋以兵燹，连年未果。岁丁卯二月，禧由白水卸篆回省，时家元仲观察权西安守，出胡季舫少宰在秦秉臬时手定会馆录稿相示，并命襄雠校之役，禧受而读之，窃幸往迹之克彰，而素志之卒藉以相与有成也。谨详加厘定以葳厥事，并将增置新义园小记附入录末，而记其原委于后。恭敬桑梓乡谊，其益笃矣夫。

　　同治六年岁次丁卯冬月中澣，桐城后学方延禧谨跋。

新安怀仁堂征信录

清光绪间（1875—1908）刊本

目 录①

公启　缘起 ……………………………………………… 298

宪批　告示 ……………………………………………… 300

怀仁堂基地代单执照 …………………………………… 303

公议堂规 ………………………………………………… 304

六邑同乡乐助铺设什物 ………………………………… 306

江明德、黄信义经募六善堂捐　同治辛未年起 ……… 307

同治四年至光绪二年总共募捐数目 …………………… 308

同治四年至光绪二年总共收堆金数目 ………………… 311

同治四年至光绪二年劝募同乡善士乐助捐输总账 …… 316

同治四年至光绪二年支销总账 ………………………… 319

同治四年至光绪二年收进付出大总清册 ……………… 326

---

① 目录为整理者所加。

公启　缘起

　　盖闻义所之设，桑梓情殷，虽在异地萍踪，不减故乡风景。会聚有时，规模有则。无如庚申以来，逆氛四扰，庙貌既虚，乌有故址，荆棘丛生。所有一切旧规，当兹大兵之后，诸各棘手，只得以听将来。所虑者尚存棺木百余，露天无饰，触目难堪。今集同人捐愿堆金，俾可聚腋成裘，将见一年半载之后，尽可埋归净土。务祈诸君子踊跃捐输，泉刀勿吝，以成义举，是所深望。此启。

　　同治四年闰五月朔日，新安怀仁堂司事公具。

　　盖闻泽及枯骨，周王存仁爱之心；助以麦舟，宋儒济穷途之困。是皆古先王、先儒之美迹也。窃我徽郡六邑，民繁土瘠，赖糊口于四方；产少需多，籍充足于三省。是故肢体多劳，病疾何其能免；膏肓骤入，异归不及偏多。身既骑夫箕尾，枢难指以牛眠。虽有归榇还乡之日，须先安置待吉之期。是以同人有义所之设、号簿之志，俾知属邑姓名、进出年月，以及先后编定号数，谨于斯册存焉，庶无差错云尔。

　　时同治五年岁次丙寅孟春之吉，新安怀仁堂司事公具。

　　同治六年分募簿启

　　盖闻集腋成裘，积珠成贯，譬大厦非一木能支，彼方城赖众志则固，此家人、稚子无不知其大略也。矧吾徽六邑，士农工贾，虽曰咸备，而作客为商者为更盛，是非大丈夫，志在于四方者也。溯思前人敦仁慕义，古朴纯真，凡诸城镇无不有会馆设焉，实乃恭桑与梓之义。况唐栖向有会馆，因被逆匪拆毁殆尽，虽系小镇，然而是吾徽出杭关各路之咽喉，归途之要隘，往来东道之区，同乡暂迹之所，此势之固不能不复兴建也。无如遭逆匪以来，事业寥寥，同乡寂寂，以目前数十人之力，焉能当数千金之任？是不复不仰募于邻封。为此敢效托钵之诚，全仗仁人之惠，俾功施庙貌，德折乡衷。敬希慷慨，幸勿诿辞，曲推桑梓之情，莫吝廉泉之费，将见壬林锡嘏，共乐春台。无非子惠咸孚，同依夏屋，因陈蠡测，祈列鸿名。谨启。

　　新安怀仁堂征信录缘起

　　塘栖向有新安怀仁堂义所，创自前人，历有年所。自咸丰庚申遭乱，其屋尽毁于兵燹，斯时露棺暴骨，行者伤之。直至同治乙丑，同人渐集，始得共助堆金，迁葬于南山之麓。爰后于会馆旧址筑垣墙、治屋宇，共造厝所十七间，外起门房七间。

是时规模虽云粗具，然较之旧日，尚未得其半，而经费已有所不支矣。不意于庚午春，有同乡江君明德者运茶申江，道出栖镇，见此会馆，慨然动容，且望此工程浩大，倘非多为捐助，何日得以告竣？于是查访同事，慷慨许助，曰："君等欲成此事，吾当为将伯。"遂于茶捐内抽捐以成斯善举。其外尚有松江、闵行、嘉兴、余杭四处善举，亦皆江君所抽捐而成者。自辛未年起，复增塘栖、南浔两处，共于出洋茶箱内每箱总抽十二文，六处分派，名曰六善堂捐。是栖镇会馆之得成，皆江君一人之力也。现在正厅指日可以兴工，至将来逐年余资置买产业，计产出息之多寡，以分别送材归葬故土之事。吾等因于会馆得成之由，特叙江君之功如此，若江君者，殆无愧于乐善不倦之称云。

同治十年岁次辛未正月，司事洪民彝、吴立成、程云溪、吴星斋谨志。

宪批　告示

钦加六品衔、署杭州府仁和县塘栖临平司陈谕新安会馆司董蔡子香、洪浩然、吴星斋、吴立斋、胡观寿、吴观庆等知悉：

照得塘栖建造新安会馆，创自前人，遗来已久，一切章程洵称善焉。自年前被逆匪蹂躏不堪，会馆被遭，内停尸棺百具有零，多已损坏。我徽十室九商，生为离乡别井之客，死作异地孤魂之鬼，既不能还乡，又（不）得归土，有不昊哭于九泉之下乎！令人触目惨心。若不亟亟掩埋，日深一日，势必破损，尸骸暴露。闻尔董等现有掩埋之议，深堪嘉尚，合亟劝谕。为此，谕尔董司等知悉，务即会同筹办，或劝捐、或借项，赶紧先将破坏不堪棺木及有暴露尸骸掩埋义地，限以九月为期。本厅忝属乡梓，随众捐廉，只图入土为安，毋须多费。尔司董等勿辞劳瘁，悯念桑谊，功德无量，福有攸关，本厅有所厚望焉。切切。特谕。

右谕仰新安会馆司董蔡子香等收执。

同治四年七月廿二日给。

钦加六品衔、署杭州府仁和县塘栖临平分司陈为晓谕事。

兹据新安会馆司董蔡子香、洪浩然等禀称：窃生等籍隶安徽，向在塘栖生理者，或有病故之后，其棺木一时未能回里，不免风霜雨雪，殊属堪怜，是以择在塘栖水北德邑该管地方，设立新安会馆，停泊棺木，又在南山设立义冢，掩埋寄存未能归里棺木。其经费均是同乡集腋成裘以成其事，历来数十余年。自上年兵燹之后，被毁无存。现在生等查得被贼毁存所寄棺木尚有数十具，或尸骸暴露，或堆塌不堪，生等邀集同人，择于九月内将寄存棺木统移至南山义冢掩埋，倘有亲友同族在栖者，愿将寄存棺木或有搬回故土，或另择地安葬，须于八月内知会生等迁移，以免舛错。生等一面陆续清理基地，修筑墙垣，措资起造。惟恐工匠高价垄断，有阻善举，叩请分别详请出示等情前来。据此，除批示据情详请德邑示禁外，合行出示谕禁。为此，示仰该司董知悉，倘有该工匠人等仍敢高价垄断，有阻善举者，许即指名禀厅，以凭讯详究办，决不姑宽。均各凛遵毋违。切切。特示。

同治四年七月二十八日给。

代理湖州府德清县事、即补州正堂加六级纪录十二次刘为据情晓谕事。

据唐栖巡检申，据新安会馆司董蔡子香、洪浩然等禀称：生等籍隶安徽，向在唐栖镇生理，或有病故，棺木一时未能回里，风霜雨雪，殊属堪怜。是以择在塘栖水北德邑管辖地方,设立新安会馆,停寄棺木;又在南山设立义冢,掩埋未能归里之枢。其经费均系同乡集腋成裘,历来数十余年。自兵燹之后,被毁无存。现在查得被贼毁存棺木尚有数十具,邀集同人,择于九月内将棺木移至南山义冢掩埋。倘有亲友、同族愿将寄枢搬回故里,或另择地安葬者,须于八月内知会,以便陆续清理基地,修筑墙垣,措资起造。惟恐工匠高价垄断,有阻善举,叩请示禁等情申请到县。据此,合行给示晓谕。为此,示仰徽郡经商客伙及工匠人等知悉,自示之后,尔等亲友戚族如在塘栖镇病故,曾经寄存会馆棺木,有情愿搬回故里,或另行择地安葬,须于八月内知会该会馆,即行迁移。如果逾期无力播迁,应听该会馆掩埋义冢,以免暴露。募义兴修,集资不易,工匠人等不得高价垄断,致碍善举。如敢抗违,定行提究。其各凛遵毋违。特示。

同治四年八月二十一日给。

告示。

特用总捕分府署德清县正堂、加六级纪录十二次汪为给示严禁事。

据新安会馆司事监生洪民彝、吴立成、宋亦深、胡观寿等禀称:伊等均籍隶安徽,在塘栖店铺生理,因新安客商在外故殁不及回里,难免风霜雨雪之患。是以邀集同人在本县十六东五庄公置地二亩正,建立怀仁堂会馆,为旅榇公所,客故寄枢,以候昇回故土;设有无力归葬,埋于义冢,立石标记,以图久远。自咸丰庚申年遭逆拆毁,今复捐资重建新安怀仁堂会馆,恐工匠霸业昂价,抬工垄断,及棺木进出脚夫勒索,已请领单契公叩示禁等情到县。据此,查公议捐资重建会馆为旅榇寄埋之所,办理甚属妥理,除批示外,合行示禁。为此,示仰该处工匠、脚夫以及附近居民人等知悉,嗣后如新安怀仁堂会馆需用工匠、抬工、脚夫等项,务须照常取价,不得任意多索,恃蛮垄断,并不得在会馆义冢各处糟蹋侵占。倘敢故违,许该司事等鸣保扭获送县,以凭从严惩处,决不姑宽。各宜凛遵毋违。特示。

同治六年十二月十九日给。

钦加运同衔即补直隶州、赏换花翎调补德清县正堂、随带加三级张为出示晓谕事。

据塘栖巡司禀,据新安会馆首事监生章文山、吴立成等禀称,伊等籍隶安徽,寄居塘栖镇生理,在本镇水北德清县界建设怀仁堂会馆,为旅榇公所,暂停客故棺木,聚集昇回故土;设有无力归葬,即于怀仁堂义冢收埋。兵燹后,堂内积棺百余具,无力归葬十居八九,现已设法捐资,陆续迁葬义冢。因屡被脚夫、扛工分方霸占,讹诈多方,每于一棺扛抬进出,动费数千,力实难支。现拟会所仿照道光六年旧案,置办义扛义索,自行扛抬棺木,以免害无底止,仰求给示等情转禀到县。据此,查设立义冢,埋葬客故棺枢,系属义举,岂容脚夫、扛工把持地段,勒索钱文,此种刁风断不可长。据禀前情,除批示饬遵外,合行出示晓谕。为此,示仰该处地保、脚夫人等知悉,自示之后,该处新安会馆如果抬葬客故停棺,准其会所自备义扛义索,自行扛抬,脚夫、扛工人等不得分方霸占,藉端讹索。倘敢仍蹈前辙,恃强扛抬，许该首事等指名禀县，以凭提案究办，并提该地保一并严惩，决不宽贷。其各凛遵毋违。特示。

同治九年正月二十九日给。

告示。

钦加运同衔、升用总捕分府杭州府仁和县正堂、加三级随带加二级纪录十二次记大功一次明为出示严禁事。

据塘栖巡司禀，据新安会馆首事监生章文山、吴星斋、吴立成、程云溪等称：伊等均籍隶安徽，寄居本镇生理，在塘栖镇水北建设怀仁堂会馆，为旅榇公所，暂停客故棺木，聚集异回故土；设有无力归葬，即于怀仁堂义冢收埋，年来久远。自兵燹后，堂内积棺二百余口，绝无亲族、无力归葬，十居八九，本堂现已设法捐资，陆续迁葬义冢。屡被地脚夫、扛工分方霸占，讹诈多方，每于一棺扛抬进出，动费十数千，力实难支。溯查道光六年，据监生沈警乎呈控，抬夫费坤、沈阿五分方霸占，藉端讹诈，蒙前县主断准给示，给发义扛义索，存在义所，准其义冢棺木自行扛抬，设有无力之家，一体便民利用等因在案。现经兵燹，示谕已失，义扛义索灰残，近来义冢棺木尽归脚夫扛抬。现拟会所仿照旧案，自置义扛义索，自行扛抬棺木，以免害无底止，殃及骨骸，禀请示禁等情转禀到县。据此，除批示外，合行出示严禁。为此，示仰该堂司董及该处脚夫、地保人等知悉，自示之后，悉凭该堂自备义扛义索，扛抬棺木，该脚夫倘敢把持需索，许即指名禀县，以凭严究，决不宽贷。凛遵，切切毋违。特示。

同治九年四月十八日给。

怀仁堂基地代单执照

署湖州府德清县正堂为给发清粮代单执照事。

今据业户陈公堂呈报，坐落十六东五庄寺后圩第四百四十八号，原丈地四十二亩六分三厘三毫，内付本庄业户怀仁堂公地一亩七分正，入册办粮。现今出除核明存查报府外，合给清粮代单执照。为此，仰该户凭照管业，收租输赋。如无执照，即系隐匿，后经察出，该户及庄书识保一体照例治罪。两年以后，无人争论，持照换单，须至照者。

计开东至大善寺界、西至冯界、南至河、北至路界。

右给业户怀仁堂收执。

同治六年　月　日给。

　　　　庄书陈金魁知识。

县　　贞字第九百八十八号。

公议堂规

一、议棺木进堂，须凭经手保人先到司事挂号，当取堂票即付号金钱四百文，持票到堂，管堂司事验明放抬入厝。倘后查出或有外籍冒寄者，惟保人自问议罚，其枢即须押出，以免溷乱。

一、议自领出堂灵枢，须持原票到堂认领，本堂司事对明发出。其抬工使费，概归本家自付。

一、议进堂棺木，男左女右，各安位次，不许溷乱。其未成丁小棺，向来不准入堂，势必抛于野地，视之不忍，今议一体准入，谅来未必有人领带，今限定一年为期，本堂立有孩冢，每于冬至前后一体埋葬，免其暴露伤心，其挂号只取钱一百文。

一、议倘有他处码头伴送病人回籍，不幸路故塘栖相近来投，会馆司事查明来历，果实同乡病故，准其入栈间成殓。司事代为妥善办理，免得生疏受讹。所有棺木一切使用以及挂号钱文，概归送病者自付，本堂不能相助。当时登明堂簿、姓名、籍贯，给与堂票，以便后领有凭。若非本籍以及横故者，不准入堂。

一、议枢进厝所，本堂虽有编号，来枢杯头未写亡人籍贯、姓名，在堂司事随用藤黄代写明白，免后舛错。

一、议进堂之枢或有非病故者，本堂何能细察？倘有事，当惟保人自行承理，不能扰碍善举。

一、议本堂厝所原为未便即归本籍，权时安寄而已。今议约以三年为限，如满限不来领回原籍，则本堂惟有代埋葬于义冢。须知久进不出，无此大厦，且久停不葬，尤干例禁，各宜体谅为善。

一、议限期将满之棺，该亲属或欲带徽安葬，而一时难于措手，望于限期前两月赴堂报明，商缓一年，注明号簿，本堂无不从便。设届下期仍未领出，本堂一体安葬，以免因循。

一、议本堂埋葬满限寄枢，每年定于冬至前后立碑勒石，并编堂号，妥为掩埋，以备后之亲友起带回籍无错。但本堂既经出费代其埋葬，倘有起迁自葬或带回籍者，诚为万幸，其起费概归自出，本堂不得相助。

一、议堂中经费甚虑不敷，矧圣经有言，事前定则不急，行前定则不踬。凡事皆宜前定，不致临时局促。凡我同人各存仁济之心，毋忽义举之志，务望解囊乐助，勿吝廉泉，始终不怠，以垂久远。积功德于无涯，培福禄于后代，子子孙孙永保用享。祈各勉从，是所深望。

一、议本堂章程初就，资斧维艰，所馆中堂构以及器皿用件皆未完备，必俟各项告竣之后，能有盈余，再行量力体贴领枢回徽之费。

一、议馆中所有木器物件，一概不许借移出馆，以防损坏疏失等弊。

六邑同乡乐助铺设什物

歙邑吴立成、星斋、渭泉合助楹联：异地叙同乡，歙郡来游，纪胜定题奚氏墨；新基仍旧址，栖溪斜抱，安流如睹吕公滩。

绩邑章文山喜助楹联：胜地快重新，轮奂斯崇，六邑同人联厚谊；他乡欣有托，杭湖交错，一溪流水奏清声。

绩邑许士良喜助匾额：朱程遗矩。

休邑汪宾远喜助匾额：谊敦桑梓。

休邑汪秉坚喜助楹联：忆先人承乏新安，当乘志告成，取士冠大江南北；睹今日重恢旧馆，喜生归得所，行商汇两浙东西。

休邑项锡纯喜助：鹅黄大呢联围壹个，须全。

休邑程云溪乐助：点锡洋花礼壶成对。

绩邑胡观寿捐助：杂木宫椅全堂。

绩邑程炳生捐助：杂木董桌一张。

绩邑吴太和捐助：杂木茶几四张。

绩邑路永启捐助：杂木阁几凳一对。

歙邑程源泰捐助：杂木八仙桌一张。

绩邑胡灶元、朱顺华合助：杂木八仙桌一张。

江明德、黄信义经募六善堂捐 同治辛未年起

江明德、黄信义经募六善堂捐，同治辛未年起：

收辛未茶捐洋二百九十四元五角五分五厘；

收壬申茶捐洋二百八十二元七角六分四厘；

收癸酉茶捐洋二百五十元八角四分七厘；

收甲戌茶捐洋一百八十七元四角二分四厘；

收乙亥茶捐洋一百二十八元二角三分一厘；

收丙子茶捐洋一百二十一元六角四分四厘。

丁丑年停止。

以上共收洋一千二百六十五元四角六分五厘。

同治四年至光绪二年总共募捐数目

同治四年乙丑至光绪二年丙子十二载总共募捐数目：

方正泰朴记，洋五十元；　　　巡检陈金增，洋二十元；

湖属总局余本愚，洋十元；　　钱清场汪世烺，洋六元；

巡检翟国栋，钱五千文；　　　宋亦深，洋十元四角五分；

宋亦深经手劝同乡木商捐助归还森懋账，钱七十七千四百六十六文；

汪心一，洋十二元；	徐丽泉，洋一元；	叶介眉，洋一元；
李建初，洋三元；	潘振声，洋一元；	冯政之，洋一元；
叶正恺，洋一元；	冯柏义，洋一元；	周以茂，洋五元；
张楚封，洋十元；	詹益昌，洋二元；	徐春浦，洋一元；
程绩言，洋二元；	汪宪元，洋一元；	胡又华，洋一元；
王俊英，洋一元；	李粹园，洋一元；	胡祝如，洋一元；
余高士，洋一元；	余郑三，洋二元；	余揩卿，洋一元；
洪汝庚，洋二元；	吴永成，洋一元；	余炳炎，洋五角；
吴殿奎，洋五角；	冯京镐，洋三元；	胡荣春，洋二元；
胡德林，洋一元；	宋玉丰，洋一元；	詹志南，洋二元；
汪亮先，洋一元；	正隆号，洋五元；	詹我思，洋一元；
方献琪，洋十元；	胡笙以，洋一元；	程汉章，洋十元；
江仰辰，洋二元；	朱友清，洋二元；	查坤庆，洋二元；
同源号，洋一元；	查仰山，洋一元；	德丰号，洋一元；
江福兴，洋一元；	正昌号，洋一元；	张振声，洋一元；
程宜基，洋五角；	洪达卿，洋二元；	朱心庄，洋五角；
胡理中，洋一元；	甡泰号，洋一元；	程厚堂，洋五角；
张茂亭，洋一元；	萧厚甫，洋五角；	永盛号，洋一元；
顺兴号，洋一元；	程芳圃，洋五角；	游明哲，洋一元；
鲍祥征，洋五角；	义记号，洋一元；	金德陛，洋一元；
德泰号，洋一元；	汪鉴堂，洋一元；	张炳乾，洋一元；
杨萼梅，洋一元；	朱耀堂，洋一元；	吴丰号，洋二元；
同丰号，洋一元；	方有顺，洋二元；	汪云龙，洋一元；
元吉号，洋一元；	汪云樵，洋一元；	方乾泰，洋一元；

吴尧阶，洋五角；　　吴镇西，洋一元；　　方兰田，洋五角；

方观七，洋一元；　　查启祥，洋一元；　　江恒有，洋二元；

五福楼，钱五百文；　张东升，洋一元；　　鼎裕坊，洋三元；

方泰庆，洋一元；　　朱宗海，洋一元；　　方福森，洋一元；

汪用中，洋一元；　　毕静荙，洋一元；　　程恒裕，洋一元；

金玉成，洋二元；　　吴景隆，洋一元；　　宋西京，洋一元；

方镜禹，洋二元；　　修德堂朱，洋四元；　振丰萃，洋一元；

赵景文，洋五角；　　程永懋，洋一元；　　胡嘉会，洋五角；

宁云辅，洋一元；　　程大炳，洋五角；　　汪怀志，洋五角；

杨承树，洋一元；　　洪泰源，洋一元；　　胡笃之，洋一元；

绎思堂邵，洋一元；　汪诚裕，洋二元；　　正谊堂，洋五元；

朱仰平，洋一元；　　朱秋恬，洋二元；　　程如松，洋一元；

乐耕书屋，洋二元；　吴裕记，洋二元；　　吴大盛，洋一元；

张永盛恬记，洋一元；吴采芬，洋一元；　　江瑞安，洋一元；

吴裕茂，洋一元；　　张全茂，洋二元；　　德丰号，洋一元；

张永盛，洋一元；　　吴福记，洋一元；　　朱祥兴，洋一元；

永源福号，洋一元；　方怡茂，洋一元；　　吴心记，洋一元；

汪广生，洋一元；　　俞吉记，洋一元；　　钟聚号，洋四元；

张德馨，洋二元；　　义裕隆号，洋一元；　汪宏茂，洋一元；

同盛新记，洋一元；　查星桥，洋二元；　　詹本斋，洋一元；

胡兰言，洋二元；　　汪秋溪，洋二元；　　公益兴衣庄，洋二元；

汪起发，洋三元；　　元吉衣庄，洋二元；　汪成章，洋二元；

昌泰衣庄，洋二元；　李锦泉，钱五百文；　陈蓉舫，洋二元；

程镜宇，洋一元；　　无名氏，洋二元；　　张致和，洋一元；

李瑞堂，洋一元；　　叶国兴，洋四元；　　胡芝圃，洋一元；

吴加福，洋一元；　　同和衣庄，洋一元；　唐德升，洋二元；

黄翼云，钱三千文；　方万隆，洋四元；　　程少辅，洋二元；

吴少山，洋一元；　　叶双全号，洋二元；　吴友松，洋一元；

宋鼎兴，洋二元；　　吴济臣，洋一元；　　马培记，洋四元；

王兆麟，洋一元；　　章辅堂，洋一元；　　周德舆，钱十千文；

方盛也，洋二元；　　吴裕记，洋十元；　　方景辉，洋一元；

胡氏，钱七百四十文；吴玉泰，洋三元；　　汪定之，洋五元；

戴敦善，洋一元；　　吴渭泉，洋一元；　　汪奎士，钱五百文；

刘心云，钱二百文；　程鉴堂，钱五百文；　胡玉莲，钱二百文；

毕时霖，钱五百文；　汪涌泉，钱二百文；　汪在东，钱五百文；

胡坤达，钱七百文；　项锡纯，钱五百文；　吴云祥，洋一元；

戴含英，钱三百文；　汪德生，洋一元；　　邵用三，钱四百文；

江雨亭，洋三元；　　　金静山，钱二百文；　　　鲍祥征，洋三元；

陈士辉，钱二百文；　　　隆昌号，洋二元；　　　黄观全，钱二百文；

汪培基，洋一元。

以上一百九十七则，共收洋三百九十二元九角五分、钱一百零二千三百零六文。

同治四年至光绪二年总共收堆金数目

同治四年乙丑至光绪二年丙子十二载总共收堆金数目：

方正泰，钱一百七十二千八百文；

吴日新，钱八十五千八百文；

程品南，钱九十四千五百文；

吴立成，钱六十三千九百文；

程云溪，钱五十九千四百文；

章文山，钱三十八千七百文；

洪民彝，钱三十五千七百文；

蔡子香，钱十千三百二十文；

胡观寿，钱二十千四百七十文；

胡观柏，钱六千六百九十文；

张加妹，钱七百二十文；

柯源丰，钱七千二百三十文；

范荫庭，钱四千八百文；

洪鉴卿，钱二千六百十文；

曹培之，钱七百五十文；

潘礼棠，钱六百文；

方广炎，钱四百文；

汪懋功，钱七千二百文；

许士良，钱二十四千九百六十文；

吴掌斯，钱六千四百八十文；

吴裕麟，钱十一千一百三十文；

李炳华，钱四百八十文；

汪信侯，钱十五千九百九十文；

汪文光，钱十三千六百二十文；

汪乐宾，钱九千六百文；

汪宾远，钱二十千六百文；

汪绣先，钱十一千三百四十文；

汪德甫，钱三千八百四十文；

金有本，钱六千四百五十文；

洪浩然，钱七百五十文；

程如春，钱六千七百五十文；

程高陞，钱二千一百三十文；

程绩言，钱三千五百七十文；

程高昇，钱一千二百文；

吴渭卿，钱二十千二百二十文；

潘映华，钱二十千二百二十文；

汪大福，钱五千三百十文；

吴顺富，钱九千九百六十文；

汪柏成，钱十一千四百六十文；

姚观孝，钱三千六十文；

王德春，钱一千九百八十文；

李德成，钱一千四百四十文；

董海洲，钱四千三百四十文；

程宇衡，钱十一千六百十文；

吴治平，钱七千一百十文；

胡荫庭，钱十四千一百文；

郑石明，钱一千二百三十文；

汪　应，钱三百六十文；

吴权三，钱四千六百五十文；

程椿林，钱十九千六百八十文；

项德滋，钱四千八百六十文；

许士茂，钱一千八百文；

许鸣源，钱三千文；

金成书，钱六百三十文；

洪斯友，钱十千二百七十文；

洪旭开，钱十千一百四十文；

吴济臣，钱十一千四百六十文；

项俊珊，钱四百八十文；

朱巨昌，钱四千二百三十文；

吴渊如，钱十千八百三十文；

胡乐园，钱五千八百二十文；

朱光裕，钱二十千五百五十文；

朱典三，钱一千八百文；

李子云，钱七千九百五十文；

吴辅廷泰禄，钱五千五百文；

汪静波，钱十一千三百八十文；

孙浩然，钱七千六百二十文；

舒新堂，钱二千八百八十文；

吴希臣，钱十四千六百八十文；

范德成，钱十一千六百七十文；

范金福，钱一千二百文；

吴渭飞，钱七百五十文；

赵启济，钱一千五十文；

汪兴发，钱四百五十文；

胡金堂，钱四百八十文；

查顺福，钱四千二百文；

耿忠明，钱十三千四百七十文；

李荣封，钱四千八百文；

程炳荣，钱六千二百四十文；

叶冬长，钱三千六十文；

吴江义，钱二千八百五十文；

叶寿林，钱二百七十文；

汪净坡，钱三百文；

程玉宝，钱六百文；

王富顺，钱三千二百文；

路国林，钱一千六百五十文；

吴观庆，钱三千七百九十文；

吴福庆，钱二千二百三十文；

吴次白，钱七百二十文；

谢佩和，钱二千九百四十文；

汪銮谱，钱九十文；

胡鹤龄，钱三千文；

程玉丰，钱七百二十文；

陈锦川，钱九千九百文；

金锡嘉，钱一千八百六十文；

吴少山，钱三千三百二十文；

程德芳，钱五千四百文；

洪质奉，钱二十一千六百文；

宋吉云，钱四千八百文；

曹子襄，钱十八千九十文；

叶秀华，钱九十文；

胡镇国，钱七千八十文；

方集和，钱七千九百五十文；

王鸣旦，钱一百五十文；

吴文喜，钱九十文；

余四宝，钱一千六百文；

胡绍文，钱四百八十文；

汪宇青，钱二十七千三百六十文；

姚佩章，钱四千五百三十文；

吴德亿，钱四千五百三十文；

蔡瑞记，钱二百四十文；

刘元高，钱十九千五百文；

叶隆茂，钱五千六百四十文；

叶正恺，钱八千四百四十文；

许大镜，钱十千七百四十文；

吴顺林，钱六千三百六十文；

程开昌，钱二千六百四十文；

周长有，钱二千九百四十文；

程加祥，钱七千六百八十文；

程咸甫，钱四千八百三十文；

李育如，钱三千二百四十文；

潘安德，钱六千三百九十文；

潘观有，钱四百五十文；

凌礼妹，钱四百八十文；

汪培基，钱三千九百文；

汪午梅，钱七千二百六十文；

汪荣锡，钱一千四百四十文；

查廷佐，钱一千四百四十文；

陈玉光，钱一千七百四十文；

毕世源，钱二千八百三十文；

吴作三，钱一千三百八十文；

汪介楣，钱一千六百二十文；

金永山，钱一千八百文；

戴震初，钱九千三百文；

朱溥泉，钱八千一百九十文；

朱作砺，钱二千六百十文；

孙冠英，钱二千九百文；

吴雪香，钱三百六十文；

余寿堂，钱七百二十文；

邵用山，钱五千二百八十文；

章观妹，钱三千一百八十文；

吴银兆，钱七百二十文；

姚春元，钱五百四十文；

吴大和，钱二千七百三十文；

胡克昌，钱六千文；

胡又华，钱一千二百文；

朱天赐，钱二千二百二十文；

胡森品，钱一千五百文；

吴大发，钱三千一百文；

汪赤霞，钱二千四百六十文；

吴笏卿，钱六千二百四十文；

郭文辉，钱一千五百文；

徐德本，八千五百八十文；

吴锦堂，钱一千五百文；

韩熙焕，钱七百八十文；

李天福，钱一千五百六十文；

张源胜，钱五百四十文；

谢星垣，钱五百四十文；

梅岭记，钱六千七百二十文；

程慕亭，钱八千五百五十文；

朱庆生，钱四千八十文；

杨济川，钱二百四十文；

朱述声，钱五千七百文；

汪松盛，钱三千二百四十文；

陈锡山，钱一百五十文；

胡殿魁，钱一千八百文；

黄毓泉，钱七百二十文；

汪桂三承佑，钱八千四百三十文；

张菊村，钱五千九百四十文；

洪乾初，钱一千四百八十文；

吴德陞，钱五千九百十文；

张恒源，钱一千五百文；

朱友筠，钱七千四百四十文；

吴清远，钱一千八十文；

汪玉龄，钱四千五百文；

王毓卿，钱七千二百六十文；

吴春林，钱三千三百三十文；

程兴远元泰，钱二十六千四百三十文；

方兆林，钱八十八文；

汪老以，钱三百六十文；

吴德辉，钱二百四十文；

程裕宝，钱七百二十文；

洪梅林，钱七百二十文；

陈礼卿，钱二千二百五十文；

吴观芷，钱一千六百二十文；

洪海林，钱一千五百文；

金　宝，钱一百八十文；

吴嘉顺，钱一千八百六十文；

胡成妹，钱一千八百九十文；

吴楚堂，钱十一千二百五十文；

吴永顺，钱六千三百文；

程焕文，钱一百八十文；

罗政华，钱五千九百五十文；

汪兴发，钱三百六十文；

陈凤陞，钱三百六十文；

汪仰三，钱三百文；

吴仰廷，钱六百九十文；

姚济川，钱三百六十文；

金恭和，钱八千四百二十文；

汪星桥，钱一千四百四十文；

程璧如，钱八百十文；

朱扩之，钱二百七十文；

吴雨亭，钱一千四百四十文；

范裕增，钱七百二十文；

吴玉妹，钱三百六十文；

王德清，钱七百二十文；

张昆源，钱一百八十文；

汪廷昌，钱二千九百七十文；

朱兰轩，钱五千九百七十文；

张振荣，钱二千二百二十文；

叶启元，钱四千八百四十文；

吴义成，钱七千八百三十文；

吴海妹，钱一千二百九十文；

汪嘉宾，钱二千一百九十文；

方贡三，钱一千五百六十文；

方春妹，钱一百五十文；

方宝林，钱一千五百三十文；

黄清远，钱五千二百二十文；

程百启，钱三千文；

程上金，钱九百三十文；

吴纬堂，钱三千三百六十文；

朱紫珊，钱一千五百文；

吴百林，钱三百文；

胡仁山，钱一千八十文；

宋国兴，钱四千四百四十文；

洪观美，钱二百七十文；

吴景深，钱四千四百七十文；

鲍祥征，钱十二千九百文；

汪怡棠，钱八千一百文；

叶起熊，钱九千三百文；

汪玉衡，钱八千五百五十文；

戴子卿，钱八千五百五十文；

查星桥，钱九千一百五十文；

程纯甫，钱九千三百文；

刘连喜，钱一千五百三十文；

吴竹门，钱六十文；

李兰泉，钱十五千九百文；

吴静安，钱十千三百五十文；

程树山，钱六千八十文；

张玉华，钱五千一百八十文；

朱瑞廷，钱八千一百九十文；

项以华，钱二千五百六十文；

程松庆，钱一千四百八十文；

唐光国，钱二千五百六十文；

方正祐，钱九百三十文；

方观宝，钱七百八十文；

方圣源，钱三百九十文；

吴顺之，钱二千二百二十文；

程德林，钱一百八十文；

汪庆春，钱一百八十文；

吴有妹顺元，钱二千一百六十文；

吴念周，钱一千四百四十文；

胡鉴清，钱六千六百六十文；

张金喜，钱三百六十文；

吴三寿，钱一百八十文；

吴天水，钱五百四十文；

吴锡年，钱七百二十文；

金含章，钱三千四十文；

张细九，钱二百四十文；

洪张渭，钱二千二百二十文；

吴西园，钱二千一百六十文；

姚五华，钱二千六百二十文；

程昌运，钱四千三十文；

吴椒园，钱三千二百一十文；

黄履中，钱一千四百一十文；

朱立荐，钱九百六十文；

方季英，钱四千八百三十文；

张锦堂，钱三百文；

汪慎修，钱一千五百三十文；

陈鸿甫，钱九百文；

施仰高，钱一千五百三十文；

谢德嘉，钱一百二十文；

程广文，钱五千一百六十文；

守镜盦，钱七百二十文；

项焕廷，钱一千二百九十文；

刘永亨，钱九百文；

汪雨岩，钱十千三百五十文；

程连生，钱三千六百文；

赵仲宽，钱五千四百文；

李小江，钱二千一百文；

吴联喜，钱二千二百二十文；

吴锡祺，钱三百九十文；

方茂松，钱一千一百四十文；

汪熙荫，钱七百八十文；

杨馥庭，钱一千八十文；

王承烈，钱一千二百六十文；

吴秉和，钱一千一百四十文；

金梦麟，钱二千一百六十文；

吴怡堂，钱二百四十文；

陈端友，钱七百八十文；

洪福征，钱七百八十文；

陈月川，钱三百文；

汪友之，钱一千一百七十文；

汪秉坚，钱七千八百文；

潘静波，钱三百六十文；

李春桥，钱六千一百二十文；

凌双桃，钱一千八十文；

胡德源，钱二千七百六十文；

李立卿，钱二千八百八十文；

姚聚炎，钱一千一百十文；

万午卿，钱二千八百八十文；

詹椿廷，钱一千一百十文；

郑鲁英，钱二千八百八十文；

方相全，钱一百八十文；

鲍正元，钱九百文；

王载扬，钱三百六十文；

汪同昌，钱五千四百文；

程会川，钱一千五百文；

舒宝珊，钱一千四百四十文；

方养泉，钱七百二十文；

程联陞，钱一千八百文；

余应干，钱一千五百文；

吴聚源，钱四百二十文；

黄云亭，钱二千二百二十文；

吴韫珊，钱四百二十文；

方家明，钱四百八十文；

张万法，钱四百文；

吴培基，钱七百二十文；

唐万顺，钱七百二十文；

程德修，钱七百五十文；

李俊英，钱七百二十文；

项锡纯，钱三千七百五十文；

吴社发，钱七百五十文；

项镜泉，钱三百六十文；

姚正海，钱七百五十文；

朱登云，钱四百八十文；

黄俊英，钱七百二十文；

汪焕文，钱二千二百二十文；

胡昌启，钱五百文；

谢载扬，钱一千八十文；

周观涌，钱五百文；

卢履端，钱一千五百文；

周光甫，钱一千一百三十文；

汪奎士，钱一千五百文；

吴恒义，钱五百文；

吴道纯，钱七百二十文；

吴春泉，钱二千二百五十文；

王兰舟，钱一千五百文；

汪灶应，钱三百六十文；

朱济源，钱三百九十文；

陈西林，钱一千四百四十文；

程载峰，钱九百九十文；

吴旺才，钱一千一百四十文；

陈森轩，钱二百十文；

吴上玉，钱三百六十文；

吴振宇，钱三百九十文；

凌金元，钱三百九十文；

朱正华，钱二百四十文；

周茂有，钱三百九十文；

戴松云，钱三百九十文；

姚森顺，钱七百八十文；

吴佳仁，钱五百四十文；

方茂松，钱七百八十文；

汪来辅，钱七百八十文；

凌有爱，钱三百六十文；

刘巧生，钱一百二十文；

吴柏祥，钱七百八十文。

总共一千八百九十千另二百四十八文，谁名下一千二百七十文俟查标名。

以上三百五十七则，共收钱一千八百九十一千五百十八文。

同治四年至光绪二年劝募同乡善士乐助捐输总账

同治四年劝募同乡善士乐助捐输总账

收募捐洋一百六元、钱五千一百文；
收堆金钱一百廿三千四百文。
共收洋一百六元、钱一百廿八千五百文。

同治五年分

收募捐洋四十九元四角五分；
收堆金钱一百五十七千四百七十文；
收卖断木钱二百十文；
收堂规钱一千二百文。
共收洋四十九元四角五分、钱一百五十八千八百八十文。

同治六年分

收募捐洋一百八十三元五角、钱四千文；
收堆金钱二百五千十八文；
收堂规钱八百文。
共收洋一百八十三元五角、钱二百九千八百十八文。

同治七年分

收募捐洋二十七元、钱八十八千二百六文；
收堆金钱二百九千六百八十文；
收堂规钱三千九百四十文；
收余锭钱五千文。
共收洋二十七元、钱三百六千八百二十六文。

同治八年分

收募捐洋十元、钱五千文；
收堆金钱一百六十八千一百十文；
收堂规钱二千二十文。
共收洋十元、钱一百七十五千一百三十文。

同治九年分

收募捐洋六元；
收堆金钱一百五十四千四百三十文；
收堂规钱一千四百八十文；
收房租洋三十元。
共收洋三十六元、钱一百五十五千九百十文。

同治十年分

收茶捐洋二百九十四元五角五分五厘；
收堆金钱一百八十一千四百七十文；
收堂规钱三千四百八十文。
共收洋二百九十四元五角五分五厘、钱一百八十四千九百五十文。

同治十一年分

收募捐洋二元；
收堆金钱一百八十六千三百二十文；
收春源典卖货捐洋四元，钱九千五百七十四文；
收公义典卖货捐洋六元，钱一百七十文；
收存出生息洋三十五元，钱三百三十五文；
收堂规钱二千四百文；
收房租钱九千文。
共收洋四十七元、钱二百七千七百九十九文。

同治十二年分

收堆金钱一百七十五千文；
收春源典卖货捐钱二十六千六百三十八文；
收公义典卖货捐钱十一千一百六十八文；
收裕亨典卖货捐钱十七千七百九十一文；
收存款生息钱七十三千三百九十六文；
收堂规钱五千八百八十文；
收房租钱三千文。
共收钱三百十二千八百七十三文。

同治十三年分

收堆金钱八十八千一百八十文；
收春源典卖包捐钱三十六千五百四十九文；
收公义典卖包捐钱八千二百六十六文；
收裕亨典卖包捐钱十八千一百三十七文；

收存款生息钱四十七千九百十六文；

收又洋水钱十八千文；

收堂规钱二千文。

共收钱二百十九千四十八文。

光绪元年分

收茶捐洋二百八十二元七角六分四厘；

收十二年茶捐洋五十元八角四分七厘；

收募捐洋八元；

收堆金钱一百三十七千七百四十文；

收春源典卖包捐钱七十二千二百五十四文；

收公义典卖包捐钱十七千一百三十二文；

收存款生息洋三十三元六角；

收堂规钱四千文；

收卖刨花钱九千五百文。

共收洋三百七十五元二角一分一厘、钱二百四十千六百二十六文。

光绪二年分

收十二年分茶捐洋一百元；

收募捐洋一元；

收堆金钱一百四千七百文；

收春源典卖包捐钱三十三千八百八文；

收公义典卖包捐钱三十七千三百三十六文；

收裕亨典卖包捐钱五十九千八百三十四文；

收堂规钱二千四百文；

收刨花钱一千一百二十文；

收朱公馆押租洋六十元；

收朱公馆房租洋三十元。

光绪三年二月补收上年各款

收茶捐洋五百三十七元二角九分九厘；

收朱公馆房租洋三十元；

收堂规钱四百文；

收上年洋水钱一百五十文。

共收洋七百五十八元二角九分九厘、钱二百三十九千七百四十八文。

以上十二年，大共收洋一千八百八十七元零一分五厘、钱二千五百四十千一百八文。

同治四年至光绪二年支销总账

同治四年岁次乙丑埋葬棺木、修整墙脊一应费用开列于左

付割草，钱一千五百八十文；

付簿子手折钞马账包图印，钱二千一百八十八文；

付破土，钱四百五十五文；

付请告示、官临茶点，洋一元、钱一千一百二十文；

付放焰口纸钱锭，钱五千五百七十文；

付埋葬棺木八十七具，洋七十七元、钱六千六百五十文；

付买骨坛往来船只，钱八百六十文；

付盖材稻草，钱三千三百六十文；

付怀仁堂基地上户，钱五百文；

付挑厝所基地，钱十一千文；

付修厝所瓦脊砖瓦，洋十元、钱三十千四十文；

付又泥水包工，钱六十千文；

付又墙门石并工料，钱六千文；

付又门一对并工料，洋一元、钱一千四百文；

付墙脚石三十三丈，洋十一元、钱二千六百四十文；

付定大墙门石一副，洋六元、钱一百五十文；

付戴宝记南山照应点心零用，钱九百九十八文；

付石灰、铁锁、洋亏、少串，钱一千一百四十三文。

以上十八则，共付洋一百六元、钱一百三十五千六百五十四文。

同治五年岁次丙寅起造厝所十一间支销总账

付挑内外墙脚，钱八千文；

付拔草工钱八百文；

付宋亦深经手木料，洋四十七元四角五分、钱三十四千五百十文；

付童木作包工，钱十六千文；

付傅泥作包工，钱十八千文；

付边石作支定，洋二元；

付李恒盛砖瓦石灰，钱四十三千二百十七文；

付刻进堂凭账簿纸，钱一千三十六文；

付中元焰口纸锭，钱七千三百四十文；

付埋材骨坛修坟，钱二千五百文；

付戴宝记辛俸，钱十二千文；

付酬高升收捐劳，钱一千文。

以上十二则，共付洋四十九元四角五分、钱一百四十四千四百三文。

同治六年丁卯重建头门墙垣支销总账

付挑内外地基，钱十千文；

付破土，钱八百四文；

付德邑告示，洋二元、钱一千三百文；

付边石作工料，洋二十五元、钱四十四千四百文；

付乱石二船，钱六千五百二十文；

付森懋木行、沈永和号木料，洋三十五元、钱一千一百八十五文；

付李恒盛砖瓦石灰，洋四十五元、钱二十千九百四十五文；

付傅泥作工，洋二十元、钱七十九千文；

付挑乱砖工，钱六千文；

付安墙门三作喜包，洋二元；

付童木作预支包工，钱二千文；

付做二墙门工料，钱二千一百文；

付小工阿五预支，钱九百文；

付油灰、铁塞，钱二千二百十四文；

付正月十六圣诞贴席，钱二千七十二文；

付中元焰口三节纸锭，钱七千文；

付戴宝记辛俸，钱十二千文；

付零杂用钱洋亏水，钱五千一百七十二文。

以上十八则，共付洋一百二十九元、钱二百三千六百十二文。

同治七年戊辰起造门房两箱七间支销总账

付森懋行木料，洋三十五元、钱三十五千八百八十文；

付宋亦深经手该欠森懋木行账，自认募捐，同乡木商归结，钱七十七千四百六十六文；

付童木作工，洋二十四元、钱十一千文；

付栗树墙门二副，洋十二元、钱四百三十文；

付石匠工，钱九千文；

付清砖匾工，洋五元、钱二千八百文；

付李恒盛砖瓦，洋三十三元五角、钱七十二千三百四十文；

付傅泥作工，钱五十六千文；

付小工，钱七千五十文；

付戴宝翁收捐俸金，钱十五千六百文；

付纸巾、钉铁、胶煤、麻皮、颜料金等，钱二十一千九百四十六文；

付钱粮，钱二百七十文；

付中元焰口纸钱锭，钱八千八百文；

付零杂用、失账洋亏少数，钱七千六百二十九文。

以上十三则，共付洋一百九元五角、钱三百二十六千二百十一文。

同治八年己巳支付总账

付买旧家石板砖瓦，洋十八元、钱四千三百八十文；

付修坟加土，钱五千文；

付正月十六圣诞饮福贴席，钱二千三百六十五文；

付中元焰口清明三节纸锭，钱七千文；

付戴宝翁收捐俸金，钱十四千四百文；

付刻联票纸工，钱二千五百十五文；

付零杂用，钱二千六百八十一文。

以上七则，共付洋十八元、钱三十八千三百四十一文。

同治九年庚午门楼装折楼板开销总账

付石作工酒，洋八元、钱八千五百六十文；

付本料楼板，洋四十七元、钱六十四千五百八十文；

付解匠工，钱三千一百文；

付本匠工，洋二十八元、钱三十三千四百八十文；

付泥水工，钱八千文；

付砖瓦石灰，洋二元；

付钉、油、灰杂项，钱二千三百七十三文；

付仁、德两邑告示，洋三元；

付钱粮，钱四百文；

付送巡检万民伞，洋八元、钱三千四十文；

付正月十六圣诞饮福贴席，钱七百二十文；

付中元焰口三节锭，钱三千六百七十文；

付戴宝翁俸金，钱十五千六百文；

付送开典贺礼洋亏短数，钱三千八百六十七文。

以上十四则，共付洋九十六元、钱一百四十七千三百九十文。

同治十年辛未支付总账

付挑地基，钱一千九百二十文；

付怡懋昌木行，钱十千一百六十文；

付李恒盛砖瓦，钱三千六百六十文；

付又瓦七千二百张，钱十七千十文；

付上年装门房楼板，钱十二千二百文；

付包造厝屋三间木料工，钱五十五千文；

付石古石匠工，钱三千八百文；

付钉凉帽等，钱一千一百四十七文；

付账箱一只，钱一千七百二十文；

付纸巾，钱二千文；

付请神画，钱一千二百四十文；

付圣诞饮福贴席，钱六千九百六十八文；

付中元焰口三节纸锭，钱八千一百二十一文；

付钱粮，钱三百文；

付戴宝翁俸金，钱十四千四百文；

付送新典开张礼，钱一千二百文；

付洋亏少数，钱二千七百二十文。

以上十七则，共付钱一百四十三千五百六十六文。

同治十一年壬申支付总账

付乙丑已葬棺木补立碑志，钱十六千二十文；

付修坟加工，钱八千文；

付砌厝屋阶檐，钱九千八百文；

付李恒盛砖瓦石灰，洋三元五角五分、钱四十一千八百十三文；

付泥作六十五工半，钱十八千六百二十文；

付泥、纸筋、胶煤、船钉鞋等，钱四千四百十三文；

付同昌木料，钱二千五百七文；

付圣诞饮福酒席，钱七千七百七十二文；

付中元焰口三节纸锭，钱十二千五十文；

付钱粮，钱二百文；

付戴宝记俸金，钱十八千文；

付宝手善举，钱七千三百四十五文；

付洋亏少串　钱一千四百文。

以上十三则，共付洋三元五角五分、钱一百四十七千九百四十文。

同治十二年癸酉支销总账

付埋葬棺木五十一具，洋六元、钱四十四千一百四十文；

付山上照应进出船用，钱四千二百文；

付正月十六圣诞饮福酒席，洋三元、钱六千八十文；

付戴宝记俸金，钱十九千五百文；

付管堂工食，钱五千五百文；

付童木作借，钱一千文；

付置桌凳、水桶、零物，钱二千三百五十文；

付置杠索，钱一千五百四十文；

付洋锁、铁闩环，钱四千六百七十二文；

付中元焰口三节纸锭，钱七千八百二十八文；

付钱粮，钱二百五十文；

付小钱亏耗少串，钱二千四百二十五文。

以上十二则，共付洋九元、钱九十九千四百八十五文。

同治十三年甲戌支销总账

付南山立石标名，钱十三千六百文；

付砖泥水工，钱四千八十文；

付沈永和木料，洋三百元；

付陈、童木作定，钱五十七千九百文；

付石作定，钱十一千六百文；

付泥作定，钱十一千六百文；

付纸巾三百八十斤，钱六千文；

付正月十六圣诞饮福贴席，洋三元、钱三千二百九十五文；

付中元焰口三节纸锭，钱六千文；

付收捐俸金，钱十八千文；

付管堂工食，钱二十四千文；

付钱粮，钱二百八十文；

付造正厅选日，钱一千一百六十文；

付南山进出船，钱一千一百文；

付铁扒山支芦非钵头账簿手折，钱一千八百七十七文；

付小钱亏耗少串，钱二千二百二十文。

以上十六则，共付洋三百三元、钱一百六十二千七百十二文。

光绪元年乙亥建造正厅支销总账

付沈永和木料，钱三百七十千二百五十文；

付又板，钱二十三千四百文；

付广信砖瓦，洋一元、钱七十二千三百四十三文；

付李恒盛砖瓦，洋七十七元；

付李瑞祥砖瓦，洋五十二元、钱二十三千六百二十九文；

付陈、童两木作，洋一百元；

付又贴价，洋十元；

付又工，洋五元、钱四百文；

付沈泥作，洋五十四元、钱十六千二百四十文；

付又工，钱八千一百九十文；

付小工二十八工，钱五千四十文；

付沈泥作包粉饰墙垣，钱六千文；

付沈泥作包做花墙，钱二十三千四百文；

付石古石匠工，洋三十元；

付包做阶檐天井工料定，钱十一千七百文；

付民手买松板，洋八元六角；

付挂洛栏杆一副，钱三千五百十文；

付上梁香烛、三牲、福醴、四作、折酒、包子、红布船，洋五元、钱六千九百四十九文；

付芦飞、竹器、麻皮、胶煤、索子围、木工、出行、力钉、插锁等，钱十五千四百七十九文；

付八仙桌两张、条凳四十根、长桌长凳油漆工料，钱十三千四百三文；

付厨房水缸、锅子、碗厨、碗盏等物，钱十二千一百七十三文；

付修坟加土埋棺，钱十千三百六十文；

付正月十六圣诞饮福贴席，洋三元、钱六百文；

付中元焰口三节纸锭，钱六千七百二十文；

付收捐俸金，钱十八千文；

付管堂工食，钱二十四千文；

付钱粮，钱二百四十文；

付助湖州新安文会，钱十一千七百文；

付朱砂竹画一幅，钱七百八十文；

付栽桂花盆花，钱八百文；

付小钱亏耗、茶叶零用，钱三千二百二文。

以上三十一则，共付洋三百四十五元六角、钱六百二十五千五百八文。

光绪二年丙子装折油漆总账

付石作工料，洋九十元、钱三千文；

付木作工料，洋一百元、钱一千九百四十文；

付铺清砖工料，钱八十一千七百四十文；

付泥作工料，钱二十二千二百六十八文；

付油漆工料，钱四十四千四十文；

付做合漏工料，钱十一千八百四十七文；

付做凉篷【棚】工料，钱六千四百十八文；

付立堂匾等费，钱九千四百五十文；

付钉灯钩铜环等，钱五千二百八十文；

付置办方桌、板桌、花架缸，钱八千八百八十文；

付钉头、颜料、胶煤、芦飞等费，钱十六千四百三十三文；

付收日捐俸金，钱十九千五百文；

付管堂工食，钱二十六千文；

付武帝会贴筵，钱四千四百二十文；

付钱粮漕米，钱五百三十八文；

付焰口，钱二千五百文；

付三节纸锭船，钱四千八百四十文；

付土工挑地基，钱一千一百文；

付流星花炮，钱五千文；

付存吴立成处生息，洋六十元。

光绪三年二月补付上年欠款：

付还永和、恒和木板账，洋一百四十九元；

付修凉棚木匠工，钱一千九百二十文；

付裱神画，洋一元；

付往南浔船资备帖请客等纸，洋二元、钱二千二百十一文；

付置市产地基，押洋三百元，经手江明德、吴星斋、程云溪、吴立成。

以上二十八则，共付洋七百二元、钱二百七十九千三百二十五文。

以上十二年，大共付洋一千八百七十一元一角五厘、钱二千四百五十四千一百四十七文。

同治四年至光绪二年收进付出大总清册

　　自同治四年乙丑起至光绪二年丙子终止，前后共计一十二年收进付出大总清册全集

　　收募捐，洋三百九十二元九角五分、钱一百二千三百六文；

　　收堆金，钱一千八百九十一千五百十八文；

　　收江明德、黄信义经募茶捐，洋一千二百六十五元四角六分五厘；

　　收春源典卖包抽捐，洋四元、钱一百七十八千八百二十三文；

　　收公义典卖包抽捐　洋六元、钱七十四千七十二文；

　　收裕亨典卖包抽捐，钱九十五千七百六十二文；

　　收存各号生息，洋六十八元六角、钱一百二十一千六百四十七文；

　　收洋水、刨花、纸锭钱，三十三千九百八十文；

　　收房租，洋九十元、钱十二千文；

　　收堂规，钱三十千文；

　　收朱公馆押租，洋六十元；

　　收十二年分兑进，洋六十七元。

　　付账：

　　付十二年分兑，出钱八十二千八百六十文；

　　付割草、挑地基，钱四十二千三百五十文；

　　付请告示，洋四元、钱二千四百二十文；

　　付上户钱粮、漕米，钱二千九百七十八文；

　　付安葬、修坟、加土，洋八十三元、钱八十一千一百五十文；

　　付立石标名碑志，钱二十九千六百二十文；

　　付石作工料，洋一百九十三元、钱一百十七千一百七十文；

　　付木作工料，洋八百三十五元五分、钱八百三十六千四十八文；

　　付泥作工料，洋三百三元五分五厘、钱六百八十二千九百十五文；

　　付清砖工料，钱八十一千七百四十文；

　　付做合漏、凉棚工料，钱十八千二百六十五文；

　　付油漆工料钱，四十四千四十文；

　　付立堂匾、灯钩等，钱十四千七百三十文；

　　付钉、铁、油、麻、胶煤、颜料、竹木器用、围木工、出行，立上梁三牲、福醴、火炮、众作折酒共，洋五元、钱八十千八百十一文；

　　付置办八仙桌、板桌、条凳、杠索，厨房锅子、水缸、碗橱、盘盏一切等物，钱三十九千一百二十六文；

　　付武帝圣诞中元焰口三节纸锭、茶叶、油烛、往来船只、栽花盆景一切杂用，共洋二十一元、钱一百九十四千四百四十四文；

　　付助湖州文公祠，钱十一千七百文；

　　付收捐俸金，钱一百七十八千文；

　　付守堂工食，钱七十九千五百文；

　　付存吴立成处生息，洋六十元；

　　付置市产地基，押洋三百元，经手江明德、吴星斋、程云溪、吴立成。

　　以上十二则，共收洋一千九百五十四元零一分五厘、钱二千五百四十千一百八文。

　　以上二十则，共付洋一千五百七十一元一角五厘、钱二千五百三十七千七文。

　　滚存现洋八十二元九角一分、钱三千一百一文。

　　　　　　　　　　　　　　　　　　　　　　　　杭城忠清巷口张文晋斋刊刷

闽省安徽会馆全录

清光绪四年（1878）嘉元月镌

目　录

闽省安徽会馆全录序 ··· 332

新建闽省花巷安徽会馆记 ··· 333

桂丹盟廉舫劝捐小启 ·· 334

规条 ··· 335

捐款章程 ·· 337

义山规条 ·· 338

义山禁约告示 ··· 339

看管义山坟墓厝屋佃人蔡成扬承领字据 ································· 340

会馆公托看管义山坟墓厝屋佃人蔡成扬字据 ························· 341

花巷会馆房屋全图 ·· 342

九彩园旧会馆房屋全图 ··· 343

会馆房屋契据 ··· 344

会馆义山契据 ··· 345

购造花巷安徽会馆用款 ··· 346

禀闽县正堂沈 ··· 347

覆禀闽县正堂沈 ··· 348

会馆房屋执照 ··· 349

会馆续买魏蔚斋房屋执照 ·· 350

新建花巷会馆并义山捐款姓氏 ··· 351

置买九彩园旧会馆并义山捐款姓氏 ·· 353

置买九彩园旧会馆并义山另捐姓氏 ·· 355

唐俊侯军门建造台湾凤山县淮军昭忠祠义冢、置买祭田数目、议定出入额款

　　一切章程 ··· 356

闽省安徽会馆全录序

安徽会馆之在福州者，桂丹盟廉访潘茂如观察曩营于九彩园，余赀则于北郭马鞍山置义地，十四年于兹矣。岁丙子，观察以馆舍尚狭，议移爽垲□城南梅枝里旧筑而扩之，既亲董其役，唐俊侯军门复任巨赀为负畚先。越明年，落成，就正楹祀朱子，夫皖闽相去远，而闽乘道学实系徽国大贤寄迹，海滨荣焉。溯江淮三千里间固有息息相通者，宜足抒桑梓之恭且志萍蓬之聚也。于是考祀义庐馆约及义地之应补葺者，都为一录，而属余弁其端。余感军门、观察之用心，嘉诸君子之好义敦本，而不能无说也。吾侪同井，洽比之乐，当异地而情益亲，骖盖相逢，欢然如旧，仰止先哲，云山咫尺，因而讲任恤、念逝者，于以见风义之犹古也。矧吾皖之官各行省者，因时康济，事功蔚然，则凡亲亲仁民之心，岂仅此一椽之庇、一垄之掩！为尽里谊已耶。顾朱子之定《家礼》、创社仓，事始自近，而学术、政治可推暨乎天下。斯役也，雍睦恺悌，有令人油然生者。登堂、释奠，式效前型，庶几可矣。

光绪四年戊寅六月，总理船政、抚闽使者，庐江吴赞诚谨序。

新建闽省花巷安徽会馆记

岁壬戌，予绾盐法道璟，与桂丹盟廉访集乡人议置全皖公所于福州九彩园，复购义地于北郭马鞍山，联梓谊、妥幽栖十有余年于兹矣。迩来游闽者日益盛，欲别更巨观，艰于赀，适唐俊侯军门由东瀛凯旋，示以台凤昭忠祠义举，慨然出二千金为之倡，而乡人之官斯土、商斯土者爰翕然乐输。乃择置城南梅枝里屋一区改建安徽会馆，鸠工庀材，卑者崇之、隘者扩之，经始于今春中和节，迄秋仲葳事，视旧贯阕崇多矣。堂后三楹祀紫阳夫子，尊乡贤也；重修公所若干椽，赁入其息，备善后也；于北郭增义山，裕久远也；立馆中事宜凡若干条，壹众志也。自今报享日隆，而藉以话故乡之风景、慰游子之离情者，亦得此为觞咏地，岂不懿哉！时吴春帆星使持节驻海上，见而韪之，于所定规制外，复增所阙，厥构益宏。所望后之人勤加修葺，有举莫废，庶皖水人斯永与三山争辉耳。既落成，佥以余始终是役，宜志诸石，余谓非军门之高义莫倡斯举，非诸君子之协力匡襄亦无由藉手以告成也。谨叙之，以告来许。

光绪叁年冬拾月，泾邑古溪潘骏章撰并书。

桂丹盟廉舫劝捐小启

　　咸丰庚申之秋，超万挈家避难来闽，同里居此者郁郁鲜得志。明年，丁述安观察权粮道篆，潘茂如观察膺简命授盐道，从厦门移旌视事，此两君爱民恤商，卓卓有仁政在闽者也。尤推爱民恤商之意以惠同乡，建议倡捐设公所以联洽比之情，置义冢以安流离之魄，所以敬恭桑梓者至厚且周矣。河帅潘云阁先生，茂如观察世父也，亦避寇就养蓝署，称美而赞成之。盖乡人士筮仕三山者大小四十余人，而皖江南北被贼荼毒特甚，转徙而来者亦纷如也。泾邑有周玉堂者，铢积寸累，蓄资无多，竟先出青蚨五十缗，捐买义冢还愿。经纪其事，倾囊助之，少年好义，殆天性有善根者。超万作寓公于此，方赖当路诸公，以饥饿于其土地为耻，多方扶持，只得周之，则受不能稍襄盛举，不亦愧乎？其在游宦懋迁之场，人之欲善谁不如我？将思宏其规而拓其地，以为经久之计，闻此义风，当无不欣然解囊而助者。同人嘱超万为启劝之，不敢辞。

　　同治元年正月　日启。

规　条

　　一、议正室供奉先贤朱文公。崇昔日之乡贤，即以敦今日之乡谊。春秋二祭，仪品如典礼。司事者先期五日查明同乡衔名，开单饬长班传知，届期衣冠齐集，致祭先贤，则众志有向而无陨越矣。至每岁新正团拜，亦定期传单，单到书知，以便备席；如不暇者，即于单内注明，免多预备，致糜公费。

　　一、每月朔望，董事轮流到馆于先贤前拈香，用昭虔敬。馆中一切事宜，即藉此稽查，倘轮拈香有要事不能到者，准其以次请代，不得无故推诿。

　　一、馆中房舍，同乡官幕、商旅概不准居住，恐此例一开，势必各欲借居，渐启争端，不成事体，不但糟跶【蹋】器具，抑且毁坏屋宇，弊不胜言。若同乡大吏奉命来闽暂借会馆驻节者，又当别论。其有借设席延客者，须告明董事酌夺可否；其借用器具，由司事即时查点，倘有损坏，应令设席人赔补；并望约束仆从勿致践踏为要。

　　一、议每岁同乡官轮流为正副董事，并选同乡中司事一人常川住馆经理银钱、登记出入、承管器具，以专责成。惟是事关至重，知人甚难，应由正副董事选择公慎勤谨之人方为妥协，其候补人员不得滥用。四季月杪，司事将进出款项核实，分旧管、新收、开除、实在四柱账册，送交董事查核清楚，盖用图章，俟春秋祀期对众查算。如同乡中有应缴捐款不缴者，由司事稽查数目，回明董事缮函专取，不得任意延徇，司事亦不准从中挪借。公议司事每月薪水五千文、伙食三千文，按月支给。司事及长班家眷均不准住馆。

　　一、馆中所置房屋、山场契据，已点交詹斗山收存。其器具、家伙等件烙印为记，另立簿据，载明件数，照样三本，一存詹斗山、一存董事、一存会馆，由董事亲身查点，交司事、长班经管。每逢上下手交替时，照簿逐件点明交代，并令值年会同詹斗山于每年春秋祭祀之后查点一番，不准借用，以致遗失损伤，违者罚赔。

　　一、董事四人，推一人为正。董事如遇赴任、出差，轮流接管司事有就馆出省者，皆应预期通知董事，俾便公举接管，均须按簿移交清楚方准启程。

　　一、应用长班一名，选用老诚勤谨之人，其董事、司事之家丁不得兼充。责成管理启闭门户、洒扫庭堂、传单邀请等事，每月酌给工食钱叁千文，不准懒惰贻误；如敢留匿外人住宿、斗牌、酗酒等事，一经查觉，立刻通知公众严究另换。

　　一、馆中寻常事件，准由住馆司事料理，随时报知董事。其有要事，必须公同商酌者，司事须请正副董事定期知会各同乡到馆公议，同乡中不得推诿不到，务须各忘齿爵、推贤让能、折衷至当行之。

一、每岁常支春秋二祭以及清明、冬至祭扫义山约共需钱八十千文，司事、长班辛工以及杂用每月约共需钱十二千文，总以本年进款备来年支用，通盘合算，量入为出，撙节开销。有余宜存，不足议减，庶不致于匮乏矣。若每年团拜，费用随时公议，公派不在经费之内。

一、每岁支销外，结有钱余，即须通知众同乡公议存积、添置产业，不得通融挪用，并不得图利放债，倘经手人有此等弊，查出立即罚赔。

一、议同乡中无论出仕、游幕或富商大贾，能捐巨款有功于馆者，公议于馆内别屋设立报功禄位，以崇好义而示来许。

一、馆中出入银钱总账，宜归正董事经理，其祭祀、团拜、修理、工食等项费用由司事请于正董事领钱支用，事竣即开细账呈正董事察核。

一、台湾建立安徽昭忠祠业，由唐俊侯军门议定章程附刻于后，所有该祠内祀产等项，每年全皖会馆派人赴台查核一番有无侵占遗失，妥为经理，以垂久远而免流弊。

捐款章程

一、议仕宦，无论科甲、捐班、军功、保举，不分实缺、署事，凡得缺者，均按官阶捐助喜金，如府厅州县有缺分较优者，仍须酌量加增，不得以曾经定例藉词推诿。

抚、督、学院四十两，提镇、司道二十两，府厅州县、副参游十两，都守、盐场八两，司首领、府经、县丞三两，主簿、从未一两。

一、议月捐，同乡现任司道每月捐重番三元，府州厅县每月捐重番二元，盐场州同、府首领、县丞、巡典每月捐重番一元，均须按季交收，不得短少。

一、议同乡之候补道府厅县、盐场州同、司府首领、佐贰各官得有薪水差使，均应一体按月照捐，以资公费，其捐数照现任减半，如薪水在十五两以下者听捐。

一、议同乡之武官，现任提镇每月捐重番四元，副参游每月捐重番二元，都守每月捐重番一元，均须按季交收。其候补者得有差缺，一体照数捐交，不得有异。赋闲者免捐。

一、议同乡贸易在闽者，以全年核计生意隆替，于春秋二季公同酌量题捐。如实有亏折情形，准其对众陈明，自当通融办理；倘虚词诿却，一经查出，加倍照罚。

一、以上各条捐章，定议于同治十三年正月举行，嗣后总以按月寄交，若至三个月仍未寄到，即由会馆董事专差催取，并令认给差力，以杜效尤。

一、以上各捐项，应刊刻列号联单收条，存于正董事处，凡有捐款交到者随时填给，以昭核实。

一、此次所议各同乡月捐，只议司道以下，其督抚、学政分位较尊，未便擅议。嗣后如有同乡督抚、学政来闽，值年董事约同各同乡将捐簿呈请酌题，不必循照月捐章程，以昭尊崇而免烦渎。

一、此次所议同乡各商月捐，只议坐贾，其行商未议及者，因其在闽不久，难以比照。嗣后有行商者，应将捐簿送请捐题。

义山规条

一、义山埋葬，本应按照男左女右编号，挨次排列，前已插越乱序，兹不复议。惟每棺只准隔六尺，不准隔远，并不准搉塘结廓，致碍邻坟，各存方便，免滋众议。

一、厝屋停寄棺枢，各分男女，不得越乱。看厝人随时照应，不得需索寄枢人分文，倘有雨漏等事，即刻报明司事酌量修理，毋得疏忽。

一、刊印两联票，编列号数，分别寄厝、埋葬两项，其遇有领照者，问明男女、籍贯、姓氏，照号数填写照内，其照根与执照一样填写，截留照根存查，将执照给埋葬、寄厝之家持付看守人为据。遵照前条章程，办理执照仍各自存，以便将来迁枢时执以合验，不可遗失。

一、来领照者系向来熟识之人，即填写付给；若非熟识之人，须寻的实同乡保人，并将保人姓名注明照内，方准领取，倘异日查出非真皖籍，定惟保人是问，令其迁移议罚，以杜假冒同乡之弊。

一、义山坟墓及停枢厝屋，恐有损坏，议定一年一小修，三年一大修，应于清明祭扫时由住管司事带同土木匠前往逐细勘估实应工料钱若干，回明正副董事核实，酌定于存项内支销，择吉令司事前往监修，工竣报知董事前往查看，以期坚实而妥幽魂。若添造厝屋，另行公议办理。

一、厝屋停寄同乡男女各枢，公议定以十五年为限，由董事清查一次，将满限者用白粉于枢后书明。如实在无力盘运回籍者，准该亲属赴馆具限，再展五年，自行设法安葬盘运。若至二十年限满再不能葬运，以及十五年限满查无亲属在闽具限请展者，即由董事将该枢就于义山埋葬，以免愈寄愈多，久滞不得归葬。但每葬一枢，公议用石灰三石，石碑一块，刻明里居、姓字及亲属名字，约计连同工资不得逾四千文之数，以示限制。

一、逢清明、冬至，正副董事派由司事经理备具祭席香纸，于五日前出单邀请执事诸人及期赴山祭扫，毋得托人代替。

一、议清明、冬至祭品以及香烛、纸马，每次定拾千文，不得逾限，以崇俭约。董事及司事即藉此周历查看，如坟墓、厝屋小有损坏，即谕饬看山人即时粘补完好，报明履勘，毋任延混。

义山禁约告示

兼署福建按察使司、盐法道潘为出示晓谕事。

同治二年十月二十八日，据全皖同善堂董事候选知府汪增，候选同知朱平洒，江苏候补知县张辅元、郑以铎，候补县丞桂连瑆，从九詹忠、程文杓，监生詹文栋，赴司禀称：切增等籍隶安徽，均系来闽营生，缘同乡公行善举，设立义冢以安旅榇，凭中用银一百四十两，向侯官县义井墩民蔡成杨买得县辖三十八都土名元沙何厝山地方山地四所，共立一契作为义冢。契纸载明：一坐南向北，上至横路下、下至山脚、左至园边、右至谢家界直，上横阔六丈三尺、下横阔五丈六尺，其左右各直长一十一丈；一坐南向北，上至詹家界平、下至山墘路上、左至墓土龙、右至墓土龙，上横阔九丈七尺、下横阔八丈五尺，左直长六丈三尺、右直长五丈；一坐北向南，上至朱家墓界平、下至山脚，上横阔八丈四尺、下横阔十丈五尺，左直长一十丈五尺、右直长九丈八尺，左至土龙界、右至陈家界；一坐北向南，上至何家墓土埕平、下至山脚，上横阔四丈、下横阔四丈，左至何家墓埕外、右至黄家界，左直长三丈、右直长三丈。均经查明四至暨直长横阔，悉与契载相符，当日议明，其地仍交蔡成杨看管，凡遇造葬均令照料经理，取有佃字备查。讵本年八月内，附近岭下乡蛮陈姓见杨卖地，图索花红不遂，将义冢界石毁灭，冒称地主，移甲作乙，出头混争。经增等禀沐侯官县提讯明确业，将陈姓责惩，取结完案。唯是此地系属全皖公擎义举，此时甫经买地，该处刁民尚敢觊觎，万一日久更易生手主管，难保不另起争端，或毁界侵占，或故事蹧跶【踏】，种种妄为定所不免，若不亟请先行立案示禁，必至将来滋生讼端等情。除禀批候行县立案外，合行出示晓谕。为此，谕仰军民人等知悉：此系皖省绅商公擎义举，以后如有不法奸民再事窥，意图侵占或故意蹧跶【踏】，一经该首事人等指控，定即查明，严予深究惩办，毋谓言之不预也。凛之。特示。

同治二年十一月初二　日给。

看管义山坟墓厝屋佃人蔡成扬承领字据

立承领看管墓佃字。蔡成扬原有祖遗山地，坐落侯邑北关外三十九都地方，土名元沙何，厝山内有山地大小四块，卖断安徽全省以为义冢，嗣后山上所有扛棺、埋葬、做造坟墓一切等项，系墓佃蔡成扬承领造作，照公平议定工价钱，两相情愿，各无异言。今欲有凭，立承领看管墓佃字壹纸，付安徽省收执，永远为据。再者，如有盗葬情弊，惟扬是问。再照。

议单开列于后：

一、议扛棺到山，每棺扛夫四人，每名工钱贰百肆拾文；

一、议开圹棺尾叁尺深，掩埋成冢，工钱柒百贰拾文；

一、议用灰三夹土灰料做墓，每座大小，工价面议；

一、议做权屋大小，工价面议。

同治元年六月二十三日立，承领看管墓佃字蔡成杨。

> 在见：男万煊
> 　　　侄万炽、万煅
> 中人：赵公良
> 自笔：俱有花押

会馆公托看管义山坟墓厝屋佃人蔡成扬字据

　　立托笔。安徽全省人等今因原买北关外三十八都地方元沙何厝山蔡成杨山地四块，以为义冢，并托蔡成杨看管，所有扛棺、埋葬、做造坟墓一切等事托蔡成杨承领，其工价照时定议，两相情愿，各无异言。今欲有凭，立此托字付蔡成杨收执为照。

　　又单开列于后：

　　一、议扛棺到山，每棺扛夫四名，每名工钱贰百肆拾文；

　　一、议开圹棺尾深三尺，掩埋成冢，工钱柒百贰拾文；

　　一、议用灰三夹土做墓，每冢大小、工钱面议；

　　一、议做杈屋大小、工价面议。

经手人：吴子莹

同治元年六月二十三日立，托笔安徽全省：程志周、桂润生、崔来章、周玉堂

在　　见：林海皋

花巷会馆房屋全图

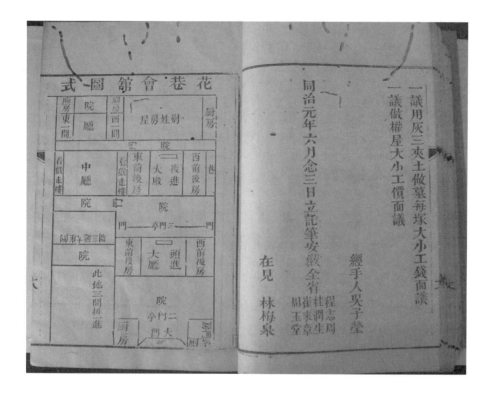

九彩园旧会馆房屋全图

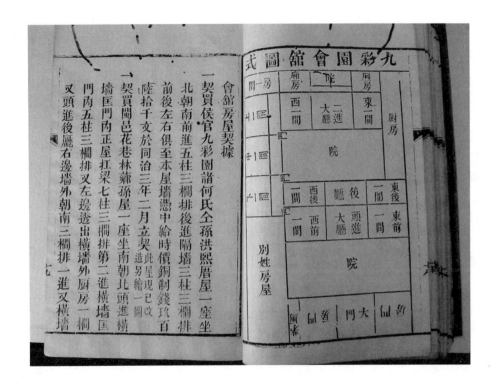

会馆房屋契据

　　一、契买侯官九彩园诸何氏同孙洪熙厝屋一座，坐北朝南，前进五柱三间排，后进隔墙三柱三间排，前后左右俱至本屋墙。凭中给时价铜制钱玖百陆拾千文。于同治三年二月立契。此屋现已改造，另绘一图。

　　一、契买闽邑花巷林芗荪屋一座，坐南朝北，头进横墙匡〔框〕门内正屋扛梁七柱三间排；第二进横墙匡〔框〕门内五柱三间排，又左边透出横墙外厨房一间，又头进后厅右边墙外朝南三间排；一进又横墙匡〔框〕门内天井两边过水上五柱三间排。四围俱以本屋墙为界。凭中给时价镜银贰千陆百两。于光绪二年二月立契。此屋现已改造，另绘一图。

　　一、契买闽邑花巷魏蔚斋同侄霁夫等住屋一座，坐南朝北，四柱三间排，前后左右披屋，四柱前后厅房内楼阁，前后天井，门内插屏门、窗户、扇廊、石埕、石井、厕一切俱全。四围俱以本屋墙为界。凭中给时价纹银捌百两。于光绪四年十二月立契。此屋与会馆混。

会馆义山契据

一、契买蔡成扬侯官三十八都何厝山山地四所，共立一契：

一坐南朝北，上至横路下、下至山脚、左至园边、右至谢家界直，计量上横阔六丈三尺、下横阔五丈六尺、其左右各直长十一丈；

一坐南朝北，上至詹家界平、下至山堨路上、左至墓土龙、右至墓土龙，上横阔九丈七尺、下横阔八丈五尺、左直长六丈三尺、右直长五丈；

一坐北向南，上至朱家墓界平、下至山脚，上横阔八丈四尺、下横阔十丈五尺、左直长十丈五尺、右直长九丈八尺，左至土龙合水为界、右至陈家界；

一坐北向南，上至何家墓土埕平、下至山脚，上横阔四丈，下横阔四丈，左至何家墓埕外、右至黄家界，左直长三丈、右直长三丈；

凭中给时值价银壹百肆拾两正，于同治元年六月立契。

一、契买蔡成扬侯邑三十八都何厝山吉地一块，上至左边冯家权屋离墙一丈四尺起、上右边冯家权屋前横墙离墙一丈一尺起，下至路边余地止，左至园塍右至路边计直长二丈，横阔三丈六尺。凭中给时价钱壹拾陆千文。于同治二年十二月立契。

一、契买蔡成扬祖遗山地，坐落北门外三十八都元沙何厝山，上至许家界、下至何家墓上土龙圹山外、左至郑家墓外土龙、右至自己余地，计量横阔二丈、直长二丈。凭中给时价钱二十四千文，于同治六年二月立契。

一、契买蔡成楮祖遗北门外何厝山屋基山地一坐，其界上至蔡春榜山地、下至大路墩、左至何家园地、右至蔡春榜园地。上二块纵长一十丈三尺，横宽三丈四尺，下一块纵长四丈、横宽六丈七尺。凭中蔡成模、蔡春榜，给时价镜银三十二两，于光绪二年九月立契。

购造花巷安徽会馆用款

一、置买花巷会馆墙屋一座，用银二千六百五十两；又买隔壁魏姓三间排房屋一座，用银九百八十两三钱九分。

一、改造会馆花厅、戏台等项，用银七百九十三两零。

一、改造会馆神龛、过庭、回廊等项，用银一百三十三两三钱三分。

一、全馆油漆工料，用银二百六十三两八钱。

一、修理会馆泥匠、彩画等项，用银一百九十二两三钱七分。

一、置办会馆器具并杂费，用银五百五十二两四钱八分七厘。

一、税契杂费，用银四十六两六钱六分六厘。

禀闽县正堂沈

　　具禀监生吴端等，窃端等籍隶安徽，游闽有年，同治元年间公同会议设立安徽会馆，于是鸠资财买房屋，先后买断得闽邑林芗荪花巷房屋壹座，又买闽邑魏蔚斋同侄霁夫等花巷住屋壹座，契明价讫。所有前项房屋契字因存放朱紫坊正董事潘公馆处，不意本年十月二十三日戌刻，潘公馆邻右失火，延烧其寓，火势猛烈，救援不及，契字被焚，无以执凭。伏查，例载房屋契字凡遭不虞毁失，准予开明卖主姓名、坐落地段、界址并所买年分、价值，呈请印发执照，以凭管业。合亟开具清单，出具切结，并取具同乡官印结，具呈禀恳，伏乞察核，俯赐照单，分起填给印照，俾得承领，永远管业。感荷鸿施，实无既极。切禀。

　　计禀呈：清单壹纸、切结壹纸、同乡官印结壹纸。

　　光绪五年十一月　日。

　　具切结监生吴端等，窃端等设立安徽会馆，置买城内花巷房屋契字委遭火劫毁失，无以执凭，中间并无虚捏，合具切结是实。

　　福清县知县黄崇惺，候补同知鲍复康、施恩荣，今于署莆田县知县潘文凤与印结，遵依结得吴端等设立安徽会馆，置买城内花巷房屋契字委遭火劫毁失，无以执凭，中间不致扶捏，合具印结是实。

　　光绪五年十二月初八日。

　　闽县正堂沈批：据禀，先后承买花巷林芗荪等房屋契据被火焚毁，取具同乡官印结，开单禀请给照，准予饬承核给印照，承领管业。至该屋原契曾否粘税，禀未声明，如尚未经投税，应即遵例补完，并即遵照印甘结。清单均附。

复禀闽县正堂沈

具禀监生吴端等，为遵批禀明，恳给印照事。

窃端等前因安徽会馆屋契被火焚失，开单取结，禀恳结照执凭，感蒙批准在案。并以该屋原契如未投税，批饬端等遵例补完。捧诵之下，仰见明慎。遵查，安徽会馆坐落花巷武靖铺地方，系向闽邑林艿荪购屋改造，该屋先典后断，计付典价镜银壹千捌百两，先经林艿荪分立典契交执，嗣于光绪贰年贰月间林艿荪找去断价镜银捌百两，将屋杜卖安徽会馆为业，又立断契存执业。将正契壹纸于光绪叁年叁月贰拾陆日先行投税，蒙给布字叁千玖百壹拾陆号，司印契尾粘同原税正契发还。现正典各契同司印契尾均已焚失，而契房应有税簿可查，是正契已税，漏未税契者乃系典契，自应仍照典契屋价遵例补税。除已税正契捌百两外，尚应补税典契壹千捌百两，恳俟给照后再容端等筹足银项，将照补税。至所买魏蔚斋房屋壹座，契价纹银捌百两，系光绪四年十二月间安徽会馆添置之业，尚未税契，并容奉给印照，照数投税。所有买管林艿荪房屋四至，前已开单禀明，续经改造安徽会馆，其改造样式现有图式呈电，其续买魏蔚斋住屋四至，前亦抄粘清单，不复重叙，均恳俯照前禀清单核给印照，俾可执业。缘奉前批，合再沥陈，禀乞察核，俯赐分填印照给领，仍俟奉给印照后再容端等分别补税，实深德便，感切具禀。

计禀呈：坐落花巷安徽会馆图式壹纸。

光绪陆年叁月初陆日。

会馆房屋执照

署福州府闽县正堂沈为给照管业事。

光绪五年十二月初八日，据监生吴端禀称：籍隶安徽，同治元年间，公同会议设立安徽会馆，鸠资先后买断得闽邑花巷铺林芗荪房屋一座，又买得花巷铺魏蔚斋同侄霁夫住屋一座，契据均存朱紫坊正董事潘公馆处。不意十月间邻右失火延烧潘寓，契据被焚，理合开具清单、切结，取具同乡官印给，恳给执照，承领管业等情到县。当查原契曾否投税禀未声明，批饬如未投税遵例补完。去后，兹据监生吴端以所买林芗荪房屋先典后断，典价镜银壹千捌百两，嗣于光绪二年二月间林芗荪找去断价镜银捌百两，将屋杜卖安徽会馆为业，业将断契先于光绪三年三月投税，尚有典契壹千捌百两未经投完，又所买魏蔚斋房屋契价纹银捌百两，系光绪四年间会馆内添置之业，亦未税契，恳请先给印照，再行分别补完，粘缴改造图式前来。除批示外，合行分给执照。为此，照给监生吴端等收执，即便遵照后开房屋四至间数管业，毋得藉照影射越占，有干查究。仍将未税典价照例补税。须至执照者。

计开：

光绪贰年贰月间买断闽邑花巷武靖铺林芗荪屋宇一座，坐南朝北，原屋头进横墙匡［框］门内正屋扛梁七柱三间排，第贰进横匡门内五柱三间排，又左边透出横墙外厨房一间，头进后厅右边墙外朝南坐北三间排，壹进横匡门内天井，两边过水，上五柱三间排，四围俱墙为界。现在改造安徽会馆，仍坐南朝北，大门内右边门房、茅厕，院内头进大厅东西两边前后房，又院内后进大殿东西两边前后房并后院，左边透出横墙外厨房壹间，又头进右边院内扛梁六柱倒坐大厅三间，又后进二柱平台中厅，两边看戏走楼，后边四柱三间厅，东西厢房、后院。原契典价壹千捌百两、断价捌百两正。

右照给监生吴端等收执。

光绪陆年叁月十五日给。

会馆续买魏蔚斋房屋执照

署福州府闽县正堂沈为给照管业事。

云云同前。为此，照给监生吴端等收执，即便遵照后开房屋四至、间数管业，毋得藉照影射越占，有干查究。仍照例补税勿延。须至执照者。

计开：

光绪肆年拾壹月间买得魏蔚斋同侄霁夫闽邑花巷武靖铺地方住屋一座，坐南朝北，四柱三间排，前后左右披屋，四柱前后厅，四围俱以本屋墙为界。原契价银捌百两正。

右照给监生吴端等收执。

光绪陆年叁月十五日给。

新建花巷会馆并义山捐款姓氏　以捐款先后为次第

钦差船政大臣、署理巡抚部院吴印赞成，捐银肆百两；
福建陆路提督军门唐印定奎，捐银贰千两；
提督军门李印承先，捐银伍百两；
前署台湾道潘印骏章，捐银壹百两；
江西候补道胡印光镛，捐银壹千千文；
兴化协镇贾印宏材，捐银壹百贰拾两；
礁玛兰通判洪印熙俦，捐洋银贰百员【圆】；
候补同知施印恩荣，捐洋银伍拾员【圆】；
候补同知程印良治，（捐）银伍拾两；
署莆田县潘印文凤，捐银伍拾两；
署候官县汪印兴祎，捐银壹百两；
归化县黄印崇惺，捐洋贰百元；
候补县吴印皓，捐银伍拾两；
署松溪县朱印典煌，捐银伍拾两；
金门协镇王印国才，捐洋银伍拾员【圆】；
候补通判鲍印复康，捐银壹百元；
署光泽县饶印书升，捐银贰百元；
候补县郑印应基，捐银壹百两；
候补盐大使方印略，捐银肆拾两；
候补县丞程印荣森，捐洋银伍拾员【圆】；
方元裕，捐银贰百两；
吴恒大成，捐银贰百两；
谢　德，捐银玖拾柒两捌钱；
洪　銮，捐银叁拾伍两；
程文成，捐银伍拾两；
詹斗山，捐银壹百两；
汪正大，捐银贰百两。
续捐：
金门协镇王印国才，捐洋银伍拾元；
署汀州府马印宏斌，捐洋银伍拾两；

署泰宁县苏印金策，捐洋银伍拾元；

汪在天即正大茶庄、吴丽南即恒大成茶庄、蒋醴唐即隆泰茶庄、方子青即元裕茶庄，共捐洋银壹百两正。

置买九彩园旧会馆并义山捐款姓氏　以捐款先后为次第

查此项捐款系在同治八年以前，均按数载列，此次重修九彩园会馆仅有流存银三百八十两零，尽数归于九彩园会馆修理、祭祀并置办器具等项之需。其从前所支之数转辗多手，碍难清核，兹不备载，以免镣辖。惟思诸君子倡义在前，不敢没其芳名，谨附于后：

盐法道潘印骏章，捐洋银肆百员【圆】；

台湾道丁印日健，捐钱贰百千文；

汀漳龙道胡印肇智，捐洋银壹百员【圆】；

候补道丁印杰，捐洋银伍拾员【圆】；

署福宁府程印荣春，捐银贰百两；

署建宁府汪印达，捐洋银壹百员【圆】；

署福防同知王印镛，捐洋银伍拾员【圆】；

蚶江通判潘印文凤，捐银伍拾两；

礵玛兰通判洪印熙俦，捐洋银陆拾员【圆】；

署将乐县李印樾，捐钱伍拾千文；

长乐县崔印蓬瀛，捐洋银壹百员【圆】；

忠安县吴印同盛，捐洋银叁拾员【圆】；

候补县吴印皓，捐洋银贰拾员【圆】；

候选府汪印增，捐钱贰百千文；

候补县饶印书升，捐钱贰拾千文；

署浔美场方印祖培，捐洋银贰拾员【圆】；

大湖县丞李印丙垣，捐洋银叁拾员【圆】；

署五虎巡检陈印凤衔，捐洋银壹拾员【圆】；

吴玉清印炳台，捐钱壹拾千文；

王春山印道锦，捐银壹拾两；

张荫远堂，捐钱贰百千文；

太昌、太和，捐钱贰拾千文；

太　兴，捐钱贰拾柒千文；

生　太，捐钱壹拾千文；

德　裕，捐钱壹拾千文；

同　和，捐钱壹拾千文；

德　和，捐钱壹拾千文；

太　源，捐钱伍千文；

履　和，捐钱肆千文；

郑世振，捐钱肆千文；

朱雨亭，捐洋银伍拾员【圆】；

吴述斋，捐钱壹拾千文；

潘晓岚，捐钱壹拾千文；

许敦仁堂，捐洋银伍拾员【圆】；

吴炳田，捐银壹拾两；

俞子扬，捐洋银伍拾员【圆】；

詹斗山，捐银贰拾两；

程文成，捐洋银壹拾员【圆】；

詹达山，捐银壹拾两；

王普贤，捐钱壹千文；

包时孟，捐洋银壹拾员【圆】；

吴钟秀，捐洋银壹拾员【圆】；

胡旭初，捐钱捌千文；

陈云仙，捐洋银四员【圆】；

余鹤桥，捐洋银叁拾员【圆】；

饶仲痴，捐洋银肆员【圆】。

置买九彩园旧会馆并义山另捐姓氏

唐全声，捐钱伍千文；　　　　陈德明，捐洋番拾员【圆】；

郑耕云，助祭台壹张；　　　　王增寿；捐钱肆千文；

张竹亭，捐钱捌千文；　　　　王尧文，捐钱伍千文；

王小松，捐钱叁千文；　　　　曹孔怀堂，捐钱伍千文；

纪寿田，捐洋番拾员【圆】；　　纪雨亭，捐洋番伍员【圆】；

顾子瑄宣城人，没于闽，并无后嗣，捐银叁百两。

唐俊侯军门建造台湾凤山县淮军昭忠祠义冢、置买祭田数目、议定出入额款一切章程

计开：

一、昭忠祠头门三间，享堂三间，东西两庑各三间，迎门照壁一座，祠东祠丁住房三间。

一、祠东义地内计一百九十一冢，共葬勇柩一千一百四十九具，外环围沟、竹树，另有图册。

一、枋寮义地内计七十九冢，共葬勇柩七百六十九具，外围墙南向门楼一座，上勒"淮军义冢"四字石额，栅门双扇，另有图册。

一、置买凤山县北门外武洛塘山脚田园十三契，六八价洋八百七十二元，除祠冢、佃房、围沟外，余田园四十六丘，拨归祠丁佃种，租课约获洋五十元，即作该丁守护祠冢辛工，每年正供银十两七钱一分，亦由祠丁自行缴县。田园四界、祠丁姓名，另详图契。

一、置买枋寮新田十八份，田园六契，六八价洋三百元。其中正供粮租全归佃户自完，秋季祠中净收额谷四十一石八斗。外附枋寮义冢田一垾六分，守冢之户佃种收谷，即作该户守冢辛工。田园丈址、四界、佃户姓名，另详图契。

一、置买凤山县南门外七老耶本庄社前田园十一契，六八价洋二千四百五十五元。每年春秋两季，祠中净收田租额谷四百二十三石，园租额洋一百十三元四角，共应纳正供谷五十一石五斗六升九合六勺。故佃孔会名下正供谷十三石六斗四升，勾丁银一钱二分一厘，地基洋十二元，帖【贴】水圳洋二十三元八角。田园丈丘、四界、佃户姓名，另详图契。

一、每年额租照次收之年从减定数，如有短欠，送县勒限完缴。除应纳正供额支各款外，余谷照市变价，款项仍候安徽会馆酌量暂作储存，以作岁终之赏。

一、经理祠宇、田园、收租、办祭、查修祠冢，由闽省安徽会馆会同凤山县遴派司事一名专司，其事年给俸市洋三十六元。司事名籍并经手各务，每届年终造具出入清册，即将枭价随册声明，呈县稽核相符，由县盖印，转报布政使司、台湾道府、安徽会馆备查。

一、看守祠冢佃户拨给耕种之地并不收租。祠冢器具失落，责成赔补。遇有倒塌，小则着其随时修补，以示责成；大则报明司事查勘办理。所有祠冢新旧竹树暨拨给之地，不准私自与人，如有盗典、盗卖、胎【抵】押、作践等弊，准司事禀县查究。或有事故不愿承种者，亦须报明司事禀县暨安徽会馆招佃接替。如原佃情愿

承种并无大故，亦不得轻于换佃，以期培植而杜钻营。

一、昭忠祠春秋两祭，每祭额支牺牲洋十一元，又中元节延僧施食经赀费用额支洋二十元。

一、附祠及枋寮义冢春秋两祭，每祭各额支香醴、纸锞洋二十元。

一、司事春秋往祭枋寮义冢，夫价川赀每次支洋六元，如领费不往祭奠，察出随时革追。

一、每年由闽省安徽会馆派员渡台一次，稽查出入租款。该司事如有损废侵吞等弊，会县革追赔缴，另择妥当司事接管，以杜流弊；如该司事诚实可靠，仍会县酌商留办，以资熟手。

一、每年省馆派员渡台查察祠冢租款，事毕内渡，送给川赀洋五十元。

一、祠中出入洋银均以本县市平六钱八分为一元。

一、祠宇义冢暨枋寮义冢、围墙，两年小修一次，由会馆来员会县督同司事酌办具报；四年大修，司事先期禀县，并报省馆酌派稽查之员早日到台会县勘估工料，商同修理经费，即在四年节存项下动支。大修后如有余款，仍归会馆存，备添盖祠房与立义塾，仍由司事造册呈县，分报布政使司、台湾道府、安徽会馆存案备查。

一、昭忠祠房、义冢、田园坐落形势、数目，除绘图勒石于祠外，仍绘图存案备查。地契、议章编印成帙，分别送存，以资查考。

一、祠内装修及一切置用器具均登明册内，责成经管之人列作交代，如有短少，照数着赔。

一、祠宇宜以清净为主，一概不准租借官民居住，以防作践，如违查究。

一、以上各款，勒石章程，冀垂久远。其余未尽事宜，应由安徽会馆随时察看情形酌增入册。总期立法美善，以永明禋。

钦加二品衔、署分巡延建邵道潘，为咨请事。

窃照敝道总理闽省安徽会馆事务，前准总统铭字武毅等军、福建陆路提督军门唐咨开：案照敝军奉建台湾凤山县淮军昭忠祠冢暨枋寮义冢一案，前经本军门绘图备文，申请两江总督部堂沈、直隶阁爵部堂李会衔奏，奉谕旨照准，经礼部咨知，载入闽省祀典，由地方官春秋致祭，以慰忠魂，各在案。伏查，台湾远隔海洋，孤祠丛冢，经理无人无费，日久难免倾圯，业经派员在台置买护祠冢田园叁拾契，酌议经理章程贰拾条，以期海疆特祀，历久常新。所有各处田园，每年额收租谷四百陆拾肆石捌斗，租洋壹百拾叁元四角，议由闽省安徽会馆会同凤山县总司出纳，会派司事经理租、祭，照管祠冢。每届两年小修，四年大修，先期由司事禀县估工，报知省馆来员，于历年节存项下提款会修，就司稽查租祭各款有无侵吞。现将拟定章程并祠冢各图勒石，建立祠内，以垂久远而资遵守。其置买田园税契应即交存闽省安徽会馆存查，除照钞勒石章程分别申咨立案外，相应备文钞单咨会。为此，合咨贵道请烦查照备案，计钞单并地契三十纸，所有原买、典当各契并佃约均附。等因。准此，当经收存于福州省城朱紫坊敝寓所。不意光绪五年十月二十三日戌刻，因邻右不戒于火，延及敝寓，火势猛烈，救援不及，全座房屋及寓中所有衣物并闽省花巷安徽会馆屋契，又家乡田屋各契字暨前项寄存契据，尽被焚毁，无所执凭。查例载，"房屋契字凡遭不虞毁失，准予开明卖主姓名、坐落地段、界址并所置年分、价值，请给执照，以凭管业"等语，是前项契据既被毁失，相应查照录存底册，照缮一本，咨请饬县核给印照执凭，以垂久远而慰忠魂。除咨台湾道、藩台查照外，合就咨请。为此，备咨贵司、道请烦查照，饬县办理施行。须至咨者。

计咨送清册壹本。

一咨藩台、台湾道。

为饬行事，为照云云。相应查照录存底册，开具清折行县，核给印照执凭，以垂久远而慰忠魂。除咨藩台、台湾道查照外，合并饬行。为此，行县即便查照，核给印照。此行。

一行凤山县。

光绪陆年四月二十一日。

钦命监运使司衔、福建分巡台澎兵备道兼提督学政张为移送事。

光绪六年十一月十五日，据署凤山县饶令世缨详称，案蒙宪台札，饬准署延建邵道潘咨，台湾凤山县淮军昭忠祠冢暨枋寮义冢及置买护祠、护冢田园地契，因总理闽省安徽会馆事务存于福州省城朱紫坊寓所，为邻右火延尽被焚毁。查例载，"房屋契字凡遇不虞毁失，准予开明卖主姓名、坐落地段、界址并所买年分、价值，请给执照，以凭管业"等语，相应照录存底册，咨请饬县核给印照执凭等由，饬即逐一核对，按段填给印照，申送来辕，以便转移等因，札发原册一本到县。蒙此，并蒙潘道宪札同前因，卑职遵即按照札发原册，分别段落，粘抄原契，核给印照一十三道。除禀复潘道宪外，理合将印照具文详送察核，俯赐转移给发该会馆执凭，实为公便等由，计详送淮军照忠祠冢、田园地段印照一十三道前来。据此，除详批示外，合就移送。为此，备移贵道台，请烦查收转发，见复施行。须至移者。

计移送执照一十三道。

右移钦加二品衔、署分巡延建邵道潘。

光绪六年十一月二十五日移。

同知衔、署凤山县正堂饶为给照事。

光绪六年九月二十二日，蒙本道宪张札开，准署延建邵道潘咨开，敝道总理闽省安徽会馆事务、前准总统铭字武毅等军、福建陆路提督军门唐咨，奉建台湾凤山县淮军昭忠祠冢暨枋寮义冢，经在台买置祠冢田园地契三十纸，所有原买典当各契并佃约均附，当经收存福建省城朱紫坊本寓，不意邻右火延，前项寄存契据尽被焚毁，无所执凭，查例，咨请饬县核给等因，计札发原册壹本，并蒙延建邵道宪潘札同前因。蒙此，查核册开存县原案相符，应即按段核。为此，照给省垣安徽会馆遵照单开各契据，执凭管业。须至印照者。

计粘单壹载，内载：黄养典契一宗，沈荣记即沈呈祥杜绝契一宗，李胜兴杜绝契一宗，张协兴号杜绝契一宗，张照杜杜绝契一宗，赖清典契一宗，黄来成杜绝契一宗，苏观海卖尽契一宗，陈大川、陈大成卖绝契一宗，黄和高杜绝契一宗，张鏊典契一宗，杨对杜绝契二宗。

一、契典大竹里武洛庄黄养园贰丘，坐落武洛塘山边，四至载在上手阄书内，明白为界，凭中给时价六八佛银柒拾圆。同治十三年八月，立典契人：黄养；知见：妻罗氏；中人：何扬；代书：谢欣。

一、契买大竹里本城内沈荣记田园壹所，坐落土名在武禄堂庄，计共陆丘，四至载明上手契内，年带纳正供饷银一两四钱正，凭中给时价六八足佛银贰拾贰圆。同治十三年十二月，立契人：沈荣记；凭中：何扬；代笔：谢音。

一、契买大竹里港郊李胜兴园壹丘，址在北门外东沈姓田，西至张姓园、南至张姓园、北至大路，每年带完黄旺糖饷银贰钱柒分，凭中给时价六八佛银贰拾肆圆。同治十三年十二月，立契人：李胜兴；知见人：值炉主义记号；凭中人：何扬；代笔：郑扬烈。

一、契买大竹里本城内北门街张协兴号园贰丘，四至载明上手契内，年带纳饷银壹钱五分，凭中给时价六八佛银贰拾捌圆。同治十三年十二月，立契人：张协兴号；凭中：何扬；代书：谢音。

一、契买大竹里武洛塘庄观音会值当张照园地贰丘，东西南北四至载明上手契内，凭中给时价六八番银叁拾六圆。同治十三年十二月，立契：张照；代书：谢音；中人：何扬。

一、契典大竹里武洛塘庄赖清阄遗园地壹丘，坐落土名武洛塘山仔下，受种二分，东至黄家园、西至黄家园、南至大路、北至山墱，四至明白为界，年带饷银折番银陆钱，凭中给时价六八番银贰拾伍元。同治十三年八月，立典契：赖清；代书：谢欣；为中：何扬。

一、契买大竹里本城内鱼仔市街黄来成田陆丘，在北门外洋，南北东西四至载明上手契内，年带纳饷银玖钱，凭中给时价六八番银玖拾元。同治十三年十二月，立契：黄来成；代书：林昆玉；中见：谢俊英。

一、契典大竹里埠城内苏观海祖遗田壹段，坐落土名在北门外武洛塘山脚，大小共拾陆丘，除减外，年带纳饷银四两柒钱，其东西南北四至载明上手契内为界，凭中给时价银贰百肆拾陆大元。同治十三年十二月，立契：苏观海；知见：侄苏文海；代书：王万成；中见：何扬。

一、契买凤山里山仔顶庄陈大川、陈大成田壹丘，址在北门外大路边，四至载明上手契内，年带纳饷银柒钱，凭中给时价六八番银柒拾元。同治十三年十二月，立契：陈大川、陈大成；代书：谢音；中人：何扬。

一、契买大竹里武洛塘庄杨对祖遗下则田壹段四丘，坐落武洛洞山墱，四至载明上手契内，年带纳饷银贰钱贰分伍厘，凭中给时价六八番银陆拾柒元。同治十三年十二月，立契：杨对；代笔：谢音；中人：何扬。

一、契买大竹里武洛塘庄黄和高祖遗田贰丘，坐落北门外大路边，四至载明上手契内，年带纳饷银柒钱，凭中给时价六八番银拾贰元。同治十三年十二月，立契：黄和高；知见：母氏；代书：谢音；中人：何扬。

一、契典大竹里本城内张漦田壹所，坐落武洛塘厝后，壹段捌丘，四至载明印契，年纳饷银陆钱肆分，凭中给时价六八番壹百壹拾元。同治十三年十二月，立契：张漦；代书：谢音；中人：何扬。

一、契买大竹里本城北门街杨对田园贰段，坐落武洛塘山脚，四至载明上手契内，年带纳饷银陆钱柒分伍厘，凭中给时价六八番银柒拾贰元。同治十三年八月，立契：杨对；代书：谢欣；中人：何扬。

又凤山县执照壹纸同前。计粘单壹张，内载黄虎、王来旺、罗鲁、陈万计、潘万枝、王勇等契六宗。

一、契买黄虎水田壹垎，坐落北势薮德兴庄，土名新田拾捌份，东田至本处田、西至本处田、南至车路、北车路，凭中给至时价六八番银伍拾元，年带大租六石，合番谷壹石贰斗正。光绪元年九月，立契：黄虎；代笔：杨文卿；中人：杨远；对保：陆皂、蔡盛。每年应完纳租谷，除大租并减少外，实剩租谷捌石捌斗正，佃户黄虎。

一、契买王来旺水田壹垎，坐落北势薮德兴庄，土名新田拾捌份，东至本处、西至本处、南至车路、北至车路，凭中给时价六八番银伍拾元，年带大租陆石，合番谷壹石贰斗正。光绪元年九月，立契：王来旺；代笔：杨文卿；为中：杨远；对保：陆皂、蔡盛。佃户王来旺每年应完纳租，除大租减少外，实剩租谷捌石捌斗正。

一、契买罗鲁水田壹垎，坐落北势薮德兴庄，土名新田拾捌份，东至本处田、西至本处田、南至车路、北至车路，凭中给时价六八番银伍拾元，年带大租叁担，合番谷陆担。光绪元年九月，立契：罗鲁；知见：母曾氏；代笔：杨文卿、杨远；对保：六皂、蔡盛。

一、契买陈万计水田壹垎，坐落北势薮德兴庄，土名新田拾捌份，东至叶家田、西至本处田、南至车路、北至车路，凭中给时价六八番银伍拾元，年带大租陆石，合番谷壹担贰斗正。光绪元年九月，立契：陈万计；代笔：杨文卿；中人：杨远；对保：陆皂、蔡盛。佃户陈万计每年应完纳租谷，除大租减少外，实剩租谷拾担零捌斗正。

一、契买潘万枝等北势薮白将军油香田壹垎，坐落北势薮德兴庄，土名新田拾捌份，东至本处田、西至吴家田、南至车路、北至车路，凭县给时价六八番银伍拾元，年带大租四担三斗，合番谷壹担贰斗。光绪元年九月，立契人：潘万枝；代笔：杨文卿；中人：杨远；对保：陆皂、蔡盛。

一、契买王勇水田壹垎，坐落北势薮德兴庄，土名新田拾捌份，东至本处田、西至本处田、南至车路、北至车路，凭县给时价六八番银伍拾元，年带大租叁担，合番谷陆担正。光绪元年九月，立契人：王勇；代笔：杨文卿；中人：杨远；对保：陆皂、蔡盛。每年应完纳租谷，除大租并减少外，实剩租谷拾叁担四斗正。

又凤山县执照壹张，计粘单壹纸，内载卢漏漦田园契壹宗。

一、契买大竹里坤城内卢漏漦田园壹段，受种五分，大小伍丘，坐落七老爷社前洋，年带地基租银四大元，又带水圳陆分，东至溪仔墘、西至柯家园、南至许家田、北至佘家田，四至明白，凭中给时价家六八番银壹百伍拾伍元。光绪二年二月，立契：卢漏漦；代笔：自书；中人：蔡尔俊、佘苍梧。每年应完纳田园额租谷叁拾担正，佃户王和尚。

又凤山县执照壹张，计粘单壹纸，内载王读田园契壹宗。

一、契买大竹里埤头街王读田园壹所，址在七老爷庄面前洋，大小共拾壹丘，今耕作玖丘，受种壹甲柒分，东至林边圳、西至车路圳、南至许家田、北至许家田，四至明白，凭中给时价六八番银贰百贰拾元。光绪二年二月，立契：王读；代笔：梁篇；中人：蔡尔俊、佘苍梧。每年应完纳园租谷叁拾贰担、洋壹拾壹元，佃户佘能枝。

又凤山县执照壹张，粘单壹纸，内载王和尚田契壹宗。

一、契买大竹里七老爷庄王和尚田园壹段，大小陆丘，受种柒分柒厘伍毫，址在本庄社前洋，年带纳故佃正供谷陆担捌斗贰升，又带水圳伍分，东至圳、西至薛家园、南至姚家田、北至周李两家田，四至明白，凭中给时价六八番银玖拾元。光绪二年二月，立契：王和尚；知见：母朱氏；代书：佘苍梧；中人：刘盾观、蔡尔俊。佃户王老每年应完纳田园租谷壹拾伍担、番银拾壹元。

又凤山县执照壹张，粘单壹纸，内载王罗田园契壹宗。

一、契买大竹里七老爷庄王罗田园壹段，受种柒分，大小四丘，坐落中仑社头，年带正供谷肆担零壹升叁合陆匀，并带丁银叁分壹厘，又带水圳柒分，东至佘家园、西至张家田、南至林家园、北至王家园，四至明白，凭中给时价六八番银壹百伍拾元。光绪二年二月，立契：王罗；知见：沈薛氏；代笔：佘苍梧；中人：佘苍梧、蔡尔俊。每年应完纳田园租谷贰拾壹担正、佛银拾元零四角，佃户温天坐。

又凤山县执照壹纸，粘单壹纸，内载周懿戍田园契壹宗。

一、契买大竹里埤城内周懿戍田园壹段，大小五丘，受种玖分，年纳地基租银捌大元，并带水圳捌分，东至佘家园、西至叛产园、南至王李二家田园、北至柯家田园，四至明白，凭中给时价六八佛银壹百肆拾大元正。光绪二年二月，立契：周懿戍；代笔：佘苍梧；中人：佘苍梧、蔡尔俊。每年应完纳田园租谷叁拾贰担正，佃户王进生。

又凤山县执照壹张，粘单壹纸，内载郑永田园契壹宗。

一、契买大竹里五甲庄郑永田园壹段，受种壹甲八分，坐落中仑庄头，大小连青埔贰拾壹丘，现时耕作壹拾叁丘，年带完正供粟拾担零玖斗捌升，并带甸丁银玖分，其田内带水圳九曲堂溪水壹甲捌分，灌溉又带有水堀壹口，并树木竹丛在内，其址东至王丁二宅田、西至水圳、南至柯宅田、北至张宅田，四至明白，凭中给时价六八佛银肆百圆正。光绪二年正月，立契：郑永；中人：佘苍梧、蔡尔俊；代书：郑烈扬。每年应完纳田园租谷伍拾玖担、佛银贰拾伍圆正，佃户孙串、扬镇。

又凤山县执照壹张，粘单壹纸，内载温法、温铁、温达等田契壹宗。

一、契买大竹里七老爷庄温法、温铁、温达等田壹段，坐落本庄社前洋，大小壹拾陆丘，受种壹甲捌分，年带正供谷拾担零玖斗捌升正，又带水堀壹口，树木竹丛在内，东至本宅田、西至圳、南至郑家田、北至圳，四至明白，又带九曲堂溪水壹甲捌分灌溉，凭中给时价六八佛银肆百捌拾圆正。光绪二年正月，立契：温法、温观、温铁、温达；知见：山知、厍迈；中人：佘苍梧、蔡尔俊。每年应完纳田租谷壹百零捌担正，佃户温行、温厍。

又凤山县执照壹张，粘单壹纸，内载王懿番田园契壹宗。

一、契买大竹里七老爷庄王懿番田园壹所，受种柒分柒厘五毫，大小共陆丘，年带纳故佃孔会下户名正供谷陆担捌斗贰升正，又带九曲堂溪水五分，水路灌溉流通，坐落本庄社前洋，埒头第贰丘、园壹丘，北畔竖丘田壹丘，东至本宅田、西至本宅田、南至本宅田、北至周宅园；又南畔壹丘，东至本宅田、西至本宅田、南至姚宅田、北至本宅田；又薛家田边相连田贰丘，东至本宅田、西至薛宅田、南至姚宅田、北至周宅田；又林边圳外园壹丘，东至埔墩、西至圳、南至姚宅田、北至周宅田。四至明白，凭中给时价六八佛银壹百大圆正。光绪二年五月，立契：王懿番；知见：堂嫂王陈氏；代书、中人：佘苍梧。每年应完纳租谷壹拾伍担、园洋拾贰圆正，佃户余首。

又凤山县执照壹张，粘单壹纸，内载丁妈喜田园契一宗。

一、契买大竹里埤城内丁妈喜田园壹丘，受种伍分，年带纳林畅正供谷贰担贰斗正，又带九曲堂溪水伍分，水路灌溉流通，坐落中仑社头洋，东至圳、西至郑家田、南至小圳、北至张王二家田，四至明白，凭中给时价六八佛银壹百贰拾圆正。光绪二年五月，立契：丁妈喜；知见：子丁川；代书、中人：佘苍梧。每年应完纳租谷壹拾玖担、园租银伍元正，佃户：丁明。

又凤山县执照壹张，粘单壹纸，内载李天有田园契壹宗。

一、契买大竹里埤城内李天有田园壹所，受种壹甲伍分，大小共九丘，年带纳郑堆正供谷捌担陆斗伍升正，又带水堀壹口，应得壹半，王振科亦得壹半，树木竹丛在内，并带九曲堂溪水壹甲伍分，水路灌溉流通，坐落本庄社前洋，东至青埔、西至温宅园、南至张宅田园、北至王宅田园，四至明白，凭中给时价六八佛银叁百圆正。光绪二年闰五月，立契：李天有；知见：母陈氏；代书并为中人：佘苍梧。每年应完纳租谷贰拾肆担正、园租银叁拾玖大圆，佃户薛跳。

又凤山县执照壹张，粘单壹纸，内载温天葵、温行观、温成观等田园契壹宗。

一、契买大竹里七老爷庄温天葵、温行观、温成观等田园壹所，受种壹甲柒分陆厘伍毫，大小共拾壹丘，年带纳正供谷拾担零柒斗肆升陆合正叁分，应得贰分，抽出大小柒丘，年带纳正供谷柒担壹斗陆升肆合正，又带水堀壹口叁分，应得贰分，树木竹丛在内，并带九曲堂溪水壹甲，水路灌溉流通，坐落本庄社前洋，东至合发号田、西至本祠田、南至郑宅田、北至圳；又埤仔尾圳外园贰丘，东至叛产、西至圳、南至王宅园、北至佘宅园。四至明白，凭中给时价六八佛银叁百圆正。光绪二年闰五月，立契：温天葵、温行观、温成观；知见：妻陈氏；为中并代笔：佘苍梧。佃户：温课、丁炎生、温天葵。

京都绩溪馆录

道光辛卯经理协理诸人公同订定校录付梓

清光绪间（1875—1908）附刻

目　录

图　会馆、义园各一 ·· 366

卷一 ·· 367
　规条 ·· 367

卷二 ·· 370
　捐输名氏　捐助会馆、捐助义园、新定规条、乐输 ·············· 370

卷三 ·· 378
　契据　会馆契、义园契、杂字据 ··· 378

卷四 ·· 384
　会馆建修缘起　义园缘起附 ·· 384

卷五　丁未增 ··· 393
　筹添来京试费缘起　书札、存本银数、各典领据、部案规条 ··· 393

卷六　咸丰癸丑春增 ·· 398
　辛卯后历年添造房屋各账 ··· 398

图

绩溪会馆图 （图略）

　　右馆。南至椿树头条胡同，北至椿树小胡同，前后通街；西至民房，东有地一块，直至官街；土名原系北城灵中坊，在宣武门外琉璃厂之西。

绩溪义园图 （图略）

　　右园。四边皆有围墙，墙外皆存有余地。东至官路，西及南至民地，北至民房，园形西边自中以北地较赢，其丈尺具载于契与碑记内。园之南为左安门，园之西北有寺曰法塔寺，自西来者以塔为识。园内及东墙外俱有树，自径围数寸至尺，数寸以上计松柏树三十三株、槐树五株、榆树二株、椿树一株、杏树一株，宜责令守园者看护，又有枣树大小十数株，宜存其最大者，而小者以时伐之，勿使蔓长伤冢。

卷 一

规条 道光六年公议馆规四条，在巡视北城察院衙门呈请立案，呈内并云："俟奉准后，将旧有规条斟酌增损，一并刊刻，以垂久远。"今故录规条一册于首，我邑人尚其永守勿替云。

一、馆事以京职一人经理，乡、会留京者二人协理。凡投供、候选及应武会试来京者，亦令轮协。阄分前后，一年一换，定于正月十三日新旧交代。新班务将旧班经手收支账目算清，不得含混，如有亏短，即集众理论。若新班徇隐接收，所亏之项即令赔偿。其交代账目，并于是日开一清单，粘贴于壁，听众查核。

一、馆内每年租息所入，除岁修、祭祀一切费用外，尚多余资，积至百两以上，即须增置产业，或添盖房屋，不许本邑人借用。现在王照、舒国安相继踞管侵蚀，众同乡已将伊二人革出，永远不许入馆。嗣后如有侵蚀馆内钱文者，即照此办，毋稍徇隐。

一、管理会馆，于一切用度必须撙节，不可浮滥，即或公项不敷，只可集众捐垫，不得藉端借贷。如有主行借贷，即将借项责令偿还，其出借之人亦不得向馆内索取，违者呈究。此指岁修及各项常用而言，至于添买产业、新建房屋，公项一时不敷，准其集众商议，公同出名暂借，但利息不得过重，致馆内吃亏。

一、凡应乡会试、朝考来京及外任入觐者，俱准住居馆内，如或人多房少，乡试年分先尽乡试者居住，会试年分先尽会试者居住，不得任意占踞。若遇房屋空闲时，无内眷之候补、候选人员亦准居住，其余一切人等概不得住居会馆。

以上四条，奉巡城院宪批准有案。

一、每年正月十三日上灯恭祀众神、正月十八日恭祀汪越国公、二月初三日恭祀文昌帝君、五月十三日恭祀关圣帝君、九月十七日恭祀福德财神，以上每次祭毕散福，每席酌用京钱贰吊贰百文，不得多费。同乡年十五以上者，均衣冠齐集拜祭，倘年未十五及不衣冠者，不许入席散福。凡为优隶贱役之流，亦不许入席。

一、元宵灯节自正月十三日起，至十五日止，每夜油烛等费，值年酌量动用，不得滥支。如有自行捐资多张灯彩敬神者，听。

一、每年十二月二十六日，腊祭能干祠祀乡先达之建立会馆者及除夕上年供元旦香烛等费，随时酌用。

一、每月朔望，值年敬诣会馆，神前拈香，并查看一切，先期长班预请，其香烛之费亦随时酌用。

一、每年清明、七月十五，两次预备冥仪酒饭鸡豚，值年率众诣坟园祭奠，并查看冢土、房屋，随时修整。奠毕，到者小憩餐饭，每席用京钱贰吊贰百文，如或一时到者人多，备席不敷，均匀酌散，添饭不添酒肴。

一、同乡宴会，如有酗酒争闹及借公泻私、出言恶詈者，公同扶出，永远不许入席。

一、每岁新春，京官及乡会试留京并候补、候选人员，择日在馆团拜一次，各出分资。

一、科场年分，于乡、会出场后，值年酌量人数，备酒席接场。不必过费。

以上二事，俟馆内出息充裕，再动公项。

一、修理房屋，值年须随时察勘兴工，不得因循，致就倾圮，亦不得藉端滥糜公项，违者查出罚赔。

一、会馆、义园契据及一切合议字约最为紧要，值年须收贮妥当，于交代时点验清交。如有遗失，值年、经手者公同议罚，并将遗失之件呈官存案。

一、馆内所置祭器、灯箱、锣鼓并常用家伙等件，另立一簿登记，值年交代时须点验清楚，并谕长班妥为照看收贮，不得借出。如有遗失、损坏，典守者赔补。

一、看馆长班有奉侍香火、洒扫庭院、传单奔走等事，须择用年壮勤谨之人，每月工食给京钱贰吊五百文。现在长班姜升因前岁重建房屋诸事出力，众议加给五百文，后换长班仍照旧付给，不必增加。

一、义园须择诚实小心者看守，遇祭奠日，备齐桌凳等件应用，本馆原有置备家伙，存园。不得有误。清明、七月十五，每次赏给京钱贰吊，以为堆冢添土之费。如冢土低昝，罚去赏钱，仍令添培。其园内树木亦责令护守，毋得损伤，倘有不小心看守者，逐出另招。丁未议每月给工食京钱一吊文。

一、义园须按号埋葬，馆内设立号簿一本，同乡有病故者，先到值年处取具编号印票一张，看园长班凭印票收埋，俟清明、七月十五值年到园时，将新添几冢报明查验，倘有无印票而收埋者，查出即将长班送官究治，以防私盗、寄埋等弊。

一、同乡有贫病无依情愿归里者，查系平日安分之人，值年通知大众，酌量饮给盘缠，本人不得争竞多寡。须有保人承担。倘不出京，所领盘缠着落保人赔出归公，暂去复来，以后无力南旋，不得再给。

一、同乡有在都病死无力敛埋者，馆内给棺安葬。

以上二条系周恤美谊。倘遇公项不敷之时，同乡酌量捐给。

一、本馆自神堂至大门，正房四层，不准出租。其馆西房屋，前一所二十五间，向系出租；后二所、西所十二间，亦系出租。均不准本邑人租住。东所十间即尚义轩，众议以本馆正房无多，拟添作乡、会来京者住房。现因馆中公项不足，暂时出租，一俟公项充裕，即将此十间收入馆内，不准租出。嗣后如乡、会人多，不敷居住，可并将西所十二间亦收入馆内，作为住房。其西所之南尚有空地一片，将来添盖房屋，亦可出租。又馆东有失业房地，现查出契据，呈官在案。详卷三契据下。

一、住馆者以同里闬之人异地聚居，谈文论艺，颇慰寂寥，但须德业相劝、过失相规，无为戏亵之词，更不得赌博纵饮、招引娼优出入，并须嘱令下人小心火烛，毋得毁坏房屋、偷卖物件。倘有前项赌博等事，长班即禀明值年，如长班徇隐，即送官惩治，集众辞出，并公同议罚。毁坏房屋罚修，偷卖物件罚赔。至于不应住馆之人，如擅行入馆居住，惟长班是问。

一、本馆大门西边门房二间，又西箱房灰棚一间，为看馆长班住房。该长班不得容留闲杂人居住，并须遵循馆规，小心照料，违者逐出另招。

一、会馆之设备，应试、待铨者居住，此都中通例也。惟发科、受职之后，亦应输资以充公用。今按官阶酌定银数，开列于后：

京官：正一品，二十四两；从一品，十六两；二品，十两；三四品，六两；五六品，四两；七品，二两；庶常留馆后，再输四两。八九品、未入流，一两。自二品以下，由从转正不再输。

外官：督抚、总漕、总河、盐政，一百两；每换一阶，即照数再输。下同。藩司、运司，八十两；臬司，六十两；道府、运同，四十两；直隶州、运副、提举，三十二两；知州、知县、盐库、各大使，二十四两；同知，十六两；六品佐杂，十二两；七品佐杂、教职，十两；八品佐杂、教职，八两；九品、未入流，六两。自道府以下拣发、分发者，先交一半，补缺后全交。卓荐来京者，从厚留资。

武官：一品，三十两；二品，二十两；三品，八两；四品，六两；五品，四两；六品，二两；七品，一两。以上拣发、分发者，先交一半，补缺后全交。

出差：学差，五十两；会试总裁，四十两；试差，十六两；会房，八两；乡房，四两；坐粮厅，三十两；钱局监督，十两。

科甲：状元，二十四两；榜、探，十六两；进士，四两。会元、传胪加倍。举人二两。解元加倍。以上文武同。恩、拔、副、岁、优贡一两。廪、增、附贡监来京应试，愿照此捐资者听。

以上各项乐输，自道光十一年为始，有应输者自京官正一品至恩、拔、副、岁、优，俱是应输之项即行交出，毋得拖延。值年先将所输银数登记于簿，并书于大厅粉壁，俟汇齐多名，再行刊版，勒石垂久。

一、捐成善举，后来受益者固当兴仰止之思，然在其人当日只系为公起见，非以自私，况资既捐出，即属公物，与己无涉。从前乾隆间建置会馆，有捐输较多者，其子孙每即藉口染指，不知既名曰绩溪会馆，岂属一家一姓之私？即一人独捐，亦不得为一家之馆。且前人捐输急公，而后人反败公肥己，亦不肖无耻甚矣。此次重建房屋，多有捐资者，其后嗣当思以前为鉴，切勿效尤，自私自矜，玷辱先人。

一、从前馆事之坏，固坏于败类者之嗜利侵蚀，而尤坏于取巧者之唯阿退缩，以致正气孤而事益不振。嗣后倘再有败类之徒出，必须同心协力共摈，若获依违观望、意存推诿，即非吾绩之人。明神在上，实鉴斯言。

以上二十二条，系据嘉庆十九年旧规斟酌增损，公同核定。

卷 二

捐输名氏　前明创建会馆，捐助人名已无可考。今将乾隆以后历次捐助会馆者录于册，其捐助义园者亦附录焉。呜呼！录规条之后即录捐输名氏者，欲使人一览而知，既不忘所自来，亦以示劝也。

乾隆十有九年甲戌捐建会馆

叶子明，银六百六十七两；　　汪旭初，银二百一十三两；

王正殿，银一百八十二两；　　王正汉，银一百八十两；

胡克让，银一百零八两八钱；　王大美，银一百零五两；

叶公禄，银一百零三两；　　　王正登，银七十九两八钱；

王万春，银七十二两一钱；　　胡师中，银五十两零五钱；

余惟忠，银四十三两；　　　　胡舜游，银四十二两；

汪明远，银二十五两；　　　　叶子通，银二十二两；

程嘉栓，银二十两；　　　　　汪友三，银十四两八钱；

汪惟馨，银十四两五钱；　　　叶公玉，银十四两五钱；

王正科，银十二两八钱；　　　章凤智，银十两；

胡永祥，银十两；　　　　　　王正献，银九两；

王大裕，银七两三钱；　　　　王正邦，银七两；

王大龙，银六两；　　　　　　汪近五，银五两六钱；

胡元楷，银五两；　　　　　　叶德亮，银五两；

曹友柏，银四两三钱；　　　　曹徽突，银四两；

王正跃，银四两；　　　　　　王元庚，银三两八钱；

王正廷，银三两八钱；　　　　王元状，银三两七钱；

王元癸，银三两三钱；　　　　汪全五，银三两；

王正可，银三两；　　　　　　叶尔茂，银三两；

王大宸，银三两；　　　　　　汪永祥，银二两八钱；

胡德公，银二两六钱；　　　　王国应，银二两三钱；

汪有年，银二两；　　　　　　胡著六，银一两五钱；

叶德胜，银一两五钱；　　　　王大忠，银一两五钱；

王正宪，银一两五钱；　毕圣先，银一两三钱；
汪友柏，银一两一钱；　胡德先，银一两一钱；
王辅臣，银一两；　汪上升，银一两；
王正爱，银一两；　冯芳清，银一两；
王正家，银一两；　王元晨，银一两；
曹维翰，银一两；　叶添祥，银一两；
叶添裕，银一两；　王正定，银一两；
叶公旺，银一两；　程尔玉，银一两；
王正暹，银一两；　王正路，银八钱；
汪殿益，银八钱；　王正源，银八钱；
汪远达，银五钱；　王殿臣，银五钱；
陈元琪，银五钱；　曹凤亭，银五钱；
胡秋长，银五钱；　王大永，银五钱；
汪绩安，银五钱；　王正惟，银五钱；
汪怀明，银五钱；　叶启文，银五钱；
程作孚，银五钱；　王正益，银五钱；
王尔德，银五钱；　汪履丹，银五钱；
胡二陵，银五钱；　张美成，银五钱；
黄我如，银五钱；　王正巨，银五钱；
吴廷余，银五钱；　王正齿，银五钱；
冯正泰，银五钱；　王绍爝，银五钱；
冯如先，银五钱；　王明玉，银五钱；
胡德兴，银五钱；　汪洪美，银五钱；
王大好，银五钱；　王元主，银五钱；
汪添扬，银五钱；　王大宾，银五钱；
王正贺，银五钱；　王大来，银五钱；
汪洪亮，银五钱；　王大炳，银五钱；
叶凤舞，银五钱；　葛骖男洪范，银三十两；
胡　襄，银十五两；　许树桓，银十两；
程再衡，银十两；　周廷寀同侄宗杭，银十两；
汪扬豹，银五两；　葛天叙，银四两；
汪施学，银二两；　程景豪，银二两；
陈文魁，银二两；　章敬绪，银二两；
汪杨衷，银二两；　汪正芳，银二两；
章友伦，银二两；　周志商，银一两五钱；
洪玉树，银一两；　汪芄英同始侄，银一两；
汪德政，银一两；　叶永春，银一两；
汪季伯，银一两；　王正鼎，银一两；

周廷儒，银一两；　　　　　　　　程邦根，银五钱；

程正大，银五钱。

以上俱据乾隆己卯馆记碑阴名氏录入碑现立馆内，内葛骖以下二十余名，详核字迹，系属补刻，盖己卯以后所捐，续勒于石者也。

乾隆六十年乙卯捐助

程淮沧，银三十两；　　　　　　　章如麟，银十两又京钱三串；

汪西盛，银十一两；　　　　　　　王法宝，银五两；

吴廷余，银二两；　　　　　　　　王大定，银一两；

汪五喜，银一两；　　　　　　　　王大波，银一两；

汪扬满，银一两；　　　　　　　　王大云，银一两；

汪龙光，银一两；　　　　　　　　曹瑞明，银一两；

陈明远，银一两；　　　　　　　　余春喜，银一两。

嘉庆十二年丁卯捐助

王法宝，钱一百串；　　　　　　　汪文耀，钱五十串；

张邦定，银六两；　　　　　　　　胡胜川，银五两；

章侣期，银三两；　　　　　　　　许景明，银三两；

程嗣霖，银二两；　　　　　　　　程树人，银二两；

葛彩林，银二两；　　　　　　　　程孝誉，银二两；

程季祥，银二两；　　　　　　　　周天正，银二两；

章耀文，银一两二钱；　　　　　　周三炎，银一两；

胡长春，银一两。

以上均据会馆大厅粉匾所载名氏录入。其捐银系因何事动用，并未注明，惟乙卯捐项注云交汪西成手，丁卯捐项注云交高润如手，盖丁卯司馆事者润如，而丁卯以前则汪西成也。

道光七年丁亥、九年己丑两次捐建馆屋

胡秉钦男培翚，银壹百两丁亥捐银五十两、己丑续捐五十两；

程正泰，银壹百两亦两次捐出；　　胡秉虔，银五十两；

余嘉谟男斑，银五十两；　　　　　高　培，银四十两；

葛　松，银二十两；　　　　　　　胡文柏，银二十两；

石炳文，银十两；　　　　　　　　程　燮，银十两；

江镜心，银十两；　　　　　　　　程道临，银□□□。

以上纹银。

章道基，圆丝银三十两；　　　　　胡大谟，京钱五十串。

乾隆二年丁巳捐置义园

舒德仁，银五两；　　　王正殿，银一两；　　　胡玉典，银一两；
王相臣，银五两；　　　汪惟馨，银一两；　　　陈天爵，银一两；
王辅臣，银三两；　　　王正通，银一两；　　　戴思理，银一两；
叶子明，银三两；　　　汪友柏，银一两；　　　曹德高，银一两；
王及远，银三两；　　　冯君明，银一两；　　　程超伦，银一两；
李君实，银三两；　　　刘启亮，银一两；　　　汪惟高，银一两；
汪永明，银三两；　　　程理芝，银一两；　　　程以登，银一两；
戴启良，银三两；　　　曹士宏，银一两；　　　吴尔受，银一两；
毕尔亮，银二两；　　　曹子林，银一两；　　　汪显扬，银五钱；
吴美士，银二两；　　　曹子兴，银一两；　　　汪誉扬，银五钱；
程尔玉，银二两；　　　郑永明，银一两；　　　洪龙一，银五钱；
冯启荣，银二两；　　　王德星，银一两；　　　胡亮之，银五钱；
吕光荣，银二两；　　　胡光松，银一两；　　　王正遮，银五钱；
胡大旭，银二两；　　　李君永，银一两；　　　胡魁先，银五钱；
胡大相，银二两；　　　胡大昶，银一两；　　　方尔顺，银五钱；
吴继武，银二两；　　　汪明玉，银一两；　　　许良楷，银五钱；
洪福之，银二两；　　　曹子华，银一两；　　　王振玉，银五钱；
曹维翰，银二两；　　　王子俊，银一两；　　　王子能，银五钱；
戴瑞文，银二两；　　　王日新，银一两；　　　柯声扬，银三钱；
冯惟真，银二两；　　　曹景华，银一两；　　　胡明高，银二钱五分。
王万衍，银一两一钱；

以上据乾隆己卯义冢碑记录入碑现存馆内。

嘉庆元年丙辰捐修义园

方　体，银二十两；　　　许会昌，银四两；　　　张豫镃，银一两；
胡匡宪，银二十两；　　　章树森，银四两；　　　汪德辉，银一两；
程淮沧，银十两；　　　胡宏炜，银三两；　　　程颂华，银一两；
程鹤年，银十两；　　　吴廷余，银三两；　　　汪茂南，银一两；
章云越，银八两；　　　周启鲁，银二两；　　　吴贵材，银一两；
汪光魁，银八两；　　　邵树基，银二两；　　　胡钟彦，银一两；
汪耀青，银六两；　　　曹　瑞，银二两；　　　周咏玉，银一两；
周廷寀，银五两；　　　汪日中，银二两；　　　胡复先，银九钱；
汪蔚也，银五两；　　　张德政，银二两；　　　胡正邦，银五钱；
高会寅，银五两；　　　汪西成，银二两；　　　胡环玉，银五钱。
刘　泽，银四两；　　　方景阳，银一两；

以上据嘉庆丙辰义园记录入碑现存馆内。

道光十一年辛卯捐修义园

胡秉钦男培羣，京钱四十串；　　　胡文柏，京钱十五串；

余嘉谟男珽，京钱八串；　　　　　葛　松，京钱八串；

胡秉虔，京钱四串；　　　　　　　程　燮，京钱四串；

章必庆，京钱二串；　　　　　　　张凤翔，京钱一串；

胡培祺，京钱一串。

同治四年乙丑捐助

程　镕率男常宪、远泰，京钱壹百串；　　　戴文成，京钱十四串补刻。

光绪丙子至戊寅捐助　丙子年，馆东隙地圈砌墙围，建造大门。仍拟添盖房屋，议合同乡京、外官鼎力捐助，因经费不足，尚未兴工。

胡桂森，纹银二十两；　　　　　程常宪，京钱二百吊；

胡宝铎，纹银二十两；　　　　　余庭训男镕，纹银四十二两；

冯端本，纹银五十两；　　　　　胡　湛，纹银五十两；

方祖绥，纹银十两；　　　　　　胡绳祖，纹银十两；

冯俊才，纹银十两；　　　　　　胡良铨，纹银四两；

周懋琦光绪七年五月，由福宁俸满晋引，筹捐此款。仍拟陆续捐寄，为邑馆空地起盖房屋之用，京钱壹千五百串。

新定规条乐输

江镜心道光辛卯岁贡，纹银一两；

江镜心分发训导，纹银四两；

胡绍勋道光丁酉拔贡，纹银一两；

胡肇智丁酉郡学拔贡，纹银一两；

胡肇智戊戌朝考，奉旨签分吏部，七品京官，纹银二两；

章遇鸿道光丁酉本省举人，纹银二两；

程廷镜补实河南藩库大使，纹银二十四两；

葛良治道光辛丑进士，纹银四两；

胡文柏京升员外郎，纹银四两；

程廷镜升补河南汤阴县知县，纹银二十四两；

胡文柏简放宝泉局监督，纹银十两；

程廷镜，纹银一百两；

胡文柏，纹银一百两。

自胡绍勋以后至此，共计捐银二百七十二两，俱归入试费项内。见卷五。

邵伯营甲辰本省举人，纹银二两；

胡肇智升主事，纹银四两；

胡绍煐壬辰本省举人，纹银二两；

曹政平丙午本省举人，纹银二两；

胡　泮己酉本省举人，纹银二两；

胡　湛己酉本省举人，纹银二两；

胡肇发己酉本省举人，纹银二两；

章耀庚咸丰辛亥本省举人，纹银二两；

胡桂森咸丰辛亥本省举人，纹银二两。

以上捐项，丁未、辛亥两次造房支讫。

胡肇智升员外郎，纹银肆两；

胡桂森新授户部员外郎，纹银肆两；

程常宪拣发云南州吏目，纹银三两；

程常宪捐升兵马司副指挥，纹银一两；

程远泰拣发云南委用县丞，纹银肆两；

胡　澍咸丰己未本省举人，纹银二两；

周　熙咸丰己未本省举人，纹银二两；

冯绍唐咸丰己未本省举人，纹银二两；

胡晋柱分发江苏县丞，纹银肆两；

胡大爤同治甲子优贡，纹银一两；

胡廷珍分发浙江县丞，纹银肆两；

胡道荣咸丰己未本省举人，纹银贰两；

曹作舟咸丰辛酉拔贡，纹银壹两；

曹作舟同治丁卯本省举人，纹银贰两；

胡宝铎同治丁卯本省举人，纹银贰两；

胡宝铎同治戊辰进士，纹银肆两；

胡元洁分发浙江候补同知，纹银捌两；

余庭训分发浙江候补知县，纹银拾贰两；

胡大爤分发四川候补知县，纹银拾贰两；

胡　澍签分户部郎中，纹银肆两；

程　梁分发江苏候补县丞，纹银肆两；

唐洪训分发浙江候补巡检，纹银叁两；

胡肇智调补顺天府尹，纹银陆两；

胡肇智转升吏部侍郎，纹银拾两；

葛洪泽选补四川屏山典史，纹银陆两；

葛洪泽另助，纹银肆两；

余庭训调补宁海县知县，纹银拾贰两；

胡金霞分发浙江候补同知，纹银捌两；

程康棨分发湖北候补道库大使，纹银叁两；

程宗伊分发两淮候补盐大使，纹银拾贰两；

邵　潜分发浙江候补县丞，纹银肆两；

胡　湛调补江西清江县知县，纹银贰拾肆两；

胡绳祖分发江西候补同知，纹银捌两；

唐洪谟分发河东候补盐大使，纹银拾贰两；

陈兆荣保留江苏候补府通判，纹银陆两；

章洪钧同治甲子优贡，纹银壹两；

章洪钧同治丁卯本省举人，纹银贰两；

章洪钧同治辛未进士，纹银肆两；

周　熙大挑知县分发浙江，纹银拾贰两；

胡道荣大挑教职，纹银肆两；

胡宝铎签分兵部主事，纹银肆两；

邵　潜浙江塘栖司巡检，纹银陆两；

冯俊才江西尽先补用通判，纹银陆两；

胡晋兢分发福建盐大使，纹银拾贰两；

程遵道江苏补用知府，纹银贰拾两；

曹　璜同治癸酉举人，纹银二两；

胡晋槐同治癸酉拔贡，纹银壹两；

章　刚同治癸酉武举人，纹银贰两；

章洪钧同治甲戌庶吉士，纹银贰两；

方祖绥江西试用通判，纹银陆两；

余　镕兵部员外郎，纹银肆两；

胡遇莘分发浙江候补盐大使，纹银拾贰两；

章昌钺分发浙江江典史，纹银叁两；

胡元洁浙江候补知府，纹银贰拾两；

章祖荫指分江西从九，纹银叁两；

胡祥醴廪贡，纹银壹两；

胡祥醴新分都察院经历，纹银肆两；

曹作云光绪乙亥武举人，纹银贰两；

吴世麟光绪乙亥武举人，纹银贰两；

余　炳光绪丙子贵州举人，纹银贰两；

胡良铨分发浙江盐大使，纹银拾贰两；

程鹿鸣新分通政司经历，纹银贰两；

程秉铦光绪己卯科举人，纹银贰两；

程步瀛光绪乙亥科武举人，纹银贰两；

程步云光绪丙子科武举人，纹银贰两；

曹作云光绪庚辰科武进士，纹银肆两；

曹作云蓝翎侍卫，纹银贰两；

章洪钧翰林院庶吉士丁丑散馆授职编修，纹银肆两；

周懋琦福建台湾府调补福宁府知府，纹银肆拾两；

程遵道候补知府补授江苏泰州知州，纹银贰拾两；

胡祥钰分发浙江试用典史，纹银叁两；

程世洛光绪己卯举人，纹银贰两；

舒安仁光绪己卯举人，纹银贰两；

余庭训浙江补用知府，纹银贰拾两；

胡　传保留吉林补用知县，纹银拾贰两；

章定严候选复设训导，纹银肆两。

卷　三

契据　置买会馆、义园各红契，向存王照家内。道光六年，经北城院宪饬差起出查核契纸张数，较馆内碑阴所载已有短少。因思契据一人收藏终属难恃，不若付诸剞劂，刷印广布，俾众共见，爰次录焉。

会馆房地契

乾隆己卯馆记碑阴内载一买丁姓灵中坊房屋贰拾壹间，契纸拾张。现俱存。内本馆买丁姓红契壹张，刊刻于后。其丁姓原买逯姓、王姓红契贰张，又逯姓、王姓原买红契伍张及赎回红典契贰张，共玖张，存匣未刻。已刻契据，原底亦存公匣，并识。

立卖房契人丁执玺同侄丁国栋因乏用，将祖遗瓦房壹所、门面房柒间、贰层房柒间、厢房肆间、叁层房叁间，共计大小房贰拾壹间，前后通街，门窗户壁上下土木相连，坐落北城灵中坊四铺地方。凭中说合，情愿卖与叶、胡、汪、王等名下为绩邑会馆为业，三面议定时值卖价银陆百两整，其银当日交足，外无欠少。自卖房之后，倘有满汉亲族、弟男子侄及各项指房指契、借欠官银私债等情争竞，有卖主、中保人一面承管。两家情愿，各无反悔，恐后无凭，立此卖契存照。

此房内有丁姓两买本身红契贰张，上首累落红契伍张，赎回红典契贰张，共计玖张，付买主收存。再照。

乾隆拾玖年闰肆月　日。

即于是年是月在
大兴县投税印契
契尾布字壹百号

立卖契人：	丁执玺同侄丁国栋
中　保　人：	杨世雄、程振远、黄芝俊、张悦、 　　　　　　陈铎、汪玉公
房　　牙：	徐永祥
总　　甲：	胡应龙

碑阴又载，一买柯、许二姓会馆西边空地壹块，契纸肆张。现止存本馆买柯姓、许姓红契贰张，刊刻于后，仍贰张遗失。

立卖房身地契人柯宗周同兄柯宗夏因乏用，今将认买无房地壹块，东至西贰丈伍尺，南至北拾柒丈伍尺，四至分明，坐落北城椿树头条胡同灵中坊肆铺地方。今凭中保人说合，情愿出卖与绩溪会馆名下永远为业。三面议定时值地价银拾壹两整，其银当日交足。自卖之后，倘有满汉亲族、长幼人等指地执契争竞等情，有卖地主同中保人一面承管。两家情愿，各无返悔，恐后无凭，立此卖契永远存照。

乾隆贰拾贰年拾壹月　日。

　　　　　　　　　　　　立卖契人：柯宗周同兄柯宗夏

即于是年拾贰月在　　　中　保　人：张进宝

大兴县投税印契　　　　房　　　牙：徐永祥

契稿盛字贰拾柒号　　　总　　　甲：胡应龙

　　　　　　　　　　　代　　　书：陈良木

立卖房身地契人许承业因外祖杨姓遗下房身地基壹块，东至西肆丈伍尺，南至北拾柒丈伍尺，四至分明，坐落北城灵中坊四铺地方。今凭中保人说合，情愿出卖与绩溪会馆名下永远为业，地价银贰拾两整，其银当日交足。自卖之后，倘有满汉亲族、长幼人等指地执契、借欠官银私债争竞等情，有卖地主同中保人一面承管。两家情愿，各无返悔，恐后无凭，立此卖契永远存照。

乾隆贰拾贰年拾壹月　日。

　　　　　　　　　　　　立卖契人：许承业

即于是年拾贰月在　　　中　保　人：张进宝

大兴县投税印契　　　　房　　　牙：徐永祥

契稿盛字贰拾陆号　　　总　　　甲：胡应龙

　　　　　　　　　　　代　　　书：陈良木

北城司批：

据邑人汪旭初呈称：切绩溪会馆西边原有空地一块，今欲路南、路北修砌院墙二道，并无骑碍等情。蒙特授北城兵马司管理街道批：已经查明，东西柒丈，南北拾柒丈伍尺，与契载相符，准修砌，毋得侵占，原契二纸发还。

乾隆贰拾叁年肆月拾叁日。

碑阴又载一买韩姓空地壹块，契纸壹张现存，刊刻于后。

立分卖房身地契人韩企厚因乏用，今将自置住房后空地壹块，东至官街、西至买主、南至北山墙池头为界留贰尺，四至分明，坐落北城灵中坊肆铺地方。今凭中保人说合，情愿出分卖与绩溪会馆名下住坐，永远为业。三面议定时值分卖地价银肆拾两整，其银当日交足，外无欠少。自分卖之后，倘有满汉亲族、弟男子侄及各项指契指地、借欠官银私债争竞等情，有出分卖地主同中保人一面承管。两家情愿，各无返悔，恐后无凭，立此分卖地契永远存照。

此地原系分卖，所有红白契字仍在原业房主韩姓收存，日后如有人指地执契争竞等情，有卖主一面承管。再照。

乾隆贰拾壹年玖月　日。

即于是年是月在
大兴县投税印契
契尾布字贰百贰
拾柒号

立卖契人：韩企厚
中 保 人：李世芳
房　　牙：徐永祥
总　　甲：胡应龙
代　　书：陈良木

本馆乾隆年间买韩姓空地一块及房屋七间半，年远失业。查买房契内未载四至，而地契内所载四至分明。现查馆东有空地一块，东至官街、西至本馆，与契载东至官街、西至买主符合。其地南畔尚有池头，形影亦与契载相符，被刘大占踞牧猪。本馆向其查问，伊言语支吾，毫无指实，是以道光九年赴北城察院衙门控告。刘大忽以由旗取租塘塞，但本馆买自乾隆二十一年，有纳税红契确凭，此地如的系旗产，则由何年因何事入旗，亦必原档案详载明晰、毫无含混方可为据，否则难保非本馆失业之后，刘姓希图冒占，构旗影射，逞狡蒙混也。今因案尚未结，附识于此。

买韩姓房屋柒间半，契纸贰张。内本馆买韩姓红契壹张，刊刻于后。又韩姓原买王姓契壹张，存匣未刻。此项房间买在乾隆己卯以后，故碑阴未载。

立卖房契人韩企厚同男韩桂如因乏用，将自盖瓦房叁间半、对面厢房肆间，共计大小房柒间半，随房院落门窗户壁，上下土木相连，坐落北城灵中坊三铺地方。今凭中保人说合，情愿出卖与绩溪会馆名下住坐，永远为业。三面议定时值价价银壹佰伍拾两整，其银当日交足，外无欠少。自卖之后，倘有满汉亲族、长幼人等指房执契、借欠官银私债争竞等情，有卖主同中保人一面承管。恐后无凭，立此卖契存照。

此房内有韩姓本身白契壹张，付买主收存。上首并无红白契字，日后如有人执契争竞，有保契程天一担保，一面承管。再照。

乾隆贰拾伍年陆月　　日。

即于是年柒月在
大兴县投税印契
契尾布字壹百肆
拾玖号

立卖契人：韩企厚同男韩桂如
保房契人：程天一
中 保 人：王尚贤
房　　牙：徐永祥
总　　甲：胡永德
代　　书：陈良木

立卖地契人正红旗蒙古瑞康同男隆顺因乏用，将原买刘姓铺面房十三间，日久坍塌，仅存空地一片，坐落北城灵中坊椿树头条胡同东口路北，南至官街、北至糖房，计长九丈；东至官街、西至绩溪会馆墙基，计宽四丈五尺。四至分明，凭中保人说合，情愿出卖与安徽绩溪会馆名下为业，听凭圈入馆内盖造房屋。三面议定时值地价纹银陆拾两正，其银当日收足，其地当即交馆照契执业。其原买刘姓契据，因被窃遗失。自今出卖之后，倘有满汉亲族、男妇人等执契争竞或指地借欠官银私债等情，均有卖地主同中保人一面承管，不干买人之事。恐后无凭，立此永远存照。

同治八年七月　日。

立卖地契人：瑞康同男隆顺

已投税印契　　　　中　保　人：裕成、崔升、张二

北城房行经纪顾爕堂亲笔

馆东空地租据原据存匣，另立有租折存伊处。

□□□□□□□□□□□□□□□□□□内原有房一所，坐落在宣武门外椿树头条胡同东口外路西烟铺，日久倒坏，并未修盖，只存空地一片，北至糖坊，东、南至官路，西至会馆墙基。今租与绩溪会馆名下，听凭盖造房屋居住，言明每月凭折取地租京钱肆吊，日后只许房客辞主，不许地主辞客。恐后无凭，立此存照。

同治七年五月　日　立。

义园房地契

乾隆己卯馆记碑阴内载一买刘姓东城崇南坊地壹号，契纸拾贰张。现止存本馆买刘姓房地红契壹张，刊刻于后。又刘姓原买王姓契壹张、赎回原典契叁张、上首顾姓自盖房肆间投税红契壹张，共伍张，存匣未刻，仍陆张遗失。

立卖契人刘国辅、刘国柱同侄文英今为无钱使用，将自己名下坐落土名东城崇南坊地壹块，东至西老墙根，营造尺通长拾贰丈陆尺，西边北至南墙根伍丈陆尺，东边北至南墙根伍丈陆尺，南边东至西墙根拾贰丈陆尺，瓦房叁间在内，四至明白。自愿凭中并地邻、总甲立契，出卖与江南徽州府绩溪县众姓名下为业，听作义地。三面言定价银肆拾伍两整，其银当日收足，入手支用，同中交完，并无欠少，其地当时执契管业，听从起造坟茔，只无异言。先前并无重复典卖，亦无内外亲房人等拦阻，如有此情尽是卖人承当，不干买人之事。恐后无凭，立此卖契存照。

乾隆叁年玖月　日。

立卖契人：刘国辅、刘国柱同侄文英

中　　人：备大成

肆年肆月在大　　左　邻：李文登

兴县投税印契　　右　邻：纪天福

总　甲：张起凤

中　邻：于进孝

买陶姓东城坟地契据拾张内本馆买陶姓红契壹张，刊刻于后。又陶姓原买叶姓红契壹张，原买李姓契壹张，叶姓原买陈姓红契壹张，原买李姓红契贰张，收回契贰张，包揽种树字据贰张，共玖张，存匣未刻。此项地买在乾隆己卯以后，故碑阴未载。

立卖地契人陶文祥今因乏用，将自置空坟地壹块，坐落东城崇南地方土名霍家桥，自东至西长拾柒丈、自南至北宽拾丈零伍尺，又后置李天禄地壹段，计东至西长陆丈捌尺、南至北宽壹丈肆尺，并园内栽种树木及门前栽种树木，四围墙壁门扇俱全。凭中保说合，情愿出卖与绩溪会馆合邑名下为坟地，永远为业。三面言定卖价玖伍色圆丝银壹百叁拾伍两整，其银当日收足，并无欠少。自卖之后，任从买主

管业，如有亲族人等阻挡争竞等情，有卖主同中保人一面承管。恐后无凭，立此卖契存照。

外有老红契肆张、白契叁张，又包种树木白契贰张，一并付买主收存。又照。

乾隆肆拾陆年闰伍月　日。

即于是年拾贰月在	立卖契人：陶文祥
大兴县投税印契	中　保　人：唐文锦
契尾布字壹千肆拾	左　右　邻：郭　仁、唐世明
	代　　　笔：董森章

买高姓东城坟地契据拾张内本馆买高姓红契壹张，刊刻于后。又高姓原买陈姓契壹张，陈姓原买果姓契壹张，果姓原买王姓契壹张，王姓原买王姓契壹张，王姓原买尹姓契壹张，分单贰张，残红契贰张，共九张，存匣未刻。

立卖空地契人高申因无钱使用，将原买陈姓瓦房拾间本身尽行折卖，所存空地坐落在霍家桥南边路东地方，东至纪姓坟地小道、西至官道、南至果姓房根、北至孙姓地央。同中保、邻人说合，情愿出卖与绩溪会馆为业，言明卖价京满钱壹百陆拾吊，其钱笔下交足不欠。自卖之后，听凭扦造坟地，如有亲族人等争竞，卖主人一面承管，不于买主之事。恐口无凭，立卖契存照。

咸丰八年八月　日。

	立卖契人：高　申
已投税印契	知情中保人：王进中、王　义
契尾叁百玖拾玖号	邻　　　人：果士珍、孙杨二
	代　笔　人：李福田

杂字据

阖邑合议　道光八年合议壹张，刊刻于后。又道光七年、九年两次借项建造房屋，俱立有合议，共二张，存匣未刻。

立合议绩溪会馆人等，前岁因会馆大门数间朽旧坍坏，并旧神堂房间狭隘，众议于后院建造正房叁大间供神将，大门地脚升高，一连肆间重拆重造，并将旧神堂后墙改装隔扇、添制飞檐，坍塌墙壁一切重砌整新，又于西院改造住房拾贰间。于道光七年十月，工程俱已完竣，共用京钱贰千余串。除六年、七年馆内存钱及众同乡已出捐项抵补外，仍有借垫项未经归还，应将馆内逐年租息弥补。其挪借缘由已立有合议，但恐司事者或有账目不清等弊，为此再行立议，嗣后馆内积有存钱即行还借，每年集众算账一次。俟借项还清之后，或将存钱置买坟地，或添置房产，总不得侵移私用。倘司事者账目不清、侵蚀入己，许众同乡持此合议呈官究追。此据。

道光捌年正月拾伍日。

立合议人名列后：

张四维　胡培翚　胡文柏　葛　英　程正泰　胡兆智

程廷起　许　炳　曹鸿章　曹鸿尚　吴联芳　张邦舜

周懋炽　张瑞庆　曹德明　叶文林　吴世吉　程绍福
姜汉忠　程正茂　胡明高　胡洪培　胡兆沅　张尧文
周承棋　胡培祺　许元顺　汪步瀛　王大明　汪　銮
方建宬笔。

王姓字据

立字据人王泉龙今因原日搭盖灰棚，借用绩溪会馆地基，共计南北长壹丈贰尺、东西阔贰尺伍寸，理应即行退还，因无钱拆盖，恳情俟至日后重盖时再行退还，立此为据。王姓灰棚在本馆西院西边。

道光捌年正月拾捌日。

立字据人：王泉龙。

馆东空地租据原据存匣，另立有租折存伊处。

□□□□□□□□□□□□□□□□□□□内原有房一所，坐落在宣武门外椿树头条胡同东口外路西烟铺，日久倒坏，并未修盖，只存空地一片，北至糖坊、东南至官路、西至会馆墙基，今租与绩溪会馆名下，听凭盖造房屋居住，言明每月凭折取地租京钱肆吊。日后只许房客辞主，不许地主辞客。恐后无凭，立此存照。

同治七年五月　日立。

卷 四

会馆建修缘起

会馆建修缘起　　义园缘起附。是卷汇录碑记、序跋、公牍之文，而旧闻近事为桑梓所共知者，亦依次略述附志，使后人观之有所兴感尔。

建绩溪会馆序

凡人入他国，见同国之人而喜矣；入他乡，见同乡之人而喜矣。以素昧生平，不习名姓，一旦询邑里，辄欢如骨肉，相遇则握手，相过则低回。《诗》云："维桑与梓，必恭敬止。"盖其情哉。千里之畿，惟民止焉。四方之宦游来此，乘便处涣，动隔数里而遥，桑梓之情莫克相致，各郡邑会馆之设所从来矣。而吾绩鸣珂帝都、计偕公车，每不乏人，以暨监胄、卿造、椽史，岁时鳞集麇至，乃会馆实缺焉未遑。用是过存，苦于博访，庆贺燕会亦复无所，且也甫得税驾，而舍馆未定，至有解装道旁，昏暮靡投者，往往而是，甚未便也。不佞应秋有慨于中久矣。适余任卿过予，坐谈中予偶及此，任卿曰善，即邀曹华宇作册，辄以闻于在京同志诸公与家季父，无不欣然乐就，以为盛举。或隶京秩，或来入觐，或试南宫，或领三辅，或候铨选，盖斌斌骈臻，一时之盛矣。以观厥成何难焉！遂立册征会期，相与成之。若夫创建规约，则惟先达诸公，详列之书。时在万历己未二月春也，邑人葛应秋。

此序载在《绩溪县志》，吾绩之有会馆始自前明，此其仅存足证者。传闻基址在琉璃厂中间桥东，乾隆初重建兹馆，将旧馆变易，嘉庆间故老犹有言其说者。而乾隆建馆碑记乃云：昔时，梁安会馆基址已泯没不可考。何欤？亟录兹序于首，以彰创建之功，并附所闻，俟来者考察焉。

绩溪会馆碑记

四方仕宦、商贾担簦游艺于京师，云集雾合，所在设有同乡会馆，岁时贺召，辐辏偕来，置酒高会，欢若闾门。《诗》云："邦畿千里，惟民所止"；又曰："惟桑与梓，必恭敬止。"使四方之各自善其桑梓之谊于邦畿之地，诚盛举也。徽之绩溪，当有明时冠盖甲一郡，若予宗与汪氏、程氏数族，其最著者也。国朝以来，休、歙二邑科甲寖盛，先后都门各设会馆，而绩溪未闻倡之者。询之父老，言昔时有所谓梁安会馆，今其基址已泯没不可考。盖虽一馆之兴废，而亦关一乡盛衰焉。岁在甲戌，绩人叶、王、胡、汪四姓等谋复同乡会馆，众人皆喜，共捐资二千余金，于宣武门外椿树头条胡同置屋数十间，工作既备，堂宇焕然。己卯夏，请予为记，以勒之碑。予惟一事之创兴，不难于有力，而难于有志。夫以名都巨邑，不乏荐绅士夫为倡于乡，而往往顾瞻难之，一二有志者起，毅然率众人先，众人翕然从之，而其事遂不崇朝而竣，后之人或过其门，或登其堂，转得抚一楹一石而想见其乡先大夫学士之型。夫孰知经营创始出自一二有志者之为利溥哉？今者，绩之父兄子弟，服牛辖马执艺天府者若而人，绩之乡读书登进络绎而来者正未有艾，自有此馆，而仕族联翩、闾阎日廓，寖寖乎与休、歙二馆并峙京华矣。是馆之成，予宗人舜游曾经纪其事，具述其略于予，而因乐为之记。时乾隆二十四年，岁次己卯仲冬月谷旦，内阁中书舍人胡涵记。

右馆正房共三层：后层正房三间，中一间供神，左间供乡先达之有功于馆者，其上为暗楼，藏祭器、什物、锣鼓、灯箱，右间有土炕，上亦有楼，藏器物；中层为大厅三间，大厅之前有戏台一座；前层四间，中一间为大门，东间开置耳门，西间并套房一间，守馆者居焉。又后层正房之西有过道一间，通于西院。本馆房屋止此。其馆之西有大房一所，亦前、中、后三层，院内皆有箱房，西又有书房二层，并马棚、车房共二十三间，向系出赁。其馆之后身有东、西小房二所，每所正房三间，左、右箱房各二间，亦系出赁。由椿树小胡同出入，西边有空地一片，南界至椿树头条胡同，北界至椿树小胡同，与馆房等。此嘉庆年间所见馆中房屋如此也。由乾隆初建至嘉庆年间，已历五六十年，其时大门一层渐形颓坏，而中厅之宏丽、材坚工致迥非近今可及。且本馆房屋虽止十余间，而通计出赁之房约有五十间。敬阅碑阴捐输名氏，多者六百余两，少或数钱、一两，可见当时贫富两无猜忌，同心合力，以襄义举，厥功诚伟矣哉！

乾隆初年，吾邑人在京承办工程者甚多，又有在扬州承办烟盒贡者，每岁来京一次秋来春去。今烟盒贡历八九十年，其家承办如昔，而办工者希矣。当时人尚淳朴，敦崇本务，故执业者多赢余。每岁于元宵灯节在馆演剧一次，张灯设筵，同乡之缙绅士族辐辏偕来。其灯则有珠灯、纱灯、角灯，大小咸具今存于馆者尚盈箱累篋，又有壁纱灯一副，画三国演义全部，远近士庶竞相驰观，绩溪会馆之灯遂名于日下，所以宣助六街灯鼓，抒豫太平甚盛事也。逮其后，争习奢侈，酒食灯烛之费日增，力多弗给，承办之人辄勒令同乡捐助。传闻有陈观察者名庭学，绩之三都人，其父贸易来京，与在京开义盛茶叶铺之尚田汪氏有旧姻戚，观察微时即与汪文光同学，同由顺天籍中乙酉乡榜庭学联捷进士。其子预，乾隆庚戌进士，分刑部，官至巡抚；云，乾隆癸丑一甲二名进士，授编修，官至太守。宦居京师，因灯节捐烛费少忤承办者意，遂将其馆内官衔门封彻出，谓其冒籍顺天，不许入馆。伊家从此忿恚，改认吴江祖籍，而会馆遂为执艺者饮食醉饱之场，绅士足迹罕至。厥后，刑部方、胡诸先达宦京时，俱不肯经理会馆，以此馆事因之日败坏矣。

重新堂额记

会馆大厅旧有匾，颜曰"就日堂"，年久剥落，字画不辨。馆众相谓曰：自雨田、竹村诸人经馆事，弥补旧亏，复积有盈余，增修会馆、义园房屋，诸废并兴，何独于兹额而斩易之也？众皆曰然。遂相与谋制新额，易"就日"二字为"觐光"，而请侍御王观斋先生书之。继又有言者曰：吾馆之兴，未有规条，何以示后？其不可缺。众皆唯唯，于是并议规约十数条，另制粉额悬于堂，俾众共守焉。书之者邑人候选典史胡炳也。嘉庆十有九年甲戌九月，邑人曹圣录记。

先是，有汪某者久管会馆，假馆事借钱肥己，于是馆中负欠甚多。嘉庆丁卯，邑人高润如等讼于官，官令润如承管，而汪某之亏欠未追缴起乾隆乙卯、嘉庆丁卯两次捐输，俱是还借，侵蚀会馆之弊如此，所以现定规条，不许司事值年私借。越数年，润如死，馆中旧亏尚有五百余串未经弥补。辛未，公车北上，汪宬、胡炳乃邀集大众，请乡、会留京者经管。自辛未至甲戌数年，共归还旧欠五百余串。馆中后层正房东、西二间重加装饰，于檐下安置窗棂即今之郇山灵淑处也，馆后东所小房内添盖厢房一间，修理义园、南屋及厨室四间，并补筑义园周围颓墙。是时，馆内置有铁柜，每月房租收存柜内以俟支用，积数月清算一次，馆事大有起色，众心亦俱帖服。迨至丙子、丁丑间，经管者不无苟且，账目未能开出，游手无赖之徒遂得所藉口，寻衅入馆，以致数年经营整顿之劳一旦败弃，而其人亦蒙诟厉至今。呜呼！此岂非后之读书君子所当引为鉴戒也哉！

辛未经理馆事者葛雨田孟雷、张梧冈凤鸁、曹步韩州、曹韵槐嗣音。先是，乡、会来京者多不住会馆，步韩至，独居之。有曹某者颇不安分，常在馆滋扰，步韩曰："是吾族子也，乌可相容？"立召责之，声色俱厉，某感悟，束装回南。其时如曹某者尚多，因伏而不敢发，步韩之力也。壬申，步韩出京，胡竹村培羣接管。甲戌春闱后，梧冈出京，而盐经历章悍斋道基、拔贡曹道庸圣录适先后至都，遂同经理。甲戌冬，竹村归里门，悍斋旋亦分发两浙。乙亥，雨田以议叙州吏目出都，道庸病殁京师，从此馆事啧有烦言。至丁丑，闲杂人等复入住馆内，而契据、房折遂归王照之手矣。

己卯会试前，邑人许沛沧炳疾，馆事之复废弛，私祷于神，以为吾馆将兴，今岁当必有中式者，而胡竹村适以是科来京获隽，程理斋爕、余健庵珽两公车榜后亦俱留京。沛沧窃喜，谓馆神有灵，集众请理斋、竹村、健庵三人经理，倡议捐建房屋，而王照之徒失利薮，逞凶阻扰，三人者笃念桑梓，未忍与校，事竟中止矣。

丙戌清理会馆案卷　呈词摘录

具呈举人张四维、胡文柏、葛英，拔贡石炳文、附监方建宬、候选从九许炳抱呈姜升为吞租不交吁恳究追事。

窃举等俱系安徽绩溪县籍，有会馆坐落宣武门外椿树头条胡同，馆中余屋西偏有大房一所，后身有小房二所，向俱出赁，每年约可得房租三四百千文，因连年经管非人，侵蚀公项，致兴讼在案。兹举等检查房折，会馆西偏之房向系湖北修撰彭浚租住，每月租钱二十千文，按月支取。修撰出都，即系其同乡余玉川接住。据折，房租交至去岁十二月止，今年正月以后未付，举等向伊支取，伊忽言租已付讫。窃思房以折租、租凭折取，岂有交付房钱不于折内登记之理？显系因数月来兴讼在案，无人经理，遂思隐吞。为此吁恳宪台恩赏究追，其馆中一切事务容再详查续禀，望光上呈。道光六年三月三十日。

　　具呈举人张四维等为藉词占踞恳饬还房并叩追租事。

　　缘余玉川与王照勾通，贪图馆中房屋可以朦胧短租，又可以捏借取利，经举等呈控在案，伊揣难久住，遂藉词令人接递，妄冀呈准房可暗踞，不思会馆乃一邑之公，伪迹岂强词能掩。王照经管馆事，如果公用不敷，必行借贷，何以不出知单通知大众？据余玉川呈称，借项写在背面，举等查房折正面尚未写完，何以必于背面书写？且据称此项借自道光三年八月，举等查房折取租流水登记，此项若的系彼时所借，何以不明书于三年八月之下而必暗书于背面？若惟恐人阅见，又属何心？况经历数年，若实系馆中借用，何以不早将租钱扣讫，直至本年始行坐扣？种种乖舛，伪迹显然。举等又查彭姓租住时，馆中添造正房二间，余姓接住并未加租，非与王照勾通朦胧贪利，何以若此？窃各邑俱有会馆，若一人指折私借，遂可将馆中房租扣抵，则设借至一二千吊，势必卖馆以偿。此风似未可长，伏乞宪台恩施讯断，严饬余姓即行迁移，交还房屋，追今岁未交之租，并令将从前应加租钱缴出，以惩奸私。至伊等管理会馆滋事，叠经控告有案，恳求一并严究。戴德上禀。道光六年四月　日。

　　具呈家人王元为据实呈明事。

　　家主现任户部主事胡培翚，系安徽绩溪县人。本年二月初三夜，有同县监生曹鸿章、民人吴五桂即吴联芳等，将绩溪会馆拜匣一个送至本宅，要家主收管。是月二十后，有已革生员王照来取拜匣，家主未给。嗣经举人张四维等到本宅，公同查点房折，缘余姓扣租不交，呈告在案，兹奉坊传始知家主被王照诋控。窃嘉庆二十四年，邑众因王照管会馆账目不清，交家主经管。家主以馆中空地甚多，倡捐添盖房屋，伊等不愿，造言阻止。后家主移居内城，离馆较远，交举人程爕管。其时存有京纹六十两，舒国安屡次向程举人索借，程举人未允，将银交给馆众，仍是王照接管，与舒国安朋比侵蚀，家主连年因差使匆忙，无暇过问。今王照以讨取拜匣未给挟嫌诬诋，据伊呈称抢夺拜匣一节叩传监生曹鸿章等讯问自悉，又据称公事公办等语，何以彼时向余姓借钱不通知大众？即是王照私借，与馆无涉，恳求讯究。又馆中契据向系王照收存，叩恳追出，免致遗失。现在绩邑乡、会人等多寓他所，而会馆竟为伊等利薮，殊失前人创建美意，且恐汹汹聚处，别滋事端，为此禀恳恩施讯断，严加惩诫，保存会馆。切禀。道光六年四月　日。

　　具呈举人张四维等为蒙恩讯明恳求给示并呈规条叩核杜弊事。

　　缘王照、舒国安盘踞绩溪会馆，朋比侵蚀，并勾串租房之余玉川捏称借项，馆业几归余姓占执，幸遇大宪察奸烛伪，断令余姓交还房屋，勒令王照、舒国安及国安之侄舒观永搬出会馆，阖邑同声感诵。现尚有吴瑞源及唐堃之妻占住馆屋，吴瑞源自言数日内亦即搬出，其唐堃之妻拟俟唐堃到京再令迁移，但恐伊等日久故习复萌，仍行进馆，或更有觊觎效尤者。举等揆从前败坏之由，总缘游手无赖之徒三五

聚处，侵蚀分肥，造言滋事，同乡正人裹足不前所致。恳请宪恩出示严禁，嗣后王
照、舒国安等永远不许入馆，其非观光应试者亦不许住居馆内，如有闲杂人等擅行
入馆，乞饬看馆长班通知管理之人即行呈究，如长班容留徇隐，亦求惩办。至余姓
交出之房，坍塌破坏，所在皆有，不特借项修理系属子虚，即开销岁修之项亦尽浮
冒，深堪痛恨。前次奉宪谕查算王照、舒国安经管账目，举等遵开账单粘呈在案，
除王照业经私逃，现奉传拿，俟到日再求究追外，其舒国安经管会馆侵蚀之项，恳
勒限追出，并求惩办以儆将来。所有坍坏房屋，馆内现无存钱，举等拟捐垫修理。
谨新议规条数则录呈电核，俟奉准后，并将旧有规条斟酌增损，刊刻以垂久远。为
此叩恳宪台大人恩准给示惩奸杜弊，实为德便。万感上呈。道光六年六月　日。

　　钦命巡视北城察院批断：
　　此案舒国安与王照朋比为奸，踞占会馆，侵蚀租钱各有八百余吊之多，复勾通
租房余姓捏称借钱，从中取利，经该举人张四维、拔贡石炳文等公同举发，本城亦
讯出实情，当令余姓交房，所借钱文概置勿论，拖欠租钱四十余吊亦从宽免。其着
追并押令舒国安、王照即日搬移，不准逗留在馆，一面饬令该二人呈交账目，以便
按款勾稽。讵舒国安任意支吾，诿为唐堃经手，查唐堃现已回籍，应俟其到京后讯
取供词，无难水落石出。王照账多浮冒，现已畏罪潜逃，经该县公车等搜出经管账
目，显露侵吞情弊，已饬该坊访查王照下落，派役拘拿，俟到案即行究办。舒国安
素行凶横，冒籍宛平，曾被该县人控案累累，王照同行霸占，并敢呈谤乡绅。本城
已查明舒国安系宛平兵籍武生，缘事扣除名粮，即武生业经斥革，王照自称文生，
而大宛学册查无其人，均难保无冒充情事，应俟王照获案，一同递回原籍交地方官
严加管束，免致在外滋生事端。其该馆事宜，已议定京官管理，应即遵照现定章程，
除乡、会试及谒选人员外，一切闲杂人等概不准在馆浮居。舒国安系不安本分之徒，
已在城具结，不敢复行干预，如再进馆中，即惟长班姜升是问。倘肆行滋扰，一经
发觉，定当加等严惩。此次姑为存案，暂缓送部究办，仰该坊剀切晓谕，俾众共知，
以示本城不为已甚之意，如敢仍蹈前辙怙恶不悛，是自投法网，断不能稍从宽宥也。

　　特授北城兵马司右堂管理街道事务谢为晓谕事。
　　照得绩溪会馆安徽举人张四维等呈告余玉川等为吞租不交等情一案，当经录供
详解，蒙本城院宪批云云以上具录北城院宪批断等因。为此出示晓谕绩溪会馆同乡人
等，俾众共知，自示之后，各宜凛遵毋违。特示。道光六年六月二十二日，告示。

　　庚辰以后，王照复管会馆，舒国安继之，并有游手之徒同居馆内时馆后东所小房
亦不出租，唐堃等住家眷于此，贪染余润，从而党附，助其凶焰，连年会馆、义园两处
岁祀俱废。道光丙戌正月，邑人张邦舜、胡炳南、汪添等赴城喊告，巡城院宪程公
程公名斋采，江西人问曰："尔绩可有京职乎？"众以胡竹村现任户部主事对。程公曰：
"会馆归京职管理，此都中通例也，尔绩何独不然？尔等且无讼，其以馆事归户部主
之可耳。"众之首告也，意皆欲藉管会馆，闻程公言颇失望犹豫。适是时承办烟盒贡

之同乡在京，有章大信者夜梦馆神，翼日到馆烧香，舒国安疑为理论馆事来也，逞凶肆骂。大信走回，告知烟盒局大众，众皆怒，同至馆内清理账目，将拜匣房折取出交曹映渠鸿章等转送竹村宅内，竹村因邀集张萝庵四维、胡心原文柏、方酉山建宬、石尧章炳文、葛以含英、许沛沧、余健庵、曹映渠诸人同点房折，查出王照私押房屋情事，呈官究治。会馆之不亡，神实默相焉，岂非伊等平日肆行凶闹，获罪于神，故假大信以发之欤？呜呼！神亦至灵矣哉！

丙戌六月讼结后，馆事照规条交京职竹村经理，而乡、会、朝考在京者亦多好义，协力共济。是时，房屋连年不修，坍塌渗漏，所在皆是。馆西出租大房内倒塌二间，重盖用京钱陆拾叁串壹佰文，又修理本馆房屋及馆西大房共用京钱陆拾陆串柒百捌拾叁文，系石尧章、胡竹村二人先行垫办亦系照规条办理，后收房租归还。

是年领告示，赏坊役京钱肆串，系胡竹村捐给。又讼事各人车饭、零用钱俱系自备，并不开支公项。时有胡炳南、汪添，屡到馆索讼费。众以公项不可开支，而伊等屡索不休，竹村捐给京钱各贰串。

丁亥，经理馆事诸人虑大门数间之朽将倾，且病神堂之卑隘也，议所以重新之。先是，竹村奉尊人之命，捐俸以倡，并致书同乡外任诸公捐助，而恐费之不赀、捐之不继也，思为称贷之举。集众咨议，众皆曰："工不可缓，非称贷曷济。"乃立议存匣，于是年二月借项开工。将馆后东所小房八间原系七间，嘉庆甲戌添建一间移建于西院之空地，而建神堂三大间于此中一间供神，左间供乡先达，右间藏器物，并将西所小房原系七间亦拆移二间，于西院复添盖二间为十二间，周以垣墙即今出赁之西所十二间是也。本馆前层大门四间及戏台一座俱拆去，择其砖木之可用者用之，其坍坏腐朽者易之，依旧址重建四间，而门庑则加高大焉，较从前之湫溢【隘】者迥不侔矣。其旧神堂即郎山灵淑处后壁改装出檐，安置隔扇，东山墙倒塌重砌，并修理旧房各处坍患及临街垣墙。至十月竣工，共用京钱贰千柒拾余串，除已出捐项及借项支用外，仍不敷京钱贰百陆拾余串，系胡竹村垫出不取息钱，以戊子、己丑所收房租陆续归还焉。

丙戌、丁亥两年清理馆事，萝庵、心原、以含、映渠、酉山之力为多，而萝庵遇事侃侃，尤不避嫌怨云。

丁亥重建房屋，常川监工，胡培谷轮日监工。

吴联芳、张邦舜、胡炳南、曹德明、胡培祺、胡松荣、胡延寿、叶文林、王大明、胡廷升、汪銮附记于此。

跋丙戌案卷

丙戌之春，予实在都，与闻兹事，以匆匆返宣署，未附名讼牒。丁亥接胡竹村农部书，知有重建房屋之举，予亦勉力捐助。今春入都，瞻望楹宇，而向之狭者扩之，卑者崇之，焕然一新矣。方己卯、庚辰间，予与竹村、理斋经馆事，未终厥局，深以为恨。竹村每与予言及此，辄唏嘘太息曰："若辈指会馆为利薮，断非善言所能感悟必也。其鸣官乎？然离乡数千里而与乡人讼，于心终有未忍，将来吾侪唯有努力，捐资别置一馆，以为乡、会税驾之所耳。"辛巳以后，竹村绝迹不入会馆，盖其别立一馆之意已定也。今若辈稔恶不悛，致动同乡公愤，官令经理，竹村谊无可辞，与诸君子奋然扫除更张，整旧为新，不特凭藉有基，易于集事，且使前人垂败之业藉以获保。是别立一馆仅为裨益后人，而兹且有功先哲，不更善欤！余因竹村惓惓于馆事已久，而喜吾馆之复兴也，于是乎书。道光己丑立夏前一日，余珽跋。

　　跋内"使前人垂败之业藉以获保"数语最为切至，盖善举之兴，维持保护全在后人，昔之赖今，亦犹今之赖后，窃愿来者力保于无穷也。

尚义轩记

　　轩在绩溪会馆新建神堂之西。其始也老屋数椽，倾欹摧朽将即，于岁己丑，余与萝庵、理斋、心原、以含谋所以新之，乃式辟旧基，高其楹宇，于地之北新构瓦房五间，其南建平台三间，而于平台之左右各置小房一间，以为门庑庖湢之所。既成，余颜之曰"尚义轩"。或询于余曰："子之以是名轩也，殆以连年新馆屋、修废坠之为义举而矜尚之欤？"余曰："否否。夫义举非成之艰而守之艰，其所以不能守者，由于当局有自私自便之念，弗克循乎理之当然分所当为，而或诿其劳，或专其欲，久之必至涣散纷争、废败公事而后已。然此自私自便之念易动于中，每为人所不能无，惟义一秉大公，凡事皆有至当不易之经，截然不可犯。以是为尚，则有以胜其自私自便之念，而务求利人不求利己，夫如是则莫不和同以听，而事罔不济。《易》曰：'利物足以和义'。先儒谓不和生于不义者，其是之谓也。若夫好义者遗利，而究之广厦常存，旅宿有所普被荫覆，于己亦无不利；弃义者贪利，而究之涂败之后，沾溉无从，徒蒙诟辱于己，亦无所利。固理之显著，人所共知者。至于夫子言义以为上，而推无义之弊，曰：'为乱为盗'，此在贪冒勇很【狠】之流所宜闻而警心，而不必为吾侪告也。"或乃怡然意释，曰："自今以往，吾邑之人皆知以义为尚，则私去而无不和，于馆之成规可以遵守勿失矣。"爰次其言以为之记云。道光十年庚寅三月望日，邑人胡培翚撰。

　　先是丁亥，将馆后小房移建西院之西，旧房仅存五间，至己丑撤而扩之为房十间，共用京钱捌百捌拾余串，除续捐外仍不敷，钱亦是暂借，立有合议存匣。馆内遇有建房等事必须借贷，应照规条先知会大众，立合议为据，不准值年私借。
　　己丑，程理斋来京应礼部试，同管馆事，而心原以是科捷南宫，官户部，以含先于戊子官中翰，馆事始照规条轮换经理。此次造房工作始己丑秋，讫庚寅春，心原、常川监督，而理斋亦同经纪云。
　　己丑，馆西大房内翻盖书房二间，用京钱贰拾串。
　　自丙戌至庚寅，馆屋建造修理共用京钱叁千壹百余串戊子以后岁修尚不在此内。现计本馆房十五间连前院灰棚在内；馆西前层一所，房二十五间原二十三间，嘉庆己卯添盖二间；后层二所，东所十间，西所十二间。通共馆房六十二间。

绩溪义冢碑记

吾绩旧有梁安会馆，久经圮毁，并其基址亦无可考询。乾隆丁巳，同乡诸耆长构地，立绩溪义冢于三义庵，岁时会集省奠。事各就绪，乃谋复建会馆，众议咸协，于壬戌春展墓之次再申前议，遂捐输得数百金，立今会馆。其首事者戴君启良、汪君永明、程君尔玉、毕君尔亮、李君君实，今诸人俱先后谢世，而其肇兴之工不可没。胡先生舜游暨予再叔旭初惧诸人之泯灭无闻也，欲志之以垂诸后。会予适入都，属笔述其崖略，碣诸庑。噫！后之览者因名以思其人，其油然笃桑梓之谊者举于是在，则书名之所系诚重，而吾乡之担簦聚族于京者，其亦可同志合力以维持此馆于勿替也已。乾隆己卯岁菊月，楠墀汪立烁拜撰。

题是义冢碑而文多牵涉会馆，盖以会馆之立由于先有义地，故同乡得以岁时会集谋复建馆耳。碑左所载捐输名氏已录入卷二，皆乾隆丁巳捐置义冢者也。

绩溪义园记

绩溪之有义园，创议于乾隆二年丁巳，越一年戊午，度地得东城崇南坊之霍家桥，地长东西十二丈六尺、宽南北五丈六尺，墓舍三间，于是醵金庀工，垣墉粗立。越四十四年辛丑，于园左广地长东西十七丈、宽南北十丈五尺，又于园后广地长东西六丈八尺、宽南北一丈八尺，由是规模宏整，岁时省奠之事胥以安庇。今风雨颓蚀，垣墙倾圮，乡耆长见而悯之，复捐金鸠材以加修葺而固幽坏，凡砖石工作之费共银百三十余两。事竣，属余为文记之，俾来者得以考其端末。余惟敦睦之谊，冥明一体，生有所养，死有所葬，则离乡轻家以来兹土，或不忘首丘之义而有以生其任恤之心矣。余故书之，以俟后之君子。嘉庆元年龙在丙辰六月之吉，邑人方体撰记，周宗杭书石，高会寅、汪茂南、程颂华监造。

墓舍原有七间，记内言三间，偶误耳。碑左捐输名氏已汇录入卷二。

修绩溪义园记

适他乡、处异地而有义园之设，所以奠安旅榇、矜慰游魂也。设义园，则必置守园者之居，所以防邱垄之损伤、牛羊之践履也。故园有垣墉，惟守园者保之；园有薪木，惟守园者护之。若无守园者之居，则园将无守也。园无守而牧火樵苏夷及骼胔，其不为久血之磷、天阴之哭者几何矣？吾绩义园在都城东偏左安门内之霍家桥，旧有瓦房七间，外一间为厨室，其内南屋三间，乡人岁时扫奠燕憩之所，北屋三间，守园者居焉。南屋修自嘉庆壬申，北屋岁久未修，梁栋摧折、砖壁倾斜，大惧覆压而守园者无以蔽风雨也。乃醵资庀材修葺，易其腐朽，重加墍茨，并令工周视南屋之渗漏与园垣之颓废者，咸缮治之使完整。既蒇事，粗述崖略，记其捐输名氏于左。呜呼！义园之与会馆同为适他乡、处异地者之急务，然会馆以居生人，去住无常、浮踪萍寄耳。若义园则客死无依、永埋于兹而不得反葬者累累也，后之人安可不以时勤省也哉？道光十有一年岁在辛卯五月，邑人胡培翚撰记，时监工者邑人章兆禄也。

　　此次因义园工程刻不可缓，而馆内公项不敷，是以捐修亦系遵照丙戌议定规条办理也，捐输名氏见卷二。

卷 五

筹添来京试费缘起

试费何以刻入馆录？以试费存本由会馆内余项、捐项所积也。从前管会馆者类多侵蚀，不惟馆项无存，反有将馆屋押抵私借者。自道光丙戌复兴以来归京官经理，诸事撙节，公项始有余存，兼之发科受职者好义乐输，遂凑成此项。兹刻缘起以昭久远，且俾后之受益者知所自来，而遇馆内有事当协力维持也。

书札

录九则俱关商酌者，其余往返公信尚多，存公匣未刻。

致胡竹村农部书　　戊戌五月

春间，令侄季临抵都，出示手教，闻綦履延庥为慰，然出山之志万勿因难而止。弟京尘历六，无善可陈，会馆事宜，年来经管尚不掣肘，旧有积欠已扫数完清。上年于大厅后添盖两厢，开除用账，尚存京钱三百千有奇。每年收入房租除常用外又可余剩，将来积贮渐多则必滋弊端，若就近存铺生息，恐春潮消长，易涉无着。若于隙地添造房屋，非不着实，万一经理无人，又蹈前辙，殊觉可惜。前于礼闱，同邑下第为之不乐，即如往返程费寒士亦多不易，因思宾兴局起自乡试，故会试分给者止十分之一，然北上盘缠为远过之，鄙意将会馆余钱易银寄附宾兴局，照例存典生息，专为会试加筹一箸。现在馆内余存结至本年可得二百金，自后仍可续次寄存，俟积有千金成数再议如何开支。盖会馆多为考试而设，以其有余补其不足当无不合，在京已与章秋渔、胡文甫、枕泉诸君商榷，皆相许可至存典生息。亦知词烦而费，专仗鼎力与局内乡先生玉成之，如蒙允诺，再告知在京同乡，秋后有客南还，便可觅寄此项矣。

书内所云"旧有积欠"，即道光七年、九年添造房屋挪借之项。

胡竹村农部复书　　戊戌九月

接奉手札，备承拳注，铭泐殊深，弟出山之意筹躇难决，总由资斧不足、瞻前顾后耳。来函所议会馆余项存典，以息银津贴公车，意良法美，阖邑同感。惟弟于八月杪旋里始接此信，正当租场董事在家者希，只好俟十月课期定议。但弟本年就馆江苏，届时或要出门，自当属司事专函布复以成善举也。

宾兴局值年司事复书　己亥　月

前接公函筹画会馆存项事宜，想见诚心为公详细之至。竹村先生现在江苏，仍未返里，弟等与阖邑绅耆商酌于六月十五日齐集学宫文昌殿公同妥议，俱云此事归宾兴局办理，其议甚妥。是日又邀城内五典齐到文昌殿相商，此银权作暂存之计，存至曹纹壹千两之数即行截止，其利照宾兴局例每月七厘起息，依来议俟告竣后方准开支，令各典立一暂存折据归宾兴局公匣，各典亦尚踊跃，并无难色。弟等思此议甚妥，望将此银觅妥便寄来，此系一邑公事，邑中无不乐成此举，当不至无人经理也。

致宾兴局值年司事书　庚子正月

客腊接奉来函赐复前商会馆存项，筹画精详，足见和衷共济、相接以诚，且乡老先生众议如一，自无不着实之处。所议分存城内五典，照宾兴局例每月七厘起息，账据即附入宾兴局经理，可谓事简而明。但宾兴局每届科场揭账之期亦将此项本息揭明，每次结有成数，仍望信致都中，俾知存数若干以便续次添寄，期于彼此会萃而成，则拟积曹纹千两之数可计日待也。现已将馆项凑成曹平足纹叁百两遵示寄出，务希以本年月日立一收据寄交会馆，其故以馆内存项寄回生息，觊觎者不无绝望，无事生风，势所不免，所以期于事事之核实耳。

宾兴局值年司事复书　庚子三月

三月望日接到来函并曹纹叁百两，比即邀请乡前辈齐集公局验封照入，仍传城内五典公同暂领，立折生息，俟科场揭账，将此项结存子母若干彼时具信寄京以昭核实。兹遵谕写立收据一纸寄来，乞检收。

宾兴局值年司事暨胡枕泉绍焕**来书**　癸卯五月

四月杪，绍焕由杨司马署领到会馆余项并公函，比即送邑中，于五月初四日，宾兴值年司事齐集，公同拆封分贮各典。再者，前议原拟本息陆续凑足壹千两始行妥议章程，今计息银约有百余金，势不得仍归本典息上生息，又无处可以暂存，因议将息银即发给明年甲辰科会试盘费，此项既归实用，又为场前鼓励起见，仍请质之诸先生以为何如。外领据一纸，即希验收。

复宾兴局值年司事书　癸卯七月

接奉公函并收银票据，藉知春间寄出公项已送到分存各典生息矣。惟所言将息银百金议给明年会试盘费云云，弟等细思此举殊多窒碍。此项寄存之初，在京同乡每多异议，弟等因与约至道光二十四年为断，二十五年以后如有存项，即归京内公用，原计本息相权至二十四年可凑成千金，如用去百金，则既负前约，必费词说，恐难免于挠败。此窒碍者一也。会馆出赁之房现多朽，拟将此项赶早凑成，再有余存，即应修盖房屋，若用去百金，则必迟待一年，万一租赁无人，更不知待至何年，此项既未凑足，房屋渐即倾塌，一事不成必致两事俱废。此窒碍者二也。会馆公项所赖现在经理有人，始能节省余存，可以陆续筹寄，若不及早凑成，则客乡寄迹聚散无常，而此事将不免一篑之亏。此窒碍者三也。原议拟俟本息陆续凑足千金再行定例开支，今正项未成而息银先用，章程未定而盘费先支，于事体似亦不顺。此窒碍者四也。鄙意总以凑成千金立案定例之后再行开支为妥，如现在已将息银支出，或即封贮司事处，俟京内新款寄出时归并存典，如此通算则明年计可凑成。明年果能告成，一逢科场，随息多寡便可开支，所迟不过一年，与其不待成功先行支给，以致多所窒碍，何如稍为从缓乐观厥成可以行于长久之为善也。弟等并非拘执己见，缘京内情形实系如此，至邑中时势如何，弟等不能悬料，如有不能不开支之处，亦必请将章程先定然后开支，既开支后仍否须京内续寄，抑或即以现在之数立案，一一指示。但现在之数太微，恐难立案，既已开支，则馆项亦难续寄耳。专此布复，伫望回音。

宾兴局值年司事复书　癸卯八月

顷接公函，备悉一切。前所云将会馆公项息银给明年会试盘费，虽有此议，其息银仍存各典，未经支出。本年八月初二日在金陵给发宾兴试费，谨将公函与城乡同人一同酌议，俱云京内所议极为妥善。今拟谨如尊议，仍将息银暂存各典，待积至壹千再行定例给发。所有会馆内存项、捐项，恳仍照旧寄出生息，以成善举。

致宾兴局值年司事书　甲辰十一月

月初接到公函并本年寄项收票一纸，备知所措俱臻妥善。此事原议以积至千金，然后开支，俶给试费。今核来账，其已存各典者尚不敷此数，但现在汤阴大令程蓉屏兄为会馆捐银百两，弟文柏亦为会馆捐银百两，统已寄、未寄核算，千金之数已有赢无绌，俟遇便即将所不敷之项如数寄出，一面酌拟规条，在部呈请立案矣。弟等谓既有成数即可开支，拟照宾兴例，将二十三年七月以后、二十四年六月以前所得子金全发乙巳会试、甲辰北闱乡试盘费，至二十四年七月以后之利归入来科给发。如此办理，既与成数无碍，亦与原议相符，请即按现定规条分数给发。再，银寄到时，务令各典换立领据，以便部文行查到县，据实声复。至要至要。

此事初次信内止议为会试加筹一篑，但存本由馆项余积，而馆录规条，乡试留京者与会试留京者同有协理之责，所以定例时议以二成分给北闱乡试，于事情始觉允洽。

试费存本银数

道光二十年寄存正本曹平足纹叁百两；

二十一年寄存正本曹平足纹壹百贰拾两；

二十三年寄存正本曹平足纹壹百肆拾两；

二十四年寄存正本曹平足纹壹百伍拾两；

二十五年寄存正本曹平足纹壹百柒拾玖两肆钱柒分；以上共计正本银捌百捌拾玖两肆钱柒分，内有捐项贰百柒拾贰两，馆内余存实计陆百拾柒两肆钱柒分。捐输姓名刻入卷二。

息银作本壹百拾两零伍钱叁分。邑中寄来账单内开二十三年十二月以前共计息银壹百叁拾柒两玖钱柒分，除将二十三年七月至十二月连闰共七个月按本银伍百陆拾两核算，应划出息银贰拾柒两肆钱肆分给发试费，仍余息银壹百拾两零伍钱叁分，作为正本，归并存典生息。

以上共计存本足纹壹千两。

各典领据　邑中钞底寄京，原底存馆内公匣

具领状。本城典商今于与领状事，实领到京都本邑会馆余存暨邑人捐输公项案内曹平足纹壹千两整。商等五典匀派，各领贰百两整，典名列后，按月柒厘行息，遇乡试年分，即于六月底将息银算清交出，给与值年司事，遵例给发，不致迟误。嗣后，商等各典倘有歇业，即通知司事将本息银起出，派与现开各家暂存行息，俟有顶开或城内有新开之典，再将本银给领，照例行息，不得侵蚀推诿，所具领状是实。

　　程广泰典　印信
　　周允大典　印信
　　胡咸丰典　印信
　　程怡怡典　印信
　　程际泰典　印信

再批：各典无二印信，只将印票图章行用。又照。

道光二十五年五月初一日　具。

部案规条

具呈户部郎中胡文柏、吏部主事胡肇智、内阁中书葛良治呈为筹添试费，恳准附案以垂久远事。

窃职等俱籍隶安徽徽州府绩溪县，缘绩溪僻处山中，土瘠民贫，业儒之家尤多寒素，每遇考试，远涉长途，艰于资斧。邑中前捐有宾兴盘费一项，存典生息，佽给士子试费。第在乡试赴省者虽略堪敷衍，而会试与贡监应顺天乡试者不免犹形短绌，且如优、拔贡朝考，同属来京，未经筹及，亦觉向隅。今因京城有绩溪会馆，为邑人考试来京栖停之所，馆旁余屋向均出赁，每年租入除岁修及一切开支外尚有余存，职等与在籍绅者、信商，以会馆原为考试来京之人而设，可即以其有余补其不足，将道光二十年至本年馆内余存暨邑人乐输之款，凑成曹平足色纹银壹千两，陆续寄存本邑城内各典生息，附入宾兴项一体经管，所得子金专添给来京士子试费，庶不致因涸辙而或阻其上进之心。惟是事期经久，亦恐久则弊生，不可不防其渐。职等查宾兴盘费一项，曾于道光六年经户部主事胡培翚等呈明，大部恩准立案在案。今既筹添此项，事同一律，为此缕陈原委，并酌拟规条四则，仰恳大人鉴核恩准附案，并行查原籍，饬造银数细册报部，俾可行之久远，实为德便。道光二十四年十二

月初一日呈明，礼部立案。

附呈规条四则

一、城内各典资本较巨，此项为数无多，若令四乡各典一同具领，事涉琐碎，今止分存城内各典，仍照宾兴项例每月七厘行息，以昭画一。

一、此项原为来京途远盘费不敷而设，每科息银共计若干，以十分之八给会试优、拔贡来京朝考之年，与会试举人均匀给发，以十分之二给北闱乡试，其宾兴项内应得分数仍照旧给发。

一、此项既归宾兴项经管，理应津贴杂费，每息银百两内，以四两作为津贴，其或不足百两，即按此数核减。

一、此项一切事宜除现呈规条外，其余悉照宾兴项规条办理。

卷 六

辛卯后历年添造房屋各账　　馆录刻自道光辛卯，嗣后馆内公事一切悉

依馆录规条经理。历房租所入，常用之外每有赢余，前已将存项筹添试费，载在五
卷。兹将辛卯后历年造房账目另作六卷，俾阅者得以按岁而稽，后有接续前绪者，
亦可随时附刻焉。

丁酉，胡心原经理馆事，于大门外添造栏栅，于大厅后添盖东、西箱房各一间，
共用京钱叁百叁拾余串。

丁未，张萝庵、曹敬夫、邵清斋、胡季临相继经理馆事，因馆西房屋年久朽，
集众商议，将后进正房三间全行拆盖，正房之西灰棚二间改造瓦房二间小院空地并入
房内，西箱房灰棚二间改造瓦房二间，箱房之南盖灰棚，夹道东箱房灰棚一间改造
瓦房二间，又将会馆旧神堂西过道改造瓦房一间房内并造炉灶，共用京钱捌百零肆串
陆百余文。其时帮同照应者，程金如、程以峰、唐履成、葛善祥、程位安、胡焕
章也。

己酉，胡季临经理馆事，续将馆西房屋中进三间、临街三间、前院西箱房二间
全行拆盖，东箱房二间因木料坏改造，并移就中间四尺，与西箱房整齐以上各房系在
丁未年议修之内，因经费不足中止。又将本馆大厅院内西边南头小灰棚一间拆去，改造
院墙，与东边院墙整齐，其西边院墙外南头留小院，北头盖灰棚一间房内造有炉灶砖
炕。共用京钱贰百玖拾串。

又，尚义轩西边十二间一所，原系旧料所盖，年久损坏，其南面又系空院，并
无房间，因集议鸠工将旧屋修整，并于南面空院内王姓占地已收回添造厅房五间，前
后出廊；厅房以北添东、西箱房各一间，隔断屏门一槽归并西所出赁。共用京钱壹千
肆百叁拾贰串余文。

辛亥，因公车日众，馆内房间不敷居住，其出赁之房一时未能收回，公议于馆
西空院添造正房三间半，正房之南东、西平台各一间，共用京钱玖百零叁串。馆项
不敷，系胡季临设措垫用，于壬子年腊月归讫。

壬子会榜后留京者多，又以来岁系大挑之期，虑房屋仍不敷住，拟在辛亥年新
造房之西添盖朝东房数间。其时馆内并无存钱，公议京官与公车分股垫用，于八月
兴工，九月落成，计添造房四小间半，共垫用京钱伍百伍拾叁串，俟癸丑四月除房
租所入归还不敷外，再照馆例公同措借归清垫款。

咸丰戊午，胡馥庭经理馆事，与程明东在本馆义园之西南价买高姓空地一业，立有四至界石，以便将来圈造坟茔，契据刻入第三卷内。

同治癸亥，胡荄甫经理馆事。越两年乙丑，冯汉卿、周缉之来京会试，胡国卿赴部验看，其时程汝谟先以副挥在部候铨，公同商议，以年来吾邑科第仕宦颇盛于前，科第匾额迄未悬挂，仕宦匾额亦狭小不能尽载，爰更置丈二粉额两方，分悬厅事左右，将历年科甲、仕宦挨次题名于上，俾日后得有所考，计用京钱壹百伍拾串。其旧额收贮馆内，俟三元鼎甲题名之用，愿吾邑人士共勉焉。

同治乙丑，程汝谟经理馆事。越三年，因馆中旧置木器年久损坏，值唐春帆在京候选，同办桌椅板凳六十六件，用钱叁百七十六吊。旧日木器仍存馆中。其大门及栅栏年久朽败，全行整理油漆。东边空地一块，于馆中甚为不便，现时筑起土围以为严密之计，亦期有利于将来耳。

戊辰，胡荄甫经理，维时胡季临、胡馥庭、程汝谟同在京师，公议将馆东空地买就，拟圈砌围墙以为添盖房屋之计，因经费不敷暂行中止，日后当事者务须续成焉。此地后段本系本馆契买韩姓之业，年久遗失，查馆录第三卷便知，现系内务府正红旗瑞姓出业。契据刻入第三卷内。

壬申九月以后，胡馥庭经理，将大厅楹联改做，并于神堂前添置匾额一方、楹联一副，并检查各灯及旧日木器，短少者责令长班赔偿，损坏者雇工修理，另立一簿登记，以便查考。

又，旧例长班工食每月制钱三吊，合银八钱。嗣因搭用当十大钱，银价每两换钱十余吊，未免太形苦累。因与程汝谟、胡哲臣公议，自癸酉二月为始，每月给工食钱十吊，仍合银八钱之数，俟通用制钱再复旧例。丙子清明节公议，看馆长班工食既增，而义园长班仍复照旧，未免向隅，故自本年为始，每月给工食三吊。

光绪丙子，胡馥庭经手将馆东空地圈砌围墙，东至官街，西至馆墙，宽四丈九尺；南至官街，北至糖房，计长九丈九尺。并建造大门一间，共用京平银壹百伍拾两，当十京钱壹千叁百串。

己卯九月，胡馥庭卒于京寓，子祥醴随侍都城，于次年庚辰将馆事理清，交与程苹卿经理。

光绪辛巳，程苹卿经理馆事。因尚义轩院内南灰棚四间、东厢房一间木料朽，集众商议，全行拆盖，改造南瓦房五间、东西厢瓦房各两间，八月兴工，十月落成，共用当十京钱陆千壹百玖拾壹串玖百文。馆项不敷，系程苹卿筹垫，于所收房租陆续归讫。

新安惟善堂征信全录 （光绪七年刊）

清光绪七年（1881）辛巳孟夏月刊
堂在杭省凤山门外江干海月桥内塘桃花山麓

目　录①

前　刊 ·· 404

　新安惟善堂前刊征信录序 ······················ 404

　禀呈　宪批　谕示 ································· 405

　捐输名目 ·· 424

后　刊 ·· 433

　新安惟善堂续刊征信录序 ······················ 433

　新安惟善堂后刊征信录序 ······················ 434

　谕示 ··· 434

　同治四年至光绪四年捐输总录 ················· 436

　同治四年至光绪四年支用总录 ················· 446

　光绪五年捐收各款名目总录 ··················· 456

　光绪五年支用各款总录 ························· 462

　光绪六年捐收各款堆金总录 ··················· 462

　光绪六年支用各款总录 ························· 469

---

　①　目录为整理者所加。

前　刊

新安惟善堂前刊征信录序

翰林院侍讲学士、前提督安徽学政胡敬撰

新安地狭人众，为商旅谋衣食于外者较之他郡邑尤多。吾闻之同居乡里有相周相保、相救相恤、相友相助、疾病相扶持之谊，今也散而为商旅于四方，势固不暇相顾问及，一旦遭罹大故而望收恤于故乡之人，又情之所不容已也。况新安之人为商旅于吾浙之杭、嘉、湖诸郡邑及江南之苏、松、常诸郡邑者甚众，不幸因病物故欲归榇于故里，途必经于杭州。嘉庆初，歙邑余锦洲尝于钱塘栅外一图建新安权厝之楹，然地侧隘不足容多，又复募得桃花山麓石井前张立瞻地若干丈尺，建旁屋数楹。锦洲卒，其孙铉顺与侄晃并续购何姓地若干丈尺，待扩充焉。道光十七年，司事胡骏誉、金高德等五十余人咸曰："事创于前，必有因而后大，我惟时其任之。"乃各捐资劝募。复募得杭郡同志阙信甫家毗连基地二亩有奇。其建屋之制，前为厅事若干楹，后筑室为权厝所二十余间，周以墙垣，既固而安，足容多榇矣。凡旅榇之至，则先告于司事，司事即遣信告于其家，予以迎柩限期。其家人有力者，任其自备资用迎归故里；力不足者，酌助之；极无力者，尽给之。期已过而其家人莫有至焉者，司事将堂中所置公地代为埋葬，仍立石识姓名，俾异时来迁移者毋贻误。而各邑并于邑界水口登岸处建设登山集，集有司事如堂。凡旅榇至而无家人资送者，则以告于集中司事，司事亦即遣信告于其家，其家或有力、无力与力不足者，司事待之之法如堂。期已过而其家人莫有至焉者，即将所置公地代为葬之，立石识姓名又如堂。此其经画之周详、规模之宏备，非所谓尽美尽善而无毫发之遗憾者耶。斯固由司事诸君之弗吝弗懈，众为伙助并积款生息以资经久通达，大吏竭力以营之，故能成是丰盈豫大之象。其在《易》之综卦为"丰"，丰多故恤故者丰之义，道在持之以恒，俾得常如日之在中而不昃，则存乎诸君之相劝勉焉。夫如是，固足见新安风俗之醇，而兴仁之效更于兹可验也哉。予尝视学安徽，今幸快睹新安众绅士能以任恤之义相先也。而司事示予以惟善堂经制规条册，遂援笔而乐序之。如此云。

禀呈　宪批　谕示

大清道光十八年五月二十八日，为建惟善堂禀杭府宪文、钱塘县陆。

其禀惟善堂司事胡骏誉、余晃、金高德、朱祥桂、周载宇、吴东友、朱祥椿、吴家骏、程嘉绥、李燉堂、方步曾、叶聚三、金国儒、吴瑞云、毕禹平、吴伟堂、吴曾嚚、余铉顺、张锡璋、董厚斋、项若璠、陈云阁、陈仰乘、吴勋等，为援仿成案，捐建厝所，以安旅榇事：窃杭郡向有新安厝所三楹，在钱邑栅外一图，因地处侧隘，不敷权厝，今骏等捐资并劝募经费，购置栅外一图土名石井地方隙地一则，又募得张立瞻、阙信甫家愿捐毗连基地二则，建造六县厝所，专为暂停旅榇，以妥幽魂而免暴露。伏查钱江一带为上江总汇之区，凡我六县之人在杭嘉湖及江苏松常诸郡服贾者不少，积有客故旅榇总需附载到杭暂停旬日，由上江运归故土，无力者难免积日累月，致多堆压。今仿照京都慈航善举之式，于旅榇到所时，查其姓氏、里居及报人姓名、登记年月日，枢上注明予限一年，听有后有力者随时认明，领回原籍，以全孝思。或虽有后，无力孩稚、无所经营，询明属实，助其由杭到徽船只、水脚之费，并于各邑口岸酌设暂枢之所，总名"登山集"，分别发送，以倡桑梓之谊。倘本支乏人，仅有同乡亲戚并无力营葬者，即在杭郡另置隙地、代备灰工，妥为安葬，仍勒石标名，不致湮没。今将捐资捐地并创建原由，先行禀明在案，俟堂楹工竣再妥议章程，禀请申详立案，用垂久远。现当开工之际，地邻山僻，仍恐地匪无知窃取物料，土工匠作分坊把持，阻挠善举，种种窒碍有妨善政，应请宪台大人钧批，行知仁、钱二县出示晓谕，严行禁止，实为公便不朽。上禀。

杭府宪文批：候札饬仁、钱二县一体严禁可也。

钱塘县陆批：候出示严禁并转详立案可也。

署理浙江杭州府仁和县正堂张、钱塘县正堂陆，为奉札晓禁事。

案奉府宪札开，据惟善堂司事胡骏誉等禀称，在钱邑栅外一图另置地基添造堂宇厝所等情到府。据此，除批示外，合即抄禀，饬札到该二县，立即遵照来札会同出示晓谕。倘有不法之徒在该处新建惟善堂所乘闲窃物取料、工匠人等把持阻挠情事，立即饬拿究惩。并严禁差保人等毋许滋扰等因。奉此，除密饬查拿外，合行会同出示晓禁。为此，示仰该堂等各司事及该里地保人等知悉：自示之后，如有匪徒在新建惟善堂所乘闲窃取物料及匠工把持阻挠情事，许即指名禀县，以凭严拿究治，决不姑宽，均各凛遵毋违。特示。

六月二十七日，呈送章程，并请立案，转行各属，禀杭嘉湖道宪宋。

其禀惟善堂司事胡骏誉、余晃、金高德、朱祥桂、吴东友、朱祥椿、吴家骏、程嘉绥、李燉堂、方步曾、叶聚三、金国儒、吴瑞云、毕禹平、吴伟堂、吴曾嚚、余铉顺、张锡璋、董厚斋、项若璠、陈云阁、吴荆山、程崔川、吴擎甫、吴勋等，为援仿成案，捐建义所，以厝旅榇事：窃徽郡连山交错，民鲜田耕，籍仕而外，为商贾于四方者不少，寄迹繁多，云亡者众。新安向有厝所三楹，在钱邑栅外一图，因地处侧隘，不敷权厝，今骏等捐资并劝募经费二千余串，续置栅外一图土名石井隙地一则，又募得钱邑乐善张立瞻、阙信甫两家愿捐毗连基地二则，方圆三共五亩有奇，建造厝所二十余间、堂基一所，专为暂厝旅榇，以妥幽魂而免暴露。再查钱江一带为上江总汇之区，凡在杭嘉湖及江苏松常诸郡邑积有旅榇，必需附载到杭，然后扶归故土，有后、有力者暂停旬日即行带徽，力乏者难免积累之虞。骏等谊关桑梓，不忍旁观，谨仿照京都慈航善举之式，凡旅榇到所，查明姓氏、里居及报人姓名，登记年月日，枢上标明予限一年，听其后嗣随时领回，载归故土，以全孝思。其或有子贫乏、孩稚无力经营者，山川遥隔，情实可怜，堂中询明属实，倾助由杭抵徽船只、水脚之费装载回籍，不致羁延。若山村窎远者，并于各邑口岸添设义所，极贫者酌助抬葬之资，分别发送。倘本支乏人，仅有同乡亲戚并无坟茔无力营葬者，即在杭郡另置隙地、代备灰工，妥为掩埋，仍复勒石标明。前将捐资捐地并创建各缘由先已报明府县立案外，伏查省垣如普济堂、育婴堂、楼流所、掩埋局各善政惠及闾阎者，均沐大宪大人胞与为怀，维持任恤。今惟善之举，有后者聊免异地淹留之苦，无后者亦除荒郊暴露之虞，庶可为善举之一端耳，欲垂久远之模，不得不慎之于始，是以仰渎钧听，恭拟章程，是否有当，伏候察核施行，并请通饬杭嘉湖三府属一体遵照，又祈宪台大人立案垂久远，实为德便不朽。上禀。

七月初七日奉到杭嘉湖道宪宋批：据惟善堂司事所禀捐建新安六县厝枢义所，并酌助装载盘费，又另置安葬公地，俾旅榇不致暴露他乡，殊堪嘉尚，候行府饬属知照，并给予匾额，仍着照议章程，妥为办理，以垂久远，可也。

又奉谕：惟善堂司事胡骏誉等知悉，据该具禀，在钱塘石井地方捐建徽郡六邑厝枢义所，并酌助装载盘费，另置安葬公地，俾旅榇不致暴露他乡，谨拟章程，兼请通饬杭嘉湖三府属一体遵照，又请定案垂久等情到道。据此，除批示外，并饬府属遵照外，合行奖给匾式，谕到该司事等，即将发来悬挂公所，仍照议定章程，妥为襄理，善始善终。凛切特谕。

大清道光十八年，岁次戊戌孟秋谷旦。

梓谊可风

钦命分巡杭嘉湖海防兵备道宋国经敬书题赠。

胡骏誉、余晃、金高德、朱祥桂、周载宇、吴东友、朱祥椿、吴家骏、程嘉绶、李燹堂、金国儒、方步曾、叶聚三、吴瑞云、胡伟、吴伟堂、张锡璋、吴曾嵩、董厚斋、项若璠、余铉顺、陈云阁、吴擎甫、吴荆山、程甸邦、周润庵、吴勋、孙巨川、方成勋、毕禹平、吴巨川、吴舟堂、方以修、余三顺、汪李泰、孙沛然、程秉衡、孙心泉、陈光德、李辅堂、叶郎辉、程端溪、查友明、程炳南、许松廷、汪汉仪、赵林圃、项恒基、章茂堂、章观喜、姜渭传、余启顺、潘致和、潘伟度、刘易先、汪印原、毕秉之、刘荣芳、黄水笙、洪宪章、程信成、余光斗、胡肇端、朱景良、汪树庭、吴大椿、余德铨、金树培，呈送议定章程，禀杭府宪文。

具禀惟善堂司事胡骏誉等，为恭颂宪恩，并敬拟章程，呈候宪鉴事：缘道光十八年五月间禀，奉钧批候札饬仁、钱二县一体严禁等因，奉此，骏等与新安合郡士民同深感戴，仰蒙宪台大人旋即札饬仁、钱二县会同出示晓禁，仍严禁差保人等毋许藉端滋扰等情，任恤矜全，无微不至。第思有基勿坏不得不慎之于始，是以恭拟章程敬求察核施行，以全善举，永垂不朽。上禀。

奉杭州府正堂文批：据禀各条已悉，善举总宜实力奉行，但山川遥远，载送经费尤宜预为筹度，载到之后务饬各棺属速领营葬，是为至要。仍饬该县会核详夺。

又呈送宪定章程，禀仁和县张、钱塘县陆。

具禀惟善堂司事胡骏誉等，为谨拟章程，呈候父台大人察核转详定案事：窃道光十八年五月禀，奉杭府宪文批示，行县一体严禁等因。奉此，骏等谨奉到颁发禁示一道，祗领高悬，咸各凛遵，同深感戴，仰见矜全善举，实荷生成之德。第思有基勿坏，不得不慎之于始，是以将堂规及紧要各条款禀明在案。犹恐附近居民藉以厝所名色，强将本地棺木停放，或至积累，难于稽考，并送回原籍；船户、坝夫、土工人等不遵定价有意勒索；地匪、无知阻挠滋事，均未可定。应请父台申详立案，以全善举，顶德不朽。上禀。

除禀明道、府二宪外，合并申详，明请出示晓谕。

七月三十日奉

仁和县正堂张批：据拟各条甚为妥洽，候即出示晓谕。

钱塘县正堂陆批：据禀惟善堂厝所善后章程所议各款，悉臻妥善，足征该司事等情殷桑梓，俾旅榇亡魂得遂还乡之念，埋骸勒石、咸归窀穸之安，洵属仁至义尽。候即详情立案，一面出示晓谕，以全善举。

署理浙江杭州府仁和县正堂、加六级纪录十二次张，为禀请晓谕事。

据惟善堂司事胡骏誉、余晃、金高德、朱祥桂等禀称：在钱邑栅外一图海月桥地方建立新安厝所，安置同乡旅榇，诚恐附近居民藉厝所名色将本地棺木停放，并装载回籍时船户、土工人等不遵定价有意勒索，地匪阻挠等事，禀请示禁等情前来。据此，除批示外，合行出示严禁，仰该里地保及居近人等知悉：自示之后，如有不法棍徒强将棺木停放，并装载回籍时船户、土工胆敢勒索及地匪阻挠滋事者，许该司事指名禀县，以凭严拿惩究，决不宽贷。各宜凛遵毋违。特示。

仁和、钱塘二县通详惟善堂章程详文。

署理浙江杭州府仁和县、钱塘县，为遵札会详事：案准道光十八年八月初三日，奉台宪与本府札开，据惟善堂司事胡骏誉等禀全叙，仿照京都慈航善举之式，谨拟章程，请饬杭嘉湖三府属一体遵照等情到道。据此，除批示外，合亟札知札府等因，奉此，查是案，并奉前因，合亟粘抄札饬到该二县，立将惟善堂所拟各章程果否妥善，逐条会核妥议，详候察夺，无稍违延等因，并奉粘抄该司事原禀及所拟章程各条下县。卑职等遵即会同细核条规，所议添建厝房暂停旅榇、续捐公地代葬骸棺及酌助载送抬葬费用等条，均属曲体人情，悉臻妥善；又设票单、分立各县登善集厝所，并存本生息、募捐经费等条，尤为慎重；稽察预筹善后要务，周致无遗。从此故柩、新棺均得迁归故土，羁魂旅魄不致久滞他乡，泽及九京，惠敷六邑。该生等虽身居异地，而谊切桑梓，创始者有人，继美者有人，俱见慕义怀仁，乐善不倦，自应饬令照议遵行，以垂久远。合将遵札会议缘由备文具详，并将该司事等原议章程开折附送，仰祈宪台大人察核批示，以全善举，实为德便。为此，备由具申，伏乞照详施行。附呈惟善堂原议章程清折一扣。

道光十八年十月十二日，署仁和知县徐起渭、钱塘知县李汝霖。

十月二十四日奉杭嘉湖道宪宋批：据详已悉，仰杭州府转饬知照缴折存。

十月二十五日并详奉署杭州府正堂鄂批：据详，惟善堂各条章程甚为妥善，洵属好义可嘉，惟捐资发商生息，必择其殷实可靠者方免日久侵挪，以全始终而垂远久。倘有好善乐施捐银在三百两者，随即详报，以凭核请奖励。一面出示晓谕船户、埠头、土工、散作人等，务须照议定价给发，毋许额外多索。仍将遵办缘由报府察查，此缴。

十二月十四日奉仁和县正堂徐给谕：抄详，饬堂遵照章程举办。

又奉钱塘县正堂李颁给议定章程钤印，发堂晓谕张挂，并饬该司事及船户、埠头、土工、地保人等各宜遵办无违。

又奉谕：惟善堂司事余晃、金高德、李燹堂、吴瑞云、程嘉绥等知悉：照得慕义怀仁为立身之本，上行下效乃絜矩之方。该司事等见义必为，情殷桑梓，将同乡旅榇送回原籍，务须详细查明，于各棺分晰标名，俾有后者得以随时领葬，以期善始善终。倘船户、埠头、土工、抬夫人等藉端讹索，分坊把持，阻挠善举，许该司事指名具禀，以凭拘拿严究。其余望各司事均宜协力匡襄，勿稍始勤劳终怠，本县实有厚期焉。切切。特谕。

右谕仰惟善堂司事等，准此。

谨拟惟善堂章程，恭呈宪鉴是否有当，伏候批示遵行。

计开条目：

一、义所即古名漏泽园，新安向在钱塘南栅外一图海月桥内塘，始于嘉庆初年，歙县乐善余锦洲捐造厝所数间，专为新安旅榇到塘之际，或遇风潮汛发沙滩水掩阻滞难行暂为安顿之所，并厝徽郡人在杭病故者藉以权停。彼时因限于经费，屋少难以容多，每致积累，且附近居民恒将棺木停放，甚至堆垛如山，无从稽考，往往旅榇到杭无从安置。迨至廿四年，锦又募得桃花山麓石井前张立瞻地一则，草添数椽，权为置放，其不敷经费捐资承办。其后锦洲乔榇旋里物故，其孙铉顺、侄晃共相经理，续购何姓地一则，以待扩充。今胡骏誉、金高德等于道光十七年冬又募得杭郡同志阙信甫家毗连基地二亩有奇，情愿捐助共成善举。此旧厝所并购地、捐地之原委也。

一、此举首重葭屋以安旅榇，总需高燥能蔽风雨为宜。今同志共募经费若干，周造墙垣，前列厅事，后建义所二十余间，分别六县安厝各柩，婺邑虽另有专厝，今同人既乐输经费，同在郡属未便向隅，仍派照六县建造，桑梓同情，无分彼此焉，可耳。

一、厝所专为暂时之计，亲朋相送各已还家。魂魄羁栖，依然作客，水源木本，虽不乏孝子贤孙，日久月长岂能无风侵虫蚀。况钱江为上江总汇之区，凡六县之人在杭嘉湖及苏松常等郡邑经营作客者甚多，上海有思恭堂之举、皋城有敦善堂之筹、禾郡有广仁之设、苏松等处各立殡房，虽暂枢各因其地，而回籍必须附载到杭，有后有力之家暂停数日即便登舟扶归故土，或仅有到杭之费，而上江水陆途程非数千文不可，难免阻滞而莫定归期也。

一、客处他乡，最重亲邻房族；患难之时，陌路尚有切肤之感。既经举报暂厝，即应发信知照，其后人、亲属并当剀切示其端倪，以便到杭领枢回籍，不致久淹异地也。

一、频年作客，家道艰难，谋生既无积蓄，病故安有余资？适当灾厄之时，或知交几辈殷勤来问候之书，孤枕三更寂寞，洒临终之泪。当此时，或棺衾粗备而魂魄孰招？如此客故他乡者实堪怜悯。故堂中仿照京都慈航善举之式，设立三联票为凭，并设报所供单，如有旅榇欲暂厝者，经报人先向在堂司事报名，凭填报单赴堂，堂中查明，照单编号，填注清楚，裁去联票一纸，即付举保人为凭，以便领材时对照给发，以昭慎重而免遗讹。

一、义所只可暂停，历久患其堆压。故凡入厝之后，即应发信于其家人，信到即令复音，如或无复又发信切催，半年之后仍无复音，堂中即致经手司事查问举报人原委。若因无力观望，不妨据实致堂，以便堂中趁船载送回籍，所有盘材、水脚本堂给付，该祭主只须往故乡得遂乌私之愿。倘若逾期，催之一年无信，本堂照限于杭郡另置公地埋掩，方免积压之虞。

一、本堂司事就商业者居多，堂中刊刻板票，每年分存就近各司事处，凡寄材到所，举报人必需先取板票报明来历、姓名、的系何县何乡住址、有无子侄、作何生业，开载明白以凭稽考。持票到所核对细的，登载联票给付为凭，枢上填单实贴，再用漆笔填明原号，以便将来对照领材，庶无贻误。如无惟善堂初报票单，概不准收。若非病故及来历不明、另有事端者，亦不准私收滥入。

一、经手人既报之后，即应发信催促，以凭按期领材载送回籍。倘报后亡者之家冰搁弗论，永无信音，随即通知堂内于次年埋葬公地。后或欲扦取，其费必须自出，以戒因循。

一、亡者既无子孙、终鲜兄弟或高堂白发、妻室青年，此情更堪悯恻，统限于六个月内专信到杭，将无人承领棺木、家中贫苦无措情节到堂。或三党至戚某人可以代办，堂中访明的实可靠者，倾助水脚一半，若属赤贫，全行给助，趁船装送回籍，原报人缴销初票。倘承办之人亦为窘迫者，装载时裁去中票，知照登善集司事酌其路之远近给助抬工之费，三月之内定有葬期，再助其葬钱三千文，半月前预先报知葬日，凭司事赍交到地，七十里外酌给，不准预支，且难遍及。此特念孤寡之情，格外优待也。如至戚稍可帮助，在杭郡抬夫水脚全给、半给已属从厚，抬葬之费，至戚岂忍坐视，宜早为之代筹矣。

一、本支乏人，或存有山地，房族单寒仅能代办者，于初报时举报人报明一切，裁去联票，并知照该房族于一年之内春秋两季装载至各邑口岸登善集暂厝，本族即行领回安葬。稍裕者召完由杭到徽水脚钱一半，力乏者免。房族亦贫窘者，预先知照堂中，领材时注明，计其路之远近给付抬工四名，如或材重，兼之山路崎岖者六名，另外再贴葬费钱二千文。其葬费由登善集值季司事查明确实，临期再付，七十里以外者酌而给之，此款登善集先行垫付，俟季终汇折知照杭郡司事，觅便寄完集中，填付收照，以昭核实。其亡者之家如无山地可葬，即报明登善集，于春秋二季埋葬公地亦可。

一、绩溪、休、黟、婺、祁等邑路程遥远，领柩维艰，棺属赤贫者难免穷途之叹，必须熟筹善策，或津贴抬价稍宽，或另募乐善可靠之人设所暂厝，方为妥善。

一、本家亲族式微并无山地祖茔可附葬者，原报人即于报时注明堂簿，在杭郡另置公地，每逢春秋二季代备灰工，妥为安葬，仍勒石标名，不致湮没。如不欲埋葬他乡，愿归故土，即于登善集公地埋掩，亦可原情。

一、在杭习业未有室家者之柩，其父兄自欲携回，于进所时注明堂簿，自行出资送回原籍，仍予限一年，如一年后尚不带回，即葬杭郡公地，以免犹豫因循也。

一、徽港船户应照议定水脚，毋得多索；埠头公费，公议免捐堂中。全雇每只大钱二十余千至三十千为卒，载至登善集起岸交卸，若便船搭装，每柩定价一千六百文。倘祭主力稍乏者，自出一半，堂中酌助一半；实在赤贫无措者，全行助给，以分别之。慎毋滥应。

一、津贴水脚每年为数甚巨，非有一定之款势难支持。现在议而未行，非所以为善举之道；络续散募，亦不足为长久之规。必需公同筹议，每年得有一定经费方可永远循行。况载柩之多寡亦难预定，每年至少约以六十棺为率，津贴之费即需钱八十余千，而葬费等用犹在外，将来或另捐成数生息，或捐堆金充用，无虞缺乏，不致拖累也。

一、同人先募得常州新安会馆捐助钱本五百千文，现存公堂生息，按年凭折支取利钱五十千文，专为载送旅榇水脚之需，不准支本。宜勒石，以垂久远之经制焉。

一、同人乐捐经费，除建造堂所、墙垣等项共支用钱二千数百文，余者留造登善集所之需。凡收支细账簿籍契据，集存公匣，按年轮流挨管，互相稽察，概不徇私，以杜侵挪之弊。如有好善捐，于年终专条刊布，以彰其善。一百千以上者，报县请奖；三百千以上者，禀府申详。仍将散捐细数及捐地税亩专条登载，并勒贞珉，永垂不朽。每年用账公同察核之后，宜用粉牌书明，悬挂义所，十年汇集一刊，俾使人人共晓，以杜嫌疑。

一、本堂价置各契并乐善捐助等契，均宜查明四至、字号、税亩、值置者，呈县钤印。捐助者投税纳粮以凭执守而重粮漕，并免侵占而息争端。俾各永遵。德化同沐，恩施于无既焉。

惟善堂规条，禀奉调署浙江杭州府钱塘县正堂、加六级纪录十二次李，为据情晓谕事。

前据惟善堂司事胡骏誉、周载宇、金高德、李燮堂、程嘉绥、余晃等呈送章程，禀请察核批示，据情转详道、府二宪批示立案外，并出示晓谕等因在案。今据呈送该堂规条到县，察核无异，所议所定悉臻妥善，合行出示晓谕。为此，示仰该堂司事遵照规条，妥为经理，以垂久远，切勿始勤终怠，本县实有厚望焉。各宜凛遵，毋违。特谕。

计开规条于左：

一、惟善堂义举非比泛常，既安厝之得所，须载送以为先，稽查不可不慎，以防错误载送；不可不催，以免因循。谨枚举数则，以冀同志互相劝勉，和衷共济。慎勿慕于为善而好名，更弗轻于立功而无实，故必砥砺切磋，身体而力行之，同归于善，然后推而广之。如津贴载费、置地安葬等情，扩而充之；如备施义梓、暴骨收埋等事，均系善举，惟祈遵行历久无替焉。

一、公善之处，累铢寸积，储备维艰，当思来时不易。经费应归正项，务须撙节，无事虚糜。凡器具，惟求朴实坚固，一切可省之端与无用之物概不准置，并不得倡议挪支、旁及他事开销公款，任意肆行。

一、各司事离堂较远，或数里，或数十里，寓于城中者居多。既延定在堂司事，务当恪守章程，不得徇情更改。若有关经费及有碍大局者，总需公同议筹妥善，不可就一二人之偏见妄自乖违，致分畛域，尤不可临时木讷，事后纷纭，总宜择善从长，咸归实济。或有未尽之端，即宜与同人商酌妥善，可也。

一、外厝所就近海月桥水口，屋仅数楹，凡由信客及后人扶梓来杭担待三五日，暂时安顿于此，知会在堂司事查明，另登号簿，发出注销，以凭交代，匙钥存堂；如搁两月之久仍不动身，抬入堂内厝所，另登号簿注明原委，不给联票。

一、本惟善堂厝所现有二十九间，离水口较远，凭单举报、领柩往返须时，举报人能专主者，即于单内注明，或即便载回，或按时汇送，以省催问而昭划一。

一、簿板材身似难羁久，随到随葬，宜防坍散，以免秽恶。

一、杭州厝所首创时系余锦洲经理，今同人乐捐经费扩充建造义所，工竣后邀集同志重整旧章，善者从之，缺者备之，总期周洽认同，司事协力同心，共相倾助。其雇船装载，报材到所，登号、填票仍就近余国琛、吴瑞堂、项若璠经管，倘有当议事情，仍出单公同商酌，务臻妥善，一视同仁，均毋推卸。

一、寄柩进所，抬夫自行给发，其后领材时抬送水次登舟定例四人，给抬工钱二百四十文；若材重，另添二人，加钱八十文，不准多索。各镇来自水次者，均照此例。惟本堂雇船装载各旅梓，计日点工，每工给钱一百六十文，辰集酉散，怠惰者即行饬退，勤敏者宜奖酒资。

一、堂中三节遥祭，中元，礼大悲忏，一日三众，焰口一坛，酌备祭品、香烛、纸锭，无尚奢靡，开支正项。

一、堂中应请坐帐司事一人，专管堂簿查验、报材来单、填付联票、检点出入等事，现因经费未充，暂从俭约，一切堂务支用事宜，权归各司事轮值。

一、承管义所夫工二名，即系江干土工承值。装载水次、唤集人夫，每季检材一次，用夫四名，每名日给钱一百六十文，传唤即到，不得迟误，不准多索，如或不协，堂规饬退另唤，毋任把持。堂中责成随时洒扫洁净，凡公置桌椅家伙什物，不准借出堂中，亦不准借堆物件、客货暂住等情，缘地处僻静，门设常关，倘各行商籍有客捐强寄，以图起岸就便，不顾资本，设有意外之虞，难免饶舌。倘管义所之人徇私贪利，察出鸣公议罚，若屡次不悛，即行革出。如敢容留匪类宴饮、聚赌、摆设烟盘不法等情，一并送官究治。

一、每年共捐款若干、支用若干，另立四柱细账，刊刻分送，有余、不足人人共知。十年总核一次，刊附征信录，永志弗遗。倘经费不敷，随即公同筹画，和衷共济，永体有基勿坏之模。

一、春秋水旺之时，查验枢之多寡。雇船每棺约钱一千文，开明住址，责成该船户计日运至各县口岸登善集，交卸收明后，集中给付总收照一纸，交堂备查。凡一舱之中以六棺为限，不许多装，并分别男女，毋使混杂。

一、登善集每于船户载到之时，照依惟善堂知照册分别核收，即于通衢四镇填写各枢姓名、住址，以待亲属领回。或虽有亲属，赤贫者，准其到集报明，司事查其的实与路之远近，助给抬费；或自有山地祖坟可以附葬者，又给助葬钱二千文。此为极贫而论，不得视为常规。倘自能扛抬营葬，有意迟延、托词窘乏者，六个月尚不领回，即代葬集中公地。

一、嘉禾苏松等郡邑各善集将来载到旅榇，堂中专人代为照料一切，俱照杭郡之式以归一致。倘信客收受水脚到塘时，藉以货多船重或水脚不敷，有意延搁者，不准透留，以杜巧饰。或实为风潮险阻，人货繁多，该信客邀同诚实保人留存大钱二千文为质到堂，写定下次来杭必定带去，不致延误，如期带者，原钱给还，倘逾半年不带，将质钱作为水脚，附便寄至登善集，标明某客失信，以致半途而废，戒其将来。

一、给单之后，必须填单，实贴材上，再用漆笔填明，以免日后讹错。载送之时，查验应送若干，具缮册二本，一付船户赍交登善集收核，一存堂内备查。

一、本地及他郡棺木概不准入新安厝所，倘蒙混进堂，即责成原经手领出；如司事、工人徇情容隐，察出公罚；抑或有人私取租钱，追出充公，当即驱除，不准复用。

一、载送回籍，原系桑梓高情，倘有不肖棺属假冒极贫，希图葬费，并节外生枝、妄称借贷者，概不准应，以杜觊觎。无赖之渐如的实棺属，藉端滋扰司事，即禀县主押令具结，仍载至某县登善集厝所，即在某县具禀，饬差押葬，以儆刁风而除后患。如无祖坟可附者，宜葬公地。

一、春秋棺属到所祭奠焚纸锭者，不准在所房檐，总须焚于炉内，以防火患为要。

一、埋葬必须慎重，不可草率，择地尤要有土高燥为宜，若底洼有水心，必不安葬，时须用灰料标石，司事者逐一考究其实，方为有济。届期分别男女，公同核对，挨次举埋，不得各分朝向，惑于堪舆，紊乱公举。如已扦葬，即注销图策，以便稽查补埋。徽郡棺木，各县认定，司事办理，杭郡埋葬事宜归陈光德经理，其余各司事发愿者和衷帮办。

一、同志集捐、散愿，司事者按月收取，随收随交值季司总收贮，不得挪挂分文。如捐者未付，必须交代，以杜侵匿之疵。

一、客捐另出收票，收到若干填注若干，仍互相稽查，以归真实。

一、认捐载送之费，开船后即须标明此次系某捐载、送费若干，仍收账、出支一无遗漏，年终刊账详明。

一、常州公堂息款交到，存于值年司事处，专备载送经费，不准别用，以免临期掘井之讥。

一、娄鹤岩捐足钱一百千文，专指载送经费，今选商承领营运，周年一分生息。其息亦不准别用，预存载送之需。

一、姚□□现捐义地在歙县大圣山麓，以备无主无力者营葬，各柩之所俟后挨次葬满，再于左边续置，以广善缘。

一、瞿颖山现捐楼屋二间，坐落仁邑会保一图，每年约得租钱十余千，除纳粮修葺之外，所得租息作为惟善堂岁修之款。正用开支设有不敷，公款添补，如有余剩，收入正宗。

一、此善举定有规则，惟冀同志按则讲求，首重送回原籍，得安故土，其余虽属未议，亦不可视为缓图。乐善者既踊跃以输捐，司事者尤急公而办理，岂难永垂于不朽哉！

一、初议建正厅，因经费不敷且从后造。现在虽募有捐数，未便草率鸠工，况堂规首重送回原籍，次则觅地埋葬，均系善举，总须立定主见，断无逐末忘本之情，尚祈原谅，无事纷营也。

七月二十二日禀杭嘉湖道宪宋。

具禀惟善堂司事周载宇、李燮堂、程嘉绶、朱祥桂、方步曾、金国儒、吴曾皓、董云卿等，为恭请宪恩，陈请激劝事：窃载等前因捐建惟善堂义所呈送章程，于道光十八年七月初七日奉到钧批谕贴图式各件，祗领之余，同深感戴，仰见宪台大人矜全善举，曲顺舆情，旋即行府饬属遵照在案，并蒙宪谕精详，令各司事均照议定章程妥为办理，以垂久远等因。奉此，载等惟有实力讲求，同心共济，以冀仰副慎重矜全之意。再溯查倡捐劝捐，认办各司事踊跃从公，微有劳绩，是以缕晰备陈，可否各给匾额，以示优奖，实于善举有光。如荷宪允，首倡者当不负其初心，劝捐者足以增其善念，踊行办理者尤可勉其将来，闻风慕义，定不乏人。此皆出自宪恩，凡六县士民共沐鸿休于无既矣。

谨附条例如左：

一、杭郡向设厝所，创自嘉庆初年，歙县余锦洲捐资盖造，虽规模狭隘，用意良深，数十年来勉行无替，其孙铉顺、侄晃现在杭仍司其事。

一、常州公堂亦系新安众商创，捐钱五百千文，仍存公堂营运，周年一分生息，收来专为津贴旅榇载送之费，议定不准提本，以杜挪移，堂中宜勒石垂久。

一、劝捐经费，金高德、程锦章等自去冬至今无间寒暑、不惜勤劳，亦足见其好义急公、力行不怠。

一、凡旅榇有后无力者载送回籍，每次约有数十具之多，随时载到者不卸，船户势难久待，且山村僻远，招认领抬难免羁延时日，复有暴露之虞。道光四年，司事胡骏誉、孙巨川等在歙邑水南村地方盖造平屋，以资暂厝，系伊等就近认办，历今十有余载矣。现又置有义地在大圣山等处，逾限不领之柩，另筹经费即行埋葬；查实无后不须送回者，即在沿江山麓择高燥有土之区置买数则，春秋两季发送之余，即行埋葬。现有司事陈光德，诚实且勤，不辞劳苦，向来捐办源远集，义举实属认真，延办掩埋之事，藉资谙练，以襄厥善，一切葬费仿照普济堂掩埋局之例。

一、徽郡六县各口岸现拟定添设数椽，暂蔽风雨，分别发领，须专择就近诚实之人经理，方能妥协。现在司事中捐地者有人，奉行者又有人，将见事成于踊跃也。且分设处所，实与杭郡惟善义园大有裨益：按季载送，杭郡无拥塞之患，一善也；各岸口就近起卸，俟其后人认领，以免跋涉之劳，二善也；各处有诚实司事，周知乡里，实在贫窭者助其抬费、葬费，毋滥毋遗，三善也；积有余资，各县再置公地代为埋葬，得安故土，四善也；互相劝勉，俗厚风敦，循其程式，五善也。谨摘《周语》"从善如登"四字为六县分设，一视同仁，统名"登善"，是否有当，恭候宪裁，实为德便不朽。

奉批：据禀惟善堂经理各司事首倡劝捐缘由已悉。洵属"从善如登"，候书匾式另发分给各司事，以示优奖。仍循议定章程妥为办理，勿稍疏懈，是为至要。此缴。

分给匾式：

钦命分巡杭嘉湖，兼管水利海防兵备驿政道、兼署浙江等处提刑按察司宋。

"成式可循"。给歙邑乐善先型余锦洲立。

"谊笃桑梓"。一给常州乐善众绅商、一给歙邑乐善胡骏誉立。

"敦善无倦"。给歙邑金生高德，诚谨朴实、乐善有为，襄理新安公堂义举不辞劳瘁，其情实好义急公，洵堪嘉尚，特给匾额，用示优奖立；给钱塘陈生光德，乐善有为，经理源远集。义举历今十有余年，近又襄理惟善堂务，可谓敦行不怠，任重不辞，宜嘉奖焉立。

"从善如登"。分给新安惟善堂六邑义所各司事立：歙邑周润庵、周载宇、余晃、程嘉绥、吴东友、吴曾嚞、吴家骏、朱祥桂、朱祥椿、项若璠、吴伟堂、余铉顺、吴舟堂；休邑张锡璋、李燧堂、李黻堂；黟邑金国儒、董厚齐；绩邑；婺邑；祁邑。

道光十八年八月初三谷旦给。

筹议经理事宜，禀钱塘县李。

其禀惟善堂司事周载宇、李燧堂、金高德、吴伟堂、程嘉绥、吴东友、吴曾嚞、毕禹平等，为筹议经理，以昭慎重事：窃堂中章程，仰蒙父台大人核夺申详，给示遵守在案，载等不胜感激。现在堂基义所工程完竣，一例整齐，实用经费钱三千六百余串。伏查章程内载：首重回籍，无主置地安葬；仰荷前升宪陆批示云：情深桑梓，谊笃同仁，俾旅榇亡魂有嗣者得遂还乡之愿，无后者咸叨入土之安。仰见念切民情，仁慈溥庇，载等亟宜奉为绳墨，俾各有所适从。即如送回原籍一事，先须详细核对，分发择定诚实船户装载，宽严并用，方为妥善；凡埠头、土工人等俱系顽梗无知之辈，易起争端，往往恃强讹索，有妨善举，虽经议定价，仍恐日久不遵，不得不为之虑。现在公拟司事金高德、余晃、李燮堂、程嘉绶、吴家骏等专司载送、编册、雇船事宜，其余协同照料，挨次轮及，共襄善举，俟水旺之候，即当次第举行；若置地埋葬一事，向有司事陈光德，诚实勤敏，不惜劳瘁，捐办源远集，收埋暴露棺骸，历今十有余载，已蒙署臬台杭嘉湖道宪优奖匾额在案，现在延办惟善堂埋葬之事，谙练妥协，所有葬费一切仿照普济堂掩埋局之例，每棺用石灰一百四十斤，土工三名，每工大钱一百三十文，无拘本地佣工及南北两山土工，总听堂中选择勤敏者随各处散唤，不准分坊把持，以收实效。是否有当，恭候察核给谕，以专责成而昭慎重，感德不朽。上禀。

奉批：据禀筹议经理缘由已悉，足见该司事办理认真，洵堪嘉尚。务期协力和衷，切勿始勤终怠，有碍善举。如有船户、埠头、土工人等藉端索诈，许即指名禀究可也。此缴。

十月十二日清理厝所催葬各柩，禀钱塘县李。

具禀惟善堂司事周载宇、陈光德、李燮堂、余晃等，为请示严催，以全善举事：窃惟善堂义所专为新安六县旅榇暂停而设，现已定有章程，每于春秋二季载送还乡，催令棺属认明领葬，以安泉壤，庶无积累之虞。乃有近地居民强将棺木存放，以图就便并省租钱，甚至廿余年因循不葬。五月间禀请前县主陆出示严催在案，其时共有六十余具，除劝令抬葬外，尚存四十有余。此中确有子孙坟墓者不少至今延搁，将来朽坏无稽，如或无力，不妨报局代为安葬，无奈置若罔闻，揆其私意，实因该处高燥，又无租费，任情堆叠，但沿江一带人烟稠密，纷纷效尤，难免积累重堆之患。现又定于十月廿日为止，自能营葬者凭伊领去，如有后人有余地而无力营葬者，令其开单具报，掩埋局代为葬之。自此之后，犹有任意延迟者，惟有发抬义地概行埋葬而挽浇风。为此备情，仰祈父台大人俯赐电核，迅即出示严催，实为公便。上禀。

奉批：候照案出示严催。清单附。

十月廿六日，为工竣开堂，禀杭嘉湖道宪宋。

具禀惟善堂司事胡骏誉、周载宇、李燮堂、金高德、余晃、陈光德等，为工竣开堂，请示严禁，以全善举事：窃本堂义举于本年七月间恭拟章程录送，仰蒙宪恩批示优奖，并通行杭嘉湖三府属一体遵照等因在案。骏等没存均感，实深钦佩。现已工竣，堂所整齐，实用经费钱三千六百余串，俱系六县绅商踊跃输将，撙节支用，余剩虽属无多，公同选商承领营运生息，将来添补该堂经费，以资悠久，永远遵照宪定详案，实心任事，无分畛域。凡指捐成数者，报县申详；络续愿捐者，随时刊载，丝毫皆归实济。各司事公同轮值，以均逸劳。俾得人人共晓，仰副宪天慎重矜全之意。伏查章程内首重送回原籍，现在积有旅榇一百四十二具，即拟雇备船只，分至数起载至徽郡各县口岸登善集暂厝，招认抬葬，俾亡魂得安故土；若招认乏人者，须于明年春季即葬登善集公地。事得两全，各有攸归，次年仍可举行，更无拥塞之虑。又查本地棺木在所者不少，五月间曾禀县出示严催，除抬葬外，尚存四十余具，其中确有后人坟墓者亦多，本堂又具招贴，凡有后无力之家准其赴堂举报，堂中代备灰工、代为葬于祖坟之侧；其余实在无后者，即在栅外公地埋葬，其择工、备灰、勒石标名等项，专派谙练司事陈光德照例视葬，自无暴露之虞。谨拟在十一月初十日开堂，凡船户、埠头、土工、抬夫人等虽经议给定价，仍恐沿江一带素多顽梗之徒，藉端索扰，分坊把持，有妨善政。为此，将工竣举办缘由禀请宪台大人察核，出示严禁，晓谕施行，实为德便。上禀。

奉批：候给示晓谕。此缴。

钦命分巡杭嘉湖，兼管水利海防兵备驿政道宋，为晓谕事。

照得徽郡绅商胡骏誉等在钱邑栅外一图石井地方捐资建设惟善堂，为新安六县厝柩义所，并酌助装载盘费送回原籍安葬，俾旅榇不致暴露他乡，洵属义举。前据该司事等禀报议定章程，业经本道给匾优奖在案。今据禀，择于十一月初十日开堂，雇备船只分起送柩，恐有船户、夫工藉端滋扰，禀请给示前来。合行出示晓谕。为此，示仰地保并船户、埠头、土工、抬夫人等务各遵议定价，毋许多索，倘有把持阻挠等因，立即交保带县，以凭究治，决不容情宽贷。各宜凛遵毋违。特示。

为工竣开堂，禀杭州府宪文、仁和县徐、钱塘县李。

具禀惟善堂司事胡骏誉、周载宇、李燨堂、金高德、余晃、吴东友、朱祥桂、吴曾嵩、吴家骏、程家绥、项若璠、张锡璋、陈光德等，为工竣开堂，请员弹压，以全善举事：窃新安惟善堂义所于本年四月兴工建造，禀奉宪批，候饬仁、钱二县一体严禁，又于七月恭拟章程录送，奉批该县会核议详，并蒙道宪通行杭嘉湖属，又札饬在堂司事领给匾额各等因在案。骏等仰荷大宪大人俯念舆情，矜全善举，钦佩不忘。现已工程完竣，堂所整齐，实用经费钱三千六百余千，俱系六县绅商踊跃输将，撙节支度，余存虽属无多，业已公议选商承领，营运生息，将来添补该堂经费，以资悠久。后仍遵照详案举办，凡有指捐成数者，禀请申详；络续散捐者，随时刊载，丝毫皆归实济，俾使人人共知，以仰副宪台成全之意。伏查章程首重送柩回籍，现厝所中共有一百四十余具，拟即雇备船只，分别各县，以作数次装载上徽至各口岸登善集，即知照各棺属交领抬葬，俾旅榇皆得入土为安。又查本地堆存棺木，除禀县出示催葬外，犹有四十余具，其中确有子孙坟墓者亦多，任意延搁，将来必至朽坏难稽，若实在无力，不妨赴堂报明，代备灰工埋葬公地。若不因时制宜，则沿江一带人烟稠密，相率效尤，虽有厝所百间，亦难容其积累。现今择吉开堂，其船户、埠头、土工、抬夫人等恐其顽梗难驯，不遵定价，勒索阻挠，有妨善举，为此，环叩宪恩，派委贤员，藉严弹压而杜争端。谨将工竣举办缘由伏候宪台大人察核施行，顶德不朽。上禀。

奉前升府宪文移交署杭州府正堂鄂批：候晓谕饬委。此缴。

又奉宪牌行府经历官冯：据禀全叙，除出示晓谕外，合即饬委。为此，牌仰该员，文到立即遵照，速赴江干弹压。如遇惟善堂装载旅柩船户、埠头、土工、抬夫人等顽梗不遵定价，额外勒索滋扰，以及本地堆柩之人延不抬葬，又不报局代葬者，立即开折具禀。一面催令抬出移葬，毋得再延，若船户等逞强阻挠，严拿详办，方为善政。该员务须查察，毋稍徇情。切切。

七月初十日，为捐助市产，呈送契据存案，禀仁和县张。

具禀职员瞿世瑛暨惟善堂司事李燨堂、吴擎甫、程嘉绥等，为捐助市产，以襄义举事：职家有价买市屋，坐落在台治会保一图望江门外直街兄字号内楼屋一所，瞿祥泰户内输粮，今因新安义园安厝旅榇载回原籍，置地、安葬各善举每年所需经费甚繁，虽此屋租微薄，而聚腋成裘，亦可补其不足，谨备具四至亩分捐契，并投税老契、印串交堂执业，遵照宪定章程，呈送父台大人钤印给堂，以凭执守，并更立惟善堂公产纳粮，不致漏税，仍恐日久或有顽徒藉以公家之产强占居住、短交租息，必至赔累生端，是以禀明立案而垂久远。顶感上禀。

奉批：该职员将自置楼屋一所捐入惟善堂以充经费，具见好善为怀，殊堪嘉尚。候即饬承推收过户入册办粮，并将捐契盖印，同老契、粮串发该司事领收。此缴。又仰役即赍职员瞿世瑛盖印捐契一纸、原印老契一纸、粮串一纸、告示一道，送交惟善堂领收执业，并取该司事领状，限一日禀县，以凭备案，该役毋稍刻延。速速。

具领状

惟善堂司事李燨堂、吴擎甫、吴伟堂、金高德、程嘉绥、陈云阁等今领张老父台下窃领得职员瞿世瑛捐助会保一图兄字号内楼屋一所原买印契一纸、粮串一纸、新印捐契一纸、告示一道，收存执业，以作堂中公产收租，以充经费而谨贮存。所具领状是实。

见领人：惠旅雍。

署仁和县正堂张，为据职员瞿世瑛愿将自置市屋捐入惟善堂收取租息以充经费。

其屋坐落本县会保一图望江门外，楼屋备具捐契、老契、印串，呈验钤印，发堂更户纳粮，以专执守，仍恐地匪无知，藉以公产侵占居住、不交租息，徇情毁坏，均未可知。自示之后，尔等务须曲体善举，按月缴租，毋得短少，如敢抗违，许该司事指名送县，以凭押追，决不宽贷。特示。

即日由县又付知义和三图算总书曾云通，提粮限三日入册，照捐契填明亩分四至，东至何家墙、西至钟家屋、南至钟家屋、北至官街。立捐契瞿颖山，今将自置坐落仁邑会保一图望江门外直街兄字号内坐南朝北楼屋一所，前檐后披，土墙一带上连椽瓦、下连地基，共税二分八厘五毫，尽行捐出助与新安惟善堂作为公产，收取租息，添补经费之需。自捐之后，屋归堂中执业过户纳粮，此系捐助善举，检将老契、印串为凭，立此捐契，永远存照。

见捐：吴擎甫、李燨堂、金高德、惠旅雍。

十月十二日为捐经费禀仁和县徐、钱塘县李。

具禀惟善堂司事周载宇、李燨堂、金高德、程嘉绥等，为捐助经费，以襄善举事：窃据扬州江都县善士娄鹤岩，为父云从、母陈氏八旬具庆，同偕耄耋之年，百两捐资共慰慈祥之愿，乐善急公可谓能养其志也。与现已公同筹议，将所捐制钱一百千文，须选殷实商人承领，周年一分营息，收添载送经费，仍勒石垂久，庶孝思善念俾得两全，旁观者更有所感而发而兴起也。爰遵详案，合亟禀闻，仰祈父台大人察核施行，实为公便不朽。上禀。

仁和县正堂徐批：据禀娄鹤岩捐钱一百千文交商生息，以作惟善堂送枢经费，足征孝思，不匮好善乐施，深堪嘉尚。该司事即选殷商交领生息，将前次捐助各款一并勒石标名，以垂永久。一面开折禀县，以凭转详立案，可也。

钱塘县正堂李批：据禀娄鹤岩以双亲偕老，好善乐施，愿捐钱一百千文，以充堂中载枢经费，孝思善念均不可忘。该司事务择殷实妥商领存生息，以图久远，仍俟汇案分别奖励，可也。

为捐地呈送捐契、老契存案，禀钱塘县李。

具禀职员王寅暨惟善堂司事李燮堂、金高德等，为捐地以襄义举事：窃职家有价买征地一则，坐落台治栅外一图成字七百十九号内，在城北二图上里王家栋名下纳粮，今愿捐入惟善堂内取用，或盖屋赁租以充经费，或开掘埋棺作为义地，皆可因时制宜。谨备具四至、亩分、捐契粘附投税老契，遵照宪定章程，呈送大父师台下察核，钤印给堂领存，以凭执守，并请饬知算总书，提归栅外一图原里办粮，不致歧漏而重粮赋。仍恐日久左右前后被人侵占等情，是以禀明在案，以垂不朽，实为德便。上禀。

附呈验捐契，粘连老印契，共二纸。

奉宪批：捐地入堂以充公用，该职员乐善为怀，洵堪嘉尚。候将呈来白契盖印，发堂收执，并饬算总书提归栅外一图原里办粮，可也。新、老契两纸附。

钦命浙江分巡杭嘉湖、兼管水利海防兵备驿政道周为晓谕事。

据新安惟善堂司事李家和、吴道纲、周奕堂、金高德、吴同勋等禀称：徽郡六县在浙江就商业者甚众，家等前经援仿成案，捐建惟善堂，并蒙前宪台宋俯准行杭嘉湖三府，属有好义者于各县分设义所，以厝旅榇，按季载送回籍，庶无暴露之虞，极为善政，历今十有余年，遵行无异。前据监生江秋水等在湖郡德清县塘栖镇水北四庄大善寺地方临河捐建怀仁堂义所，禀县晓谕，照章奉行在案。兹因地滨大河，船只来往，每有地匪把持扛抬勒索埠规，稍不遂意，抛掷砖石，损坏墙垣，藉端滋扰，有妨善举，是以沥情环吁给示严禁，以全义举，并请饬县一体严拿，以杜后患等情。切思招魂异地，已深浪迹之悲；送枢还乡，尤笃恭桑之谊。既无暴露他乡，复得载归故土，踵兴善举莫盛于斯，岂容地匪肆行讹索，任意阻挠，善政有妨，抗藐已极。除禀批示并饬县拿究外，合行出示严禁。为此，示仰地保并附近居民人等知悉：自示之后，如有不法棍徒胆敢把持扛抬勒索，不守埠规，以及乱抛砖石损坏墙垣，或在门前聚赌肆闹等情，许该司事、协保禀送地方官严行究治，毋得徇私，察出一同惩究。各宜凛遵毋违。特示。

咸丰二年八月　日给。

新安六县登善集要略

是集设于歙县水南王村地方，乃杭郡惟善堂载回旅榇暂停之所，表里相副，缺一不行，实至要之善举也。道光十八年，同志诸君乐捐经费，建造义所于杭江皋海月桥内，以备徽州暂厝旅柩总汇之区。其时议定章程，凡载送到境，查明果实无力者，津贴抬葬经费，是诚切麦舟之谊，克敦桑梓之情也。但通徽郡只有一河，并无支港，少舟楫之力，多跋履之劳，且由王村仅能至屯溪渔亭而止，横港亦只浦口、绩溪可通，其余皆属旱道，各村山路崎岖，离义所有数十里者，亦有离百余里者。原议六县口岸各设义所，暂停旅榇，领葬较为近便，又因经费未充，各县司集亦罕得其人，一时难以备举，故权设一二处先将。详定章程，凡极贫者，酌助抬葬之费，以全始终之道。每年度支不敷，惟冀好义绅商捐资乐助，或存典生息，或置产赁租，庶可随时添补，不致贻日久废弛之讥。愿同志扩充而推广焉。

道光二十一年闰三月　日敬启。

谨议登善集各条开列于后：

一、杭郡载材抵埠，司事亲到，照册查点核对进厝各登号谱，以免领材时讹错。

一、来领材者，堂中议定规矩，每具雇抬工四名，路远或加二名，抬费按途程之远近照例给发，不准多索。如有滋扰生端者，呈官究治。

一、每年三、九两月择一妥健诚实之人，酌给司集工费，钞录号簿，遍行六县至寄柩之家，催领抬去，以免延搁。如实有祖坟而无力营葬者，偕祭主来登善集领柩，须贴葬费钱二千文，远者倍之。如有水道可通，即于水旺时附搭小船送至口岸，俾得早安泉壤。如催领之人觅得本家抬去，每棺另给酒资二百文，以奖勤劳。若连催不领，即于次年三月代葬义地。

一、堂中助费，有赤贫孤寡之别，全在集中司事实察情形酌量资助，以全善举。不可刻核，亦不可滥行。

一、义地最宜高燥，不可低洼，必须随时置办，以备取用。每逢葬期，司事尤宜亲往督工，并视穴之深浅，不得草率掩埋。灰料务需坚固，倘遇本家来扦另葬，不致朽烂难收。

一、经费宜照旧章，每棺用石灰一百四十斤，土工四名，每给钱一百三十文。工人听集中选择呼唤，不准分坊把持，以收实效；如有恃强阻挠者，呈官惩究。

一、碑石长三尺、出土阔一尺，厚四寸，认定工价，到期应用，不得多索、迟误。凿字标明字号、某县、某乡、某人、某年月埋葬，涂墨上油，俾使扦时易认，不致模糊。

一、集中须用诚实工友一人，每年给付辛资，守厝、看漏、疏沟各事务，如或怠惰误工，传唤不到者，即另唤妥人承值。每遇清明、中元两节祀孤，福仪、纸箔照例备办，若本地有乐捐纸箔者，另登捐簿照收，尽行焚化，每次标贴原捐簿存查。

一、婺源、祁门、绩溪三邑在浙东贸易者较少，是以分设厝所难得其人，惟赖同志诸君广为劝捐，共成善举，无分畛域，以笃同乡之谊可也。

一、事欲经久，全赖仁人；事欲完成，惟充经费。今六县绅商不惜重赀慨然倾助，务宜存本生息、置产赁租，共谋久远之规，方为妥善。堂中置办公匣一具，存放银洋、账簿、契据等件，一人管匣，一人管匙，每年至腊月初十日诸司事邀集同人结账誊清交出，轮流挨管。惟烟村司事四人自愿协力办公，银钱出入概不与闻，倘本堂或有徇私情弊，察出公同议罚，辞出不容。如此，庶无侵蚀之虞，而登善集与惟善堂相维相系，足增日月之升恒也。

道光二十年十月初九日，为捐经费报明备案，禀杭嘉湖道宪宋。

具禀惟善堂司事李燹堂、吴伟堂、方在东等，为捐助经费，以劝善举事：窃新安惟善堂于道光十八年间援仿成案，捐建六县义所以安旅榇等情前禀，蒙宪台大人俯准，饬属施行，并给各匾额在案。数载以来，悉遵宪定章程，实心经理，不敢稍疏，以冀仰副劝善矜全之意。今有歙邑候补同知胡祖祻、职员吴养正，谊切桑梓，好善乐施，如埋骨赈饥、修造桥梁道路，有益闾阎者无不踊跃输将，乡邻素所称重。兹闻杭郡新建徽州义所以安旅榇，载回原籍以妥幽魂，并置公地代为营葬各事，经费每形支绌，胡祖祻愿捐制钱一千千文、吴养正愿捐制钱七百千文，作为义所经费等用，该员等怀仁慕义，慷慨倾囊，共襄善举，未便没其真诚，谨遵详案，仰渎宪聪，俯念善政攸关，宜加奖励，可否出自恩施，分给匾额，以彰厥善，感德无忘。上禀。

奉批：据禀歙县绅士胡祖祻、吴养正愿出重赀捐助新安惟善堂经费，以襄义举，洵属谊敦桑梓，好善乐施，准给匾额优奖，以励将来，可也。

杭嘉湖道宪宋札谕：惟善堂司事等知悉：据禀，歙邑胡祖祻、吴养正出资捐助该堂经费，与例相符，请给匾额等情。据此，查该绅士慷慨捐资，以襄义举，洵属桑梓情深，可嘉之至。除禀批示外，合将匾式给发，谕到该司事，即将匾式高悬，以彰厥善而奖其功。仍照前定章程妥为经理无违。特谕。

计开匾式二件：

"范公高义"。给歙邑胡祖祻立。

"梓谊遥彰"。给歙邑吴养正立。

为捐经费，报县申详，禀钱塘县毓。

具禀惟善堂司事李燹堂、吴伟堂、方在东等，为捐助经费，以襄义举事：窃新安惟善堂于道光十八年间，援仿成案，捐建六县厝所以安旅榇等情，蒙前升县李、徐会详道府二宪批准，并颁发各匾额优奖绅商在案。数载以来，燹等遵照章程，实心办理，不敢少懈，以冀仰副宪台慎重矜全之意。今有歙邑胡祖祻、吴养正、洪伯成，休邑王廷佐、王敬承、程朴齐、戴敬慎等谊切桑梓，殷怀乐善，乡评素所推重，兹闻杭郡建造新安义所以安旅榇，载送回籍以妥幽魂，并置义地代为掩埋，津贴葬资酌助贫乏各事宜，经费每虞支绌，该员等怀仁慕义，愿出重资或置办义地，或购产生息，添补送柩经费，踊跃捐输，以襄善举。谨遵详案，核对与例相符。为此，分别折报，伏乞父台大人恩鉴俯赐会详，以彰厥善。该何奖励未敢擅专，恭候施行，以全善政，实为德便不朽。上禀。

附呈详案一本，捐数清折一扣。

计开台衔名目：

歙邑候补同知胡祖祠，捐钱一千千文；

歙邑职员吴养正，捐钱七百千文；

歙邑候选州同洪伯成，捐钱二百千文；

休邑候补同知王廷佐，捐钱一百千文；

休邑职员王敬承，捐钱一百千文；

休邑监生程朴斋，捐钱一百千文；

休邑职员戴敬慎，捐钱一百千文。

奉批：据禀新安绅士胡祖祠等愿捐钱文以充惟善堂经费，具见乡义情深，恭桑谊笃，俾使背井幽魂得旋归于故土，离乡旅榇无暴露于荒郊。批阅之余，洵堪嘉尚。候会同仁邑，详情奖励。该司事务，宜同心协力，慎始全终，以彰厥善而垂远久。章程清折并附。

仁和县正堂宋大寅、钱塘县正堂毓秀据禀，具详奉杭州府正堂王批，既据并详，仰候巡道宪批示，录报激折存。惟善堂司事等又将捐助名目开折禀呈，奉杭府宪批，案已据仁、钱二县具详道宪，应候奉到批示。核办折附。

道光廿一年五月初十日，为捐经费，遵案录批，复禀署杭府宪凌。

具禀惟善堂司事李燮堂、吴伟堂、方在东等，为陈明宪批，遵案请奖，以昭激劝事：窃奉前宪台王批，查此案已据仁、钱二县具详巡道宪，应候奉到批示核办等因在案。伏查惟善堂所系新安六县绅商好义之举，仰蒙各宪逾格怀柔，从优奖励，是以章程内载明捐钱一百千以上者报县请奖，于道光十八年十月间，前仁、钱二县会详，蒙前宪台鄂批准，倘有好善乐施捐银三百两者，随时详报，以凭核给奖励等因。上年十月间，有徽郡绅士胡祖祠等乐善好施，急公倾助，因捐数在五百两以上，燮等一面报县请详，一面禀明巡道宪立案。因捐数盈千，与善举大有裨益，深慰宪怀，即行优给匾额。今录批呈报，其捐数不及五百两者未便叙入，以为区别，仍遵照原案申报，该何示奖施行，以彰厥善而昭平允。今捐数多者已蒙宪恩优给匾额，倍增奖励之荣，而捐数较少者未邀宪鉴，又未蒙转饬另奖，似觉向隅。虽捐者慕义急公，不求虚誉，而在堂司事一视同仁，谨为慎重善事起见。为此，环吁俯赐奖励，或饬县分别会奖，以示统同，实为公便。上禀。

奉批：该堂置屋停棺，载送埋葬，慕义好施者，均堪嘉尚。捐数即不及五百而在一百两以上者，亦应量加鼓舞，以彰其乐善之仁。所禀洪伯成、王廷佐、王敬承、程朴斋、戴敬慎等，均以"泽枯广惠"四字给匾奖励可也。章程折单并附。

又奉谕：惟善堂司事李燮堂等知悉：照得杭省江干地方建设堂楹，实为徽郡六县暂停客故旅榇无力回乡者，该堂雇船装送回籍，令其领费抬葬；无嗣者，购地代为掩埋，洵称善举。今据该司事禀报，洪伯成捐钱二百千，王廷佐、王敬承、程朴齐、戴敬慎各捐钱一百千，以充该堂经费，禀请奖励前来。除批示外，合即谕饬，谕到，该司事即将发来匾式照备分给悬挂，以彰厥善。仍遵议定章程，实心办理，并将前后所捐银数若干发商生息，开其姓名禀府存案，以免日久侵挪，有妨善政。倘有续捐绅士，务即报明，照例请奖，以励将来，毋违。特谕。

署浙江杭州府正堂凌知照徽州府移文，为移知奖励事。

案照杭省江干地方建设惟善堂，实为徽郡六县贫乏商旅在杭嘉湖及江苏等郡邑旅柩该堂代为权厝义所，雇舟装送回籍，知嘱领抬，无嗣无亲者置地代葬，洵称善举。今据司事李燨堂等禀报，各绅士胡祖祔捐钱一千千文、吴养正捐钱七百千文、洪伯成捐钱二百千文，王廷佐、王敬承、程朴斋、戴敬慎各捐钱一百千文，以充该堂经费，而立久大之模，足征慕义怀仁，颇堪嘉尚。据该司事所禀，胡、吴二姓已蒙杭嘉湖道宪给匾优奖，其余五人敝府另给匾式奖励。查该绅等均属歙、休二县人氏，拟合开单移知贵府，请烦查明转给知照施行。须至移者。右移安徽徽州府正堂。

十一月廿九日，为置产投税，禀钱塘县毓。

具禀惟善堂司事李燨堂、金高德、吴东友、朱祥椿、程嘉绥、方在东、孙沛然等，为置产生息，遵例投税事：窃新安惟善堂系六县好义绅商实心捐助，创建堂所，议定章程，禀蒙前县主徐、李汇详在案。除酌助装载回籍等费照章办理，撙节度支，续捐稍有余绩，凭中置买汪舒谷市产楼屋一间，坐落钱邑芝松二图，地名九曲巷，原册名汪泰，契价钱七十千文，每年赁租生息，添补经费，谨备具原契、清供，遵照奏案每两三分呈缴税契银二两一钱。伏乞电察验给契尾，并请饬知栅外一图算总书，并立惟善堂公产入册输粮，不致歧漏而重粮赋。为此禀明，以符定案而垂不朽，实为德便。上禀。

计呈：卖契、推付二纸，投税银二两一钱正。

奉批：据呈该堂续置汪舒谷楼屋一间绝契并税契银，封著税契书收明，投税粘尾给领执业；又推付一纸，饬发各庄书收户输粮。清折附。

为呈验捐契存案，禀钱塘县毓。

具禀监生阚秉忠、司事李燨堂等，为捐地以襄义举事：窃生家自嘉庆八年契买沈景乔征地一则，坐落台治栅外一图成字一千五百三十五号，计征地三亩二分五厘一毫零，向在南良三图阚信户下办粮，今因徽郡绅商建造六邑义所，以安旅榇，缘地界毗连，众意谆诚，系为善举，情愿捐助入堂充用。谨将投税原契粘连印串，遵照宪定章程，亲书捐契，呈候父台大人查验钤印，给堂领存，以凭执守；并请饬知上里算总书，并立新安惟善堂公所入册办粮，不致歧误而重粮赋。实为德便。上禀。

奉批：该生愿将自置地亩写立契据捐入惟善堂取用，殊属可嘉。呈到捐契，存候盖印，并同原契粮串给发该堂收领，一面饬庄收粮推付附。

又奉谕：南良三图算书即将阚信户下征地亩税推入栅外一图新安惟善堂并户办粮，仍将推收缘由签明底册，即日送县，以凭核察。该书毋得违延干咎。速速。

立捐契阙秉忠，今将自置投税征地一则，坐落钱邑栅外一图成字一千五百三十五号，计征地三亩二分五厘一毫，照依原契四至尽捐助与新安惟善堂建造义所，以停旅榇而全善举。检将投税原契粘连印串为凭，并立现捐文契。自捐之后，地归堂中执管、过户、纳粮，遵照详定章程，呈县钤印，给堂领收，永远存照。

计开四至：东至官讲界、西至江家地界、南至松林街墙角、北至山碛界。

道光　年　月　日。

见捐：李少白、孙沛然、金厚存、程锦章。

为捐义地，呈验捐契存案，禀钱塘县毓。

具禀职员车麟、司事李燮堂等，为捐地以襄义举事：窃职家于道光八年契置黄国泰土山一则，坐落台治栅外二图岁字一千一百二十一号内，计土山一亩零八厘四毫，向在仁六庄车庆远户下办粮，今因新安惟善堂存厝无后旅榇即于杭郡置地安葬，不致壅塞。为此，仰体宪怀厚泽深仁，无分畛域，情愿捐助入堂作为义地，谨将投税原契粘连印串为凭，遵照宪定章程，亲书捐契，四至分明，呈候父台大人查验钤印，给堂领管，以资埋葬；并请饬知上里算总书，并立新安惟善堂公地入册办粮，不致歧漏而重赋税。葬满之日，另案报请豁粮，以全善政，实为德便。上禀。

奉谕：仰仁六庄算书，即将该图车庆远户下土山税亩推入栅外一图，并立新安惟善堂公所入册纳粮，仍将推收原由签明底册，即日禀县，以凭查核无违。速速。

立捐契车麟，今将自置土山一则，坐落钱邑栅外二图岁字一千一百二十一号内，计土山一亩零八厘四毫，四至弓口绘图于后，情愿尽行助与新安惟善堂作为义地，安葬旅榇，而为善举。检将投税老契粘连印串为凭，并立捐契交堂，自捐之后，地归堂中，入户输粮，遵定章程，呈送县主钤印，给堂收执，永远存照。（图略）

道光二十年十一月　日。

立捐契：车麟；见捐：程锦章、李少白。

为捐契呈验钤印存案，禀钱塘县毓。

具禀惟善堂司事余起顺、余铉顺、余晃、李燮堂、吴伟堂、金高德等，为捐助基地，以襄义举事：窃起等籍隶新安，在浙生理，缘徽郡六邑并杭省乐善各绅商捐资在江干栅外一图公建义所，起等谊关桑梓，前契买何姓征地一亩五分，坐落台治栅外一图成字号内，与阙姓捐地毗连，今尽数情愿捐入堂中充用，以襄义举。谨将原契粘连印串为凭，遵照宪定章程，书立捐契，呈候父台大人查验钤印，给堂以凭执守；并请饬知栅外一图上里算总书，并立新安惟善堂公所入册办粮，不致歧漏而重粮赋。实为公便。上禀。

计呈：捐契、老契、印串共三件。

奉批：该司事购地捐堂，具见好善实心，洵堪嘉尚。所呈捐契候即盖印，并老契、印串一并给领可也。

钱塘县正堂毓谕：栅外一图算总书，即将余起顺等所捐何顺龙户下征地一亩五分推入新安惟善堂并户办粮，仍将推收缘由签明底册，即日禀县，以凭察核，毋得违延干咎。速速。

　　立捐契余起顺、余铉顺、余晃等，缘因新安惟善堂建造义所基地不敷，起等自愿出资凭中买到何顺龙户下征地一亩五分，坐落钱邑栅外一图成字号内，立有杜绝卖契，清供、过割、地价即日付讫，并无强买等情，今尽捐出充公，以襄义举。立此捐契，永远存照。

　　计开四至：东至水沟界、西至山脚界、南至阙地界、北至张地界。

　　道光十九年六月　日。

　　立捐契：余起顺、余铉顺、余晃；见捐：吴瑞堂、项若璠。

捐输名目

谨将乐捐各善户芳名登志如左

余锦洲先生，捐资并募捐建造新安厝所，坐落钱邑栅外海月桥内塘；

阙信甫先生，捐助基地贰亩四分有零，坐落栅外一图石井前；

张立瞻先生，捐助厝所基地四分有零，地名同上；

余起顺、余铉顺、余晃，捐助所房基地八分有零，地名同上；

居易堂瞿，捐助市房二间，坐落仁邑会保一图，每年所收租息作堂中岁修之费；

敬修堂张，捐助彭光砖五十块、又砖二十八挑；

王今彝先生文奎行，捐助大厅建木架梁一对；

承佑堂王，捐助地六厘，坐落栅外一图，向在城北办粮，今奉钱县主提入本图入户；

车信斋先生，捐助山地田一亩零八厘四毫，坐落栅外一图地方。

募捐经费钱款名目

常郡新安六邑紫阳书院，捐助本钱五百千文，按年支息钱五十千文，作堂中运送旅榇经费；

江都娄云从同室陈氏，捐助本钱一百千文，按年生息，亦专作载送回籍经费；

立德堂王，捐钱七十七千文；	容膝山房方，捐钱二十千文；
承佑堂王，捐钱五十千文；	陈铭昆先生，捐钱二十千文；
华萼堂高，捐钱五十千文；	资暇舫，捐钱十六千文；
棣堂张，捐钱四十千文；	务本堂汪，捐钱十四千文；
云树山房汪，捐钱四十千文；	吴丽春先生，捐钱十二千文；
许辛泉先生，捐钱四十千文；	稼书堂汪，捐钱十千文；
周监先生，捐钱三十千文；	慎修堂程，捐钱七千文；
嘉兴天元典众友，捐钱三十千文；	征远堂王，捐钱七千文；
得佑堂汪，捐钱二十千文；	元顺宝号，捐钱六千文；
怡庆堂钱，捐钱二十千文；	燕诒堂谢，捐钱六千文；

惇庸堂仇，捐钱五千文；

敬思堂张，捐钱五千文；

凝瑞堂吴，捐钱五千文；

陈椿庄先生，捐钱五千文；

程德泰先生，捐钱五千文；

汪琴溪先生，捐钱四千文；

项熙台先生，捐钱三千五百文；

大丰宝号，捐钱三千五百文；

王晋卿先生，捐钱三千文；

潘嘉瑞先生，捐钱三千文；

履吉堂程，捐钱二千文；

曹仿青先生，捐钱二千文；

程鉴泉先生，捐钱二千文；

不书名，捐钱二千文；

王春榆、章溯衡、李尚木、汪霞川、昭德堂曹、汪若泉、裕成典、胡玉泉、毕振叁、查德芳、宋舜玦、汪同泰、王慎斋、淳寿、正大、姚汝循，以上十六位各捐钱一千文；

金起生、刘康侯、汪耀庭、王佩绅、徐克诚、毕汉章、潘锦峰、吴乐如、刘春田，以上九位各捐钱五百文；

朱景仑，捐钱七百文；

致和典，捐钱一千四百文。

募捐经费洋银名目

原任浙江杭州府正堂胡，捐洋一百元；

谦益堂章、居敬堂章、存雅堂章、修省堂章、嘉会堂章、谷诒堂孙，以上六堂各捐洋三十元；

师善堂章，捐洋二十四元；

嘉邑在城八典，捐洋二十四元；

不书名、吴彝仲、钱邑不书名、怀德堂汪、怡善堂吴，金陶农、金禹言合，怡安堂钱、李椿年、王德六、慎仪堂程、许凤翔，以上堂名各捐洋二十元；

文起堂韩，捐洋拾六元；

德华堂高，捐洋拾二元；

吴建纲，捐洋拾二元；

程叶彭、吴惟成、汪李泰、黄思周、世茂堂赵、胡轶芳、汪星朗、汪志和、周载宇、周润菴、俞愚堂周、吴锦霞、尚德堂方、吴渭六　胡望之、鼎元车、孙允绅、程允豫、范德源、鼎裕车、董益三、汪恒昌、吴西泉、春雨堂王、孙怡伯、义德堂张、吴蕴香、汪又村、不书名、毓祉堂沈、朱省斋、敬义堂吴，以上三十二位各捐洋十元；

张禹封、汪鉴人、方德茂、静寄轩汪、敬业斋章、敦本堂朱、桂堂朱、玉尘斋章、雅棣堂章、燕禧堂蒋、诒谷堂章、朱彦夫，以上十二位各捐洋银八元；

徐辅义、程尧孚、胡元章、程玉书、麟振堂程、薐陂书屋堂朱、蕴斋程、勤居书屋吴、诒谷堂李、仁寿堂邵、程序东、张薇府、余益大、孙记仲、尊德堂蒋，以上十五位各捐洋银六元；

张筱松、吴金波、汪春渠、汪碧泉、吴容大、方心一、毕方来、刘溶川、叶聚三、兼三堂汪、胡程姚、世寿堂周、吴日隆公记、周大顺、胡楚儒、吴协盛、立诚堂汪、吴筠磽、吴德润、陆顺堂汪、吴坤圃、吴荫庭、毕有章、刘荣芳、胡春畲、吴成栋、汪绳武、汪国柱、张裕以、徐理中、张芝轩、守愚堂张、敦厚堂章、敦彝堂章、姚天成、姚耀远、四丰号、潘万春、王瑞祥、江振威、金霞轩、胡轩庭、德隆堂胡、查友明、朱昆圃、高松木、映雪堂孙、吴淳德、吴闰连、务本堂章，以上五十位各捐洋银五元；

安朴堂程、彝训堂朱、怀仁堂金、敦和堂朱、居敬堂黄、庄立纲、吴恒茂献记、恒德堂程、吴德心、陈宝斋、程辛木、汪西林、四善居士、章峙春、金小珊、胡德佑、金雪门、张翰屏、孙霞川、朱德馨、荣木山房程，以上二十一位各捐洋银四元；

吴明祥、汪本澄、万西庚、王梅莘、郑谦吉、潘立本、许聚源、吴国兴、叶国祥、叶松彩、吴耀文、叶希和、汪泹之、余丹宸、积善堂余、沈楚材、诒燕堂金、斯美堂金、邵凤五、汪巨源、吴德明、王荫堂、潘掌秋、洪源昌、项履恒、周右文、吴楚珩、詹公五、詹达三、陈东升、姜渭传、章茂堂、余三顺、吴巨川、吴辅宸、江扶万、玉峙堂余、南溪小集汪、存耕堂陆、静怡孙、胡观庄、敬修堂孙、程道有、朱晋蕃、仁爱乡陈、汪东淮、吴琢堂、卢陛飏、胡炳文、胡和茂、胡榜、胡佩馨、汪与恭、吴竹舟、方成勋、万典五、金万年、尚德堂方、江玉山、朱雨晴，以上六十位各捐洋银三元；

吴履祥、郑锡申、张冠台、吴道生、程清远、吴锡遐、程心霖、吴起仁、黄晋阶、朱云上、吴起和、程春霆、孙德基、宋发熙、王振之、项昌恒、程瀛洲、王慎庵、韩星灿、朱绍堂、朱振川、戴守诚、万盈川、吴本盈、黄贡三、孙谷芳、汪丹五、黄卓人、胡奕修、毕绪昌、金序阶、程鞠泉、郑澍庭、朱士铨、方大典、江世荣、程永桃、许朗庭、项文映、吴位蕃、汪吉甫、程湘庭、汪德敷、朱朗如、吴永言、孙震之、叶青芝、汪敏中、方裕川、得凝堂陆、蔡丽川、黄永兴、孙体和、明德堂王、徐开周、张西垣、程一亭、程以增、张希贤、王鼎丰、程彩章、汪鸿轩、时春堂、黄同丰、方容起、孙曦和、吴远源、吴鼎新、吴治成、吴恒盛、方钰盛、方隆泰、吴恒丰、周良璞、吴圣言、方信源、周源聚、吴日新、周明远、吴日隆、吴永瑞、明德堂吴、方廷辅、吴永盛、吴成泰、仁德堂周、方敬明、吴绮成、吴荣章、吴实辉、孙馥堂、吴椿年、行素堂章、王以扬、程朗辉、程淦亭、吴秋白、汪灿章、孙惠川、邹六吉、万文泉、程永华、吴坤元、孙岫云、吴擎甫、项岳中、守素堂戴、周荣清、周在庭、程晓升、曹立成、黄德丰、曹正丰、曹元茂、曹门汪氏、金熙伯、方志川、朱仰宗、姜启进、胡承荣、王显章、陈楚惟、吴裕昆、金德暹、张在中、王鸣和、江清远、张竹人、兰言堂黄、日修堂程、汪子谦、留耕堂张、芥舟书屋吴、胡秉钧、吴保庭、听泉书屋方、王岐亭、施均锡、吴靖三、宝善堂陈、九思堂洪、居敬堂程、敦厚堂、汪廷献、汪启宇、汪北山、江风衔、程作霖、吴履祥、汪本立、吴汉池、毕秋楼、张辅臣、项雨生、金启荣、汪德元、江舜云、叶朗辉、许德基、朱德昌、项开基、范雨亭、胡廷章、方厚余、胡燮南、汪瞻山、范霖沧、胡奉璋、刘仲瀛、吴永锡、方步曾、诚德堂黄、叶云章、怀德堂项、江伟臣、许东尧、洪恢先、洪燮友、吴书楼、吴俊玉、程明滕、余清源、戴松茂、叶殿和、张玉阶、江敬之、吴丽春、胡敬辉、胡介纯、方德仁、朱鼎兴号、吴宪文、敦礼堂洪、汪希贤、项明瑞、许怀本、曹聚福、邵敬存、许济川，以上一百九十九位各捐洋银二元；

胡文学、金国仁、吴良辅、程致和、程顺吉、王锡爵、胡玉珊、方锡和、吴华宇、程载阳、程圣奎、金玉章、万士均、余邦成、方凤豪、黄敬夫、董秉钧、金有成、范德长、董乙青、江门吴氏、孙晓山、余云栽、董秉衡、张天赐、方惟应、方振南、程万钟、汪维周、胡荔庵、程德章、王云骧、程德鸿、戴介堂、汪尚廉、汪大德、金履谦、程大绥、关炳然、倪旭堂、卢鹏万、程福三、叶德辉、陈树芳、程信成、戴君佩、潘高发、汪嘉靖、王燧堂、戴春如、程玉如、谢振祥、程彭年、金兰友、吴广仁、范建堂、方典初、程里季、万士祥、朱嘉佑、巴向荣、张国调、王绳武、唐茂承、方献祥、罗明纲、邵并英、程鹿乾、范雨膏、戴备五、万秉衡、吴建勋、吴公培、李春园、黄维桢、程金友、黄云章、毕宽余、方惟乔、朱圣采、程汇川、程汝逊、程余门、黄际升、任佑之、程国瑞、林星禄、程正道、刘殿辉、孙广远、项天高、程渭阳、吴有诚、林有章、王佐廷、万民怀、江鸣皋、胡涵九、吴新甫、杨锡藩、万履思、万镇邦、陈安澜、汪秉彝、汪德荣、王雄飞、朱梦吉、吴耀廷、汪谦吉、胡元浩、万阶吉、黄跃龙、查耀廷、章新之、林松浩、黄梦才、范用和、刘晨晖、汪焕文、朱宝贤、怡馨堂吴、孙心山、杨广成、潘行三、程俊干、戴光约、江荫亭、戴用楠、程漱石、孙宾六、程集云、孙绣堂、戴辑堂、万士铭、郑亨溥、鲍心存、戴景升、吴培原、程毓堂、叶嘉贵、张玉田、戴竹溪、汪元椿、汪晓峰、范仰之、怀仁堂胡、汪省愚、方德基、潘振声、韩玉堂、程大椿、陈德桢、胡宝树、程作楳、金俊明、吴洪春、王懋嘉、朱嘉植、吴锡三、吴士登、方君和、程西畴、唐礼和、张兰田、李竹坡、程用和、查昆谷、金卧云、汪廷栋、程有容、金以渌、张福寿、汪玉承、金德昌、王国祥、潘德容、徐振华、张勤补、余慎夫、徐峰山、项心如、江笏山、程君佩、振昌竹、何荣玉、江纯期、潘国良、戴作山、程树声、金心圃、练凤仪、卢尊六、茂隆号、毕道源、汪宗华、余步蟾、洪福田、万长庆、王乾初、戴升甫、万邦泰、刘松如、王巽宜、黄镇海、汪琅圃、潘鲁源、吴爱棠、胡应霖、江朴园、程曙峰、姜文焕、大本堂汪、胡仰乾、黄镜如、范德隆、汪树庭、罗颖新、范贡山、程德朗、汪宏裕、金敬泉、王济亨、吴建六、戴赓扬、懂世楠、李威玉、江辅宸、查金榜、孙宜暗、胡有润、福昌号、杨以贞、汪声和、成定保、金辅庭、董光庭、吴景扬、戴云五、泰源号、胡登云、李德辉、张绍兰、程声远、吴如川、张采文、介寿堂、王长坤、张春田、萱寿堂、黄绍镛、孙思畏、三聚堂、江仁表、孙鸣皋、江在衡、洪椿茂、胡茂林、许镜辉、戴履祥、方南浦、吴纯如、汪耀亭、姚佩珩、汪炳南、韩克斋、程舜岩、戴治安、王厚堂、孙晴云、江补山、吴君佩、胡玉斯、汪正书、巴旭辉、金国瀛、胡延麟、吴丹年、林泽远、朱以功、朱朗斋、吴干臣、万肇源、朱立言、方蔚华、金绍周、徐馥堂、朱耀璋、江允钟、胡宗善、汪召棠、李理章、吴树滨、吴振华、何铉瑞、胡受堂、姚凤衔、章世贵、汪灶隆、胡厚栽、姚体仁、吴肇成、汪茂如、吴德升、胡春元、吴树堂、金必元、金大喜、徐益哉、朱朗夫、张文辅、汪振澜、戴锡昌、项大焜、伊光裕、项象恒、庄定宇、程祥椿、孙承武、戴愚山、吴其玉、庄晴峰、方新谷、项东辉、程文炳、江兆祥、朱青田、汪序明、戴绳武、刘振庸、朱景鸣、吴正修、郑宪斌、汪秋田、吴致远、吴职平、吴宏辉、黄锦堂、孙倬云、朱受采、余福初、程象三、黄天元、黄二川、吴藕香、叶鉴基、张彝亭、吴心镜、黄朝锡、庄丽天、何仰三、刘滴然、程仲华、胡启昆、翁祥五、程广远、孙咸中、省吾氏、程德馨、陈东升、杨正敷、朱炳荣、姚清远、王瑶璋、程怀英、李济和、馥斋氏、程又铭、吴玉庭、汪辉堂、程春华、程君锡、项德恒、汪静波、朱有财、吴振英、汪芝延、吴礼庭、程殿英、胡翼廷、汤维新、程文诚、黄德扬、孙向荣、孙调元、金德林、胡荣标、戴鉴明、徐允功、孙霞龄、孙崇礼、程永康、朱廷标、棣华书屋吴、程瑞庭、程三之、王启熺、吴颖洲、余光斗、汪有章、刘玉振、吴佐廷、汪正存、吴西成、汪南英、黄培镛、徐端植、朱瑞丰、王益斋、汪渌之、王炘、朱梅筠、吴星玉、孙承琦、吴粹庵、程鹤林、汪寿芝、任履安、汪星年、方翼经、许锦川、吴春晖、王丽天、朱大义、程辅廷、戴鼎玉、程敬宝、金大周、林步洲、潘玉书、胡振飞、程大顺、张正明、郑又彰、戴秀升、明吉人、程德威、郑启缙、谢以容、黄赞宸、孙大椿、陈佐廷、葛虎臣、陈元英、张耀廷、金可泉、张圣美、姚立仁、自问、程济盛、叶云从、程世泽、吕树堂、戴席之、汪廷表、程汉三、汪绍明、胡振基、吴立位、张亮采、金国荣、沈攀桂、汪有成、方德辉、黄业鹤、方正衡、程锦川、汪宗武、叶新甫、程琢成、孙丹五、邵启英、郑炳国、孙炯斋、汪正辉、朱躬厚、锄经堂、汪绣江、周应纯、朱维周、王耀文、黄金茂、黄景山、黄培林、吴永盛、邵永和、金宗孟、吴朗如、朱鸿辉、世经堂朱、源聚隆号、项敬亭、吴方涵、朱逢孙、吴祥麟、方观九、方秀山、王国松、朱本初、翁绳武、姚华谨、叶云山、胡应轩、刘永泉、郭在堂、程介祺、叶书南、张绮文、施昆源、徐邦畿、姚一安、承启堂洪、兰言居、朱秋帆、朱凤周、余庆堂陈、程德大、程少愚、张润之、陈端甫、程绳武、戴冠群、赵聚源、赵汇昌、程德符、吴生聚、吴恒昌、方永茂、吴霞聚、吴源裕、潘广森、周用敷、庄皓东、吴奕俊、启祥堂吴、吴受谦、章辛之、汪亮斋、吴含辉、方馨山、洪四妹、吴升之、周凤洲、吴万福、胡镇国、方泽丰、吴明远、潘道生、郑庆余、王象乾、霞举堂吴、姚德昌、吴正廷、吴在西、洪俊科、吴念周、吴君表、吴绣兼、吴子嘉、洪以安、汪在东、邵奕权、吴廷镛、洪悦山、胡与春、汪鉴湖、方松溪、吴上益、吴用如、汪承基、吴景曜、朱荣椿、姚溶江、吴配坤、吴德庆、吴礼耕、汪立斋、汪启东、吴紫庭、吴立庭、吴珍之、吴曜清、孙焕文、王协记、程青朗、范德济、李占禄、孙临泰、程士璜、金玉璋、朱圣远、卢文焕、戴步洲、陈殿钟、程履中、胡景廷、黄大纲、程位庭、程洪度、程渭川、章明皋、程启祥、程润昌、朱耀堂、汪志善、杨锦堂、章德秀、王永彩、张配堂、程秉三、吴端模、叶衡玉、汪正如、程兴锟、周福康、李敦仁、任以贤、胡用蕃、汪有三、孙在邦、吴云岩、许德梁、徐端衡、俭一堂胡、方典初、胡耀辰、敦和堂王、戴震潍、毕荣彪、叶华山、李培燹、吴豫棠、孙仁玉、程吉和、孙景堂、孙心泉、项曙堂、赵子敬、王维厚、洪凤记、黄新甫、程振飞、吴步蟾、王敦武、吴并峰、汪云锦、洪于周、吴存养、张绍坚、黄兆炳、孙德泰、孙联登、吴南鸿、胡如春、汪本浧、江昆吾、德馨堂胡、程用和、戴云台、金树培、詹逮吉、程铭也、毕瑞图、戴步云、光裕堂徐、吴伯和、汪兆如、孙孔阶、张日华、黄永隆、曹启福、汪赞周、王灶二、王景宏、胡友堂、张发庆、胡尚椿、吴广勤、章又堂、汪学宁、吴德周、曹兆恭、胡瑞海、周访源、胡大富、汪明德、何东海、胡先泰、程汪美、江观贤、胡兆顺、胡叙和、章满庆、汪晋阶、胡国焕、王大炎、周慧堂、程耀年、舒正伟、程振绪、程惠田、姜有田、方肇晋、郑德顺、胡锦涛、胡元武、吴品南、吴秋舫、张兼善、胡菊堂、胡既勤、程源福、汪孔皆、汪晋轩、潘稼堂、方锦如、树德堂张、朱集堂、汪荫山、王文义、师俭堂江、留耕堂王、方玉衡、怀德堂王、孝友堂孙、孙炳堂、九恩堂吴、敬修堂黄、朱伟公、汪济堂、吴步增、孙德顺、黄芳远、许济之、许易轩、程子野、金履言、项荣达、吴羿清、吴云卿、程升旸、王体仁、汪声宏、程泽山、曹致君、张维德、江佑新、孙浩然、吴鹤龄、潘万和、洪履旋、程芙舟、平敬业、金韶和、汪维祥、黄吉生、吴育和、汪晋三、周椿如、程大林、江灿廷、怀德堂王、洪智廷、江盈川、程昆源、胡佩兰、汪茂园、朱应嘉、葛炳南、汪宇光、汪金甫、朱楚山、金绍文、张松泉、潘天渡、吴鹤年、田星堂、朱循善、戴汇东、江瑞芝、汪峻菴、朱辅卿、汪星辉、王德宽、吴慎余、程华国，以上各捐洋银一元，共计七百八十五元；

　　黄承福、朱秀章、许丽生、查履祥、戴诚甫、程利昌、张汝高、王用章、方春茂、俞光裕、陆友兰、吴秀章、黄干臣、孙乘康、程起章、刘元亮、徐炳南、杨德成、万辅周、程良玉、孙玉田、万近仁、查朗如、金青士、董秉仁、程国良、程绳武、董原泉、叶杏林、黄春和、胡楚贤、奚鄂堂、吴绮文、韩耀宗、范焕章、汪德三、万淳源、胡守之、孙鉴成、方景虞、叶辅庭、查小廷、吴醇九、汪丽中、毕松年、吴诚和、程尊五、吴广兴、舒润泉、何瑞廷、吴俊三、程仕潮、徐云卿、齐步腾、江吉如、余临川、俞润坤、万淳佑、万德成、王奕堂、汪镛、江秀言、程辉五、汪克至、吴禹畴、金嘉义、程静安、余西华、汪敦五、徐嘉有、程旭初、叶伟文、汪汉三、方振远、方立彬、程友三、陈汉川、詹继师、方景胜、王昆洪、汪致和、潘美如、程信甫、汪鸣远、项子香、程肇封、陈楚材、余廷璋、程俊升、方星若、周竹斋、叶君元、项春华、王靖兰、叶裕元、张守桢、戴其祥、程玉章、金国清、余为春、潘配三、程滨川、程森茂、鲍朝标、李象渊、叶湘亭、金庆熙、汪轶千、万舜岐、凌巨源、孙质夫、郭永宁、万良玉、朱渭三、汪周魁、方濂、朱淦舟、金士祥、胡镇国、程文球、吴位中、戴琴、胡斯衡、金荣光、方声扬、倪振珮、程羽骞、方佐周、方雅如、吴惠人、吴五宝、吴连宝、郑宗仑、孙发祥、吴万安、杨运昌、邹天喜、程世荣、李达心、黄丽生、吴瑞征、汪彩岐、王立三、程履吉、汪永孚、金仰周、程炜煌、汪士淳、吴正茂、程正任、朱文炳、汪履和、余开基、吴承伦、汪方周、王对扬、余品安、胡炳文、汪锡堂、王启瑞、曹淳耀、黄贤辅、孙振迁、洪圣阶、汪揩方、朱祝三、胡长青、金文耀、李德新、王淮宝、黄平安、程配沧、方社魁、程锡三、程永桢、江芳如、孙景文、吴长林、项忠和、孙圣章、孙安祖、戴廷晖、汪福祥、戴御发、王秉章、江天顺、汪关聚、郭芷庭、吴大有、王戴扬、朱沄溪、吴浩川、周肇昌、方丽生、周乾如、周汇川、吴鉴清、姚天锡、周位南、吴在仁、吴健安、方裕堂、王鼎臣、汪建勋、吴重恩、方渭清、汪均安、周槐庭、周鸿勋、吴德大、方瑞元、吴鸿照、吴楚玉、吴万通、潘用成、姚喜庆、江恒顺、张仰成、方春荣、方廷章、范勤书、张素标、吴宇安、朱嘉余、郑魏伯、范有招、张勤伯、汪丽阳、吴树堂、方玉寿、洪进明、鲍炳南、朱钧贤、吴福皆、张应南、吴鉴西、吴永旺、张仲修、吴广松、吴庆禧、吴大元、姚东晖、凌凤池、吴锦涛、胡瑞芝、程鉴三、方富川、吴万兴、周跃滨、方长富、吴显周、姚鼎新、吴九庆、黄金科、吴志凌、凌垚峰、郑广恒、洪有光、王观德、吴心培、汪定之、程有初、程克忠、孙元圣、胡士宏、程振声、金起山、吴大祥、王晋占、吴大椿、项铭钧、江澄之、汪祥德、方履丰、杨永康、郑文炳、刘冠英、韩春洲、方静夫、程沛霖、汪祥源、万西涧、吴宝源、程世涛、孙龙光、赵丽天、方洪福、张恺六、厉观正、孙正绅、程懿修、金国柱、宋继林、朱致中、郑屏山、吴秉衡、方步瀛、程德如、程雪山、汪仰伊、程培枝、徐位华、汪锦章、程高时、宋启富、汪和庆、姜荣福、戴稼武、戴文祥、潘春荣、程信孚、洪继堂、朱星彩、郑以诚、毕荣笏，以上二人合捐洋银一元，共计一百五十七元五角；

吴春林、吴耀廷、梅中杰、程锦佩、汪荣贵、舒启翰、程策勋、汪西亭、汪士贵、朱遇春、方受如、万光祖、陈殿华、戴荣台、刘荣卿、汪以言、孙际泰、江万寿、汪新田、戴荣华、胡嘉宝、张国聚、洪德聚、张树滋、吴起明、魏云岩、程震宸、金培之、范溥城、项宝珍、练荫三、程庭辉、程尔康、毕瑞林、程秀山、余小海、程汉湘、余安乐、余奠方、余明洲、余安合、程春廷、毕天成、吴锦堂、黄象三、汪天相、刘涵育、汪西溪、程坤宝、胡嘉成、金广林、江添禄、朱天云、洪基远，以上三人合捐洋银一元，共计十八元；

吴日升、吴德泰、吴恒吉，以上三人共捐洋银二元；

金松如、金成明、胡斌如、金德隆、卢锡麒，以上五人共捐洋银二元；

吴元丰、吴聚丰，共捐洋银一元五角；

汪春圃、魏瑞鸣、项心一、张丽东、叶文魁、项聿修、汪冕之、练松谷、毕小坡、汪德芳、练以安、毕唐州、马心元、程翊堂、孙敬伦、吴加寿、刘仲华、汪建和、范懋华、郑坤泽、戴旭初、万灶春、程灶华、吴仲荣、朱承天、余省三、吴新阮、沈应诏、练钧亭、吴锦恒、王履光、朱亮辉、王尚亨、吴永辉、胡朗如、方裕生，以上共捐洋银九元；

章宏泰配记，每年捐钱五千文；

孙霭如先生，捐钱十千文；

查成美先生，捐钱五千文；

查光裕先生，捐钱五千文；

王泽晋先生，捐钱五百文；

关寅伯先生，捐洋银十元；

光裕堂黄，捐洋银十元；

秀邑在城十典，捐洋银三元。

续捐经费钱款名目

歙南七贤胡祖裀先生，字愚山，捐钱壹仟千文；

歙南北岸吴养正轩，捐钱七百千文；

歙南阳川洪伯成先生，字灵椿，捐钱二百千文；

休东隆阜戴敬慎堂，捐钱一百千文；

休邑程朴斋先生，捐钱一百千文；

休东屯溪王廷佐先生，捐钱一百千文；

休东屯溪王敬承先生，捐钱一百千文；

休东草市棣辉堂孙并各典，捐钱一百千文；

海盐十典新安众友，捐钱四十千文；

泰邑各典新安众友，捐钱四十千文；

雉皋歙休绩七接典，捐钱三十千文；

泰州如邑歙休婺绩各典，捐钱一百五十千文；

南通州徐各典新安众友，捐钱八十四千文；

南通州各典新安众友，捐钱七十二千文；

歙邑章宏泰配记，岁捐钱五千文；

海门徐通德、通和、太和各典新安众友，捐钱十二千文；

海门张万源、陈泰源、陈泰裕典新安众友，捐钱六千文；

休东诵芬书屋，捐钱十千文；

思齐堂卢，捐钱三千文；

方静山，捐钱二千文；

张德明，捐钱一千文；

程三辉，捐钱一千文；

黄容光，捐钱一千文；

朱子威，捐钱一千文；

修齐堂吴，捐钱一千文；

戴存松，捐钱五百八十文；

姜荣森，捐钱五百文。

续捐经费洋款名目

枫桥五典新安众友，捐洋银十元；

程善长，捐洋银十元；

裕昆堂项，捐洋银十元；

程云斋，捐洋银十元；

留耕堂吴，捐洋银十元；

南翔各典新安众友，捐洋银十元；

德清各典新安众友，捐洋银八元；

长安六典新安众友，捐洋银六元；

刘和兴号，代捐洋银六元；

金晓江，捐洋银五元；

金蔼堂，捐洋银五元；

孙孝根，捐洋银四元；

程师邺，捐洋银四元；

不书名，捐洋银三元；

南翔金大昌柜友，捐洋银二元；

程四庆，捐洋银二元；

汪载华，捐洋银二元；

章世达，捐洋银二元；

金蕴斋，捐洋银二元；

王逸兰，捐洋银二元；

　　叶松元，捐洋银二元；　　　　　　　　　　　许上本，捐洋银二元；

　　汪汉寿、章志纯、戴浩然、吴霁和、朱凝堂、江沛庭、程兰卿、孙荣泉、毕星一、程瑞庭、程孔皆、郑瑞华、胡有顺、王宝辉、吴荣光、孙穆文、黄旭亭、洪尚大、项锡功、沈炳顺、程以仁、程光辉、徐文友、程学庆、舒立堂、王敬轩、洪俊千、陈孝思，以上各捐洋银一元，共计二十八元。

　　忆昔新安六邑绅商在杭城外江千海月桥内塘捐置地基，建造堂楹厝所，专为同乡客故无力带回者暂停旅榇及一切运送、掩埋经费，历年收支若干、余剩若干，业已备载于前刊征信录矣。特后遭兵燹，简策无存，每念先贤情深桑梓，好善乐施，末由稽其功烈，令人徒切歆歔。今幸于旧书肆中偶得惟善堂原刊征信录一编，披阅之余喜出望外，未始非天之报施不爽与鬼神之呵护有灵也。然断简残编见者无多，知者甚少，其度支正用详明，无容复赘，谨将捐助芳名并司事诸公经理各善举重列于续刊征信录，以前合为全卷，俾前人足传于后世，而后世宜法乎前人，庶几永垂不朽焉耳。

后 刊

新安惟善堂续刊征信录序

杭州城外海月桥桃花山麓有新安惟善堂权厝所，嘉庆、道光间，歙人余君锦洲创建于前，而其侄若孙及胡君骏誉等复推而广之者也。其经制规条具有成书，胡学士敬序之甚详。咸丰季年毁于兵。同治初，汪君鉴人集资重建，堂之事汪君实司之。既殁，继其事者增高厝所，构新安别墅于其中，建殿祀文、武二帝，又设茶寮以涌喝者。出纳之数既多，惧其久而无稽也，乃续刊征信。问序于予，予曰："昔世，延陵季子葬其子于赢、博之间，而曰魂气无不之。孔子叹为合礼。宜若旅葬，无害于礼者。然而古人有言：'狐死正邱首，乐乐其所自生，礼不忘其本'。太公五世反葬于周，后世至有赢胜万里，归骨先陇，而天下称为奇孝者。此久客思乡之梦，温次房所为不能忘情也。是举行而吾乡之人庶几告无憾也。"曩游郊野，见柟比而藏棺者，杭人谓之攒屋，攒犹菆也。南宋会稽绪陵或称攒宫。考诸《檀弓》、《丧大记》，菆涂覆屋之制，惟天子诸侯同之，大夫即攒至西序不为屋形。今庶人而概称攒屋，殆与建牙之牙讹为衙，而杭人筑室于道，辄称某衙以区画界，其借略同。其有缭以垣墙而前置厅事者，或称庄或称山庄，是又虚饰尔雅之称，辄不若借呼攒屋之犹得其实。则综核名义，惟权厝之称为有当也。在土著之流久而不葬，往往惑于青鸟家言，不足深论。至于旅人估客，奄忽徂谢，瞻言邦族道里悠远，必待家人之来而魂魄始归故乡，有不得不出于权宜之举者。行权正所以酌经也。然当嘉道全盛时，事虽创而较易。寇乱初平，物力凋翅，自顾之不暇，而奚暇及人。继此役者乃相维絜，往来浙东，振裘絜领，乡人之商于外者以盐、茶、木为大宗，岁劝酉处金，而其他亦量力而附益之，事卒以济则隆，因而实难。倘所谓出其言善，千里之外应之，理亦有然者乎！夫仁人孝子之用心，惟行乎心之所安而已。权厝所之有举莫废而死者安，死者安而其一家之人安，家积成邑，邑积成郡，而一邑一郡之人胥安。茔之事一人任之，或数人任之，前之人任之，后之人复任之，纲举目张，无侵无旷，亦各安其所安，则心安而事无不安。持此以德，隆千百年不敝可也，佥曰善。因书而弁诸简端。

光绪七年岁辛巳冬月，绩溪胡元洁撰，歙县洪葆书。

新安惟善堂后刊征信录序

　　窃以浙省杭城外江干海月桥桃花山麓建造新安惟善堂义所，专为同乡客故停柩载送回徽而设，诚盛举也。自嘉庆初年歙邑余锦洲先生慕义怀仁，捐资创业，权建堂楹，暂厝旅榇，经费虽云不足，而始基已立于前矣。嗣后，道光年间，其令孙铉顺与乃侄晃偕胡骏誉、周载宇、金高德、朱祥桂、程嘉绶、吴家骏等四十余人继志述事，运筹定例，恢廓前模，幸得诸善户倾囊助款，集腋成裘，藉此高建堂楹，广增厝所，一切善后事宜至详且备，故历年吾徽旅榇得所凭依，赤贫者装船送回，无嗣者置地安葬，洵可谓谊敦桑梓者欤。所可痛者，咸丰庚申之岁粤匪猖狂，杭城溃陷，狼烟叠【迭】起，兔窟横行，竟将堂宇、市房纵焚殆尽，所有租金、存款皆化一空，殊令人搔首问天而嗟叹不能已也。迨至同治聿兴，整军戡乱，杭省虽经克复，老成每慨沦亡，维时汪君鉴人在杭，与鲍鸣岐、胡祝如、吴德辉、吴星海、方国安、章容光、汪贯之、范有芳等惨见吾徽旅榇暴露荒郊，意欲暂妥孤魂，重兴义举。奈当兵燹之余，殷实者少、托钵无门，疲敝者多、捐资无术，因是同往义桥新坝与徽属诸君嘀议熟筹，惟有盐、茶二项皆聚绍属，过镇劝助堆金聊为藉手之资，权济燃眉之急。并劝各处商业随缘乐助，量力输将，由此积少成多。即将本堂旧址先后递建，厅事以及内外厝所暨每年载送埋葬等情，汪君亦属维持不怠者焉。第各款捐资原需众力，而在堂司账只任一人。讵同治辛未岁汪君作古，公议酌请司事查其收支总簿，自四年至九年分虽难细核，大略相符。厥后，诸董络续捐赏，复建文、武二帝殿，并购新安别墅，重将外厝升高翻盖，又另建亭施茶。诸善举有基无坏，自可壮观。第承先接理者未能守旧增新，任情滋弊，以致啧有烦言，何堪服众？适获程君野庭年高德劭，好善存诚，慨然以公事为己责，不受辛资，怀清履洁，不辞劳瘁，纲举目张，入堂未周三载，经费渐有余资，又得同人同心共济，则六吉堂之兴复即在诣顾间矣。爰将历年收支各款汇刊征信全录，以供明鉴而察实情，还期乐捐者益充善量，司事者同著芳名而永垂不朽云尔。

　　旨在光绪七年，岁次辛巳孟夏月谷旦。新安惟善堂董事人等同校：鲍遗庄、何昌来、程立方、吴汾伯、胡绮荷、洪映辰、方寿乔、鲍德卿、邵正辉、孙一生、金濂生、程野庭、吴菊庄、章辅堂、汪凤舞、洪才卿、吴渭泉、吴恺堂、王俊英、胡寿南、胡衡甫。

谕示

补用总捕分府署杭州府钱塘县正堂、加六级纪录十二次陶，为出示晓禁事。

　　据新安惟善堂绅董程春藻、金起茂、吴星海、汪兆新等禀称：钱邑江干海月桥向有新安义所，坐落栅外一图，自兵燹后折毁无存，旅榇凄然暴露。现将原址集资重建，拟于堂前通衢再造长亭一座，夏秋施茶，以济行旅。诚恐不法棍徒藉端滋扰，善事难行，禀请给示等情前来。查该处路当要冲，行人往来络绎不绝，该绅等现已重兴公所，复建长亭，施茶解渴，以为行旅憩息之区，诚为善举。除出示外，合行晓谕。为此，示仰堂董以及该处地保居民人等知悉：须体建亭施茶，原为利济行人而设，获益良多，如有不法匪徒藉端滋扰，有妨善举，许该堂董人等指名禀县，以凭究治，决不姑宽。各宜凛遵毋违。特示。

同治七年六月十七日给。仰该处实贴。

升用总捕分府署杭州府钱塘县正堂、加六级纪录十二次戴，为严禁事。

照得惟善堂司事举人程春藻、金起茂，职员吴星海、汪兆新等禀称：江干海月桥地方向有惟善堂，为徽郡六邑暂停旅榇之所，后遭兵燹，堂宇无存。兹于旧址重造殡房，现复建竖厅屋，择于是月吉日升梁，恐有不法匪徒藉端滋扰，土工、匠作勒索把持，相应禀请示禁等因。据此，除饬差查拿外，合行出示严禁。为此，仰该堂司事及地保、匠工、丐头人等知悉：倘有前项情弊，立即拘拿送县，以凭究办，概不宽贷。各宜凛遵无违。特示。

同治八年三月十八日，给发惟善堂张挂。

调补浙江杭州府正堂、加六级纪录十二次陈，为出示严禁事。

据惟善堂司事举人程春藻、金起茂，职员吴星海、汪兆新等禀称：钱邑江干海月桥地方向有新安惟善堂，为徽郡六邑暂停旅榇之所，因遭兵燹，房屋无存。既于旧址复造殡房，宜即重建厅屋，今择于是月吉日升梁，恐有附近不法匪徒藉端滋扰工作，勒索把持，理应禀请示禁等因。除饬差查拿外，合行出示严禁。为此，示仰惟善堂司事及地保、丐头人等知悉：如有不法情弊，许即捆送到县，以凭惩究，决不姑宽。各宜凛遵无违。特示。

同治八年三月十七日，给发惟善堂张挂。

钦加三品衔、升补道、浙江杭州府正堂、加六级随带加二级纪录十二次陈，为给示勒石定例垂久事。

据安徽绅董吴仰贤、黄心蕖、程春藻、汪定勋等禀称：徽州六县山多田少，十室九商，常在江浙贸易，时有客故于外无力运柩归葬者，岁计实多，均赖同乡助送回籍。惟自浙西以往必由杭州经过，前有北新关外脚夫蔡锦山等争论抬价，曾经议定常规：毋论大小棺木，自新关至钱塘江口，连装船抬工等费一并在内，每具给钱六百文。道光十六年间，曾经嘉兴府新安翳荫堂司事举人萧国祥等禀，蒙前府宁胡给示勒石，永为定章在案。今自兵燹以来，夫头又复任情讹索，有妨义举，且各柩抬至江塘，又用牛车盘土船只，顿使归魂震动，于心更属不安，自应另议章程，以垂久远。今职等公同会计：凡有关外属徽州各处善堂运来灵柩，自北新关抬至江口三郎庙相近装上徽船，不用牛车拖载，每棺连水沙外赏一应给钱一千二百文；如抬至惟善堂内外厝所，每棺给钱一千三百文；若自本堂抬上徽船装入舱内，其定价连水沙外赏每棺给钱三百二十文。永为定例，方可循行。诚恐该处夫头抗违不遵，仍于善举有碍，理合援案禀请给示勒石，以禁刁风而全善举等情到府。据此，除批示外，合行给示勒石，远杜争端。为此，示仰该董及埠坝脚夫人等：悉照议定工价，自北新关至江干三郎庙相近装船交卸，不用牛车，连水沙外赏一并在内，无论大小，每具定给钱一千二百文；如抬至惟善堂内外厝所，每具定给钱一千三百文；若自本堂抬至徽船装舱，连水沙外赏每具定给钱三百二十文，不准额外生端多索。自示之后，务各永远遵行。倘有不法夫头胆敢刁难勒勘，一经堂董具禀，定即提案，从严究办，决不宽贷，各宜凛遵毋违。特示。

同治十一年十一月初一日，给发新安惟善堂实贴。

同治四年至光绪四年捐输总录

同治四年至九年各善士乐输芳名总录

胡雪岩，捐洋一百元；俞允吉经募，捐洋一百元；

程荔芬，捐洋一百元；不书名李养翁募，捐洋五十元；

俞丽元，捐洋五十元；吴存义浙江学政，捐洋四十元；

丰禹九，捐洋三十元；汪任祥，捐洋三十元；

立本堂李，捐洋三十元；俞林泰，捐洋三十元；

吴荣泰，捐洋二十元；叶伯先，捐洋二十元；

胡裕隆，捐洋二十元；吴锦堂，捐洋二十元；

张筱秋，捐洋二十元；吴德泰，捐洋二十元；

胡子模，捐洋二十元；俞嘉品，捐洋二十元；

吴孟修，捐洋二十元；周以庄，捐洋二十元；

王乾峰，捐洋二十元；冯京镐，捐洋十八元；

吴星海，捐洋十五元；陈笠周，捐洋十五元；

汪仰陶，捐洋十四元；方荫庭，捐洋十二元；

棣华堂，捐洋十二元；戴植三，捐洋十一元；

章辅堂，捐洋十元；叶以持，捐洋十元；

吴德辉，捐洋十元；汪明耀，捐洋十元；

余名悦，捐洋十元；汪筱云，捐洋十元；

李粹园，捐洋十元；汪永清，捐洋十元；

吴恒和，捐洋十元；黄耕三，捐洋十元；

敬本堂项，捐洋十元；余绍铭，捐洋十元；

方彦镳，捐洋十元；曹正隆，捐洋十元；

贻和堂柳，捐洋十元；汪东美，捐洋十元；

吴富康，捐洋十元；章惟贤，捐洋十元；

赵作周，捐洋十元；吴汪氏，捐洋十元；

宋鼎兴，捐洋十元；张伦贵，捐洋九元；

单三怡，捐洋九元；鲍濮周，捐洋八元；

程以谦，捐洋八元；洪芹圃，捐洋八元；

黄酿月，捐洋八元；洪仲青，捐洋八元；

乾泰昌，捐洋八元；戴芝山，捐洋六元；

胡锦荣，捐洋六元；余允升，捐洋六元；

同茂兴，捐洋六元四角三分二厘；程彬士，捐洋六元；

詹日华，捐洋六元；王俊英，捐洋六元；

江肇大，捐洋六元；吴菊庄，捐瓦十万余片，作洋银一百元。

以上共收洋银壹千贰百零壹元四角三分二厘。

汪凤章、张景荣、方仲谟、方国安、汪贯之、蒋绎荣、吴小章、汪明善、吴招林、吴辅廷、宋万才、孙质卿、吴同裕、吴在梧、方天发、李玉成、吴新铭、吴荫庭、范有芳、张振声、吴楷堂、胡品三、胡德林，以上各捐洋银五元，共收一百十五元。

洪梁生、洪大卿、洪小云、戴德辉、高纯川、余瑞魁、余慕桓、余祥和、汪芍卿、宋鼎兴、金蔼人、程尊光、汪朗山、朱启高、汪兴隆、汪蕴青，以上各捐洋银四元，共收六十四元。

郎树卿、凌云飞、吴灶江、蒋裕五、金春泉、汪进盈、洪柏友、潘启先、汪邦彦、戴文显、吴春照、吴绍魁、程文亮、俞翼文、汪恒达、吴渭泉、吴景云、汪道南、胡鉴明、方观妹、汪士如、李镜涵，以上各捐洋银三元，共收六十六元。

吴宁章、储礼园、李鉴亭、王俊英、洪悦山、程培坚、章公五、汪洞霞、凌万清、余揢卿、余政和、盛㮓三、凌坚用、汪莲石、俞林泰、洪松屏、余华江、项均宜、俞楚材、方心荣、吴金喜、张振声、李永清、金育万、徐载华、戴福翁、程仲璜、汪祥记、洪映辰、项体安、李发茂、鲁施堂、章正有、洪西有、洪福森、吴仲瑞、凌耀南、施承祖、洪绩铭、徐云轩、程士诚、戴管卿、黄子璧、洪习之、周禹平、吴友三、汪润泽、张生财、凌尧峰、吴鹤峰、洪韵和、方肇周、吴广通、吴广森、李孝基、李永茂、吴仰明、吴柏松、潘永修、吴永成、吴振源、吴仰山、张利兴、荣昌号、叶德光、方益周、洪耀庭、蔡印元、吴瑞成、汪灶金、鲍汉周、程少农、潘康五、吴绍和、江怡馨、孙寿民，以上各捐洋银二元，共收一百五十二元。

冯彩新、何懋修、吴景有、潘虑先、方以清、瑞茂、吴永泉、吴肇鼎、储礼言、吴尧章、吴景亭、戴锡三、吴承珠、程东旺、吴贵炳、王柳溪、吴承先、郑宏寿、吴玉波、孙省三、方鉴三、凌荫山、吴景洲、洪仲清、凌焕云、戴高发、吴九福、曹启凌、周廷盛、汪序成、吴正森、俞梅巷、吴文喜、凌本兴、程汝开、汪怀召、吴楚堂、汪发海、汪启明、汪鹿川、凌集鉴、李进裕、吴景甫、程琴舫、汪嘉言、凌灶松、姚致贤、詹启英、吴锡华、胡鸣和、吴惠铨、方汝林、张观荣、吴上棋、章位南、勉元记、凌集永、吴德源、程乾号、汪卿、吴诚意、胡颂三、吴绍瑞、方炳南、吴杏春、吴炳洲、吴锡魁、王彩芬、王立齐、吴顺水、胡翼堂、程尚来、周大有、冯政之、吴惠祥、方少卿、胡颂如、凌采章、张原甫、胡镜国、方观年、潘辉福、董仲询、方玉实、吴紫岩、吴入旺、吴殿春、吴冬、吴永亮、冯上金、吴亦桢、方世禄、吴殿明、程德贵、吴顺实、吕楚亭、际时轩、洪其章、汪德辉、余式金、程彬士、张庆来、庆余堂汪、单凤三、刘日照、詹茂盛、汪吉齐、方汝良、方荫庭、吴蕴芳、方汝霖、余聚芬、余丽成、汪鲁瞻、洪含章、张仲仙、汪克贵、张质孚、朱礼明、程仰文、戴植夫、方玉鸣、潘笃三、詹日暄、张大有、张致和、方广辉、洪耀廷、王涵芬、起万亭、叶以持、朱泰号、张戴、李柏如、王立庸、吴邦屏、詹理中、王俊英、凌万瞻、吴佩卿、张友文、朱尔周、胡灶法、登瀛轩、戴直臣、宋亦深、施维新、余碧奇、吴淦泉、齐烈廷、汪守之、汪元瑾、吴晖吉、程有原、汪元斑、江庆昌、张泰顺、王明远、单子翘、张达标、程品甫、胡箕五、洪养林、程耀功、滕正臣，以上各捐洋银一元，共收一百六十五元。

吴礼贤、吴上通、洪旭庭、吴耀庭、潘可械、滕仲耀，以上各捐洋银五角，共收叁元。

程春乐，捐钱五百文；程耀章，捐钱四百文；
吴星舟，捐钱四百文；舒以宽，捐钱四百文；
继义堂汪，捐钱四百文；汪子渔，捐钱四百文；
程瑶圃，捐钱四百文。
以上共收钱贰千九百文。

程秉思、黄韶斋、程树人、赵义堂、黄孚吉、江稺堂、江集贤、朱瑞卿，以上各捐钱二百文，共收壹千六百文。

前列九款，大共收捐洋银壹千柒百六十六元四角三分二厘又钱四千五百文正。

同治四年至六年收各商业捐输总录

收本城各商业长生捐，洋七元、钱二十二千七百八十五文；
收木业四五年各商捐，洋贰百六十五元九角二分七、钱贰百廿壹千零七十二文；
收义桥六五年洋茶各商捐，洋六百卅壹元六角八分三厘、钱拾千零六百四十文；
收面业六五年众友长生捐，钱拾四千文；
收木业六年各商捐，洋叁百零六元九角九分一厘；
收布业六年众友长生捐，钱七十九千零五十六文；
收磁业六年众友长生捐，钱七千四百文；
收丹业六年众友长生捐，钱三千四百文；
收存款生息，洋拾八元、钱三百五十文。

以上共收洋壹千贰百廿九元六角零一厘、钱叁百五十八千七百零三文。

同治七年收各商业捐输总录

收义桥洋茶各商捐，洋六百元、钱一千七百八十文；

收木业各商捐，洋四百廿七元三角七分四厘；

收典业众友长生捐，钱壹百廿千零八百七十文；

收盐业各商捐胡绮翁经理，钱壹百六十壹千一百四十八文；

收茶漆业众友长生捐，钱壹百十五千一百四十文；

收布业众友长生捐，钱七拾五千三百六十文；

收磁业众友长生捐，钱廿二千八百文；

收面业众友长生捐，钱六十三千一百八十文；

收丹业众友长生捐，钱八千五百三十文；

收豫隆茶行长生捐，钱廿六千四百文。

以上共收洋壹千零廿七元三角七分四厘、钱五百九十五千二百零八文。

同治八年收各商业捐输总录

收义桥洋茶各商捐，洋四百七十一元一角三分六、钱十三千四百零九文；

收木业各商捐，洋壹百五十二元九角零二厘；

收江德培木价捐，洋拾元；

收豫隆行经募袋篓茶商捐，洋贰拾元；

收各典业众友长生捐，钱壹百廿六千二百十文；

收茶漆业众友长生捐，钱壹百廿八千零十文；

收布业众友长生捐，钱七十六千九百五十文；

收皮梁业众友长生捐，钱拾一千四百九十文；

收磁业众友长生捐，钱贰十千零七百文；

收面业众友长生捐，钱五十八千一百文；

收丹业众友长生捐，钱六千五百二十文。

以上共收洋六百五十四元零三分八厘、钱四百四十一千二百八十九文。

同治九年收各商业捐输总录

收义桥洋茶各商捐，洋贰百七十元、钱壹百五十七千二百四十五文；

收盐业各商捐胡绮翁手，洋贰百七十元、钱壹千六百六十文；

收木业各商捐，洋壹百卅七元二角五分二厘；

收布业众友长生捐，洋六十元；

收典业众友长生捐，钱壹百零五千三百十文；

收茶漆业众友长生捐，钱壹百十六千五百八十文；

收磁业众友长生捐，钱十七千一百文；

收面业众友长生捐，钱五十千零五百四十文；

收丹业众友长生捐，钱四千五百文；

收皮梁业众友长生捐，钱十五千六百卅文；

收豫隆行经募袋篓茶商捐，钱四十千文；

收香粉业众友长生捐，钱一千九百八十文。

以上共收洋七百三十七元二角五分二厘、钱五百十千零五百四十五文。

同治十年收各善士捐输名目

胡光标、怡三号，各捐洋银四元；

张耀堂、曹在兹、曹焕三、戴达贞，各捐洋二元；

胡在金、黄仁生、徐云轩、杨旺金、杨金旺、胡拔群、詹和宝、敦义堂汪，各捐洋银一元。

三共收洋银二十四元。

各商业捐输总录

收曹娥洋茶各商捐，钱壹千二百十二千一百卅二文；

收义桥找上年茶捐，洋六十五元、钱五百九十文；

收木业各商捐，洋五十一元二角八分九厘；

收盐业各商捐胡绮翁手，洋壹百元；

收典业众友长生捐，钱九十四千七百三十文；

收茶漆业众友长生捐，钱八十七千九百三十文；

收通州公善堂代捐，洋二百廿七元、钱六百文；

收面业众友长生捐，钱三十六千一百十文；

收磁业众友长生捐，钱十六千二百文；

收布业众友长生捐，洋十三元、钱一千一百文；

收香粉业众友长生捐，钱三千九百六十文；

收丹业众友长生捐，钱一千九百十文；

收房屋租息，洋四元、钱一千二百文；

收存款生息，洋六元。

以上共收洋四百六十六元二角八分九厘、钱壹千四百五十六千四百六十二文。

同治十一年收各善士捐输名目

无名氏，捐洋二十元；无名氏，捐洋二十元；

江福车行，捐洋银十元；孙雨亭，捐洋银五元；

汪允治，捐洋银五元；汪守之，捐洋银二元；

汪召棠，捐洋银二元；舒景鳌，捐洋银二元。

共收洋银六十六元。

各商业捐输总录

收曹娥洋茶各商捐，钱壹千零五十六千九百八十一文；

收盐业各商捐胡绮翁手，洋叁百元；

收木业各商捐，洋壹百九十五元、钱六千七百七十九文；

收典业众友长生捐，钱壹百四十七千七百八十文；

收茶漆业众友长生捐，洋十五元、钱一百十三千零六十文；

收布业众友长生捐，钱六十二千零七十文；

收绸业众友长生捐，钱三十二千九百七十文；

收面业众友长生捐，钱三十九千零三十文；

收磁业众友长生捐，钱二十一千七百二十文；

收香粉业长生捐，钱二千四百八十文；

收丹业长生捐，钱一千九百二十文；

收房屋租息，洋七元、钱五千六百文；

收存款生息，洋八十七元、钱三百六十四文。

以上共收洋六百零四元、钱壹千四百九十千七百五十四文。

同治十二年各善士捐输名目

程国均，捐洋三十元；程义和，捐洋二十元；

余勉斋，捐洋二十元；吴焕卿，捐洋十元；

江复兴，捐洋十元；同日升，捐洋十元；

汪凤章，捐洋五元；洪汝庚，捐洋五元；

洪大兴，捐洋四元六角七分；宋启先，捐洋三元；

吴宗海，捐洋二元；董有功，捐洋一元；

吴宗魁，捐洋一元；方百春，捐洋一元。

共收洋银壹百廿二元六角七分。

各商业捐输总录

收曹娥洋茶各商捐，洋六百四十九元；

收木业各商捐，洋贰百四十九元一角七分一厘、钱一千七百十一文；

收盐业各商捐胡绮翁手，洋五百元；

收典业众友长生捐，钱壹百八十千零五百三十文；

收茶漆业众友长生捐，洋二十三元三角四分、钱壹百零四千五百十文；

收布业众友长生捐，钱五十八千二百九十文；

收绸业众友长生捐，钱三十九千四百七十文；

收面业众友长生捐，钱四十九千零五十文；

收磁业众友长生捐，钱二十四千一百九十文；

收香粉业长生捐，钱三千八百七十文；

收丹业长生捐，钱二千零八十文；

收二户房租，洋十四元、钱廿六千八百七十文；

收房屋押租，洋三十一元；

收存款生息，洋八十八元二角、钱一百三十五文。

以上共收洋壹千五百五十四元七角一分一厘、钱四百九十千七百零六文。

同治十三年各善士捐输名目

无名氏，捐洋二百元；余葆纯，捐洋四十元；

方福泰，捐洋三十元；方氏，捐洋三十元；

不书名，捐洋三十元；无名氏，捐洋二十元；

程六皆，捐洋二十元；唐子雅，捐洋二十元；

李衣云，捐洋拾元；江福兴，捐洋十元；

王仁山、胡煦卿，捐洋十三元、又钱八百七十六文；

程兰荪，捐洋八元；宋亦深，捐洋五元；

凌景张，捐洋四元；同利兴，捐洋二元；

吴德芳，捐洋二元；周谨芳，捐洋二元；

方益周，捐洋二元；谢步青，捐洋二元；

蒋立章，捐洋一元；吴集林，捐洋一元；

朱明远，捐洋一元；方寿乔，捐洋一元；

潘仁泰，捐钱二千文。

共收洋四百五十四元、钱二千八百七十六文。

各商业捐输总录

收曹娥洋茶各商捐，洋五百七十五元；

收盐业各商捐胡绮翁手，洋四百元；

收木业各商捐，洋二百廿二元一角二分八厘；

收典业众友长生捐，钱一百六十一千七百四十文；

收茶漆业众友长生捐，钱九十四千九百三十文；

收面业众友长生捐，钱二十六千九百八十文；

收绸业众友长生捐，钱二十九千零八十文；

收布业众友长生捐，钱二十五千四百四十文；

收磁业众友长生捐，钱十七千二百七十文；

收香粉业长生捐，钱二千八百七十文；

收丹业长生捐，钱一千一百八十文；

收豫隆行代募袋篓茶捐，洋十五元；

收五户房租，洋三十五元、钱三十三千；

收存款生息，洋九十九元四角四分、钱九百六十七文。

共收洋壹千三百四十六元五角六分八厘、钱三百九十三千四百五十七文。

洪体仁，助大三事一副；洪丛桂堂，助方灯一堂；

吴恒和，助六角等一堂；洪春晖堂，助满堂红一堂。

光绪元年收各善户捐输名目

裕庆堂黄，捐洋二百元；洪悦山，捐洋三十元；

方国成，捐洋三十二元；吴庆丰，捐洋二十元；

立本堂许扬州，捐洋十元；周西翁，捐洋十元；

王小元，捐洋十元；胡听泉，捐洋十元；

余古香，捐洋十元；胡练溪，捐洋十元；

文德堂宋扬州，捐洋八元；程潊川，捐洋六元；

修慎堂许扬州，捐洋六元；汪椿诚号，捐洋六元；

敬修堂扬州，捐洋四元；胡宇梁，捐洋四元；

树滋堂潘扬州，捐洋六元；周树成，捐洋五元；

椿荫堂叶扬州，捐洋四元；萃泰号，捐洋四元；

谢宸耀，捐洋四元；积善堂黄，捐洋三元；

吴永佳，捐洋二元；周少池，捐洋二元；

志勤堂吴扬州，捐洋二元；洪文衡，捐洋一元。

以上洋款共收四百零九元。

尚义堂鲍，捐钱一百二十千；何竹君，捐钱一百十七千；

裕昆堂朱，捐钱一百十七千；胡义隆，捐钱一百十七千；

鲍鸣岐，捐钱四十千；苏德泰，捐钱三十九千；

振宜堂朱，捐钱三十九千；沣号江，捐钱三十九千；

东泰昌胡，捐钱三十九千；荆茂昌，捐钱三十九千；

北野东人洪，捐钱二十千；瞿居易，捐钱二十千；

程惟明、三宜堂黄、敦安堂金、章鼎泰、朱勤慎、汪宏升，六户各捐钱十九千五百，共收钱一百十七千文；

程兆嘉，捐钱十五千六百文；敦仁堂许，捐钱十五千六百文；

陈咸吉、张端甫、吉顺号、汪恒源、守谦号、汪裕丰、汪同春、泰生号、恒万泰、金世英，以上十户各捐钱十一千七百，共收钱一百十七千文；

吴三泰，捐钱十千文；吴炽昌，捐钱十千文；

戴稷辰、朱干臣、程复素、张福盛、汪映斋、吴理庭、存余堂孙、吴慎修、福昌顺、胡南祥、孙福生，上十一户各捐钱七千八百，共收八十五千八百文；

嘉禾堂朱，捐钱五千八百五十文；李子熙，捐钱四千文；汪笙园，捐钱四千文；

志成号、洪映辰、朱云生、余生堂、恭安堂金、汪爕友、李星亭、胡柏川、乾泰号、王鹏南、朱俪笙、公裕号、李渭川、张芝生、朱佐周、益泰号、叶厚余叶桐封，以上十七户各捐钱三千九百，共收六十六千三百文；

江锡之，捐钱二千文；戴履平，捐钱一千九百五十文；

汪明耀，捐钱一千九百五十文；汪耀堂，捐钱一千一百七十文；

叶体仁，捐钱一千一百七十文；汪佩三，捐钱七百八十文。

以上钱款共收一千二百零六千一百七十文。

黄孝侯，捐银五十两；汪以仁，捐银廿五两；
吴鹤年，捐银十两；胡馥庭，捐银拾两；
方子寿，捐银十两；江芗岩，捐银六两；
吴丽南，捐银六两；冯仲英，捐银五两；
方絜庵，捐银五两；蒋醴堂，捐银五两；
程五峰，捐银四两；刘君华，捐银四两；
张仁蔚，捐银四两。
以上共捐银一百四十四两。
此项由胡菊舫手在京都代捐划来，合洋二百元。

各商业捐输总录

收曹娥洋茶各商捐，洋六百零二元；
收盐业各商捐胡绮翁手，洋二百三十元；
收木业各商捐，洋一百九十二元六角一分四厘；
收典业众友长生捐，钱一百五十三千七百四十文；
收茶漆业众友长生捐，洋二十八元、钱九十三千一百九十文；
收面业众友长生捐，钱三十千零八百三十文；
收绸业众友长生捐，钱二十四千文；
收布业众友长生捐，钱十五千一百二十文；
收磁业众友长生捐，钱十四千零四十文；
收香粉也长生捐，钱二千五百二十文；
收丹业长生捐，钱一千二百文；
收四户房租，洋三十六元、钱四十九千三百九十文；
收存款生息，洋六十一元六角四分、钱三百十三文。
共收洋一千一百五十元零二角五分四厘、钱三百八十四千三百四十三文。

光绪二年各善户捐输名目

刘文荣，捐洋六十元；琳公记，捐洋二十元；
德号，捐洋十元；无名氏，捐洋二元；
德本堂，捐银六两；朱文滨，捐银四两。
共收洋九十二元又银十两。

各商业捐输总录

收曹娥洋茶各商捐，洋四百八十八元、钱十五千七百十七文；
收盐业各商捐，洋二百四十四元二角；
收木业各商捐，洋二百七十二元一角二分四厘；

收茶漆业众友长生捐，钱九十二千零八十文；
收典业众友长生捐，钱一百十一千九百六十一文；
收面业众友长生捐，钱三十一千零十文；
收绸业众友长生捐，钱二十千九百九十文；
收布业众友长生捐，钱十三千五百文；
收磁业长生捐，钱十三千二百六十文；
收香粉业长生捐，钱二千五百文；
收丹业长生捐，钱一千二百文
收豫隆行商袋篓茶捐，洋十三元、钱一百七十文；
收房租押租，洋一百六十三元、钱二十千五百三十文；
收宋亦深代施材一具，洋六元。
共收洋一千一百八十六元三角二分四厘、钱三百二十二千九百十八文。

光绪三年各善户捐输名目

潘筱园，捐银十两；程静省之居，捐银五两；
詹焕文，捐银四两；汪茂生，捐洋五元；
不书名，捐洋四元；和豫堂，捐洋二元；
三成印，捐洋二元。
共收银十九两、洋十三元。

各商业捐输总录

收曹娥洋茶各商捐，洋三百三十四元、钱一百四十二千五百五十文；
收盐业各商捐胡绮翁手，洋一百元；
收木业各商捐，洋二百七十元零七角三分三厘；
收典业众友长生捐，钱一百廿三千四百八十文；
收茶漆业众友长生捐，钱七十一千零五十文；
收绸业众友长生捐，钱七千五百六十文；
收布业众友长生捐，钱十三千三百二十文；
收面业众友长生捐，钱二十千零四百九十文；
收磁业众友长生捐，钱十二千四百四十文
收香粉业长生捐，钱一千五百八十文；
收三号代募茶袋篓各商捐，洋六十元、钱七百二十文；
收潘中和存款由吴恒友交预隆行来堂，洋十二元；
收各房租，洋四十元、钱四十七千七百十文；
收黄耕三代堂施材一具，洋十元；
收程方壶代堂施材一具，洋七元。
共收洋八百卅三元七角三分三厘、钱四百四十千零九百文。

光绪四年各款捐输总目

收吴克明助施材洋一元；收李陈氏助施材洋一元；

收无名氏助施材洋十五元又钱九百七十五文；

收曹娥洋茶各商捐，洋一百五十八元五角六分二又补旧找钱一千九百四十四；

收义桥乾泰昌代捐各商，洋三十元、钱四百文；

收盐业各商捐，洋三百五十元；

收木业各商捐，洋一百六十八元二角零三厘；

收茶漆业长生捐，钱六十一千九百四十文；

收典业长生捐，钱一百零五千文；

收面业长生捐，钱二十千零九百十文；

收布业长生捐，钱十一千五百廿文；

收绸业长生捐，六千二百七十文；

收磁业长生捐，钱四千二百文；

收香粉业长生捐，钱一千四百四十文；

收宋亦深代还宋序勤材一具，洋七元；

收胡启翁代还程用和材一具并殓费，洋十元；

收曹泰来代还鲍灶有材一具，洋八元；

收王云生代还金炳南材一具，洋四元；

收陈源茂押租、沈阿森房租并各屋租，洋四十六元、钱廿八千三百五十文；

收上年滚存，洋二百四十五元、钱七十九千四百八十六文。

共收洋一千零五十三元七角六分五厘、钱三百廿三千四百三十五文。

同治四年至光绪四年支用总录

同治四年至九年重建内外堂支用总录

付请府县厅三署告示，洋六元、钱二千八百文；

付葬棺四十七具、石灰、土工，洋八十五元、钱廿七千三百文；

付章容光买办各料，洋四百六十二元；

付胡祝翁经办木价，洋七百元零零二角六分；

付鉴翁经办木价，洋七百八十七元零一角零九厘；

付江德培经办木价，洋六十八元；

付三户零办各木价，洋二百八十五元一角八分；

付松树板价，洋五十八元；

付肩木工价，洋十元；

付买新旧石料，洋四十二元、钱十六千五百八十文；

付买新旧砖瓦，洋六百四十四元、钱四十九千零四十文；

付买石灰，洋一百三十元、钱卅五千三百廿文；

付买榆木并匠工，洋一百十四元五角八分；

付雕花匠工，洋二十元、钱五千四百七十文；

付木作匠工，洋四百三十五元、钱七十八千五百四十文；

付石作匠工，洋七十八元、钱八十九千二百文；

付泥作匠工，洋二百九十六元、钱一百七十二千五百四十文；

付木匠工，洋二十四元、钱廿一千八百六十文；

付买水枧竹并匠工，洋三十元、钱十二千二百文；

付油漆价并匠工，洋一百六十五元、钱五十三千七百六十六文；

付竖屋、搭架并筑土墙工，洋三十二元、钱十三千一百九十文；

付灰饰外堂工料，钱廿五千零卅六文；

付挑地开沟工价，洋四十元、钱八千三百廿文；

付地匠工，洋十九元、钱六千一百六十文；

付地镇沙工，钱八千四百文；

付胶煤、竹连、箬草、杂料价，洋五十九元、钱七十千零七百五十文；

付划玻璃价，洋五元、钱七百文；

付买铜铁钉环，洋十一元、钱卅一千七百廿文；

付建土地堂，钱十五千二百七十六文；

付建董事厢房工价，钱廿九千三百九十六文；

付建焚纸炉二所，钱十二千二百八十七文；

付定做联对，钱七千文；

付置丁岑坡脚王贵基地价，钱十二千三百六十文；

付置慈云岭、施和尚基地定价，洋三元；

付延董、上梁、议事酒席、备饭、杂用，洋三十六元、钱卅六千九百八十一文；

付置大水牌六块，洋六元；

付逐年纳粮，洋九元、钱二千四百八十文；

付逐年地保年规送历费，钱六千八百四十文；

付逐年移棺入内堂夫工，钱十三千七百廿文；

付逐年修坟割草，钱廿八千九百六十文；

付逐年印刷册票簿纸、笔墨，洋四十一元、钱四千六百文；

付逐年刻捐启图书，洋十元、钱一千三百四十二文；

付逐年置铜锡什物，钱卅六千四百六十文；

付逐年三节飨祀、酒菜、纸锭，钱卅千零零七十二文；

付逐年延僧、礼忏、焰口等用，钱五十二千六百卅文；

付逐年往义桥洋茶捐、伙食、川费，钱五十五千五百文；

付逐年酬义桥各行酒席，洋七十五元六角；

付逐年酬义桥各行礼物，洋八十一元、钱廿八千五百文；

付逐年堂友恒足俸金，洋三百零三元、钱七百九十四千三百四十三文；

付逐年烟茶客费并添杂物，钱一百卅四千四百九十七文；

付何阿宝管外厝定例每年给钱六千，钱卅六千文；

付亭中施茶工，钱四千八百文；

付收捐欠缴中伙，洋四元。

以上六年共支用洋五千一百五十七元七角二分九厘、钱二千零八十五千二百二十六文。

同治十年建茶亭边楼披并装整内外堂支用总录

付各款木料价，洋三十六元、钱一百千零零五十六文；

付定砖瓦价洋，六十三元、钱五十千零三百六十文；

付万隆行石灰，洋九元、钱十千一百文；

付买钉铁等物，洋二元、钱三千五百四十文；

付吕公和纸筋价，钱一千零九十文；

付买胶煤油料，洋一元、钱二千六百零六文；

付划玻璃价，钱一千九百六十文；

付木作匠工，洋五十一元、钱十七千零五十四文；

付匠工，洋八元、钱二千三百卅五文；

付石作工料价，洋十一元、钱十一千九百文；

付泥作工料价，洋四十七元、钱十七千一百六十二文；

付筑墙、盖草工料，洋十五元、钱八百卅六文；

付吴培义、丁信发沟匠工，洋十元、钱一千九百四十一；

付油漆匠工，洋一元、钱三百文；

付做匾联三副，洋十五元、钱十一千三百五十文；

付置慈云岭找地价，洋七元；

付豫隆号代贴洋水、信力并送礼物，洋五元零七分、钱廿千七百文；

付修坟、割草工，钱二千零八十二文；

付买账簿、笔墨纸并杂货，洋一元、钱十千零零七十二文；

付纳钱粮，洋一元、钱九百九十七文；

付地保年规送历费，钱一千一百四十文；

付移棺进内堂夫工，钱三千文；

付吴新伯殁后材殓费，洋十三元、钱五千一百卅五文；

付三节飨祀、礼忏、焰口、酒菜、烛锭等用，洋七元、钱十四千一百文；

付往曹娥捐茶箱请示并伙俸、谢各行酒礼，钱一百五十七千一百卅二文；

付往义桥清理捐务川费，钱一千一百文；

付收捐公干舆金，钱一千七百八十文；

付各友俸金，洋一百八十八元、钱八十七千一百卅二文；

付各友恒足，洋七元、钱九十九千八百卅文；

付葬棺灰石、夫工，钱七十千文；

付烟茶客费杂用，洋十五元三角、钱十九千九百九十六文；

付何阿宝管外厝年规并透借去，洋一元、钱十六千五百文；

付福青管亭施茶工并透支，洋五元、钱三千文。

共付支用洋五百十九元三角七分、钱七百四十六千二百八十六文。

同治十一年因外堂患水升高翻造支用总录

付砖瓦价，洋一百十一元、钱五十二千二百文；

付各行木料价，洋四十七元、钱八十一千文；

付石灰纸筋价，洋四十一元；

付吴恒有化灰价，洋十五元；

付买钉铁等物，洋四元、钱一千三百卅文；

付买胶煤、麻竹等物，洋十四元、钱九千零廿八文；

付石作工料，洋一百六十八元、钱六千六百六十文；

付木作匠工，洋三十八元、钱卅一千五百四十文；

付泥作匠工，洋一百卅一元、钱二百八十文；

付填墙脚、掘沟、挑沙工，洋四十七元、钱二千二百八十文；

付买桐油，洋一元、钱一千二百六十四文；

付出新匾额工料，钱八百文；

付置布棚并工索，钱十一千四百三十四文；

付上梁请神、犒匠，洋二元、钱一千三百九十五文；

付集议木捐酒饭五桌，洋五元、钱二千三百七十七文；

付往曹娥捐务并笔墨、簿纸，洋十元、钱六千一百文；

付徽歙深渡修暂厝所，洋一百四十元；

付纳钱粮，洋一元、钱一千一百三十二文；

付地保年规送历费，钱一千一百四十文；

付葬棺石灰、土工，洋二十九元、钱七千一百七十二文；

付修坟、割草，钱十七千一百八十文；

付三节飨祀、礼忏、焰口、酒烛、纸锭，洋十四元、钱八千八百七十九文；

付曹娥收洋茶捐酬各行酒礼并俸金、客费，钱一百七十一千零四十五文；

付公干船川舆金，洋十五元、钱五千五百九十文；

付各友俸金，洋一百九十二元、钱二十千零二百八十六文；

付歙茶园江春茂省案寓堂伙食，洋二元、钱十六千六百四十文；

付各友恒足，洋五十七元、钱八十六千二百六十二文；

付烟茶客费杂用，洋七元、钱六十六千三百七十九文；

付置什物，洋五元、钱二十三千四百九十六文；

付阿宝管外堂工，钱二千文；

付福青管亭施茶工，洋二元、钱五千五百文。

共付支用洋一千零九十八元、钱六百四十千零三百八十九文。

同治十二年建文武二帝殿宇支用总录

付胡祝翁经办木价，洋五百七十八元零二分四厘；

付砖瓦价，洋九十五元、钱八百文；

付石灰价，洋四十元；

付买钉铁等物，洋六元、钱二千三百十八文；

付买杂木，洋一元、钱二百五十文；

付买胶煤、麻竹、纸筋，洋六元、钱七千五百六十七文；

付石作匠工，洋十元、钱一百九十二文；

付木作匠工，洋七十四元、钱九千零四十五文；

付匠工，洋二十元、钱一千七百十文；

付雕花匠工，洋二十五元、钱二千四百文；

付泥作匠工，洋五十一元、钱二千六百八十文；

付沟匠工价，洋三十八元、钱一千四百七十文；

付搭架匠工，洋三元、钱二百文；

付漆作工料，洋四元、钱八千八百五十一文；

付买桥皮，洋二元；

付买搁机、桌椅等件，洋二十六元、钱九百三十文；

付买桌围、椅垫，洋四元二角、钱一千三百八十文；

付上梁打唱、酒席、犒匠等用，洋二十四元、钱十八千三百三十六文；

付置堂后孙桂林基地价，洋四元；

付王旭东助堂基地贴认户管理，洋二十六元；

付造旭东基地楼屋两间价，洋二百三十元；

付置地、印契、过户等费，洋五元；

付徽绩邑临溪修造厝所，洋二十元；

付集议木捐酒席三桌，洋六元、钱一千六百四十五文；

付朱绍翁经理木捐劳金，洋八元；

付公干船川轿金，洋十五元、钱八千五百四十四文；

付运柩回徽廿七具，洋五十二元、钱一千六百二十文；

付修坟、割草，洋二元、钱十五千五百六十文；

付三节飨祀、礼忏、焰口、酒烛、纸锭，洋二十一元、钱三千八百九十六文；

付纳钱粮，洋一元、钱一千六百三十三文；

付地保年规并送历，钱一千一百四十文；

付笔墨、簿纸、刷印、刻工，洋十一元、钱十二千七百五十四文；

付曹娥洋茶捐伙俸、客费，洋一百五十一元；

付各友俸金，洋一百三十七元、钱五十千零二百五十文；

付各友恒足，洋八十七元一角一分八厘、钱七十七千八百九十文；

付歙茶园江春茂省案寓堂伙食并借，洋三十二元、钱六十四千二百七十二文；

付置什物杂用，洋三十一元五角、钱十四千一百四十文；

付烟茶客费杂用，洋十二元七角八分四厘、钱六十千零一百九十九文；

付阿宝管外堂工，洋三元、钱四千文；

付管亭施茶工，洋六元、钱五千六百四十文；

付茶亭长夜油，钱四千六百八十文。

共付支用洋一千八百六十八元六角二分六厘、钱三百八十五千九百九十二文。

同治十三年建梓荫堂并装整文武帝殿支用总录

付胡祝翁经办木价，洋三十九五角七分四厘、钱五千三百九十文；

付添置木价，洋三元、钱九百二十六文；

付张永兴砖瓦价，洋三百九十二文；

付石灰价，洋五十六元、钱二千五百六十四文；

付买铜铁钉环，洋十八元、钱七十二文；

付买胶煤、毛竹、麻草料，洋二元、钱十三千二百七十八文；

付置堂基打墙脚价工，洋三十七元、钱二千二百文；

付找慈云岭基地价，洋四元；

付置老坟后基地价，洋五元；

付石作工料，洋一百四十三元、钱四千二百二十五文；

付泥作工价，洋一百十四元、钱十八千九百六十五文；

付木作工价，洋二百零三元、钱十六千二百二十文；

付匠工价，洋三十八元、钱一千零五十五文；

付筑墙地工料，洋九十八元、钱一千零十文；

付雕刻匠工，洋四十三元、钱一千八百三十二文；

付漆匠工料，洋五元；

付上梁酬神、犒匠，洋二元、钱三千七百八十文；

付殿前掘池并植花木，洋十六元、钱二千一百十六文；

付纳钱粮，洋一元、钱一千五百六十文；

付草潮门认粮，洋四元；

付地保年规送历，钱一千一百四十文；

付助同乡枢资豫隆号手，洋七元；

付笔墨、簿纸、刷票，洋六元、钱七千八百文；

付葬棺石灰、土工，洋二十七元、钱二千二百七十文；

付修坟、割草，洋五元、钱九千三百六十文；

付三节飨祀、礼忏、焰口、酒烛、纸锭，洋二十一元、钱三千四百七十五文；

付典庆丰屋价，洋六十七元；

付还姚登科出屋押租，洋十三元；

付曹娥洋茶捐伙俸、客费，洋一百四十九元、钱二千三百六十五文；

付各友俸金，洋一百九十四元三角五分、钱七十千零七百三十八文；

付各友恒足，洋一百零六元三角五分、钱五十千零五百十三文；

付江春茂寓堂伙食，洋七元、钱九千零三十文；

付烟茶客费并公干船川舆金，洋十七元零五分、钱七十六千四百四十七文；

付置各什物，洋十四元、钱十六千六百四十一文；

付阿宝管外堂工，洋二元、钱三千三百八十文；

付管亭施茶工并点灯，洋一元、钱十四千文；

付亭中长夜灯油，洋三元。

共付支用洋一千八百六十三元三角二分四厘、钱三百四十二千三百五十一文。

光绪元年创建新安别墅并造文武殿阁、龙亭支用总录

付胡祝翁经办木价，洋一百五十四元一角二分三、钱二千五百零八文；

付张永兴行砖瓦价，洋六十七（元）；

付葛隆兴行石灰价，洋八元、钱六千八百八十文；

付源茂号漆价，洋一百元；

付添零漆，洋四元、钱一千二百文；

付添木价，洋八元、钱一千一百七十六文；

付石料价，钱二十六千八百三十五文；

付金箔、油朱、颜料洋，三十九元、钱二千九百零三文；

付买钉铁等物，洋十元、钱一千八百文；

付胶煤、毛竹、纸筋、麻绳、草料，洋九元、钱十一千三百九十六文；

付木作匠工，洋一百零四元五角、钱四千零四十文；

付泥作匠工，洋六十二元、钱二千二百六十八文；

付雕花匠工，洋一百二十九元、钱二十三千零六十文；

付漆作匠工，洋六十七元、钱六千八百二十文；

付鐍木匠工洋九元、钱六千八百二十文；

付沟匠工价，洋五元、钱三百文；

付水枧工料，洋十四元；

付造纸炉工料，洋四元；

付置桌椅机十件，洋三十二元、钱一千文；

付买花卉、树木，洋五元、钱三千四百三十文；

付神牌上座、打唱、酒席并犒匠工，洋四十一元、钱三千四百三十文；

付徽渔梁坝立碑请示，洋二十元、钱九百十文；

付续置慈云岭基地价，洋二十二元；

付笔墨、簿纸、票单，洋六元、钱七千零八十四文；

付纳钱粮，洋一元、钱一千八百文；

付地保年规并送历，钱一千一百四十文；

付运柩回徽并放焰口，洋八十三元九角、钱六千零三十七文；

付移材进内堂夫工，钱四千二百文；

付修坟、割草，钱九千四百五十文；

付三节飨祀、礼忏、焰口费用，洋二十一元、钱四千三百三十八文；

付曹娥收洋茶捐伙俸、客费，洋一百三十八元；

付公干船川轿金，洋十二元、钱八千三百五十二文；

付添置什物，洋七十六元、钱十五千七百六十七文；

付各友俸金，洋二百三十三元、钱三十千三百五十七文；

付各友恒足，洋四十五元、钱九十六千一百零七文；

付买松柴烧茶，洋三十九七角七分、钱七千一百五十四文；

付烟茶客费，洋十五元、钱五十七千三百八十八文；

付阿宝管外堂工，洋三元、钱二千四百文；

付管亭施茶工，钱十二千文；

付亭中长夜灯油，洋二元、钱一千文。

共付支用洋一千五百八十五元二角九分三厘、钱三百七十五千二百四十九文。

光绪二年补装堂宇并加筑墙支用总录

付胡祝翁经办木价，洋一百三十六元九角八分、钱三千零三十文；

付永兴行砖瓦价，洋七十三元、钱九千五百文；

付隆兴行石灰价，洋六元、钱三千一百八十文；

付源茂找上年漆价，洋二十三元；

付买钉铁等物，洋六元、钱八百四十文；

付石作工料，洋七十五元、钱八百九十二文；

付木作匠工，洋七十元、钱二十千三百文；

付泥作匠工，洋七十元、钱十九千七百五十二文；

付仁茂作筑墙工，洋八十六元、钱二十千七百六十文；

付木匠工，洋九元、钱九百十五文；

付胶煤、纸筋、竹帘、麻绳、草料，洋十八元、钱九千二百八十六文；

付买洋铅水枧，洋八元、钱五百九十二文；

付板对工料，洋二十七元；

付笔墨、簿纸等物，洋五元、钱八千四百文；

付还三户出屋押租，洋十六元、钱一千文；

付完漕粮，洋一元、钱一千八百四十文；

付地保年规送历费，钱一千一百四十文；

付章辅翁经办施材六具，洋四十二元七角五分六厘、钱三千七百五十文；

付葬棺灰石、夫工，洋八十五元、钱十二千四百十一文；

付三节飨祀、礼忏、焰口、酒菜、烛锭等用，洋二十三元、钱二千二百四十文；

付修坟、割草，钱十三千八百六十文；

付公干船川舆金，洋二元、钱八千一百四十文；

付曹娥收洋茶捐伙俸、客费，洋一百十八元、钱四十一千七百十七文；

付置植花木，洋三元八角；

付添置什物，洋十五元、钱十八千五百五十文；

付各友俸金，洋一百九十二元、钱三十九千七百七十三文；

付各友恒足，洋一百十三元、钱一百七十二千三百七十文；

付烟茶客费杂用，洋二十六元七角二分、钱三十九千三百十九文；

付阿宝管外堂工，洋六元、钱一千二百文；

付管亭施茶工，钱十三千文；

付亭中长夜灯油，洋四元、钱三文。

共付支用洋一千二百六十一元二角五分六厘、钱四百六十八千零五十七文。

光绪三年修整各堂宇支用总录

付胡祝翁经办木价，洋七十八元四角二分三厘；

付永兴行砖瓦价，洋二十一元四角；

付石灰行价，洋一元、钱一千四百六十一文；

付源茂漆价，洋二元、钱二千五百二十文；

付胶煤等物，洋三元、钱五千八百四十文；

付石作工料，洋二十六元；

付木作匠工，洋十六元；

付泥作匠工，洋三十五元、钱十八千五百文；

付砖作匠工，洋九元、钱一百文；

付木匠工，洋三元、钱七百八十文；

付雕花匠工，洋一元；

付油漆工料，洋八元、钱四百六十二文；

付运柩回徽并放焰口费，洋五十六元、钱四千零三十二文；

付葬棺灰石、夫工，洋六元、钱一千二百十四文；

付修坟、割草，洋七元、钱三千零九十六文；

付三节飨祀、礼忏、焰口、酒菜、纸锭杂用，洋二十五元、钱三千八百六十文；

付纳漕粮，洋一元、钱一千七百七十文；

付备施材九具，洋六十元九角七分六厘、钱一千二百六十文；

付置自鸣钟，洋十六元；

付置锡三事件，洋九元；

付置植花木，洋八元；

付笔墨、簿纸等物，洋八元、钱十一千五百九十六文；

付曹娥收洋茶捐伙俸、客费，钱一百四十二千五百五十文；

付集议茶捐酒席，钱六千六百四十文；

付公干船川舆金，洋九元、钱七千六百七十文；

付各友俸金，洋二百三十元、钱三十六千一百三十七文；

付各友恒足，洋一百三十八元、钱五十八千三百六十七文；

付添置什物并买松柴，洋五十六元、钱十二千零九十六文；

付地保年规送历费，钱一千一百四十文；

付烟茶客费杂用，洋二十元零七角一分、钱七十千八百三十三文；

付阿宝管外堂工并透支借，洋八元、钱二千文；

付管亭施茶工透支并借，洋十二文；

付亭中长夜灯油，洋四元。

共付支用洋八百七十八元五角零九厘、钱三百九十三千九百二十四文。

光绪四年整旧增新各款支用总录

付胡祝翁木价，洋三十八元；

付各行添杂木价，洋四十七元；

付砖瓦料价，洋四十四元；

付泥作工料并找上年，洋四十六元、钱四千七百二十二文；

付石灰价，洋十四元、钱九千文；

付砖匠工，洋五十元；

付木作工料，洋三十七元；

付漆作工料，洋十三元；

付纸筋、麻草、胶煤，洋六元、钱二千零六十文；

付三节飨祀、礼忏、焰口，洋十七元、钱九千九百二十四文；

付运柩回徽等费，洋六十五元、钱十七千八百四十文；

付埋棺灰石、夫工，洋五十四元、钱四千零六十文；

付纳钱粮，洋二元、钱八百二十文；

付笔墨、簿纸等货，洋十四元、钱三千五百八十文；

付公干船川轿金，洋九元、钱一千三百八十文；

付各友俸金，洋二百零九元八角一分、钱八十七千九百二十文；

付各友恒足，洋一百十五元八角六分、钱九十千零六百九十文；

付暂帮工，洋六元、钱八千三百二十文；

付烟茶客费杂用，洋二十六元、钱六十九千一百十九文；

付添置什物，洋二十三元、钱九千二百文；

付备施材七具，洋四十元、钱三百六十文；

付方荣生酬项，洋十七元；

付置植花卉，洋五元、钱三百三十文；

付阿宝管外堂工，洋四元、钱一千八百八十文；

付地保年规送历费，钱一千一百四十文；

付曹娥洋茶捐伙俸各费，洋一百三十二元；

付管亭施茶工，洋十二元；

付亭中长夜灯油，洋四元。

共付支用洋一千零五十元六角七分、钱三百廿二千三百四十五文。

以上自同治四年至光绪四年收捐支用，系汪君乔梓经手。今因续刊征信全录，爰将前后十三年草账汇集详稽誊清付梓。大共除支，仍余若干存各名下，载明堂簿，以备查收而充公务。存照。

光绪五年捐收各款名目总录　　程野庭经理

盐业各商捐，瓷业长生捐，洋茶各商捐，面业长生捐，木业各商捐，南货业长生捐，典业长生捐，各茶行代捐茶袋，茶漆业长生捐，各处房租，绸布业长生捐，香粉、苎麻业长生捐。

是岁四月，司事共请程君入堂总理公务，其所因所损益者井井有条。因将各款收支附刊于编末，俾阅者一目了然，足以征信焉耳。时在壬午春三月，同人谨识。

收盐业堆金　胡绮荷经理，每引捐钱二文

黟县，二万六百四十三引；	休宁，三万三千三十五引；
歙县，一万一千五百卅八引；	广信，三万八千二百八十四引；
江山，五千五百引；	常山，四千八十八引；
开化，一万八千四百八十九引；	西安，五千七百五十引；
分水，一千引；	桐庐，二千五百引；
建德，一千七百四十四引；	金华，四千三百引；
兰溪，五千四百廿五引；	汤溪，九百引；
诸义浦，一万九千三百廿五引；	新城，一千二百引
龙游，二千二百廿五引；	富阳，二千五百引；
淳安，四千五百廿五引；	於潜，一千六百九十九引；
遂安，四千九百五十引；	昌化，二千三百引；
寿昌，一千二十五引；	东阳，一千三百五十引。

通共十九万三千八百四十六引，共计钱三百八十七千六百八十二文。

收洋茶堆金　　吴盛如经理，调移街口，每箱捐钱六文

义源隆，五百四十一箱；	亮　记，四百五十八箱；
永盛裕记，一千零四箱；	殿　记，四百九十一箱；
瑞　昌，五百八十四箱；	永　达，一百九十四箱；
正　源，四百七十九箱；	震昌隆，一百八十二箱；
裕　茂，六百十七箱；	郑同茂，一百七十六箱；
大　盛，五百六十三箱；	裕泰松，一千零卅二箱；
恒　胜，五百零六箱；	信　昌，二百二十三箱；
乾　裕，四百二十箱；	允盛义记，九百七十五箱；
豫　昌，六百廿五箱；	裕　茂，四百零八箱；
裕祥义盛，九十六箱；	洪利记，一百六十八箱；

广　兴，四百十六箱；

裕　祥，五百九十三箱；

瑞泰永，五百四十三箱；

广　达，一百四十二箱；

钟　聚，六百十二箱；

林　茂，二百零三箱；

彩　新，三百八十九箱；

福　记，三百廿四箱；

同昌隆，六百廿三箱；

义　隆，四百四十四箱；

永　馨，六百廿二箱；

詹生春，一千一百卅三箱；

恒　胜，三百卅九箱；

乾　裕，三百廿九箱；

林茂昌，六百零三箱；

春　馨，七十四箱；

萃　昌，四十四箱；

方怡茂，四百六十九箱；

裕　祥，四百五十九箱；

广　兴，三百六十五箱；

义馨和，二百六十三箱；

协　丰，四百零九箱；

广　达，五百九十六箱；

谦裕广，一千五十六箱；

朱新记，六百五十六箱；

怡　达，七百卅六箱；

洪利记，五百三十箱；

春　隆，七百六十一箱；

詹萃芳，三百七十箱；

齐耀馨，一百五十九箱；

查顺昌，三百零八箱；

裕泰松，三百十八箱；

振　茂，四百七十箱；

萃　昌，五百廿七箱；

永　达，五百十箱；

震昌隆，一百十四箱；

李祥记，一千四百又六十三箱；

殿　记，四百五十八箱；

和　馨，五百廿八箱；

大　盛，二百七十二箱；

正　源，三百廿一箱；

启　馨，五百十二箱；

郑同茂，五百五十六箱；

永　达，六百零二箱；

震昌隆，五百六十五箱；

裕　源，六百卅八箱；

恒大隆，三百四十三箱；

豫　昌，三百九十五箱；

永　达，四百八十四箱；

钟　聚，六百廿八箱；

义　馨，一千一百廿四箱；

查裕盛，四百零七箱；

宝　记，二百卅九箱；

瑞泰永，五百廿三箱；

詹永茂，三百五十七箱；

和　馨，一百八十四箱；

裕　源，一百二十箱；

孙永春，七百四十六箱；

同泰和，一百零八箱；

同和馨，五百九十五箱；

质　记，四百四十二箱；

方茂记，四百九十一箱；

信　记，六百卅六箱；

自　香，四百十箱；

春　馨，六百卅五箱；

正　源，二百五十箱；

查源馨，五百十三箱；

义　馨，二百廿四箱；

长　馨，三百廿六箱；

乾　裕，三百五十箱；

春　芽，四百六十八箱；

谦裕广，七百十箱；

郑同茂，七百箱；

益珍和，三百八十六箱；

瑞兰春，四百零九箱；

义盛德，六百零八箱；

前先春，二百六十三箱；

林　茂，六百四十八箱；

义隆震，四百九十一箱；

洪裕大，五百三十一箱；

裕　记，五百六十二箱；

大　盛，四百六十一箱；

广　达，五百四十八箱；

恒　胜，三百六十九箱；

翠　香，四百三十七箱；

启　馨，五百七十四箱；

聚　隆，六百四十二箱；

震昌隆，六百四十二箱；

彩　新，三百十九箱；

洪利记，七百四十四箱；

裕泰松，一千二十二箱；

裕泰元，五百十五箱；

兆　达，三百六十八箱；

恒　和，二百十三箱；

余荣丰，四百三十九箱；

汪生记，三百三十一箱；

恒大隆，二百九十四箱；

亮　记，五百十八箱；

和　馨，六百二十九箱；

广　兴，二百三十九箱；

同昌隆，一千二十一箱；

方怡茂，五百六十箱；

森　记，六百九十二箱；

裕　源，八百五十一箱；

詹萃芳，四百零八箱；

和　春，四百九十八箱；

余正记，四百三十六箱；

新　记，一千二百十二箱；

震昌隆，八百二十二箱；

查源盛，二百箱；

裕泰松，一千三百二十三箱；

聚　隆，七百六十二箱；

洪利记，八百三十一箱；

永　达，七百五十三箱；

德　馨，三百箱；

品　记，三百零二箱；

朱新记，九百廿九箱；

洪昌记，六十四箱；

义　和，七百廿九箱；

钟　聚，六百卅四箱；

同泰和，五百零五箱；

隆　泰，四百九十三箱；

永　馨，六百七十二箱；

恒　馨，四百五十三箱；

方松茂，四百三十三箱；

元　记，一千五百十一箱；

孙怡达，八百四十二箱；

汪福茂，三百六十二箱；

余裕隆，六百九十四箱；

吴裕记，八百十三箱；

信　昌，六百四十九箱；

郑同茂，五百五十六箱；

林茂昌，四百三十箱；

钟　聚，六百二十八箱；

信　茂，一百九十箱；

永　春，七百零九箱；

同和馨，六百十三箱；

隆泰恒，五百二十二箱；

永　馨，五百十箱；

余永香，四百四十七箱；

谦裕广，一千十二箱；

世隆义，五百五十六箱；

裕泰松，一千八十八箱；

郎太馨，四百零二箱；

信　昌，五百二十八箱；

品　记，三百三十八箱；

美　馨，三百六十七箱；

迁　馨，四百二十五箱；

德　馨，四百三十八箱；

钟　聚，七百十四箱；

宜　丰，一百十一箱；

郎桂馨，六百二十七箱；

李祥记，一千三百八十九箱；　　　余翔春，一百三十八箱；

孙广达，九百五十六箱；　　　　　信　昌，四百八十箱；

大　盛，二百五十四箱。

通共九万三千五百四十五箱，共计钱五百六十一千二百七十文。

收木业堆金　　*胡祝如经理*

同日升木寓*细账载明堂簿*，共捐洋五十二元二钱七分；

德大源木寓，共捐洋五十四元六钱；

吴和利木寓，共捐洋六十二元一钱三分；

同茂兴木寓永记，共捐洋三十五元七钱八分；

同茂兴木寓炯记，共捐洋三十五元二钱一分；

怡同懋木寓，代捐洋二元六钱三分五厘；

臧槐茂，捐洋一元；

江复兴，洋三元。

通共捐洋二百四十六元六角二分五厘，内除炯记存洋十八元二角一分，净收洋二百二十八元四角一分五厘正。

收典业堆金

同裕典

洪作民十愿、詹桂堂五愿、黄渭飞十愿、詹蕃汉四愿、程金兆五愿、李允泉三愿、金承基两愿。

保善典

郑文炳十愿、程英三五愿、程培基五愿、黄友仁一愿、程振昌一愿、胡四喜一愿、汪子嘉一愿、汪子祥一愿、张荣日一愿、舒养和三愿。

泰和典

黄石年五愿、戴振声五愿、吴恒祥五愿、刘元洪两愿、吴立祥两愿、王文庵两愿、万增卿一愿、万纯洪一愿、程锡畴两愿、汪厚章一愿、程双林一愿。

成裕典

吴启铭三愿、程爵之三愿、吴天锡三愿、戴方士三愿、曹振达三愿、叶秉忠三愿、汪尔性两愿、汪笙甫两愿、吴连升两愿、吴玉衡三愿、叶培元两愿。

同德典

余浩然五愿、张彦斋五愿、胡佩坤五愿、万成斋三愿、汪章熊五愿。

公和典

汪承栽三愿、洪仰陶两愿、刘惠田三愿、汪鹏英两愿、李发宝一愿、张惟本一愿、范文甫三愿、朱瑞庭两愿、朱良祖一愿、朱康泰一愿、戴仰平两愿。

泰安典

方玉贵五愿、张子卿五愿、孙琢章两愿、任凤翔一愿、汪大衡一愿、范金生一愿、项贵财一愿。

鼎和典

余德铨五愿、黄杰五愿、程心田五愿、汪星海五愿、万学来两愿、吴立云一愿、翁和祝一愿、韩子清一愿、程思甫两愿、万喜培一愿、杨运昌一愿、王小康一愿、叶梦贤一愿。

裕通典

张茂庭两愿、方春泉三愿、范新甫三愿、王春田两愿、程酉田一愿、黄静波三愿、胡启咸三愿、吴天保两愿、姚渭卿两愿。

广仁典

万樸堂十愿、孙云五十愿、洪安祥五愿、吴盛之五愿、王志溶三愿、吴庆余两愿、方荣高两愿、何树基一愿、徐光镛三愿、张又男一愿、万保之一愿。

保大典

胡上林三愿、程功甫三愿、庄临沅三愿、万士洲两愿、韩汉云两愿、汪家桂一样、项正晖三愿、洪德堂两愿。

公济典

唐茂承十愿、王立三十愿、程盲基十愿、王子耘八愿、朱天成八愿、程与九八愿、程趾祥五愿、汪运麟一愿。

保泰典三墩十愿

黄继伯十愿、方养吾十愿、吴宝田五愿、吴宗海五愿、吴成周五愿、郑新盤三愿、吴永清两愿、吴裕春两愿、姚鲁瞻两愿、吴美如一愿、项福生一愿、杨金禄一愿、余开元一愿、鲍启达三愿、程树玉两愿、黄韫华一愿、戴玉泉一愿、程兴荣一愿。

同泰典

朱鉴甫一愿、吴伟士一愿、查德麟一愿、朱良贞一愿。

广兴典临平

韩吉仁三愿、黄子峰三愿、汪朗如一愿、吴汉之一愿、吴雨亭两愿、项礼春一愿、吴辅臣两愿、洪高智一愿。

保昌典瓶窑

汪勉如两愿、洪安澜三愿、黄如松两愿、孔静山两愿、汪义卿一愿、汪厚庵一愿、章顺发一愿、徐元禄一愿。

成大典

李念庭三愿、张国祥一愿。

通共四百五十五愿，共计钱一百七十六千八十文。

收茶漆业堆金

恒有号三十愿、恒盛号七愿、吴振松两愿、德泰号两愿、吴祥瑞号四愿、永春号十愿，隆新号、恒新号五愿，吴源茂号五愿、洪本发一愿、日新号五愿、潘辉福两愿、李裕达一愿、吴鉴周一愿、张灶全一愿、吴福连一愿、张保生号一愿、吴鼎兴十五愿、吴渭泉五愿、姚重英一愿、张来宝一愿、张秋桂一愿、潘聚源号两愿、吴同有十五愿、潘达源十五愿、吴彦林一愿、徐戴华一愿、姚翼堂一愿、兴大号六愿、吴仁泰号四愿、福泰号十愿、周大有号八愿、吴裕大号十愿、吴恒春号六愿、吴振泰号十愿、程士诚两愿、江恒懋号五愿、吴永隆号四愿、荣顺慎两愿、方集和号一愿、吴盛如三十愿、吴砚丞十二愿、章辅堂十愿。

通共结收钱九十二千一百七十文。

收面业堆金

章三三馆，钱一千七百五十文；　邵长和馆，钱一千五百六十文；
张公和馆，钱一千八百二十文；　章上源馆，钱一千八百二十文；
庆和馆，钱一千六百二十文；　天源馆，钱七百五十文；
人和馆，钱二百四十文；　同源馆，钱四百八十文；
悦兴馆，钱三百文；　上三元馆，钱一千四百八十文；
大兴馆，未结。

通共结收钱十一千八百二十文。

收绸业堆金

恒万泰，捐钱七千零二十文。

收瓷业堆金

洪兴号，捐钱三千六百文。

收南货业堆金

万茂隆，捐钱一千八百文。

收各茶行捐助堆金

乾泰昌，代捐钱四十二千四百六十文；
裕　源，代捐钱十一千六百四十文；
吴豫隆，代捐钱三十一千二百十三文；
源　润，代捐钱十八千九百四十五文。

收各房租，通共钱九十四千四百零五文。

又收杜文江、傅宝泉押租钱廿二千六百四十文，内小租钱二千六百四十文。

收外各客捐助　附柩回梓贴纳漕粮并埋葬焰口等费

朱寿田，捐洋一元；　方叙元，捐洋二元；
胡定瑛，捐洋二元；　汤松涛，捐洋一元；
方子珍，捐洋二元；　黄耕三，捐洋四元；

吴元庆，捐洋二元；　　　豫隆行，捐钱四千内除一百文。

八户共收洋十四元又钱三千九百文。

大共收洋二百四十二元四角一分五厘、扣钱二百六十九千零八十一文、钱一千四百六十七千四百四十五文。

光绪五年支用各款总录　　细账载明堂簿

支钱二百七十四千四百四十四文，起造九曲巷楼屋并修理外堂披屋等用；

支钱七十一千零四十文，置义地三方；

支钱一百四十四千六百三十文，街口收茶箱捐具禀请示轿金并辛伙等用；

支钱一百零二千七百五十二文，送枢回梓三十具装船川费；

支钱九十一千八百九十三文，埋枢二十九具灰石、刻字、夫工；

支钱五千三百廿八文，施材；

支钱三千一百六十四文，纳粮；

支钱二十千零四百文，惟善亭施茶灯油并工力；

支钱二十千六百七十六文，置添零物；

支钱二百四十三千二百八十五文，各友水计十五个月；

支钱二百卅三千四百九十九文，各友伙食并客往来酒饭、雇工贴饭等用；

支钱七千文，阿宝定例年规六千文、地保定例年规一千文；

支钱一百三十一千九百廿六文，飨祀焰口笔、墨、纸、簿、票、烟、茶并修坟、割草杂用；

支钱十四千零四十文，补付匠工；

共支用钱一千三百六十四千零七十七文正。

以上光绪五年各款收支至六年三月结总：

大共收钱一千七百三十六千五百二十六文。

大共支钱一千三百六十四千零七十七文。

除支余存钱三百七十二千四百四十九文，内又除亏耗洋水并收捐费用少数钱卅四千四百七十一文，仍净存钱三百三十七千九百七十八文。

载明堂簿存照。

光绪六年捐收各款堆金总录

收盐引堆金名目

庚月收正己十二月钱十六千三百零三文；

二月收本年正月钱十九千四百廿三文；

三月收前二月分钱三十千零九百五十一文；

四月收前三月分钱三十八千九百五十三文；
五月收前四月分钱三十千零二百五十四文；
六月收前五月分钱二十六千七百十八文；
七月收前六月分钱三十五千一百零七文；
八月收前七月分钱十三千六百四十七文；
九月收前八月分钱三十九千一百七十六文；
十月收前九月分钱四十一千二百三十五文；
十一月收前十月分钱三十五千三百十文；
十二月收前十一月分钱二十八千一百十四文；
辛正月收庚十二月钱十三千九百七十文。
共收捐钱三百五十二千八百六十一文正。

收茶箱堆金名目

豫昌德记，五百廿一箱
得记号，一百零三箱；
隆盛号，四百七十三箱；
正隆号，一百十五箱；
恒胜号，五百零三箱；
永盛号，四百九十四箱；
新记号，六百八十八箱；
裕生号，六百十七箱；
瑞春号，七十五箱；
义隆号，一百四十四箱；
宝泰隆，一百二十一箱；
裕泰松，九百三十箱；
郑同茂，九十四箱；
聚茂号，三百三十六箱；
信昌号，二百六十九箱；
青记号，四百二十三箱；
孙广达，六百二十二箱；
义隆震，四百七十箱；
正源号，二百箱；
萃昌号，三十八箱；
前春号、先春号，三百四十三箱；
永达号，八百四十四六箱；
馥馨昌，六百五十一箱；
吴大盛，三百三十五箱；
隆盛号，四百零一箱；

正源号，四百九十二箱；
义馨号，六百五十六箱；
裕记号，八百九十六箱；
钟聚号，二百十三箱；
广达号，一百九十五箱；
永达号，一百二十七箱；
大盛号，六百六十一箱；
聚大衡记，三百八十二箱；
馥馨号，五十二箱；
同昌隆，一百十七箱；
裕祥号，五百二十四箱；
义昌号，七十九箱；
聚隆号，六百五十五箱；
恒大号，三百三十五箱；
亮记号，四百零三箱；
方亮记，二十箱；
蕙棠记，四百六十六箱；
王同泰，二百三十五箱；
利记号，三百三十八箱；
方怡茂，四百六十七箱；
震昌隆，六百五十四箱；
孙怡达，七百十四箱；
郑同茂，六百四十二箱；
瑞春号，五百十九箱；
义馨号，一千二百六十八箱；

裕大号，三百四十八箱；

得记号，六百八十八箱；

钟聚号，七百四十七箱；

利记号，六百箱；

启馨尧记，六百五十六箱；

萃昌号，五十箱；

永盛宝，九百二十箱；

恒胜号，四百九十箱；

启馨生，七百零二箱；

张永盛，六百十六箱；

隆馨号，五百六十三箱；

广兴号，四百八十七箱；

查裕盛，二百八十四箱；

聚茂号，三八七十箱；

裕泰松，一千一百七十四箱；

方亮记，五百五十箱；

聚隆号，七百二十一箱；

汪和春，四百五十箱；

同和号、来宜号，九百七十一箱；

李祥记，一千一百六十四箱；

义和号，八百十九箱；

恒大隆，四百零六箱；

余荣丰，三百三十一箱；

裕记号，八百九十八箱；

益芳号，三百三十四箱；

震昌隆，七百六十九箱；

孙怡达，五百十一箱；

王同泰，二百四十一箱；

汪元和，五百二十八箱；

义馨号，一千三百四十七箱；

朱新号，一千一百一箱；

余永馨，七百五十箱；

义馨号，二百零三箱；

源馨号，三百零八箱；

瑞春记，八百四十六箱；

萃昌号，四百二十箱；

益珍和，四百三十六箱；

孙永春，六百八十箱；

同昌隆，五百七十箱；

义昌号，四百二十三箱；

春馨号，七百二十四箱；

余永馨，八百零六箱；

春隆号，七百二十一箱；

谦裕广，一千五十五箱；

同盛新记，八百六十二箱；

怡隆号，五百十八箱；

同和馨，五百三十八箱；

孙永春，七百三十八箱；

衡记号，三百八十三箱；

萃馨永记，七百十二箱；

世隆号，五百二十二箱；

永泰隆，七百四十五箱；

瑞兰号，五百四十六箱；

正源号，三百七十八箱；

大顺祥，四百箱；

吴大盛，三百七十八箱；

孙广达，八百五十六箱；

裕泰松，一千二百七十九箱；

翠香号，二百箱；

同昌隆，六百六十四箱；

余玲乳，一百九十箱；

翠芳友，四百零二箱；

钟聚号，八百三十箱；

永馨号，八十二箱；

谦裕广，七百七十八箱；

震记号，六百十三箱；

生盛号，三百三十七箱；

永达号，六百三十一箱；

馥馨昌，八百零八箱；

森盛号，三百零六箱；

余永昌，三百五十九箱；

广达号，六百五十四箱；

裕祥号，六百十箱；

余顶馨，一百七十箱；

裕盛泰，二百三十箱；

来宜号，五百九十四箱；

洪利记，二百六十七箱；

郑同茂，一千四十一箱；

余公昌，四百十箱；

启馨□、启馨尧，一千三百卅箱；

大盛号，五百三十八箱；

春隆号，九百十三箱；

郎泰丰，三百零一箱；

福茂号，四百二十七箱；

春馨号，九百七十三箱；

永新号，一千一百零三箱；

裕泰松，一千三百八十一箱；

同昌隆，五百九十八箱；

瑞馨号，二百五十二箱；

义昌号，七十四箱；

钟聚号，七百四十七箱；

聚隆号，七百三十六箱；

方怡茂，八百十二箱；

孙怡达，五百四十六箱；

裕泰松，一千九百九十三箱；

李祥记，一千六十一箱；

裕泰元，三百四十三箱；

同和馨，六百三十八箱；

和馨宝记，二百九十六箱；

同盛新记，一千九十六箱；

裕泰松，一千五百九十二箱；

永达号，一千五十四箱；

詹同茂，三百九十七箱；

震昌隆，七百五十一箱；

大顺祥，五百九十箱；

隆馨号，三百十八箱；

洪复昌，二百八十七箱；

洪昌记，七百零九箱；

来宜号，五百三十三箱；

余永馨，八百五十二箱；

三馨宝，六百三十四箱；

汪元记，二百四十一箱；

馨馨号，四百箱；

谦裕广，一千四百七十九箱；

方怡茂，四百零一箱；

洪利记，八百箱；

益芳号，三百六十五箱；

余正记，四百二十三箱；

广达号，九百六十九箱；

余德馨，四百二十八箱；

同人和，三百八十八箱；

和春泰，五百四十七箱；

馥馨昌，九百四十二箱；

同昌隆，六百零三箱；

钟聚号，七百箱；

查德茂，五百五十箱；

李祥记，一千零十九箱；

钟聚号，七百零五箱；

来宜号，四百九十一箱。

共收捐钱六百二十四千三百九十四文正。

收木业堆金名目　细账载明堂簿

同日升木寓，共捐洋七十元零九角四分；

同茂兴木寓永记，共捐洋三十四元七角；

同利兴木寓，共捐洋三十六元三角九分；

汪炯记木寓，共捐洋三十七元七角八分八厘；

德大源木寓，共捐洋四十五元五角；

怡同懋，捐洋四元；

江复兴，捐洋三元。

总共收洋二百三十二元三角一分八厘正，扣钱二百六十七千一百六十六文正。

收典业堆金名目

同裕典

洪作民十愿、詹蕃汉四愿、黄渭飞十愿、程金兆五愿、詹桂堂五愿、李允泉三愿、金承喜二愿。

保善典

郑文炳十愿、程英三五愿、程培基五愿、黄有仁一愿、程振昌一愿、张荣日一愿、胡四喜一愿、汪子嘉一愿、汪子祥一愿。

泰和典

黄石年五愿、戴振声五愿、吴恒祥五愿、刘元洪二愿、王文庵二愿、方增卿一愿、万纯洪一愿、程锡畴二愿、汪厚章一愿、程双林一愿、汪培生一愿。

成裕典

吴启铭三愿、程爵之三愿、吴天锡三愿、戴芳士三愿、曹振远三愿、叶秉忠三愿、汪子性二愿、王笙甫二愿、吴连升二愿、吴玉衡三愿、叶培元二愿。

同德典

余浩然五愿、胡佩绅五愿、万成齐三愿、汪熊章五愿。

公和典

汪承栽三愿、洪仰陶二愿、刘惠田三愿、汪鹏英二愿、李发宝二愿　张惟本二愿、范文甫三愿、朱瑞庭二愿、朱良祖二愿、朱康泰二愿、戴仰平二愿、欧阳照初一愿、汪年丰一愿、戴序云一愿。

泰安典

方玉贵五愿、张子卿五愿、孙琢章五愿、任凤翔二愿、江大衡一愿、范金生二愿、项贵财一愿、程树基五愿、汪宽意一愿、胡兆昌一愿、王沛霖一愿、朱士林一愿、徐梅亭一愿、吴德宝一愿、汪长生一愿、韩炳成一愿。

鼎和典

余德铨五愿、黄杰五愿、程心田五愿、汪星海五愿、万学来二愿、吴立如一愿、翁和祝一愿、韩子青一愿、程恩甫二愿、万喜培一愿、杨运昌一愿、王小康一愿、叶梦贤一愿。

裕通典

张茂庭二愿、方春泉三愿、范新甫三愿、王春田二愿、程西田一愿、黄静波三愿、胡启咸三愿、吴天保二愿、姚渭卿二愿。

广仁典

万朴堂十愿、孙云五十愿、洪安祥五愿、吴盛之五愿、王志溶三愿、吴庆余二愿、方荣高二愿、何树基一愿、徐光铺三愿、张又南一愿、万保之一愿。

保大典

胡上林三愿、程功甫三愿、庄临沅三愿、万士洲三愿、韩汉云二愿、汪家柱一愿、项正晖三愿、洪德堂二愿。

公济典

唐茂承十愿、王立三十愿、程育枝十愿、王子耘八愿、朱天成八愿、程与九八愿、程趾祥八愿、汪运麟三愿、叶朝宗一愿、毕拱宸一愿、蔡玉春一愿。

广顺典

余璧臣五愿、金广林五愿、程茂如五愿、朱添进五愿、金朗庭二愿、万纯钧二愿、李俊英二愿、余福禄二愿、王观庆一愿、朱福喜一愿。

广丰典

吴静庵五愿、汪殿均三愿、周启贤三愿、洪楚堂三愿、汪采章二愿、黄长和二愿、江本立二愿、朱社金一愿、任天锡二愿。

成大典

朱文生五愿、吴锦泉三愿、金佩玉四愿、江荫堂三愿、李念庭四愿、张国祥二愿、洪元彬二愿、邵运瑚二愿、孙礼仁一愿、程兆进一愿、余武龄一愿。

保泰典

保泰典十愿、黄继伯十愿、方养吾十愿、吴宝田五愿、吴宗海五愿、吴成周五愿、郑新盘三愿、吴永清二愿、吴裕春二愿、姚鲁瞻二愿、吴美如一愿、项福生一愿、杨金禄一愿、余开元一愿、鲍启达三愿、黄韫华一愿、吴伯镛一愿、朱良贞一愿。

协泰典

朱鉴甫一愿、吴伟士一愿、戴汉卿一愿、程树玉二愿、伊殿英二愿。

庆兴典

韩吉仁一愿、黄子峰一愿、汪朗如一愿、吴汉之一愿、吴雨亭二愿、项礼春一愿、吴辅臣二愿、洪高智一愿、胡晓初一愿。

保昌典

汪勉如二愿、洪安澜三愿、孔静山二愿、汪义卿一愿、汪厚庵一愿、章顺发一愿、徐元禄一愿、舒养和三愿、程兴荣一愿、程锡常一愿、程志远一愿、孙友三一愿、唐仁甫一愿。

总共收捐钱二百零四千九百文正计十四个月。

收茶漆业堆金名目

恒友号卅愿、洪本发一愿、恒盛号七愿、日新号五愿、吴俊松号二愿、李裕进一愿、吴祥瑞号四愿、吴鉴周一愿、吴福连一愿、永春号十愿、张灶全一愿，隆新号、恒新号五愿、吴源茂号五愿、张宝生号一愿、吴鼎兴号十五愿、吴渭泉五愿、姚重英一愿、张来宝一愿、张秋桂一愿、潘聚源号二愿、吴同有号十五愿、潘远源号十五愿、吴彦林一愿、徐戴华一愿、兴大号六愿、福泰号十愿、周大有号八愿、吴裕大号十愿、吴源隆号二愿、吴恒春号六愿、吴振泰号十愿、程士诚二愿、江恒茂号五愿、吴永隆四愿、吴上祺一愿、吴盛如廿愿、吴砚丞十二愿、章辅堂十愿。

总共收钱九十三千八百七十文正计十四个月。

收面业堆金名目

章上三元馆三愿、许悦兴馆三愿、徐大兴馆五愿、章同源馆三愿、章万源馆四愿、章人和馆四愿、章老六聚馆五愿、章春源馆三愿、胡庆和馆五愿、邵四聚馆收过钱一百文、章上源馆五愿、公和馆五愿、昌源馆三愿、邵长和馆五愿、浙一馆二愿、周胜源馆二愿、章老三三馆五愿、悦来馆三愿、聚源馆三愿、明和馆三愿、三和馆三愿、张三三馆二愿、周金和馆四愿。

总共收钱三十千零三百五十文正计十四个月。

收各茶行代捐堆金名目

豫隆茶行，代捐钱十九千九百八十文；

乾泰昌行，代捐钱三十八千四百六十文；

信成茶行，代捐钱十三千四百八十六文；

源润茶行，代捐钱二十四千七百二十五文。

总共收钱九十六千六百五十一文正，又外加收钱八千八百五十文。

收洪兴瓷业堆金，钱三千六百文；

收大生布业堆金，钱七千二百文；

收香粉业堆金，钱一千八百文；

收麻苎业堆金唐天润，钱七百二十文；

收各户房租，钱一百三十三千二百八十文；

收江大裕租亭边披屋押租，钱三千文。

收外客乐输附带埋葬并助焰口、灰石、立碑：

吕沛如，捐洋二元；

吕贤才，捐洋二元；

吴伯成，捐洋二元；

吴益顺，捐洋二元；

程普群，捐洋四元；

达　林，捐洋六元；

豫　隆，捐钱四千。

共收洋十八元、钱四千文，计钱二十四千七百文正。

收售出材，十二合三具、十合一具，共钱三十七千三百七十文；

收木作捐材钱七千二百文；

收万茂隆南货业捐钱一千八百文；

收上年余存钱二百九十一千八百五十文。

大共收捐钱二千一百九十一千五百六十二文正。

光绪六年支用各款总录　细账备载堂簿

支钱二百零四千四百五十八文，修理本堂并外堂别墅砖瓦、灰石、匠工；
支钱二十七千七百十三文，造别墅隔腰墙砖瓦工价并铺地板；
支钱七十千二百七十四文，送柩回梓船川费用；
支钱廿五千九百六十五文，埋柩灰石、工价；
支钱六千九百文，玉皇山脚义地立石碑二块、石界四块；
支钱十七千六百二十二文，置义地印契费；
支钱六十六千三百十一文，置办什物桌椅、锡灯、零物；
支钱一百卅六千五百六文，置施材还上手置材价并现置材八口；
支钱三千五百六十文，纳粮；
支钱一百八十七千八百零六文，各友辛资；
支钱二百三十四千一百十九文，各友伙食并外客来堂雇工贴饭；
支钱一百五十一千一百十一文，礼忏、焰口、笔墨、纸簿、灯油、烟茶、客费、桥金并修坟、割草、栽桃柳；
支钱卅二千七百五十六文，付雇工价；
支钱五千九百四十文，惟善亭施茶、点灯、工力；
支钱六千文，付何宝亨年规；
支钱四十七千五百八十三文，捐助直隶赈济并监堂零用应酬；
支钱一百九十八千八百五十八文，置办木、板、石等料；
支钱七十三千文，校征信录辛资庚年洋五十元，余入辛年算；
支钱四十八千三百文，付刻字作；
支钱一百廿二千九百八十四文，收街口洋茶捐辛水、火食、房租、更费；
支钱十三千四百四十文，收盐捐费用；
支钱十千七百四十六文，沙钱兑出耗水并收捐盘伙少数等项；
支钱十三千八百文，寓菱湖校征信录伙食。
总共支用钱一千六百九十七千七百五十文正。

以上光绪六年收支各款至七年三月总结：
大共收钱二千一百九十一千五百六十二文。
大共支钱一千六百九十七千七百五十文。
除支余存钱四百九十三千八百十二文，内除亏耗洋水钱廿一千八百零一，净存钱四百七十二千零十一文。
载明堂中牌簿存照。

新安惟善堂征信全录 （光绪十七年刊）

清光绪十七年（1891）辛卯仲冬月刊
堂在杭省凤山门外江干海月桥内塘桃花山麓

目　录^①

原序 …………………………………………………………… 474
　新安惟善堂前刊征信录序 ……………………………………… 474
续刊序 ………………………………………………………… 475
　新安惟善堂续刊征信录序 ……………………………………… 475
　新安惟善堂后刊征信录序 ……………………………………… 476
三刊征信录序 ………………………………………………… 477
　新安惟善堂后刊征信录序 ……………………………………… 477
外厝地图 ……………………………………………………… 478
内堂地图 ……………………………………………………… 479
老产地图 ……………………………………………………… 480
坟山地图 ……………………………………………………… 481
光绪七年、光绪八年置产图 ……………………………………… 483
光绪十年置产图 ……………………………………………… 484
光绪十一年置产图 …………………………………………… 485
光绪十二年置产图 …………………………………………… 486
光绪十三年置产图 …………………………………………… 487
光绪十四年、光绪十五年置产图 ………………………………… 488
跋 ……………………………………………………………… 489
辛巳年（光绪七年）收支　结存 ……………………………… 490
壬午年（光绪八年）收支　结存 ……………………………… 502
癸未年（光绪九年）收支　结存 ……………………………… 515
甲申年（光绪十年）收支　结存 ……………………………… 526
乙酉年（光绪十一年）收支　结存 …………………………… 539
丙戌年（光绪十二年）收支　结存 …………………………… 553
丁亥年（光绪十三年）收支　结存 …………………………… 567
戊子年（光绪十四年）收支　结存 …………………………… 581
己丑年（光绪十五年）收支　结存 …………………………… 595
庚寅年（光绪十六年）收支　结存 …………………………… 608

① 目录为整理者所加。

原　序

新安惟善堂前刊征信录序
翰林院侍讲学士、前提督安徽学政胡敬撰

　　新安地狭人众，为商旅谋衣食于外者较之他郡邑尤多。吾闻之同居乡里有相周相保、相救相恤、相友相助、疾病相扶持之谊，今也散而为商旅于四方，势固不暇相顾问及，一旦遭罹大故而望收恤于故乡之人，又情之所不容已也。况新安之人为商旅于吾浙之杭、嘉、湖诸郡邑及江南之苏、松、常诸郡邑者甚众，不幸因病物故欲归榇于故里，途必经于杭州。嘉庆初，歙邑余锦洲尝于钱塘栅外一图建新安权厝之楹，然地侧隘不足容多，又复募得桃花山麓石井前张立瞻地若干丈尺，建旁屋数楹。锦洲卒，其孙铉顺与侄晃并续购何姓地若干丈尺，待扩充焉。道光十七年，司事胡骏誉、金高德等五十余人咸曰：“事创于前，必有因而后大，我惟时其任之。”乃各捐资劝募。复募得杭郡同志阙信甫家毗连基地二亩有奇。其建屋之制，前为厅事若干楹，后筑室为权厝所二十余间，周以墙垣，既固而安，足容多榇矣。凡旅榇之至，则先告于司事，司事即遣信告于其家，予以迎柩限期。其家人有力者，任其自备资用迎归故里；力不足者，酌助之；极无力者，尽给之。期已过而其家人莫有至焉者，司事将堂中所置公地代为埋葬，仍立石识姓名，俾异时来迁移者毋贻误。而各邑并于邑界水口登岸处建设登山集，集有司事如堂。凡旅榇至而无家人资送者，则以告于集中司事，司事亦即遣信告于其家，其家或有力、无力与力不足者，司事待之之法如堂。期已过而其家人莫有至焉者，即将所置公地代为葬之，立石识姓名又如堂。此其经画之周详、规模之宏备，非所谓尽美尽善而无毫发之遗憾者耶。斯固由司事诸君之弗吝弗懈，众为佽助并积款生息以资经久通达，大吏竭力以营之，故能成是丰盈豫大之象。其在《易》之综卦为“丰”，丰多故恤故者丰之义，道在持之以恒，俾得常如日之在中而不昃，则存乎诸君之相劝勉焉。夫如是，固足见新安风俗之醇，而兴仁之效更于兹可验也哉。予尝视学安徽，今幸快睹新安众绅士能以任恤之义相先也。而司事示予以惟善堂经制规条册，遂援笔而乐序之。如此云。

续刊序

新安惟善堂续刊征信录序

杭州城外海月桥桃花山麓有新安惟善堂权厝所，嘉庆、道光间，歙人余君锦洲创建于前，而其侄若孙及胡君骏誉等复推而广之者也。其经制规条具有成书，胡学士敬序之甚详。咸丰季年毁于兵。同治初，汪君鉴人集资重建，堂之事汪君实司之。既殁，继其事者增高厝所，构新安别墅于其中，建殿祀文、武二帝，又设茶寮以涌喝者。出纳之数既多，惧其久而无稽也，乃续刊征信录。问序于予，予曰："昔世，延陵季子葬其子于嬴、博之间，而曰魂气无不之。孔子叹为合礼。宜若旅葬，无害于礼者。然而古人有言：'狐死正邱首，乐乐其所自生，礼不忘其本'。太公五世反葬于周，后世至有嬴胜万里，归骨先陇，而天下称为奇孝者。此久客思乡之梦，温次房所为不能忘情也。是举行而吾乡之人庶几告无憾也。"曩游郊野，见柝比而藏棺者，杭人谓之攒屋，攒犹菆也。南宋会稽绪陵或称攒宫。考诸《檀弓》、《丧大记》，菆涂覆屋之制，惟天子诸侯同之，大夫即攒至西序不为屋形。今庶人而概称攒屋，殆与建牙之牙讹为衙，而杭人筑室于道，辄称某衙以区画界，其借略同。其有缭以垣墙而前置厅事者，或称庄或称山庄，是又虚饰尔雅之称，辄不若借呼攒屋之犹得其实。则综核名义，惟权厝之称为有当也。在土著之流久而不葬，往往惑于青鸟家言，不足深论。至于旅人估客，奄忽徂谢，瞻言邦族道里悠远，必待家人之来而魂魄始归故乡，有不得不出于权宜之举者。行权正所以酌经也。然当嘉道全盛时，事虽创而较易。寇乱初平，物力凋翅，自顾之不暇，而奚暇及人。继此役者乃相维絜，往来浙东，振裘絜领，乡人之商于外者以盐、茶、木为大宗，岁劝酉处金，而其他亦量力而附益之，事卒以济则隆，因而实难。倘所谓出其言善，千里之外应之，理亦有然者乎！夫仁人孝子之用心，惟行乎心之所安而已。权厝所之有举莫废而死者安，死者安而其一家之人安，家积成邑，邑积成郡，而一邑一郡之人胥安。茔之事一人任之，或数人任之，前之人任之，后之人复任之，纲举目张，无侵无旷，亦各安其所安，则心安而事无不安。持此以德，隆千百年不敝可也，佥曰善。因书而弁诸简端。

光绪七年岁辛巳冬月，绩溪胡元洁撰，歙县洪葆书。

新安惟善堂后刊征信录序

窃以浙省杭城外江干海月桥桃花山麓建造新安惟善堂义所，专为同乡客故停枢载送回徽而设，诚盛举也。自嘉庆初年歙邑余锦洲先生慕义怀仁，捐资创业，权建堂楹，暂厝旅榇，经费虽云不足，而始基已立于前矣。嗣后，道光年间，其令孙铉顺与乃侄晃偕胡骏誉、周载宇、金高德、朱祥桂、程嘉绥、吴家骏等四十余人继志述事，运筹定例，恢廓前模，幸得诸善户倾囊助款，集腋成裘，藉此高建堂楹，广增厝所，一切善后事宜至详且备，故历年吾徽旅榇得所凭依，赤贫者装船送回，无嗣者置地安葬，洵可谓谊敦桑梓者欤。所可痛者，咸丰庚申之岁粤匪猖狂，杭城溃陷，狼烟叠【迭】起，兔窟横行，竟将堂宇、市房纵焚殆尽，所有租金、存款皆化一空，殊令人搔首问天而嗟叹不能已也。迨至同治聿兴，整军戡乱，杭省虽经克复，老成每慨沦亡，维时汪君鉴人在杭，与鲍鸣岐、胡祝如、吴德辉、吴星海、方国安、章容光、汪贯之、范有芳等惨见吾徽旅榇暴露荒郊，意欲暂妥孤魂，重兴义举。奈当兵燹之余，殷实者少、托钵无门，疲敝者多、捐资无术，因是同往义桥新坝与徽属诸君嫡议熟筹，惟有盐、茶二项皆聚绍属，过镇劝助堆金聊为藉手之资，权济燃眉之急。并劝各处商业随缘乐助，量力输将，由此积少成多。即将本堂旧址先后递建，厅事以及内外厝所暨每年载送埋葬等情，汪君亦属维持不怠者焉。第各款捐资原需众力，而在堂司账只任一人。迨同治辛未岁汪君作古，公议酌请司事查其收支总簿，自四年至九年分虽难细核，大略相符。厥后，诸董络续捐赀，复建文、武二帝殿，并购新安别墅，重将外厝升高翻盖，又另建亭施茶。诸善举有基无坏，自可壮观。第承先接理者未能守旧增新，任情滋弊，以致啧有烦言，何堪服众？适获程君野庭年高德劭，好善存诚，慨然以公事为己责，不受辛资，怀清履洁，不辞劳瘁，纲举目张，入堂未周三载，经费渐有余资，又得同人同心共济，则六吉堂之兴复即在诣顾间矣。爰将历年收支各款汇刊征信全录，以供明鉴而察实情，还期乐捐者益充善量，司事者同著芳名而永垂不朽云尔。

旨在光绪七年，岁次辛巳孟夏月谷旦。新安惟善堂董事人等同校：鲍遗庄、何昌来、程立方、吴汾伯、胡绮荷、洪映辰、方寿乔、鲍德卿、邵正辉、孙一生、金濂生、程野庭、吴菊庄、章辅堂、汪凤舞、洪才卿、吴渭泉、吴恺堂、王俊英、胡寿南、胡衡甫。

三刊征信录序

新安惟善堂后刊征信录序

新安山多田少，十室九商，人之轻去其乡者诚不得已也。顾幸而运际亨衢，筹谋尽利，老则言旋故里，殁则安妥乡园，岂不甚善！乃不幸而时值艰虞，事多拮据，欲归未得，病殁他乡，旅榇盘苦无资，亲族鞭长莫及，羁魂漂泊，归骨无期，碧血青怜，情属可悯。独商人见而怜之，建惟善堂权厝之所于杭城外海月桥桃花山麓，愿世守焉。夫市之有商人，因客居者所倚赖，凡一切善举商家每为之创，而同乡乐观厥成。是故，上洋有思恭之举，皋城有敦善之筹，禾郡有广仁之设，苏松等处各立殡房，意美法良，彰彰可考。况杭城为要会之区，吾乡贸易于浙省之嘉湖诸郡邑及江南之常镇诸郡邑者，偶有病故归榇里间，必道出于武林，设无惟善堂以权厝之，不将暴露堪悲，皆成怨鬼归云，系望谁赋招魂哉！今同乡商旅诸君子犹能谨守旧规，善者从之，缺者补之，酿资助殡，踊跃捐输，益以信桑梓之尚义者多，而怵惕恻隐之念历异地而如见同心也。壬辰春杪，予滥竽防军局务，与潘君小浦同事，以世交而联姻，握手言欢，具述杭城外之惟善堂自嘉道间余君锦洲创于前，迄今近六十余年，咸丰季毁于兵，同治初，汪君鉴人等集资而重建之，心力俱瘁，只为收埋旅榇而设，幸继承之者不懈益勤，而规划乃以完善。爰就所编征信录全册读之，其间男女异位，阡葬以时，异籍不得冒名，土工毋许需索，以及无力而并为施棺扶归则助之费，踵前贤之义举而精益求精，洵可慰旅魂而泽枯骨矣。虽然莫为之前、虽美弗彰，莫为之后、虽盛弗传，自余君锦洲之善创而无汪君鉴人等之善因，安见有旧制之可承而望丕基之永守哉？构新安别墅于其中，则有兴仁讲让之地焉；建殿祀文武二帝，则有求福去恶之心焉；又设茶寮以济渴者，则有涤虑洗心之意焉。同乡之经营已极周详，善后者无负开先，实得商人之力居多，岂仅云权厝所已哉？因喜而为之叙。

光绪十八年岁壬辰孟夏月，星江余显周谨叙。

外厝地图

外堂基地图（图略）

外厝坐落海月桥里街栅外一图成字第五百五十七号，计征地四分正。于嘉庆初年间，余锦洲先生向在江干开设过塘行，视同乡客故者自江南苏松常、浙西嘉湖等郡归梓于故里，必由杭州江干雇船回梓，常有延至几日不得船者，柩停沿途，雨霖日晒，为此，购地建立权厝。后因是厝地隘，兼之在杭病故者停入，渐致盈塞，不足容多，又复募得桃花山麓石井前地方张立瞻先生慨助隙地，建盖旁屋数楹。而后余锦洲先生卒，其孙铉顺与侄晃续购何姓地及募阙信甫先生毗连基地，于道光十七年与金高德等劝捐建立内堂外厝。事创于前，必有因而后大者也。

内堂地图

内堂基地图（图略）

内堂坐落浙杭江干海月桥里街桃花山麓石井前地方，系钱邑栅外一图成字第九百零七号，计征地四亩六分八厘二毫九丝二忽。初建于道光十七年间，系余锦洲先生起造外厝，之后为外厝地隘，停柩盈塞，不足容多，早年募得张立瞻基地，先造旁屋殡房数楹，内堂始立于时也。余锦洲先生卒后，其孙铉顺、侄晃续购何姓地，又募得阙信甫毗连基地，偕金高德、胡骏誉等共董其事，劝资建立堂宇、殡房、六吉堂等处，次第告竣，议立规条，无不周致。讵于咸丰庚申岁，粤匪窜浙，杭城被陷，堂宇均成焦土。迨至同治聿兴，省城克复，乱前，司董相继去世，适汪君鉴人在杭，与鲍鸣岐等惨见吾郡旅榇沿途暴露，目不忍视，是以爰集同人告劝盐、茶各商输助堆金，并劝各处业商随心乐助，集腋成裘，重建惟善堂，先后殡房、堂宇及外厝递建，仍依旧址，兴工告竣，如故可观，足见汪君等维持不怠。吾郡生殁无不感颂其德，谨录是堂起见【建】原由，以彰前人之志意。附刊咸知。

老产地图

别墅基地（图略）

同治十三年置岑大庆册名岑禹怀户基地，坐落钱邑栅外一图成字第陆百廿伍号，并置盛元贵墙脚、土名海月桥里街牌山门。

惟善亭并后租房基地（图略）

同治五年置范兆凤地，造筑茶亭并旁屋二间，系钱邑栅外一图成字六百七十二号，土名牌山门。

养善所

坐落钱邑栅外一图成字六百九十七号内，于光绪八年起造，墙门内平房三间，不另绘图。

草桥门外基地（图略）

坐落草桥门直街，系仁邑会保一图兄字号内，计基地二分八厘五毫。昔年瞿颖山捐助入堂，于同治十三年认粮，弓口未曾稽考，故未注载。是处至今未造。

九曲巷基地（图略）

坐落九曲巷内，系钱邑芝松二图宙字号内，计基地陆厘四毫一丝七忽。昔年置汪舒谷临街楼房一间并是基地，匪乱被毁。于光绪五年认粮，即造得临街六椽楼屋，后连平房四椽。

船局隔壁租房（图略）

坐落海月桥塘上，系钱邑栅外一图成字第乙千四百十四号，计征地四分七厘九毫二丝。于同治十二年王旭东助堂基地认还，造筑工料洋二百三十元，计临街六椽楼屋二间，一巷后连随身平房一应在内。

坟山地图

昔年车麟捐助入堂坟山地一则（图略）

坐落钱邑栅外二图岁字乙千一百二十一号，计土山乙亩零捌厘肆毫。乱后至今未曾稽查，照前刊征信录中原图誊刊。

万村老坟山

坐落钱邑定北五下　字号内，计山税，乱后尚未细查，故未绘图。

丁婆岭脚坟地

坐落钱邑城西二腾字号内，计山税，系于同治七八年间所置，卖主王贵亦未细查，不及绘图。系向孙桂林置进，寄税孙桂林名下。

汪贯之抵归堂内基地（图略）

输粮抵助人堂，坐落钱邑栅外一图成字乙千叁百伍拾柒号，未知分亩，契注四至，其地在内堂后门对照。

同治十年置施养和坟山一则（图略）

坐落龙化山钱邑栅外一图成字第乙千三百六十七号，计土山乙亩乙分贰厘五毫。

同治十三年置施养和坟山一则（图略）

坐落龙化山钱邑栅外一图成字号，同上，计土山乙分零肆毫贰丝。

光绪二年置施养和大华里龙化山坟山二则（图略）

共计土山柒分伍厘。

光绪五年置施养和坟山三则（图略）

共计土山贰亩玖分壹厘壹毫叁丝。
以上五则均在钱邑栅外一图成字乙千三百六十七号，施必达户推税入堂。

光绪六年又置施养和坟山贰则

土名施家山口，坐落钱邑栅外一图成字乙千三百六十七号，施必达户推入本堂，置时未曾绘图，照契填注四至。

大块东至本堂界、南至本堂界、西至俞坟界、北施卖主界，计土山陆分捌厘零柒丝；

小块东至本堂界、南至大路界、西至王界、北至施界，计土山乙分肆厘伍毫柒丝。

以上均系前置老产，统未绘图，兹特查考补刊弓口分亩图。尚有老坟实难稽考，是此只注都图地名，因亩分未知，不能绘图。自光绪七年至十六年止，均于逐年置产出支账付某户契价核对，逐一绘图于后。

光绪七年、光绪八年置产图（图略）

光绪七年分，置王范氏册名王有高、王维新基地乙则，坐落钱邑栅外一图成字第六百七十六号，计征地二亩二分，土名牌山门。

光绪八年分，置胡大渭册名胡国叙基地乙则，坐落钱邑栅外一图成字第六百九十七号，计征地三分八厘，土名羊倪巷，即养善所基。

光绪八年分，置张观清册名张玉顺基地乙则，坐落钱邑栅外一图成字第六百九十四号，计征地乙分乙厘，土名羊倪巷。（图略）

光绪十年置产图 （图略）

光绪十年分，置王胜川基地一间册名王明高，系成字第五百七十一号，计征地壹分零捌毫肆丝；

何德源基地一间册名何宝记，系成字第五百七十二号，计征地壹分零捌毫肆丝；

鲁锦荣基地二间册名鲁顺元，系成字第五百七十三号，计征地贰分壹厘柒毫；

汪中华基地二间册名王福林，系成字第五百七十四号，计征地贰分叁厘捌毫肆丝。

共毗连基地六间，坐落钱邑栅外一图成字号，土名牌山门，于乙酉、丙戌两年造得临街厅式楼房，均有造筑细账于后。

光绪十年分，置汪长寿临街六椽楼房一间并连基地册名汪玉珍，坐落海月桥河下，系钱邑栅外一图成字第一百八十四号，计征地捌厘叁毫叁丝肆忽。其屋于丁亥年对邻失慎，已被回禄，于戊子年置得邻地，改造墙门。

光绪十年分，置黄贵林坟山一则，坐落钱邑栅外二图岁字号内，土山伍分壹厘叁毫伍丝，土名天化山，于丙戌年开葬。

光绪十年分，置卢明专坟地册名卢应龙，坐落钱邑栅外一图成字第九百廿八号，计征地壹亩柒分陆厘贰毫伍丝，土名松林街，于己丑年开葬。

光绪十年分，置汪富生基地二间册名汪国明，坐落钱邑栅外一图成字第一千三百五十六、八号，计征地壹分零肆毫贰丝，土名海月桥塘上潮神庙前。

光绪十一年置产图 <small>（图略）</small>

　　光绪十一年分，置黄贵林坟地乙则，坐落钱邑栅外一图成字第　号，计征地柒分，土名梳妆台，于本年开葬。

　　光绪十一年分，置俞灿宝临街六椽楼房一间并连基地，坐落钱邑栅外一图成字第五百六十七号，计征地壹分贰厘肆毫六丝，土名海月桥里街牌山门。

　　光绪十一年分，置韩宗文基地二间，坐落钱邑土隅四图闰字第　号，计征地肆分零肆毫，土名洋泮桥塘上。

　　光绪十一年分，置鲁锦荣基地一间册名鲁庆元，坐落钱邑栅外一图成字第六百廿二号，计征地壹分捌厘叁毫肆丝，土名海月桥里街牌山门。

　　光绪十一年分，置陆寿富册名陆文耀基地一间，坐落钱邑栅外一图成字第六百廿三号，计征地乙分捌厘叁毫肆丝，土名海月桥里街牌山门。

　　光绪十一年分，置邵德顺基地一间，坐落钱邑栅外一图成字第六百十九号，计征地壹分叁厘肆毫，土名海月桥里街牌山门。

　　光绪十一年分，置王胜川基地一间，坐落钱邑栅外一图成字第六百廿四号，计征地捌厘叁毫，土名海月桥里街牌山门。

　　光绪十一年分，置里中公契认无主基地二间，坐落钱邑栅外一图成字第六百廿四号内，计征地壹分贰厘伍毫，土名海月桥里街牌山门。其产价公助大庙，于次年塑库官八尊，并做神座，连漆工共出支洋肆拾柒元壹角捌分。

　　光绪十一年分，置范兆凤菜地二则，坐落钱邑栅外一图成第六百七十、六百七十一号，计征地乙亩叁分陆厘陆毫贰丝肆忽，土名海月桥里街牌山门。

　　光绪十一年分，置叶凤姑册名叶万春临街平房二间并连基地，坐落钱邑栅外一图成字第五百七十号，计征地贰分肆厘玖毫贰丝，土名海月桥里街牌山门。

　　光绪十一年分，置王满姑册名王双龙基地、菜地五则，系钱邑栅外一图成字号内，共计征地乙亩叁分叁厘肆毫零叁忽。

光绪十二年置产图 (图略)

光绪十二年分，置奚仁宝、奚祖才基地三间，坐落钱邑栅外一图成字第三十七号，计征地陆分壹厘伍毫，土名洋泮桥里街太祖湾直街传庙巷。

光绪十二年分，置陆祖积册名陈广涛基地一间，坐落九曲巷内钱邑芝松二图宙字号内，基地乙分柒厘柒毫，土名九曲巷。

光绪十二年分，置沈有彬册名沈万和、沈继发基地三间，坐落钱邑上隅五图余字号内，计征地叁分叁厘陆毫，土名洋泮桥里街太祖湾直街。

光绪十二年分，置鲁锦荣基地一间，坐落钱邑栅外一图成字第六百二十号，计征地乙分肆厘柒毫，土名海月桥里街牌山门。

光绪十二年分，置孟学文册名敦素堂、孟学行临街八椽楼房一间、随身过廊、平房，直至内河并连基地、河埠，坐落钱邑栅外一图成字第一千三百九十一号，计征地贰分肆厘陆毫，土名海月桥塘上。

光绪十三年置产图 <small>（图略）</small>

光绪十三年分，置沈大有册名沈士进基地三间，坐落钱邑栅外一图成字第一百九十乙号，计征地乙分肆厘伍毫捌丝肆忽，土名海月桥河下。

光绪十三年分，置胡春林册名胡银记基地乙间，坐落钱邑栅外一图成字第乙百八十三号，计征地捌厘叁毫叁丝叁忽，土名海月桥河下。

光绪十三年分，置沈延兴册名沈延庆基地乙间，坐落钱邑栅外一图成字第乙百八十五号，计征地柒厘玖毫壹丝柒忽，土名海月桥河下。

光绪十三年分，置周朱氏册名周宝林基地乙间，坐落钱邑栅外一图成字第乙百八十八号，计征地乙分零捌毫叁丝肆忽，土名海月桥河下。

光绪十四年、光绪十五年置产图（图略）

光绪十四年分，置胡彩姑册名胡廷中菜地二则，坐落钱邑栅外一图成字第六百六十五六百六十六号，计征地乙亩零零陆毫贰丝，土名牌山门。

光绪十四年分，置钱小林塘舍临街楼房二间并连基地，坐落钱邑栅外一图成字第乙千六百十号，计基地八厘七毫五丝，土名海月桥塘上。

光绪十四年分，置钱小林册名钱益林塘舍临街楼房三间并连基地，坐落钱邑栅外二图岁字号内，计基地三分乙厘五毫，土名大通桥塘上。

光绪十五年分，置吴文阶册名吴恒升基地三间，前至官街、后至官河、上至郑界、下至童界，坐落钱邑斯如三图盈字号内，计基地六分四厘三毫，土名长寿巷白马庙对门。

光绪十五年分，置唐振廷册名唐浩然基地乙间，坐落钱邑栅外一图成字第一百八十七号，计征地八厘三毫三丝四忽，土名海月桥河下。

光绪十五年分，置李祥兴册名郑尚基地二则，坐落钱邑栅外一图成字第六百六十七六百六十八号，计征地五分七厘二毫四丝，土名牌山门。

跋

　　余向作商贾于浙西之南浔，历有年矣，惨见旅榇不归，荒郊暴露，始知惟善堂之建立大有功德于吾郡焉。予先君总理堂务，以公事为己责，不辞劳瘁，纲举目张，入堂未周三载，经费渐有余资。敬引数语，非为矜夸，原蒙诸同人表著前刊征信录序中详且尽矣。厥后，命予继承先志，窃恐办理不善，有妨善举，暂权代理，谊固难辞。经今数载，谨守旧规，善者从之，缺者补之，逐年除正款开销外，剩有余资，络续置产，概行绘图，均登于左。聊以继志前人，无负创始之苦心也则幸矣。迄今爱我誉之、忌我毁之，誉之诚以颂我，毁亦足以规我，毁誉付之无心，此志可白无他。予在堂日久，有专司，责无旁贷，虽不能日增月盛，却亦递年置产，庶可告诸同人，白诸后世，以彰前人不朽之至意云尔。兹将光绪七年起至十六年止收支各条，新刊征信录，以供众鉴而表愚诚，惟愿后之董其事者和衷共济，实事求是，行之久远而如一。予实有厚望焉。

　　光绪十七年岁次辛卯冬月，歙西蔚才程文焕谨识。

辛巳年（光绪七年）收支　结存

光绪七年分盐业堆金　　胡绮荷经理，引数未报，兹将逐月缴交胡绮荷处汇缴来堂登载于后

正月分，计堆金洋拾贰元、又钱九十二文；

二月分，计堆金洋贰拾玖元、又钱六百五十七文；

三月分，计堆金洋贰拾伍元，找还钱四百五十七文；

四月分，计堆金洋贰拾柒元、找还钱二百二十二文；

五月分，计堆金洋拾捌元、又（钱）五百四十七文；

六月分，计堆金洋贰拾伍元、又钱四百三十七文；

七月分，计堆金洋贰拾元、又钱五百三十六文；

闰七月分，计堆金洋拾玖元、找还钱二百五十二文；

八月分，计堆金洋肆拾元、找还钱四百五十六文；

九月分，计堆金洋叁拾陆元、找还钱四百七十四文；

十月分，计堆金洋叁拾伍元、又钱三百十七文；

十一月分，计堆金洋叁拾叁元、又钱二百四十六文；

十二月分，计堆金洋拾伍元、找还钱八百四十九文。

总共计盐业堆金洋叁百叁拾肆元、钱一百廿二文。

八月十八日，收洋壹百伍拾元；

十月十六日，收洋柒拾伍元；

十一月十五日，收洋叁拾伍元；

十二月十七日，收洋叁拾叁元；

八年二月初四日，收洋拾肆元；

八年二月廿五日，收洋拾肆元、钱一百二十二文。

总共收到盐业堆金洋叁百廿壹元、钱一百廿二文。

除收过结该堆金洋拾叁元正。

光绪七年分街口收箱茶堆金名目　　每箱抽收六文

豫盛号，五百七十一箱；	永达号，五百四十四箱；
大盛号，五百三十九箱；	义昌号，一百零一箱；
裕记号，九百二十八箱；	裕生号，六百四十箱；
德美号，六百二十三箱；	祥盛昌，四百零九箱；

正源号，五百四十箱；

隆盛号，五百四十五箱；

蕙馨号，五百三十四箱；

广达号，一百五十六箱；

裕祥号，五百十箱；

钟聚号，五百八十九箱；

新记号，七百五十四箱；

永泰隆，一百十箱；

震昌源，一百四十四箱；

林茂昌，二百六十六箱；

谦裕广，二百十三箱；

德裕隆，四百五十九箱；

裕泰松，八百三十一箱；

来宜号，三百零五箱；

聚隆号，五百四十二箱；

利记号，六百十七箱；

茝馨春，四百零二箱；

福新号，三百十五箱；

方怡茂，五百一十箱；

春馨号，六百六十七箱；

义隆震，四百九十五箱；

广达号，五百八十八箱；

福新号，一百三十二箱；

正源号，三百六十二；

震昌隆，六百八十六箱；

郑同茂，七百三十六箱；

馨馨号，四百六十八箱；

仁昌祥，四百六十八箱；

裕泰松，九百十箱；

裕生号，四百四十二箱；

永泰隆，六百五十一箱；

震昌源，六百七十四箱；

永升号，二百七十八箱；

一美义，五百六十五箱；

永春号，五百九十四箱；

义馨号，六百五十七箱；

查益茂，四百四十四箱；

大盛号，四百二十二箱；

恒胜号，五百零六箱；

义隆震，一百四十箱；

永春号，八十箱；

洪利记，一百四十六箱；

永盛号，五百五十五箱；

玉美号，六百六十箱；

义昌号，五百箱；

义馨号，九百三十二箱；

郑同茂，七十八箱；

大盛号，三百三十五箱；

德美号，四百八十三箱；

王同泰，三百二十六箱；

福新和，五百六十七箱；

瑞春号，五百七十三箱；

方茂珍，三百箱；

永达号，七百八十六箱；

春隆号，六百七十八箱；

久大祥，五百零五箱；

裕兴昌，五百二十九箱；

恒大隆，四百零八箱；

孙怡达，七百十一箱；

福茂号，六百七十五箱；

蕙馨号，三百九十九箱；

谦裕广，九百二十六箱；

余永馨，六百三十三箱；

恒胜号，三百七十七箱；

广兴号，五百二十六箱；

钟聚号，七百四十八箱；

隆馨号，三百零六箱；

新记号，八百五十八箱；

隆盛号，五百九十八箱；

来宜号，五百二十一箱；

同人和，二百五十六箱；

玉隆号，七百八十箱；

汪瑞馨，三百二十二箱；

聚隆号，六百五十六箱；

义昌号，六百三十四箱；

余裕隆，四百三十箱；

瑞兰号，四百八十五箱；

方怡茂，三百十七箱；

德泰昌，六百三十一箱；

福茂号，五百六十三箱；

俞天泰，三百五十箱；

正源号，四百三十二箱；

德和寿，四百九十六箱；

春馨号，六百八十九箱；

洪利记，八百七十五箱；

郑同茂，五百十一箱；

谦裕广，八百十五箱；

同泰号，三百十五箱；

詹永茂，二百箱；

春隆号，六百二十三箱；

怡隆号，五百三十一箱；

震昌源，五百七十八箱；

震昌隆，七百十一箱；

殿记号，五百三十三箱；

钟聚号，六百八十三箱；

义馨号，五百九十二箱；

隆泰恒，七百二十四箱；

和馨号，四百零五箱；

聚茂号，五百零一箱；

瑞馨号，三百五十五箱；

裕兴昌，八百二十七箱；

吴大成，三百七十二箱；

汪益芳，四百七十一箱；

汪福茂，三百零八箱；

查益茂，三百零八箱；

仁昌祥，一千零八十四箱；

春馨号，六百六十七箱；

裕泰松，九百八十五箱；

汪和春，三百九十六箱；

升昌号、正茂号，六百箱；

同和馨，五百十八箱；

谦裕广，九百十箱；

汪瑞馨，四百十二箱；

震昌隆，九百零一箱；

义隆震，四百八十三箱；

德裕隆，六百四十四箱；

永盛号，七百零二箱；

益亨祥，一千五百六十一箱；

裕泰松，九百二十二箱；

萃昌号，五百九十箱；

汪和春，四百二十二箱；

余永馨，六百四十三箱；

聚馨号，三百六十三箱；

王景怡，三百三十箱；

广达号，八百九十七箱；

恒大隆，四百七十八箱；

久大祥，七百十五箱；

永达号，八百三十三箱；

益珍和，二百七十二箱；

德祥号，四百二十六箱；

福新和，八百三十九箱；

裕泰松，一千一百十一箱；

永香号，三百七十箱；

孙怡达，八百六十六箱；

朱新记，九百九十四箱；

亮记号，六百箱；

瑞春号，一千零四十四箱；

余来宜，五百零二箱；

聚隆号，七百十六箱；

义隆震，四百箱；

方怡茂，四百零四箱；

永达号，五百零二箱；

钟聚号，六百五十箱；

林茂昌，五百八十箱；

裕记号，一千八百七十九箱；

永馨号，五百七十三箱；

立和昌，五百零七箱；

朱新记，六百九十六箱；

裕源号，三百二十五箱；

春隆号，六百七十八箱；

郑同茂，七百五十二箱；

同人和，二百箱；

益泰昌，五百五十六箱；　　　萃昌号，三百六十七箱；

震昌源，一千零八十八箱；　　永泰隆，六百九十二箱；

洪利记，四百六十八箱；　　　新记号，五百零四箱；

元吉号，二百六十九箱；　　　怡茂号，三百八十六箱；

义馨号，一千零九十一箱；　　永升正，四百十七箱；

聚隆号，五百七十四箱；　　　裕泰松，一千六百九十二箱；

玉祥号，四百四十七箱；　　　谦裕广，九百二十四箱；

孙怡达，七百十一箱；　　　　钟聚号，六百六十九箱；

广达号，一千零三十七箱；　　方亮记，一千一百十七箱；

元记号，五百九十四箱；　　　来宜号，四百八十五箱。

统年共过拾万零四千零二十五箱，计堆金钱六百二十四千一百五十文，共收箱茶堆金洋叁百柒拾柒元、钱一百七十一千七百十五文。

光绪七年分木业堆金

同利兴木寓，共经收洋肆拾伍元贰角贰分伍厘；

汪炯记木寓，共经收洋肆拾肆元零陆分伍厘；

吴永记木寓，共经收洋叁拾叁元叁角；

德大源木寓，共经收洋伍拾元零肆角肆分；

同日升木寓，共经收洋陆拾伍元陆角捌分；

同裕源木寓，共经收洋拾元零捌角；

收孟秉记木寓，德达客出堆金洋壹元；

收江复兴木行，堆金洋叁元。

共收木业堆金洋贰百伍拾叁元伍角壹分。

光绪七年分茶行代收堆金

利太亨行，共经收洋拾元、又钱四百四十二文；

豫隆茶行，共经收钱二十一千九百四十四文；

裕源茶行，共经收洋捌元、又钱四百九十文；

乾泰昌行，共经收洋贰拾捌元，找还钱二百文；

源润茶行，共经收洋贰拾贰元、又钱三百二十九文；

信成茶行，共经收洋拾元、又钱二百六十四文。

共收茶行堆金洋柒拾捌元、钱二十三千二百六十九文。

光绪七年三月起至八年二月止收典业堆金

同裕典

收洪作民，钱三千九百文；　　收黄渭飞，钱三千九百文；

收詹桂堂，钱一千九百五十文；　　收詹蕃汉，钱一千五百六十文；

收程金兆，钱一千九百五十文；　　收李允泉，钱一千一百七十文；

收金承基，钱七百八十文。

泰和典

收黄石年，钱一千九百五十文；　　收戴振声，钱一千九百五十文；

收刘元洪，钱七百八十文；　　　　收方增卿，钱三百九十文；

收万纯洪，钱三百九十文；　　　　收程锡畴，钱七百八十文；

收汪厚章，钱三百九十文；　　　　收汪培生，钱三百九十文；

收叶梦贤，钱三百九十文；　　　　收王文菴，钱五百四十文；

收吴恒祥，钱一千三百五十文；　　收程双林，钱三百七十文。

保善典

收郑文炳，钱三千九百文；　　　　收程英三，钱一千九百五十文；

收程培基，钱一千九百五十文；　　收黄友仁，钱三百九十文；

收程振昌，钱三百九十文；　　　　收张荣日，钱三百九十文；

收汪子祥，钱三百九十文；　　　　收汪子嘉，钱三百九十文。

成裕典

收吴启铭，钱一千一百七十文；　　收程爵之，钱一千一百七十文；

收戴芳士，钱一千一百七十文；　　收吴天锡，钱一千一百七十文；

收汪子性，钱七百八十文；　　　　收王笙甫，钱七百八十文；

收曹振远，钱一千一百七十文；　　收叶秉忠　钱一千一百七十文；

收吴连升，钱六百文；　　　　　　收吴星甫，钱七百八十文；

收叶培元，钱七百八十文；　　　　收吴玉衡，钱七百八十文。

同德典

收余浩然，钱一千九百五十文；　　收胡佩绅，钱一千九百五十文；

收万成斋，钱一千一百七十文；　　收汪章熊，钱一千九百五十文。

公和典

收余璧臣，钱一千九百五十文；　　收范文甫，钱一千一百七十文；

收洪承哉，钱一千一百七十文；　　收刘惠田，钱一千一百七十文；

收洪仰陶，钱七百八十文；　　　　收汪鹏英，钱七百八十文；

收李发宝，钱七百八十文；　　　　收张惟本，钱七百八十文；

收朱康泰，钱七百八十文；　　　　收朱良祖，钱七百八十文；

收汪年丰，钱七百八十文；　　　　收戴仰平，钱七百八十文；

收欧阳照初，钱三百九十文；　　　收戴序云，钱三百九十文。

泰安典

收方玉贵，钱一千九百五十文；　　收张子卿，钱一千九百五十文；

收孙琢章，钱一千九百五十文；　　收任凤翔，钱六百文；

收江大衡，三百九十文；　　　　　收范金生，钱七百八十文；

收项贵财，钱三百九十文；　　　　收程树基，钱一千九百五十文；

收汪宽意，钱三百九十文；　　　　收胡兆昌，钱三百九十文；

收王沛霖，钱三百九十文；　　　　收朱士林，钱三百九十文；

收徐梅亭，钱三百九十文；
收韩炳成，钱三百九十文；

收汪长生，钱三百九十文；
收王观庆，钱三百九十文。

鼎和典

收余德铨，钱一千九百五十文；
收吴立葭，钱三百九十文；
收程心田，钱一千九百五十文；
收韩子青，钱三百九十文；
收万喜培，钱七百八十文；
收王小康，钱三百九十文。

收黄杰记，钱一千九百五十文；
收翁和祝，钱三百九十文；
收汪星海，钱一千九百五十文；
收程思甫，钱三百九十文；
收杨运昌，钱三百九十文；

裕通典

收张茂庭，钱七百八十文；
收范新甫，钱一千一百七十文；
收程酉田，钱三百九十文；
收胡启咸，钱一千一百七十文；
收姚渭卿，钱七百八十文。

收方春泉，钱一千一百七十文；
收王春田，钱七百八十文；
收黄静波，钱一千一百七十文；
收吴天保，钱七百八十文；

广仁典

收万朴堂，钱三千九百文；
收洪安详，钱一千九百五十文；
收吴庆余，钱七百八十文；
收王志溶，钱一千一百七十文；
收方荣高，钱七百八十文；
收徐光镛，钱一千一百七十文。

收孙云五，钱三千九百文；
收吴盛之，钱一千九百五十文；
收何树基，钱三百九十文；
收张又南，钱三百九十文；
收万保之，钱三百九十文；

保大典

收胡上林，钱一千一百七十文；
收韩汉云，钱七百八十文；
收庄临沅，钱一千一百七十文；
收洪德堂，钱七百八十文；
收项正晖，钱一千一百七十文。

收程功甫，钱一千一百七十文；
收汪家柱，钱三百九十文；
收万士洲，钱一千一百七十文；
收余常修，钱三百九十文；

公济典

收唐茂承，钱三百九十文；
收朱天成，钱三千一百二十文；
收程育枝，钱三千九百文；
收程趾祥，钱三千一百二十文；
收王立三，钱三千九百文；

收王子耘，钱三千一百二十文；
收叶朝宗，钱三百九十文；
收程与九，钱三千一百二十文；
收毕拱宸，钱三百九十文；
收汪运麟，钱一千一百七十文。

广顺典

收金广林，钱一千九百五十文；
收万纯钧，钱七百八十文；
收朱添进，钱一千九百五十文；

收程茂如，钱一千九百五十文；
收金朗庭，钱七百八十文；
收李俊英，钱七百八十文；

收余福禄，钱七百八十文；

收吴德宝，钱三百九十文。

广丰典

收吴静菴，钱一千九百五十文；

收汪彩章，钱七百八十文；

收周启贤，钱一千一百七十文；

收江立本，钱七百八十文；

收任天锡，钱七百八十文。

成大典

收朱文生，钱一千九百五十文；

收洪元彬，钱七百八十文；

收江荫堂，钱一千一百七十文；

收程兆进，钱三百九十文；

收蔡玉春，钱三百九十文；

三墩保泰典

收保泰典，钱三千九百文；

收方养吾，钱三千九百文；

收吴宗海，钱一千九百五十文；

收吴裕春，钱七百八十文；

收郑新盘，钱一千一百七十文；

收项福生，钱三百九十文；

收余开元，钱三百九十文；

收黄韫萃，钱三百九十文；

收朱良桢，钱三百九十文；

临平广兴典

收韩吉仁，钱三百九十文；

收汪朗如，钱三百九十文；

收吴雨亭，钱七百八十文；

收吴辅臣，钱七百八十文；

收胡晓初，钱三百九十文。

平窑保昌典

收洪安澜，钱一千一百七十文；

收汪义卿，钱三百九十文；

收舒养和，钱一千一百七十文；

收徐元禄，钱三百九十文；

收程志远，钱三百九十文；

收唐仁甫，钱三百九十文。

收朱福喜，钱三百九十文；

收汪殿均，钱九百九十九文；

收洪楚堂，钱一千一百七十文；

收黄长和，钱七百八十文；

收朱社金，钱三百九十文；

收金佩玉，钱一千五百六十文；

收张国祥，钱七百八十文；

收孙礼仁，钱三百九十文；

收余武龄，钱三百九十文；

收李念庭，钱二百四十文。

收吴宝田，钱一千九百五十文；

收吴永清，钱七百八十文；

收吴成周，钱一千九百五十文；

收吴美如，钱三百九十文；

收鲍启达，钱一千一百七十文；

收杨金禄，钱三百九十文；

收吴伯镛，钱三百九十文；

收汪厚菴，钱三百九十文；

收胡四喜，钱三百九十文。

收黄子峰，钱三百九十文；

收吴汉之，钱三百九十文；

收项礼春，钱三百九十文；

收洪高智，钱三百九十文；

收孔静山，钱七百八十文；

收章顺发，钱三百九十文；

收程兴荣，钱三百九十文；

收程锡常，钱三百九十文；

收孙友兰，钱三百九十文；

共收典业堆金钱二百零八千九百二十文。

光绪七年三月起至八年二月收止茶漆业堆金

收吴恒有，钱十一千七百文；　　　　收李裕进，钱三百九十文；

收吴恒盛，钱二千七百三十文；　　　收吴鉴周，钱三百九十文；

收吴俊松，钱七百八十文；　　　　　收张灶金，钱三百九十文；

收吴祥瑞，钱四百八十文；　　　　　收吴福连，钱三千九百文；

收永春号，钱三千九百文；　　　　　收张保生，钱三百九十文；

收吴隆新、吴恒新，钱一千九百五十文；收吴鼎兴，钱五千八百五十文；

收洪本发，钱三百九十文；　　　　　收张馥庭，钱三百三十文；

收吴日新，钱一千九百五十文；　　　收潘聚源，钱七百八十文；

收吴同有，钱五千八百五十文；　　　收吴源隆，钱七百八十文；

收潘远源，钱五千八百五十文；　　　收吴恒春，钱二千三百四十文；

收吴彦林，钱三百九十文；　　　　　收程士诚，钱二百四十文；

收徐载华，钱三百九十文；　　　　　收江恒懋，钱一千九百五十文；

收方兴大，钱二千三百四十文；　　　收吴永隆、吴上棋，钱一千九百五十文；

收方福泰，钱三千九百文；　　　　　收吴盛如，钱七千八百文；

收周大有，钱三千一百二十文；　　　收吴砚丞，钱四千六百八十文；

收吴裕大，钱三千九百文；　　　　　收章辅堂，钱三千九百文。

共收茶漆业堆金钱八十六千零七十文。

光绪七年分皮梁业堆金十月起至八年二月止

收张恒隆，钱七百五十文；　　　　　收张宗照，钱一百五十文；

收王文炳，钱九十文；　　　　　　　收张永隆，钱一千五百文；

收程社发，钱一百五十文；　　　　　收胡运大，钱一百八十文；

收张豫丰，钱七百五十文；　　　　　收章志祥，钱一百五十文；

收韩家源，钱九十文；　　　　　　　收舒启华，钱一百五十文；

收黄万丰，钱五百四十文；　　　　　收汪善德，钱一百五十文；

收胡根宝，钱九十文；　　　　　　　收黄德丰，钱四百五十文；

收黄德隆，钱二百七十文；　　　　　收王名松，钱九十文；

收汪正顺，钱四百五十文；　　　　　收黄源丰，钱四百五十文；

收黄耀贵，钱文九十；　　　　　　　收曹善廷，钱三十文；

收冯万恒，钱九十文；　　　　　　　收黄义丰，钱三百六十文。

共收皮梁业堆金钱七千零二十文。

光绪七年分腌鲜肉业堆金八年起收正、二两月

收泰记号，钱三百文；　　　　收义和号，钱三百文；

收程灶明，钱一百二十文；　　收张社海，钱一百二十文；

收宋绍堂，钱六十文；　　　　收同升和，钱三百文；

收朱荣来，钱一百二十文；　　收程社庆，钱一百二十文；

收胡忠廷，钱一百八十文；　　收邵德法，钱一百二十文；

收姜德沛，钱一百二十文；　　收郑瑞庆，钱一百二十文；

收邵俊高，钱一百二十文；　　收荣记号，钱三百文；

收德润号，钱三百文；　　　　收张锦文，钱一百二十文；

收章渭金，钱六十文；　　　　收章培发，钱一百二十文；

收高永祥，钱一百二十文；　　收程青松，钱一百二十文；

收泳昌号，钱三百文；　　　　收邵开时，钱一百二十文；

收姜凤标，钱一百八十文；　　收陈寿海，钱一百二十文；

收郑高华，钱一百二十文；　　收邵子湘至年，钱七百二十文；

收鲍新顺，钱一百二十文；　　收邵炳顺至年，钱三百六十文；

收聚兴号，钱三百六十文；　　收邵继恒至年，钱三百六十文；

收叶廷源，钱一百二十文。

共收腌鲜肉业八年分正、二月堆金钱六千三百文。

光绪七年三月起至八年二月收止面业堆金

收章三源，钱一千一百七十文；　　收章上源，钱一千九百五十文；

收许大兴，钱一千九百五十文；　　收公和馆，钱一千八百二十文；

收许悦兴，钱一千一百七十文；　　收昌源馆，钱一千一百七十文；

收章同源，钱一千三百五十文；　　收邵长和，钱一千九百五十文；

收老六聚，钱一千九百五十文；　　收浙一馆，钱七百八十文；

收章春源，钱一千一百七十文；　　收悦来馆，钱一千一百七十文；

收胡庆和，钱一千九百五十文；　　收明和馆，钱七百二十文；

收邵四聚，钱文三百六十；　　　　收三和馆，钱一千一百七十文；

收金和馆，钱一千零八十文；　　　收一阳馆，钱六百六十文；

收老三三，钱一千九百五十文；　　收福源馆，钱七百二十文；

收仙和馆，钱一千一百七十文。

共收面业堆金钱二十七千三百八十文。

光绪七年分城中各业堆金

收布业李大生，洋陆元、又钱一千文；

收磁器业洪兴号，洋叁元、又钱五百一十文；

收南货业万茂隆，钱一千四百十六文；

收香粉业余昌期，钱三百六十文；

收香粉业汪仲华，钱三百六十文；

收香粉业吴丽云，钱三百六十文；

收香粉业方孔时，钱三百六十文；

收香粉业徐永年，钱三百六十文；

收苎麻业唐天鸿，钱三百六十文；

收柴业胡天兴，洋叁元。

共收城中各业堆金洋拾贰元、钱五千四百四十六文。

光绪七年分置产契价、中资、过户总登

付王范氏、王维新基地契价钱二十八千五百文，册名王有高，系栅外一图成字陆百柒拾陆号，计征地贰亩贰分，土名牌山门，其地于八年造得平房出租；付又中资代笔过户钱三千六百四十五文。

光绪七年，新造歙北富场登善集厝屋三间，工料并基地价、税契一切使用开支于后富场聚记号汪锡翁经理：

付胡汪氏基地契价，洋拾壹元、又钱四百文。计基地贰分，系菜字号第贰百肆拾柒号，土名汪家村，坐落九如桥下首；

付国妹司石匠包做工料，洋肆拾元平地基并下脚门圈、石扁门前引道石料、天井、砌石子门批、礌石一应在内，钱三千九百六十文门外两边坐灰泥砌石子一方六尺、屋内平地并修路工；

付后川义和窑砖瓦，洋叁拾伍元计大瓦八千八百十五片、五寸砖六千六百六块、上曼砖一百块；

付金林司木匠包做工料，洋贰拾玖元计平屋三间、连墙门两扇；

付观长司砖匠工，洋柒元、钱一千零二十文计砌墙拾方、工钱八千，盖瓦、理柱、散事五工，工钱一千，挑泥、筛灰一应在内；

付郑庆官粗工，钱六百文计三工；

付永来官石灰，洋八元、钱八百五十七文计收石灰三千二百六十七斤；

付香纸、箔钉、粪箕、桐油、铁器，钱一千四百八十八文；

付税契，钱一千零四十八文；

付程野记至富场六次，轿钱二千四百文；

付又至府城进禀请禁碑告示，轿钱一千六十文。

洋价每元扯作一千一百廿五，总共出支新造富场厝钱一百五十九千零八十三文。

光绪七年三月至八年三月分收支大总

一、收前征信录七年三月总结存，洋叁百柒拾壹元，一千一百卅五合钱四百七十二千零十一文；

一、收前征信录又存，钱五十千零九百二十六文；

一、收引盐堆金，洋叁百贰拾壹元；

一、收引盐堆金，钱一百二十二文；

一、收街口箱茶堆金，洋叁百柒拾柒元；

一、收街口箱茶堆金，钱一百七十一千七百十五文；

一、收木业堆金，洋贰百肆拾贰元陆角捌分；

一、收木业堆金，钱十二千二百十五文；

一、收茶行堆金，洋柒拾捌元；

一、收茶行堆金，钱二十三千二百六十九文；

一、收典业堆金，钱二百零八千九百二十文；

一、收茶漆业堆金，钱八十六千零七十文；

一、收皮梁业堆金，钱七千零二十文；

一、收腌鲜肉业堆金，钱六千三百文；

一、收面业堆金，钱二十七千三百八十文；

一、收城中各业堆金，洋拾贰元；

一、收城中各业堆金，钱五千四百四十六文；

一、收运枢上徽贴堂带费，洋四肆拾叁元；

一、收售材，洋拾元；

一、收房租，钱一百三十三千二百五十文；

一、收进押租，洋壹元；

一、收汪立卿还钱六百六十文。

大共连上存总共收洋壹千肆百伍拾伍元陆角捌分一千一百卅扣钱一千六百四十四千九百十八、钱七百三十三千二百九十三文。

一、支向同日升办存板木，洋叁百捌拾伍元零零壹厘；

一、支贴新湖坝灵枢挂号笔墨费，洋叁元；

一、支贴堂内各支俸金，钱一百六十四千二百文；

一、支吴步记病故药账、殓费，钱三十千零五百九十六文；

一、支给何宝亨七、八两年照管外厝年例，钱十二千文；

一、支伙食，钱一百六十千零零八十三文；

一、支杂用，钱一百十六千七百八十一文；

一、支开运送枢上徽用，钱六十七千五百四十八文；

一、支埋葬用，钱五十九千七百八十文；

一、支置产，钱三十二千一百四十五文；

一、支新造歙北富塌登善集，钱一百五十九千零八十三文；

一、支添置什物，钱二十千零九百五十四文；

一、支完纳钱漕米，钱四千一百七十二文；

一、支找修征信录，洋陆元；

一、支找修征信录，钱五百九十八文；

一、支付刻征信录，洋贰拾陆元；

一、支付刻征信录，钱五千文；

一、支盖木厂并修别墅砖瓦，洋叁拾捌元；

一、支盖木厂并修别墅砖瓦，钱四百三十文；

一、支砌堂外梧桐树下石子工资，钱五十九千五百文；

一、支修理砖木石三作工，钱二十六千一百文；

一、支办存舍材、寿板、桌面，洋壹百零贰元肆角；

一、支办存舍材、寿板、桌面，钱一千九百六十文；

一、支街口箱茶捐使用钱一百四十六千二百十一文；

一、支办存石板、条石，钱十一千五百七十四文；

一、支监堂用钱六十八千四百七十四文。

大共出支洋伍百陆拾元零肆角零壹厘—千—百卅扣钱六百三十三千二百五十三、钱一千一百四十七千一百八十九文。

除过出支，滚存钱五百九十七千七百六十九文。

壬午年（光绪八年）收支　结存

光绪八年正月至九年二月分收盐业堆金　每引二文

正月分，过一万零零零八引，收洋拾陆元每一千一百五十、又钱一千六百十六文；

二月分，过二万二千六百三十二引，收洋叁拾捌元每一千一百五十、又钱一千五百六十四文；

三月分，过二万零一百五十五引，收洋叁拾肆元每一千一百四十、又钱一千五百五十文；

四月分，过一万六千六百十八引，收洋贰拾捌元每一千一百六十、又钱七百五十六文；

五月分，过一万三千七百二十零半引，收洋贰拾叁元每一千一百六十、又钱七百六十一文；

六月分，过一万五千五百四十五引半，收洋贰拾陆元每一千一百六十、又钱九百三十一文；

七月分，过九千零三十三引半，收洋拾伍元每一千一百五十、又钱八百十七文；

八月分，过二万一千六百二十九引，收洋叁拾柒元每一千一百五十、又钱七百零八文；

九月分，过一万九百三百零一引，收洋拾叁元每一千一百四十、又钱九百八十二文；

十月分，过一万七千六百零二引半，收洋叁拾元每一千一百卅、又钱一千三百零五文；

十一月分，过一万七千一百零零半引，收洋贰拾玖元每一千一百廿、又钱一千七百二十一文；

十二月分，过四千八百二十三引半，收洋柒元每一千一百四十、又钱一千六百六十七文；

九年正月分，过七千五百零一引，收洋拾贰每一千一百五十、又钱一千二百零二文；

九年二月分，过二万零六百三十九引半，收洋叁拾伍元每一千一百五十、又钱一千零二十九文。

共计堆金钱四百三十二千六百十九文。

共收盐堆金洋叁百陆拾叁元、钱十六千六百零九文。

七年分，除收结该堆金洋拾叁元正。

己卯年，余存堂洋拾元。

八年三月廿三日，收洋叁元。七年分结该清讫。

光绪八年分街口收箱茶堆金名目　每箱抽收六文

正源号，五百八箱；

祥盛昌，四百三箱；

天祥号，四百七十八箱；

恒胜号，五百三十四箱；

裕茂号，五百七十五箱；

源茂号，七百九十三箱；

隆盛号，五百七十一箱；

裕大号，七百四十五箱；

祥泰号，九百八十一箱；

升泰号，四百四十六箱；

大盛号，一千二百二十四箱；

亮记号，一百九十箱；

蕙馨号，六百十八箱；

永达号，五百九十九箱；

同人号，三百九十箱；

聚隆号，六百三十三箱；

钟聚号，六百箱；

洪利记，六百三十四箱；

福新和，五百六十二箱；

震昌源，六百四十八箱；

复兴祥，八百十八箱；

谦裕广，八百二十四箱；

玉珍号，三百箱；

义隆号，五百六十六箱；

义馨号，八百九十二箱；

长发号，五百六十二箱；

元安和，二百八十箱；

方怡茂，四百八十八箱；

余裕香，四百零三箱；

正泰号，七百三十二箱；

余协记，一百八十六箱；

华春号，四百十三箱；

林茂昌，二百二十八箱；

震昌隆，七百三十四箱；

森盛号，二百九十三箱；

永达隆，二百四十七箱；

福茂号，七百五十七箱；

永新昌，八百零七箱；

殿记号，五百零八箱；

益泰号，八百三十八箱；

恒大隆，四百十六箱；

茂康号，二百零二箱；

上美明，五百七十七箱；

广兴号，五百九十七箱；

永达隆，四百四十箱；

孙怡达，七百九十四箱；

余永馨，五百六十六箱；

隆鑫号，四百四十七箱；

孙广达，六百六十八箱；

升泰隆，二百五十六箱；

春隆号，六百五十六箱；

世隆号，三百五十七箱；

永茂昌，五百四十箱；

益亨号，一千一百十箱；

德美号，三百四十四箱；

蕙馨礼，三百四十九箱；

郑同茂，七百零二箱；

启大号，二百二十三箱；

孙永春，五百九十三箱；

德丰号，四百四十九箱；

钟聚号，五百九十六箱；

恒胜号，四百二十七箱；

朱新记，六百十二箱；

义馨号，一千零五十九箱；

萃昌号，四百九十五箱；

义隆震，三百九十箱；

方亮记，一百九十箱；

正源号，四百七十四箱；

洪裕大，四百八十六箱；
益珍和，二百六十八箱；
汪益芳，三百五十一箱；
福茂号，二百五十箱；
洪利记，七百十三箱；
詹振茂，三百五十五箱；
聚隆号，七百四十七箱；
久大长，五百十箱；
汪和春，四百十四箱；
查益芬，一百九十箱；
复兴祥，八百零八箱；
大盛号，七百四十一箱；
来宜号，四百八十四箱；
隆记号，六百五十三箱；
张永达，六百三十二箱；
方怡茂，五百零三箱；
詹萃茂，三百箱；
恒大隆，五百零六箱；
钟聚号，六百三十箱；
钟聚号，二百四十六箱；
王宏馨，二百三十四箱；
馥馨昌，四百箱；
汪益芳，三百十五箱；
朱新记，五百九十七箱；
朱新记，二百四十八箱；
和茂椿，四百三十七箱；
郑同茂，八百五十箱；
余永馨，九百二十九箱；
怡达号，九百二十五箱；
正泰号，七百九十箱；
同茂号，三百十箱；
张永达，五百四十二箱；
余裕隆，二百八十箱；
翠馨号，三百十六箱；
同人和，一百九十箱；
益生号，四百四十四箱；
汪和春，四百三十箱；
钟聚号，六百三十九箱；

震昌源，五百五十七箱；
谦裕广，八百五十三箱；
馨馨号，三百五十八箱；
隆鑫号，二百十八箱；
正泰号，七百五十一箱；
永达隆，六百五十五箱；
珍达号，一百三十五箱；
裕茂祥，三百七十五箱；
孙广达，六百六十五箱；
汪宏泰，三百三十一箱；
瑞记号，六百十四箱；
瑞裕号，二百六十八箱；
德祥号，八百六十四箱；
王同泰，二百零七箱；
长发号，四百八十六箱；
谦裕广，八百二十一箱；
广兴号，三百四十三箱；
怡茂隆，三百二十八箱；
吴大茂，三百四十四箱；
益泰号，一千零三十六箱；
裕昌号，四百四十一箱；
洪永昌，四百十三箱；
恒有号，三百四十箱；
永达隆，九百十四箱；
洪永昌　五百九十二箱；
福茂号，三百十一箱；
春隆号，七百六十九箱；
复兴祥，八百零六箱；
冠春号，四百三十三箱；
洪裕大，五百三十三箱；
姚仁泰，二百七十箱；
查德茂，一百九十箱；
义馨号、大成号，一千五十九箱；
先春和，四百零六箱；
瑞芬号，二百十九箱；
裕新祥，一千零零二箱；
贞祥号，四百四十八箱；
蓁蓁号，四百五十四箱；

公和裕，一百八十四箱；　　　余翔椿，一百九十箱；

孙永春，三百八十箱；　　　来宜号，三百八十箱；

林茂昌，四百箱；　　　振茂号、晋春号，三百八十箱；

余永升，五百箱；　　　同人和，一百九十箱；

同茂号，四百五十箱；　　　茂源号，三百十六箱；

益亨号，一千九百五十箱；　　　复兴祥，五百零七箱；

义茂号，二百九十八箱；　　　复兴祥，五百零六箱；

德馨泰，三百十六箱；　　　品香号，一百六十六箱；

瑞春号，七百箱；　　　永达号，五百十六箱；

隆泰号，六百零二箱。

统年共过八万五千零四十九箱，计堆金钱五百十千零二百九十四文，内除客欠零找钱六百六十二文，共收洋叁百零伍元、钱一百六十千零三百零四文。

光绪八年收木业堆金　　细账载明堂簿

同利兴木寓，共经收洋贰拾玖元贰角零伍厘；

同茂兴炯记木寓，共经收洋贰拾伍元玖角陆分叁厘；

怡泰隆木寓，共经收洋肆拾壹元陆角捌分；

钮德大木寓，共经收洋拾陆元伍角陆分；

同日升木寓，共经收洋陆拾壹元伍角贰分；

同茂兴永记木寓，共经收洋叁拾元正。

共收木业堆金洋贰百零肆元玖角贰分捌厘。

光绪八年分各茶行代收堆金

利太亨行，共经收钱十三千六百二十二文；

豫隆茶行，共经收钱十一千四百五十二文；

乾泰昌行，共经收洋贰拾叁元、又钱九百九十文；

源润茶行，共经收洋拾玖元、又钱九十四文；

信成茶行，共经收洋拾元又钱八百九十五文。

共收茶行堆金洋伍拾贰元、钱二十七千零五十三文。

光绪八年三月起至九年二月收止收典业堆金

同裕典

收洪作民，钱三千六百文；　　　收程金兆，钱一千八百文；

收詹桂堂，钱一千八百文；　　　收李允泉，钱一千零八十文；

收黄渭飞，钱三千六百文；　　　收金承基，钱七百二十文；

收詹蕃汉，钱七百二十文。

保善典

收郑文炳，钱三千六百文；　　　收黄友仁，钱三千六百文；

收程英三，钱一千八百文；

收程培基，钱一千八百文；

收汪子嘉，钱三百六十文；

收汪子祥，钱三百六十文。

泰和典

收黄石年，钱一千八百文；

收戴振声，钱一千六百二十文；

收刘元洪，钱七百二十文；

收方增卿，钱三百六十文；

收万纯洪，钱三百六十文；

成裕典

收吴启铭，钱一千零八十文；

收吴天锡，钱一千零八十文；

收戴芳士，钱一千零八十文；

收曹振远，钱一千零八十文；

收叶秉忠，钱一千零八十文；

收吴玉衡，钱一千零八十文。

同德典

收余浩然，钱一千八百文；

收胡佩绅，钱一千八百文；

公和典

收洪承栽，钱一千零八十文；

收刘惠田，钱一千零八十文；

收汪鹏英，钱七百二十文；

收李发宝，钱六百文；

收张惟本，钱七百二十文；

收范文甫，钱一千零八十文；

收朱良祖，钱七百二十文；

鼎和典

收余德铨，钱一千八百文；

收黄杰记，钱一千八百文；

收程心田，钱一千八百文；

收韩子青，钱二百一十文；

收程思甫，钱六百文；

收万喜培，钱三百六十文；

收杨运昌，钱三百六十文；

收王小康，钱三百六十文。

收程振昌，钱一千八百文；

收张荣日，钱三百六十文；

收吴午楼，钱一千一百三十文；

收程锡畴，钱七百二十文；

收汪厚章，钱三百六十文；

收汪培生，钱三百六十文；

收舒梅圃，钱四千二百文；

收叶梦贤，钱三百六十文。

收程爵之，钱一千零八十文；

收汪子性，钱七百二十文；

收王笙甫，钱七百二十文；

收叶培元，钱七百二十文；

收吴星甫，钱七百二十文；

收汪章熊，钱一千八百文；

收万成斋，钱一千零八十文。

收洪仰陶，钱七百二十文；

收朱康泰，钱七百二十文；

收戴仰平，钱七百二十文；

收余璧臣，钱一千八百文；

收欧阳照初，钱三百六十文；

收汪年丰，钱三百六十文；

收戴序云　钱三百六十文。

收汪星海，钱一千八百文；

收吴立如，钱三百六十文；

收翁如祝，钱二百十文；

收汪懋功，钱一千八百文；

收李高进，钱三百六十文；

收程桂发，钱三百六十文；

收胡德启，钱三百六十文；

裕通典

收张茂庭，钱七百二十文；　　收程西田，钱三百六十文；

收方春泉，钱一千零八十文；　　收黄静波，钱一千零八十文；

收范新甫，钱一千零八十文；　　收胡启咸，钱一千零八十文；

收王春田，钱五百四十文；　　收吴天保，钱七百二十文；

收姚渭卿，钱七百二十文。

广仁典

收万朴堂，钱三千六百文；　　收方荣高，钱七百二十文；

收孙云五，钱三千六百文；　　收万保之，钱三百六十文；

收洪安详，钱一千八百文；　　收何树基，钱三百六十文；

收吴盛之，钱一千八百文；　　收徐光镛，钱六百六十文；

收王志溶，钱一千零八十文；　　收张又南，钱三百六十文；

收吴庆余，钱七百二十文。

保大典

收胡上林，钱一千零八十文；　　收程功甫，钱一千零八十文；

收庄临沅，钱一千零八十文；　　收汪家柱，钱三百六十文；

收万士洲，钱一千零八十文；　　收项正晖，钱一千零八十文；

收韩汉云，钱七百二十文；　　收余聿修，钱三百六十文。

公济典

收唐茂承，钱三千六百文；　　收程与九，钱二千八百八十文；

收王立三，钱三千六百文；　　收程趾祥，钱二千八百八十文；

收程育枝，钱三千六百文；　　收汪运麟，钱一千零八十文；

收王子耘，钱二千八百八十文；　　收毕拱宸，钱三百六十文；

收朱天成，钱二千八百八十文；　　收叶临魁，钱三百六十文。

广顺典

收金广林，钱一千八百文；　　收李俊英，钱七百二十文；

收程茂如，钱一千八百文；　　收余福禄，钱七百二十文；

收朱添进，钱一千八百文；　　收朱福喜，钱三百六十文；

收金朗庭，钱七百二十文；　　收吴德宝，钱六十文；

收万纯钧，钱七百二十文。

广丰典

收吴静安，钱一千八百文；　　收江本立，钱七百二十文；

收周启贤，钱一千二百六十文；　　收朱社金，钱三百六十文；

收汪彩章，钱八百四十文；　　收任天锡，钱八百四十文；

收黄长和，钱七百二十文。

成大典

收朱文生，钱一千八百文；　　收孙礼仁，钱三百六十文；

收金佩玉，钱一千四百四十文；　　收程兆进，钱三百六十文；

收江荫堂，钱一千零八十文；　　　　收余武龄，钱三百六十文；
收张国祥，钱七百二十文；　　　　　收蔡玉春，钱三百六十文；
收洪元彬，钱七百二十文。

泰安典

收方玉贵，钱一千八百文；　　　　　收江大衡，钱六十文；
收张子卿，钱一千八百文；　　　　　收范金生，钱七百二十文；
收孙琢章，钱一千八百文；　　　　　收项贵财，钱三百六十文；
收程树基，钱九百文；　　　　　　　收徐梅亭，钱三百六十文；
收汪宽意，钱三百六十文；　　　　　收汪长生，钱六十文；
收胡兆昌，钱三百六十文；　　　　　收韩炳成，钱三百六十文；
收王沛霖，钱三百六十文；　　　　　收王观庆，钱三十文；
收朱士林，钱三百六十文；　　　　　收程德韵，钱三百文。

三墩保泰典

收孙蔚文，钱三千六百文；　　　　　收吴宗海，钱一千八百文；
收保泰典，钱三千六百文；　　　　　收吴成周，钱一千八百文；
收方养吾，钱三千六百文；　　　　　收郑新盘，钱一千零八十文；
收吴宝田，钱一千八百文；　　　　　收吴永清，钱七百二十文；
收吴裕春，钱七百二十文；　　　　　收鲍启达，钱一千零八十文；
收吴美如，钱三百六十文；　　　　　收黄韫萃，钱三百六十文；
收项福生，钱三百六十文；　　　　　收吴伯镛，钱三百六十文；
收杨金禄，钱三百六十文；　　　　　收朱良贞，钱三百六十文；
收余开元，钱三百六十文；　　　　　收胡四喜，钱三百六十文。

平窑保昌典

收保昌典，钱三千六百文；　　　　　收章顺发，钱三百六十文；
收洪安澜，钱一千零八十文；　　　　收舒养和，钱一千零八十文；
收孔静山，钱七百二十文；　　　　　收徐元禄，钱三百六十文；
收汪义卿，钱三百六十文；　　　　　收程兴荣，钱三百六十文；
收程锡常，钱三百六十文；　　　　　收唐伊甫　钱三百六十文；
收程志远，钱三百六十文；　　　　　收汪厚庵，钱三百六十文；
收孙友兰，钱三百六十文。

临平广兴典

收韩吉仁，钱三百六十文；　　　　　收项礼春，钱三百六十文；
收黄子峰，钱三百六十文；　　　　　收吴辅臣，钱七百二十文；
收汪朗如，钱三百六十文；　　　　　收洪高志，钱三百六十文；
收吴汉之，钱三百六十文；　　　　　收胡晓初，钱三百六十文；
收吴雨亭，钱七百二十文。

良驹协泰典

收朱良桢，钱七百二十文；　　　　　收胡芷香，钱三百六十文；

收吴伟士，钱三百六十文。

共收典业堆金钱一百九十八千四百四十文。

光绪八年三月起至九年二月收止收茶漆业堆金

收吴恒盛，钱一千五百二十文；　　收张灶金，钱三百六十文；

收吴俊松，钱七百二十文；　　　　收吴福连，钱三百六十文；

收吴恒有，钱十千零八百文；　　　收张保生，钱三百六十文；

收吴源茂，钱一千八百文；　　　　收吴鼎兴，钱五千四百文；

收洪本法，钱三百六百文；　　　　收吴渭泉，钱一千五百文；

收永春号，钱三千六百文；　　　　收张馥庭，钱三百六十文；

收吴日新，钱一千八百文；　　　　收吴恒新、吴隆新，钱一千八百文；

收李裕进，钱三百六十文；　　　　收吴同有，钱四千五百文；

收吴鉴周，钱三百六十文；　　　　收潘远源，钱五千四百文；

收潘聚源，钱七百二十文；　　　　收吴源隆，钱七百二十文；

收吴彦林，钱三百六十文；　　　　收利泰亨，钱三千六百文；

收徐载华，钱三百六十文；　　　　收方季安，钱七百二十文；

收兴大号，钱二千一百六十文；　　收周谨芳，钱一千九十文；

收周大有，钱二千八百八十文；　　收方又山，钱一千九十文；

收方福泰，钱三千六百文；　　　　收程作甸，钱一千九十文；

收吴裕大，钱三千六百文；　　　　收吴砚丞，钱四千三百二十文；

收吴恒春，钱二千一百六十文；　　收章辅堂，钱三千六百文；

收江恒懋，钱一千八百文；　　　　收吴盛如，钱七千二百文；

收吴永隆、吴上棋，一千八百文。

共收茶漆业堆金钱八十五千二百三十文。

光绪八年三月至九年二月止收腌鲜肉业堆金

收泰记号，钱一千八百文；　　　　收程社庆，钱六百文；

收程灶明，钱三百六十文；　　　　收邵德法，钱七百二十文；

收宋绍堂，钱三百六十文；　　　　收郑瑞庆，钱七百二十文；

收朱荣来，钱七百二十文；　　　　收邵俊高，钱六百文；

收姜德沛，钱六百文；　　　　　　收德润号，钱一千五百文；

收义和号，钱三千六百文；　　　　收章渭金，钱三百文；

收张社海，钱六十文；　　　　　　收高永祥，钱七百二十文；

收同升和，钱一千八百文；　　　　收泳昌号，钱一千八百文；

收姜凤标，钱九百文；　　　　　　收陈寿海，钱七百二十文；

收郑高华，钱七百二十文；　　　　收邵双庆，洋壹元；

收鲍新顺，钱六百文；　　　　　　收程社祥，洋壹元；

收聚兴号，钱一千八百文；　　　　收姜天云，洋壹元；

收叶廷源，钱七百二十文；　收胡善吉，洋壹元；
收荣记号，钱一千八百文；　收程子明，洋壹元；
收张锦文，钱七百二十文；　收许广宝，洋壹元；
收春　号，钱一千八百文；　收许圣汉，洋壹元；
收程青松，钱七百八十文；　收耿志懋，洋壹元；
收邵开时，钱七百二十文；　收王邦有，洋壹元；
收晋和号，钱三千六百文；　收章渭职，洋壹元；
收谢升权，钱七百二十文；　收胡政泽，洋壹元；
收鲍钺堂，钱七百二十文；　收宋有贵，洋壹元；
收胡天南，钱三百六十文；　收姜渭森，洋壹元；
收章渭华，钱七百二十文；　收宋廷南，洋伍角；
收程盛金，钱七百二十文；　收耿裕康，洋叁元；
收宋顺法，钱三百六十文；　收耿永利，洋叁元；
收章培法，钱六百文；　收章六五，钱三百六十文；
收方明炎，钱七百二十文；　收章本铎，钱三百六十文；
收姜林有，钱三百六十文；　收耿金法，钱三百六十文；
收同和号，钱一千二百文；　收邵观聚，钱七百二十文；
收汪培俊，钱二千四百文；　收汪华兴，钱三百六十文；
收邵观象，钱二千四百文；　收程高祥，钱一千零八十文；
收邵汝泉，钱二千四百文；　收宋松如，钱六百文。
共收腌鲜肉业堆金洋拾玖元伍角、钱四十八千六百六十文。

光绪八年三月起至九年二月止收面业堆金
收章三源，钱一千零八十文；　收章同源，收一千零八十文；
收许大兴，钱一千八百文；　收老六聚，钱一千八百文；
收悦兴馆，钱一千零八十文；　收章春源，钱一千零八十文；
收章上源，钱一千八百文；　收明和馆，钱七百二十文；
收公和馆，钱一千六百八十文；　收三和馆，钱一千零八十文；
收昌源馆，钱一千零八十文；　收仙和馆，钱一千零八十文；
收邵长和，钱一千八百文；　收一阳馆，钱一千一百文；
收浙一馆，钱七百二十文；　收福源馆，钱一千零八十文；
收老三三，钱一千八百文；　收胡庆和，钱一千八百文；
收悦来馆，钱一千零八十文；　收四聚馆，钱七百二十文。
共收面业堆金钱二十五千四百六十文。

光绪八年四月起至九年二月收止茶食业堆金
收玉琳斋，钱一千六百五十文；　收同泰号，钱一千六百五十文；
收益泰号，钱一千六百五十文；　收万泰昌，钱一千六百五十文；

收鼎和号，钱一千六百五十文；　　收张铭德，钱六百六十文；

收源泰昌，钱一千六百五十文；　　收章运帆，洋壹元入钱一千一百文；

收元泰号，钱一千六百五十文；　　收祥泰号，洋壹元入钱一千一百文。

共收茶食业堆金钱十四千四百十文。

光绪八年三月至九年二月止收皮梁业堆金

收张恒隆，钱一千八百文；　　收冯万恒，钱三百六十文；

收程社发，钱三百六十文；　　收黄德丰，钱一千零八十文；

收张豫丰，钱一千八百文；　　收汪正顺，钱一千零八十文；

收黄万丰，钱二千一百六十文；　　收黄义丰，钱一千四百四十文；

收张宗照，钱三百六十文；　　收朱仁丰，钱八百一十文；

收张永隆，钱三千六百文；　　收胡聚丰，钱九百九十文；

收胡运大，钱七百二十文；　　收曹生旺，钱二百七十文；

收章志祥，钱三十文；　　收胡裕和，钱七百二十文；

收舒启华，钱三百文；　　收胡根宝，钱三百六十文；

收汪善德，钱三百六十文；　　收胡同丰，洋贰元每入钱一千一百廿五文；

收黄德丰，钱一千八百文；　　收凌怡昌，洋贰元每入钱一千一百文；

收黄源丰，钱一千零八十文；　　收胡大成，洋贰元每入钱一千一百卅文；

收王松石，钱三百六十文。

共收皮梁业堆金钱二十八千五百五十文。

光绪八年分收城中各业堆金

收磁器业洪兴号，钱三千六百文；

收条笼业汪义兴，钱一千八百文；

收漆器业章培顺，洋壹元；

收米业程楚怀，洋壹元；

收香粉业春林号，钱三千六百文；

收香粉业余昌期，钱三千六百文；

收香粉业汪仲华，钱三千六百文；

收香粉业吴丽云，钱三千六百文；

收香粉业方孔时，钱三千六百文；

收香粉业徐永年，钱三千六百文；

收苎麻业唐天鸿，钱七百二十文；

收南货业万茂隆，钱一千八百文；

收木业江复兴，洋叁元；

收柴业胡天兴，洋叁元。

共收城中各业堆金洋捌元、钱十三千三百二十文。

光绪八年分乐输芳名登载于后

收歙邑不书名，乐输洋拾元鲍惟舟交堂；

收休邑舒荫三，乐输洋贰元；

收绩邑余韵清，乐输洋拾元；

收休邑邱履端，乐输洋壹元附街口收箱茶堆金寓交堂；

收歙邑江阆仙，乐输洋肆元又钱四百文；

收歙邑豫隆行，乐输钱四千文。

共收乐输户，洋贰拾柒元、钱四千四百文。

光绪八年置产

付吴大渭契价洋拾元，册名胡国聚，系栅外一图成字号第陆百玖拾贰号，计征地贰分贰厘，土名杨倪巷；

付张观清契价洋柒元，册名张玉顺，系栅外一图成字号第陆百玖拾肆号，计征地壹分壹厘，土名杨倪巷，于八年起造平房出租；

付中资代笔过户洋叁元又钱七百文。

共付置产洋贰拾元、钱七百文。

光绪八年新造　　惟善亭隔壁朝东平房八间、朝南平房六间、西首朝南养善所三间，又改造亭后朝南平房二间，其基地系七年、八年所置成字陆百柒拾陆号、陆百玖拾肆号、陆百柒拾贰号，土名杨倪巷牌山门工料总账

付同日升木价松板、松段，洋肆百柒拾陆元叁角捌分柒厘；

付张永兴砖瓦，洋贰百肆拾柒元伍角；

付陈丙高磉盘、石鼓，钱二十二千四百六十文；

付陈顺隆锯板料工，钱三十八千五百文；

付赵玉祖泥水工，钱一百四十七千六百一十文；

付张玉池木匠工，钱二百零八千一百四十四文；

付李玉甫打泥墙并工，钱一百七十七千二百六十五文；

付李玉甫乱石，洋叁拾伍元玖角贰分；

付裕兴行毛竹，洋拾肆元正；

付王源兴铁器、零件、钉，钱十六千三百五十文

付李大荣石灰，钱二十五千二百四十五文；

付汪水英石作天盘石，洋壹元；

付汪水英石作工并界石，钱五千六百七十文；

付麻皮、稻草、泥箕、胶煤、纸巾、抬力，钱七千一百九十七文；

付石条，钱十千零一百九十二文；

付铁条、玻璃、棕线、纤绳、添毛竹曼、砖，钱八千七百九十六文。

共付新造租房洋柒百柒拾肆元捌角零柒厘、钱六百六十七千四百二十九文。

光绪八年三月至九年三月中止收支大总

一、收上年滚存钱五百九十七千七百六十九文；

一、收上年余洋水钱八千八百七十九文；

一、收引盐堆金洋叁百陆拾叁元；

一、收引盐堆金钱十六千六百零九文；

一、收引盐堆金找上欠洋叁元；

一、收街口箱茶堆金洋叁百零伍元；

一、收街口箱茶堆金钱一百六十千零三百零四文；

一、收木业堆金洋贰百零肆元玖角贰分捌厘；

一、收茶行堆金洋伍拾贰元；

一、收茶行堆金钱二十七千零五十三文；

一、收典业堆金钱一百九十八千四百四十文；

一、收茶漆业堆金钱八十五千二百三十文；

一、收腌鲜肉业堆金洋拾玖元伍角；

一、收腌鲜肉业堆钱四十八千六百六十文；

一、收面业堆金钱二十五千四百六十文；

一、收茶食业堆金钱十四千四百一十文；

一、收皮梁业堆金钱二十八千五百五十文；

一、收城中各业堆金洋捌元；

一、收城中各业堆金钱十三千三百二十文；

一、收乐输户共洋贰拾柒元；

一、收乐输户共钱四千四百文；

一、收开运送枢上徽贴堂带费洋叁拾贰元；

一、收房租钱一百六十九千五百五十文；

一、收进押租钱九十一千九百九十文；

一、收售舍材除付出净收进洋陆拾肆元贰角捌分捌厘；

一、收同日升木寓存堂洋贰百元。

大共连上存共收洋壹千贰百柒拾捌元柒角壹分陆厘一千一百三十申钱一千四百四十九千九百四十九、钱一千四百九十千零五百二十九文。

一、支盐捐使用钱十七千四百八十文；

一、支盐捐给商总家人洋贰元；

一、支箱茶捐使用洋贰拾叁元；

一、支箱茶捐使用钱一百四十一千文；

一、支完纳钱粮漕米钱四千一百一十文；

一、支开运送枢用钱六十千零二百四十五文；

一、支埋葬用钱二十千零零七十四文；

一、支置产洋贰拾元；

一、支置产钱七百文；

一、支许年甫透用钱四十二千文；

一、支许年甫收箱茶堆金未缴洋拾伍元伍角玖分壹厘；

一、支许年甫七年借去洋壹百元，同弟吉甫、纯甫立有借券存堂；

一、支助徽牛痘局七年、八年共洋陆拾元；

一、支助余杭同善堂洋贰拾元；

一、支歙北富塥厝请告示洋肆元；

一、支歙北富塥厝请告示钱四百文；

一、支贴新湖坝灵柩挂号、笔墨费洋叁元；

一、支订征信录纸料、印工洋柒拾壹元；

一、支订征信录纸料、印工钱五千八百文；

一、支添办用物钱六千八百六十八文；

一、支修理钱四十七千四百五十六文；

一、支新造租房、养善所洋柒百柒拾肆元捌角零柒厘；

一、支新造租房、养善所钱六百六十七千四百二十九文；

一、支监堂用钱七十八千六百十六文；

一、支各友辛俸钱一百五十四千四百六十六文；

一、支伙食钱一百四十八千四百四十文；

一、支杂用钱九十九千六百六十二文。

大共出支共洋壹千零玖拾叁元叁角玖分捌厘—千—百三十申钱—千二百卅五千五百四十、钱一千四百九十四千七百四十六文。

除过出支，滚存钱二百零五千一百九十二文。

癸未年（光绪九年）收支　结存

光绪九年三月分起收盐业堆金　　*每引二文*

三月分，过一万七千六百二十四引，收洋叁拾元*每一千一百四十*、又钱一千四十八文；

四月分，过一万二千二百零九引半，收洋贰拾元*每一千一百五十*、又钱一千四百十九文；

五月分，过一万三千七百零二引，收洋贰拾贰元*每一千一百六十*、又钱一千八百八十四文；

六月分，过一万六千五百零四引三分四，收洋贰拾柒元*每一千一百六十*、又钱一千六百八十九文；

七月分，过六千一百零三引半，收洋玖元*每一千一百六十*、又钱一千七百六十七文；

八月分，过一万五千三百二十五引四分，收洋贰拾伍元*每一千一百六十*、又钱一千六百五十一文；

九月分，过二万一千一百十八引六分，收洋叁拾陆元*每一千一百四十*、又钱一千一百九十七文；

十月分，过一万九千七十零半引，收洋叁拾叁元*每一千一百廿*、又钱一千一百八十一文；

十一月分，过一万五千五百十二引半，收洋贰拾陆元*每一千一百卅*、又钱一千六百四十五文。

十二月分，过八千七百二十一引，收洋拾肆元*每一千一百四十*、又钱一千四百八十二文。

共计堆金钱二百九十一千七百八十三文。

共收盐堆金洋贰百肆拾贰元、钱十四千九百六十三文。

九年分正、二月收入八年分盐业堆金。

光绪九年分街口收箱茶堆金名目　　*每箱抽收六文*

正源号，四百七十三箱；	萃昌号，二百箱；
正泰号，一百二十六箱；	汪邦瑞，一百箱；
林茂昌，五十箱；	聚隆号，四百箱；
王同泰，一百九十一箱；	怡怡号，五百三十九箱；

洪裕大，五百二十一箱；

郑同茂，五百零六箱；

慈心号，四百八十一箱；

豫昌号，四百十一箱；

胜大号，五百八十一箱；

张永达，五百四十箱；

隆盛号，五百四十二箱；

乾元号，六百七十五箱；

永茂昌，四百四十箱；

洪永达，六百二十一箱；

许春隆，五百八十八箱；

方亮记，四百箱；

恒丰号，三百十七箱；

洪利记，八百十八箱；

瑞芳号，六百箱；

永聚和，四百四十七箱；

汪和春，二百八十四箱；

祥泰号，一百箱；

姚又新，四百四十八箱；

余来宜，五百零二箱；

裕馨号，二百五十八箱；

源馨祥，七百三十九箱；

孙永春，六百二十八箱；

谦裕广，九百十五箱；

隆馨号，三百箱；

元记号，二百箱；

茂达号，三百四十四箱；

许恒大，四百五十一箱；

茂记号，五百八十六箱；

汪同福，三百零七箱；

王同泰，一百六十一箱；

恒有号，二百七十三箱；

林茂昌，二百箱；

蕙馨号，三百八十二箱；

洪裕大，四百五十二箱；

亿中祥，六百四十四箱；

聚隆号，四百箱；

乾元号，四百五十二箱；

礼记号，五百九十六箱；

吴和盛，五百二十九箱；

王集成，二百八十箱；

林茂昌，一百箱；

吴义隆，四百箱；

震昌源，六百五十六箱；

亿中祥，六百二十八箱；

朱新记，六百六十七箱；

公和号，二百三十四箱；

正泰号，五百三十三箱；

钟聚号，五百零四箱；

詹宝和，五百九十六箱；

孙怡达，六百七十六箱；

汪益芳，三百零八箱；

方殿记，二百箱；

馨馨号，四百箱；

天兴号，一百箱；

恒春斗，一百二十五箱；

正源号，四百十一箱；

履泰号，四百箱；

永昌福，四百箱；

姚祥泰，七百十七箱；

李祥记，一千三百零二箱；

怡大号，四百十三箱；

广馨祥，六百九十五箱；

怡丰号，二百箱；

方亮记，二百箱；

怡怡号，三百九十八箱；

震昌源，八百九十六箱；

余自香，五十箱；

汪和春，二百箱；

张永达，五百八十一箱；

朱新记，七百五十四箱；

洪永达，八百三十四箱；

詹宝和，三百零六箱；

馨芽香，三百五十箱；

正泰号，八百零一箱；

永茂昌，七百六十三箱；

许春隆，六百五十四箱；

义隆号，六百五十四箱；

汪益芳，二百箱；

洪利记，二百箱；

益茂号，二百箱；

余来宣，四百五十八箱；

德丰号，四百三十八箱；

汪和春，二百十八箱；

余永馨，一千三百十九箱；

方聚记，一百二十箱；

裕馨号、桂香号，四百箱；

汪益芳，二百三十三箱；

汪福茂，二百九十箱；

震昌源，五百二十二箱；

泰和祥，五百十箱；

公和号，三百箱；

孙怡达，七百十箱；

朱新记，七百七十二箱；

余来宣，二百箱；

德馨泰，四百七十四箱；

许恒大，三百五十箱；

汪同福，三百七十一箱；

郑同茂，六百六十箱；

履泰号，二百箱；

孙永春，四百箱；

怡怡号，三百四十二箱；

亿中祥，八百零五箱；

正泰号，六百八十二箱；

洪裕大，一百四十六箱；

张永兴，一百四十二箱；

汪和春，三百六十一箱；

公和号，四百箱；

来宜号、裕馨号，四百箱；

源馨祥，八百五十六箱；

方聚记，一百箱；

源源祥，一千箱；

许恒泰，一百十五箱；

祥和永，八百零六箱；

恒春祥，七百五十六箱；

和兴茂，六百三十箱；

钟聚号，五百六十四箱；

源馨祥，七百零七箱；

祥泰号，三百七十九箱；

萃昌号，二百箱；

裕兴昌，二百二十八箱；

胡怡和，一百六十五箱；

隆馨号，四百箱；

恒春斗，一百箱；

永聚和，二百箱；

广馨祥，四百五十二箱；

宋集馨，四百三十三箱；

聚隆号，二百箱；

谦裕广，一千二百五十一箱；

元达号，一百九十九箱；

广春号，一百四十三箱；

许春隆，五百九十一箱；

林茂昌，五百箱；

洪利记，八百十箱；

震昌源，五百九十四箱；

洪永达，一千零七十八箱；

永昌福，二百箱；

查德茂，二百箱；

许公和，三百箱；

朱新记，一千零零三箱；

钟聚号，五百九十四箱；

品香号，一百五十箱；

李祥记，二千九百六十四箱；

源馨祥，七百四十八箱；

余永升，五百七十二箱；

公益号，八十九箱；

余自香，二百箱；

洪永达，一千零零六箱。

统年共过七万二千五百二十四箱，计堆金钱四百三十五千一百四十四文。

共收箱茶堆金，洋叁百贰拾捌元洋价一千一百、千四十一千五百四十四文。

光绪九年分茶行代收堆金

收豫隆茶行，共经收钱十七千三百三十四文；

收乾泰昌行，共经收钱二十七千四百二十文；

收信成茶行，共经收洋玖元陆角玖分贰厘；

收源润茶行，共经收洋拾柒元四角壹分叁厘。

共收茶行堆金，洋贰拾柒元壹角零伍厘、钱四十四千七百五十四文。

光绪九年分收木业堆金

钮德大木寓，共经收洋拾伍元零柒分；

汪炯记木寓，共经收洋拾元零陆角；

同日升木寓，共经收洋肆拾柒元捌角玖分；

同利兴木寓，共经收洋叁拾叁元陆角壹分伍厘；

同大兴木寓，共经收洋陆元；

怡泰隆木寓，共经收洋伍拾元零玖角壹分；

收老同茂兴木寓，洋壹元捌角归八年分欠；

收老同茂兴木寓，洋壹元贰角十二月停歇，联票存根未缴；

收怡同懋木寓，洋伍元；

收江复兴木行，堆金洋叁元。

共收木业堆金洋壹百捌拾伍元零捌分伍厘。

光绪九年三月起至年收典业堆金

同裕典

收洪作民，钱三千文；	收程金兆，钱一千五百文；
收詹桂堂，钱一千五百文；	收李允泉，钱九百文；
收黄渭飞，钱三千文；	收金承基，钱六百文。

保善典

收郑文炳，钱三千文；	收程英三，钱一千五百文；
收程培基，钱一千五百文；	收黄友仁，钱三百文；
收程振昌，钱三百文；	收汪子祥，钱三百文；
收张荣日，钱三百文；	收吴午楼，洋壹元；
收汪子嘉，钱三百文。	

泰和典

收黄石年，钱九百六十文；	收程锡畴，钱六百文；
收戴振声，钱六百文；	收汪厚章，钱三百文；
收刘元洪，钱六百文；	收汪培生，钱三百文；
收方增卿，钱三百文；	收叶梦贤，钱三百文；
收万纯洪，钱三百文；	收舒梅圃，钱三千文。

成裕典

收吴启铭，钱九百文；
收汪子性，钱六百文；

收程爵之，钱九百文；
收王笙甫，钱六百文；

收吴天锡，钱九百文；
收吴玉衡，钱九百文；

收戴芳士，钱九百文；
收叶培元，钱六百文；

收曹振远，钱九百文；
收吴星甫，钱六百文；

收叶秉忠，钱九百文。

同德典

收余浩然，钱一千五百文；
收万成斋，钱九百文；

收胡佩绅，钱一千五百文；
收汪章熊，钱一千五百文。

公和典

收洪承栽，钱九百文；
收朱康泰，钱六百文；

收洪仰陶，钱六百文；
收戴仰平，钱六百文；

收刘惠田，钱九百文；
收余璧臣，钱一千五百文；

收汪鹏英，钱六百文；
收欧阳照初，钱三百文；

收张惟本，钱六百文；
收汪年丰，钱三百文；

收范文甫，钱九百文；
收戴序云，钱三百文；

收朱良祖，钱六百文。

鼎和典

收余德铨，钱一千五百文；
收程心田，钱一千五百文；

收黄杰记，钱一千五百文；
收汪星海，钱一千五百文；

收吴立如，钱三百文；
收李高进，钱三百文；

收万喜培，钱三百文；
收程桂发，钱三百文；

收杨运昌，钱三百文；
收胡德启，钱三百文；

收王小康，钱三百文；
收胡新庆，钱三百文；

收汪懋功，钱一千五百文；
收吴承先，钱三百文。

裕通典

收张茂庭，钱六百文；
收黄静波，钱八百一十文；

收方春泉，钱九百文；
收胡启咸，钱九百文；

收范新甫，钱九百文；
收吴天保，钱六百文；

收程酉田，钱三百文；
收姚渭卿，钱六百文。

广仁典

收万朴堂，钱三千文；
收方荣高，钱六百文；

收孙云五，钱三千文；
收万保之，钱三百文；

收洪安详，钱一千五百文；
收何树基，钱三百文；

收吴盛之，钱一千五百文；
收徐光镛，钱一百五十文；

收王志溶，钱九百文；
收叶也元，钱一百五十文；

收叶质甫，钱一百五十文；
收张又南，钱三百文。

保大典

收胡上林，钱九百文；

收程功甫，钱九百文；

收韩汉云，钱四百八十文；

收汪家柱，钱三十文；

收项正晖，钱九百文。

收庄临沅，钱九百文；

收万士洲，钱五百四十文；

收余聿修，钱三百文；

收胡志贤，钱二百四十文；

公济典

收唐茂承，钱三千文；

收王立三，钱三千文；

收程育枝，钱三千文；

收王子耘，钱一千九百二十文；

收程与九，钱二千四百文；

收朱天成，钱一千九百二十文；

收程趾祥，钱二千四百文；

收汪运麟，钱七百二十文；

收毕拱宸，钱二百四十文；

收叶临魁，钱二百四十文。

广顺典

收金广林，钱一千二百文；

收程茂如，钱一千五百文；

收朱添进，钱一千五百文；

收金朗庭，钱六百文；

收万纯钧，钱六百文；

收李俊英，钱六百文；

收余福禄，钱六百文；

收朱福喜，钱三百文。

广丰典

收吴静安，钱一千五百文；

收周启贤，钱九百文；

收汪彩章，钱六百文；

收黄长和，钱六百文。

收江本立，钱六百文；

收朱社金，钱三百文；

收任天锡，钱六百文；

成大典

收朱文生，钱一千二百文；

收金佩玉，钱九百六十文；

收江荫堂，钱七百二十文；

收张国祥，钱四百八十文；

收洪元彬，钱四百八十文。

收孙礼仁，钱二百四十文；

收程兆进，钱二百四十文；

收余武龄，钱二百四十文；

收蔡玉春，钱二百四十文；

泰安典

收方玉贵，钱九百文；

收张子卿，钱一千五百文；

收孙琢章，钱一千五十文；

收范金生，钱四百二十文；

收朱士林，钱二百一十文；

收徐梅亭，钱二百七十文；

收项贵财，钱三百文；

收汪宽意，钱二百一十文；

收胡兆昌，钱二百一十文；

收王沛霖，钱二百一十文；

收韩炳成，钱三十文；

收程德韵，钱二百一十。

三墩保泰典

收保泰典，钱三千六百文；

收方养吾，钱三千六百文；

收吴裕春，钱七百二十文；

收吴美如，钱三百六十文；

收吴宝田，钱一千八百文；

收吴宗海，钱一千八百文；

收吴成周，钱一千八百文；

收郑新盘，钱一千零八十文；

收吴永清，钱七百二十文；

平遥保昌典

收保昌典，钱三千六百文；

收舒养和，钱一千零八十文；

收孔静山，钱七百二十文；

收汪义卿，钱三百六十文；

收徐元禄，钱三百六十文；

收程兴荣，钱三百六十文；

临平广兴典

收吴雨亭，钱七百二十文；

收韩吉仁，钱三百六十文；

收项礼春，钱三百六十文；

收洪高志，钱三百六十文。

良驹协泰典

收朱良桢，钱七百二十文；

收汪济舟，钱三百六十文。

全庆典　　七月分收起

收吴修德，钱五百四十文；

收程文秀，钱五百四十文；

收余鸿远，钱五百四十文；

收汪震川，钱五百四十文；

收金德林，钱一百八十文；

收范焕章，钱一百八十文。

收项福生，钱三百六十文；

收余开元，钱三百六十文；

收鲍启达，钱一千零八十文；

收吴伯镛，钱三百六十文；

收胡四喜，钱三百六十文。

收章顺发，钱三百六十文；

收程锡常，钱三百六十文；

收程志远，钱三百六十文；

收孙友兰，钱三百六十文；

收唐伊甫，钱三百六十文；

收汪绍基，钱七百二十文。

收汪朗如，钱三百六十文；

收吴汉之，钱三百六十文；

收胡晓初，钱三百六十文；

收胡芷香，钱三百六十文；

收汪家柱，钱五百四十文；

收江庆梅，钱五百四十文；

收孙慎卿，钱五百四十文；

收胡炳炎，钱一百八十文；

收吴春泉，钱一百八十文；

共收典业堆金，洋壹元、钱一百五十七千八百九十文。

光绪九年分收城中各业堆金

收瓷器业洪兴号，钱三千六百文；

收条笼业汪义兴，钱一千八百文；

收香粉业汪仲华，钱三百六十文；

收香粉业方孔时，钱三百六十文；

收香粉业徐永年，钱三百六十文；

收香粉业余昌期，钱三百六十文；

收苎麻业唐天鸿，钱七百二十文；

收米豆业程楚怀，洋壹元；

收漆器业章培顺，洋壹元。

共收城中各业堆金，洋贰元、钱七千五百六十文。

光绪九年分
收心愿氏乐助运枢经费洋伍拾元由曹泰来过塘行交堂；

收豫隆行乐助焰口钱四千文。

光绪九年三月至年收茶漆业堆金
收吴恒盛，钱二千一百文；　　收张灶金，钱三百文

收吴俊松，钱一百二十文；　　收吴福连，钱三百文；

收吴恒有，钱九千文；　　　　收张保生，钱三百文；

收吴源茂，钱一千五百文；　　收吴鼎兴，钱四千五百文；

收洪本发，钱三百文；　　　　收吴渭泉，钱一千八百文；

收永春号，钱三千文；　　　　收张馥庭，钱一百八十文；

收日新号，钱一千五百文；　　收吴恒新、吴隆新，钱一千五百文；

收李裕进，钱三百文；　　　　收潘远源，钱四千五百文；

收吴鉴周，钱三百文；　　　　收潘聚源，钱六百文；

收吴彦林，钱三百文；　　　　收江恒懋，钱一千五百文；

收徐载华，钱三百文；　　　　收吴永隆、吴上棋，钱一千五百文；

收兴大号，钱一千八百文；　　收吴源隆，钱六百文；

收周大有，钱二千四百文；　　收吴盛如，钱七千二百文；

收方福泰，钱三千文；　　　　收吴砚丞，钱四千三百二十文；

收吴裕大，钱三千文；　　　　收章辅堂，钱三千六百文；

收吴恒春，钱一千八百文。

共收茶漆业堆金钱六十三千四百二十文。

光绪九年三月至年收皮梁业堆金
收张恒隆，钱一千八百文；　　收程社发，钱三百文；

收张豫丰，钱一千五百文；　　收胡聚丰，钱九百文；

收汪正顺，钱九百文；　　　　收曹生旺，钱三百六十文；

收黄乂丰，钱二千四百四十文；收黄万丰，钱二千一百六十文；

收张宗照，钱三百文；　　　　收冯万恒，钱三百六十文；

收张永隆，钱三千文；　　　　收黄德丰，钱一千二百四十文；

收舒启华，钱三百六十文；　　收王松石，钱三百六十文；

收汪善德，钱三百文；　　　　收胡同丰，洋壹元；

收黄源丰，钱九百文；　　　　收凌怡昌，洋贰元；

收胡根宝，钱三百六十文。

共收皮梁业堆金洋叁元，共收皮梁业堆金钱十六千二百四十文。

光绪九年三月至年收面业堆金

收章三源，钱九百文；　　　　收邵长和，钱一千五百文；

收悦兴馆，钱九百文；　　　　收浙一馆　钱六百文；

收章同源，收九百文；　　　　收悦来馆，钱九百文；

收老六聚，钱一千五百文；　　收明和馆，钱六百六十文；

收章春源，钱九百文；　　　　收仙和馆，钱九百文；

收章上源，钱一千五百文；　　收四聚馆，钱六百文；

收公和馆，钱一千四百文；　　收胡庆和，钱一千五百文；

收昌源馆，钱一千零八十文；　收许大兴，钱一千八百文；

收老三三，钱一千八百文；　　收一阳馆，钱二百二十文；

收合记馆，钱三百文；　　　　收天兴馆，钱三百文。

共收面业堆金钱二十千零一百六十文。

光绪九年三月至年收茶食业堆金

收玉琳斋，钱一千五百文；　　收元泰号，钱一千五百文；

收同泰号，钱一千五百文；　　收万泰昌，钱一千五百文；

收益泰号，钱一千五百文；　　收张铭德，钱六百文；

收鼎和号，钱一千五百文；　　收章运帆，洋壹元；

收源泰昌，钱一千五百文；　　收祥泰号，洋壹元。

共收茶食业堆金洋贰元，共收茶食业堆金钱十一千零一百文。

光绪九年三月至年收腌鲜肉业堆金

收泰记号，钱一千五百文；　　收高永祥，钱六百文；

收程灶明，钱一百八十文；　　收泳昌号，钱一千五百文；

收宋绍堂，钱一千八百文；　　收聚兴号，钱一千五百文；

收朱荣来，钱六百文；　　　　收叶廷源，钱六百文；

收义和号，钱三千文；　　　　收荣记号，钱一千五百文；

收同升和，钱一千五百文；　　收张锦文，钱六百文；

收邵德法，钱六百文；　　　　收程春松，钱六百文；

收郑瑞庆，钱六百文；　　　　收邵开时，钱六百文；

收陈寿海，钱六百文；　　　　收方明炎，钱七百二十文；

收邵俊高，钱七百二十文；　　收章六五，钱三百六十文；

收晋和号，钱三千六百文；　　收邵双庆，洋壹元；

收谢升权，钱七百二十文；　　收程社祥，洋壹元；

收德润号，钱一千八百文；　　收姜天云，洋壹元；

收姜凤标，钱一千文；　　　　收胡善吉，洋壹元；

收鲍新顺，钱七百二十文；　　收程子明，洋壹元；

收程盛余，钱七百二十文；
收春号，钱一千八百文；
收章培发，钱七百二十文；
收程高祥，钱一千零八十文；
收宋松如，钱七百二十文；
收郑高华，钱七百二十文；
收许广宝，洋壹元；
收王邦有，洋壹元；
收章渭职，洋壹元；
收同和号，洋壹元；
收姜渭森，洋壹元；
收宋洪滨，洋伍角。
共收腌鲜肉业堆金，洋拾元零伍角、钱三十一千六百六十文。

光绪九年分收南货业堆金
收万茂隆，钱一千八百文；
收张康伯，钱六百文八月起；
共收南货业堆金三千三百文。
收张朗卿，钱四百五十文；
收洪梯云，钱四百五十。

光绪九年三月分至十年正月半止收支大总
一、收上年滚存钱二百零五千一百九十二文；
一、收上年余洋水钱十四千一百零六文；
一、收引盐堆金洋贰百肆拾贰元；
一、收引盐堆金钱十四千九百六十三文；
一、收街口箱茶堆金洋叁百贰拾捌元；
一、收街口箱茶堆金钱四十一千五百四十四文；
一、收茶行堆金洋贰拾柒元壹角零伍厘；
一、收茶行堆金钱四十四千七百五十四文；
一、收木业堆金洋壹百捌拾伍元零捌分伍厘；
一、收典业堆金洋壹元；
一、收典业堆金钱一百五十七千八百九十文；
一、收城中各业堆金洋贰元；
一、收城中各业堆金钱七千五百六十文；
一、收心愿氏乐助开运经费洋伍拾元；
一、收豫隆行乐助焰口钱四千文；
一、收茶漆业堆金钱六十三千四百二十文；
一、收皮梁业堆金洋叁元；
一、收皮梁业堆金钱十六千二百四十文；
一、收面业堆金钱二十千零一百六十文；
一、收茶食业堆金洋贰元；
一、收茶食业堆金钱十一千一百文；
一、收腌鲜肉业堆金洋拾元零伍角；
一、收腌鲜肉业堆金钱三十一千六百六十文；
一、收南货业堆金钱三千三百文；

一、收运柩上徽收贴金带费洋陆元；

一、收房租钱一百七十七千七百七十五文。

大共连上存共收洋八百伍拾陆元陆角玖分—一千一百三十申钱九百六十八千零六十文、钱八百十三千六百六十四文。

一、支盐捐使用钱十三千文；

一、支箱茶捐使用洋拾元；

一、支箱茶捐使用钱九十千零五百文；

一、支付还押租钱七十四千文；

一、支置舍材除收进净付洋陆元；

一、支置舍材除收进净付钱六百文；

一、支完纳钱粮漕米钱四千四百四十八文；

一、支开运用钱六十七千五百十九文；

一、支埋葬用钱六十四千三百五十一文；

一、支添置用物钱六千一百零三文；

一、支添置用物洋贰元；

一、支修理用洋捌拾陆元陆角伍分柒厘；

一、支修理用钱一百七十四钱四百三十文；

一、支付还同日升上年存堂洋贰百元；

一、支买存石板、条石、乱石洋贰拾玖元肆角；

一、支买存石板、条石、乱石钱十二千八百四十文；

一、支上司事牌位用钱五十三千三百八十四文；

一、支修临溪厝所洋拾柒元；

一、支修临溪厝所钱一百八十二文；

一、支富揭厝所刻立禁碑洋拾贰元；

一、支富揭厝所刻立禁碑钱三百文；

一、支监堂酬应川用钱十千零七百零五文；

一、支监堂酬应川用洋叁拾肆元伍角；

一、支各友辛俸钱一百零六千零六十七文；

一、支贴新湖坝灵柩挂号笔墨费洋叁元；

一、支助别墅内溥善医局经费钱十五千文；

一、支给何德源照管外堂年例钱六千文；

一、支伙食钱一百二十八千九百九十五文；

一、支杂用钱六十七千零四十五文。

大共出支洋肆百零元零伍角伍分柒厘—一千一百三十申钱四百五十二千六百廿九文，大共支出钱八百九十五千四百六十九文。

除过出支，滚存钱四百三十三千六百二十六文。

甲申年（光绪十年）收支　结存

光绪十年分收盐业堆金　*每引两文*

正月分，过七千五百五十二引，收洋贰元*每一千一百六十*、又钱一千一百八十二文；

二月分，过二万零九百九十九引半，收洋叁拾伍元*每一千一百六十*、又钱一千三百九十九文；

三月分，过一万五千九百四十六引，收洋贰拾陆元*每一千一百五十*、又钱一千九百九十二文；

四月分，过一万四千六百八十八引，收洋贰拾肆元*每一千一百五十*、又钱一千七百七十六文；

五月分，过一万二千三百六十八引半，收洋贰拾元*每一千一百五十*、又钱一千七百三十七文；

闰月分，过一万六千九百四十一引半，收洋叁拾叁元*每一千一百五十*、又钱一千三百三十三文；

六月分，过一万四千二百零一引半，收洋贰拾叁元*每一千一百五十*、又钱一千七百二十三文；

七月分，过一万二千一百八十八引，收洋贰拾元*每一千一百五十*、又钱一千三百七十六文；

八月分，过二万二千零四十三引半，收洋叁拾柒元*每一千一百五十*、又钱一千五百三十七文；

九月分，过一万九千七百十五引，收洋叁拾叁元*每一千一百卅*、又钱二千一百四十文；

十月分，过二万二千九百四十六引，收洋肆拾元*每一千一百廿*、又钱一千九十二文；

十一月分，过一万六千零三十一引半，收洋贰拾捌元*每一千一百廿*、又钱七百零三文；

十二月分，过八千二百零四引，收洋拾肆元*每一千一百卅*、又钱五百八十文。

共计堆金钱四百十三千零四十八文。

共收盐堆金洋叁百肆拾伍元、钱十五千五百七十八文。

光绪十年分街口收箱茶堆金名目　*每箱六文*

洪利记，一百一十箱；	永茂昌，五百十三箱；
瑞芳号，四百箱；	林茂昌，二百五十箱；
正源号，四百八十九箱；	福生和，五百三十三箱；

乾泰号，四百零一箱；

德源号，五百箱；

乾顺号，四百四十八箱；

胜大号，四百七十箱；

恒丰号，二百八十七箱；

洪利记，八百三十六箱；

春和隆，三百六十一箱；

成记号，五百二十八箱；

洪裕大，四百五十一箱；

怡茂号，五百二十七箱；

蕙馨号，五百十八箱；

隆盛号，五百三十四箱；

瑞芬号，四百箱；

怡馨号，五百箱；

萃昌号，二百五十箱；

震昌源，六百箱；

益泰号，五百四十五箱；

恒春源，五百五十箱；

郑同茂，五百六十三箱；

隆泰祥，四百八十八箱；

许春隆，六百五十九箱；

吴义隆，五百零八箱；

谦裕广，九百六十五箱；

源馨祥，八百七十一箱；

广馨祥，一百十二箱；

聚合隆，二百十一箱；

汪和春，二百箱；

余来宜、余裕馨，四百箱；

孙怡达，七百八十一箱；

汪益芳，三百零一箱；

孙永春，五百八十二箱；

广馨祥，六百七十九箱；

同丰泰，八百四十四箱；

隆盛号，一百七十三箱；

益茂号，一百五十箱；

李祥记，一千零四十二箱；

洪利记，六百四十七箱；

永达号，二百二十八箱；

詹宝和，六百十箱；

方亮记，四百箱；

同益祥，四百八十箱；

蕊春号，三百三十五箱；

孙茂达，五百八十八箱；

祥生泰，四百零三箱；

洪永达，七百九十三箱；

朱新记，八百二十六箱；

胡聚隆，六百八十七箱；

和泰昌，四百九十四箱；

恒春祥，五百四十七箱；

方殿记，二百箱；

永昌福，五百二十三箱；

亿中祥，八百九十六箱；

胜大号，二百零三箱；

隆鑫号，三百箱；

钟聚源，六百零二箱；

春馨祥，一百八十箱；

张永达，四百七十七箱；

洪裕大，二百零四箱；

瑞芬号，七百二十二箱；

正源号，四百五十四箱；

乾顺号，三百二十二箱；

乾泰号，三百九十三箱；

福生和，三百九十箱；

怡盛号，三百十六箱；

馨馨号，四百箱；

许恒大，五百十箱；

震昌源，七百二十箱；

钟聚号，五百十箱；

怡馨和，二百箱；

林茂昌，二百五十箱；

德源号，三百零二箱；

蕙馨号，三百零五箱；

孙茂达，三百二十八箱；

祥生泰，三百四十四箱；

永达号，八百十三箱；

亿中祥，七百十五箱；

同福号，三百箱；

朱新记，五百三十四箱；

宋集馨，三百十二箱；

亿中祥，一百二十四箱；

谦裕广，八十箱；

永昌福，四百五十箱；

广馨祥，六百十二箱；

汪益芳，二百七十箱；

张永达，四百四十八箱；

汪和春，三百二十八箱；

瑞芬号，一百十六箱；

成记号，五百五十九箱；

同益祥，六百三十三箱；

谦裕广，九百六十二箱；

余来宜、余裕馨，四百箱；

聚合隆，一百五十七箱；

源馨祥，七百零七箱；

新盛号，三百四十四箱；

益珍和，一百箱；

蕊春号，二百四十五箱；

姚源泰，一百十二箱；

益茂号，一百箱；

郑同茂，八百九十五箱；

隆泰祥，六百三十箱；

恒春祥，九百箱；

余永馨，一千二百八十四箱；

吴义隆，六百八十九箱；

怡裕号，二百八十七箱；

隆盛号，三百九十五箱；

瑞隆号，三百五十六箱；

公和号，七百零七箱；

聚茂号，二百七十五箱；

孙茂达，四百箱；

祥和永，六百箱；

洪利记，七百七十八箱；

胡聚隆，一千五百三十七箱；

同裕元，四百三十箱；

詹宝和，五百五十四箱；

益泰祥，六百十七箱；

孙怡达，四百二十八箱；

朱新记，九百二十五箱；

公和号，六百二十箱；

恒春源，五百八十四箱；

隆鑫号，四百八十二箱；

许春隆，九百二十二箱；

方质记，一百箱；

方隆记，一百箱；

萃昌号，四百箱；

蕙馨号，三百四十六箱；

汪福茂，二百九十二箱；

震昌源，七百十箱；

詹恒春，一百箱；

福生和，五百四十八箱；

永达号，七百四十三箱；

永茂昌，六百二十六箱；

同昌永，九十八箱；

方亮记，二百六十七箱；

胜大号，四百七十二箱；

林茂昌，二百箱；

朱新记，九百十箱；

同馨福，四百八十五箱；

正源号，二百六十四箱；

泰隆号，二百十一箱；

同福号，二百箱；

孙永春，八百四十四箱；

德源号，二百七十七箱；

汪和春，二百箱；

源馨祥，一千三百零九箱；

恒泰祥，一百四十三箱；

余永馨，五百九十九箱；

谦裕广，一千二百五十六箱；

汇生泉，五百四十三箱；

隆泰祥，四百九十箱；

同发祥，五百六十一箱；

永达号，七百七十五箱；

俞谦大，一百箱；

钟聚号，八百十三箱；　　　　俞翔椿，一百五十箱；

孙怡达，五百零五箱；　　　　俞天椿，一百五十箱；

怡馨和，四百二十一箱；　　　同丰泰，四百箱；

张永达，三百七十箱；　　　　恒达隆，四百箱；

永泰祥，二百七十五箱；　　　余珍乳，二百箱；

祥生泰，六百零四箱；　　　　永昌福，三百箱；

詹萃茂，二百箱；　　　　　　郎桂馨，二百箱；

恒春源，四百箱；　　　　　　许恒大，六百二十九箱；

怡大裕，六百七十七箱；　　　德馨泰，四百五十一箱；

李祥记，二千一百三十五箱；　洪裕大，三百十八箱；

亿中祥，一千一百四十六箱；　查德茂，三百五十一箱；

震昌源，七百四十箱；　　　　余萃香，一百箱；

宋集馨，四百十二箱；　　　　怡馨和，三百二十八箱；

公益号，一百十五箱；　　　　朱新记，七百二十八箱；

永馨号，一百零五箱；　　　　余来宜、余裕馨，七百二十六箱；

余永升，四百八十二箱；　　　大有号，九十二箱；

源馨祥，三千七百三十四箱。

统年共过九万五千五百六十一箱，计箱茶堆金钱五百七十三千三百六十六文，共收箱茶堆金洋肆百陆拾叁元洋价一千二百、钱十七千七百六十六文。

光绪十年分收木业堆金　　*细账载明堂簿*

怡泰隆木寓，共经收洋肆拾贰元叁角伍分；

同日升木寓，共经收洋叁拾肆元柒角；

同利兴木寓，共经收洋贰拾壹元柒角陆分玖厘；

汪炯记木寓，共经收洋拾叁元正；

钮德大木寓，共经收洋柒元伍角陆分；

同裕源木寓，共经收洋贰元壹角柒分；

收同大兴木寓找来九年分洋壹元玖角；

收江复兴行洋叁元正。

共收木业堆金洋壹百贰拾陆元肆角肆分玖厘。

光绪十年分各茶行代收堆金

豫隆茶行，共经收钱十三千一百八十二文；

乾泰昌行，共经收洋贰拾伍元；

乾泰昌行，共经收钱六百三十文；

信成茶行，共经收洋贰拾肆元零陆分伍厘；

源润茶行，共经收洋拾伍元壹角零肆厘。

共收茶行堆金，洋陆拾肆元壹角陆分玖厘、钱十三千八百十二文。

光绪十年分典业堆金

保善典

收郑文炳，钱二千四百文；
收程英三，钱一千九百五十文；
收程培基，钱一千九百五十文；
收黄友仁，钱六百九十文；
收程振昌，钱六十文；
收张积峰，钱六百九十文；
收汪子嘉，钱六百九十文；
收汪子祥，钱六百九十文；
收吴午楼，钱一千一百一十文。

收王子明，钱七百五十文；
收张国祥，钱六百文；
收叶吉生，钱一百五十文；
收鲍达生，钱一百五十文；
收朱廷林，钱一百五十文；
收吴绍伯，钱一百五十文；
收程馥卿，钱一百五十文；
收周润泉，钱三百文；

协济典

收程育枝，钱三千三百文；
收王子耘，钱二千六百四十文；
收朱天成，钱二千六百四十文；
收程与九，钱二千六百四十文；
收程趾祥，钱二千六百四十文；
收汪运麟，钱九百九十文；
收毕拱宸，钱三百三十文；

收叶临冠，钱三百三十文；
收程锡三，钱九百九十文；
收程耀清，钱三百三十文；
收程学贤，钱三百三十文；
收潘奇卿，钱三百三十文；
收戴仰平，钱九百九十文；
收程树春，钱二百一十文。

泰和典

收黄石年，钱七百八十文；
收戴振声，钱七百八十文；
收刘元洪，钱七百八十文；
收方增卿，钱三百九十文；
收万纯洪，钱三百九十文；
收程锡畴，钱七百八十文；
收汪厚章，钱三百九十文；

收汪培生，钱三百九十文；
收叶梦贤，钱三百九十文；
收舒梅圃，钱三千文；
收方福海，钱九十文；
收刘大昌，钱九十文；
收方胜奎　钱九十文；
收叶守业，钱九十文。

成裕典

收吴启铭，钱一千一百七十文；
收程爵之，钱一千一百七十文；
收吴天锡，钱一千一百七十文；
收戴芳士，钱一千一百七十文；
收曹振远，钱一千一百七十文；
收叶秉忠，钱一千一百七十文；
收汪子性，钱七百八十文；
收王笙甫，钱七百八十文；
收吴玉衡，钱一千一百七十文；

收吴星甫，钱七百八十文；
收程士奎，钱五百四十文；
收吴绍光，钱五百四十文；
收孙士衡，钱五百四十文；
收汪侣笙，钱五百四十文；
收方月亭，钱五百四十文；
收孙远谟，钱五百四十文；
收方如松，钱五百四十文；
收程亮轩，钱二百四十文；

收叶培元，钱七百八十文。

广丰典

收吴静安，钱六百文；　　　　收汪本立，钱一百二十文；

收周启贤，钱三百六十文；　　收朱社金，钱一百二十文；

收汪彩章，钱二百四十文；　　收任天锡，钱二百四十文；

收黄长鹤，钱二百四十文。

广兴典

收吴静安，钱六百文；　　　　收黄长鹤，钱二百四十文；

收周启贤，钱三百六十文；　　收朱社金，钱一百二十文；

收汪彩章，钱二百四十文。

同裕典

收洪作民，钱二千四百文；　　收李元泉，钱八百一十文；

收詹桂堂，钱一千三百五十文；收金承基，钱五百四十文；

收黄渭飞，钱二千七百文；　　收程金兆，钱一千三百五十文。

善裕典

收黄渭飞，钱一千二百文；　　收李允泉，钱三百六十文；

收程以耕，钱六百文；　　　　收金承基，钱二百四十文；

收詹桂堂，钱六百文；　　　　收汪观全，钱二百四十文；

收程金兆，钱六百文；　　　　收黄儒珍，钱二百四十文。

裕通典

收张茂庭，钱七百八十文；　　收胡启咸，钱一千一百七十文；

收方春泉，钱一千一百七十文；收吴天保，钱七百八十文；

收范新甫，钱一千一百七十文；收姚渭卿　钱七百八十文；

收程酉田，钱三百九十文；　　收程德韵，钱一百五十文。

保大典

收胡上林，钱一千一百七十文；收余聿修，钱三百九十文；

收程功甫，钱一千一百七十文；收胡志贤，钱三百九十文；

收庄临沅，钱一千一百七十文；收韩小苹，钱三百九十文；

收项正晖，钱一千一百七十文；收李绍基，钱一百八十文。

临平广兴典

收汪朗如，钱三百九十文；　　收项礼春，钱三百九十文；

收吴汉之，钱三百九十文；　　收胡晓初，钱三百九十文；

收吴雨亭，钱七百八十文；　　收洪高志，钱三百九十文。

鼎和典

收余德铨，钱一千九百五十文；收王小康，钱三百九十文；

收黄杰记，钱一千九百五十文；收汪懋功，钱一千九百五十文；

收程心田，钱一千九百五十文；收李高进，钱三百九十文；

收汪星海，钱一千九百五十文；收程桂发，钱三百九十文；

收吴立如，钱三百九十文；　　收胡德启，钱三百六十文；

收万春培，钱三百六十文；　　收胡新庆，钱三百九十文；

收杨运昌，钱三百六十文；　　收吴承先，钱三百九十文。

善庆典

收方玉贵，钱一千六百五十文；　　收王沛霖，钱三百三十文；

收张子卿，钱六百文；　　收程德韵，钱一百八十文；

收孙琢章，钱一千六百五十文；　　收孙新和，钱三百三十文；

收范金生，钱六百六十文；　　收吴蕴山，钱三百三十文；

收项贵财，钱三百三十文；　　收唐春龄，钱三百三十文；

收胡兆昌，钱三百三十文；　　收张庆寿，钱三百三十文。

金庆典

收吴修德，钱一千一百七十文；　　收孙慎卿，钱一千一百七十文；

收金鸿远，钱一千一百七十文；　　收胡炳炎，钱三百九十文；

收程文秀，钱一千一百七十文；　　收金德林，钱三百九十文；

收汪震川，钱一千一百七十文；　　收范焕章，钱三百九十文；

收汪家柱，钱一千一百七十文；　　收吴春泉，钱三百九十文；

收江庆梅，钱一千一百七十文；　　收汪本立，钱六百六十文。

通济典

收王立山，钱三千文；　　收吴丽云，钱三百文；

收金佩玉，钱一千五百文；　　收洪君宝，钱三百文；

收朱瑞庭，钱一千五百文；　　收张锡年，钱三百文；

收万滨甫，钱一千五百文；　　收范裕光，钱三百文；

收黄静波，钱一千五百文；　　收吴定惜，钱三百文；

收黄如松，钱九百文；　　收方吉泰，钱三百文；

收汪瑞芝，钱九百文；　　收韩汉云，钱一千八百文；

收宋仲华，钱九百文；　　收范裕魅，钱六百文；

收翁少卿，钱九百文；　　收范文甫，钱三百六十文；

收舒咸远，钱六百文。

同德典

收余浩然，钱一千九百五十文；　　收万成斋，钱三百六十文；

收胡佩绅，钱一千九百五十文；　　收汪章熊，钱一千九百五十文。

三墩保泰典

收保泰典，钱三千九百文；　　收吴裕春，钱七百八十文；

收伊殿英，钱三千九百文；　　收吴养如，钱三百九十文；

收吴宝田，钱一千九百五十文；　　收项福生，钱三百九十文；

收吴宗海，钱一千九百五十文；　　收余开元，钱三百九十文；

收方养吾，钱三千九百文；　　收吴伯镛，钱三百九十文；

收吴成周，钱一千九百五十文；　　收胡四春，钱三百九十文；

收郑新盘，钱一千一百七十文；　　收汪济舟，钱七百八十文；

收吴永清，钱七百八十文。

广仁典

收万朴堂，钱三千九百文；　　收万保之，钱三百九十文；

收孙云五，钱三千九百文；　　收何树基，钱三百九十文；

收洪安详，钱一千九百五十文；　　收叶也元，钱三百九十文；

收吴盛之，钱一千九百五十文；　　收张又南，钱三百九十文；

收王志溶，钱一千一百七十文；　　收汪子常，钱二百七十文；

收叶质甫，钱三百九十文；　　收查焕文，钱三十文；

收方荣高，钱七百二十文；　　收吴兆全，钱三十文。

善兴典

收程茂如，钱一千六百五十文；　　收李俊英，钱六百六十文；

收朱添进，钱一千六百五十文；　　收余福禄，钱六百六十文；

收金朗庭，钱六百六十文；　　收朱福春，钱六十文；

收万纯钧，钱六百六十文；　　收胡荣翔，钱一百八十文。

瓶窑保昌典

收保昌典，钱三千六百文；　　收程兴荣，钱三百六十文；

收舒养和，钱一千零八十文；　　收程锡常，钱三百六十文；

收孔静山，钱七百二十文；　　收程志远，钱三百六十文；

收汪义卿，钱三百六十文；　　收孙友三，钱三百六十文；

收章顺发，钱三百六十文；　　收唐伊甫，钱三百六十文；

收徐元禄，钱三百六十文；　　收汪绍基，钱七百二十文。

良驹协泰典

收朱良桢，钱七百八十文；　　收胡芷香，钱三百九十文。

共收典业堆金钱一百九十七千三百七十文。

光绪十年分收茶漆业堆金

收吴恒盛，钱二千七百三十文；　　收徐载华，钱三百九十文；

收吴恒有，钱一千七百文；　　收兴大号，钱二千三百四十文；

收吴源茂，钱一千九百五十文；　　收周大有，钱三千一百二十文；

收洪本发，钱三百九十文；　　收方福泰，钱三千九百文；

收永春号，钱三千九百文；　　收吴裕大，钱三千九百文；

收吴日新，钱一千九百五十文；　　收吴恒春，钱二千三百四十文；

收李裕进，钱三百九十文；　　收江恒懋，钱一千九百五十文；

收吴鉴周，钱三百九十文；　　收吴永隆、吴上棋，钱一千九百五十文；

收张灶金，钱三百九十文；　　收吴源隆，钱七百八十文；

收吴福连，钱三百九十文；　　收吴盛如，钱七千八百文；

收张保生，钱三百九十文；　　收吴砚丞，钱四千六百八十文；

收吴鼎兴，钱五千八百五十文；　　　　收章辅堂，钱三千九百文；

收吴渭泉，钱一千九百五十文；　　　　收吴福泰，钱四百二十文；

收许俊宝，钱二百一十文；　　　　　　收郑根姝，钱二百一十文；

收吴恒新、吴隆新，钱一千九百五十文；收张幼喜，钱六百文；

收潘远源，钱五千八百五十文；　　　　收洪承姝，钱二百一十文；

收潘聚源，钱七百八十文；　　　　　　收朱文彬，钱二百一十文；

收吴彦林，钱三百九十文；　　　　　　收吴文桂，钱二百一十文。

共收茶漆业堆金钱七十九千九百二十文。

光绪十年分皮梁业堆金

收张恒隆，洋壹元；　　　　　　　　　收黄源丰，钱一千一百七十文；

收胡同丰，洋贰元；　　　　　　　　　收胡聚丰，钱一千一百七十文；

收胡同丰九年分，洋壹元；　　　　　　收程社发，钱三百九十文；

收凌怡昌，洋贰元；　　　　　　　　　收汪善德，钱三百九十文；

收张永隆，钱三千九百文；　　　　　　收冯万恒，钱三百九十文；

收黄万丰，钱二千三百四十文；　　　　收黄德丰九年分，钱三百六十文；

收张豫丰，钱一千九百五十文；　　　　收王松名，钱三百九十文；

收黄义丰，钱一千五百六十文；　　　　收胡根宝，钱三百九十文；

收汪正顺，钱一千一百七十。

共收皮梁业堆金洋陆元正、钱十五千五百七十文。

光绪十年分面业堆金

收章三源，钱一千一百七十文；　　　　收公和馆，钱一千八百二十文；

收许悦兴，钱一千一百七十文；　　　　收浙一馆，钱七百八十文；

收章同源，钱一千一百七十文；　　　　收悦来馆，钱一千一百七十文；

收老六聚，钱一千九百五十文；　　　　收明和馆，钱一百八十文；

收章上源，钱一千五百九十文；　　　　收仙和馆，钱一千一百七十文；

收邵长和，钱一千五百九十文；　　　　收四聚馆，钱七百八十文；

收胡庆和，钱一千五百九十文；　　　　收天兴馆，钱七百八十文；

收许大兴，钱一千五百九十文；　　　　收合记馆，钱七百八十文；

收老三三，钱一千五百九十文；　　　　收万云馆，钱五百文；

收昌源馆，钱一千一百七十文。

共收面业堆金钱二十四千三百四十文。

光绪十年分茶食业堆金

收玉琳斋，钱一千九百五十文；　　　　收元泰号，钱一千九百五十文；

收同泰号，钱一千九百五十文；　　　　收万泰昌，钱一千九百五十文；

收益泰号，钱一千九百五十文；　　　　收张铭德，钱七百八十文；

收鼎和号，钱一千九百五十文；　　收祥泰号，洋壹元；

收源泰昌，钱一千九百五十文。

共收茶食业堆金，洋壹元、钱十四千四百三十文。

光绪十年分南货业堆金

收张康伯，钱一千五百六十文；　　收洪梯云，钱一千一百七十文；

收张朗卿，钱一千一百七十文；　　收万茂隆，钱一千八百文。

共收南货业堆金钱五千七百文。

光绪十年分收腌腊、鲜肉业堆金

收泰记号，钱一千九百五十文；　　收邵俊高，钱七百八十文；

收程灶明，钱三百九十文；　　　　收晋和号，钱三千九百文；

收宋绍堂，钱三百九十文；　　　　收谢升权，钱七百八十文；

收朱荣来，钱五百四十文；　　　　收德润号，钱一千八百文；

收义和号，钱三千九百文；　　　　收姜凤标，钱一千文；

收同升和，钱一千九百五十文；　　收春号，钱一千九百五十文；

收邵德法，钱七百八十文；　　　　收章本铎，钱三百九十文；

收郑瑞庆，钱七百八十文；　　　　收邵子湘，钱七百八十文；

收高永祥，钱七百八十文；　　　　收胡炳顺，钱三百九十文；

收泳昌号，钱一千九百五十文；　　收程高祥，钱一千一百七十文；

收聚兴号，钱一千九百五十文；　　收邵子湘九年分，钱七百二十文；

收叶廷源，钱七百八十文；　　　　收胡炳顺九年分，钱三百六十文；

收荣记号，钱一千九百五十文；　　收汪华兴九年分，钱三百六十文；

收张锦文，钱七百二十文；　　　　收邵继恒九年分，钱三百六十文；

收程青松，钱七百八十文；　　　　收胡善吉，洋壹元；

收邵开时，钱二百四十文；　　　　收程子明，洋壹元；

收邵双庆，洋壹元；　　　　　　　收汪培俊，洋贰元；

收程社祥，洋壹元；　　　　　　　收耿裕康，洋叁元；

收姜天云，洋壹元。

共收腌鲜肉业堆金，洋拾元、钱三十四千五百七十文。

光绪十年分收城中各业堆金

收香粉业春林号，钱三千六百文九年分；

收磁器业洪兴号，钱三千六百文；

收香粉业方孔时，钱三百六十文；

收条笼业汪义兴，钱一千九百五十文；

收香粉业徐永年，钱三百六十文；

收苎麻业唐天鸿，钱七百八十文；

收柴业胡天兴，洋叁元九年分；

收米业程楚怀，洋壹元。

共收城中各业堆金，洋肆元、钱十千零六百五十文。

光绪十年分

收豫隆茶行乐助开运、安葬、焰口钱四千文。

光绪十年分置产契价、中资、过户、印契总登

付汪中华契，价洋贰拾元，收基地二间，册名汪福林，系栅外一图成字号伍百柒拾肆号，计征地贰分叁厘捌毫肆丝；

付鲁锦荣契价，洋贰拾元，收基地二间，册名鲁顺元，系栅外一图成字号伍百柒拾叁号，计征地贰分壹厘柒毫；

付何德源契价，洋壹拾元，收基地一间，册名何宝记，系栅外一图成字号伍百柒拾贰号，计征地壹分零捌毫肆丝；

付王胜川契价洋壹拾元，收基地壹间，册名王明高，系栅外一图成字号伍百柒拾壹号，计征地壹分零捌毫肆丝。

此六间毗连，坐落牌山门，于光绪十一、十二年造得临街七椽楼房六间，前帐檐后连随身过廊、灶房，总共计楼房四十二椽、平房五十椽，于乙酉、丙戌两年均有造筑，工料细账登载。

付四户中资过户洋柒元。

付汪长寿契价钱一百千文，计置六椽楼屋一间，随身三椽，平房三椽并连基地，坐落海月桥河下，系栅外一图成字号壹百捌拾肆号，计征地捌厘零叁毫叁丝肆忽，册名汪玉轸，其屋于十三年对邻失慎已被回禄，于十五年置得邻地改造墙门；

付又中资灶头洋叁元；

付印契尾钱三千七百五十二文。

付黄贵林契价洋捌元，计置栅外二图成字号内坟山伍分壹厘叁毫伍丝，土名天化山，丙戌年开葬；

付又中资代笔钱三百七十一文；

付栅外二图岁字号税书赵锦荣过户洋壹元。

付卢明专契价洋贰拾元，计置坟地壹亩柒分陆厘贰毫伍丝，册名卢应龙，系栅外一图成字号玖百廿捌号，土名松林街大悲菴上首，己丑年开葬；

付又中资代笔钱一千六百七十文。

付汪富生契价洋一百文，计置基地贰则，系栅外一图成字号壹千叁百伍拾陆号、壹千叁百伍拾捌号，计征地壹分零肆毫贰丝，土名海月桥塘上潮神庙前，其地出租与张庆伯、叶尧臣两户；

付又中资代笔洋叁元；

付三户长寿、明专、富生过户洋叁元。

共付置产契价等，洋贰佰零玖元、钱一百零五千七百九十三文。

光绪十年正月十六日至十一年正月十五日止收支总登

一、收上年存钱四百三十三千六百二十六文；

一、收上年余洋水钱五千四百三十八文；

一、收引盐堆金洋叁百肆拾伍元；

一、收引盐堆金钱十八千五百七十八文；

一、收箱茶堆金洋肆百捌拾叁元；

一、收箱茶堆金钱十七千七百六十六文；

一、收各木寓经收堆金洋壹百贰拾陆元肆角肆分玖厘；

一、收各茶行经收堆金洋陆拾肆元壹角陆分玖厘；

一、收各茶行经收堆金钱十三千八百十二文；

一、收典业堆金钱一百九十七千三百七十文；

一、收茶漆业堆金钱七十九千九百二十文；

一、收皮梁业堆金洋陆元；

一、收皮梁业堆金钱十五千五百七十文；

一、收面业堆金钱二十四千三百四十文；

一、收茶食业堆金洋壹元；

一、收茶食业堆金钱十四千四百三十文；

一、收南货业堆金钱五千七百文；

一、收腌鲜肉业堆金洋拾元；

一、收腌鲜肉业堆金钱三十四千五百七十文；

一、收城中各业堆金洋肆元；

一、收城中各业堆金钱十千零六百五十文；

一、收豫隆茶行乐助焰口钱四百文；

一、收运枢回梓贴堂带费洋贰拾贰元；

一、收房租钱二百千零零二百二十五文。

大共连上存，总共收洋壹千零肆拾壹元陆角壹分捌厘、钱一千零七十五千九百九十五文。

一、支盐捐使用钱十六千九百文；

一、支箱茶捐使用洋拾贰元伍角；

一、支箱茶捐使用钱九十九千六百九十文；

一、支押租除收进净付出钱一千五百文；

一、支歙北富竭厝所修理洋贰元；

一、支舍材除收进净付出洋贰拾肆元；

一、支舍材起河抬力钱一千四百六十文；

一、支完纳钱粮漕米钱四千六百二十文；

一、支开运使用钱七十八千八百八十一文；

一、支埋葬用钱三十九钱七百八十文；

一、支修理工料洋贰拾玖元壹角壹分；

一、支修理工料钱一百零七千三百三十四文；

一、支置产契价等洋贰百零玖元；

一、支置产契价等钱一百零五千七百九十三文；

一、支买存石板条石钱二十一千八百三十文；

一、支程蔚记辛俸钱七十八千文；

一、支各友辛俸钱一百五十七千三百文；

一、支贴宝善堂挂号笔墨费洋叁元；

一、支给何德源照管外堂年例钱六千文；

一、支杂项零用钱七十四千八百九十六文；

一、支伙食钱一百七十二千零三十五文。

大共出支共洋贰百柒拾玖元陆角壹分，大共出支钱九百六十千零十九文。

除支，滚存洋柒百陆拾贰元零零捌厘、钱一百零九千九百七十六文。

乙酉年（光绪十一年）收支　结存

光绪十一年分收盐业堆金　每引二文

正月分，过九千零五十一引，收洋拾伍元每一千一百五十、又钱八百五十二文；

二月分，过二万九千三百二十一引，收洋伍拾元每一千一百五十、又钱一千一百四十二文；

三月分，过七千五百八十五引，收洋拾贰元每一千一百四十、又钱一千四百九十文；

四月分，过一万零四百九十五引，收洋拾柒元每一千一百四十、又钱一千六百一十文；

五月分，过九千八百七十六引半，收洋拾陆元每一千一百五十、又钱一千三百五十三文；

六月分，过一万四千六百八十四引半，收洋贰拾伍元每一千一百五十、又钱六百一十九文；

七月分，过八千八百四十四引半，收洋拾肆元每一千一百四十、又钱一千七百二十九文；

八月分，过一万七千二百三十一引半，收洋贰拾玖元每一千一百四十、又钱一千四百零三文；

九月分，过二万零二百九十三引半，收洋叁拾伍元每一千一百卅、又钱一千零三十七文；

十月分，过二万二千八百九十五引半，收洋肆拾元每一千一百十、又钱一千三百九十一文；

十一月分，过一万八千七百四十三引半，收洋叁拾叁元每一千一百十、又钱八百五十七文；

十二月分，过八千零八十八引，收洋拾叁元每一千一百卅、又钱一千四百八十六文。

共计堆金钱三百五十千二百十九文，共收盐堆金洋贰百玖拾玖元、钱十四千九百六十九文。

光绪十一年分街口收箱茶堆金名目　每箱抽收六文

正源号，三百九十四箱；	成记号，一百二十七箱；
胜大号，四百箱；	乾顺恒，三百八十二箱；

谦裕广，一百九十七箱；

同裕号，三百六十六箱；

蕙馨号，三百九十六箱；

隆盛号，三百六十三箱；

洪裕大，五百零三箱；

仁泰号，一百二十八箱；

许春隆，一百九十四箱；

彩盛号，四百三十五箱；

张永达，四百零九箱；

王同泰，二百七十六箱；

怡生和，五百六十二箱；

福生和，四百箱；

仁和泰，四百五十六箱；

詹宝和，四百箱；

汪同福，三百箱；

方亮记，二百箱，

郑同茂，五百四十二箱；

立昌号　七百七十七箱；

公和永　五百四十四箱；

洪利记，四百五十二箱；

永茂昌，六百四十箱；

孙怡达　七百零五箱；

余永馨，五百五十七箱；

方殿记，二百箱；

胜大号，一百十五箱；

益珍和，一百箱；

春隆号，四百三十六箱；

许恒大，三百四十四箱；

孙永春，六百四十二箱；

新盛号，二百零二箱；

怡生泰，三百二十二箱；

余来宜，二百箱；

馨馨号，四百箱；

廖益春，四百零二箱；

同裕号，二百三十箱；

福隆兴，四百零二箱；

亿同昌，五百零四箱；

余式记，二百箱；

恒隆号，四百箱；

怡馨祥，四百箱；

胡聚隆，六百九十八箱；

朱新记，六百六十七箱；

益泰祥，四百八十七箱；

义泰春，五百十四箱；

亿中祥，八百六十一箱；

郑同茂，一百十七箱；

同丰泰，五百二十一箱；

恒春祥，五百十七箱；

林茂昌，二百箱；

成记号，五百八十四箱；

震昌源，七百箱；

谦裕广，六百零八箱；

裕生和，四百七十六箱；

源馨祥，八百八十六箱；

永达号，六百九十一箱；

怡馨祥，四百五十八箱；

源馨祥，九百九十七箱；

益泰祥，一百零五箱；

义祥隆，四百九十箱；

余裕馨，三百七十六箱；

永昌福，六百二十七箱；

永和祥，五百七十五箱；

汪和春，二百箱；

汪益芳，三百二十八箱；

春茂号，五百三十箱；

余永升，三百五十四箱；

春馨祥，二百箱；

益泰祥，五百二十七箱；

朱新记，七百零三箱；

亿中祥，九百二十四箱；

胜大号，二百八十七箱；

李祥记，一千四百八十一箱；

福生和，五百二十二箱；

震昌源，七百六十六箱；

张永达，四百四十六箱；

林茂昌，二百五十箱；

永达号，八百四十二箱；

怡馨祥，六百箱；

乾顺恒，三百零七箱；

源馨祥，一千零五十八箱；

郑同茂，六百箱；

恒春祥，五百七十七箱；

洪裕大，四百零六箱；

胡聚隆，九百二十箱；

成记号，六百八十二箱；

瑞芬号，三百四十八箱；

方萃昌，二百箱；

裕生和，五百四十七箱；

汪和春，二百箱；

怡馨祥，四百箱；

春隆号，七百三十五箱；

公和永，七百六十四箱；

立昌号，七百四十箱；

孙怡达，八百九十一箱；

余裕馨，二百箱；

震昌源，七百四十箱；

汪益芳，二百箱；

汪福茂，二百箱；

永和祥，六百五十四箱；

许恒大，四百四十箱；

义泰春，二百二十箱；

德馨泰，四百四十一箱；

源馨祥，九百四十五箱；

方亮记，二百箱；

林茂昌，二百五十箱；

余顶馨，八十四箱；

义祥隆，五百四十三箱；

成记号，七百九十箱；

新盛号，三百三十一箱；

春茂号，六百九十七箱；

汪和春，二百箱；

亿同昌，五百九十七箱；

同丰泰，三百箱；

廖益春，六百箱；

仁和泰，四百箱；

永茂昌，六百二十五箱；

汪同福，四百箱；

王同泰，二百二十五箱；

洪利记，五百箱；

同丰泰，三百五十四箱；

义祥隆，五百七十七箱；

孙茂达，六百八十三箱；

宋集馨，三百九十一箱；

詹宝和，九百三十四箱；

余永馨，七百三十三箱；

查裕盛，二百箱；

怡生泰，一百九十四箱；

谦裕广，一千二百九十八箱；

怡生和，六百箱；

亿中祥，七百十二箱；

朱新记，五百七十六箱；

方质记，一百箱；

同裕号，二百八十一箱；

永达号，九百三十八箱；

恒隆号，三百四十二箱；

益泰祥，七百五十三箱；

永馨号，八十三箱；

源馨祥，一千八百二十七箱；

福生和，五百十四箱；

恒春祥，六百箱；

怡馨祥，五百箱；

永泰祥，二百五十三箱；

余裕馨，二百箱；

洪利记，九百五十箱；

孙怡达，六百八十三箱；

郑同茂，七百八十二箱；

义达号，六百五十一箱；

永茂昌，七百十二箱；

震昌源，六百八十四箱；

春隆号，七百二十八箱；

亿中祥，九百六十箱；

恒泰祥，一百零四箱；

綦綦号，四百十一箱；　　　　　　胜大号，二百三十四箱；

余来宜，二百箱；　　　　　　　　萃香号，一百箱；

公和永，八百九十二箱；　　　　　查德茂，二百箱；

立昌号，六百六十二箱；　　　　　义茂隆，二百九十二箱；

太和春，二百箱；　　　　　　　　余自香，二百箱；

裕生和，七百零六箱；　　　　　　怡生和，五百箱；

永昌福，五百箱；　　　　　　　　德馨泰，二百二十九箱；

恒达号，五十六箱；　　　　　　　朱新记，一千三百七十四箱；

林茂昌，二百箱；　　　　　　　　胡聚隆，五百零四箱；

孙永春，九百二十九箱；　　　　　永达号　九百六十二箱；

余裕馨，二百箱；　　　　　　　　余永升，三百七十箱；

怡馨祥，六百箱；　　　　　　　　詹宝和，六百箱；

许恒大，三百三十四箱；　　　　　李祥记，二千三百四十一箱；

永和祥，七百零五箱；　　　　　　源馨祥，二千六百五十六箱；

方乾茂，一百箱。

统年共过九万四千七百三十箱，计箱茶堆金钱五百六十八千三百八十文，共收箱茶堆金洋肆百柒拾壹元每一千一百、钱三千一百八十文。

光绪十一年分收木业堆金　　细账载明堂簿

汪炯记木寓，共经收洋叁拾肆元玖角伍分贰厘欠三分在外；

钮德大木寓，共经收洋拾叁元零壹分；

同颐兴、同利记木寓，共经收洋叁元外欠三十七角；

同利兴木寓，共经收洋拾肆元玖角贰分叁厘；

同颐兴、同树记木寓，共经收洋拾伍元余一千五百（元）零五厘；

同日升木寓，共经收洋肆拾捌元伍角；

收江复兴行堆金洋叁元。

共收木业堆金洋壹百叁拾贰元叁角捌分半。

光绪十一年分各茶行代收堆金

豫隆行，共经收洋拾肆元陆角捌分贰厘一千一百五十申钱十六千八百八十四；

乾泰昌，共经收洋贰拾玖元壹角陆分柒厘一千二百申钱三十五千；

信成行，共经收洋贰拾捌元叁角壹厘；

源润行，共经收洋贰拾壹元叁角捌分。

共收茶行堆金洋玖拾叁元伍角叁分。

光绪十一年分收典业堆金

善裕典

收程以耕，钱一千八百文；　　　　　收詹桂堂，钱一千八百文；

收黄渭飞，钱三千六百文；
收李允泉，钱一千零八十文；
收汪观全，钱七百二十文；

收程金兆，钱一千八百文；
收金承基，钱七百二十文；
收黄儒珍，钱七百二十文。

保善典

收程培基，钱一千八百文；
收程英三，钱一千八百文；
收张国祥，钱六百文；
收黄友仁，钱一千零八十文；
收汪子祥，钱一千零八十文；
收叶吉轩，钱三百六十文；
收朱廷林，钱三百六十文；
收吴午楼，钱一千零九十文；

收王子明，钱一千八百文；
收潘受子，钱七百二十文；
收张积峰，钱一千零八十文；
收汪子嘉，钱一千零八十文；
收周润泉，钱七百二十文；
收鲍达生，钱三百六十文；
收吴绍伯，钱三百六十文；
收程馥卿，钱三百六十文。

泰和典

收黄石年，钱七百二十文；
收刘元洪，钱七百二十文；
收汪子性，钱七百二十文；
收万纯洪，钱三百六十文；
收汪培生，钱三百六十文；
收方福海，钱三百六十文；
收方胜奎，钱三百六十文；

收戴振声，钱七百二十文；
收程锡畴，钱七百二十文；
收方增卿，钱三百六十文；
收汪厚章，钱三百六十文；
收叶梦贤，钱三百六十文；
收刘大昌，钱三百六十文；
收叶守业，钱三百六十文。

同德典

收余浩然，钱四百五十文；
收汪章熊，钱四百五十文。

收胡佩绅，钱四百五十文；

同吉典

收胡佩绅，钱一千零五十文；
收余浩然，钱一千零五十文；
收胡载舟，钱三百六十文；
收詹世烈，钱二百一十文；
收吴兰生，钱二百一十文；
收胡长寿，钱二百一十文；
收杨观元，钱二百一十文；
收舒起发，钱二百一十文；
收汪灶元，钱二百一十文。

收黄益之，钱一千零五十文；
收汪章熊，钱一千零五十文；
收范星桥，钱四百二十文；
收江品珊，钱二百一十文；
收汪迪封，钱二百一十文；
收胡慧卿，钱二百一十文；
收汪少卿，钱二百一十文；
收程厚存，钱二百一十文；

成裕典

收吴启铭，钱一千零八十文；
收吴天锡，钱一千零八十文；
收曹振远，钱一千零八十文；
收吴玉衡，钱一千零八十文；

收程爵之，钱一千零八十文；
收戴芳士，钱一千零八十文；
收叶秉忠，钱一千零八十文；
收吴星甫，钱一千零二十文；

收王笙甫，钱七百二十文；　　收叶培元，钱七百二十文；

收方月亭，钱七百二十文；　　收程士奎，钱七百二十文；

收吴绍光，钱七百二十文；　　收孙士衡，钱七百二十文；

收汪侣笙，钱七百二十文；　　收孙远谟，钱七百二十文；

收程亮轩，钱七百二十文；　　收程启发，钱六百文；

收许大奎，钱四百八十文。

鼎和典

收余德铨，钱一千三百五十文；　　收黄杰记，钱一千八百文；

收程心田，钱一千八百文；　　收汪懋功，钱九百文；

收程顺心，钱一千八百文；　　收李松林，钱一千零八十文；

收黄静斋，钱七百二十文；　　收项焕如，钱七百二十文；

收吴立如，钱三百六十文；　　收王小康，钱三百六十文；

收李高进，钱三百六十文；　　收程桂发，钱三百六十文；

收胡新庆，钱三百六十文；　　收吴承先，钱三百六十文；

收陈庆余，钱三百六十文；　　收汪步能，钱三百六十文。

善兴典

收程茂如，钱一千八百文；　　收朱添进，钱一千八百文；

收金朗庭，钱七百二十文；　　收万纯钧，钱七百二十文；

收李俊英，钱七百二十文；　　收余福禄，钱七百二十文；

收胡荣翔，钱三百六十文。

广仁典

收万朴堂，钱三千六百文；　　收孙云五，钱三千六百文；

收洪安详，钱一千八百文；　　收吴盛之，钱一千八百文；

收王志溶，钱一千零八十文；　　收叶质甫，钱三百六十文；

收万保之，钱三百六十文；　　收何树基，钱三百六十文；

收张又南，钱三百六十文；　　收汪子常，钱三百六十文；

收查焕文，钱三百六十文；　　收吴兆全，钱三百六十文。

协济典

收程育枝，钱三千六百文；　　收王子耘，钱二千八百八十文；

收朱天成，钱二千八百八十文；　　收程与九，钱二千八百八十文；

收程锡三，钱一千零八十文；　　收戴仰平，钱一千零八十文；

收毕拱宸，钱三百六十文；　　收汪运麟，钱一千零八十文；

收程趾祥，钱二千八百八十文；　　收叶临魁，钱二百七十文；

收程耀清，钱三百六十文；　　收程学贤，钱三百六十文；

收潘奇卿，钱三百六十文；　　收程树春，钱三百六十文；

收戴殿臣，钱三百六十文。

三墩保泰典

收保泰典，钱三千六百文；　　收伊殿英，钱三千六百文；

收方养吾，钱三千六百文；　　收吴宝田，钱一千八百文；

收吴宗海，钱一千八百文；　　收吴成周，钱一千八百文；

收郑新盘，钱一千零八十文；　　收吴永清，钱七百二十文；

收吴裕春，钱七百二十文；　　收汪济舟，钱七百二十文；

收吴美如，钱三百六十文；　　收项福生，钱三百六十文；

收余开元，钱三百六十文；　　收吴伯镛，钱三百六十文；

收胡四喜，钱三百六十文。

裕通典

收张茂庭，钱七百二十文；　　收方春泉，钱一千零八十文；

收范星甫，钱一千零八十文；　　收胡启咸，钱一千零八十文；

收吴天保，钱七百二十文；　　收姚渭清，钱七百二十文；

收程酉田，钱三百六十文；　　收程德韵，钱三百六十文。

保大典

收胡上林，钱一千零八十文；　　收程功甫，钱一千零八十文；

收庄临沅，钱一千零八十文；　　收项正晖，钱一千零八十文；

收余聿修，钱二百四十文；　　收胡志贤，钱三百六十文；

收韩小苹，钱二百四十文；　　收程瑞元，钱一百二十文。

善庆典

收方玉贵，钱三百六十文；　　收孙琢章，钱一千一百四十文；

收范金生，钱三百六十文；　　收项贵财，钱三百六十文；

收胡兆昌，钱三百六十文；　　收王沛霖，钱三百六十文；

收孙新和，钱三百六十文；　　收吴蕴山，钱三百六十文；

收唐春龄，钱一百八十文；　　收张庆寿，钱三百六十文；

收程俊夫，钱七百二十文。

广兴典

收吴静安，钱一千八百文；　　收周启贤，钱一千零八十文；

收汪彩章，钱七百二十文；　　收黄长鹤，钱七百二十文；

收朱社金，钱三百六十文。

裕兴典

收朱文生，钱四百五十文；　　收江荫堂，钱二百七十文；

收洪元彬，钱一百八十文；　　收孙礼仁，钱二百七十文；

收吴兆基，钱一百八十文；　　收吴文焕，钱九十文；

收张文甫，钱九十文；　　收吴培植，钱九十文。

通济典

收王立三，钱三千六百文；　　收朱瑞庭，钱一千八百文；

收万滨甫，钱一千八百文；　　收黄静波，钱一千八百文；

收韩汉云，钱二千一百六十文；　　收黄如松，钱一千零八十文；

收汪瑞芝，钱四百五十文；　　收宋仲华，钱一千零八十文；

收翁少卿，钱一千零八十文；　　收吴丽云，钱一千零八十文；
收舒咸远，钱三百文；　　　　　　收范裕魁，钱七百二十文；
收洪君宝，钱三百六十文；　　　　收张锡年，钱三百六十文；
收范裕光，钱三百六十文；　　　　收吴定惜，钱三百六十文；
收方吉泰，钱三百六十文。

全庆典

收吴修德，钱一千零八十文；　　收程文秀，钱一千零八十文；
收余鸿远，钱一千零八十文；　　收汪震川，钱一千零八十文；
收汪家柱，钱一千零八十文；　　收江庆梅，钱一千零八十文；
收孙慎卿，钱一千零八十文；　　收江本立，钱七百二十文；
收胡炳炎，钱三百六十文；　　　收金德林，钱三百六十文；
收范焕章，钱三百六十文；　　　收吴春泉，钱三百六十文。

恭和典

收范文甫，钱一千零八十文；　　收汪诚斋，钱一千零八十文；
收胡绶卿，钱一千零八十文；　　收朱康泰，钱一千零八十文；
收洪仰陶，钱七百二十文；　　　收汪子善，钱七百二十文；
收张惟本，钱七百二十文；　　　收朱良祖，钱七百二十文；
收欧阳照初，钱七百二十文；　　收戴序云，钱三百六十文；
收毕东福，钱三百六十文；　　　收程本立，钱三百六十文；
收汪永旺，钱三百六十文。

平遥保昌典

收保昌典，钱三百六百文；　　　收舒养和，钱一千零八十文；
收孔静山，钱七百二十文；　　　收汪绍基，钱七百二十文；
收汪义卿，钱三百六十文；　　　收章顺发，钱三百六十文；
收徐元禄，钱三百六十文；　　　收程兴荣，钱三百六十文；
收程锡常，钱三百六十文；　　　收程志远，钱三百六十文；
收孙友三，钱三百六十文；　　　收唐伊甫，钱三百六十文。

良驹协泰典

收朱良桢，钱七百二十文；　　　收胡芷香，钱三百六十文；
收程仰杰，钱三百六十文；　　　收姚宜轩，钱三百六十文。

临平广兴典

收吴雨亭，钱七百二十文；　　　收汪朗如，钱七百二十文；
收吴汉之，钱七百二十文；　　　收项礼春，钱三百六十文；
收洪高志，钱三百六十文；　　　收胡晓初，钱三百六十文；
收王志源，钱三百六十文；　　　收金履之，钱三百六十文。
共收典业堆金钱二百十千零四十文。

光绪十一年分茶漆业堆金

收吴恒盛，钱二千五百二十文；　　收吴恒有，钱十千零八百文；

收吴源茂，钱一千八百文；　　　　收洪本发，钱三百六十文；

收永春号，钱三千六百文；　　　　收吴日新，钱一千八百文；

收李裕进，钱二百七十文；　　　　收吴鉴周，钱三百六十文；

收吴福连，钱三百六十文；　　　　收张保生，钱三百六十文；

收吴鼎兴，钱五千四百文；　　　　收吴恒新、吴隆新，钱一千八百文；

收潘远源，钱五千四百文；　　　　收潘聚源，钱七百二十文；

收吴彦林，钱三百六十文；　　　　收徐载华，钱三百六十文；

收兴大号，钱二千一百六十文；　　收周大有，钱二千八百八十文；

收方福泰，钱三千六百文；　　　　收吴裕大，钱三千六百文；

收吴恒春，钱二千一百六十文；　　收江恒茂，钱一千八百文；

收吴永隆、吴上棋，钱一千八百文；收吴源隆，钱七百二十文；

收吴福泰，钱七百二十文；　　　　收郑根妹，钱二百一十文；

收洪承妹，钱二百四十文；　　　　收朱文彬，钱三百六十文；

收吴文桂，钱三百六十文；　　　　收吴砚丞，钱四千三百二十文；

收章辅堂，钱三千六百文。

共收茶漆业堆金钱六十四千八百文。

光绪十一年分皮梁业堆金

收汪正顺，钱一千零八十文；　　收黄义丰，钱一千四百四十文；

收汪善德，钱三百六十文；　　　收黄源丰，钱一千零八十文；

收胡聚丰，钱一千零八十文；　　收黄万丰，钱二千一百六十文；

收胡根宝，钱三百六十文；　　　收凌怡昌，洋壹元。

共收皮梁业堆金洋壹元、钱七千五百六十文。

光绪十一年分面业堆金

收章三源，钱一千零八十文；　　收许悦兴，钱一千零八十文；

收章同源，钱一千零八十文；　　收老六聚，钱一千八百文；

收章上源，钱一千八百文；　　　收公和馆，钱一千六百八十文；

收昌源馆，钱一千零八十文；　　收邵长和，钱一千八百文；

收浙一馆，钱七百二十文；　　　收悦来馆，钱一千零八十文；

收仙和馆，钱一千零八十文；　　收四聚馆，钱七百二十文；

收胡庆和，钱一千八百文；　　　收许大兴，钱一千八百文；

收老三三，钱一千八百文；　　　收天兴馆，钱七百二十文；

收合记馆，钱七百二十文；　　　收万云馆，钱一千二百文；

收三和馆，钱一千零八十文；　　收一和馆，钱三百文；

收乾元馆，钱四百五十文。

共收面业堆金钱二十四千八百七十文。

光绪十一年分茶食业堆金

收玉琳斋，钱一千八百文；　　　收同泰号，钱一千八百文；

收益泰号，钱一千八百文；　　　收鼎和号，钱一千八百文；

收源泰昌，钱一千八百文；　　　收元泰号，钱一千八百文；

收万泰昌，钱一千八百文；　　　收张铭德，钱七百二十文；

收章运帆本年，洋壹元；　　　收祥泰号，洋壹元；

收章运帆十年分，洋壹元。

共收茶食业堆金洋叁元、钱十三千三百二十文。

光绪十一年分腌鲜肉业堆金

收泰记号，钱一千八百文；　　　收程灶明，钱三百六十文；

收宋绍堂，钱三百六十文；　　　收义和号，钱三千六百文；

收同升和，钱一千八百文；　　　收邵德法，钱七百二十文；

收泳昌号，钱一千八百文；　　　收聚兴号，钱一千八百文；

收叶廷源，钱七百二十文；　　　收荣记号，钱一千八百文；

收晋和号，钱三千六百文；　　　收春号，钱一千八百文；

收邵子湘，钱七百二十文；　　　收胡炳顺，钱三百六十文；

收高永祥，钱五百文；　　　收张锦文，钱七百二十文；

收程高祥，洋壹元；　　　收邵双庆，洋壹元；

收程社祥，洋壹元；　　　收姜天云　洋壹元；

收程子明，洋壹元；　　　收耿裕康，洋壹元。

共收腌鲜肉业堆金洋捌元，共收腌鲜肉业堆金钱二十二千四百六十文。

光绪十一年分南货业堆金

收张康伯，钱一千四百四十文；　　　收洪梯云，钱一千零八十文。

共收南货业堆金二千五百二十文。

光绪十一年分杂货业堆金

收金森记，钱三千六百文；　　　收谢灶荣，钱九十文；

收邱佐臣，钱三百六十文；　　　收余遇发，钱三百六十文；

收益号梅记，钱一千四百四十文；　　　收益号晋记，钱一千零八十文；

收益号声记，钱一千零八十文；　　　收叶厚芝，钱三百六十文；

收益泰号，钱三千六百文；　　　收汪玉润，钱三百六十文；

收胡春森，钱三百六十文；　　　收万学年，钱三百六十文；

收叶焕春，钱七百二十文；　　　收万兰九，钱三百六十文；

收金应祥，钱三百六十文；　　　收徐学谦，钱三百六十文；

收潘诚兴，钱一千八百文；　　　收潘仁泰，钱一千八百文；

收潘元林，钱一千八百文；　　　收坤大号，钱九百文；

收吴钰琳，钱三百六十文；　　　收叶祥麟，钱三百六十文；

收谢士卿，钱七百二十文；　　　收汪聚源，钱七百二十文；

收苏聚兴，钱七百二十文；　　　收汪同源，钱一千零八十文。

共收杂货业堆金钱二十五千一百十文。

光绪十一年分城中各业堆金

收苎麻业唐天鸿，钱七百二十文；

收磁器业洪兴号，钱三千六百文；

收条笼业汪义兴，钱一千八百文；

收柴业胡天兴，洋叁元十年分；

收米业程楚怀，洋壹元。

共收城中各业堆金洋肆元、钱六千一百二十文。

光绪十一年分

收豫隆行乐助焰口钱四千文；

收舒荫三乐输善疏洋壹元。

光绪十一年分置产契价、中资、过户、印契总登

付黄贵林坟地契价，洋陆元，计置栅外一图成字号内坟地柒分，土名梳妆台，乙酉年开葬；

付又过户，洋壹元。

付俞灿宝地屋契价，洋壹百元，计置六椽楼屋乙间，帐檐随身箱房平屋七椽，并连基地，坐落海月桥里街栅外一图成字号伍百陆拾柒号，征地壹分贰厘肆毫陆丝，土名牌山门；

付又中资、代笔、过户，洋伍元。

付韩宗文基地契价，洋玖拾元，计收基地二间，系上隅四图闰字　　号，征地肆分零肆毫，土名洋槐塘上，其地前租与王庆龙、朱春发造得平房，均出卖与本堂为业；

付王庆龙平房契价，洋肆拾伍元，计置七椽平房一间，过廊平房六椽，并无地基，系前向韩宗文处租地造屋，今亦出卖与本堂；

付朱春发平屋契价，洋陆拾元，计置六椽暗搁【阁】楼一间，后连平房五椽，亦无基地，前亦向韩宗文租地造屋，今亦一同出卖本堂为业；

付又三契代笔、中资，洋捌元；

付又基地立过户印契，洋陆元。

付鲁锦荣基地契价，洋拾肆元，收基地一间，册名鲁庆元，在栅外一图成字陆百贰拾贰号，计征地壹分捌厘叁毫肆丝，土名牌山门；

付陆寿富基地契价，洋拾肆元，收基地一间，册名陆文耀，在栅外一图成字陆百贰拾叁号，计征地壹分捌厘叁毫肆丝，土名牌山门；

付邵德顺基地契价，洋拾肆元，收基地一间，册名邵德顺，在栅外一图成字陆百拾玖号，计征地壹分叁厘肆毫，土名牌山门；

付王胜川基地契价，洋陆元，收基地一间，册名王明高，在栅外一图成字陆百贰拾肆号内，计征地捌厘叁毫，土名牌山门；

付范兆凤菜地契价，洋叁拾贰元，收菜地贰毫，系栅外一图成字陆百柒拾号、陆百柒拾壹号，计征地壹亩叁分陆厘陆毫贰丝肆忽，土名牌山门；

付叶凤姑地屋契价，钱六十千文，收平屋二间并连基地，册名叶万春，在栅外一图成字伍百柒拾号，计征地贰分肆厘玖毫贰丝，坐落海月桥里街，土名牌山门；

付共六户中资、代笔，洋贰元；

付共六户中资、代笔，钱四千三百八十三文；

付上五户基、菜地过户，洋柒元。

付王满姑基、菜地契价，洋壹百拾元，收基地二号、菜地三号，册名王双龙，在栅外一图成字壹百捌拾玖号、壹百捌拾贰号、壹百贰拾陆号、壹百伍拾玖号、壹百陆拾号，坐落海月桥河下，土名杨家□；

付又中资、代笔，洋肆元肆角。

共付置产洋伍百贰拾肆元肆角、钱六十四千三百八十三文。

光绪十一年出支新造牌山门牌楼下首朝东南七椽楼房六间，下年二月初六日竖柱上梁

付李玉甫金钩匠清地基、排墙脚、打夯、砌沟、石礅工，钱十六千九百四十文；

付李玉甫打泥墙工，钱四十六千五百五十二文；

付汪水英石作工，钱七千七百九十文；

付张钰池木匠工，钱一百零四千九百八十文；

付陈顺隆锯板料工，钱三十九千九百二十八文；

付同日生行木价，洋壹百零壹元伍角；

付蔡松记定瓦，洋伍拾元；

付乾源木行建段，洋肆拾元又钱五百二十文；

付乾源木行杉板，洋陆拾叁元又钱四百八十文；

付聚森昌柳板段，洋拾元又钱八百三十四文；

付续买石古磜条板，钱二十六千七百八十文；

付乱石、断砖，钱八千五百七十文；

付稻草、纸筋、石灰，钱十一千一百六十八文。

共付新造租房钱二百六十四千五百四十二文、洋贰百陆拾肆元伍角。

光绪十一年正月十六日至十二年正月十五日止收支大总

一、收上存洋柒百陆拾贰元零捌厘；

一、收上存钱一百零九千九百七十六文；

一、收引盐堆金洋贰百玖拾玖元；

一、收引盐堆金钱十四千九百六十九文；

一、收箱茶堆金洋肆百柒拾壹元；

一、收箱茶堆金钱三千一百八十文；

一、收木业堆金洋壹百叁拾贰元叁角捌分伍厘；

一、收茶行堆金洋玖拾叁元伍角叁分；

一、收典业堆金钱二百一十千零零四十文；

一、收茶漆业堆金钱六十四千八百文；

一、收皮梁业堆金洋壹元；

一、收皮梁业堆金钱七千五百六十文；

一、收面业堆金钱二十四千八百七十文；

一、收茶食业堆金洋叁元；

一、收茶食业堆金钱十三千三百二十文；

一、收腌鲜肉业堆金洋捌元；

一、收腌鲜肉业堆钱二十二千四百六十文；

一、收南货业堆金钱二千五百二十文；

一、收杂货业堆金钱二十五千一百十文；

一、收城中各业堆金洋肆元；

一、收城中各业堆金钱六千一百二十文；

一、收乐助户洋壹元；

一、收乐助户钱四千文；

一、收运柩回梓贴堂带费洋贰拾元；

一、收房租钱二百五十九千一百七十五文；

一、收进押租钱四十三千二百文；

一、收进息洋叁元捌角捌分叁厘；

一、收上年余洋水钱四千二百八十八文。

大共连上存共收洋壹千柒百玖拾捌元捌角零陆分陆厘一千一百二十申钱二千零十四千六百六十三、钱八百十五千五百八十八文。

一、支盐捐使用钱十五千六百文；

一、支箱茶捐使用洋拾贰元伍角；

一、支箱茶捐使用钱九十二千四百十八文；

一、支舍材洋玖拾叁元玖角；

一、支舍材钱五千二百三十一文；

一、支开运用钱七十九千三百十九文；

一、支埋葬用钱六十一千七百七十一文；

一、支完纳钱粮漕米钱五千九百十一文；

一、支置产洋伍百贰拾肆元肆角；

一、支置产钱六十四千三百八十三文；

一、支修理工料洋拾捌元伍角柒分肆厘；

一、支修理工料钱五十三千一百七十九文；

一、支新造租房工料钱洋贰百陆拾肆元伍角；

一、支新造租房工料钱二百六十四千五百四十二文；

一、支临溪厝立碑记洋拾柒元伍角；

一、支贴宝善堂挂号笔墨费洋肆元；

一、支程蔚才辛俸钱七十二文；

一、支各友辛俸钱一百四十九千三百七十文；

一、支给何德源照管外厝年例钱六千文；

一、支伙食钱一百五十三千零四十四文；

一、支杂项零用钱六十七千一百九十二文。

大共出支洋玖百叁拾伍元叁角柒分肆厘一千一百二十申钱一千零四十七千六百十九、钱一千零八十九千九百六十文。

除出支，滚存钱六百九十二千六百七十二文。

丙戌年（光绪十二年）收支　结存

光绪十二年分收盐业堆金　每引二文

正月分，过六千四百零七引，收洋拾元每一千一百卅、又钱一千五百十四文；

二月分，过一万一千五百八十八引，收洋贰拾元每一千一百卅、又钱五百七十六文；

三月分，过二万四千八百七十六引半，收洋肆拾叁元每一千一百四十、又钱七百三十三文；

四月分，过一万七千七百三十四引半，收洋叁拾元每一千一百卅、又钱一千五百六十九文；

五月分，过一万二千二百四十一引半，收洋贰拾壹元每一千一百卅、又钱七百五十三文；

六月分，过一万八千八百三十六引，收洋叁拾贰元每一千一百四十、又钱一千一百九十二文；

七月分，过九千零八十六引，收洋拾伍元每一千一百卅、又钱一千二百二十二文；

八月分，过一万八千九百零二引，收洋叁拾元每一千一百卅、又钱八百四十四文；

九月分，过二万三千一百九十六引，收洋肆拾壹元每一千一百、又钱一千二百九十二文；

十月分，过二万六千三百零二引，收洋肆拾捌元每一千零八十、又钱七百六十四文；

十一月分，过一万五千三百四十八引半，收洋贰拾捌元每一千零七十、又钱七百三十七文；

十二月分，过六千零九十五引，收洋拾元每一千零六十、又钱一千五百九十文。

共计堆金钱三百八十一钱二百二十六文，共收盐业堆金洋叁百叁拾壹元、钱十二千七百八十六文。

光绪十二年分街口箱茶堆金名目　每箱抽收六文

仁和号，三百九十七箱；	洪裕大，四百六十五箱；
同裕号，三百四十二箱；	生生源，四百六十一箱；
王同泰，一百零五箱；	张隆盛，九十六箱；

正源号，四百六十七箱；

胜大号，四百十四箱；

同春恒，四百零六箱；

乾顺号，三百五十八箱；

隆盛号，四百四十箱；

张永达，三百七十一箱；

吴心记，三百二十六箱；

遂馨昌，四百箱；

义泰春，二百零六箱；

程永馨，四百二十箱；

泰和祥，三百箱；

朱新记，五百三十七箱；

胡聚隆，三百箱；

源馨祥，六百八十二箱；

森芽号，四百箱；

公和永，六百四十箱；

永盛祥，五百四十三箱；

郑同茂，四百五十八箱；

蓁蓁号，三百八十九箱；

公泰号，四百二十六箱；

亿中祥，八百四十五箱；

孙怡达，六百四十一箱；

余天泰，二百六十九箱；

义祥隆，五百四十四箱；

余萃香，一百箱；

永昌福，五百二十五箱；

谦裕广，七百二十六箱；

张永达，三百二十箱；

方亮记，二百箱；

馨馨号，四百箱；

永盛祥，四百十六箱；

胡聚隆，四百箱；

永达号，七百八十箱；

林茂昌，二百五十箱；

李祥记，一千二百八十二箱；

郑同茂，三百五十箱；

广馨祥，五百六十一箱；

广兴茂，六百七十二箱；

怡隆号，三百六十九箱；

恒隆号，三百八十箱；

方亮记，二百箱；

裕昌礼，五百七十八箱；

林茂昌，二百箱；

詹宝和，四百箱；

怡生和，四百三十箱；

方殿记，二百箱；

震昌源，七百六十三箱；

谦裕广，六百七十三箱；

怡馨祥，五百六十一箱；

孙茂达，六百零八箱；

余裕馨，二百箱；

永达号，七百六十三箱；

永茂昌，五百三十四箱；

春隆号，四百八十箱；

余来宜，二百箱；

和永昌，三百五十箱；

阜春号，四百六十七箱；

怡盛祥，四百三十箱；

方萃昌，一百箱；

孙永春，五百二十一箱；

春馨祥，三百箱；

孙怡达，五百六十一箱；

洪利记，四百八十九箱；

汪益芳，三百十八箱；

源馨祥，七百九十六箱；

泰和祥，三百箱；

祥泰号，二百箱；

程永馨，四百箱；

怡隆号，一百九十八箱；

礼记号，三百二十五箱；

余妙香，一百三十四箱；

詹宝和，四百箱；

洪裕大，四百十八箱；

亿中祥，六百箱；

余裕馨，二百箱；

余永升，二百箱；

段辛怡隆，一百箱；

姚祥泰，一百七十八箱；

春隆号，六百二十六箱；

怡馨祥，四百箱；

永茂昌，五百十七箱；

公泰号，三百箱；

福生和，四百十五箱；

余来宜，二百箱；

蓁蓁号，四百六十一箱；

张德新，一百二十七箱；

正源号，三百四十箱；

义祥隆，五百七十一箱；

朱新记，一千一百三十三箱；

同裕号，四百三十一箱；

同春恒，三百五十三箱；

震昌源，一千三百八十四箱；

春馨祥，五百四十四箱；

余珍乳，一百箱；

恒新号，二百零四箱；

谦裕广，八百零八箱；

瑞芬号，三百五十八箱；

朱祥春，二百二十五箱；

洪利记，五百二十九箱；

恒馨祥，五百八十箱；

亿中祥，六百箱；

祥泰号，二百箱；

孙永春，五百四十三箱；

永昌福，六百零一箱；

日隆号，一百四十五箱；

怡馨祥，三百五十箱；

诚祥永，四百箱；

余来宜，二百箱；

余裕馨，二百箱；

李祥记，一千一百五十四箱；

日新号，四百箱；

森芽号，二百箱；

吴心记，二百三十五箱；

詹合记，二百箱；

怡生和，三百箱；

怡盛祥，三百七十八箱；

义泰春，三百三十箱；

馥馨号，二百箱；

许恒大，五百五十箱；

孙怡达，四百零八箱；

汪福茂，二百箱；

公和永，八百二十八箱；

仁和号，六百六十八箱；

乾顺号，二百三十六箱；

新盛号，四百五十三箱；

汪益芳，二百箱；

瑞泰祥，一百三十九箱；

成泰号，二百箱；

成泰号，四百零七箱；

王同泰，一百八十二箱；

益珍和，一百箱；

詹恒盛，二百箱；

生生源，四百箱；

永达号，九百零九箱；

永茂昌，四百六十箱；

永和昌，七百二十四箱；

和春福，二百箱；

德丰号，三百三十二箱；

宋集馨，三百十八箱；

林茂昌，四百箱；

同裕号，三百六十一箱；

同春恒，二百二十四箱；

震昌源，七百箱；

胜大号，二百四十三箱；

益大号，二百六十五箱；

张源盛，一百二十八箱；

义达号，八百四十八箱；

程永馨，七百八十八箱；

詹宝和，四百箱；

源馨祥，一千二百八十六箱；

汪益芳，二百箱；

聚兴号，一百箱；

德馨泰，三百四十三箱；   彩春和，一百零一箱；

源馨祥，一千零五十四箱；   洪裕大，三百五十二箱；

亿中祥，六百零四箱；   詹远馨，一百箱；

汪福茂，二百箱；   恒泰祥，一百五十八箱；

洪利记，四百七十八箱；   胡聚隆，一千箱；

万兴祥，九百六十四箱；   余萃香，五十箱；

荣茂昌，一百五十二箱；   洪裕生，一百零一箱；

吴永馨，一百四十箱；   余裕馨，二百箱。

统年共过七万二千四百五十箱，计堆金钱四百三十四千七百文，共收箱茶堆金洋叁百伍拾捌元每一千二百、钱五千二百文。

光绪十二年分收木业堆金   细账载明堂簿

同日升木寓，共经收洋伍拾柒元壹角；

汪炯记木寓，共经收洋贰拾玖元伍角贰分；

祝万兴木寓，共经收洋陆角；

钮德大木寓，共经收洋陆元肆角伍分；

裕大木寓，共经收洋贰拾捌元零柒分；

同颐兴木寓，共经收洋拾叁元肆角伍分伍角；

怡同懋木寓，共经收洋捌元柒角陆分伍厘；

同利兴木寓，共经收洋肆拾壹元肆角壹分柒厘；

收洪大兴自交堂本印堆金洋叁元壹角；

收江复兴行自交堂本印堆金洋叁元；

收江复兴行堆金洋叁元；

收同颐兴归上年堆金洋叁元柒角。

共收木业堆金洋壹百玖拾捌元壹角柒分柒厘。

光绪十二年分各茶行代收堆金

源润行，共经收洋贰拾柒元、又钱二百二十九文；

信成行，共经收洋捌元、又钱八百九十四文；

大茂行，共经收洋伍元、又钱四百七十八文；

乾泰昌，共经收洋贰拾柒元、又钱二百六十文；

孙隆行，共经收洋拾伍元、又钱四百九十二文。

共收茶行堆金洋捌拾贰元、钱二千三百五十三文。

光绪十二年分典业堆金
善裕典

收程以耕，钱一千八百文；   收李允泉，钱一千零八十文；

收詹桂堂，钱一千八百文；   收金承基，钱七百二十文；

收黄渭飞，钱三千六百文；
收程金兆，钱一千八百文；

保善典

收程培基，钱一千八百文；
收王子明，钱一千八百文；
收程英三，钱一千八百文；
收黄友仁，钱一千零八十文；
收汪子祥，钱一千零八十文；
收周润泉，钱一百八十文；
收鲍达生，钱三百六十文；

泰和典

收戴振声，钱七百二十文；
收刘元洪，钱七百二十文；
收程锡畴，钱七百二十文；
收汪子性，钱七百二十文；
收叶梦贤，钱三百六十文；
收方福海，钱三百六十文；
收刘大昌，钱三百六十文；

成裕典

收吴启铭，钱七百二十文；
收程爵之，钱一千零八十文；
收吴天锡，钱一千零八十文；
收戴芳士，钱一千零八十文；
收曹振远，钱一千零八十文；
收叶秉忠，钱一千零八十文；
收吴绍光，钱七百二十文；
收孙士衡，钱七百二十文；
收汪侣笙，钱七百二十文；
收孙远谟，钱七百二十文；

裕通典

收张茂庭，钱七百二十文；
收方春泉，钱一千零八十文；
收范新甫，钱一千零八十文；
收胡启咸，钱一千零八十文；
收万朴堂，钱三千六百文；
收孙云五，钱三千六百文；
收吴盛之，钱一千八百文；
收王志溶，钱一千零八十文；

收汪观全，钱七百二十文；
收黄儒珍，钱七百二十文。

收潘受子，钱一千三百五十文；
收汪子嘉，钱一千零八十文；
收张积峰，钱一千零八十文；
收朱廷林，钱三百六十文；
收吴绍伯，钱三百六十文；
收程馥卿，钱三百六十文；
收吴午楼，洋壹元。

收方增卿，钱三百六十文；
收万纯洪，钱三百六十文；
收汪子功，钱三百六十文；
收汪培生，钱三百六十文；
收方胜奎，钱三百六十文；
收叶守业　钱三百六十文；
收汪召棠，洋贰元。

收吴玉衡，钱五百四十文；
收吴星甫，钱一千零八十文；
收王笙甫，钱七百二十文；
收叶培元，钱七百二十文；
收方月亭，钱七百二十文；
收程士奎，钱七百二十文；
收程亮轩，钱七百二十文；
收程启发，钱七百二十文；
收许大奎，钱七百二十文；
收江永祥，钱七百二十文。

收吴天保，钱七百二十文；
收姚渭卿，钱七百二十文；
收程西田，钱三百六十文；
收程德韵，钱三百六十文；
收汪子常，钱七百二十文；
收万保之，钱五百十文；
收何树基，钱三百六十文；
收查焕文，钱三百六十文；

收叶质甫，钱七百二十文；　　　　收吴兆全，钱三百六十文。

保大典

收胡上林，钱一千零八十文；　　　收程瑞元，钱三百六十文；
收程功甫，钱一千零八十文；　　　收韩春波，钱二百七十文；
收庄临沅，钱一千零八十文；　　　收洪友钧，钱二百七十文；
收胡志贤，钱三百六十文。

协济典

收程育枝，钱三千六百文；　　　　收程趾祥，钱二千八百八十文；
收王子耘，钱二千八百八十文；　　收毕拱宸，钱七百二十文；
收朱天成，钱二千八百八十文；　　收程耀清，钱三百六十文；
收戴仰平，钱一千零八十文；　　　收程学贤，钱三百六十文；
收程与九，钱一千四百四十文；　　收潘奇卿，钱三百六十文；
收程锡三，钱一千零八十文；　　　收程树春，钱三百六十文；
收汪运麟，钱一千零八十文；　　　收戴殿臣，钱三百六十文。

善兴典

收程茂如，钱一千八百文；　　　　收朱添进，钱一千八百文；
收金朗庭，钱七百二十文；　　　　收李俊英，钱七百二十文；
收万纯钧，钱六百六十文；　　　　收余福禄，钱七百二十文。

善庆典

收孙琢璋，钱一千零八十文；　　　收孙新和，钱三百六十文；
收程俊夫，钱七百二十文；　　　　收吴蕴山，钱三百六十文；
收胡兆昌，钱三百六十文；　　　　收张庆寿，钱三百六十文；
收汪沛霖，钱三百六十文。

通济典

收王立三，钱三千六百文；　　　　收万滨甫，钱一千八百文；
收朱瑞庭，钱一千八百文；　　　　收黄静波，钱一千八百文；
收韩汉云，钱二千一百六十文；　　收洪君宝，钱三百六十文；
收黄如松，钱一千零八十文；　　　收张锡年，钱三百六十文；
收宋仲华，钱一千零八十文；　　　收范裕光，钱三百六十文；
收翁少卿，钱一千零八十文；　　　收吴定惜，钱三百六十文；
收吴丽云，钱一千零八十文；　　　收方吉泰，钱三百六十文；
收范裕魁，钱七百二十文；　　　　收唐南辉，钱三百六十文。

全庆典

收舒养和，钱二千一百六十文；　　收江庆梅，钱一千零八十文；
收吴修德，钱一千零八十文；　　　收汪震川，钱一千零八十文；
收程文秀，钱七百二十文；　　　　收汪家柱，钱四百五十文；
收孙慎卿，钱一千零八十文；　　　收金德林，钱三百六十文；
收江本立，钱七百二十文；　　　　收范焕章，钱三百六十文；

收胡炳炎，钱三百六十文；　　收吴春泉，钱三百六十文。

广兴典

收吴静安，钱一千八百文；　　收黄长鹤，钱七百二十文；

收周启贤，钱九百九十文；　　收朱社金，钱三百六十文。

恭和典

收范文甫，钱一千零八十文；　　收胡绶卿，钱一千零八十文；

收汪诚斋，钱一千零八十文；　　收朱康泰，钱一千零八十文；

收洪仰陶，钱七百二十文；　　收戴序云，钱三百六十文；

收汪子善，钱七百二十文；　　收毕东福，钱三百六十文；

收张惟本，钱七百二十文；　　收程本立，钱三百六十文；

收朱良祖，钱七百二十文；　　收汪永旺，钱三百六十文；

收欧阳照初，钱七百二十文。

同吉典

收胡佩绅，钱一千八百文；　　收胡载舟，钱七百二十文；

收黄益之，钱一千八百文；　　收范星桥，钱七百二十文；

收余浩然，钱一千八百文；　　收詹世烈，钱三百六十文；

收汪章熊，钱一千八百文；　　收吴兰生，钱三百六十文；

收汪迪封，钱三百六十文；　　收舒起发，钱三百六十文；

收胡长寿，钱三百六十文；　　收程厚存，钱三百六十文；

收胡惠卿，钱三百六十文；　　收汪灶元，钱三百六十文；

收杨观元，钱三百六十文。

裕兴典

收朱文生，钱九百文；　　收吴文焕，钱三百六十文；

收江荫堂，钱一千零八十文；　　收张文甫，钱三百六十文；

收洪元彬，钱七百二十文；　　收吴培植，钱三百六十文；

收孙礼仁，钱一千零八十文；　　收周启贤，钱九十文；

收吴兆基，钱七百二十文。

聚和典

收朱梅舲，钱九百文；　　收叶吉如，钱五百四十文；

收江雨亭，钱九百文；　　收胡鹤泉，钱五百四十文；

收洪作民，钱九百文；　　收项镜泉，钱三百六十文；

收程泽甫，钱五百四十文；　　收范茂棠，钱三百六十文。

三墩保泰典

收保泰典，钱三千六百文；　　收吴宗海，钱一千八百文；

收伊殿英，钱三千六百文；　　收吴成周，钱一千八百文；

收方养吾，钱三千六百文；　　收郑新盘，钱一千零八十文；

收吴宝田，钱一千八百文；　　收吴永清，钱七百二十文；

收吴裕春，钱七百二十文；　　收余开元，钱三百六十文；

收汪济舟，钱七百二十文；

收吴美如，钱三百六十文；

收项福生，钱三百六十文。

收吴伯镛，钱三百六十文；

收胡四喜，钱三百六十文。

平窑保昌典

收保昌典，钱三千六百文；

收孙霭堂，钱一千八百文；

收孔静山，钱七百二十文；

收汪绍基，钱七百二十文；

收汪义卿，钱三百六十文；

收孙友三，钱三百六十文；

收唐伊甫，钱七百二十文。

收章顺发，钱三百六十文；

收徐元禄，钱七百二十文；

收程兴荣，钱三百六十文；

收程锡常，钱七百二十文；

收程志远，钱三百六十文；

收吴海珊，钱三百六十文。

良驹协泰典

收朱良桢，钱七百二十文；

收胡芷香，钱三百六十文；

收程仰杰，钱三百六十文；

收姚宜轩，钱三百六十文。

临平广兴典

收洪安祥，钱一千零八十文；

收吴雨亭，钱七百二十文；

收吴汉之，钱七百二十文；

收张又南，钱三百六十文；

收王志源，钱三百六十文。

收汪朗如，钱七百二十文；

收项礼春，钱三百六十文；

收洪高志，钱三百六十文；

收胡晓初，钱三百六十文；

留下保丰典

收吴长泰，钱一千四百四十文；

收金瑞祥，钱一千零八十文；

收程泰安，钱一千零八十文；

收程义生，钱三百六十文；

收程南宾，钱三百六十文；

收陈显言，钱一千零八十文；

收黄子固，钱七百二十文；

收汪蓬斋，钱七百二十文；

收汪奏和，钱三百六十文；

收吴宪曾，钱三百六十文。

共收典业堆金洋叁元、钱二百十二千六百七十文。

光绪十二年分收茶漆业堆金

收吴恒盛，钱二千五百二十文；

收吴恒有，钱十千零八百文；

收吴源茂，钱一千八百文；

收洪本发，钱三百六十文；

收永春号，钱三千六百文；

收吴日新，钱一千八百文；

收吴鉴周，钱三百六十文；

收吴福连，钱三百六十文；

收张保生，钱三百六十文；

收吴鼎兴，钱五千四百文；

收吴恒新、吴隆新，钱一千八百文；

收潘远源，钱五千四百文；

收潘聚源，钱七百二十文；

收吴彦林，钱三百六十文；

收徐载华，钱三百六十文；

收兴大号，二千一百六十文；

收周大有，钱二千八百八十文；

收方福泰，钱三千六百文；

收吴裕大，钱三千六百文；　　收郑根妹，钱二百七十文；
收吴恒春，钱二千一百六十文；　　收朱文彬，钱三百六十文；
收江恒茂，钱一千八百文；　　收吴文桂，钱三百六十文；
收吴永隆、吴上棋，钱一千八百文；收吴砚丞，钱四千三百二十文；
收吴源隆，钱七百二十文；　　收章辅堂，钱三千六百文；
收吴福泰，钱七百二十文。
共收茶漆业堆金钱六十四千三百五十文。

光绪十二年分收皮梁业堆金
收黄义丰，钱二千四百四十文；　　收黄源丰，钱一千零八十文；
收汪善德，钱三百六十文；　　收胡聚丰，钱一千零八十文；
收程奎垣，钱三千六百文；　　收胡根宝，钱三百六十文；
收黄万丰，钱二千一百六十文；　　收胡同丰，钱一千一百文。
共收皮梁业堆金钱十一千一百八十文。

光绪十二年分收面业堆金
收章三源，钱一千零八十文；　　收昌源馆，钱一千零八十文；
收许悦兴，钱九百九十文；　　收邵长和，钱一千八百文；
收章同源，钱一千零八十文；　　收浙一馆，钱七百二十文；
收老六聚，钱一千八百文；　　收悦来馆，钱一千零八十文；
收章上源，钱一千八百文；　　收仙和馆，钱一千零八十文；
收公和馆，钱一千六百八十文；　　收四聚馆，钱七百二十文；
收胡庆和，钱一千八百文；　　收合记馆，钱七百二十文；
收万云馆，钱一千二百文；　　收三和馆，钱一千零八十文；
收一和馆，钱七百二十文；　　收浙盛馆，钱三百文；
收乾元馆，钱一千零八十文；　　收正源馆，钱四百五十文；
收许大兴，钱一千八百文；　　收邵三源，钱一百二十文；
收老三三，钱一千八百文；　　收太和馆，钱一百八十文。
共收面业堆金钱二十六千一百六十文。

光绪十二年分收茶食业堆金
收玉琳斋，钱一千八百文；　　收益泰号，钱一千八百文；
收同泰号，钱一千八百文；　　收鼎和号，钱一千八百文；
收源泰昌，钱一千八百文；　　收张铭德，钱七百二十文；
收元泰号，钱一千八百文；　　收章运帆，钱一千二百文；
收万泰昌，钱一千八百文；　　收祥泰号，洋壹元。
共收茶食业堆金洋壹元、钱十四千五百二十文。

光绪十二年分收腌鲜肉业堆金

收泰记号，钱一千八百文；　　　　收泳昌号，钱一千八百文；

收宋绍堂，钱一百二十文；　　　　收聚兴号，钱二千一百六十文；

收程灶明，钱二百四十文；　　　　收荣记号，钱一千八百文；

收同升和，钱一千八百文；　　　　收晋和号，钱三千六百文；

收春号，钱一千八百文；　　　　　收邵双庆，洋壹元；

收邵子湘，钱七百二十文；　　　　收程高祥，洋壹元；

收胡炳顺，钱三百六十文；　　　　收程社祥，洋壹元；

收义和号，钱三千六百文；　　　　收程子明，洋壹元。

共收腌鲜肉业堆金洋肆元、钱十九千八百文。

光绪十二年分收杂货业堆金

收金森记，钱三千六百文；　　　　收益号声记，钱一千零八十文；

收邱佐臣，钱三百六十文；　　　　收叶厚芝，钱三百六十文；

收益号梅记，钱一千四百四十文；　收万学年，钱三百六十文；

收益泰号，钱三千六百文；　　　　收金应祥，钱三百六十文；

收汪玉润，钱三百六十文；　　　　收吴钰林，钱三百六十文；

收胡春森，钱三百六十文；　　　　收叶祥麟，钱三百六十文；

收叶焕春，钱七百二十文；　　　　收汪聚源，钱七百二十文；

收万兰久，钱九十文；　　　　　　收苏聚兴，钱七百二十文；

收徐学谦，钱三百六十文；　　　　收汪同源，钱一千零八十文；

收潘诚兴，钱一千八百文；　　　　收潘秉伍，钱七百二十文；

收潘元林，钱一千八百文；　　　　收潘秉伍十一年分，钱七百二十文；

收潘仁泰，钱一千三百五十文。

共收杂货业堆金钱二十二千六百八十文。

光绪十二年分收南货业堆金

收张康伯，钱一千四百四十文；　　收和昌号，钱一千文；

收洪梯云，钱一千零八十文。

共收南货业堆金钱三千五百二十文。

光绪十二年分收城中各业堆金

收磁器业洪兴号，钱三千六百文；

收条笼业汪义兴，钱一千八百文；

收香粉业汪仲华，钱三百六十文；

收米豆业程楚怀，洋壹元；

收柴业胡天兴，洋叁元；

共收城中各业堆金洋肆元、钱五千七百六十文。

光绪十二年分收瓶窑各业堆金 保昌典内徐元禄经批

收瑞隆号，钱三千六百文；　　　　　收其顺堂、还金堂，钱七百二十文；

收爱日堂，钱三千六百文；　　　　　收方广福，钱三百六十文；

收卢观寿，钱七百二十文；　　　　　收高正烈，钱三百六十文；

收何省三、戴冠卿，钱七百二十文；　收汪文忠，钱三百六十文。

共收瓶窑各业堆金钱十千零四百四十文。

光绪十二年分

收歙邑程静安乐输洋肆元；

收豫隆茶行乐助焰口钱四千文。

光绪十二年分置产契价、中资、代笔、过户、印契总登

付奚仁宝、奚佐才基地契价，洋伍拾元。收基地三间，册名奚祖才，在栅外一图成字叁拾柒号，计征地陆分壹厘伍毫，坐落洋泮桥太祖湾直街，土名传庙巷；

付又中资洋壹元；

付又代笔钱五百五十八文。

付印契叶凤姑契卅贰两、汪富生契四十两、契尾贰张洋柒元。

付陆祖积基地契价连中资洋陆拾元。收基地一间，册名陈广涛，在芝松二图宙字号，计基地壹分柒厘柒毫，土名九曲巷内，与本堂老产毗连，于光绪十六年冬造得六椽楼房一间，随身灶披四椽，是年立有造筑细账；

付又芝松二图税书黄福龄处过户，洋壹元。

付鲁锦荣基地契价，洋拾捌元。收基地一间，册名鲁庆元，在栅外一图成字陆百贰拾号，计征地壹分肆厘柒毫，土名牌山门；

付又中资，钱八百文；

付王满姑、奚仁宝、鲁锦荣三户过户，洋肆元。

付沈有彬、沈继发基地契价，洋陆拾元。收基地三间，册名沈万和、沈王氏，在上隅五图余字　号，收征地叁分叁厘陆毫，坐落洋泮桥里街，土名太祖湾，其地租与祝尔先、戴阿禄、罗福明三户，租地造屋堂，收地租。戴阿禄一间于光绪十三年分卖与本堂出租，祝尔先一间与光绪十四年分卖与本堂出租；

付又中资、代笔，洋贰元肆角；

付又上隅五税书黄福龄过户，洋贰元。

付孟学文、孟学行基地并楼房契价，洋叁百捌拾元。收八椽楼房一间，随身二椽、过廊四椽、后七椽，平房一间并连基地，坐落海月桥塘上，册名敦素堂孟，系栅外一图成字壹千叁百玖拾壹号，计征地贰分肆厘陆毫；

付又中资、代笔，洋拾贰元伍角；

付又栅外一图冯苏畲处过户，洋贰元。

付上年收无主产助大庙塑神像作契价，洋肆拾柒元壹角捌分。塑库官八尊二十八元、漆匠漆神堂十六元、雕花工三元一角八分、板木料不计。计征地壹分贰厘伍毫，系栅外一图成字陆百廿肆号内，坐落海月桥里街，土名牌山门。

共置产洋陆百肆拾柒元零捌分、钱一千三百五十八文。

新造牌山门牌楼下首临街七椽楼房六间，每间帐檐一椽、随身二椽、过廊二椽、后平灶房四椽，上年出支过工料洋贰百陆拾肆元伍角又钱二百六十四千五百四十二文，兹于光绪十二年二月初六日升梁，四月终告竣，两年出支工料细账载明堂簿备查。其产坐落钱邑栅外一图成字第伍佰柒拾壹号、伍佰柒拾贰号、伍佰柒拾叁号、伍佰柒拾肆号。共计征地陆分柒厘贰毫贰丝，土名牌山门。

光绪十二年分出支工料总登

付同日升松板木价，洋贰百拾壹元肆角柒分；

付徐鲁封松板段，洋肆拾壹元陆角；

付江复兴出木，洋伍元；

付松记行砖瓦，洋壹百零伍元；

付黄松林砖，洋叁拾柒元伍角玖分伍厘；

付黄松林砖力，钱五千一百五十文；

付卢阿松泥水工，钱九十七千四百四十文；

付张钰池木匠工，钱一百四十千文；

付何元亨、王源兴钉，洋拾叁元又钱五千四百零三文；

付李玉甫搭架并散工，钱十二千八百八十文；

付陈顺隆锯板工，钱十七千九百五十五文；

付汪水英石作工料，洋贰拾捌元零陆分捌厘；

付汪水英石作工，钱七千九百八十文；

付许竹匠打瓦笆工，钱二千二百八十文；

付石灰、纸筋，洋贰元、又钱十九千四百二十九文；

付公茂曼砖，钱五百四十四文；

付娄客毛竹，洋伍元、又钱九百六十文；

付墙线麻皮、上梁挖木料力，钱一千五百二十二文；

付油索、砂皮、油篓、稻草、泥箕，钱一千五百七十六文。

共付新造租房洋肆百肆拾捌元柒角叁分叁厘、钱三百十三千一百十九文。

光绪十二年正月十六日至十三年正月十五日止收支大总

一、收上年滚存钱六百九十二千六百七十二文；

一、收上年余洋水钱六千零三十八文；

一、收引盐堆金洋叁百叁拾壹元；

一、收引盐堆金钱十二千七百八十六文；

一、收街口箱茶堆金洋叁百伍拾捌元；

一、收街口箱茶堆金钱五千一百文；

一、收木业堆金洋壹百玖拾捌元壹角柒分柒厘；

一、收茶行堆金洋捌拾贰元；

一、收茶行堆金钱二千三百五十三文；

一、收典业堆金洋叁元；

一、收典业堆金钱二百十二千六百七十文；

一、收茶漆业堆金钱六十四千三百五十文；

一、收皮梁业堆金钱十一千一百八十文；

一、收面业堆金钱二十六千一百六十文；

一、收茶食业堆金洋壹元；

一、收茶食业堆金钱十四千五百二十文；

一、收腌鲜肉业堆金洋肆元；

一、收腌鲜肉业堆金钱十九千八百文；

一、收杂货业堆金钱二十二千六百八十文；

一、收南货业堆金钱三千五百二十文；

一、收城中各业堆金洋肆元；

一、收城中各业堆金钱五千七百六十文；

一、收瓶窑镇各业堆金钱十千零四百四十文；

一、收乐助户洋肆元；

一、收乐助户钱肆千文；

一、收贴堂开运附带灵柩费洋贰元；

一、收房租钱三百九十七千二百十五文；

一、收进押租洋陆拾叁元；

一、收进押租钱四十千文；

一、收进舍材洋拾玖元；

一、收进舍材钱四千零五十文。

大共连上存收洋壹千陆拾玖元壹角柒分柒厘一千零八十申钱一千一百五十四千七百十一、钱一千五百五十五千二百九十四文。

一、支盐捐使用钱十五千六百文；

一、支箱茶堆金使用洋叁元；

一、支箱茶堆金使用钱九十七千文；

一、支开运用钱五十九千零五十六文；

一、支安葬用钱十九千一百零七文；

一、支完纳钱粮漕米钱八千八百零八文；

一、支置产洋陆百肆拾柒元零捌分；

一、支置产钱一千三百五十八文；

一、支新造租房洋肆百肆拾捌元柒角叁分叁厘；

一、支新造租房钱三百十三千一百十九文；

一、支修理洋拾伍元捌角玖分玖厘；

一、支修理钱五十七千零七十四文；

一、支买存石条脚木洋玖拾肆元零零叁厘；

一、支买存石条脚木钱二千三百八十文；

一、支拆息洋肆拾肆元壹角捌分；

一、支贴新湖壩灵柩挂号笔墨资洋肆元；

一、支给何德源照管外厝年例钱六千文；

一、支程蔚才辛俸钱七十二千文；

一、支各友辛俸钱一百七十四千七百七十文；

一、支伙食钱一百十九千零八十二文；

一、支杂用钱七十三钱八百三十九文。

大共出支洋壹千贰百伍拾陆元捌角玖分伍厘一千零八十申钱一千三百五十七千四百四十七、钱一千零十九千一百九十三文。

除过出支，滚存钱三百三十三千三百六十五文。

丁亥年（光绪十三年）收支　结存

光绪十三年分收盐业堆金　每引二文

正月分，过一万零五百四十八引，收洋拾玖元每一千零七十、又钱七百六十六文；

二月分，过一万七千七百八十引半，收洋叁拾贰元每一千零八十、又钱一千零十七文；

三月分，过一万七千三百七十引，收洋叁拾壹元每一千零七十、又钱一千五百七十文；

四月分，过一万三千九百八十一引半，收洋贰拾陆元每一千零五十、又钱六百六十三文；

五月分，过一万三千一百三十九引，收洋贰拾肆元每一千零七十、又钱五百九十八文；

六月分，过一万三千一百零二引半，收洋贰拾肆元每一千零六十、又钱七百六十五文；

七月分，过一万二千一百九十二引半，收洋贰拾贰元每一千零七十、又钱八百四十五文；

八月分，过二万零二百三十九引半，收洋叁拾柒元每一千零五十、又钱一千六百二十九文；

九月分，过一万八千一百七十六引半，收洋叁拾肆元每一千零四十、又钱九百九十三文；

闰月分，过一万四千四百二十四引半，收洋贰拾陆元每一千零六十、又钱一千二百八十九文；

十月分，过一万七千七百十七引半，收洋叁拾叁元每一千零卅、又钱一千四百四十五文；

十一月分，过一万六千零七十三引半，收洋叁拾元每一千零五十、又钱六百四十六文；

十二月分引数未报，联票未出，收洋叁拾伍元，其洋吴汾泊交安徽会馆递来，据余为李勖实侵用。

共收盐堆金洋叁百柒拾叁元、钱十二千二百二十六文。

光绪十三年分街口收箱茶堆金名目　每箱抽收六文

正源号，四百四十箱；　　　　　朱新记，五百二十四箱；

胜大号，三百八十六箱；

瑞芳号，四百九十七箱；

同裕号，三百四十八箱；

震昌源，二百箱；

洪裕大，四百三十八箱；

蕙馨号，三百九十五箱；

乾顺裕，四百零五箱；

瑞昌号，三百十九箱；

张隆盛，一百三十九箱；

兴记号，四百十九箱；

义祥隆，四百六十一箱；

福生和，四百箱；

永达号，八百十二箱；

程永馨，五百零一箱；

永茂公，三百九十箱；

洪利记，四百八十一箱；

方殿记，二百箱；

詹宝和，四百箱；

怡馨祥，五百三十五箱；

永隆祥，六百四十二箱；

瑞记号，五百四十一箱；

查德茂，二百箱；

查裕隆，二百箱；

王同泰，二百二十四箱；

隆盛号，五百三十七箱；

永昌福，五百十八箱；

春馨祥，四百二十箱；

詹萃茂，二百箱；

朱新记，六百二十九箱；

胡聚隆，六百箱；

永达分号，八百六十七箱；

义祥隆，五百十七箱；

胜大号，一百二十九箱；

亿中祥，一千二百箱；

同裕号，四百三十九箱；

同裕号，二百四十箱；

林茂昌，二百五十箱；

乾顺裕，二百六十八箱；

胡聚隆，四百箱；

方萃昌，二百箱；

吴心记，三百零一箱；

集成益，四百零六箱；

同春恒，五百三十一箱；

同裕号，五百六十六箱；

亿中祥，一千箱；

公泰和，二百五十箱；

林茂昌，二百四十箱；

广生号，八百零六箱；

震昌源，七百七十箱；

泰和祥，三百箱；

永茂昌，四百五十箱；

孙怡达，六百六十箱；

公和永，四百六十三箱；

怡生和，四百十八箱；

源馨祥，八百六十箱；

蓁蓁盛，五百五十三箱；

许恒大，三百五十一箱；

余来宜，二百箱；

同盛益，三百七十八箱；

义和征，二百三十六箱；

鼎丰和，二百六十九箱；

翔椿永，五百零二箱；

孙永春，五百六十五箱；

馨馨号，四百箱；

余裕馨，二百箱；

源馨祥，一千二百四十七箱；

祥泰号，四百箱；

义馨昌，二百十箱；

福记号，二百七十四箱；

正大元，二百三十九箱；

德馨泰，二百五十九箱；

瑞芳号，四百箱；

李祥记，一千三百三十一箱；

震昌源，八百五十箱；

永达号，六百二十二箱；

余自香，二百箱；

孙怡达，六百四十九箱；　　　秦秦盛，五百十九箱；

瑞昌号，二百四十七箱；　　　洪利记，七百八十三箱；

洪裕大，二百五十四箱；　　　詹宝和，六百箱；

祥泰号，一百六十五箱；　　　汪益芳，二百八十二箱；

正源号，二百九十四箱；　　　广生号，九百零一箱；

泰和祥，二百箱；　　　　　　源馨祥，八百五十八箱；

胜和成，四百零一箱；　　　　怡馨祥，六百箱；

集成益记，五百五十五箱；　　公和号，七百六十箱；

同春恒、义和征，五百二十四箱；　春馨祥，四百箱；

程永馨，七百四十五箱；　　　恒隆号，三百三十二箱；

永茂昌，四百箱；　　　　　　公泰号，三百五十箱；

詹萃茂，二百箱；　　　　　　震昌源，七百五十五箱；

蕙馨号，三百二十四箱；　　　朱新记，七百六十箱；

同兴源，八十九箱；　　　　　亿中祥，一千箱；

益珍和，一百箱；　　　　　　王同泰，二百零九箱；

永隆祥，四百箱；　　　　　　汪福茂，二百零八箱；

余来宜，四百箱；　　　　　　源馨祥，一千三百四十六箱；

义祥隆，五百八十六箱；　　　福生和，四百箱；

德馨永，二百箱；　　　　　　胡聚隆，六百箱；

怡生和，四百二十箱；　　　　孙生达，六百二十一箱；

秦秦盛，三百六十三箱；　　　许恒大，五百零九箱；

孙怡达，五百八十七箱；　　　余裕馨，二百箱；

乾顺裕，三百七十二箱；　　　恒泰祥，四百十七箱；

汪益芳，二百箱；　　　　　　同春恒，八百八十七箱；

林茂昌，三百箱；　　　　　　翔春永，六百箱；

胜大号，四百箱；　　　　　　泰和祥，二百箱；

同裕号，四百六十七箱；　　　公和永，五百五十九箱；

余萃香，二百箱；　　　　　　永昌福，六百箱；

春馨祥，二百箱；　　　　　　永达号，一千四百八十五箱；

方永馨，一百箱；　　　　　　詹宝和，四百箱；

洪利记，三百九十六箱；　　　孙永春，七百二十五箱；

珍达号，二百箱；　　　　　　日日新，四十九箱；

同复源，一百箱；　　　　　　程永馨，四百八十六箱；

广生号，一千零六十五箱；　　余永升，三百七十九箱；

詹远馨，一百箱；　　　　　　亿泰和，二百箱；

詹恒豫，一百箱；　　　　　　鼎丰和，四百八十箱；

余来宜，二百箱；　　　　　　正大元，二百八十九箱；

余裕隆，二百箱；　　　　　　永馨号，一百零九箱；

益和祥，二百箱；

怡馨祥，八百箱；

余裕馨，二百箱；

余式记，二百箱；

源馨祥，一千四百七十八箱；

震昌源，七百九十箱；

亿中祥，一千箱；

义和昌，三百二十五箱；

永茂昌，四百箱；

李祥记，一千二百七十六箱；

源馨祥，一千一百四十箱；

洪利记，五百八十三箱；

胡聚隆，四百箱；

义馨昌，二百箱。

统年共过七百八千零七十一箱，计堆金钱四百六十八千四百二十六文，共收箱茶堆金洋叁百捌拾柒元、钱四千零二十六文。

光绪十三年分收木业堆金 细账载明堂簿

同日升木寓，共经收洋肆拾肆元正；

同利兴木寓，共经收洋拾元零壹角柒分；

裕大木寓，共经收洋伍拾贰元陆角玖分伍厘；

汪炯记木寓，共经收洋叁拾贰元正；

同裕源木寓，共经收洋壹元壹角伍分；

益茂木寓，共经收洋柒元伍角陆分玖厘；

王颐兴木寓，共经收洋拾元零贰角贰分叁厘；

钮德大木寓，共经收洋陆元壹角伍分；

吴同大木寓，共经收洋拾捌元壹角陆分；

怡同懋木寓，共经收洋柒元正；

收程锦茂客自交堂堆金洋玖元正；

收黄三余客自交堂堆金洋叁元玖角；

收江裕兴木行堆金洋肆元正。

共收木业堆金洋贰百零陆元零壹分柒厘。

光绪十三年分茶行代收堆金

豫隆行，共经收洋拾陆元、又钱九百二十二文；

乾泰昌，共经收洋叁拾叁元、又钱六百二十文；

源润行，共经收洋肆拾壹元、又钱八百三十二文；

信成行，共经收洋拾捌元、又钱六百三十七文；

大茂行，共经收洋拾壹元、又钱六十四文。

共收茶行堆金洋壹百拾玖元、钱三千零七十五文。

光绪十三年分典业堆金

善裕典

收程以耕，钱一千九百五十文；

收黄渭飞，钱三千文；

收詹桂堂，钱一千九百五十文；

收金承基，七百八十文；

收李允泉，钱一千一百七十文；
收程金兆，一千五百文；

收汪观全，钱七百八十文；
收黄儒珍，钱六百文。

保善典

收程培基，钱一千九百五十文；
收王子明，钱一千二百文；
收程英三，钱一千九百五十文；
收黄友仁，钱一千一百七十文；
收程荣基，钱五百四十文；
收孙静之，钱一千三百五十文；
收叶吉轩，钱三百九十文；
收鲍达生，钱三百九十文；
收吴绍伯，钱三百九十文。

收汪子嘉，钱一千一百七十文；
收潘受子，钱七百八十文；
收张积峰，钱一千一百七十文；
收汪子祥，钱一千一百七十文；
收朱廷林，钱三百九十文；
收方子才，钱三百九十文；
收程馥卿，钱三百九十文；
收吴午楼，洋壹元；

泰和典

收戴振声，钱一千五百六十文；
收方福海，钱七百八十文；
收刘元洪，钱一千五百六十文；
收方增卿，钱一千九百五十文；
收汪培生，钱四百五十文；
收万纯洪，钱一千五百六十文；
收叶守业，钱三百九十文；
收汪召棠，洋贰元。

收程锡畴，钱一千五百六十文；
收刘大昌，钱七百八十文；
收汪子性，钱一千五百六十文；
收汪子功，钱一千一百七十文；
收吴寿荣，钱三百九十文；
收叶梦贤，钱一千一百七十文；
收吴承先，钱三百九十文；

成裕典

收程爵之，钱一千一百七十文；
收吴绍光，钱七百八十文；
收吴天锡，钱一千一百七十文；
收孙士衡，钱七百八十文；
收叶秉忠，钱一千一百七十文；
收王笙甫，钱七百八十文；
收吴星甫，钱一千一百七十文；
收叶培元，钱七百八十文；
收方月亭，钱七百八十文；

收戴芳士，钱一千一百七十文；
收汪侣笙，钱七百八十文；
收曹振远，钱一千一百七十文；
收孙远谟，钱七百八十文；
收程士奎，钱七百八十文；
收程亮轩，钱七百八十文；
收程启发，钱七百八十文；
收许大奎，钱七百八十文；
收江永祥，钱七百八十文。

鼎和典

收吴启铭，钱一千三百四十文；
收程心田，钱一千九百五十文；
收程顺心，钱一千九百五十文；
收王静斋，钱一千一百七十文；
收李高进，钱七百八十文；
收程桂发，钱七百八十文；

收李松林，钱一千一百七十文；
收王立如，钱一千一百七十文；
收项焕如，钱七百八十文；
收王小康，钱七百八十文；
收汪步能，钱三百九十文；
收方胜奎，钱三百九十文；

收胡新庆，钱三百九十文；　　　　收吴同祥，钱三百九十文；
收陈庆余，钱三百九十文。

裕通典

收方春泉，钱三百六十文；　　　　收姚渭卿，钱七百八十文；
收范新甫，钱一千一百七十文；　　收程酉田，钱三百九十文；
收胡启咸，钱一千一百七十文；　　收程德韵，钱三百九十文；
收张茂庭，钱七百八十文；　　　　收吴永春，钱三百九十文；
收吴天保，钱七百八十文；　　　　收王裕生，钱三百九十文。
收程顺泰，钱三百九十文。

广仁典

收万朴堂，钱三千九百文；　　　　收何树基，钱三百九十文；
收孙云五，钱三千九百文；　　　　收查焕文，钱三百九十文；
收吴盛之，钱一千五百文；　　　　收吴兆全，钱三百九十文；
收王志溶，钱一千一百七十文；　　收万圣章，钱七百八十文；
收叶质甫，钱七百八十文；　　　　收汪兆然，钱九十文；
收汪子常，钱七百八十文；　　　　收金绍林，钱九十文；
收万保之，钱七百八十文。

保大典

收胡上林，钱一千一百七十文；　　收程瑞元，钱三百九十文；
收程功甫，钱一千一百七十文；　　收韩春坡，钱三百九十文；
收庄临沅，钱一千一百七十文；　　收洪友钧，钱二百七十文；
收胡志贤，钱三百九十文。

协济典

收程育枝，钱三千九百文；　　　　收程锡三，钱一千一百七十文；
收王子耘，钱三千一百二十文；　　收汪运麟，钱一千一百七十文；
收朱天成，钱三千一百二十文；　　收毕拱宸，钱七百八十文；
收程趾祥，钱三千一百二十文；　　收程耀清，钱三百九十文；
收戴仰平，钱一千一百七十文；　　收程学贤，钱三百文；
收潘奇卿，钱三百九十文；　　　　收戴殿臣，钱三百九十文。
收程树春，钱三百九十文。

善兴典

收程茂如，钱一千九百五十文；　　收李俊英，钱七百八十文；
收朱添进，钱一千九百五十文；　　收余福禄，钱七百八十文；
收金朗庭，钱六百文。

善庆典

收孙琢章，钱一千一百七十文；　　收胡兆昌，钱三百九十文；
收程俊夫，钱七百八十文；　　　　收王沛霖，钱三百九十文；
收叶萃堂，钱七百八十文；　　　　收孙新和，钱三百九十文；

收吴蕴山，钱三百九十文；

收张庆寿，钱三百九十文；

收程起季，钱三百九十文；

收李进文，钱三百九十文。

通济典

收王立三，钱三千九百文；

收朱瑞庭，钱一千九百五十文；

收万滨甫，钱一千九百五十文；

收黄静波，钱一千九百五十文；

收韩汉云，钱二千三百四十文；

收黄如松，钱一千一百七十文；

收宋仲华，钱一千一百七十文；

收吴定惜，钱三百九十文；

收翁少卿，钱一千一百七十文；

收吴丽云，钱一千一百七十文；

收范裕魁，钱七百八十文；

收洪君宝，钱三百九十文；

收唐南辉，钱七百八十文；

收张锡年，钱三百九十文；

收范裕光，钱三百九十文；

收方吉泰，钱三百九十文。

全庆典

收舒养和，钱三百六十文；

收吴修德，钱一百八十文；

收汪震川，钱一百八十文；

收江庆梅，钱一千一百七十文；

收孙慎卿，钱一千一百七十文；

收江本立，钱七百八十文；

收胡炳炎，钱三百九十文；

收金德林，钱三百九十文；

收范焕章，钱三百九十文；

收吴春泉，钱三百九十文。

广兴典

收吴静安，钱一千九百五十文；

收黄长鹤，钱七百八十文；

收宋韵成，钱三百九十文；

收朱社金，钱七百八十文；

收查以功，钱七百八十文；

收胡岐山，钱三百九十文。

恭和典

收范文甫，钱一千一百七十文；

收汪诚斋，钱一千一百七十文；

收胡绶卿，钱一千一百七十文；

收朱康泰，钱一千一百七十文；

收洪仰陶，钱七百八十文；

收汪子善，钱七百八十文；

收张惟本，钱七百八十文。

收朱良租，钱七百八十文；

收欧阳照初，钱七百八十文；

收戴序云，钱三百九十文；

收毕东福，钱三百九十文；

收程本立，钱三百九十文；

收汪永旺，钱三百九十文；

同吉典

收胡佩绅，钱一千九百五十文；

收黄益之，钱一千九百五十文；

收余浩然，钱一千九百五十文；

收胡载舟，钱七百八十文；

收范星桥，钱七百八十文；

收詹世烈，钱三百九十文；

收吴兰生，钱三百九十文；

收汪迪封，钱三百九十文；

收胡长寿，钱三百九十文；

收胡惠卿，钱六十文；

收杨观元，钱三百九十文；

收舒启发，钱三百九十文；

收程厚存，钱三百九十文；

收汪灶元，钱三百九十文。

裕兴典

收江荫堂，钱一千一百七十文；　　　收周启贤，钱一千一百七十文；

收孙礼仁，钱一千一百七十文；　　　收洪元彬，钱七百八十文；

收吴兆基，钱七百八十文；　　　　　收张文甫，钱三百九十文；

收吴文换，钱三百九十文；　　　　　收吴培植，钱三百九十文。

聚和典

收江雨亭，钱一千九百五十文；　　　收叶吉如，钱一千一百七十文；

收洪作民，钱一千九百五十文；　　　收项镜泉，钱七百八十文；

收程泽甫，钱一千一百七十文；　　　收范茂棠，钱七百八十文。

临平广兴典

收洪安详，钱一千一百七十文；　　　收汪朗如，钱七百八十文；

收吴雨亭，钱七百八十文；　　　　　收张又南，钱三百九十文；

收吴汉之，钱七百八十文；　　　　　收项礼春，钱三百九十文；

收洪高志，钱三百九十文；　　　　　收王志源，钱三百九十文；

收胡晓初，钱三百九十文。

三墩保泰典

收保泰典，钱三千九百文；　　　　　收吴永清，钱七百八十文；

收伊殿英，钱三千九百文；　　　　　收吴裕春，钱七百八十文；

收方养吾，钱三千九百文；　　　　　收汪济舟，钱七百八十文；

收吴宝田，钱一千九百五十文；　　　收吴美如，钱三百九十文；

收吴宗海，钱一千九百五十文；　　　收项福生，钱三百九十文；

收吴成周，钱一千九百五十文；　　　收余开元，钱三百九十文；

收郑新盘，钱一千一百七十文；　　　收吴伯镛，钱三百九十文；

收胡四喜，钱三百九十文；　　　　　收汪禹锡，钱三百九十文。

平窑保昌典

收保昌典，钱三千九百文；　　　　　收程兴荣，钱三百九十文；

收方杏庄，钱三千九百文；　　　　　收程锡常，钱七百八十文；

收孙霭堂，钱一千九百五十文；　　　收程志远，钱三百九十文；

收孔静山，钱七百八十文；　　　　　收孙友三，钱三百九十文；

收汪绍基，钱七百八十文；　　　　　收唐伊甫，钱七百八十文；

收章顺发，钱三百九十文；　　　　　收吴海珊，钱三百九十文；

收徐元禄，钱七百八十文。

良驹协泰典

收朱良桢，钱七百八十文；　　　　　收姚宜轩，钱三百九十文；

收胡芷香，钱三百九十文；　　　　　收汪怡坤，钱三百九十文；

收程仰杰，钱三百九十文。

留下保丰典

收吴长泰，钱一千五百六十文；　　　收程义生、程南宾，钱七百八十文；

收金瑞祥，钱一千一百七十文；　　收陈显言，钱一千一百七十文；
收汪奏和、吴曾宪，钱七百八十文；收黄子固，钱七百八十文；
收程泰安，钱一千一百七十文；　　收汪蓬斋，钱七百八十文。
共收典业堆金洋叁元、钱二百五十一千三百十文。

光绪十三年分收茶漆业堆金
收吴恒盛，钱二千七百三十文；　　收吴鼎兴，钱五千八百五十文；
收吴恒有，钱十一千七百文；　　　收吴隆新，钱一千九百五十文；
收吴源茂，钱一千九百五十文；　　收潘远源，钱五千八百五十文；
收洪本发，钱二百四十文；　　　　收吴彦林，钱三百九十文；
收永春号，钱三千九百文；　　　　收徐载华，钱三百九十文；
收吴日新，钱一千九百五十文；　　收潘聚源，钱七百八十文；
收吴鉴周，钱三百九十文；　　　　收方兴大，钱二千三百四十文；
收吴福连，钱三百九十文；　　　　收周大有，钱三千一百二十文；
收张保生，钱三百九十文；　　　　收方福泰，钱三千九百文；
收吴裕大，钱三千九百文；　　　　收郑根妹，钱三百九十文；
收吴恒春，钱二千三百四十文；　　收朱文彬，钱三百九十文；
收江恒懋，钱一千九百五十文；　　收吴文桂，钱三百九十文；
收吴永隆，钱一千九百五十文；　　收吴砚臣，钱四千六百八十文；
收吴源隆，钱七百八十文；　　　　收章辅堂，钱三千九百文；
收吴福泰，钱七百八十文。
共收茶漆业堆金钱六十九千六百六十文。

光绪十三年分收面业堆金
收章三源，钱一千一百七十文；　　收章同源，钱一千一百七十文；
收许悦兴，钱一千一百七十文；　　收老六聚，钱一千九百五十文；
收章上源，钱一千九百五十文；　　收一和馆，钱七百八十文；
收公和馆，钱一千八百二十文；　　收乾元馆，钱九百文；
收昌源馆，钱一千一百七十文；　　收三和馆，钱一千一百七十文；
收邵长和，钱一千九百五十文；　　收浙盛馆，钱七百八十文；
收浙一馆，钱七百八十文；　　　　收正源馆，钱一千一百七十文；
收悦来馆，钱一千一百七十文；　　收邵三源，钱七百八十文；
收仙和馆，钱一千一百七十文；　　收太和馆，钱一千一百七十文；
收四聚馆，钱七百八十文；　　　　收许大兴，钱一千九百五十文；
收胡庆和，钱一千九百五十文；　　收老三三，钱一千九百五十文；
收万云馆，钱一千三百文；　　　　收合托馆，钱七百二十文；
收天兴馆，钱七百八十文。
共收面业堆金钱三十一千六百五十文。

光绪十三年分收茶食业堆金

收同泰号，钱一千九百五十文；　　收万泰昌，钱一千九百五十文；

收益泰号，钱一千九百五十文；　　收张铭德，钱七百八十文；

收鼎和号，钱一千九百五十文；　　收章运帆，钱一千一百二十文；

收源泰昌，钱一千九百五十文；　　收祥泰号，钱一千一百；

收元泰号，钱一千九百五十文。

共收茶食业堆金钱十四千七百文。

光绪十三年收腌鲜肉业堆金

收泰记号，钱一千九百五十文；　　收胡炳顺，钱三百九十文；

收程灶明，钱三百九十文；　　　　收义和号，钱三千九百文；

收同升和，钱一千九百五十文；　　收程社祥，洋壹元；

收聚兴号，钱二千三百四十文；　　收程高祥，洋壹元；

收荣记号，钱一千九百五十文；　　收姜天云，洋壹元；

收晋和号，钱三千九百文；　　　　收程子明，洋壹元；

收春号，钱一千九百五十文；　　　收胡义顺，洋壹元；

收邵子湘，钱七百八十文；　　　　收胡义顺，钱九百文。

共收腌鲜肉业堆金洋伍元、钱二十千零四百文。

光绪十三年分收皮梁业堆金

收黄源丰，钱一千一百七十文；　　收黄乂丰，洋壹元；

收胡根宝，钱三百九十文；　　　　收凌怡昌，洋壹元；

收黄万丰，钱一千一百文；　　　　收凌怡昌十二年分，洋壹元；

收黄万丰，洋壹元；　　　　　　　收胡同丰，洋壹元。

共收皮梁业堆金洋伍元、钱二千六百六十文。

光绪十三年分收南货业堆金

收张康伯，钱一千五百六十文；　　收洪梯云，钱一千一百七十文；

收和昌号，钱一千文。

共收南货业堆金钱三千七百三十文。

光绪十三年分收杂货业堆金

收金森记，钱三千九百文；　　　　收胡春林，钱三百九十文；

收邱佐臣，钱三百九十文；　　　　收叶焕春，钱七百八十文；

收益号梅记，钱一千五百六十文；　收金应祥，钱九十文；

收益号声记，钱一千一百七十文；　收徐学谦，钱三百九十文；

收叶厚芝，钱三百九十文；　　　　收潘诚兴，钱一千九百五十文；

收万学年，钱三百九十文；

收益泰号，钱三千九百文；

收汪玉润，钱三百九十文；

收叶祥麟，钱三百九十文；

收苏聚兴，钱七百八十文；

收潘元林，钱一千九百五十文；

收潘仁泰，钱一千四百五十文；

收吴钰林，钱二百十文；

收汪同源，钱一千一百七十文；

收程松茂，钱二千三百四十文。

共收杂货业堆金钱二十三千九百八十文。

光绪十三年分收城中各业堆金

收磁器业洪兴号，钱三千六百文；

收条笼业汪义兴，钱一千九百五十文；

收香粉业汪仲华，钱三百九十文；

收米业程楚怀，洋壹元；

收柴业胡天兴，洋叁元。

共收城中各业堆金洋肆元，共收城中各业堆金钱五千九百四十文。

光绪十三年分收瓶窑各业堆金

收瑞隆号，钱三千九百文；

收高正烈，钱三百九十文；

收爱日堂，钱三千九百文；

收戴冠卿，钱三百九十文；

收何省三，钱三百九十文；

收汪文忠，钱三百九十文；

收其顺堂，钱三百九十文；

收还金堂，钱三百九十文。

共收瓶窑各业堆金钱十千零一百四十文。

光绪十三年分

收休邑金子余乐输洋壹元；

收黟邑无名氏乐输洋伍元；

收豫隆行乐助焰口钱四千文。

光绪十三年分付置产契价、中资、代笔、过户、印契总登

付戴禄楼房契价，洋柒拾元。收临街六椽楼房壹间，帐檐一椽、随身三椽，坐落洋泮桥里街太祖湾上隅五图，前向沈万和祖地造屋，其屋卖与本堂为业；

付又中资、代笔，洋贰元捌角。

付沈大有基地契价，洋叁拾玖元。收基地三间，册名沈士进，坐落海月桥河下水德庵对面，系栅外一图成字壹百玖拾壹号，计征地壹分肆厘伍毫捌丝四忽；

付胡春林基地契价，洋叁拾贰元。收基地一间，册名胡银记，坐落海月桥河下水德庵隔壁，栅外一图成字壹百捌拾叁号，计征地捌厘叁毫叁丝叁忽；

付沈延兴基地契价，洋叁拾贰元。收基地一间，册名沈延庆，坐落海月桥河下，系栅外一图成字壹百捌拾伍号，计征地柒厘玖毫壹丝柒忽；

付周朱氏基地契价，洋叁拾柒元伍角。收基地一间，册名周宝林，坐落海月桥

河下，系栅外一图成字壹百捌拾捌号，计征地壹分零捌毫叁丝肆忽；

　　付又四户中资、代笔，洋拾元零叁角贰分；

　　付又四户栅外一图冯荪畲处过户，洋肆元。

　　付印沈大有契十六两、王满姑四十两，每九十八；加尾二张，每三百五十契洋陆元又钱六十八文；

　　付印余灿宝二十八两、黄桂林五两、陆寿富十两、庐明专十两、汪长寿二十六两，尾五张契，洋拾壹元又钱四百五十三文；

　　付印陆祖积契廿八两，每九十八；加尾一张，三百五十契洋叁元又钱九十四文。

　　共付置产洋贰百肆拾柒元陆角贰分、钱六百十四文。

　　光绪十三年分，新造海月桥边四椽楼房两间，每间随身贰椽，两边砖墙，系成字号第一百八十九号基地，工料

　　付方三宝旧石碇，洋肆元；

　　付松椿松段，洋玖元、又力钱八百文；

　　付李玉甫包石碇并工，洋拾元、又钱七千七百文；

　　付汪水号石作做墙督头阶沿工料，洋陆元；

　　付陈顺锯板料工，钱四千五百五十文；

　　付许竹匠打瓦笆工，钱一千零八十文；

　　付卢阿松泥水工，钱三十一千九百二十文；

　　付张钰池木匠工，钱四十千零三百三十文；

　　付张钰池代手钉，洋贰元肆角伍分柒厘；

　　付黄松林砖，洋叁拾壹元贰角肆分肆厘；

　　付公益行砖瓦，洋伍拾贰元陆角贰分贰厘；

　　付春记、同春和板，洋贰拾元零贰角叁分贰厘；

　　付石灰、纸筋，洋拾元又钱三千六百三十四文；

　　付毛竹力、挑砖力、麻皮、油索，钱二千七百四十四文。

　　共付新造租房洋壹百肆拾伍元伍角伍分伍厘、钱九十二千七百五十八文。

　　其木料、石条上年办存，并造牌山门成字第五百七十号基地后进平房十二椽，工料均在其内。

　　又造海月桥河下水德庵对门四椽楼房三间，每间随身两椽，系成字号第一百九十一号基地下首，泥墙墙脚系水德庵之地

　　付陈小毛木作包造工料，洋壹百拾肆元；

　　付李玉甫磉托石古，洋贰元；

　　付又修石碇、打椿、加泥墙、平地工，钱九千二百四十文；

　　付卢阿松泥水工，钱二十二千一百一十文；

　　付公茂曼砖，洋陆元八角；

　　付公盛行曼砖，洋玖元玖角；

付公盛行瓦，洋贰拾捌元；

付松椿，洋伍元；

付订王山板曼，洋肆元；

付石灰、纸筋，洋陆元叁角又钱一千二百四十六文；

付钉、稻草、油索，钱一千三百八十一文。

又付新造租房洋壹百柒拾陆元、钱三十三千九百八十七文。

两处总共付工料洋叁百贰拾壹元伍角伍分伍厘、钱一百二十六千七百四十五文。

光绪十三年正月十六日至十四年正月十五日止收支大总

一、收上年滚存钱三百三十三千三百六十五文；

一、收引盐堆金洋叁百柒拾叁元；

一、收引盐堆金钱十二千二百二十六文；

一、收街口箱茶堆金洋叁百捌拾柒元；

一、收街口箱茶堆金钱四千零二十六文；

一、收木业堆金洋贰百零陆元零壹分柒厘；

一、收茶行堆金洋壹百拾玖元；

一、收茶行堆金钱三千零七十五文；

一、收典业堆金洋叁元；

一、收典业堆金钱二百五十一千三百十文；

一、收茶漆业堆金钱六十九千六百六十文；

一、收面业堆金钱三十一千六百五十文；

一、收茶食业堆金钱十四千七百文；

一、收腌鲜肉业堆金洋伍元；

一、收腌鲜肉业堆钱二十千零四百文；

一、收皮梁业堆金洋伍元；

一、收皮梁业堆金钱二千六百六十文；

一、收南货业堆金钱三千七百三十文；

一、收杂货业堆金钱二十三千九百八十文；

一、收城中各业堆金洋肆元；

一、收城中各业堆金钱五千九百四十文；

一、收瓶窑镇各业堆金钱十千零一百四十文

一、收乐输户洋陆元；

一、收乐输户钱四千文；

一、收贴堂开运附带灵柩费洋拾贰元；

一、收房租洋贰拾柒元；

一、收房租钱五百零四千七百七十五文；

一、收进押租洋玖元零贰分。

大共连上存收洋壹千壹百伍拾陆元零叁分柒陆厘一千零五十申钱一千二百十三千八

百二十九文、钱一千二百九十五千六百三十七文。

　　一、支收盐业堆金使用钱十五千六百文；
　　一、支收箱茶堆金使用洋肆元伍角；
　　一、支收箱茶堆金使用钱一百零二千文；
　　一、支舍材洋肆拾伍元肆角陆分；
　　一、支开运用钱六十五千五百十二文；
　　一、支安葬用钱三十三千七百七十一文；
　　一、支完纳钱粮漕米钱九千零七十四文；
　　一、支置产洋贰百肆拾柒元陆角贰分；
　　一、支置产钱六百十四文；
　　一、支修理洋伍拾叁元肆角陆分贰厘；
　　一、支修理钱九十一千五百零八文；
　　一、支新造租房洋叁百贰拾壹元伍角伍分伍厘；
　　一、支新造租房钱一百二十六千七百四十五文；
　　一、支贴上溪口造厝所洋伍拾元起造在和村地方；
　　一、支息洋贰拾柒元叁角零肆厘；
　　一、支贴新湖坝过灵柩挂号、笔墨资洋肆元；
　　一、支给何德源照管外厝年例钱六千文；
　　一、支程蔚记辛俸钱七十八千文；
　　一、支各友辛俸钱一百九十四千七百文；
　　一、支统年伙食钱一百六十千零三百九十一文；
　　一、支杂用钱六十一千三百三十六文；
　　一、支上年亏耗洋水钱一千零八十二文。

　　大共出支洋柒百伍拾叁元玖角零壹厘一千零五十申钱七百九十一千五百九十六文、钱九百四十六千三百三十三文。

　　除过出支，滚存钱七百七十一千五百四十七文。

戊子年（光绪十四年）收支　结存

光绪十四年分收盐业堆金　　*每引二文*

正月分

二月分

三月分

以上三个月分文未收。据吴甲商云，均是李勗实侵用；

四月分，过一万六千零四十六引，收洋贰拾玖元*每一千零六十*、又钱一千三百五十二文；

五月分，过九千五百三十零半引，收洋拾陆元*每一千零九十*、又钱一千六百二十二文；

六月分，过一万九千八百七十零半引，收洋叁拾伍元*每一千零八十*、又钱一千九百四十一文；

七月分，过七千六百十八引半，收洋拾叁元*每一千零七十*、又钱一千三百二十七文；

八月分，过一万七千五百五十六引，收洋叁拾壹元*每一千零七十*、又钱一千九百四十二文；

九月分，过二万五千四百十三引，收洋肆拾柒元*每一千零五十*、又钱一千四百七十六文；

十月分，过一万九千五百四十五引，收洋叁拾伍元*每一千零六十*、又钱一千九百九十文；

十一月分，过一万七千九百六十九引半，收洋叁拾贰元*每一千零六十*、又钱二千零十九文；

十二月分，过七千九百三十七引，收洋拾叁元*每一千零六十*、又钱九百七十四文外错算辛力钱一百。

共计堆金钱二百八十二千九百七十二文，共收盐业堆金洋贰百伍拾壹元钱拾四千六百四十二文。

光绪十四年分街口收箱茶堆金名目　　*每箱抽收六文*

萃茂昌，四百二十七箱；	亿中祥，四百箱；
祥记号，六十一箱；	胡聚隆，四百箱；
洪裕大、洪裕生，四百七十二箱；	乾顺号，四百四十八箱；

张正源，四百四十箱；

王集成，四百七十箱；

元慎昌，二百八十八箱；

林茂昌，八十四箱；

胜大号，三百六十八箱；

和茂昌，六百十五箱；

兰芬号，六百八十六箱；

恒隆号，四百四十箱；

春馨祥，二百六十七箱；

恒馨号，三百三十三箱；

瑞隆号，四百五十箱；

江同盛，三百七十箱；

裕昌号，三百三十三箱；

馨馨号，七百九十四箱；

源源福，五百六十一箱；

瑞芳号，三百二十六箱；

裕隆号，二百箱；

馨芽号，六百箱；

裕馨号，二百箱；

源昌号，一百十箱；

隆泰号，二百箱；

永和昌，六百箱；

萃茂昌，四百三十二箱；

公和永、怡生和，二千零九十三箱；

恒大隆，三百三十五箱；

蓁蓁盛，五百三十五箱；

吴胜大，二百零七箱；

林茂昌，二百箱；

祥泰号，二百十三箱；

亿中祥，四百箱；

王集成，五百二十四箱；

茂达号，二百箱；

洪裕生，四百十二箱；

正隆号，一百箱；

江同盛，二百箱；

张正源，三百七十一箱；

益芳号，四百箱；

乾顺利，三百四十一箱；

祥茂仁，三百十六箱；

孙怡达，七百九十三箱；

洪永达，一千四百五十五箱；

义祥隆，六百零二箱；

方殿记，二百箱；

怡盛号，三百七十箱；

公泰和，五百十箱；

吴大昌，三百五十三箱；

恒达号，四百七十八箱；

詹宝和，四百箱；

永昌椿，四百箱；

怡馨祥，六百箱；

德茂号，二百箱；

广生号，七百八十六箱；

益大号，三百三十八箱；

裕生号，二百箱；

翠香号，二百箱；

宏茂号，二百零四箱；

义馨昌，三百九十二箱；

裕盛号，二百箱；

孙永春，五百二十五箱；

恒春号，二百箱；

春馨祥，三十四箱；

怡生祥，四百箱；

詹宝和，一百三十四箱；

洪利记，五百九十四箱；

义祥隆，六百箱；

和茂昌，四百五十八箱；

元慎昌，三百七十五箱；

孙怡达，六百三十二箱；

生生号，一百六十九箱；

同源昌，二百五十五箱；

义达号，四百五十三箱；

永达号，八百九十三箱；

聚隆号，四百箱；

瑞隆号，二百八十三箱；

恒达号，五百十七箱；

恒馨号，二百二十八箱；

恒隆号，三百四十五箱；
公泰和，五百十二箱；
李祥记，一千四百箱；
蓁蓁盛，一百五十八箱；
兰馨祥，一百六十箱；
永茂昌，六百三十箱；
馨馨号，九百六十七箱；
裕和春，三十箱；
永昌椿，二百箱；
义馨昌，四百六十九箱；
萃茂昌，四百六十二箱；
黄泰来，一百八十九箱；
亿中祥，四百箱；
馨芽号，六百箱；
裕馨号，二百箱；
恒豫号，二百箱；
福生和，二百箱；
隆泰号，二百箱；
怡生和，四百箱；
兰馨祥，八百箱；
孙怡达，六百六十四箱；
蓁蓁盛，四百十七箱；
天泰号，二百箱；
益大号，三百九十二箱；
馨馨号，六百七十箱；
翠香号，六十七箱；
公泰和，四百三十八箱；
鼎丰和，二百零九箱；
源源福，四百二十一箱；
亿中祥，二百箱；
孙永春，四百箱；
聚隆号，四百箱；
公和永，七百四十六箱；
蓁蓁盛，二百三十箱；
和馨号，二百箱；
恒隆号，四百箱；
瑞芳号，三百九十五箱；
祥记号，一百三十二箱；

正美号，一百七十三箱；
怡盛号，三百二十二箱；
德茂号，二百箱；
吴恒义，二百二十八箱；
广生号，八百零五箱；
公和永，六百三十箱；
兰馨号，六百零七箱；
詹宝和，二百箱；
孙茂达，二百箱；
怡生祥，四百十三箱；
源源福，六百箱；
江同盛，二百箱；
来宜号，二百箱；
吴胜大，四百四十二箱；
祥泰号，二百箱；
永和昌，四百箱；
洪利记，二百箱；
林茂昌，二百箱；
复元吉，一百三十八箱；
福元祥，三百八十箱；
祥记号，二百零六箱；
义祥隆，八百六十箱；
怡盛号，三百二十一箱；
永达号，六百箱；
恒达号，二百箱；
李祥记，一千一百六十三箱；
馨芽号，五百四十二箱；
源茂昌，一百三十九箱；
广生号，八十四箱；
洪利记，六百箱；
恒豫号，二百箱；
詹宝和，二百箱；
永茂昌，一千零一箱；
永昌椿，六百箱；
林茂昌，三百箱；
吴永馨，一百九十九箱；
孙茂达，四百箱；
恒大隆，八百箱。

统年共过六万三千三百零九箱，计堆金钱三百七十九千八百五十四文，共收箱茶堆金洋贰百玖拾柒元每一千二百、钱二十三千四百五十四文。

光绪十四年分收木业堆金　　细账载明堂簿
裕大木寓，共经收洋陆拾捌元叁角壹分；
纽德大木寓，共经收洋陆元贰角陆分；
吴同大木寓，共经收洋贰拾肆元叁角肆分；
同茂兴木寓，共经收洋叁拾元零捌角叁分；
同利兴木寓，共经收洋贰拾叁元伍角；
王顾兴木寓，共经收洋叁拾贰元正；
同裕源木寓，共经收洋伍元正；
和裕森木寓，共经收洋柒角；
怡同懋木寓，共经收洋伍元正；
同日升木寓，共经收洋伍拾陆元叁角；
收程新茂、程锦茂客交堂堆金洋拾肆元正；
收江复兴木行堆金洋叁元；
收江复兴木行十三年分堆金洋叁元。
共收木业堆金洋贰百柒拾贰元贰角肆分。

光绪十四年分茶行代收堆金
乾泰昌，共经收洋贰拾捌元、又钱六十文；
豫隆行，共经收洋贰拾元、又钱三百十四文；
源润行，共经收洋拾捌元、又钱八百四十文；
大茂行，共经收洋拾元、又钱三百三十六文；
信成行，共经收洋拾壹元、又钱三百二十六文。
共收茶行堆金洋捌拾柒元、钱一千八百七十六文。

光绪十四年分收典业堆金
善裕典

收詹桂堂，钱一千三百五十文；	收金承基，钱七百二十文；
收李允泉，钱一千零八十文；	收汪观全，钱七百二十文。

保善典

收程培基，钱一千八百文；	收张积峰，钱八百十文；
收孙静之，钱一千八百文；	收黄友仁，钱一千零八十文；
收程英三，钱一千八百文；	收汪子祥，钱一千零八十文；
收潘受子，钱七百二十文；	收程荣基，钱七百二十文；
收汪子嘉，钱一千零八十文；	收叶吉轩，钱七百二十文；
收吴绍伯，钱七百二十文；	收程馥卿，钱三百六十文；

收鲍达生，钱三百六十文；

收朱廷林，钱三百六十文；

收方子才，钱三百六十文；

收吴午楼，洋壹元。

泰和典

收戴振声，钱一千四百四十文；

收刘元洪，钱一千四百四十文；

收程锡畴，钱一千四百四十文；

收汪子性，钱一千四百四十文；

收万纯洪，钱一千四百四十文；

收方增卿，钱一千八百文；

收叶梦贤，钱一百八十文；

收汪培生，钱三百六十文；

收汪子功，钱一千零八十文；

收方福海，钱七百二十文；

收刘大昌，钱七百二十文；

收叶守业，钱三百六十文；

收吴寿荣，钱三百六十文；

收吴承先，钱三百六十文；

收孙心田，钱三百六十文；

收汪召堂，洋贰元。

成裕典

收程爵之，钱一千零八十文；

收吴天锡，钱一千零八十文；

收戴芳士，钱一千零八十文；

收曹振远，钱一千零八十文；

收叶秉忠，钱一千零八十文；

收吴星甫，钱一千零八十文；

收王笙甫，钱七百二十文；

收程亮轩，钱七百二十文；

收程启发，钱七百二十文；

收叶培元，钱七百二十文；

收方月亭，钱七百二十文；

收程士奎，钱七百二十文；

收吴绍光，钱七百二十文；

收孙士衡，钱七百二十文；

收汪侣生，钱七百二十文；

收孙远谟，钱七百二十文；

收许大奎，钱七百二十文；

收江永祥，钱七百二十文。

鼎和典

收吴启铭，钱二千一百六十文；

收程心田，钱一千八百文；

收程顺心，钱一千八百文；

收王静斋，钱一千零八十文；

收吴立如，钱一千零八十文；

收项焕如，钱七百二十文；

收王小康，钱七百二十文；

收李松林，钱四百五十文。

收李高进，钱七百二十文；

收程桂发，钱七百二十文；

收胡新庆，钱三百六十文；

收程庆余，钱三百六十文；

收汪步能，钱三百六十文；

收方胜奎，钱三百六十文；

收吴同祥，钱三百六十文；

裕通典

收范新甫，钱一千零八十文；

收胡启咸，钱八百十文；

收张茂庭，钱七百二十文；

收吴天保，钱七百二十文；

收姚渭卿，钱七百二十文；

收程酉田，钱三百六十文；

收程德韵，钱三百六十文；

收吴永春，钱三百六十文；

收王裕生，钱三百六十文；

收程顺泰，钱三百六十文。

广仁典

收万朴堂，钱三千六百文；

收王志溶，钱一千零八十文；

收孙云五，钱三千六百文；　　　　收汪子常，钱七百二十文；

收万保之，钱七百二十文；　　　　收汪兆然，钱三百六十文；

收何树基，钱三百六十文；　　　　收金绍林，钱二百七十文；

收查焕文，钱三百六十文；　　　　收叶质甫，钱三百文；

收吴兆全，钱三百六十文。

保大典

收胡上林，钱一千零八十文；　　　收胡志贤，钱三百六十文；

收程功甫，钱一千零八十文；　　　收程瑞元，钱三百六十文；

收庄临沅，钱一千零八十文；　　　收韩春坡，钱三百六十文。

协济典

收程育之，钱三千六百文；　　　　收朱天成，钱二千八百八十文；

收程趾祥，钱二千八百八十文；　　收程耀清，钱三百六十文；

收戴仰平，钱一千零八十文；　　　收潘奇卿，钱三百六十文；

收程锡三，钱一千零八十文；　　　收程树春，钱三百六十文；

收汪运麟，钱一千零八十文；　　　收戴殿臣，钱九十文；

收毕拱辰，钱七百二十文。

善兴典

收程茂如，钱一千八百文；　　　　收李俊英，钱七百二十文；

收朱添进，钱一千八百文；　　　　收范茂堂，钱三百文；

收余福禄，钱七百二十文。

善庆典

收孙琢章，钱一千零八十文；　　　收吴蕴山，钱三百六十文；

收程俊夫，钱七百二十文；　　　　收张庆寿，钱三百六十文；

收叶萃堂，钱七百二十文；　　　　收程厚季，钱三百六十文；

收胡兆昌，钱三百六十文；　　　　收李进文，钱三百六十文；

收王沛霖，钱三百六十文；　　　　收汪锦章，钱一百八十文；

收孙新和，钱三百六十文。

通济典

收王立三，钱三千六百文；　　　　收黄静波，钱一千八百文；

收朱瑞庭，钱一千八百文；　　　　收韩汉云，钱二千一百六十文；

收万滨甫，钱一千八百文；　　　　收黄如松，钱一千零八十文；

收宋仲华，钱一千零八十文；　　　收张锡年，钱三百六十文；

收翁少卿，钱一千零八十文；　　　收范裕光，钱三百六十文；

收范裕魁，钱七百二十文；　　　　收吴定惜，钱三百六十文；

收唐南辉，钱七百二十文；　　　　收方吉泰，钱三百六十文；

收洪君宝，钱三百六十文；　　　　收王小山，钱三百六十文。

全庆典

收江庆梅，钱一千零八十文；　　　收金德林，钱三百六十文；

收孙慎卿，钱一千零八十文；
收江本立，钱七百二十文；
收胡炳炎，钱三百六十文；

收范焕章，钱三百六十文；
收吴春泉，钱三百六十文；
收万纯钧，钱一百八十文。

广兴典

收吴静安，钱一千八百文；
收黄长鹤，钱七百二十文；
收朱社金，钱七百二十文；

收宋韵成，钱三百六十文；
收胡岐山，钱三百六十文；
收查以功，钱二百四十文。

恭和典

收范文甫，钱一千零八十文；
收汪诚斋，钱一千零八十文；
收胡绶卿，钱一千零八十文；
收朱康泰，钱一千零八十文；
收洪仰陶，钱七百二十文；
收毕东福，钱三百六十文；
收程本立，钱三百六十。

收汪子善，钱七百二十文；
收张惟本，钱七百二十文；
收朱良祖，钱七百二十文；
收欧阳照初，钱七百二十文；
收戴续云，钱三百六十文；
收汪永旺，钱三百六十文；

同吉典

收胡佩坤，钱一千八百文；
收余浩然，钱一千八百文；
收范星桥，钱七百二十文；
收胡载舟，钱七百二十文；
收詹世烈，钱三百六十文；
收吴兰生，钱三百六十文；
收汪迪封，钱三百六十文。

收胡长寿，钱三百六十文；
收杨观元，钱三百六十文；
收舒起发，钱三百六十文；
收程厚存，钱三百六十文；
收汪灶元，钱三百六十文；
收黄益之，钱六百文；

裕兴典

收江荫堂，钱一千零八十文；
收孙礼仁，钱一千零八十文；
收周启贤，钱一千零八十文；
收洪元彬，钱七百二十文；
收吴兆基，钱七百二十文。

收吴文焕，钱三百六十文；
收张文甫，钱三百六十文；
收吴培植，钱三百六十文；
收查以功，钱四百八十文；

聚和典

收江雨亭，钱一千八百文；
收程泽甫，钱一千零八十文；
收叶吉如，钱一千零八十文；

收项镜泉，钱七百二十文；
收洪作民，钱七百五十文；
收范茂棠，钱三百文。

永济典

收舒养如，钱三千六百文；
收黄渭飞，钱三千六百文；
收吴子良，钱一千八百文；
收程滋伯，钱一千八百文；

收黄儒珍，钱一千零八十文；
收柏连喜，钱七百二十文；
收黄星垣，钱三百六十文；
收叶善卿，钱三百六十文；

收金朗庭，钱一千八百文；　　收吴来卿，钱三百六十文；

收吴盛之，钱一千八百文；　　收王季春，钱三百六十文；

收程鉴初，钱一千八百文；　　收蔡以仁，钱二百七十文；

收程省斋，钱一千零八十文；　收张积峰，钱二百七十文。

临平广兴典

收洪安祥，钱一千零八十文；　收洪高志，钱三百六十文；

收吴雨亭，钱七百二十文；　　收胡晓初，钱三百六十文；

收吴汉之，钱七百二十文；　　收王志源，钱三百六十文；

收汪朗如，钱七百二十文；　　收方理堂，钱三百六十文；

收项礼春，钱三百六十文。

三墩保泰典

收保泰典，钱三千六百文；　　收吴成周，钱一千八百文；

收伊殿英，钱三千六百文；　　收郑新盘，钱一千零八十文；

收方养吾，钱三千六百文；　　收吴永清，钱七百二十文；

收吴宗海，钱一千八百文；　　收吴裕春，钱七百二十文；

收汪济舟，钱七百二十文；　　收吴伯镛，钱三百六十文；

收吴美如，钱三百六十文；　　收胡四喜，钱三百六十文；

收项福生，钱三百六十文；　　收汪禹锡，钱三百六十文；

收余开元，钱三百六十文。

平窑保昌典

收保昌典，钱三千六百文；　　收徐元禄，钱七百二十文；

收方杏庄，钱三千六百文；　　收唐伊甫，钱七百二十文；

收孙霭堂，钱一千八百文；　　收章顺发，钱三百六十文；

收孔静山，钱七百二十文；　　收程兴荣，钱三百六十文；

收汪绍基，钱七百二十文；　　收程志远，钱三百六十文；

收孙友三，钱三百六十文；　　收吴海珊，钱三百六十文。

良驹协泰典

收朱良桢，钱七百二十文；　　收姚宜轩，钱三百六十文；

收胡芷香，钱三百六十文；　　收汪怡坤，钱三百六十文。

收程仰杰，钱三百六十文。

留下保丰典

收黄益之，钱七百二十文；　　收汪奏和，钱三百六十文；

收王铭斋，钱一千零八十文；　收程阳春，钱三百六十文；

收程通甫，钱一千零八十文；　收吴曾宪，钱三百六十文；

收陈显言，钱一千零八十文；　收程义生，钱三百六十文。

共收典业堆金洋叁元、钱二百二十九千九百五十文。

光绪十四年分收茶漆业堆金

收吴恒盛，钱二千五百二十文；　　收吴鼎兴，钱五千四百文；
收吴恒有，钱十千零八百文；　　收潘远源，钱五千四百文；
收吴茂源，钱一千八百文；　　收吴彦林，钱三百六十文；
收永春号，钱三千六百文；　　收徐载华，钱三百六十文；
收吴日新，钱一千八百文；　　收潘聚源，钱七百二十文；
收吴鉴周，钱三百六十文；　　收方兴大，钱二千一百六十文；
收吴福连，钱三百六十文；　　收周大有，钱二千八百八十文；
收方福泰，钱三千六百文；　　收吴福泰，钱七百二十文；
收吴裕大，钱三千六百文；　　收郑根妹，钱三百六十文；
收吴恒春，钱二千一百六十文；　　收朱文彬，钱三百六十文；
收江恒懋，钱一千八百文；　　收吴文桂，钱三百六十文；
收吴永隆，钱一千八百文；　　收吴砚丞，钱四千三百二十文；
收吴源隆，钱七百二十文；　　收章辅堂，钱三千六百文。
共收茶漆业堆金钱六十一千九百二十文。

光绪十四年分收面业堆金

收章三源，钱一千零八十文；　　收章同源，钱一千零八十文；
收许悦兴，钱一千零八十文；　　收老六聚，钱一千八百文；
收章上源，钱一千八百文；　　收一和馆，钱七百二十文；
收公和馆，钱一千六百八十文；　　收乾元馆，钱一千零八十文；
收昌源馆，钱一千零八十文；　　收三和馆，钱一千零八十文；
收邵长和，钱一千八百文；　　收浙盛馆，钱七百二十文；
收浙一馆，钱七百二十文；　　收正源馆，钱一千零八十文；
收悦来馆，钱一千零八十文；　　收邵三源，钱七百二十文；
收仙和馆，钱一千零八十文；　　收正升馆，钱一千四百四十文；
收四聚馆，钱七百二十文；　　收奎源馆，钱五百四十文；
收胡庆和，钱一千八百文；　　收许大兴，钱一千八百文；
收万云馆，钱一千二百文；　　收老三三，钱一千八百文；
收合记馆，钱七百二十文；　　收天兴馆，钱七百二十文。
共收面业堆金钱三十千零四百二十文。

光绪十四年分收茶食业堆金

收同泰号，钱一千八百文；　　收万泰昌，钱一千八百文；
收益泰号，钱一千二百文；　　收泰昌西，钱七百二十文；
收源泰昌，钱一千八百文；　　收祥泰号，洋壹元；
收元泰号，钱一千八百文；　　收章运帆，洋壹元。
共收茶食业堆金洋贰元、钱九千一百二十文。

光绪十四年分腌鲜肉业堆金

收泰记号，钱一千八百文；　　　收邵子湘，钱七百二十文；

收程灶明，钱三百六十文；　　　收胡炳顺，钱三百六十文；

收同升和，钱一千八百文；　　　收程义和，洋叁元；

收聚兴号，钱二千一百六十文；　收程高祥，洋壹元；

收荣记号，钱一千八百文；　　　收程社祥，洋壹元；

收晋和号，钱三千六百文；　　　收程子明，洋壹元；

收胡义顺，钱一千八百文；　　　收邵双庆，洋壹元。

共收腌鲜肉业堆金洋柒元、钱十四千四百文。

光绪十四年分收杂货业堆金

收金森记，钱三千六百文；　　　收徐学谦，钱三百六十文；

收益号梅记，钱一千四百四十文；收潘诚兴，钱一千八百文；

收益号声记，钱一千零八十文；　收潘元林，钱一千八百文；

收叶厚芝，钱三百六十文；　　　收叶祥麟，钱三百六十文；

收万学年，钱三百六十文；　　　收苏聚兴，钱七百二十文；

收益泰号，钱三千六百文；　　　收同源号，钱一千零八十文；

收汪玉润，钱三百六十文；　　　收程松茂，钱二千一百六十文；

收胡春森，钱三百六十文；　　　收潘仁泰，钱三千六百文；

收叶焕春，钱七百二十文。

共收杂货业堆金钱二十一千一百六十文。

光绪十四年分收皮梁业堆金

收黄源丰，钱一千零八十文；　　收黄义丰，洋壹元；

收黄万丰，钱二千一百六十文；　收凌怡昌，洋壹元；

收胡根宝，钱三百六十文；　　　收胡同丰，洋壹元。

共收皮梁业堆金洋叁元、钱三千六百文。

光绪十四年分收南货业堆金

收张康伯，钱一千四百四十文；　收同源昌，钱一千文；

收洪梯云，钱一千零八十文；　　收奚丽生，钱一千文；

收和昌号，钱一千文。

共收南货业堆金五千五百一十文。

光绪十四年分收城中各业堆金

收磁器业洪兴号，钱三千六百文；

收条笼业汪义兴，钱一千八百文；

收香粉业汪仲华，钱三百六十文；

收米业程楚怀，洋壹元；

收柴业胡天兴，洋叁元。

共收城中各业堆金洋肆元、钱五千七百六十文。

光绪十四年分收瓶窑镇各业堆金

收瑞隆号，钱三千六百文；　　　　收汪文忠，钱三百六十文；

收高正烈，钱三百六十文；　　　　收其顺堂，钱三百六十文；

收戴冠卿，钱三百六十文；　　　　收还金堂，钱三百六十文；

收何省三，钱三百六十文。

共收瓶窑镇各业堆金钱五千七百六十文。

光绪十四年分

收江德培助舍材洋拾柒元；

收无名氏助舍材洋拾贰元潘子谷交堂；

收豫隆行助焰日钱四千文。

共收乐助户洋贰拾玖元、钱四千文。

光绪十四年分置产契价、中资、代笔、过户总登

付胡彩姑菜地契价，洋贰拾壹元。收菜地贰号，册名胡廷户，在栅外一图成字陆百陆拾伍号、陆百陆拾陆号，共计征地一亩零零陆毫贰丝，土名牌山门；

付又胡廷中户过户，洋壹元。

付钱小林基地连屋契价，洋肆百伍拾元。收塘舍基地贰间，并靠江临街店面五椽楼屋二间，坐落海月桥塘上，系栅外一图成字乙千陆百拾号，计基地捌厘柒毫伍丝；

付钱小林基地连屋契价，洋肆百伍拾元。收塘舍基三间，并靠江临街七椽楼屋三间，坐落闸口大通桥塘上，系栅外二图岁字号，计征地叁分壹厘伍毫；

付又中资、代笔，洋叁拾元。

付祝尔先楼屋契价，洋壹百贰拾元。收临街六椽楼屋一间，并帐檐随身过廊，后连灶坡，共平房九椽，系向本堂所置沈万和之地租地造屋，其屋今卖与本堂为业，坐落洋泮桥里街上隅五图，土名太祖湾直街。

共付置产洋壹千零柒拾贰元。

光绪十四年分新造海月桥河下墙门一所，内计七椽楼房三间，每间随身二椽，系栅外一图成字第一百八十二、一百八十三、一百八十四，共三号，计征地二分六厘二毫四丝八忽，新造工料总登

付木匠上梁包酒，钱二百四十文；

付石匠立墙门酒，钱四百文；

付漆门漆，钱一千四百七十九文；

付篓客毛竹，洋贰元；

付王竹匠打瓦笆工，钱三千一百文；

付纸巾、石灰、油索，洋玖元、又钱八千六百四十四文；

付汪乾益胶煤，钱六百七十二文；

付王源典钉墙攀，洋伍元、又钱三千六百二十文；

付何元亨钉铁件，洋壹元；

付陈顺隆锯板料工，洋柒元、又钱六千九百六十文；

付卢泥水工，钱五十三千四百八十文；

付张玉池木匠工，钱一百十二千七百文；

付李玉甫金钩匠工，钱十四千八百四十文；

付又打泥墙工，钱七千五百文；

付又夯石、石磉、石古，洋柒元；

付永豫杉板，洋玖元、又钱四百四十四文；

付吴同大木价，洋拾肆元肆角肆分叁厘；

付王同泰木价，洋陆元；

付同日升木价，洋贰百零玖元柒角捌分陆厘；

付徐鲁封松板、松段，洋叁拾元零壹角壹分肆厘；

付黄二江司砖，洋叁拾肆元壹角玖分捌厘；

付公盛砖瓦，洋玖拾肆元叁角玖分；

付汪水号石作工料，洋叁拾玖元贰角柒分；

付汪贵宝杉板，洋肆元陆角叁分陆厘。

共付新造租房洋肆百柒拾贰元捌角叁分柒厘、钱二百十四千零七十九文。

光绪十四年正月十六日至十五年正月十五日止收支大总

一、收上年滚存钱七百七十一千五百四十七文；

一、收引盐堆金洋贰百伍拾壹元；

一、收引盐堆金钱十四千六百四十二文；

一、收街口箱茶堆金洋贰百玖拾柒元；

一、收街口箱茶堆金钱二十三千四百五十四文；

一、收木业堆金洋贰百柒拾贰元贰角肆分；

一、收茶行堆金洋捌拾柒元；

一、收茶行堆金钱一千八百七十六文；

一、收典业堆金洋叁元；

一、收典业堆金钱二百二十九千九百五十文；

一、收茶漆业堆金钱六十一千九百二十文；

一、收面业堆金钱三十千零四百二十文；

一、收茶食业堆金洋贰元；

一、收茶食业堆金钱九千一百二十文；

一、收腌鲜肉业堆金洋柒元；

一、收腌鲜肉业堆金钱十四千四百文；

一、收杂货业堆金钱二十一千一百六十文；

一、收皮梁业堆金洋叁元；

一、收皮梁业堆金钱三千六百文；

一、收南货业堆金钱五千五百二十文；

一、收城中各业堆金洋肆元；

一、收城中各业堆金钱五千七百六十文；

一、收瓶窑镇各业堆金钱五千七百六十文；

一、收乐助舍材洋贰拾玖元；

一、收乐助焰口钱四千文；

一、收开运送枢贴堂带费洋肆元；

一、收房租洋玖拾肆元伍角；

一、收房租钱四百五十一千零四十文；

一、收进押租洋伍拾伍元；

一、收进押租钱三十九千二百文；

一、收胡绮荷钱一百二十六文。

大共连上存收洋壹千伍佰叁拾元零柒角肆分一千零五十申钱六百零七千二百七十七文、钱一千八百十九千三百六十九文。

一、支收盐堆金使用钱十二千一百十四文；

一、支收箱茶堆金使用洋陆拾壹元；

一、支收箱茶堆金使用钱十四千三百五十四文；

一、支上年亏耗洋水钱五千四百六十六文；

一、支开运用钱四十八千四百四十三文；

一、支安葬用钱八十五千零七十六文；

一、支完纳钱粮漕米八千六百九十文；

一、支舍材洋肆拾伍元伍角；

一、支舍材钱九千一百八十文；

一、支置产洋壹千零柒拾贰元；

一、支修理洋贰拾叁元玖角柒分伍厘；

一、支修理钱七十九千九百五十文；

一、支助造和村登善集厝所洋伍百伍拾元；

一、支做六堂前马头轩工料洋肆拾玖元肆角伍分玖厘；

一、支做六堂前马头轩工料钱二十千零七百三十二文；

一、支新造祖房洋肆百柒拾贰元捌角叁分柒厘；

一、支新造祖房钱二百十四千零七十九文；

一、支付出息洋陆角伍分陆厘；

一、支临溪、富埸两处厝所修理洋贰拾伍元玖角叁分伍厘；

一、支临溪、富堨两处厝所修理钱九百七十二文；

一、支贴新湖壩过灵柩挂号笔墨费洋肆元；

一、支给何德源照管外厝年例钱六千文；

一、支程蔚记辛俸钱七十二千文；

一、支各友辛俸钱一百四十四千一百六十六文；

一、支伙食钱一百二十八千六百十五文；

一、支杂用钱七十八千二百三十三文；

一、支十四年分钟启记至龙游川用洋贰拾叁元。

大共出支洋贰千叁百贰拾捌元叁角陆分贰厘、钱九百二十八千零七十文。

除过出支，滚存钱五十三千七百九十六文。

己丑年（光绪十五年）收支　结存

光绪十五年分收盐业堆金　每引二文

正月分，过九千二百九十引，收洋拾陆元每一千零七十、又钱一千四百六十文；

二月分，过二万零五百十三引，收洋叁拾柒元每一千零七十、又钱一千四百三十六文；

三月分，过一万九千零五十八引，收洋叁拾肆元每一千零八十、又钱一千三百九十六文；

四月分，过一万九千五百七十一引，收洋叁拾伍元每一千零七十、又钱一千六百九十三文；

五月分，过一万二千一百八十引，收洋贰拾壹元每一千零七十五、又钱一千七百八十五文；

六月分，过一万五千零三十九引，收洋贰拾柒元每一千零七十、又钱一千一百八十六文；

七月分，过一万零一百零七引，收洋拾柒元每一千零七十、又钱二千零二十四文；

八月份，过一万七千七百七十一引半，收洋叁拾贰元每一千零七十、又钱一千三百零三文；

九月分，过一万五千八百九十七引，收洋贰拾捌元每一千零七十、又钱一千八百三十四文；

十月分，过二万零七百零七引，收洋叁拾捌元每一千零六十、又钱一千一百三十四文；

十一月分，过一万七千八百九十四引，收洋叁拾叁元每一千零五十、又钱一千一百三十八文；

十二月分，过八千六百三十九引，收洋拾伍元每一千零七十、又钱一千五百二十八文。

共计堆金钱三百七十三千三百三十四文，共收盐业堆金洋叁百叁拾叁元、钱十七千九百十九文。

光绪十五年分街口收箱茶堆金名目

凌祥记，一百十三箱；　　　　信成号，三百六十二箱；

吴大昌，四百七十九箱；　　　　萃茂昌，七百十六箱；

瑞芳号，二百七十一箱；

正源号，四百十八箱；

乾顺利，三百三十七箱；

德裕号，三百九十箱；

吴胜大，三百六十七箱；

正美号，三百三十八箱；

集成号，四百六十二箱；

元慎昌，一百箱；

亿中祥，四百箱；

永记号，二百七十四箱；

恒隆号，六百零九箱；

公和永，五百三十六箱；

萃昌号，一百箱；

裕昌号，三百八十四箱；

广生号，七百三十二箱；

信记号，三百三十三箱；

元记号，二百箱；

公泰和，二百箱；

义祥隆，五百零八箱；

方殿记，二百箱；

永昌椿，四百箱；

生和祥，一百七十五箱；

源源福，四百八十八箱；

德发号，二百箱；

震昌源，六百零二箱；

永兴号，九十六箱；

德茂号，二百箱；

隆馨号，四百四十八箱；

馨记号，二百箱；

隆泰号，二百箱；

亿中祥，一百七十七箱；

詹宝和，二百箱；

正源号，二百箱；

江同盛，一百五十九箱；

永达号，六百九十七箱；

正美号，九十八箱；

吴大昌，五百三十一箱；

孙永春，四百十四箱；

隆泰号，二百七十箱；

瑞隆号，三百六十七箱；

江同盛，四百十九箱；

益大号，三百十九箱；

源源福，四百九十四箱；

洪裕大，三百八十二箱；

洪永达，七百十二箱；

馨馨号，七百十四箱；

怡馨祥，四百箱；

聚隆号，四百箱；

怡馨祥，二百箱；

怡大号，五百十九箱；

怡达号，五百四十箱；

亮记号，二百箱；

永茂昌，四百十三箱；

冠芳号，三百八十三箱；

恒达号，四百六十八箱；

德裕号，二百九十八箱；

永丰祥，五百零四箱；

怡生和，四百五十五箱；

朱新记，五百六十六箱；

萃茂昌，三百二十八箱；

裕隆号，二百箱；

馨芽号，五百二十七箱；

洪利记，四百三十二箱；

信芳号，二百箱；

裕昌馨，一百四十一箱；

集成号，三百二十六箱；

桂馨号，三百零二箱；

来宜号，二百箱；

裕馨号，二百箱；

林茂昌，二百箱；

吴胜大，二百箱；

德裕号，三百零一箱；

聚隆号，二百箱；

鼎丰和，一百九十六箱；

和馨祥，三百八十箱；

益芳号，三百九十一箱；

馥馨祥，二百箱；

正美号，二百箱；

天泰号，二百箱；

震昌源，一百九十箱；

裕昌馨，四百箱；

亿中祥，六百五十一箱；

信记号，二百七十一箱；

詹宝和，二百箱；

祥记号，二百零五箱；

广生号，八百六十箱；

萃茂昌，五百箱；

洪裕大，四百五十六箱；

馨馨号，八百四十箱；

彩盛号，二百四十一箱；

德发号，二百箱；

恒达号，五百九十一箱；

永达号，七百零五箱；

永隆祥，四百二十八箱；

聚隆号，二百箱；

隆馨号，六百箱；

集成号，五百五十箱；

瑞泰号，二百箱；

同福祥，二百箱；

德裕号，六百箱；

凌祥记，一百八十三箱；

怡生和，六百五十五箱；

亿中祥，二百箱；

吴大昌，三百五十一箱；

孙怡大，四百五十箱；

震昌源，七百十六箱；

方萃昌，二百箱；

恒春永，二百箱；

利顺仁，五百十二箱；

正美号，三百零六箱；

仪隆号，五百二十六箱；

永昌椿，六百箱；

瑞芳号，七百四十四箱；

怡达福，四百八十一箱；

怡达福，二百箱；

永茂昌，四百九十箱；

李祥记，一千三百六十箱；

公和永，五百八十五箱；

得利号，三百二十箱；

元慎昌，一百十九箱；

瑞芳号，三百三十四箱；

兴记号，三百二十二箱；

瑞隆仁，四百箱；

馨芽号，六百八十箱；

怡馨祥，四百箱；

林茂昌，二百箱；

公泰和，四百箱；

仁和号，二百九十一箱；

源源福，五百二十箱；

江同盛，四百箱；

正源号，三百三十三箱；

恒大隆，四百四十四箱；

洪利记，六百四十五箱；

义祥隆，八百八十八箱；

朱新记，七百三十箱；

公泰和，二百箱；

祥和永，二百箱；

馨记号，二百箱；

吴胜大，三百七十一箱；

隆泰号，二百箱；

福生和，四百箱；

元记号，四百箱；

方亮记，二百箱；

恒升号，二百二十二箱；

公和永，四百箱；

益大号，五百七十箱；

义顺隆，六百箱；

洪利记，四百九十九箱；

得利号，三百三十八箱；

怡馨祥，四百箱；

广生号，七百八十二箱；

永达宝，九百四十九箱；

信成号，四百零七箱；　　　　永茂昌，四百六十八箱；

信记号，二百箱；　　　　　　公泰和，二百六十七箱；

馨馨号，八百箱；　　　　　　孙永春，四百箱；

馨芽号，六百七十箱；　　　　怡生和，四百箱；

吴祥记，二百九十七箱；　　　聚隆号，四百箱；

大有祥，二百六十箱；　　　　同福祥，二百箱；

聚丰和，一百六十八箱；　　　远馨号，一百箱；

亿中祥，四百箱；　　　　　　鼎丰和，三百零七箱；

江同盛，四百箱；　　　　　　萃香号，二百箱；

源源福，八百箱；　　　　　　来宜号，二百箱；

李祥记，一千六百箱；　　　　馨芽号，一千箱；

祥和永，七百十箱；　　　　　恒大隆，五百零三箱；

吴永馨，一百九十八箱；　　　恒馨远，一百八十箱。

统年共过七万二千四百箱，计堆金钱四百三十四千四百文。

内除易卡钱，找出亏耗洋水钱八百文，客欠钱二千四百四十文，共收箱茶堆金洋叁百伍拾玖元叁角每一千二百。

光绪十五年分木业堆金　　*细账载明堂簿*

裕大木寓，共经收洋肆拾伍元肆角贰分；

吴同大木寓，共经收洋拾玖元肆角肆分；

同利兴木寓，共经收洋贰拾柒元柒角伍分；

同茂兴木寓，共经收洋贰拾元零贰角伍分；

王颐兴木寓，共经收洋肆元外欠二十三元七分；

同仁兴木寓，共经收洋伍元贰角贰分外欠七元；

纽德大木寓，共经收洋肆元陆角叁分；

同裕源木寓，共经收洋伍元无清单；

同日升木寓，共经收洋叁拾捌元贰角柒分未交细账；

收程锦茂客自交堂堆金洋捌元；

收洪大兴自交堂堆金洋贰拾叁元肆角。

共收木业堆金洋贰百零壹元叁角捌分。

光绪十五年分茶行代收堆金

豫隆行，共经收洋拾壹元、又钱一千零零四文；

乾泰昌，共经收洋贰拾元、又钱二百三十四文；

源润行，共经收洋贰拾陆元；

大茂行，共经收洋捌元、又钱二百文；

信成行，共经收洋拾元、又钱一百八十五文。

共经收茶行堆金洋柒拾伍元、钱一千六百二十三文。

光绪十五年分收典业堆金

善裕典

收程滋伯，钱一千八百文；　　　　收李允泉，钱一千零八十文；

收金承基，钱七百二十文；　　　　收汪观全，钱七百二十文；

收叶华卿，钱七百二十文；　　　　收查子珪，钱七百二十文；

收金仲琴，钱七百二十文；　　　　收汪树桂，钱七百二十文；

收查成卿，钱三百六十文；　　　　收项贡三，钱三百六十文。

保善典

收孙静之，钱一千八百文；　　　　收程英三，钱一千八百文；

收潘受子，钱七百二十文；　　　　收汪子嘉，钱一千零八十文；

收叶吉轩，钱一千零八十文；　　　收黄友仁，钱一千零八十文；

收汪子祥，钱一千零八十文；　　　收程荣基，钱七百二十文；

收鲍达生，钱三百六十文；　　　　收朱廷林，钱三百六十文；

收程馥卿，钱三百六十文；　　　　收方子才，钱三百六十文；

收吴午楼，洋壹元。

泰和典

收戴振声，钱一千四百四十文；　　收刘元洪，钱一千四百四十文；

收程锡畴，钱一千四百四十文；　　收汪子性，钱一千四百四十文；

收万纯洪，钱一千四百四十文；　　收方增卿，钱一千八百文；

收汪子功，钱一千零八十文；　　　收方福海，钱一千零八十文；

收刘大昌，钱七百二十文；　　　　收汪培生，钱七百二十文；

收孙心田，钱七百二十文；　　　　收叶守业，钱三百六十文；

收吴寿荣，钱三百六十文；　　　　收王崇太，三百六十文；

收汪召棠，洋贰元。

成裕典

收程爵之，钱一千零八十文；　　　收吴天锡，钱一千零八十文；

收戴芳士，钱四百五十文；　　　　收曹振远，钱一千零八十文；

收叶秉忠，钱一千零八十文；　　　收吴星甫，钱一千零八十文；

收方月亭，钱七百二十文；　　　　收程士奎，钱七百二十文；

收吴绍光，钱七百二十文；　　　　收孙士衡，钱七百二十文；

收汪侣笙，钱七百二十文；　　　　收孙远谟，钱七百二十文；

收程亮轩，钱七百二十文；　　　　收许大奎，钱七百二十文；

收江永祥，钱七百二十文；　　　　收王笙甫，钱一百二十文。

鼎和典

收吴启铭，钱二千一百六十文；　　收程心田，钱一千八百文；

收程顺心，钱一千八百文；　　　　收王静斋，钱一千零八十文；

收叶培元，钱一千零八十文；　　　收项焕如，钱七百二十文；

收王小康，钱七百二十文；
收程桂发，钱七百二十文；
收汪步能，钱三百六十文；
收吴同祥，钱三百六十文；

收李高进，钱七百二十文；
收陈庆余，钱三百六十文；
收方胜奎，钱三百六十文；
收汪凫洲，钱三百六十文。

裕通典

收范新甫，钱一千零八十文；
收张茂亭，钱七百二十文；
收吴乐之，钱一千零八十文；
收姚渭卿，钱一千零八十文；
收程酉田，钱六百六十文；
收程德言，钱六百六十文；

收吴永春，钱六百六十文；
收王裕生，钱六百六十文；
收程顺泰，钱六百六十文；
收程锡盛，钱三百文；
收吴佑贵，钱三百文；
收胡泰来，钱三百文。

广仁典

收孙云五，钱三千六百文；
收汪子常，钱一千四百四十文；
收查焕文，钱一千零八十文；
收万保之，钱七百二十文；
收何树基，钱七百二十文。

收王志溶，钱二千八百八十文；
收吴兆全，钱七百二十文；
收汪兆然，钱七百二十文；
收洪纯一，钱三百六十文；

保大典

收胡上林，钱一千零八十文；
收程功甫，钱一千零八十文；
收庄临沅，钱一千零八十文；

收胡志贤，钱三百六十文；
收韩春坡，钱三百六十文；
收程瑞元，钱六十文。

协济典

收程育枝，钱三千六百文；
收程趾祥，钱二千八百八十文；
收戴仰平，钱一千零八十文；
收程锡三，钱一千零八十文；
收汪运麟，钱一千零八十文；

收朱天成，钱二千八百八十文；
收毕拱宸，钱七百二十文；
收程耀清，钱三百六十文；
收潘奇卿，钱三百六十文；
收程树春，钱三百六十文。

善兴典

收程茂如，钱一千八百文；
收朱添进，钱一千八百文；

收余福禄，钱七百二十文；
收李俊英，钱七百二十文。

善庆典

收孙琢璋，钱一千零八十文；
收程俊夫，钱七百二十文；
收汪沛霖，钱三百六十文；
收孙新和，钱三百六十文；
收吴蕴山，钱三百六十文；

收叶萃堂，钱七百二十文；
收胡兆昌，钱三百六十文；
收程厚季，钱三百六十文；
收李进文，钱三百六十文；
收汪锦章，钱三百六十文。

通济典

收王立三，钱三千六百文；

收宋仲华，钱一千零八十文；

收朱瑞庭，钱一千二百文；

收万滨甫，钱一千八百文；

收黄静波，钱一千八百文；

收韩汉云，钱二千一百六十文；

收黄如松，钱一千零八十文；

收范裕光，钱三百六十文；

收吴定惜，钱三百六十文；

收翁少卿，钱一千零八十文；

收范裕魁，钱七百二十文；

收唐南辉，钱七百二十文；

收洪君宝，钱三百六十文；

收张锡年，钱三百六十文；

收方吉泰，钱三百六十文；

收王小山，钱三百六十文。

全庆典

收江庆梅，钱一千二百三十文；

收孙慎卿，钱八百十文；

收江本立，钱六百文；

收胡炳炎，钱二百七十文。

收金德林，钱二百七十文；

收范焕章，钱二百十文；

收吴春泉，钱二百七十文；

广兴典

收吴静安，钱一千八百文；

收黄长鹤，钱七百二十文；

收胡岐山，钱三百六十文。

收朱社金，钱七百二十文；

收宋韵成，钱三百六十文；

恭和典

收汪诚斋，钱一千零八十文；

收胡绥卿，钱一千零八十文；

收朱康泰，钱一千零八十文；

收洪仰陶，钱七百二十文；

收汪子善，钱七百二十文；

收张惟本，钱七百二十文；

收朱良祖，钱七百二十文。

收欧阳照初，钱七百二十文；

收戴序云，钱三百六十文；

收毕东福，钱三百六十文；

收程本立，钱三百六十文；

收汪永旺，钱三百六十文；

收范文甫，钱一百八十文；

同吉典

收胡佩绅，钱一千八百文；

收余浩然，钱一千八百文；

收胡载舟，钱七百二十文；

收范星桥，钱七百二十文；

收詹世烈，钱三百六十文；

收汪迪封，钱三百六十文；

收吴兰生，钱三百六十文；

收胡长寿，钱三百六十文；

收杨观元，钱三百六十文；

收舒起发，钱三百六十文；

收程厚存，钱三百六十文；

收汪灶元，钱三百六十文。

裕兴典

收江荫堂，钱一百八十文；

收孙礼仁，钱一千零八十文；

收周启贤，钱一千零八十文；

收吴文焕，钱三百六十文；

收张文甫，钱三百六十文；

收洪元彬，钱七百二十文；

收吴兆基，钱七百二十文；

收查以功，钱七百二十文；

收吴培植，钱三百六十文；

收江本立，钱三百六十文。

聚和典

收江雨亭，钱一千八百文；　　收范甘棠，钱二百四十文；

收程泽甫，钱一千零八十文；　　收汪耀庭，钱一百二十文；

收叶吉如，钱一千零八十文；　　收朱庆筠，钱一百二十文；

收项镜泉，钱八百四十文；　　收范焕章，钱一百二十文；

收李金祥，钱二百四十文；　　收范春桥，钱一百八十文；

收朱承洲，钱二百四十文；　　收叶潘梁，钱一百二十文；

收胡四海，钱二百四十文；　　收程崧生，钱六十文；

收程馥棠，钱六十文。

永济典

收舒养和，钱三千六百文；　　收黄儒珍，钱一千零八十文；

收黄渭飞，钱三千六百文；　　收张积峰，钱一千零八十文；

收吴子良，钱一千八百文；　　收柏连喜，钱七百二十文；

收金朗庭，钱一千八百文；　　收黄星垣，钱三百六十文；

收吴盛之，钱一千八百文；　　收叶善卿，钱三百六十文；

收程鉴初，钱一千八百文；　　收吴来卿，钱三百六十文；

收程省斋，钱一千零八十文；　　收王季春，钱三百六十文。

三墩保泰典

收保泰典，钱三千六百文；　　收汪济舟，钱七百二十文；

收方养吾，钱三千六百文；　　收吴美如，钱三百六十文；

收吴宗海，钱一千八百文；　　收项菊甫，钱三百六十文；

收吴成周，钱三百六十文；　　收余开元，钱三百六十文；

收郑新盘，钱一千零八十文；　　收吴伯镛，钱三百六十文；

收吴永清，钱七百二十文；　　收胡修敷，钱三百六十文；

收吴凤翔，钱七百二十文。

平窑保昌典

收保昌典，钱三千六百文；　　收孔静山，钱七百二十文；

收孙霭堂，钱一千八百文；　　收汪绍基，钱七百二十文；

收徐元禄，钱七百二十文；　　收程兴荣，钱三百六十文；

收唐伊甫，钱七百二十文；　　收程志远，钱三百六十文。

良驹协泰典

收朱良祖，钱七百二十文；　　收汪怡坤，钱三百六十文；

收程仰杰，钱三百六十文。

留下保丰典

收黄益之，钱一千零八十文；　　收汪奏和，钱三百六十文；

收陈显言，钱一千零八十文；　　收吴宪曾，钱三百六十文；

收王铭斋，钱一千零八十文；　　收程义生，钱三百六十文；

收程通甫，钱一千零八十文；　　收程阳春，钱三百六十文。

临平广兴典

收洪安详，钱一千零八十文；　　收方顺遂，钱三百六十文；

收万陶庵，钱一千零八十文；　　收胡晓初，钱三百六十文；

收汪朗如，钱七百二十文；　　收吴嘉发，钱三百六十文；

收吴汉之，钱七百二十文；　　收万灶连，钱三百六十文。

临平复春典

收吴雨亭，钱七百二十文；　　收王志源，钱三百六十文；

收洪高志，钱三百六十文；　　收刘耀堂，钱三百六十文；

收项礼春，钱三百六十文；　　收曹子香，钱三百六十文；

收方理堂，钱三百六十文。

共收典业堆金洋叁元、钱二百十九千五百十文。

光绪十五年分收茶漆业堆金

收吴恒盛，钱二千五百二十文；　　收潘远源，钱五千四百文；

收吴恒有，钱十千零八百文；　　收吴彦林，钱三百六十文；

收吴源茂，钱一千八百文；　　收徐载华，钱三百六十文；

收永春号，钱三千六百文；　　收潘聚源，钱七百二十文；

收吴日新，钱一千八百文；　　收方兴大，钱二千一百六十文；

收吴福连，钱三百六十文；　　收周大有，钱二千八百八十文；

收吴鼎兴，钱五千四百文；　　收方福泰，钱三千六百文；

收吴裕大，钱三千六百文；　　收郑根妹，钱二百四十文；

收吴恒春，钱二千一百六十文；　　收朱文彬，钱三百六十文；

收江恒茂，钱一千八百文；　　收吴文桂，钱一百二十文；

收吴永隆，钱一千八百文；　　收隆泰润，钱七百二十文；

收吴源隆，钱七百二十文；　　收吴砚丞，钱四千三百二十文；

收吴福泰，钱七百二十文；　　收章辅堂，钱三千六百文；

收吴源泰，钱三百六十文。

共收茶漆业堆金钱六十二千二百八十文。

光绪十五年分收面业堆金

收章三源，钱一千零八十文；　　收许悦兴，钱一千零八十文；

收章同源，钱一千零八十文；　　收万云馆，钱一千二百文；

收老六聚，钱一千八百文；　　收一和馆，钱七百二十文；

收章上源，钱一千八百文；　　收三和馆，钱一千零八十文；

收公和馆，钱一千六百八十文；　　收浙盛馆，钱七百二十文；

收昌源馆，钱一千零八十文；　　收正源馆，钱一千零八十文；

收邵长和，钱一千八百文；　　收邵三源，钱七百二十文；

收浙一馆，钱七百二十文；　　收正升馆，钱一千四百四十文；

收悦来馆，钱一千零八十文；　　　收正兴馆，钱一千零八十文；

收仙和馆，钱一千零八十文；　　　收老三三，钱一千八百文；

收胡庆和，钱一千八百文；　　　收奎源馆，钱一千零八十文；

收许大兴，钱一千八百文；　　　收合记馆，钱七百二十文；

收天兴馆，钱七百二十文。

共收面业堆金钱三十千零二百四十文。

光绪十五年分收茶食业堆金

收同泰号，钱一千八百文；　　　收泰昌西，钱七百二十文；

收源泰昌，钱一千八百文；　　　收祥泰号，钱一千一百六十文；

收元泰号，钱一千八百文；　　　收章运帆，钱一千文；

收万泰昌，钱一千八百文。

共收茶食业堆金钱十千零零八十文。

光绪十五年分收腌鲜肉业堆金

收泰记号，钱一千八百文；　　　收胡义顺，钱一千八百文；

收同升和，钱一千八百文；　　　收程义和，洋叁元；

收聚兴号，钱二千一百六十文；　收姜天云，洋壹元；

收荣记号，钱一千八百文；　　　收程子明，洋壹元；

收晋和号，钱三千六百文；　　　收程高祥，洋壹元；

收邵子湘，钱七百二十文；　　　收程灶祥，洋壹元。

共收腌鲜肉业堆金洋柒元、钱十三千六百八十文。

光绪十五年分收杂货业堆金

收金森记，钱三千六百文；　　　收益号梅记，钱一千四百四十文；

收益号声记，钱一千零八十文；　收潘诚兴，钱一千八百文；

收叶厚芝，钱三百六十文；　　　收潘元林，钱一千八百文；

收万学年，钱三百六十文；　　　收程松茂，钱二千一百六十文；

收益泰号，钱三千六百文；　　　收苏聚兴，钱七百二十文；

收汪玉润，钱三百六十文；　　　收同源号，钱一千零八十文；

收胡春森，钱三百六十文；　　　收汪乾益，钱一千零八十文；

收叶焕春，钱七百二十文。

共收杂货业堆金钱二十千零五百二十文。

光绪十五年分收城中各业堆金

收磁器业洪兴号，钱三百六十文；

收条笼业汪义兴，钱一千八百文；

收香粉业汪仲华，钱三百六十文；

收旧货业吴永志，钱七百二十文；

收米业程楚怀，洋壹元。

共收城中各业堆金钱六千四百八十文、洋壹元。

光绪十五年分收皮梁业堆金

收黄万丰，洋壹元；　　　　　收胡根宝，钱三百六十文；

收黄万丰，钱九百六十文；　　收胡同丰，洋壹元；

收黄源丰，钱一千零八十文。

共收皮梁业堆金洋贰元、钱二千四百文。

光绪十五年分收南货业堆金

收张康伯，钱一千四百四十文；　收同源昌，钱一千文；

收洪梯云，钱一千零八十文；　　收奚丽生，钱一千文；

收和昌号，钱一千文。

共收南货业堆金钱五千五百二十文。

光绪十五年分收瓶窑镇各业堆金

收瑞隆号，钱三千六百文；　　收戴冠卿，钱三百六十文；

收高正烈，钱三百六十文；　　收汪文忠，钱三百六十文；

收其顺堂，钱三百六十文；　　收还金堂，钱三百六十文。

共收瓶窑镇各业堆金钱五千四百文。

光绪十五年分

收豫隆行乐助焰口钱四千文。

光绪十五年分置产、中资、代笔、过户、印契总登

付吴文阶基地、平房契价，洋伍百元。收基地乙方并后进六椽平房三间，坐落凤山门内白马庙对门，册名吴恒升，系斯如三图盈字号，计基地陆分肆厘叁毫，土名长寿巷；

付又中资、代笔洋柒元伍角；

付又立户过户洋捌元。

付唐振廷基地契价洋伍拾叁元。收基地一间，册名唐浩然，坐落海月桥下，系栅外一图成字壹百捌拾柒号，计征地捌厘叁毫叁丝肆忽；

付又中资、代笔，洋壹元、又钱一千一百六十四文。

付李祥兴基地契价，洋贰拾贰元。收菜地贰号，原册名郑尚户，在栅外一图成字陆百陆拾柒号、陆百陆拾捌号，计征地伍分柒厘贰毫肆丝，土名牌山门。

付上年收钱小林产栅外一图冯孙畲处过户，洋叁元；

付上年收钱小林栅外二图赵荣锦处过户，洋叁元；

付上年收胡彩姑栅外一图菜地，旧付一元、今补付一元过户，洋壹元；

付唐振廷、李祥兴两业过户，洋贰元；

付印胡彩姑契价十四两、每九十八，加契尾三百五十契，钱一千七百二十二文。

共付置产洋陆百元零零伍角、钱二千八百八十六文。

光绪十五年正月十六日至十六年正月十五日止收支大总

一、收上年滚存钱五十三千七百九十六文；

一、收上年余洋水钱六千六百五十一文；

一、收引盐堆金洋叁百叁拾叁元；

一、收引盐堆金钱十七千九百十九文；

一、收街口箱茶堆金洋叁百伍拾玖元叁角；

一、收木业堆金洋贰百零壹元叁角捌分；

一、收茶行堆金洋柒拾伍元；

一、收茶行堆金钱一千六百二十三文；

一、收典业堆金洋叁元；

一、收典业堆金钱二百十九千五百十文；

一、收茶漆业堆金钱六十二千二百八十文；

一、收面业堆金钱三十千零二百四十文；

一、收茶食业堆金钱十千零零八十文；

一、收腌鲜肉业洋柒元；

一、收腌鲜肉业堆金钱十三千六百八十文；

一、收杂货业堆金钱二十千零五百二十文；

一、收城中各业堆金钱六千四百八十文；

一、收城中各业堆金洋壹元；

一、收皮梁业堆金钱二千四百文；

一、收皮梁业堆金洋贰元；

一、收南货业堆金钱五千五百二十文；

一、收瓶窑镇各业堆金钱五千四百文；

一、收乐助焰口钱四千文；

一、收开运送柩贴堂带费洋贰拾壹元；

一、收房租钱四百六十四千五百文；

一、收房租洋壹百陆拾柒元；

一、收进押租洋捌元；

一、收押租钱四千二百文；

一、收进售材洋贰拾壹元捌角柒分肆厘；

一、收胡绮荷还钱七十二千文合润租。

大共连上存，收洋壹千壹百玖拾玖元伍角伍分肆厘一千零卅申钱一千二百三十五千五百四十一、钱一千千零零零七百文。

一、支收盐业堆金使用钱十五千六百文；

一、支收箱茶堆金使用洋捌拾肆元叁角柒分玖厘；

一、支开运用钱一百零三千五百三十五文；

一、支安葬用钱六十一千二百十四文；

一、支完纳钱粮漕米钱六千三百二十九文；

一、支置产洋陆百元零零伍角；

一、支置产钱二千八百八十六文；

一、支修理洋柒拾壹元柒角贰分伍厘；

一、支修理钱六十七千七百十五文；

一、支息洋柒拾元零零伍分陆厘；

一、支贴新湖坝过灵柩挂号、笔墨费洋肆元；

一、支给何德源照管外堂年例钱四千文；

一、支程蔚记辛俸钱七十二千文；

一、支各友辛俸钱一百七十千二百文；

一、支伙食钱一百六十七千六百八十七文；

一、支伙食又钱二千九百九十八文；

一、支杂用钱七十五千八百十七文。

总共出支洋捌百叁拾元零陆角陆分一千零卅申钱五十五千五百八十八百、钱七百五十二千九百八十一文。

除过出支，滚存钱六百二十七千七百七十九文。

庚寅年（光绪十六年）收支　结存

光绪十六年分收盐业堆金　每引二文

正月分，过一万二千零十七引半，收洋贰拾壹元每一千零六十、又钱一千七百七十五文；

二月分，过一万二千四百十六引，收洋贰拾贰元每一千零六十、又钱一钱五百十二文；

闰月分，过一万六千二百五十零半引，收洋贰拾玖元每一千零六十、又钱一千七百六十一文；

三月分，过一万四千五百零三引，收洋贰拾陆元每一千零五十、又钱一千七百零六文；

四月分，过一万一千零三十一引，收洋拾玖元每一千零六十、又钱一千九百二十二文；

五月分，过一万一千三百四十六引半，收洋贰拾元每一千零六十、又钱一千四百九十三文；

六月分，过一万六千七百零九引，收洋叁拾元每一千零六十、又钱一千六百十八文；

七月分，过一万三千二百八十四引半，收洋贰拾肆元每一千零六十、又钱一千一百二十九文；

八月分，过二万零一百九十九引半，收洋叁拾柒元每一千零五十、又钱一千五百四十九文；

九月分，过二万四千一百九十七引半，收洋肆拾陆元每一千零二十、又钱一千四百七十五文。

共计堆金钱三百零三千九百十文，共收盐业堆金洋贰百柒拾肆元、钱十五千九百四十文。

冬季三个月未到，俟来收入下年盐业堆金。

光绪十六年分街口收箱茶堆金名目　每箱抽收六文

萃茂昌，一千零六十八箱；	瑞隆号，四百箱；
正美号，三百四十箱；	乾顺义，三百六十箱；
凌永兴，一百七十七箱；	源源福，二百零二箱；
仁和号，四百七十七箱；	洪裕大，四百六十九箱；

正源号，四百箱；

成大号，四百三十一箱；

瑞芳号，五百四十二箱；

恒隆号，四百九十八箱；

吴怡盛，三百四十九箱；

林茂昌，二百箱；

恒大隆，二百四十三箱；

裕昌馨，三百五十四箱；

信记号，三百八十箱；

广生号，七百零三箱；

福生和，四百九十三箱；

公泰和，四百箱；

同盛新，四百四十三箱；

恒春源，三百十九箱；

亿中祥，六百箱；

公茂祥，二百箱；

和生祥，二百箱；

萃昌号，一百六十七箱；

萃茂昌，八百六十一箱；

春甡荣，四百零八箱；

正美号，一百九十三箱；

德茂号，二百箱；

德发号，二百箱；

怡馨祥，二百箱；

怡大号，六百七十五箱；

胜和成，四百箱；

正源号，二百箱；

殿记号，二百箱；

祥兴泰，一百箱；

裕生号，二百箱；

永泰号，二百箱；

吴怡盛，二百五十二箱；

聚隆号，二百箱；

仪隆号，四百箱；

乾顺义，三百二十箱；

裕馨号，二百箱；

亿中祥，二百箱；

萃茂昌，四百箱；

裕昌馨，一百三十四箱；

祥泰号，一百八十五箱；

裕兴隆，三百二十一箱；

德裕号，四百二十九箱；

大有号，三百八十九箱；

义祥隆，五百四十四箱；

源源福，四百零九箱；

益大号，三百五十四箱；

森元号，二百箱；

恒盛华，四百八十七箱；

冠芳号，三百六十三箱；

馨馨号、馨芽号，一千四百十九箱；

永茂昌，五百八十二箱；

信芳号，二百箱；

怡达号，五百三十五箱；

永昌椿，四百箱；

永达号，八百三十箱；

来宜号，二百箱；

馥馨祥，三百箱；

天馨号，四百零二箱；

裕隆号，二百箱；

泰和永，三百八十八箱；

怡生和，六百箱；

詹宝和，四百箱；

同春元，五百箱；

成大号，三百十八箱；

福隆号，二百八十二箱；

永春号，四百箱；

鼎盛昌，五百七十九箱；

方永兴，一百零二箱；

源泰祥，四百四十箱；

洪裕大，三百零八箱；

益昌甡，三百箱；

裕昌馨，四百二十六箱；

萃香号，二百箱；

公泰和，四百箱；

春甡荣，五百四十箱；

萃茂昌，五百五十五箱；

亿珍祥，三百零二箱；

新记号，五百三十七箱；

义祥隆，四百八十一箱；

吉祥和，四百箱；

江生记，二百二十八箱；

广生号，八百箱；

孙怡大，五百六十六箱；

聚兴号，五百零一箱；

裕兴隆，二百七十四箱；

信记号，二百四十六箱；

源记号，四百箱；

大有号，四百箱；

公茂祥，二百箱；

源源福，五百九十箱；

桂馨号，四百三十一箱；

孙怡大，六百箱；

李祥记，一千六百八十一箱；

益芳号，三百九十箱；

恒大隆，四百箱；

瑞芳号，六百六十一箱；

福昌隆，四百八十九箱；

永和昌，四百五十箱；

馥馨祥，三百三十箱；

怡生和，四百六十五箱；

永隆祥，二百箱；

怡馨祥，八百二十九箱；

鼎盛昌，一百七十四箱；

馨馨号，六百八十二箱；

益昌牲，四百十八箱；

裕昌馨，五百十九箱；

正源号，三百箱；

鼎丰和，四百箱；

泰和永，四百七十九箱；

和馨永，四百箱；

森元号，四百箱；

亿中祥，六百箱；

瑞芬号，六百箱；

和记号，二百箱；

馨芽号，八百十二箱；

启记号，二百箱；

祥泰号，二百十三箱；

德裕号，三百五十六箱；

正大元，三百三十四箱；

永达号，八百箱；

永茂昌，四百箱；

馨馨号，七百七十六箱；

远馨号，一百箱；

新盛号，一百箱；

永昌椿，四百箱；

生茂号，三百二十六箱；

正美号，三百六十六箱；

祥记号，二百箱；

恒盛祥，二百箱；

天馨号，二百箱；

益大号，二百七十四箱；

胜和成，五百九十六箱；

聚隆号，三百箱；

萃茂昌，四百箱；

福生和，四百箱；

仪隆号，二百箱；

广生号，六百二十七箱；

同春元，三百箱；

恒隆号，二百箱；

恒春源，二百箱；

林茂昌，二百箱；

祥兴泰，一百箱；

吉祥和，一百箱；

裕生号，二百箱；

鼎盛昌，四百十箱；

永茂昌，五百二十二箱；

詹宝和，四百箱；

义祥隆，八百二十三箱；

义熙恒，二百箱；

永达号，三百五十三箱；

桂馨号，三百四十四箱；

协和祥，二百五十九箱；

聚兴号，三百七十箱；　　　恒盛祥，二百箱；

吴怡盛，三百八十三箱；　　源源福，三百箱；

孙怡大，二百箱；　　　　　亿珍祥，二百箱；

怡生和，四百箱；　　　　　公茂祥，二百箱；

怡达号，六百六十五箱；　　詹裕成，八十箱；

天馨号，四百箱；　　　　　李祥记，一千四百二十二箱；

永昌椿，二百箱；　　　　　公泰和，二百箱；

洪利号，一百八十六箱；　　吴永馨，一百箱；

萃昌号，一百七十箱；　　　同春元，一百六十七箱；

萃香号，一百六十七箱；　　永达号，二百箱；

聚隆号，二百箱；　　　　　永茂昌，二百箱；

永春号，六十箱；　　　　　永和昌，二百箱；

馨馨号，六百箱。

统年共过七万零五百九十五箱，计堆金钱四百二十三千五百七十文，内除客欠钱二千四百零四文，共收箱茶堆金洋叁百伍拾元零玖角捌分。

光绪十六年分收木业堆金　　细账载明堂簿

裕大木寓，共经收洋陆拾元零贰角陆分；

洽兴源木寓，共经收洋拾陆元叁角叁分；

同利兴木寓，共经收洋贰拾陆元零叁分；

同茂兴木寓，共经收洋拾柒元零叁分；

吴同大木寓，共经收洋贰拾陆元零叁分；

钮德大木寓，共经收洋玖元零叁分；

同仁兴木寓，共经收洋捌元肆角未抄细账；

同日升木寓，共经收洋叁拾贰元叁角未抄细账；

收同仁兴旧欠洋柒元；

收怡同懋旧欠洋伍元；

收王颐兴旧欠洋贰元叁角柒分本年经收未缴堂洋柒元叁角贰分；

收万利印客自交堂十五年分堆金洋拾元；

收万利印客自交堂十六年分堆金洋拾贰元；

收程锦茂客自交堂堆金洋伍元；

收公裕印客自交堂堆金洋肆元。

共收木业堆金洋贰百肆拾元零柒角柒分。

光绪十六年分茶行代收堆金

豫隆行，共经收洋拾捌元；

乾泰昌，共经收洋贰拾叁元、又钱十八文；

源润行，共经收洋叁拾肆元、又钱五百零二文；

信成行，共经收洋玖元、又钱一百十六文。

共收茶行堆金洋捌拾肆元、钱六百三十六文。

光绪十六年分收典业堆金

协济典

收程育枝，钱三千九百文；　　收程锡三，钱一千一百七十文；

收朱天成，钱三千一百二十文；　收程树春，钱三百九十文；

收毕拱宸，钱七百八十文；　　　收汪运麟，钱一千一百七十文；

收程趾祥，钱三千一百二十文；　收朱庆澜，钱九十文；

收程耀清，钱四百八十文；　　　收戴履祥，钱九十文；

收戴仰平，钱一千一百七十文；　收刘金宝，钱一百八十文；

收潘奇卿，钱三百九十文。

聚和典

收江雨亭，钱一千九百五十文；　收胡四海，钱六百文；

收程泽甫，钱一千一百七十文；　收范甘棠，钱七百八十文；

收叶吉如，钱一千一百七十文；　收汪耀庭，钱三百九十文；

收项镜泉，钱一千一百七十文；　收朱庆筠，钱三百九十文；

收范春桥，钱一千一百七十文；　收范焕章，钱三百九十文；

收李金祥，钱七百八十文；　　　收程崧生，钱三百九十文；

收朱承洲，钱六百文；　　　　　收程馥棠，钱三百九十文；

收叶潘梁，钱七百八十文。

恭怡和典

收汪诚斋，钱一千一百七十文；　收胡绶卿，钱一千一百七十文；

收朱康泰，钱六百三十文；　　　收程本立，钱三百九十文；

收汪子善，钱八百七十文；　　　收汪永旺，钱三百九十文；

收张惟本，钱五百四十文；　　　收胡炳炎，钱一百八十文；

收朱良祖，钱七百八十文；　　　收叶启熊，钱四百五十文；

收欧阳照初，钱七百八十文；　　收万学清，钱一百八十文；

收戴序云，钱三百九十文；　　　收吴吉华，钱九十文；

收毕东福，钱二百七十文；　　　收汤长生，钱九十文。

成裕典

收程爵之，钱一千一百七十文；　收曹振远，钱一千一百七十文；

收吴天锡，钱一千一百七十文；　收叶秉忠，钱一千一百七十文；

收吴星甫，钱一千一百七十文；　收汪侣笙，钱七百八十文；

收方月亭，钱七百八十文；　　　收孙远谟，钱七百八十文；

收程士奎，钱七百八十文；　　　收程亮轩，钱二百四十文；

收吴绍光，钱七百八十文；　　　收许大奎，钱七百八十文；

收孙士衡，钱七百八十文；　　　收江永祥，钱七百八十文。

保善典

收孙静之，钱一千九百五十文；　　收黄友仁，钱一千一百七十文；

收程英三，钱一千九百五十文；　　收汪子祥，钱一千一百七十文；

收汪子嘉，钱一千一百七十文；　　收潘受子，钱七百八十文；

收叶吉轩，钱一千一百七十文；　　收程荣基，钱七百八十文；

收鲍达生，钱三百九十文；　　收方子才，钱三百九十文；

收朱廷林，钱三百九十文；　　收冯伯笙，钱三百九十文；

收程馥卿，钱三百九十文；　　收吴午楼，洋壹元。

泰和典

收戴振声，钱一千五百六十文；　　收汪子功，钱一千一百七十文；

收刘元洪，钱一千五百六十文；　　收方福海，钱一千一百七十文；

收程锡畴，钱九百六十文；　　收刘大昌，钱七百八十文；

收汪子性，钱一千五百六十文；　　收汪培生，钱七百八十文；

收万纯洪，钱一千五百六十文；　　收孙心田，钱七百八十文；

收方增卿，钱一千九百五十文；　　收叶守业，钱三百九十文；

收吴寿荣，钱三百九十文；　　收王崇太，钱三百九十文；

收吴承先，钱三百九十文；　　收汪召棠，洋贰元。

广兴典

收吴静安，钱一千九百五十文；　　收宋韵成，钱三百九十文；

收黄长鹤，钱七百八十文；　　收胡岐山，钱三百九十文；

收朱社金，钱七百八十文；　　收葛兆彬，钱四百八十文。

通济典

收王立三，钱三千九百文；　　收韩汉云，钱二千三百四十文；

收万滨甫，钱一千九百五十文；　　收黄如松，钱一千一百七十文；

收黄静波，钱一千九百五十文；　　收宋仲华，钱六百三十文；

收翁少卿，钱一千一百七十文；　　收范裕光，钱三百九十文；

收范裕魁，钱七百八十文；　　收吴定惜，钱三百九十文；

收唐南辉，钱七百八十文；　　收方吉泰，钱三百九十文；

收洪君宝，钱三百九十文；　　收王小三，钱三百九十文；

收张锡年，钱三百九十文。

善裕典

收程滋伯，钱一千九百五十文；　　收叶华卿，钱七百八十文；

收李允泉，钱一千一百七十文；　　收查子珏，钱七百八十文；

收金承基，钱七百八十文；　　收金仲琴，钱七百八十文；

收汪观全，钱七百八十文；　　收汪树桂，钱七百八十文；

收查成卿，钱三百九十文；　　收项贡三，钱三百九十文。

保大典

收胡上林，钱一千一百七十文；　　收韩春坡，钱三百九十文；

收程功甫，钱一千一百七十文；　　收胡志贤，钱六十文；
收庄子乡，钱一千一百七十文。

善兴典

收程茂如，钱一千九百五十文；　　收余福禄，钱七百八十文；
收朱添进，钱一百九百五十文；　　收李俊英，钱七百八十文。

永济典

收舒养和，钱三千九百文；　　　　收黄渭飞，钱三千九百文；
收吴子良，钱一千九百五十文；　　收柏连喜，钱七百八十文；
收金朗庭，钱一千九百五十文；　　收黄星垣，钱三百九十文；
收吴盛之，钱一千五百文；　　　　收叶善卿，钱三百九十文；
收程鉴初，钱一千九百五十文；　　收吴来卿，钱三百九十文；
收程省斋，钱一千一百七十文；　　收王季春，钱三百九十文；
收黄儒珍，钱一千一百七十文；　　收卢士衡，钱三百九十文。

鼎和典

收吴启铭，钱二千三百四十文；　　收程顺心，钱一千九百五十文；
收程心田，钱一千九百五十文；　　收王静斋，钱一千一百七十文；
收叶培元，钱一千一百七十文；　　收汪步能，钱三百九十文；
收项焕如，钱七百八十文；　　　　收方胜奎，钱三百九十文；
收王小康，钱七百八十文；　　　　收吴同祥，钱三百九十文；
收李高进，钱七百八十文；　　　　收汪凫洲，钱三百九十文；
收程桂发，钱七百八十文；　　　　收徐受其，钱三百九十文；
收陈庆余，钱三百九十文。

广仁典

收孙云五，钱三千九百文；　　　　收查焕文，钱一千一百七十文；
收王志溶，钱三千一百二十文；　　收万宝芝，钱九百三十文；
收汪子常，钱一千五百六十文；　　收何树基，钱七百八十文；
收吴兆全，钱七百八十文；　　　　收吴百福，钱三百文；
收汪兆然，钱七百八十文；　　　　收汪瑞昌，钱三百文；
收洪纯一，钱三百九十文。

裕兴典

收孙礼仁，钱一千一百七十文；　　收江本立，钱一千五百六十文；
收周启贤，钱一千一百七十文；　　收吴文焕，钱三百九十文；
收洪元彬，钱七百八十文；　　　　收张文甫，钱三百九十文；
收吴兆基，钱七百八十文；　　　　收吴培植，钱三百九十文；
收查以功，钱七百八十文。

裕通典

收范新甫，钱一千一百七十文；　　收吴永春，钱七百八十文；
收吴乐之，钱一千一百七十文；　　收王裕生，钱七百八十文；

收姚渭卿，钱一千一百七十文；
收张茂亭，钱七百八十文；
收程西田，钱七百八十文；
收程德言，钱七百八十文；

收程顺泰，钱七百八十文；
收程子垣，钱三百九十文；
收吴佑贵，钱三百九十文；
收胡泰来，钱三百九十文。

善庆典

收孙琢章，钱三千一百七十文；
收程俊夫，钱七百八十文；
收叶萃堂，钱七百八十文；
收吴蕴山，钱三百九十文；
收程厚季，钱三百九十文；

收胡兆昌，钱三百九十文；
收王沛霖，钱三百九十文；
收孙仁康，钱三百九十文；
收李进文，钱三百九十文；
收汪锦章，钱三百九十文。

同吉典

收胡佩绅，钱一千五百文；
收余浩然，钱一千九百五十文；
收胡载舟，钱七百八十文；
收范星桥，钱七百八十文；
收詹世烈，钱三百九十文；
收吴兰生，钱三百九十文；

收汪迪封，钱三百九十文；
收胡长寿，钱三百九十文；
收杨观元，钱三百九十文；
收程厚存，钱三百九十文；
收汪灶元，钱三百九十文；
收舒进才，钱一百八十文。

三墩保泰典

收保泰典，钱三千九百文；
收洪春亭，钱三千九百文；
收方养吾，钱三千九百文；
收吴宗海，钱一千九百五十文；
收吴成周，钱三百九十文；
收郑新盘，钱一千一百七十文；
收吴永清，钱七百八十文；

收吴凤翔，钱七百八十文；
收汪济舟，钱七百八十文；
收吴美如，钱三百九十文；
收项菊甫，钱三百九十文；
收余开元，钱三百九十文；
收吴伯镛，钱三百九十文；
收胡修敷，钱三百九十文。

平窑保昌典

收保昌典，钱三千九百文；
收程允斋，钱三千九百文；
收徐元禄，钱七百八十文；
收唐伊甫，钱七百八十文；

收孙霭堂，钱一千九百五十文；
收孔静山，钱七百八十文；
收程兴荣，钱三百九十文；
收程志远，钱三百九十文。

良驹协泰典

收朱良桢，钱七百八十文；
收程仰杰，钱三百九十文。

收汪怡生，钱三百九十文；

留下保丰典

收黄益之，钱一千一百七十文；
收王铭斋，钱一千一百七十文；
收程通甫，钱一千一百七十文；
收陈显言，钱一千一百七十文；

收汪奏和，钱三百九十文；
收程阳春，钱三百九十文；
收吴宪曾，钱三百九十文；
收程义生，钱三百九十文。

临平广兴典

收万陶庵，钱一千一百七十文；　　收胡晓初，钱三百九十文；

收汪朗如，钱七百八十文；　　　　收吴嘉发，钱三百九十文；

收吴汉之，钱七百八十文；　　　　收万灶连，钱三百九十文。

临平复春典

收吴雨亭，钱七百八十文；　　　　收方理堂、王志溶，钱七百八十文；

收洪高志，钱三百九十文；　　　　收刘耀堂，钱三百九十文；

收项礼春，钱三百九十文；　　　　收曹子香，钱三百九十文。

共收典业堆金洋叁元、钱二百四十二千九百十文。

光绪十六年分收茶漆业堆金

收吴恒盛，钱二千七百三十文；　　收吴福连，钱三百九十文；

收吴恒有，钱十一千七百文；　　　收永春号，钱三千九百文；

收潘远源，钱五千八百五十文；　　收吴鼎兴，钱五千八百五十文；

收吴彦林，钱三百九十文；　　　　收方兴大，钱二千三百四十文；

收徐载华，钱三百九十文；　　　　收周大有，钱三千一百二十文；

收潘聚源，钱七百八十文；　　　　收方福泰，钱三千九百文；

收吴福泰，钱七百八十文；　　　　收吴源泰，钱三百九十文；

收吴源茂，钱一千九百五十文；　　收吴源隆，钱七百八十文；

收吴日新，钱一千九百五十文；　　收隆泰润，钱七百八十文；

收吴裕大，钱三千九百文；　　　　收江恒懋，钱一千九百五十文；

收吴恒春，钱一千九百八十文；　　收吴永隆，钱一千九百五十文。

共收茶漆业堆金钱五十七千七百五十文。

光绪十六年分收面业堆金

收章上源，钱一千九百五十文；　　收仙和馆，钱九百五十文；

收公和馆，钱一千八百二十文；　　收正升馆，钱一千五百六十文；

收一和馆，钱七百八十文；　　　　收正兴馆，钱一千一百七十文；

收三和馆，钱一千一百七十文；　　收正源馆，钱一千一百七十文；

收昌源馆，钱一千一百七十文；　　收邵三源，钱七百八十文；

收邵长和，钱一千九百五十文；　　收浙一馆，钱七百八十文；

收悦来馆，钱一千一百七十文；　　收章三源，钱一千一百七十文；

收浙盛馆，钱七百八十文；　　　　收大源馆，钱四百八十文；

收许悦兴，钱九百九十文；　　　　收鼎聚馆，钱四百八十文；

收章同源，钱一千一百七十文；　　收老三三，钱一千九百五十文；

收老六聚，钱一千九百五十文；　　收奎源馆，钱一千一百七十文；

收胡庆和，钱一千九百五十文；　　收天兴馆，钱七百八十文；

收万云馆，钱一千一百文；　　　　收合记馆，钱七百八十文。

共收面业堆金钱三十一千二百十文。

光绪十六年分收茶食业堆金

收万泰昌，钱一千九百五十文；　　收泰昌西，钱七百八十文；

收同泰号，钱一千九百五十文；　　收祥泰号，钱一千一百文；

收元泰号，钱一千九百五十文。

共收茶食业堆金七千七百三十文。

光绪十六年分收腌鲜肉业堆金

收聚兴号，钱二千三百四十文；　　收胡义顺，钱一千九百五十文；

收荣记号，钱一千九百五十文；　　收程义和，洋叁元；

收同升和，钱一千文；　　　　　　收程子明，洋壹元；

收泰记号，钱一千九百五十文；　　收程高祥，洋壹元；

收晋和号，钱三千九百文；　　　　收程社祥，洋壹元；

收邵子湘，钱七百八十文。

共收腌鲜肉业堆金洋陆元、钱十三千八百七十文。

光绪十六年分收杂货业堆金

收金森记，钱三千九百文；　　　　收潘诚兴，钱一千九百五十文；

收益号梅记，钱一千五百六十文；　收潘元林，钱一千九百五十文；

收益号声记，钱一千一百七十文；　收程松茂，钱二千三百四十文；

收叶厚芝，钱三百九十文；　　　　收苏聚兴，钱七百八十文；

收万学年，钱三百九十文；　　　　收同源号，钱一千一百七十文；

收胡春森，钱三百九十文；　　　　收汪乾益，钱一千一百七十文；

收叶焕春，钱七百八十文。

共收杂货业堆金钱十七千九百四十文。

光绪十六年分收皮梁业堆金

收黄万丰，洋壹元；　　　　　　　收胡根宝，钱三百九十文；

收黄万丰，钱一千一百四十文；　　收胡同丰，钱一千文；

收黄源丰，钱一千一百七十文。

共收皮梁业堆金洋壹元、钱三千七百文。

光绪十六年分收南货业堆金

收张康伯，钱一千五百六十文；　　收和昌号，钱一千文；

收洪梯云，钱一千一百七十文；　　收同源昌，钱一千文；

收奚丽生，钱一千文。

共收南货业堆金钱五千七百三十文。

光绪十六年分收城中各业堆金

收磁器业洪兴号，钱三千六百文；

收条笼业汪义兴，钱一千九百五十文；

收米业程楚怀，洋壹元；

收旧货业吴永志，钱七百二十文；

收丝业万筱云，钱一百二十文。

共收城中各业堆金洋壹元、钱六千三百九十文。

光绪十六年分收瓶窑镇各业堆金

收瑞隆号，钱三千九百文；

收戴冠卿，钱三百九十文；

收汪文忠，钱三百九十文；

收其顺堂，钱三百九十文；

收还金堂，钱三百九十文。

共收瓶窑镇各业堆金钱五千四百六十文。

光绪十六年分

置产印栅外二岁字号钱小林契一百五十两、每九十八，尾三百五十契洋拾肆元每一千零五十、钱八百四十文。

光绪十六年分新造照墙工料总登

付助奉圣庵，洋贰拾元助堂照墙基地立有两助合同存匣；

付破土，酒钱一百文；

付松椿，洋叁元；

付乱石，钱三十二千七百六十文；

付石灰、纸筋、油索，洋贰拾肆元、又钱四千七百四十七文；

付八面光，钱四十五文；

付汪乾益、同源墙线、胶煤等，钱一千五百九十八文；

付春和桐油，洋伍元；

付王源兴钉扎攀，钱一千二百九十六文；

付卢泥水工，钱五十二千二百二十文；

付李玉甫金钩匠工，钱十九千八百八十文；

付王水号石匠工料，洋壹百叁拾叁元陆角贰分壹厘；

付王二江司砖，洋壹百零捌元零陆分肆厘；

付公盛行方砖、瓦，洋贰拾柒元零柒分肆厘；

付张立亭清砖工，洋伍拾捌元、又钱一千三百二十文。

共付做照墙洋叁百柒拾捌元柒角伍分玖厘、钱一百十三千九百六十文。

光绪十六年分新造白马庙对门租房叁间并后墙、九曲巷内壹间工料总登

付何元亨钉，洋陆元；

付盖坑墙稻草，钱四百文；

付两次拖屋料上船，力钱一千二百文；

付两次装屋料进城，船洋叁元、又钱九百文；

付两处屋料起河力，洋伍元、又钱六百四十五文；

付削键穿柴、上梁大索，酒钱六百四十五文；

付来宝兴泥水包砖墙工料，洋壹百陆拾玖元伍角肆分；

付张玉池木匠工，钱九十六千七百四十文；

付李玉甫打坭【泥】墙并散工，钱四十五千八百八十文；

付春记木行松段，洋叁元、又钱三百二十八文；

付汪水号石作阶沿、石磉、石古，洋贰拾柒元；

付汪义兴竹匠打笆簾竹工，洋肆元、又钱七百六十九文；

付李连生后墙门圈、墙脚条石工料，洋叁拾元；

付陈顺隆锯板料工，洋叁元、又钱二千七百四十文；

付公盛行瓦，洋陆拾玖元肆角肆分；

付孟恒源行松板，洋叁拾玖元陆角捌分；

付十四年买存钱木段木，洋壹百叁拾贰元陆角壹分壹厘；

付十四年买存王东升杉板，洋叁拾陆元伍角；

付十四年买存王东升杉板，钱一千一百五十文；

付同仁兴尖木，洋叁拾贰元肆角捌分；

付同仁兴尖木扛力，钱一千七百四十四文；

付黄贵宝杉板，洋陆元伍角伍分、又钱六百七十五文。

共付新造租房洋伍百柒拾元零捌角零壹厘、钱一百五十三千九百七十九文。

光绪十六年正月十六日至十七年正月十五日止收支大总

一、收上年滚存钱六百二十七千七百七十九文；

一、收盐业正月至九月分堆金洋贰百柒拾肆元；

一、收盐业又堆金钱十五千九百四十文；

一、收街口箱茶堆金洋叁百伍拾元零玖角柒分；

一、收木业堆金洋贰百肆拾元零柒角捌分；

一、收茶行堆金洋洋捌拾肆元；

一、收茶行堆金钱六百三十六文；

一、收典业堆金洋叁元；

一、收典业堆金钱二百四十二千九百十文；

一、收茶漆业堆金钱五十七千七百五十文；

一、收面业堆金钱三十一千二百十文；

一、收茶食业堆金钱七千七百三十文；

一、收腌鲜肉业堆金钱十三千八百七十文；

一、收腌鲜肉业堆金洋陆元；

一、收杂货业堆金钱十七千九百四十文；

一、收皮梁业堆金洋壹元；

一、收皮梁业堆金钱三千七百文；

一、收南货业堆金钱五千七百三十文；

一、收城中各业堆金洋壹元；

一、收城中各业堆金钱六千三百九十文；

一、收瓶窑镇各业堆金钱五千四百六十文；

一、收开运送枢贴堂带费洋拾叁元；

一、收房租洋壹百陆拾贰元壹角；

一、收房租钱四百七十九千四百九十三文；

一、收胡绮荷还钱七十二千文合润租；

一、收息洋捌角玖分陆厘。

大共连上存收洋壹千壹百叁拾陆元柒角肆分陆厘一千零廿申钱一千一百五十九千四百八十一、钱一千五百八十八千五百三十八文。

一、支上年亏耗洋水钱九百三十七文；

一、支收盐业堆金使用钱十三千文；

一、支收箱茶堆金使用洋柒拾玖元陆角；

一、支收箱茶堆金使用钱一千六百九十二文；

一、支还出押租洋叁拾壹元；

一、支开运用钱九十六千零五十四文；

一、支安葬用钱十一千九百七十九文；

一、支舍材洋拾叁元；

一、支舍材钱六千三百文；

一、支纳钱粮粮米洋陆元；

一、支纳钱粮漕米钱二千一百文；

一、支置产印契洋拾肆元；

一、支置产印契钱八百四十文；

一、支修理洋陆拾伍元捌角贰分；

一、支修理钱四十四千三百零九文；

一、支做照墙洋叁百柒拾捌元柒角伍分玖厘；

一、支做照墙钱一百十三千九百六十六文；

一、支新造租房洋伍百柒拾元零捌角零壹厘；

一、支新造租房钱一百五十三千九百七十九文；

一、支伙食钱一百八十五千二百十二文；

一、支各友辛俸钱一百八十九千一百零五文；

一、支程蔚记辛俸钱七十八千文；

一、支贴新湖坝过灵枢挂号笔墨费洋肆元；

一、支给何德源照管外厝年例钱六千文；

一、支杂用钱五十六千四百八十文。

大共出支洋壹千壹百陆拾贰元玖角捌分—千零廿申钱一千一百八十六千二百四十文、钱九百五十九千九百五十三文。

除过出支，滚存钱六百零一千八百二十六文。

国家古籍整理出版专项经费资助项目

徽商会馆公所征信录汇编

李琳琦　梁仁志　整理

下

人民出版社

新安惟善堂征信全录 _{（光绪二十九年刊）}

清光绪二十九年（1903）癸卯仲春月刊

板存本堂

目　录①

原序 ……………………………………………………… 627

续刊序 …………………………………………………… 628

外厝地图 ………………………………………………… 630

内堂地图 ………………………………………………… 631

老产地图 ………………………………………………… 632

坟山地图 ………………………………………………… 633

光绪七年、光绪八年置产图（图略）………………… 635

光绪十年置产图（图略）……………………………… 636

光绪十一年置产图（图略）…………………………… 637

光绪十二年置产图（图略）…………………………… 638

光绪十三年置产图（图略）…………………………… 639

光绪十四年、光绪十五年置产图（图略）…………… 640

重建新安六吉堂征信录序 ……………………………… 641

抽收箱茶堆金禀呈　宪批　告示 …………………… 642

光绪十八年置产图 ……………………………………… 648

光绪二十五年、二十六年置产图（图略）…………… 649

光绪二十七年置产图（图略）………………………… 650

重建六吉堂工料总登 …………………………………… 651

光绪二十三年分募捐经费乐输芳名 …………………… 653

光绪二十四年分募捐经费乐输芳名 …………………… 656

光绪二十七年分乐输经费芳名 ………………………… 657

新造对门厝所工料总登 ………………………………… 658

租基地约 ………………………………………………… 659

张述记接办堂事后所置产业、什件详单 ……………… 660

张文瑞序 ………………………………………………… 662

光绪十八年收支　结存 ………………………………… 663

光绪十九年收支　结存 ………………………………… 673

光绪二十年收支　结存 ………………………………… 683

光绪二十一年收支　结存　透支 ……………………… 691

光绪二十二年收支　结存　透支 ……………………… 701

---

① 目录为整理者所加。

光绪二十三年收支　结存　透支 ………………………………………… 711

光绪二十四年收支　结存　透支 ………………………………………… 723

光绪二十五年收支　结存 ………………………………………………… 738

光绪二十六年收支　结存 ………………………………………………… 752

光绪二十七年收支　结存 ………………………………………………… 768

原　序

新安惟善堂前刊征信录序
翰林院侍讲学士、前提督安徽学政胡敬撰

　　新安地狭人众，为商旅谋衣食于外者较之他郡邑尤多。吾闻之同居乡里有相周相保、相救相恤、相友相助、疾病相扶持之谊，今也散而为商旅于四方，势固不暇相顾问及，一旦遭罹大故而望收恤于故乡之人，又情之所不容已也。况新安之人为商旅于吾浙之杭、嘉、湖诸郡邑及江南之苏、松、常诸郡邑者甚众，不幸因病物故欲归榇于故里，途必经于杭州。嘉庆初，歙邑余锦洲尝于钱塘栅外一图建新安权厝之楹，然地侧隘不足容多，又复募得桃花山麓石井前张立瞻地若干丈尺，建旁屋数楹。锦洲卒，其孙铉顺与侄晃并续购何姓地若干丈尺，待扩充焉。道光十七年，司事胡骏誉、金高德等五十余人咸曰：“事创于前，必有因而后大，我惟时其任之。”乃各捐资劝募。复募得杭郡同志阙信甫家毗连基地二亩有奇。其建屋之制，前为厅事若干楹，后筑室为权厝所二十余间，周以墙垣，既固而安，足容多榇矣。凡旅榇之至，则先告于司事，司事即遣信告于其家，予以迎柩限期。其家人有力者，任其自备资用迎归故里；力不足者，酌助之；极无力者，尽给之。期已过而其家人莫有至焉者，司事将堂中所置公地代为埋葬，仍立石识姓名，俾异时来迁移者毋贻误。而各邑并于邑界水口登岸处建设登山集，集有司事如堂。凡旅榇至而无家人资送者，则以告于集中司事，司事亦即遣信告于其家，其家或有力、无力与力不足者，司事待之之法如堂。期已过而其家人莫有至焉者，即将所置公地代为葬之，立石识姓名又如堂。此其经画之周详、规模之宏备，非所谓尽美尽善而无毫发之遗憾者耶。斯固由司事诸君之弗吝弗懈，众为伙助并积款生息以资经久通达，大吏竭力以营之，故能成是丰盈豫大之象。其在《易》之综卦为“丰”，丰多故恤故者丰之义，道在持之以恒，俾得常如日之在中而不昃，则存乎诸君之相劝勉焉。夫如是，固足见新安风俗之醇，而兴仁之效更于兹可验也哉。予尝视学安徽，今幸快睹新安众绅士能以任恤之义相先也。而司事示予以惟善堂经制规条册，遂援笔而乐序之。如此云。

续刊序

新安惟善堂续刊征信录序

杭州城外海月桥桃花山麓有新安惟善堂权厝所，嘉庆、道光间，歙人余君锦洲创建于前，而其侄若孙及胡君骏誉等复推而广之者也。其经制规条具有成书，胡学士敬序之甚详。咸丰季年毁于兵。同治初，汪君鉴人集资重建，堂之事汪君实司之。既殇，继其事者增高厝所，构新安别墅于其中，建殿祀文、武二帝，又设茶寮以涌喝者。出纳之数既多，惧其久而无稽也，乃续刊征信录。问序于予，予曰："昔世，延陵季子葬其子于嬴、博之间，而曰魂气无不之。孔子叹为合礼。宜若旅葬，无害于礼者。然而古人有言：'狐死正邱首，乐乐其所自生，礼不忘其本'。太公五世反葬于周，后世至有嬴胜万里，归骨先陇，而天下称为奇孝者。此久客思乡之梦，温次房所为不能忘情也。是举行而吾乡之人庶几告无憾也。"曩游郊野，见枅比而藏棺者，杭人谓之攒屋，攒犹蕝也。南宋会稽绪陵或称攒宫。考诸《檀弓》、《丧大记》，蕝涂覆屋之制，惟天子诸侯同之，大夫即攒至西序不为屋形。今庶人而概称攒屋，殆与建牙之牙讹为衙，而杭人筑室于道，辄称某衙以区画界，其借略同。其有缭以垣墙而前置厅事者，或称庄或称山庄，是又虚饰尔雅之称，辄不若借呼攒屋之犹得其实。则综核名义，惟权厝之称为有当也。在土著之流久而不葬，往往惑于青鸟家言，不足深论。至于旅人估客，奄忽徂谢，瞻言邦族道里悠远，必待家人之来而魂魄始归故乡，有不得不出于权宜之举者。行权正所以酌经也。然当嘉道全盛时，事虽创而较易。寇乱初平，物力凋翅，自顾之不暇，而奚暇及人。继此役者乃相维絷，往来浙东，振袤絜领，乡人之商于外者以盐、茶、木为大宗，岁劝酉处金，而其他亦量力而附益之，事卒以济则隆，因而实难。倘所谓出其言善，千里之外应之，理亦有然者乎！夫仁人孝子之用心，惟行乎心之所安而已。权厝所之有举莫废而死者安，死者安而其一家之人安，家积成邑，邑积成郡，而一邑一郡之人胥安。茔之事一人任之，或数人任之，前之人任之，后之人复任之，纲举目张，无侵无旷，亦各安其所安，则心安而事无不安。持此以德，隆千百年不敝可也，佥曰善。因书而弁诸简端。

光绪七年岁辛巳冬月，绩溪胡元洁撰，歙县洪葆书。

新安惟善堂后刊征信录序

窃以浙省杭城外江干海月桥桃花山麓建造新安惟善堂义所，专为同乡客故停枢载送回徽而设，诚盛举也。自嘉庆初年歙邑余锦洲先生慕义怀仁，捐资创业，权建堂楹，暂厝旅榇，经费虽云不足，而始基已立于前矣。嗣后，道光年间，其令孙铉顺与乃侄晃偕胡骏誉、周载宇、金高德、朱祥桂、程嘉绶、吴家骏等四十余人继志述事，运筹定例，恢廓前模，幸得诸善户倾囊助款，集腋成裘，藉此高建堂楹，广增厝所，一切善后事宜至详且备，故历年吾徽旅榇得所凭依，赤贫者装船送回，无嗣者置地安葬，洵可谓谊敦桑梓者欤。所可痛者，咸丰庚申之岁粤匪猖狂，杭城溃陷，狼烟叠【迭】起，兔窟横行，竟将堂宇、市房纵焚殆尽，所有租金、存款皆化一空，殊令人搔首问天而嗟叹不能已也。迨至同治聿兴，整军戡乱，杭省虽经克复，老成每慨沦亡，维时汪君鉴人在杭，与鲍鸣岐、胡祝如、吴德辉、吴星海、方国安、章容光、汪贯之、范有芳等惨见吾徽旅榇暴露荒郊，意欲暂妥孤魂，重兴义举。奈当兵燹之余，殷实者少、托钵无门，疲敝者多、捐资无术，因是同往义桥新坝与徽属诸君嫡议熟筹，惟有盐、茶二项皆聚绍属，过镇劝助堆金聊为藉手之资，权济燃眉之急。并劝各处商业随缘乐助，量力输将，由此积少成多。即将本堂旧址先后递建，厅事以及内外厝所暨每年载送埋葬等情，汪君亦属维持不怠者焉。第各款捐资原需众力，而在堂司账只任一人。讵同治辛未岁汪君作古，公议酌请司事查其收支总簿，自四年至九年分虽难细核，大略相符。厥后，诸董络续捐赀，复建文、武二帝殿，并购新安别墅，重将外厝升高翻盖，又另建亭施茶。诸善举有基无坏，自可壮观。第承先接理者未能守旧增新，任情滋弊，以致啧有烦言，何堪服众？适获程君野庭年高德劭，好善存诚，慨然以公事为己责，不受辛资，怀清履洁，不辞劳瘁，纲举目张，入堂未周三载，经费渐有余资，又得同人同心共济，则六吉堂之兴复即在诣顾间矣。爰将历年收支各款汇刊征信全录，以供明鉴而察实情，还期乐捐者益充善量，司事者同著芳名而永垂不朽云尔。

旨在光绪七年，岁次辛巳孟夏月谷旦。新安惟善堂董事人等同校：鲍遗庄、何昌来、程立方、吴汾伯、胡绮荷、洪映辰、方寿乔、鲍德卿、邵正辉、孙一生、金濂生、程野庭、吴菊庄、章辅堂、汪凤舞、洪才卿、吴渭泉、吴恺堂、王俊英、胡寿南、胡衡甫。

外厝地图

外堂基地图（图略）

外厝坐落海月桥里街栅外一图成字第五百五十七号，计征地四分正。于嘉庆初年间，余锦洲先生向在江干开设过塘行，视同乡客故者自江南苏松常、浙西嘉湖等郡归梓于故里，必由杭州江干雇船回梓，常有延至几日不得船者，枢停沿途，雨霖日晒，为此，购地建立权厝。后因是厝地隘，兼之在杭病故者停入，渐致盈塞，不足容多，又复募得桃花山麓石井前地方张立瞻先生慨助隙地，建盖旁屋数楹。而后余锦洲先生卒，其孙铉顺与侄晃续购何姓地及募阙信甫先生毗连基地，于道光十七年与金高德等劝捐建立内堂外厝。事创于前，必有因而后大者也。

内堂地图

内堂基地图 （图略）

内堂坐落浙杭江干海月桥里街桃花山麓石井前地方，系钱邑栅外一图成字第九百零七号，计征地四亩六分八厘二毫九丝二忽。初建于道光十七年间，系余锦洲先生起造外厝，之后为外厝地隘，停枢盈塞，不足容多，早年募得张立瞻基地，先造旁屋殡房数楹，内堂始立于时也。余锦洲先生卒后，其孙铉顺、侄晃续购何姓地，又募得阙信甫毗连基地，偕金高德、胡骏誉等共董其事，劝资建立堂宇、殡房、六吉堂等处，次第告竣，议立规条，无不周致。讵于咸丰庚申岁，粤匪窜浙，杭城被陷，堂宇均成焦土。迨至同治聿兴，省城克复，乱前，司董相继去世，适汪君鉴人在杭，与鲍鸣岐等惨见吾郡旅榇沿途暴露，目不忍视，是以爰集同人告劝盐、茶各商输助堆金，并劝各处业商随心乐助，集腋成裘，重建惟善堂，先后殡房、堂宇及外厝递建，仍依旧址，兴工告竣，如故可观，足见汪君等维持不怠。吾郡生殁无不感颂其德，谨录是堂起见【建】原由，以彰前人之志意。附刊咸知。

老产地图

别墅基地（图略）

同治十三年置岑大庆册名岑禹怀户基地，坐落钱邑栅外一图成字第陆百廿伍号，并置盛元贵墙脚、土名海月桥里街牌山门。

惟善亭并后租房基地（图略）

同治五年置范兆凤地，造筑茶亭并旁屋二间，系钱邑栅外一图成字六百七十二号，土名牌山门。

养善所

坐落钱邑栅外一图成字六百九十七号内，于光绪八年起造，墙门内平房三间，不另绘图。

草桥门外基地（图略）

坐落草桥门直街，系仁邑会保一图兄字号内，计基地二分八厘五毫。昔年瞿颖山捐助入堂，于同治十三年认粮，弓口未曾稽考，故未注载。是处至今未造。

九曲巷基地（图略）

坐落九曲巷内，系钱邑芝松二图宙字号内，计基地陆厘四毫一丝七忽。昔年置汪舒谷临街楼房一间并是基地，匪乱被毁。于光绪五年认粮，即造得临街六椽楼屋，后连平房四椽。

船局隔壁租房（图略）

坐落海月桥塘上，系钱邑栅外一图成字第乙千四百十四号，计征地四分七厘九毫二丝。于同治十二年王旭东助堂基地认还，造筑工料洋二百三十元，计临街六椽楼屋二间，一巷后连随身平房一应在内。

坟山地图

昔年车麟捐助入堂坟山地一则（图略）

坐落钱邑栅外二图岁字乙千一百二十一号，计土山乙亩零捌厘肆毫。乱后至今未曾稽查，照前刊征信录中原图誊刊。

万村老坟山

坐落钱邑定北五下　字号内，计山税　，乱后尚未细查，故未绘图。

丁婆岭脚坟地

坐落钱邑城西二腾字号内，计山税　，系于同治七八年间所置，卖主王贵亦未细查，不及绘图。系向孙桂林置进，寄税孙桂林名下。

汪贯之抵归堂内基地（图略）

输粮抵助入堂，坐落钱邑栅外一图成字乙千叁百伍拾柒号，未知分亩，契注四至，其地在内堂后门对照。

同治十年置施养和坟山一则（图略）

坐落龙化山钱邑栅外一图成字第乙千三百六十七号，计土山乙亩乙分贰厘五毫。

同治十三年置施养和坟山一则（图略）

坐落龙化山钱邑栅外一图成字号，同上，计土山乙分零肆毫贰丝。

光绪二年置施养和大华里龙化山坟山二则（图略）

共计土山柒分伍厘。

光绪五年置施养和坟山三则（图略）

共计土山贰亩玖分壹厘壹毫叁丝。
以上五则均在钱邑栅外一图成字乙千三百六十七号，施必达户推税入堂。

光绪六年又置施养和坟山贰则

土名施家山口，坐落钱邑栅外一图成字乙千三百六十七号，施必达户推入本堂，置时未曾绘图，照契填注四至。

大块东至本堂界、南至本堂界、西至俞坟界、北施卖主界，计土山陆分捌厘零柒丝；

小块东至本堂界、南至大路界、西至王界、北至施界，计土山乙分肆厘伍毫柒丝。

以上均系前置老产，统未绘图，兹特查考补刊弓口分亩图。尚有老坟实难稽考，是此只注都图地名，因亩分未知，不能绘图。自光绪七年至十六年止，均于逐年置产出支账付某户契价核对，逐一绘图于后。

光绪七年、光绪八年置产图 （图略）

　　光绪七年分，置王范氏册名王有高、王维新基地乙则，坐落钱邑栅外一图成字第六百七十六号，计征地二亩二分，土名牌山门。

　　光绪八年分，置胡大渭册名胡国叙基地乙则，坐落钱邑栅外一图成字第六百九十七号，计征地三分八厘，土名羊倪巷，即养善所基。

　　光绪八年分，置张观清册名张玉顺基地乙则，坐落钱邑栅外一图成字第六百九十四号，计征地乙分乙厘，土名羊倪巷。（图略）

光绪十年置产图 （图略）

　　光绪十年分，置王胜川基地一间册名王明高，系成字第五百七十一号，计征地壹分零捌毫肆丝；

　　何德源基地一间册名何宝记，系成字第五百七十二号，计征地壹分零捌毫肆丝；

　　鲁锦荣基地二间册名鲁顺元，系成字第五百七十三号，计征地贰分壹厘柒毫；

　　汪中华基地二间册名王福林，系成字第五百七十四号，计征地贰分叁厘捌毫肆丝。

　　共毗连基地六间，坐落钱邑栅外一图成字号，土名牌山门，于乙酉、丙戌两年造得临街厅式楼房，均有造筑细账于后。

　　光绪十年分，置汪长寿临街六椽楼房一间并连基地册名汪玉珍，坐落海月桥河下，系钱邑栅外一图成字第一百八十四号，计征地捌厘叁毫叁丝肆忽。其屋于丁亥年对邻失慎，已被回禄，于戊子年置得邻地，改造墙门。

　　光绪十年分，置黄贵林坟山一则，坐落钱邑栅外二图岁字号内，土山伍分壹厘叁毫伍丝，土名天化山，于丙戌年开葬。

　　光绪十年分，置卢明专坟地册名卢应龙，坐落钱邑栅外一图成字第九百廿八号，计征地壹亩柒分陆厘贰毫伍丝，土名松林街，于己丑年开葬。

　　光绪十年分，置汪富生基地二间册名汪国明，坐落钱邑栅外一图成字第一千三百五十六、八号，计征地壹分零肆毫贰丝，土名海月桥塘上潮神庙前。

光绪十一年置产图 _(图略)

　　光绪十一年分，置黄贵林坟地乙则，坐落钱邑栅外一图成字第　号，计征地柒分，土名梳妆台，于本年开葬。

　　光绪十一年分，置俞灿宝临街六椽楼房一间并连基地，坐落钱邑栅外一图成字第五百六十七号，计征地壹分贰厘肆毫六丝，土名海月桥里街牌山门。

　　光绪十一年分，置韩宗文基地二间，坐落钱邑土隅四图闰字第　号，计征地肆分零肆毫，土名洋泮桥塘上。

　　光绪十一年分，置鲁锦荣基地一间册名鲁庆元，坐落钱邑栅外一图成字第六百廿二号，计征地壹分捌厘叁毫肆丝，土名海月桥里街牌山门。

　　光绪十一年分，置陆寿富册名陆文耀基地一间，坐落钱邑栅外一图成字第六百廿三号，计征地乙分捌厘叁毫肆丝，土名海月桥里街牌山门。

　　光绪十一年分，置邵德顺基地一间，坐落钱邑栅外一图成字第六百十九号，计征地壹分叁厘肆毫，土名海月桥里街牌山门。

　　光绪十一年分，置王胜川基地一间，坐落钱邑栅外一图成字第六百廿四号，计征地捌厘叁毫，土名海月桥里街牌山门。

　　光绪十一年分，置里中公契认无主基地二间，坐落钱邑栅外一图成字第六百廿四号内，计征地壹分贰厘伍毫，土名海月桥里街牌山门。其产价公助大庙，于次年塑库官八尊，并做神座，连漆工共出支洋肆拾柒元壹角捌分。

　　光绪十一年分，置范兆凤菜地二则，坐落钱邑栅外一图成第六百七十、六百七十一号，计征地乙亩叁分陆厘陆毫贰丝肆忽，土名海月桥里街牌山门。

　　光绪十一年分，置叶凤姑册名叶万春临街平房二间并连基地，坐落钱邑栅外一图成字第五百七十号，计征地贰分肆厘玖毫贰丝，土名海月桥里街牌山门。

　　光绪十一年分，置王满姑册名王双龙基地、菜地五则，系钱邑栅外一图成字号内，共计征地乙亩叁分叁厘肆毫零叁忽。

光绪十二年置产图（图略）

　　光绪十二年分，置奚仁宝、奚祖才基地三间，坐落钱邑栅外一图成字第三十七号，计征地陆分壹厘伍毫，土名洋泮桥里街太祖湾直街传庙巷。

　　光绪十二年分，置陆祖积册名陈广涛基地一间，坐落九曲巷内钱邑芝松二图宙字号内，基地乙分柒厘柒毫，土名九曲巷。

　　光绪十二年分，置沈有彬册名沈万和、沈继发基地三间，坐落钱邑上隅五图余字号内，计征地叁分叁厘陆毫，土名洋泮桥里街太祖湾直街。

　　光绪十二年分，置鲁锦荣基地一间，坐落钱邑栅外一图成字第六百二十号，计征地乙分肆厘柒毫，土名海月桥里街牌山门。

　　光绪十二年分，置孟学文册名敦素堂、孟学行临街八椽楼房一间、随身过廊、平房，直至内河并连基地、河埠，坐落钱邑栅外一图成字第一千三百九十一号，计征地贰分肆厘陆毫，土名海月桥塘上。

光绪十三年置产图 （图略）

　　光绪十三年分，置沈大有册名沈土进基地三间，坐落钱邑栅外一图成字第一百九十乙号，计征地乙分肆厘伍毫捌丝肆忽，土名海月桥河下。

　　光绪十三年分，置胡春林册名胡银记基地乙间，坐落钱邑栅外一图成字第乙百八十三号，计征地捌厘叁毫叁丝叁忽，土名海月桥河下。

　　光绪十三年分，置沈延兴册名沈延庆基地乙间，坐落钱邑栅外一图成字第乙百八十五号，计征地柒厘玖毫壹丝柒忽，土名海月桥河下。

　　光绪十三年分，置周朱氏册名周宝林基地乙间，坐落钱邑栅外一图成字第乙百八十八号，计征地乙分零捌毫叁丝肆忽，土名海月桥河下。

光绪十四年、光绪十五年置产图（图略）

　　光绪十四年分，置胡彩姑册名胡廷中菜地二则，坐落钱邑栅外一图成字第六百六十五六百六十六号，计征地乙亩零零陆毫贰丝，土名牌山门。

　　光绪十四年分，置钱小林塘舍临街楼房二间并连基地，坐落钱邑栅外一图成字第乙千六百十号，计基地八厘七毫五丝，土名海月桥塘上。

　　光绪十四年分，置钱小林册名钱益林塘舍临街楼房三间并连基地，坐落钱邑栅外二图岁字号内，计基地三分乙厘五毫，土名大通桥塘上。

　　光绪十五年分，置吴文阶册名吴恒升基地三间，前至官街、后至官河、上至郑界、下至童界，坐落钱邑斯如三图盈字号内，计基地六分四厘三毫，土名长寿巷白马庙对门。

　　光绪十五年分，置唐振廷册名唐浩然基地乙间，坐落钱邑栅外一图成字第一百八十七号，计征地八厘三毫三丝四忽，土名海月桥河下。

　　光绪十五年分，置李祥兴册名郑尚基地二则，坐落钱邑栅外一图成字第六百六十七六百六十八号，计征地五分七厘二毫四丝，土名牌山门。

重建新安六吉堂征信录序

余守徽郡前后十有余年矣，其乡之人文风俗知之最悉，质直而好义，昔人目为山中邹鲁。洵然，盖其秉山川之灵秀，承先贤之德泽，有以致之，是不愧为朱子故乡也。岁乙未，婺源张述莑参军奉其乡诸君子以浙省新刻汪双池先生遗书来赠，留于署斋，畅谈其乡社沿革，原原本本，知其为有心人，因述杭城桃花山麓有新安会馆，当日结构，轩敞中有厅事二：曰惟善、曰六吉。惟善前祀文、武二帝，后则乡之旅榇皆得而寄厝焉；六吉则专奉先贤朱子，春秋时祀，同乡之在浙者皆得而致祭焉。《诗》曰："维桑与梓，必恭敬止。"其是之谓乎。是惟善与六吉其不可偏废也明矣。方其始也，嘉庆年间，余君锦洲与胡君骏誉等四十余人各处分募，克蒇其事。迨咸丰间，发逆蹂躏杭城，堂宇尽毁。厥后逆平，汪君鉴人等又议重建，于是惟善顿复旧观，而六吉因款支绌，惟留以待后之贤者。呜呼艰哉！未几，汪君作古，继其役者为程君野庭与其子蔚才先后接办。百废俱举，嗣蔚才他适，乡之人各举所知又疑而莫决，金曰卜于文、武二帝。神命参军专司其事，参军果实事求是，常以六吉未能与惟善并峙为憾，有心人不当如是耶！遂与舒君养和、洪君其相、吴君耀庭、江君春舫诸乡人谋之，谓茶业为徽产大宗，虽已分润，未能多助，欲仿盐、木两业捐例来请，余为转详大吏，蒙准定案。而茶商亦急公好义，踊跃输将，不数年六吉堂竟巍巍然耸壑昂霄矣。适余述职道出杭城，得饮落成之酒，顾而乐之，谓参军曰："孔子云观于乡而知王道之易，是情亲地近，法易立而周，势易及而不患于隔备之。于豫而持之以久，如是亦足以辅相天道之所不及而济王泽之穷也。黄海白岳灵气常钟，知必有群才辐辏其间，以维持善举，更能恢宏而光大者。"于此录卜之。

光绪二十五年岁次己亥冬，知徽州府事春岫顿首拜序。

抽收箱茶堆金禀呈　　宪批　　告示

　　光绪十八年五月下旬接理堂事，各项堆金，援承上文，惟箱茶自十九年与屯溪镇茶商绅董佥议，面求皖南茶厘总局宪于俯允附局，由堂派友仍驻街口抽收。因又不能踊跃，二十年邀集同人联名禀请立案。

　　为箱茶堆金附屯溪茶厘总局经收，禀皖南茶厘总局宪严、徽州府春。

　　具禀新安惟善堂司事职员洪培耕、舒君浩、吴启阶、张文瑞，附贡生汪道南、吴创基，监生孙志刚、胡继厚、程彬、吴嵩、金必森、吴鸿梓等，禀为恳恩俯准，赏示立案，以永善举事：窃徽属山多田少，十室九商，浙居新安下游，商是者尤众。或幸而运会亨通，筹谋遂意，老而言旋；或不幸而时值艰虞，流离失所，病殁他乡，羁魂飘泊，归骨无期。同乡目睹伤心，于嘉庆年间捐赀创建新安惟善堂于杭江干海月矶，为权厝之所。咸丰季，被兵燹，后集腋成裘，经营重建，仍复旧章，春送冬埋，施舍棺木。迭年所需经费出自盐、茶、木三大宗，盐、木至今照章无异，惟茶捐一项始由杭抽收。迨同治初年，粤匪肃清，运由宁波，禀请杭州府宪设立曹娥，因司事不得其人，收数不能畅旺；光绪五年改移街口，每箱抽收堆金钱六文。近年以来，商人照章捐助者固多，托辞观望者亦复不少，堂内费用日繁。因屯溪为茶商总汇，旧岁与屯溪镇绅商面禀，蒙前局宪于俯念善举，准将此款附入总局经收，因有取巧商民托辞扰乱，几于坠废。窃思杭地为徽商云集之区，凡大江南北往来旅榇皆由杭权厝，以便雇载运徽，况现在兴造六吉堂朱子大厅工用尤巨，若任茶捐废弛，则盐、木两项亦立见倾覆。今爰集宦游浙江绅商会议，不得不据情禀请宪台大人鉴核，赏示立案，仍将此款附入总局，另用司事一人照章经收，转瞬箱茶运行，纵有取巧商民，亦难蹈辙，俾善举庶不致中止，旅榇亦免暴露，幽冥均感朱衣万代，戴德上禀。

　　皖南茶厘总局宪严批：查茶商向捐新安惟善堂经费，每箱堆金钱六文由来以久，近因取巧商民托辞扰乱，几于坠废，联名禀请附入本总局经收以杜商民取巧，足见该善堂司事等急公好义。桑梓关情，洵属成全善举，深堪嘉尚。如禀，准予所请立案，仍候徽州府批示再行核夺议办可也。此批。

　　徽州府宪春批：候即如禀，出示谕劝。

　　抄粘同新老征信录两册，缴春太尊、申茶厘总局宪。

　　江南徽府为申请饬发以全善举事。

据新安惟善堂司事职员洪培耕等以谊切善举，赏准示劝，以垂久远，并据声明禀奉宪台批准立案，仍复总局，另用司事经收等情到府。据此，除批示外，合备告示具文申送，仰祈宪台鉴核，俯赐发给实贴，各茶行俾该司事附入经收，实为德便。为此，备由具申，照验施行。须至申者。

计申送：告示十四张，一申茶厘总局宪。

徽州府告示：府正堂春为出示劝谕事。

本年三月十六日，据新安惟善堂司事职员洪培耕等禀，为谊切善举，赏准示劝，以垂永久事：窃徽属山多田少以下云云照上禀接洽。今爰集宦游浙江绅商会议，禀请皖南局宪赏示立案，仍附总局，另用司事一人照章经收，转瞬茶箱运行，为此，录呈皖南局宪批示，并呈堂内新老征信录两册，伏乞宪太公祖大人鉴核，恩赏给示劝谕，俾泽及枯骨，以垂久远，庶善举不致中止、旅榇暴露九幽，感德万代，公侯顶祝，上禀等情到府。据此，除批候即如禀，出示劝谕，抄粘同新老征信录两册，均附榜示外，合行出示劝谕。为此，示仰各茶商人等知悉：尔等须知该堂自嘉庆年间创造于杭省江干，所需经费出自盐、茶、木三大宗，由来已久，洵属善举可嘉。因恐一旦废弛，有负前功，今凡在徽业茶者务须各循旧章，每箱捐助堆金六文，前赴皖南总局宪辕呈缴，以便该司事附入经收，以济堂需，俾泽枯骨善举不致废弛，事垂久远，实有厚望焉。切切。特示。

右谕通知。

光绪二十年三月　　日。

告示，实贴晓谕。

光绪二十三年因程总办不肯代收，邀集堂董复禀皖南茶厘总局宪程。

具禀新安惟善堂司事职员洪培耕、舒君浩、吴启阶、张文瑞，附贡生吴创基，监生孙志刚、胡继厚、金必森、潘津、吴嵩、吴鸿梓、程彬等，禀为申明旧案，准予照办，以永善举事：窃徽属山多田少，十室九商，浙居新安下游，商是者尤众。或幸而运会亨通，老而言旋，不幸而时值艰虞，病殁他乡，羁魂飘泊，归骨无期，同乡触目心伤，于嘉庆年间捐资倡建新安惟善堂于杭州江干海月硚，为权厝之所。咸丰之季，兵燹为墟，集腋成裘，经营重建，仍复旧章。春送冬埋，施舍棺木，迭年所需经费出自盐、茶、木三大宗，各商踊跃乐输，历有年所。惟茶捐一项，于光绪十九年禀蒙前局宪于俯准附局经收，二十年续蒙府宪给示申详并蒙前局宪严赏批立案，永远照办，一律无异。转瞬茶箱上市，理合据情禀请俯赐鉴核，赏准此款仍附宪局照章每箱抽收堆金钱六文，藉资抱注，俾善举不致中阻，实为德便。顶祝上禀。

皖南茶厘总局宪程批：据禀，徽绅重建浙杭惟善堂所需经费，向在茶商请引时每箱捐钱六文，业经严、于前总办批准附局代收等情，本届茶市自应照案收捐，以维善举。仰公济局司事方华冕来局核收茶业公所各项经费时，附收该善堂经费每箱六文，应由方司事呈缴公所，汇寄浙杭惟善堂济用。

光绪二十四年开办婺邑茶捐并求上详立案禀皖南茶厘局宪李。

禀为申明旧案，恳恩准予照办，并求上详立案事：窃徽属山多田少，十室九商，浙居新安下游，托业于是者尤众。或幸而运会亨通，荣旋故里；或不幸而命途否塞，病殁他乡，汤药无灵，遗骸待殓，魂兮就馁，櫬也谁归？同乡触目伤心，爰于嘉庆年间兴立义园，复捐资倡建新安惟善堂于杭州江干海月桥头，为权厝之所。自遭兵燹，荡然无存。中兴以来，集腋成裘，经营重建，始复旧观，每年春送冬埋，施舍棺木，并设养病别墅，行旅称便，法綦善也。迭年所需经费出自盐、茶、木三大宗，各商踊跃乐输，历有年所。查茶捐一项向系每箱捐钱六文以济善举，光绪十九年禀奉前局宪于俯准附局经收，二十年续蒙本府宪给示申详，历蒙各前局宪赏批立案，永远照办，各在案。转瞬茶箱上市，屯溪为茶商总汇之区，宪局为完税必由之地，理合申明旧案，合词呈请，仰求俯赐核准，仍附宪局照章每箱抽收堆金钱六文。惟婺邑茶箱由屯溪运赴下游者向由宪局查验代为抽收，其有不由屯溪而由饶州运往九江出口者每年不限若干箱，未免挂一漏百，斯敝堂善举为合府起见，无论何邑东西南北四乡，凡有归櫬无力经过江干，无不分起运送骸归故土，即杭州本地每年六属施棺、瘗埋、养病等项费亦不资，现又兴造六吉堂朱子大厅，工用尤巨，支绌异常，拟求宪台大人恩施格外，于婺邑茶箱之不由屯溪出口者，恳求札饬贵分局查照成案，每箱一律代抽堆金钱六文，汇缴宪局转发敝堂收领，并请联票分存宪局及分局，随时填给，以昭凭信。但此项堆金虽经各前局宪批准附局经收，而两江督宪处尚未有案，诚恐日久变更，仰求宪台俯准据情上详两江督宪察核，准予立案。除禀请本府宪申详抚藩宪外，理合缮词，伏乞宪台大人察核施行，实为德便。上禀。

皖南茶厘总局宪李批：新安惟善堂司事洪培耕等据禀已悉，事属善举，准予所商仍归本总局代收，汇齐转发。惟查婺源与饶州德兴系合一局，未审能否不分畛域，从善如流，仰候札饬该分局一律试办，使其就绪，再据情转详两江总督可也。征信录联票存候，分则填给饬发。

徽州府春禀稿。为申明旧案，恳求上详，请示勒石，以永善举事。

窃徽属山多田少，十室九商，浙居新安下游，托业于是者尤众。或幸而运会亨通，荣旋故里；或不幸而命途否塞，病殁他乡，汤药无灵，遗骸待殓，魂兮就馁，櫬也谁归？同乡触目伤心，爰于嘉庆年间兴立义园，复捐资创建新安惟善堂于杭州江干海月桥头，为权厝之所。自遭兵燹，荡然无存。中兴以来，集腋成裘，经营重建，始复旧观，每年春送冬埋，施舍棺木，并设养病别墅，行旅称便，法綦善也。迭年所需经费出自盐、茶、木三大宗，各商踊跃乐输，历有年所。查茶捐一项，向系每箱抽收堆金钱六文，以济善举，光绪十九年禀蒙前局宪于俯准附局经收，二十年续蒙宪台给示申详，并历蒙各前宪赏批立案，永远照办，各在案。兹届茶箱上市，仍禀局宪照章办理。但此项堆金虽经各局宪批，准附局经收，而两江督宪并抚藩宪处尚未有案，诚恐日久变更，除禀请局宪申详两江督宪外，理合申明，仰求宪台俯允据情上详抚藩宪恩鉴，准予立案，并请宪台赏示勒石，垂之贞珉而昭悠久，实为德便。上禀。

徽州府宪春批：事关善举，如禀所请，候转详立案给示。

婺源县方禀稿。禀为善举筹费，恳恩赏示劝谕事。

窃徽属山多田少若以下云云前录，现蒙总局宪李恩施格外赏札分局查照成案，于各茶号请引时按箱一律代抽堆金钱六文，汇缴总局转发敝堂收领，并将敝堂联票存局随时填给，以昭凭信。随禀请总局宪、本府宪俯准。据情上详两江督宪、抚藩宪察核立案，并请本府宪赏示勒石外，合词呈请，伏乞宪公祖恩鉴赏示劝谕，泽及枯骨，以垂久远，实为德便。上禀。

婺源县方、茶厘分局唐告示。

出示晓谕事：奉皖南茶厘总局宪李札准，据新安惟善堂司事洪培耕等禀称：浙地自嘉庆年间兴立义园，重建惟善堂，为徽州人寄榇、养疴之所，每年施棺，春送冬埋，经费所需出自盐、茶、木三大宗，茶捐一项向章每箱代抽捐钱六文，由局代收，并求转饬婺德分局查照成案，每箱代收堆金钱六文汇缴本总局，发给该堂收领，恳请转详两江总督部堂立案等因。奉此，为出示晓谕茶商等知悉：凡来局请引者，每箱抽捐堆金钱六文。由屯溪出口者，均经总局抽收。尔商等心存恻忍，所费无多，于善堂大有裨益，尚其一体遵照，计箱实报，以襄善举，本委员有厚望焉。切切。特示。

皖南茶厘总局宪李详文两江督宪刘。

委办皖南茶厘局务、江苏候补道为据情转详，乞予立案，以维善举而垂久远事：窃职局于本年闰三月二十七日据新安惟善堂司事职员洪培耕、舒君浩、张文瑞、吴启阶，附贡生吴创集，监生孙志刚、金必森、程彬、吴崧、黄德沅、程杞茂等禀称为申明立案，恳恩准予照办，并求上详立案事：窃徽属山多田少，十室九商，浙居新安下游，托业于是者尤众。或幸而运会亨通，荣旋故里；或不幸命途否塞，病殁他乡，汤药无灵，遗骸待殓，魂兮就馁，榇也谁归？同乡触目伤心，爰于嘉庆年间兴立义园，复捐资倡建新安惟善堂于杭州江干海月桥头，为权厝之所。自遭兵燹，荡然无存。中兴以来，集腋成裘，经营重建，始复旧观，每年春送冬埋，施舍棺木，并养疴别墅，行旅称便，法綦善也。迭年所需经费出自盐、茶、木三大宗，各商踊跃乐输，历有年所。查茶捐一项，向系每箱捐钱六文，以济善举，光绪十九年禀蒙前局宪于俯准附局经收，二十年续蒙本府宪给示申详，并历前局宪赏批立案，永远照办，各在案。转瞬茶箱上市，屯溪为各商总汇之区，宪局为完税必由之地，理合申明旧案，合词呈请，仰求俯赐核准，仍附宪局照章每箱抽收堆金钱六文。惟婺邑茶箱由屯溪下游者向由宪局查验代为抽收，其有不由屯溪而由饶州运九江者每年不限若干箱，未免挂一漏百。然敝堂善举为合府起见，无论何邑东西南北四乡，凡有归榇无力经过江干，无不分起运送骸归故土，即杭州本地每年六属施棺、瘗埋、养病等项费亦不赀，现又兴造朱子大厅，工用尤巨，支绌异常，拟求恩施格外，于婺邑茶箱之不由屯溪出口者，恳求札饬贵分局查照成案，一律代抽堆金钱六文，汇缴宪局转发敝堂收领，并将敝堂联票分存宪局及分局，随时填给，以昭凭信。但此项堆金虽经各局宪批准附局经收，而两江制宪辕下未敢冒禀有案，诚恐日久变更，仰求俯准据情上详两江制宪察核，准予立案。除禀请本府宪申详抚藩宪外，理合缮词，伏乞察核施行，实为德便。计呈新老征信录两部并联票等情到职局。据此，伏查档案，该堂经费于徽茶一项每箱捐钱六文，出自商家成议，踊跃乐输，自光绪十九年禀经前办局务于故道宝之代为经收，伊始缘总局为完税必由之地，禀请带收该堂茶捐经费较为公便，是以历准移办在案。惟婺邑箱茶有由饶州运九江者不经屯溪，无从捐及，兹据该职等公禀吁请转饬一律劝捐以扩善举，职道察核，事出因公，允为所请，即经转饬婺德分局劝谕该处茶商一律试办，该有就绪再据情转详札行。去后，兹据办理婺局李倅士彦申称：窃卑局于光绪二十四年自五月起九月止代新安惟善堂每茶一箱抽收堆金钱六文，总共八万九千一百四十五箱，应收钱五百三十四千八百七十文，现已汇齐，一并检同该堂未填联票并存根，扫数批解申送，恳祈验收，转给印掣批回备案等情。据此，查职局本年代为经收堆金钱四百二十二千零五十二文，计七万零三百四十二箱，连同婺局代收合共千洋之谱，具见徽商重义，从善为流，虽众擎易举，亦惠而不费。除将职局并婺局代该堂经收钱文分别转给祗领外，理合据情书册转详，仰祈宪鉴查核。念该职等行商浙水，笃谊乡情，维梓维桑，兼备送死养生之义，先贤先哲重修报功崇德之文，惟凭集腋以成裘，用代陈情而冒渎，恳恩俯允，准予立案照办，以顺商情而维善举，庶几该堂经费永垂久远。是否有当，仰候批示祗遵。伏乞照详施行，须至全册者。

两江督宪刘批：如详立案，仰即转饬遵照，缴。

皖南茶厘总局、江苏即补道李为给示立案以垂久远事。

据新安惟善堂司事职员洪培耕、舒君浩、张文瑞、吴启阶，附贡生吴创基，监生孙志刚、金必森、程彬、吴崧、黄德沅、程杞茂等禀称：窃徽属山多田少，十室九商，浙居新安下游，托业于是者尤众。或幸而运会亨通，荣旋故里；或不幸而命途否塞，病殁他乡，汤药无灵，遗骸待殓，魂兮就馁，樐也谁归？同乡触目伤心，爰于嘉庆年间兴立义园，复捐资创建新安惟善堂于杭之江干海月硚头，为权厝之所。自遭兵燹，荡然无存。中兴以来，集腋重建，始复旧观，每年春送冬埋，施舍棺木，并设养疴别墅，行旅称便，法綦善也。而迭年所需经费出自盐、茶、木三大宗，各商踊跃乐输，历有年所。查茶捐一项，向系每箱捐钱六文，以济善举，光绪十九年禀请前局宪于俯准附局经收，伊始并历蒙各前局宪赏准照办在案。查屯溪为茶商总汇之区，宪局为完税必由之地，惟婺邑茶箱由屯溪运赴下游者应赴宪局查验代为抽收，其有不由屯溪而由饶州运往九江者每年不限若干箱，未免挂一漏百。斯堂善举为合府起见，无论何邑东西南北四乡，凡有归樐无力经过江干，无不分起运送骸归故土，即杭州本地每年六属施棺、瘗埋、养病等项费亦不赀，现又兴造六吉堂朱子大厅，工用尤巨，支绌异常。合无仰恳恩施格外，于婺邑茶箱之不由屯溪出口者，伏乞札饬贵分局查照成案，每箱一律代抽堆金钱六文，汇缴宪局转发给领，并将敝堂联票送呈宪局及分局随时填给，以昭凭信。惟此项堆金虽经各宪批准附局经收，而两江督宪辕下职等未敢冒禀，诚恐日久变更，仰求俯准据情转详察核，准予立案，以垂久远等情，并呈联票到局。据此，除札知婺德茶税分局联票并发饬一律查照，分别代收汇解本总局转发给领外，一面据情详请。于光绪二十五年二月奉两江督宪刘批开，如详立案，仰即转饬遵照，缴，等因。奉此，合行出示晓谕。为此，示仰徽属茶商人等知悉：该商见义勇为，年来均遵办在案，深堪嘉尚。此后，凡运箱茶，除请引外，其就本总局经收者每箱抽收堆金钱六文，给发收票，以昭信实。婺邑箱茶不由屯溪径由饶州赴九江者，即由婺德分局一律代为抽收，汇总发给该堂收领，以充善举。本道知该商等乡情谊笃，从善如流，况众擎易举，惠而不费，从此先贤先哲永修报功崇德之文，维梓维桑兼备送死养生之义，俾经费源源有自，庶几永垂久远。慎勿始勤终怠，有厚望焉。其各遵照毋违。特示。

　　右谕通知。

　　光绪二十五年十一月十三日。

　　告示，实贴晓谕。

光绪十八年置产图

　　光绪十八年，置孙家骏册名盛启周土山贰则，坐落钱邑定北五下图伤字　号内，土名小池头、顾山，两共计山贰亩壹分五厘贰毫七丝正。买契已由县盖印，经里书王仁圃将盛启周户推入本堂执业，照契填注四至，以备查考。

　　小池头：东至顾界、南至盛界、西至顾界、北至林界，计山壹亩壹分柒厘三毫陆丝。

　　顾山：东至陈界、南至朱界、西至盛界、北至盛界，计山玖分柒厘玖毫壹丝。

　　光绪十八年，置徐殿臣册名徐德顺土山壹则，坐落钱邑定北五下图伤字　号内，土名新开路，计山壹亩陆分贰厘五毫正。买契已由县盖印，经里书王仁圃将徐德顺户推入本堂执业。照契填注四至，以备查考。

　　新开路：东至官路界、南至卖主山塝界、西至卖主界、北至买主界。

　　小池头于二十年开葬女棺、顾山于二十二年开葬男棺、新开路于二十年开葬男棺，三处业已开葬，故不绘图，每处均立四至界石，另立弓口石碑，以备查考。

光绪二十五年、二十六年置产图（图略）

光绪二十五年，置林瑞龙册名陆文耀基地两间，坐落钱邑栅外一图成字第六百廿壹号，计征地贰分玖厘三毫三丝三忽，土名海月矶里街排山门。

光绪二十五年，置孟善发册名孟潮记基地壹间并六椽楼房，坐落钱邑栅外一图成字　号内，计征地壹分贰厘肆毫陆丝，土名海月矶里街牌山门。

光绪二十六年，置陈浩然册名同园地壹方，坐落钱邑栅外一图成字第九百八号，计征地壹亩叁分伍厘肆毫三丝正，土名桃花山麓石井前，与本堂四界毗连。买契已呈县印，经里书算房冯将陈浩然户划推扒付本堂执照。

光绪二十七年置产图（图略）

　　光绪二十七年，置成茂桐册名同田贰丘，坐落钱邑定南二图身字号内，计征税四亩，土名方池。买契已呈县印，经里书算房徐将成茂桐户划推扒付本堂执照。

　　光绪二十七年，置蔡三茂册名蔡景文田壹丘，坐落钱邑定南二图身字号内，计征税壹亩，土名上新硚。置契已呈县印，经里书算房徐将蔡景文户划推扒付本堂执照。

　　光绪二十七年，置李福喜册名李世和田壹丘，坐落钱邑定南二图身字号内，计征税六分五厘，土名长山阪。买契已呈县印，经里书算房徐将李世和户划推扒付本堂执照。

　　光绪二十七年，置世道册名李世昌田壹丘，坐落钱邑定南二图身字号内，计征税伍分，土名馒头山脚。买契已呈县印，经里书算房徐将李世昌户划推扒付本堂执照。

重建六吉堂工料总登

重建六吉堂五间大厅、朝堂五间、厢廊、间壁、客厅、楼阁、厢房，自兴工至告竣工料总登

一、木料：大小连段乌稍、尖杉、木杉、松板、橼枕、杨树、香樟，围量、水脚、关捐、上下力、行用、正价等，总共支付英洋四千四百六十六元二角四分三厘、钱五十三千二百零四文；

一、砖瓦：加大黄曼砖、小角方砖、大方地砖、董天蝴蝶、筒底大瓦、挤沟花边、滴水、黄土、地沙、盘力、幔工、磨光等，总共支付英洋乙千三百零四元正、钱五千七百八十七文；

一、杂料：石灰、乱石、黄白、纸筋、煤胶、麻皮、玻璃、铅皮、砖字、铁器、铜器、择日、绳索、搭彩、上梁、破土、杂工、喜封、手箕等，总共支付英洋三百六十四元七角五分六厘、钱乙百六十五千八百三十二文；

一、木匠：大厅、朝堂、左右厢廊七十七椽装修门壁，客厅、楼阁、厢间二十二椽门窗、挂禄、栏杆、神堂地板、排缝，一切工食等，总共支付英洋八百八十五元二角、钱十五千九百十九文；

一、石匠：大门枋、阶沿、墪石、万年台、石鼓、礴盘幔、天井、厢房门前地小门枋，一切工料，总共支付英洋乙千零七十六元正、钱二十二千四百八十文；

一、泥水匠：四面泥灰、搪粉、鼓砖、盖瓦、打夯、做脊、起礴小工，一切工食，总共支付英洋二百三十一元正、钱乙百六十七千零二十一文；

一、雕花匠：神堂花板、门窗花板、挂狮像头、栏杆、挂禄、花托、匾托工食，总共支付英洋八十二元三角、钱二十二千零三十文；

一、匠工食：总共支付英洋一百零一元正、钱五千五百零六十八文；

一、金钩匠：填地、挑泥工食，总共支付英洋十一元正、钱十八千五百九十六文；

一、漆匠：油漆大小厅房屋九十九椽，包漆神堂、匾对、墙门、神位、门窗、板壁，一切工食，总共支付英洋九十七元零三分七厘、钱四千九百八十二文；

一、漆料：桐油、金生、铅粉、洋蓝、生金漆、无名子、真金、石羔、栗壳、红土、砂纸、丝吐、凡红、洗帚、抹布、麻皮、颜料等件，总共支付英洋一百六十二元七角、钱二千一百四十二文；

六吉堂总用工料，洋八千七百八十一元二角三分六厘、钱四百八十三千五百六十一文。

　　一、收丁酉年售余料，英洋三百五十元零四角四分、钱六百三十四文作合洋六角三分四厘；

　　一、收己亥年售余料，英洋四百三十元零零四分。

　　两共总收售余料，英洋七百八十一元一角一分四厘。除收售料抵过，净实用英洋八千圆零零零一角二分二厘、钱四百八十三千五百六十一文。

　　以上六吉堂工料。自癸巳兴工至己亥告竣。按，此细账汇登于左。

光绪二十三年分募捐经费乐输芳名

方增卿乡台经募富阳

王锷生助洋二元；棉力老人洋二元；仁本堂程洋二元；无民【名】氏助洋二元；
方少安助洋二元；方子文助洋二元；治轩朱助洋二元；益者三友洋一元；
方清吉助洋乙元；洪启泰助洋乙元；翁家骏助洋乙元；方永成助洋乙元；
程永心助洋乙元；许起坤助洋乙元；吴少记助洋乙元；胡荣辉助洋乙元；
戴文放助洋乙元；吴吉兴助洋乙元；张厚田助洋乙元；方让明助洋乙元；
方永记助洋乙元；方永昌助洋乙元；方永年助洋乙元；不书名助洋乙元；
柳亭三馆洋乙元。
共收乐输洋叁拾贰元正。

戴沂川乡台经募菱湖

德茂、德新酱园洋十元；吴裕和号洋三元；吴广和号洋乙元；谢洪春号洋二元；
泰昌仁行洋二元；德源铜作洋乙元；德懋隆助洋乙元；德大酱园洋乙元；
德美酱园洋乙元；恒丰仁行洋三元；戴沂川助洋三元；济生药店洋乙元；
陈琢如助洋二元；朱锦章助洋三元；金集生、谢汉江助洋乙元；仁记碓栈洋
乙元；
汪柳泉助洋乙元；程炳文助洋乙元；张蓝田助洋乙元；义和助洋乙元；
吴子卿助洋乙元；吴履中助洋五角；舒耀光助洋二角；谢占鳌助洋五角；
江国祥助洋乙元；吴秀眉助洋乙元；程锡三助洋乙元；汪少塘助洋乙元；
刘俊卿助洋三角；不书名助洋二角；汪稼生助洋五角；无名字助洋二角；
德茂、澡友洋四元六角。
共收乐输洋伍拾元正。

王建之乡台经募休邑

汪暒一同侄大銮助洋十元正。

舒养和乡台经募衢州

汪海昌助洋三元；吴大兴助洋二元；程少森助洋乙元；戴大有助洋乙元；
洪振馥助洋乙元；胡联奎助洋乙元；孙有根助洋乙元；李本忠助洋乙元；

郑春泉助洋乙元；汪望成助洋乙元；王必康助洋乙元；王必寿助洋乙元；
陈福仁助洋乙元；何必名助洋乙元；翁如山助洋乙元；冯康年助洋乙元；
许培元助洋乙元。

共收乐输洋贰拾元正。

吴永志乡台经募本城

吴永志助洋五元；董咸吉助洋二元；汪荣卿助洋乙元；程配鑫助洋二元；
吴杏林助洋二元；金道庆助洋二元；诚济助洋乙元；汪宝臣助洋乙元；
朱泽基助洋乙元；金炳斋助洋乙元；张明干助洋乙元；程锦章助洋乙元。

共收乐输洋贰拾壹元正。

江郁三乡台经募嘉善

江湘岚洋贰拾元；源通典助洋三元；广昌典助洋三元；匡济典助洋三元；
宝善典助洋三元；汪宝善助洋乙元；汪润和、汪洽泰助洋二元；棣记助洋乙元；
牲源助洋二元；崇新助洋二元；新昌典助洋二元；同德典助洋乙元；
汪爱德堂洋五角。

共收乐输洋肆拾三元五角。

汪维良乡台经募海宁硖石

方子铣助洋二元；吴公盛助洋二元；吴配銮助洋乙元；晋丰典助洋二元；
吴梦周助洋五角；孙蓉卿助洋五角；何雪卿助洋五角；恒康典助洋乙元；
丰和典助洋乙元；桐荫书屋洋乙元；咸亨典助洋乙元；周西卿助洋乙元；
闵慕骞助洋乙元；孙善卿助洋五角；张子鹤助洋五角；谦吉典助洋五角；
无名氏助洋五角；王翔霖助洋乙元；方本立助洋八角。

共收乐输洋拾捌元三角。

孙云五乡台经募临平

陈柳堂助洋乙元；陈小斋助洋乙元；胡晓初助洋乙元；陈子期助洋五角；
泳隆栈助洋乙元；陈顺助洋五角；洪嵩甫助洋二元；刘耀和助洋乙元；
方理堂助洋五角；程耀堂助洋五角；项礼春助洋乙元；王诚斋助洋乙元；
曹子香助洋五角；方善缘助洋五角；曹大成助洋五角；汪秋魁助洋五角；
程秉安、胡季生合洋五角；豫昌栈助洋五角；存耕堂助洋乙元；汪为金助洋
五角；
慎康典助洋二元；汪朗如助洋乙元。

共收乐输洋拾捌元伍角。

黄静波、舒养和乡台经募南浔、申江

张懿德堂乐输洋壹佰元正；黄静园先生乐输洋壹佰元正。

共收乐输洋贰佰元正。

潘筱斋乡台经募祁邑

谢筠亭乐输洋十元正。

舒养和乡台经募沈荡、海盐、新篁、新仓、张堰

鼎升典助洋三元；学古吴助洋乙元；叙伦堂吴洋乙元；公泰典助洋二元；晋康典助洋四元；朱鉴甫助洋乙元；巴锦山助洋五角；胡乐山助洋五角；金纶卿助洋三角；程松青助洋三角；陈静波助洋五角；程启厚助洋五角；叶祥甫助洋三角；西森泰助洋五角；平湖同济典洋三元；协兴典助洋二元；张升三助洋乙元；和同源典洋二元；张维城助洋乙元；济生典助洋二元；同和典助洋乙元；钱家圩懋昌典洋乙元；益泰典助洋二元；怡乐居助洋乙元；保康典助洋二元；汪砺新助洋乙元；吴雨亭助洋乙元；洪升甫助洋五角；胡子俊助洋三角；乍浦广济典洋二元。

共收乐输洋参拾捌元贰角。

二十三年分，大共收乐输洋肆百陆拾壹元五角已入大账。

光绪二十四年分募捐经费乐输芳名

程菊友乡台经募四处

诚心堂助洋三元；存德堂助洋二元；孙尔康助洋二元；宝成典助洋乙元；
善长典助洋乙元；仁大典助洋乙元；济恒典助洋五角；万纯红助洋乙元；
汪子功助洋乙元；汪培生助洋乙元；方渭川助洋乙元；叶守业助洋五角；
韩廷章助洋五角；吴善启助洋五角；知足轩助洋五角；王崇泰助洋五角。
共收乐输洋拾柒元正。

徐元禄乡台经募平窑镇

程允斋助洋四元；瑞隆号助洋三元；汪文忠助洋乙元；程志远助洋乙元。
共收乐输洋玖元正。

吴荫乔乡台经募本城

吴日新助洋十元；吴燮华助洋五元；吴介甫助洋四元；太顺仁助洋二元；
恒盛兴助洋二元；恒泰助洋二元；吴源隆助洋二元；方福泰洋十五元；
汪瑞芬助洋三元；广大助洋二元；馥聚春助洋二元；集成福助洋二元；
敦本堂王洋四元；方有顺助洋五元；裕隆春助洋乙元；吴元大助洋乙元；
吴森大助洋乙元。
共收乐输洋陆拾叁元正。

程惠泉乡台经募各处

程惠泉助洋六元；同利和助洋四元；郑临吉助洋乙元；程国良助洋乙元；
楳庄书助洋二元；叶仲谋助洋乙元；（中间缺两页。整理者注）
程羽仪助洋二角；程进贤助洋二角；项悦卿助洋三角；程文兰助洋二角；
戴兼五助洋二角；方子辉助洋三元；
胡桂生助洋乙元；洪义成助洋二元；凌怡成助洋乙元；太成衣庄洋乙元；
项仁泰助洋乙元；源泰祥、江心源合洋乙元；方乾泰镕记洋乙元；怡丰盛助洋
乙元；
洪锦波助洋乙元；汪明记助洋四角；程星垣助洋二角。
共收乐输洋贰佰捌拾伍元肆角。

光绪二十七年分乐输经费芳名

孙云五乡台经募通州、三墩两镇

德源典助洋二元；孙永年助洋乙元；程圣章助洋乙元；戴省三助洋乙元；
程友仙助洋乙元；永泰源助洋乙元；锦昌助洋乙元；裕泰助洋乙元；
同源昌助洋乙元；谦益堂助洋乙元；协泰助洋乙元；同泰斋助洋乙元；
吴美如助洋乙元；吴成周助洋乙元；吴吉庆助洋乙元。
共收乐输洋拾陆元正。
大共统计收乐输洋玖百零壹元玖角。

新造对门厝所工料总登

一、木料、杉板，共支付英洋三百八十六元七角、钱十千零三百九十二文；

一、砖瓦，总共支付英洋二百七十八元正、钱二十三千六百六十五文；

一、条石、乱石，总共支付英洋五十乙元五角、钱七十千零二百五十三文；

一、松椿、石灰，总共支付英洋四十六元八角、钱二十六千九百文；

一、木匠工食，总共支付英洋七十四元正；

一、石作工料，总共支付英洋九十七元正、钱四千五百五十文；

一、泥水匠工食，总共支付英洋四十二元正、钱四十千零乙百文；

一、金勾匠工食，总共支付英洋五十五元八角、钱七十八千九百四十文；

一、杂用工、搭彩，总共支付英洋十乙元正、钱十千零六百文；

一、黄白纸巾、铁钉、毛竹、稻草、麻皮、绳索，洋二十二元四角乙分、钱十千零六百六十七文；

一、匠工食，总共支付洋乙元、又钱乙千文；

对门新厝所，自丙申年兴工至戊戌年告竣，按此细账汇登于左。

以上大共付工料，洋壹千零陆拾陆元贰角壹分、钱贰百柒拾柒千零陆拾柒文。

租基地约

　　立租基地约人吴永志，原为竖造房屋，挽中租到惟善堂下基地壹片，坐落海月硚河下下首，经理系栅外一图成字乙百八十五、八十六、八十七、八十八等号，言定长年认租金洋陆元正，约租洋拾元，小租情让，当三面议定，三十年后更易租约。其地自租之后任租客择日竖造，其租金迭年夏冬两季凭折过付，不得短少，角洋照市补水无异。恐口无凭，立约存照。

　　光绪二十五年十月初一日，立租基地约人：吴永志；中见代笔共六位均书花字。

　　再批：西北两方墙脚堂做墙，归租客打造又书花字。

张述记接办堂事后所置产业、什件详单

光绪十八年五月下旬，张述记接办堂事，程蔚手移交，查契号簿壹本，计房屋基地、坟山、菜地合同，借贻典各字据，共伍拾贰号，内伍拾壹号胡岚坡字据于光绪丁酉年托中挽情缴回。

述手经置产业契户登左

十八年，置孙家骏、徐殿臣坟山地契二纸；
二十五年，置林瑞龙基地正、找契二纸；
二十五年，置孟善发基地、楼房契计三纸；
二十六年，置陈浩然基地正、找契二纸；
二十六年，当武林门市房老契三纸；
二十七年，置定南二图田契计四纸。

述手经置添什件登左

朱红漆俎乙座；龙门退光漆金子大对乙副；白粉堂匾乙个；献柱朱砂红金字抱对乙副；

牙红大匾乙个；边献散洋蓝金字抱对乙副；香柏木如意勾正献桌乙张；

香柏木如意勾镶献桌二张；香柏董桌二张；杂木如意勾一块面、大八仙桌三张；

杂木月桌二张；柏木八仙十张；香柏乙片瓦大双靠椅八张；株面香几乙张；

紫漆围屏六扇；香柏木加放大号茶几四张；围屏油箱乙个；垫围屏凳四张；

香柏乙片瓦单靠椅十六张；祭亭脚架乙座；马鞍账桌乙张；香柏如意勾单靠椅十六张；

方茶几十六张；骨牌几廿四张；杂木炕桌乙张；杂木炕几乙张；

杉木红油架床四张垫凳三面；杉木条凳廿张；时式帖真金宫灯漆架四盏；

六堂西边新装龛并坐乙座；朱漆灯架四盏；杉木缸盖四副；锡满堂红四盏锡秤乙百二十斤；

锡大三事三件锡秤八十四斤；漆木三事三件；绸绉金字镶滚宫灯套四副；

大红缎绣满堂福正彩乙局；全黄羽毛不滚宫灯套四副；羽毛单彩三件；西瓜灯十二盏；

绣呢单围二个；明角桌灯四盏；绣呢椅披八个；桌台洋灯乙支；绣椅垫套八个；

保险挂灯乙盏；绣炕枕垫套四个；呢大椅披八个；呢中椅披八个；龙门大红春

绸披须彩乙局；

祭亭缎绣幨乙个缎幨面及脚须，江湘岚先生助；祭亭座面绿毡乙床江湘岚先生助；

花布座幔乙个；洋缎顶幔乙个；红呢正献连围乙个呢面，方渭川先生助；边献呢围二个；

双开门帘二个；房门单帘二个；五彩绒毯乙床；夏布客帐乙顶；加重红绿宫灯须四十八架；

六吉堂洋大粗布凉篷乙个；十锦炕枕垫四件；大呢炕枕垫八件；元花椅垫八个；

黑漆茶盒乙个；红漆画花高脚供盘十二个；黑漆帽筒二对；报刻带干红木自鸣钟乙座；

水竹方兀四张；钉装好白果板长联料二副；蓝磁痰瓶二个；郑板桥字画石拷屏十二片；

老星大秤乙把；陈六笙真墨迹围屏字四片；八方鱼缸乙口；胡洪度墨屏四片；

鱼缸石座乙尊；镇宅大缸四口；广货箱四个装西房炕用二个，仍二个收灯彩；醉红磁瓶乙个；

厨房大水缸乙口。

张文瑞序

　　予于光绪乙酉岁来浙游幕，历在幕所有年。迨壬辰春，自台州达字左营假归晋省，适故程君蔚才五月交卸惟善堂事务，举荐纷繁，议论不一，在浙官、商于二十五日叙会堂旁文武帝殿神前，将所荐人名书亀，拈敛折视，举予司理。予于五月二十六日接办堂务，老成咸集，云中兴三十余载仅盖惟善堂及文武二帝殿，而先贤朱子大厅六吉堂未复旧观，值此承平日久，不图恢复更待何时！癸巳冬兴工，至本年告竣，于今六载，实缘经费不足，幸赖舒君养和见义勇为，首倡募捐，集腋成裘，克慰先志。其间旧管、新收、开除、实在账目悉刊征信录。予因司理其事，聊述颠末，以弁简端。

　　光绪二十五年岁次己亥冬月，星江述荛氏张文瑞谨识。

　　舒养和、吴渭泉、程树卿、洪汝庚、汪炯斋、金筱圃、吴耀庭、吴宪章、吴荫乔、胡载之、方厚卿、黄静波、孙云五、吴甫成、潘涣成。

光绪十八年收支　结存

光绪十八年五月接收三月分起引盐实收堆金　每引二文

三月分，过壹万六千一百四十一引半，收洋贰拾捌元、又钱一千五百四十三文；

四月分，过壹万六千八百十四引半，收洋叁拾元、又钱一千二百二十九文；

五月分，过壹万一千三百三引半，收洋拾玖元、又钱二千零八十七文；

六月分，过壹万八千八百三十引半，收洋叁拾肆元、又钱一千二百八十一文；

闰六月分，过壹万零三百三十三引半，收洋拾捌元、又钱一千零四十七文；

七月分，过壹万一千三四百七十三引，收洋贰拾元、又钱一千九百四十六文；

八月分，过贰万一千二百九十七引半，收洋叁拾捌元、又钱一千五百五十五文。

共收盐堆金洋壹百捌拾柒元、钱十千零六百八十八文。

光绪十八年街口经收各号箱茶堆金　每箱抽收六文

仁和，一千八百五十四箱；	正源，七百四十九箱；
瑞芳，二千四百六箱；	源源福，二千零三十九箱；
裕昌馨，二千四百三十六箱；	义隆，五百四十八箱；
瑞隆，四百九十六箱；	公泰和，二千一百零四箱；
馨馨，三千八百四十四箱；	恒隆，八百零三箱；
萃茂昌，二千零四箱；	春甡荣，一千四百五十二箱；
永达，三千六百九十四箱；	永茂昌，一千七百八十二箱；
林茂昌，七百箱；	馨记，五百八十八箱；
大有，五百箱；	方殿记，二百箱；
和茂祥，六百八十三箱；	永福春，八百箱；
益大，八百箱；	福生和，六百箱；
裕生，五百箱；	德发，三百九十箱；
致中和，一千三百箱；	森盛，二百箱；
裕盛，一百箱；	洪裕生，八百四十四箱；
瑞泰隆，四百三十三箱；	亿中祥，八百箱；
馨芽，一千零五十六箱；	广生，一千七百五十一箱；
公大昌，一千零七十箱；	怡达，九百六十八箱；
厚记春，六百三十五箱；	宝和，八百箱；

森元，六百箱；

朱新记，一千七百六十九箱；

天泰，四百箱；

隆泰昌，四百箱；

恒大隆，七百九十箱；

鼎兴，三百六十八箱；

同日新，一百箱；

益珍和，三百箱；

益芳，六百四十二箱；

晋昌祥，八百箱；

怡馨祥，一千四百箱；

春茂，二百零二箱；

来宜，四百七十四箱；

李祥记，一千二百二十五箱；

德茂，二百箱；

孙怡大，一千三百二十二箱；

瑞荣，二百箱；

怡昌祥，八百七十一箱；

亿中和，一千二百箱；

义祥隆，七百三十六箱；

永茂，二百箱；

怡和，八百箱；

同泰，一百箱；

鼎源泰，六十七箱；

宋广胜，一百箱；

益馨昌，三百零三箱；

裕大，二百箱；

义隆祥，五百七十一箱；

裕隆，二百箱；

萃昌，一千一百十九箱；

怡大，六百箱；

裕馨，六百箱；

同复亨，四百箱；

生记，二百箱；

永昌福，九百五十九箱；

义昌，四百十二箱；

永隆祥，一千一百箱；

萃美昌，八百零二箱；

冠芳，八百八十三箱；

福诚，四百箱；

永春，八百箱；

祥泰，二百八十箱；

馥馨祥，二百箱；

震茂，四百箱；

永和祥，六百三十五箱；

广生宝，六百七十二箱；

仪隆，二百箱；

大有、瑞隆，六百箱；

谦吉祥，一百箱；

馨馨祥，七百七十箱；

正记，一百箱；

远馨、洪利，二百箱；

萃香，一百箱；

吴永馨，一百四十五箱。

统共箱茶七万二千二百四十六箱，堆金钱四百三十三千四百七十六文，共收来堆金洋三百六十一元二角三分一千二百扣。

光绪十八年江干各行经收木商堆金

同茂兴木行经收

春茂，洋二元一角九分；

和利，洋一元一角八分；

源茂，洋七角七分；

三怡、鼎和，洋五角二分；

仁字，洋三角六分；

大有，洋二角三分；

利恒，洋八角六分；

春盛，洋二元零三分；

茂春，洋一愿八角；

德盛，洋一元三角三分；

利生、炽昌，洋一角二分；

三怡，洋一元零六分；

谦有，洋六角三分；　　　　　　炽昌，洋二元四角四分；

仁记，洋三元二角四分；　　　　　怡茂，洋四角四分；

恒有，洋一角九分。

统共计堆金洋十九元三角九分，共收来堆金洋十九元正、钱四百零一文。

同利兴行经收

红积金，洋四角；　　　　　　　永盛，洋一元八分三厘；

裕茂，洋五角三分九厘；　　　　泰盛，洋二元四角八分五厘；

恒茂，洋六角零二厘；　　　　　信成，洋三角五分一厘；

黑积金，洋四角七分六厘；　　　胡裕昌，洋七角一分六厘；

汪同昌，洋三元二角八分八厘；　张恒茂，洋一元二角二分；

合兴，洋二角一分六厘；　　　　三益，洋一元七角五分四厘；

德盛，洋一元七角零七厘；　　　震祥，洋二元七角八分六厘；

源兴，洋一元七角零一厘；　　　和合记，洋二元零八分九厘；

万元，洋五角一分四；　　　　　振如，洋五角七分一；

恒字，洋九角零四厘；　　　　　亨发，洋三元六角七分二厘；

裕茂、大昌，洋六元八角一分六厘；　恒吉，洋一元五角零五分；

大道，洋一元四角；　　　　　　吉生，洋一元一角；

茂盛，洋二角；　　　　　　　　裕和，洋一元九角八分；

钰杂，洋二角三分五厘。

统共计堆金洋四十元零三角一分，共收来堆金洋四十元正、钱三百十文。

洽兴源木行经收

永昌，洋一元零四分；　　　　　怡茂，洋一元九角五分；

升字，洋五角六分；　　　　　　恒字，洋五角六分；

正大，洋八角四分；　　　　　　春泰，洋四角八分；

立记，洋四角四分；　　　　　　玉和，洋二元三角五分；

玉记，洋四角二分；　　　　　　正昌，洋一元四角二分；

昌字，洋七角五分。

统共计堆金洋十元零八角一分照数收讫。

同仁兴木行经收

怡茂，洋四角一分；　　　　　　余德，洋九角三分；

春盛，洋五角；　　　　　　　　茂春，洋一元二角九分；

春茂，洋七角七分；　　　　　　益昌，洋一元三角三（分）。

总共计堆金洋五元二角三分，共收来堆金洋五元正、钱二百四十文。

钮德大木行经收

同茂记、义生，洋七元三角五分；　大生，洋一元四角；

同发兴，洋四元三角九分；　　　江裕兴，洋四元正。

统共计堆金洋十七元一角四分，共收来堆金洋十七元正、钱一百四十文。

吴同大木行经收

源盛、孝记，洋一元三角五分；
荣字，洋六角；　　　　　宁寿，洋三角六分；
汪福记，洋一元一角一分；　春茂、盛洋，三元零五分；
吴斯美，洋八角一分；　　志新记，洋一元七角三分；
大昌，洋一元零九分；　　王理记，洋三元二角四分；
胡利记，洋五角四分；　　同昌，洋四角；
江恒生，洋一元零五分。

万利等号计堆金洋二十五元八角五分吴中魁客手。

两共计堆金洋四十一元一角八分。

共收来堆金洋四十一元正、钱一百八十三文。

程裕大木行经收

茂兴，洋二元五角九分；　生大，洋五角一分；
聚丰，洋三元八角五分；　正隆，洋一元九角五分；
恒兴，洋七角七分；　　森盛，洋一元九角；
利生，洋一元二角七分；　茂春，洋六元五角；
兴泰，洋四角三分；　　正大，洋六角四分；
茂泰，洋九角二分；　　聚盛，洋一元六角七分；
森茂，洋六元四角八分；　和泰，洋四角八分；
成大，洋五角二分；　　大成，洋八角三分；
广茂，洋一元一角一分；　春茂，洋五元一角；
同昌，洋五角；　　信兴，洋七角一分；
孚兴，洋五角八分；　　永隆，洋一元零八分；
裕利，洋一元四角三分；　德利，洋一元五角八分；
双茂，洋五角七分；　　永泰，洋七元九角一分；
益昌，洋一元五角一分；　泰盛，洋一元零九分；
信大，洋九角九分；　　春盛，洋四元三角四分；
立生，洋八角八分；　　永生，洋一元零九分；
康记，洋二元一角三分；　全泰，洋一元五角八分；
永成，洋一元六角四分；　怡兴，洋一元九角；
茂盛，洋一元九角六分；　怡茂，洋四角五分；
松茂，洋二角八分；　　冬茂，洋六角六分；
聚和，洋四角三分。

以上计堆金洋七十二元八角一分照数收讫。

怡泰兴木行经收

如松，洋七角二分；　　竹记，洋一元三角一分；
贵和，洋一元一角二分；　义盛，洋一元七角四分；
利人，洋五角六分；　　允升祥，洋一元正；

大昌，洋三元三角一分； 公利，洋七角；

泰昌，洋四角九分； 谦吉祥，洋一元七角三分；

敬亭，洋九角三分； 有三，洋九角六分；

合生财、洪福，洋五元四角； 恒丰，洋六角七分；

大兴，洋三元二角； 合兴、永茂、怡泰，洋五元一角；

同发祥，洋二元一角； 有兴，洋三元二角；

仲兴、广盛等号堆金，洋七元、钱四百八十文宋子端客手。

上共计堆金洋四十一元二角四分、又钱四百八十文，共收来堆金洋四十一元正、钱七百二十七文。

王颐兴木行经收

永兴，洋三角七分； 得成，洋一元四角九分；

义懋，洋九角三分； 起东，洋一元一角九分；

和茂，洋三元七角九分； 金城，洋一元二角八分；

松字，洋一元零五分； 生大，洋九角八分；

三怡，洋四角六分； 信生，洋一元一角三分；

有兴，洋一元三角二分； 正生，洋一元四角六分；

桂发，洋二元五角七分； 吉川，洋一元八角二分；

同昌，洋一角二分； 如松，洋二角七分；

正兴，洋二元三角四分。

上共计堆金洋二十二元五角七分，共收来堆金洋二十二元正、钱五百八十七文。

通年统共收木业堆金洋二百六十八元六角二分、钱二千五百八十八文。

光绪十八年本城茶行经收堆金

裕隆茶行，共代收洋二十元、又钱七百八十文；

源润茶行，共代收洋三十六元、又钱七百九十文；

乾泰昌行，共代收洋二十二元正。

统年茶行共代收来堆金洋七十八元正、钱一千五百七十文。

光绪十八年五月起十二月止典业愿捐　每愿逐日捐钱一文

协济典闰六月停止，共收愿捐钱二千二百二十文

程育枝十愿、朱天成八愿、戴仰平六愿、程锡三三愿、汪运麟三愿、毕拱宸二愿、程耀清二愿、潘奇卿一愿、程树春一愿、朱庆澜一愿。

聚合典，共收愿捐钱六千三百九十文

江雨亭五愿、程泽甫三愿、叶吉如三愿、范春桥三愿、李金祥二愿、叶潏梁二愿、汪耀庭一愿、朱庆筠一愿、范焕章一愿、程崧生一愿、程馥堂一愿、项镜泉三愿此人闰六月停止。

怡和典，共收愿捐钱五千八百五十文

汪诚斋三愿、胡绶卿三愿、汪子善三愿、万学清二愿、胡炳炎二愿、戴序云一

愿、程本立一愿、汪永旺一愿、吴吉华一愿、汤长生一愿、叶启熊五愿此人七月停止、欧阳照初二愿。

成裕典，共收愿捐钱七千五百六十文

程爵之三愿、吴天锡三愿、叶秉忠三愿、吴星甫三愿、方月亭二愿、程士奎二愿、吴绍光二愿、孙士衡二愿、汪侣笙二愿、孙远谟二愿、许大奎二愿、江永祥二愿。

保善典前六月停止，**共收愿捐钱九百文**

孙静之五愿、程英三五愿、汪子嘉三愿、叶吉轩三愿、黄友仁三愿、汪子祥三愿、潘受于二愿、鲍达生一愿、朱延林一愿、程馥卿一愿、方子才一愿、冯伯笙一愿、程仲良一愿。

泰和典闰六月停止，**共收愿捐钱二千四百六十文**

刘允洪四愿、汪子性四愿、万纯洪四愿、方增卿五愿、汪绶章四愿、汪培生四愿、方福海三愿、叶守业三愿、吴承先三愿、孙心田二愿、吴寿荣一愿、王崇太一愿、韩廷章一愿、吴善启一愿、何敦仁一愿。

广兴典，共收愿捐钱三千五百十文

吴静安五愿、黄长鹤二愿、朱社金二愿、葛兆彬二愿、宋韵成一愿、胡岐山一愿。

同济典，共收愿捐钱九千七百二十文

王立三十愿、万滨甫五愿、黄静波五愿、黄如松三愿、翁少卿三愿、吴定惜三愿、唐南辉二愿、洪君宝一愿、张锡年一愿、范裕光一愿、方吉泰一愿、王小山一愿。

善裕典，共收愿捐钱六千七百五十文

程滋伯五愿、李允泉三愿、程仪卿三愿、金承基二愿、汪观全二愿、叶华卿二愿、李子珪二愿、金仲琴二愿、汪树桂二愿、查成卿一愿、项贡三一愿。

永济典，共收愿捐钱十六千五百三十文

舒养和十愿、黄渭飞十愿、吴子良五愿、金朗庭五愿、程鉴初五愿、程省斋五愿、张积峰五愿、黄儒珍三愿、柏连喜二愿六月起加捐一愿、黄星垣一愿六月起加捐一愿、叶善卿一愿、吴来卿二愿、王季春一愿、方佩英五愿六月起捐、卢士衡一愿。

鼎和典，共收愿捐钱八千二百八十文

吴启铭六愿、程心田五愿、王静斋三愿、叶培允三愿、项焕如二愿、王小康二愿、李高进二愿、汪步能一愿、方胜奎一愿、汪凫洲一愿、徐受其一愿、朱仲均一愿、吴德修一愿、程顺心五愿闰六月停止、叶肇成一愿八月起捐。

广仁典，共收愿捐钱九千九百六十文

孙云五十愿、王志溶八愿、汪子常四愿、查焕文三愿、万宝芝三愿、何树基二愿、吴兆全二愿、汪兆然二愿、洪纯一一愿、汪树昌一愿、吴子固一愿前六月起捐。

裕兴典，共收愿捐钱五千一百三十文

孙礼仁三愿、周启贤三愿、江本立四愿、洪元彬二愿、吴兆基二愿、查以功二愿、吴文焕一愿、张文甫一愿、吴培植一愿。

裕通典六月停止，共收愿捐钱六百九十文

范新甫三愿、吴乐之三愿、姚渭卿三愿、张茂亭二愿、程西田二愿、程德言二愿、吴永春二愿、王裕生二愿、程顺泰二愿、吴佑贵一愿、胡泰来一愿。

善庆典，共收愿捐钱四千三百二十文

孙琢章三愿、程俊夫二愿、叶萃堂二愿、吴蕴山二愿、程厚季二愿、胡兆昌一愿、王沛霖一愿、孙仁康一愿、李进文一愿、汪锦章一愿。

同吉典，共收愿捐钱二千九百十文

余浩然五愿、胡载舟二愿、范星桥二愿、詹世烈一愿、吴兰生一愿、汪迪封一愿、杨观元一愿、程厚存一愿、汪灶元一愿、舒进财一愿上七位六月停止，胡长寿一愿。

善兴典，共收愿捐钱三千七百八十文

程茂如五愿、朱天进五愿、余福禄二愿、李俊英二愿。

保大典，共收愿捐钱一千六百二十文

程功甫三愿、庄子卿三愿。

光绪十八年正月起十二月止四乡典业愿捐 每愿逐日捐钱一文

三墩保泰典，共收愿捐钱十二千八百七十文

保泰典十愿、洪春亭十愿、吴永清二愿、吴凤翔二愿、郑新盘一愿、吴成周一愿、吴美如一愿、项菊甫一愿、余开元一愿、吴伯镛一愿、胡修敷一愿、苏致庚一愿、汪锦堂一愿。

良驹协泰典，共收愿捐钱一千九百五十文

程仰杰二愿、王怡坤一愿、程舜明一愿、吴元勋一愿。

留下保丰典，共收愿捐钱五千八百五十文

王铭斋三愿、程通甫三愿、陈显言三愿、汪奏和二愿、程阳春一愿、吴宪曾一愿、金裕德一愿、陈位三一愿。

临平广兴典，共收愿捐钱四千二百九十文

万陶庵三愿、汪朗如二愿、吴汉之二愿、吴俊卿一愿、万灶连一愿、孙仲和一愿、王恭甫一愿。

临平复春典，共收愿捐钱三千一百二十文

吴雨亭二愿、洪高志一愿、项礼春一愿、方理堂一愿、王志源一愿、刘耀堂一愿、曹子香一愿。

统共收典业愿捐钱一百二十六千六百六十文。

光绪十八年五月起十二月止茶漆业愿捐 每愿逐日捐钱一文

吴恒盛七愿、吴恒有三十愿、潘聚源二愿、吴福泰二愿、潘远源十五愿、吴彦林一愿、徐载华一愿、吴源茂五愿、吴日新五愿、吴福连一愿、永春号十愿、方兴大六愿、周大有八愿、方福泰十愿、吴源泰一愿、李隆泰二愿、吴裕大十愿、吴恒春六愿、江恒懋五愿、吴永隆五愿、吴鼎兴十五愿自八月起捐、吴源隆二愿四季捐自

四月收起。

统共收茶漆业愿捐钱三十八千四百九十文。

光绪十八年五月起十二月止杂项愿捐　*每愿逐日捐钱一文*

面业愿捐

章上源五愿、一和馆二愿、三和馆三愿、昌源馆三愿、邵长和五愿、仙和馆三愿、正升馆四愿、正兴馆三愿、正源馆三愿、邵三源二愿、浙一馆二愿、悦来馆三愿、浙盛馆二愿、老六聚五愿、胡庆和五愿、鼎聚馆二愿、章三源三愿、老三三五愿、奎源馆三愿、天兴馆二愿、合记馆二愿上十二愿正月起捐、公和馆每月钱一百四十文、万源馆每月钱一百文、章益源三愿前六月起。

统共收面业愿捐钱二十二千四百十文。

腌鲜肉业愿捐

晋和号十愿、邵子湘二愿、胡义顺五愿上十七愿正月起、聚兴号六愿、泰记号五愿上十一愿五月起、荣记号五愿五月起闰月止、同升和通年愿钱一千文、程子明通年愿洋一元正。

统共收腌鲜肉业愿捐洋一元正、钱十千零九百文。

南货业愿捐

洪梯云，愿钱九百九十文；同源昌，愿钱一千文；奚丽生，愿钱一千文。

共收南货业愿钱二千九百九十文。

杂货业愿捐四月起

余森记十愿、益号梅记四愿、益号声记三愿、叶厚芝一愿、叶焕春二愿、潘诚兴五愿、程松茂六愿、叶春和一愿、苏聚兴二愿、同源号三愿、汪乾益三愿。

统共收杂货业愿捐钱十二千文。

茶食业愿捐五月起

万泰昌五愿、泰昌西二愿、元泰号五愿、祥泰号洋一元。

统共收茶食愿捐洋一元正、钱三千二百四十文。

各业愿捐正月起

洪兴号十愿十二个月、王义兴五愿十三个月、程楚怀洋一元、恒隆裕洋三元、吴永志愿钱六百文。

统共收各业愿捐洋四元正、钱六千一百五十文。

光绪十八年经收各项杂登　*五月份起*

开运各枢贴费

方伯荣枢，贴费洋三元正；王保印枢，贴费洋三元正。

共收贴费洋六元正。

安葬各枢贴费

收鲍成焘枢贴加灰，洋一元，又加放大石牌钱四百文；王华荣枢贴加石灰，洋一元。

共收贴洋二元，又钱四百文。

光绪十八年五月起经置杂项总登

置义地坟山

买孙家骏祖遗小池头山、顾山，契价钱二十一千五百二十七文；

买徐殿臣祖遗新开路山，契价钱十六千二百五十文；

又两户中笔酒水钱三千七百七十八文；

又汪石作做界碑十二、义地碑三块，工料洋三十六元四角；

又安界石舡工力使费，洋一元、又钱四千四百五十一文；

共付置义地坟山洋三十七元四角、钱四十六千零六文。

光绪十八年五月二十六起十二月除夕日止收支大总

一、收程蔚记移交洋十五元、又次洋十元；

一、收又毛钱十九千九百零五文；

一、收又存豫和庄洋七百五十元正；

一、收又豫和庄息洋六元四角五分以上四项程蔚记移交；

一、收又舒君达还洋一百元正；

一、收房租洋二百三十六元六角；

一、收房租钱三百五十千零五百六十二文；

一、收茶圩镇房租洋五十元正；

一、收引盐堆金洋一百八十七元正；

一、收又钱十千零六百八十八文；

一、收街口箱茶堆金洋三百六十一元二角三分；

一、收木业堆金洋二百六十八元六角二分；

一、收又钱二千五百八十八文；

一、收本城茶行堆金洋七十八元正；

一、收又钱一千五百七十文；

一、收典业愿捐钱一百廿六千六百六十文；

一、收茶漆愿捐钱三十八千四百九十文；

一、收面业愿捐钱二十二千四百十文；

一、收腌鲜肉业愿捐钱十千零九百文又洋一元正；

一、收南货业愿捐钱二千九百九十文；

一、收杂货业愿捐十二千文；

一、收茶食业愿捐钱三千二百四十文、又洋一元正；

一、收各业愿捐洋四元、又钱六千一百五十文；

一、收押租洋四十五元四角、又钱一千一百九十文；

一、收钟启明乐助洋四元八角；

一、收开运安葬各柩贴堂洋八元、又钱四百文；

大共收入洋二千一百廿七元一角、钱六百零九千七百四十三文。

支总

一、支存永济典洋七百五十元正；

一、支请同乡议事席洋十元零八角；

一、支施材洋一百三十一元八角四分；

一、支又钱十三千二百文；

一、支置义地坟山洋三十七元四角；

一、支又钱四十六千零六文；

一、支买木料洋一百五十三元二角四分四厘；

一、支又钱六千三百五十二文；

一、支安葬使用洋十二元、又钱七十四千三百二十三文；

一、支津贴汪宅月费洋十八元正；

一、支盐捐辛资送力钱九千一百文；

一、支箱茶辛资伙食洋八十七元九角九分八厘；

一、支银锭洋十二元、又钱一十七千一百十二文；

一、支修理工料洋三十二元零七分；

一、支又钱七十七千九百二十文；

一、支福食洋四十七元、又钱七十千零四百十八文；

一、支杂用洋九元四角八分四厘；

一、支又钱七十六千九百五十一文；

一、支年例拜忏焰口钱十千零三百五十四文；

一、支何德源看管外厝年例钱六千文；

一、支完粮纳米洋十一元、又钱二千三百八十二文；

一、支贴宝善堂笔资洋四元正；

一、支监堂辛资钱五十四千文；

一、支堂友辛资钱一百十一千三百九十八文；

一、支预付开运船力钱十五千一百文；

一、支盘查耗串钱六千五百三十六文。

大共支出洋一千二百八十六元八角三分六厘、钱五百九十七千一百五十二文。

通揭除支，实存洋八百一十元零二角六分四厘、钱十二千五百九十一文。

本年存银总

一、存永济典英洋七百五十元正；

一、存实洋八百一十元零二角六分四厘内次洋十元；

一、存实毛钱十二千五百九十一文。

大共存洋一千五百六十元零二角六分四厘、毛钱十二千五百九十一文。

光绪十九年收支　结存

光绪十九年正月起十二月止杂项堆金总登

绍所经收盐商堆金每引二文

十八年九月分，过一万九千三百十引，收洋三十四元、又钱一千九百文；

十月分，过一万八千一百三十八引，收洋三十二元、又钱一千七百十六文；

十一月分，过一万六千三百三十五引，收洋二十九元、又钱一千四百五十文；

十二月分，过七千七百九十一引半，收洋十三元、又钱一千五百四十三文；

十九年正月分，过八千五百七十四引，收洋十四元、又钱二千零六十八文；

二月分，过一万七千四百九十三引半，收洋三十一元、又钱一千五百零七文；

三月分，过一万五千零六十九引半，收洋二十六元、又钱二千零五十九文；

四月分，过一万四千七百五十四引半，收洋二十六元、又钱一千四百二十八文；

五月分，过一万三千五百四十六引半，收洋二十三元、又钱二千零二十三文；

六月分，过二万零三百四十六引半，收洋三十六元、又钱一千四百五十三文；

七月分，过一万零三百零八引半，收洋十七元、又钱二千零八十七文；

八月分，过二万零四百零九引半，收洋三十六元、又钱一千五百七十九文；

九月分，过二万一千四百八引，收洋三十八元、又钱一千五百四十六文。

共收绍所盐堆金洋三百五十五元、钱二十二千三百五十九文。

街口经收茶商堆金每箱六文

裕生、裕大、义泰隆、裕昌馨，三千一百四十二箱；

萃美昌，五百三十六箱；　　　　仁和，一千五百箱；

源源福，二千零二十八箱；　　　瑞芳，六百二十四箱；

瑞隆，五百六十六箱；　　　　　永达，三千一百零四箱；

馨记，六百箱；　　　　　　　　馨馨、馨芽，五千五百七十八箱；

致中和，一千三百八十五箱；　　萃茂昌，二千箱；

恒茂昌，五百箱；　　　　　　　馥香祥，二百箱；

公泰和，一千九百十二箱；　　　方殿记，二百箱；

正源，八百箱；　　　　　　　　永福春，八百箱；

林茂昌，六百箱；　　　　　　　亿中祥，一千八百五十箱；

大有，五百箱；　　　　　　　　益大，五百箱；

怡和，一千八百箱；

春甡荣，一千六百箱；

永隆祥，一千七百零六箱；

森泰，一千一百箱；

宝和，一千箱；

福生和，四百箱；

永祥，二百四十箱；

源昌春，六百五十八箱；

永茂昌，二千零八十箱；

恒大隆，八百二十九箱；

震达，一千三百七十九箱；

裕馨、裕馨来、裕馨宜，九百箱；

春泰恒，一千二百箱；

怡大，九百四十九箱；

萃昌，六百箱；

益芳，五百九十九箱；

协泰昌，六百箱；

福茂，四百箱；

馥馨祥，二百箱；

源记，四百箱；

恒隆，二百箱；

远馨，二百箱；

宏茂，四百箱；

怡昌祥，五百九十六箱；

和记，二百零九箱；

同丰祥，二百箱；

信芳，一百五十箱；

洪利，一百箱；

永春，三百箱；

鼎源，一百零四箱；

源源福、协泰昌，一千四百箱；

广昌隆，三百零六箱。

查德茂、查德发，四百箱；

裕隆，二百；

和茂祥，九百箱；

森元，一千二百箱；

义源永、义源恒、义源茂，六百九十七箱；

公大昌，一千箱；

隆泰昌，五百零七箱；

怡馨祥，九百箱；

天泰，八百箱；

义祥隆，一千九百十四箱；

永昌福，一千零三十八箱；

余春茂、詹春茂，四百箱；

彩盛，二百箱；

广生，二千九百八十七箱；

益隆兴，三百九十六箱；

义昌，四百六十六箱；

同日新，二百箱；

萃香，二百箱；

裕大和，二百箱；

瑞荣，二百箱；

朱新记，六百八十六箱；

启记，二百箱；

李祥记，二千三百二十四箱；

益珍和，一百箱；

永茂，二百箱；

益馨昌，一百四十七箱；

广盛，一百箱；

同泰，二百箱；

聚兴隆，二百箱；

亿中祥、裕大和，二百八十三箱；

鼎兴昌，四百箱；

统共过七万壹千三百七十五箱。

计堆金（钱）四百二十八千二百五十文。

共收各号堆金洋三百五十六元八角七分五厘一千二百。

江干各行经收木商堆金

同茂兴木行经收

王成泰，洋二元八角一分；　詹茂春，洋一元六角二分；

项恒有，洋九角九分；江怡茂，洋一元九角九分；

吴源茂，洋一元二角六分；詹春茂，洋一元七角二分；

朱炽昌，洋二元一角一分；仁　记，洋二元八角一分；

单三怡，洋一元零五分；詹冬茂、詹茂春，洋一元三角二分。

共堆金洋十七元六角八分，共收各印洋十七元正、钱七百文。

怡泰兴木行经收

黄有三，洋六角五分；宋恭和，洋一元一角一分；

同干益，洋一元五角八分；詹义盛，洋七角六分；

宋其祥，洋一角八分；宋泰昌，洋二元六角七分。

共收各印堆金洋六元九角五分。

洪大兴木行经收

各印堆金洋二十八元正未有抄单。

吴同大木行经收

江恒生，洋八角八分；万　邦，洋七角；

同乾益，洋二元七角五分；吴吉生，洋六角；

义　生，洋一元九角二分；王正记，洋一元四角一分；

胡亨发，洋三元八角七分；元　字，洋一元一角六分；

永　字，洋七角；江培记，洋二角八分；

余肇泰，洋九角六分；江同和，洋二元零二分；

吴和泰、吴祥泰，洋一元三角五分；王理记，洋一元三角五分；

双　全，洋二元四角；安　字，洋六角七分。

共捐洋二十三元零二分。

黄有三等号，洋十二元七角二分九厘。

万利等号，洋二十四元正。

三共收各印堆金洋五十九元、钱七百七十五文。

王颐兴木行经收

和信生，洋一元五角三分；得　成，洋一元二角；

利　成，洋六角五分；正　大，洋六角一分；

义　懋，洋八角七分；同　昌，洋六角六分；

生　大，洋三角八分；同　懋，洋一元五角四分；

春　林，洋一元九角二分；文　记，洋四角八分；

福　茂，洋五角六分；松字、再兴，洋一元七角二分；

永　盛，洋一元五角四分；正　生，洋一元四角四分；

桂　发，洋五元一角三分；吉　川，洋四元六角六分；

正　昌，洋六角九分；永　兴，洋一元三角八分；

茂　兴，洋一元零三分；吉　生，洋一元零三分；

正　茂，洋二角四分；起　东，洋九角；

盛正大，洋一元六角九分；利　兴，洋二角一分；

三　怡，洋二角；震　祥，洋三角一分；

亦　盛，洋三角二分；森　盛，洋一元一角八分。

共捐收各印堆金洋三十四元零七分。

怡同懋木行经收

臧祥泰，洋二元正、钱一百八十三文。

程裕大木行经收

程聚和，洋三角三分；程荣茂，洋四元六角九分；

程怡泰，洋一元一角一分；程茂泰，洋三元五角九分；

程森茂，洋三角四分五厘；程美泰，洋四角四分五厘；

同森茂，洋一元六角一分；汪大生，洋六角八分；

汪正有，洋五角九分五厘；吴全兴，洋五角六分；

潘恒兴，洋三角六分；朱如盛，洋四角零五厘；

詹茂春，洋九元七角七分五厘；詹冬茂，洋三元零三分；

正　隆，洋一元零一分；利　盛，洋九角八分；

同德利，洋二元九角七分；朱茂兴，洋四元七角八分；

詹春茂，洋四元八角二分；方立成，洋二元零一分；

杨和生，洋二角三分五厘；益　隆，洋四角零五厘；

程荣立，洋七角八分；卢万聚，洋一元八角；

和信兴，洋三角五分；江同兴，洋三元七角三分；

凌亦盛，洋三角；詹怡茂，洋八角五分；

永　泰，洋六元三角九分；和茂源，洋一元四角四分；

利　泰，洋一角；祥　顺，洋六角七分；

汪利生，洋四角六分；永　盛，洋一角八分；

汪立生，洋四元八角八分五厘；裕　丰，洋四角四分；

詹春林，洋四角六分；汪康记，洋三元三角一分；

王文兴，洋三角九分；信　大，洋一元四角四分五厘；

大　成，洋一元五角一分五厘；詹广茂，洋七角九分；

周森盛，洋一元六角零五厘；福　大，洋二元六角三分五厘；

洪怡兴，洋二元四角八分五厘；春　和，洋四角五分；

同福生，洋五元七角四分；李永生，洋一元四角三分；

方益昌，洋三元一角四分；同　和，洋七角四分；

振　记，洋一角七分五厘；宋有财洋九角七分；

姚达之，洋二角一分；性［?］字，洋三角五分。

共收各印堆金洋九十四元九角五分。

同利兴木行经收

积　金，洋一元零六分九厘；震　祥，洋六角一分八厘；

松　茂，洋二角五分四厘；起　东，洋六角七分三厘；

同森茂、永　春，洋二元三角一分；詹永盛，洋一元；

詹春林，洋九角六分二厘；周茂春，洋一元三角七分四厘；

汪德盛，洋七角四分；恒　盛，洋一元六角三分一厘；

郎桂发，洋四元六角三分一厘；和　茂，洋六角零六厘；

吉　川，洋一元七角八分三厘；信　成，洋一元零八分；

利　泰，洋五角八分；霖　记，洋一角一分；

义　兴，洋五角二分；协　隆，洋三角八分；

万　茂，洋三元零四分三厘；和茂源，洋一元三角三分；

大　元，洋二元二角九分四厘；张恒茂，洋二元零四分；

德　茂，洋六角九分；利　元，洋八角八分六厘；

泰　盛，洋五元八角四分六厘；柯恒利，洋五角二分；

亨　发，洋一元九角；理　记，洋二元零二分；

朱永盛，洋一元零三分；有　道，洋八角；

同正兴，洋二元九角五分；鼎　和，洋二元七角五分；

合永成，洋三元九角二分；合　兴，洋四角一分；

福　昌，洋一元八角八分八厘；恒春和，洋一元零一分；

盛　字，洋一角六分七厘；广　源，洋六角二分；

连　字，洋一角七分七厘；孙永成，洋一元四角六分；

恒　昌，洋五角五分五厘；世　昌，洋二角四分七厘；

茂　盛，洋一角零六厘。

共捐堆金洋五十八元九角八分。

共收各印堆金洋五十八元正、钱一千文。

钮德大木行代收

各印堆金洋二十一元正、钱二百三十文未有抄单。

统共收木商各印堆金洋三百二十元零九角七分、钱二千八百八十八文。

本城茶行经收堆金

信成茶行，代收十八年分各号共堆金洋十五元九角六分。

光绪十九年正月起十二月止杂项愿捐总登　每愿逐日捐钱一文

典业愿捐
聚合典，共收愿捐钱七千二百文

江雨亭五愿、程泽甫三愿、叶吉如三愿、李金祥二愿、叶濬梁二愿、汪耀庭一愿、朱庆筠一愿、范焕章一愿、程崧生一愿、程馥堂一愿。

怡和典，共收愿捐钱七千零二十文

汪诚齐三愿、胡绥卿三愿、汪子善三愿、万学清二愿、戴序云一愿、程本立一愿、汪永旺一愿、吴吉华一愿、汤长生一愿、欧阳照初二愿、胡炳炎二愿此人九月止捐。

成裕典，共收愿捐钱九千文

吴天锡三愿、叶秉忠三愿、吴星甫三愿、方月亭二愿、程士奎二愿、吴绍光二愿、孙士衡二愿、汪侣笙二愿、孙远谟二愿、许大奎二愿、江永祥二愿。

广兴典，共收愿捐钱三千五百四十文

吴静安五愿、黄长鹤二愿、朱社金二愿、李吉人一愿、吴哲人一愿上二位八月分起捐。

同济典，共收愿捐钱十千三百八十文

万滨甫五愿、黄静波五愿、翁少卿三愿、唐南辉二愿、洪君宝一愿、吴定惜三愿、张锡年一愿、范裕光一愿、方吉泰一愿、王小山一愿、王立三十愿七月止捐。

善裕典，共收愿捐钱九千文

程滋伯五愿、李允泉三愿、金承基二愿、汪观全二愿、叶华卿二愿、查子珪二愿、金仲琴二愿、汪树桂二愿、程仪卿三愿、查成卿一愿、项贡三一愿。

保大典，共收愿捐钱二千一百六十文

程功甫三愿、庄子卿三愿。

善兴典，共收愿捐钱五千零四十文

程茂如五愿、朱天进五愿、余福禄二愿、李俊英二愿。

永济典，共收愿捐钱二十一千七百二十文

舒养和十愿、黄渭飞十愿、金蓝庭五愿、程鉴初五愿、程省齐五愿、张积峰五愿、方佩英五愿、黄儒珍三愿、柏连喜三愿、黄星垣二愿、叶善卿一愿、吴来卿一愿、王季春一愿、卢士衡一愿、吴子良五愿八月止捐。

鼎和典，共收愿捐钱九千文

吴启铭六愿、王静齐三愿、叶培元三愿、项焕如二愿、王小康二愿、李高进二愿、汪步能一愿、方胜奎一愿、汪凫洲一愿、徐受其一愿、朱仲均一愿、吴德修一愿、叶肇成一愿。

广仁典，共收愿捐钱十三千五百三十文

孙云五十愿、王志溶八愿、汪子常四愿、查焕文三愿、万宝芝三愿、何树基二愿、吴兆全二愿、汪兆然二愿、洪纯一一愿、汪瑞昌一愿、吴子固一愿、汪蔼言一愿六月起。

裕兴典，共收愿捐钱六千二百四十文

孙礼仁三愿、周启贤三愿、江本立四愿、吴兆基二愿、查以功二愿、吴文焕一愿、张文甫一愿、吴培植一愿、洪元彬愿钱一百二十文。

善庆典，共收愿捐钱六千一百二十文

孙琢章三愿、程俊夫二愿、叶萃堂二愿、吴蕴山二愿、程厚季二愿、胡兆昌一愿、王沛霖一愿、孙仁康一愿、李进文一愿、汪锦章一愿、王根生一愿。

同吉典，共收愿捐钱一千八百文

胡载舟二愿、范星桥二愿、胡长寿一愿。

四乡典业愿捐

三墩保泰典，共收愿捐钱十一千八百八十文

保泰典十愿、洪春亭十愿、吴永清二愿、吴凤翔二愿、郑新盘一愿、吴成周一愿、吴美如一愿、项菊甫五愿、余开元一愿、吴伯镛一愿、胡修甫一愿、苏致庚一愿、汪锦堂一愿。

良渚协泰典，共收愿捐钱一千零八十文

王怡坤一愿、程舜明一愿、吴元勋一愿。

留下保丰典，共收愿捐钱五千二百五十文

王铭齐三愿、程通甫三愿、陈显言三愿、汪奏和二愿、程阳春一愿、吴宪曾一愿、金裕德一愿七月止捐、陈位三一愿。

临平广兴典，共收愿捐钱三千六百文

万陶庵三愿、吴汉之二愿、方荣升二愿、吴俊卿一愿、万灶连一愿、孙仲和一愿。

临平复春典，共收愿捐钱二千八百八十文

吴雨亭二愿、洪高志一愿、项礼春一愿、王志源一愿、刘耀堂一愿、曹子香一愿。

统共收典业愿捐钱一百三十六千四百四十文。

茶漆业愿捐

吴恒盛七愿、吴恒有三十愿、潘远源十五愿、吴彦林一愿、徐载华一愿、潘聚源二愿、吴福泰二愿、吴源茂五愿、吴日新五愿、吴福连一愿、永春号十愿、吴鼎兴十五愿、方兴大六愿、周大有八愿、方福泰十愿、吴源泰一愿、吴源隆二愿、李隆泰二愿、吴裕大十愿、江恒懋五愿、吴永隆五愿、吴恒春愿钱九百文、永源愿钱二百四十文。

统共收茶漆业愿捐钱五十二千六百二十文。

面业愿捐

正兴馆三愿、正源馆三愿、邵三源二愿、浙一馆二愿、悦来馆三愿、浙盛馆二愿、郭益源三愿、老六聚五愿、胡庆和五愿、章三源三愿、老三三五愿、奎源馆三愿、天兴馆二愿、合记馆二愿、鼎聚馆二愿、正升馆四愿、万源馆愿钱一千二百文、万云馆愿钱六百文、章上源五愿、一和馆二愿、三和馆三愿、昌源馆三愿、邵长和五愿、仙和馆三愿、公和馆愿钱一千六百八十文。

统共收面业愿捐钱二十八千六百八十文。

腌鲜肉业愿捐

聚兴号六愿、邵子湘二愿、胡义顺五愿、晋和号愿钱三千九百文、程子明愿钱一千零二十五文、泰记号愿钱四百五十文。

统共收腌鲜肉业愿捐钱十千零五十五文。

各业愿捐

吴永志二愿、洪兴瓷号十愿、汪义兴号五愿、恒隆裕绸庄愿洋三元正、程楚怀愿洋一元正。

统共收各业愿捐洋四元、又钱六千一百二十文。

茶食业愿捐

万泰昌愿钱一千八百文、泰昌西愿钱七百二十文、元泰号愿钱一千八百文、祥泰号愿洋一元正。

统共收茶食业愿捐洋一元又钱四千三百二十文。

杂货业愿捐

余森记十愿、益号梅四愿、益号声三愿、叶焕春二愿、潘诚兴五愿、程松茂六愿、同源号三愿、叶春和一愿、汪乾益三愿、谢灶镛愿钱一百八十文。

统共收杂货业愿捐钱十三千五百文。

南货业愿捐

洪梯云愿钱一千零八十文、同源昌愿钱一千文、奚丽生愿钱一千文。

统共收南货业愿钱三千零八十文。

光绪十九年经收各项杂登

开运各柩贴费

方如汉柩洋二元、吴仲章柩洋三元、刘陈氏柩洋二元、叶万寿柩洋三元、舒正昌柩洋三元、舒福江柩洋三元、李克昌柩洋二元、朱秀山柩洋三元、叶佛庆柩洋三元、刘大昌柩洋二元、李金培柩洋一元。

统共收各柩贴带资洋二十七元正。

安葬各柩贴费

吴德安柩洋一元、张翰仙柩洋一元、单永成柩洋一元。

统共收各柩贴费洋三元正。

光绪十九年正月朔日起十二月除日止收支大总

一、收壬辰年滚存永济典洋七百五十元正；
一、收十八年滚存洋八百一十元零二角六分四厘；
一、收又毛钱十二千五百九十一文；
一、收房租洋三百九十三元正、钱三百四十一千九百二十八文；
一、收绍所引盐堆金洋三百五十五元正、钱二十二千三百五十九文；
一、收街口茶箱堆金洋三百五十六元八角七分五厘；
一、收江干木商各印堆金洋三百二十元零九角七分、钱二千八百八十八文；
一、收本城茶行代捐各号堆金洋十五元九角六分；
一、收典业愿捐钱一百三十六千四百四十文；
一、收茶漆业愿捐钱五十二千六百二十文；

一、收面业愿捐钱二十八千六百八十文；

一、收腌鲜肉业愿捐钱十千零五十五文；

一、收各业愿捐钱六千一百二十文、又洋四元正；

一、收茶食愿捐钱四千三百二十文、又洋一元正；

一、收杂货业愿捐钱十三千五百文；

一、收南货业愿捐钱三千零八十文；

一、收各枢开运回徽贴堂带资洋二十七元正；

一、收各枢贴堂安葬使费洋三元正；

一、收婺邑不留名乐助阳四元正；

一、收兑钱一百七十八千二百九十五文。

大共收入洋三千零四十一元零六分九厘、钱八百一十二千八百七十六文。

一、支存吴渭泉英洋一千六百元正；

一、支盐捐辛资送力钱十六千九百文；

一、支箱茶辛资伙食使费洋一百三十四元零九分五厘；

一、支修理深渡厝所工费洋八元正；

一、支胡南坡加典洋七十元正；

一、支退还押租洋二十三元、又钱四千二百八十文；

一、支六吉堂兴工办料使费洋二百五十九元零七分三厘、钱三十千零二百九十二文；

一、支买木石料洋五十五元四角三分、钱二十八千五百五十七文；

一、支修理租房工料洋三十一元四角八分八厘、钱一百二十一千五百四十文；

一、支津贴汪宅月费洋二十四元正；

一、支贴宝善堂笔资洋四元正；

一、支开运灵枢回徽洋四十二元正、钱四十四千四百十九文；

一、支安葬使费洋十一元正、钱四十九千六百五十九文；

一、支施棺洋十一元五角、钱七百五十文；

一、支冥锭洋二十八元七角五分；

一、支杂用洋二十一元、又钱七十三千四百八十文；

一、支福食洋七十六元、又钱九十千零六百五十文；

一、支完钱粮漕米洋十一元、又钱一千七百五十七文；

一、支年例拜忏焰口使费钱十千一百八十四文；

一、支贴何德源看管外厝年例钱六千文；

一、支用铜洋蚀水样九元二角；

一、支监堂辛资钱七十二千文；

一、支堂友辛资钱一百七十一千八百文；

一、支兑洋一百七十三元一角；

一、支通年盘查耗串钱七千三百四十文。

大共支出洋二千五百九十二元六角三分六厘、钱七百二十九千六百零八文。

通揭除支，实存洋四百四十八元四角三分三厘、钱八十三千二百六十八文。

本年存银总登

一、存吴渭泉英洋一千六百元正；

一、存实英洋四百四十八元四角三分三厘；

一、存实毛钱二十千零六百文；

一、存实市钱六十二千六百六十八文。

大共存洋二千零四十八元四角三分三厘、钱八十三千二百六十八文。

光绪二十年收支　结存

光绪二十年正月起十二月止杂项堆金总登

绍所经收盐商堆金每引二文

十九年十月分，过二万一千七百三十八引半，收洋三十八元、又钱二千零五十七文；
十一月分，过一万七千五百四十九引，收洋三十一元、又钱一千三百零八文；
十二月分，过八千一百六十九引半，收洋十三元、又钱二千一百六十九文；
二十年正月分，过六千六百十五引半，收洋十元、又钱二千二百二十二文；
二月分，过二万零二百三十七引，收洋三十六元、又钱一千二百三十四文；
三月分，过一万七千九百四十五引，收洋三十一元、又钱二千一百文；
四月分，过一万八千零三十一引半，收洋三十二元、又钱一千一百八十三文；
五月分，过一万一千九百九十二引，收洋二十一元、又钱一千零九十四文。
共收盐堆金洋二百十二元正、钱十三千三百六十七文。

屯溪经收茶商堆金每箱六文

天泰，一千三百八十四箱；裕隆，五百三十箱；
裕大和，八百八十箱；自香，八百十五箱；
同泰，五百七十三箱；来宜，六百二十四箱；
德茂，六百八十三箱；德发，六百十九箱；
信芳，四百七十一箱；永芬，四百九十一箱；
裕生，五百六十五箱；启记，二百零三箱；
萃香，一千一百五十三箱；聚兴祥，八百一十箱；
宏茂，八百七十九箱；彩盛，五百九十九箱；
谦吉祥，三百七十六箱；远馨，一千五百八十七箱；
裕鑫，九百八十七箱；怡昌祥，八百十七箱；
聚兴，六百五十九箱；益芳，六百五十一箱；
永和，二百二十三箱；永茂，六百二十九箱；
同日升，四百二十一箱；义昌，六百十二箱；
正隆，四百四十八箱；瑞荣，五百零六箱；
广盛，六百九十二箱；和记，五百十八箱；
益珍和，三百十八箱；义泰隆，六百零一箱；

源生，六百七十八箱；裕盛，二百十三箱；

大有，五百零七箱；恒隆，三百六十七箱；

裕大，四百十八箱；恒大隆，五百二十五箱；

正源，三百五十九箱；有成，五百九十三箱；

永和春，二百十四箱；益茂昌，二百零二箱；

萃茂昌，一千三百六十九箱；恒茂昌，四百七十三箱；

馨芽，七百三十八箱；裕泰隆，三百五十三箱；

益大，七百零九箱；永馨，三百三十六箱；

春茂，五百十七箱；仁和，五百零一箱；

裕丰，二百零六箱；瑞芳，三百二十四箱；

益馨昌，一百六十四箱；怡和，一千三百零三箱；

亦盛，二百零七箱；怡昌，三百二十一箱；

桂香，一百九十七箱；裕香，二百六十七箱；

永升，二百六十六箱；永达，四百七十六箱。

统共过三万四千一百二十七箱，计堆金钱二百零四千七百六十二文，共收茶堆金洋一百九十五元零一分二厘一千零五十扣。

江干各行经收木商堆金

同茂兴木行经收

正　发，洋六角；永　生、升　字，洋一元一角四分；

永　乔，洋一元四角六分；怡　茂，洋二角六分；

利　生，洋一元二角七分；恒　有，洋一元九角五分；

正　元，洋五角一分；广　和，洋二元六角九分；

春　茂，洋一元一角八分；裕　泰，洋三元三角；

振　如，洋六角一分；三　怡，洋六角一分；

冬　茂，洋八角九分；春　茂、茂　春，洋一元八角四分。

计堆金洋十八元三角一分，共收各印堆金洋十八元正、钱二百九十文。

怡泰兴木行经收

洪大兴，洋五元四角八分；洪合兴、洪有兴，洋四元三角二分；

汪新茂，洋九角七分；王和泰，洋六角五分；

共一心，洋一角九分；新　茂、万　和，洋一角一分；

永同泰，洋一元九角八分；乾　益，洋二元三角四分；

宋恭和，洋一角八分；宋仲兴，洋一元八角五分；

谦吉祥，洋三元四角六分；叶林盛，洋四角一分；

宋广盛，洋八角一分；程益源，洋三角六分；

汪本生，洋一元八角七分；宋有财，洋四角三分；

宋泰昌、宋利昌，洋三元九角；洪　福、洪吉祥，洋六元二角。

计堆金洋三十五元五角一分，共收各印堆金洋三十五元正、钱五百十五文。

王颐兴行经收

正　　昌，洋一元一角二分；亦　盛、聚　昌，洋七角五分；

正　大、生　大，洋一元八角四分；同　　昌，洋一元六角八分；

森　　盛，洋一元五角八分；聚　丰、和　利，洋一元三角五分；

万　　邦，洋一元四角八分；吉　　川，洋五元七角八分；

如　松、永　兴，洋六角八分；信　　生，洋一元二角七分；

得　　成，洋二元五角二分；吉　　生，洋一元二角六分；

松　　字，洋一元五角九分；益　麟、吉　泰、桂　共，洋七角四分；

金　　成，洋一元六角四分；长　　兴，洋九角五分；

震　　祥，洋二元七角八分；仁　　利，洋一元二角五分；

正　　生，洋一元零四分；春　　茂，洋一元四角二分；

立　　生，洋一元六角三分；恒　　昌，洋八角六分。

计堆金洋三十五元二角一分，共收各印堆金洋三十五元正、钱二百一十文。

钮德大木行经收

同义茂，洋一元九角；同　益、恒　生，洋一元六角七分；

同长兴、恒和祥，洋四元五角五分。

计堆金洋八元一角二分，共收各印堆金洋八元正、钱一百二十一文。

程裕大木行经收

朱茂兴，洋四元四角；詹茂盛，洋二元零八分；

詹正隆，洋一元五角二分；宋有财、荣　泰，洋一元八角一分；

詹冬茂、詹茂春，洋七元八角四分；汪正有，洋一元五角九分；

永　　泰，洋三元六角九分；詹春茂、詹春盛，洋十元七角六分；

利　泰、大　生，洋一元一角；达　之、汇　隆，洋九角二分；

茂　　泰，洋三元二角六分；汪立生，洋三元九角；

怡　盛、泰　和，洋四角一分；荣　茂、义　成，洋一元六角三分；

康　　记，洋一元六角五分；春　　林，洋二元九角六分；

同德利，洋三元七角九分；同森茂，洋二元三角一分；

福　利、美　泰，洋一元零二分；隆　　盛，洋一元一角七分；

聚　　泰，洋一元八角三分；姚永记，洋二元二角五分；

祥　　泰，洋四元三角九分；怡　　兴，洋三元三角六分；

程荣立，洋一元九角一分；立　　成，洋一元七角七分；

信　　大，洋一元四角六分；同福生，洋四元五角；

恒　　昌，洋一元零一分；吴道生、奕　大，洋一元二角八分。

计堆金洋八十一元五角七分，共收各印堆金洋八十一元、钱五百七十六文。

吴中魁，缴来堆金洋十八元五角二分。

吴同大木行经收

永　　进，洋一元二角七分；孝　　记，洋三角七分；

永茂兴，洋三元零四分；恒发祥、府　记，洋一元三角八分；

和　利、乾　益，洋一元七角三分；永同泰，洋二元一角一分；

永德成，洋一元四角七分三厘；德　亨、正　有，洋三角二分；

荣　字、恒　字，洋九角七分；裕　茂，洋五元一角四分；

理　记，洋三元零八分；正　记，洋一元五角五分；

亨　发，洋一元二角一分；钰　记，洋一元四角六分；

生　字，洋一元零四分；同长兴，洋八角四分；

季　元、安　字，洋一元八角六分。

计堆金洋二十八元八角四分三厘，共收各印堆金洋二十八元正、钱八百五十一文。

同利兴木行经收

周春茂，洋五角四分；积　金，洋一元七角一分七厘；

恒　昌、大　元，洋六角二分；春　茂、春　盛，洋一元六角三分七厘；

起　东，洋二元三角六分；同森茂，洋三元四角七分；

和　兴、万　利，洋一元七角七分；利　元、琢　利，洋三角六分；

成　福，洋二元五角五分；福　茂，洋二元一角二分；

德　昌，洋二元零一分；恒　盛、德　茂，洋二元一角四分；

福　昌，洋一元八角一分；理　记，洋七角四分；

亨　发，洋二元六角七分；大　昌，洋一元七角四分；

广　信、吉　川，洋六角五分九厘；兆　兴、源　和，洋八角三分；

鼎　和，洋二元四角六分；桂　发，洋一元七角二分；

复　顺，洋一元四角三分；詹春茂，洋一元五角七分；

怡　茂、林　洲，洋五角二分；裕　和，洋一元五角一分。

计堆金洋三十八元九角五分三厘，共收各印堆金洋三十八元正、钱九百六十二文。

黄绂卿，缴来堆金洋十五元四角。

统共收木商堆金洋二百七十六元九角二分、钱三千五百二十五文。

本城茶行经收堆金

源润茶行，代收十九本年分各号堆金洋六十三元、钱一千三百二十九文；

裕隆茶行，代收十九年分各号堆金洋三十五元正、钱四百四十四文；

信成茶行，代收十九本年分各号堆金洋三十三元正、钱七百七十五文；

乾泰昌行，代收十九本年分各号堆金洋五十九元正、钱九百三十二文。

统共收本城茶行堆金洋一百九十元正、钱三千四百八十文。

光绪二十年正月起十二月止杂货愿捐总登　每愿逐日钱一文

典业愿捐

聚合典，共收愿捐钱七千二百文

江雨亭五愿、程泽甫三愿、叶吉如三愿、李金祥二愿、叶濬梁二愿、汪耀庭一愿、朱庆筠一愿、范焕章一愿、程崧生一愿、程馥堂一愿。

怡和典，共收愿捐钱六千四百八十文

汪诚斋三愿、胡绶卿三愿、汪子善三愿、欧阳照初二愿、万学清二愿、戴序云一愿、程本立一愿、汪永旺一愿、吴吉华一愿、汤长生一愿。

成裕典，共收愿捐钱八千二百八十文

吴天锡三愿、叶秉忠三愿、吴星甫三愿、方月亭二愿、程士奎二愿、吴绍光二愿、汪侣笙二愿、孙远谟二愿、许大奎二愿、江永祥二愿。

广兴典，共收愿捐钱四千二百文

吴静安五愿、黄长鹤二愿、朱社金二愿、李吉人一愿、吴哲人一愿、葛兆彬愿捐钱一百二十文、朱韵成愿捐钱六十文、胡岐山愿捐钱六十文。

同济典，共收愿捐钱八千二百八十文

万滨甫五愿、黄静波五愿、翁少卿三愿、吴定惜三愿、唐南辉二愿、洪君宝一愿、张锡年一愿、范裕光一愿、方吉泰一愿、王小山一愿。

善裕典，共收愿捐钱八千二百八十文

程滋伯五愿、李克泉三愿、程仪卿三愿、金承基二愿、汪观全二愿、叶华卿二愿、查子珪二愿、金仲琴二愿、查成卿一愿、项贡三一愿。

保大典，共收愿捐钱二千一百六十文

程功甫愿捐钱一千零八十文、庄子卿愿捐钱一千零八十文。

善兴典，共收愿捐钱四千八百六十文

程茂如五愿、朱添进五愿、李俊英愿钱五百四十文、余福禄二愿。

永济典，共收愿捐钱十八千七百二十文

舒养和十愿、方增卿五愿、金朗庭五愿、程鉴初五愿、程省斋五愿、张积峰五愿、方佩英五愿、黄儒珍三愿、柏连喜三愿、黄星垣二愿、叶善卿一愿、吴来卿一愿、王季春一愿、卢士衡一愿。

鼎和典，共收愿捐钱九千三百文

吴启铭六愿、王静斋三愿、叶培元三愿、项焕如二愿、王小康二愿、李高进二愿、汪步能一愿、方胜奎一愿、汪凫洲一愿、徐受其一愿、朱仲均一愿、吴德修一愿、叶肇成一愿、程杏春愿钱三百文。

广仁典，共收愿捐钱十三千六百八十文

孙云五十愿、王志溶八愿、汪子常四愿、查焕文三愿、万宝芝三愿、何树基二愿、吴兆全二愿、汪兆然二愿、洪纯一一愿、汪瑞昌一愿、吴子固一愿、汪蔼言一愿。

裕兴典，共收愿捐钱六千一百二十文

孙礼仁三愿、周启贤三愿、江本立四愿、吴兆基二愿、查以功二愿、吴文焕一愿、张文甫一愿、吴培植一愿。

善庆典，共收愿捐钱五千四百九十文

程俊夫二愿、叶萃堂二愿、吴蕴山二愿、程厚季二愿、胡兆昌一愿、王沛霖一愿、孙仁康一愿、汪锦章一愿、王根生一愿、孙琢章愿钱八百一十文。

同吉典，共收愿捐钱一千六百五十文

胡载舟二愿、范星桥二愿、胡长寿愿钱二百一十文。

三墩保泰典，共收愿捐洋七元又钱四百二十文

保泰典十愿、吴凤翔二愿、郑新盘一愿、吴成周一愿、吴美如一愿、项菊甫一愿、余开元一愿、吴伯镛一愿、胡修敷一愿、苏致庚一愿、汪锦堂一愿。

留下保丰典，共收愿捐洋三元又钱七百文

王铭齐三愿、程通甫三愿、陈显言三愿、吴宪曾一愿、陈位三一愿。

统共收典业愿捐钱一百零五千八百二十文、洋十元正。

茶漆业愿捐

吴恒盛七愿、吴恒有三十愿、潘远源十五愿、吴彦林一愿、徐载华一愿、潘聚源二愿、吴福泰二愿、吴源茂五愿、吴日新五愿、吴福连一愿、永春号十愿、吴鼎兴十五愿、方兴大六愿、周大有八愿、方福泰十愿、吴源泰一愿、吴源隆二愿、李隆泰二愿、吴裕大十愿、江恒懋五愿、吴永隆五愿。

统共收茶漆业愿捐钱五十一千四百八十文。

面业愿捐

章上源五愿、一和馆二愿、三和馆三愿、昌源馆三愿、邵长和五愿、仙和馆三愿、正升馆四愿、正兴馆三愿、长来馆三愿、邵三源二愿、悦来馆三愿、浙盛馆二愿、郭益源三愿、老六聚五愿、胡庆和五愿、章三源三愿、鼎聚馆二愿、万云馆四愿、老三三五愿、奎源馆三愿、天兴馆二愿、合记馆二愿、公和馆愿钱一千六百八十文、万源馆愿钱一千二百文、浙一馆愿钱六百文。

统共收面业愿捐钱二十九千四百文。

茶食业愿捐

万泰昌五愿、泰昌西二愿、元泰号五愿、祥泰愿洋一元。

统共收茶食业愿捐钱四千三百二十文、又洋一元。

杂货业愿捐

余森记十愿、益号梅四愿、益号声三愿、叶焕春二愿、潘诚兴五愿、程松茂六愿、同源号三愿、叶春和一愿、谢灶铺二愿、汪乾益愿捐钱五百四十文。

统共收杂货业愿捐钱十三千五百文。

腌鲜肉业愿捐

聚兴号六愿、邵子湘二愿、胡义顺五愿、耿洪洲二愿、晋和号愿钱三千九百文、程子明愿捐洋一元。

统共收腌鲜肉业愿捐钱九千三百文又洋一元。

城中各业愿捐

恒隆裕绸庄愿洋三元、程楚怀愿捐洋一元、汪义兴愿钱一千八百文、吴永志愿钱七百二十文。

统共收各业愿捐洋四元又钱二千五百二十文。

南货业愿捐

洪梯云愿钱一千零八十文、同源昌愿捐钱一千文、奚丽生愿捐钱一千文。

统共收南货业愿捐钱三千零八十文。

经收开运各枢贴费

汪大士枢洋三元、胡锡奎枢洋二元、江南辉枢洋二元、舒连科舒声扬枢洋四元、查应祥枢洋四元、王顺高枢洋三元。

统共收各枢贴带资洋十八元正。

经收安葬各枢贴费

吴亦坤枢洋二元、任德旺枢洋三元、程伯圭枢洋三元。

统共收各枢贴葬费洋八元正。

光绪二十年正月朔日起十二月除日止收支大总

一、收癸巳年存吴渭泉英洋一千六百正、息洋一百零四元九角五分一厘；

一、收十九年滚存洋四百四十八元四角三分三厘，小、大钱八十三千二百六十八文；

一、收房租洋四百七十元零八角、钱二百二十三千九百二十四文；

一、收押租洋六十四元正；

一、收龙游祥泰盐栈还洋一百元正；

一、收引盐堆金洋二百十二元正、钱十三千三百六十七文；

一、收箱茶堆金洋一百九十五元零一分二厘；

一、收木商堆金洋二百七十六元九角二分、钱三千五百二十五文；

一、收本城茶行堆金洋一百九十元正、钱三千四百八十文；

一、收典业愿捐钱一百零五千八百二十文、又洋十元正；

一、收茶漆业愿捐钱五十一千四百八十文；

一、收面业愿捐钱二十九千四百文；

一、收茶食业愿捐钱四千三百二十文、又洋一元正；

一、收杂货业愿捐钱十三千五百文；

一、收腌鲜肉业愿捐钱九千三百文、又洋一元正；

一、收城中各业愿捐洋四元、又钱二千五百二十文；

一、收南货业愿捐钱三千零八十文；

一、收开运送徽各枢贴葬资洋八元正；

一、收安葬各柩贴葬费洋八元正；

一、收兑钱三百五十六千一百三十文。

大共收入洋三千七百零四元一角一分六厘、钱九百零三千一百十四文。

一、支存吴渭泉英洋二百元正；

一、支盐捐辛资送力钱十千零四百文；

一、支箱茶使费洋一元、又钱二千五百二十八文；

一、支重建六吉堂工料洋二千五百二十八元二角八分七厘、钱四十八千九百七十四文；

一、支新造对门作厂工料洋六十二元零九分、钱十七千七百七十三文；

一、支修理租房工料洋七十四元八角、钱三十八千二百四十三文；

一、支津贴汪宅月费洋二十四元正；

一、支开运灵柩回徽洋四十七元正、钱七十一千三百八十一文；

一、支安葬使费洋十二元正、钱六十七千七百六十四文；

一、支买冥锭洋十九元正、钱八千三百三十三文；

一、支施棺材洋七元、又钱十二千九百十文；

一、支杂用洋二十四元、又钱七十八千八百五十五文；

一、支印契完粮漕洋十二元、又钱二千五百四十九文；

一、支年例拜忏焰口使费钱九千九百十八文；

一、支福食洋七十一元、又钱一百十二千六百六十五文；

一、支买存石灰钱十千零三十九文；

一、支津贴宝善堂笔资洋四元正；

一、支监堂辛资钱七十二千文；

一、支堂友辛资钱一百六十七千七百八十六文；

一、支贴何德源看管外厝年例钱六千文；

一、支兑洋三百四十九元正；

一、支通年盘查耗串钱五千八百六十七文。

大共支用洋三千四百三十五元一角七分七厘、钱七百四十三千九百八十五文。

通揭除支，实存英洋二百六十八元九角三分九厘、又钱一百五十九千一百二十九文。

存银总登

一、存吴渭泉英洋二百元正；

一、存实洋二百六十八元九角三分九厘内铜洋五元；

一、存实毛钱二十八千五百二十文；

一、存实市钱一百三十千六百零九文。

大共实存洋四百六十八元九角三分九厘、钱一百五十九千一百二十九文。

光绪二十一年收支　结存　透支

光绪二十一年正月起十二月止杂项堆金总登

绍所经收盐堆金每引二文

二十年六月分，过二万二百七十二引五分，收洋三十六元、又钱一千三百零五文；

七月分，过六千六百六十引，收洋十一元、又钱一千三百五十文；

八月分，过一万二千二百七十七引半，收洋二十一元、又钱一千六百六十五文；

九月分，过三万六千八十七引，收洋六十五元、又钱一千三百二十四文；

十月分，过一万三千八百二十八引半，收洋二十四元、又钱一千四百九十七文；

十一月分，过一万五千五百四十六引半，收洋二十七元、又钱一千六百六十三文；

十二月分，过八千六百三十五引，收洋十四元、又钱二千零十文；

二十一年正月分，过一万七百二十四引，收洋十八元、又钱一千八百二十八文；

二月分，过一万五千六百七十四引，收洋二十七元、又钱一千九百十八文；

三月分，过一万七千九百二十七引半，收洋三十一元、又钱二千零六十五文；

四月分，过一万四千五百五十二引半，收洋二十五元、又钱一千八百五十五文；

五月分，过一万六千六百六十二引，收洋二十九元、又钱一千七百十四文；

闰月分，过二万一千四十六引，收洋三十七元、又钱一千七百六十二文；

六月分，过一万六百二十八引半，收洋十八元、又钱一千六百三十七文；

七月分，过一万三千七百四十七引半，收洋二十四元、又钱一千三百三十五文；

八月分，过一万六千八百十三引半，收洋二十九元、又钱二千零十七文。

总共收盐堆金洋四百三十六元正、钱二十六千九百四十五文。

屯溪茶总局经收箱茶堆金每箱六文

义源永，乙千二百七十七箱；怡茂祥，乙千乙百三十九箱；

源源福，乙千八百五十五箱；裕昌馨，四千二百四十六箱；

萃茂昌，二千五百二十乙箱；仁　和，四百四十五；

大　有，乙千零九箱；馨　记乙百五十六箱；

馨　馨，二千七百二十七箱；永隆祥，二千二百十七箱；

春甡荣、协泰和，四百零九箱；永茂祥，乙千七百三十六箱；

聚　　隆，二千八百三十乙箱；正　　源，乙千四百六十七箱；

林茂昌，五百九十箱；亿中祥，七百六十箱；

瑞　芳，九百三十二箱；殿　记，九百二十六箱；

雨　春，二千零六十三箱；裕　大，乙千二百四十九箱；

义泰隆，七百零二箱；协泰昌，乙千四百七十二箱；

致中和，乙千四百九十箱；恒大隆，九百三十五箱；

聚兴祥，六百九十九箱；震　生，乙千七百十箱；

春和永，二千箱；怡昌祥，乙千零零二箱；

森元泰，二千六百六十三箱；福生和，乙千六百五十六箱；

宝泰隆，乙千三百八十四箱；广　生，三千乙百七十箱；

生　记，乙百四十六箱；馥馨祥，乙千三百八十八箱；

馨　芽，乙千八百十八箱；森　盛，二千二百五十三箱；

万成祥，二千二百十箱；永昌兴、永昌记，六百六十箱；

和茂祥，二千零八十箱；春甡荣，乙千七百四十九箱；

益　大，乙千四百三十七箱；义祥隆，乙千三百零三箱；

春　茂，乙千零二十八箱；协太和，二千四百十二箱；

永华丰，三千九百二十四箱；同日新，四百九十五箱；

宝　和，乙千六百十九箱；永　益，四百四十八箱；

朱新记，二千零零六箱；裕　生，乙千乙百十箱；

冠　芳，乙千四百八十九箱；春泰祥，乙千二百六十四箱；

厚记春，二千八百十七箱；成　泰，四百四十三箱；

瑞泰隆，八百四十九箱；萃　昌，二千零零六箱；

永　达，三千四百十七箱；天　泰，乙千二百二十乙箱；

萃　和，五百二十四箱；广　成，二百十箱；

萃　茂，四百八十七箱；隆泰昌，九百九十二箱；

永福兴，乙千三百八十三箱；源　昌，四百二十九箱；

永　芳，乙千七百七十七箱；裕　馨，乙千二百二十七箱；

远　馨，四百四十二箱；同　馨，八百三十八箱；

益馨昌，三百三十乙箱；同裕昌，八百八十乙箱；

彩　盛，四百八十七箱；谦吉祥，四百七十七箱；

益　芳，七百六十三箱；永昌福，乙千九百零七箱；

荣昌椿，乙千三百二十八箱；永昌隆，乙千二百七十八箱；

公大昌，二千二百六十四箱；义　昌，五百三十二箱；

正　隆，四百八十九箱；永　和，四百四十四箱；

永福昌，五百四十五箱；同复亨，乙千六百三十二箱；

馨　馨、馨　芽，乙千乙百零二箱；萃懋昌，乙千五百六十箱；

聚　兴，三百九十七箱；森　元，七百七十八箱；

永　春，乙千二百五十六箱；恒裕昌，七百五十三箱；

永和春，乙千乙百九十四箱；森　泰，九百二十乙箱；

永安祥，九百六十三箱；朱生记，八百八十三箱；

祥　记，二千四百七十九箱；义恒和，三百四十六箱；

怡兴隆，九百六十三箱；永茂祥、永　芳，八百二十九箱；

永昌椿，乙千三百六十六箱；春　记，乙千五百三十五箱；

永　茂，六百九十二箱；汪萃茂，乙千零六十六箱；

玉如春，五百二十七箱；瑞　盛，二百四十八箱；

正　记，五百二十六箱；宏　茂，五百五十七箱；

一春祥，乙百三十七箱；永　泰，六百四十四箱；

裕　隆，二百六十乙箱；自　香，七百五十五箱；

广　盛，三百八十三箱；永和祥，五百九十七箱；

恒　茂，二百五十七箱；源　生，三百二十九箱；

益珍和，二百七十九箱；正大元，三百七十六箱；

洪　馨，八百九十箱；远　利，乙百三十乙箱；

德　发，乙百五十七箱；萃　香，八百零五箱；

奇　香，七百五十乙箱；吴永馨，乙百十六箱；

义隆兴，二百九十二箱；广昌隆，二百九十二箱；

方殿记，乙千零二十八箱；胜和盛，五百六十乙箱；

和　记，三百零六箱；德　茂，二百七十箱；

信　芳，乙百六十六箱；义祥隆，七百十八箱；

裕　盛，乙百八十乙箱；裕　昌，乙百九十七箱；

长兴祥、聚兴祥，四百五十五箱；瑞馨恒，四百四十九箱；

鼎　源，乙百零乙箱；祥泰福，四百四十七箱；

瑞　荣，三百六十八箱；公同馨，九十六箱；

万象春，二百五十乙箱；怡　记，乙百八十六箱；

永春和，五百九十箱；永元祥，六百二十箱；

得春祥，五百零九箱；同　春，二百六十八箱；

隆　春，乙百七十九箱；

震　达，二十年分存晋丰茶行缴洋二元正、钱八百二十六文；

江春舫乡台，乐输钱六千文。

　　统共过拾肆万玖千叁拾叁箱，计堆金钱捌百玖拾肆千壹百玖十八文，共收各号堆金洋玖百零贰元正、钱壹千零贰拾肆文。

江干各行经收木商堆金
同茂兴木行经收

升　字，洋一元四角一分；恒　有，洋一元三角五分；

发　兴，洋四角六分；永　乔，洋一元二角六分；

端恒裕，洋一元八角九分；春　盛，洋一元八角三分；

冬　茂，洋一元九角九分；公　记，洋八角三分；

利　昌，洋一角六分；三　怡，洋一元四角三分；

振　如，洋二元五角七分；裕　泰，洋一元八角五分；

生　茂，洋三角八分。

计堆金洋十七元四角一分，共收堆金洋十七元正、钱四百零二文。

同利兴木行经收

周恒泰、合　记，洋五角五分；詹茂春、周茂春，洋一元零七分；

利　昌，洋一元一角六分；恒　泰，洋一元五角四分；

春　盛，洋一元六角一分；姚永昌、朱永盛，洋一元三角；

积　金、世　昌，洋二元四角七分；德　风，洋三元六角二分；

利　大，洋一元一角三分；有　余、府　记，洋七角四分；

义　盛、和　利，洋一元二角七分；吉福昌，洋二元二角八分；

利　兴，洋二元零九分；怡　茂、日　茂，洋五角一分；

景　记、茂　春，洋八角六分；吉　川，洋一元七角二分；

汪正有，洋一元五角五分；奕　大、王同泰，洋一元四角三分；

大　元、恒　有，洋一元六角五分；春　茂，洋二元四角五分；

亨　发，洋二元七角三分；广　信、如　字，洋二角三分；

茂　盛、美　盛，洋六角三分；双　利，洋二元九角四分；

恒　盛，洋二元四角七分；季　元，洋一元六角八分；

本　仁，洋一元零五分；万　利，洋九角；

江复记，洋五角八分；同发祥，洋三元八角八分；

宋有才，洋一元零四分；裕　生，洋二角二分；

江正昌，洋一元五角五分；同三一，洋一元六角四分；

生　字，洋一元七角八分。

计堆金洋五十四元三角二分，共收堆金洋五十四元正、钱三百二十文。

裕大木行经收堆金

吴道生，洋一元七角六分；詹森盛、詹德盛，洋一元四角五分；

信大、詹冬茂，洋一元九角三分；森盛，洋一元六角二分；

森和记，洋四元三角四分；汪茂兴、詹德茂，洋一元四角一分；

同亨利，洋一元六角；朱茂兴，洋六元八角七分；

程景芳、王松茂，洋八角九分；黄义昌、胡本，洋七角；

詹茂盛，洋六元三角九分；方立成，洋一元五角六分；

程利昌，洋五角二分；吴大有、茂盛，洋三角四分；

程信兴、程双茂，洋一元零二分；詹义盛，洋一元六角五分；

詹春茂，洋四元六角一分；同福、允和，洋五角九分；

宋义成、宋立成，洋一元五角九分；全德利，洋一元三角五分；

程怡太，洋一元二角三分；江定兴，洋一元八角二分；

洪怡兴，洋二元七角二分；臧永泰，洋七元五角五分；

程茂泰，洋一元一角七分；詹起丰，洋一元九角四分；

同福生，洋七元九角九分；胡信和，洋一元三角八分；

王利昌，洋二角四分。

计堆金洋六十八元二角三分，共收堆金洋六十八元正、钱二百二十五文。

王颐兴木行经收

震祥，洋四元三角一分；正昌、恒昌，洋一元三角六分；

亦盛、信生，洋九角一分；广茂，洋一元四角五分；

永兴，洋一元八角一分，利成、兴泰，洋九角四分；

郑记、正生，洋九角九分；同昌，洋三元四角四分；

森盛，洋一元九角八分；福聚、亦兴，洋一元七角九分；

正大、荣立，洋一元零五分；大茂，洋一元三角六分；

立生，洋一元零三分；启盛、春利，洋一元五角四分；

大茂、生大，洋四角八分；隆盛，洋一元零九分；

吉川，洋五元六角二分；荣茂、万炎，洋四角五分；

如松、恒兴，洋一元四角五分；松字，洋三元零九分；

万邦，洋一元四角七分；如松、积金，洋六角九分；

起冬，洋二元二角二分；同和昌，洋一元七角一分；

福茂，洋一元一角一分；同茂，洋一元零一分。

计堆金洋四十四元三角五分，共收堆金洋四十四元正、钱三百四十七文。

吴同大木行经收

同合兴，洋六元六角七分；方祥利，洋二元一角六分；

多益，洋一元正；同乾益，洋一元四角三分；

张敬亭，洋一元零二分；王理记，洋一元九角八分；

胡亨发，洋二元零二分；安和利，洋四元五角；

同三一，洋一元四角；永茂兴，洋二元六角一分；

吴裕茂，洋七元四角一分；同发祥，二十、二十一年洋八元一角四分；

许源来，洋五元零六分；周万利、江同顺，洋一元六角九分；

吴裕茂、大有，洋一元零六分；金发、吴合生，洋五角七分。

计堆金洋四十八元七角二分，共收堆金洋四十八元正、钱七百零六文。

钮德大木行经收

永德成，洋一元一角六分；恒发祥，洋一元七角七分；

同三一，洋三元六角五分；吉福昌，洋一角九分；

生字、恒字，洋二元五角六分；江裕兴，洋一元三角八分。

计堆金洋十元零六角五分，共收堆金洋十元正、钱六百三十七文。

怡泰兴木行经收

宋有才，洋九角一分；共一心，洋九角六分；

汪新茂，洋一元四角八分；宋广盛，洋一元正；

叶林盛，洋四角二分；永同泰，洋二元八角六分；

和记，洋八角五分。

计堆金洋八元四角八分，共收堆金洋八元正、钱四百八十文。

洪大兴行，缴来堆金洋五元正；

怡同懋行，缴来堆金洋十五元正此二款未有细账；

吴中魁客，缴来堆金洋十七元、又钱五百四十文。

共收堆金洋三十七元正、钱五百四十文。

统共收木商堆金洋二百八十六元正、钱三千六百五十七文。

本城茶行经收堆金

裕隆茶行，代收堆金洋四十二元、又钱一百十七文；

乾泰昌行，代收洋二十六元、又钱二十文；

信成茶行，代收洋十七元、又钱六百九十六文；

源润茶行，代收洋三十四元、又钱八十八文。

统共收茶行各号堆金洋一百十九元正、钱九百二十一文。

光绪二十一年正月起十二月止杂项愿捐总登　每愿逐日钱一文

典业愿捐

聚合典，共收愿捐钱七千三百五十文

江雨亭五愿、叶吉如三愿、李金祥二愿、叶潘梁二愿、汪耀庭一愿、朱庆筠一愿、范焕章一愿、程崧生一愿、程馥堂一愿、程泽甫愿钱七百二十文。

怡和典，共收愿捐钱七千零二十文

汪诚斋三愿、胡绶卿三愿、汪子善三愿、欧阳照初二愿、万学清二愿、戴序云一愿、程本立一愿、汪永旺一愿、吴吉华一愿、汤长生一愿。

成裕典，共收愿捐钱八千九百七十文

吴天锡三愿、叶秉忠三愿、吴星甫三愿、方月亭二愿、程士奎二愿、吴绍光二愿、汪侣笙二愿、孙远谟二愿、许大奎二愿、江永祥二愿。

协济典，共收愿捐钱十四千零四十文

朱仲明八愿、戴仰平六愿、程守三四愿、汪韵农三愿、毕拱宸三愿、程耀清三愿、潘奇卿二愿、朱庆澜二愿、孔云寿一愿、程瑞征一愿、方秉贤一愿、唐仰周一愿、程绍宗一愿。

广兴典，共收愿捐钱三千九百九十文

吴静安五愿、朱社金二愿、李吉人一愿、吴哲人一愿、黄长鹤愿钱四百八十文。

同济典，共收愿捐钱八千九百七十文

万滨甫五愿、黄静波五愿、翁少卿三愿、吴定惜三愿、唐南辉二愿、洪君宝一愿、张锡年一愿、范裕光一愿、方吉泰一愿、王小山一愿。

善裕典，共收愿捐钱八千五百八十文

程滋伯五愿、李允泉三愿、程仪卿三愿、金承基二愿、汪观全二愿、叶华卿二愿、查子珪二愿、金仲琴二愿、查成卿一愿。

永济典，共收愿捐钱二十千零二百八十文

舒养和十愿、方增卿五愿、金朗庭五愿、程鉴初五愿、程省齐五愿、张积峰五愿、方佩英五愿、黄儒珍三愿、柏连喜三愿、黄星垣二愿、叶善卿一愿、吴来卿一愿、王季春一愿、卢士衡一愿。

鼎和典，共收愿捐钱十千零一百四十文

吴启铭六愿、王静齐三愿、叶培元三愿、项焕如二愿、王小康二愿、李高进二愿、汪步能一愿、方胜奎一愿、汪凫洲一愿、徐受其一愿、朱仲均一愿、吴德修一愿、叶肇成一愿、程杏春一愿。

广仁典，共收愿捐钱十四千一百文

孙云五十愿、王志溶八愿、汪子常四愿、查焕文三愿、何树基二愿、吴兆全二愿、汪兆然二愿、洪纯一一愿、汪瑞昌一愿、吴子固一愿、汪蔼言一愿、万宝芝愿钱二百七十文、程桂生愿钱一百八十文。

裕兴典，共收愿捐钱六千六百三十文

孙礼仁三愿、周启贤三愿、江本立四愿、吴兆基二愿、查以功二愿、吴文焕一愿、张文甫一愿、吴培植一愿。

善庆典，共收愿捐钱五千零七十文

程俊夫二愿、叶萃堂二愿、吴蕴山二愿、程厚季二愿、胡兆昌一愿、王沛霖一愿、孙仁康一愿、汪锦章一愿、王根生一愿。

善兴典，共收愿捐钱四千六百八十文

程茂如五愿、朱添进五愿、余福禄二愿。

同吉典，共收愿捐钱一千五百六十文

胡载舟愿钱七百八十文、范星桥愿钱七百八十文。

保大典，程功甫愿洋一元正。

三墩保泰典，共收愿捐洋九元又钱六十文

保泰典十愿、苏致庚一愿、吴凤翔二愿、吴成周一愿、吴美如一愿、项菊甫一愿、余开元一愿、吴伯镛一愿、胡修敷一愿。

瓶窑保昌典，共收愿捐洋十五元、又钱三千零六十文

保昌典十愿、程允斋十愿、孙蔼堂五愿、徐元禄三愿、戴运昌二愿、张启德二愿、吴春泉二愿、郑松龄二愿、孙足玉二愿、程连登二愿、程遐龄二愿、戴冠卿二愿、程志远二愿、戴汉卿愿钱一百二十文。

留下保丰典，共收愿捐洋八元又钱二百七十文

程通甫四愿、王铭斋四愿、陈显言四愿、吴佑沂三愿、舒舜庭二愿、陈位三二愿、程义生二愿。

临平广兴典，共收愿捐洋二元又钱六百七十二文

吴汉之二愿、吴俊卿一愿、万灶连一愿、孙仲如一愿、汪朗如二愿。

临平复春典，共收愿捐钱四千二百九十文

吴雨亭二愿、洪高志一愿、项礼春一愿、方理堂一愿、王志源一愿、刘耀堂一愿、曹子香一愿、程耀堂一愿、程士登一愿、汪秋奎一愿。

本城泰和典四月分起捐，共收愿捐钱十千零八百文

程菊友五愿、刘元洪五愿、万纯洪三愿、汪绥章三愿、汪培生三愿、方福海三愿、叶文伯二愿、孙心田二愿、吴立基二愿、王衡伯二愿、韩少文二愿、吴善启一愿、何敦仁一愿、舒少镛一愿、韩友孝一愿。

统共收典业愿捐洋三十五元正、钱一百四十千零五百三十二文。

茶漆业愿捐

吴恒盛七愿、吴恒有三十愿、潘远源十五愿、吴彦林一愿、徐载华一愿、潘聚源二愿、吴福泰二愿、吴源茂五愿、吴日新五愿、吴福连一愿、永春号十愿、吴鼎兴十五愿、方兴大六愿、周大有八愿、方福泰十愿、吴源泰一愿、吴源隆二愿、李隆泰二愿、吴裕大十愿、江恒懋五愿、吴永隆五愿。

统共收茶漆业愿捐钱五十五千七百七十文。

面业愿捐

章上源五愿、一和馆二愿、三和馆三愿、昌源馆三愿、邵长和五愿、仙和馆三愿、正升馆四愿、正兴馆三愿、邵三源二愿、悦来馆三愿、浙盛馆二愿、郭益源三愿、老六聚五愿、胡庆和五愿、章三源三愿、鼎聚馆二愿、万云馆四愿、老三三五愿、公和馆愿钱一千八百二十文、长来馆愿钱四百五十文、奎源馆三愿、天兴馆二愿、合记馆二愿、万源馆愿钱一千三百文。

统共收面业愿捐钱三十千零四百八十文。

茶食业愿捐

万泰昌五愿、泰昌西二愿、元泰号五愿、祥泰愿洋一元。

统共收茶食业愿捐洋一元正、钱四千六百八十文。

杂货业愿捐

潘诚兴五愿、程松茂六愿、同源号三愿、叶春和一愿、叶焕春二愿、谢灶镛二愿。

统共收杂货业愿捐钱七千零二十文。

腌鲜肉业愿捐

聚兴号六愿、胡义顺五愿、邵子湘二愿、耿洪洲二愿、晋和号愿钱三千六百文、程子明愿捐洋一元正。

统共收腌鲜肉业愿捐洋一元正、钱九千四百五十文。

南货业愿捐

平窑方瑞隆号十愿、平窑汪文忠二愿、张朗卿二愿、同源昌愿捐钱一千文、奚丽生愿捐钱一千文。

统共收南货愿捐钱七千四百六十文。

城中各业愿捐

恒隆裕绸庄愿捐洋三元正、程楚怀愿捐洋一元正、汪义兴愿钱一千九百五十文、吴永志愿捐钱七百八十文。

统共收各业愿捐洋四元正、钱二千七百三十文。

光绪二十一年经收各项杂登

开运各柩贴费

程仰炑柩洋一元、朱九龄柩洋二元、吴加爵柩洋二元、俞丽生柩洋四元、俞听涛柩洋四元、方铭全柩洋二元、程松卿柩洋三元、洪宝山柩洋二元。

统共收各柩贴带资洋二十元正。

光绪二十一年正月朔日起十二月除日止收支大总

一、收甲午年存吴渭泉英洋二百元正，息洋三元又钱五百三十五文；

一、收二十年滚存洋二百六十八元九角三分九厘，大、小钱一百五十九千一百二十九文；

一、收洪汝翕塾款洋九百八十二元四角三分；

一、收俞慎记塾款洋六十元正；

一、收龙游祥泰盐栈还洋五十元正；

一、收押租洋四十二元四角；

一、收房租洋五百四十三元正、钱二百四十六千九百八十五文；

一、收引盐堆金洋四百三十六元正、钱二十六千九百四十五文；

一、收箱茶堆金洋九百零二元正、钱一千零廿四文；

一、收木商堆金洋二百八十六元正、钱三千六百五十七文；

一、收茶行堆金洋一百十九元正、钱九百二十一文；

一、收典业愿捐洋三十五元正、钱一百四十千零五百三十二文；

一、收茶漆业愿捐钱五十五千七百七十文；

一、收面业愿捐毛钱三十千零四百八十文；

一、收茶食业愿捐钱四千六百八十文又洋一元正；

一、收杂货业愿捐钱七千零二十文；

一、收腌鲜肉业愿捐钱九千四百五十文又洋一元正；

一、收南货业愿捐钱七千四百六十文；

一、收各业愿捐钱二千七百三十文又洋四元正；

一、收开运送徽各柩贴带资洋二十元正；

一、收售材洋三十八元五角又钱八百文；

一、收兑钱四百一十千零二百文。

大共收入洋三千九百九十二元二角六分九厘、钱一千一百零八千三百十八文。

支总

一、支还洪汝翁塾款洋八百三十二元四角三分，息洋三十八元零五分；

一、支还俞慎记塾款洋六十元正；

一、支盐捐辛资送力钱二十千零八百文；

一、支往徽郡屯溪进禀请告示、谢茶董盘费洋一百四十一元四角三分、钱十二千七百五十三文；

一、支贴茶总局代收捐辛资洋五十四元正；

一、支重建六吉堂右客厅工料洋一千八百五十四元五角、钱三百二十二千九百三十四文；

一、支添造对门作厂工料洋五十四元正，钱十四千四百六十文；

一、支修理租房工料洋七十九元正、钱一百零五千八百四十文；

一、支津贴汪宅月费洋二十六元正；

一、支开运灵柩回徽洋二十八元正、钱四十二千一百六十一文；

一、支安葬灵柩使费洋十五元正、钱四十二千六百九十文；

一、支买存砖瓦洋一百六十四元正；

一、支福食洋一百零六元正、钱一百零三千八百零一文；

一、支津贴宝善堂笔资洋四元正；

一、支杂用洋四十元正、钱九十八千三百十六文；

一、支买冥锭洋四十四元又钱二十二千九百四十三文；

一、支年例旬规拜忏焰口钱十千零零零五文；

一、支监堂辛资钱七十八千文；

一、支完粮漕洋十元又钱一千九百十二文；

一、支贴何德源看管外厝年例钱六千文；

一、支堂友辛资钱一百七十六千三百文；

一、支赏地保年例历本钱一千一百文；

一、支撞次洋蚀水洋三元正；

一、支兑洋四百一十元零二角；

一、支通年盘查耗串钱九千三百七十文。

大共支用洋三千九百六十三元六角一分、钱一千零六十九千三百八十五文。

通揭除支，实存洋二十八元六角五分九厘、毛钱三十八千九百三十三文。

本年透支塾款登左

一、该洪汝翁塾洋一百五十元正。

光绪二十二年收支　结存　透支

光绪二十二年正月起十二月止杂项堆金总登

绍所经收盐堆金每引二文

二十一年九月分，过二万一千六百三十九引半，收洋三十八元又钱一千八百五十九文；

十月分，过一万四千三百八十七引，收洋二十五元又钱二千零二十四文；

十一月分，过二万零六百六十二引，收洋三十七元又钱二千一百零四文；

十二月分，过二万三千一百九十三引，收洋四十二元又钱一千八百六十六文；

二十二年正月分，过一万九千三百四十引，收洋三十五元又钱一千五百九十六文；

二月分，过一万八千九百五十引半，收洋三十四元又钱二千一百一十一文；

三月分，过四千五百八十八引，收洋七元又钱一千八百九十六文；

四月分，过七千九百六十六引，收洋十四元又钱一千三百七十二文；

五月分，过九千二百七十六引半，收洋十六元又钱一千七百五十三文；

六月分，过一万八千八百五十五引半，收洋三十四元又钱一千六百七十一文；

七月分，过五千六百七十五引半，收洋九元又钱一千八百一十一文；

八月分，过二万二千六百五十九引，收洋四十二元又钱一千二百一十八文；

九月分，过一万六千八百八十九引半，收洋三十一元又钱一千八百四十九文。

共收盐商堆金洋三百六十四元正、钱二十三千一百三十文。

屯溪茶总局经收箱茶堆金每箱六文

萃茂昌，五千六百七十五箱；萃和祥，九百一十二箱；

义泰隆，八百一十箱；复茂昌，一千零一十二箱；

怡昌祥，六百七十箱；裕昌馨，二千八百三十一箱；

大有，一千零八十箱；致中和，五百九十三箱；

聚兴祥，八百三十一箱；源源福，八百七十三箱；

福春和，九百六十五箱；洪裕大，三百六十八箱；

馥馨祥，一千一百七十四箱；和丰永，五百零四箱；

正源，一千一百零四箱；瑞泰隆，二百五十三箱；

义隆兴，五百六十九箱；怡茂，一千四百七十二箱；

萃美昌，七百二十一箱；吴永馨，四十五箱；

广生，二千五百二十四箱；永隆祥，二千八百零七箱；

益大，一千零二十六箱；聚隆，二千零七十三箱；

远馨，七百零八箱；怡大隆，二百十九箱；

胡鼎源，三十六箱；聚兴，四百零八箱；

义源永，九百零五箱；永茂祥，二千四百十九箱；

森元，五百二十一箱；宝和，四百四十一箱；

森泰，五百零四箱；同裕昌，九百五十八箱；

胜和成，七百三十一箱；林茂昌，四百六十箱；

福生和，八百三十四箱；永和祥，三千一百零一箱；

和茂祥，三百九十八箱；颐昌祥，四百九十五箱；

永达，二千二百九十九箱；和记，五百五十五箱；

朱新记，一千零六十三箱；万聚成，一千一百零九箱；

裕盛，三百二十二箱；天泰，九百四十箱；

吴心记，五百七十六箱；森盛，一千七百三十五箱；

公大昌，九百十七箱；谦吉东，一千零六十箱；

春甡荣，一千一百十四箱；裕大，一千零四十七箱；

琜隆，八百三十八箱；益芳和，一千九百三十二箱；

同馨，一千五百零四箱；裕馨，一千零八箱；

馨芽，八百十五箱；同春，四百箱；

裕隆，三百六十九箱；瑞盛，四百零二箱；

德隆，三百四十箱；殿记，四百八十八箱；

义祥隆，一千一百七十九箱；馨馨，二千零十六箱；

永茂，五百七十六箱；自香，三百九十箱；

奇香，四百九十三箱；萃香，二百五十八箱；

钟聚，一千八百十五箱；广盛，三百九十三箱；

宏茂，四百六十七箱；源生，六百零四箱；

永芬，二百零八箱；德发，三百九十六箱；

信芳，二百七十箱；德茂，三百七十一箱；

震生，一千六百六十二箱；谦吉祥，三百六十六箱；

宏芳，三百四十三箱；彩盛，四百三十二箱；

裕生，二百零二箱；春茂，八百零一箱；

永昌福，一千六百零五箱；恒记，一千一百七十二箱；

永昌和，一千三百五十七箱；永和，一百八十三箱；

正隆，二百箱；协泰昌，四百九十七箱；

义昌，三百九十二箱；泰隆，六百三十九箱；

益馨昌，四百五十四箱；仁和，三百三十一箱；

李祥记，二千一百三十二箱；益芳，六百七十八箱；

天福祥，四百十五箱；义成祥，九百三十九箱；

义芬，二百四十八箱；顺大昌，二百六十八箱；

正大，一百六十七箱；永春，九百二十二箱；

森元泰，五百二十六箱；怡大，一千二百八十二箱；

裕昌，一百三十五箱；永义元，七百三十一箱；

萃春，二百九十六箱；恒大隆，四百五十三箱；

益春，二百五十二箱；恒泰祥，一百七十九箱；

益琇和，二百七十七箱；同福，三百四十一箱；

源春，二百十三箱；鼎源泰，一百十四箱；

怡大祥，一百三十五箱；同茂，五百二十三箱；

聚大昌，一百四十三箱；永馨，一百二十四箱；

春馨祥，三百十箱；源茂，一百二十六箱。

统共过九万六千八百二十九箱，计堆金钱五百八十千零九百七十四文，共收箱茶堆金洋五百九十九元正、钱二十八文。

江干各行经收木商堆金
同茂兴木行经收

春茂，洋五元六角八分；生茂，洋一元五角一分；

丰记、厚记，洋三角三分；炽昌，洋四元零六分；

裕泰，洋一元七角一分；又三，洋二元八角二分；

三怡，洋二元四角二分；有三，洋一元一角三分；

广和，洋三元五角九分；恒生，洋三角四分；

大生，洋一元一角；香字，洋四角七分；

瑞兴，洋一元二角九分；本字、立字，洋一角四分；

同泰，洋二角。

计堆金洋二十六元七角九分，共收堆金洋二十六元七角、钱八十四文。

同利兴木行经收

利大，洋五元九角四分；茂春，洋二元六角九分；

积金，洋一元二角六分；如松、合字，洋六角四分；

宋有财，洋二元一角八分；裕生、张利大，洋八角六分；

正大，洋九分；复茂，洋一元九角四分；

利昌、和生，洋一元七角七分；本仁，洋一元五角一分；

合记、永发，洋一元三角九分；恒有，洋二元二角；

大元，洋一元一角四分；文记，洋一元二角二分；

合字，洋二元七角九分；理记，洋二元零九分；

亨发，洋三元一角五分；有三，洋二元三角四分；

福昌，洋三元八角；德昌、义兴，洋一元六角四分；

德风，洋五元八角五分；万利、旦记，洋一元五角七分；

同发祥，洋一元七角四分；恒昌，洋十元零九角四分；

大昌、源来，洋一元五角一分；连字、永泰，洋一元一角六分；

锦茂、锦和，洋十元正；吉生，洋二元一角；

永基，洋七角二分；安字、季元，洋六元八角七分；

恭和、大兴，洋三元八角一分；宏盛、保和，洋二角五分；

利昌、兆兴，洋四角九分；茂祝、达之，洋四角三分；

义字，洋四角三分；怡兴、利大，洋五角七分；

正有、昌记，洋一元七角一分。

计堆金洋九十元零七角九分，共收堆金洋九十元零七角、钱七十一文。

裕大木行经收

詹冬茂，洋一元八角二分；仝德利、汪茂兴，洋一元九角一分；

程茂泰、汪复兴，洋六角五分；宋义成，洋二元七角六分；

宋有福，洋一元八角四分；吴道生、朱茂生，洋三角七分；

程同昌、陈吉昌，洋一元一角三分；广孚，洋一元零五分；

吴双茂，洋一元一角四分；周利盛、臧祥泰，洋八角；

詹森盛、吴福泰，洋一元九角二分；汪春利，洋一元二角七分；

朱茂兴，洋六元一角九分；同茂昌、仁和昌，洋八角二分；

江福裕、日新，洋一元九角七分；方和记，洋一元七角六分；

同永裕，洋一元二角七分；王松茂，洋二元零四分；

王大成，洋一元一角三分；吴广茂，洋一元七角五分；

宋义成，洋二元零三分；汪康记，洋八元八角五分；

茂泰，洋二元三角；江同大，洋四元二角七分；

詹春茂，洋七元四角七分；周万利，洋一元一角二分；

方立成，洋二元零三分；信大、仁和，洋二元二角七分；

詹春盛，洋三元四角八分；詹兴隆，洋二元二角四分；

臧永泰，洋五元五角四分；江定兴，洋三元四角；

程兆兴、江兴茂，洋六角九分；江德茂、同昌，洋一元零六分；

和如春，洋一元一角；詹启盛、朱永隆，洋一元四角三分；

詹永隆，洋一元二角八分；生大，洋二角七分；

王复兴，洋六分；王利昌，洋一元零五分；

项世耀、詹茂盛，洋五分。

计堆金洋八十五元五角八分，共收堆金洋八十五元五角正、钱七十一文。

王颐兴木行经收

森盛，洋五元二角六分；同昌，洋三元七角六分；

大昌，洋七元一角六分；利大、成大，洋一元五角九分；

永兴，洋一元八角四分；大茂，洋二元五角九分；

同茂，洋一元一角五分；万邦，洋二元九角二分；

立生，洋二元零七分；起东，洋一元三角六分；

志和，洋一元七角四分；隆盛、太盛，洋四角六分；

亦兴，洋一元六角；金城，洋一元一角九分；

震祥，洋二元一角一分；利大、生大，洋一元一角三分；

全茂，洋一元八角九分；信生，洋一元四角；

顺立，洋一元一角三分；永盛，洋三角六分；

协兴，洋一元八角二分；正生，洋一元六角一分；

茂盛，洋五角七分；永兴、恒兴，洋六角五分；

万利、有兴，洋三角九分；复记，洋一角四分。

计堆金洋四十七元八角九分，共收堆金洋四十七元六角、钱二百六十九文。

吴同大木行经收

同发祥，洋八元九角九分；合字号，洋三元二角；

其美、人和，洋一元七角七分；同合兴、日森，洋六角五分；

永同泰，洋一元九角；大亨，洋一元八角一分；

源兴，洋一元零五分；亨发，洋二元七角一分；

吴裕茂，洋二元四角四分；永德成，洋二元零五分；

乾益，洋二元二角；合兴、大有，洋三元正；

锦茂，洋二元一角；恒发祥，洋二元零七分；

有兴、义丰，洋一元零六分；敬亭，洋一元六角九分；

合生，洋一元正；江同顺，洋一元五角；

盛大昌，洋一元六角八分；同三一，洋一元七角七分；

大生、恒字，洋三角；理记，洋一角三分；

和利，洋五分。

计收堆金洋四十五元一角二分，共收堆金洋四十五元一角、钱十九文。

钮德大木行经收

同三一，洋七元七角；生同和，洋一元四角；

黄有三，洋五角七；江裕字，洋五角九分。

计堆金洋十元二角六分，共收堆金洋十元正。

怡泰兴木行经收

程荣茂，洋八角二分；亨记，洋二角九分；

永同泰，洋一元九角；王万盛，洋四角。

计堆金洋三元四角一分，共收堆金洋三元四角一分。

同义兴木行经收

恒文，洋二元八角四分；同乾益，洋一元九角五分；

茂生，洋二元六角三分；立生，洋一元七角；

允大，洋三元八角九分；谦吉祥、益利川，洋一元九角；

大生，洋二角三分；泰昌，洋一元五角；

康记，洋四元一角；荣成美，洋二元四角一分；

吉川、万邦，洋八角一分；炯南、瑞和，洋一元一角二分；

德顺，洋一元二角；新兴，洋二元七角二分；

道兴、万和，洋八角八分；全大昌，洋二元三角；

怡兴，洋一元二角一分；玉山、茂兴，洋一元一角五分；

新伯、益昌，洋六角二分；利兴，洋三元零二分；

春盛，洋二元一角六分；荣立、荣茂，洋三角一分；

福聚，洋一元零一分；立成，洋一元二角二分；

林源、信昌，洋三元六角六分；春发、益盛，洋九角七分；

万利，洋一元零七分；源顺，洋九角四分。

计堆金洋四十九元五角二分，共收堆金洋四十九元五角、钱二十文。

同日升行，共缴各印捐共洋二十七元零八分八厘；万利、旦记，印缴来洋十四元四角；张万春行，缴来洋四元正。

三共收堆金洋四十五元四角八分八厘。

统共收木商堆金洋四百零三元九角九分八厘、钱五百三十四文。

本城茶行经收堆金

裕隆茶行，代收洋二十八元、又钱八百五十三文；

乾泰昌行，代收洋二十七元五角；

源润茶行，代收洋三十一元七角；

信成茶行，代收洋十九元三角四分。

统共收堆金洋一百零六元五角四分、又钱八百五十三文。

光绪二十二年正月起十二月止杂项愿捐总登　每愿逐日钱一文

典业愿捐
聚合典，共愿捐钱六千一百二十文

江雨亭五愿、叶吉如三愿、李金祥二愿、叶濬梁二愿、汪耀庭一愿、朱庆筠一愿、范焕章一愿、程崧生一愿、程馥堂一愿。

怡和典，共愿捐钱六千四百八十文

汪诚斋三愿、胡绶卿三愿、汪子善三愿、欧阳照初二愿、万学清二愿、戴序云一愿、程本立一愿、汪永旺一愿、吴吉华一愿、汤长生一愿。

成裕典，共愿捐钱七千五百六十文

吴天锡三愿、叶秉忠三愿、吴星甫三愿、方月亭二愿、程士奎二愿、吴绍光二愿、汪侣笙二愿、孙远谟二愿、江永祥二愿。

协济典，共愿捐钱十二千八百四十文

朱仲明八愿、戴仰平六愿、程守三四愿、汪韵农三愿、毕拱辰三愿、程耀清三愿、潘奇卿二愿、朱庆澜二愿、孔云寿一愿、程瑞征一愿、方秉贤一愿、程绍宗一愿、唐仰周愿钱二百四十文。

广兴典，共愿捐钱二千三百四十文

吴静安愿钱九百文、朱社金二愿、李吉人一愿、吴哲人一愿。

同济典，共愿捐钱七千六百八十文

万滨甫五愿、黄静波五愿、吴定惜三愿、唐南辉二愿、洪君宝一愿、张锡年一

愿、方吉泰一愿、王小山一愿、翁少卿愿钱七百二十文、范裕光愿钱一百二十文。

善裕典，共愿捐钱八千三百四十文

程滋伯五愿、李允泉三愿、程仪卿三愿、金承基二愿、汪观全二愿、叶华卿二愿、查子珪二愿、金仲琴二愿、查成卿一愿、张汝淇愿钱四百二十文。

泰和典，共愿捐钱十二千九百六十文

程菊友五愿、刘元洪五愿、万纯洪三愿、汪绥章三愿、汪培生三愿、方渭川三愿、叶文伯二愿、孙心田二愿、吴镜波二愿、王衡伯二愿、韩少文二愿、吴善启一愿、何敦仁一愿、舒少镛一愿、韩友孝一愿。

永济典，共愿捐钱十五千一百二十文

舒养和十愿、方增卿五愿、程省斋五愿、张积峰五愿、方佩英五愿、黄儒珍三愿、柏连喜三愿、黄星垣二愿、叶善卿一愿、吴来卿一愿、王季春一愿、卢士衡一愿、金朗庭本年助锭、程鉴初本年助锭。

鼎和典，共愿捐钱九千三百六十文

吴启铭六愿、王静斋三愿、叶培元三愿、项焕如二愿、王小康二愿、李高进二愿、汪步能一愿、汪凫洲一愿、徐受其一愿、吴德修一愿、叶肇成一愿、程杏春一愿、方胜奎愿钱三百文、朱仲均愿钱三百文、吴立基愿钱一百二十文。

广仁典，共愿捐钱十二千九百六十文

孙云五十愿、王志溶八愿、汪子常四愿、查焕文三愿、何树基二愿、吴兆全二愿、汪兆然二愿、洪纯一一愿、汪瑞昌一愿、吴子固一愿、汪蔼言一愿、程桂生一愿。

裕兴典，共愿捐钱六千一百八十文

孙礼仁三愿、周启贤三愿、项耐青三愿、吴兆基二愿、查以功二愿、吴文焕一愿、张文甫一愿、吴培植一愿、江本立愿钱四百二十文。

同吉典，共愿捐钱一千四百四十文

胡载舟愿钱七百二十文、范星桥愿钱七百二十文。

善庆典，共愿捐钱四千六百八十文

程俊夫二愿、叶萃堂二愿、程厚季二愿、吴蕴山二愿、胡兆昌一愿、王沛霖一愿、孙仁康一愿、汪锦章一愿、王根生一愿。

善兴典，共愿捐钱四千三百二十文

程茂如愿钱一千八百文、朱添进愿钱一千八百文、余福禄愿钱七百二十文。

保大典，共愿捐钱一千五百文

程功甫愿钱一千零八十文、方耀庭愿钱四百二十文。

瓶窑保昌典，共愿捐钱十三千三百二十文

保昌典十愿、程允斋十愿、孙蔼堂五愿、徐元禄三愿、戴运昌一愿、张启德一愿、吴春泉一愿、郑松龄一愿、孙足玉一愿、程连登一愿、程遐龄一愿、戴冠卿一愿、程志远一愿。

留下保丰典，共愿捐钱二百六十文、又洋七元正

程通甫四愿、王铭斋四愿、陈显言四愿、吴佑沂三愿、舒舜庭二愿、陈位三二愿。

临平广兴典，共愿捐钱二千五百二十文

吴汉之二愿、汪朗如二愿、吴俊卿一愿、万灶连一愿、孙仲如一愿。

临平复春典，共愿捐钱三千九百六十文

吴雨亭二愿、洪高志一愿、项礼春一愿、方理堂一愿、王志源一愿、刘耀堂一愿、曹子香一愿、程耀堂一愿、程士登一愿、汪秋奎一愿。

三墩保泰典，共愿捐钱六百二十文、又洋七元正

保泰典十愿、吴凤翔二愿、吴成周一愿、吴美如一愿、项菊甫一愿、余开元一愿、吴伯镛一愿、胡修敷一愿、苏致庚五愿。

良渚协泰典，共愿捐钱一千零八十文

汪怡坤愿钱三百六十文、程舜明愿钱三百六十文、吴元勋愿钱三百六十文。

统共收典业愿捐洋十四元正、钱一百四十一千六百四十文。

茶漆业愿捐

吴恒盛七愿、吴恒有三十愿、潘远源十五愿、吴彦林一愿、潘聚源二愿、吴福泰二愿、吴源茂五愿、吴日新五愿、吴福连一愿、永春号十愿、吴鼎兴十五愿、方兴大六愿、周大有八愿、方福泰十愿、吴源泰一愿、吴源隆二愿、李隆泰二愿、吴裕大十愿、江恒懋五愿、吴永隆五愿、徐载华愿钱一百二十文。

统共收茶漆业愿捐钱五十一千二百四十文。

面业愿捐

章上源五愿、一和馆二愿、三和馆三愿、昌源馆三愿、邵长和五愿、仙和馆三愿、正升馆四愿、正兴馆三愿、悦来馆三愿、浙盛馆二愿、郭益源三愿、老六聚五愿、胡庆和五愿、章三源三愿、万云馆四愿、老三三五愿、奎源馆五愿、天兴馆二愿、合记馆二愿、公和馆愿钱一千六百八十文、邵三源愿捐钱六百文、万源馆愿钱一千二百文、鼎聚馆愿捐钱三百文。

统共收面业愿捐钱二十七千一百八十文。

茶食业愿捐

万泰昌五愿、泰昌西二愿、元泰号五愿、祥泰洋一元。

统共收茶食业愿捐钱四千三百二十文又洋一元正。

杂货业愿捐

潘诚兴五愿、程松茂五愿、同源号三愿、叶焕春二愿、谢灶镛二愿。

统共收杂货业愿捐钱六千一百二十文。

腌鲜肉业愿捐

聚兴号六愿、胡义顺五愿、邵子湘二愿、耿洪洲二愿、晋和号愿钱三千六百文、程子明愿捐洋一元正。

统共收腌鲜肉业愿捐洋一元正、钱九千文。

南货业愿捐

瓶窑方瑞隆号十愿、瓶窑汪文忠愿钱三百六十文、同源昌愿捐钱一千文、奚丽生愿捐钱一千文。

统共收南货业愿捐钱五千九百六十文。

城中各业愿捐

恒隆裕绸庄愿捐洋三元正、程楚怀愿捐洋一元正、王义兴愿捐钱一千八百文、吴永志愿钱七百二十文。

统共收各业愿捐洋四元正、钱两千五百二十文。

光绪二十二年经收各杂项总登

开运各柩贴费

何省三柩洋二元、张正顺柩洋二元、邵涌泉柩洋三元、邵桂生柩洋三元、章三如柩洋三元、周灶炳柩洋三元、许峻宝柩洋二元、汪朱氏柩洋四元、王义昌柩洋四元、王仁昌柩洋四元、胡渭林柩洋二元、葛观富柩洋二元、耿鸿霖柩洋三元。

统共收各柩贴带资洋三十七元正。

安葬各柩贴费

金氏柩洋六元、汪氏柩钱五百文、方道之柩洋二元、黄辅臣柩洋六元，李宏卿、叶氏柩洋二元、又钱二百文。

统共收各贴葬费洋十六元、又钱七百文。

光绪二十二年正月朔日起十二月除日止收支大总

一、收二十一年滚存洋二十八元六角五分九厘、毛钱三十八千九百三十三文；

一、收洪汝翁塾款洋一千三百五十六元五角三分；

一、收押租洋十六元二角；

一、收房地租洋五百九十一元三角、钱二百六十三千四百七十三文；

一、收引盐堆金洋三百六十四元正、钱二十三千一百三十文；

一、收箱茶堆金洋五百九十九元正、钱二十八文；

一、收木商堆金洋四百零三元九角九分八厘、钱五百三十四文；

一、收茶行堆金洋一百零六元五角四分、钱八百五十三文；

一、收典业愿捐洋十四元正、钱一百四十一千六百四十文；

一、收茶漆业愿捐钱五十一千二百四十文；

一、收面业愿捐毛钱二十七千一百八十文；

一、收茶食业愿捐钱四千三百二十文又洋一元正；

一、收杂货业愿捐钱六千一百二十文；

一、收腌鲜肉业愿捐钱九千文又洋一元正；

一、收南货业愿捐钱五千九百六十文；

一、收各业愿捐钱二千五百二十文又洋四元正；

一、收开运灵柩回籍贴带资费洋三十七元正；

一、收安葬灵柩贴费洋十六元又钱七百文；

一、收售棺材洋六元九角；

一、收售桑叶洋三元正；

一、收兑钱四百十三千二百十八文。

大共收入洋三千五百四十九元一角二分七厘、钱九百八十八千八百四十九文。

一、支洪汝翁塾款洋共六百五十六元五角三分；

一、支屯浦箱茶收捐使费洋一百零四元七角四分、钱六千三百九十文；

一、支盐捐辛资送力钱十六千九百文；

一、支重建六吉堂右客厅工料洋九百七十八元三角四分、钱九千九百二十五文；

一、支买冥锭洋三十二元五角；

一、支新造对门厝所工料洋七百七十一元六角、钱二百二十二千三百十文；

一、津贴汪宅月费洋二十四元正；

一、支修理房租工料洋一百三十四元九角、钱六十一千零六十二文；

一、支开运灵柩回徽洋六十九元六角四分、钱五十千零六百零五文；

一、支安葬灵柩使费洋十五元正、钱五十五千五百零八文；

一、支津贴宝善堂笔资洋四元正；

一、支杂用洋一百零二元零二分八厘、钱六十四千四百二十八文；

一、支福食洋六十九元正、钱一百十一千九百四十二文；

一、支完纳粮漕洋十一元又钱一千九百六十三文；

一、支年例拜忏焰口使费钱九千六百七十七文；

一、支监堂辛资钱七十二千文，津贴二十一年、二十二年共洋五十元正；

一、支堂友辛资钱一百八十五千七百文；

一、支贴何德源看管外厝年例钱六千文；

一、支赏地保年例钱一千一百文；

一、支兑洋四百四十六元七角二分三厘；

一、支通年盘查耗串钱十千零四十一文。

大共支出洋三千四百七十元零一厘、钱八百八十五千五百五十一文。

通揭除支，实存洋七十九元一角二分六厘、钱一百零三千二百九十八文。

两年透支塾款登左

一、该洪汝翁二十一年塾洋一百五十元正；

一、该同上本年塾洋五百五十元正。

两年共该塾洋七百元正。

光绪二十三年收支　结存　透支

光绪二十三年正月起十二月止杂项堆金总登

绍所经收盐商堆金每引二文

二十二年十月分，过一万七千一百二十九引半，收洋三十二元、又钱一千九百三十九文；

十一月分，过二万五百三十四引，收洋三十九元、又钱二千零六十八文；

十二月分，过一万八千二十二引，收洋三十四元、又钱二千零四十四文；

二十三年正月分，过七千一百二十八引，收洋十三元、又钱一千一百二十六文；

二月分，过一万三千五百四十八引半，收洋二十五元、又钱一千八百四十七文；

三月分，过一万九千十三引半，收洋三十六元、又钱一千六百六十七文；

四月分，过二万一千一百十二引，收洋四十元、又钱一千六百二十四文；

五月分，过一万一千九百十三引，收洋二十二元、又钱一千三百八十六文；

六月分，过一万五千八百七十三引半，收洋二十九元、又钱二千零二十二文；

七月分，过一万三千九百二十八引半，收洋二十六元、又钱一千二百零七文；

八月分，过一万三千八百引，收洋二十五元、又钱一千九百七十五文。

统共收盐商堆金洋三百二十一元正、钱十八千九百零五文。

屯溪茶总局经收茶商堆金每箱六文

萃茂昌，五千四百十九箱；怡和，一千九百三十六箱；

裕昌馨，三千二百廿七箱；馥馨祥，一千九百五十三箱；

永福春，四百二十五箱；正源祥，五百零六箱；

致中和，七百零八箱；福春和，一千四百零六箱；

吴永馨，二百十五箱；林茂昌，五百五十六箱；

义隆兴，四百七十九箱；北园春，二百十三箱；

源源福，一千七百零二箱；和丰永，七百零一箱；

义源永，一千一百五十六箱；洪裕大，九百六十七箱；

聚馨祥，七百十八箱；泰隆，三百零六箱；

朱新记，一千三百五十八箱；大有，八百五十八箱；

益大，一千一百四十二箱；胜和成，一千三百三十六箱；

永茂祥，一千一百十一箱；吴心记，七百二十六箱；

广生，二千八百五十一箱；怡昌祥，一千一百六十箱；

和生祥，一千三百廿四箱；雨春，二百九十五箱；

和茂祥，一千五百四十八箱；殿记源，一千八百三十二箱；

森泰，五百五十五箱；森元，二百六十七箱；

大原恒，九百二十七箱；恒泰祥，二百八十三箱；

晋昌祥，一千零三十七箱；宏泰昌，一千二百零一箱；

隆泰昌，一千零四箱；同裕昌，一千一百五十九箱；

永隆祥，三千一百六十六箱；晋大昌，二千一百七十四箱；

义祥隆，一千五百六十八箱；福生和，一千一百八十一箱；

顺大昌，七百五十九箱；永祥，一千五百六十四箱；

詹宝和，四百七十二箱；福华春，九百六十六箱；

万馨祥，一千零六十九箱；珍隆，一千三百十三箱；

怡大，一千六百四十二箱；永达，三千二百七十二箱；

万和祥，一千三百廿七箱；萃美昌，七百九十箱；

义泰隆，三百二十二箱；谦吉东，一千一百零四箱；

同馨，一千四百十九箱；晋泰昌，三百三十三箱；

森盛，一千八百九十四箱；永昌椿，一千六百七十五箱；

恒大隆，八百三十四箱；春甡荣，六百零六箱；

协泰昌，九百九十四箱；益芳和，六百六十二箱；

同吉祥，一百八十六箱；同森茂，九百三十一箱；

萃茂春，八百零五箱；永昌福，一千四百九十六箱；

亿长隆，一千零四十五箱；益馨昌，四百十九箱；

萃和祥，四百十五箱；永泰昌，二百七十九箱；

永昌和，一千二百七十四箱；瑞太隆，八百九十七箱；

震生，一千一百三十一箱；萃兴，一千零八十四箱；

李祥记，两千三百三十三箱；永春，九百二十八箱；

宝和，五百七十七箱；恒记，五百六十一箱；

复茂昌，九百三十箱；张正源，二百八十四箱；

永昌春，五百零七箱；鼎源泰，一百十四箱；

怡元，六百八十一箱；义兴祥，四百八十七箱；

永茂祥，六百四十三箱；萃茂义，四百零九箱；

怡盛昌，六百八十九箱；聚大昌，二百四十三箱。

统共过九万五千二百二十一箱，计堆金钱五百七十一千三百二十六文，共收箱茶堆金洋五百七十一元三角九分。

江干各行经收木商堆金
同茂兴木行经收

楚记，洋五元二角二分；同泰，洋一元五角八分；

生茂，洋一元九角九分；正大，洋九角九分；

怡茂，洋二元七角三分；永乔、永进，洋八角；

立记、日升，洋三角八分；源兴，洋一元二角一分；

厚记，洋七角七分；舒怡盛，洋三元五角一分；

裕大春，洋一元四角八分；周益昌、采字，洋七角一分；

炽昌，洋三元三角一分；三怡，洋二元五角三分；

合生字，洋一元四角六分。

计堆金洋二十八元六角七分，共收堆金洋二十八元六角七分。

同日升木行经收

怡盛，洋七角三分；永茂兴，洋七角一分；

有三、有源，洋三元五角九分；益昌，洋四角；

永盛，洋一元正；荣印，洋一角二分。

共堆金洋六元五角五分，共收堆金洋六元五角五分。

怡泰兴木行经收

春永盛，洋二角九分；叶林盛，洋一元零七分；

利永贞，洋一元二角四分。

计堆金洋二元六角，共收堆金洋二元六角。

洪大兴行，缴二十二年分堆金洋十三元三角三分；

洪大兴行，缴二十三年分堆金洋十四元二角二分。

两年共收堆金洋二十七元五角五分。

隆记木行经收

元记，洋一元八角四分；永茂兴，洋一元四角三分；

永兴，洋二角八分；祥和，洋八角二分；

源兴，洋八角二分；仰记，洋一元一角；

广孚，洋二元一角四分；和生，洋一元八角七分；

金城，洋一元四角七分；余宗，洋四元一角四分；

荣昌，洋一元九角八分；恒昌，洋一元二角六分；

以成，洋六角二分；德昌，洋一元五角五分；

同发祥，洋一元八角六分；李恒盛，洋二元九角六分；

立生、永同泰，洋三角一分；长生，洋二元八角六分；

万茂，洋一元六角六分；同大亨，洋二元七角一分；

恒盛，洋一元五角六分；锦茂，洋一元三角三分；

允兴隆，洋三角六分；利和，洋七角一分；

同春，洋七角五分；永茂，洋二元零二分。

计堆金洋四十元零四角一分，共收堆金洋四十元零四角正。

王颐兴木行经收

同昌，洋二元二角三分；大昌、胡同泰，洋三角一分；

利成，洋九角；永兴，洋一元二角；

吕和生，洋二元二角一分；正生，洋一元零四分；

詹同昌、锦记，洋五角六分；仁记，洋九角；

森盛，洋二元零七分；松字，洋二元五角；

得成，洋七角八分；和利生，洋二元八角七分；

亦兴，洋一元八角四分；大茂，洋七角九分；

生大，洋九角；金城，洋三元二角八分；

礼源，洋三元三角六分；正昌、全茂，洋九角二分；

震祥，洋一元正；起东，洋二元零一分；

如松、永元，洋七角三分；春利，洋一元一角；

信和，洋一元二角四分；汪立生，洋三元零八分；

顺立，洋九角二分；怡顺，洋一元一角；

荣立，洋一元一角四分；万邦，洋一元一角二分；

汪成大、汪生大，洋一元一角五分；同泰和、隆盛，洋五角一分。

计堆金洋四十三元七角六分，共收堆金洋四十三元七角六分。

钮德大木行经收

同三一，洋七元九角七分；大有，洋一元三角三分；

黄本沅，洋一元二角七分；厚记，洋一元一角三分。

计堆金洋十一元七角，共收堆金洋十一元七角。

裕大木行经收

同福生，洋十一元四角七分；詹茂盛，洋二元七角五分；

詹德茂，洋一元五角五分；宋有福，洋一元五角二分；

陈生大，洋一元八角六分；吴广茂，洋一元七角七分；

同永大、谢祯祥，洋五角七分；项世耀、方立成，洋一元三角三分；

程森记，洋一元一角四分；朱茂兴，洋二元零四分；

汪竟成、江源顺，洋一元正；同怡昌、陈吉昌，洋一元四角九分；

王利昌，洋一元二角五分；同德利，洋二元六角九分；

吴道生，洋二元六角五分；柯恒茂，洋六元五角；

詹广茂、程同昌，洋一元七角一分；洪怡兴、洪茂兴，洋八角一分；

程茂泰，洋一元七角一分；戴源泰，洋一元七角六分；

詹茂春，洋二元八角七分；臧永泰，洋四元一角八分；

江同大、江日新、江正余，洋三角八分；福记、詹春盛，洋一元零二分；

臧祥泰，洋一元七角四分；盛信大，洋一元三角七分；

万源祥，洋一元零七分；詹春茂，洋三元六角；

宋义成，洋一元九角一分；方聚盛，洋九角五分；

程森记、王万盛，洋一元一角五分。

计堆金洋六十七元八角一分，共收堆金洋六十七元八角一分。

吴同大木行经收

方顺昌，洋五元二角七分；同发祥，洋四元四角一分；

源盛、余道记，洋一元四角八分；永茂、张大昌，洋九角三分；

吴裕茂，洋四元零六分；许源来，洋一元五角；

汪本生，洋一元八角六分；同乾益，洋三元三角九分；

孝记、源兴，洋一元七角六分；振兴，洋一元一角一分；

余天泰，洋三元零四分；方秀记，洋一元二角一分；

恒发祥，洋一元六角一分；人和、和昌，洋六角；

信昌、大记、正记，洋三角七分；胡亨发，洋一元一角六分；

王理记，洋一元九角六分；祥洪春，洋三元四角八分；

同字、余仁和，洋一角二分。

计堆金洋三十九元三角三分，共收堆金洋三十九元三角三分。

同义兴木行经收

同永大，洋一元三角六分；汪万邦，洋二元四角四分；

詹春茂，洋一元零三分；程荣茂、王和泰，洋八角五分；

同福利、汪利川，洋一元三角二分；詹恒文，洋一元零三分；

同永昌，洋八元四角一分；同森茂，洋一元七角九分；

汪林源，洋一元八角二分；汪吉川，洋八元二角六分；

汪新茂、汪广茂，洋六角六分；黄有三，洋二元九角八分；

裕大春，洋三元二角四分；程益麟、宋春发，洋一元六角二分；

詹义三、臧永泰，洋一元七角一分；查永和，洋四元二角八分；

同福生，洋五元二角二分；公永亨、同和昌，洋一元三角八分；

汪万如、汪松茂，洋一元一角二分；詹正隆，洋四元三角五分；

方同兴，洋一元三角五分；同乾益，洋二元六角四分；

宋立昌，洋三元一角二分；程友生、王正利，洋八角四分；

汪锦记、江德茂，洋七角四分；汪松字，洋五元一角四分；

汪怡泰，洋二元一角九分；宋仲兴，洋七元八角八分；

永大昌，洋一元二角；臧祥泰，洋一元七角七分；

周万利、周泰盛，洋一元零六分；万源祥，洋一元三角五分；

十全美，洋一元六角；臧永泰、臧祥泰，洋七角三角；

汪元盛、方利成，洋四角七分；宋大昌，洋一元七角四分；

周万利，洋一元四角；程森茂、余道记，洋四角二分；

同和昌，洋二元九角七分；詹茂盛，洋一角。

计堆金洋九十三元八角八分，共收堆金洋九十三元八角八分。

同利兴木行经收

恒益、永利，洋九角七分；积金、公记，洋五角八分；

兴泰，洋一元二角五分；和合，洋二元零九分；

有财，洋二元正；祥字，洋二元一角八分；

昌记，洋二元一角六分；仲兴，洋六角四分；

升字，洋一元二角四分；同茂、吴字，洋四角六分；

春茂，洋三元零六分；恒发祥，洋五元五角八分；

万利、广源，洋九角五分；广信，洋一元五角五分；

恒有，洋二元三角一分；亨发，洋一元四角六分；

信成、新兴，洋一元六角七分；裕德昌、和德昌，洋一元九角五分；

利大，洋三元零一分；利昌，洋九角七分；

同泰和，洋一元三角一分；万通，洋二元二角五分；

蒋字、源来，洋二角四分；永泰，洋一元五角九分；

森盛，洋一元一角五分；吕和生，洋二元一角四分；

复茂，洋一元七角三分；仁和、绎異，洋三角五分；

永祯，洋一元正；德新，洋二元八角六分；

汇隆、立全，洋七角二分；大昌、德风，洋四角三分；

锦茂，洋一元三角七分；德昌，洋二元七角四分；

本仁、合记，洋五元零一分；茂春、大兴，洋一元三角四分；

利乃来，洋二元零四分；同发祥，洋六元二角二分；

日茂、益隆，洋五角六分；保和，洋四元七角六分；

本生，洋二元五角三分；裕同字、和同字，洋一元一角九分；

同字，洋五元五角四分；余三、本源，洋二元二角二分；

茂盛、如松，洋一元九角八分；安字，洋四元七角五分；

锦茂，洋五元零七分。

计堆金洋九十九元一角七分，共收堆金洋九十九元一角七分。

统共收木商堆金洋四百六十一元四角二分。

本城茶行经收堆金

裕隆茶行，共代收洋二十三元七角七分；

乾泰昌行，共代收钱二十六千九百六十八文。

统共收堆金洋二十三元七角七分、钱二十六千九百六十八文。

各典经收衣庄堆金

广仁典，共代收洋五元七角；

同吉典，共代收洋五元、又钱八百十七文；

裕通典，共代收洋八元九角；

裕兴典，共代收洋五元、又钱二百八十六文；

怡和典，共代收洋八元五角、又钱一百四十六文；

同济典，共代收洋十三元、又钱二百四十二文；

善裕典，共代收洋十元、又钱三百十四文；

聚和典，共代收洋四元、又钱六百九十三文；

永济典，共代收洋十三元七角、又钱七十一文；

善兴典，共代收洋五元七角、又钱十六文；

保大典，共代收洋四元九角；

保善典，共代收洋十元、又钱三百三十三文；

泰和典，共代收洋十元、又钱一百四十八文；

成裕典，共代收洋十二元八角、又钱七十一文；

裕隆典，共代收洋七元、又钱二百八十七文；

协济典，共代收洋十元正；

善庆典，共代收洋四元二角、又钱三十五文；

鼎和典，共代收洋六元五角。

统收衣庄堆金洋一百四十四元九角、钱三千四百五十九文。

光绪二十三年正月起十二月止杂项愿捐总登　每愿逐日一文

典业愿捐

聚和典，共愿捐钱七千八百六十文

江雨亭五愿、叶吉如三愿、朱庆筠一愿、程松生一愿、李金祥愿钱一千零二十文、叶濬梁愿钱一千零二十文、范焕章愿钱九百六十文、程馥堂愿钱六百六十文、汪耀庭愿钱三百文、唐双喜愿钱三百文。

怡和典，共愿捐钱六千一百二十文

汪诚斋三愿、胡绶卿二愿、汪子善三愿、欧阳照初二愿、万学清二愿、戴序云一愿、程本立一愿、汪永旺一愿、吴吉华一愿、汤长生一愿。

成裕典，共愿捐钱六千四百八十文

叶秉忠三愿、吴星甫三愿、方月亭二愿、程士奎二愿、吴绍光二愿、汪侣笙二愿、孙远谟二愿、江永祥二愿。

协济典，共愿捐钱十一千四百文

朱仲明钱一千六百八十文、戴仰平六愿、程守三四愿、汪韵农三愿、毕拱宸三愿、程耀清三愿、潘奇卿二愿、朱庆澜二愿、孔云寿一愿、程瑞征一愿、方秉贤一愿、程绍宗一愿。

同济典，共愿捐钱十二千二百四十文

黄静波五愿钱一千八百文、吴定惜钱一千三百八十文、唐南辉钱一千三百二十文、洪哲卿钱一千二百六十文、张惜年前一千二百六十文、方吉泰钱九百六十文、王小山钱一千二百六十文、程荫章钱一千二百文、朱翙周二愿、詹绅甫二愿、程广铨一愿三位三月起捐、汪明立愿钱三百文。

裕隆典，共愿捐钱四千三百八十文

朱宝山愿钱六百六十文、李吉人愿钱六百六十文、吴哲人愿钱六百六十文、金朗亭愿钱一千八百文、詹桐伯愿钱三百文、程启发愿钱三百文。

善裕典，共愿捐钱七千二百六十文

程滋伯五愿、李允泉三愿、金承基二愿、汪观全二愿、叶华卿二愿、查子珪二愿、金仲琴二愿、查成卿一愿、张汝淇愿钱四百二十文。

泰和典，共愿捐钱十二千三百六十文

程菊友五愿、刘元洪五愿、万纯洪三愿、汪绶章三愿、汪培生三愿、方渭川三愿、叶文伯二愿、孙心田二愿、王衡伯二愿、韩少文二愿、吴善启一愿、何敦仁一愿、舒少镛一愿、韩友孝一愿、余荣禄愿钱一百二十文。

永济典，共愿捐钱二十千零五百二十文

舒养和十愿、方增卿五愿、方佩英五愿、程鉴初五愿、程省齐五愿、张积峰五愿、黄儒珍五愿、柏干成三愿、黄星垣三愿、叶善卿三愿、王季春二愿、吴来卿一愿、方培荣一愿、卢士衡一愿、朱大铎一愿、方观惠一愿、戴传登一愿。

鼎和典，共愿捐钱十千零四百四十文

吴启铭六愿、王静斋三愿、叶培元三愿、项焕如二愿、王小康二愿、李高进二愿、汪步能一愿、汪凫洲一愿、徐受其一愿、吴德修一愿、叶兆成一愿、程杏春一愿、吴立基二愿、吴天赐三愿。

广仁典，共愿捐钱十二千九百六十文

孙云五十愿、王志溶八愿、汪子常四愿、查焕文三愿、何树基二愿、吴兆全二愿、汪兆然二愿、洪纯一一愿、汪瑞昌一愿、吴子固一愿、汪蔼言一愿、程桂生一愿。

裕兴典，共愿捐钱五千七百六十文

孙礼仁三愿、周启贤三愿、吴兆基二愿、查以功二愿、吴文焕一愿、张文甫一愿、吴培植一愿、项耐青三愿。

同吉典，共愿捐钱四千零二十文

范星桥愿钱一千零二十文、吴兰生愿捐钱三百文、江品珊二愿、胡惠卿二愿、汪迪封二愿、杨子亭二愿、洪黼臣一愿上五位三月分起捐。

善兴典，共愿捐钱四千三百二十文

程茂如五愿、朱添进五愿、余福禄二愿。

保大典，共愿捐钱四百二十文、又洋一元正

程功甫愿洋一元正、方耀庭愿钱四百二十文。

善庆典，共愿捐钱四千六百八十文

程俊夫二愿、叶萃堂二愿、程厚季二愿、吴蕴山二愿、胡兆昌一愿、王沛霖一愿、孙仁康一愿、汪锦章一愿、王根生一愿。

保善典三月分起捐，**共愿捐钱九千零六十文**

潘受于三愿、吴午楼三愿、程英三三愿、汪子善三愿、叶吉轩三愿、汪子祥三愿、鲍达生二愿、朱琴鹤二愿、程馥卿一愿、张琴生一愿、方子才一愿、程仲良一愿、程治平一愿、程倚筠一愿、冯伯笙一愿、黄友仁愿钱三百六十文。

裕通典三月分起捐，**共愿捐钱七千五百文**

胡载舟五愿、姚渭卿三愿、吴乐之三愿、范新甫二愿、张茂亭二愿、程友田二愿、吴永春一愿、程德言二愿、王裕生二愿、程顺泰二愿、胡泰来一愿。

日新典三月分起捐，**共愿捐钱二千七百文**

范裕光三愿、江本立三愿、程吉辉三愿。

留下保丰典，共愿捐钱五千四百文

王铭斋四愿、陈显言四愿、吴佑沂三愿、舒舜庭二愿、陈位三二愿。

临平广兴典，共愿捐钱二千五百二十文

吴汉之二愿、汪朗如二愿、吴俊卿一愿、万灶连一愿、孙仲和一愿。

临平复春典，共愿捐钱三千二百四十文

洪高志一愿、项礼春一愿、方理堂一愿、王志源一愿、刘耀堂一愿、曹子香一愿、程耀堂一愿、程士登一愿、汪秋奎一愿。

三墩保泰典，共愿捐钱八千二百八十文

保泰典十愿、吴凤翔二愿、吴成周一愿、吴美如一愿、项菊甫五愿、余开元一愿、吴伯镛一愿、胡修敷一愿、苏致庚五愿。

统共收典愿捐洋一元正、钱一百六十九千九百二十文。

茶漆业愿捐

吴恒盛七愿、吴恒有三十愿、潘远源十五愿、吴彦林一愿、潘聚源二愿、吴福泰二愿、吴源茂五愿、吴日新五愿、吴福连一愿、永春号十愿、吴鼎兴十五愿、方兴大六愿、周大有八愿、方福泰十愿、吴源泰一愿、吴源隆二愿、李隆泰二愿、吴裕大十愿、江恒懋五愿、吴永隆五愿。

统共收茶漆业愿捐钱五十一千一百二十文。

面业愿捐

章上源五愿、一和馆二愿、三和馆三愿、昌源馆三愿、邵长和五愿、仙和馆三愿、正升馆四愿、正兴馆三愿、邵三源二愿、悦来馆三愿、浙盛馆二愿、郭益源三愿、老六聚五愿、胡庆和五愿、章三源三愿、万云馆四愿、老三三五愿、奎源馆三愿、天兴馆二愿、合记馆二愿、万源馆愿钱一千二百文、公和馆愿钱一千六百八十文。

统共收面业愿捐钱二十七千文。

茶食业愿捐

万泰昌愿钱一千八百文、泰昌西愿钱七百二十文、元泰号愿钱一千八百文、祥泰号愿洋一元。

统共收茶食业愿捐钱四千三百二十文又洋一元正。

杂货业愿捐

叶焕春二愿、潘诚兴五愿、程松茂五愿、同源号三愿、谢灶镛二愿。

统共收杂货业愿捐六千一百二十文。

腌鲜业愿捐

聚兴号六愿、邵子湘二愿、耿洪洲愿钱七百二十文。

统共收腌鲜业愿捐钱三千六百文。

城中各业愿捐

汪义兴五愿、吴永志二愿、奚丽生愿钱一千文。

统共收各业愿捐钱三千五百二十文。

绸业信局愿捐

大有祥愿洋一元、余鉴堂愿洋二元、胡辅之愿洋三元、程棨愿洋二元、何香洲愿洋一元、敦本堂金愿洋五元、查郁文愿洋二元、恒隆裕愿洋五元、金成培愿洋五角、舒蔼庭愿洋五角、范裕清愿洋一元。

总共收绸信愿捐洋二十三元正。

光绪二十三年经收各杂项总登

开运各枢贴费

胡忠廷枢洋二元、许四顺枢洋二元、吴许氏枢洋三元、邵顺富枢洋一元、吴榴成枢洋四元、程正海枢洋三元。

统共收各枢贴带资洋十五元正。

安葬各枢贴费

汪文星枢洋三元、张宝源枢洋一元、章曹氏枢洋一元、汪梁氏枢洋一元、吴邱氏枢洋十元、洪侍女枢洋七角。

统共收安葬贴费洋十六元七角。

光绪二十三年正月朔日起十二月除日止收支大总

一、收二十二年滚存洋七十九元一角二分六厘、毛市钱一百零三千二百九十八文；

一、收洪汝翁本年塾款洋八百三十元正；

一、收善士塾款洋六百一十二元七角；

一、收募捐乐输洋四百六十一元五角；

一、收押租洋五元六角二分；

一、收房地租洋六百十五元二角六分五厘、钱一百五十七千零四百十二文；

一、收引盐堆金洋三百二十一元正、钱十八千九百零五文；

一、收箱茶堆金洋五百七十一元三角九分；

一、收木商堆金洋四百六十一元四角二分；

一、收茶行堆金洋二十三元七角七分、钱二十六千九百六十八文；

一、收衣庄堆金洋一百四十四元九角、钱三千四百五十九文；

一、收六吉堂售余料洋三百五十元零四角四分、钱六百三十四文；

一、收典业愿捐钱一百六十九千九百二十文又洋一元；

一、收茶漆愿捐钱五十一千一百二十文；

一、收面业愿捐钱二十七千文；

一、收茶食业愿捐钱四千三百二十文、又洋一元正；

一、收杂货业愿捐钱六千一百二十文；

一、收腌鲜肉业愿捐钱三千六百文；

一、收城中各业愿捐钱三千五百二十文；

一、收绸信业愿捐洋二十三元正；

一、收开运灵柩回籍贴带费洋十五元正；

一、收安葬灵柩贴费洋十六元七角；

一、收售材洋二十八元二角；

一、收售桑叶洋二元正；

一、收兑钱一百九十七千六百四十七文。

大共收入洋四千五百六十三元零三分二厘、又钱七百六十六千九百二十三文。

一、支还洪汝翁新、旧本利洋一千一百二十三元四角六分；

一、支还善士塾本洋四百四十元零六角；

一、支屯浦箱茶收捐使费洋四十三元八角九分；

一、支重建六吉堂右对厅工料洋二千三百十四元零四分九厘、钱四十一千一百五十二文；

一、支盐捐辛资送力钱十四千三百文；

一、支买冥锭洋四十五元五角七分六厘；

一、支新造对门厝所工料洋二百六十二元一角一分、钱五十二千七百五十七文；

一、支津贴汪宅月费洋二十四元正；

一、支修理外厝工料洋七十三元一角八分三厘、钱七十六千零九十九文；

一、支买存修理瓦洋二十元正；

一、支修理租房洋五十二元四角、钱四十一千六百三十四文；

一、支开运灵柩回徽洋二十一元一角四分、钱三十七千二百六十三文；

一、支安葬灵柩使费洋二十一元正、钱八十四千八百六十三文；

一、支大年旬规拜忏洋四元正、钱七千二百九十八文；

一、支杂用洋七十二元八角四分八厘、钱四十九千三百七十六文；

一、支还粮漕洋十一元七角、又钱六百四十二文；

一、支津贴宝善堂笔资洋四元正；

一、支福食洋八十八元三角、钱一百零二千一百九十一文；

一、支贴何德源看管外厝年例钱六千文；

一、支监堂辛资钱七十二千文，津贴洋二十四元正；

一、支堂友辛资钱一百六十七千七百文；

一、支赏地保年例钱一千一百文；

一、支兑洋一百九十七元八角二分三厘。

大共支出洋四千八百二十四元零七分九厘、钱七百五十四千三百七十五文。

通共除支揭，透支洋二百六十一元零四分八厘转该廷顺兴行，存钱十二千五百四十八文。

新旧透支垫款登左

一、该洪汝翁二十一年起二十三年止，除还净垫洋七百八十元零八角一分；

一、该舒养翁垫洋五十元正；

一、该隆记垫洋五十九元六角；

一、该吴同大垫洋十元六角七分；

一、该同利兴垫洋五十元零八角三分；

一、该廷顺兴行洋二百六十一元正。

光绪二十四年收支　结存　透支

光绪二十四年正月起十二月止杂项堆金总登

绍所经收盐商堆金每引二文

二十三年九月分，过一万七千八百五十五引，收洋三十三元、又钱一千七百二十文；

十月分，过二万一千四百四十一引，收洋四十元、又钱一千六百八十文；

十一月分，过二万二千三十引半，收洋四十一元、又钱一千八百三十一文；

十二月分，过七千七百七十一引半，收洋十四元、又钱一千一百二十三文；

本年正月分，过九千五百八十六引，收洋十七元、又钱一千六百六十二文；

二月分，过一万三千六百三十六引，收洋二十五元、又钱一千五百二十二文；

三月分，过一万七千二百十七引半，收洋三十二元、又钱一千四百七十五文；

闰三月，过一万四千四十九引，收洋二十六元、又钱一千三百十八文；

四月分，过一万二千五百八引，收洋二十三元又钱一千三百二十六文；

五月分，过一万四千九百五十二引，收洋二十七元、又钱两千零九十四文；

六月分，过一万三千八百一引半，收洋二十五元、又钱一千六百零三文；

七月分，过一万三千六百八十一引，收洋二十五元、又钱一千三百六十二文；

八月分，过一万七千一百五引半，收洋三十一元、又钱一千九百七十一文；

九月分，过一万九千七十五引，收洋三十五元、又钱一千九百二十五文。

统共收来盐商堆金洋三百九十四元正、钱二十二千六百十二文。

屯溪茶总局经收茶商堆金每箱六文

姚源泰、萃和祥，九百四十二箱；姚源泰、张正源，三百二十箱；

义泰隆，六百三十九箱；复昌，八百五十九箱；

恒春祥，六百六十三箱；聚馨祥，三百三十六箱；

永达，二千七百九十七箱；怡达源，一千二百九十六箱；

张日源、汪萃茂昌，四百二十六箱；永隆祥，一千八百九十四箱；

大有，八百四十二箱；怡和福，一千零六十九箱；

洪怡春、洪裕大，四百二十一箱；森泰，五百三十九箱；

恒大隆，五百六十二箱；怡和，九百九十三箱；

春甡荣，五百二十八箱；森元，六百零六箱；

谦吉东，四百七十三箱；大原昌，八百二十一箱；

生新记，三百五十三箱；晋大昌，一千二百十一箱；

姚泰隆，三百十箱；义源永，一千三百七十二箱；

大源永，一千二百十二箱；晋昌祥，七百二十六箱；

同裕昌，三百三十九箱；义祥隆，一千三百三十二箱；

汪大茂，一千三百六十三箱；宝华祥，六百二十箱；

孙怡泰、永茂祥，四百九十二箱；德馨祥，六百三十五箱；

裕春祥，一千零六十七箱；萃茂昌，二千零六十九箱；

吴心记，八百五十六箱；谢裕大，二百八十七箱；

震和祥，四百五十八箱；永丰祥，三百三十一箱；

恒裕祥，五百五十七箱；和生祥，八百七十一箱；

姚益大，三百三十箱；万泰祥，二千零八十二箱；

顺大昌，三百八十六箱；怡馨祥，五百零六箱；

益芳和，一千零五十七箱；同森茂，三百八十二箱；

裕昌馨，一千零二十五箱；隆泰昌，五百三十八箱；

怡祥隆，九百五十二箱；福生和，九百四十九箱；

福祥泰，八百五十六箱；永昌椿，六百十三箱；

李祥记，二千一百四十五箱；源昌和，五百三十四箱；

源源福，六百七十五箱；大茂，二百十九箱；

洪裕大，六百零三箱；永兴祥，一千零九十箱；

鼎源泰，二百零八箱；萃和祥，六百五十箱；

宝和，四百九十一箱；朱新记，四百九十八箱；

泰和，一百三十九箱；和丰永，一百八十八箱；

万泰和，四百十三箱；和茂祥，五百十二箱；

恒泰昌，七百八十三箱；震生，八百五十箱；

祥泰，四百二十八箱；怡昌祥，三百七十六箱；

吴永馨，一百二十五箱；殿记，三百九十七箱；

永昌福，一千一百十箱；胜和成，二百五十六箱；

复馨祥，八百五十七箱；珍隆，四百八十箱；

同森盛，四百四十六箱；玉丰泰，四百十八箱；

益长隆，五百二十九箱；鼎源，一百九十三箱；

广生，八百零三箱；和丰，一百九十六箱；

玉泰丰，二百八十六箱；玉馨，一百八十一箱；

骏记，一百六十七箱；怡达，二百十箱；

益兴昌，四百十八箱；张正源，五百四十三箱；

永茂祥，一千五百九十三箱；怡昌隆，一千零九十六箱；

森盛，五百八十六箱；永昌和，一千一百九十六箱；

恒泰祥，一百八十三箱；永福昌，四百五十六箱；

益馨祥，三百四十二箱；恒裕昌，四百三十四箱；

泰隆，二百六十箱；丰记，二百三十三箱；

永昌椿，六百五十三箱；复茂昌，五百四十二箱；

永春，六百八十八箱；恒泰隆，三百六十四箱；

公大益，一百三十七箱。

统共过七万零三百四十二箱，计堆金钱四百二十二千零五十二文。

婺邑茶分局经收茶商堆金每箱六文

余馨，一百四十八箱；永隆，五百四十六箱；

王元利，二百八十八箱；齐瑞祥，三百二十三箱；

宏兴，一百七十箱；信芳，三百十二箱；

许露芽，一千一百三十六箱；汪香芽，三百九十一箱；

发隆，四百四十四箱；信和，二百六十四箱；

万隆裕，一百八十一箱；源昌，四百三十七箱；

福隆，二百零七箱；同盛祥，二百五十二箱；

余萃香，八百三十二箱；同顺昌，三百五十五箱；

致祥和，三百五十五箱；源兴，一百三十九箱；

郎太丰，三百三十八箱；郎永兴，三百七十三箱；

俞瑞兴，二百零一箱；乾泰，二百十八箱；

谦泰，六百七十二箱；益泰，五百八十九箱；

万盛，四百九十九箱；汪怡亨，四百五十四箱；

董元亨，四百五十二箱；董乾生，四百七十一箱；

董三益，三百六十一箱；春生隆，四百四十七箱；

永盛，四百七十九箱；裕泰恒，三百七十六箱；

洪如松，二百五十箱；益春，四百六十九箱；

同茂，三百零六箱；同盛，八百七十二箱；

大吉祥，四百八十三箱；查德茂，四百六十五箱；

查信芳，四百零一箱；余裕馨，九百七十四箱；

齐正馨，七百十七箱；隆春，一百四十箱；

查永芬，三百四十一箱；查德隆，四百七十四箱；

春馨，六百七十九箱；泰茂香，四百七十五箱；

泰昌春，四百五十六箱；查瑞盛，四百十六箱；

同昌，四百十五箱；宏顺，三百七十六箱；

余馨芽，八百二十二箱；益珍和，四百九十九箱；

戴信成，二百九十六箱；戴志成，二百四十五箱；

和盛祥，八百四十九箱；隆馨，五百九十七箱；

吕真芽，四百三十五箱；新义，一百三十四箱；

森隆，四百三十二箱；祥春和，四百七十七箱；

怡记，一百七十二箱；习生，六百三十三箱；

诚信，六百五十九箱；珍昌和，五百七十一箱；

六同春，一千三百三十五箱；振兴，三百三十七箱；

仁泰，一百四十六箱；胡德隆，一千零二十一箱；

德馨，四百四十九箱；和春，五百七十箱；

洪同盛，三百六十三箱；方正兴，一百七十四箱；

宏馨，二百五十七箱；戴泰隆，四百十箱；

戴有记，五百二十九箱；同日新，三百九十箱；

隆泰生，四百四十八箱；宏昌，三百二十九箱；

永泰和，四百十七箱；彩盛，四百零八箱；

金信隆，一百九十九箱；信记，四百三十七箱；

发记，四百零六箱；夏香芽，五百九十一箱；

董生大，二百二十箱；董大顺，一百五十箱；

董长发，三百十箱；董新义，二百八十四箱；

鑫泰，五百八十五箱；义芳，二百二十七箱；

夏仙芽，四百七十三箱；程同茂，五百十二箱；

吴益兴，二百零二箱；徐森芽，七百三十五箱；

余天泰，一千三百十二箱；詹天源，二百五十箱；

查裕盛，二百五十一箱；源芳，五百九十一箱；

永丰和，二百四十一箱；同丰祥，四百三十箱；

合馨，三百零一箱；詹永茂，六百二十二箱；

许益生，三百九十六箱；永和春，三百四十九箱；

桂发，一百零一箱；瑞芽，五百零七箱；

春芽，四百七十五箱；俞镒源，二百十九箱；

祥春，四百零二箱；潘祥泰，一百七十四箱；

永顺祥，六百五十四箱；方茂珍，二百十四箱；

汪益芳，七百十六箱；詹兴盛，二百四十一箱；

汪义昌，四百六十一箱；詹宏茂，六百五十三箱；

聚春和，一百五十箱；潘成均，二百四十七箱；

詹裕生，二百五十四箱；詹远馨，九百五十五箱；

源馨，五百八十箱；振昌隆，四百九十六箱；

正春，六百零七箱；潘仙芽，七百零八箱；

震兴隆，五百六十四箱；吉泰，四百二十六箱；

益丰，三百九十一箱；王益丰，二百九十九箱；

戴天香，二百七十三箱；戴和记，二百九十六箱；

祥泰，四百四十六箱；万泰，二百零八箱；

潘芝瑞，一百七十三箱；义芬，四百八十五箱；

同春源，三百二十七箱；詹有春，二百二十六箱；

洪鼎泰，四百六十七箱；六谦成，二百二十八箱；

勤丰，三百四十九箱；怡春，五百二十三箱；

牲春，三百二十六箱；翔椿裕，五百三十一箱；

怡春和，五百六十一箱；源源来，四百八十八箱；

骏茂，六百七十四箱；馨芽，一百九十四箱；

戴和馨，三百十三箱；芝瑞，七百零七箱；

潘诚泰，五百四十九箱；恒泰丰，一百八十六箱；

潘源记，三百五十四箱；潘兰芽，四百四十二箱；

宋广胜，五百三十六箱；潘同泰，五百六十七箱；

潘畅记，六百九十四箱；聚兴隆，六百十箱；

春馨祥，一百零三箱；同春，六百五十五箱；

振馨，四百二十六箱；义芬，一百八十五箱；

峻记，四百四十五箱；允记，四百九十四箱；

永和祥，二百七十箱；云芳，四百零五箱；

郎桂馨，三百零四箱；天裕，二百二十一箱；

王祥泰，三百五十一箱；潘冠芳，五百五十一箱；

潘春芳，一百七十四箱；荣茂祥，一百九十七箱；

一枝春，四百零七箱；永和，三百四十七箱；

鼎兴昌，三百零三箱；维馨，四百三十三箱；

胡合馨，一百八十四箱；查裕隆，一百九十一箱；

吴泰昌，四百二十六箱；兰馨，二百零四箱；

董利顺，二百零八箱；吴洪茂，一百四十八箱；

谦吉祥，二百四十七箱；李裕泰，二百三十八箱；

詹正隆，三百三十二箱；蕊香，一百七十三箱；

兰芽，三百五十九箱；珍茂，五百八十八箱；

董利丰，三百四十二箱；洪万隆，二百六十箱；

詹益盛，一百二十九箱；夏复昌，一百八十五箱；

董信和，二百零三箱；同芳祥，一百四十八箱；

余来宜，四百四十六箱；郎大昌、郎吉昌，二百三十箱；

戴发隆，二百六十箱；万隆裕，二百零一箱；

金信芳，四百三十七箱；王永盛，二百五十六箱；

福记，一百九十一箱；俞瑞馨，一百七十八箱；

詹源生，二百二十四箱；义芳永，一百七十四箱；

戴和记，三十二箱；乾泰，二百六十八文；

六谦，二百三十一箱；蓁蓁，二百零六箱；

董信亨，三百四十五箱；永茂，二百四十箱；

宏茂，二百十四箱；董益英，一百五十三箱；

泰丰和，二百三十一箱；生大亨，二百四十箱；

芳记，六十三箱；惠沅，三百六十六箱；

顺丰，六百五十箱；朱兰馨，二百二十九箱；

裕春，一百九十二箱；桂发连，二百二十箱；

戴圆美，一百七十一箱；怡馨，二百零八箱；

俞益芳，一百三十四箱；方正馨，一百六十三箱；

永丰和，二百六十四箱；怡泰昌，一百七十二箱；

翔记，二百十三箱；俞锦春，二百五十四箱；

潘成泰，八十一箱；茂珍，三百十箱；

荣茂德，一百六十二箱；天泰，一百九十三箱；

同馨，二百二十五箱；詹裕源，三百十五箱；

汪新义，四十二箱；新义，二百十六箱；

潘诚春，三百零二箱；李仙芽，三十七箱；

万泰，二百三十六箱；聚玉和，二百十八箱；

笙记，二百八十一箱；裕隆，一百七十九箱；

鼎兴，二百六十二箱；夏春芽，一百七十六箱；

裕记，四百七十六箱；桂香，一百三十六箱；

永盛，一百六十五箱；隆泰，二百七十五箱。

统共过九万一千八百八十二箱，计堆金钱五百五十一千二百九十二文，屯溪、婺邑共收来箱茶堆金洋一千零二十元零四角一分八厘。

江干各行经收木商堆金
同茂兴木行经收

利兴，洋一元二角；三怡、玉字，洋一元零八分；

益昌，洋一元三角九分；季元，洋四元九角三分；

永大、永利，洋九角八分；炽昌，洋一元一角七分；

楚记，洋二元三角二分；生茂，洋六角三分；

安字、季元，洋一元六角一分；立记，洋八角正；

厚记，洋二角二分。

共堆金洋十六元三角三分，共收来堆金洋十六元三角三分。

怡泰兴行，缴本年堆金洋二元一角六分；

洪大兴行，缴本年堆金洋八元六角。

两共收来堆金洋十元零七角六分。

隆记木行经收堆金

永茂，洋一元八角五分；正裕、万茂，洋一元三角五分；

允兴隆、仁和，洋五角六分；文记，洋三元三角七分；

同春，洋一元二角六分；怡兴、永生，洋三角九分；

森大、永进，洋一元七角二分；源兴，洋二元二角五分；

怡和，洋一元八角四分；复记、广孚，洋八角七分；

裕源、道兴、源字，洋一元二角；祥和，洋一元八角；
祥字，洋二元三角四分；道兴、源字，洋四角三分；
和兴、源兴，洋九角一分；利大，洋二元四角二分；
金城，洋二元七角；和字、锦茂，洋二元六角八分；
恒盛、祯祥，洋一元五角六分；有原，洋一元四角；
克昌，洋四元七角三分；和兴，洋六元一角六分；
双喜，洋二元三角四分；道兴、永昌，洋一元一角二分；
锦茂、顺立，洋一元八角一分；亦兴，洋一元五角四分；
长生，洋二元二角五分；余荣昌，洋二元七角二分；
和字、和立生，洋一元八角五分；天泰，洋五元零五分；
查荣昌，洋三元五角三分；元记，洋一元一角五分；
同发祥，洋一元四角八分；同福生，洋一元二角六分；
黑发祥、红发祥、同元茂，洋二元三角六分。
共堆金洋七十三元六角一分，共收来堆金洋七十三元六角一分。

颐兴木行经收堆金

汪生大，洋一元六角一分；詹世昌、公裕，洋一元六角八分；
胡同泰、汪广茂，洋一元二角九分；周森盛，洋一元六角二分；
程全茂，洋一元正；冬有、隆盛，洋七角五分；
裕生、同茂，洋二角四分；王礼源，洋一元二角九分；
信和，洋一元一角；益隆、永元，洋二角九分；
荣立、仁记，洋一元七角五分；程启东，洋一元五角四分；
汪立生，洋一元五角一分；万邦，洋二元二角九分；
吴广茂，洋四角四分；胡道生，洋一元四角八分；
亦兴，洋一元二角六分；万利，洋二元九角二分；
程恒源，洋一元六角五分；三怡，洋二元二角五分；
金城，洋三元正；正生，洋一元三角六分；
春利，洋一元六角八分；同福生，洋一元零七分；
詹茂盛，洋一元三角五分；詹同昌，洋一元一角二分。
共堆金洋三十七元五角四分，共收来堆金洋三十七元五角四分。

裕大木行经收堆金

朱茂兴，洋六元五角二分；詹茂盛，洋一元九角一分；
陈吉昌、森记，洋二角五分；詹春盛，洋一元二角三分；
詹茂春，洋三元九角四分；张启祥、詹义盛，洋一元五角一分；
宋永福、詹永泰，洋七角五分；洪信昌，洋一元一角；
宋义成，洋一元零六分；周春盛、如馨，洋六角四分；
王松茂、王金茂，洋四元零二分；同福生，洋二元七角七分；
吴道生，洋三元四角六分；詹茂春、詹广茂，洋五角五分；
詹德茂、洪茂兴，洋一元零一分；仁和昌，洋二元二角九分；

朱茂生，洋三元零五分；俞永吉、江复兴，洋一元三角七分；

东茂、广茂，洋二元一角七分；宋有福，洋一元零六分；

吴广茂，洋四元三角二分；同三一、詹余德，洋一元一角一分；

汪生大、汪仁利，洋五角七分；詹广茂，洋一元零七分；

程同昌，洋二元八角；戴源泰，洋一元七角六分；

其美，洋一元二角五分。

共堆金洋五十三元五角四分，共收来堆金洋五十三元五角四分。

吴同大木行经收堆金

吴中魁客，缴二十三年堆金洋十七元三角七分；

振兴、顺昌，洋三角七分；信发、三怡，洋一元五角四分；

恒发祥，洋一元五角七分；余仁和，洋一元二角二分；

利人、正大，洋九角六分；同发祥、世忍，洋二角八分；

胡亨发，洋一元七角一分；方顺昌，洋二元七角六分三厘；

方立全、同大昌，洋二元八角二分；同兴、裕茂，洋六角六分；

裕茂，洋二元零八分；乾益，洋一元七角六分；

王理记，洋五角五分；有三，洋一元零一分；

信昌，洋二角五分。

共堆金洋三十六元八角八分六厘，共收来堆金洋三十六元三角九分六厘。

同义兴木行经收

裕大春，洋三元一角五分；和昌、绎巽，洋三角二分；

义盛、大有，洋一元四角六分；立成，洋一元九角七分；

新茂，洋一元七角；永泰、祥泰，洋二元正；

和泰、隆兴，洋一元七角二分；同永大，洋一元四角九分；

吉川，洋一元七角三分；恒文、新伯，洋八角一分；

义三、大昌，洋一元一角二分；公允亨，洋一元四角二分；

春茂，洋二元五角二分；松字，洋七元三角五分；

同福利，洋一元八角二分；仲兴，洋一元零一分；

松茂，洋一元一角九分；万邦，洋一元一角二分；

道记，洋二元二角二分；春永盛，洋七角；

利川，洋一元零四分；利昌，洋二元一角三分；

永字，洋一元五角五分；瑞记，洋一元三角八分；

同双喜，洋二元三角九分；同字，洋一元三角二分；

福兴，洋一元五角五分；永泰，洋二元零三分；

春盛，洋九角二分；春利、瑞和，洋一元三角。

共堆金洋五十二元四角三分，共收来堆金洋五十二元四角三分。

同利兴木行经收

亨发，洋一元八角；恒发祥，洋六角一分；

有财、信成，洋一元八角五分；茂春，洋一元零五分；

盛祥字，洋二元八角二分；亨发、利记，洋九角三分；
本仁、复茂，洋六角八分；合字，洋一元五角九分；
旦记，洋五元零五分；永泰、全大昌，洋一元七角四分；
元盛、三怡，洋一元五角；福叙，洋一元零九分；
永吉祥，洋二元一角四分；同兴、全泰，洋一元正；
树春、云记，洋一元九角八分；成福，洋一元三角；
和字，洋三元八角三分；义盛、大昌，洋三角九分；
有三、恒有，洋一元零五分；源来，洋一元二角五分；
春茂，洋一元六角；永同泰、德新，洋一元五角三分；
晋记，洋一元四角三分；森泰，洋三元六角八分；
森盛，洋一元五角一分；恭和，洋一元一角；
文吉、长生，洋二角一分；福昌，洋一元三角四分；
同字，洋八元九角一分；德风，洋三元一角四分；
生利，洋一元零一分；源兴，洋一元零七分；
本源，洋四元五角九分；松字，洋二元一角八分；
程祥，洋二元零九分；恒昌，洋二元六角三分；
吕和生，洋五元一角八分；程和字，洋二元六角五分；
江同和，洋三元三角二分；同发祥，洋五元六角二分；
志仁，洋九角六分。
共堆金洋九十二元二角八分，共收来堆金洋九十二元二角八分。
统共收木商堆金洋三百七十二元八角八分六厘。

本城茶行经收堆金
源润茶行，共代收二十三年洋二十五元、又钱四十文；
信成茶行，共代收二十三年洋十七元正；
裕隆茶行，共代收洋二十元零五角、又钱五十八文；
乾泰昌行，共代收钱四十二千三百十二文；
统共收堆金洋六十二元五角、钱四十二千四百十文。

各典经收衣庄堆金
广仁典，共代收洋六元正；
永济典，共代收洋十六元八角、又钱六十文；
日新典，共代收洋十元零七角；
保善典，共代收洋十三元、又钱七百八十五文；
同济典，共代收洋二十一元找去钱六十六文；
善庆典，共代收洋八元三角、又钱七百十七文；
同吉典，共代收洋九元、又钱九百五十七文；
善兴典，共代收洋十一元、又钱八十七文；

保大典，共代收洋七元、又钱五百三十五文；

泰和典，共代收洋十三元四角、又钱八十二文；

裕通典，共代收洋十二元八角、又钱六十八文；

裕兴典，共代收洋九元、又钱五百七十八文；

协济典，共代收洋十元正；

成裕典，共代收洋十一元、又钱五百三十一文；

怡和典，共代收洋十元二角、又钱三百零四文；

裕隆典，共代收洋十三元七角、又钱三十七文；

善裕典，共代收洋十四元、又钱五百三十八文；

鼎和典，共代收洋七元八角、又钱五十文；

聚和典，共代收洋七元、又钱五十六文。

统收衣庄堆金洋二百十一元七角，除找出仍净收钱五千三百十九文。

光绪二十四年正月起十二月止杂项愿捐总登　每愿逐日一文

典业愿捐

聚和典，共愿捐钱八千五百八十文

江雨亭五愿、叶吉如三愿、李金祥三愿、叶濬梁三愿、范焕章三愿、程馥堂二愿、朱庆筠一愿、程松生一愿、唐双喜一愿。

怡和典，共愿捐钱六千二百四十文

汪诚斋三愿、胡绥卿三愿、汪子善三愿、欧阳照初二愿、万学清二愿、戴序云一愿、汪永旺一愿、吴吉华一愿。

成裕典，共愿捐钱六千一百八十文

叶秉忠三愿、程士奎二愿、吴兆光二愿、汪侣笙二愿、孙远谟二愿、江永祥二愿、吴星甫愿钱八百一十文、方月亭愿钱三百文。

协济典，共愿捐钱九千三百六十文

戴仲平六愿、程守三四愿、汪韵农三愿、毕拱辰三愿、程耀清三愿、朱庆澜二愿、程瑞征一愿、方秉贤一愿、潘奇卿愿钱一百八十文、程绍宗愿钱一百二十文、孔云寿愿钱九十文。

同济典，共愿捐钱十五千二百十文

黄静波五愿、吴定惜五愿、唐南辉四愿、程荫章四愿、洪哲卿四愿、张锡年四愿、王小山四愿、方吉泰三愿、朱翊周二愿、詹绅甫二愿、程广铨一愿、汪名立一愿。

裕隆典，共愿捐钱二千八百二十文

朱宝山三愿、李吉人二愿、程启发愿钱三百九十文、吴哲人愿钱三百文、詹桐伯愿钱一百八十文。

善裕典，共愿捐钱八千一百九十文

程滋伯五愿、李允泉三愿、金承基二愿、汪观全二愿、叶华卿二愿、查子珪二愿、金仲琴二愿、张汝淇二愿、查成卿一愿。

泰和典，共愿捐钱十三千四百七十文

程菊友五愿、刘元洪五愿、万纯洪三愿、汪绥章三愿、汪培生三愿、方渭川三愿、叶文伯二愿、王衡伯二愿、韩少文二愿、何敦仁一愿、舒少镛一愿、韩友孝一愿、余荣禄愿钱三百九十文、吴善启愿钱六百三十文、孙心田愿钱一百二十文、戴桂芳愿钱二百四十文。

鼎和典，共愿捐钱十千零九百二十文

吴启铭六愿、王静斋三愿、叶培元三愿、吴天赐三愿、项焕如二愿、王小康二愿、李高进二愿、吴立基二愿、汪步能一愿、徐受其一愿、吴德修一愿、叶肇成一愿、程杏春一愿。

永济典，共愿捐钱二十二千二百三十文

舒养和十愿、方增卿五愿、程鉴初五愿、程省斋五愿、方佩英五愿、张积峰五愿、黄儒珍五愿、柏干成三愿、黄星垣三愿、叶善卿三愿、王季春二愿、吴来卿一愿、方培荣一愿、卢士衡一愿、朱大铎一愿、方观惠一愿、戴传登一愿。

广仁典，共愿捐钱十三千六百八十文

孙云五十愿、王志溶八愿、汪子常四愿、查焕文三愿、何树基二愿、吴兆全二愿、洪纯一一愿、汪瑞昌一愿、吴子固一愿、汪蔼言一愿、程桂生一愿、汪兆然二愿七月止。

裕兴典，共愿捐钱六千二百四十文

孙礼仁三愿、周启贤三愿、项耐青三愿、吴兆基二愿、查以功二愿、吴文焕一愿、张文甫一愿、吴培植一愿。

同吉典，共愿捐钱五千四百六十文

范星桥三愿、江品珊二愿、胡惠卿二愿、汪迪封二愿、杨子亭二愿、吴兰生二愿、洪黼臣一愿。

善庆典，共愿捐钱五千零七十文

程俊夫二愿、叶萃堂二愿、程厚季二愿、吴蕴山二愿、胡兆昌一愿、王沛霖一愿、孙仁康一愿、汪锦章一愿、王根生一愿。

保善典，共愿捐钱十二千一百二十文

潘受于三愿、吴午楼三愿、程英三三愿、叶吉轩三愿、汪子祥三愿、黄友仁三愿、鲍达生二愿、朱琴鹤二愿、程馥卿一愿、张琴生一愿、方子才一愿、程仲良一愿、程治平一愿、程倚筠一愿、冯伯笙愿钱三百九十文、汪子嘉愿钱八百一十文。

裕通典，共愿捐钱九千七百五十文

胡载舟五愿、姚渭卿三愿、吴乐之三愿、范新甫二愿、张茂亭二愿、程酉田二愿、程德言二愿、王裕生二愿、程顺泰二愿、吴永春一愿、胡泰来一愿。

善兴典，共愿捐钱四千六百八十文

程茂如五愿、朱添进五愿、余福禄愿钱七百八十文。

日新典，共愿捐钱三千五百十一文

范裕光三愿、江本立三愿、程吉辉三愿。

保大典，方耀庭愿捐钱七百八十文

四乡典业愿捐

瓶窑保昌典，缴二十三年愿捐钱十一千五百二十文、本年共愿捐钱十二千四百八十文

保昌典十愿、程允斋十愿、徐元禄三愿、戴运昌一愿、张启德一愿、吴春泉一愿、孙足玉一愿、程连登一愿、程遐龄一愿、戴冠卿一愿、程志远一愿、凌康卿一愿。

留下保丰典，共愿捐钱七千四百十文

王铭斋四愿、陈显言四愿、吴佑沂三愿、舒舜庭二愿、陈位三二愿、汪锡麟二愿、鲍经五二愿。

三墩保泰典，共愿捐钱十千零五百十三文

保泰典十愿、苏致庚五愿、吴凤翔二愿、吴成周一愿、吴美如一愿、项菊甫一愿、吴伯镛一愿、余开元一愿、孙如意一愿、汪吉甫一愿、汪樟根一愿　程文卿一愿、洪文祥一愿。

统共收典业愿捐钱二百零六千四百三十文。

茶漆业愿捐

吴恒盛七愿、吴恒有三十愿、潘远源十五愿、吴彦林一愿、潘聚源二愿、吴源茂五愿、吴日新五愿、永春号十愿、吴鼎兴十五愿、方兴大六愿、周大有八愿、方福泰十愿、吴源泰一愿、吴源隆二愿、李隆泰二愿、吴裕大十愿、江恒懋五愿、吴永隆五愿、吴福泰愿钱六百六十文。

统共收茶漆业愿捐钱五十四千八百七十文。

面业愿捐

章上源五愿、一和馆二愿、三和馆三愿、昌源馆三愿、邵长和五愿、邵三源二愿、悦来馆三愿、浙盛馆二愿、郭益源三愿、老六聚五愿、胡庆和五愿、万云馆四愿、老三三五愿、天兴馆二愿、章三源愿钱七百二十文、公和馆愿钱一千八百二十文、仙和馆愿钱六百三十文、正升馆愿钱九百六十文、正兴馆愿钱六百三十文、万源馆愿钱一千三百文、合记馆愿钱七百八十文。

统共收面业愿捐钱二十五千九百五十文。

茶食业愿捐

万泰昌愿钱一千九百五十文、泰昌西愿钱七百八十文、元泰号愿钱一千九百五十文、祥泰号愿钱一千文。

统共收茶食业愿捐钱五千六百八十文。

杂货业愿捐

叶焕春愿钱七百二十文、潘诚兴愿钱九百文、程松茂愿钱一千八百文、同源号愿钱八百一十文。

统共收杂货愿捐四千二百三十文。

腌鲜肉业愿捐

聚兴号愿钱二千三百四十文、邵子湘愿钱七百八十文、耿洪洲愿钱七百八十文。

统共收腌鲜肉业愿捐钱三千九百文。

城中各业愿捐

汪义兴愿钱一千八百文、吴永志愿钱七百八十文；

瓶窑方瑞隆缴二十三年愿钱三千六百文，又本年愿钱三千九百文；

瓶窑汪文忠缴二十三年愿钱三百六十文，又本年愿钱三百九十文；

奚丽生愿钱一千文。

统共收各业愿捐钱十一千八百三十文。

绸业愿捐

大有祥愿洋一元、程棨愿洋二元、何香洲愿洋一元、敦本堂金愿洋五元、查郁文愿洋二元、恒隆裕愿洋五元、金成培愿洋五角、舒蔼庭愿洋五角、范裕清愿洋一元。

统共收绸业愿捐洋十八元正。

光绪二十四年经收各杂项总登

开运各柩贴费

方道生柩洋三元、章钟煊柩洋三元、胡玉富柩洋二元、吴永庭柩洋三元、黄昌琦柩洋二元、程振大柩洋四元、胡范氏柩洋二元、潘明轩柩洋四元、詹仁斋柩洋二元、叶声和柩洋二元、章钟金柩洋三元。

统共收各柩贴带资洋三十元正。

安葬各柩贴费

余卫贤柩洋五元、方素贞柩钱三百五十文。

统共收安葬贴费洋五元又钱三百五十文。

光绪二十四年正月朔日起十二月除日止收支大总

一、收二十三年滚存毛市钱十二千五百四十八文；

一、收洪汝翁本年垫洋三百元正；

一、收募捐乐输洋一百二十九元正；

一、收房屋、菜地租共洋八百五十元零三角七分三厘、钱一百三十三千八百九十七文；

一、收屯溪、婺源两局茶捐洋一千零二十元零四角一分八厘；

一、收盐商堆金洋三百九十四元正、钱二十二千六百一十二文；

一、收木商堆金洋三百七十二元八角八分六厘；

一、收茶行堆金洋六十二元五角、钱四十二千四百十文；

一、收衣庄堆金洋二百十一元七角、钱五千三百十九文；

一、收典业愿捐钱二百零六千四百三十文；

一、收茶漆业愿捐钱五十四千八百七十文；

一、收面业愿捐钱二十五千九百五十文；

一、收茶食业愿捐钱五千六百八十文；

一、收杂货业愿捐钱四千二百三十文；

一、收腌鲜肉业愿捐钱三千九百文；

一、收各业愿捐钱十一千八百三十文；

一、收绸业愿捐洋十八元正；

一、收开运灵柩回籍贴带资洋三十元正；

一、收安葬灵柩贴费洋五元、又钱三百五十文；

一、收售石灰洋一元五角、又钱一千五百八十五文；

一、收兑钱二百四十九千七百十九文。

大共收入洋三千三百九十五元三角七分七厘、钱七百八十一千三百三十文。

支项总登

一、支退押租洋六元正；

一、支重建六吉堂万年台方地砖工料洋四百七十八元八角、钱十千零一百三十二文；

一、支还洪汝翁新、旧本利洋一千一百五十六元八角零八厘；

一、支还吴同大本利洋十一元一角；

一、支还隆记本利洋七十三元六角一分；

一、支还同利兴本利洋六十九元五角六分；

一、支还廷顺兴行洋二百六十一元零四分二厘；

一、支对门新厝条石洋三十二元五角又钱二千文；

一、支修理惟善堂养善所租房工料洋一百六十八元零四分、钱一百九十三千八百三十四文；

一、支完漕粮米过户费洋十四元九角、钱一千二百二十九文；

一、支盐捐辛资送力钱十八千二百文；

一、支往徽办婺邑茶捐详文费酬劳、送礼、盘缠共洋三百七十四元三角一分、钱七千五百二十六文；

一、支买棺材洋二十九元正；

一、支津贴汪宅月费洋二十六元正；

一、支冥锭洋三十一元零四分五厘；

一、支开运灵柩回徽洋三十七元正、钱四十九千一百五十六文；

一、支安葬灵柩使费洋十七元正、钱三十六千零七十二文；

一、支年例拜忏焰口钱十千零三百三十文；

一、支添买物件洋三十四元三角七分八厘；

一、支杂用洋七十七元六角一分二厘、钱四十九千三百二十六文；

一、支福食洋一百七十四元九角五分、钱八十七千四百九十文；

一、支监堂辛资钱七十八千文，津贴洋二十六元正；

一、支堂友辛资钱一百九十千零四百二十文；

一、支贴何德源看管外厝年例钱六千文；

一、支津贴宝善堂笔资洋四元正；

一、支兑洋二百四十九元七角一分九厘；

一、支盘查耗串钱七千五百三十五文。

大共支出洋三千三百五十三元三角七分四厘、钱七百四十七千二百五十文。

通共除支揭存洋四十二元零三厘、钱三十四千零八十文。

除还净该垫款总登左

一、该洪汝翁洋一百元正；

一、该舒养翁洋五十元正。

光绪二十五年收支　结存

光绪二十五年分杂项堆金总登

绍所经收盐商堆金 每引二文

二十四年十月分，过二万四百八引半，收洋三十八元、又钱一千四百八十七文；十一月分，过一万九千三百七十一引半，收洋三十六元三角、又钱一千一百七十六文；十二月分，过八千九百三十六引，收洋十六元、又钱一千三百十二文。

本年堆金因吴紫翁告退，尚无头绪，停捐五个月后自六月分起汪仰翁接办，仍援旧章汇送堂中录登善册，六、七、八三个月引数均未注明，仍照报单收数。

净收洋九十一元一角四分六厘由汪仰翁处汇入。

统共收盐商堆金洋一百八十一元四角四分六厘、钱三千九百五十文。

屯溪茶总局经收茶商堆金 每箱六文

萃茂昌，二千零三十九箱；萃和祥，乙千一百二十四箱；

义馨祥，二百四十三箱；怡和，九百二十五箱；

合兴祥，乙千三百二十箱；裕昌馨，乙千零十九箱；

广馨祥，九百箱；张正源，六百九十二箱；

馥馨祥，乙千二百八十箱；汪大茂，四百八十四箱；

久大，乙千五百九十六箱；殿记源，九百八十五箱；

源源福，八百三十五箱；洪裕大，乙千零三十四箱；

振华，乙千一百七十八箱；怡大，二千零零三箱；

同裕昌，三千零二十五箱；恒源永，一千零十七箱；

义源永，七百五十箱；顺大恒，五百六十六箱；

瑞茂公，一千二百九十七箱；益大，九百七十九箱；

和祥，一百二十七箱；隆茂昌，乙千二百八十六箱；

永福春，一千一百二十七箱；聚馨祥，六百零六箱；

致中和，六百二十七箱；怡馨祥，六百四十箱；

永达，三千五百六十九箱；永祥，乙千四百十六箱；

吴心记，八百五十箱；永隆祥，二千八百二十二箱；

怡祥隆，乙千零七十四箱；晋昌祥，一千三百十一箱；

兰馨祥，二百十六箱；宝和，一千一百三十五箱；

恒大隆，五百三十六箱；礼记祥，乙千二百七十二箱；

裕春祥，乙千五百十六箱；谦吉东，一千三百十六箱；

森盛，七百六十四箱；广生，一千三百八十箱；

和茂祥，五百六十一箱；益泰祥，乙千一百七十一箱；

森泰，六百五十四箱；森元，六百六十二箱；

益昌祥，七百四十三箱；朱新记，四百零八箱；

朱心记，四百七十六箱；协生祥，七百七十五箱；

福生祥，七百三十九箱；福生和，一千三百九十三箱；

春甡荣，乙千二百二十一箱；万馨和，一千二百五十八箱；

永昌福，乙千零五十箱；祥记，二百二十九箱；

怡昌祥，六百三十三箱；益芳和，五百九十六箱；

泰隆，乙百二十箱；义泰隆，七百九十五箱；

永昌椿，乙千一百三十三箱；亿昌隆，四百五十五箱；

永茂祥，乙千二百三十二箱；义祥隆，乙十五百八十箱；

桂馨，四百七十五箱；怡大分号，乙千零七十七箱；

鼎源裕，二百箱；春源永，乙百六十三箱；

亿中祥，乙千七百十四箱；裕大，乙百六十箱；

李祥记，二千二百七十五箱；恒泰祥，乙百五十箱；

永春，乙千零二十七箱；林茂昌、隆茂昌，五百零一箱；

胜和成，五百三十八箱、永茂，五百二十箱；

晋和昌，乙百八十七箱；吴永馨，乙百三十乙箱；

益兴祥，三百零六箱；怡隆祥，五百五十三箱；

益馨昌，乙百零七箱；恒泰昌，乙百零二箱；

江恒升，二百四十三箱；吉泰祥，三百八十五箱；

钰芳，乙百四十五箱。

统共过七万七千七百二十四箱，计堆金钱四百六十六千三百四十四文。

婺邑茶分局经收茶商堆金每箱六文

顺丰，乙千九百六十四箱；董利丰，二百九十一箱；

骏茂，七百三十箱；祥泰，乙百零三箱；

珍茂，八百八十六箱；汪香芽，三百四十六箱；

益春和，七百十四箱；业广，二百七十箱；

珍春，六百二十二箱；许露芽，乙千一百零八箱；

许森芽，九百五十一箱；齐瑞馨，二百九十九箱；

义兴，一百七十二箱；震兴隆，乙千零四十四箱；

董信和，三百十二箱；王永盛，六百九十五箱；

益春，五百八十三箱；齐瑞兰，二百二十七箱；

益兴，一百八十四箱；振泰，三百五十五箱；

萃春隆，二百三十七箱；春生隆，四百六十箱；

万泰，三百五十六箱；同盛，三百四十箱；

同茂，二百二十九箱；永丰和，四百四十八箱；

汪怡亨，四百零四箱；珍泰，三百廿四箱；

吉泰，三百五十九箱；益泰，四百八十五箱；

董益英，三百五十一箱；致祥，一百五十九箱；

董三益，二百九十六箱；源茂，三百八十一箱；

董乾生，三百四十三箱；泰隆，二百零八箱；

查隆春，三百廿六箱；洪盛，一百三十九箱；

老隆春，四百零二箱；利顺，一百三十八箱；

习生，二百二十四箱；齐英芽，三百四十四箱；

诚春，六百十二箱；云芳，六百九十四箱；

志成，一百二十五箱；春馨，二百八十六箱；

裕泰，一百四十五箱；瑞泰隆，二百二十八箱；

恒泰，六十六箱；隆馨，四百四十二箱；

天香，一百二十三箱；祥记，二百三十七箱；

升泰，二百十五箱；王香芽，四百五十三箱；

德丰，二百五十八箱；王元利，四百二十七箱；

夏仙芽，六百七十一箱；万盛，四百九十四箱；

夏香芽，四百五十七箱；永泰隆，三百十一箱；

吕真芽，四百三十六箱；查德隆，五百零八箱；

俞瑞馨，四百四十九箱；詹远馨，乙千四百三十一箱；

源馨，八百四十箱；董元亨，五百二十四箱；

谦泰，七百六十二箱；万春，三百四十六箱；

乾泰，五百二十四箱；昌记，三百三十九箱；

正馨，三百五十四箱；同和茂，三百十二箱；

余天泰，八百八十八箱；六谦成，四百二十一箱；

俞同泰，二百零四箱；洪益茂，三百三十三箱；

同泰祥，三百三十二箱；六同春，乙千一百二十六箱；

永和春，三百四十三箱；露芽，二百八十六箱；

董新义，七百三十四箱；祥春和，二百二十六箱；

诚信，六百十八箱；鑫泰，五百九十一箱；

齐益隆，五百六十八箱；郎桂馨，三百七十八箱；

胡德隆，七百十五箱；信芳枝，三百二十八箱；

万隆玉，三百六十四箱；俞源馨，一百五十二箱；

程同茂，四百三十九箱；戴圆美，二百五十八箱；

永泰和，三百七十九箱；同昌，五百七十四箱；

永隆，八百二十七箱；鼎泰，五百十四箱；

金信芳，五百五十九箱；詹源生，四百七十五箱；

余同顺，二百零一箱；董永亨，二百五十六箱；

余萃香，七百零八箱；怡春，六百二十七箱；

和馨，二百九十八箱；江恒懋，三百七十八箱；

许益生，四百四十五箱；隆泰生，三百十九箱；

兰芽，二百三十九箱；仁记，三百九十二箱；

詹宏茂，八百二十六箱；宏昌，四百零九箱；

永和，四百零八箱；允记，二百五十六箱；

鼎盛，六百三十二箱；洪万隆，三百十三箱；

森隆，三百零一箱；查德茂，二百三十六箱；

发记，三百八十六箱；查信芳，四百三十箱；

信记，四百四十箱；发隆，四百五十箱；

金茂，二百零五箱；瑞芽，四百零八箱；

大吉昌，二百五十一箱；丰泰，五百十箱；

洪如松，二百五十七箱；查启记，二百十五箱；

庚茂，二百二十八箱；裕泰恒，乙百八十四箱；

洪昌，乙百八十五箱；和盛祥，八百四十九箱；

潘畅记，乙千零十一箱；聚春和，四百七十三箱；

恒泰丰，五百五十三箱；詹裕生，四百六十一箱；

益珎和，五百五十九箱；查裕隆，三百五十八箱；

义芳，二百四十二箱；郎桂发，四百十四箱；

余自香，乙百二十八箱；芝瑞，乙百八十箱；

潘仙芽，六百二十箱；同丰祥，五百零四箱；

义芬，四百零九箱；翔椿裕，七百零五箱；

义昌，四百十四箱；戴信成，二百八十四箱；

益芳，三百八十六箱；同日新，六百十二箱；

洪德达，乙百三十七箱；郎泰丰，三百二十八箱；

詹永茂，七百三十二箱；裕盛怡，二百三十七箱；

王祥泰，二百六十九箱；同顺泰，四百三十箱；

詹彩盛，五百箱；聚兴隆，七百三十九箱；

兰馨，三百五十六箱；锦春，二百十二箱；

泰茂香，二百二十箱；美和祥，二百三十九箱；

查永芬，三百十七箱；诚泰，一百六十箱；

义兴，六十箱；查恒升，四百八十九箱；

泰昌春，二百八十二箱；源昌，三百三十四箱；

宋广盛，三百五十六箱；益丰，四百十八箱；

维馨，二百二十箱；汪香芳，三百九十七箱；

甡春，三百九十五箱；潘同泰，五百七十九箱；

和记，四百六十四箱；董信亨，二百九十箱；

同泰，乙百八十七箱；萃春，四百零七箱；

詹有春，四百九十四箱；春馨，四百六十五箱；

芝瑞舜，三百九十八箱；芝瑞迪，二百三十五箱；

芝瑞源，四百零七箱；余协记，二百九十五箱；

詹正隆，三百六十七箱；祥泰公、祥泰记，二百六十一箱；

峻记，四百零七箱；隆昌和，一百六十六箱；

鸿亨生，一百八十二箱；永福和，二百零七箱；

同和春，二百九十二箱；阜昌，乙千一百十箱；

吉春和，二百十六箱；朱兰馨，四十箱；

恒兴祥，二百五十三箱；王生泰，二百三十九箱；

戴恒泰，三百五十八箱；俞聚源，二百六十箱；

戴泰隆，二百九十六箱；道生，二百三十箱；

德茂，一百九十箱；戴天香，乙百零八箱；

吴洪盛，一百五十四箱；蓁蓁，二百二十七箱；

戴志成，一百三十二箱；振馨和，二百二十一箱；

益芬，一百六十六箱；潘兰芽，四百七十六箱；

金茂，乙百八十二箱；潘同春，二百四十四箱；

祥春和，二百四十五箱；戴和馨，乙百七十一箱；

许义兴，二百三十二箱；汪义昌，二百二十二箱；

裕记，三百十二箱；恒懋，三百八十二箱；

华馨，乙百九十三箱；裕泰恒，乙百五十四箱；

同顺昌，二百十四箱；义芳永，二百十七箱；

瑞泰，二百八十箱；泰茂香，二百六十箱；

致祥和，乙百七十二箱；戴裕泰，二百四十五箱；

自香，二百九十八箱；奇芬，乙百九十六箱；

芝瑞翔，四十八箱；永盛生，乙百零八箱；

生大亨，二百八十四箱；吕怡春，乙百九十四箱；

汪益芳，三百六十一箱；芝瑞蓁，乙百三十箱；

朱和馨，乙百十一箱；潘诚泰，二百二十四箱；

俞镒源，乙百六十九箱；翔记，二百三十九箱；

怡成隆，乙百四十箱；潘维馨，乙百六十二箱；

新春，九百四十五箱；旭记，二百箱；

吉春芳，二百九十一箱；六谦，四百三十八箱；

源馨祥，乙百六十四箱。

统共过九万二千零九十八箱，计堆金钱五百五十二千五百八十八文。

屯溪、婺邑两共收洋一千一百零零六角五分。

江干各行经收木商堆金

同日升行，缴二十四年堆金洋八元七角六分

同茂兴木行经收

恒利，洋五角四分；恒有，洋五角；

得元，洋三元二角八分；玉字，洋八角一分；

升字，洋一元一角二分；采字，洋六角三分；

恒字，洋六角六分；恒益，洋一角六分。

共收堆金洋七元七角。

隆记木行经收

余荣昌，洋五元一角七分六厘；张永茂，洋四元九角七分；

程全茂，洋二元六角；王永昌，洋二元六角二分；

祥字，洋一元五角八分；吉祥，洋六元三角七分；

吴和兴，洋七元二角七分；查天泰，洋乙元七角九分；

吴茂森，洋二元三角六分；程茂字、和同一，洋乙元六角二分；

查金益，洋二元三角四分；程广孚，洋乙元三角；

同发祥，洋四元一角八分；德昌，洋一元三角乙分；

同福生，洋二元零二分；胡永进，洋六元六角四分；

周同盛、吴信成，洋六角六分；徐元记，洋四元四角零四厘；

永成，洋二元一角三分；程起东，洋三元二角六分；

汪其美、汪义泰，洋乙元二角二分六厘；祥记，洋二元一角七分；

詹金城，洋二元二角五分；詹亦兴，洋乙元乙角三分；

程森茂、程祥字，洋五元九角三分；同福生、振泰隆，洋乙元五角三分；

阜生文，洋二元四角三分；万利，洋乙元九角八分；

荣昌、达之，洋五角；隆泰、大生，洋八角五分；

王同泰，洋乙元五角九分；永生，洋一元二角；

发字、正隆，洋乙元三角八分；詹正隆、利成，洋一元七角二分；

厚记，洋三元二角；本字，洋一元零五分；

达利、忍和，洋三角四分；万兴、正发，洋一元零四分；

香字，洋乙元二角四分；源兴，洋一元四角六分；

府记，洋乙元九角三分；恒益，洋一元一角三分；

程茂泰，洋乙元零二分；舒怡盛，洋三元四角三分；

江怡记、永字，洋乙元八角七分；源聚、王荣昌，洋乙元零八分；

庄兴文，洋二元零七分；怡记，洋乙元零七分；

江德春，洋乙元三角七分；程福隆，洋二元二角二分。

共收堆金洋一百十六元零零六厘。

裕大木行经收

周森盛，洋二元六角；振如，洋四元乙角；

洪茂兴、方兴泰，洋一元四角；吴大有、天源，洋乙元八角五分；

吴广茂，洋二元九角四分；义成，洋三元五角；

宋有福，洋乙元乙角；同福生，洋五元八角九分；

王松茂，洋二元七角五分；春茂，洋二元五角；

和合利、光泰，洋五角；和泰、詹春茂，洋二角四分；

广茂，洋乙元九角；潘恒兴，洋乙元六角；

詹春盛，洋三元四角六分；宋义成，洋乙元零五分；

张字，洋乙元九角；詹天成，洋乙元乙角；

朱如盛、利字，洋乙元零九分；振泰、坤大，洋乙元三角二分；

永茂号，洋三元四角；胡德盛，洋二元二角；

詹德茂，洋乙元五角；吴道生，洋三元七角；

郑记、祥顺，洋六角六分；立成、广信，洋乙元六角九分；

江怡记，洋乙元正；振泰隆，洋乙元六角；

冬茂、茂春，洋二元八角八分；春盛、义源，洋乙元乙角四分；

江同大，洋六元六角；永同泰，洋四元六角；

生字、吉记，洋乙元四角；仁利、利人，洋乙元四角；

三怡，洋二元八角；长生，洋二元六角；

叶正生，洋二元四角；戴源泰、詹广茂，洋乙角四分；

大成，洋乙元九角；程永兴，洋五角；

源泰，洋二元五角。

共收堆金洋八十九元四角。

吴同大木行经收

振兴，洋乙元六角四分；永同泰，洋三元六角；

裕茂，洋七元八角三分；理记，洋三元乙角五分；

恒发祥，洋三元三角五分；德兴，洋三元零二分；

世忍，洋九元六角二分；同和，洋乙元六角九分；

和泰，洋乙元六角五分；和字，洋五角九分；

同记，洋七角乙分。

共收堆金洋三十六元八角、钱五十文。

同义兴木行经收

世忍，洋乙元九角七分；松字，洋二元五角四分；

万邦、继享，洋乙元八角六分；正成、树春，洋乙元三角四分；

吉川，洋三元五角乙分；茂泰，洋乙元四角二分；

日新隆，洋二元乙角；吉记，洋二元四角四分；

万德、和馨，洋乙元零九分；森盛、有盛，洋五角乙分；

协兴，洋乙元四角四分；利昌，洋乙元零二分；

同永利，洋二元三角八分；同永大，洋二元二角八分；

福兴，洋乙元九角七分；仲兴，洋乙元九角五分；

顺利、林源，洋乙元八角六分；益昌、兴茂，洋乙元四角七分；

克昌，洋二元六角三分；永同太，洋四元八角八分；

同大成，洋三元二角九分；同有道，洋乙元六角乙分；

茂盛，洋三元乙角七分；大生，洋乙元五角乙分；

道生，洋乙元八角二分；怡兴，洋乙元六角六分；

利兴，洋乙元二角四分；新茂，洋二元乙角二分；

茂兴，洋乙元乙角七分；立元，洋乙元九角九分；

怡泰，洋乙元四角九分；万茂，洋三元八角四分；

益隆，洋乙元三角九分；德利，洋乙元三角二分；

春茂，洋三元六角六分；振昌、祥发，洋六角三分；

聚和，洋二元乙角；永春、森茂，洋七角九分。

共收堆金洋七十五元四角六分。

颐兴木行经收

森盛，洋乙元二角九分；大生、同茂，洋乙元乙角；

森大、隆盛，洋乙元三角二分；振泰隆，洋四元乙角六分；

春茂，洋乙元乙角六分；恒源、福隆，洋八角九分；

进盛、振隆，洋五角九分；立生，洋二元八角五分；

荣立，洋乙元五角五分；三怡、裕盛，洋八角乙分；

震祥、周茂盛，洋四角正；合春和，洋二元五角乙分；

天成，洋三元二角；利昌、福隆，洋二元二角；

大有、泰盛，洋九角正；王柏，洋乙元二角三分；

汪大生，洋乙元七角四分；汪大茂、永裕，洋乙元四角九分；

世昌、利成，洋乙元八角五分；茂盛，洋二元零三分；

全茂，洋乙元乙角六分；如松、世茂，洋乙元零三分；

记周，洋一元零七分；信生，洋七角三分；

怡泰，洋四角四分。

共收堆金洋三十七元七角。

同利兴木行经收

吉祥、怡泰，洋十三元七角五分；立成，洋二元二角二分；

恒发祥，洋三元五角四分；复记、同顺，洋乙元四角五分；

锦记，洋一元九角八分；江克昌，洋五元四角三分；

世昌、森盛，洋一元二角二分；安记，洋乙元乙角八分；

黄本源，洋五元六角九分；万泰、春茂，洋四角三分；

李文记，洋六元一角；吴旦记，洋乙元乙角四分；

许源来，洋三元四角一分；吴吉生，洋四元六角六分；

常字、建利，洋九角正；王春茂，洋乙元乙角七分；

利乃来，洋乙元五角四分；利大，洋乙元九角四分；

大生，洋乙元零四分；林利、元记，洋三角七分；

同发祥，洋五元六角三分；谢德风，洋乙元七角乙分；

仁字、同益，洋六角三分；有财，洋二元乙角；
詹永泰，洋乙元七角八分；和同益，洋乙元八角二分；
源兴，洋乙元七角四分；云记、德来，洋乙元六角七分；
周茂春，洋乙元六角八分；福茂，洋乙元四角四分；
同兴，洋乙元二角乙分；立记，洋二元七角四分；
同德利，洋四元零六分；裕兴，洋二元零二分；
保和，洋乙元乙角八分；积金，洋三元乙角七分；
德茂，洋二元三角三分；同大，洋三元二角三分；
文记，洋六元乙角；立昌，洋乙元七角三分；
和合，洋二元乙角；王理记，三元乙角五分。
共收堆金洋一百十二元三角八分。
统共收木商堆金洋四百八十四元二角零六厘、钱五十文。

本城茶行经收
源润茶行，共代收二十四年洋二十三元三角、又钱八十文；
裕隆茶行，共代收洋二十九五元九角、又钱四十四文；
乾泰昌行，共代收英龙洋四十四元四角。
统共收堆金洋九十三元六角、钱一百二十四文。

各典经收衣庄堆金
协济典，共代收洋十元正；
善庆典，共代收洋十元六角、又钱三百九十七文；
善裕典，共代收洋十四元五角；
善兴典，共代收洋十一元五角、又钱七十七文；
同吉典，共代收洋十二元四角、又钱八十二文；
裕通典，共代收洋十三元八角；
同济典，共代收洋十九元六角；
怡和典，共代收洋十二元三角、又钱五百二十文；
鼎和典，共代收洋十元七角、又钱五十九文；
保大典，共代收洋七元、又钱五百五十七文；
广仁典，共代收洋六元正；
永济典，共代收洋十四元五角、又钱十文；
泰和典，共代收洋十八元三角、又钱六十五文；
保善典，共代收洋十三元、又钱二百八十三文；
成裕典，共代收洋十二元三角、又钱二千乙百三十三文；
聚和典，共代收洋八元、又钱二十五文；
裕隆典，共代收洋十二元六角、又钱十五文；
日新典，共代收洋三元八角、又钱七十九文；

裕兴典，共代收洋十元二角。

统收衣庄堆金英龙洋二百二十一元一角、钱四千三百零二文。

光绪二十五年正月起十二月止杂项愿捐总登　每愿逐日一文

典业愿捐

聚和典，共愿捐钱七千九百二十文

江雨亭五愿、叶吉如三愿、李金祥三愿、叶濬梁三愿、范焕章三愿、程馥棠二愿、朱庆筠乙愿、程松生乙愿、唐双喜乙愿。

怡和典，共愿捐钱六千六百六十文

汪诚斋三愿、胡绶卿三愿、汪子善三愿、欧阳照初二愿、万学清二愿、戴序云乙愿、汪永旺乙愿、吴吉华乙愿、朱子安愿钱九百文。

成裕典，共愿捐钱四千六百八十文

叶秉忠三愿、程士奎二愿、吴绍光二愿、汪侣笙二愿、孙远谟二愿、江永祥二愿。

协济典，共愿捐钱八千二百八十文

戴仰平六愿、程守三四愿、汪韵农三愿、毕拱宸三愿、程耀清三愿、朱庆澜二愿、程瑞征乙愿、方秉贤乙愿。

同济典，共愿捐钱十二千六百文

黄静波五愿、吴定惜五愿、唐南辉四愿、程荫章四愿、洪哲卿四愿、张锡年四愿、方吉泰三愿、朱翙周二愿、詹绅甫二愿、程广铨乙愿、汪名立乙愿。

裕隆典，共愿捐钱二千一百六十文

朱宝山愿钱乙千零八十文、李吉人愿钱七百二十文、程启发愿钱三百六十文。

善裕典，共愿捐洋三十五角、钱一千八百九十文

程滋伯五愿、李允泉三愿、金承基二愿、叶华卿二愿、查成卿愿钱三百六十文、汪观全愿钱一百八十文、查子珪愿钱乙百八十文、金仲琴愿钱一百八十文、张汝淇愿钱乙百八十文。

泰和典，共愿捐钱十二千乙百二十文

程菊友五愿、刘元洪五愿、万纯洪三愿、汪绶章三愿、汪培生三愿、方渭川三愿、王衡伯二愿、韩少文二愿、吴善启二愿、何敦仁乙愿、舒少镛乙愿、韩友孝乙愿、余荣禄乙愿、戴桂芳乙愿、叶文伯愿钱二百四十文。

永济典，共愿捐钱二十乙千乙百五十文

舒养和十愿、方佩英五愿、方增卿五愿、程鉴初五愿、张积峰五愿、黄儒珍五愿、柏干成三愿、黄星垣三愿、叶善卿三愿、方培荣乙愿、朱大铎乙愿、方观惠乙愿、戴传登乙愿、卢士衡乙愿、程省斋愿钱乙千零五十文、王季春愿钱九百三十文、吴来卿愿钱五百七十文、江庆梅愿钱七百五十文、吴御侯愿钱二百一十文。

鼎和典，共愿捐钱九千五百十文

吴启铭六愿、王静斋三愿、叶培元三愿、吴天赐三愿、项焕如二愿、李高进二愿、吴立基二愿、汪步能乙愿、徐受其乙愿、叶肇成乙愿、王小康愿钱三百六十文、程杏春乙愿、吴德修愿钱乙百五十文。

广仁典，共愿捐钱十二千五百四十文

孙云五十愿、王志溶八愿、汪子常四愿、查焕文三愿、何树基二愿、吴兆全二愿、洪纯一乙愿、汪瑞昌乙愿、吴子固乙愿、汪蔼言乙愿、万懋隆愿钱三百文、程桂生乙愿。

裕兴典，共愿捐钱五千七百六十文

孙礼仁三愿、周启贤三愿、项耐青三愿、吴兆基二愿、查以功二愿、吴文焕乙愿、张文甫乙愿、吴培植乙愿。

同吉典，共愿捐钱五千零四十文

范星桥三愿、江品珊二愿、胡惠卿二愿、汪迪封二愿、杨子亭二愿、吴兰生二愿、洪黼臣乙愿。

裕通典，共愿捐钱七千九百二十文

胡载舟五愿、姚渭卿三愿、范新甫二愿、张茂亭二愿、程西田二愿、程德言二愿、王裕生二愿、程顺泰二愿、吴永春乙愿、胡泰来乙愿。

善庆典，共愿捐钱三千九百六十文

叶萃堂二愿、程厚季二愿、吴蕴山二愿、胡兆昌乙愿、王沛霖乙愿、孙仁康乙愿、汪锦章乙愿、王根生乙愿。

保善典，共愿捐钱十千零四百四十文

潘受于三愿、吴午楼三愿、程英三三愿、叶吉轩三愿、汪子祥三愿、黄友仁三愿、鲍达生二愿、朱琴鹤二愿、程馥卿乙愿、张琴生乙愿、方子才乙愿、程仲良乙愿、程治平乙愿、程倚筠乙愿、冯伯笙乙愿。

善兴典，共愿捐钱四千三百二十文

程茂如五愿、朱添进五愿、余福禄愿钱七百二十文。

日新典，共愿捐钱二千六百一十文

范裕光三愿、江立本三愿、程吉辉愿钱四百五十文。

保大典

方耀庭愿捐钱七百二十文。

四乡典业愿捐

临平广兴典，缴二十四年愿捐钱二千三百四十文

临平复春典，缴二十四年愿捐钱三千五百一十文

留下保丰典，共愿捐洋七元一角又钱二十九文

王铭斋四愿、陈显言四愿、吴又仪三愿、吴寄生二愿、陈位三二愿、汪锡麟二愿、鲍经五二愿。

三墩保泰典，共愿捐洋九元七角又钱六十九文

保泰典十愿、苏致庚五愿、吴凤翔二愿、吴成周乙愿、吴美如乙愿、项菊甫乙愿、吴伯镛乙愿、余开元乙愿、孙如意乙愿、汪吉甫乙愿、汪樟根乙愿、程文卿乙愿、洪文祥乙愿。

统共收典业愿捐洋二十元零三角、钱一百四十六千二百二十八文。

茶漆业愿捐

吴恒盛七愿、吴恒有三十愿、潘远源十五愿、吴彦林乙愿、潘聚源二愿、吴源茂五愿、吴日新五愿、永春号十愿、吴鼎兴十五愿、方兴大六愿、周大有八愿、方福泰十愿、吴源泰乙愿、吴源隆二愿、李隆泰二愿、吴裕大十愿、江恒懋五愿、吴永隆五愿。

统共收茶漆业愿捐钱五十千零零四十文。

面业愿捐

章上源五愿、一和馆二愿、三和馆三愿、昌源馆三愿、邵三源二愿、邵长和五愿、浙盛馆二愿、郭益源三愿、老六聚五愿、胡庆和五愿、万云馆四愿、老三三五愿、公和馆愿钱乙千六百八十文、悦来馆愿钱七百二十文、天兴馆愿钱七百二十文、万云馆愿钱四百文。

统共收面业钱十九千三百六十文。

各业愿捐

万泰昌五愿、泰昌西二愿、元泰号五愿、叶焕春二愿、程松茂五愿、聚兴号六愿、耿洪洲二愿、王义兴五愿、谢士卿愿钱五百四十文、吴永志愿钱七百二十文、奚丽生愿钱乙千文。

总共收各业愿捐钱十三千七百八十文。

绸业愿捐

大有祥愿洋乙元、程棨愿洋二元、敦本堂金愿洋五元、恒隆裕愿洋五元、查郁文愿洋二元、金成培愿洋五角、舒蔼庭愿洋五角。

统共收绸业愿捐洋十六元正。

光绪二十五年经收各杂项总登

开运各枢贴费

胡门女枢洋四元、王裕隆枢洋一元、张千沛枢洋二元、洪静如枢洋三元、黄汉文枢洋三元、吴福海枢洋二元、汪永福枢洋四元、汪胡氏枢洋四元、戴伟人枢洋三元、程炳奎枢洋三元。

统共收各枢贴带资洋二十九元正。

安葬各枢贴费

程王氏枢洋二元、朱氏花女枢洋二元。
共收两枢贴洋四元正。

光绪二十五年份经置产业总登

房屋基地开述

买林瑞龙基地两间，价洋五十元正，契纸填银三十六两正；又找价洋三十元正，契纸填银二十两正。

买孟善发基地一间，价洋四十元正，契纸填银三十两正；又六椽楼房一间，价洋三十元正，契纸填银二十两正；又两找价洋三十元正，契纸填银二十两正。

统付房产业正、找价洋一百八十元正。

其基地弓丈四至开列于前。

光绪二十五年正月朔日起十二月除日止收支大总

一、收二十四年滚存洋四十二元零零三厘、钱三十四千零八十文；

一、收洪汝翁本年垫洋一百六十元正；

一、收售六吉堂余料洋四百三十元零零四分；

一、收募捐乐输洋二百九十五元四角；

一、收房屋、菜地租共洋六百六十二元零零六厘、钱八十八千八百九十四文；

一、收屯溪、婺源两局茶捐洋一千一百元零零六角五分；

一、收木商堆金洋四百八十四元二角零六厘、钱五十文；

一、收盐商堆金洋一百八十一元四角四分六厘、钱三千九百五十文；

一、收茶行堆金洋九十三元六角、钱一百二十四文；

一、收衣庄堆金洋二百二十一元一角、钱四千三百零二文；

一、收典业愿捐洋二十元零三角、钱一百四十六千二百二十八文；

一、收茶漆业愿捐钱五十千零零四十文；

一、收面业愿捐钱十九千三百六十文；

一、收各业愿捐钱十三千七百八十文；

一、收绸业愿捐洋十六元正；

一、售锭灰折锭洋六元七角一分、又钱十千零零六十三文；

一、收开运、安葬灵柩贴费洋三十三元正；

一、收售石灰洋八元五角、又钱二百四十文；

一、收兑钱三百七十六千九百五十六文。

大共收入洋三千七百五十四元九角六分乙厘、钱七百四十八千零六十七文。

一、支朱子上座、上匾费用共洋一百六十二元三角五分三厘、钱三十五千七百零四文；

一、支还洪汝翁新、旧本利洋三百二十三元八角五分；

一、支六吉堂玻璃、神堂、油漆、工料洋三百六十八元一角八分七厘、钱二十千零一百五十二文；

一、支还舒养翁旧款洋五十元正；

一、置椅、几、桌、零件共洋八十五元三角一分、钱三千八百五十八文；

一、支门前做墙砌地、海月桥做墙角、修理租房洋一百二十二元四角五分七厘、钱一百零八千五百四十文；

一、支置房屋基地洋一百八十元正；

一、支茶捐两局酬劳、零星使用共洋一百九十元零六角六分八厘、钱九千六百三十二文；

一、支盐捐辛资送力钱三千九百六十五文、又洋五角正；

一、支开运灵柩回徽，使用洋五十一元五角正、钱四十六千六百七十文；

一、支安葬灵柩，使用洋十八元九角六分、钱七十一千六百八十四文；

一、支年例、拜忏、焰口钱十一千一百三十四文；

一、支施棺材洋二十九元六角、又钱一千零八十文；

一、支开办婺邑茶捐津贴洋二百八十元正；

一、支完粮纳米洋十六元四角、又钱七百五十三文；

一、支杂用洋七十七元九角乙分二厘、钱六十七千九百五十二文；

一、支退还押租洋二十六元六角；

一、支福食洋一百七十四元乙角零八厘、钱五十五千七百七十六文；

一、支监辛堂资钱七十二千文，津贴洋二十四元正；

一、支津贴宝善堂笔资洋四元正；

一、支堂友辛资洋二十二元六角、钱一百七十八千零三百四十文；

一、支贴何德源看管外厝年例钱六千文；

一、支兑洋三百七十六元九角五分六厘；

一、支盘查耗串钱十千零五百二十文；

一、支存洪汝翁英洋八百元正。

大共支出洋三千三百八十五元九角六分乙厘、钱七百零三千七百文。

通共除支，揭存英杂洋三百六十九元正、钱四十四千三百六十七文。

存银总登

一、存洪汝翁英洋八百元正。

光绪二十六年收支　结存

光绪二十六年分杂项堆总登

绍所经收盐商堆金均由汪仰翁汇交

二十五年分九月至十二月止未报引数，照缴入册，收洋一百三十五元四角又钱四千一百六十五文；

本年正月、二月、三月分，共缴收洋八十二元又钱三千零七文；

四月、五月、六月分，共缴收洋八十三元又钱三千零五十文。

统共收盐商堆金洋三百元零四角、钱十千零二百二十二文。

屯溪茶总局经收茶商堆金每箱六文

怡和，三千六百八十二箱；森盛，一千七百七十六箱；

永隆祥，二千五百九十六箱；姚源泰、张正源，一百六十八箱；

永茂祥，一千九百廿七箱；义泰隆，一千零四十八箱；

恒裕昌，二千九百五十二箱；源源福，三千零八十二箱；

汪大茂，二千一百六十六箱；萃茂昌，一千九百十七箱；

萃和祥，一千六百十箱；和茂祥，二千一百零三箱；

裕昌馨，三千零二十箱；广馨祥，一千三百三十箱；

义馨永，六十九箱；瑞茂昌，八百三十九箱；

合兴祥，一千四百六十六箱；春牲荣，二千六百零四箱；

谦顺昌，一千四百十七箱；永福春，二千五百十七箱；

聚声祥，一百八十六箱；万声和，八百九十二箱；

广芬祥，七百八十一箱；义万祥，三百十六箱；

张正源，七百三十二箱；义芳和，二千三百廿三箱；

怡大，一千七百零一箱；裕春祥，二千二百零一箱；

瑞记，三十四箱；森盛号，二百五十六箱；

殿记源，一千九百三十一箱；鑫泰，八十四箱；

晋昌祥，二千七百四十四箱；林茂昌，一千九百八十三箱；

益泰祥，一千四百八十箱；亿中祥，二千四百零二箱；

同裕昌，三千零十三箱；馥馨祥，一千七百零八箱；

久大，二千三百六十九箱；洪裕大，一千一百五十六箱；

致中和，二千二百五十八箱；兰馨祥，一千八百九十六箱；

协生祥，一千零六十二箱；吴心记，五百零六箱；

江恒懋，四十箱；大有，八百四十六箱；

益大，九百三十七箱；义源永，一千二百七十箱；

永达，二千三百零五箱；巨馨祥，四百六十二箱；

福隆，二百八十八箱；广生，二千三百五十三箱；

余天泰，一百七十七箱；余永新，一百九十箱；

元馨和，九百七十四箱；同森茂，八百六十五箱；

森元，二千二百二十一箱；李祥记，二千二百一十箱；

朱新记，一千六百四十七箱；太隆，一千二百十八箱；

森圣，四百六十一箱；美大，九百零一箱；

祥生和，二千零十二箱；晋馨永、谢裕大，一百六十七箱；

怡祥隆，一千二百八十七箱；义美祥，七百五十二箱；

益馨昌，一百八十八箱；桂馨，一千三百九十九箱；

詹太来，二百零六箱；亿昌隆，四百七十四箱；

怡馨祥，四百零六箱；祥记，二百二十六箱；

正源，二百八十五箱；同森圣，一百四十四箱；

胡鼎源，二十箱；裕圣，一百七十八箱；

福春祥，一千七百四十箱；谦吉东，一千八百廿五箱；

裕昌，一千三百零二箱；永昌福，二千一百十六箱；

俞珍茂，三百五十四箱；隆茂昌，七百五十五箱；

谢裕大，五百三十六箱；胜和茂，四百九十二箱；

鼎馨恒，九十九箱；吴新记，五百四十七箱；

林源裕，二百二十四箱；永春祥，五百四十一箱；

春源永，一百九十七箱；益兴祥，三百五十九箱；

吴永馨，一百四十四箱；德昌祥，六十箱；

怡和福，四百零七箱；怡昌祥，六百零七箱；

万馨祥，六百六十二箱。

统共过十一万二千二百八十一箱，计堆金钱六百七十三千六百八十六文。

婺邑茶分局经收茶商堆金每箱六文

和记，一千二百廿九箱；六同春，一千一百廿八箱；

永兴隆，六十一箱；震兴隆，七百七十五箱；

瑞记，三百三十七箱；义馨永，六十九箱；

怡春，四百九十四箱；林记，四十一箱；

太茂，二百四十三箱；吉大，九十九箱；

隆记，一千零三十六箱；锦春，四百零四箱；

鑫泰，八十四箱；德隆仁、德隆记，一百三十三箱；

汪香芽，四百四十二箱；顺泰，六百二十五箱；

王永盛，一百零五箱；致祥和，三百七十五箱；

益珍和，七十八箱；六谦成，一百九十一箱；

许森芽，八百四十二箱；诚和春，二百七十四箱；

谦太，九百十一箱；乾太，八百二十七箱；

香芽，三百零五箱；振泰祥，三百零三箱；

瑞芽，六百三十三箱；程同茂，七十一箱；

萃春泰，一百六十三箱；同盛，二百六十二箱；

振馨昌，六十九箱；义兴，六百九十二箱；

露芽，五百五十三箱；江恒懋，五百零五箱；

祥春，三百九十九箱；笙春和，四百四十一箱；

俞裕盛，一百二十八箱；俞同益，一百四十七箱；

仁记，一千三百三十箱；畅记，一千零四十七箱；

潘兰芽，三百二十四箱；升泰，四百五十六箱；

信记，六百八十四箱；发记，五百五十八箱；

同和茂，二百七十六箱；源馨，二百五十七箱；

泰隆，一百八十二箱；年记，四百零一箱；

真芽，三百四十二箱；同泰，三百六十一箱；

祥泰，一百二十七箱；福记，三百三十六箱；

永丰，一百八十箱；天泰，一百七十七箱；

献记，六百五十五箱；春和，九十八箱；

鸿亨，三百四十箱；董义新，一百四十四箱；

信和，三百十八箱；鼎盛，一百零十箱；

翔春裕，三百七十四箱；春生，二百零五箱；

珍茂，七百四十三箱；董信昌，六百零七箱；

生大亨，二百九十三箱；董乾生，四百三十四箱；

董三益，一百四十八箱；万春，三百零二箱；

汪怡亨，四百三十四箱；余永生，三百九十四箱；

查裕隆，二百八十八箱；紫霞春，六百六十六箱；

椿记，一百七十四箱；潘仙芽，五百七十四箱；

戴和馨，一百五十八箱；春芳和，三百四十四箱；

同顺泰，一百九十一箱；许露芽，一千零九十六箱；

祥春和，三百五十八箱；詹永和，一百六十六箱；

金茂，三百九十四箱；洪利，五百七十二箱；

洪万泰，三百五十八箱；齐英芽，四百二十六箱；

吴益兴，二百十九箱；徐瑞芽，一百零五箱；

汪同春，三百零五箱；永隆，一百七十六箱；

隆春，一百四十五箱；老隆春，一百七十八箱；

瑞兴隆，一百十七箱；戴信芳，三百六十九箱；

潘芝瑞，二百五十一箱；程信记，一百二十二箱；

胡德隆，三百二十七箱；詹正隆，三百零八箱；

詹永茂，一百十六箱；王香芽，一百八十八箱；

王元春，三百六十九箱；查启记，三百六十箱；

查德隆，五百三十七箱；余自香，四百三十九箱；

余萃香，五百三十六箱；郎桂发，五百五十四箱；

裕盛信，二百零六箱；永泰和，二百八十一箱；

董益兴，一百三十七箱；夏仙芽，三百六十六箱；

齐益隆，三百四十八箱；齐瑞馨，三百五十六箱；

查德茂，五百零三箱；成记，二百四十二箱；

吴洪盛，一百三十三箱；戴天香，一百三十二箱；

戴友记，一百六十箱；戴志成，一百三十六箱；

如松恒、如松记，九十八箱；戴圆美，二百七十一箱；

查永芬，四百零九箱；詹宏茂，二百八十七箱；

益丰，三百十二箱；同茂，三百零三箱；

和春祥，一百七十八箱；正兴隆，一百九十八箱；

詹泰来，四百六十箱；正馨，三百九十箱；

祥兴恒，三百四十六箱；萃春，一百六十九箱；

德泰，一百五十九箱；祥记，四百五十五箱；

隆泰生，三百十二箱；瑞芝，二百十箱；

骏茂，六百六十一箱；朱兰馨，二百二十七箱；

洪同圣，二百三十箱；吉泰，六十八箱；

董顺利，一百八十六箱；兴茂祥，四十六箱；

董信亨，二百零三箱；同仁和，一百四十五箱；

金信芳，四百四十箱；戴长春，一百十四箱；

诚春，四百九十四箱；义馨永，七十八箱；

益泰，七百三十二箱；俊记，一百十六箱；

馥生祥，八百二十一箱；余义泰，一百四十四箱；

夏香芽，四百七十八箱；程日新，四百十箱；

义昌，四百五十三箱；源昌，四百七十五箱；

益春和，六十箱；德丰，三百五十箱；

芝瑞，一百八十七箱；协芳，四百九十一箱；

余天泰，八百十三箱；董信和，一百十八箱；

同丰，二百零八箱；春记，三十一箱；

仙芽，八百零一箱；公记，一百四十八箱；

王永圣，五百五十三箱；泰昌春，一百八十三箱；

泰茂香，二百十二箱；兰芽，二百零七箱；

詹有春，六百五十三箱；启记，四百零二箱；

裕圣祥，二百四十八箱；泰丰，二百零三箱；

致馨，四百二十箱；同昌，五百十五箱；

余珍茂，三百五十四箱；奇芬，二百六十八箱；

恒泰丰，六百五十九箱；聚兴隆，七百七十五箱；

丰泰，二百二十二箱；詹远馨，一千零三十六箱；

宏昌，四百零七箱；詹裕生，二百二十八箱；

裕圣，一百七十八箱；永茂，三百九十二箱；

同益，一百四十七箱；永泰昌，一千二百十四箱；

詹永和，二百四十六箱；吉泰昌，二百三十九箱；

森隆公、森隆记，一百七十箱；鼎圣，三百五十一箱；

恒春，二百十箱；益芳，七百十四箱；

德隆，二百六十箱；义芬，六百六十箱；

谦记，四百三十二箱；永祥春，二百八十箱；

俞锦春，三百七十二箱；翔春，七十三箱；

春生隆，一百八十二箱；程永隆，五百八十七箱；

益隆，二百二十六箱；祥泰公，二百四十六箱；

春和，二百十八箱；董泰昌，四百二十八箱；

查信芳，一百三十六箱；信成，二百三十八箱；

源兴隆，一百二十箱；珍和，三百三十四箱；

振泰，三百四十五箱；义兴永，二百二十九箱；

生泰，一百十六箱；彝记，四十一箱；

董隆芳，一百箱；隆昌和，一百九十箱；

潘同泰，四百五十四箱；俞源馨，一百三十箱；

余同馨，一百九十七箱；萃香，五百零五箱；

洪昌，八十七箱；利生祥，一千四百十二箱；

胡源馨，三百四十三箱；春馨，五百十七箱；

潘源记，一百五十八箱；汪香芽，一百七十三箱；

同圣，二百四十八箱；宏馨，一百六十箱；

和馨，一百七十箱；天香，一百二十二箱；

春成，一百二十三箱；徐云芳，二百四十四箱；

朱荣馨，一百三十七箱；信芳，一百十九箱；

德茂，一百三十箱；萃春，二百七十四箱；

益美，一百七十六箱；董益三，二百五十箱；

志隆春，二百六十三箱；查隆春，二百零五箱；

洪如松，二百二十三箱；同和昌，一百六十三箱；

和春祥，二百三十四箱；宏记，二百十五箱；

王益芳，九十箱；董大生，二百五十四箱；

源昌春，二百二十六箱；森隆，一百三十三箱；

永泰生，二百二十八箱；宝记，五十三箱；

王恒圣，三百七十二箱；吕真芽，二百三十一箱；

鉴记，二百三十箱；瑞芬，三百六十四箱；

裕圣信，三百四十箱；潘诚春，二百九十五箱；

义泰，一百箱；裕泰，二百二十五箱；

同丰春，二百十八箱；永春昌，四百三十二箱；

太昌春，一百九十箱；振馨，一百八十九箱；

峻记，二百七十二箱；自香，九十八箱；

吴宏圣，二百二十五箱；郎泰丰，一百八十七箱；

春芳，二百八十四箱；永升，二百六十七箱；

荣大祥，一百六十四箱；恒春和，二百二十五箱；

允记，二百二十八箱；汪益丰，一百七十一箱；

戴和记，一百零七箱；同春福，一百四十九箱；

聚春和，一百八十九箱；益芬，三百三十八箱；

张万泰，一百十七箱；同兴，一百六十五箱；

董吉泰，二百十七箱；同和永，一百四十八箱；

隆泰，一百四十二箱；德馨，二百七十三箱；

联芳，一百九十八箱；恒春昌、恒春记，一百七十九箱；

吕怡春，二百十二箱；瑞记，六十四箱；

江源茂，一百二十三箱；瑞芳，二百廿箱；

怡兴和，二百四十六箱；祥泰，一百二十七箱；

戴济丰，二百零四箱。

统共过九万一千二百五十二箱，计堆金钱五百四十七千五百十二文。

屯溪、婺邑两局共合收洋一千二百七十二元正、钱七十八文。

江干各行经收木商堆金
同茂兴木行经收

广和，洋四元六角乙分；晋益，洋乙元八角三分；

升字，洋五角二分。

共收堆金洋六元九角六分。

钮德大木行经收

恒和祥，洋二元七角七分；同大，洋二元七角乙分；

同德利，洋四角八分；恒发祥，洋二角。

计堆金洋六元乙角六分，共缴来英洋四元、又龙洋二十角洋尾未缴。

同福兴木行经收

震祥，洋三元三角二分；隆泰，洋三元乙角三分；

立生、荣立，洋五角四分；裕茂，洋乙元五角九分；

荣立黑，洋乙元六角四分；泰盛、天成，洋乙角三分；

汪广茂、汪立生，洋九角乙分；汪立生，洋四元零九分；

大茂，洋乙元九角三分；森盛、汪义生，洋乙元零七分；

汪字、隆盛，洋五角六分；同永大，洋乙元六角三分；

起东，洋乙元三角乙分；詹玉山、同大成，洋乙元六角四分；

周森盛、怡茂，洋乙元四角四分；汪吉川，洋三元四角乙分；

戴源泰，洋二元三角八分；春和、利人，洋四角四分；

厚记、程全茂，洋乙元零三分；振泰隆，洋乙元二角；

汪春茂，洋二元五角二分；李怡茂、同万茂，洋乙元二角六分；

立仁、生大，洋乙元四角五分；福隆，洋二元五角二分；

汪震祥，洋乙元零乙分；松字，洋四元四角七分；

柯恒茂，洋三元六角八分；茂生、大兴，洋乙元八角；

詹义顺、全茂，洋乙元八角九分；同福生，洋六元八角五分；

胡福聚，洋乙元九角三分；永兴、大兴，洋二角五分；

吴广茂、如松，洋乙元九角四分；余怡隆，洋乙元八角七分；

汪吉记，洋乙元零五分；利昌、春林，洋四角三分；

立生、合生才，洋乙元四角六分；大兴新、大兴记，洋乙元五角七分；

詹天成，洋乙元正；合春和，洋二元三角九分；

吴和泰，洋二元六角六分；记周、吴永兴，洋乙元零四分；

荣立红、进盛，洋六角二分；同永裕，洋乙元乙角五分；

程恒源，洋乙元零二分；怡泰，洋乙元零八分；

詹裕盛，洋三角乙分。

共收堆金洋八十二元六角乙分。

吴同大木行经收

同记，洋乙元乙角八分；吉茂，洋乙元四角六分；

振兴，洋三元乙角；同德兴，洋乙元乙角八分；

裕茂，洋六元五角七分；大成，洋乙元六角三分；

森茂，洋二元四角九分；世忍，洋五元乙角；

同乾益，洋二元六角八分；全印，洋三元二角二分；

公茂，洋九角；义生，洋七角八分；

广信，洋九角六分；理记，洋三元零六分；

长生，洋三元六角九分；胡利记，洋乙元四角四分；

元昌，洋二元六角二分；桂芳，洋九角八分；

端恒裕，洋乙角八分。

共收堆金洋四十三元二角二分。

裕大信木行经收

茂盛，洋乙元九角乙分；春茂，洋乙元九角二分；

春盛，洋乙元六角二分；广茂，洋三元三角三分；

源泰，洋三元四角乙分；永泰，洋乙元乙角；

乾益，洋四元六角二分；吉川，洋乙元零六分；

复昌，洋乙元四角五分；利东、永茂，洋乙元八角；

大成、灿英，洋八角二分；森茂，洋乙元乙角六分；

怡盛，洋乙元乙角四分；同源，洋乙元零二分；

茂春，洋三元三角五分；道生，洋乙元六角四分；

同和，洋乙元四角；世忍，洋乙元七角；

恒丰祥，洋乙元乙角二分；复记、恒兴，洋乙元五角八分；

有福，洋九角九分；生字，洋八角六分；

同顺，洋七角乙分；裕泰，洋四角五分。

共收堆金洋四十元零一角六分。

同利兴木行经收

发祥印，共堆金洋二十二元四角四分八厘；合字，洋四元四角四分；

开泰，洋乙元二角五分；旦记，洋十元四角七分；

乂兴、顺记，洋五角二分七厘；三怡、道记，洋三元四角二分；

克昌，洋二元四角乙分；道生，洋二元乙角九分五厘；

德生、炳林，洋乙元九角六分六；仁和、恒昌，洋乙元四角六分四厘；

利大，洋二元四角七分；安记，洋四元七角六分；

源来，洋乙元八角七分；同大，洋四元五角零三厘；

兴利，洋乙元乙角六分；亨发，洋乙元正；

同和，洋乙元乙角八分；成福，洋三元四角乙分；

立昌，洋乙元乙角四分；同顺，洋二元二角七分八厘；

长春，洋五元正；吉祥、巽和，洋四元四角八分七厘；

春茂，洋三元三角二分七厘；祥记，洋乙元五角九分七厘；

德风，洋四元二角乙分五厘；乃来，洋乙元三角五分；

公和、文记，洋十三元七角二分；和字、源记，洋乙元七角五分二厘；

茂盛，洋二元七角八分二厘；正茂，洋乙元五角；

本源，洋四元八角七分；理记，洋二元三角二分；

锦茂、祥和，洋廿一元乙角；茂春、利泰，洋乙元五角八分三厘；

吉川，洋五元乙角乙分；同兴，洋四元乙角八分；

立记、常字，洋乙元四角六分三厘；春盛，洋乙元六角七分七厘；

大同，洋二元零七分；万顺、积金，洋七角五分五厘；

德茂，洋乙元四角乙分七厘；森茂，洋二元三角九分七厘；

利成，洋八角七分二厘；永生，洋七角四分五厘；

道源，洋二元三角八分七厘；裕兴，洋二元乙角四分七厘；

和祥，洋六角五分三厘；有才，洋五角六分五厘；

美利，洋乙元八角四分五厘；德利，洋四元七角八分三厘；

德昌，洋乙元四角三分；锦记，洋四分八厘；

信发，洋乙角五分。

共收堆金洋一百七十八元六角五分八厘。

隆记木行经收

汪万利、汪多益，洋乙元四角乙分；胡永进，洋四元正；

同发祥，洋二元二角五分；余利大、吴广茂，洋六角九分；

利盛、生大，洋三角三分；詹森盛，洋四元二角八分；

同大成，洋四元三角三分；振泰隆、王同泰，洋乙元三角乙分；

詹德成、胡奂字，洋乙元乙角五分；张永茂，洋二元零七分；

利成，洋乙元九角三分；王双喜，洋乙元九角五分；

程协兴，洋二元乙角二分；阜生，洋乙元八角八分；

王亦泰，洋乙元乙角乙分；王安字，洋二元乙角九分；

徐元记，洋三元八角四分；胡有、复兴，洋四角四分；

厚记、源聚，洋乙元六角六分；蒋集泰，洋三元九角；

吴顶亨，洋乙元四角八分；余天泰，洋六元六角二分；

吴和兴，洋十四元七角七分；江怡兴，洋四元乙角六分；

王永昌，洋二元七角六分；查金益，洋三元五角；

詹万茂、詹茂春，洋乙元二角五分；宋德新，洋十八元二角乙分；

叶大生，洋乙元二角；余怡隆，洋四元三角乙分；

春和祥，洋三元七角五分；查天泰，洋乙元零三分；

信成，洋乙元八角五分；茂森，洋乙元分角；

亦兴，洋乙元四角七分；程起东，洋乙元零八分；

余荣昌，洋五元五角八分；詹金城，洋二元三角九分；

叶正生，洋二元三角八分；吴怡兴，洋七元乙角二分；

程隆泰，洋乙元九角六分；同福生，洋乙元六角六分；

张乾元，洋乙元零乙分；程茂泰，洋四角五分；

同泰和，洋乙元零七分；汪府记，洋乙元零三分；

毕发字，洋乙元正；吴道兴，洋乙元六角六分；

舒怡盛，洋乙元七角；曹元兴，洋乙元乙角二分；

同吉祥，洋二元二角乙分；程锦茂，洋五元六角四分。

共收堆金洋一百五十元零零六分。

同义兴木行经收

吉川，洋三元八角四分；道生，洋二元乙角乙分；

怡泰，洋乙元九角四分；和馨、同茂，洋七角四分；

和泰、永大，洋四角三分；松字，洋二元零二分；

大成，洋五元零五分；大生，洋乙元五角七分；

茂盛，洋四元八角五分；万德、兴泰，洋九角六分；

林源、新茂，洋乙元六角九分；正隆，洋二元乙角七分；

和昌，洋乙元九角九分；允成，洋乙元五角六分；

永泰，洋三元八角三分；大有、同亨，洋乙元二角；

正茂、茂春，洋乙元零九分；信昌，洋二元四角二分；

森茂，洋三元乙角八分；克昌，洋乙元九角六分；

怡兴，洋二元四角六分；其美、东升，洋乙元六角四分；

松茂、正立，洋八角八分；盛兴，洋乙元二角四分；

承裕，洋二元四角六分；德成，洋乙元八角六分；

泰昌，洋二元零七分；新兴、立成，洋八角三分；

立元、道兴，洋乙元八角七分；同兴，洋二元五角二分；

乾益，洋二元四角五分；万邦，洋乙元五角六分；

同泰，洋二元乙角五分；仁记，洋乙元五角九分；

茂昌、隆兴，洋五角四分；兴隆、成美，洋乙元二角七分；

有道，洋乙元四角二分；吉记，洋乙元五角四分；

长兴，洋乙元八角；志和、茂泰，洋七角三分；

顺利、怡盛，洋七角九分；万茂，洋乙元二角二分；

森益，洋乙元九角六分；来兴、源茂，洋二角五分；

隆茂、益隆，洋六角正；于春，洋七角八分；

顺昌，洋九角九分；聚昌、永昌，洋九角六分；

益记，洋九分；义兴，洋三分。

共收堆金洋八十五元一角五分。

同颐兴木行经收

臧永泰，洋乙元乙角四分；天泰，洋九角五分；

万利、利昌，洋五元三角；利兴，洋二元八角七分；

同永大，洋乙元二角；益昌，洋九角八分；

怡泰，洋乙元零八分；晋益，洋乙元四角九分；

仁同亨，洋三角乙分；同福利，洋六角正；

同福生，洋乙元七角二分；同洪兴，洋四角三分；

振泰隆，洋乙元三角四分；立成，洋乙元七角乙分；

和馨，洋八角八分；吉祥，洋三元零乙分；

松茂，洋二元乙角。

共收堆金洋二十七元一角一分。

统共收木商堆金洋六百十九元九角二分八厘。

本城茶行经收

源润茶行，共代收二十五年分洋二十三元正；

裕隆茶行，共代收洋二十三元二角。

统共收堆金洋四十六元二角。

各典经收衣庄堆金

协济典，共代收洋八元正；

日新典，共代收洋三元七角找完钱四十四文；

裕通典，共代收洋乙百零五角；

裕兴典，共代收洋八元、又钱乙百九十文；

广仁典，共代收洋六元正；

鼎和典，共代收洋八元二角、又钱二十二文；

裕隆典，共代收洋十一元四角、又钱四十九文；

泰和典，共代收洋十四元二角、又钱二十五文；

保善典，共代收洋十三元七角、又钱五十文；

善裕典，共代收洋十乙元、又钱六百七十四文；

善庆典，共代收洋八元二十四角、又钱乙百五十一文；

永济典，共代收洋十一元二十五角、又钱四文；

同吉典，共代收洋八元六角、又钱三百零三文；

聚和典，共代收洋五元二十角、又钱乙百二十五文；

同济典，共代收洋十四元四角、又钱七十七文；

保大典，共代收洋六元、又钱七百零三文；

善兴典，共代收洋三元四十六角、又钱八十六文；

怡和典，共代收洋九元十八角、又钱乙百十七文；

成裕典，共代收洋七元五角、又钱乙千零四十六文。

统共收堆金英龙洋一百八十元零五角，除找完，净收钱三千五百七十八文。

光绪二十六年正月起十二月止杂项愿捐总登 每愿逐日一文

典业愿捐

聚和典，共愿捐钱八千五百八十文

江雨亭五愿、叶吉如三愿、李金祥三愿、叶濬梁三愿、范焕章三愿、程馥堂二愿、朱庆筠乙愿、程松生乙愿、唐双喜乙愿。

怡和典，共收愿捐钱五千九百七十文

汪诚斋三愿、汪子善三愿、欧阳照初二愿、万学清二愿、朱子安九月止愿捐钱九百文、戴序云乙愿、汪永旺乙愿、吴吉华乙愿。

成裕典，共收愿捐钱五千零七十文

叶秉忠三愿、程士奎二愿、吴绍光二愿、汪侣笙二愿、孙远谟二愿、江永祥二愿。

协济典，共收愿捐钱八千九百七十文

戴仰平六愿、程守三四愿、汪韵农三愿、毕拱宸三愿、程耀清三愿、朱庆澜二愿、程瑞征乙愿、方秉贤乙愿

同济典，共收愿捐钱十四千四百九十文

黄静波五愿、吴定惜五愿、唐南辉四愿、程荫章四愿、洪哲卿四愿、张锡年四

愿、方吉泰三愿、朱翊周二愿、詹绅甫二愿、程广铨乙愿、孙善卿七月起愿钱八百四十文、汪名立乙愿

裕隆典，共收愿捐钱二千三百四十文

朱宝山三愿、李吉人二愿、程启发乙愿。

善裕典，共收愿捐钱五千零七十文

程滋伯五愿、李允泉三愿、金承基二愿、叶华卿二愿、查成卿乙愿。

泰和典，共收愿捐钱十二千八百十文

程菊友五愿、刘元洪五愿、万纯洪三愿、汪绶章三愿、汪培生三愿、方渭川三愿、韩少文二愿、吴善启二愿、韩友孝乙愿、余荣禄乙愿、戴桂芳乙愿、孙翔龄乙愿、何敦仁愿捐钱六百六十文、王衡伯五月止愿捐钱三百文、舒少镛五月止钱乙百五十文。

永济典，共收愿捐钱二十三千四百文

舒养和十愿、方佩英五愿、方增卿五愿、程鉴初五愿、张积峰五愿、黄儒珍五愿、柏干成三愿、黄星垣三愿、叶善卿三愿、王季春三愿、吴来卿二愿、方培荣乙愿、朱大铎乙愿、方观惠乙愿、戴传登乙愿、卢士衡乙愿、吴御侯乙愿、江庆梅五愿。

鼎和典，共收愿捐钱九千七百五十文

吴启铭六愿、王静齐三愿　叶培元三愿、吴天赐三愿、项焕如二愿、李高进二愿、吴立基二愿、汪步能乙愿、徐受其乙愿、叶肇成乙愿、程杏春乙愿。

广仁典，共收愿捐钱十四千四百三十文

孙云五十愿、王志溶八愿、汪子常四愿、查焕文三愿、何树基二愿、吴兆全二愿、洪纯一乙愿、汪瑞昌乙愿、吴子固乙愿、汪蔼言乙愿、程桂生乙愿、万懋隆乙愿、叶宝儒乙愿、程登鳌乙愿。

裕通典，共收愿捐钱七千六百五十文

胡载舟五愿、范新甫二愿、张茂亭二愿、程德言二愿、王裕生二愿、程顺泰二愿、吴永春乙愿、胡泰来乙愿、姚渭卿六月止钱五百四十文、程酉田八月止钱四百八十文。

裕兴典，共收愿捐钱五千七百文

孙礼仁三愿、周启贤三愿、项耐青三愿、查以功二愿、张文甫乙愿、吴培植乙愿、吴兆全六月止钱三百六十文、吴文焕二月止愿捐钱六十文、吴祥甫七月起钱二百十文。

同吉典，共收愿捐钱四千九百二十文

范星桥三愿、胡惠卿二愿、汪迪封二愿、杨子亭二愿、吴兰生二愿、洪黼臣乙愿、江品珊四月止钱二百四十文

善庆典，共收愿捐钱四千二百九十文

叶萃堂二愿、程厚季二愿、吴蕴山二愿、胡兆昌乙愿、王沛霖乙愿、孙仁康乙愿、汪锦章乙愿、王根生乙愿。

保善典，共收愿捐钱十千零七百七十文

潘受于三愿、吴午楼三愿、叶吉轩三愿、汪子祥三愿、黄友仁三愿、鲍达生二

愿、朱琴鹤二愿、程馥卿乙愿、张琴生乙愿、方子才乙愿、程仲良乙愿、程治平乙愿、程倚筠乙愿、冯伯笙乙愿、程英三七月止钱六百三十文。

善兴典，共收愿捐钱四千六百八十文

程茂如五愿、朱添进五愿、余福禄二愿。

日新典，共收愿捐钱一千四百四十文

江本立钱乙千乙百七十文、范裕光三月止钱二百七十文。

四乡典业愿捐

瓶窑保昌典

列位乡台，共缴二十五年愿捐钱十一千五百二十文。

临平慎康典

列位乡台，共缴二十五年愿捐钱三千二百四十文。

临平广兴典

列位乡台，共缴二十五年愿捐钱二千五百二十文。

留下保丰典，共收愿捐钱七千四百零十文

王铭斋四愿、陈显言四愿、吴又仪三愿、吴寄生二愿、陈位三二愿、汪锡麟二愿、鲍经五二愿。

三墩保泰典，共收愿捐钱八千五百八十文

保泰典五愿、苏致庚五愿、吴凤翔二愿、吴成周乙愿、吴美如乙愿、项菊甫乙愿、吴伯镛乙愿、余开元乙愿、孙如意乙愿、汪吉甫乙愿、汪樟根乙愿、程文卿乙愿、洪文祥乙愿。

统共收典业愿捐钱一百八十三千六百文。

茶漆业愿捐

吴恒盛七愿、吴恒有三十愿、潘远源十五愿、吴彦林乙愿、潘聚源二愿、吴源茂五愿、吴日新五愿、永春号十愿、吴鼎兴十五愿、方兴大六愿、周大有八愿、方福泰十愿、吴源泰乙愿、吴源隆二愿、李隆泰二愿、吴裕大十愿、江恒懋五愿、吴永隆五愿。

统共收茶漆愿捐龙角洋一百零八角、钱四十二千八百文。

面业愿捐

章上源五愿、一和馆二愿、三和馆三愿、万云馆四愿、邵三源二愿、浙盛馆二愿、郭益源三愿、老六聚五愿、老三三愿捐钱乙千八百文、胡庆和愿钱乙千九百五十文、天兴馆愿钱七百二十文、公和馆愿钱乙千八百廿文、合记馆愿钱七百二十文、合记又缴二十五年钱七百二十文、邵长和愿钱八百文六月停。

统共收面业钱十八千六百七十文。

各业愿捐

元泰号五愿、万泰昌五愿、泰昌西二愿、聚兴号六愿、程松茂愿钱乙千八百文、叶焕春愿钱七百二十文、王义兴愿钱乙千九百五十文、耿洪洲愿钱七百八十文、奚丽生愿捐钱乙千文正、吴永志愿钱七百二十文、瓶窑方瑞隆号缴二十五年愿捐钱三千六百文、瓶窑汪文忠缴二十五年愿捐钱三百六十文。

统共收缴来各业愿捐龙角洋十三角、钱十六千六百七十文。

绸业愿捐

敦本堂金愿洋五元、程棠愿洋二元、大有祥愿洋乙元、查都文愿洋二元、恒隆裕愿洋五元、舒霭庭愿洋五角。

统共收绸业愿捐洋十五元五角。

光绪二十六年经收各杂项总登

开运各枢贴费

周汉卿枢洋三元、章云寿枢洋三元、方兆钦枢洋二元、汪社明枢洋三元、胡汝乔枢洋四元、汪信安枢洋三元、胡裕泮枢洋三元、洪惟林枢洋四元、汪观祥枢洋四元、方蒋氏枢洋五元、黄程氏枢洋二元、许月英枢洋二元。

统共收各枢贴带资洋三十八元正。

安葬各枢贴费

孙瑞姑枢贴加石灰洋乙元；汪小凤枢碑钱三百五十文。

两共收贴洋乙元又钱三百五十文。

光绪二十六年份经置产业总登

园地及押产开述

买陈浩然园地一方，价洋七十元正，契纸填银五十两正；又找价洋三十七元正，契纸填银二十四正；又加中用代笔洋七元五角。

金小浦乡台经手当武林门市房三间，连基地二亩六分一厘三毫四丝，当价洋三百元正系有老契三纸并执照、粮串押。

两共付产业洋四百十四元五角。

光绪二十六年正月朔日起十二月除日止收支大总

一、收二十五年滚存英杂洋三百六十九元正、大小钱四十四千三百六十七文；

一、收二十五年存洪汝翁洋八百元正本年公议不计息；

一、收屯溪、婺源两局茶捐洋一千二百七十二元正、钱七十八文；

一、收盐商堆金洋三百元零零四角　钱十千零二百二十二文；

一、收木商堆金洋六百十九元九角二分八厘；

一、收茶行堆金洋四十六元二角；

一、收衣庄堆金洋一百八十元零五角、钱三千五百七十八文；

一　收典业愿捐钱一百八十三千六百文；

一、收茶漆愿捐龙角洋一百零八角、钱四十二千八百文；

一、收面业愿捐钱十八千六百七十文；

一、收各业愿捐龙角洋十三角、钱十六千六百七十文；

一、收绸业愿捐洋十五元五角；

一、收房屋菜地租共洋六百二十五元正、钱九十一千五百十九文；

一、收押租洋六十六元正；

一、收折助锭并售锭灰、冥锭共洋五十四元九角四分、钱二十四千二百三十三文；

一、收开运灵柩贴带费洋三十八元正；

一、收安葬灵柩贴加灰碑洋一元、又钱三百五十文；

一、收售棺材洋三十六元五角；

一、收售石灰洋三元五角六分、又钱二百五十文；

一、收兑钱四百二十三千六百九十八文。

大共收入洋四千四百四十元零六角二分八厘、钱八百六十千零零三十五文。

一、支置园地洋一百十四元五角；

一、支当市房基地洋三百元正；

一、支接做六堂龛工料洋二十元零六角、钱四十四千八百七十五文；

一、支征信录抄写、核对、刊字洋一百六十六元九角、钱四千七百文；

一、支打围屏、椅几桌工料洋八十五元八角、钱二十四千八百二十八文；

一、支修理工料洋一百十五元一角乙分、钱七十二千二百二十一文；

一、支屯婺茶局酬劳使用洋一百九十二元三角、钱七千一百二十九文；

一、支绍所收捐辛资送力洋七角、钱十千零四百六十九文；

一、支开运灵柩回徽使用洋三元一角、钱一百零一千七百五十文；

一、支安葬灵柩使用钱六十一千二百廿四文；

一、支泥鳅巷老坟加土修理钱二十一千一百二十文；

一、支买冥锭洋七十八元六角、钱二千零三十五文；

一、支拜忏焰口、大年旬规洋七元五角、钱十七千零七十三文；

一、支杂用洋一百二十元零六角一分、钱六十三千七百八十三文；

一、支买棺材洋二十四元五角、又钱五百文；

一、支津贴宝善堂笔资洋四元正；

一、支漕粮米共完洋十七元八角、钱七百七十二文；

一、支退还押租洋五十一元正；

一、支福食洋一百九十九元一角一分、钱六十六千一百六十八文；

一、支地保二十五年例钱一千一百文；

一、支监堂辛资钱七十八千文、津贴洋二十六元正；

一、支贴何德源看管外厝年例钱六千文；

一、支堂友辛资洋二十二元七角、钱二百十三千五百九十八文；

一、支买存白果对联板洋六元三角；

一、支兑洋四百二十三元六角九分八厘；

一、支统年耗串钱六千零零一文；

一、支存英洋二千二百元正芳名经手列后。

大共支出洋四千一百八十元零八角二分八厘、钱八百零三千三百四十六文。

通共除支，揭存英杂洋二百五十九元八角、大小钱五十六千六百八十九文。

存款芳名议息开左

一、存洪大兴木行洋七百元正　洪上钦乡台领，议息每百按月五厘，二十七年正月朔日起；

一、存永济典洋一千元正方佩英乡台经手，议息每百按月七厘，自二十七年正月初一日起；

一、存同义兴木行洋三百元宋敬敷乡台领，议息每百按月七厘，自二十七年二月十三日起；

一、存同茂兴木行洋二百元潘涣成乡台领，议息每百按月七厘，自念七年二月十一日起。

四款共存英洋二千二百元正。

光绪二十七年收支　结存

光绪二十七年正月起十二月止杂项堆金总登

绍所经收盐商堆金每引二文

二十六年七月分，过乙万零乙百四十五引；

八月分，过乙万乙千二百零八引半；

闰月分，过乙万六千八百九十二引，收洋七十元九角又钱二千八百十八文；

九月分，过二万三千乙百七十五引；

十月分，过乙万九千四百七十乙引五分；

十一月分，过二万零九百四十二引五分；

十二月分，过八千八百九十三引，收洋一百四十一元二角三分一厘、钱三千七百三十三文；

二十七年正月分，过四千四百三十七引；

二月分，过乙万六千四百六十七引；

三月分，过乙万六千八百四十引五分；

四月分，过乙万五千乙百七十七引，收洋一百元正；

二十七年五月分，过乙万三千五百二十五引；

六月分，过乙万四千二百七十五引五分；

七月分，过乙万乙千四百九十七引；

八月分，过乙万七千八百三十四引，收洋一百零四元五角四分六厘七毫、钱七千四百六十八文。

统共收来盐商堆金洋四百十六元六角七分七厘七毫、钱十四千零十九文。

屯溪茶总局经收茶商堆金每箱六文

怡和，三千八百五十五箱；萃和祥，乙千三百四十二箱；

广馨恒，八百九十箱；广昌、朱新记，乙百三十六箱；

义泰隆，乙千乙百六十六箱；森元，二千六百四十三箱；

汪大茂，三千零六十八箱；恒裕昌，三千零七十二箱；

益馨昌，九百六十六箱；萃茂祥，三百六十箱；

馥馨祥，二千零十三箱；张正元，乙千零八十二箱；

洪隆，乙千乙百十二箱；张合祥、张兴祥，乙百六十九箱；

晋昌祥，二千六百七十四箱；宝盛祥，三百六十九箱；

泰隆，四百九十箱；广芬，乙百三十五箱；

詹森茂，乙百四十四箱；源源福，二千六百三十箱；

广生，二千九百零十箱；谦吉东，三千七百九十六箱；

裕昌，二百五十七箱；义昌，五十五箱；

永隆祥，二千四百八十七箱；大有，五百零六箱；

林茂昌，二千四百四十六箱；同裕昌，二千三百十九箱；

公盛，二千零九十九箱；永福春，二千五百四十五箱；

致中和，乙千九百三十六箱；久大，二千三百三十五箱；

永达，二千四百四十四箱；慎和祥，乙千三百零五箱；

洪裕大，乙千三百二十箱；义源永，乙千二百五十九箱；

益芳和，乙千九百三十三箱；殿记源，乙百八十六箱；

森盛源，二千零十九箱；益泰祥，乙千六百七十九箱；

森盛，二千九百六十箱；益大，八百二十九箱；

怡大，二千零十四箱；永茂祥，二千零八十三箱；

亿中祥，三千乙百三十四箱；广馨祥，乙百零九十乙箱；

萃茂昌，乙千八百五十五箱；义茂祥，二千零五十九箱；

泰昌，五十七箱；瑞茂昌，乙千二百六十乙箱；

万馨和，乙千七百零六箱；元馨和，乙千三百六十八箱；

怡泰，六百九十二箱；朱新记，二千七百四十九箱；

洪公盛，乙百零乙箱；永昌福，二千乙百九十箱；

合兴祥，乙千二百五十四箱；瑞馨，二百零五箱；

聚馨祥，九百九十七箱；广芬祥，乙千三百七十四箱；

裕昌馨，二千六百二十七箱；谦顺昌，乙千四百七十三箱；

霖记，七十五箱；李祥记，乙千八百零三箱；

公和永，乙千八百五十九箱；义昌祥，乙百三十九箱；

怡祥隆，乙千零七十八箱；恒聚，四百六十五箱；

余兰馨，乙百十乙箱；吴心记，八百二十箱；

裕大，二百八十四箱；桂馨，乙千四百五十乙箱；

恒馨祥，乙百三十四箱；惟吉祥，三百箱；

殿记，乙千七百四十三箱；福庄和，八百七十七箱；

裕兴祥，九百九十三箱；恒昌祥，三百十四箱；

仪隆，五百十六箱；源兴生，乙百箱；

森泰，乙千九百零九箱；怡馨祥，四百八十七箱；

奇峰祥，二百四十九箱；春源永，二百十八箱；

亿昌隆，八百十三箱；隆茂昌，乙千二百六十乙箱；

益馨，乙百三十二箱；谢裕大，四百八十七箱；

鼎馨恒，二百三十二箱；兴茂，乙百二十九箱；

宏通，七十四箱；桃利生，乙百六十乙箱；

和盛祥，四百四十八箱；占春，四十三箱；

同茂祥，三十四箱；詹正隆，三百零六箱；

怡昌祥，三百二十九箱；万昌，三百八十三箱；

益泰，十乙箱；肇昌，二百二十箱；

吴永馨，乙百五十二箱；江广兴，七十三箱；

胜和成，六百零三箱；同森茂，二百零八箱；

益昌隆，乙百零三箱；鼎源裕，六十箱；

福盛祥，乙百五十箱；怡隆祥，四百八十七箱；

恒大成，乙百三十六箱；福茂祥，乙百十八箱。

统共过十一万九千四百零九箱，计堆金钱七百十六千四百五十四文。

婺邑茶分局经收茶商堆金每箱六文

西珍利，乙千零六十二箱；王天太，乙百八十六箱；

福隆年、福隆记，乙百五十箱；汪香芽，三百五十五箱；

震兴隆，九百八十六箱；芸春，五百九十九箱；

聚兴隆，四百六十四箱；广成春，六百四十八箱；

查裕盛、查启记，三百七十六箱；詹永茂，五百八十箱；

益茂，三百二十二箱；乂馨永，六百九十九箱；

王永盛，八百十三箱；江恒茂，八十四箱；

源兴，乙百三十六箱；霖记，七十五箱；

益珍和，三百六十九箱；余萃香，四百四十八箱；

聚兴和，三百八十九箱；林记，五十九箱；

景记，四百六十五箱；仁义，九十七箱；

乂兴，九百四十二箱；瑞记，二百四十八箱；

詹洪利，七十三箱；腾顺记，二百八十四箱；

顺兴隆，乙百十六箱；同兴祥，五十六箱；

同茂祥，乙百二十乙箱；森芽，五百七十七箱；

宏康，乙百二十九箱；查德茂，四百三十二箱；

余同馨，二百二十二箱；和太昌，五百七十七箱；

查德隆，三百十乙箱；余天太，七百三十二箱；

同顺太，三百七十箱；源馨，五百零二箱；

隆记，七百二十五箱；乾太，七百九十五箱；

谦太，七百九十九箱；余同太，三百三十六箱；

兰馨，三百八十二箱；鑫泰，五百五十三箱；

德馨和，三百二十三箱；诚和春，乙百零八箱；

振声，九十五箱；董利顺，乙百二十六箱；

裕隆，乙百三十五箱；永芬，二百三十七箱；

怡亨，乙百三十四箱；诚春，四百九十箱；

永太，四百四十箱；德隆，五百五十三箱；

乾生，二百十箱；广太，四百箱；

三益，乙百五十八箱；裕生，四百五十六箱；

信芳枝，三百六十八箱；日新，八十六箱；

益兴，二百十九箱；瑞馨，二百六十五箱；

洪圣，六十箱；囚记，三百二十三箱；

恒太，乙百九十八箱；恒懋，乙百十一箱；

新义，六百八十七箱；戴太隆，四百五十七箱；

和记，四百三十六箱；紫霞春，八百二十三箱；

春生隆，五百八十三箱；慎记，二百零四箱；

万泰，三百零二箱；裕太，五百八十八箱；

发记，五百二十七箱；春馨，八百零八箱；

信记，乙千二百四十乙箱；兴记，四百三十六箱；

成记，二百二十八箱；齐美芽，乙百二十二箱；

如松，乙百五十四箱；致馨，三百三十九箱；

群芳，五百箱；正丰隆，乙百零九；

汪同春，乙百七十五箱；春芽，乙千乙百九十九箱；

吕真芽，四百八十三箱；永隆，九百二十八箱；

同昌，四百七十一箱；隆春，四百十六箱；

吉和祥，六百三十箱；潘兰芽，四百七十五箱；

益太，九百七十九箱；太茂，二百二十六箱；

瑞芽，六百三十六箱；香芽，九十三箱；

詹永和，二百十乙箱；生大亨，四百箱；

桂发，乙百九十三箱；祥春，五百四十箱；

董利源，三百六十八箱；源兴生，乙百箱；

祥太，四百十乙箱；洪同盛，三百六十八箱；

裕芳，四百五十箱；元亨，六百四十四箱；

恒盛，乙百八十九箱；露芽俊，六百五十四箱；

露芽和，五百二十四箱；聚春和，四百五十九箱；

永和春，四百六十五箱；同茂，乙百三十九箱；

和春祥，四百十三箱；潘成春，四百五十乙箱；

圆美，三百零四箱；振太，四百二十五箱；

俞锦春，二百零乙箱；俊记，四百九十三箱；

仙芽逊记，二百二十二箱；仙芽公记，乙百九十八箱；

珍记，乙百九十二箱；宏芳，二百六十九箱；

志成，二百九十六箱；源和，二百九十八箱；

洪兴，乙百九十八箱；恒春和，四百二十六箱；

夏香芽，五百九十乙箱；福圣祥，乙百四十七箱；

宋广胜，三百四十箱；俞源馨，二百九十二箱；

宏昌，三百六十七箱；益珍，五十五箱；

森隆，二百七十三箱；益康，五百零九箱；

义昌，五百十八箱；源昌，三百六十乙箱；

云芳，五百六十二箱；恒生，二百十箱；

福隆，乙百五十七箱；潘同太，二百六十箱；

詹裕生，五百零六箱；畅记，五百零四箱；

诚太，五百四十八箱；聚成，二百八十乙箱；

太丰，乙百九十八箱；吉太，三百九十二箱；

太昌，乙百六十二箱；同盛，六百九十箱；

聚馨，三百九十六箱；潘仙芽，二百三十四箱；

义芬，六百十三箱；益芳，九百七十三箱；

源昌春，四百零五箱；丰太，二百九十箱；

怡丰，乙百三十三箱；同日新，四百十九箱；

同丰祥，四百四十二箱；怡恒隆，乙百三十二箱；

祥兴恒，二百三十八箱；利生祥，乙千七百九十四箱；

恒太丰，四百四十八箱；余兰馨，三百七十九箱；

俞怡和，五十四箱；俞益香，三百七十六箱；

瑞芳，乙百六十五箱；汪诚信，二百七十八箱；

王永圣，七十六箱；查隆春，四百十箱；

仙芽，乙千零十乙箱；益丰，五百八十四箱；

同春，三百四十乙箱；朱兰馨，乙百六十箱；

查源兴，二百零三箱；洪馨，二百四十五箱；

洪盛，乙百八十乙箱；大顺，三百零八箱；

查信芳，二百十八箱；查德芳，三百十二箱；

春记，九十六箱；查永芬，二百三十三箱；

同馨，五百五十六箱；信芳，三百二十六箱；

查裕隆，二百六十三箱；太茂香，三百五十二箱；

正隆，三百零六箱；义昌祥，乙百九十四箱；

洪如松，乙百八十九箱；董兰馨，乙百六十三箱；

胡德隆，四百七十四箱；詹洪馨，乙百七十箱；

六谦，二百八十四箱；鼎太，二百三十八箱；

英芽，二百七十九箱；逊记，乙百七十九箱；

公记，二百零二箱；恒盛，二百三十二箱；

董三益，二百二十箱；董乾生，二百四十三箱；

春芳，二百三十八箱；俞镒源，乙百五十六箱；

永昌，三百三十六箱；戴和记，二百二十七箱；

郎桂发，二百零三箱；祥兴，乙百五十九箱；

顺记，二百三十五箱；福盛祥，乙百五十箱；

同泰，四百六十七箱；自香，乙百七十三箱；

潘畅记，五百六十三箱；太昌春，乙百八十箱；

峻记，二百六十九箱；潘丰太，二百五十六箱；

允记，二百五十六箱；诚信，三百八十六箱；

怡春，二百三十乙箱；复兴和，十三箱。

统共过七万九千六百三十三箱，计堆金钱四百七十七千七百九十八文。

屯溪、婺源两局共合缴洋一千二百四十三元一角九分三厘。

江干各行经收木商堆金

老隆记木行经收

周春盛，洋二角乙分；周吉祥，洋二角乙分；

詹万茂，洋七角四分；程锦茂，洋二元四角三分；

詹春盛，洋乙元五角四分；吴和兴，洋乙元零六分；

程荣立，洋乙角九分；余怡隆，洋七角五分；

江怡和，洋二元六角九分；徐元记，洋四元四角八分；

张永益，洋三角；庄兴文，洋三角六分；

王荣昌，洋乙元零二分；曹阜生，洋乙元零九分；

邵祥和，洋四角二分；余裕元，洋乙元五角八分。

计堆金洋十九元零七分，共缴来英洋十九元正洋尾未缴。

吴同大木行经收

同振兴，洋八元二角七分；大成，洋乙元二角乙分；

永茂、永盛，洋二元九角七分；裕隆，洋乙元乙角二分；

同记，洋六角四分；裕字，洋乙元四角二分；

永盛，洋乙元六角五分；永茂，洋三角四分；

敬亭，洋九角八分；松字，洋二元九角九分；

吉茂，洋八角五分；再兴，洋三角六分；

吴裕茂，洋乙元五角九分；同裕茂，洋四元乙角二分；

培记，洋三元四角六分；同乾益，洋三元八角三分；

理记，洋二元八角八分；广信，洋二元五角乙分；

恒发祥，洋二元三角九分；同福生，洋九角乙分；

公昌、世忍，洋三元三角六分；恒丰祥，洋乙元二角三分。

计堆金洋四十九元一角三分，共缴来英洋四十九元一角、钱三十文。

钮德大木行经收

同德利，洋五角三分；江春裕，洋乙元六角；

江竺裕，洋乙元八角九分；江如春，洋乙元乙角乙分；

有生，洋乙元三角三分。

计堆金洋六元四角六分，共缴来英洋六元四角洋尾未缴。

同懋生记木行经收

合兴，洋二元六角八分四厘；木春和，洋五角二分九厘；

勤茂，洋乙角六分四厘；同益，洋四角五分六厘；

桂馨，洋三角二分乙厘；胜兴，洋乙元零八分七厘；

查指南，洋七角七分乙厘。

计堆金洋六元零一分二厘，共缴来英洋六元正、钱十二文。

同颐兴木行经收

广茂、福茂，洋二元六角四分；震春，洋三角六分；

如盛，洋八角；仁记，洋乙元七角七分；

永裕，洋三角；吉祥，洋乙元六角；

广茂，洋三元二角；大昌，洋五角；

兆生，洋二元四角；洪永生，洋八角四分；

同道兴、同洪兴，洋乙元正；洪盛兴，洋六角；

万成，洋乙元乙角；汪益昌，洋乙元正；

万盛，洋四角；益隆，洋乙元乙角六分；

同大成，洋二元七角；合春和，洋乙元八角八分；

同大生，洋乙元三角五分；汪大生，洋乙元二角；

裕元，洋乙元五角；永茂、盛兴，洋九角二分；

永昌，洋二元三角；同庆，洋三角；

利兴，洋乙元乙角；王万邦，洋八元二角五分；

汪万和，洋二角五分；詹金城，洋三元三角；

詹德顺，洋二元五角；王利兴，洋乙元乙角；

詹福兴，洋二元八角；礼元，洋三元六角；

吴广茂，洋四元八角；晋益，洋乙元正；

同大茂、同永裕，洋四元六角；立生，洋乙元五角；

同福生，洋二元九角；同和昌、同大兴，洋五元五角；

义源，洋八角四分；同洪兴，洋五角八分；

江克昌，洋五元六角八分；震祥，洋乙元四角；

詹利兴，洋二元乙角；詹亨记，洋二角；

王利兴，洋三角；吴亦源，洋三元二角九分；

六谦，洋二元四角。

共收堆金洋九十一元八角乙分。

新隆记木行经收

宋德新，洋五元五角；余和祥，洋五角九分；

洪于春，洋乙元乙角五分；江怡和，洋三元六角七分；

查德生，洋乙元八角五分；春和祥，洋六元三角三分；

宋新成，洋九角二分；张义生，洋六角正；

胡鸿记，洋九角四分；余仁兴，洋五元七角五分；

王永茂，洋乙元二角；吴信成，洋乙元八角六分；

余裕源，洋二元二角三分；吴鼎亨，洋三元二角；

森记，洋五角三分；余怡隆，洋四元三角三分；

同信昌，洋乙元三角八分；钱利昌，洋六角六分；

乾元，洋九角九分；源记，洋八角二分；

方永利，洋八角二分；同吉春，洋九角八分；

姚达之，洋四角二分；祥和昌，洋乙元六角五分；

江竺裕，洋乙元六角乙分；同吉祥，洋三角；

王松茂，洋四角三分；江德利，洋七角九分；

程锦茂，洋四角七分；余万利，洋三元七角七分；

永盛厚，洋乙元五角五分；姚日隆，洋乙角八分；

永生，洋六角九分；礼兴，洋三角五分；

弘源，洋五角三分；王万利，洋九角八分；

张同顺，洋五角三分；顺字，洋五角五分。

共收堆金洋六十一元一角。

裕大信记木行经收

春茂，洋四元零六分；林源，洋乙元三角七分；

冬茂，洋三元五角七分；源泰，洋四元五角；

春盛，洋六角；同乾益，洋二元五角七分；

利成，洋乙元零四分；茂春，洋十元八角乙分；

同大成，洋乙元六角三分；森茂，洋二元七角；

广茂，洋乙元乙角乙分；信昌，洋四角六角三分；

道生，洋三元乙角九分；春裕，洋乙元五角五分；

聚盛，洋二元零六分；义和，洋二元五角三分；

永和，洋乙元八角乙分；长兴，洋三元零四分；

和馨，洋二元乙角乙分；瑞芬，洋乙元五角七分；

正生，洋二元乙角七分；天泰，洋乙元七角四分；

松茂，洋二元七角三分；义三，洋八角三分；

义成，洋乙元六角五分；森益，洋九角；

茂兴，洋乙元正；福隆，洋二元零七分；

同永成，洋乙元乙角二分；同大茂，洋乙元九角三分；

广生，洋六角五分；吉顺，洋二角六分；

如盛，洋三角乙分；裕大，洋二角七分；

万茂，洋二元二角九分；进财，洋四角八分；

益顺，洋四角二分；和记，洋二角四分；

怡盛，洋乙元九角四分；英隆，洋乙角七分；

正利，洋三角乙分。

共收堆金洋七十九元九角三分。

同茂兴木行经收

升字，洋乙元五角四分；厚记，洋三角二分；

亭茂，洋七分；益昌，洋三元乙角乙分；

厚记、升字，洋七角；玉字，洋三角四分；

振如，洋乙元五角乙分；万源祥，洋三元零乙分；

怡盛，洋三元零七分；广和，洋乙角六分；

本字，洋三角四分；王三，洋七角四分。

共收堆金洋十四元九角、钱十文。

同福兴木行经收

同万茂，洋四角九分；汪震春，洋乙元八角九分；

合生财，洋七角六分；同信昌，洋乙元五角；

詹同茂，洋乙元四角六分；同福生，洋二元四角六分；

李怡茂，洋乙元六角六分；余怡隆，洋五角八角；

振泰隆，洋五元八角乙分；詹春茂，洋三元六角二分；

程金茂，洋乙元四角六分；周大兴，洋四元三角二分；

王万利，洋四元零三分；胡永进，洋三元七角；

汪大昌，洋五角乙分；吴和茂，洋四角二分；

汪盛兴，洋六角七分；恒元，洋四角九分；

春和祥，洋三元三角乙分；程福隆，洋四元四角；

汪春记，洋乙元四角五分；汪心记，洋九角三分；

詹夏茂，洋三元六角；汪记周，洋九角乙分；

詹森茂，洋六角；邱永生，洋二角七分；

查彩记，洋乙元二角三分；李永盛，洋四角二分；

隆太昌，洋乙元五角五分；程协兴，洋乙元八角七分；

胡仁利，洋四角八分；生发，洋三角五分；

胡顺记，洋五角；汪生大，洋乙元三角八分；

正隆，洋五角；永生，洋九角二分；

方秀记，洋乙元七角三分；恒字，洋五角；

汪洪裕，洋四角二分；詹益兴，洋乙元七角三分；

胡恒生，洋三角八分；全茂，洋八角八分；

如松，洋五角三分；森盛，洋乙元零二分。

共收堆金洋六十七元六角、钱九十文。

同利兴木行经收

正茂，洋乙角四五厘；德凤，洋二元三角六分；

吉生，洋乙元二角七分；恒盛，洋二元六角八分五厘；

复泰，洋三角八分八厘；利大，洋六角七分四厘；

吉祥，洋七元二角六分；利乃来，洋二元七角七分六厘；

长春，洋八分九厘；茂盛，洋二角三分；

双利洋二元正；利兴，洋七元七角八分五厘；

森茂，洋三元三角四分五厘；广兴，洋乙角八分九厘；

许源来，洋三元四角八分四厘；广才，洋乙元六角六分七厘；

春生，洋乙元三角七分七厘；同顺，洋乙元三角六分五厘；

亨发、信记、理记，洋六元六角八分五厘；德茂，洋二角二分五厘；

冬茂，洋乙元三角七分；许源，洋七分乙厘；

江竺裕，洋五元六角乙分；本源，洋二元乙角五分四厘；

锦茂，洋三元三角六分；余祝三，洋乙元四角九分七厘；

裕兴，洋八角乙分四厘；汪德生，洋三元四角二分；

周锦祝，洋四角乙分二厘；旦记、震和祥，洋四元零八分六厘；

洪兴、森茂，洋八角五分八厘；余立昌，洋乙元四角四分五厘；

德顺，洋二元六角；周永裕，洋十二元零三分；

振太隆，洋二元二角；汪克昌，洋三元五角乙分；

保和，洋二元六角乙分；盛字，洋六角六分九厘；

裕昌，洋三角四分；正大，洋乙元零五分八厘；

元盛，洋四角九分二厘。

共收堆金洋九十六元六角。

同义兴木行经收

天成，洋乙元五角；森茂，洋二元二角五分；

春茂，洋乙元五角四分；永昌，洋二元七角九分；

森盛，洋乙元八角八分；立生，洋二元九角八分；

道生，洋乙元八角四分；隆盛，洋二元二角乙分；

有福，洋乙元三角三分；利昌，洋三角乙分；

来兴，洋六角五分；利太昌，洋乙元二角五分；

恒利，洋乙元三角四分；怡太，洋五元零九分；

义生，洋乙元零八分；天泰，洋四元五角九分；

立元，洋四元零八分；大茂，洋五元二角八分；

永太，洋二元七角六分；金茂，洋三元零二分；

冬茂，洋乙元七角；正利，洋七角九分；

新茂，洋二元二角六分；启盛，洋乙元乙角乙分；

吉生，洋二角四分；伯记，洋六角；

生大，洋二元六角四分；洪裕，洋四角九分；

日茂，洋三角乙分；信生，洋五角四分；

茂兴，洋乙元五角二分；万茂，洋乙元乙角四分；

森益，洋四角二分；利川，洋七角三分；

林源，洋二元二角八分；大成，洋三元零六分；

宏源，洋七角五分；万邦，洋三元乙角二分；

茂字，洋二元四角六分；春和祥，洋乙元五角八分；

道兴，洋五角乙分；鼎盛，洋七角五分；

瑞和，洋乙元三角八分；乾盛，洋二元七角六分；

泰隆，洋乙元九角乙分；继亨，洋二元零二分；

松字，洋二元六角乙分；永孚祥，洋乙元二角八分；

兴隆，洋乙角；信大，洋九角四分；

永大，洋乙元零三分；巽记祥，洋十元零五角五分；

信昌，洋乙元五角；松茂，洋乙元零九分；

其美，洋乙元四角八分；和茂，洋乙元乙角乙分；

吉记，洋五角九分；共一心，洋二元零六分；

春盛，洋五角；克昌，洋二元三角五分；

义三，洋八角三分；永同泰，洋乙元五角七分；

怡兴，洋二元三角二分；永大昌，洋乙元零五分；

大昌，洋二元零四分；碧记，洋乙元乙角八分；

允昌，洋二元四角六分。

共收堆金洋一百二十二元五角、又钱八十文。

生记木行经收

余裕元，洋三元七角八分；詹冬茂，洋二元九角四分；

张乾元，洋乙元七角八分；程起冬，洋四元二角六分；

汪玉和，洋四角五分；詹春茂，洋乙元二角九分；

吴如春，洋乙元正；汪怡和，洋二元七角四分；

曹阜生，洋乙元六角六分；王志和，洋乙元乙角八分；

汪多益，洋二元二角六分；玉和，洋乙角四分；

隆太昌，洋乙元七角四分；王双喜，洋二元九角七分；

吴松茂，洋三角；和合利，洋八分；

程锦茂，洋十元零乙角；胡德盛，洋三角八分；

江竺裕，洋乙元六角三分；汪松字，洋二元六角；

余荣昌，洋四元四角三分；吴和兴，洋九元五角五分；

江如春，洋二元四角二分；吴和吉，洋三元四角乙分；

徐永利，洋七角乙分；余怡三，洋二元；

吴大有，洋四角二分；吴和茂，洋乙元五角四分；

吴源兴，洋二元零七分；荣成美，洋三角九分；

张永隆，洋乙元八角八分；玉字，洋乙元二角八分；

查金益，洋七元八角九分；春泰，洋二角九分；

余仁兴，洋七角乙分；姚日昌，洋乙元三角四分；

芳记，洋四角；王恒大，洋三角六分；

李恒盛，洋五角四分；姚源记，洋四角；

永达，洋乙角六分；胡香字，洋九角二分；

曹源聚，洋二元零六分；徐祥和，洋乙元正；

徐元记，洋乙元乙角乙分；张荣记，洋五角五分；

张瑞记，洋乙元四角；吴松盛，洋三角四分；

王恒利，洋乙元乙角八分；张正记，洋五角三分；

吴利字，洋五角二分；程森记，洋二角八分；

同春和，洋二角三分；胡永昌，洋三角；

庄兴文，洋八角四分；周信昌，洋乙元四角三分。

共收堆金九十八一角、又钱六十文。

统共收各行代收堆金洋七百十三元零四分、钱二百八十二文。

本城各茶行经代收堆金

源润茶行，代收二十六年洋十九元四角；

乾泰昌行，代收二十六年洋三十元三角；

裕隆茶行，代收二十七年洋二十元又乙百二十六角；

源润茶行，代收二十七年洋二十八元六角又钱四十八文；

乾泰昌行，代收二十七年洋四十元零二角。

总共收代收堆金洋一百五十一元一角、钱四十八文。

各典经收衣庄堆金

广仁，代收洋七角、钱二十八文；

协济典，代收洋八元正；

怡和，代收洋八元五角、钱八百八十二文；

裕通典，代收洋九十角；

裕隆典，代收洋九元五角；

永济典，代收洋十五元二角五分、钱十三文；

泰和典，代收洋十四元又十角、钱四十文；

裕兴典，代收洋六元、钱四千八百零三文；

保大典，代收洋四元又二十角、钱五十文；

成裕典，代收洋七元五角；

广仁典，代收洋六元六角、钱二十文；

聚和典，代收洋六元九角、钱六十乙文；

同济典，代收洋十五元七角、钱四十八文；

保善典，代收洋十四元七角、钱十乙文；

善庆典，代收洋九元又十乙角、钱七十四文；

善兴典，代收洋九元五角、钱二十乙文；

同庆典，代收洋十元零五角、钱十八文；

鼎和典，代收洋三元又六十角、钱四十二文；

同吉典，代收洋六元又廿三角五分、钱乙千零二十文。

总共收堆金洋一百七十六元八角、钱七千一百三十四文。

各典愿捐每愿逐日一文

聚和典

江雨亭五愿、叶吉如三愿、李金祥三愿、叶濬梁三愿、范焕章三愿、程馥堂二愿、朱庆筠乙愿、程松生乙愿、唐双喜乙愿。

以上九位，共愿捐钱七千九百二十文。

怡和典

汪诚斋三愿、欧阳照初二愿、万学清二愿、戴序云乙愿、汪永旺乙愿、吴吉华乙愿、汪祯祥三月止愿捐钱九十文。

以上七位，共愿捐钱三千六百九十文。

成裕典

叶秉忠三愿、程士奎二愿、吴绍光二愿、汪侣笙二愿、孙远谟二愿、江永祥二愿。

以上六位，共愿捐钱四千六百八十文。

协济典

戴仰平六愿、程守三九月止愿捐钱乙千零八十文、汪韵农三愿、毕拱宸三愿、程耀清三愿、朱庆澜九月止愿捐钱五百四十文、程瑞征乙愿、方秉贤乙愿。

以上八位，共愿捐钱七千四百四十文。

同济典

黄静波八月止愿捐钱乙千二百文、吴定惜五愿、唐南辉四愿、程荫章四愿、洪哲卿四愿、张锡年四愿、方吉泰三愿、朱翊周二愿、詹绅甫二愿、程广铨乙愿、汪名立乙愿、孙善卿四愿。

以上十二位，共愿捐钱十三千四百四十文。

裕隆典

朱宝山三愿、李吉人三月止愿捐钱乙百八十文、程启发乙愿。

以上三位，共愿捐钱一千六百二十文。

同庆典

程滋伯二月止愿捐钱三百文、李允泉二月止愿捐钱乙百八十文、金承基二月止愿捐钱乙百二十文、查成卿二月止愿捐钱六十文。

以上四位，共愿捐钱六百六十文。

泰和典

程菊友五愿、刘元洪五愿、万纯洪五愿、汪绶章三愿、汪培生三愿、方渭川三愿、韩少文二愿、吴善启二愿、何敦仁二愿、韩友孝愿捐钱六百三十文、余荣禄乙愿、戴桂芳乙愿、吴仁寿愿捐钱三百文、张振声钱二百七十文、范裕魁愿捐钱六十文。

以上十五位，共愿捐钱十二千零六十文。

永济典

舒养和十愿、方增卿五愿、程鉴初五愿、张积峰五愿、黄儒珍五愿、江庆梅五愿、柏干成三愿、黄星垣三愿、叶善卿三愿、王季春三愿、吴来卿二愿、方培荣乙愿、朱大铎乙愿、方观惠乙愿、戴传登乙愿、卢士衡乙愿、吴御侯乙愿、方润涵愿捐钱二百零十文、方佩英钱七百五十文。

以上十九位，共愿捐钱二十千零七百六十文。

鼎和典

吴启铭八月止愿捐钱乙千四百四十文、方罗鑫钱九十文、王静斋三愿、叶培元三愿、吴天锡三愿、项焕如二愿、李高进二愿、汪步能乙愿、徐受其八月止愿捐钱二百四十文、叶肇成乙愿、程杏春乙愿、吴启芳愿捐钱九十文、汪淇洪愿捐钱九十文。

以上十三位，共愿捐七千七百零十文。

广仁典

孙云五十愿、王志溶八愿、汪子常四愿、查焕文三愿、何瑞基二愿、吴兆全二愿、洪纯一乙愿、汪瑞昌乙愿、吴子固乙愿、汪蔼言乙愿、程桂生乙愿、万懋隆乙愿、叶宝儒乙愿、程登鳌乙愿。

以上十四位，共愿捐钱十三千三百二十文。

裕通典

胡载舟五愿、范新甫二愿、张茂亭二愿、程德言二愿、王裕生二愿、程顺泰二愿、吴永春乙愿、胡泰来乙愿。

以上八位，共愿捐钱六千一百二十文。

裕兴典

孙礼仁三愿、周启贤二月止愿捐钱乙百八十文、项耐青三愿、查以功二愿、吴祥甫乙愿、张文甫乙愿、吴培植乙愿。

以上七位，共愿捐钱四千一百四十文。

同吉典

范星桥二愿、胡惠卿二愿、汪迪封二愿、杨子亭二愿、吴南生二愿、洪黼臣乙愿。

以上六位，共愿捐钱四千三百二十文。

善庆典

叶萃堂二愿、程厚季二愿、吴蕴山二愿、胡兆昌乙愿、孙仁康乙愿、汪锦章乙愿、王根生乙愿、李耀文二愿四月起、王沛霖三月止愿捐钱九十文。

以上九位，共捐钱四千二百三十文。

保善典

潘受于三愿、吴午楼三愿、叶吉轩三愿、汪子祥三愿、黄友仁三愿、鲍达生二愿、朱琴鹤二愿、程馥卿乙愿、张琴生乙愿、方子才乙愿、程忠良乙愿、程治平乙愿、程倚筠乙愿、冯伯笙乙愿。

以十四位，共愿捐钱九千三百六十文。

善兴典

程茂如五愿、朱添进五愿、余福禄二愿、

以上三位，共愿捐钱四千三百二十文。

日新典

江立本愿捐钱乙百八十文。

瓶窑保昌典，又收缴二十六年列位愿捐钱十二千四百八十文

本典十愿、程允斋十愿、徐元禄三愿、戴运昌乙愿、张启德乙愿、吴春泉乙愿、程玉辉乙愿、程连登乙愿、程遐龄乙愿、戴冠卿乙愿、程志远乙愿、凌康卿乙愿。

以上十二位，共愿捐钱十二千四百八十文。

留下保丰典

王铭斋四愿、陈显言四愿、吴佑沂三愿、吴寄生二愿、陈位三二愿、鲍经五二愿。

以上六位，共愿捐钱六千一百二十文。

临平广兴典，又收缴二十六年列位愿捐钱二千三百四十文

吴汉之二愿、吴步麟乙愿、孙仲和乙愿。

以上三位，愿捐钱一千四百四十文。

临平慎康典，又收缴二十六年列位愿捐钱三千一百二十文

洪高志乙愿、项礼村乙愿、方理堂乙愿、王志源乙愿、刘耀堂乙愿、曹子香乙愿、程耀棠乙愿、汪秋奎乙愿。

以上八位，愿捐钱二千八百八十文。

三墩保泰典

本典五愿、苏致庚五愿、吴凤翔二愿、吴成周乙愿、吴美如乙愿、吴伯镛乙愿、余开元乙愿、孙如意乙愿、汪吉甫乙愿、汪樟根乙愿、程文卿乙愿、洪文祥乙愿。

以上十二位，愿捐钱七千五百六十文。

总共收典业愿捐钱一百七十三千六百四十文。

茶漆业愿捐

吴恒盛七愿、吴恒有三十愿、潘远源愿捐钱二千二百五十文、吴彦林愿捐钱乙百五十文、潘聚源二愿、吴源茂五愿、吴日新五愿、永春号十愿、吴鼎兴十五愿、方兴大六愿、周大有八愿、方福泰十愿、吴源泰乙愿、吴源隆二愿、李隆泰二愿、吴裕大十愿、江恒懋五愿、吴永隆五愿。

总共收茶漆业愿捐角洋三十六角、钱四十三千零二十文。

面业愿捐

章上源五愿、一和馆二愿、三和馆三愿、邵三源二愿、浙盛馆二愿、郭益源三愿、老六聚五愿、万云馆四愿、合记馆二愿、天兴馆二愿、老三三五愿、胡庆和五愿、公和馆愿捐钱乙千六百八十文。

总共收愿捐钱十六千零八十文。

杂业愿捐

元泰号五愿、万泰昌五愿、泰昌西二愿、聚兴号六愿、瓶窑方瑞隆二十六年钱三千九百文、瓶窑汪文忠二十六年钱三百九十文、汪义兴五愿、吴永志二愿、程松茂五愿、耿洪洲二愿、叶焕春愿捐钱五百四十文、瓶窑方瑞隆十愿。

总共收杂业捐钱十九千九百五十文。

绸业愿捐

大有祥愿捐洋乙元、程棨愿捐洋二元、查郁文愿捐洋二元、敦本堂金愿捐洋五元、恒隆裕愿捐洋五元、舒蔼庭愿捐洋乙元。

统共收绸业愿捐洋十六元正。

光绪二十七年经收各助费总登<small>附二十八年二月初十日止</small>

各枢愿助经费

方宏耀枢洋三元、王锦和枢洋二元、程宗元枢洋二元、汪伯瑜枢洋二元、黄观祥枢洋二元、詹文烛枢洋三元、汪先泰枢洋四元、江世昌枢洋四元、王吴氏枢洋二元、收助石灰洋三角。

统共收各枢助洋二十四元三角。

光绪二十七年份经置产业总登

定南二图田开左

买成茂桐田四亩正，契纸填写银七十六两七钱正；
买蔡三茂田一亩正，契纸填写银十八两正；
买李福喜田六分五厘，契纸填写银十六两正；
买李世道田五分正，契纸填写银十二两正。
四共正价计洋二百零六元一角二分五厘。
中用笔资洋十元零三角。
立户过户执照等费洋五元乙角又钱二十二文。
大共付洋二百二十一元五角二分五厘又钱廿二文。

光绪二十七年正月初一日起二十八年二月初十日止收支大总

一、收二十六年滚存英杂洋二百五十九元八角正、大小钱五十六千六百八十九文；
一、收原存三木行洋一千二百元正芳名、经手、计息查上总；
一、收永济典还本洋一千元正佩英乡台手归还，利洋二十七元七角；
一、收屯溪、婺源两局茶捐洋一千二百四十三元一角九分三厘；
一、收盐商堆金洋四百一十六元六角七分七厘七毫、钱十四千零一十九文；
一、收木商堆金洋七百一十三元零四分、钱二百八十二文；
一、收茶行堆金洋一百五十一元一角、钱四十八文；
一、收衣庄堆金洋一百七十六元八角、钱七千一百三十四文；

一、收典业愿捐钱一百七十三千六百四十文；

一、收茶漆业愿捐龙角三十六角、钱四十三千零二十文；

一、收面业愿捐钱十六千零八十文；

一、收各业愿捐钱十九千九百五十文；

一、收孙云翁募捐经费洋十六元正；

一、收绸业愿捐洋十六元正；

一、收基房地租辛元月起壬二月十止共洋七百六十四元五角五分、钱七十千零一百九十六文；

一、收押租洋八十七元六角正小租押灶在内；

一、收折助锭并售锭灰、冥锭共洋七十元零四角、钱十千零六十七文；

一、收各枢喜助经费洋二十四元三角；

一、收善士喜助棺木洋二十一元二角五分；

一、收兑钱八百二十二千七百四十八文。

大共收入洋六千一百九十二元零一分零七毫、钱一千二百三十三千八百七十三文。

一、支原存出洋一千二百元正芳名、经手、议息照上年列后；

一、支新存咸康典洋七百元正经手、议息列后；

一、支置定南二图田六亩乙分五厘，正价、中用、过户执照费用，共洋二百二十一元五角二分五厘、钱二十二文田图绘前；

一、支新造围墙作厂工料洋四百四十三元五角二分九厘、钱一百七十八千二百四十五文；

一、支置椅桌、灯彩等件洋二百九十五元三角零一厘、钱三千二百四十文；

一、支接造女棺厝所工料洋三百二十五元五角七分、钱一百九十五千五百五十文；

一、支六吉朝堂花门工料洋十五元五角正、钱七千四百五十文；

一、支打山嘴做沟、路工料洋三元三角六分、钱七十九千八百九十四文；

一、支租房修理工料洋四十八元四角、钱八十一千四百五十三文；

一、支屯、婺茶局谢劳酬应洋二百七十八元五角七分四厘、钱四千二百五十二文是年坿应用府太尊寿礼；

一、支绍所收捐辛资送力洋二元七角四分、钱十四千零六十六文；

一、支开运灵枢回徽使用洋二元七角五分、钱八十六千二百九十七文；

一、支安葬灵枢使用洋三元一角、钱五十八千零五十九文；

一、支买冥锭洋五十八元九角、钱三千九百八十五文；

一、支拜忏焰口年例旬规洋二元九角、钱十一千二百零九文；

一、支棺木洋十二元五角又钱三百文；

一、支被乱民摄失并报案共洋五百七十八元六角、钱七千一百三十六文壬寅年公议免赔；

一、支津贴宝善堂笔资例洋四元正；

一、支杂用洋一百二十六元四角二分一厘、钱五十二千七百三十七文；

一、支完漕粮米洋二十一元四角、又钱六百七十文；

一、支监堂辛钱七十八千文，津贴洋二十六元正；

一、支退还押租洋八十六元二角；

一、支福食洋二百十三元三角、钱五十八千零四十二文；

一、支地保庚子、辛丑年例钱二千四百文自庚子年起每年加乙百文；

一、支庚子、辛丑茶捐酌酬监堂洋二百五十一元正；

一、支堂友辛钱二百三十五千零四百文；

一、支贴何德源看管外厝年例钱六千文；

一、支壬寅年二月初十日核账、官商公议善后事共洋九十元零三角、钱十五千零七十三文；

一、支余德惟因病回籍公议津贴洋四十元正；

一、支兑洋八百三十一元四角四分零七毫；

一、支统年耗串钱八千零七十文；

一、支杂洋贴水洋八元七角；

一、支堂外知单嘱堂代用使费洋十六元六角、钱五千一百六十四文。

大共支出洋五千九百零八元六角一分零七毫、钱一千一百九十二千七百十四文。

通共除支，揭存英杂洋二百八十三元四角正、大小钱四十一千一百五十九文。

存款芳名议息开左

一、存洪大兴木行，洋七百元正上存未起，原息原手；

一、存同义兴木行，洋三百元正上存未起，原息原手；

一、存同茂兴木行，洋二百元正上存未起，原息原手；

一、新存咸康典，英洋六百元正二十八年二月初一日、英洋一百元正二十八年二月初十日，方增卿领，息未议。

四款共存英洋一千九百元正。

（武汉）新安笃谊堂

清光绪十三年（1887）岁次丁亥仲冬续刊
本堂藏板

目　录^①

序 …………………………………………………………………… 790
新安合郡劝捐一文愿 …………………………………………… 791
新安合郡邀劝蔓捐送榇回籍启 ……………………………… 792
各邑司事 ………………………………………………………… 793
告示　移文　禀稿 …………………………………………… 794
勒碑条款 ………………………………………………………… 804
祁邑置造暂厝所司事 ………………………………………… 806
录牌各款条规 ………………………………………………… 807
条规 ……………………………………………………………… 809
一文愿收零捐总　辛未年至丁丑年止 …………………… 813
蔓捐收钱总　甲戌　乙亥　丙子　丁丑 ………………… 826
辛未至丁丑止七年支用账 ………………………………… 828
付存书院本息总登 ………………………………………… 835
戊寅年收支账 ………………………………………………… 838
己卯年收支账 ………………………………………………… 840
庚辰年收支账 ………………………………………………… 842
辛巳年收支账 ………………………………………………… 845
壬午年收支账 ………………………………………………… 848
癸未年收支账 ………………………………………………… 850
甲申年收支账 ………………………………………………… 852
乙酉年收支账 ………………………………………………… 855
丙戌年收支账 ………………………………………………… 858
丁亥年收支账 ………………………………………………… 862

---

① 目录为整理者所加。

序

　　汉镇新安书院建有笃谊堂，在汉阳十里铺义阡之金龙岭地方。良以郡人贸易于斯者盈千累万，疾病死亡在所难免，有义阡以埋葬，有堂屋以停棺，既无暴露之虞，益安亡者之魄，意至善也。旧例旅梓以三年寄顿，俾死者之家遣人携带回籍，或有家无人，存问三年后即代为埋葬，计至周也。近年厝置渐积渐多，间有家则无力，欲携带又不愿，葬之异乡，辗转相待，迁枢无期，目观累累，怵然心伤。同人乃议资送之举，而广劝一文愿，以筹其经费，随人乐助，随愿相酬，无或强也，积少成多，积微成巨，有捷效也。不数年间，得青蚨五千余缗，计本生息，年可敷二十棺带送之需，死者得归故乡，生者益无遗憾，则又曲尽乡谊，而义举体恤至微者也。予奉差汉皋，见同乡诸君子孳孳为善，仗义急公，自兵燹后，书院重建，旧制重兴，合力经营，至今日而规模大备，犹复有送棺之举，为前人所未及，故亦勉助其愿而乐观其成，且为请之汉阳、饶州、徽州各当道出示立碑，严禁舡户之刁难、埠头之讹索，永无阻扰。今者行之三载，舆论翕然。同人以费缘集腋而成，事必众心共喻，其有助捐多者，尤为力行其善，而经费因以无缺，按年收支各数，宜急付之手民，用昭核实，属予记其缘起。盖此举倡首者孙君瞻仁也，襄助者汪君尚周、胡君显文也，赞成者叶君香生、胡君思美、汪君焕文也。抑又闻之，书院之后为新安准提庵，庵西为三元殿，殿后余基昔人造有停棺之所，而安放无多，且有风烛之虞，后经汪纯也、石元素、汪佩芬、黄治平诸君始改建笃谊堂，而斯地遭劫后空基一片，将拟扩充旅馆为乡人暂憩之所，以无先乎，如归之旨，是则恤死者而又及生者，为义举之不可以已也。善夫！

　　光绪三年岁次丁丑季秋月，歙程桓生谨识。

新安合郡劝捐一文愿

窃生者无托足之区，死者绝还乡之望，此人情之可悯而为世所恻然也。我徽郡十室九商，凡游于楚者，非葛藟之营，即茑萝之施，而愿忍听之，爰有所请焉。夫撮土成山，功由一篑；引流为壑，汇意千条。果掺何术而致此？抑亦渐使之然耳。溯自罢兵以后，我徽郡奋力有为者已不乏人，复笃谊堂于至皇阁，敞准提庵之楼以息往来，重于桑梓间亦至且书，尚何勒夫，生若死哉！特念惘惘出门，非一支之不获，纷纷就木，隔千里而多羁，人困途穷，鬼号室远，怅行迹之靡定，适子馆于何时，伤旅榇之焉归，附先茔而无日。闲阂不设，七尺何容？蝇蚋都来，九原奚愧？予等情悲手棘，目击心凄，爰约同人，普求多士，事行三载，惟期缓缓图功，愿始一文，还翼多多益善，效沿门而托钵，希逐日以解囊，庶萍迹无致愧，于向隅而木举，将衔恩于就道。愚衷具列，幸垂览之。

同治十年岁次辛未孟夏月，新安郡人公具。

新安合郡邀劝蔓捐送榇回籍启

　　盖闻恻隐之心，人皆有之。我徽帮举行一文愿，原为营旅馆、归旅榇，第于二者之间则归旅榇为尤急。自复建笃谊堂，仿旧厝棺，或五六年，或三四年，但见其入，不见其出，以至枢盈夏屋，鬼哭秋风，岂在他乡谓不委之于壑则足以慰夜萤耶！大抵谊切葭莩，情关葛藟，不为谋回本籍，寸衷殊难。自遣而又苦于力薄，心徒殷而莫果也。今计一文愿钱，收将三载，积越双竿，息取无多，谋终未善，欲行而不敢径行，终止而断无可终。用是邀集乡人，从长商议，且立规条，先行勒石，尤希施舍不吝布金，庶善举于克成，而初心得遂。蒙垂桑梓之怜，俾获蒙埋以掩，在亡人还乡有日，知长者种德无涯矣。至于旅馆，固不容缓，而经费未足，何能两举并行？姑俟旅榇先归，生者栖息之区且作后图。诸君以为何如？

　　同治十有三年，岁次甲戌秋七月谷旦，新安郡人公具。

各邑司事

程立炳、朱韵卿、汪尚周、石麟书、江动和、余福田、孙瞻仁、鲍乾元、项殿邦、吴锡根、胡显文、姚邦俊、黄济川、唐耀庭、余静山、洪镇乾、朱彰圣、何席珍、方耀华、孙品佳、洪谆然、詹子昭、胡静轩、汪赓虞、程锡恩、胡思美、江仰贤、程旭东、戴慕刘、胡崧樵、汪美成、吴翼之。

告示　移文　禀稿

江夏县正堂、加十级纪录十次升，钦加道衔、调补武昌府正堂、加十二级随带加一级记录二次刘，钦加道衔、湖北汉阳府正堂、加十级纪录十次夏，署汉阳县正堂、加十级纪录十次张，剀切晓谕勒石，俾垂久远事。

案奉藩、臬宪，转奉抚宪赵批。据汉阳县职员汪荣禄、姚有恭等词称：职能籍隶徽州，贸易武汉多人，每岁旅亡不少，有力者可以带归，无力者抬至新安书院所置义地掩埋，因日久年湮，北邙垒垒，愈积愈多，其有子孙或欲起而带回者，奈骨多朽没，有愿莫酬。窃生既贸于异乡，死莫归夫故土，白杨乌桕，仅存三尺之封，黄壤青磷，难免孤魂之馁。职等目击心伤，爰集同人会议，分别劝捐，先造厅廊，暂停旅柩，防其积累，限期定以三年，助以盘缠还乡，何忧千里！如斯笃谊维桑，情殷赠麦，庶羁魂早返，故里得归，坏土亲修，孝思克慰。兹职等会议已定，拟将同人乐输之项建造笃谊堂，所俾旅榇有所暂寄，并将各家年月额捐款项俟陆续收齐，再另绸缪生息，永作倾助带柩之费。但此举欲垂久远，若不吁叩，立案赏示，诚恐日后有不近人情之辈及各码头抬夫藉端讹索，阻挠义举，在所不免。为此，除禀明府县外，缕情陈明并酌定规条八款，理合粘叩恩鉴作主，核情立案，赏示勒石，永远遵循，俾义举克全，存殁均感等情。奉批：粘呈条款尚属妥协，应否由该府给示勒石，以垂久远之处，仰布政司会同按察司查议详夺。粘件抄发等因。奉此，正会议间，据该职员等抄粘条款赴本藩司衙门，呈请转详，给示勒石，前来本司等，遵查该职员汪荣禄、姚有恭等情殷桑梓，置买义地，建造厅廊，暂停旅柩，洵属善举，所议条款均尚妥协，应请俯如所请，给示勒石，俾垂久远。缘奉批议，理合会详呈复，伏候宪台俯赐查阅给示，饬发下司以便转给勒石，并请将粘呈条规附于示尾，永远遵循等情。详奉抚宪批：饬武汉二府督同江汉二县，即如该职员等所请给示勒石晓谕，并抄录示稿，具详立案可也。等因。奉此，查此案，前据该职员汪荣禄等赴府呈请给示，当经前署府姚守出示晓谕，并行汉阳县一体示询在案。

兹奉前因，除通详各宪立案外，合函出示勒石晓谕。为此，示仰该处保甲及码头抬夫等知悉：嗣后务各遵照后开规条，共襄善举，不得藉端讹索，生事阻扰，倘有扰害之人，许该堂董事指名禀报，立予差拿究惩；至夫役人等扛抬棺木，应照规条内所定价值受雇，不准格外增求，设有刁难，听凭该堂另雇，更不得从中格外拦阻，如违，立即从严处治，绝不宽贷。自示之后，各宜凛遵毋违，特示。

计开酌议规条胪列于后：

一、建造大厅一间，取名笃谊堂，另造廊屋数间以作停柩之所。三年后出帖知会，有子孙亲属愿带回徽苦于无力者，酌送带资、葬费；如三年后无人愿带者，则代为安葬义地，标名立碑。

一、另造小厅堂一间，因有力之家柩停廊内庭上，可以安灵设祭，仍不得过五十日，以防积压。

一、凡为善之事，君子所欣，小人所忌。兹义举兴工之始及落成之后，诚恐附近地方有不法棍徒藉端滋事，或出面图诈，或暗唆扰害，均于义举有累，嗣后倘有前项情故，立行援案，粘示禀究。

一、送带费归信足统带。如有认识之人，亲领带棺，必须其人可以深信方可准送费交带，盖恐有不诚实子孙、亲友等将带费别用，移棺他处，随便抛露。与其送费而无实济，不如安葬义地之为善也。

一、在武汉资易乡人，无力居多，而各码头需索过河抬费有加无已，今该堂公议，每棺抬至十里铺义所堂中，总给抬工装敛帮费钱二千八百文，如码头故意刁难，其棺听凭该堂雇夫自抬，仍给本码头夫头钱八百文以免藉口，倘再敢阻拦，即行禀究。

一、每届春水发动之时，带棺回徽各帮之船户，该堂将费给与信足，由信足再向船户给价，期于两得其平，不得故意刁难。

一、该堂另造大划义船两只，招人驾渡，每年酌给饭食钱文，无论棺柩远近，均归义船装载，各码头不得争论；其义船平日准其驾渡来往行人贴补工费，遇有本郡邑上冢多人，亦坐义船往返，该船户不得远离，如误，革去另换。

一、棺柩过于单薄者，即有子孙在外，未便停在堂内，恐秽气熏蒸，在近乡邻及守堂之人触而成病，令其暂葬义地，三年后，如有子孙承带者，一体送与带费，若捡骨带回者，亦酌量送其带费。

右仰通知。

道光二十七年十二月十一日示。

告示。

钦加清军府衔、调补汉阳县正堂、加二级随带加一级纪录十次潘，为出示严禁事。

据安徽徽州府贡生吴洪嶕，附生余士熙，监生汪大桓、巴铣、汪焕文，职员任焜、戴煌、杨信、汪启梁、汪光桓等呈称：窃惟民肥物兴，孰非天地之生！存愿殁安，共此死生之理。圣朝沛泽枯之典荡荡难名，异地慕仁政而来熙熙不绝。自乾隆迄今，历置义冢不仅一处，均在治十里铺一带，界明粮纳，屡蒙前宪处处示禁，异孤赖安。自兵燹后，旧碑或为推扑，或为剥蚀，兹不防杜微渐，窃恐无知土著、不法棍徒起意欺凌旅魂，已葬者恃强暗侵耕种，现葬者不肯代为深埋，以及纵放牛畜任其践踏，听信阴阳肆其盗谋，种种情弊不一而足。为此，公吁赏示勒石申禁，严饬附近居民、看守山主，俾已葬之棺在山不得开垦暴露，未葬之棺到山即为深瘗，固护葬费悉照旧价，受雇不得格外勒索增求，庶幽魂下奠于伯邙，仁化上跻乎西北，生死均感。等情。据此，除批示外，合行出示严禁。为此，示仰该地附近居民及看山人等知悉：嗣后尔等牧放牲畜，务各加意照守，不得任意践踏义冢孤坟；至义地坟冢，如遇平塌，该看山之人即当加土修培，毋致棺枢暴露；其未葬之棺到山立为深埋，慎勿多索葬费。自示之后，倘有无知之徒故蹈前辙，或惑于风水侵占掘挖，或平治作田耕种盗卖，许该地保扭禀究治，如地保纵容徇隐，一经本县查出，或被告发，除严拿犯事之人从重惩办外，定将该地保一并惩处，绝不宽贷。其各凛遵毋违。特示。

右仰通知。

同治二年三月初八日示。

告示。

钦加道衔、署湖北汉阳府事、遇缺即补府正堂、随带二级周，特授湖北武昌府正堂、总办通省节义局务、加三级随带加二级纪录三次黄，钦加清军府衔、调补汉阳县正堂、加二级随带加二级纪录十次潘，为给示勒石晓谕，俾垂久远事。

案据徽州贡生吴洪嶒，附生余士照，监生巴铣、汪大桓、汪焕文，职员戴煌、任焜、杨信、汪启梁、汪光桓呈称：道光二十七年，职员汪荣禄等呈禀，徽民贸易武汉旅亡，年不乏人，劝捐盖造笃谊堂于汉阳之十里铺，为旅榇之所，并酌定规条八款，禀蒙前武汉两府、江汉两县详奉前抚宪赵批准并通详立案给示，勒石晓谕，奉行多年，有条不紊。兵燹后，虽仍旧举行而诸多窒碍，今幸徽商复聚武汉，旅亡不少，生等爰集同人重建笃谊堂为旅榇寄厝之所，其码头人夫扛抬棺木，悉照旧定规条，恐有未悉始末，藉端讹索，或暗中扰害阻挠义举。刷印条款粘呈，会衔给示勒石晓谕，永远遵循，殁存均感。等情。除批示外，合行给示勒石晓谕。为此，示仰该处保甲、各码头抬夫人等知悉：嗣后务各遵照后开定规，共襄善举，不得藉端讹索，生事阻挠。倘有扰害之人，许该堂首事指名禀究，至夫役人等扛抬棺木，应照规条内所定价值受雇，不准格外多索，如有刁难，听该堂另雇，更不得从中拦阻，倘敢故违，立即拿案，从严处治，绝不宽贷，各宜凛遵毋违。特示。

计开：

一、建造大厦一间，取名笃谊堂，另造廊屋数间，以作停枢之所。三年后出帖知会，有子孙亲属愿带回徽苦于无力者，酌送带资、葬费；如三年后无人愿带者，则代为安葬义地，标名立碑。

一、另造小厅堂一间，因有力之家枢停廊内厅上，可以安灵设祭，仍不得过五十日，以防拥塞。

一、凡善事，君子所欣，小人所忌。兹复兴义举之始及落成之后，诚恐附近地方有不法棍徒藉端滋事，或出面图讹，或暗唆扰害，均于义举有累，嗣后如有前项情故，立行援案，抄示禀究。

一、送带费归信足统带。如有认识之人亲领带棺，必须其人可以深信方准送费交带，盖恐有不诚实子孙、亲友等将带费别用，移棺他处抛露。与其送费而无实济，不如安葬义地之为善也。

一、该堂公议，每棺抬至十里铺义所堂中，总给抬工装敛帮费钱二串八百文，如码头故意刁难，听凭该堂雇夫自抬，仍给本码头夫头钱八百文以免藉口，倘再敢阻拦，即行禀究。

一、每届春水涨发之时带棺回徽，该堂将费给与信足，由信足转给船户，务在两得其平，不得故意刁难多索。

一、该堂另造义船两只，雇人驾渡，每年酌给饭食钱文，无论棺柩远近，均归义船装渡，各码头不得阻拦。平日仍准渡送来往行人贴补工费，遇有本郡上坟多人，亦坐义船，该船户不得远离，如误，革去另换。

一、棺柩过单，即有子孙在外，未便停在堂内，恐秽气熏蒸，即令其暂葬义地，三年后，如有子孙承带者，一体送与带费，若捡骨带回亦量送带费。

右仰知悉。

同治二年三月初九日示。

告示。

钦命湖北分巡汉黄德道、兼管驿站水利事务、随带加四级郑，为晓谕事。

据安徽徽州府贡生吴洪崿，附生余士照，监生巴铣、汪大桓、汪焕文，职员戴煌、任焜、杨信、汪启梁、汪光桓等赴道词称：缘道光二十七年因职员汪荣禄等呈禀，徽民贸易武汉旅亡，年不乏人，劝捐盖造笃谊堂于汉阳之十里铺为旅榇暂厝之所，并酌定规条八款，缕情禀陈，蒙前武汉两府宪、江汉两县主，详奉藩臬两宪，转奉抚宪赵批准，立案告示，勒石晓谕，奉行多年，有条不紊。前因兵燹，举行诸多窒碍，今幸一律承平，徽商复聚武汉，旅亡年亦不少，生等爰集同人重建笃谊堂为旅榇寄厝之所，其章程条款，码头抬夫扛抬棺木悉照旧章所定价值受雇，不得格外增求，期于久远奉行，诚恐附近地方居民及各码头抬夫有不近人情之辈，未悉始末，或藉端讹索，或强借扰攘，或暗中侵害，种种情弊，俱于善举有善。为此，拓摹前示条款，公叩赏示堂内及各码头，勒石晓谕，克全义举等情。除批示外，查该生等爰集同人，重建笃谊堂在汉阳十里铺，为旅榇寄厝之所，核阅原定规条，洵为善举。诚恐码头抬夫藉端讹索，附近居民暗中侵害，合行出示晓谕。为此，示仰各码头脚夫及义冢附近居民人等知悉：凡属扛抬徽帮旅亡棺木，悉照旧章所定价值，不得格外增求；义冢附近居民亦不得强借扰攘或暗中侵害，倘有不遵，准该首事等指名赴地方官呈首按名拿案，照律严办。各宜凛遵毋违，特示。

右仰通知。

同治二年五月十二日告示。

告示。

进汉阳府请移文禀稿。

具禀新安会馆司事附贡生叶之芸，岁贡生胡式金，职员汪光桓、汪焕文、江顺、洪培庚、孙式榛、石秉衡、程德绩、鲍崇政等，为资送旅榇，恳恩移示饬遵定章，勒石永垂事。

窃生等籍隶新安，贸楚者众，先年会馆中在汉阳十里铺地方建有笃谊堂，暂厝旅榇，乏力之家柩归无日，渐积渐多，触目伤心，爰约同乡，立愿输钱，慷慨解囊，年来集有成数，生息资送回籍。惟自汉登舟，中途水陆兼行，损抬船载，起驳过山，由汉而饶，由饶而婺而祁而黟，直达休、歙、绩溪各邑，诚恐埠夫、船户揹勒讹索，致使承揽信足恒多梗塞之虞，是以酌议定章，价归划一，枢到埠头，克日转运，不得延搁河岸，另索钱文。第非仰荷鸿慈，备移到饶，并移徽郡邑，通饬所属六邑，给示勒石，谕饬埠夫、船户遵章领价，无以垂诸久远。为此粘呈各项条款清单，伏乞公祖大人恩核备移给示，以便遵循，存殁感激。上禀。

　　计粘条款清单一纸录后。

　　同治十三年九月　日具。

　　府正堂严批准：如秉。移知饶州、徽州二府，饬属给示立案。抄粘附

　　移文

　　钦加监运使衔、湖北汉阳府正堂、加四级纪录十次严，为移知事。

　　案据新安会馆司事附贡生叶之芸，岁贡生胡式金，职员孙式道、汪光桓、胡士榛、胡洪谟、汪焕文、石秉衡、方多吉、江顺、程德绩、洪培庚、鲍崇政等禀称：窃生等籍隶新安，贸楚者众，先年会馆中在汉阳十里铺地方建有笃谊堂，暂厝旅榇，乏力之家枢无归日，渐积渐多，触目伤心，爰约同乡立愿输钱，慷慨解囊，年来集有成数，生息资送回籍。惟自汉登舟，中途水陆兼行，损扛船载，起驳过山，由汉而饶，由饶而婺而祁而黟，直达休、歙、绩溪各邑，诚恐埠夫、船户揹勒讹索，致使承揽信足恒多梗塞之虞，是以酌议定章，价归划一，枢到埠头，克日转运，不得延搁江岸，另索钱文。第非仰荷鸿慈，备移到饶，并移徽郡，通饬所属六邑，给示勒石谕饬埠夫船户遵章领价，无以垂诸久远。为此粘呈各项条款清单，伏乞恩核，备移给示，以便遵循，存殁感激。上禀。等情到府。据此，除禀批示外，拟合抄单移知。为此，合移贵府，请烦查照，希即通饬所属，给示勒石，并谕饬埠夫、船户，照章领价，以垂久远。须至移者。

　　计粘抄条款清单一纸。

　　右移，江西饶州府正堂、安徽徽州府正堂。

　　特授江南徽州府正堂、卓异加一级纪录十次何，给示勒碑以垂久远事。

　　准钦加监运使衔、湖北汉阳府严移开。案据新安会馆司事附贡生叶之芸，岁贡生胡式金，职员孙式道、汪光桓、胡士榛、胡洪谟、汪焕文、石秉衡、方多吉、江顺、程德绩、洪培庚、鲍崇政等禀称：窃生等籍隶新安，贸楚者众，先年会馆中在汉阳十里铺地方建有笃谊堂，暂厝旅榇，乏力之家枢无归日，渐积渐多，触目伤心，爰约同乡立愿输钱，慷慨解囊，年来集有成数，生息资送回籍。惟自汉登舟，中途水陆兼行，损扛船载，起驳过山，由汉而饶，由饶而婺而祁而黟，直达休、歙、绩溪各邑，诚恐埠夫、船户揹勒讹索，致使承揽信足恒多梗塞之虞，是以酌议定章，价归划一，枢到埠头，克日转运，不得延搁河岸，另索钱文。第非仰荷鸿慈，备移到饶，并移徽郡，通饬所属六邑，给示勒碑，谕饬埠夫、船户遵章领价，以垂久远焉。为此粘呈各项条款清单，伏乞恩核，备移给示，以便遵循，存殁咸感。上禀。

等情到府。据此，除禀批示外，拟合抄单移知。为此，合移请烦查照，希即通饬所属，给示勒石，并谕饬埠夫、船户，照章领价，以垂久远等，因并抄条款清单一纸到府。准此，查郡属好义绅商，在于湖北汉阳地方设立笃谊堂暂厝旅榇，乏力之家柩无归日，渐积渐多，触目伤心，该绅商等乃慷慨捐资，生息助费，送柩回徽，水陆兼行，但恐各处埠头、船户、脚夫等掯勒讹索，是以酌议章程，价归划一，抄粘各项条款呈明汉阳府正堂，移请本府给示遵循，实属善举，深堪嘉尚，合开条款，给示勒碑，以垂久远。为此，示仰郡属埠头、船户、脚夫人等知悉：尔等当知绅商捐资助费运柩，此等义举，凡有仁心之人皆宜赞成美意，如遇湖北汉阳府新安会馆运送笃谊堂棺柩回徽，务各遵照条款领价，随时转运，不得耽延，亦不准另索钱文，倘有违抗，任意掯延，一经访闻，或被告发，定即由经过地方官提案尽法惩责，详府提究，绝不姑宽。各宜凛遵毋违，切切。特示。

计粘条款。

右仰知悉。

同治十三年十一月　日示。

告示。

钦加同知衔、鄱阳县正堂、保荐卓异加五级随带二级纪录二次李，为照录条款晓谕事。

同治十三年十二月十九日奉府宪薛札开，同治十三年十二月初一日准湖北汉阳府正堂严移开。案据新安会馆司事附贡生叶之芸，岁贡生胡式金，职员孙式道、汪光桓、胡士榛、胡洪谟、汪焕文、石秉衡、方多吉、江顺、程德绩、洪培庚、鲍崇政等禀称：窃生等籍隶新安，贸楚者众，先年会馆中在汉阳十里铺地方建有笃谊堂，暂厝旅榇，乏力之家柩无归日，渐积渐多，触目伤心，爰约同乡立愿输钱，慷慨解囊，年来集有成数，生息资送回籍。惟自汉登舟，中途水陆兼行，损扛船载，起驳过山，由汉而饶，由饶而婺而祁而黟，直达休、歙、绩溪各邑，诚恐埠夫、船户掯勒讹索，致使承揽信足恒多梗塞之虞，是以酌议定章，价归划一，柩到埠头，刻日转运，不得延搁江岸，另索钱文。第非仰荷鸿慈，备移到饶，并移徽郡，通饬所属六邑，给示勒碑，谕饬埠夫、船户遵章领价，以垂久远焉。为此，粘呈各项条款清单，伏乞恩核，备移给示，以便遵循，存殁咸感。上禀。等情到府。据此，除禀批示外，拟合抄单移知，通饬所属，给示勒石，并谕饬埠夫、船户，照章领价，以垂久远等，因准此合就抄单札饬。为此，仰县主即遵照，刻日照章出示晓谕，一体知照毋违。此札。计粘抄条款清单一纸等因到县。奉此，合行照录条款晓谕。为此，示仰合境船行及船户、埠夫人等知悉：嗣后如遇湖北新安会馆笃谊堂遣派信足搬运棺柩前赴祁、婺各邑，所有船价、夫价各遵定章，不得抬价刁难。如违，许该信足禀究。再此内有由水路者，凡遇过滩起驳，务将所载之柩暂择离河较远之地，妥为安放，毋许就近起停河岸，免致遇涨湮没；即停柩之地离河甚远，亦应于过滩后仍运上船，不准迟至两日以外，俾免雨淋日晒及一切意外之虞。倘敢故违，一经访闻，或被该信足告发，定提该船户从严惩办。合并饬知，毋违。特示。

计开条款照录。

右谕通知。

光绪元年二月十四日示。

告示。

钦加同知衔、特授祁门县正堂、随带加一级纪录二次、世袭云骑尉周,抄奉特授江南徽州府正堂、卓异加一级纪录十次何,为给示勒碑以垂久远事。

准钦加监运使衔、湖北汉阳府严移开。案据新安会馆司事附贡生叶之芸,岁贡生胡式金,职员孙式道、汪光桓、胡士榛、胡洪谟、汪焕文、石秉衡、方多吉、江顺、程德绩、洪培庚、鲍崇政等禀称:窃生等籍隶新安,贸楚者众,先年会馆中在汉阳十里铺地方建有笃谊堂,暂厝旅榇,乏力之家柩无归日,渐积渐多,触目伤心,爰约同乡立愿输钱,慷慨解囊,年来集有成数,生息资送回籍。惟自汉登舟,中途水陆兼行,损扛船载,起驳过山,由汉而饶,由饶而婺而祁而黟,直达休、歙、绩溪各邑,诚恐埠夫、船户揩勒讹索,致使承揽信足恒多梗塞之虞。是以酌议定章,价归划一,柩到埠头,克日转运,不得延搁江岸,另索钱文。第非仰荷鸿慈,备移到饶,并移徽郡,通饬所属六邑,给示勒碑,谕饬埠夫、船户遵章领价,无以垂久远。为此,粘呈各项条款清单,伏乞恩核,备移给示,以便遵循,存殁咸感。上禀。等情到府。据此,除禀批示外,拟合抄单移知。为此合移,请烦查照,希即通饬所属,给示勒石,并谕饬埠夫、船户,照章领价,以垂久远等因。并抄条款清单一纸到府。准此,查郡属好义绅商,在于湖北汉阳地方设立笃谊堂,暂厝旅榇,乏力之家柩无归日,渐积渐多,触目伤心,该绅商等乃慷慨捐资,生息助费,送柩回徽,水陆兼行,但恐各处埠头、船户、脚夫等揩勒讹索,是以酌议章程,价归划一,抄粘各项条款呈明汉阳府正堂,移请本府,给示遵循,实属善举,深堪嘉尚。合开条款,给示勒碑,以垂久远。为此,示仰郡属埠头、船户、脚夫人等知悉:尔等当知绅商捐资助费运柩,此等义举,凡有仁心之人皆宜赞成美意,如遇湖北汉阳府新安会馆运送笃谊堂棺柩回徽,务各遵照条款领价,随时转运,不得耽延,亦不准另索钱文。倘有违抗,任意揩延,一经访闻,或被告发,定即由经过地方官提案,尽法惩责,详府提究,绝不姑宽。各宜凛遵毋违,切切。特示。

右仰知悉。

计粘条。

光绪元年七月初十日示。

告示。

钦加同知衔、特授祁门县正堂、随带加一级纪录二次、世袭云骑尉周,为出示严禁事。

据同善局禀称,汉镇新安会馆现在东关外五里牌地方新造送棺厝所,义举可嘉,有等不法之徒黑夜将门打开,恐延火烛,贻害匪轻,禀请给示等情到县。据此,除批示外,合行示禁。为此,示仰该处地保随时稽查,倘有前项情事,许该保等即行扭禀赴县，以凭究治，本县言出法随，绝不宽贷，各宜凛遵毋违。特示。

右示严禁。

光绪元年十二月初四日示。

告示。

进祁门县禀稿

具禀新安会馆首士岁贡生胡式金，职员汪光桓、孙式道、胡洪谟、方光辉、詹达、朱玉书、江良坡等禀为窃取旅榇绳索、蒲席，资送延期，公恳给示，严禁抬夫，饬遵定章事。

窃职等籍隶治下，远贸汉皋，郡属六邑，人众旅亡，年不乏人。光绪乙亥年间，职等在汉绅商公议资送旅榇回徽，并在治东价买空基一段盖造屋宇为笃谊堂，暂停棺所，原有章程经前府太尊何并蒙前县主周给示勒石，历办在案。惟是旅榇盘归，每棺均用麻绳捆缚扎紧以便扛抬，到徽之日，均在停棺所寄放。旅榇既非一邑，道路必有参差远近，或婺西、歙南、休北、黟东不等，是以由祁雇夫分头资送到籍。近查，有不法抬夫，希图渔利，凡由汉皋资送回徽棺柩，该抬夫等抬至停棺所后，竟将捆棺麻绳、蒲席松解窃卖，致令重购绳索捆缚，资送延期。仍恐年久棺柩朽坏，一被窃解绳索，柩散破损，遗失亡骸，若不禀请示禁，恐后效尤。为此，公叩公祖台前，迅赏给示严禁。庶千里归榇，可保无虞，存殁均感。上禀。

进汉阳府禀稿

具禀新安书院司事岁贡生胡式金，监生朱玉书，职员胡士榛、孙式道、汪光桓、胡洪谟、石秉衡、汪焕文、江顺、方多吉、洪培庚、程德绩、鲍崇政，年不一，为重整旧章，叩恳给示，以便永遵事。

窃生等籍隶新安，贸楚者众，每岁旅亡，实不乏人，有力者可以带归，无力者抬至新安书院所置义地掩埋，或抬至新安笃谊堂暂厝以为挈归之计。第旅榇日积日多，因议公同捐款资送回籍，由汉而饶，由饶而婺而祁而黟，直达休、歙、绩溪各邑，经过地方恐埠夫、船户勒掯讹索，定有章程，业禀，蒙宪台大人移明徽、饶两郡，通饬各属遵行，给示勒石在案。讵近自武汉地方仍有刁猾船户、脚夫，意存讹索，多方勒掯，即抬柩到堂，或埋义冢，皆故意刁难，种种掣肘。伏查新安书院旧定有各码头抬柩章程，每棺抬至十里铺义所堂中总给各费钱二串八百文，或自行雇夫抬送，仍给本码头夫头钱八百文以免藉口，其由各埠头驳船装运送至罗家埠头起坡，无论路之远近，每棺给大钱四百文，船价酒资一并在内，以昭划一，曾经禀明前武昌府刘、前汉阳府夏、前江夏县升、前汉阳县张，奉前抚宪赵批，剀切晓谕，给示勒石在案。今时隔多年，旧章具在，若不禀求宪台大人作主饬县传集各码头船户、脚夫特具照章领价甘结，将来地方益长刁风，义举因之阻挠，凡客商手艺贫苦者多，一遭丧亡，受累不浅。除具禀武昌府宪台外，为此禀求宪台大人会同武昌府宪联衔给示，俾得勒石遵循，以垂久远，并由江夏、汉阳两县主传集各码头船户、脚夫，切具照章领价甘结。实为德便，沾恩上呈。

光绪元年　月　日呈。

府正堂严批：候会同武昌府给示勒石，并行汉阳县传集该船户、脚夫人等饬令照章领价、具结立案。

进武昌府禀稿

具禀新安书院司事岁贡生胡式金，监生朱玉书，职员胡士榛、孙式道、汪光桓、胡洪谟、石秉衡、汪焕文、江顺、方多吉、洪培庚、程德绩、鲍崇政，年不一，为重整旧章，叩恳给示，以便永遵事。

窃生等籍隶新安，贸楚者众，每岁旅亡，实不乏人，有力者可以带归，无力者抬至新安书院所置义地掩埋，或抬至新安笃谊堂暂厝以为挈归之计。第旅榇日积日多，因议公同捐款资送回籍，由汉而饶，由饶而婺而祁而黟，直达休、歙、绩溪各邑，经过地方恐埠夫、船户勒掯讹索，定有章程，业禀，蒙汉阳府宪移明徽、饶两郡，通饬各属遵行，给示勒石在案。讵近自武汉地方仍有刁猾船户、脚夫，意存讹索，多方勒掯，即抬柩到堂，或埋义冢，皆故意刁难，种种掣肘。伏查新安书院旧定有各码头抬柩章程，每棺抬至十里铺义所堂中总给各费钱二串八百文，或自行雇夫抬送，仍给本码头夫头钱八百文以免藉口，其由各埠头驳船装运送至罗家埠头起坡，无论路之远近，每棺给大钱四百文，船价酒资一并在内，以昭划一，曾经禀前武昌府刘、前汉阳府夏、前江夏县升、前汉阳县张，奉前抚宪赵批，剀切晓谕，给示勒石在案。今时隔多年，旧章具在，若不禀求宪台大人作主饬县传集各埠头、船户、脚夫特具照章领价甘结，将来地方益长刁风，义举因之阻挠，凡客商手艺贫苦者多，一遭丧亡，受累不浅。除具禀汉阳府宪外，为此禀求宪台大人会同汉阳府宪联衔给示，俾得勒石遵循，以垂久远，并由江夏、汉阳两县主传集各码头船户、脚夫，切具照章领价甘结，实为德便，沾恩上呈。

光绪元年　月　日呈。

府正堂方批：候会同汉阳府给示勒石，永远遵守，并即札饬江夏县差传各埠头、船户、脚夫取具照章领价甘结，报府备案，如再刁难勒索，拘案究惩。

钦加盐运使衔、湖北武昌府正堂、补用道方，钦加盐运使衔、湖北汉阳府正堂、加四级纪录十次严，为给示勒石晓谕，俾垂久远事。

案据新安书院司事岁贡生胡式金，监生朱玉书，职员孙式道、汪光桓、胡士榛、胡洪谟、石秉衡、汪焕文、江顺、方多吉、洪培庚、程德绩、鲍崇政禀称：窃生等籍隶新安，贸楚者众，每岁旅亡，实不乏人，有力者可以带归，无力者抬至新安书院所置义地掩埋，或抬至新安笃谊堂暂厝以为挈归之计。第旅榇日积日多，因议公同捐款资送回籍，由汉而饶而婺而祁而黟，直达休、歙、绩溪各邑，经过地方恐埠夫、船户勒掯讹索，定有章程，业经禀蒙移明徽饶两郡，通饬各属遵行，给示勒石在案。讵近自武汉地方仍有刁猾船户脚夫，意存讹索，多方勒掯，即抬柩到堂，或埋义冢，皆故意刁难，种种掣肘。伏查新安书院旧定有各码头抬柩章程，每棺抬至十里铺义所堂中总给各费钱二串八百文，或自行雇夫抬送，仍给本码头夫头钱八百文以免藉口，其由各埠头驳船装运送至罗家埠头起坡，无论路之远近，每棺给大钱四百文，船价酒资一并在内，以昭划一，曾经禀蒙前宪刘、夏，前江夏县升、前汉阳县张，奉前抚宪赵批准，剀切晓谕，给示勒石在案。今时隔多年，旧章具在，若不禀求作主，饬县传集各埠头、船户、脚夫特具照章领价甘结，将来地方益长刁风，义举因之阻挠，凡客商手艺贫苦者多，一遭丧亡，受累不浅。为此，禀求会同联衔给示，俾得勒石遵循，以垂久远，并由江夏、汉阳两县主传集各码头船户、脚夫，切具照章领价甘结，实为德便。上呈。等情。据此，除禀批示外，合行给示勒石晓谕。为此，示仰该处保甲、各码头抬夫人等知悉：嗣后务各遵照前定章，照数领价，不准格外刁难讹索，致挠善举。倘有不遵及或藉端掯索滋事，许该堂首士人等指名具禀，定即拿案，从严究惩，绝不宽贷，各宜凛遵毋违。特示。

右仰通知。

光绪元年六月十二日示。

告示。

勒碑条款

一、笃谊堂厝棺日多，是以公议资助回徽之费，惟厝堂者照议给发于信足，领价之日具立承揽字，并同乡到堂关说者具保存查，他如自行起运之家，本堂无庸过问，倘该信足承揽领费中途搁不送到，查确，向关说人理论，该足送官惩治。

一、襄事请六邑公正绅士互为办理，其棺送交该处亲人，当令该邑在汉襄事之人具信关照，以便该足取领亲人回书缴堂销差，以昭慎重。

一、棺木出堂须持进堂时三联存票为凭，按号查发，倘有先年已埋义地，今愿起举搬回者，亦得以三联存票封簿核明是否该号无讹，抑系补空埋何义地，经手其事者当细心考究，不得轻举妄动。

一、堂厝棺向以三年为度，今议期满关照造堂时作保之人听其自主，如愿葬义地，本堂帮贴葬费，其有必定送徽者自当照议而行，前保倘不在汉，则另央该邑诚实可信之人到堂关说一切，遵章无紊。

一、送棺回徽，本堂给足盘费，有盈无绌，送到之日本家但给回书缴堂销差，不必另给分文，清茶款待，无庸过费，倘有需索情事，于回书中逐细言明，本堂送官惩治，嗣后永不复用。

一、堂中厝棺逾限不出，其有戚属者催令料理，其无戚属者照旧章代葬义地。

一、棺柩既经关说之人立保存查，并着该足具立承揽字据领棺领钱，自无假冒串通分肥等弊，第恐人心不古，狡诈者多，如该足登舟长行途次，或有砠损头脚及将棺木带泥拖水久搁溪边岸侧，省费饱囊情事，该足立予送官严究重惩，其假冒串分之人仍着保足交出送案，司事毋得徇情隐忍，自蹈愆尤。

一、祁门渔亭乃雇夫换舟水旱孔道，诚恐农忙夫船未能立就，不得不造暂厝所两区以防河水冲发及市廛火烛，第该足不得久厝久搁，以半月为度，过期不搬净者，惟该足是问，所有脚价开列于后。

一、笃谊堂下河夫力、爻力仍照旧章，汉至饶大船水力钱每棺二千文。

一、饶至祁船力向系每棺作货六担，价目照大市中平价每棺酌给钱三串文、神福酒钱二百八十文。

一、祁门上力抬到暂厝所每棺三百六十文，祁门到渔亭暂厝所每棺抬力钱三串二百文，神福钱每棺三百二十文。向年善堂未立亲人自带祁门，陋规船行每棺要落地税钱四百文、行用钱八百文，今系募捐资送，每次有二三十棺之多，行用每棺酌给钱三百文，其落地税不得讹索。

一、祁门至黟城照渔亭每棺加钱四百文，再远每棺每里加钱六十四文，如近照除。

一、渔亭下河力钱每棺二百四十文，休宁、歙县、绩溪船钱每棺每里十文，各埠起岸力每棺二百四十文，各埠进山旱路抬力每棺每里钱六十四文酒钱六文四毛。

一、饶至婺源水路船钱照到祁门之价，旱路抬夫每棺每里抬力钱六十四文酒钱六文四毛。

以上酌定水旱船力夫价，乃昔年信足向带散枢中平价目。兵燹初靖，藉人夫稀少，增价讹索，现已升平有年，人夫日多，理宜重归旧章。

一、本堂由汉领棺、领费之日，该亲属愿领葬费者声明，每棺给钱三千文。

祁邑置造暂厝所司事

汪蕴香、陈侃臣、陈鹤乔、孙道五、汪辅臣、孙瞻仁。

右图祁邑东关外暂厝所（图略）

土名桐木岭基地，上下两坂。

录牌各款条规

一、本堂旧章，每棺由堂销号钱一百文。

一、本堂抬至罗家埠上驳船，每棺抬力钱六百文每棺另给酒钱二十四文。

一、罗家埠驳上大船，每棺驳力钱二百文今定大船至罗家埠受载照此付给。

一、汉至饶州大船水脚，每棺钱二千文神福酒钱在内。

一、饶至祁门驳船水脚，每棺钱三千文外给神福酒钱二百八十文。

一、祁起埠抬进暂厝所，每棺抬力钱三百六十文。

一、祁门行家每棺行用钱三百文乙亥年祁邑尊断令贴给夫头。

一、祁抬送渔亭暂厝所内，每棺抬力钱三千二百文每棺外给神福酒钱三百二十文。

一、祁抬送黟城，每棺抬力照抬渔亭例外加过岭钱四百文。

一、祁自丙子年起酬劳行家，每棺照应钱三百文着催十日发清，不得久延。

一、祁自丙子起，每棺给管行人照应钱一百文。

一、祁自丙子起，另给夫头下乡雇夫每棺钱四百文。

一、祁自丙子年起，蒙邑尊谕令，更夫看管暂厝所门锁，每年给劳钱八百文。

一、祁自乙酉年起，因离祁邑十二里许樟脑地方连鱼坝折卸，水散无絷，稍晴水涸，非雇簰不得驶上。今议每棺暂垫信足钱二百文，据在修复，俟告竣后不得给垫此款。

一、渔亭借寄暂厝所，进、出堂每棺给堂钱二百文。

一、渔亭暂厝所下河，每棺抬力钱二百四十文。

一、渔亭自丁丑年起，酬劳行家每棺照应钱三百文。

一、渔亭自丁丑年起，每棺给管行人照应钱一百文。

一、渔亭自丙戌年起，资送休邑西北两乡，山路扛抬维艰，每棺另加抬夫小心钱四百文水路平路照章不加。

一、万安街自丁丑年起，酬劳行家每棺照应钱三百文。

一、万安街自辛巳年起，另加扛夫送休东、歙之西北各乡山路小心钱三百文。

一、万安街自丁亥年起，每棺给管行人照应用帘遮盖棺枢小心钱一百文庶免暴露。

一、六邑各埠头水路划船，每棺每里钱十文照算。

一、六邑各埠头上坡，每棺抬力钱二百四十文。

一、六邑各埠头旱路抬力每棺每里钱六十四文外给每棺每里酒钱六文四毛。

一、祁过渔亭附近，直抬下行，不落行家，自渔起算每棺每里钱六十四文外给每棺每里酒钱六文四毛。

一、祁不过渔亭，直抬下行，自祁起算，每棺每里钱六十四文外给每棺每里钱六文四毛。

一、饶州至婺源驳船水脚照到祁门之价旱路上埠各乡抬力照六邑付给。

一、婺源旅榇或有由休西过武岭者，每棺旱道扛力仍照六邑章程算给外加每棺过岭钱四百文、小心平伙钱三百二十文。

一、每棺包捆草索二根内吊布票、外吊木牌，注明进堂原号、出堂挨号送至　县　乡村口交卸。

一、本堂由汉领棺、领费之日，该亲属愿领葬费者声明，每棺给钱三千文，今公议折曹平足纹一两八钱，着护送信足带交亡人宅上收领。

一、本堂给该信足每棺护送劳钱二千文。

一、本堂交该信足每棺干香一袋、锡箔一块、钱纸一捆沿途焚化。

一、本堂施放焰口一台，醮钱旅亡启行。

大船自汉解缆启行焰口用：焰口一台，钱三千六百文；八两红烛三对，钱二十四文；干香二袋，钱十六文；六两红烛三对，钱　　　；建箔五块，钱　　　；细钱纸四十斤，钱　　　。

送棺沿途用：建箔每棺一块，钱纸每棺一捆，干香每棺一袋，彩红布每只大船壹幅计六尺，引路雄鸡每只大船一只。

一、安葬义阡，每棺抬力钱六百二十四文、每棺埋葬土工钱六百二十四文、每棺石灰三百斤。倘自备安葬者，各费亦照此例。

本堂资送旅榇，自汉启行，送至各县各乡村口交卸，沿途水陆使费以及在汉阳义阡安葬各款，业经禀请定章，谨此布闻。

光绪十三年丁亥仲冬月　日，书院司事公具。

条　规

在武汉贸易客亡者各费曩经禀请定章

一、各埠头□空入殓，抬至义所堂中，总给钱二千八百文酒资随意赏给，或自行雇夫抬送，仍给本码头夫头钱八百文以免藉口。

一、各埠驳船装至罗家埠起坡，无论远近，每棺给钱四百文酒资随意赏给。

一、进堂缴票、登簿、列号，每棺钱一百文。

悬牌式

本堂资送旅榇，所有章程历经备述，毋庸再赘。兹本年择定于二月初十日将资送回徽之棺交信客领送启行，特此先期通知存柩之家，如有愿送回籍者务望速至书院报明具保以便起程，幸勿自误。谨白。

光绪　年正月十六日，新安笃谊堂司事公具。

联票

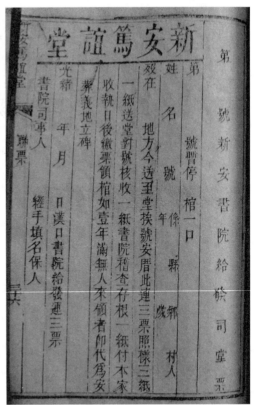

新安笃谊堂旅榇启

夫事不难于创始，而难于继成也。窃我郡向创笃谊堂于汉阳，始于道光二十六年告竣，缘为郡人旅故者暂为停棺之举，议定三年自行迁窆，向有定章。自兵燹后复建玉皇阁义地，基址褊小，议停一年，嗣因积久停多，又添一宇，叠建两地停棺，以免遗骸暴露。现又停满，悉由人心不古，致紊旧规，况久停不葬有干禁例，前为壅塞，后进莫能，遂使一郡之公所几为一家之私室矣。司事诸人实难布置，无法摒挡，再又购地而不迁让，亦属枉然。爰集同人，复申前议，伏冀吾郡之人俯照三年旧规，凡久停棺枢者早为之计，亦可稍尽人子生事死葬之礼，庶事可经久而棺不致累积。若不原谅坐视因循，本堂司事即照旧章或按期埋葬义地，或春季盘归故土，日后勿得异言。事关一郡之善举，各宜秉公从心，凡我乡人勿怀私见，以图世守悠远，是所厚望焉。

光绪　　年　月　日，本堂司事公白。

联票

篤誼堂給費存照式

漢字第　號
今據　縣　鄉　村　央保　具報
第　號已故　棺柩一具　帶
村包抬村口交卸例給由漢下船力錢
文沿途盤費錢
文章䖴錫箔錢紙堂給錄底　存
照
漢字第
光緒　年　月　日
另給親屬葬費錢柬千文
號　給發盤費聯票

篤誼堂領費給照式

漢字第　號
今據　縣　鄉　村　央保　具報已故
棺柩一具　交信客
交卸例給由漢下船力錢
文另給親屬安葬費錢
文沿途盤費錢
文堂給章䖴錫箔錢紙
沿途焚化錄底存照棺柩到家交該親屬收領當取回
飭繳堂銷差
漢字第
光緒　年　月　日　給
號　給發盤費聯票
錢在新安堂繳入輪差

立收領字式

立收領字　縣　鄉　村
號已故　棺柩一具　交信客　帶回
今憑保人
篤誼堂資助由漢下船力錢　文沿途盤費錢　文
領到　爲將寄存　第　號　縣　鄉　村已
安葬費錢　文當即如數領楚其棺實係帶回堆葬並無
冒銷捏飾等情出其領據是實
光緒　年　月　日立領據人　押
保領人　押

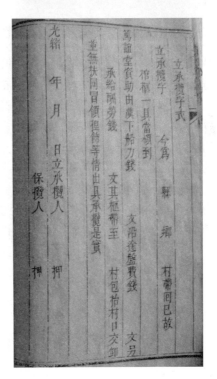

立承攬字式

立承攬字
今篤　縣　鄉　村帶回已故
棺柩一具　當領到
篤誼堂資助由漢下船力錢　文沿途盤費錢
承給隨勞錢　文其柩希至　村包抬村口交卸　文号
並無夥同冒領程飾等情出其承攬是實
光緒　年　月　日立承攬人　押
保證人　押

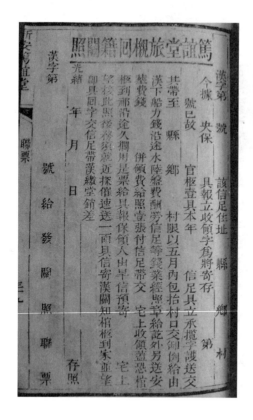

沿途恐被船户、埠夫揹勒延误着该护送信足就近禀稿

具禀贸民某为资送旅榇揹勒延期，吁恳照案究惩事。

窃某等承揽汉镇新安笃谊堂护送旅棺某某棺回籍，每年春季汇送一次，自汉阳登舟，中途水陆兼行，扛抬船载，起驳过山，由汉至饶，由饶至婺至祁至黟，直达休、歙、绩溪，诚恐埠夫、船户揹勒讹索各情，致使沿途延搁，经在汉镇新安会馆首士胡式金、孙式道等公议夫价脚力，立定章程，禀请汉阳府严移文到饶到徽并徽属六邑各立案外，历今护送某次。兹某等承揽本年春季旅榇某棺已拢某处，现被某额外讹索揹阻，留难稽延时日，但棺枢一日不能交清，某等一日不能回汉，情迫无奈，为此援案缕禀，伏叩汉镇某某某台前俯鉴，事属因公善举，迅赏差傅某到案，押令遵章运送，不得托故迟延，并祈惩以揹勒讹索之咎，以儆效尤而杜刁风。戴德上禀。

一文愿收零捐总 辛未年至丁丑年止

尊行堂程，捐钱一百一十一千文；
鲍乾元，捐钱一百六十二千文；
方玉韫堂，捐钱三十六千文；
程允中，捐钱二十八千八百文；
许春发，捐钱二十五千二百文；

胡子遴，捐钱二十一千六百文；
郑润臣，捐钱十八千文；
程朗川，捐钱十八千文；
郑禹九，捐钱十六千五百文；
程瑞奇，捐钱十六千二百文；
程逊泉，捐钱十四千四百文；
荣无名氏、昌无名氏，捐钱十三千五百文；
胡子为，捐钱十三千五百文；
王东来，捐钱十二千六百文；

洪谆然，捐钱十二千文；
协隆众乡友，捐钱十二千文；
汪式金，捐钱十一千五百二十文；
吴锡根，捐钱十一千二百五十文；
汪隶华唵馆，捐钱十一千一百文；
齐同源，捐钱十千零八百文；
余林魁，捐钱十千零八百文；
洪华廷，捐钱十千零八百文；
陈福之，捐钱十千零八百文；
江勋和，捐钱十钱零八百文；
姚丙臣，捐钱十千零四百文；
昌无名氏、昌无名氏，捐钱九千六百文；
洪祉庵，捐钱九千文；
朱履卿，捐钱九千文；

黄星阁，捐钱三千文；
詹汇川，捐钱四十二千文；
胡显文，捐钱八十一千文；
孙瞻仁，捐钱四十千零五百文；
怡立本堂、昌立本堂，捐钱三十二千四百文；

胡思美，捐钱二十七千文；
汪秀三，捐钱二十二千五百文；
郑敬修，捐钱十八千文；
方信波，捐钱十八千文；
洪简臣，捐钱十八千文；
程献西，捐钱十六千二百文；
退思氏，捐钱十六千二百文；
汪春泉，捐钱十三千五百文；
荣立本堂、昌立本堂，捐钱十三千五百文；

詹仕可，捐钱十二千六百文；
福隆行，捐钱十二千六百文；
汪 鸿，捐钱十二千文；
无名氏，捐钱十一千四百文；
程天源，捐钱十一千一百文；
张友笙，捐钱十一千文；
王典文，捐钱十千零八百文；
汪子章，捐钱十千零八百文；
许琢庵，捐钱十千零八百文；
邓成章，捐钱十千零八百文；
方绣章，捐钱十千零八百文；
梓星氏，捐钱十千零五百文；
余静山，捐钱九千六百文；
程履安，捐钱九千文；

汪选章，捐钱八千六百四十文；

鲍丰衡，捐纹五两、申钱八千
三百三十三文；

程立炳，捐钱八千一百文；

胡礼臣，捐钱八千一百文；

黄嘉澍，捐钱八千一百文；

项廷辅，捐钱七千八百文；

范其祥，捐钱七千五百文；

周绍贤，捐钱七千二百文；

胡勉之，捐钱七千二百文；

程培之，捐钱七千二百文；

舒咏志，捐钱七千二百文；

汪灿文，捐钱七千二百文；

同源聚，捐钱七千二百文；

蒋绍岐，捐钱七千文；

益　记，捐钱六千六百文；

李廷璧，捐钱六千八百文；

洪进庭，捐钱六千四百文；

鼎　茂，捐钱六千四百文；

孙品佳，捐钱六千三百文；

邓正万，捐钱六千三百文；

余阿胡，捐钱六千文；

汪绍康，捐钱五千八百文；

谭肇乾，捐钱五千五百五十文；

王　丰，捐钱五千四百文；

杨松发，捐钱五千四百文；

金绍甫，捐钱五千四百文；

胡子午，捐钱五千四百文；

王钦甫，捐钱五千四百文；

舒秀琛，捐钱五千四百文；

吴敦和，捐钱五千一百文；

余冠文，捐钱五千一百文；

徐茂如，捐钱五千零四十文；

朱彰圣，捐钱五千文；

胡昆山，捐钱四千八百文；

吴仰韩，捐钱四千八百文；

江茂龄，捐钱四千六百八十文；

汪美章，捐钱四千五百文；

荣泰行，捐钱九千文；

萧寿康，捐钱八千八百八十文；

叶贞澍，捐钱八千六百四十文；

徐玉华，捐钱八千三百文；

叶泽民，捐钱八千一百文；

金位三，捐钱八千一百文；

戴尚勤，捐钱七千八百文；

半榻山房，捐钱七千六百五十文；

孙理和，捐钱七千四百五十文；

汪炳照，捐钱七千二百文；

叶养斋，捐钱七千二百文；

李端甫，捐钱七千二百文；

徐洪生，捐钱七千二百文；

方耀华，捐钱七千文；

胡国祥，捐钱七千文；

吴端甫，捐钱六千四百五十文；

金席儒，捐钱六千四百五十文；

隆　泰，捐钱六千四百文；

邵禹修，捐钱六千三百文；

程炳南，捐钱六千三百文；

万　福，捐钱六千文；

郑心原，捐钱五千九百二十文；

王裕亨，捐钱五千七百六十文；

叶正扬，捐钱五千四百文；

项振庭，捐钱五千四百文；

许禹然，捐钱五千四百文；

程以衡，捐钱五千四百文；

胡同仁，捐钱五千四百文；

徐鸿远，捐钱五千四百文；

吴秀峰，捐钱五千二百文；

余阶平，捐钱五千一百文；

吴锦堂，捐钱五千一百文；

胡蕊阶，捐钱五千文；

余凌云，捐钱四千九百文；

杨敬甫，捐钱四千八百文；

王　霞，捐钱四千八百文；

汪美成，捐钱四千六百八十文；

吴春舫，捐钱四千五百文；　　　　汪仰山，捐钱四千五百文；
吴宪章，捐钱四千五百文；　　　　金丙峰，捐钱四千五百文；
罗光溥，捐钱四千五百文；　　　　吴渭清，捐钱四千五百文；
郑松亭，捐钱四千五百文；　　　　许焕卿，捐钱四千五百文；
汪春虞，捐钱四千五百文；　　　　黄达五，捐钱四千五百文；
沈锡嘉，捐钱四千五百文；　　　　程尹章，捐钱四千五百文；
洪隆发，捐钱四千四百文；　　　　方志远，捐钱四千五百文；
汪季力，捐钱四千三百二十文；　　何席珍，捐钱四千三百二十文；
徐鹏志，捐钱四千三百二十文；　　罗星斋，捐钱四千三百二十文；
日盛合，捐钱四千二百四十文；　　江晓庵，捐钱四千三百二十文；
潘玉书，捐钱四千二百文；　　　　许厚庵，捐钱四千二百文；
余若思，捐钱四千一百六十六文；　朱黼庭，捐钱四千二百文；
程竟华，捐钱四千文；　　　　　　方南有，捐钱四千文；
汪坤和，捐钱三千九百文；　　　　胡松昀，捐钱四千文；
汪益征，捐钱三千九百文；　　　　戴静波，捐钱三千九百文；
叶荫光堂，捐钱三千八百文；　　　胡静川，捐钱三千八百文；
余又良，捐钱三千八百文；　　　　陈润如，捐钱三千八百文；
吴圣言，捐钱三千七百八十文；　　汪和卿，捐钱三千八百文；
孙欣发，捐钱三千六百文；　　　　吴子寿，捐钱三千七百四十文；
余福田，捐钱三千六百文；　　　　程修五，捐钱三千六百文；
吴光元，捐钱三千六百文；　　　　朱春泉，捐钱三千六百文；
余谏华，捐钱三千六百文；　　　　叶光祺，捐钱三千六百文；
余鲁泉，捐钱三千六百文；　　　　胡懋青，捐钱三千六百文；
戴立本堂，捐钱三千六百文；　　　程耀亭，捐钱三千六百文；
何绣文，捐钱三千五百一十文；　　胡玉山，捐钱三千六百文；
鲁康斋，捐钱三千五百文；　　　　程尚文，捐钱三千五百文；
王履吉，捐钱三千三百文；　　　　胡参之，捐钱三千四百二十文；
黄焕章，捐钱三千三百文；　　　　吴绍光，捐钱三千三百文；
李以成，捐钱三千二百四十文；　　余上达，捐钱三千二百四十文；
胡晋峰，捐钱三千二百四十文；　　朱厚庵，捐钱三千二百四十文；
余祯祥，捐钱三千二百文；　　　　郑步韩，捐钱三千二百文；
吴厚之，捐钱三千一百五十文；　　江国珍，捐钱三千一百五十文；
李声远，捐钱三千一百文；　　　　江福谦，捐钱三千零六十文；
致　和，捐钱三千文；　　　　　　徐秋舫，捐钱三千文；
余拱南，捐钱三千文；　　　　　　胡宠光，捐钱三千文；
杨殿扬，捐钱三千文；　　　　　　胡静轩，捐钱三千文；
吴福卿，捐钱三千文；　　　　　　胡华西，捐钱三千文；
汪德光，捐钱三千文；　　　　　　余云峰，捐钱三千文；

江杰三，捐钱三千文；

余凤祥，捐钱三千文；

余雅堂，捐钱三千文；

余厚田，捐钱三千文；

余品南，捐钱二千九百文；

张锦堂，捐钱二千八百八十文；

王殿扬，捐钱二千八百八十文；

胡廷玉，捐钱二千八百文；

朱君佐，捐钱二千八百文；

公　记，捐钱二千八百文；

汪承傅，捐钱二千七百六十文；

汪声友，捐钱二千七百文；

正敬氏，捐钱二千七百文；

胡赞臣，捐钱二千七百文；

胡余之，捐钱二千七百文；

吴春泉，捐钱二千七百文；

程画封，捐钱二千七百文；

潘作章，捐钱二千七百文；

余象春，捐钱二千七百文；

柯履干，捐钱二千七百文；

孙丽甫，捐钱二千七百文；

汪爱日轩，捐钱二千七百文；

余画堂，捐钱二千六百六十六文；

余友三，捐钱二千六百文；

汪秀泉，捐钱二千六百文；

胡端河，捐钱二千六百文；

项锷文，捐钱二千五百二十文；

汪作霖，捐钱二千五百二十文；

余寿庵，捐钱二千五百文；

汪自堂，捐钱二千四百九十文；

汪尚周，捐钱二千四百文；

陈治平，捐钱二千四百文；

祈椿氏，捐钱二千四百文；

胡利川，捐钱二千四百文；

俞典文，捐钱二千四百文；

程凤歧，捐钱二千四百文；

余圣余，捐钱二千三百四十文；

吴楷林，捐钱二千三百文；

汪宗道，捐钱三千文；

汪益珍，捐钱三千文；

余芝田，捐钱三千文；

杨玉阶，捐钱二千九百文；

汪元显，捐钱二千九百文；

王益茂，捐钱二千八百八十文；

汪竹坪，捐钱二千八百二十文；

许仙槎，捐钱二千八百文；

志　祥，捐钱二千八百文；

闵星甫，捐钱二千七百九十文；

金永鸣，捐钱二千七百四十九文；

汪静安，捐钱二千七百文；

畬经堂，捐钱二千七百文；

胡震之，捐钱二千七百文；

胡绍庭，捐钱二千七百文；

余赞言，捐钱二千七百文；

沈歧山，捐钱二千七百文；

孙作霖，捐钱二千七百文；

项品泉，捐钱二千七百文；

黄季钦，捐钱二千七百文；

郑震垣，捐钱二千七百文；

巴泽川，捐钱二千六百二十文；

王振纲，捐钱二千六百文；

万兴泰，捐钱二千六百文；

胡树堂，捐钱二千六百文；

黄立庭，捐钱二千六百文；

胡春泉，捐钱二千五百二十文；

吴佩珊，捐钱二千五百文；

胡佩五，捐钱二千五百文；

程隆吉，捐钱二千四百六十文；

余懋廷，捐钱二千四百文；

钟庚楼，捐钱二千四百文；

余力田，捐钱二千四百文；

赵亦堂，捐钱二千四百文；

洪遂生，捐钱二千四百文；

沈懋修，捐钱二千四百文；

胡静轩，捐钱二千三百四十文；

余玉书，捐钱二千二百九十五文；

胡书农，捐钱二千二百八十文；

胡衡卿，捐钱二千二百五十文；

杨典治，捐钱二千二百五十文；

程日升，捐钱二千二百二十文；

洪鸣和，捐钱二千二百文；

余锡民，捐钱二千一百九十文；

冯兰轩，捐钱二千一百六十文；

程义和店，捐钱二千一百六十文；

程冠卿，捐钱二千一百文；

余立中，捐钱二千文；

椿　记，捐钱二千文；

姚笙侪，捐钱二千文；

余凤书，捐钱二千文；

余绮文，捐钱二千文；

余珮文，捐钱二千文；

蒋国均，捐钱一千九百八十文；

余仲良，捐钱一千九百二十文；

余馥隆，捐钱一千九百文；

方承之，捐钱一千九百文；

赵琪生，捐钱一千八百九十文；

胡福田，捐钱一千八百九十文；

汪维岳，捐钱一千八百六十文；

鲍君辅，捐钱一千八百六十文；

汪慕陶，捐钱一千八百文；

余赐卿，捐钱一千八百文；

江锦泉，捐钱一千八百文；

胡益山，捐钱一千八百文；

徐克修，捐钱一千八百文；

朱韵卿，捐钱一千八百文；

程华廷，捐钱一千八百文；

胡光麟，捐钱一千八百文；

胡森如，捐钱一千八百文；

金松溪，捐钱一千八百文；

王永廷，捐钱一千八百文；

孙汝仪，捐钱一千八百文；

吴仰山，捐钱一千七百五十文；

余秉忠，捐钱一千七百文；

汪宽甫，捐钱一千六百二十文；

杨翰英，捐钱二千二百五十文；

汪友耕，捐钱二千二百五十文；

查振远，捐钱二千二百五十文；

赵瀚虞，捐钱二千二百二十文；

瑞　丰，捐钱二千二百文；

汪丽南，捐钱二千二百文；

程旭明，捐钱二千一百六十文；

汪叙诗，捐钱二千一百文；

余怡章，捐钱二千文；

刘益衡，捐钱二千文；

胡纯甫，捐钱二千文；

余象瞻，捐钱二千文；

余培五，捐钱二千文；

余康文，捐钱二千文；

余益之，捐钱二千文；

王玉华，捐钱一千九百五十文；

胡衡堂，捐钱一千九百二十文；

余润之，捐钱一千九百文；

朱廷勋，捐钱一千九百文；

赵辅臣，捐钱一千八百九十文；

陈天受，捐钱一千八百九十文；

汪瀚臣，捐钱一千八百六十文；

方星堂，捐钱一千八百五十文；

金光远，捐钱一千八百文；

詹和轩，捐钱一千八百文；

查豫川，捐钱一千八百文；

余卓然，捐钱一千八百文；

姚邦俊，捐钱一千八百文；

郑仲方，捐钱一千八百文；

方维桥，捐钱一千八百文；

胡履之，捐钱一千八百文；

李秀辉，捐钱一千八百文；

名山店，捐钱一千八百文；

赵泰复，捐钱一千八百文；

余新甫，捐钱一千七百六十文；

朱金声，捐钱一千七百文；

余牅民，捐钱一千六百八十文；

吴干亭，捐钱一千六百二十文；

汪静方，捐钱一千六百二十文；

张诵堂，捐钱一千六百二十文；

邵懋堂，捐钱一千六百二十文；

金名泽，捐钱一千六百二十文；

洪鼎臣，捐钱一千六百二十文；

汪海东，捐钱一千五百六十文；

江文焯，捐钱一千五百六十文；

何萼楼，捐钱一千五百六十文；

江仰贤，捐钱一千五百六十文；

朱芳亭，捐钱一千五百四十文；

杨君度，捐钱一千五百三十文；

王宏卿，捐钱一千五百三十文；

余馥咸，捐钱一千五百三十文；

汪美堂，捐钱一千五百三十文；

金佐臣，捐钱一千五百三十文；

汪运修，捐钱一千五百文；

吴备成，捐钱一千五百文；

金茂溪，捐钱一千五百文；

余惠周，捐钱一千五百文；

程松亭，捐钱一千五百文；

吴辉松，捐钱一千五百文；

郑美如，捐钱一千五百文；

吴恒吉，捐钱一千五百文；

大兴源，捐钱一千五百文；

苏麟茂，捐钱一千五百文；

张自新，捐钱一千四百八十文；

汪守存，捐钱一千四百七十文；

韩鹤龄，捐钱一千四百七十文；

余宠章，捐钱一千四百七十文；

余克明，捐钱一千四百七十文；

胡炳华，捐钱一千四百四十文；

蒋荫庭，捐钱一千四百四十文；

潘曙涛，捐钱一千四百四十文；

戴允平，捐钱一千四百四十文；

金诚之，捐钱一千四百四十文；

许寿康，捐钱一千四百四十文；

汪序东，捐钱一千四百四十文；

罗君素，捐钱一千四百四十文；

程道存，捐钱一千四百四十文；

戴慕刘，捐钱一千四百四十文；

汪应翔，捐钱一千四百四十文；

程黼廷，捐钱一千四百四十文；

项思安，捐钱一千四百四十文；

胡笙和，捐钱一千四百四十文；

项殿邦，捐钱一千四百文；

胡以民，捐钱一千四百文；

程朗斋，捐钱一千四百文；

吴寿臣，捐钱一千四百文；

胡缉庵，捐钱一千四百文；

孙辅臣，捐钱一千四百文；

吴毅堂，捐钱一千四百文；

余祥云，捐钱一千四百文；

余圣儒，捐钱一千四百文；

胡聘三，捐钱一千四百文；

程炳南，捐钱一千四百文；

汪心源，捐钱一千三百八十文；

余益泉，捐钱一千三百八十文；

吴裕光，捐钱一千三百五十文；

程诵家，捐钱一千三百五十文；

邓冠卿，捐钱一千三百五十文；

程锦云，捐钱一千三百五十文；

沈芝亭，捐钱一千三百五十文；

叶小香，捐钱一千三百五十文；

毕德修，捐钱一千三百五十文；

杨品五，捐钱一千三百五十文；

吴以和，捐钱一千三百五十文；

邱维显，捐钱一千三百五十文；

汪翕如，捐钱一千三百五十文；

吴福田，捐钱一千三百五十文；

方源泉，捐钱一千三百文；

邵思永，捐钱一千三百文；

巴春江，捐钱一千三百文；

汪少穆，捐钱一千三百文；

程信和，捐钱一千二百九十文；

汪晋白，捐钱一千二百六十文；

洪漱方，捐钱一千二百六十文；

汪在虞，捐钱一千二百六十文；

霍星臣，捐钱一千二百六十文；

汪在中，捐钱一千二百六十文；

方衡堂，捐钱一千二百六十文；

叶耀文，捐钱一千二百六十文；

吴泽之，捐钱一千二百六十文；

石端履，捐钱一千二百文；

吴容光，捐钱一千二百文；

汪瑞卿，捐钱一千二百文；

汪兆先，捐钱一千二百文；

叶钟秀，捐钱一千二百文；

叶志云，捐钱一千二百文；

朱文达，捐钱一千一百七十文；

汪凤歧，捐钱一千一百七十文；

吴锡恩，捐钱一千一百七十文；

余芳浦，捐钱一千一百七十文；

吴舜如，捐钱一千一百四十文；

金守衡，捐钱一千一百四十文；

余昭如，捐钱一千一百四十文；

汪圣章，捐钱一千一百一十文；

潘笃滋，捐钱一千一百文；

程应芳，捐钱一千一百文；

胡天松，捐钱一千零八十文；

方远谋，捐钱一千零八十文；

王昆海，捐钱一千零八十文；

方煸廷，捐钱一千零八十文；

詹焕卿，捐钱一千零八十文；

范寿丞，捐钱一千零八十文；

汪硕蕃，捐钱一千零八十文；

方容光，捐钱一千零八十文；

程志义，捐钱一千零八十文；

周阶平，捐钱一千零八十文；

吴和笙，捐钱一千零八十文；

吴荣光，捐钱一千零八十文；

陈习之，捐钱一千零八十文；

余祝山，捐钱一千零八十文；

洪镇乾，捐钱一千零八十文；

洪湖田，捐钱一千零八十文；

汪履安，捐钱一千二百六十文；

杨友合，捐钱一千二百六十文；

汪鹤坪，捐钱一千二百六十文；

汪琢堂，捐钱一千三百六十文；

金名扬，捐钱一千二百六十文；

金序东，捐钱一千二百五十文；

吴春卿，捐钱一千二百文；

胡冠山，捐钱一千二百文；

吴进修，捐钱一千二百文；

天　成，捐钱一千二百文；

叶懋斋，捐钱一千二百文；

周聿修，捐钱一千一百七十文；

任式如，捐钱一千一百七十文；

赵东园，捐钱一千一百七十文；

胡有丰，捐钱一千一百七十文；

邱长源，捐钱一千一百四十文；

戴丽生，捐钱一千一百四十文；

汪震和，捐钱一千一百四十文；

胡耀庭，捐钱一千一百一十文；

吴洪声，捐钱一千一百一十文；

卢殿英，捐钱一千一百文；

余积成，捐钱一千一百文；

余炳铨，捐钱一千零八十文；

金友堂，捐钱一千零八十文；

杨容和，捐钱一千零八十文；

杨纬贤，捐钱一千零八十文；

许宜之，捐钱一千零八十文；

余锦堂，捐钱一千零八十文；

汪夔卿，捐钱一千零八十文；

游炳松，捐钱一千零八十文；

程心斋，捐钱一千零八十文；

章景南，捐钱一千零八十文；

吴佑征，捐钱一千零八十文；

汪友瑜，捐钱一千零八十文；

胡馥堂，捐钱一千零八十文；

戴永庆，捐钱一千零八十文；

胡安远，捐钱一千零八十文；

金克明，捐钱一千零八十文；

汪希鲁，捐钱一千零八十文；

李成滨，捐钱一千零八十文；

汪藻田，捐钱一千文；

汪文如，捐钱一千文；

余位三，捐钱一千文；

余甘霖，捐钱一千文；

蔡茂庵，捐钱一千文；

余锡圭，捐钱一千文；

程万全，捐钱一千文；

人和义，捐钱一千文；

吴起葵，捐钱一千文；

余平阶，捐钱一千文；

金永兴，捐钱一千文；

余瑞祥，捐钱一千文；

余腾英，捐钱一千文；

余朗轩，捐钱一千文；

余经书，捐钱九百九十文；

余志远，捐钱九百九十文；

余国祥，捐钱九百九十文；

余炳南，捐钱九百九十文；

余以全，捐钱九百九十文；

汪旭兴，捐钱九百九十文；

汪质文，捐钱九百六十文；

程心诚，捐钱九百九十文；

汪聚珍，捐钱九百六十文；

胡献卿，捐钱九百六十文；

孙省修，捐钱九百六十文；

余显祥，捐钱九百六十文；

余列三，捐钱九百六十文；

洪堃泉，捐钱九百六十文；

余松云，捐钱九百三十文；

黄君梗，捐钱九百三十文；

汪耀廷，捐钱九百文；

陈凤鸣，捐钱九百文；

程昆南，捐钱九百文；

方寿桥，捐钱九百文；

余志远，捐钱九百文；

潘象乾，捐钱九百文；

黄以贞，捐钱九百文；

程惟适堂，捐钱九百文；

江炳华，捐钱九百文；

汪润堂，捐钱九百文；

汪静之，捐钱九百文；

胡静澜，捐钱九百文；

金厚生，捐钱九百文；

金宪章，捐钱九百文；

胡卓如，捐钱九百文；

金玮士，捐钱九百文；

查志云，捐钱九百文；

汪含章，捐钱九百文；

戴自堂，捐钱九百文；

江咸林，捐钱九百文；

郑敬夫，捐钱九百文；

江秀山，捐钱九百文；

詹荫森，捐钱九百文；

吴社林，捐钱九百文；

汪定初，捐钱九百文；

汪巨川，捐钱九百文；

郑秉之，捐钱九百文；

陈丹之，捐钱九百文；

唐悦堂，捐钱九百文；

孙连生，捐钱九百文；

王济之，捐钱九百文；

江兴祥，捐钱八百七十文；

汪炳卿，捐钱八百四十文；

戴汝言，捐钱八百四十文；

程厚堂，捐钱八百四十文；

邱书堂，捐钱八百四十文；

叶希有，捐钱八百一十文；

郑诗五，捐钱八百一十文；

胡凌云，捐钱八百一十文；

胡平治，捐钱八百一十文；

陈光文，捐钱八百一十文；

陈丹亭，捐钱八百一十文；

陈鹏翮，捐钱八百一十文；

吴仲卿，捐钱八百一十文；

程瑞烈，捐钱八百文；

汪炳南，捐钱七百九十二文；

余元五，捐钱七百八十文；

江华廷，捐钱七百八十文；

胡德滋，捐钱七百八十文；

汪长坤，捐钱七百五十文；

杨作民，捐钱七百二十文；

汪又潜，捐钱七百二十文；

程秀甫，捐钱七百二十文；

赵端厚，捐钱七百二十文；

黄寿卿，捐钱七百二十文；

郑宝田，捐钱七百二十文；

胡励山，捐钱七百二十文；

程伟铭，捐钱七百二十文；

金茂椿，捐钱七百二十文；

汪西园，捐钱七百二十文；

项念晖，捐钱七百二十文；

江列书，捐钱七百二十文；

金月卿，捐钱七百二十文；

汪春波，捐钱七百二十文；

余启堂，捐钱七百二十文；

余鉴秋，捐钱七百二十文；

杨桂庭，捐钱七百二十文；

程振甫，捐钱七百文；

汪甫文，捐钱六百六十文；

程定发，捐钱六百三十文；

汪丽如，捐钱六百文；

夏礼峰，捐钱六百文；

郑友桐，捐钱六百文；

程鹤年，捐钱六百文；

程叔明，捐钱六百文；

项肇洪，捐钱六百文；

余焕章，捐钱六百文；

洪国贤，捐钱五百四十文；

胡怡发，捐钱五百四十文；

朱静川，捐钱五百四十文；

金仰周，捐钱五百四十文；

吴绳武，捐钱五百四十文；

吴鉴堂，捐钱八百文；

汪启祥，捐钱七百八十文；

胡玉山，捐钱七百八十文；

余心谷，捐钱七百八十文；

金星垣，捐钱七百八十文；

江圣瑞，捐钱七百五十文；

余锡祉，捐钱七百二十文；

李镇泰，捐钱七百二十文；

胡翰章，捐钱七百二十文；

汪仲业，捐钱七百二十文；

金瑞华，捐钱七百二十文；

程秀其，捐钱七百二十文；

余有光，捐钱七百二十文；

王仰嵩，捐钱七百二十文；

戴正章，捐钱七百二十文；

金立三，捐钱七百二十文；

吴秀岩，捐钱七百二十文；

汪承昌，捐钱七百二十文；

邱丽占，捐钱七百二十文；

胡晋禄，捐钱七百二十文；

程星海，捐钱七百二十文；

胡懋和，捐钱七百二十文；

程敬孚，捐钱七百文；

余敬亭，捐钱七百文；

余尚贤，捐钱六百五十文；

余积之，捐钱六百三十文；

金律和，捐钱六百文；

邵芬甫，捐钱六百文；

谢长龄，捐钱六百文；

金志成，捐钱六百文；

汪嵩年，捐钱六百文；

汪莲伯，捐钱六百文；

吴朗斋，捐钱六百文；

胡琴楼，捐钱五百四十文；

叶润生，捐钱五百四十文；

齐桂辉，捐钱五百四十文；

余自良，捐钱五百四十文；

詹佩五，捐钱五百四十文；

胡为之，捐钱五百四十文；

汪鞿卿，捐钱五百四十文；

朱端庆，捐钱五百四十文；

金吉祥，捐钱五百四十文；

陈征颐，捐钱五百四十文；

汪楚珍，捐钱五百四十文；

汪俊生，捐钱五百四十文；

戴辅臣，捐钱五百四十文；

陈筱云，捐钱五百四十文；

程体仁，捐钱五百四十文；

唐文全，捐钱五百四十文；

张德中，捐钱五百四十文；

余汇川，捐钱五百一十文；

金楚封，捐钱五百文；

许朴斋，捐钱五百文；

余琴庄，捐钱四百八十文；

王广川，捐钱四百八十文；

徐汇川，捐钱四百五十文；

余渭川，捐钱四百二十文；

汪席珍，捐钱四百二十文；

徐期均，捐钱四百二十文；

洪义中，捐钱四百二十文；

许□春，捐钱四百二十文；

金松川，捐钱四百二十文；

余云卿，捐钱四百二十文；

杨绍棠，捐钱四百二十文；

王茂华，捐钱四百二十文；

王德早，捐钱四百二十文；

金显臣，捐钱四百二十文；

余馥山，捐钱四百二十文；

项瑞庵，捐钱四百二十文；

李相臣，捐钱三百九十文；

余厚甫，捐钱三百六十文；

余孔彰，捐钱三百六十文；

余自申，捐钱三百六十文；

程辉五，捐钱三百六十文；

金品山，捐钱三百六十文；

谢李安，捐钱三百六十文；

洪华生，捐钱五百四十文；

方泽芳，捐钱五百四十文；

汪惠衔，捐钱五百四十文；

胡仲甫，捐钱五百四十文；

项新之，捐钱五百四十文；

汪松如，捐钱五百四十文；

汪泽民，捐钱五百四十文；

许天申，捐钱五百四十文；

萧厚甫，捐钱五百四十文；

谢冠卿，捐钱五百四十文；

汪受之，捐钱五百四十文；

汪正敷，捐钱五百四十文；

余春帆，捐钱五百文；

胡绍棠，捐钱五百文；

余葆恬，捐钱五百文；

金致和，捐钱四百八十文；

汪立甫，捐钱四百五十文；

朱美安，捐钱四百二十文；

余维翰，捐钱四百二十文；

程秉衡，捐钱四百二十文；

夏振声，捐钱四百二十文；

金应中，捐钱四百二十文；

李维贤，捐钱四百二十文；

程阶衔，捐钱四百二十文；

余聘臣，捐钱四百二十文；

杨寿山，捐钱四百二十文；

余守华，捐钱四百二十文；

余智生，捐钱四百二十文；

项景文，捐钱四百二十文；

余凤山，捐钱四百二十文；

汪锟中，捐钱三百九十文；

王希圣，捐钱三百九十文；

程干卿，捐钱三百六十文；

郑以和，捐钱三百六十文；

余静先，捐钱三百六十文；

潘厚存，捐钱三百六十文；

汪学陶，捐钱三百六十文；

吴汝光，捐钱三百六十文；

吴玉衡，捐钱三百六十文；

邵正章，捐钱三百六十文；

吴衡堂，捐钱三百六十文；

吴进财，捐钱三百六十文；

方金宝，捐钱三百六十文；

吴保之，捐钱三百六十文；

谢尔宜，捐钱三百六十文；

吴光远，捐钱三百六十文；

陈涵三，捐钱三百六十文；

程启泰，捐钱三百六十文；

汪秉雯，捐钱三百六十文；

王际昌，捐钱三百六十文；

王其道，捐钱三百六十文；

余冠五，捐钱三百六十文；

潘厚基，捐钱三百六十文；

汪玉峰，捐钱三百六十文；

余宝文，捐钱三百六十文；

唐松甫，捐钱三百六十文；

余缉之，捐钱三百六十文；

吴端夫，捐钱三百六十文；

江镜清，捐钱三百六十文；

方承宗，捐钱三百六十文；

程养廷，捐钱三百六十文；

余桂芳，捐钱三百六十文；

吴添元，捐钱三百六十文；

项福堂，捐钱三百六十文；

余树谦，捐钱三百六十文；

吴冠文，捐钱三百六十文；

方本辉，捐钱三百六十文；

汪少薛，捐钱三百六十文；

朱福桢，捐钱三百六十文；

胡宝夫，捐钱三百六十文；

汪逸甫，捐钱三百六十文；

杨茂如，捐钱三百四十文；

卢蓝田，捐钱三百三十文；

查信如，捐钱三百文；

吴裕华，捐钱三百文；

胡廷佐，捐钱三百文；

方笙侣，捐钱三百六十文；

汪雨辰，捐钱三百六十文；

吴祥生，捐钱三百六十文；

吴天善，捐钱三百六十文；

吴振和，捐钱三百六十文；

程平南，捐钱三百六十文；

唐用余，捐钱三百六十文；

汪事泰，捐钱三百六十文；

金松亭，捐钱三百六十文；

汪叙之，捐钱三百六十文；

吴兆祥，捐钱三百六十文；

邓仪甫，捐钱三百六十文；

余锦廷，捐钱三百六十文；

余殿光，捐钱三百六十文；

胡殿武，捐钱三百六十文；

任理和，捐钱三百六十文；

金养廷，捐钱三百六十文；

余振远，捐钱三百六十文；

吴耀臣，捐钱三百六十文；

徐仪宾，捐钱三百六十文；

周汉川，捐钱三百六十文；

吴兰浦，捐钱三百六十文；

金英达，捐钱三百六十文；

杨作霖，捐钱三百六十文；

朱锡光，捐钱三百六十文；

金寿开，捐钱三百六十文；

戴长春，捐钱三百六十文；

余万如，捐钱三百六十文；

胡均六，捐钱三百六十文；

汪怀清，捐钱三百六十文；

程康宁，捐钱三百六十文；

黄慕恭，捐钱三百六十文；

洪文畅，捐钱三百六十文；

胡楚英，捐钱三百三十文；

吴品芳，捐钱三百三十文；

王佩卿，捐钱三百文；

赵利川，捐钱三百文；

吴敏贞，捐钱三百文；

胡会甫，捐钱三百文；

汪培元，捐钱二百七十文；

胡茂卿，捐钱二百七十文；

余树珊，捐钱二百五十文；

程义和，捐钱二百四十文；

胡玉田，捐钱二百四十文；

余华卿，捐钱二百四十文；

倪德扬，捐钱二百四十文；

余东泉，捐钱二百文；

朱松庆，捐钱二百文；

余玉成，捐钱二百文；

余达承，捐钱二百文；

方对廷，捐钱一百八十文；

吴留耕堂，捐钱一百八十文；

汪敬斋，捐钱一百八十文；

余德华，捐钱一百八十文；

王恒荣，捐钱一百八十文；

金锦文，捐钱一百八十文；

章鸿麟，捐钱一百八十文；

汪克柱，捐钱一百八十文；

程心定，捐钱一百八十文；

余重安，捐钱一百八十文；

朱盛玙，捐钱一百八十文；

汪良木，捐钱一百八十文；

程鹏洲，捐钱一百八十文；

汪圣周，捐钱一百八十文；

汪泰镕，捐钱一百八十文；

黄凤卿，捐钱一百八十文；

余秀云，捐钱一百八十文；

汪福魁，捐钱一百八十文；

刘　福，捐钱一百八十文；

汪声远，捐钱一百八十文；

鲍寿山，捐钱一百八十文；

余圣德，捐钱一百八十文；

汪复环，捐钱一百五十文；

金受之，捐钱一百五十文；

金学海，捐钱一百五十文；

金容轩，捐钱一百五十文；

吴春田，捐钱三百文；

汪秀卿，捐钱二百七十文；

吴君锡，捐钱二百七十文；

胡苏书，捐钱二百五十文；

吴熙如，捐钱二百四十文；

余作周，捐钱二百四十文；

程丽中，捐钱二百四十文；

胡晋川，捐钱二百一十文；

胡冠卿，捐钱二百文；

汪茂庭，捐钱二百文；

胡思永，捐钱二百文；

程中荣，捐钱二百文；

唐秀峰，捐钱一百八十文；

戴树德堂，捐钱一百八十文；

方凤贵，捐钱一百八十文；

程贞元，捐钱　百八十文；

余自朋，捐钱一百八十文；

叶有容，捐钱一百八十文；

孙元鼎，捐钱一百八十文；

朱鹿鸣，捐钱一百八十文；

程理堂，捐钱一百八十文；

余荣昌，捐钱一百八十文；

程积庭，捐钱一百八十文；

程献章，捐钱一百八十文；

汪友瑷，捐钱一百八十文；

胡南山，捐钱一百八十文；

洪景德，捐钱一百八十文；

胡寿钧，捐钱一百八十文；

叶仲衡，捐钱一百八十文；

罗运铠，捐钱一百八十文；

方耀彩，捐钱一百八十文；

程顺启，捐钱一百八十文；

吴善庆堂，捐钱一百八十文；

程兴甫，捐钱一百五十文；

余树滋，捐钱一百五十文；

吴树基，捐钱一百五十文；

黄祥和，捐钱一百五十文；

汪瀛舫，捐钱一百二十文；

方振祥，捐钱一百二十文；

潘永田，捐钱一百二十文；

余恩润，捐钱一百二十文；

陈寿堂，捐钱一百二十文；

潘香秌，捐钱六十文；

胡蓉洲，捐钱六十文；

汪树坪，捐钱六十文；

胡裕昌，捐钱六十文；

余蓝和，捐钱六十文；

吴坤泉，捐钱六十文；

余国祯，捐钱六十文；

叶晋阶，捐钱六十文；

程义方，捐钱六十文；

许禹功，捐钱五十文；

王荫庭，捐钱三十文；

徐谏卿，捐钱一百二十文；

方钧祥，捐钱一百二十文；

余世民，捐钱一百二十文；

吴仰斋，捐钱九十文；

余贞之，捐钱六十文；

赵道生，捐钱六十文；

汪俊堂，捐钱六十文；

余安泉，捐钱六十文；

曹敦仁，捐钱六十文；

吴明书，捐钱六十文；

程履中，捐钱六十文；

项赓臣，捐钱六十文；

洪玉林，捐钱六十文；

余兰卿，捐钱三十文；

詹品斋，捐钱三十文。

统共实收零捐钱二千六百八十三千零七十一文。

叇捐收钱总　　甲戌　乙亥　丙子　丁丑

尊行堂程，助纹五十两、申钱八十三千文；　　黄星阁，助钱十千文；

叶在矶，助钱十千文；　　方兰亭，助钱三百五十千文；

连章氏，助钱二百千文；　　古黟滋本堂孙，助钱二百千文；

汇康庄瞻记，助钱一百千文；　　洪谆然，助钱一百千文；

协隆典，助钱一百千文；　　德生典，助钱一百千文；

厚生典，助钱一百千文；　　胡敦仁堂，助钱一百千文；

黄济川，助钱一百千文；　　汪秀三，助钱二百千文；

南阳氏，助钱五十千文；

秦丰行、天源行、如春行、镇大行、鼎泰典，以上各助钱四十千文；

裕　茂、朱赞贤、程竟华、齐同源、方荣泰、石端履、隆昌行、裕　泰、程炳南、春祥行，以上各助钱三十千文；

金　茂、源　茂，以上各助钱二十五千文；

湖北淮盐督销局众同乡，助钱二十四千文；

九江宏愿店、吴愿昌、叶德润、成　大、肇昌永、义　成、源昌裕、詹汇川、郑信裕、信诚行、正大元、元顺行、源聚行、福隆行、义发公、胜昌行、瑞新行、庆泰行、恒升行、永福行、汪粲文、志远行、胡恒有、胡思美、王东来、王典文、金席儒，以上各助钱二十千文；

余惠周、孙寿维、黄明炳、玉　霞、鼎　茂、公　记、镒　记、义　太、隆泰、志　祥，以上各助钱十五千文；

裕隆典众乡友，助钱十二千文；

存神氏、德　昌、吉泰和、汪馨远、江霭云、吴佩苍、姚声培、怡　兴、怡生、许禹然、松发恒、汪承启堂、同源聚、王益茂、隆昌源聚、徐洪生、福盛行、广兴行、方绣章、方志远、平楒山房、兴昌行、王成章、赵泰兴、金万春、朱万泰、裕泰布，以上各助钱十千文；

玉丰公、万兴泰，以上各助钱八千文；

查同春、朗同昌、曹利周、叶源利和、日盛合、余庆堂、胡丹宸，以上各助钱六千文；

俞诵清、吴义发、戴恒大、胡永缉、吴文奎、聚兴行、汪和卿、徐鸿远、金质成、洪镇乾、吴寿臣、程步鳌、饶州叶开泰、胡同仁、仁泰诚、广　成、汪漱芳、汪端平、荫光堂、余卓然、永　隆、吴星云、饶州新安书院、汪加丰厚、韩友范、胡国祥、詹仰山、项殿邦、余宗兴，以上各助钱五千文；

余日新、朱谦益、大生义、谢献廷、汪义和，以上各助钱四千文；

椿　记、合记春、黄翼农、黄义兴、石义兴、万松春、天泰和、胡同仁、泰和、蒋裕源、叶长发、益隆源、胡大有、卢静生、汪端华，以上各助钱三千文；

余立堂、汪成一、金立三、信利和、同隆芝、查振远、金诚之、齐诗卿、同泰、齐仲棠、芷香氏、叶天利、同　昌、洪国记、无名氏、范朗如、项念晖、项廷辅、金月卿、徐鹏志、普海生、何席珍、余景山、王楚山、谢文甫、王超群、孙成大、谢国仁、舒铭泉、叶永清、甡　生、潘厚存，以上各助钱二千文；

金庆之、赵东园、查炳照、李和顺、项思安、杨殿扬、汪凤岐、余辅廷、程黼廷、郎汝勤、吴冠文、徐克修、汪应标、郑宝田、徐荣封、金万如、方本晖、王华芝、朱际安、无名氏、余树谦、余聘贤、叶泰兴、无名氏、鲍君辅、吴致庵、汪衡夫、程昆泉、程秀其、胡均六、王谷堂、李以成、程锡恩、金云耀、同隆修，以上各助钱一千文。

统共实收莡捐钱三千五百七十六千文。

辛未至丁丑止七年支用账

辛未年

支钱四十一千文，二位辛四个月，壬正月薪水饭食；

支钱九千六百文，挑钱担一人辛三个，壬正月工食；

支钱五百文，给黟邑汪友川费；

支钱二千文，给休邑赵友川费；

支钱三千六百文，给休邑方姓材一具；

支钱十二千零十三文，买笔、墨、砚、刻板、刷印簿、钉簿、钱桶，过江河等用；

支钱二十千零九百文，一笔支五月至壬二月，并收钱、杂费事用。

共支钱八十九千六百十三文。

壬申年

支钱四十八千文，上街收钱一位二至腊、癸正月薪水饭食；

支钱二十八千八百文，上街挑钱担一人二至腊、癸正月工食；

支钱三千文，给休邑吴友川费；

支钱六千一百九十文，还荣昌上年代垫买纸雕版刻刷一文顾启；

支钱三千九百三十九文，置箱锁、雕版刷簿、条笔、过江河。

共支钱八十九千九百二十九文。

癸酉年

支钱五十二千文，上街收钱一位二至腊、甲正二月薪水饭食；

支钱四千文，又，本年闰月；

支钱二十八千八百文，上街挑钱担一人二至腊、闰月工食；

支钱三十三千三月六十文，修朱家词义阡二百七十八冢，每百二十文；

支钱九千七百二十文，修许家山义阡八十一冢，每百二十文；

支钱五千文，给休邑程友川费；

支钱一千九百七十六文，笔墨、刷簿、过江河。

共支钱一百三十四千八百五十六文。

甲戌年

支钱四十四千文，上街收钱一位三至腊、乙正月薪水饭食；
支钱二十八千八百文，上街挑钱担二至腊、乙正月工食；
支钱二千六百四十文，修朱家亭义阡二十二冢，每百二十；
支钱八百八十四文，修朱家亭义阡门；
支钱三千一百零六文，埋厝堂黄男、黄女棺各一具；
支钱六百四十文，厝堂挤棺十六具每四十文；
支钱四千文，给歙邑项友川费；
支钱一千四百七十文，本年纸笔、刷簿、过江河；
支钱四千文，给汉阳府房科送带柩徙一千，移文稿底三千资；
支钱一千四百文，给送来徽、饶两处移文力一千、信力四百；
支钱一千六百八十一文，殛捐钱力；
支钱八百文，补毛银钱价水；
支钱五百文，寄茂意足投文信力；
支钱九千九百九十文，劝殛捐乐输、办茶盒等用；
支钱三千零十二文，雕版刷刻簿、印全帖等用；
支钱六千五百九十文，叶香生先生程仪纹四两；
支钱七十千文，置十里铺胡姓山地一段，朱家祠老义阡东首毗连；
支钱十千文，酬劳十里铺邻居众友；
支钱十千文，给中资、代笔、官契保正酒二席。
共支钱二百零三千五百十三文。

乙亥年

支钱四十四千文，上街收钱一位二月至腊薪水饭食；
支钱二十八千八百文，上街挑钱担一人二至腊、丙正月工食；
支钱一千六百九十八文，殛零捐刷印簿票、笔、过江河等用；
支钱一千三百二十四文，殛捐钱力外，书院帮足人下钱力；
支钱二百文，给送禀帖来人力；
支钱二百四十文，通知六邑同乡搬柩，办茶食用；
支钱八百七十四文，过汉阳照应搬棺中伙并过河；
支钱十千零一百六十二文，资送亡灵沿途钱纸、锡箔，并焰口、纸箔；
支钱四千零三十文，草索三十一根每百三十文；
支钱九百六十文，捆棺十五具、移棺九具；
支钱五百五十一文，票布票索以舲舟力、起马折、改票字并刷；
支钱三千四百文，亡灵启行，焰口一堂；
支钱四千文，补毛钱水；
支钱十五千文，给休邑胡姓三友川费；

支钱十二千文，重修朱家亭圈垸；

支钱三十千零九百六十文，复修朱家亭义阡二百五十八冢，每百二十；

支钱十七千六百文，请汉阳示门印签押差房等费；

支钱十五千九百九十四文，资送元号休北大塘；

支钱二十二千五百九十八文，资送二号歙东叶岔；

支钱十四千九百七十二文，资送三号休西查田竭；

支钱十五千三百八十四文，资送四号黟邑古筑；

支钱十七千九百七十二文，资送五号休北富载；

支钱二十一千八百九十二文，资送六号歙东桂林；

支钱十六千五百五十二文，资送七号黟二都江村；

支钱十九千九百六十文，资送八号休南陈村；

支钱十八千五百二十文，资送九号黟八都珠坑；

支钱二十千零四百八十六文，资送十号歙北冯塘；

支钱十九千零二十八文，资送十一号休南月潭；

支钱十八千八百三十六文，资送十二号休北蓝田；

支钱十六千六百七十五文，资送十三号休西山头；

支钱十六千九百零四文，资送十四号黟东西递；

支钱十六千九百零四文，资送十五号黟东西递；

支钱十七千四百四十四文，资送十六号歙北篁村；

支钱十三千一百五十二文，资送十七号休东隆阜；

支钱十三千一百五十二文，资送十八号休东隆阜；

支钱十三千三百四十四文，资送十九号休北瑯王斯；

支钱十六千九百六十六文，资送二十号休东万安街；

支钱六十五千八百文，祁邑置造厝所地基契价洋四十五，寄谢姓户洋二元，中资洋二元、钱八百，阮氏中资洋二元，印契洋五元；

支钱二千七百一十文，培古墓二冢，粗工、石牌、石灰、香纸；

支钱四百文，拣吉日子竖造；

支钱二十二千零二十文，置地基竖造，酒面酬客席，信力往来轿四次，香、纸、酒钱，门环杂用；

支钱四十五千二百文申洋三十四元七钱七分，买瓦一万八千三百片；

支钱七十六千七百文，砖司墙十四方三尺五寸，每四元外，工四个给平伙酒钱；

支钱七十九千文，十司正价洋六十元、给酒钱一千文；

支钱百六十五千二百五十六文，石司石板墙脚、散石起脚、安礓柱平水工，大门内外石板修路工，石磅五方二尺七寸，□扁碑坐阶圾涂石十丈零五寸，并工酒钱；

支钱三千九百文，祁邑请示抄案，去洋三元；

支钱十七千四百八十文，买石灰四十六担并簾上力；

支钱八百九十六文，买细灰阶圾涂石用；

支钱一千六百八十二文，绳索、布、香、纸、水桶、畚箕、筛；

支钱二千二百九十二文，砖木石匠起脚竖屋，门枋、酒面；

支钱一千三百文，给漆匠做笃谊堂金字青靛、烟煤、油门；

支钱四百文，石碑嵌墙，本堂左右存阔巷路塝下存留余地；

支钱一千三百文，酬饶先生看门，向洋一元；

支钱二千零三十七文，黟由柏溪大石碑四块到祁，簰上力、安碑匾石匠酒钱；

支钱五十四百一十八文，门箍钉、篾板、烧茶等用；

支钱二十千零八百文，祁邑青石碑四块，洋十六元；

支钱十六千九百文，渔亭青石碑二块，洋十三元；

支钱十八千九百二十四文，又上力铲细磨工、烫蜡雕字、碑托，石匠火食、酒钱、安竖等用；

支钱五千文，黟发石碑四块到柏，扛力上岸载祁；

支钱十三千九百六十四文，祁邑府示碑二块、县示碑二块，铲字三千二百九十二字，印二个，一安祁邑码头、一安暂厝所墙；

支钱十五千六百八十文，又铲细磨工、烫蜡石匠伙食酒钱、雇工走动、黄蜡杂用；

支钱六百文，渔专黟信力；

支钱五千九百八十二文，祁渔往返七次轿资；

支钱二千八百文，丙年三、十月往祁轿资；

支钱六千六百一十二文，丙年暂厝所翻盖瓦三千片、砖、租工、广锁铁环；

支钱十三千一百二十八文，丙年整修门坎托石一块，砖工、木石、漆匠粗工，铁、石、灰于［?］等用；

支钱八百文，丙年给祁邑地保照应暂厝所工；

支钱五千三百文，甲年杨君往徽府请示舆金；

支钱十七千六百四十文，饶郡刊碑二块，雕字安放等用，函咨计汇老曹平足纹拾两零五钱；

支钱七千六百一十二文，卓手零杂用；

支钱六千文，酹本年雇棺以及照应友辛劳；

支钱一千九百五十二文，刻板刷票叚捐用黄表、河沙衣；

支钱一千一百六十五文，银毛补水。

共支钱一千一百七十七千一百八十四文。

丙子年

支钱八百零四文，过河照应搬棺中伙零用；

支钱一千一百文，搬移棺二十五具每四十，枢重加力钱一百；

支钱六千九百八十五文，资送亡灵沿途焚化锡箔钱纹锭；

支钱五千二百文，草绳四十根；

支钱七百文，红布、引路鸡；

支钱三千四百文，亡灵启行焰口一堂；

支钱五十千零五百二十文，修金龙岭义阡二次四百二十一冢，每百二十；
支钱二千八百文，因柩起行日期迟，迟恐旱，夫农忙加驳，赶快早到祁，以后不为例；
支钱五千文，给休邑金友川费；
支钱五千文，给休邑陈友川费；
支钱十九千七百二十四文，资送元号歙西山后；
支钱十七千四百八十八文，资送二号黟西大东门；
支钱十八千八百一十八文，资送三号休东上约山；
支钱十八千八百一十八文，资送四号休东上约山；
支钱十九千四百二十八文，资送五号休西上溪口；
支钱二十千零六百零八文，资送六号休西小珰；
支钱十四千九百八十文，资送七号休北磻村；
支钱二十千零一百七十四文，资送八号歙水南文公舍；
支钱十千零五百文，资送九号婺东龙尾；
支钱十八千一百十四文，资送十号休东厚村；
支钱十八千六百六十八文，资送十一号休东瓯山；
支钱十五千二百二十四文，资送十二号休东白茅；
支钱十九千五百五十二文，资送十三号休西石田；
支钱十九千九百五十二文，资送十四号黟东八都汪村；
支钱十八千六百六十八文，资送十五号休东霞塘；
支钱十七千四百八十八文，资送十六号黟东五都胡村；
支钱十五千三百六十四文，资送十七号休东隆阜；
支钱十四千七百六十四文，资送十八号歙西槐充；
支钱十四千七百六十四文，资送十九号歙西槐充；
支钱十五千六百六十四文，资送二十号黟北岭下；
支钱十千零五百文，资送二十一号休东亦淇检棺；
支钱六千文，酹本年雇柩及照应友辛劳；
支钱四千九百九十二文，葬八棺抬费并酒钱；
支钱五千一百八十四文，葬八棺葬费并酒钱，外石匠贴安碑酒钱在内；
支钱六千八百文，八棺石碑八块。
共支钱四百六十三千七百四十五文。

丁丑年

支钱一百二十文，寄祁渔夫行信力；
支钱五千文，饶郡请示刊碑房科送稿费用入趸捐输；
支钱十八千文，给同乡友十八人川费；
支钱三千文，给祁邑张友川费；
支钱十九千九百零四文，资送元号休西演口；

支钱十七千四百二十四文，资送二号歙西琶塘；
支钱十六千九百五十二文，资送三号休北小溪；
支钱十八千三百二十八文，资送四号婺北浙岭脚；
支钱十五千六百六十四文，资送五号休东隆阜；
支钱十八千四百六十四文，资送六号休东梅林；
支钱十九千六百二十文，资送七号歙西竦塘；
支钱十九千六百二十文，资送八号歙西竦塘；
支钱十九千六百二十文，资送九号歙西竦塘；
支钱十八千零九十二文，资送十号休西南坑；
支钱十四千二百三十六文，资送十一号休西小珰；
支钱二十千零三百二十四文，资送十二号歙西潜口；
支钱十六千六百文，资送十三号休北石碧山；
支钱十七千四百八十八文，资送十四号黟邑郭门外后街；
支钱十八千五百四十四文，资送十五号黟北龙川硔；
支钱二十千零九百四十四文，资送十六号歙北许村；
支钱十六千零二十八文，资送十七号婺东上溪头；
支钱十八千八百三十二文，资送十八号歙西塌田；
支钱十八千四百八十文，资送十九号歙西蜀口；
支钱二十一千四百五十八文，资送二十号歙北呈坎；
支钱十九千六百文，资送二十一号休北石碧山；
支钱六百八十文，移棺挤棺十七具；
支钱一千文，过河照应搬柩中伙；
支钱七百文，红布、引路鸡；
支钱三千六百文，资送柩启行焰口一台；
支钱八百文，给祁邑保正看守暂厝所辛劳；
支钱六千文，酬本年雇棺及照应友辛劳；
支钱八千文，酬清理誊结数年账目友辛劳；
支钱八千文，酬书院司匣二位管理账务辛劳；
支钱六千文，请司匣诸公结账筵二席；
支钱五千文，给绩邑章友川费；
支钱六千七百八十五文，资送亡灵沿途焚化锡箔、钱纸；
收酬劳书院本年司匣江仰贤、吴绎之捐钱八千文；
收另捐资送乙丙丁三年共钱二百七十七千七百九十文；
支钱一千文，给休邑倪友川费；
支钱二百八十四文，往盐局轿力；
腊月支钱一百千文，捐输祁邑同善局功德。
共支钱五百六十千零一百九十一文。

以上七年，除收总共支钱二千七百十九千零三十一文。

支钱四千七百文，给祠丁余阳仪身故后事；
支钱九十一千五百文，刊刷纸张包钉等钱。

光绪丁丑三年腊月结止。

付存书院本息总登

壬申年

二月十五，付存本二百千文按月乙分半息，年终止十个半月，息三十一千五百文；付存本五十千文同前，息七千八百七十五文；

三月初一，付存本一百六十千文息同前，十个月，息二十四千文；

初九，付存本五十千文二百九十二天，息七千三百文；

十四，付存本五十千文二百八十七天，息七千一百七十五文；

四月初一，付存本五十千文九个月，息六千七百五十文；

五月初一，付存本五十千文八个月，息六千文；

十五，付存本一百十千文七个半月，息十二千三百七十五文；

七月初一，付存本五十千文六个月，息四千五百文；

八月初六，付存本五十千文一百四十四天，息三千六百文；

十五，付存本五十千文四个半月，息三千三百七十五文；

九月十二，付存本一百千文一百零八天，息五千四百文；

十一月初一，付存本五十千文二个月，息一千五百文；

十五，付存本五十千文一个半月，息一千一百二十五文；

又，付存本八千三百三十文，息一百八十七文；

腊月十五，付存本五十千文十六天，息四百文；

十九，付存本五十千文十二天，息三百文；

二十七，付存本六十千文四天，息一百二十文。

壬年共付存本钱一千二百三十八千三百三十三文，共月息钱一百二十三千四百八十二文。

找付存本钱八千一百八十五文。

统共存本钱一千三百七十千文。

癸酉年

三月十五日，付存本五十千文按月分半息，年终止，十个半月，息七千八百七十五文；

四月初一，付存本五十千文十一个月，息七千五百文；

五月十五，付存本五十千文八个半月，息六千三百七十五文；

六月十五，付存本五十千文六个半月，息四千八百七十五文；

七月初一，付存本五十千文六个月，息四千五百文；

八月初一，付存本二十千文十一个月，息一千五百文；

九月十五，付存本十千文三个半月，息五百二十五文；

冬月十五，付存本四十千文半个月，息九百文；

腊月初一，付存本五十千文一个月，息七百五十文；

三十，付存本一百五十千文，不计息。

癸年共付存本钱五百二十千文，共见月息钱三十四千八百文。

上年结存本钱一千三百七十千文至今年底止计十三个月，按月一分半，息钱二百六十七千一百五十文。

找付存本钱八千零五十文。

统结共存本息钱二千二百千文公议此后按月一分行息。

甲戌年

三月十五日，付存本五十千文按月一分行息，年终止，九个半月，息四千七百五十文；

四月初一，付存本五十千文九个月，息四千五百文；

五月十五，付存本四十千文七个半月，息三千文；

七月初一，付存本四十千文六个月，息二千四百文；

腊月二十八，付存本三十三千文，不计息。

甲年共付存本钱二百十三千文，共息钱十四千六百五十文。

上年结存本钱二千二百千文今年年终止，周年一分二息，息钱二百六十四千文。

找付存八千一千三百五十文。

统结存零捐本钱二千六百九十三千文。

收还钱九十千文在支账内支用。

除收仍存零捐本钱二千六百零三千文。

九月十八至腊月二十四，本年共付耑捐本钱二千五百八十八千文议定来年一月初一起息。

乙亥年

二月二十六，付存本五十千文按月一分息，年终止，作十个月，息五千文；

三月二十八，又，二百千文九个月，息十八千文；

九月初一，又，三十五千文八个月，息二千八百文；

八月十七，又，七十千文四个半月，息三千一百五十文。

本年共付本钱三百五十五千文，共息钱二十八千九百五十文。

上年结存零捐本钱二千六百零三千文至本年底止，周年一分二，计息钱三百十二千三百六十文。

上年结存耑捐本钱二千五百八十八千文，二月初一起息至本年底止，计十一个月，按月一分，计息钱二百八十四千六百八十文。

统共存本五千五百四十六千文，统共存息六百二十五千九百九十文。

收还息钱三百六十三千四百一十文在支账上支用。

仍存息钱二百六十二千五百八十文。

丙子年

二月初一，付存本十二千文按月一分息，年终止，连闰十二个月，息一千四百四十文。

上年结存本钱五千五百四十六千文至今年底止，共十三个月，一分计，共息七百二十千零九百八十文。

并今年付共存本钱五千五百五十八千文，并今年息共存息钱七百二十二千四百二十文利未计利。

上年结存息钱二百六十二千五百八十文利未计利。

收还息钱三百六十千零九百六十五文在支账上支用。

净存息钱六百二十四千零三十五文。

丁丑年

共付存本一百五十四千文，并上年共存本钱五千七百十二千文。

上年结净存息钱六百二十四千零三十五文利未计利。

除今年收还息钱四百六十五千七百一十五文在支账上支用。

统共计存本钱五千八百七十千零三百二十文丙年底起、丁年底止，十二个月，按月一分计算，息钱七百零四千四百文。

今拨作存书院本钱六千串文整公议嗣后按月一分行息，年终结利收账，利不加利，仍作浮存支用，幸勿支本□□。

又存书院浮存钱五百七十四千七百二十文。

腊月收还浮存钱九十六千二百文在支账上，刊板刷印支用。

光绪三年丁丑腊月结：结存书院本钱六千串文戊寅正月起利，按月一分行息，言定利不加利；结存书院浮存钱五百七十四千七百二十文不计息。

十二月十四日，支钱九十六千二百文，刊刷规条、收支簿，分送同乡；

支钱二千文，给绩邑章顺美川资。

戊寅年收支账

二月十二，支钱六百六十文，修许家祠畔义阡；

支钱一千文，刊催棺启板一块；

支钱四百八十文，印催棺启二百张；

支钱四千八百文，修朱家亭义冢；

支钱六千七百八十文，买草索五十二根；

支钱一千五百文，给祠丁观连乙丙丁过江使用。

三月，支钱三千六百文，送棺起行焰口一台；

支钱一千一百二十文，本堂挤棺搬移；

支钱三千文，给休东胡鸿岐川资；

支钱六千文，给祠丁观连催棺劳；

支钱十二千零十二文，给送旅棺沿途并焰口香烛、锡箔、纸；

支钱十五千六百九十六文，送元号黔北二都棺；

支钱十二千三百二十五文，送二号歙西长龄棺；

支钱十七千七百三十二文，送三号婺邑上溪头棺；

支钱十六千一百九十六文，送四号休西板桥棺；

支钱十六千一百九十六文，送五号休西板桥棺；

支钱十七千二百五十二文，送六号休北北山棺；

支钱十五千三百十六文，送七号休西山头棺；

支钱十一千零四十文，送八号休西板桥棺；

支钱十八千三百零八文，送九号休西小珰；

支钱十八千三百零八文，送十号休西小珰；

支钱十九千一百九十六文，送十一号休西板桥；

支钱十七千五百八十八文，送十二号黔北三都；

支钱二十千零四百二十四文，送十三号歙西琶塘；

支钱十三千五百零四文，送十四号黔东珠岭下；

支钱十千零九百八十四文，送十五号休北石璧山；

支钱十一千零三十六文，送十六号休西小珰；

支钱十八千六百六十文，送十七号休西金城；

支钱二十二千五百三十六文，送十八号徽州府城；

支钱二十一千六百六十文，送十九号休北磻村；

支钱十六千七百二十文，送二十号休东下山；

支钱二十一千四百八十四文，送二十一号积【绩】北石家村；

支钱十九千一百九十六文，送二十二号休西板桥；

支钱十六千八百八十四文，送二十三号黟南赤岭；

支钱二十千零七百七十六文，送二十四号歙西溪南；

支钱八百文，给祁邑更夫照应停棺所；

支钱七百文，红布、引路鸡；

支钱八千文，值年司匦酬劳；

支钱一千文，马巷义冢做沟；

支钱四千五百文，给休南金姓川资；

支钱一百文，雕换图章二个；

支钱四千三百二十文，修许家坑坟三十六冢每百二十文；

支钱二十九千零四十文，修杉木厂坟二百四十二冢；

支钱一千文，过河照应搬棺等用。

收叶仰周，捐钱二十千文；

收吴云台，捐钱十千文；

收朱彰圣、程锡恩司匦，捐酬劳钱八千文；

收邵良丽，捐钱十五千文；

收郑柏泉，捐钱十二千文；

收杨辉庭，捐钱十一千文；

收金尔当，捐钱三十六千文；

收余瑞祥，捐钱十千文；

收朱顺德堂，捐钱十一千文；

收汪星远，捐钱十八千文；

收石文华，捐钱二十一千文；

收蔡宝珠，捐钱十三千文；

收无名氏，捐钱四千七百二十五文。

支钱二千文，给休吴汪氏川资；

支钱二千文，给歙张宾阳川资；

支钱二千文，给歙杨德胜川资；

支钱十千文，给休汪锦帆妇子川资；

支钱七百九十文，休【修】朱家亭义阡围墙；

支钱四千文，朱家祠义阡平垾工；

支钱四千文，朱家亭义冢平垾工。

前存六千串文。

收十二整月息钱七百二十千文。收前浮存钱五百七十四千七百二十文。

收本年捐钱一百八十九千七百二十五文。

本年共支钱六百二十二千四百十九文。

两抵仍存本钱六千串文按月一分息。

仍浮存钱八百六十二串零二十六文不计息。

己卯年收支账

支钱十五千六百九十六文，送元号黔东西递棺；
支钱十二千五百六十四文，送二号婺东江湾棺；
支钱十八千五百四十四文，送三号祁邑左功棺；
支钱十五千六百九十六文，送四号黔东西递；
支钱十五千八百四十四文，送五号休西当金街；
支钱十六千六百九十六文，送六号休西小珰；
支钱十八千六百四十四文，送七号黔北石亭；
支钱二十二千八百八十八文，送八号歙南林村；
支钱二十千零四百四十四文，送九号歙南溪南；
支钱二十千零一百四十四文，送十号休东下欧山；
支钱十四千七百六十四文，送十一号休西杨村；
支钱二十千零四百二十四文，送十二号休东雨湖；
支钱十七千二百五十二文，送十三号休西梅溪；
支钱二十一千一百八十四文，送十四号休西瑶溪；
支钱十八千九百三十四文，送十五号休东隆阜；
支钱十四千五百八十八文，送十六号黔城阁门；
支钱二十一千五百二十四文，送十七号休北东山岭脚；
支钱十八千五百十九文，送十八号休北小北山；
支钱二十一千三百零八文，送十九号休北洽舍；
支钱二十千零五百九十二文，送二十号歙西葆村；
支钱十七千二百二十二文，送二十一号歙西岩寺；
支钱十七千六百五十六文，送二十二号休西东阁；
支钱二十一千八百六十四文，送二十三号歙西潭渡；
支钱十六千五百文，送二十四号休南岔口；
支钱二十二千八百八十八文，送二十五号婺邑上溪头；
支钱十七千四百二十四文，送二十六号歙西竹鸡；
支钱十四千五百八十八文，送二十七号黔南五都南屏村；
支钱十九千八百七十二文，送二十八号歙西稠墅村；
支钱十二千四百二十文，送二十九号歙西琶塘。
收胡丹林，捐钱十五千文；
收江有洧，捐钱十二千文；

收胡耀庭，捐钱十五千文；

收朱执中，捐钱十五千文；

收汪思毛，捐钱十四千文；

收汪福谦，捐钱十七千文；

收何永培，捐钱十四千文；

收鲍景衡，捐钱二十千文；

收汪锡甫，捐钱十七千文；

收程鸿文，捐钱十六千文；

收胡品和，捐钱十七千文；

收黄万敷，捐钱十四千文；

收胡德庆堂，捐钱十二千文；

收无名氏，捐钱八千零四文。

支钱一千四百文，挤棺并复信；

支钱七百文，红布、引路鸡；

支钱三千六百文，旅馆启行焰口；

支钱一千二百八十五文，焰口锡箔、钱纸；

支钱十千零一百十二文，旅棺沿途锡箔、钱纸；

支钱八百文，给祁邑更夫看管厝所；

支钱七百九十文，刷催棺启；

支钱七百五十七文，往十里铺看义阡；

支钱七百文，修朱家祠义阡；

支钱一百六十文，印票纸；

支钱一百零七文，白洋布；

支钱一百七十文，麻绳；

支钱一千文，祠丁照应捆棺中伙、零用；

支钱八千文，值年司匣管账酬劳；

支钱六千文，给观连催棺劳；

支钱三百文，添置草绳另捆程氏棺；

支钱五千文，助黟邑汪老圣川资；

支钱四千零五十文，修朱家祠义阡牌楼；

支钱五千文，助休邑彭张氏川资。

收汪尚周、方耀华，捐司匣酬劳钱八千文。

前存本钱六千串文。

收十三个月息钱七百八十千文。

收前浮存钱八百六十二千零二十六文。

收各捐钱二百十四千零八文。

共支钱五百七十六千三百四十二文。

两抵仍存本钱六千串文按月一分息。

浮存钱一千二百八十九千六百九十二文不计息。

庚辰年收支账

支钱十四千五百八十八文，送元号黔西宏田亭；
支钱十六千九百文，送二号休北上东圩；
支钱十六千二百十二文，送三号休西上资；
支钱二十五千文，送四号歙许村；
支钱二十二千零十二文，送五号休北贵源；
支钱十九千零十二文，送六号休北贵源未领葬费；
支钱二十五千七百零四文，送七号歙南深渡；
支钱十七千一百六十八文，送八号休南五城；
支钱十二千二百四十文，送九号休北石碧山；
支钱十八千三百零八文，送十号休西小垱；
支钱二十一千六百六十文，送十一号休北贵源后村；
支钱二十千零八百七十六文，送十二号婺东砚山；
支钱二十千零七十二文，送十三号歙西琶塘；
支钱十三千一百六十八文，送十四号歙西石硴；
支钱二十一千八百五十六文，送十五号歙东叶岔；
支钱二十三千五百九十二文，送十六号歙北徐村；
支钱十二千八百十四文，送十七号歙东登第桥；
支钱十五千零六十四文，送十八号休城南门外；
支钱十八千八百六十四文，送十九号休东小坑口；
支钱十七千九百五十六文，送二十号休北贵川；
支钱十四千五百八十八文，送二十一号黔南田塅；
支钱十八千六百六十文，送二十二号休北小北山；
支钱十五千六百六十八文，送二十三号休西典口；
支钱十四千九百六十四文，送二十四号休西蓝渡；
支钱十九千一百九十六文，送二十五号休北石碧山；
支钱十二千四百六十四文，送二十六号休西上蓝渡；
支钱十六千九百文，送二十七号休西蓝田；
支钱十六千九百文，送二十八号休西蓝田；
支钱十五千九百十六文，送二十九号休南商山；
支钱十六千七百七十二文，送三十号歙西溪南；
支钱十二千四百六十四文，送三十一号休西环株；

支钱十九千三百六十四文，送三十二号休北潘村；

支钱十九千七百二十文，送三十三号休东湖村；

支钱十七千一百二十四文，送三十四号歙西长龄桥；

支钱二十千零四百二十四文，送三十五号歙西潜口；

支钱十五千零六十四文，送三十六号休城瑞芝坊；

支钱三千六百文，旅棺启行焰口；

支钱十五千二百四十文，旅棺焰口并沿途香、纸、锡箔；

支钱六千文，给观连照应催棺劳；

支钱八百文，给祁邑更夫照应停棺所；

支钱七百文，红布、引路鸡；

支钱一千三百文，移挤堂内棺；

支钱一百零九文，白布票；

支钱二百八十文，挑绳索过河捆棺；

支钱一百八十文，挑钱纸、锡箔；

支钱四百四十文，吊木牌；

支钱一千文，过河照应伙食；

支钱五百二十文，添草索；

支钱四千文，双喜信足带交祁修棺所；

支钱八千文，值年司匣算账酬劳；

支钱二千文，休邑麦箕村金团化棺木；

支钱一千八百文，修朱家亭坟围墙；

支钱二千文，给休邑吴小斋川资；

支钱三百文，修朱家祠坟二冢；

支钱五千三百八十文，代理葬四棺；

支钱二百六十文，石灰；

支钱三千二百九十文，代安石碑四块；

支钱五千文，给休邑程泉滋川资；

支钱五千文，给休邑吴长仍川资；

支钱六百八十文，修金龙岭坟；

支钱四百八十文，休李家山坟；

支钱一千文，给休邑汪嘉禄川资；

支钱五千文，给休邑吴采堂川资；

支钱一百文，信力催促双喜足送棺迟误；

支钱三百二十四文，专信托胡君、余君为双喜送棺事。

收攀桂堂，捐钱十四千文；

收传德堂，捐钱十六千文；

收汪鹤年，捐钱十六千文；

收余兰卿，捐钱十九千文；

收余宁晖，捐钱十二千文；

收余友文，捐钱十八千文；

收孝思堂，捐钱十三千文；

收汪明远，捐钱十二千文；

收程朗川，捐钱十四千文；

收胡尔藏，捐钱十八千文；

收洪华生，捐钱十五千文；

收邱衍之，捐钱二十七千文；

收余高祥，捐钱三十三千文；

收汪　氏，捐钱十五千文；

收吴如春，捐钱十六千文；

收吴宏远，捐钱十九千文；

收郑允纯，捐钱十七千文；

收汪仰高，捐钱十五千文；

收江仰贤、程锡恩，捐司匣酬劳钱八千文。

前存本钱六千串文按月一分息。

收十二个月息钱七百二十千文。

前浮存钱一千二百八十九千六百九十二文不计息。

收各捐钱三百十七千文。

共支钱七百十四千零六十三文。

两抵仍存本钱六千串文按月一分息。

仍浮存钱一千六百十二千六百二十九文。

辛巳年收支账

支钱十五千九百九十六文，送元号黔北潭石渡；
支钱十二千四百二十八文，送二号祁北大坦；
支钱十八千八百九十六文，送三号休北碧山；
支钱二十一千六百六十文，送四号休邑霞瀛；
支钱十九千五百六十八文，送五号休东由溪；
支钱十九千五百六十八文，送六号休东由溪；
支钱十七千四百二十四文，送七号歙西葆村；
支钱二十一千零七十六文，送八号歙西莘塘尾；
支钱十八千三百六十文，送九号休西瀛下山；
支钱十六千一百九十六文，送十号休西板桥；
支钱十八千四百六十四文，送十一号休东潜阜；
支钱十九千八百三十六文，送十二号歙西庙后村；
支钱十九千九百文，送十三号休西长丰；
支钱十四千七百六十四文，送十四号休城南门外；
支钱十五千六百七十六文，送十五号婺北沱川；
支钱十六千六百六十八文，送十六号休东长坑；
支钱十七千七百七十六文，送十七号歙西岩寺；
支钱十七千七百七十六文，送十八号歙西岩寺；
支钱十八千四百八十文，送十九号歙西邱家塘；
支钱十七千五百五十六文，送二十号歙西邱家村；
支钱十二千三百六十四文，送二十一号休北碧山；
支钱十二千一百六十四文，送二十二号休北碧山；
支钱十二千一百六十四文，送二十三号休北碧山；
支钱十二千一百六十四文，送二十四号休北碧山；
支钱十三千一百六十四文，送二十五号休东隆阜；
支钱十三千五百九十二文，送二十六号休东佘家坞；
支钱十二千八百十六文，送二十七号休北西村；
支钱十八千六百六十四文，送二十八号休东；
支钱二十一千一百二十四文，送二十九号歙北岩寺；
支钱十五千零六十四文，送三十号休城南门外；
支钱三千六百文，送棺焰口；

支钱三千一百八十一文，焰口香烛、纸箔；

支钱十一千三百五十文，送棺沿途化香、纸箔；

支钱七百文，红布、引路鸡；

支钱八百文，给祁更夫照应停棺所；

支钱一千文，给观连过河照应捆棺伙食；

支钱二百四十文，挑草索、钱纸过河力；

支钱二百二十文，抬挑下棺上大船；

支钱二百二十八文，麻线、笔；

支钱一百文，白洋布票；

支钱二百四十文，添草索；

支钱一千一百文，移棺挤棺；

支钱一千一百零五十文，付祥魁信足带祁修厝棺所；

支钱四千文，付又带婺邑外加；

支钱六千文，给观连催棺辛劳；

支钱八千文，管匣司账酬劳；

支钱八千七百文，刊规条、联票板三块；

支钱一千文，修杉木厂坟；

支钱八百文，修罗家埠路下棺；

支钱六百二十文，修许家坑坟；

支钱三百二十文，板棺一口；

支钱十二千文，修坟百冢；

支钱十千零二百八十文，修朱家祠坟；

支钱七百文，又开沟；

支钱一千四百文，送棺照应中伙；

支钱三百六十文，修老笃谊堂坟三冢；

支钱三百二十文，又移棺帮忙；

支钱八百四十文，修朱家祠坟七冢；

支钱十一千一百六十文，买石灰存堂葬坟用；

支钱二百四十文，石灰力；

支钱五千三百九十二文，代葬坟四棺；

支钱一千二百文，堂内移挤棺；

支钱二千三百三十二文，代余大涛埋一棺；

支钱二百四十文，挑石灰力；

支钱六千四百文，还怡昌旧垫双喜足送棺用；

支钱二百八十文，观连过河埋坟用；

支钱三千二百九十文，石碑四块；

支钱六百零八文，砖工三个；

支钱三百二十文，移出棺工；

支钱四百文，匣上带祠丁过河看义阡；

支钱一百二十文，挑搁棺凳；

支钱二千二百十二文，代葬郑韵夫石灰、碑工；

支钱一千一百文，修朱家亭新义阡坟二十余冢；

支钱九百五十文，修金龙岭义阡；

支钱三百六十文，修许家坑义阡。

收程诗瑄，捐钱十七千文；

收汪佐陶，捐钱十八千文；

收杨振采，捐钱十六千文；

收树德堂，捐钱十九千九百文；

收刘笃常，捐钱十四千五百文；

收程诚祉堂，捐钱十七千五百文；

收叶晋阶，捐钱十八千文；

收李润之，捐钱十七千文；

收树荆堂，捐钱十三千文；

收汪铭甫，捐钱十三千文；

收叶采芝，捐钱十五千文；

收无名氏，捐钱十三千四百文；

收方耀华、汪履安，捐司匣酬劳钱八千文。

前存本钱六千串文按月一分息。

收十三个月息钱七百八十千文。

前浮存钱一千六百十二千六百二十九文不计息。

收各捐钱二百千零三百文。

共支钱六百十五千七百九十文。

两抵仍存本钱六千串文按月一分息。

仍浮存钱一千九百七十七千一百三十九文不计息。

壬午年收支账

支钱二百四十文，挑绳索、捆棺力；

支钱九百八十文，修朱家祠义阡沟工；

支钱一百九十二文，抬跳板下棺力；

支钱一千四百六十二文，照应下棺中饭；

支钱二十千零四百八十文，送元号歙南源口棺；

支钱二十一千四百二十八文，送二号歙西松明山；

支钱二十千零四百八十文，送三号歙南源口；

支钱十四千七百六十四文，送四号休城南门外；

支钱十八千六百六十文，送五号休北里儒村；

支钱二十五千一百九十六文，送六号积【绩】北八都余村；

支钱十九千一百九十八文，送七号休北小溪；

支钱十五千零六十四文，送八号休城下汶溪；

支钱十九千一百三十二文，送九号歙西澄塘村；

支钱十六千五百四十八文，送十号休西资村；

支钱二十四千五百九十六文，送十一号歙北许村；

支钱二十三千四百八十二文，送十二号黟北十都烈村；

支钱十八千六百六十文，送十三号休北闵川；

支钱十九千四百十六文，送十四号歙北杨村；

支钱二十一千三百八十文，送十五号婺东下溪头；

支钱十八千四百六十四文，送十六号婺东江湾；

支钱十八千二百八十文，送十七号休西潭渡；

支钱十六千五百四十八文，送十八号休西资村；

支钱十六千一百二十文，送十九号休北富载；

支钱十六千一百二十文，送二十号休北富载；

支钱二十千零二百五十六文，送二十一号休北南塘；

支钱二十一千六百六十文，送二十二号休北山脚；

支钱十七千五百五十六文，送二十三号歙西仇家塘；

支钱二十千零五百零八文，送二十四号婺东上溪头；

支钱十九千七百十六文，送二十五号歙北山川；

支钱二十一千六百六十文，送二十六号休西金城；

支钱十二千九百九十八文，送二十七号休北蓝田；

支钱一千五百六十文，堂内移挤棺；

支钱一千文，观连过河照应捆棺用；

支钱十二千六百文，买石灰存堂修义阡葬埋用；

支钱七百文，修罗家埠头路；

支钱二千四百文，马巷义阡开沟工；

支钱一百文，挑锡箔、钱纸过河力；

支钱三千六百文，送棺焰口；

支钱三千一百八十一文，又香烛、钱纸、锡箔；

支钱七百文，红布、引路鸡；

支钱八百文，给祁厝棺所更夫；

支钱九千八百五十五文，送棺沿途锡箔、香纸；

支钱六千文，棺连催送棺辛劳；

支钱八千文，司匣二位酬劳；

支钱十千零六百二十四文，代葬棺十五具；

支钱一千五百四十文，又杂用；

收刘朗山，捐钱十五千文；

收吴　宅，捐钱十九千文；

收谢本金，捐钱十九千文；

收江淦泉，捐钱十八千文；

收程会用，捐钱三十二千文；

收叶　宅，捐钱十七千文；

收余美先，捐钱十二千文；

收程锡恩、汪尚周，捐司匣酬劳钱八千文。

前存本钱六千串文。

收十二个月息钱七百二十千文。

收前浮存钱一千九百七十七千一百三十九文。

收各捐钱一百四十千文。

共支钱五百八十三千九百零四文。

两抵仍存本钱六千串文按月一分息。

仍浮存钱二千二百五十三千二百三十五文不计息。

癸未年收支账

支钱一千文，观连照应捆棺零用；

支钱六千文，给王竹亭川资；

支钱一千文，修杉木厂坟；

支钱八百文，修朱家亭坟；

支钱一千四百八十文，修许家坑坟；

支钱二十千零九百七十二文，送元号休东草市；

支钱十九千五百三十六文，送二号歙北柘林村；

支钱十七千六百零八文，送三号黔南红庙；

支钱二十二千七百六十四文，送四号休北磻村；

支钱十七千二百二十四文，送五号休南孝塘；

支钱十六千零八文，送六号婺东上溪头检棺；

支钱十九千九百三十二文，送七号婺东上溪头检棺；

支钱十九千一百八十四文，送八号歙西横塘；

支钱二十一千七八零八文，送九号歙西小垱；

支钱十九千九百四十八文，送十号休北西村；

支钱十二千六百四十文，送十一号休西板桥检棺；

支钱二十千零四百七十二文，送十二号歙西溪南；

支钱二十千零四百七十二文，送十三号歙西溪南；

支钱十六千五百九十六文，送十四号休北石碧山；

支钱十千零三百八十八文，送十五号休西南坑检棺；

支钱二十二千零七十七文，送十六号歙东叶岔；

支钱二十二千零七十七文，送十七号歙东叶岔；

支钱十九千七八二十四文，送十八号休西塘坞；

支钱十七千二百二十四文，送十九号休南孝塘；

支钱十七千二百二十四文，送二十号休南孝塘；

支钱八千一百六十文，送二十一号黔东渔亭检棺；

支钱八千一百六十文，送二十二号黔东渔亭检棺；

支钱八千一百六十文，送二十三号黔东渔亭检棺；

支钱三千六百文，送棺焰口；

支钱三千一百八十一文，又香烛、锡箔；

支钱七百文，红布、引路鸡；

支钱二千零三十文，堂内移挤棺工；

支钱五百文，送棺照应伙食；

支钱一百文，白洋布片；

支钱八百文，给祁门厝所更夫；

支钱四百五十文，买写送棺规条、京折；

支钱七千八百二十文，送棺沿途锡箔、钱纸；

支钱六千文，给观连催送棺辛劳；

支钱八千文，司匣二位酬劳；

支钱二千六百文，修朱家祠义阡开沟；

支钱一千一百文，修朱家祠义阡；

支钱三千一百二十文，代葬坟二棺；

支钱七千四百八十八文，又葬坟十七棺；

支钱五百八十文，石灰；

支钱一千五百文，葬坟消号十五棺；

支钱十三千一百八十四文，汉阳石碑十六块；

支钱三千三百八十文，培修义阡；

支钱一千文，捆棺下棺照应伙食；

支钱五千文，给休北余顺田自搬棺回；

支钱十五千文，十里铺清理田、着和尚去川资；

支钱一千二百文，修许家坑杉木厂栅栏；

支钱一千文，往十里铺看地，轿三乘；

支钱二百零八文，麻线送棺用；

支钱十七千四百七十二文，代葬棺十四具；

支钱十千零七百一十二文，买石碑十三块；

支钱一千二百文，堂内移挤棺；

支钱五百二十文，挑石灰力；

支钱八百四十文，朱家祠清沟工；

支钱一千四百文，堂内消号十四棺。

收徐端甫，捐钱十九千文；

收程德顺，捐钱十六千文；

收唐位恭，捐钱十九千文；

收汪中和堂，捐钱十千文；

收方耀华、江仰贤，捐司匣酬劳钱八千文。

前存本钱六千串文。

收十二个月息钱七百二十千文。

收前浮存钱二千二百五十三千二百三十五文。

收各捐钱七十二千文。

共支钱五百三十千零二百七十三文。

两抵仍存本钱六千串文按月一分息。

仍浮存钱二千五百十四千九百六十二文不计息。

甲申年收支账

支钱三百九十四文，看地用；

支钱四百七十文，过河看地杂用；

支钱二千文，给黟邑孙妇回兴国川资；

支钱三百七十文，草索；

支钱五百四十四文，酬先生看义阡；

支钱三十九千四百七十六文，义阡开沟放水；

支钱一千四百四十八文，代葬陈姓一棺；

支钱六百四十三文，看地中饭；

支钱七百文，修罗家埠头；

支钱六千二百六十五文，过河做清明会；

支钱七十六千一百六十七文，还永福、恒隆清明、中元两年钱纸；

支钱二十二千五百八十文，送元号歙南洪琴棺；

支钱十九千五百九十六文，送二号休西板桥；

支钱十八千三百六十四文，送三号休西蓝渡；

支钱十七千四百二十文，送四号休东下山；

支钱二十二千八百八十四文，送五号歙西西溪；

支钱二十二千八百八十四文，送六号歙西郑村；

支钱二十千零四百八十六文，送七号歙西过塘坞；

支钱十九千九百七十三文，送八号婺东荷田；

支钱十七千七八七十二文，送九号休东富溪；

支钱十四千六百三十六文，送十号黟南月塘；

支钱十五千五百四十文，送十一号休西洞庭；

支钱二十八千一百文，送十二号积【绩】溪七都；

支钱二十一千七百零八文，送十三号休西小塆；

支钱十九千五百九十八文，送十四号休西渠口；

支钱十八千四百七十六文，送十五号歙西金山下；

支钱九千九百九十六文，送十六号黟北中白湖检棺；

支钱十千零八百六十四文，送十七号休西环珠；

支钱十三千八百六十四文，送十八号休西西馆；

支钱二十千零四百二十文，送十九号休东佘家坞；

支钱十八千一百二十八文，送二十号休歙西坤沙；

支钱十八千三百五十六文，送二十一号休北迪祥；

支钱二十一千一百二十四文，送二十二号歙西潜口；

支钱十二千八百七十三文，送二十三号歙西琶塘检棺；

支钱十七千一百四十文，送二十四号休西西馆；

支钱二十三千四百六十八文，送二十五号歙北山口；

支钱十八千四百七十六文，送二十六号歙西金山下；

支钱二十千零三百文，送二十七号休北蓝田；

支钱十五千七百六十四文，送二十八号休东率南；

支钱十八千七百八十八文，送二十九号休西资村；

支钱七百文，红布、引路鸡；

支钱八百文，给祁邑更夫照应厝所；

支钱一百二十文，纸笔；

支钱一千文，观连过河捆棺用；

支钱一千二百文，堂内移挤棺；

支钱五千一百文，朱家林、季家山义阡围墙坟七十八冢；

支钱十一千文，石灰四十担；

支钱三十二千五百七十二文，至大舟抬棺等用；

支钱十三千三百七十八文，修义阡杂用、伙食等；

支钱七百六十文，修杉木厂义阡塝；

支钱一千二百七十二文，慕手请先生上馆；

支钱一千八百十八文，看买地过中、杂用；

支钱二千文，又代笔、中资；

支钱三千六百文，送棺焰口；

支钱三千一百八十一文，送棺焰口香烛、钱纸、锡箔；

支钱六千文，观连催棺辛劳；

支钱八千文，司匣二位酬劳；

支钱六十四千八百六十六文，酬劳经理送棺事、程锡恩回宅赠仪三十八两九钱三分；

支钱六百文，中元节例；

支钱一千五百文，放焰口杂用；

支钱六百四十文，安地界轿一次；

支钱二百零二千文，置尹家楼义阡地；

支钱六千五百文，又中资；

支钱七千五百文，又代笔折席；

支钱八千文，酬劳胡三；

支钱一千文，给保正酒钱；

支钱五千一百文，石灰二十担；

支钱一百二十文，挑灰力；
支钱十一千五百文，做界石碑镶告示；
支钱五千文，尹家楼吴、杨看山；
支钱三千三百八十六文，中元会早、中饭；
支钱一千六百文，过河买地轿三顶；
支钱五十千文，买长兴岭义阡地；
支钱三千六百文，中元焰口；
支钱一千一百四十文，买地中饭；
支钱一千三百五十文，买地写契办饭；
支钱八千文，定界石碑；
支钱二百四十文，银朱；
支钱六千文，助谢姓回家川资；
支钱十千文，助汪姓夫妇回休川资；
支钱三千一百二十文，代葬坟五棺抬力；
支钱三千一百二十文，代又培做；
支钱五百文，堂内销号；
支钱六千二百二十文，石碑五块、修新老阡十五个；
支钱一百六十文，拜垫。
收义发公、敬梓氏，捐尹家楼义地钱二百十串文；
收谢敬亭，捐钱十四千六百文；
收吴根源，捐钱十八千五百文；
收胡起顺，捐钱十八千文；
收胡嘉容，捐钱十三千文；
收胡信孚，捐钱十八千三百文；
收吴甘春，捐钱十八千五百文；
收汪永厚、汪美成，捐司匣酬劳钱八千文。
前存本钱六千串文。
收十三个月息钱七百八十千文。
收前浮存钱二千五百十四千九百六十二文。
收各捐钱三百十八千九百文。
共支钱一千一百七十三千九百七十文。
两抵仍存本钱六千串文按月一分息。
仍浮存钱二千四百三十九千八百九十二文不计息。

乙酉年收支账

支钱十五千二百二十文，长兴岭义阡做围工；

支钱二十千文，刘子树吴姓做围圈工；

支钱三百文，抬石力；

支钱七千五百文，尹家楼做土地庙；

支钱九百二十文，捆棺二十三具；

支钱一千文，观连过河捆棺用；

支钱七百五十六文，代葬吴氏棺；

支钱一百文，堂内销号；

支钱二千文，助婺源王姓川资；

支钱二千四百九十六文，代葬四棺狮子树；

支钱二千四百九十六文，石碑四块郑姓；

支钱三千六百四十文，修朱家亭、许家坑义阡；

支钱二千四百文，安长竹岭石界记；

支钱二十二千七百二十文，尹家楼义阡做围圈；

支钱五千一百八十四文，代葬女棺二具；

支钱二十四千六百九十六文，石灰、抬下棺回籍等用；

支钱六百二十四文，女棺石碑；

支钱六百四十文，消堂号、挑石灰、破土；

支钱三十千零九百文，买长行岭义地；

支钱三千六百文，送棺焰口；

支钱三千一百六十文，又焰口香纸、锡箔；

支钱七百文，红布、引路鸡；

支钱八百文，给祁邑更夫照应厝所；

支钱二十九千四百十七文，买恒隆钱纸送棺沿途、清明中元等用；

支钱十七千五百文，送元号黔东珠川棺；

支钱十七千五百文，送二号黔东珠川棺；

支钱十六千六百六十八文，送三号休南麦箕村；

支钱十八千八百七十六文，送四号歙东方塘；

支钱十三千七百八十四文，送五号黔南渔亭；

支钱十五千一百八十八文，送六号黔城；

支钱十九千三百八十文，送七号歙北呈坎；

支钱十九千三百八十文，送八号歙北呈坎；

支钱十九千三百八十文，送九号歙北呈坎；

支钱十六千零六十四文，送十号休东潜阜；

支钱十八千三百二十四文，送十一号歙西西山；

支钱十八千六百二十四文，送十二号休北洽川；

支钱二十五千四百文，送十三号积【绩】邑七都；

支钱二十五千四百文，送十四号积【绩】邑七都；

支钱二十一千七百八十四文，送十五号婺北漳村；

支钱十八千三百二十四文，送十六号歙北谢村；

支钱十六千零九十二文，送十七号休西垱金街；

支钱十七千四百五十二文，送十八号歙西潜口；

支钱十七千二百六十八文，送十九号休东石岭；

支钱十五千五百八十六文，送二十号休西白茅；

支钱十六千九百六十四文，送二十一号休南霞瀛；

支钱十五千九百六十四文，送二十二号休东十六都；

支钱十九千七百文，送二十三号婺东汪口；

支钱十六千七百九十六文，送二十四号休西长丰；

支钱十八千三百八十八文，送二十五号休北干村；

支钱十六千七百九十六文，送二十六号休北石碧山；

支钱十二千一百九十六文，送二十七号休西渠口；

支钱十七千九百七十二文，送二十八号休东富溪；

支钱十七千六百二十文，送二十九号休东四都；

支钱十四千七百四十文，送三十号休西八都；

支钱十九千四百三十二文，送三十一号休北汪村；

支钱十四千八百四十文，送三十二号休东潜阜；

支钱十七千一百五十六文，送三十三号婺北山坎；

支钱十五千三百四十文，送三十四号休南临溪；

支钱六千文，祠丁观连催棺辛劳；

支钱八千文，司匣二位酬劳；

冬月底，支曹二十四宝贰百两申钱三百三十四千七百五十文，汇康手托生记代办造，因未成，十二年三月万安街厝所将原银退转。

收李济楼，捐钱十三千七百文；

收程吉祥，捐钱十五千文；

收罗迎东，捐钱五十八千文；

收程次恭，捐钱十八千文；

收朱秀林，捐钱十六千文；

收谢丽生，捐钱十七千三百文；

收徐鸿远，捐钱十六千文；

收姚正发，捐钱十八千文；

收吴竹轩，捐钱十七千五百文；

收谢尔宜，捐钱十九千五百文；

收程子莍，捐钱十五千文；

收方耀华、戴慕刘，捐酬劳钱八千文。

前存本钱六千串文。

收十二个月息钱七百二十千文。

收前浮存钱二千四百三十九千八百九十二文。

收各捐钱二百三十二千文。

共支钱一千一百三十一千八百九十七文。

两抵仍存本钱六千串文按月一分息。

仍浮存钱二千二百五十九千九百九十五文不计息。

丙戌年收支账

支钱十一千五百五十文，补乙年送棺香、钱纸、锡箔；

支钱三十一千四百二十八文，补乙年送棺给葬费十一具；

支钱五千二百文，买石灰二十担存堂；

支钱一千四百二十文，往笃谊堂看地轿五顶；

支钱四百六十文，又中伙食；

支钱二千四百九十六文，代葬四棺；

支钱一百二十文，挑石灰力；

支钱四百文，堂内销号；

支钱一百二十文，破土敬神香纸；

支钱二百文，挖金井；

支钱二百十文，买银朱笔；

支钱一千零四十文，堂内移挤棺二十六具；

支钱一千二百七十六文，买长行地上馆、过中山主等用；

支钱二千六百文，石灰十担葬坟用；

支钱六百六十四文，修朱家亭栅门泥木工；

支钱三千六百四十文，修许家坑、朱家祠义冢；

支钱三千零十六文，代郑姓葬坟四棺；

支钱一千四百四十二文，请吴先生看地早、中饭；

支钱四千八百文，做清明会酒十二桌；

支钱二百文，祠丁打知单；

支钱三千四百六十八文，祠丁做会帮忙挑钱纸水烟、划子；

支钱十九千三百四十四文，送棺下河三十一具抬力；

支钱八百四十文，捆棺三十一具；

支钱五百文，修罗家埠头；

支钱三百六十文，挑草索过河；

支钱五千文，买草索捆棺；

支钱十千文，修狮子树义冢；

支钱六百二十四文，戴姓一棺下河力；

支钱一千文，给祠丁观连照应捆棺用；

支钱三千六百文，送棺焰口一台；

支钱三千一百六十文，又焰口香烛、纸箔；

支钱一百五十文，白洋布做片吊棺；

支钱二千七百文，找买草索；

支钱一千四百文，二船红布、引路鸡；

支钱八百文，给祁邑更夫照应厝所；

支钱一千三百八十文，慎安足带还祁，乙年修厝所；

支钱三千一百文，堂内棺三十一具销号；

支钱四百八十文，又移挤棺；

支钱二千八百六十文，助汪荫宏检棺费；

支钱三千文，助汪圣之检棺费；

支钱十七千九百七十二文，送元号休南商山棺；

支钱十七千四百五十二文，送二号歙西岩寺；

支钱十八千一百五十四文，送三号歙西岩寺山街；

支钱十五千零四十文，送四号休东新屯；

支钱十六千九百二十文，送五号休北北山；

支钱十六千九百二十文，送六号休北北山；

支钱十六千六百六十八文，送七号休北璘；

支钱十七千零二十文，送八号休北富载；

支钱十六千二百十六文，送九号休北富载；

支钱十五千九百六十四文，送十号休南门外；

支钱十八千八百六十文，送十一号歙西槐塘；

支钱十六千五百六十四文，送十二号休万安街下；

支钱十二千二百十六文，送十三号休北石碧山；

支钱二十五千一百零八文，送十四号婺东鸿村；

支钱二十四千四百零四文，送十五号婺东大畈；

支钱十七千二百六十八文，送十六号休东石岭；

支钱十六千九百六十四文，送十七号休南首村；

支钱十七千一百六十四文，送十八号休南霞瀛；

支钱十六千四百五十二文，送十九号休西板桥；

支钱十六千六百二十文，送二十号休西洞亭；

支钱十八千零二十八文，送二十一号休西演口；

支钱十九千零八十四文，送二十二号休西金墰；

支钱十七千三百二十四文，送二十三号休西栅村；

支钱十八千三百八十文，送二十四号休西江潭；

支钱十七千六百二十文，送二十五号休西塘坞；

支钱十七千五百四十二文，送二十六号黟东八都源头；

支钱十九千七百八十八文，送二十七号休北王岑山；

支钱十九千四百三十六文，送二十八号休北迪祥；

支钱十六千九百六十四文，送二十九号休东隆前山；

支钱十六千九百六十四文，送三十号休东隆前山；

支钱十六千四百五十二文，送三十一号祁东赤桥；

支钱十七千三百二十四文，送三十二号休西渠口；

支钱二十二千零九十二文，送三十三号婺东上溪头；

支钱十五千五百四十文，送三十四号休南下汶溪；

支钱二十二千七百八十八文，送三十五号歙北黄山；

支钱二十二千七百八十八文，送三十六号歙北黄山；

支钱二十千零四百九十二文，送三十七号歙北篁村；

支钱十五千九百六十四文，送三十八号休城东青巷；

支钱二十千零零八十四文，送三十九号歙北呈坎；

支钱二十千零零八十四文，送四十号歙西上扬干；

支钱十八千一百二十四文，送四十一号休北碧山；

支钱三十千文，给十棺愿领葬费；

支钱十三千五百三十文，送棺沿途香、钱纸、锡箔；

支钱六千文，给祠丁观连照应催棺辛劳；

支钱二千八百文，买石灰十担；

支钱三千九百八十四文，堂内代葬六棺；

支钱一百八十文，挑石灰力；

支钱二千八百文，刊板并印号簿；

支钱三千七百四十五文，杉木厂代葬坟六棺；

支钱三千六百文，又安做石碑；

支钱十三千五百七十文，狮子树义冢修一百九十六棺；

支钱一千五百文，给休邑余姓功德；

支钱八百文，给休邑江鹤亭想方；

支钱五千文，给休邑汪姓川资；

支钱八千文，给歙洪鸣和棺木；

支钱三千一百二十文，抬葬坟五棺；

支钱五百文，堂五棺销号；

支钱十二千文，助休汪茂庭自搬川资；

支钱三百六十文，堂内移搬棺工；

支钱一百九十二文，笔、小账簿；

支钱五千文，助休胡筠川资；

支钱八千文，酬劳司匣二位。

三月十八日，收汇康退转万安街未办成厝所，曹二十四宝二百两原申钱三百三十四千七百五十文；

收吴国裕，捐钱十七千四百文；

收汪正诚，捐钱十八千文；

收朱明义，捐钱十五千文；

收叶存成，捐钱十六千文；

收念修堂，捐钱十九千文；

收朱绮园，捐钱十七千文；

收杨集庭，捐钱十六千四百文；

收方德昌，捐钱十千文；

收李载厚，捐钱十八千四百文；

收汪蓝田，捐钱十七千六百文；

收黄发昌，捐钱十七千五百文；

收方献瑞，捐钱十六千四百文；

收汪得林，捐钱十七千三百文；

收叶荃荪，捐钱十五千五百文；

收蒋余庆，捐钱四十五千五百文；

收罗迎东，捐钱二十千文；

收江仰贤、胡子为，捐司匣酬劳钱八千文。

前存本钱六千串文。

收十二个月息钱七百二十千文。

收前浮存钱二千二百五十九千九百九十五文。

收各捐钱六百三十九千七百五十文。

共支钱一千零零三千五百三十七文。

两抵仍存本钱六千串文按月一分息。

仍浮存钱二千六百十六千二百零八文不计息。

丁亥年收支账

支钱一千八百四十文，杉木厂义冢填洞；

支钱一百四十四文，尹家楼义阡木锁；

支钱二千四百九十六文，代葬坟四棺；

支钱三千一百二十文，又埋棺四具；

支钱三千一百二十文，葬棺石碑；

支钱八百文，堂出棺销号；

支钱十一千文，修朱家亭义阡；

支钱三千文，修许家坑义阡；

支钱一千三百文，修尹家楼磅；

支钱十千文，助休吴氏川资；

支钱二百八十文，代休修孙姓葬屋；

支钱三千五百二十文，买草索；

支钱三百六十文，挑草索过河捆棺；

支钱一百五十文，白洋布做吊棺片；

支钱八百四十文，捆棺二十一具；

支钱一千文，给祠丁观连照应捆棺用；

支钱三百六十文，整罗家埠头；

支钱三千六百文，送棺焰口；

支钱三千一百文，又香烛、钱纸、锡箔；

支钱四百八十四文，挑钱纸、锡箔过河；

支钱十八千七百二十文，出棺三十具下河；

支钱六百四十文，出棺一具下河；

支钱二千四百文，堂内出二十四棺销号；

支钱一千四百文，二船红布、引路鸡；

支钱十七千九百七十二文，送元号歙西葆村棺；

支钱十五千九百六十四文，送二号休城北街；

支钱十六千九百二十文，送三号休北北山；

支钱十七千三百文，送四号黟北宏村；

支钱十六千九百二十文，送五号休小北山；

支钱十六千二百四十四文，送六号黟东西递；

支钱十九千六百六十文，送七号休北磻村；

支钱十九千六百六十文，送八号休北磻村；

支钱十七千九百七十二文，送九号歙西溪南；

支钱十一千一百十四文，送十号休东居安检棺；

支钱十七千一百九十六文，送十一号休北石碧山；

支钱十七千一百九十六文，送十二号休北石碧山；

支钱十七千五百七十二文，送十三号歙西溪南；

支钱十七千九百七十二文，送十四号歙西疏塘尾；

支钱十六千九百七十二文，送十五号休南芳干；

支钱十八千九百八十四文，送十六号歙西塌田；

支钱十六千六百六十八文，送十七号休瑯王斯；

支钱十九千六百八十四文，送十八号歙西上扬干；

支钱十八千四百七十二文，送十九号歙南文公舍；

支钱十三千二百六十文，送二十号黟西古筑；

支钱十九千二百六十文，送二十一号休北迪祥湖；

支钱十九千六百六十文，送二十二号休俚儒村；

支钱十三千二百六十文，送二十三号黟南赤岭；

支钱十七千五百文，送二十四号休北秀屏；

支钱十七千九百文，送二十五号休北秀屏下村；

支钱二十一千四百九十二文，送二十六号歙北前村；

支钱十八千六百零四文，送二十七号休北洽川；

支钱十七千三百六十四文，送二十八号休西小垱；

支钱十五千二百八十四文，送二十九号休北新屋里；

支钱十七千一百九十六文，送三十号休西演口；

支钱十五千九百六十四文，送三十一号休西凤湖街；

支钱十七千五百七十二文，送三十二号歙西上长林；

支钱二十千零八百六十八文，送三十三号婺东上溪头；

支钱十七千六百二十文，送三十四号歙西过塘坞；

支钱十六千二百六十四文，送三十五号休东隆阜；

支钱三十六千文，给愿领葬费十二具；

支钱五千文，助黔东金国钧回川资；

支钱五千文，助休□姓回川资；

支钱九百文，还祁代修厝所；

支钱八百文，给祁邑更夫照应厝所；

支钱十一千八百八十文，送棺三十五具沿途香、纸、箔；

支钱六千文，给祠丁观连催棺辛劳；

支钱二十五千二百文，胡国祥先生伙食十二个月；

支钱二千一百文，又闰月伙食；

支钱四千文，酬劳胡国祥照应送棺账；

支钱四千文，酬劳司匣二位；

支钱五百文，堂内移挤排棺；

支钱四十一千二百五十八文，绩刊自戊寅至丁亥收支板刻字、挖补并面板签添新捌页，壳线并工等用；

支钱三十七千五百文，添刷印规则收支簿刷新四百本；

收王社长，捐钱十七千三百文；

收胡崧樵，捐钱十七千文；

收师俭堂，捐钱十一千文；

收程达宇，捐钱十七千文；

收鲍志恭，捐钱十九千文；

收吴楚三，捐钱十九千七百文；

收孙冠三，捐钱十三千文；

收余松龄，捐钱十七千五百文；

收程敬本，捐钱十三千文；

收胡霨章，捐钱十七千文；

收胡寅春，捐钱十七千五百文；

收吴仪卿，捐钱十六千文；

收汪永厚、汪美成，捐司匣酬劳钱四千文。

前存本钱六千串文按月一分息。

收十三个月息钱七百八十串文。

收前浮存钱二千六百十六串二百零八文。

收各捐钱一百九十九串文。

共支钱八百六十三千三百二十二文。

总结仍存本钱六千串文按月一分息，闰月申算。

仍浮存钱二千七百三十一千八百八十六文不计息。

公议置买义阡、修理安葬，昔归会馆，今入此款支用，至于笃谊堂修理并先生、雇工辛资不得干与【预】，其利不得减算，浮存不计息，逐年应用将利息并浮存开销，不得动此本钱。此批。

冬月，支钱三千文，给黟邑紫坑吴松田回川资；

支钱五千文，给婺邑石介之回川资；

支钱十千文，给黟邑孙美瑚侍祖父母、母回籍川资。

龚留青刊刷

嘉庆朝我徽郡在六安创建会馆兴讼底稿

清光绪十七年（1891）菊秋，贞吉公后裔家麒手录

为违例创建，叩赏示禁，以全学校事。

六安儒学在州治东北古儒林岗下，为合州文教攸关，历来以久。凡属本地土著，并寄籍居民，亘古及今，毋得擅自创建，妄行掘挖，伤害来龙；亦不得添盖楼台，欺压形势，致害合学风水。今徽籍贸易客商，胆敢违例，拟于儒学左近儒林岗，系儒学来龙入首之处，刻日纠工大兴土木，创建会馆。生等闻之不胜骇虑，当投乡地傅德，举查明禀，伊等口语支吾，延宕□禀□。儒学来龙系合州士民命脉、要害，无论有凭无凭，均应加意培护，难任欺压、毁□同伊等。□□□□□□堆积如山，非奉禁必遭□害，况神□□设例禁森严，乃竟蔑法违例显然。生等忝列胶庠，何甘坐视？仰仁宪巍峨科甲，山斗文章，下车而泽及胶庠，入庙而礼先俎豆，伏乞赏念，□□泽宫，事关国典，恩准示禁，勒石垂久。庶民终为乐土，而杏坛泗水美富，棠□永被甘棠。□□蒙上禀。

贡生李若桂、举人杨恢曾、生员熊可举、监生熊步芳，一词

三月初五日批：李若桂词，学宫为合州文教攸关，自应加意培护，毋许掘挖地脉，有碍风水。惟据称徽籍客商创建会馆处所，是否切近来龙，有无妨碍，向来曾否建有房屋？候亲诣确勘察夺。以上五十二名分作十六词。六安州沈

违例创建等事。

据举贡李若桂、杨恢曾等禀称：六安儒学在州治东北儒林岗下，合州文教攸关，凡属本地并寄籍民居，毋许擅更旧制，掘挖来龙；亦不得添盖楼台，欺压文庙，致害风水。今徽籍客商，违例创建会馆、投地不禀等情到州。除批示外，合行诣勘。为此，仰役即传后开有名人等，限三日齐集赴州，以凭示期诣勘。去役毋得迟延干咎，速速须至票者。

计传：差：钟珍、陈太，简［?］房：潘兰；李若桂、杨恢曾等。

三月廿三日差

为捏词欺异，叩勘示建事。

生等徽籍，投治生意，每苦旅店费繁，拟建会馆为驻足之所，原以守分安业也。议仿京都各省会馆崇祀乡贤旧例，供奉朱文公神主，非私建庙宇，有关例禁者比。不意甫将向买本州北关［?］火神庙左坎下房屋，拆出地基，尚未兴工，乃遭监生熊

步芳挟索，未遂，捏造欺压、毁伤，大题煽诱多人连名具控。奉批抄。窃念宫墙西侧早有山陕会馆，不闻有伤风水。生今买地本系民房，并非特创，不过用房改造，何伤龙脉？且地居文庙之东，尚隔街巷数层，又隔佑圣、火星二庙，相离甚远。儒林岗上民屋如鳞，高出文庙数丈，从未妨碍，况会馆地基在岗脚平地，居佑圣、火星二庙地下，何称欺压？种种捏欺，难逃宪鉴！生等甫拆地基，即遭煽禀，将来兴工，难免诱阻。为此，绘图叩呈大老爷恩赏勘断，示谕兴建，异民感戴。上禀。

程岭梅五十四岁，程辉宇五十岁，夏章五十五，抱［?］告王祥现年卅九岁。三月廿九递

四月初五日批：候勘夺，绘图附。六安州沈

违例创建等事。

案据举贡李若桂、杨恢曾等禀，徽籍客商在州治东北儒林岗下创建会馆，欺压文庙，致害风水，投地不禀等情到州，当经饬传人等诣勘。去后，兹据职员程辉宇等以捏词欺异等事具禀前来，合行补传诣勘。为此，仰原役钟珍、陈太即将后开并前票有名人等一并传齐，限三日赴州，以凭示期诣勘。去役毋得再延干咎，速速须票。

计开：程辉宇、夏章、程岭梅以上续词人，并前票人等四月廿二日原差。

具禀监生熊步芳年卅九岁、抱呈高鸣年廿五岁，为亏嗉吷诬，诉叩质禁事。

徽籍汪贞吉、陶立亭、张瑞明、金丰元等四人出名立契买房，拆建会馆，妨碍合州风水。三月初五，合州职举、贡监、生员各禀请禁，生亦与事。汪贞吉等惧宪勘禁，计嗉游手无艺之程辉宇等出捏诉诓批勘断；尤奇贞吉等自揣情亏，众怒难犯，瞅生书懦，素不更事，以生挟索未遂、煽诱多人连名且【具】控等语，平白喷诬，无非朦捏支搪，希惑宪聪。是非真伪恩讯立明。不思六州工贾云集，或以手艺营生，或以货物售卖，或以银钱开设铺面，种种生理不一，皆属有本客商，惟徽籍徒手来州，诓骗为业。近年以来，如张德大、黄正茂、荣早、元亨、茂元、永成、程东升、王立远、泰顺、镒源、聚丰、王致祥、利源、项遂源、汪乾源、程岑泉、协和、汪天玉、福基、万泰等各店，拐州银两动以万计，案积如山，无从着追。即如汪贞吉，盘剥赢余，捐纳职衔。现系合义店小伙出身陶立亭，屡经冒店；张瑞明系通盛店小伙，金丰元亦系汪太生店小伙，均系无本诓骗。堕其术中，居然店面，一经饱欲，逃匿无踪。此番拟立会馆，无非狡兔营窟，以为齐心设骗密地。使其无碍学宫，生亦无庸过问，奈拟建基地实为命脉攸关，生列胶庠，何忍坐视？乃贞吉等胆嗉辉宇等平白捏诬，情堪痛恨。伏念文庙要害，不容擅动，例禁森严，贞吉等竟恃钱灵，硬行藐法，非奉传讯，生诬白莫合，叩大老爷赏传汪贞吉等到案质讯，白诬禁建，合学公戴。上禀。

计抄批、做状自书，保长潘玉。

被：汪贞吉、陶立亭、张瑞明、金丰元以上系违例创建，亏嗉吷诬人。

四月二十日批：已据李若桂具呈批示。该生果自信无他，并无挟索煽诱情事，

汪贞吉即欲喷诬，难逃公论，岂足为该生之玷耶！静候诣勘，毋庸诉辨。

具禀生员熊可举、贡生李若桂、举人杨恢曾为横貀［?］挥支，圣士两害，万叩决禁事。

例载，创建寺观、神祠者照违制论。徽籍汪贞吉、陶立亭、张瑞明、金丰元等四人，在州盘剥赢余，横生妄念，无端承首，纠约敛财，四人名目立契买房，创建会馆，为聚众齐心之所，较创建神祠为尤甚。但伊虽违制创建之所，使其无碍学宫禁否，自有宪裁，生等原不过问，即如西南二馆，听其创建，明矣。奈吉等欲建之地，在圣庙来龙要脉，更张旧制，掘挖毁伤，圣寝不安，士林大害，生等是以公呈，禀叩示禁，在案批抄。讵贞吉等横恃钱灵，巧图闪［?］避，平空贿挥游手无艺之程辉宇等列名朦诉，搪塞支吾，反诬勘断。先惧宪斥违例，谬以奉文公为词，不思文公现在配享十哲，何劳另祀？即狻曰乡贤，州非伊籍，创建奉祀亦属例载神祠，何为不禁？其余满纸俱以无碍为词，不思形家之说，别户分门，纷纷聚讼不一，见以为害者则害，见以为不害者即不害，此寻常辩论且然，况伊词涉支搪，安能不以有害为无害？总之，风水有凭无凭，学宫切近，不宜更张旧制，掘挖毁伤。例载，帝王陵寝附近，擅动一草一木者斩，圣帝同尊，要脉焉能擅动？吉等萍寄生州，挥洒纵恣，任情儿戏，生等实害关切肤，不叩决禁，诚恐勘后恃横兴工，合学势死向阻，必滋巨祸。州境广廊【廓】，何地不可迁建？立志与州为难，何心？崇圣培士，恩惟一字。再吉等四人主持崇害，事属罪魁，叩即传案斥禁，方息讼端。嗾挥之徒，无关紧要。上呈。

计抄批，保长潘玉。

被：汪贞吉、陶立亭、张瑞明、金丰元　以上系承首敛财，违制创建，妨碍学宫人。

四月廿日批：候勘夺。杨苇、程维、江炎、陈均，一词；赵燮槐、杨诚、杨法曾、邓宗泗，一词；黄春芳、江黛、邓述曾、关楚芳，一词；沈辉皆、熊可程、熊一模、杨铎曾，一词；王作霖、胡大化、汪明哲，一词；左纪言、熊一梓、杨惇之、杨讷，一词；许开疆、陈鸿献、胡大熏，一词；赵燮楹、黄惟恭、杨怡之、魏云甫，一词；蒋淮、晁然恺，一词；徐楮山、王燮、江浣春，一词；鲍友义、张锡鸾、张蔚春、邹金得，一词；王宗坦、张如春、赵燮椿、赵燮桐，一词；陈梃森、汪书勋、江春、夏承恩，一词；张邦宁、朱魁甲，一词；共十四词。已批李若桂词内共五十人。六安州沈

违例创建等事。

案据举贡李若桂、杨恢曾等禀，徽籍客商在治东北儒林岗下创建会馆，欺压文庙，致害风水等情。当经饬传人等示期诣勘。嗣据职员程辉宇等以捏词欺异等事具呈，又经补传。去后，兹据李若桂、熊步芳等各具呈前来，除分别批示外，合行饬催。为此，仰原役钟珍、陈太，即将后开并各票有名人等，限三日内传齐赴州，以凭示期诣勘。去役毋得再延，致干重究，速速须票，并各前票人等。五月初七日差原役。

计开：汪贞吉、陶立亭、张瑞明、金丰元 以上李若桂卖控创建会馆人。

生员马挺、熊一崧，监生王治，为申明利害，恳恩决禁，以伸士气事。

窃念群神皆崇祀典，至圣特隆；万姓同隶版图，吾儒为贵。尊文教即以培养士林，由来尚矣。近有徽籍汪贞吉、陶立亭、张瑞明、金丰元等奸计绝伦，行迹莫测，怀聚众之谋，拟会馆之建。阴图要地，只知兔窟堪营；显碍黉宫，罔顾龙身易损。土木兴而祸不旋踵，圣士两伤；风水坏而害将切肤，神人共怒。三月初五，已据职举贡、监生李若桂等屡禀请禁在案。讵吉等揣众怒之难平，乃欲抽身；冀君子之可欺，挥徒插讼。以故游手无艺之程辉宇等捏饬支搪，砌词诳诉，各批抄。生等捧金批，不胜惶惑。伏念勘而后断，临事固属周详；不勘而禁，于理更彰明决。何也？形家之说，聚讼纷纷，见为有害者矢口不移，见为无害者狡辩百出，虽经诣勘，势难折中。况伊萍寄他乡，生等祖居斯土，惟藉【籍】云之异，实关系之悬殊，伊安得不矫以无害为词？生每得不真以有害为虑？设使两相竞执，均属无凭，自应权以轻重，立赐判禁。盖会馆随地可建，学宫终古难移！苟无会馆，其无损于贸易者无几，而合州蒙庇；倘添会馆，其所益于贸易者无几，而合（州）遭殃。祸福迥殊，轻重易判。就令生等合学尽属书愚，误以无害为有害，亦无崇奉学宫，冀图免祸，且当求禁创建，为合学除疑。况伊基地实系学宫要脉，生等列胶庠，何忍坐视？迫叩大老爷恩念会馆之尊难同圣庙，工贾之贵较逊士林，伊非祸福所关，生有损害之辩，即时批禁，庶合州士气可伸，永培学校于无穷矣。上禀。

四月廿五日批：此案前据各绅士以徽商创建会馆处所近切学宫，龙脉大有妨碍，是以批饬亲勘在案。静候勘夺。

同日，生员杨士薰、马琇、王汝璋等照上词一样，共一词。
批：已据熊一崧等词内批示矣。

职员程辉宇、吏员夏章、职员程岭梅为多方诱控，叩迅勘断事。

职等籍隶徽州，贸易宪治，此正商贾欲藏于仁市，议建设馆，以为行旅栖止。陆续价买各姓住房，拆屋盖屋，将欲兴工，遭监生熊步芳挟索未遂，煽诱捏控。及职等呈明并无欺压毁伤之处，绘图具诉，勘后兴工，伊见狐尾已露，明知会馆基地本无碍于学宫，难瞒宪勘，复添勾熊一崧、杨士薰等联名架控。词云：不勘而断，尤彰明决；并诬职等游手无艺，唆挥具诉，勘后兴工，誓死向阻，必滋巨祸。词意武断，上挟官长，下制异人，定欲唯其言而莫予违也。不思会馆形同民舍，本无妨碍，非勘不明。职等司事会馆，理宜出名具诉，勘后有碍与否，宪有公断，何容誓死向阻，故滋巨祸？至云见以为有害则害，又误以无害为有害等语，此非自是欺异之言哉？种种谬谈，难以悉辩。至举徽郡冒店，唆砌讯讪，不思九州之大，万汇难齐，徽郡不皆完人，六州亦多伪士，旁引毁谤，究与正案无关。职等虽属易民，犹思立品，断不屑效此浇漓气习也。惟查现在列名具控之人，多系步芳窃名冒列，不叩恩赏迅勘定断，将来煽冒无休。为此，禀叩大老爷迅赏勘断，俾息众喙，得以兴工。上禀。

五月初六批：候便道诣勘。

五月十五日，州主沈亲至会馆，前后履勘，此即回辕。

为业奉恩勘，叩断兴工事。

职等价买北隅内民房建立会馆，离文庙远有数十丈，中隔民房、街道、佑圣宫、火星庙，并无欺压毁伤情形，遭监生熊步芳挟索未遂，煽诱捏控，致未兴工。本月十五日，宪驾亲诣勘明，职等正希传讯断明，得以兴工，而步芳自知平空构讼，嘱差拖不投讯。职等虽徽籍易民，深知崇祀文教，若稍有妨碍，岂敢擅买议建？步芳等词称，即系无碍，总不宜擅动，则是文庙数十丈外左右一带皆为禁地，而律例未见有此明文。况是处旧有民房，会馆亦与民房无异，若系州民因房改造，又焉得而禁之！今业奉宪驾，亲勘明确，则碍与无碍，行迹显然，而步芳等挟索未遂，凭空捏控之，奸妄难逃洞鉴，岂容任其宕延，致职等兴工无期。为此，迫自投讯，伏叩大老爷赏勒原差，即带讯断，以便兴工。激切上禀。

五月廿日，原差即带讯。

为再行投到，叩恩勒讯事。

职等价买北内民房，离学宫远隔数十丈，公拟因房改造，以为会馆，遭监生熊步芳挟索未遂，诱众捏架妨碍学宫大题，叠控在案，致未兴工。本月十五，业奉恩勘，碍与不碍，行迹显然。指控者之为公为私，难逃洞鉴。职等遵传于廿日具呈禀到，奉批原差即带讯，随又开明到单，交原差钟珍、陈太带讯。奈步芳等自知凭空捏控，一经讯断，奸妄难藏，贿嘱原差拖不投到任，职等屡催，卧而不睬，不思理论。而是控则必审，果其理长，何难质讯？若谓畏秦镜之悬，何得具无理之控？倘任原差拖庇，绝志宕延，累职等甘受牵制，会馆不得兴工，徽众奚服！为此，再自投到，伏叩大老爷勒差带讯，斧断明公，俾奸枭不得横行。顶祝上呈。

五月卅日批：候勒差即带讯。

六月初五日，具禀生员杨法曾、熊一梓、陈挺森、杨讷为义捐饬迁，患消讼息，士贾两便。

徽籍汪贞吉等魆买儒林岗来龙过峡起顶要地，拟建会馆，生等恐其掘挖地脉，害学宫风水，叠【迭】禀请禁。吉等狡嗾程辉宇等屡饬朦搪，在卷各批抄。生等仰念学宫风水，理宜禁护，仁宪因未经勘明，难以遽禁，无非怜惜异民旅况艰苦，不欲使之失所。即揆伊等创建本心，只期驻足有地，非必有心决择，妨碍学宫要地，定欲害生合学。乃伊等明知有碍，必欲纠讼者，一则生州风水与伊不关利害，无妨恣意毁伤；一则舍此不建，虑无他处可迁。是以左右之朦，摇尾乞怜，致未决禁也。五月初十日，原差钟珍、陈太传集生等，禀请示期诣勘，生等仰候示期，蒙批便道诣勘，生等以恳禁处所离署甚近，每日公出为时无定，万难伺候。五月十五日宪驾忽临，原差并未信知，所以履勘之时，生等并（无）一人在侧。然业勘明，有碍属实，生等合学仰候示禁，今逾半月，未蒙示禁。生等仰承宪意，欲为学宫杜害，预为伊等谋迁，用各输下两择，买市房地基一所，坐落南外大街，其地周围约有九十余丈，尽可盖房数十间，生等愿将此地捐给伊等，任伊建立会馆，祀朱文公，生等每年公备牲牢一同礼祭。在伊等咸歌得所，即生等亦藉绅徵［?］敬，实为善便。至伊等魆买地基，任伊或卖或留，既不创建，自不掘挖，讼端自息。合叩仁宪赏饬伊等领受迁建，恩将有碍学宫处所出示永禁，一面饬取吉等永不掘挖伤害，切结饬差协同踩交义捐地界，并取吉等领受速迁，遵结备案，生与伊等均当衔结。上禀。

计粘抄批：业经履勘明确，静候集讯断。不得以公捐义地率请押迁滋讼。

六月廿四日，快头钟珍、皂头陈太叩禀大老爷：情据李若桂、杨恢曾等控徽商创建会馆、欺压风水等由一案，当经便道勘明，票饬齐讯。身等遵票往传，奈李若桂等彼此支吾，延不赴讯，以致徽籍程辉宇等屡摧投审，并又叠【迭】次堂回。蒙恩面谕身等，速齐禀讯，如再延违，定提血比【?】。但李若桂等俱系举贡生员，不肯赴讯，身等实莫伊何。今身等恐违金谕，致干究比，合将原告不讯缘由禀明，伏乞宪示。上禀。计呈朱票二张。

批：李若桂、熊可举等既为文庙公事，出而联名公呈，何致群相规避，明系饰延。着即赶传，限五日内投审，再延，定干提究。票仍发。

七月初二日，杨法曾等六十二人词同，分投，为藐法强梁，面谕即折，遵叩讯究事情。

豪商汪贞吉等敛财聚众，在儒学来龙入首要处违例创建，掘挖毁伤，大碍学宫风水，生等叠【迭】禀究禁在案。生等仰候勘断，其应建与否，宪无示明，理应候讯。此不但有碍学宫，事关重太【大】，即寻常词讼，例总不敢藐法武断。孰吉等仗钱恃众，不候宪讯，即聚众鸠工，数百人强行建盖。生等闻知，迫于本月初一日禀请宪驾弹压禁止，当奉恩谕，三班押令原差陈太斥止。吉等硬藐不遵，胆即于是夜将伊正殿梁柱排山一时强竖。贿差讹禀系属耳房，实属要害正殿。似此目无法纪，肆行猖獗，藐法藐官，例所不容。即宪天仁慈，格外矜怜，亦难宽宥。初二日，生等合学公同回禀理斥，蒙宪谆谕生等三日内候宪即行毁拆，无庸生等自行理斥。生等仰念仁宪言出法随，感戴无既，理合公呈叩谢，恩照面谕迅拆，先行究办，示期迅禁。生等赴案，激切上禀。

批：事既控官准理。该商汪贞吉等不候讯断，率尔兴工，候饬差即行谕止。一面赶传案内人证，限二日内禀到，以凭质讯断详，毋任延抗滋事。添新原告四人：李志遂、江纬绩、江步汲、王晴霞。

七月初五日，为藐示抗审，捏示纠众，叩即断详事。

职等徽民，久买北内民房拆盖会馆，离宫学远隔街巷、神庙数重，本无妨碍，遭监生熊步芳挟索未遂，纠众六十余人联名捏题架控。蒙勘明传讯，职等遵于五月廿日交差到单，复又禀到数次，伊等坚不投案；延至六月廿五日，差禀宪示，限五日内投审，不到；复又悬牌廿九日，勒审不到。差催如未催，悬牌如未悬，藐官藐示，绝志行强，串定枭计，必遂伊欲，建则无妨。明借风水为挟索张本，如何敢当镜讯？今瞅职等会馆修盖余房，捏称正屋，纠煽多人于初一日三鼓后挟众咆哮宪署，随又扭差喊骂至馆，本看馆人紧闭馆门，未至闹入。彻夜狂吠，鸡犬皆惊，直炒【吵】至初二午后，复蜂拥进署。奉恩谕候讯，出随捏造"宪谕拆毁。"胆敢抗词强禀，定要先行示拆，乃肯投案。如此挟众藐抗，秀才不守卧牌，捐职有玷名器，官法何在？士习何存？今宪又悬牌初四日带讯，职等赴辕静候，伊等闻如未闻。况职等自遭纠众捏控以来，诸遵宪法，毫无抗违，而伊等视官事为儿戏，轻票差若弁毛，自蹈罪案，昧行责人，非奉宪恩迅速断详，势将串成毒计，讼祸无休。为此，嚎叩大老爷恩威并济，按律断详。合郡顶戴上禀。

批：现在具详。该商等即遵照另示，停止工作，静候大宪委员勘断，慎毋率行改建，自干咎戾。

七月初八日，具禀汪贞吉、陶立亭、金丰远、张瑞明为叩恩作主，谕息巨祸事。

缘监生熊步芳，见职等徽民在宪治北内价买民房，拆建会馆，挟索不遂，纠煽六十余人捏题架控。五月十五日，奉恩勘明，六次票、牌勒审，伊等抗不赴案。本月初一日，瞅馆基后修盖余房，徐楮山、杨法曽、杨纳、江黛、熊步芳、熊一梓即行纠领全案原告，于三更后两番咆哮宪署，捏谕呈词，批职等止工，限两日内带讯。职等随即遵谕停工，并内馆司事及木瓦工人尽皆散去。初五日，呈禀候断，未蒙批发。孰料于初七日午后，张捕主驾临职典，面谕职并陶立亭云：刻在鲍友义寓所席会，同席有大绅杨吉人、徐楮山、赵燮槐、鲍友义、江效曽，彼此计议，恨职等善违伊命，不将余房尽行拆毁，已遣人往北方一带约集无籍匪凶数百人，候齐入城，先将前后余房尽行砍毁，再寻职等四人砍断腿臂，以雪愤恨。并蒙恩顾，谕令速避，比闻胆裂。细思会馆虽系徽民公举，亦属小事，其准建与否自有宪，何吉人等议定如此大做？然又思及伊等一呼百应，纠众在前，并伊前词业已禀明，誓死向阻，必滋巨祸，字字在卷，预谋难测。况捕主已为动摇，职等安得不惧？且馆基前后尽系居民、客店，倘吉人之言一到，则会馆并职等性命尚属蒿营，而因此扰害禁城，累及宪天，滋祸非小。临事禀迟，为此，奔叩大老爷恩威作主，速谕息祸，徽民焚顶无极。上禀。

批：已据另呈批示矣。

七月初九日示禁。

谕各绅士及徽商人等知悉：案据绅士熊一梓、熊步芳等呈，徽商汪贞吉等建造会馆、有碍学宫风水一案，经本署州于五月十五日亲诣履勘，饬差传讯在案。嗣据该绅士以徽商不候讯断，鸠匠兴工，禀请押【强】拆，又经本署州饬差论止。一面悬牌示讯绅士，并无一人到案，各怀臆见，辗转争执，滋生事端。除详请抚、藩二宪遴委大员秉公勘断外，合先示谕一到【道】，该绅士、徽商人等务各遵示，静候大宪委员勘断。该徽商不得率尔兴工，任意改建，该绅士亦毋得纠众强拆，均干未便。如有不遵，定即详办。其各凛遵毋违。特示。

署江南六安直隶州沈详文为违例创建等事。

本年三月初五日，据卑州举贡生监李若桂、熊可举、杨恢曾、熊步芳等呈称违例创建、叩赏示禁事云云，同日并据张邦宁等四十九人禀同前由，各到州，据此当批。旋据职员程辉宇诉词云云，当经饬差传勘。去后，嗣于四月廿日，据李若桂等呈称，例载创建寺观、神祠者照违例制论；徽籍王贞吉、陶立亭、张瑞明、金丰元等云云。又于四月廿五日，据生监马璇、熊一梓、杨士黛、马琇、王汝章、王治等词云称；并据监生李志遂、江纬绩、江步汲、王晴霞禀同前由，各到州。又经饬差催勘讯。据该差钟珍、陈太禀称云云。卑职随于五月十五日因公便道履勘，勘得卑州文庙坐北朝南，在儒林岗之下，冈脊乃众姓市房，相沿已久。庙右系民房，接连山陕会馆；庙左系学署，署左有大街一道；街左系佑圣宫，宫右系火神庙。庙左该徽商所盖会馆处所，本属民房，即左火神庙左坎下平地，距文庙约有二十余丈，地势较低。随饬承绘图附卷，一面催差传讯。去后，续至本月二十日，据程辉宇等称云云；正饬差传讯间，旋于七月初二日，据生员杨法曾、陈梃森、李志遂、熊一梓等呈称云云；并于本月初八日，据程辉宇等呈称云云。又经饬差传谕令该暂行停止，一面勒传讯断，该绅士并无一人到案。卑职伏查此案，虽经勘明，该徽商所建会馆处所离文庙二十余丈，地势视火神庙、佑圣庙较低，似不致有所妨碍。但该绅士总以泮宫风水为词，藉口争执，卑职未便悬断，理合绘图贴说，具文详请，仰祈宪台鉴核，俯赐遴委大员来州，会同复勘讯断，俾免执滋事，实为公便。除详抚宪外，为此，备由列册具申，伏乞照详申施，须至申者。

嘉庆十四年七月十五日知州沈

署江南六安直隶州沈详文，为违例创建事。

本年三月初五日，据卑州举贡生监李若桂等控徽商程辉宇等建立会馆一案，除全详备载书册，副折不录外，理合绘图贴说，具文详请，仰祈宪台鉴核，俯赐遴委大员来州，会同复勘讯断，俾免争执滋事。除详抚宪外，为此，备由开册具申，伏乞照详施行，须至申至。计申送图说一幅。右申。

嘉庆十四年七月十五日知州沈南春　文书开［?］道于十八日到省，廿日投。

院批州详：仰司查核勘图，程辉宇等建造会馆之处，系在文庙之东，中隔佑圣宫、火星庙，本非来龙，且系民居，地形较低，亦无虞欺压，乃该绅士张邦宁等辄以风水为舞，纠众阻止，其为挟索未遂，煽诱捏控，毫无疑义。至程辉宇等以异籍之人在彼经商，取该地什一之私，必须与该地土【士】名【民】和洽，方可相安。今建造会馆处所，该绅士等既藉文庙来脉，群起相攻，何难另觅基址，乃必与抗争，意图取胜，谅亦非安分之徒。该署牧表率一方，如果勘断惟公，何难令行禁止，乃以遴委大员为请？士商桀骜可知，有司之庸懦无能亦可概见，似此相沿成习，将以诗书文物之地变为蛮髦，政体所关，岂可不大加整顿！仰布政司严饬该州，即将张邦宁等如何挟索，何人起意呈控？其词内所称誓死向阻，必滋巨祸等语何人秉笔？并程辉宇等因何必于文庙东建置会馆，是否此外别无可以建置之处？首事共有几人，有无纠约敛财情弊？严切跟究，务得确情，按例定拟，以惩恶俗而正人心。倘以两造抗违不到，托词延宕，则是该州政令不行，难胜司牧之任，即以溺职例严参可也。此缴图存。八月初四日行。藩司。

具禀职员程辉宇、程岭梅为纠讼抗讯，挟停噬异，嚎提究断事。

职等向在六州生意，曾买本州民房拟建会馆，今春将旧屋拆出地基，遭监生熊步芳藉索未遂，纠众多人具控。沈州宪勘明，文庙在儒林岗之下，冈脊俱属民房；庙右亦系民房，接连山陕会馆；庙左系学署，署左有大街一道；街左系佑圣宫，宫左系火神庙；庙左坎下平地系建会馆之处，实与文庙无碍。饬承绘图附卷，六次悬牌示审，俱皆抗不赴讯，差亦禀案。及职等修盖余房，步芳又纠多人挟控，州宪示谕职等暂行停工，伊等毋得纠众强拆，候详定断。遵停之后，突有丁二院用、张捕厅藩用向职等同事汪贞吉、陶立亭、金丰元、张瑞明云"伊等其意有在，若不谅事挽和，鲍友义等已约凶徒肆害"等语恐吓，贞吉等亦禀有案。切会馆毫与文庙无碍，现经勘明，应听修建，乃步芳等始藉纠讼，继复抗讯，及见兴工，又挟停止，志在所欲不饱，不但不容兴修，并且不容职等安业。生监肆行无忌，异民何以聊生？为此，粘呈图案，嚎叩大人电鉴作主，恩赏提省委讯究断。沾恩上禀。七月廿八递。

八月初二日批：院批：尔等在六州地方充［?］商，欲于彼处建造，绅士张邦宁等既藉文庙来脉群起相攻，尔等何难另觅基址，乃必与抗争！在绅士等不免意图勒索，而尔等之不安分亦可概见！已据州详严饬，并批司饬州确究矣，俟审详到日察夺。倘尔等不俟定案，仍前起造，互争滋事，定即立提重究不贷！慎之。抄卷绘图附。

八月初五日藩批：此案现据该州录详到司，候查核原详，另行批示饬遵。抄案地图附。

七月十九日，具禀职员杨志偕为飞诬，约众叩讯究办事。

职兢兢自爱，不干外事，不惟合州共见，即异籍贸易者无不周知，宪天两任六安，从无片纸入公。今徽民创建会馆，州人以其伤害学宫地脉控案，徽人强行竖柱，合学士人欲往理论，徽人寄州不下数百人，日聚会馆，声言有人来阻，必行纠打。职等因地关学宫，理宜加慎，并恐斗殴滋事，万难缄默，捺劝多士，即徽人恃强貌法，静候宪天勘断立明。讵徽人汪贞吉等自知情亏，欲假纠众大题掩盖已愆，飞诬职等欲强拆，伊至且有"吉人之言一到，性命莫保，及扰害禁城"等，闻之不胜骇异。似此架词，俨然诬职等为纠众之人。窃思在卷各词并无职名，会馆有害与否，蒙示详请委勘，职非案内，不敢过问，惟汪贞吉等诬职等约众，何敢当此恶名？且"扰害"二字尤堪远虑。迫叩大老爷恩准立传贞吉等与职严讯，伊等词称集匪数百人之多，人系聚居何处？何得信口并无确据。如所控属实，则按律治罪，虚则例应倍坐，以儆刁诬，以正风化。激切上禀。

批：案经详请委勘，俟委员到日会同秉公察讯可也。

七月二十五日，具禀杨法曾、熊步芳、熊一梓、杨纳、江黛，为蔑法亏诬，叩恩律坐事情。

徽民汪贞吉倡议在载志儒林冈学宫来脉创建会馆，掘挖毁伤风水，合学兢兢守法，不敢私止，请示饬迁在案。奉批勘断，各批抄。六月廿九日奉宪悬牌，七月初五审讯，应建与否，理宜候断。突于初一日二更时私建，会馆处所火光烛天，人声震地，始知贞吉聚党千人，蛮竖正殿梁柱。当因夜静，未敢遽渎宪听，迫投捕主张转禀，奉谕三班头押同原差陈太等往看饬止。讵伊等蔑法蔑官，恃众不睬。生等初二日赴案面禀，蒙谕作主斥拆，呈批："未奉讯断，率尔兴工，饬伊停止。"生等遵谕守候，宪天斥拆公断。讵贞吉等蔑法畏罪，计架大题图搪，控生等延宕不讯，并诬生等于初一日三更后两番咆哮宪署。不思生等请示饬迁，讵今五月有余，贞吉坐视不睬，挥使游手无艺之程辉宇等横闪支搪，贞吉并无一词到案，则延宕在贞吉，不在生等。且贞吉仗伊钞多，贿嘱原差，于五月十五日宪天便勘，并不信知生等一人。及奉票传讯，贞吉为首祸之人，又不到案，则延宕在差，实延宕在贞吉。且生于初一夜禀明捕主转禀，奉谕三班押差饬止，贞吉不遵，现据咆哮何来？若果咆哮宪天，法岂能容？其诬杨吉人等聚众入城，拆伊会馆，吉人业已控案，奉批委员到日会同察讯。但会馆应建与否，宪天有自公断。而贞吉等诬生咆哮，并诬吉人等纠众，宪天为合州之主，执法如山，奚难立剖其诬，何必遥遥无期，静候委员一任！贞吉无端狂吠，使生等呼吁无门，合州万难甘服。迫叩大老爷赏传贞吉到案，质讯究辨，杜奸雪害。至会馆正案，生等遵候委员到日会同质讯。顶祝上禀。

批：俟委员到日会同并讯察办。

七月二十五日，具禀徐楮山、鲍友义、赵燮槐、江效曾，为亏畏图搪，飞诬意外，万叩律坐事情。

徽民汪贞吉等在载儒林岗学宫来脉建造高大会馆，掘挖毁伤风水，合学守法，不敢私止，请禁在案。奉批勘断，各批抄。六月廿九日悬牌示期，七月初五日审讯，应建与否理宜候断。不知贞吉等倚伏【仗】何势，胆于初一夜蛮竖正殿梁柱。杨法曾等初二日具呈，蒙恩面谕作斥拆，呈批："未奉讯断，率尔兴工，饬伊停止。"生等遵谕守候，知宪天自有公断。讵贞吉等蔑亏畏罪，计架大题，先诬杨法曾等初一三更后番两咆哮宪署，独不思宪令三班押差饬止不遵，现据咆哮何来？若果咆哮宪天，岂能容此！二字何混出伊口？更奇词称张捕主至伊典云称：杨吉人与生等计议向北方一带邀约匪凶数百余人入城拆伊会馆，竟有扰害禁城、断伊腿臂、恩顾速避等语。伊只知信口混诬，不思吉人如果与生等有此计议，事关机密，捕主何从知晓？且捕主乃经管监口盗贼人员，此事不干相涉，何胆混诬为伊典走信之人？似此强建不已，复敢诬搪生不已，并敢诬官，应加坐罪。生等前睹宪示，不胜惊骇。今见伊词始悟无据无凭，任意飞害，不叩律坐，生等难甘！再贞吉等于初一夜在馆聚党不下千人，彻天灯火，锋不可当。原差三班头谕饬止不遵，并街邻足证。倘伊挟控图泻，纠众害州，架词预为埋陷，受制何堪！吉人前已控案，虽奉批候委员会同察讯，但会馆应建与否，委员与宪天自有公断，而贞吉诬生等纠众，事关埋害，例应实究，虚坐与会馆似属有间。惟叩大老爷即赏提贞吉等到案讯明，纠众有无凭据，先行究办，以杜奸埋，阖郡沾恩。上禀。

批：已批杨法曾等词内。

九月初十日，具禀赵燹槐、熊步芳、杨法曾、张邦宁、鲍有义、张蔚春等仆高廿四岁，代书沈永清，为遵批投到，究诬饬迁事情。

徽籍汪贞吉在载志儒林岗文庙来龙过峡要处创建会馆，高竖梁柱，掘挖丈余坑坎，现据生等叠【送】次禀案，并捐基禀请饬迁，贞吉闪躲，嗾游手惯讼程辉宇等架词捏搪，贞吉抗不赴案。宪天六月廿九悬牌，七月初五日示审，贞吉不候讯断，胆于初一夜彻夜灯火，集党数百，竖柱上梁。生等随禀明请示，奉谕三班头押同原差陈太等令伊停止，伊毫无畏忌，藐玩官（法），次日反行出头捏诬生等咆哮宪署，纠众强拆，牵张捕主送信。生等禀请究诬，并叩檄饬捕主实禀有无，奉批候委员到日会同并讯察办。在卷批抄。熟料贞吉横行藐法，又不遵讯复，使程辉宇等越控抚宪、藩宪，奉批宪恩，讯详批抄。窃伊会馆买地，议单系贞吉为首，捏控出名何能闪避？致诬生等纠众强拆，伊等强竖梁柱现在高耸完固，纠众何据？尤奇妄捏咆哮宪署，生等禀明，现奉面谕饬止，咆哮何来？种种架诬，反坐难逃。且呈伪图，捏称中隔佑圣、火星二庙，不思佑圣、火星本一庙，不在过峡之所，并无损伤地基，且建在文庙之先，本无妨碍。伊等创建会馆地基实系过峡之所，过峡挖断，害不可当。况州地甚阔，何处不可迁建！生等呈捐南关大街住宅地基，无非欲保合郡风水，伊定不依，独不思会馆随地可建，文庙终古难迁。贞吉阴谋诡谲，鬼蜮自犹，志在取一郡之胜，与州为难。非奉饬迁，文庙受害，学校难安；不坐捏诬，国法空悬。宪天执法如山，自必风行草偃，理合遵批投到。迫叩大老爷俯念斯文一脉，迅讯饬迁，□诬究办，合州均戴。上禀。赵燹槐，全名在卷。

九月十六日批：候饬差即传讯断详。

九月初十日，具禀程辉宇、程岭梅、夏章为投叩讯详事。

向来职等同乡投治生意，每苦旅店费繁，俱各凑捐钞文交与乡前辈，日积月累，聚买民房，拟建会馆，以为驻足公之所。经管数十余年，沿至职等接管，议仿京都各省徽籍会馆崇祀乡贤旧例，供奉朱文公神主，迥非私建庙宇，装造神像，招集僧道，有干例禁者比。乃熊步芳挟索未遂，煽诱多人连控，蒙宪勘明，绘图具详，抚宪、藩宪奉批。职等建造会馆之处系在文庙之东，中隔佑圣宫、火星庙，本非来龙，且系民房，地势较低，亦无虞压。该绅士张邦宁等辄以风水为辞，纠众阻止，其为挟索未遂、煽诱捏控，毫无疑义。应饬讯伊等如何挟索？何人起意呈控？其呈内所称誓死向阻，必滋巨祸等语何人秉笔？根究确情，按律定拟，以惩恶俗而正人心。是职等建造之处，抚宪、藩宪业经批定，毫无欺压，自难再藉妨碍置喙。但伊等前既抗不赴讯，今见抚宪、藩宪批示森严，势更抗违不到，希延脱罪。为此，投叩大老爷恩赏勒差齐讯，俾得结案兴工，职等亦即遵照抚宪批示，与之和洽，以图相安。上禀。

九月十六日批：已赵燊槐等批具呈批示矣。

兵部侍郎兼都察院右副都御史、巡抚安徽等处地方兼理军务提督，军门董查催事。

案据该州详，徽民程辉宇等建造会馆，绅士张邦宁等辄以有碍风水纠众阻止，请委员会勘缘由到院。当经本部院查核勘图，程辉宇等所建会馆之处系在文庙之东，地形较低，无虞欺压，乃该绅士张邦宁等辄以风水为词纠众阻止，其为挟索、煽诱、捏控，毫无疑义。该州何难勘断，乃以遴委大员为请，庸懦无能亦可概见。批司饬州严究，去后迄今未见详复，合亟查催。为此，仰州官吏即速遵照，传集两造应讯人证到案，严切跟究张邦宁等如何挟索？何人起意呈控？词内所称誓死向阻，必滋巨祸等语何人秉笔？并程辉宇等因何必于文庙之东建置会馆，是否此外别有可以建置之处？首事共有几人？有无纠约敛财情弊？务得确情，秉公定断，录供□拟，通详察夺。倘两造抗不到案，先行详革究办，毋稍迟延，有干参咎。慎速，速速！须至牌者　九月卅日行，十月初五日到州。

护理江南安徽承宣布政使司布政使李为违例等事。

案本年八月初六日奉抚宪批，据该州详，李若桂等控徽商程辉宇等创建会馆一案缘由，奉批云云等因，并据该州详司，当经批饬，确讯详办。去后迄今未据［?］详复，合亟饬行。为此，仰州官吏文到立即遵照院批，讯明李若桂等如何挟索？何人起意？呈控何人秉笔？并程辉宇等是否现已兴造，何以必于文庙东建造会馆之处？查明首事共有几人？有无敛财情事？务得各确情，妥议详司，以凭察转，毋得违延，速速。九月二十四日到州。

九月二十六日，州主吴公到任。

十一月初八日，具禀陈廷森等为遵批交地，叩饬迁建，以息争讼事。

徽籍汪贞吉在载志儒林岗创建会馆，掘伤学宫来脉，合学叠【迭】请示禁，吉构惯讼之程辉宇等捏饰支搪，贿差捺不投讯。生等孰思，伊等既买有地不建□而伤害学宫，不迁不可，因买南外市房地基九十余丈，于六月具呈义捐，叩饬吉等，禀请饬拆，蒙前宪沈谕令三班押同原差饬止，不遵；复行示谕，毋许吉等强建，静候详请，委员勘断。讵贞吉意在取胜，诬控徐楮山等咆哮、杨吉人等纠众，俱各诉明在卷；复赴抚宪越控，批饬程辉宇等因何必于文庙之东创建会馆，是否此外别无可以建置之处，何难另觅基址等语。生等窃思，学宫终古难移，会馆随地可建，若将生捐地情由详明大宪，必蒙批饬速迁，惟吉等贿承抹详，是以抚宪不知生等业捐有地，批令另觅基址。吉等恃横藐批，抗不领地，以致悬未结。逢仁宪莅任，合将捐地情由仰遵大宪批示，禀叩宪恩，饬差押令吉等领地速迁，传讯究诬详办，以安学校，以息讼端。上禀。

十三日批：候催集勘讯察断具详。

同日，具禀赵燮槐等为呈图叩讯，饬迁究详：徽籍汪贞吉等在载志儒林岗建造会馆，掘伤学宫来脉，合州公请禁示。比使恩宪在州，遵崇文教，培植士林，自必饬令迁建，讼端随息。贞吉因沈宪批候勘讯，狡构程辉宇等谬以中隔佑圣宫、火神庙，藉口捏搪，贿差延捱，意在取胜。陈廷森等买地义捐，叩饬迁建，无非加意曲全，计图两便。执贞吉不候讯断，硬行竖柱，生等复禀原差押饬止，并奉示谕毋许强建，静候请委员勘断。贞吉恃横貌法，架捏咆哮、纠众等谎诬控，复赴抚宪越控，贿承捏图朦详，均奉大宪批饬另觅基址等情在卷。切勘验必须传集两造，按照地势公绘确图，照例详报，始为允当。乃验属便验，差不信知，生等无人在侧，以致图任伊捏，谬执中隔佑圣宫、火星【神】庙，以为无碍，不思志载佑圣宫建立在前，学宫立在后，均属儒林岗正脉，今被会馆掘伤，实属两害。何为中隔？至火神庙设在佑圣宫内，并非两庙。确图逐细贴说，恩鉴立明。尤奇生等捐给，有叩饬迁建情由，伊竟贿承抹详，是以大宪不知生等已捐有地，批饬另觅基址，其实吉等抗不迁建，基址现在无庸另觅。生等恪遵抚批，知恩宪不日临州，静候斧断。兹已荣莅，理合绘呈确图，并将业捐有地情由禀明，伏乞赏讯，饬令领地迁建，以培学校。至咆哮混出伊口，纠众有何凭据，并叩照例详坐。朱衣万代。上禀。

批：已批陈廷森词内矣。图附。

十二月腊八日，具禀程辉宇、夏章、程岭梅为顶批投到，叩迅勘详事。

职等契买汪象衡房屋改建会馆，遭监生熊步芳挟索，煽众互控一案，经前宪勘明传讯，步等畏究抗审，沈宪具详，叠蒙大宪批文，各在案。职等捐建公所，不过为同乡栖止之地，步等挟索未遂，架词逼近文庙，有碍风水，叠【迭】控不休。伏思有碍无碍尽属无凭，拆房盖房实皆有据。伊等不阻于当年盖建房屋之时，而阻于职等改建会馆之日；不阻于契买之先，而阻于拆毁之后。诚如抚宪金批，显系索诈不遂，竟无疑议。至陈廷森等捏称捐地，业蒙前宪批驳。总之，伊等得饱私囊，一任建造；挟索不遂，为计阻挠。职异民，何堪蹂躏！今值仁宪贲临，高悬秦镜，冤雪覆盆。为此，顶批投，伏乞大老爷准情酌理，迅赐勘详，庶讼累得宁，异民安业，实为公便。上禀。

批：候勘讯核详。

十五年二月初一日悬牌，初六日州主吴大老爷亲诣勘验。六州绅士到者杨成、赵燮槐、汪书勋、陈廷森、邓述曾、张邦宁等，徽人者在案七位，都齐集迎接。周围一看，公案坐下，州主说："我看此地形，不能不让徽人盖会馆，现在京城有会馆数十座，皇上亦不禁他们，尔等不知，只说他们。在你六安做买卖算宾，你等必须要宾主和好。我劝徽人不可过于盖高，仿你六安顶大房子盖法。我就如此断法，就照此出详。尔等若不依断，将来闹出大事，我就不问尔们了。"杨成等晓晓不休。州主临行又说:"我叫徽人盖低二尺,托个脸儿与你们罢。"即时上轿去了。

藩宪行牌:"所来上文不入云云等,因查不详办,实属玩违,本应详参提究,姑再马递寓目札催。札到该州,立即遵照院示,迅即勒拘张邦宁等到案,讯明何人起意呈控?如何挟索?词称誓死向阻等语何人秉笔?程辉宇等有无敛财情(事)?刻日录供,妥办详复察转。倘张邦宁等仍前抗玩,即将该生先行详革,勒拘严究,按凝【律】详办。该州如再徇纵刻延,定即详揭,请参不贷。切速,速速。"此文系二月初十日来,四百里马递邮封驰缴。

又来,"除上文不入云云等,因目无法纪,率称誓死向阻、必滋巨祸等语,该州自应据究实详,以儆刁健,如果抗不到案,亦应照例详革。乃任檄频催,抗置不问,似此任意徇延,吏治尚勘问乎?本应径行详参。如再马递锁封札提,札到该州,立即勒拘张邦宁等到案,研究何人起意呈控?如何挟索?词称誓死向阻、必滋巨祸之语何人秉笔?程辉宇等有无敛财情事?刻日录供,妥议详司,以凭核转。倘张邦宁等仍前貌抗,即行详革究办。该州如再徇混捵延,定即径行揭参,决不再贷。飞速,速速。计发锁书一道,锁拿差承牌。"此文系三月十七日来到,在署内,归入本卷。

署理江南安徽等处承宣布政使司布政使广札六安州知悉。

本年二月廿五日,奉抚院董札,开案据六安州详,徽民程辉宇等建造会馆,绅士张邦宁等辄以风水有碍,纠众阻止,请委员会勘缘由到院。当经本部院查核勘图,程辉宇等所建会馆之处系在文庙之东,地形较低,无虞欺压,乃该绅士张邦宁等辄以风水为词,纠众阻止,其为挟索未遂、煽诱捏控,毫无疑义。该州何难勘断,乃以遴委大员为请批?司饬州严究在案,即经本院部查案饬催,乃该州一任疲玩,频催仍前高搁,查不详复,甚属玩延,本应提承究处,合再专札司,立即遵照,刻日传齐两造应讯人证到案,严切跟究张邦宁等如何挟(索)?何人起意呈控?词内所称誓死向阻、必滋巨祸等语何人秉笔?程辉宇等因何必于文庙东建造会馆,是否此外别无处建置之处?首事共有几人,有无纠约敛财情弊?务得确情,秉公定断,录供定拟,通详察夺。倘张邦宁等抗不到案,先行详革究办。此催之后,如再徇延,该州定即参咎等因到司。奉此查此案,即奉院催,屡经札饬,作速讯详,延今日久,迟不详复,至刁生劣监不守卧碑,每藉文庙风水挟索,纠众讦讼滋事,最为地方之害。且程辉宇等建造会馆,系奉抚宪批饬,在于文庙之东,相阻二十余丈,地势较低,并无欺压,何以张邦宁等辄以风水为词,煽诱捏控,纠众阻抗,尤敢恃符妄作,目无法纪,率称誓死向阻、必滋巨祸等语。该州应即据实定详,以儆刁健,如果抗不到案,何难立时照例详革!无乃【奈】催檄谆谆,该州听之,貌延不办。承弊捵遂置不办,吏胥之串可知,本官之胆玩尤甚。似此任意迟搁,大属不成事体。今奉前因除呈复院宪外,合亟飞札严催,札到该州,立即勒提张邦宁等到案研讯,何人起意呈控?如何挟索?词称誓死向阻、必滋巨祸之语何人秉笔?程辉宇有无敛财情事?刻日录供,妥议详司,立等核转。倘张邦宁等避匿不到,立即详革究办。先将遵办缘由同发,锁书禀缴查考。如再瞻顾徇延,定提胆玩差承究惩,并将该州易结不结职名照例揭参，断不姑容。凛之，速速。此札三月初一行，初六到州。州主吴公禀稿未录。

奉藩宪批：此案已据该州禀，奉抚宪批饬销案，仰即查照，另檄遵办，激【檄】为遵批饬行事。奉前抚宪董批，据该州详禀，张邦宁等控阻程辉宇等建造会馆一案，遵经复勘，程辉宇等建造会馆之处在州城东，坐北朝南，本系民房，西距文庙二十余丈。该州文庙在州城儒林岗之下冈脊，乃系众姓市房。庙右民房接连山陕会馆，庙左系儒学署；署之左有大街一道，左系佑圣宫；宫左系火星【神】庙，庙左系所建会馆，即在火星庙【神】左。与前署州所禀情形无异。程辉宇等将旧置民（房）改建会馆，并非创建庵院可比，此外另无基地可建，嘱令程辉宇酌量改低。禀请示遵等缘由，奉此据实仰布政司转销缴等因，奉此并据该州禀报前情，除禀批发外，查此案前经该州详，奉抚宪批示查核勘图，程辉宇等建造会馆之处系在文庙之东，中隔佑圣宫，本非来龙，且向系民房，地形较低，无虞欺压，张邦宁等取【辄】以风水为词，纠众阻止，挟索未遂，煽诱捏控，饬州究办在案。今该州复勘，所建会馆之处相距文庙有二十余丈，诚如院批，并非有（碍）风水，自应听其建造，未便瞻顾模棱，以免藉端滋讼。奉此前因，合亟饬行。为此，仰州官吏，文到便遵照谕令，程辉宇等照造兴建，倭【俟】工竣，申报查考。倘张邦宁等藉以屋宇高低，复行纠众滋事，立即照例详革究办，毋任指延干咎。速速。五月二十五日到。

此按：已于七月十七日又复兴工盖造，选择二十四日辰时上梁。

七月初八日杨吉人具控原词未录。十二日批：查此案业经本州勘明酌断，禀奉抚宪批饬销案。至汪贞吉等控词内有该职员之言"一到，伊等命不可保"等语，在【该】职员素行谨慎，自无干预纠众之事，即汪贞吉等所控情节亦只误听浮言，预为过虑，并非谓该职员实有纠众之事，与指诬控者不同，岂能即治以诬告之罪。此时案经批结，该职员毋庸复控，徒法讼累。

八月，六安生员黄印华等在省，赴按察司衙门捏批具控。且禀人黄印华等为示擅造叩饬查究事：去岁，生州有典商汪贞吉于文庙左首建立徽州会馆，不特高耸欺压圣庙，兼有干合郡文风，大有关碍，是以阖学连名具控。奉抚宪批，令贞吉城外另觅基址，不得抗讼，嗣经州主亲验，不解何意，谕令仍照起建，惟将柱脚矮去三尺，不得欺压圣庙。阖学未遵，案悬未结。讵于本年六月，贞吉瞰生等赴宁乡试，不遵抚宪批示另觅基址，亦不遵州面谕法三尺，硬行驾屋，高耸如故。窃圣庙至尊，难容欺压，阖郡文风关系甚钜。况奉抚院批令于城外另觅基址，乃竟违示擅造，实属藐玩。生列胶庠，情难甘默，叩请大人赏饬遵示，另觅基址，以崇圣庙，以卫文风，阖郡沾恩。上禀。

批：仰六安州即饬遵照前抚宪批示，觅基另建，毋任抗延滋讼。供单并发。

九月初五日由马递五百里发州。

六月十六日，州主吴大老爷给发谕帖，令兴工，为遵批饬行事。

奉前抚部院董批，据该州具禀张邦宁等控阻程辉宇建造会馆一案，遵经复勘，程辉宇建造会馆之处在州城东，坐北朝南，本系民房，西距文庙廿余丈。文庙在州城儒林岗之下岗脊，乃众姓市房。文庙右民房接连山陕会馆，文庙左系学署，署左大街一道，左系佑圣宫，宫左系火神庙，所建会馆即在火神庙左，与前署州所勘情形无异。程辉宇等将旧置民房改建会馆，并非特创庵院可比，此外别无基地可建，请令程辉宇酌量改低。禀请示遵等缘由，奉批据禀已悉，仰布政司转饬销案缴等因到司，奉此，并据该州禀报前情，除禀另行批发外，查此案前经该州详，奉抚宪批示，查核勘图，程辉宇等建造会馆之处相距文庙廿余丈，诚如院批，并非有碍，自任听其建造，未便瞻顾模棱，以免藉端滋讼。奉批前因，合函饬行。为此，仰州官吏，文到即便查照谕令，程辉宇等照造兴建，一俟工竣，申报查考。倘张邦宁等藉以屋宇高低，复行纠阻滋事，立即照例详革究办，毋任指延干咎，切切，须牌。

特授江南六安直隶州正堂加十级、纪录十次吴，为遵批饬谕遵照事。

案奉藩宪广转奉抚宪董批，据前州详报，州绅士李若桂等具控徽民程辉宇等建造会馆，欺压文庙，有碍风水一案，详请委员勘讯缘由，当奉批饬讯详。前州未及审讯卸事，本州回任，卷查绅士李若桂等以程辉宇等创建会馆有碍文庙风水，而程辉宇等以建造处所本系民房，并非特创，不过因房改造，无伤龙脉。两造各执一词，若非复勘不明，确无凭讯断，并不足以折服其心。随饬差集两造人证，带至控争处所同勘得：徽民程辉宇等创建会馆之处在州城东北，坐北朝南，本是民房，西距文庙约有廿余丈。文庙在州城儒林岗之下岗脊，乃众姓市房。庙右民房接连山陕会馆，庙左是儒学署，署左有大街一道，左系佑圣宫，宫之左系火神庙。该徽民程辉宇等所建会馆即在火神庙左，与前署州所勘情形无异。不复绘图外，随讯，据徽民程辉宇等供称，伊等六（安）生意多年，因作客人众，无处居往，同众捐资置买旧房基地改造会馆，并非创建庵院可比，且别无地基可以建造，只求恩断。并据绅士李若桂等供称，徽民程辉宇等买这民房改造会馆，因其立柱过高，举贡们志图上进，全赖文庙庇荫，程辉宇你改建会馆恐过于大高，致坏风水，因此具控，并没挟索情事，今蒙踏勘，只求酌断。各等供据。此查：程辉宇等将旧置民房改建会馆，并非创建庵院可比，此外别无基地可建；李若桂等亦无挟索情事，特以程辉宇等将民房改建会馆立柱过高，恐碍文庙来龙，致有此控。若程辉宇等停止兴工，似非所以安商，如照现在立柱起造，较旧房过于高大，虽风水之说过于杳渺难凭，而李若桂等既以怀疑具控，不得不酌量变通。谕令程辉宇等仍在该处建造，量为改低，照民居平屋起建，不许起盖楼台。缘由具禀。兹奉藩宪牌开，接奉抚宪批：据该州具禀，张邦宁等控阻程辉宇等建造会馆一案，奉批具禀已悉，仰布政司转饬销案缴等因到司，转行到州。奉此，合行谕知。谕到，该程辉宇等即便照本州禀蒙批准情节兴工，一俟工竣即呈明，以便转报，毋违，速速。特谕。

右谕给程辉宇等，准此。

十月张邦宁送徒弟江南乡试，便向制台递词。

具禀生员张邦宁，为欺圣欺君，藐断藐批，恩饬严禁，止祸息祸（事）。

陶元森、金丰元、汪贞吉、张瑞明、程晁姓等，在六安州城地方开设典铺、银庄数百家，伊众敛钞，谋六安风水，突〔?〕于在佑圣宫供奉万岁〔?〕牌位，东首文庙来脉儒林岗上私建会馆，掘地六尺有余，上造层楼。生等闻风当禀州沈宪，面谕停止，陶、金等胆大包天，不知作何神弊，于去（年）六月硬行塑【竖】柱。州主详文，抚宪批录粘呈。陶、金等不但不遵示另觅基址，且生等所献城外城内基地之处且概不用，硬在儒林岗文庙来脉上建造会馆，谋害显然。况程辉宇是徽州土棍，素行健讼，并不（在）六安贸易，系陶、金等贿来帮讼。复于本年八月内，通神舞弊，仍前起造，并具红请帖于六安众绅士等，情愿罚银充公，置酒服礼。伊等请生红帖二纸粘呈赏验。切思文庙、佑圣宫来脉合州风水，伊等谋害，罪岂难逃！况州地甚大，谁肯甘心！况会馆随地可造，而文庙千古难移，似此欺圣欺君，藐断藐批，目无王章，如同化外，生只得缕情具诉大人台前，恳恩作主，赏除刁健，神圣沾恩。上叩。此词未批。

太子太保、兵部尚书、两江总督、部堂松，札候补知县李奕廖知悉：据六安州文生张邦宁等呈控，徽民陶元森等谋害风水，突于州境儒林岗文庙来脉私建会馆，控奉勘审、抗不遵候等情具呈前来。查此案，张邦宁前经控，奉安徽抚宪批示饬办，除咨会抚部院核办外，合行札委，札到，该令即日带同原告前赴六安州查勘明确，即将案人证解交安藩司秉公提讯，详候抚院核示，并报本部堂查考，毋违。特札。计发原呈仍缴。十月廿四日到州。

州正堂吴奉委复勘事。

案奉督宪委员带同六安州生员张邦宁具控徽商建造会馆一案复勘等因到州，合此奉行。为此，仰原役陈太、钟恺【珍】即将后开通案人等逐一传齐，在于控告建造会馆处所伺候，限三日内赴州禀到，以凭会同委员复勘。去役毋得迟延，火速，速速。计开。十月廿六日差。

委员会同州主连讯两堂已到人等，州主备文发差押解安省，于十一月初四日动身，初九日到省投文，发安庆府收管，各取保回寓。

藩司委牌札安庆府知悉：本年十月廿八日奉抚宪牌开，准两江督、部堂松咨据六安州文生张邦宁等呈控徽民陶元森等谋害风水，突于州境儒林岗文庙来脉私建会馆，控奉勘审，抗不遵候等情具呈前来。查此案，张邦宁前经控奉贵部院批司饬办，除委候补知县李前往六安州查明，将人证解交安藩司审详、贵部院核办外，所有现讯供情相应抄录咨送查照饬遵等因到院。准此，合就檄行，仰司即便遵照，候委员解到人证，确核卷、据绘图，秉公讯断，详候核办，毋违。等因到司。奉此，当经转饬该州提解。去后，兹据六安州详，称会同督宪委员复勘，据陶元森呈称年老有病，难以行走，赏请摘释；所有现到原告张邦宁，被告程岭梅、夏章、张裕岗，并绘图整卷，移请委员解审等情，并据委员候补知县李将张邦宁等同勘图人卷解送前来。除将邦宁等饬发该府收管，并札饬凤阳府同知会审外，合亟札饬。为此，札仰该府，札到立即遵照，会同提齐张邦宁等到来，确核卷据，秉公讯断取具，遵传详办，以凭复勘议详，毋稍违延。切速，速速。此札。

计发司卷一宗，院文粘连原供一纸；

州卷一宗、口供一本、遵依十二纸；

绘图一纸，六安州详册一本。

十三日，安庆府知府姚、凤阳府同知高，会同审断，堂谕劝令原告具遵，被告具结，填土了案。

具甘结：徽州府职员程岭梅、吏员夏章、监生张裕岗，今结到大老爷台下，情因职等在六安州建造会馆，张邦宁等在督宪翻控一案，今蒙讯断，职等本未掘挖，奉谕该地填土，培植龙脉，留出柱础三分，职等甘服。所具甘结是实。

嘉庆十五年十一月十三日具甘结。夏章押、程岭梅押、张裕岗押。

安庆府详文未录。

藩司详文：该本司核，看得六安州生员张邦宁等上控徽民陶元森等私建会馆，有碍风水一案，缘陶元森与职员程岭梅等籍隶徽州府歙县，在六安州生理历有年，所因同乡在六安贸易人往来甚众，向无住歇公所，经陶元森等公议，捐资置买州城北门内儒林岗民房改建会馆，藉为乡亲栖止之所。该州举贡生监李若桂等因地近学宫，建造有关风水，立柱过高更碍文庙来龙，先后联名赴州控阻。并据徽民程辉宇等亦以基地本系民房，并非特建，因房改造，无伤龙脉情词具诉。经前署州沈令勘明，文庙系在儒林岗之下岗脊，乃众姓市房，庙左有大街一道，街系佑圣宫，宫左系火神庙，徽民所建会馆处所本属民房，即在火神庙左坎下平地，距文庙廿余丈，地势视火神庙、佑圣宫较低，不致妨碍。因该绅士以泮宫风水为词，藉以争执，未便悬断，详请委员会同复勘。奉前抚宪批饬讯详，嗣经该州吴牧复加履勘无异，断令程辉宇等仍在该处建造，将屋量改低，照民房造建平屋，不许起盖楼台。禀奉前抚宪批示，转饬销案。并经前署司饬令建造在案。该生张邦宁未悉案已禀奉批销，因见程辉宇等兴工，遂以抗不遵候勘审，前赴宪、督辕呈控。奉委江苏候补县令诣州提集人证，会同该州勘讯，时有生员黄印华等因见前抚宪批示州详有"程辉宇建造会馆，该绅士既藉文庙来脉群起相攻，何难另觅基地"之语，悟【误】会已奉批令城外另觅基址，控经臬司批州觅基另建。兹经李令会同勘明，会馆屋已造成就，亦未有碍文庙，议令填土以培地脉，绘图申复，押带人证来省，饬委安庆府会同凤阳府同知高承会审。兹据该府等讯，无挟索敛财情事，议拟详复，前来本司。查此案，徽民程辉宇等所建会馆处所本系民房改造，并非创建，历经该州正署牧令及委员李令勘明，相距文庙尚有廿余丈，并无妨碍，程辉宇等亦无可以另建之处，现在会馆业以告成，自未便另议更张，应如该府等所议，仍照李令原断，饬令程辉宇等将会馆内基地加土填高，仍留柱磉三分，以培地脉而杜【杜】争端。张邦宁未悉案奉批销，是以赴宪台、督宪复控；黄印华等亦因悟【误】会抚宪、前宪批示，在臬司衙门具呈。均为地方公事起见，情尚可原，俱免置议。黄印华等控词并请饬州缴销，毋庸查办。嗣后如复有绅士藉端滋讼，概不准理。两造人证众多，现投原告张邦宁、被告程岭梅等到案，供明具结，两造俱已允服。未到人等，免其提质，案已讯明。已到张邦宁等即饬就近省释，以省拖累。是否允协，缘奉檄宪台鉴核批示祇。除详抚宪、督宪外，计送绘图一纸。十二月初三日申送。

　　十一月二十三日，程辉宇、金兆镐递抚宪呈词。廿八日批：候详到察夺。

　　十二月初三日，程辉宇、金兆镐递臬宪呈词。初八日批：查委员会详所断，已属公允。该商等俱结遵断，毋复行翻渎，自取讼累。

　　十二月十三日，程辉宇、金兆镐递臬宪呈词。十八日批：案经审断明晰，本司现在移会藩司核议转详，尔之哓渎不已，是否希图开会馆公项肥己耶？殊属顽健，合饬。

　　以上三词均系夏四先生号玉章大笔，其稿未肯赐录。

　　具禀职员程岭梅，吏员夏章、张裕岗，系徽州府属人，抱呈王详用白手本写禀为恭吁宪恩，陈叩赏释事：职等徽民，贸易六安，建置会馆，遭州民熊步芳、张邦宁等架称违碍文庙风水纠众，前蒙沈、吴州主勘明无碍，详奉抚、藩两宪批销在案。宁奉宪及凤分宪会鞫，宁等诬张欺异，深蒙洞鉴，致奉劝谕填土平磉取具遵结。职等何敢胆办，兹案奉具详，时届封篆，兼以职等州店乏人，岁暮各有经特，经取保在辕，去留不敢自专。为此沥情，仰叩大老爷恩赏予释回，实戴德便。上禀。

　　特授江南安庆府正堂加十级纪录十次姚十二月十八日批：案已详奉藩宪批结，准省释安业可也。

　　佑圣宫高圣庙尊进【经】阁五尺二寸。
　　火神庙低圣庙尊进【经】阁八尺九寸。
　　会馆低圣庙尊进【经】阁九尺五寸半。
　　委员李大老爷亲自丈量的。

　　查六安州志书载：
　　关帝庙，明洪武四年建造。
　　火神庙，在佑圣宫之左，乾隆卅一年知州张肇扬建。
　　佑圣宫，在儒林之左。宋元祐甲寅，道士杨锡茂创建；正德间重修；崇祯庚辰，捐资重建。年久，栋宇倾颓，知州李懋仁捐俸以助，始于雍正元年，至五年落成；又倾败，乾隆五十二年蓝旗重建，规模更为宏整。
　　儒学，在古儒林岗前。元大德四年学正成大用创建，至正间知州王有大增，洪武三年重建。

徽国文公祠创建之由：

始于壬子岁，普众乐输，一时盛举。然千金之裘，非一狐之腋而能成者也。第乐城地处偏隅，独于吾邑经商者颇属寥寥，是以历兹十八有稔尚难兴造，而基址久经购备，物料犹未充盈，择吉今夏鸠工建盖。伏思必须壮丽，以足瞻观，当此为山九仞，功亏一篑之时，故宜及早绸缪，预为会计。特约同人集议，尽皆踊跃输捐。所议条程开列于后，俟工竣之日勒碑廊庑，吾邑诸人亦垂不朽云耳。歙县公具。

一议：杂货，每串捐钱三文。

钱店，每百两捐钱廿五文。

油坊，每串捐钱三文。

盐店，每石捐钱八文。

茶叶，每串捐钱三文。

麻，每串捐钱廿文。

粮食，每石捐钱六文。

衣庄，每串捐钱二文。

一议：上街批捐人名开列于左：张瑞鸣、程南先、程重怀、朱绣章、郑任功、汪履英、唐宁远。

以上所捐之钱总于四月初二日收。上月厘头汇存公处。

嘉庆十四年己巳岁季春上浣之吉立。

新安会馆重捐小引

盖闻有志竟成，亦藉众擎易举；思深善创，犹须六邑同心。新安会馆锱铢积聚，生息有年，置买旧基，又经十年。移柳充嗹，无非我辈辛资；竭立劝捐，亦是他乡血汗。甫经始，而诸绅互控；方排列，而众谕纷腾。若碍学宫龙脉，吾人不作为会馆而举牙【耶】。彼等无稽，州主水清，前后两番公勘，乡耆、月旦、高低、四至咸宜，干碍既虚，申详大宪牌文，批发立准兴工。然以经年糜费，资力已亏，若中止而不为，则材木将朽；欲经管而兴工，则资斧何支？以此踌躇，众怀无已，况经廿载勤劳，孰忍一朝废弃！全当始终之诚，庶免纷纭之论。昔杜工部欲得广厦万间庇天下之寒士，吾辈寄迹乐城，虽通缟纻而朋栖，迟逆旅每叹班荆，又矧奉我徽国文公为百世师表，千古儒宗，仰止嘉谟，追其懿范者哉！往昔捐资俱已告罄，乃蒙各号乡台集丝成锦，聚以厘头，盈虚有济，而缓急难通。用是，重新捐簿布告同人，共襄义举，从重乐输，得已刻期竖立，指日落成，将见祠宇巍巍，桑梓一庭敬止，停云霭霭，金兰千里逢迎。酬功报德，以捐多为次序；祭祀蒸尝，推齿望为后先。传之闾里，勒诸贞珉，亦仁人之遗泽也。其细概前册颇详，兹不再赘云。

时龙飞嘉庆十五年，岁次庚午仲秋月之吉，新安同人公立。

徽国文公为百世师、千古儒宗。

新安会馆收捐清册

清光绪二十年（1894）甲午中秋

目　录①

新安会馆公启 ………………………………………………………… 888

光绪拾玖年拾月起年终止捐数 ……………………………………… 889

光绪贰拾年箱茶捐数 ………………………………………………… 891

光绪贰拾年婆茶捐数 ………………………………………………… 896

光绪贰拾年桶漆捐数 ………………………………………………… 897

光绪贰拾年药材捐数 ………………………………………………… 898

---

① 目录为整理者所加。

新安会馆公启

　　敬启者：我徽之贸易于宁郡者，承先辈厚意，曾经建立厝屋九间，置买义山二十二亩。俾客地游魂或暂羁而归正首邱，或不归则妥安泉壤，诚仁人之用心，固已法良意美。嗣于年前，同人又在宁城后市地方创建新安会馆一所，因经费不敷，乃请于茶商及杂货商号、漆铺各业解囊伙助。庶造塔合尖，功求一篑。惟蒙各宝号踊跃输将，俯如所请。□蝇□之，徽润实鳌，戴以雅名。今将光绪二十年经收各宝号捐款先行刊印，请□送呈公览，以昭核实。此外收付各款□俟会馆落成并妥议章程，乃刻征信录布告同人。惟是会馆既立，在在当需布置，□筹善后之策。所向经费不敷，仍冀集腋成裘，克全善举，是尤同人所心□盼祷者乎。

　　光绪二十一年三月，新安会馆公启。

光绪拾玖年拾月起年终止_{上水杂货、下水纸扎}**捐数**

罗源昌，捐钱拾壹千叁百零柒文；

万　昌，捐钱拾肆千叁百伍拾陆文；

合　兴，捐钱贰千玖百肆拾肆文；

汪道生，捐钱拾伍千陆百柒拾陆文；

余　泉，捐钱陆百零捌文；

元　记、勤　泰，捐钱叁千贰百玖拾肆文；

福　泰，捐钱壹千捌百叁拾陆文；

润森馨，捐钱贰千贰百陆拾肆文；

生　泰、万　丰、义　丰，捐钱壹千壹百贰拾叁文；

郑万森，捐钱贰千捌百柒拾捌文；

永　泰，捐钱壹千肆百叁拾贰文；

恒　记，捐钱壹百陆拾文；

复源牲，捐钱肆百零肆文；

汪天和，捐钱壹百伍拾文；

汪宏升，捐钱壹千贰百叁拾伍文；

汪福新，捐钱伍千壹百柒拾伍文；

汪福生，捐钱贰千陆百叁拾肆文；

汪福泰，捐钱壹千肆百柒拾叁文；

舒永成，捐钱贰百贰拾文；

永盛德，捐钱贰百叁拾文；

叶启新，捐钱叁百肆拾文；

江怡盛，捐钱柒百叁拾伍文；

晋　丰，捐钱壹千贰百零伍文；

万　丰，捐钱叁百肆拾伍文；

裕生隆，捐钱陆百玖拾伍文；

汪怡丰，捐钱壹千贰百拾伍文；

洪泰源、程隆昌，捐钱壹千零拾伍文；

江正泰，捐钱壹千玖百捌拾文；

叶泰丰，捐钱贰千壹百陆拾文；

谦裕、永藻，捐钱玖百伍拾文；

潘正美、潘正隆、潘元记、潘源美，捐钱拾伍千捌百零捌文；

义泰兴，捐钱贰千零叁拾伍文；

郑仁泰，捐钱贰千零陆拾伍文；

查德懋，捐钱贰千文；

王正丰，捐钱壹千伍百文；

鼎丰裕，捐钱壹千壹百文；

鼎隆泰，捐钱捌百叁拾文。

总共计钱壹百零伍千叁百捌拾文。

光绪贰拾年箱茶捐数

老协记经收

洪裕大，捐钱壹千零伍拾文；
义泰隆，捐钱陆百贰拾肆文；
永隆祥，捐钱拾伍千陆百玖拾陆文；
馨　记，捐钱捌千玖百捌拾捌文；
洪永达，捐钱拾伍千陆百柒拾捌文；
查裕隆，捐钱叁千壹百捌拾文；
余天泰，捐钱捌千叁百零肆文；
震　达，捐钱肆千玖百零捌文；
永茂昌，捐钱拾肆千零捌拾贰文；
张长春，捐钱陆百柒拾捌文；
查德发，捐钱叁千柒百陆拾捌文；
信　芳，捐钱贰千捌百贰拾陆文；
查德茂，捐钱肆千零玖拾捌文；
孙怡大，捐钱叁千陆百柒拾捌文；
裕　生，捐钱叁千叁百玖拾文；
永　芬，捐钱壹千伍百叁拾文；
查德盛，捐钱贰千肆百陆拾文；
洪　茂公记，捐钱贰千玖百伍拾捌文；
益　芳，捐钱壹千捌百叁拾文；
谦吉祥，捐钱壹千贰百陆拾文；
永和春，捐钱贰千陆百贰拾贰文；
隆泰昌，捐钱拾千零壹百柒拾陆文；
生元泰，捐钱贰千伍百拾肆文；
詹正隆，捐钱贰千陆百捌拾捌文；
孙永春，捐钱叁千壹百贰拾陆文；
义　昌，捐钱壹千贰百拾贰文；
森　元，捐钱陆千贰百贰拾捌文；
森　泰，捐钱陆千伍百肆拾文；

馨　　馨，捐钱叁百陆拾文；

裕昌馨，捐钱贰千贰百贰拾文；

永昌椿，捐钱叁千玖百陆拾文；

郎永馨，捐钱壹千零陆拾捌文；

和　　记，捐钱壹千陆百伍拾陆文；

余春茂，捐钱壹千伍百叁拾陆文；

查裕丰，捐钱壹千贰百叁拾陆文；

彩　　盛，捐钱捌百拾陆文；

宝　　和，捐钱叁千贰百肆拾文；

怡　　和寿记，捐钱柒千捌百拾捌文；

永　　祥，捐钱肆千陆百捌拾文；

公同馨，捐钱贰千柒百伍拾肆文；

公泰和，捐钱壹千陆百零捌文；

余永升，捐钱壹千伍百玖拾陆文；

永昌福，捐钱陆千陆百柒拾贰文；

瑞　　芳，捐钱叁千肆百肆拾肆文；

恒　　记，捐钱壹千肆百肆拾文；

同源茂，捐钱壹千陆百叁拾捌文。

共计钱壹百捌拾叁千玖百肆拾文。

宝盛祥经收

鼎　　盛，捐钱伍千玖百零肆文；

裕昌馨，捐钱叁千捌百捌拾捌文；

森　　元，捐钱柒千柒百捌拾捌文；

森　　泰，捐钱柒千壹百玖拾肆文；

源源福，捐钱叁千陆百柒拾贰文；

保太和，捐钱拾贰千陆百零陆文；

詹永茂，捐钱肆千捌百零陆文；

宏　　昌，捐钱柒千伍百肆拾贰文；

春甡荣，捐钱拾伍千贰百陆拾肆文；

兰　　馨，捐钱贰百陆拾肆文；

森盛祥，捐钱拾贰千玖百柒拾贰文；

源馨祥，捐钱拾叁千柒百肆拾文；

祥　　丰，捐钱拾壹千壹百陆拾文；

林茂昌，捐钱拾陆千贰百叁拾文；

余自香，捐钱肆千捌百玖拾文；

余来宜，捐钱捌千玖百贰拾捌文；

余裕馨，捐钱捌千贰百零捌文；

瑞　荣，捐钱伍千陆百肆拾文；
怡　和，捐钱拾捌千贰百伍拾捌文；
馥馨祥，捐钱伍千伍百贰拾文；
程同福，捐钱肆千叁百贰拾陆文；
森盛恒，捐钱拾贰千玖百拾贰文；
同　泰，捐钱伍千零肆拾文；
詹保和，捐钱陆千贰百贰拾贰文；
公大昌，捐钱捌千零伍拾贰文；
协泰昌，捐钱柒千柒百拾文；
余萃香，捐钱陆千柒百伍拾陆文；
聚丰义，捐钱贰千柒百柒拾贰文；
詹远馨，捐钱伍千零叁拾肆文；
洪　利，捐钱肆千柒百肆拾文；
春泰恒，捐钱柒千零捌拾陆文；
宏　茂□记，捐钱贰千叁百拾陆文；
詹彩盛，捐钱贰千柒百柒拾捌文；
方殿记，捐钱拾千零贰百柒拾捌文；
聚兴隆，捐钱叁千伍百玖拾肆文；
朱新记，捐钱玖千柒百陆拾捌文；
同日新，捐钱贰千伍百贰拾陆文；
和　记，捐钱壹千肆百伍拾贰文；
和茂祥，捐钱拾壹千陆百拾文；
永福春，捐钱拾壹千玖百伍拾捌文；
方萃昌，捐钱拾贰千零柒拾贰文；
永昌福，捐钱叁千玖百叁拾陆文；
叶同春，捐钱捌千捌百伍拾文；
詹春茂，捐钱陆千壹百叁拾捌文；
宋广盛，捐钱叁千捌百柒拾文；
同和元，捐钱肆千伍百柒拾捌文；
永隆祥，捐钱陆千贰百伍拾捌文；
李祥记，捐钱拾贰千陆百陆拾文；
益珍和，捐钱壹千玖百零捌文；
詹源生，捐钱肆千零陆拾捌文；
福生和，捐钱贰千伍百陆拾贰文；
有　成，捐钱叁千伍百伍拾捌文；
亿中祥，捐钱捌千零拾文；
永　芬，捐钱壹千肆百拾文；
孙怡大，捐钱伍千玖百零肆文；

益茂昌，捐钱壹千贰百拾贰文；

谦吉祥，捐钱玖百玖拾陆文；

方怡昌，捐钱壹千玖百贰拾陆文；

鼎源泰，捐钱玖百零陆文；

汪广生，捐钱陆千百零陆文；

正大元，捐钱壹千叁百伍拾陆文；

同复亨，捐钱陆千肆百玖拾贰文；

泰　和，捐钱肆千玖百叁拾贰文；

春　香，捐钱壹千柒百柒拾文；

孙馥香，捐钱叁千玖百拾贰文；

永昌椿，捐钱叁千捌百叁拾肆文。

共计钱肆百贰拾壹千伍百拾捌文。

程裕记经收

仁　和，捐钱肆千贰百肆拾贰文；

瑞　芳，捐钱伍千贰百陆拾贰文；

洪裕大，捐钱肆千捌百捌拾捌文；

义泰隆，捐钱肆千捌百拾贰文；

裕泰隆，捐钱壹千玖百叁拾贰文；

大　有，捐钱肆千玖百玖拾贰文；

胜和虞，捐钱叁千伍百捌拾贰文；

源源福，捐钱拾千零柒百捌拾贰文；

致中和，捐钱拾伍千零拾捌文；

亿中祥，捐钱拾贰千贰百捌拾捌文；

裕大和，捐钱伍千贰百陆拾捌文；

益　大，捐钱陆千肆百玖拾捌文；

永　祥，捐钱伍千零伍拾捌文；

广　生，捐钱拾千零叁百零贰文；

公泰和，捐钱拾肆千贰百拾肆文；

馨　记，捐钱肆千伍百柒拾贰文；

义　昌，捐钱贰千肆百陆拾文；

怡昌祥，捐钱肆千玖百零贰文；

永昌椿，捐钱叁千陆百拾贰文；

义祥隆，捐钱柒千零贰拾陆文；

恒　隆，捐钱贰千贰百零贰文；

源昌生，捐钱壹千伍百玖拾文；

恒大隆，捐钱叁千壹百伍拾文；

吴永馨，捐钱玖百肆拾捌文；

益馨昌，捐钱玖百捌拾肆文；

广馨祥，捐钱叁千柒百拾肆文；

源馨祥，捐钱贰千叁百拾陆文；

福生和，捐钱贰千肆百零陆文；

裕昌馨，捐钱叁千捌百柒拾文；

裕　昌，捐钱壹千伍百肆拾捌文。

共计钱壹百伍拾肆千零叁拾捌文。

江管记经收

汪萃茂，捐钱捌千捌百捌拾陆文；

萃茂昌，捐钱拾贰千柒百零捌文；

恒茂昌，捐钱陆千零贰拾肆文；

张正茂，捐钱贰千伍百陆拾贰文；

福生和，捐钱叁千陆百肆拾贰文；

义源永，捐钱肆千零贰拾文；

同复亨，捐钱贰千叁百拾陆文；

聚兴祥，捐钱肆千捌百陆拾文；

裕昌馨，捐钱叁千捌百柒拾文；

瑞　芳，捐钱壹千贰百陆拾陆文；

公大昌，捐钱叁千叁百文；

怡　和，捐钱叁千贰百贰拾贰文；

聚丰义，捐钱叁千叁百陆拾陆文；

裕泰隆，捐钱贰千壹百拾捌文；

张正源，捐钱贰千壹百伍拾肆文；

仁　和，捐钱贰千零肆拾文；

源馨祥，捐钱玖千肆百伍拾陆文；

义隆祥，捐钱叁千陆百叁拾文。

共计钱柒拾玖千肆百肆拾文。

总共计捐钱捌百叁拾捌千玖百贰拾陆文。

光绪贰拾年篓茶捐数

恒源义，捐钱贰千伍百伍拾文；

隆　泰，捐钱壹千贰百伍拾文；

永　茂，捐钱贰百文；

吴□□、太昌□，捐钱肆千陆百柒拾文。

总共计钱捌千陆百柒拾文。

光绪贰拾年桶漆捐数

长源泰，捐钱柒千玖百肆拾文；

恒升寅号、恒升裕号，捐钱拾伍千伍百文；

恒　利，捐钱伍千肆百文；

长　新，捐钱叁千贰百肆拾文；

成　泰，捐钱壹千柒百伍拾文；

裕　新，捐钱肆百玖拾文；

利　和，捐钱贰百捌拾文；

恒　豫，捐钱贰百捌拾文。

总共计钱叁拾肆千捌百捌拾文。

光绪贰拾年药材捐数

吴容川，捐钱叁百伍拾文；
余永元，捐钱贰百肆拾文；
吴利元，捐钱贰百肆拾文；
方永祥，捐钱贰百文；
凌和记，捐钱壹百肆拾文；
方裕顺，捐钱陆拾文；
姚大生，捐钱捌拾文；
胡永和，捐钱壹百拾文；
吴鸿银，捐钱壹百文；
吴绍三，捐钱壹百文；
周圣泰，捐钱壹百柒拾文。
总共计钱壹千柒百玖拾文。

新安屯溪公济局征信录

清光绪二十八年（1902）刊本

目 录①

捐启　禀呈　告示 ……………………………………………………… 902

公济局条规 …………………………………………………………… 907

捐启　禀呈　告示 ……………………………………………………… 909

拟订保婴、养疴草创章程　光绪十八年 ……………………………… 913

禀呈　宪批 …………………………………………………………… 915

置产　助地 …………………………………………………………… 918

禀启　宪批　联票　光绪二十年 ……………………………………… 920

输田　置产　当契 …………………………………………………… 921

禀呈　谕单 …………………………………………………………… 923

箱引捐　光绪二十八年　施粥捐　光绪二十八年 …………………… 925

木启　木禀　告示 …………………………………………………… 932

收款　光绪二十八年　支款　光绪二十八年 ………………………… 934

---

① 目录为整理者所加。

捐启　禀呈　告示

慨夫贫民林立，异地萍飘，二竖缠身，疾苦则须臾难忍，一朝去世，尸骸则暴露堪悲。此所以济世情殷，重推财于张氏；活人念切，感续命于刘公也。休邑屯镇甲于四乡，肩挑有事，丁壮偕来；手举为劳，子妇亦至。穷年碌碌，庶几甑不生尘；终日劳劳，窃叹囊无剩物。所幸平安无恙，尚可支持，倘逢疾病垂危，谁为拯救？金已尽矣，觅药饵以无从；车可卖乎，问棺椁而莫有。某等久游此地，洞悉其情，既胞与之相关，自衷怀之难恝。惟是点金无术，欲援手而未能；独木难支，非集腋则无济。用写穷民之状，直陈善士之前，伏祈施济为怀，舍其金带，慈悲大发，开彼药笼，俾鳏寡独孤同沾骏泽，统生老病死皆沐鸿恩。福有攸归，定获珠衔厚报；功无等量，尚希金诺齐声。谨启。

光绪十五年四月，公济局同人公具。

具禀花翎四品封职孙华梁、花翎运同衔李维勋、花翎江西候补知府胡荣琳、花翎四品封职洪廷俊、同知衔胡宗翰、五品封职方邦印、光禄寺署正衔李邦焘、廪生邵鸿恩、李应蛟，附贡生韩寿康，监生江人铎、罗运莹、叶龄、俞国桢，禀为设立善局公请示谕事。

窃查省会之区向设善堂，施棺施药，俾死者不暴露、疾者得安全，诚善举也。屯镇为休邑之冠，各行业既备且多，四方穷民来觅衣食者踵相接，竭手足之劳，只以谋其口体。一遇疠疫流行，病无以医药、殁无以棺殓者所在多有。职等触目伤心，不忍坐视，爰集同人，仿各善堂成规，于本镇下街地方设立公济局，按年五月起至八月止，延请内外专科，送诊送药，棺则大小悉备，随时给送。所需经费非宽为筹置恐不济事，现经茶业各商慨然乐助，每箱捐钱六文，禀由茶厘总局汇收，永为定例。每年计有六百千文，即以此项为正款经费，其余酌量劝捐，随缘乐助，共襄善举。屯镇以茶业为大宗，此后遇有应办善事，即于此局公议，以归划一。惟创立之初，恐有无知棍徒藉端滋事，除禀茶厘总局、禀县外，相应环请宪老父台电鉴，立案给示，以便遵行，以垂永久，德便公便。上禀。

具禀花翎四品封职孙华梁、花翎运同衔李维勋、花翎江西候补知府胡荣琳、花翎四品封职洪廷俊、同知衔胡宗翰、五品封职方邦印、光禄寺署正衔李邦焘、廪生邵鸿恩、廪生李应蛟、附贡生韩寿康，监生江人铎、罗运莹、叶龄、俞国桢，禀为设立善局公请示谕事。

窃查省会之区向设善堂，施棺施药，俾死者不暴露、疾者得安全，诚善举也。屯镇为休邑之冠，各行业既备且多，四方穷民来觅衣食者踵相接，竭手足之劳，只以谋其口体，一遇疠疫流行，病无以医药、殁无以棺殓者所在多有。职等触目伤心，不忍坐视，爰集同人，仿各善堂成规，于本镇下街地方设立公济局，按年五月起至八月止，延请内外专科，送诊送药，棺则大小悉备，随时给送。所需经费非宽为筹置恐不济事，现经茶业各商慨然乐助，每箱捐钱六文，禀由茶厘总局汇收，永为定例。每年计有六百千文，即以此项为正款经费，其余酌量劝捐，随缘乐助，共襄善举。屯镇以茶业为大宗，此后遇有应办善事，即于此局公议，以归划一。惟创立之初，恐有无知棍徒藉端滋事，除禀茶厘总局外，相应环请宪老公祖大人电鉴，立案给示，以便遵行，以垂永久，德便公便。上禀。

具禀花翎四品封职孙华梁、花翎运同衔李维勋、花翎江西候补知府胡荣琳、花翎四品封职洪廷俊、同知衔胡宗翰、五品封职方邦印、光禄寺署正衔李邦焘，廪生邵鸿恩、李应蛟，附贡生韩寿康，监生江人铎、罗运莹、叶龄、俞国桢，禀为设立善局公请示谕事。

窃查省会之区向设善堂，施棺施药，俾死者不暴露、疾者得安全，诚善举也。屯镇为休邑之冠，各行业既备且多，四方穷民来觅衣食者踵相接，竭手足之劳，只以谋其口体，一遇疠疫流行，病无以医药、殁无以棺殓者所在多有。职等触目伤心，不忍坐视，爰集同人，仿各善堂成规，于本镇下街地方设立公济局，按年五月起至八月止，延请内外专科，送诊送药，棺则大小悉备，随时给送。所需经费非宽为筹置恐不济事，现经茶业各商慨然乐助，每箱捐钱六文，永为定例。每年计有六百千文，即以此项为正款经费，其余酌量劝捐，随缘乐助，共襄善举。屯镇以茶业为大宗，此后遇有应办善事，即于此局公议，以归划一。惟茶号箱数多寡不同，非由宪局于请引时俯赐汇收，恐难核实。除禀县宪外，相应环请宪大公祖大人电鉴，立案给示，以便遵行，以垂永久，实为德便。上禀。

钦加五品衔、署理休宁县坎厦分司、记大功二次加三级纪录三次汪为出示晓谕事。

据绅衿花翎四品封职孙华梁、花翎运同衔李维勋、花翎江西候补知府胡荣琳、花翎四品封职洪廷俊、同知衔胡宗翰、五品衔方邦印、光禄寺署正衔李邦焘、附贡生韩寿康，廪生邵鸿恩、李应蛟，监生江人铎、罗运莹、叶龄、俞国桢等，遣抱齐升禀称：因屯溪为休邑巨镇，各行业既备且多，四方穷民来觅衣食者踵相接，竭手足之劳，只以谋其口体，一遇疠疫流行，病无以医药、殁无以棺殓者所在多有。是以爰集同人，仿各善堂成规，于本镇下街地方设立公济局，按年五月起至八月止，延请内外专科，送诊送药，并备棺木，随时给送。所需常年经费现经茶业各商慨然乐助，每箱愿捐钱六文，禀请茶厘总局汇收，永为定章。其余酌量劝捐，随缘乐助。惟创立之初，恐有无知棍徒藉端滋事，遣抱禀请照粘呈规条给示，以便遵行而禁滋扰等情前来。据此，查屯溪各绅衿向乐为善，甲于他处，久深钦佩。今又各出巨款以为之倡，募捐设局，延医送诊，施药施棺，拯穷民之疾苦，免尸骸之暴露，恩被无告，泽及九幽，作善降祥，尔炽尔昌，曷胜钦羡！据禀前情，合行出示晓谕。为此示仰诸色人等知悉：凡穷民赴局医治诊视、领药领棺，俱宜遵依条规，毋得争论冒领；倘有无知棍徒藉端滋事，阻扰善举，准即指交捕保扭送来厅，以凭讯明详办，决不姑宽，其各凛遵毋违。切切。特谕。

　　右谕知悉。

　　光绪十五年五月初一日给。

　　实贴本局晓谕。

钦加同知衔、特授江南徽州府休宁县正堂、加十级纪录十二次水为出示晓谕事。

　　据花翎四品封职孙华梁、花翎运同衔李维勋、花翎江西候补知府胡荣琳、花翎四品封职洪廷俊、同知衔胡宗翰、五品衔方邦印、光禄寺署正衔李邦焘、廪生邵鸿恩、廪生李应蛟、附贡生韩寿康、监生江人铎、监生罗运莹、监生叶龄、监生俞国桢禀称：窃查省会之区向设善堂，施棺施药，俾死者不暴露、疾者得安全，诚善举也。屯镇为休邑之冠，各行业既备且多，四方穷民来觅食者踵相接，竭手足之劳，只以谋其口体，一遇疠疫流行，病无以医药、殁无棺殓者所在多有。职等触目伤心，不忍坐视，爰集同仁，仿各善堂成规，于本镇下街地方设立公济局，按年五月起至八月止，延请内外专科送诊送药，并备棺木随时给送。所需经费非宽为筹画恐不济事，现经茶业各商慨然乐助，每箱捐钱六文，禀由茶厘总局汇收，永为定例。每年纳计六百千文，即以此项为正款经费，其余酌量劝捐，随缘乐助，共襄善举。屯镇茶业向无公所，此后遇有茶帮事宜，即于此局公议，以归划一。惟创立之初，恐有无知棍徒藉端滋事，理合粘呈规条，公恳立案给示，以便遵行，以垂永久等情到县。据此，查屯溪为商贾辐辏之区，四方穷民类多来此觅食，倘遇疾病死亡等事，其间困苦情形闻之甚为惨恻。今邑绅四品封职孙华梁等拟在该镇设立公济局，就地筹捐，同心拯救，病者送诊施药，死者帮费给棺，洵属莫大之善举，本县深为嘉尚。除批准立案外，合行给示晓谕。为此，示仰阖镇军民人等知悉：尔等须知屯镇设立公济局，系为救困抚危、接济贫民起见，凡有赴局求医领棺者，各宜遵依条规，听凭照章施助，不得肆意横索，该地保亦应随时稽察，以杜假冒。倘有不安本分之徒藉此生事肇衅、扶诈图讹，许该局司事据实指名禀县，以凭提案究惩，决不宽贷。其各凛遵毋违。切切。特示。

　　右仰知悉。

　　光绪十五年五月初五日示。

督办皖南茶厘总局三品衔、江苏补用道吴为出示晓谕事。

　　照得本总局据花翎四品封职孙华梁、花翎运同衔李维勋、花翎江西候补知府胡荣琳、花翎四品封职洪廷俊、同知衔胡宗翰、五品衔方邦印、光禄寺署正衔李邦焘、附贡生韩寿康、廪生邵鸿恩、李应蛟、监生江人铎、罗运莹、叶龄、俞国桢等，禀为设立善堂公请示谕事：窃查省会之区向设善堂，施棺施药，俾死者不暴露、疾者得安全，诚善举也。屯溪为休邑巨镇，各行业既备且多，四方穷民来觅衣食者踵相接，竭手足之劳，只以谋其口体，一遇疠疫流行，病无以医药、殁无以棺殓者所在多有。职等触目伤心，不忍坐视，爰集同人，仿各善堂成规，于本镇下街地方设立公济局，按年五月起至八月止，延请内外专科送诊送药，并备棺木随时给送。所需经费非宽为筹画恐不济事，现经茶业各商慨然乐助，每箱捐钱六文，已书允字，永为定章，即以此项为正款经费。其余酌量劝捐，随缘乐助，共襄善举。屯镇茶业向无公所，此后遇有茶帮事宜，即于此局公议。惟本邑茶号箱数多寡不同，婺邑经屯箱茶亦无定数，非一概由宪局于请引时俯赐汇收，恐难核实。环请电鉴，乞照粘呈条规给示遵行，以垂久远等情到本总局。据此，除批查该职等因念穷民病无医药、死无棺殓，倡首募捐，设局延医，送诊送药，并施棺木，俾病者得以安全、死者不致暴露，无告受惠，实非浅鲜，诚地方一大善举也。为善必报，尔炽尔昌，曷胜嘉企！至凡善举，尤以预筹常年经费为第一要义，今本镇及婺邑过屯各茶商每箱愿捐钱六文，充作经费，永为定章，足征善与人同，深堪嘉尚。既据禀县存案，所请由本总局于请引查验时按箱汇收，准如所请，当饬委员代收转发。查阅规条，尚臻妥协，如禀给示祗遵可也。牌示外，合行晓谕。为此，示仰各色人等一体知悉：其各遵照后开规条，毋得故违，藉端滋事。至各茶商每箱愿捐钱六文，充作经费，永为定章，据该绅等呈阅，知单各茶号已书允字，自应准如所请，由本总局转饬委员于请引查验时按箱汇收转发，并仰各茶商遵照毋违。切切。特示。

右谕通知。

光绪十五年五月　　日，告示。

具禀花翎四品封职孙华梁、花翎运同衔李维勋、花翎江西候补知府胡荣琳、花翎四品封职洪廷俊、五品封职方邦印、光禄寺署正衔李邦焘、廪生邵鸿恩、李应蛟、即选儒学附贡生胡荣第、附贡生韩寿康、监生江人铎、罗运莹、叶龄、俞国桢、抱呈齐升，禀为谨呈局章，恳赐鉴定赏示立案，以永经费、以免阻挠事。

光绪十五年，职等仿照各省会成规，于屯镇下街创立公济局，施舍医药、棺木，以济贫民所需。经费除劝捐外，以茶业为大宗，凡远迩箱茶过屯，每件捐钱六文，禀由茶厘总局代收。腋集裘成，功多力少，故众商亦乐于从事，悉照输助无遗。去岁办有成效，计箱茶一项可资岁用之半。窃念有兴必惧其有废，善创当思其善承，在今始事之初，固无患其掣肘，恐阅时既久，人心渐弛，或阳奉阴违，或从中阻挠，众咻一傅，大局全翻。职等再四思维，惟有仰恳宪恩俯鉴，无源之水易枯，无常之费难继，赏示劝谕，俾成城众志久而弥坚，善举、宪恩同垂不朽。谨将拾伍年草创章程、征信录一册呈请鉴定立案，候日后捐有积款，再易新章。为此，吁叩太公祖大人俯如所请，赏示立案，以垂永久，九幽感德，万代公侯。欢呼上禀。

赏戴花翎即选道、特授徽州府正堂、保荐卓异随带加一级记功一次春为给示晓谕俾久善举事。

据花翎四品封职孙华梁、花翎运同衔李维勋、花翎江西候补知府胡荣琳、花翎四品封职洪廷俊、五品封职方邦印、光禄寺署正衔李邦焘，廪生邵鸿恩、李应蛟，即选儒学附贡生胡荣第、附贡生韩寿康，监生江人铎、罗运莹、叶龄、俞国桢，抱呈齐升，禀称谨呈旧章，恳赐鉴定赏示立案，以永经费、以免阻挠事：光绪十五年，职等仿照各省会规，于屯镇下街创立公济局，施舍医药、棺木，以济贫民所需。经费除劝捐外，以茶业为大宗，凡远迩箱茶过屯，每件捐钱六文，禀由茶厘总局代收。腋集裘成，功多力少，故众商亦乐于从事，悉照输助无遗。去岁办有成效，计箱茶一项可资岁用之半。窃念有兴必惧其有废，善创当思其善承，在今始事之初，固无患其掣肘，恐阅时既久，人心渐弛，或阳奉阴违，或从中阻挠，众咻一傅，大局全翻。职等再四思维，惟有仰恳俯鉴，无源之水易枯，无常之费难继，赏示劝谕，俾成城众志久而弥坚，善举、宪恩同垂不朽。谨将十五年草创章程、征信录一册呈请鉴定立案，候日后捐有积款，再易新章。为此吁叩俯如所请，赏示立案，以垂永久，九幽感德，万代公侯，欢呼上禀等情到府。据此，查屯镇为商贾辐辏之区，四方穷民觅食其间，死亡、疾病在所不免，今该职等于该镇创立公济局，施舍医药、棺木，洵属乐善好施、筹备得宜。又以所需经费除劝捐外，以箱茶过屯，每件捐钱六文，禀由茶厘总局代收应用，惟恐阅时既久，人心渐弛，或有从中阻挠，致日后大局全翻，呈送征信录一本，禀请立案前来，更见思虑周详，本府深为嘉尚。除批准立案外，合行给示晓谕。为此，示仰阖镇军民以及乐善人等一体知悉：尔等须知屯镇设立公济局，系为救困扶危、接济贫民起见。凡有赴局求医、领棺者，固宜遵依条规，不得肆意横索。而众商等今既乐于从事，更当思善创尤贵善承，务须共矢乃心，维持弗坠，断不可始勤终怠，致负初心。倘日后竟有从中阻挠紊坏善举，应准该职等指名禀究，以免效尤。所愿好善之士源源酿金，推而广之，俾诸善备举，则本府实有厚望焉！各宜凛遵毋违。特示。

　　右仰知悉。

　　光绪十六年十月二十日给。

公济局条规

公济局规条

一、茶业各商诚心为善，每箱捐钱六文，永为定例，共襄善举，而种福田，请书允字，以俾奉行。

一、成裘必须集腋，自一文愿以至十百千万乐助钱洋，由本局司事凭局印簿按月经收，则书善士姓名，悬挂局中，以昭核实。

一、无论男女老幼，一朝物故，须由地保、亲属或各店号报明籍贯、姓字，登记局簿，始行给领棺木。大棺给皮纸贰把、石灰廿斤、钱四百文，小棺减半，听其自行收殓埋葬。倘有不肖之徒胆敢冒领，查出送官究治。

一、尸身无人认识者，或身有伤痕、经官相验者，或忤逆不孝、奸淫造孽、本家逐出者，一概不给。若丧家有父兄在尚可支持者，亦不准滥给。

一、司事终日在局，不得远离，有到局领棺者，无论雨雪，即同来人亲至尸所查问明确，即行回局取棺木，灰纸、锡箔、钱一并给付。

一、大、小棺木各预备二十具，以便随时给送，免致措办不及。

一、每年以五月初一日起至八月底止，延请内、外专科各一人，在局审症开方，每晨八点钟至下午三点钟为则，倘遇急症，不在此例。

一、病者来局求医，先行挂号掣筹，男左女右挨次而坐，医生按号诊视，无得争先。

一、药方排写号头，并盖本局图章，登簿存局，再与病者持至药店发药。该店以本局图章为凭，不索分文，其药金按照四季凭局簿核对归结。若求医而不求药者，药方不盖图章。该店药须道地，毋得丧心射利，以致失事。

一、外科等症须病人亲至局中，凭医生诊视见症，随时给发药膏。

一、医生与局友薪水按月支付，不得透支。

一、局中火食，每日一粥两饭、一荤一素，朔望茹素。如有外人来局，非为局中公事者，概不留饭留宿。

一、所收长短愿钱，除去局中开支，仍余若干，存庄生息，长年九厘，立折为凭，其折归司年局董收执，不得私自挪用。

一、本局捐输均由局董劝捐，随时登簿，收捐即付收条，并无司事在外劝募，以杜假冒。

一、每年端节，由司事请司年董事到局结算，以昭信实。

一、本局所请医生，每日以八点钟始，至三点钟止，专在局中候诊，有患病者务须来局就诊，概不出门，各宜体谅。

经劝董事列左：洪其相、胡秋舫、江春舫、叶迪庵、李荔生、宁尧三、罗润之、韩孟侯、胡贡西、李鲁卿、邵以棠、孙树滋。

捐启　禀呈　告示

　　盖闻作善降祥，悉本仁心之肫挚；修德获报，胥由福泽之滋培。既同托于骈蠓，敢或忘夫胞与？向设公济之局，先为贫病而施，因思善果宜推，当期次第而举。屯溪为徽郡之名区、休邑之巨镇，人烟鳞集，户口蝉联。离里属毛，不乏生生之众；平林隘巷，每见呱呱而啼。累卵之命堪危，见闻之心甚惨。久思创办育婴，窃恐难筹经费，拟附局内先行试办保婴，庶于贫民稍得矜全弃子；尤可悯者佣工来此，各须赁屋以栖迟，疾病或加，已虑残躯之莫保，加以房东贪吉逐客，如怒目金刚，亲友无依，只身似失林孤鸟，残喘难延，束手待毙。此风胡可长哉！斯人诚可哀也！爰构数椽，以养异乡孤病；兼施药食，以全生命垂危。此二事皆所宜行，而众人之所同愿。现已移居，购屋费用三竿，修旧建新，工须数月，所虑资斧不充，愿仗众擎易举，伏乞仁怀共济，以期百福骈臻。或整或零，或年或月，或认口数而随意解囊，或作常捐而长生输愿，悉凭金诺，惟冀玉成。另拟草章，再陈藻鉴。谨启。

　　光绪十八年春月，公济局同仁公具。

　　具禀茶号震茂、永达、李祥记、公泰和、永昌福、永隆祥、森元、永茂昌、宝和春、甡荣、怡大、永祥、孙怡达、孙永春、馨记、馨馨、隆泰昌、亿中祥、永华丰、林茂昌、永福春、怡和、致中和、雨春、源兴隆、森盛恒、方殿记、广生、和茂祥、公大昌、春和永、萃昌、义隆祥、福生和、朱新记、怡馨祥等，抱呈高升，禀为已革陋规、勒索如故，亟叩查禁以重宪令事。

　　光绪十七年，奉部咨饬整顿茶务，蠲除额外之征，以苏商困案内，蒙前局宪吴胪列应兴革各条，详奉制宪刘、抚宪沈批：查街口巡检所收箱茶每引规费钱十五文及每船挂号钱一百六十八文，仰候札行藩司转饬，以本年为始，永远裁革，不得再有前项名目，倘敢仍前需索，定行撤参。至每引之十五文，饬即拨归公济善局举办保婴在案。兹届徽茶开运之期，前月有屯号公泰和、源源福等箱茶运至街口，被现任巡检张派差将茶船扣留，仍前需索。号商以此项陋规系奉督、抚宪批革，碍难照给。现在茶船被扣，进退维谷，不得不亟叩局宪大人，俯念徽茶出口日多，巡检婪索如故，迅赐委员查照各大宪裁革条款，严示革除。至本月已收之陋规，系属勒索，并乞饬追实为公便。翘切上禀。

　　钦加三品衔、督办皖南茶厘总局江苏即补道于批：据茶商震茂等禀批：查此项陋规，业奉督、抚宪批示，永远禁革。甫于本年四月间，经徽州府录批，出示街口晓谕在案，自应恪遵宪批，永远禁革。然查阅所禀各情，街口司巡检张胆敢仍前需索，竟将公泰和、源源福两商茶船妄敢派差扣留，实属故违禁令、扰累商民，殊堪发指。候再出示严禁，并行委员前往街口，会同查验卡苏从九押，令将所扣茶船立即放行，不准留难阻滞。一面将张巡检本年四月后已收陋规钱若干查明，如数追出，拨归公济善局，以遵宪批而符定案。倘敢抗违，即行禀候详办。仍候移明徽州府，一体饬遵。

光绪十八年五月二十六日批。

具禀茶号震茂、永达、李祥记、公泰和、永昌福、永隆祥、森元、永茂昌、宝和春、牲荣、怡大、永祥、孙怡达、孙永春、馨记、馨馨、隆泰昌、亿中祥、永华丰、林茂昌、永福春、怡和、致中和、雨春、源兴隆、森盛恒、广生、和茂祥、公大昌、春和永、方殿记、萃昌、义隆祥、福生和、朱新记、怡馨祥等，抱呈高升，禀为已革陋规、勒索如故，亟叩查禁以重宪令事。

光绪十七年，奉部咨饬整顿茶务，蠲除额外之征，以苏商困案内，蒙前局宪吴胪列应兴应革各条，详奉制宪刘、抚宪沈批：查街口巡检所收箱茶每引规费钱十五文及每船挂号钱一百六十八文，仰候札行藩司转饬，以本年为始，永远裁革，不得再有前项名目，倘敢仍前需索，定行撤参。至每引之十五文，饬即拨归公济善局举办保婴在案。兹届徽茶开运之期，前月有屯号公泰和、源源福等箱茶运至街口，被现任巡检张派差将茶船扣留，仍前需索。号商以此项陋规系奉督、抚宪批革，碍难照给。现在茶船被扣，进退维谷，不得不亟叩局宪大公祖大人，俯念徽商生计日蹙，箱茶出口日多，札饬该巡检遵照督、抚各大宪批示裁革，勿再故违宪示勒索陋规，并乞大人一面出示街口地方严禁，以保商务。除禀皖南茶厘总局外，激切上禀。

赏戴花翎即选道、特授徽州府正堂、保荐卓异随带一级记功一次春批：据茶商震茂等禀，此案前奉转行督、抚宪批示，遵经出示札发该巡检实贴晓谕在案。据禀，现在屯号公泰和等茶船运至街口，仍前需索被扣等情，是否该弓役等故违禁令，抑系前发告示尚未接到？候札饬该巡检先将所扣茶船即刻放行，一面查明禀复毋延。切切。

光绪十八年五月二十八日批。

具禀花翎四品封职孙华梁、花翎运同衔李维勋、花翎江西候补知府胡荣琳、花翎同知衔洪廷俊、五品封职方邦印、光禄寺署正衔李邦泰、廪生邵鸿恩、李应蛟、附贡生韩寿康、监生江人铎、罗运莹、叶龄、俞国桢等，抱呈高升，禀为扩充善举，谨拟条章，叩赏示遵，以昭恪守事。

缘职等于光绪十五年在屯镇下街创设公济局，施送医药、棺木，早经禀明给示在案，数年以来悉臻妥善。今年春间又奉上谕，行令各省劝办育婴，职等奉宪示趱即遵照办理，筹画经费，仍附公济局内兼办。又因屯镇五方杂处，客民居多无家，一经疾病颠连，不无可悯，又设养疴处所，便其就近调医。若以善举扩充，似不得不另增安置，现已买就程丰泰行屋，改造宽敞，永远作为公济善局。第保婴、养疴事属创行，所有条章居民未必周知，辄恐争端紊乱，有碍善举。为此粘呈，环叩宪大公祖大人恩鉴，逐款给示，晓谕居民，以昭恪守而免紊章，实为德便。上禀。

赏戴花翎即选道、特授江南徽州府正堂、随带加一级卓异加一级记功一次春为出示晓谕事。

据花翎四品封职孙华梁、花翎运同衔李维勋、花翎江西候补知府胡荣琳、花翎同知衔洪廷俊、五品封职方邦印、光禄寺署正衔李邦焘，廪生邵鸿恩、李应蛟，附贡生韩寿康，监生江人铎、罗运莹、叶龄、俞国桢等，禀为扩充善举，谨拟条章，叩赏示遵，以昭恪守事：缘职等于光绪十五年在屯镇下街创设公济局，施送医药、棺木，早经禀明给示在案，数年以来悉臻妥善。今年春间又奉上谕，行令各省劝办育婴，职等奉宪示趣即遵照办理，筹画经费，仍附公济局内兼办。又因屯镇五方杂处，客民居多无家，一经疾病颠连，不无可悯，又设养疴处所，便其就近调医。若以善举扩充，似不得不另增安置，现已买就程丰泰行屋，改造宽敞，永远作为公济善局。第保婴、养疴事属创行，所有条章居民未必周知，辄恐争端紊乱，有碍善举。为此粘呈，环叩宪鉴，逐款给示，晓谕居民，以昭恪守而免紊章，实为德便，上禀等情，并粘抄保婴、养疴草创章程清折一扣前来。除批榜发外，诚恐远近未必周知，合行抄款给示晓谕。为此，示仰阖境诸色人等知悉：自示之后，务宜遵照示谕条款章程，不得争端紊乱，如有不法之徒争端紊乱，许即禀官究治，各宜恪守凛遵毋违。特示。

右仰知悉。

光绪十八年十月二十四日示。

钦加五品衔、赏戴蓝翎、覃恩加五级、代理徽州府休宁县正堂、加十级纪录十次沈为给示晓谕事。

据花翎四品封职孙华梁、花翎运同衔李维勋、花翎江西候补知府胡荣琳、花翎同知衔洪廷俊、五品封职方邦印、光禄寺署正衔李邦焘，廪生邵鸿恩、李应蛟，附贡生韩寿康，监生江人铎、罗运莹、叶龄、俞国桢等，禀为扩充善举，谨拟条章，叩赏示遵，以昭恪守事：缘职等于光绪十五年在屯镇下街创设公济局，施送医药、棺木，早经禀明给示在案，数年以来悉臻妥善。今年春间又奉上谕，行令各省劝办育婴，职等奉宪示趣即遵照办理，筹画经费，仍附公济局内兼办。又因屯镇五方杂处，客民居多无家，一经疾病颠连，不无可悯，又设养疴处所，便其就近调医。若以善举扩充，似不得不另增安置，现已买就程丰泰行屋，改造宽敞，永远作为公济善局。第保婴、养疴事属创行，所有条章居民未必周知，辄恐争端紊乱，有碍善举。为此粘呈，环叩逐款给示，晓谕居民，以昭恪守而免紊章，并粘呈章程等情前来。据此，除批示外，合行抄粘出示晓谕。为此，示仰附近居民人等知悉：尔等嗣后赴局领养婴孩以及养疴各节，务须恪遵局章，不得争端紊乱，有碍善举情事。倘敢故违，许孙绅等即交捕保立即带县，以凭讯明惩办，决不姑宽，各宜凛遵毋违。切切。特示。

右仰知悉。

光绪十八年九月二十五日示。

禀与府宪同。

钦加五品衔、特授休宁县土太　厦巡政厅、加三级纪录十次记大功一次胡为出示晓谕事。

照得具禀花翎四品封职孙华梁、花翎运同衔李维勋、花翎江西候补知府胡荣琳、花翎同知衔洪廷俊、五品封职方邦印、光禄寺署正衔李邦焘、廪生邵鸿恩、李应蛟，附贡生韩寿康，监生江人铎、罗运莹、叶龄、俞国桢等，禀为扩充善举，谨拟条章，叩赏示遵，以昭恪守事：缘职等于光绪十五年在屯镇下街创设公济局，施送医药、棺木，早经禀明给示在案，数年以来悉臻妥善。今年春间又奉上谕，行令各省劝办育婴，职等奉宪示趣即遵照办理，筹画经费，仍附公济局内兼办。又因屯镇五方杂处，客民居多无家，一经疾病颠连，不无可悯，又设养疴处所，便其就近调医。若以善举扩充，似不得不另增安置，现已买就程丰泰行屋，改造宽敞，永远作为公济善局。第保婴、养疴事属创行，所有条章居民未必周知，辄恐争端紊乱，有碍善举。为此粘呈，环叩宪鉴，逐款给示，晓谕居民，以昭恪守而免紊章等情前来。查屯镇各绅衿前创设公济善局，延医诊送，施药施棺，捐办源远，数年以来生者得以安全，死者不致暴露，洵属莫大之善举。兹又不辞劳苦，劝募经费，建造育婴堂、养疴所，足征向乐为善，实深钦佩。该司事人等务宜同心协力，慎始全终，以彰厥善而垂久远。所议规条悉臻妥善，合行出示，逐款晓谕。为此，示仰诸色人等知悉：尔等须知屯镇设立育婴堂、养疴所并公济局，系为保婴、救困扶危、接济贫民起见，凡有赴局放婴、养疴等事，各宜遵照规条，不得任意横索。该地保亦应随时稽察，倘有不安本分之徒藉此滋生事端，许该司事指交地保捆送来厅，以凭提案，从严究惩，决不宽贷，其各凛遵毋违。切切。特示。

右仰知悉。

光绪十八年十月初九日示。

禀与府宪同。

拟订保婴、养疴草创章程 光绪十八年

拟订保婴、养疴草创章程：

一、保婴初创，经费未充，暂附公济局内合办，各董司事随时可以兼顾，而节縻费全赖在局司事反复勤嘀，各董慎始图终，以天地好生之心为心，毋得轻视。

一、局内应雇就近人家有乳少妇两人，无论有无婴孩，每月酌给工食，以为常乳。倘有弃婴到局，不分昼夜，由司事饬送常乳之家哺养，次日再传承。领者来局，验明给放，如路稍远以及另有事故，即由常乳者多养时日，毋得推诿。

一、局内应雇老妪一名，日夜常驻接婴牖所，一闻铃声，速行将婴抱进，禀明司事，遣送常乳之家，毋得延误，致遭冻馁。

一、就近二十里之内，如有愿领为子女养媳者，挨号派给，例贴单褂两件、夹袄一件、洋布小夹袄一件、絮袄一件、抱裙两条、洋布帽一顶，每月按给乳食钱八百文，一岁之后停给月费，再津贴英洋四元，分作四季按付。如路途过远，不便稽查，皆不放婴。

一、立放婴局原以救赤贫产婴，无力抚养，必欲置之死地，便其暗送牖所，以免残生，兼全体面。若已养过数月，天性既亲，是父母初念，并无令死之意，再养数月便可成行。如有私将已哺数月婴孩抛弃本局者，除将该婴暂为留养外，饬令地保查明，送官究治，勒令领回，以为轻弃骨肉、有始无终者戒。

一、承领婴孩作为螟蛉子女，应令觅实保人出具切结存局，长大不充奴仆、婢妾、卖娟等语，如敢违示，由局查出，禀官究治，收回另行择配。

一、局内办置洋字号码，如有弃婴到局，即将号码用药水印入耳后，以便稽查。

一、局内放出各婴，除派司事密查外，仍仰该乳母每月朔望抱婴来局验明，再给工食。如有不甚保惜，听凭本局另行择放，毋得违拗。

一、局内收婴，若干已放年满，开除若干，每月朔日由司事榜示门外。

一、养疴所亦附公济局内，凡遇病重经本局诊过病人，确无安身之处，须由地保及原房东具保报明，方准入所养疴，局内预备闲屋数间，内设铺板、桌椅、药炉等具，病者铺盖各须自带。如无保家及原房东报明，不准入所养疴。按年养疴，开停悉照公济局诊期。

一、所内拟雇朴诚司工，照料病者茶汤米粥。至于医药，或自备，或局送，均听其便。倘病者自有亲人，男准入内服侍，不供饭食，女则不便入内服侍，病愈不许久留。倘遇病故，自备棺殓无力者须经地保，由公济局给棺。

一、养疴所专留本镇异乡佣工之人，因病被房主逐出无处容身者，须查明原房主并无斗殴别情，实系患病，方准到所养疴。抑或来历不明者，不准入所养疴。

一、军犯、乞丐及游方僧道等，均不准入所养疴。

一、倘有恃强入所养疴者，送官惩办。

一、在屯本镇自租房屋住家者，并住家离屯不远者，均不准入所养疴。

一、养疴所内另外隔断一间，以便男女幼童养疴。局内雇一年老的实妇人，照应茶水米粥，以别内外。

一、养疴所原为救急起见，并非长久养疴之所，限以十日为期，而病稍愈即出，不得恃强久养。

一、养疴所病者原有男女，故分内外，以避嫌疑。闲杂人等不准入内照应，惟至亲者准来伴病局内，不供饭食，并不准男伴女病、女伴男疴。

禀呈　宪批

　　具禀花翎四品封职孙华梁、花翎运同衔李维勋、花翎江西候补知府胡荣琳、花翎同知衔洪廷俊、五品封职方邦印、光禄寺署正衔李邦焘，廪生邵鸿恩、李应蛟，附贡生韩寿康，监生江人铎、罗运莹、叶龄、俞国桢等，抱呈高升，禀为缴银抵屋，藉近办公，两有裨益，叩恩赏准事。

　　缘治下休邑屯溪地方镇市甲于阖郡，商贾麇集，懋迁者多属佣作贫民，尤增倍蓰，人烟辐辏，时疫偏多，每当春夏之交，或患病而服药无资，或客死而无棺成殓。职等心伤目击，不忍见闻，爰于光绪十五年邀集茶业同志数人，设立公济局，施医施药，送棺掩埋，讵谓有益地方，亦自尽其善愿。乃本镇各局宪乐人为善，怂恿扩充，谓自设局以来，小民颇沾实惠，再三劝勉添立养疴所、放婴会各名目，事关善举，咸乐仰承。惟创始之时，本云试办，以故暂赁数椽，聊蔽风雨，今若添设前项名目，非易阔大之地不能扩而行之。职等物色有时，竟无合用之宇，惟婺邑职员俞清芬助入紫阳书院所典潘姓坐落屯镇服字号屋业一所，地远本街，便于部署，虽边间已经霉烂，稍加修葺，将就可居，实以无屋无何，筹思变通办理，书院出赁租银，无非以资膏火，今拟缴银抵屋，彼此两无所妨。书院以银生息，子金可抵租金；公所有屋可居，利济群歌普济。是斯一举两得备焉。为此，不揣冒昧，公吁宪大公祖大人赏准批示，遵缴抵银领屋设局，阖境幸甚，顶祝上禀。

　　赏戴花翎即选道、特授徽州府正堂、保荐卓异随带加一级记功一次春批：据禀扩充善举，请将婺邑职员俞清芬助入紫阳书院所典潘姓坐落屯镇服字号屋业一所，遵缴抵银，领屋设局等情卷。查此屋于光绪四年四月间据婺绅俞清芬禀：咸丰八年，契典潘宜振堂服字一千二百二十七号又一千二百二十八号屯溪下街坐南朝北土库楼厅屋一所，计前后三进，今愿捐助府城紫阳书院经费，即将典契一纸、原买契二纸、金业票二纸、税票一纸一并呈缴立案。当经何前府批准，谕饬书院司事照收召租以助经费在案。据禀前情，并面称愿缴洋银九百元抵本生息，核与历年所收屋租为数亦属相符。变通抵缴，彼此两无所妨，应准如禀办理，以裨两益。且查该职洪廷俊等前因书院经费支绌，于茶行中设法劝捐，颇为踊跃；今又于屯镇地方扩充善举，洵属乐善可嘉，即着速缴抵银，领契收屋，以成善举。

　　光绪十八年正月十九日批。

　　具禀花翎四品封职孙华梁、花翎运同衔李维勋、花翎江西候补知府胡荣琳、花翎同知衔洪廷俊、五品封职方邦印、光禄寺署正衔李邦焘，廪生邵鸿恩、李应蛟，附贡生韩寿康，监生江人铎、罗运莹、叶龄、俞国桢等，抱呈高升，禀为遵批缴银，领契管业事。

缘职等前以公济局无屋可居，拟缴洋银九百元，将职员俞清芬助入紫阳书院所典潘姓服字号屋业一所领回设局，蒙批：将银抵屋，两无所妨，饬即将银领屋。捧读之下，阖镇感戴。理合赶将银洋九百元呈案发商生息，以重书院膏火。一面请将俞清芬呈助原来各契据数纸发职等领，管业设局，恩公两便。顶祝上禀。

赏戴花翎即选道、特授徽州府正堂、保荐卓异随带加一级记功一次春批：据禀缴银领契等情，并缴到洋银九百元，候谕饬库吏即行兑收，发典生息，以济膏奖。所有俞清芬原呈契二纸、典字一纸、坐票二纸、税票一纸，一并检发，交该绅等领归公济局管业。此缴。

光绪十八年二月初八日批。

具禀徽属茶商花翎四品封职孙华梁、花翎运同衔李维勋、花翎江西候补知府胡荣琳、花翎同知衔洪廷俊、五品封职方邦印、光禄寺署正衔李邦焘、廪生邵鸿恩、李应蛟，附贡生韩寿康，监生江人铎、罗运莹、叶龄、俞国桢等，抱呈高升，禀为力筹善举经费未充，环叩申详，准予恩施事。

窃屯溪为徽州巨镇，商贾麇集，以茶务为大宗，每当春夏之交，洋茶上市，远近来就食者拣焙工作男妇数万人，偶患疾病，医药无资，不幸死亡，形骸暴露，商等目击心伤。爰于光绪十五年邀集同志，创设公济局，施给医药棺殓等项，所有经费均由商等按茶捐出，数年以来，佣作贫民咸沾实惠。旧冬奉县传示恭录上谕，行令各省劝办育婴，仰见圣泽汪洋，矜全民命，商等应即遵照筹办，以副诚求保赤之怀。徽属民情素称浑朴，非赤贫难产、婴母随亡者，尚无轻弃骨肉。自江右客民聚处日繁，溺女之风迩来日炽，除作孽于不见不闻之地，商等未能周知，乃有将婴置诸道路，犬残鸟啄，惨不堪言。叠经地保报明，局内随时掩埋，皆因无局收养，以致伤生。洋人在徽设教业已有年，信从寥寥，颇为缺望。时思创立义学，收养婴孩，以耸愚民观听，而广其要结，今幸此举创兴，即可杜民教构衅之渐。商等始拟公济局内兼办，章未议定，婴已纷来，两月之间不下数十，乃知事属繁重，未能轻率，复置买房屋，从新修造。又因客民孤身寄寓，偶或患病，房主辄畏累逐出，情亦堪怜，兼议添设养疴处所，业已用去英洋三千余元，皆由商等量力乐输，共襄美举。惟是施济愈多，度支愈绌。商等通盘筹画，每岁经费不下四五千缗，庶能符局用，仍须节省糜费。旧冬蒙前总办茶厘局宪吴禀裁街口陋规每引钱十五文，商等仍愿按箱照捐，汇办育婴之用，业蒙局宪禀请抚宪批准立案，每年合捐钱七百余串。此外又有商等长生愿捐、茶数常捐。综计捐项不为不多，究以地广人众，经费浩大，即竭力撙节，每年尚短一千余缗。一再筹捐，已成弩末。然事已创始，势难中辍半途，此商等反复思维，不得不急筹款项也。皖南茶数，徽属最多，徽以屯溪为最巨，从前六邑工程及祁门、婺源书院、试馆等举，皆沐曾文正公在于正引项下拨付四分，办有成案。近虽奉文停撤，而婺源书院每年仍由正引拨付四百金，永作膏火之用。现查大通义渡每月由贵局津贴三十金。仰见大宪爱民周挚，一经据情禀诉，无不立沛殊恩。今屯镇创办育婴，与大通义渡同属救生，原无区别，况屯镇茶引较大通增至廿余倍。值此经费支绌，呱呱请命，又不得不设法接济，为此呈请督宪刘，可否于茶税正项下准予截留库平银一万两，发交殷实富商生息，用利不用本，借作育婴经费，万一军饷急需提用，仍归原璧。查两淮场商历准借库款接济茶盐，事同一例。况筹办育婴，于民命多所保全，是税项初无亏损，而善举藉以玉成。商等仍当竭力筹画，倘能于十数年后措置裕如，得敷局用，谨当禀请提解，决不迁延贻误。抑或援大通义渡成案，每月加倍津贴，以成善举，而体皇上劝办之处。出自宪恩，商等即当遵行。除禀督宪外，兹将医药、棺殓办有成效递年征信册录以及置建育婴公所底禀账目并粘呈核，环乞局宪大人俯念徽属茶数最多，力筹善举，有俾大局，准予详请，使贫民得沾余惠，阖境铭恩。顶祝上禀。

　　头品顶戴、两江总督、部堂硕勇巴图鲁刘批：据详已悉。该商等于屯溪地方创办育婴，尚属善举，所有不敷经费，准援照大通办理义渡每月于茶税项下津贴银三十两之案，酌加三十两，按月共给银六十两，于茶税项下拨给，以资济用。所议截留银万两生息之处即毋庸议，仰即遵照办理。此缴。

　　光绪十九年二月　日批。

　　钦加三品衔、督办皖南茶厘总局兼办江苏赈捐、江苏即补道于为谕饬事：照得上年，该茶商孙华梁等禀请本总局转详筹办育婴经费一案，兹于本年二月二十八日奉两江督宪刘批，开据详已悉，该商等于屯溪地方创办育婴，洵属善举，所有不敷经费，准援照大通办理义渡每月于茶税项下津贴银三十两之案，酌加三十两，按月共给六十两，于茶税项下拨给，以资济用。所请截留银万两生息之处即毋庸议，仰即遵照办理，此缴等因。奉此，除遵批具报外，合行录批谕饬。为此，谕仰该茶商等知照：自本年三月分起，按月具领，至本总局请发育婴经费湘平银六十两，以资济用。切切。特谕。

　　右谕徽属茶商孙华梁等。准此。

　　光绪十九年五月　日谕。

置产　助地

置买潘三宅，户过下街公济局，本屋地步、则税、亩字号列后

计开：

服字壹千贰百贰拾七号，土名灯草园，中地税肆分柒厘四毫七丝正，计积壹百拾捌步六分七厘正；

又壹千式百贰拾八号，土名大路边，中地税肆分玖厘陆毫四丝六忽正，计积壹百式拾四步壹分一厘五毫七丝；

以上两号，共步积贰百肆拾贰步柒分捌厘五毫七丝正，计中地税玖分柒厘壹毫壹丝陆忽正。

光绪十八年十月税入拾六都十一图十甲公济户。

书院缴来潘姓当业来脚契、金、税票共五纸；

又卖断契、金、税票共四纸。

收孙福生户即孙华梁乐助屯溪下街杨子坑里首义地，土名、字号、税亩列后

计开：

服字一千六百二十九号，土名姚家林，计地税七分七毫七丝六忽正；

又一千六百三十号，土名姚家林，计地税四厘二毫正；

又一千六百三十二号，土名姚家林　计地税三分六厘二毫六丝正；

又一千六百三十四号，土名姚家林　计地税七厘九毫一丝二忽正；

又一千六百三十六号，土名姚家林　计地税七分九厘八毫正；

又一千六百四十一号，土名杨子坑边，计地税三分三厘正；

又一千六百四十二号，土名杨子坑边，计地税三分三厘九毫七丝正。

以上七号，共计地税二亩六分五厘八毫五丝五忽正。

光绪十八年十月税入十六都十一图十甲公济户。

孙姓缴出当日原买契据壹包。

收邵梅轩户即邵德善堂乐助率口中门背后进井坞路口义地，土名、字号、税亩列后

计开：

推字一千三十七号，土名腊子柄，计地税九分七毫；

又一千三十八号，土名腊子柄，计山税一厘九毫二丝；

又一千三十九号，土名腊子柄，计山税一厘五毫八丝；

又一千四十号，土名腊子柄，计地税八分三厘七毫；

又一千四十一号，土名腊子柄，计地税一亩三分六厘八毫；

又一千四十二号，计山税一分六厘五毫。

以上六号，共计山税二分、地税三亩一分一厘二毫正。

光绪十九年十二月税入十六都十一图十甲公济户。

邵姓缴出当日原买契据壹包。

禀启　宪批　联票　光绪二十年

　　具禀花翎四品封职孙华梁、花翎运同衔李维勋、花翎同知衔洪廷俊、五品封职方邦印、光禄寺署正衔李邦焘、廪生邵鸿恩、李应蛟，附贡生韩寿康，监生江人铎、罗运莹、叶龄、俞国桢等，禀为请颁执照，保婴育嗣，以便遵行事。

　　缘职等年前恭读上谕，饬令各省督办育婴，原为遗弃者不至戕生，无嗣者得以接育。职等仰体朝廷保赤诚求之至意，爰在屯溪下街公济局内勉力集资，附设保婴处所，收放男女弃婴。经今二载，全活甚多。窃恐刁徒到局领婴，日后为奴作婢，贪利私鬻，流为贱役，固属忍心害理；又有无子愿领作继者，或因亲族不容接育，致启争端。不得不详定章程。职等再四思维，仿照各省育婴堂规，每备空白三联执照一百张，编挨号数，请县廉盖印存堂给发，登明继册，俟印照给完，即将所给执照存根，同过继册送宪备案。一面再备空白执照，循环印给。如此，足全血抱抚育之恩，而杜日后亲族争端之弊，在仁宪不致过烦，而下民得以便给。伏乞宪老公祖恩赐批准，颁发照式，以便遵行刊刷，请印给发，实为德便。上禀。

　　县宪批：准如禀办。

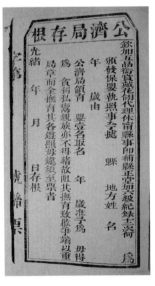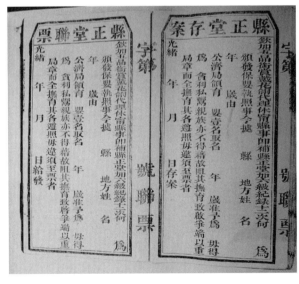

输田　置产　当契

立乐输契人胡光裕堂六房，将歙邑系新丈罔字己业田塘一宗，字号、税亩、土名开列于后，输到公济局名下收租、过税、完粮，其税粮在于歙邑二十五都三图九甲胡光裕户户丁亨利贞内起割，随即推入本都本图本甲公济户内办纳粮赋无异。恐口无凭，立此乐输契永远存照。

计开：

罔字二千三百零三号，土名鹅公岭，计田税七分一厘九毫；

又二千三百零四号，土名鹅公岭，又六分零七毫；

又二千三百八十七号，石塔头，又七分一厘四毫；

又二千四百七十一号，吴家塘，计塘税四厘正；

又二千四百九十二号，吴家塘，计田税二分九厘四毫；

又二千五百二十号，下坞，又二分正；

又二千九百五十号，张家坞，又九分零四毫；

又三千二百九十一号，李家门前，又四分八厘一毫；

又五千二百七十二号，丁坑，又三分三厘九毫；

又五千二百八十二号，丁坑，又四分六厘七毫；

又五千六百六十一号，鱼鳞坑，又七分八厘零五丝；

又五千六百六十九号，鱼鳞坑，又一亩四分五厘三毫；

又五千七百六十九号，小桥头，又八分三厘九毫五丝；

又五千九百二十八号，四亩塌，又八分四厘正；

又六千一百五十号，竹林头，又四分五厘六毫；

又六千一百五十一号，竹林头，又四分零四毫；

又六千一百五十二号，竹林头，又五分二厘九毫；

又六千一百五十三号，竹林头，又六分八厘五毫；

又六千二百十五号，曹塘，又七分九厘三毫；

又六千二百六十号，曹塘，又五分六厘三毫；

又六千八百十九号，久守坦，又一亩三分八厘四毫。

以上共二十一号，计田、塘税十三亩九分九厘二毫。

当缴金票二十一纸，惟契税与别业相连，逐号批销未缴。此批押。

光绪二十年十一月　日，立乐输契人胡光裕堂六房济堂　押。

兼中胡碧山　押。

置买邵运文户过下街公济局对门屋地，步则、税亩、字号、土名开列于后

计开：

服字一千二百二十四号，土名木瓜园，中地税二分五厘七丝正，计积六十二步六分七厘五毫；

又一千二百二十九号，土名木瓜园，中地税一分正，计积二十五步。

以上两号，共步积八十七步六分七厘五毫，计中地税三分五厘七丝正。

光绪二十年十月税入十六都十一图十甲公济户。

当缴来佥票二纸、原赤契一纸，共三纸。

又卖断契、佥、税票，共四纸。

受当十六都十一图七甲程明光户，服字一千二百二十九号、土名木瓜园，中则地税一分二厘、计积三十步，契注二十四年为满，期内不准取赎，亦不作加当。该业当进契价英洋三十元。即本局对门起造市屋东首巷，巷披屋基地。缴来新佥票一纸、当契一纸，另挂该号公济局当佥一纸，挂当佥费英洋二元。

光绪二十一年秋　月　日立。

禀呈 谕单

敬禀者：窃据花翎四品封职孙华梁、花翎运同衔李维勋、花翎同知衔洪廷俊、光禄寺署正衔李邦焘、廪贡生邵鸿恩、廪生李应蛟，监生江人铎、罗运莹、叶龄、俞国桢等禀称。

职等于光绪十五年在屯镇下街赁屋草创公济局，施送医药，所有经费以茶商捐输为大宗，每茶一箱捐钱六文，由茶厘总局汇收拨用。十八年，添办育婴、牛痘、购置房屋，约费三千余元，亦由伊等各茶商捐助。嗣因茶捐已成弩末，禀沐两江督宪刘援照大通办理义渡章程，在于茶税项下每月加倍拨给湘平银六十两。又禀蒙前抚宪沈裁拨街口巡司陋规每引十五文，亦归茶商代收。统计两项，每年约收洋一千八九百元之谱。惟育婴一项日推日广，经费支绌，若坐视中辍，心实难安。窃以人之欲善，谁不如我，屯镇百货骈集，行商坐贾虽具好生之心，奈年来生意萧条，捐资不易。为此环求禀恩转请抚藩宪俯念筹款维艰，善举不宜中辍，援照茶厘津贴章程，另于百货厘金项下每月拨湘平银三十两。抑或照芜湖育婴捐款，饬令屯镇厘局谕饬货商议捐，由局汇收拨用，俾资接济而定常规等情，并呈历年征信录到县。据此，卑职查屯溪为皖南巨镇、商贾辐辏之区，四方穷民来此觅食，其中死亡、疾病恒所不免。该职商等同心拯济，创首集捐，于光绪十五年间设立公济善局，病者送诊施药，死者帮费给棺；厥后添办育婴，兼种牛痘，洵为地方莫大善举。据称近年扩充愈广，自是实在情形。可否准予援照茶厘津贴章程，每月拨给百货厘金项下湘平银三十两，抑或札饬屯溪厘局仿照芜湖育婴捐款，谕商筹捐，由局按货汇收拨用之处，理合据情转请，仰祈大人鉴核，俯赐批示饬遵，肃泐具禀，恭请勋安，伏乞慈鉴。除禀抚宪暨藩宪外，李福涞谨禀。

禀：卑县屯溪镇所设公济善局经费不资，据情转请拨款接济，由禀抚、藩、府宪。五月初九日发。

光绪二十二年五月，休宁县正堂李禀。

钦加五品衔、办理屯溪厘局即补县正堂周为谕饬事。

本年六月十七日，案奉藩宪于札开，奉抚部院福批，休宁县禀卑县屯溪镇所设公济善局经费不资，据情转请拨款接济缘由。奉批：据禀，该绅孙华梁等前在屯溪公济善局添办育婴、牛痘，为地方莫大善举。扩充愈广，经费不资，自是实情。应否如禀于百货厘金项下按月拨助湘平银三十两，以保善举而垂永远之处，仰布政司速即核议详复饬遵，此缴等因到司。奉此，并据该县径禀前来，禀同前情。查此项经费系属地方善举，自应准如所请，按月在于厘金项下拨助湘平银二十两，发交该董等具领，以资善举。除详复并移行外，合亟札知，札到该卡，即便遵照，按月如数发给该董等具领，仍入于月册造报；一面转饬该董等将所领银两按季核实，造具销册，呈由该卡转详查核等因。奉经到卡，合行转饬。为此，谕仰该绅等知照：自本年六月分起，按月务缮具墨，领至本局，请发湘平银二十两，以资济用。切切。特谕。

右谕屯溪公济善局绅董孙华梁等。准此。

光绪二十二年六月二十日。

箱引捐光绪二十八年　施粥捐光绪二十八年

茶商乐输芳名列后　公济每箱捐钱六文、保婴每引捐钱十五文

志和祥，箱捐一百六十八文、引捐一百二十七文；

胜和成，箱捐一千二百四十二文、引捐一千一百二十五文；

义生春，箱捐二千一百六十六文、引捐一千八百六十七文；

震大祥，箱捐六百六十六文、引捐四百八十文；

隆　和，箱捐二千五百十四文、引捐二千零七十文；

萃茂昌，箱捐十一千二百八十文、引捐十千零八十文；

裕兴祥，箱捐九千四百九十八文、引捐八千二百十二文；

余萃香，箱捐十二千六百九十文、引捐十一千零八十五文；

喜泰祥，箱捐四百三十二文、引捐三百四十五文；

雨　春，箱捐九百十八文、引捐七百六十五文；

公　和，箱捐二千零八十八文、引捐一千七百十七文；

瑞茂昌，箱捐十千二百十八文、引捐九千二百零二文；

汪大茂，箱捐二十二千二百九十六文、引捐二十一千一百零七文；

永隆祥，箱捐十七千九百十文、引捐十四千五百二十七文；

义芳永，箱捐三千五百九十四文、引捐二千七百六十七文；

异众芳，箱捐三千三百四十二文、引捐二千四百九十七文；

怡　和，箱捐二十九千九百五十八文、引捐二十五千九百七十二文；

宝盛祥，箱捐五千八百五十文、引捐五千一百十五文；

广芬祥，箱捐十千七百四十文、引捐九千四百二十七文；

裕昌馨，箱捐十七千一百十二文、引捐十五千二百七十七文；

俞裕盛，箱捐一千三百七十四文、引捐一千零八十七文；

殿记源，箱捐十一千六百七十文、引捐十千三百七十二文；

同裕昌，箱捐十四千七百五十四文、引捐十二千九百四十五文

怡　和分号，箱捐五千四百三十文、引捐四千七百零二文；

江恒懋，箱捐二千八百三十二文、引捐二千零八十五文；

义泰隆，箱捐九千二百五十八文、引捐八千三百七十七文；

厚生祥，箱捐一千九百五十文、引捐一千五百五十二文；

谦吉东，箱捐二十四千二百十文、引捐二十千四百六十七文；

森盛源，箱捐十二千三百三十六文、引捐十千四百九十二文；

鼎馨恒，箱捐四千零七十四文、引捐三千四百六十五文；

谦顺昌，箱捐十三千一百七十文、引捐十一千一百五十二文；

永华丰，箱捐十四千二百零八文、引捐十二千零三十七文；

春和永，箱捐十八千九百五十四文、引捐十六千一百七十文；

聚兴隆，箱捐三千三百六十六文、引捐二千六百三十二文；

慎和长，箱捐十六千八百文、引捐十四千零八十五文；

永德祥，箱捐七千六百七十四文、引捐六千二百四十文；

福　裕，箱捐七千六百四十四文、引捐五千七百九十文；

永　馨，箱捐五千三百三十四文、引捐四千四百九十二文；

昌　记，箱捐二千九百六十四文、引捐二千五百二十文；

震大兴，箱捐四百八十文、引捐三百五十二文；

永茂祥，箱捐十三千八百二十四文、引捐十一千七百二十二文；

广馨恒，箱捐六千五百八十二文、引捐五千八百五十七文；

恒裕昌，箱捐十九千九百八十六文、引捐十八千四百八十文；

永大隆，箱捐六千九百四十八文、引捐六千一百五十文；

益泰祥，箱捐十千零八十文、引捐八千五百九十五文；

谦益祥，箱捐二千三百五十八文、引捐一千七百七十文；

吉　泰，箱捐四百六十八文、引捐三百六十文；

同义和，箱捐一千九百九十二文、引捐一千五百二十二文；

永　升，箱捐二千四百一十二文、引捐二千一百文；

谦吉祥，箱捐四千八百文、引捐四千一百六十二文；

永吉祥，箱捐二千八百五十文、引捐二千三百二十五文；

宏　昌，箱捐二百五十二文、引捐二百十七文；

瑞芳祥，箱捐一千六百三十八文、引捐一千四百二十五文；

西珍利，箱捐九千七百二十六文、引捐八千二百五十文；

益昌隆，箱捐四千二百十二文、引捐三千五百零二文；

森　元，箱捐二十二千零八十文、引捐十七千八百六十五文；

益芳和，箱捐十七千一百八十四文、引捐十三千六百八十七文；

晋昌祥，箱捐十八千二百五十二文、引捐十五千三百五十二文；

致中和，箱捐十二千零六十六文、引捐十一千零二十五文；

亿同春，箱捐十三千九百六十八文、引捐十一千六百七十文；

亿中祥，箱捐十八千三百三十六文、引捐十六千二百四十五文；

馥馨祥，箱捐十五千二百零四文、引捐十三千二百四十五文；

万馨和，箱捐十二千八百三十四文、引捐十千三百八十文；

谢裕大，箱捐五千八百八十文、引捐五千三百八十五文；

源源福，箱捐十七千三百十六文、引捐十五千五百十文；

益珍和，箱捐二千零十六文、引捐一千五百八十二文；

其　　昌，箱捐二千三百九十四文、引捐一千八百三十文；

丽生祥，箱捐八千一百四十八文、引捐六千九百二十二文；

霖记祥，箱捐一千一百四十文、引捐八百七十七文；

义源永，箱捐九千六百九十文、引捐八千零三十二文；

慎和祥，箱捐十三千九百七十四文、引捐十一千七百六十七文；

汪广生，箱捐十九千一百十六文、引捐十六千一百四十七文；

林茂昌，箱捐二十千七百六十六文、引捐十八千一百九十五文；

永馨昌，箱捐七百六十二文、引捐六百文；

永福春，箱捐十四千六百七十文、引捐十二千三百五十二文；

广成春，箱捐五千六百五十二文、引捐四千九百四十二文；

裕春芳，箱捐一千五百三十文、引捐一千一百四十文；

立元昌，箱捐一千零五十文、引捐八百十文；

德　　茂，箱捐四百三十八文、引捐三百五十二文；

兰馨祥婆，箱捐三百六十六文、引捐二百七十文；

永　　达，箱捐十四千七百七十二文、引捐十二千七百八十七文；

大　　有，箱捐六千三百十八文、引捐五千四百九十文；

裕　　隆，箱捐一千四百七十文、引捐一千二百八十二文；

张正源，箱捐七千七百零四文、引捐六千五百零二文

萃和祥，箱捐十六千二百九十六文、引捐十四千九百四十七文；

连德祥，箱捐一千四百九十四文、引捐一千一百零二文；

德昌祥，箱捐十二千八百十文、引捐十千九百二十七文；

祥源春，箱捐十一千六百四十文、引捐九千四百四十二文；

吴心记，箱捐八千五百六十八文、引捐七千三百九十五文；

永　　芳，箱捐四千二百九十文、引捐三千五百零二文；

查启记，箱捐一千八百三十六文、引捐一千五百三十七文；

裕盛启，箱捐一千一百四十文、引捐九百七十五文；

义泰生，箱捐一千二百十八文、引捐九百六十七文；

查永芬，箱捐二千零十文、引捐一千五百九十七文；

万馨祥，箱捐十四千二百六十二文、引捐十二千七百零五文；

万馨恒，箱捐十四千二百九十八文、引捐十二千六百六十文；

成　　记，箱捐二千零三十四文、引捐一千五百四十五文；

芸　　春，箱捐三千九百八十四文、引捐三千一百六十五文；

怡祥隆，箱捐八千九百二十八文、引捐八千二百六十五文；

顺昌祥，箱捐五百五十二文、引捐四百十二文；

方同茂，箱捐一千五百九十六文、引捐一千一百八十五文；

吉　　昌，箱捐三千二百四十六文、引捐二千六百五十五文；

仁　　义，箱捐六百四十二文、引捐四百八十七文；

桂　　馨，箱捐七千五百六十六文、引捐六千五百七十文；

怡昌祥，箱捐四千一百四十文、引捐三千六百三十文；

瑞　馨，箱捐一千五百四十二文、引捐一千四百零二文；

聚馨祥，箱捐六千文、引捐五千一百九十文；

洪裕大，箱捐八千零四十文、引捐七千一百十文；

洪　隆，箱捐七千四百二十二文、引捐六千四百三十五文；

义茂祥，箱捐十三千四百十文、引捐十一千五百八十七文；

合兴祥，箱捐十千九百二十六文、引捐九千五百零二文；

益　大，箱捐六千一百九十二文、引捐五千四百五十文；

萃　芳，箱捐六千一百三十二文、引捐五千一百零七文；

万泰祥，箱捐四千八百六十文、引捐三千七百四十二文；

惟吉祥，箱捐四千二百五十四文、引捐三千三百零七文；

兰馨祥，箱捐九千九百六十六文、引捐八千八百十二文；

同兴春，箱捐一千八百十二文、引捐一千四百零二文；

瑞　春，箱捐一千零二十六文、引捐七百八十文；

陆　香，箱捐一千零九十八文、引捐八百五十五文；

瑞　芳，箱捐一千零二十六文、引捐九百十五文；

源兴生，箱捐二千四百三十六文、引捐一千九百五十文；

鑫　泰，箱捐三千四百五十六文、引捐三千零五十二文；

余和记，箱捐一千九百六十二文、引捐一千七百五十五文；

锦春芳，箱捐三百三十文、引捐二百七十文；

查裕隆，箱捐二千二百八十文、引捐一千九百零五文；

和馨祥，箱捐三千零三十文、引捐二千三百四十文；

万盛顺，箱捐七百八十六文、引捐六百零七文；

詹永和，箱捐一千七百零四文、引捐一千四百零二文；

和泰昌，箱捐三千三百二十四文、引捐二千九百六十二文；

余隆馨，箱捐三千七百二十六文、引捐三千一百五十七文；

天　泰，箱捐五千四百零六文、引捐四千八百九十文；

李祥记，箱捐十三千六百六十二文、引捐十千四百十文；

潘益泰，箱捐四百三十二文、引捐三百七十五文；

宏茂锋，箱捐二千七百十二文、引捐二千一百零七文；

益茂和，箱捐一千四百三十四文、引捐一千一百零二文；

永　生，箱捐一千八百七十八文、引捐一千五百八十二文；

王永盛，箱捐二百零四文、引捐一百八十七文；

广　达，箱捐一千五百六十文、引捐一千二百四十五文；

源　昌，箱捐二千九百九十四、引捐二千三百九十二文；

同森茂，箱捐六千八百二十八文、引捐五千六百十七文；

查德隆，箱捐一千四百二十二文、引捐一千二百十五文；

查德茂，箱捐二千九百八十八文、引捐二千四百六十文；

查信芳，箱捐二千三百十文、引捐一千八百九十文；

源昌春，箱捐二千七百七十二文、引捐二千一百九十七文；

宏　泰，箱捐八百四十六文、引捐六百三十七文；

怡春瑞记，箱捐二千五百二十六文、引捐二千零四十七文；

朗泰丰，箱捐二百四十六文、引捐二百零二文；

元馨和，箱捐七千九百三十二文、引捐六千六百零七文；

兴茂祥，箱捐一千六百十四文、引捐一千二百三十文；

满园春，箱捐六百七十二文、引捐五百零二文；

胡德隆，箱捐二千九百五十二文、引捐二千六百九十二文；

春源永，箱捐三百六十六文、引捐三百零七文；

源兴昌，箱捐五千八百六十二文、引捐四千六百八十文；

义隆祥，箱捐一千九百七十四文、引捐一千五百零七文

隆茂昌，箱捐三千四百四十四文、引捐三千一百零五文；

永昌福，箱捐十二千八百十六文、引捐十千九百八十七文；

詹洪馨，箱捐四千一百四十六文、引捐三千五百七十七文；

方谦记，箱捐五百八十八文、引捐四百六十五文；

同　馨，箱捐三百五十四文、引捐二百四十七文；

詹裕生，箱捐二千六百五十八文、引捐二千三百五十五文；

宏　通，箱捐八百六十四文、引捐六百九十七文；

詹永茂，箱捐四千二百六十文、引捐三千四百九十五文；

聚兴祥，箱捐二千三百五十八文、引捐一千九百二十文；

俞怡和，箱捐二百五十二文、引捐二百零二文；

震兴隆，箱捐七千六百八十文、引捐七千零六十五文；

源　源，箱捐一千零六十二文、引捐七百六十五文；

程日新，箱捐三千四百六十二文、引捐二千七百五十二文；

锦昌源，箱捐二千五百七十四文、引捐二千二百四十二文；

兰　馨，箱捐一千二百六十六文、引捐一千零五文；

祥　记，箱捐二千七百六十文、引捐二千四百十五文；

怡馨祥，箱捐一千零五十六文、引捐九百九十七文；

裕茂祥，箱捐三千五百六十四文、引捐三千二百九十二文；

致　馨，箱捐一千七百三十四文、引捐一千四百十文；

同　春，箱捐五千四百十二文　引捐四千八百二十二文；

益　芬，箱捐四千零八文、引捐三千一百二十七文；

义和祥，箱捐九百七十八文、引捐七百五十文；

益馨昌，箱捐一千六百零八文、引捐一千三百八十文；

鸿发祥，箱捐二百八十八文、引捐二百十文；

福庄和，箱捐五千二百八十六文、引捐四千七百四十七文；

泰　隆，箱捐三千零四十二文、引捐二千八百三十五文；

益　芳，箱捐四千一百七十文、引捐三千零七十五文；

同兴源，箱捐一千二百七十二文、引捐一千零四十二文；

成　裕，箱捐一百九十二文、引捐一百五十七文；

朱新记，箱捐九千五百六十四文、引捐八千七百三十文；

义　昌，箱捐三千一百零二文、引捐二千三百三十二文；

广生祥，箱捐五千六百四十文、引捐四千六百八十七文；

义　芬，箱捐二千九百十六文、引捐二千一百三十文；

益　康，箱捐三千一百三十八文、引捐二千三百六十二文；

森　泰，箱捐十一千一百八十文、引捐九千一百九十五文；

蕙　记，箱捐七百七十四文、引捐六百文；

公慎祥，箱捐七千二百十二文、引捐六千四百七十二文；

协泰和，箱捐一千零八十六文、引捐八百五十五文；

豫顺祥，箱捐四百三十二文、引捐三百五十二文；

同景端，箱捐一千四百十文、引捐一千一百二十五文；

庆　云，箱捐八百三十四文、引捐七百四十二文；

詹正隆，箱捐一千五百二十四文、引捐一千二百零七文；

萃　美，箱捐七百八十六文、引捐六百六十文；

祥泰昌，箱捐一千一百七十六文、引捐一千零四十二文；

吴永馨，箱捐一千三百七十四文、引捐一千一百四十文；

森　茂，箱捐一百三十二文、引捐一百零五文；

詹囚记，箱捐一千四百四十六文、引捐一千二百七十五文；

协泰兴，箱捐一千八百九十文、引捐一千四百二十五文；

隆裕昌，箱捐七百五十文、引捐六百三十文。

大共箱捐钱一千一百五十六千八百九十文、引捐钱九百八十五千三百七十三文。

由施粥捐项下入来捐款述后

计开：

永茂祥，捐英洋拾元；　　　　永隆祥，捐英洋拾元；

永　达，捐英洋拾五元；　　　馥馨祥，捐英洋拾元；

森元泰，捐英洋拾元；　　　　益芳和，捐英洋拾元；

源源福，捐英洋拾元；　　　　无名氏，捐英洋五元；

汪广生，捐英洋拾元；　　　　李祥记，捐英洋拾元；

晋昌祥，捐英洋拾元；　　　　谦吉东，捐英洋拾元；

无名氏，捐英洋五元；　　　　森　盛，捐英洋拾元；

公和永，捐英洋拾元；　　　　公　盛，捐英洋拾元；

裕昌馨，捐英洋拾元；　　　　恒裕昌，捐英洋拾元；

同裕昌，捐英洋拾元；　　　　洪裕大，捐英洋拾元；

义泰隆，捐英洋拾元；　　　　无名氏，捐英洋五元；

永福春，捐英洋拾元；
胜和成，捐英洋拾元；
源　春，捐英洋五元；
邹泰兴，捐英洋五元；
余鑫泰，捐英洋五元；
詹洪馨，捐英洋叁元；
无名氏，捐英洋贰元；
潘仁记，捐英洋叁拾元；
无名氏，捐英洋壹元；
明目子，捐英洋壹元；
益昌隆，捐英洋壹元；
久　大，捐英洋拾元；
江述节，捐英洋五元；
万　昌，捐英洋五元；
福盛祥，捐英洋贰元；
亿昌隆，捐英洋拾元；
唐简泉，捐英洋拾元；
无名氏，捐英洋贰元；
祥泰昌，捐英洋拾元；
汪益芳，捐英洋叁元；
汪大茂，捐英洋拾元；
谦顺昌，捐英洋陆元。
共捐英洋伍百零玖元。

怡　大，捐英洋五元；
信昌永，捐英洋五元；
瑞隆泰，捐英洋五元；
余萃香，捐英洋五元；
谦乾益，捐英洋陆元；
大　有，捐英洋贰元；
夏仙芽仁记，捐英洋五元；
洪源永茶栈，捐英洋拾元；
三省轩，捐英洋拾元；
无名氏，捐英洋壹元；
潘振记，捐英洋贰拾元；
慎和祥，捐英洋拾元；
震兴隆，捐英洋五元；
李镜明，捐英洋五元；
永昌福，捐英洋拾元；
俞林瑞，捐英洋拾元；
公慎祥，捐英洋拾元；
林茂昌，捐英洋五元；
余树德堂，捐英洋四元；
亿中祥，捐英洋拾元；
永泰源，捐英洋拾元；

木启　木禀　告示

　　盖屯溪为徽属巨镇，五方杂处，户口繁多，向设公济局，所以济贫病而泽及枯骨者也。举凡施药送诊、助棺掩骸诸善举，靡不章程具备。行之八年，皆有成效，咸赖各业慷慨乐输、源源接济。年前复加育婴、牛痘善举，事用增大，深虞不继，不得已复作发棠之请。又蒙茶商续捐已成弩末，为此呈督宪刘于茶税公项中照大通义渡例，按月拨给湘平银六十两，蒙恩批准，赖以济用。无如地广人众，事用浩繁，现在每年需洋四千余元，窃恐杯水车薪补救无及，刻已短绌于目前，继必废弛于日后。伏惟贵业诸君子推广善念，大发慈悲，六邑木簰悉由街口经过，统照厘卡点数报捐，完捐洋一元外，抽助善捐洋三分照算，候请示立章存案，由厘局汇收，给发公济局联票为凭。抽捐极细而受惠无穷，俾善堂得垂永久，则荷鸿恩于无既矣。一切条规悉载征信录中，恭呈鉴核，恕不赘渎。谨启。

　　启到请书允字。

　　光绪二十二年夏月公济局同仁公具。

　　木商：洪汝庚、潘焕成、吴宪章、程瑞卿、宋敬敷、巴让堂名树谦、江似芬名昌谷、许黼廷名钺、江复兴名幸余、吴焕馨、王赞周名藩、臧利祥、詹礼慎、程华如。均书允字。

　　具禀徽属木商职员洪汝庚等，禀为捐助经费以襄善举，叩恩檄卡照抽，并请晓示立案事。

　　窃徽属茶商于光绪十五年在休邑屯溪地方创设公济局，施医施药、施棺掩骸，复于十八年接收婴孩、雇乳育养，放种牛痘，其经费除众茶商及他善士按年捐输外，并先后禀蒙大宪批准，每年于茶厘、货厘两项下分别拨款给领济用，各在案。惟是善举既多，扩充经费愈形浩大，若非广为集资，未免不敷挹注。职等伏思好善乐施之念，凡有血气者莫不宜然，爰集同业议定，自光绪二十三年正月为始，所有经过街口厘卡木簰由卡点数，应纳厘捐洋一元，加抽捐助公济局经费洋三分，填给公济局联票备查。此项捐洋厘卡汇收后，每年分六月、十二月两次照发公济局具领，聊襄善举。众意允洽，罔弗愿从，理合据情联名禀叩大人恩鉴，檄行街口厘卡，按光绪二十三年木簰过境报完厘捐洋一元者，加抽公济局经费洋三分，汇收分发；一面赏示晓谕，俾众咸知，并予立案，以垂久远。望光上禀。

　　赏戴花翎即选道、特授徽州府正堂、保荐卓异随带加一级记功一次春批：据禀，捐助此项经费，既然该木商等众意允协，以襄善举，自应照准，候即如禀移知街口厘卡，一面出示晓谕可也。

　　赏戴花翎即选道、特授江南徽州府正堂、随带加一级卓异加一级记功一次春为出示晓谕，以襄善举事：据徽属木商职员洪汝庚、潘焕成、吴宪章、程瑞卿、宋敬敷、巴树谦、江昌谷、许钺、江幸余等赴府禀称，为捐助经费以襄善举，叩恩橄卡照抽，并请晓示立案事：窃徽属茶商于光绪十五年在休邑屯溪地方创设公济局，施医施药、施棺掩骸，复于十八年接收婴孩、雇乳育养，放种牛痘，其经费除众茶商及他善事【士】按年捐输外，并先后禀蒙大宪批准，每年于茶厘、货厘两项下分别拨款给领济用，各在案。惟是善举既多，扩充经费愈形浩大，若非广为集资，未免不敷挹注。职等伏思好善乐施之念，凡有血气之伦莫不宜然，爰集同业议定，自光绪二十三年正月为始，所有经过街口厘卡木簰由卡点数，应纳厘捐洋一元，加抽捐助公济局经费洋三分，填给公济局联票备查。此项捐洋厘卡汇收后，每年分六月、十二月两次照发公济局具领，聊襄善举。众意允洽，理合据情联名禀叩恩鉴，橄行街口厘卡，按光绪二十三年正月木簰过境报完厘捐洋一元者，加抽公济局经费洋三分，汇收分发；一面赏示晓谕，俾众咸知，并予立案，以垂久远，望光上禀等情到府。据此除批：据禀，捐助此项经费，既然该木商等众意允协，以襄善举，自应照准，候即如禀移知街口厘卡，一面出示晓谕可也。并移知街口厘卡如禀办理外，合行出示晓谕。为此，示仰徽属木商一体知悉：尔等贩运木簰经过街口，自光绪二十三年正月起报完厘捐洋一元者，加抽公济局经费捐洋三分，听候汇收分发，以襄善举，各宜遵照毋违。特示。

　　右仰知悉。

　　光绪二十三年正月　日。

　　告示。

收款_{光绪二十八年}　支款_{光绪二十八年}

木商乐输

计开：

木商同仁共捐英洋壹百玖拾壹元；

又小洋贰百四十六角九二申洋贰拾式元六角三分二厘；

两共计洋贰百拾叁元六角三分二厘。

由茶厘总局发来正引项下详准津贴保婴经费每月陆拾两，共收湘平银柒百贰拾两正九八五申曹纹柒百零玖两贰钱，共兑洋壹千零拾贰元渠钱五分五厘；

由本镇厘局发来厘金项下详准津贴保婴经费每月贰拾两，共收湘平银贰百肆拾两正九八三申曹纹贰百叁拾五两九钱贰分，共兑洋叁百叁拾陆元肆钱五分贰厘；

以上两宗，共收洋壹千叁百肆拾玖元贰角零七厘。

各善士乐输列左

江关祥，捐洋拾元；	俞伯安，捐洋拾元；

（整理者注：原书下缺一页）

张宝玉女史，捐洋拾元；	李　秀，捐洋拾元；
无名氏，捐洋拾元；	江灶林，捐洋拾元；
余有周，捐洋拾元；	潘黄氏，捐洋拾元；
朱立全，捐洋拾元；	姚张氏，捐洋拾元；
江日知，捐洋贰元；	汪唐氏，捐洋拾元。

谨启者：屯镇创建公济局，所以济贫病而泽枯骨者。其事非一时，其用非浅鲜，若不筹画周至，必然支绌堪虞。今各项捐助已有成数，再请各宝栈扩其仁怀，投以扑满，议以屯茶投栈，每箱请输钱二文惠，期其可久。明知不情之请有类烦哓，然而功归实济，财岂罔施，是所望于大君子焉！启到请书允字。

光绪十五年五月　日，公济局同仁公具。

计开：

祥泰昌宝栈，乐输箱捐英洋贰拾元；

森盛恒宝栈，乐输箱捐英洋叁拾元；

洪源永宝栈，乐输箱捐英洋叁拾元；

天保祥宝栈，乐输箱捐英洋拾元；

永泰源宝栈，乐输箱捐英洋式拾元；

源兴隆宝栈，乐输箱捐英洋拾六元；

公慎祥宝栈，乐输箱捐英洋肆拾元。

共收洋壹百陆拾六元。

谨启者：屯镇议立公济局，所需甚巨，非筹久远之费，难免支绌之虞。除各善士捐助外，蒙各茶号乐输每箱六文，再恳各宝行推其善怀，按年每毛茶一担议捐钱三文，随各宝行通年进数结算，以为长策，福德无涯。所有一切规条均载捐簿，恕不赘渎。启到请书允字。

光绪十五年四月　日，公济局同仁公具。

汪集兴茶行，乐输毛茶担捐钱八千八百文；

孙怡泰茶行，乐输毛茶担捐钱十一千零八十三文；

宁日新茶行，乐输毛茶担捐钱六千六百文；

江晋丰茶行，乐输毛茶担捐钱九千九百文；

程饴新茶行，乐输毛茶担捐钱十八千文；

程广昌茶行，乐输毛茶担捐钱十二千文。

共收捐钱六十六千三百八十三文。

屯镇公济局兹蒙诸善长慷慨解囊，施医药、舍棺木，事行一年，已睹成效。惟度支甚巨，非广募仁人之宇，难免疊耻之虞。兹同仁公议，拟于贩茶入行售出每担抽钱四文，费无多而惠远大，在诸君福田广种，无殊张氏之推财，行见利域潜开，可卜范公之致富，存殁均感福禄来同。谨启。

光绪十六年夏月　日，公济局同仁公具。

怡泰行各贩客，乐输毛茶担捐钱十四千七百七十八文；

集兴行各贩客，乐输毛茶担捐钱十一千七百三十四文；

饴新行各贩客，乐输毛茶担捐钱二十四千文；

广昌行各贩客，乐输毛茶担捐钱十六千文；

日新行各贩客，乐输毛茶担捐钱八千八百文；

晋丰行各贩客　乐输毛茶担捐钱十三千二百文。

共收捐钱八十八千五百十二文。

公济局愿捐启：

窃惟天以好生为心，人以济生为德。岁气不无厉气，每流行于夏秋；佣人多属远人，易感疾于焦腑。呻吟檐宇，实可悯心；暴露溪滨，何堪击目。幸旧岁好善诸同志乐倾资囊，襄成善局。药医公济，已征旸谷回春；棺殓兼施，更免寒林秋惨。奈度支欲继，存款无多，因思岁用出自日生，泉流不竭，裘成由于集腋，璧合靡穷，是久计诚莫如愿捐者也。计日累钱成愿，仅止三百六十；递年输愿施仁，非止尺寸分毫。况一愿、二愿之乐输，随缘种果；十愿、百愿之广济，量力挥金。庶经费无虑殷浩之书空，储药可等子荆之富有。行见杏栽董圃，盛开益寿之花；橘植苏庭，永颂长春之木。谅乐善君子好施，仁人有同愿焉！谨启。

　　诸善士芳名请登于左。

钱业乐输长生善愿列左

计开：

致祥庄，乐输长生廿愿；

通裕庄，乐输长生廿愿；

益和庄，乐输长生廿愿；

万康庄，乐输长生廿愿。

共八十愿。

共收钱二十八千八百文。

名善士长生愿捐

俞林瑞，乐输二十愿；

同善山房，乐输十五愿；

李通庆，乐输两愿；

孙曹氏，乐输十愿；

曹存诚堂，乐输三十愿；

洪承义堂，乐输三十愿；

吕查氏，乐输三十愿；

学日益斋，乐输二十愿；

吉金乐石斋，乐输三十愿；

顾明显，乐输六愿；

孙洪氏，乐输三十愿；

戴步蟾，乐输五愿；

方程氏，乐输二十愿；

方詹氏，乐输二十愿；

洪丹桂堂，乐输二十愿。

共二百八十八愿。

共收钱一百零三千六百八十文。

收支总目

收款述后：

收本年津贴、乐输前十二柱，洋二千三百九十九元八角三分九厘、钱二千四百二十九千六百三十八文；

收二十七年原存典庄、药号生息英洋四千五百元子金，洋三百四十元；

收上年存局备用，洋三百五十一元八角四分三厘；

收对门市屋租金，洋八十二元；

收茶业公所租金，二十元；

收干谷七石八斗每二十二售，洋十七元一角六分；

收茶业公所认还福食，洋一百六十元；

收往来客膳，洋二十八元；

收祥泰昌号议罚贩客，洋四十元；

收汪福成行议罚私秤客，洋六元。

共收洋三千四百四十四元八角四分二厘、钱二千四百二十九千六百三十八文九六申洋二千六百六十九元九角三分二厘，两共收洋六千一百十四元七角七分四厘。

支款列左：

敬神锡箔、火炮、香烛，洋九元五角、钱一千七百八十二文；

神前灯油、本局门前灯油，洋十四元；

保婴本年共收男、女婴四百四十名，自光绪十八年七月起共收婴二千四百五十四名；

津贴乳食费，洋七百八十三元二钱、钱八百八十七千五百三十七文；

婴衣帽、布料、线带、线花，洋三百九十六元七角、钱一千五百十二文；

缝工，洋六十二元、钱一千三百文；

在局乳妇，洋一百六十五元、钱九千三百四十六文；

在外各处常、暂乳，洋四百二十八元七角、钱一百九十万零六百三十文；

牛乳糕：婴剃头并送、婴时随路买乳，洋二十一元二角、钱十四千三百四十九文；

乳妇添办账、被絮、草席、棉线等件，洋四元、钱二千五百四十九文；

抱送开化、德兴、婺源三处婴工资并察婴路用及红枣果子，洋一百四十七元、钱六十八千一百十六文；

施种牛痘五百八十一名；

程益斋修金，洋七十元；

胡因五修金，洋三十七元；

印刷须知、日期号票纸工，洋三元。

施药：

膏丹丸散，洋十三元七角、钱二百五十九千零九十六文；

济生堂药材，洋五百十五元；

辟瘟香，洋三元；

药方纸、膏药油纸、印色油，洋三元八角、钱六百九十三文。

施棺：计施大棺共施一百三十八具、小棺共施三百零二具。

进大棺一百三十一具，洋三百八十六元四角五分；

进中、小棺共二百八十七具，洋六十六元九角二分。

施大、小棺殓费，钱一百十五千六百文。

皮纸，洋九元三角；

石灰，洋九元；

寿物，洋十四元五角；

购大圣庙前义地一块，洋十七元；

义地三节焚纸箔，洋三元；

焰口费，洋十一元、钱九百五十六文

长生焰口，洋一元；

刻征信录二百本，洋四十元；

联票、誉方簿、账簿、京折各件，洋二十二元；

笔墨、纸张、京片、信纸、信封，洋二元三角、钱一千二百六十二文；

磁碗、竹杌、条桌、火□、板凳，洋三元四角、钱三千一百文；

洋油八箱半，洋二十五元一角五分；

烟、茶叶、草纸、表芯、红白表，洋二十五元二角、钱二百五十文；

休、歙邑钱粮，洋六元、钱二百七十九文；

开局敬神果子、曲酒，洋三元八角；

开、停诊酒席，洋四元八角；

内科萧厚甫、江品钊修金五个月，洋一百元、钱四千文；

外科黄雨田修金五个月，洋三十七元五角、钱二千文；

司事方服周通年，洋六十元、钱四千八百文；

司事托友帮办两个月，洋十元；

帮办江勖三通年，洋三十六元、钱四千八百文；

帮办孙芷香通年，洋三十元、钱四千八百文；

帮办江余庆八个月，洋二十元、钱三千二百文；

厨工，钱二十五千四百四十文；

杂工，洋二十四元、钱三千五百五十文；

修理房屋，洋七元零七分一厘、钱二千四百三十文；

水龙捐，洋四千四分；

房租捐，洋三元六角六分八厘、又一元三角三分四厘；

补旧岁修屋费，洋十二元三角一分、钱一千六百十五文；

福食，洋三百七十七元二角、钱一百四十二千七百三十二文

柴炭，洋六十六元五角、钱三十九千八百九十六文；

酬劳木捐司事，洋六元；

修街路，洋二十元；

通□渠，洋二元；

杨子坑口长生灯油，钱七百文；

租酒、补串少数，钱四千二百三十二文；

杂支，钱三千八百六十四文；

进出洋水，洋二十八元。

共支洋四千一百六十九元六角四分三厘、钱一千八百零六千四百十九文九六申洋一千九百八十五元零七分六厘。

歙县馆录

清歙县汪廷栋编
清光绪三十年（1904）木活字本

目　录①

歙县馆录弁言 …………………………………………………… 942

契据录 ……………………………………………………………… 943

公牍录 ……………………………………………………………… 947

碑记录 ……………………………………………………………… 949

馆规录 ……………………………………………………………… 952

收支录 ……………………………………………………………… 954

---

① 目录为整理者所加。

歙县馆录弁言

　　馆录者，吾邑汪聘卿学正创试馆时所手订也。其中钞存之件仅契据、禀牍两目，而卷之首尾多空白章，殆将以备纪载而永流传欤？意至良法至美，惜有志未竟，遽归道山。继其事者虽不乏人，然均未计及此。光绪癸卯春，予重到金陵，询悉其事，心焉伤之。次年二月，同人有厘订之议，金以责属予，予不敢违，爰理其旧绪，订以新章，分为五录，曰契据录、公牍录，循其旧也，曰碑记录、馆规录、收支录，补其阙也。既成，仍名之曰"歙县馆录"，用活字板排印成帙。昔之解囊相助者家给一本，以示后人。聘卿有知，当无憾于九京矣。

　　时光绪三十年，岁次甲辰仲秋月，邑人汪廷栋芸浦氏补识于金陵上江考棚之西偏，时年七十有五。

契据录

李小涵等卖契一纸

立杜绝卖基地文契李小涵、李石泉、李菊孙、李子丹，今将祖遗原买市房被毁仅存基地一业，坐落江邑城中石坝街忠字铺地方。朝北迎街门面基地并排五间，天井全；二进基地并排五间，天井全；三进基地并排五间，天井全；四进基地五间，天井全；五进基地五间，天井全；六进基地五间，天井全；七进基地五间。前至官街、后至庵基为止、右首以与王姓毗连，皆以老墙脚为凭，左首以兰姓毗连，均以老墙角为界。其基地已成瓦砾堆，因无力起盖，兼乏正用，通家商议明白，央中说合，愿将该基地现存砖石瓦片寸土不留，罄产交代，凭中邀牙立契，出杜绝卖与歙县试馆名下永远执业。当日三面言明：本基地照时估值，杜绝卖价曹平肆色半足兑纹银二百两整。其银即日凭众一平兑足，李姓亲手收楚，毫厘不少，银契两交明白。自卖之后，听凭买主雇工挑堆，任意起屋，永远为业。遵奉部例：凡民间杜绝卖产，契明价足，日后永不增找，永不回赎，永断葛藤，永无异言。该基实系李姓祖遗原买之产，与别房别姓无干，嗣后倘有族亲、异姓、长幼人等争论家务内外分晰不清，及指房质押重复典当受典，出杜冒认侵占，一切轇辖不楚等情，均归出笔人一力承当，与今买主毫无干涉。但本基原买正上各契因避乱遗失，已禀请联照在案，成交日查付买主收执为凭，日后检出本基片纸只字，均作废纸无用。此系两相情愿，允买服卖，并无债准逼勒等情。恐后无凭，立杜绝卖基地文契，永远存照。

计附本基地联照一纸付执，又照。

再者该基原开祥发典基址注明，又照。

同治八年二月　日，立杜绝卖基地文契：李小涵、李石泉、李菊孙、李子丹

　　　　凭亲：郑晓涵

　　　　凭邻：王介眉

　　　　凭中：王小园、汪聘清、何仁轩

　　　　官牙：金闻皋

又墨据一件

立笔据李菊孙，今因胞兄小涵、胞弟子丹等因家正用，央中将石坝街祥发典地基出杜与歙县试馆名下执业。成交日菊孙外出，系胞弟子丹代押，并无异说。今菊孙自乡归来，始知前领执照所注丈尺尚缺二丈，现已丈量清楚，连胞兄名补请二丈，

执照仍归试馆执业。前至官街、后至庙脚，共计二十六丈，寸土不留，统归执业。恐后无凭，立此附正契，一并存照。

　　同治八年三月　　日，李菊孙亲笔
　　　　　　　　凭中：郑晓涵

本基地联照一件

　　善字第二千三百零八号，承领旧屋民人李景曾，江宁善后总局为给发执照事。

　　今据　省　府　县人李景曾呈明，城内石坝街朝北有旧存房基三十五间。经保甲局委员履勘，询问明确，原契实系被乱遗失，取具该民人，如敢冒认，愿甘治罪，切结存卷，合行给照。为此，照给李景曾收执，准其暂行管业，两年以内不准转典转售。如承领之后另有真业主出来呈明确据，即将在前具结冒领之人枷号两个月，充军四千里，以示严惩，决不宽贷。须至执照者。

　　四月初二日复据禀称，该基少报二丈，应将该照添注，共计二十六丈四月初四日。

　　右照给业主李景曾收执。

　　同治八年二月二十三日给。

　　总局行。

兰姓契一件

　　立杜绝卖基地文契兰吕氏、兰任氏、兰汇泉同侄媳恩缙、毛氏、恩级，侄孙尔康、尔昌，今将祖遗原买公产并毛氏己产住房被毁仅存基地一业，坐落江邑城中石坝街忠字铺地方。朝西北迎街门面基地并排五间，天井全；二进基地五间，天井全；三进基地五间，天井全；四进基地五间，天井全；五进基地五间，天井全；六进基地五间，天井全；七进基地五间。左首以王姓老墙为界、右首以李姓毗连，均依老墙角为凭。前至官街，后至七进后老墙脚为止。此基地昔年旁后门通五条巷，与王姓后路公走，正宅门后通鸭子塘出入。因无力起盖，兼乏正用，通家商议明白，央中说合，愿将该基地现存砖石瓦片寸木寸土不留，罄产交代，凭族、亲、邻、中，邀牙立契，出杜绝卖与歙县试馆名下永远执业，起屋居住。当日三面言明：本基地照时估值，杜绝卖价曹平肆色半足兑纹银壹百捌拾玖两整。其银即日凭众一平兑足，兰姓亲手收楚，毫厘不少，银契两交明白。自卖之后，听凭买主任意起屋，永远为业。遵奉部例：凡民间杜绝卖产，契明价足，日后永不增找，永不回赎，永断葛藤，永无异言。该基地实系兰姓祖遗之产，与别房别姓无干，嗣后倘有族亲、异姓、长幼人等论家务分晰不清，及指基质押重复典当受典，出杜冒认侵占，一切缪辖不楚等情，均归出笔人一力承当，与今买主毫无干涉。但本基原买正上各契因避乱遗失，已禀请联照在案，成交日查付买主收执为凭，日后检出本基片纸只字，均作废纸无用。此系两相情愿，允买服卖，并无债准逼勒等情。恐后无凭，立杜绝卖基地文契，永远存照。

　　计附本基地联照二纸付执，又照。

同治八年三月　日，立杜绝卖基地文契：兰吕氏、兰任氏、兰汇泉同侄媳毛氏，侄恩缙、恩级，侄孙尔康、尔昌

> 凭族：世芬、连科、闰子
> 凭亲：张玉森、韩至安、朱汉朝、程耀堂、徐韵之、吴问渠、刘焕文、刘禹门、吴海秋、费守俭、毛庆成、吕长照
> 凭邻：李菊孙、王云生
> 凭中：王介眉、郑晓涵、兰秀谷、汪聘卿、王小园
> 甲长：王锦源
> 官牙：金闻皋

兰毛氏本基地执照一件

善字第肆百陆拾号，承领旧屋民人兰毛氏，江宁善后总局为给发执照事。

今据　省江宁府江宁县人兰毛氏呈明，城内石坝街朝北门面计柒进，有旧存房屋基拾肆间。经保甲局委员履勘，询问明确，原契实系被乱遗失，取具该民人，如敢冒认，愿甘治罪，切结存卷，合行给照。为此，照给兰毛氏收执，准其暂行管业，两年以内不准转典转售。如承领之后另有真业主出来呈明确据，即将在前具结冒领之人枷号两个月，充军四千里，以示严惩，决不宽贷。须至执照者。

右照给业主兰毛氏收执。

同治五年九月初五日给。

总局行。

兰任氏、兰吕氏本基地执照一件

善字第肆百陆拾壹号，承领旧屋民人兰任氏、兰吕氏，江宁善后总局为给发执照事。

今据　省江宁府江宁县人兰任氏、兰吕氏呈明，城内石坝街朝北门面计柒进，系两房公产，有旧存房屋基贰拾壹间。经保甲局委员履勘，询问明确，原契实系被乱遗失，取具该民人，如敢冒认，愿甘治罪，切结存卷，合行给照。为此，照给兰任氏、兰吕氏收执，准其暂行管业，两年以内不准转典转售。如承领之后另有真业主出来呈明确据，即将在前具结冒领之人枷号两个月，充军四千里，以示严惩，决不宽贷。须至执照者。

右照给业主兰任氏、兰吕氏收执。

同治五年九月初五日给。

总局行。

兰毛氏等卖契一纸

立杜绝卖基地文契兰毛氏同婶任氏、叔汇泉、子尔康，今将祖遗原买市房被毁仅存基地一业，坐落江邑城中石坝街忠字铺地方。朝东南迎街门面基地并排三间，

天井全；二进基地并排三间，天井全；三进基地并排三间，天井全；四进基地并排三间，后不全。岸三号，前至官街、后至官河为止、右首以王姓老山墙为界、左首与王姓毗连，均依老墙角为凭。因无力起盖，兼乏正用，通家商议明白，央中说合，愿将该基地现存砖石瓦片相连寸木寸土不留，罄产交代，凭族、亲、邻、中，邀牙立契，出杜绝卖与歙县试馆名下永远执业、起屋、取租。当日三面言明：本基地照时估值，杜绝卖价曹平肆色半足兑纹银陆拾捌两肆钱整。其银即日凭众一平兑足，兰姓亲手收楚，毫厘不少，银契两交明白。自卖之后，听凭买主任意起屋，永远为业。遵奉部例：凡民间杜绝卖产，契明价足，日后永不回赎，永断葛藤，永不增找，永无异言。该基地实系兰姓祖遗之产，与别房别姓无干，嗣后倘有族亲、异姓、长幼人等争论家务内外分晰不清，及指基质押重复典当受典，出杜冒认侵占，一切镠辖不楚等情，均归出笔人一力承当，与今买主毫无干涉。但本基地原买正上各契因避乱遗失，已禀请联照在案，成交日查付买主收执为凭，日后检出本基片纸只字，均作废纸无用。此系两相情愿，允买服卖，并无债准逼勒等情。恐后无凭，立杜绝卖基地文契，永远存照。

计附本基地联照壹纸付执，又照。

同治八年三月　日，立杜绝卖基地文契：兰毛氏同婶任氏、叔汇泉、子尔康

凭邻：李菊孙、王云生

凭族：恩缙、连科、世芬、闰子

凭亲：张玉森、韩至安、朱汉朝、程耀堂、徐韵之、毛庆成、刘焕文、费守俭、吕长照、刘禹门、吴问渠、吴海秋

凭中：王介眉、兰秀谷、汪聘卿、郑晓涵、王小园

甲长：王锦源

官牙：金闻皋

兰毛氏本基地执照一件

善字第贰千叁百肆拾捌号，承领旧屋民人兰毛氏，江宁善后总局为给发执照事。

今据　府　县人兰毛氏呈明，城内石坝街朝南祖遗公产有旧存屋基肆进拾贰间，经保甲局委员履勘，询问明确，原契实系被乱遗失，取具该民人如敢冒认，愿甘治罪，切结存卷，合行给照。为此照给兰毛氏收执，准其暂行管业，两年以内不准转典转售，如承领之后，另有真业主出来呈明确据，即将在前具结冒领之人枷号两个月，充军四千里，以示严惩，决不宽贷，须至执照者。

右照给业主兰毛氏收执。

同治八年三月二十二日给。

总局行。

公牍录

一、禀保甲总局

具禀二品顶戴、江苏候补道程国熙，二品顶戴、广西补用道程桓生，江苏候补知府柯铭，江苏候补通判孙廷骥，同知衔、江苏候补知县王恩培、鲍恩铨，五品蓝翎、候选县丞王家谟，助教衔、即选州学正汪士珍，奎文阁典籍洪福，江苏候补巡检郑白奇，五品顶戴、候选从九品汪兆玮，候选从九品吴肇龄，从九品衔项润、胡德泉、范森，优贡生王宗沂，兼袭云骑尉附生王鉴，附生程仁藻，耆民吕本等，禀为呈验原照，公吁勘明，发县立案事。

窃职道等籍隶江南徽州府歙县，于同治八年捐资在江宁县石坝街忠字铺地方价买李姓、兰姓基地，合成一片，系坐南朝北门面，又对面兰姓基地一片，系坐北朝南门面，以为建立试馆之所。当蒙总局验明，颁发《禁止游民偷挖砖石告示》，并遵例投县税契，各在案。现经鸠工，除朝南门面兰姓之基前面墙脚计木尺宽三丈三尺五寸、深十三丈六寸，前至街后临河、左右皆有邻墙，应照兴造，毋庸绘图外；其朝北门面李、兰二姓合一片之基，今清除周围老墙脚，计前面宽十二丈一尺七寸、深二十六丈二尺，左右及后面各有缺角，理合照式绘图，开明丈尺粘呈，并将该二姓原执照一并呈请鉴核，饬员勘明，发县立案，以便遵照原界兴造，实为公便。上禀。

计粘地图一张，另呈原执照四纸，请验明发还。

光绪二年五月　日。

一、禀江宁府

具禀二品顶戴、候补道程国熙，二品顶戴、广西候补道程桓生，候补知府柯铭，助教衔、候选州学正汪士珍，五品蓝翎、候选县丞王家谟，奎文阁典籍洪福、五品封职、候选从九品吴肇龄，五品顶戴、候选从九品汪兆玮，五品顶戴、候补从九品郑白奇，从九品衔胡德泉、从九品衔吴锡安、从九品衔范森、从九品衔项润、从九品衔吕本、从九品衔程荣棣、从九品衔谢振麒，举人汪宗沂，兼袭云骑尉附生王鉴，禀为歙县试馆恳请示禁游间滋事事。

窃职道等前因乡试考寓昂贵，寒士赁费维艰，是以公议捐资，于同治八年在于江宁县治石坝街地方购买李、兰二姓基地。当经禀蒙宪台、保甲总局查验，并示禁偷窃基场砖石在案。嗣因经费不足，延至光绪二年兴工。缘相隔年久，前立界石间有遗失，曾将周围老墙脚邀集邻右眼同逐细清出绘图，禀蒙保甲总局转饬分局勘明立界在案。兹计造成路北对照平房十二间，临河建立石埠驳岸，路南正屋十二间。因经费不足继，暂行停止所有已成房屋。同人公议，除科场年份作本邑考寓外，平时出租收息，藉助兴修之费，仍仿造上江考棚定章，不赁本邑人居。第恐游闲无知之人，藉称桑梓到馆窥探、希图住宿、致有滋闹情事，相应先行禀请宪台鉴核，俯赐出示谕禁游闲、窥探、住宿、滋事，以便赁居而资经费，实为公便。上禀。

光绪四年二月　　日。

一、江宁府告示一件

特用道、署理江南江宁府正堂、加十级纪录十次孙为出示谕禁事。

据绅士二品顶戴、候补道程等禀称，歙县试馆恳请示禁游闲、窥探、住宿、滋事等情到府。据此，除批示外，合亟出示谕禁。为此，示仰诸色人等及坊甲知悉：自示之后，毋许闲杂人等在该处窥探、作践、滋扰，如敢故违，定提重究不贷。各宜凛遵毋违。特示。

光绪四年三月十七日。

一、江宁府批江谷曾等公禀一件

候补道、江苏候补府、署理江宁府正堂陈批：

省城设立试馆，诚为第一义举。据禀，歙县试馆屋计三处，平时出租，三年中除让考三月约得租金一千三四百元，为司事汪俪篪串倪姓司事汪建夫挪用。汪建夫将赤契、细账均未检出，向询支吾，所禀如实，大属胆玩。仰江宁县立即吊契及历年收支账簿，提案严讯究追，逐一查明，各房坐落处出示晓谕，永禁典卖。并谕在宁歙县绅耆公举诚笃之人专司其事，仍将提讯缘由详复核夺，均无违延。切切！禀发仍缴。

光绪二十年九月初三日批。

一江宁府批汪清城禀一件

钦加三品衔、特用道、署理江宁府正堂唐批：

歙县试馆旧章极为妥善，所收房租作为经费亦极充足。初不料汪俪篪自其父故之后，浮开浪费，匿契侵吞。本府早已深悉，因念同乡后裔，不忍直抉其奸。及应试诸生啧有烦言，汪俪篪知干众怒，遂邀该职接管，为脱替之计。本年九月，据应试士子以该职私典公产等词，禀经陈前府批县吊契提讯，并谕在宁歙县绅耆公举诚笃之人专司其事，该职同汪俪篪仍匿契不呈，殊属非是。兹据该职称，将契三纸、新安会馆地基联单一纸，又义冢联单一纸，着即联同经手收支账目一并刻日呈候本府核明察夺，毋再违延。切速！

光绪二十年十一月十八日批。

碑记录

创建江南歙县试馆记

吾歙试江南者向无试馆，同治八年，宋端甫以银肆佰伍拾柒两肆钱，陆续购地基。光绪二年，汪士珍始倡议建馆，程国熙、宋琪、程桓生等赞成之，得捐银值钱柒千柒百陆拾余千，成正屋、东厅各三层，层各五间，街南面北；河厅三层，层各三间，街北面南。十五年，正厅后加楼房五间。先后共费金钱壹万贰千叁百余缗，捐所不足，补以历年赁金。缔造盖艰难矣。爰记颠末，并泐捐名于石，以告后之君子。是为记。

计开：

汉　口，捐银贰百叁两叶在玑手；	鲍乾元，捐银贰百两；
程石舟，捐银壹百两；	蒋健和，捐银陆拾两；
谢士淮，捐银伍拾两；	惜光斋，捐银叁拾两；
谢士泰，捐银拾贰两；	汪芸浦，捐银拾两；
谢士纯，捐银拾两；	吴志英，捐银拾两；
郑树滋，捐银陆两；	苏　州，捐洋肆佰捌拾元程手；
扬州宋琪，捐洋伍百元；	徽　州，捐洋壹百元鲍手；
扬　州，捐洋伍百元汪手；	徽　州，捐洋伍拾陆元吴手；
浙　江，捐洋伍拾叁元；	洪灵春堂，捐钱壹百千文；
程敬之，捐洋陆百元；	许朝宗，捐洋壹百元；
洪春元，捐洋壹百元；	柯受丹，捐洋壹百元；
唐漾荷，捐洋陆拾元；	吴裕纪，捐洋拾肆元；
鲍存诚堂，捐洋廿肆元；	公一号，捐洋玖元；
昉溪文会，捐洋捌元；	洪莲敷，捐洋贰拾元；

程道周、胡心培、胡以卿、江绍翰、程亦陶、吴慎行堂、程尊行堂和程尊行堂，各捐伍拾元；

洪屏珊、许芳远堂、吴诒安堂，各捐洋肆拾元；

汪效庄、傅国珍、黄赐生、程恩堃、许务本堂，各捐洋叁拾元；

程吉安、吴理卿、王小园、汪原仲、方敬义堂、罗存厚堂、叶椿荫堂、吴敬严堂，各捐洋贰拾元；

吴胜友、金吉生、凌与恭、洪薛堂、宋礼杰、罗宏远堂，各捐洋捌元；

吴寿山、方福泰号，各捐洋柒元；

汪端伯、汪长琪和汪长琳、许吉泰、永源锦、许立本堂和鲍燕诒堂、唐必桂，各捐银肆两；

杨昌樾、江德裕、乐荆轩、段荣基、吴仰周、洪敦和堂，各捐银叁两；

罗慎之、汪东山、仁裕、许掌封、汪重卿、汪朝举、吴宸北、吴华卿、刘升茹、公义和、鲍崇洛、范春渠、程键中、许乐亭、汪道泽、汪志远堂、罗存厚堂、汪松荫堂、胡懋之、汪咏轩、叶润彩、黄菊如、姚文甫、方景榜、许淦泉、吴德滋、程际华、许致和、王绍梁、叶怡睦堂、汪润兰堂、江慎余堂，各捐洋拾元；

洪景平、项雨田、叶翼成、程凤朝、洪庆蕃、吴春生、汪乐川、鲍肇元、张希仲、凌庶咸、程黻书、义成号、汪世德堂、汪春生堂、芜湖凌庶咸，各捐洋陆元；

汪锦江、吴振声、汪仲伊、吕祥兴、黄丰苣、叶向德堂、王序东、周怡德、吴寿民、江正泰、汪懋华、汪秀岩、吴敦厚、洪清怀堂，各捐洋五元；

吴晓初、江昆盛、程厚之、汪巨卿、许敦本堂、江逢元、江如九、江实夫、程茂堂、张裕茂庄、曹竹亭、宋成裕、汪赤起、王松友、恒丰酱园、洪如松、洪桂庵、王印莹、吴瑞麟、洪仁让堂、叶锡龄、吴赞元、黄良黼、吴晓之、洪衍庆堂、吴宝球、吴理堂、陈殿辉、汪起棠、潘树德堂、吴效英、曹逸园、方俊千、方建藩、汪敦义堂、姚大士、吴宏烈、郑易庵、方万源号、吴大隆号、张丰裕号、江益懋号，各捐洋肆元；

汪效臣、鲍霭堂、程灵甫和程养吾、江朗山、汪荣之、吴稼先、汪丙成、耕余堂、谢廷采、汪春远、程福海、王近思、王仲文、汪鉴州、凌齐榉、叶芷孙、洪禹三、洪祖诒、程立达、方裕盛号、吴修己书屋、吴崇文家塾，各捐洋三元；

马正伦堂、汪韫璞轩、谢积庆堂、堂诒训堂、汪华润书屋、吴梅花书屋、汪志远堂、汪树滋堂、吴怡德堂、吴继述堂、洪性友堂、广泰森号、义泰兴号、吴同裕号、程笃庆堂、吴效英、汪士珍、凌存齐、程芝岩、程蓉卿、宋丹书、洪晋祺、余达川、汪如涛、吴胜友、汪冕堂、程叙义、汪达铨、程汝箓、朱云章、汪锡兹、蒋春华、程尔埙、程宗辉、吴源茂、凌大钺、方近垣、方建藩、方鹤峰、周炯、永丰祥、万丰祥、礼记号、协泰号、泰和号、乾裕号、同源号、新大义记、汪瑞庆堂，各捐洋三元；

巴光森、江学普、江恒、饶绍濂、萧士级、杨良裕、方心畲、宋位三、宋秀井、程典、杨鑫、吴琬如、汪时若、方荣五、徐稚芬、谢云柏、蒋元理、许承德堂、方正义堂、程承佑堂、程寄舫斋、许忠顺堂、胡崇俭堂、胡裕德堂，各捐银贰两；

唐授仁、汪干臣、胡道佳、胡道仁、程钜川、陈殿辉、许立贞、吴丽光、程吉甫、胡志和、程学川、汪聘儒、徐桐君、陈小峰、宋子英、江国士、汪大垣、汪东山、吴漪园、吴丹林、汪润之、周继三、龚建侯、江闻祖、汪元铸、程资生、方宗岱、周春晖、宋季翔、宋锟、宋俊、宋礼铃、宋云、郑敦厚、汪宏润、戴光学、孙裕基、潘篑友、胡钜臣、吴祖榜、吴德燽、吴德烺、吴德煊、吴德燿、鲍念慈、方宝铨、郑廷章、永茂号、胡继勤、江灿美、江义升、江景熙、程钦之、许嵩翔、许子山、汪国美、冯殿扬、冯仁智、方松年、方臣周、胡燮廷、吴廷卿、汪礼三、吴盛初、吴石夫、吴镛、吴绶堂、鲍中炳、鲍中镰、鲍中鋪、汪烈、唐沂、王雅琴、刘济文、何元大、鲍振南、王树滋、叶丹翁、许绶、王竹坪、汪宝言、汪峻甫、吴迪光、孙日盛、汪春泽、江孔殷、叶郁文、许晋康、郑国良、杨宝森、王鉴、汪士佩、鲍谦益堂、吴公生谦、唐振裕堂、天生钱庄、九如银楼、吴作德堂、吴仁裕堂、恒和衣庄、吴留耕堂、程复素堂、裕丰衣庄、汪永祥号、姚大生号、吴义兴斋、江承启堂、张鼎丰裕号，各捐洋贰元；

谢洪声、汪鹤仙、谢秀章、唐荫庭、胡丹盟、王新如、王应昌、项长椿、江怡德、毕恩溥、胡烜、汪定匡、何凤仪、宋清芬、汪文炳、吴承霖、宋智文、宋昭文、宋肯堂、宋泽芳、宋步衢、汪元焘、宋信余、程秀峰、汪香楞、宋载之、许萃轩、许诗录、许会全、宋天升、李登瀛、程侣竹、罗训铨、汪振之、潘锡蕃、罗会钰、王履中、宋政平、沈凝山、罗静远、汪映川、洪茗仙、方管生、裕隆号、汪善继堂，各捐银一两；

胡献臣、汪景和、曹友三、汪青浦、鲍棣华堂、汪象文、胡立堂、鲍悦之、鲍养和、吴瑞庆堂、程承绪、程启国、程吉人、江秀升、王修齐堂、程树滋、程受生、吴绪伯、施席儒、冯承荫堂、叶浩安、刘宪章、唐云卿、吴其相、王联开、吴越齐、松寿堂、洪纯士、洪健堂、胡炳南、洪渭占、洪瑞堂、洪景熙、洪达泉、江仁元、许大滨、毕汇清、王岳宗、王锡三、唐玉记、汪翰卿、汪稷堂、汪倬云、汪日高、冯亮清、冯存发、吴鼎元、胡俊卿、江孔殷、潘心存、宋桢、方次如、汪寿康、郑中佐、汪士仁、吴兆麟、汪桂、萧士禄、吴祖棠、吴祖植、吴祖樾、吴祖棣、黄国良、吴锡纪、汪瑞、方如金、吴光祖、陈廷选、胡昆玉、程沛彝、何兰廷、吴静甫、方光纪、方光缙、吴端硕、吴惟懋、吴新园、汪寿仁、汪善之、程光斗、庄科、汪裕昆堂、许开玿、姚藻森、汪本焕、吴绍良、潘骝孙、汪炳文、宋秀升、吴启周、王耀章、鲍钟进、江筑圃、胡诒诏、殷云舫、江修铎、汪静涛、吴谦甫、洪耀庭、吴翰严、汪在舟、汪树滋、汪荫堂、汪少泉、郑应奎、江寿全、黄国瑜、姚宝信行、姚日新行、汪兆宾、程宅嵋、程仰贤、杨笃斋、曹厚成、汪理堂、汪礼宗、程攀桂、萧廷俊、和大号、程宗烜、洪汝成、许文田、祥顺号、吴荣桂、吴晓之、汪言甫、程艺芳、汪筱泉、宋泽芳、毕政昌、胡士周、汪光辉、汪锦荣、张希仲、程仁藻、程勘康、汪君佩、胡冠贤、汪召元、汪石臣、许静安、许林、江长青、鲍中炳、罗凌轩、罗运隆、罗采卿、汪舜山、宋绍景、许耀庭、许师杜、汪亦纯、宝泰号、王日新、方丽堂、江才甫、孙铭扬、汪善嘉、许应三、汪耀堂、方信元、方明五、王铭勋、鲍韶成、鲍春圃、鲍生、鲍增祥、汪宗沂、程尚忠、姚凤梧、鲍和甫、王以修、段芸卿、叶云阶、汪宇和、方四友堂、鲍怀德堂、叶有为堂，各捐洋壹元；

项恒春坊、聚源声记，各捐洋壹元伍角；

汪辅卿，捐洋壹元、钱叁百文；

程翼安，捐钱拾千文。

本洋叁千叁百玖拾肆元。

总计共收捐银捌百贰拾捌两正，英洋壹千肆百捌拾肆元，又收捐钱壹百壹拾千叁百文。

馆规录

原议章程

一、试馆本为吾邑乡试士子而设，凡寓馆内者各宜自爱，勿任糟踏。

一、试馆除科场年分作为本邑考寓外，平时出租收息，以助兴修之费，仍仿照上江考棚定章，不赁本邑人居住。

一、馆内桌、椅、床铺、板凳一切什物，不准借与外人取用，如有短少，惟司事是问。

一、常年用司事一人，照应收租、修理房屋等事，每月支钱六千文作薪水。

一、每逢考试之年七、八两个月，加雇夫役五名，每名给工食钱四千文，以资照料、支更、守门等事，不得贻误。

一、寓居试馆之人凡有高中者，每人出喜资五两，以助修理之用。

一、正月团拜，到者每人出资贰百文，以备香烛之用，由公款内办给酒面，八人一席，随带跟人各给面钱四十文，轿夫不给。秋祭一律照办。如遇大比之年，考试士子到者按人照加。

一、中元节放焰口一次，香楮等用以八千文为度，不得滥支。

一、试馆出租之时，按照月租数目酌提十分之一以作中资，不得任意浪用。

一、押租无论多寡不准移挪。如遇公款要用者，须集大众同商酌，方可动用。

光绪二十一年新立规条　　公禀江宁府存案

一、试馆正宅备房一间，归送考教官居住，后一间归书斗居住，如教官未到，虚左以待。

一、试馆厅堂桌、几、椅均有定处，不得擅移。各房均有器具，两人共桌，每人一坐凳、一全铺，愿自饮者听便。每逢考期八月初五日，各肃衣冠恭祀先贤。

一、试馆寓考寒士居多，每逢乡试，所带川资非馆课余存即亲朋资助，宜养精蓄锐以夺锦标，万勿借赌消闲，违者逐出。

一、试馆为寒士而设，倘有挟妓入馆，一经察出，罚洋壹百元充公，仍逐出。

一、试馆房间有限，送考者俱宿厅廊，倘有徇私宿房，一经察出，一并逐出。

一、试馆只寓本县考生，不得留外人寓考。

一、试馆最宜洁净，丁役洒扫必当勤谨，时值夏秋，最忌秽气，门巷隙地无许纳污，如或故违，罚款、洗濯。

一、试馆经费除岁支修理外，半作宾兴、半留起造，如遇恩科不给宾兴。正月团拜公阅清册。

一、试馆出租向有定章，不得徇私短租；每处只写租约时，提出一成作为中用，不得过多。

一、试馆司事每月饭食、薪火英洋六元，以专责成。逢考七、八两月，丁役五名，每名饭食钱四千文。考生外赏五人均派，不得争论。

一、每逢大比之秋，设一公厨房，以便士子附搭伙食，其价随时酌定。如欲自行备办，即于两廊安置锅具，不可任意作践。

光绪三十年重订章程

一、捐建试馆从前未曾立碑，今补刊芳名于石，以垂久远。

一、试馆银钱出入归商经手，凡在官者概不过问，如遇有公事，官为经理，与商无干。

一、公立簿据，凡租息出入均逐年分款注明，不得含混。至年终则汇总开单，贴于馆壁，以昭共信。

一、凡大比之年，每人发宾兴洋三元，均要登记姓名，不得私相授受，以杜流弊。

一、司事一人，向章月给薪资钱六千文，嗣因不敷应用，改为月支洋六元。当时每洋一元易钱一千二百文上下，故可敷用，现在每龙洋仅易钱八百十文，遂形支绌。兹仍照原议月支钱六千文，以示体恤。

一、试馆正厅西边前半砖墙系与王姓合共，将来租息丰盈应设法购来，以免受人牵制。

一、试馆应留三间平屋，以便司事居，如有同乡因公到省者，亦准暂居一间，不得久居，以示限制。

一、试馆出租之时，按照月租之数提出一成作为中用，不得多支。

一、大比之年七、八两月加雇丁役五名，每名给工食钱四千文，向有定章，不得浪费。

一、每年岁修无非拾漏等事，不过砖工、粗工之费，至多不得逾拾千文，以示限制。如遇大修之年，应邀集大众公同估修，不得一人擅专，以杜浮冒。

一、桌杌铺板均已齐备，不得再添，其余小件俟考试之时再行添补，平时不准滥支。

以上重定章程均系公同商定，其余仍照旧章办理，不得违误。

收支录

捐款项下

一、收捐银捌百贰拾捌两，合钱壹千叁百拾捌千壹百叁拾柒文；

一、收捐本洋叁千叁百玖拾元，合钱肆千柒百肆拾陆千文；

一、收英洋壹千肆百捌拾肆元，合钱壹千柒百捌拾千零捌百文；

一、收捐制钱壹百壹拾千叁百文。

以上捐助银、洋、制钱，共合钱柒千玖百伍拾伍千贰百叁拾柒文。

喜资项下

一、收汪宗沂，本洋拾元丙子科中式；

一、收程　夔，纹银捌拾两丁丑科馆选；

一、收鲍中镳，本洋拾元壬午科中式；

一、收潘尚志、收洪大浩，共银陆两肆分。

以上喜资，共合制钱壹百陆拾陆千贰百肆拾伍文。

房租项下　照章正、腊、闰月减半，押租随时退还，不作收支

一、正厅　计平房二十间、又楼房上下各五间、厢房上下各二间

光绪三年八月初八起，五年三月初八止，每月租本洋拾叁元，共收本洋贰百贰拾壹元；

又自五年闰三月初四起，至六月初七止，每月本洋拾叁元，共收本洋叁拾玖元；

又自五年十二月十六日起，至七年八月十五日止，每月本洋拾肆元，共收本洋贰百陆拾贰元五角；

又自七年九月二十三日起，至八年正月十七日止，每月本洋拾肆元，共收本洋伍拾叁元贰角；

又自八年九月初一起，至十年十一月二十日止，每月本洋拾肆元，共收本洋叁百伍拾贰元捌角；

又自十年三月初二起，至八月初三止，每月本洋拾肆元，共收本洋柒拾柒元玖角；

又自十年八月二十起，至十一年三月十五日止，每月本洋拾肆元，共收本洋捌拾贰元壹角；

又自十一年十月二十日起，至十一月十九日止，计一个月，收本洋拾肆元；

又自十二年二月十六日起，至七月二十三日止，每月本洋拾肆元，共收本洋柒拾叁元柒角；

又自十二年八月初四起，至十三年四月十一日止，每月本洋拾肆元，共收本洋壹百贰元贰角；

又自十三年闰四月廿四起，至十四年四月二十止，每月本洋拾肆元，共收本洋壹百伍拾壹元；

又自十四年九月十六起，至十五年四月十九止，每月本洋拾肆元，共收本洋捌拾伍元捌角；

又自十五年九月十六起，至十六年三月初四止，每月本洋拾肆元，共收本洋柒拾壹元捌角；

又自十六年四月廿二起，至十七年二月初四止，每月本洋拾肆元，共收本洋壹百拾玖元；

又自十七年九月二十起，至十一月二十四日止，每月本洋拾捌元，共收本洋叁拾玖元；

又自十七年十一月廿九起，至十八年三月初一止，每月本洋拾捌元，共收本洋肆拾伍元；

又自十八年四月初一起，至十月十一止，每月本洋拾捌元，共收本洋壹百贰拾叁元陆角；

又自十九年三月初一起，至六月二十四止，每月本洋拾捌元，共收本洋陆拾捌元肆角；

又自十九年九月初六起，至十一月十五止，每月本洋拾捌元，共收本洋肆拾贰元；

又自二十年二月十六日起，至四月初十止，每月英洋□□□贰拾贰元，共收英洋肆拾元；

又二十年六月暂住半个月，收英洋拾元正；

又二十年十一月十天，英洋柒元叁角叁分，十二月、一月减半，英洋拾壹元，共收英洋拾捌元叁角叁分；

又自二十一年正月初一起，至三月底止，每月英洋贰拾贰元，共收英洋伍拾伍元；

又自二十一年四月廿四起，至十一月底止，每月英洋贰拾贰元，共收英洋壹百陆拾玖元肆角；

又二十一年十二月、二十二年正月，减半，行租英洋拾壹元，共收英洋贰拾贰元；

又自二十二年二月初一起，至四月初一止，每月英洋贰拾贰元，共收英洋肆拾肆元；

又自二十二年五月十八起，至八月初十止，每月英洋贰拾贰元，共收英洋柒拾叁元；

又自二十二年九月十二起，至十二月底止，每月英洋贰拾贰元，共收英洋玖拾元玖角；

又自二十四年正月初一起，至十二月底止，连闰，每月英洋贰拾贰元，共收英洋贰百伍拾叁元；

又自二十五年正月初一起，至十月底止，每月英洋贰拾贰元，共收英洋贰百零玖元；

又二十五年十一月、一月，行租英洋贰拾贰元，十二月减半，行租英洋拾壹元，共收英洋叁拾叁元；

又自二十六年正月初一起，至四月底止，内正月减半，每月英洋贰拾贰元，共收英洋柒拾柒元；

又自二十六年八月初四起，至四月初四止，减租柒元，每月英洋拾伍元，共收英洋叁拾柒元伍角；

又自廿七年正月初一起，至十二月底止，正、腊减半，每月英洋拾肆元，十月加三元，共收英洋壹百陆拾壹元；

又自二十八年正月初一起，至二月底止，正月减半，每月英洋拾柒元，共收英洋贰拾伍元伍角；

又自二十八年三月廿四起，至五月廿四止，计两个月，每月拾捌元，共收英洋叁拾陆元；

又自九月起，至月底止，每月英洋□□□，共收英洋伍拾伍元；

又二十九年十一月一个月、十二月减半，租洋贰拾贰元、拾壹元，共收英洋叁拾叁元。

以上正厅自光绪三年八月起，截至二十九年十二月底止，共收本洋贰千零贰拾肆元正、又英洋壹千肆百肆拾贰元陆角叁分。

一、河厅　计对照平房十二间

光绪三年正月廿三起，至十月廿三止，每月本洋玖元，共收本洋捌拾壹元；

又自四年三月十六起，至五年闰三月初六止，每月本洋玖元，共收本洋壹百伍元柒角伍分；

又自五年十月二十起，至六年三月廿五止，每月本洋拾元，共收本洋叁拾叁元；

又自六年四月十六起，至七年三月底止，因河磅倒塌减租，每月本洋陆元，共收本洋陆拾元；

又自七年六月十八起，至九月廿二止，每月本洋拾元，共收本洋肆拾壹元陆角柒分；

又自七年十月廿一起，至八年三月廿二止，每月本洋拾元，共收本洋肆拾伍元陆角柒分；

又自八年九月初二起，至九年五月底止，每月本洋拾元，共收本洋捌拾肆元陆角柒分；

又自九年六月廿一起，至十一年正月底止，每月本洋拾元，共收本洋壹百柒拾捌元叁角叁分；

又十一年十二月份，月租减半，收本洋伍元正；

又自十二年二月初十起，至七月二十止，每月本洋拾元，共收本洋伍拾叁元陆角陆分；

又自十二年七月廿四起，至十三年八月初八止，每月本洋拾元，共收本洋壹百贰拾元；

又十四年十二月，收本洋拾元；

又自十五年十月廿二起，至十六年十一月底止，每月本洋拾元，共收本洋壹百贰拾柒元叁角；

又自十六年十二月初十起，至十七年二月廿三止，每月本洋拾元，共收本洋拾玖元陆角柒分；

又自十七年五月十五日起，至月底止，计十五天，收本洋伍元；

又自十七年十一月廿四起，至十八年三月十五止，每月本洋拾元，共收本洋叁拾贰元叁角叁分；

又自十八年四月初一起，至六月十二止，每月本洋拾元，共收本洋贰拾肆元；

又自十八年闰六月初一起，至十二月十五止，每月本洋拾元，共收本洋陆拾元；

又自十九年正月初一起，至三月二十七止，每月本洋拾元，共收本洋贰拾肆元；

又自十九年十月初一起，至十二月底止，每月本洋拾元，共收本洋贰拾伍元；

又自二十年正月初一起，至四月二十四止，每月本洋拾元，共收本洋叁拾叁元；

又自二十年九月初十起，至二十一年三月十五止，每月英洋拾贰元，共收英洋陆拾捌元；

又自二十一年三月十六起，至十一月底止，每月英洋拾贰元，共收英洋壹百零捌元；

又自二十一年十二月初一起，至二十二年正月底，每月减半，英洋陆元，共收英洋拾贰元；

又自二十二年二月初一起，至四月底止，每月英洋拾贰元，共收英洋叁拾陆元；

又自二十二年六月二十六起，至八月初五止，每月英洋拾贰元，共收英洋拾伍元贰角；

又自二十二年九月十一起，至十二月底止，每月英洋拾贰元，共收英洋贰拾捌元；

又自二十三年正月初一起，至六月十五止，每月英洋拾贰元，共收英洋陆拾元；

又自二十三年十二月初十起，至二十四年十二月底止，每月英洋拾贰元，共收英洋壹百贰拾陆元；

又自二十五年正月初一起，至七月初一止，每月英洋拾贰元，共收英洋玖拾元；

又自二十五年八月初一起，至十月初十止，让十天，每月英洋拾贰元，共收英洋贰拾肆元；

又自二十五年十一月初一起，至十二月底，减半月，每月英洋拾贰元，共收英洋拾捌元；

又自二十六年正月初一起，至二月底止，减半月，每月英洋拾贰元，共收英洋拾捌元；

又自二十六年闰八月十五起，至十二月底，减半月，每月英洋拾贰元，共收英洋叁拾陆元；

又自廿七年正月起，至五月大水，八月十五后出租至十二月底，每月英洋捌元，共收英洋陆拾元；

又自二十八年正月初一起，至五月十五日止，减半月，每月英洋捌元，共收英洋叁拾贰元；

又自二十八年九月十四起，至十二月底止，减半，每月英洋拾元，共收英洋贰拾伍元；

又自二十九年正月初一起，至闰五月底止，每月英洋拾元，共收英洋陆拾元；

又自二十九年九月初一起，至十一月底止，每月英洋拾元，共收英洋叁拾元。

以上河厅自光绪三年正月起，截至二十九年十一月止，共收本洋壹千壹百陆拾玖元伍分，又英洋捌百肆拾陆元贰角。

一、东厅　计房间二十间

光绪七年正月十五起，至二月十五止，计一个月，收本洋捌元；

又自九年七月二十五起，至十年二月底止，每月本洋拾叁元，共收本洋捌拾元陆角；

又自十一年十月初三起，至十三年二月初六止，每月本洋拾肆元，共收本洋壹百玖拾柒元捌角；

又自十三年闰四月初八起，至十四年二月十四止，每月本洋拾肆元，共收本洋壹百贰拾叁元玖角；

又自十七年九月初四起，至十八年三月底止，每月本洋拾肆元，共收本洋捌拾贰元陆角；

又自十八年四月初一起，至九月初十止，每月本洋拾肆元，共收本洋捌拾壹元陆角柒分；

又自十九年三月二十一起，至六月二十四止，每月本洋拾肆元，共收本洋肆拾叁元肆角；

又自十九年十二月十六起，至月底止，计十五日，每月英洋拾柒元，共收英洋捌元伍角；

又自二十年正月初一起，至六月初十止，每月英洋拾柒元，共收英洋捌拾贰元贰角；

又自二十年十一月初一起，至二十一年正月底止，每月英洋拾柒元，共收英洋叁拾肆元；

又自二十一年二月初一起，至十一月底止，闰月减半，每月英洋拾柒元，共收英洋壹百柒拾捌元伍角；

又自二十二年二月初一起，至十月底止，每月英洋拾柒元，共收英洋壹百伍拾叁元；

又二十二年十二月一个月，照章房租减半，计收英洋捌元伍角；

又自二十三年九月初一起，至二十四年正月底止，每月英洋拾柒元，共收英洋陆拾捌元；

又自二十四年二月初一起，至十二月底止，闰腊月减半，每月英洋拾柒元，共收英洋壹百捌拾柒元；

又自二十五年正月初一起，至二月底止，正月减半，每月英洋拾柒元，共收英洋贰拾伍元伍角；

又自二十五年五月初一起，至十月底止，每月租洋拾柒元，共收龙洋壹百零贰元；

又自二十五年十一月初一起，至十二月底止，每月租洋拾柒元，共收龙洋贰拾伍元伍角；

又自二十七年正月初一起，至八月底止，正月减半，每月租洋拾肆元，共收龙洋柒拾伍元；

又自二十七年十月初一起，至十二月底止，每月租洋拾肆元，共收龙洋叁拾伍元；

又自二十八年二月初一起，至五月底止，每月租洋拾元，共收龙洋肆拾元；

又自二十八年九月初一起，至十二月底止，每月租洋拾元，共收龙洋肆拾元；

又自二十九年正月初一起，至二月底止，正月减半，每月租洋拾陆元，共收龙洋贰拾肆元；

又自二十九年九月初一起，至十二月底止，内除一月，每月租洋拾陆元，共收龙洋肆拾元。

以上东厅自光绪七年正月起，截至二十九年十二月止，共收本洋伍百柒拾捌元玖角壹分，又英、龙洋壹千壹百贰拾陆元柒角。

总计房租共收本洋叁千柒百柒拾壹元玖角陆分又英洋叁千肆百拾伍元伍角叁分。

又收捐款、喜资共合钱捌千壹百贰拾壹千肆百捌拾贰文，尽数归于起造项下支用外，尚不敷钱肆千柒百陆拾玖千伍百玖拾肆文，均提房租本洋叁千伍百肆拾柒元捌角陆分，合钱凑用讫。

核计房租一项，仍存本洋贰百贰拾肆元，又英洋叁千肆百拾伍元伍角叁分，归十八年四月以后支用讫，各有经手细数。

支款项下

一、支起造正厅、河厅、东厅及续起楼房，自二年起至十六年止，共动用制钱壹万壹千伍百玖拾贰千贰百贰拾柒文。内本洋陆千伍拾玖元柒角叁分伍，合钱捌千肆百捌拾叁千陆百叁拾文；又英洋壹千叁拾壹元，合钱壹千贰百叁拾柒千贰百零壹文；又银贰百柒拾两拾，合钱肆百叁拾贰千文；又钱壹千肆百叁拾玖千叁百玖拾陆文均银洋兑换。

又印契、川资、薪水、工食、油漆及零星杂支等项，自二年起十六年止，共动用制钱壹千叁拾柒千壹百玖拾贰文。内印契本洋贰拾玖元；川资银拾两，又本洋肆拾壹元，又英洋伍拾叁元；薪工本洋贰百捌拾柒元，又英洋捌元，又钱叁拾玖千玖百文；油漆、铜铁钉本洋壹百柒拾元，又英洋贰拾伍元，又钱贰拾叁千捌百捌拾文；三次科场及杂支共本洋陆拾伍元肆角伍分，又英洋拾柒元，又钱柒拾贰千陆百贰拾贰文。

一、支置办铺板、铺凳、桌椅及玻璃灯、棕荐杂件，共动用制钱壹百陆拾玖千柒百捌拾柒文。内铺板一百二十三付、凳一百八十二条，共本洋柒拾壹元、又钱贰千壹百叁拾文；桌椅共本洋贰拾叁元、又英洋拾元、又钱贰百文；玻璃灯四盏，本洋玖元、又钱捌百贰拾柒文；棕荐本洋伍元、又钱伍百肆拾陆文；锅铫、水缸、油盏、零星杂件共本洋陆元、又钱伍千捌百捌拾肆文。

一、支十六、十七、十八年修理房屋，共动用制钱玖拾陆千捌百柒拾文。内十六年本洋拾元正、钱壹千贰百伍拾文；十七年本洋伍拾元正、钱柒千捌百伍拾陆文；十八年本洋壹元、钱贰千陆百玖拾文。

总计光绪二年二月起，十八年三月止，共支钱壹万贰千捌百玖拾陆千柒拾陆文。
以上汪聘卿、汪叔寰兄弟二人经管，细数另簿存匣。

又自光绪十八年四月起，至二十年九月止，俪其经管，系叔寰之子。
一、支修理房屋，共本洋肆拾玖元陆角陆分、又英洋叁拾元、又钱陆千柒百捌拾文。内十八年支本洋拾壹元、又钱壹千伍百捌拾伍文，十九年支本洋贰拾玖元、又英洋陆元、又钱贰千叁百柒拾伍文，二十年支本洋玖元陆角陆分、又英洋贰拾肆元、又钱贰千捌百贰拾文。

一、支添置器具，共本洋贰拾伍元、又英洋叁拾壹元、又钱肆千零拾陆文。内十八年支钱玖百陆拾伍文皮公匣，十九年支本洋贰拾伍元、又钱贰千零叁拾文，二十年支英洋叁拾壹元、又钱壹千零贰拾壹文。

一、支中元焰口三次，正月团拜，八月祭祀，二次、一次，共本洋贰拾元、又钱贰拾陆千壹百伍拾壹文。内十八年支本洋贰元、又钱伍千肆百叁拾玖文，十九年支本洋玖元、又钱陆千零捌拾叁元，二十年支本洋玖元、又钱拾肆千陆百贰拾玖文。

一、支十九、二十年两次科考杂用，共本洋贰拾柒元肆角陆分、又钱陆拾壹千肆百捌拾肆文。内十九年支本洋拾贰元肆角陆分、又钱叁拾千贰百伍拾肆文，二十年支本洋拾伍元、又钱叁拾壹千贰百叁拾文。

一、支甲午科宾兴经费，共本洋壹百零壹元玖角捌分、又英洋壹百拾壹元肆角。内府学六十九名、又书斗三名，县学一百五十六名、又书斗四名，每名英洋壹元。

总计十八年十月起，二十年九月止，共支洋贰百贰拾肆元壹角、又英洋壹百柒拾贰元肆角、又制钱玖拾捌千肆百叁拾壹文。

又自光绪二十年十月起至二十一年正月底止，唐锟华管，方次如手。
一、支正月团拜酒面等项，英洋拾元零贰分。
一、支司事薪水，十、冬、腊、正四个月，共英洋贰拾肆元。
一、支修理房屋并杂用，共英洋拾肆元贰角陆分。

总计二十年十月起，二十一年正月止，计四个月，共用英洋肆拾捌元贰角捌分。

又自光绪二十一年二月起至年底止，唐锟华管。
一、支祭祀，英洋伍元、又钱柒百肆拾文。
一、支修理房屋，英洋贰元、又钱陆千柒百陆拾玖文。
一、支司事薪水，连闰计十二个月，共英洋柒拾贰元。
一、支告帮并杂用，共英洋拾壹元玖角、又钱贰千伍百贰拾文。
总计光绪二十一年二月起，至十二月底止，共用英洋玖拾元玖角、又钱拾千贰拾玖文。

又自光绪二十二年正月起至十二月底止，唐锟华管，张手。

一、支祭祀英洋拾元伍角伍分叁厘、又钱捌百伍拾文。
一、支修理房屋，共钱拾壹千肆百文。
一、支添置器具，英洋贰元叁角肆分捌厘、又钱玖千肆拾玖文。
一、支司事薪水，英洋柒拾贰元。
一、支各项杂用，共英洋拾陆元叁角、又钱柒千壹百捌拾贰文。
总计光绪二十二年分，共用英洋壹百壹元贰角壹厘、又制钱贰拾捌千肆百捌拾文。

又自光绪二十三年正月起至十二月底止，唐锟华管。
一、支修理房屋，英洋贰百陆拾伍元捌角捌分、又钱陆千贰百文。
一、支祭祀，英洋伍元玖角壹分捌厘。
一、支司事薪水，英洋柒拾贰元。
一、支杂用，英洋叁拾肆元柒角肆分、又钱肆千文工食。
一、支丁酉科宾兴经费，英洋伍百贰拾捌元。姓名另簿登记，每人贰元。
一、支武乡试六人并门斗，共英洋拾叁元。
一、支送鲍任衡殓资，英洋肆拾元。
一、支送龚建侯酬劳，钱陆千玖百零叁文。
一、支一九中资，英洋柒元肆角系租房旧章。
总计光绪二十三年分，共用英洋玖百陆拾陆元玖角叁分捌厘、又制钱拾柒千壹百叁文。

又自光绪二十四年正月起至十二月底止，唐锟华管。
一、支正月团拜、七月焰口，共英洋拾元柒角、又钱捌百伍拾文。
一、支修理房屋，共钱拾叁千玖百陆拾肆文。
一、支司事薪水，英洋柒拾捌元。
总计光绪二十四年分，共用英洋壹百元零叁角、又制钱拾肆千捌百拾肆文。

又自光绪二十五年正月起至十一月底止，唐锟华管。

一、支正月团拜、七月焰口，共英洋拾元陆分、又钱捌百伍拾文。

一、支修理房屋，共钱拾贰千捌百捌拾陆文。

一、支司事薪水，英洋陆拾陆元，计十一个月。

一、支杂用，共英洋拾壹元贰角。

总计光绪二十五年正月起，至十一月底止，共用英洋捌拾柒元贰角陆分、又制钱拾叁千柒百叁拾陆文。

又自光绪二十五年十二月起至二十八年八月底止，柯受丹管，许存甫手。

一、支正月团拜、七月焰口，共英洋贰拾叁元玖角玖分陆厘、又钱捌百伍拾文。内二十六年正月团拜贴洋伍元伍角壹分，七月焰口用洋伍元伍角玖分；二十七年正月团拜贴洋柒元陆角，七月焰口用洋伍元玖角贰分。

一、支司事薪水，共英洋贰百零肆元，计三十四个月。

一、支三处换铁水枧、铁水管，共英洋壹百拾叁元。

一、支修理房屋，共英洋伍拾元捌角伍分、又钱贰拾玖千陆百柒拾文。内二十六年支英洋贰拾元玖角壹分、又钱贰拾千陆百柒拾文，二十七年支英洋贰拾玖元玖角肆分。

一、支杂用，共英洋拾陆元、又钱壹百叁拾文。

一、支科场杂用，英洋捌拾捌元伍角肆分，柯映亭手。

一、支壬寅科宾兴经费，英洋玖百零柒元伍角。计一百六十五名，每名伍元伍角。

一、支考生借支，英洋柒拾贰元。

一、支雇人守屋，英洋肆拾元零陆角，二十六年分。

总计光绪二十五年十二月起，至二十八年八月底止，共用英洋壹千伍百拾陆元伍角、又制钱叁拾壹千捌百肆拾文。

又自光绪二十八年九月起至三十年二月底止，柯立纲管，柯映亭、洪武卿经手。

一、支正月团拜、七月焰口，共龙洋贰拾贰元叁角玖分壹厘、又制钱贰拾叁千陆百捌拾玖文。

一、支二十八年修理房屋，共龙洋拾壹元、又钱贰拾肆千肆百柒拾贰文

一、支二十九年修理房屋，共钱拾陆千贰百拾陆文。

一、支司事薪水，共钱壹百拾肆千文，计十九个月，每月陆千文。

一、支科场杂用，龙洋拾元零肆角、又钱叁拾捌千捌百肆拾文。

一、支考生告帮，龙洋叁拾柒元，名列另簿。

一、支雇夫工食，共钱叁拾贰千文。

一、支一九中资，龙洋拾叁元陆角。

一、添置铺板、桌杌，共洋陆拾捌元陆角。

一、支铺地板八间，共洋壹百叁拾捌元肆角。

总计光绪二十八年九月起，至三十年二月底止，共用龙洋叁百零壹元叁角玖分壹厘、又制钱贰百肆拾玖千贰百拾柒文。

以上自光绪十八年四月起，至三十年二月底止，共用本洋贰百贰拾肆元壹角、又英洋叁千叁百捌拾伍元壹角柒分、又钱肆百陆拾叁千陆百伍拾文，合英洋伍百贰拾陆元有奇。

除将房租尽数品抵外，尚不敷洋伍百元之数，均动用押租付讫，再另设法弥补。汪芸甫手注。

附录器具、什物名目件数存查

神像三轴，锡礼壶一把，爵盃、馔碗各三支，锡香炉、锡烛台三件，红洋绸彩一幅，楼荐一条破，大玻璃灯四支，小玻璃灯八支，长条几一张、搁几二个全，太师椅八把，茶几十四个，平椅三十把，方桌十五张，书桌一百四十张，单凳一百四十张，铺板贰百零伍副，铺凳五百零六条、又八条。

癸卯科，又添铺板四十三副，添铺凳三十八条，添方桌二张，破坏木炕一张无几，小木炕一张连几，澡盆两个，大小铁锅六口盖全，大小水桶六支，小水缸四支，门凳两条、又两条，米桶一支。

九江新安笃谊堂征信录

清光绪三十二年（1906）刊本

目　录①

序 …………………………………………………………… 968
新安阖郡劝捐送榇回籍启 ……………………………… 969
新安阖郡劝抽茶箱捐及一文愿启 ……………………… 970
查选廷经买刘家垅山地各文契 ………………………… 971
乙未至壬寅查选廷经收捐总 …………………………… 973
乙未至壬寅查选廷经支银洋钱总 ……………………… 975
癸卯年重建笃谊堂殡所六邑劝捐首士 ………………… 979
笃谊堂落成，首士绘图粘契请县盖印词 ……………… 980
笃谊堂请示勒碑永禁埠夫勒索词 ……………………… 981
催传埠头具结词 ………………………………………… 982
署代理德化县江、张公给示勒石各卷 ………………… 983
笃谊堂公议条规牌示 …………………………………… 986
录牌示各项规条均照汉口笃谊堂旧章 ………………… 988
癸卯、甲辰乐输趸捐总 ………………………………… 992
癸卯一文愿零捐总 ……………………………………… 994
癸卯诸茶栈善士经收箱捐总 …………………………… 999
甲辰一文愿零捐总 ……………………………………… 1001
甲辰诸茶栈善士经收各茶号茶箱捐总 ………………… 1006
甲辰支用账 ……………………………………………… 1007
乙巳一文愿零捐总 ……………………………………… 1008
乙巳诸茶栈善士经收茶箱捐总 ………………………… 1013
乙巳支用账 ……………………………………………… 1014
丙午诸茶栈善士经收茶箱捐总 ………………………… 1016
丙午支用账 ……………………………………………… 1017

---

① 目录为整理者所加。

序

　　噫吁嘻！浮生若梦，为欢几何？一病弥留，百年易尽。生如寄，死如归，悲欢离合，人所不免。所最可悼者，抛妻别母，相见无期，沐雨栉风，思归不得。不幸而二竖为殃，幽魂难返九原，饮泣旅榇奚归。甚至白骨飘零，暴露于荒榛蔓草，青磷黯淡，莫享夫盂饭陌钱，良可慨矣。余少侍先君宦游武林，及长，橐笔出门，历吴头楚尾间，见濒江大都会皆建义所为之寄厝，集公费为之资送，而于浔阳独缺然，窃为唏嘘者久之。戊戌，余自北邸南旋，税驾此邦，与同乡诸君子晨夕过访。时查君选廷适购南门外荒山一片，又得叶君配乾、胡君瀚臣悉心规画，爰立殡宫基础，以此事商于余，余为怂恿者再，而人微力薄，有志未逮。迨癸卯岁，舒君先庚、胡君逸卿首先提倡，慷慨乐输，于是，卢君献廷、王君庆云、胡君聚泉、程君继宾皆能见义勇为，赞成善举。或收一文愿，或抽茶箱捐，众擎易举，夙愿顿偿。一时鸠工庀材，创造堂屋，堂之旁设两庑，为停枢所，不数月而规模式廓焕然一新。余乃以手加额，乐观厥成，遂与议立条规，请示勒石，以垂久远。于今三年，经费渐充，凡在堂遣送回籍者，业经办有成效，泽及枯骨，有口皆碑。诸君子造福于冥冥中者，岂浅鲜哉！同人命余述其缘起，弁诸简端，并将历年收支各款条分缕晰，付手民以昭核实。余唯唯，不计工拙，秉笔直书，聊以副诸君子雅属耳。抑余闻之，创始难，善后尤不易。自今以往，惟愿蠲除私见，竭力维持，毋始勤而终怠，毋一傅而众咻，毋夺积铢累寸之赀而败于垂成，毋徇见异思迁之情而好为干誉。继继承承，千秋勿替，此则鄙人所厚望也夫！

　　光绪三十二年，岁次丙午孟夏月，古黟江庆楷谨识。

新安阖郡劝捐送榇回籍启

盖闻问疾吊灾，礼义施之邻国；脱骖赠赗，慷慨出诸仁人。缘生死之际，哀悼同情恻隐之心，乡邻益切者也。我徽人多田少，藉贾代农，每重利而轻离；为权子母，或穷年而累世。长托市廛，倘使灾生无妄，偶然二竖相乘，犹恐勿药难占，惆怅一身莫寄，将呻吟于路侧，或凄楚于檐间，物化一朝，恨成千古。身后之需难备，友无巨卿；目下之亲，无人呼来将伯。况乎凄风刺骨，冷雨浇棺，蔓草荒烟，惊心惨目。伤同类之无依，每兴怀而叹息。今同人等一念慈悲，共敦桑梓，扩民胞物与之量，联今云旧雨之情，同解腰缠，各输心愿。拟购刘家垅地一方，起建正屋一间，余屋数椽。同乡中有愿停棺其间者，许暂厝正屋；瘵疾其间者，许暂居余屋，医药自筹之。将来集赀有余，再附汉口我郡笃谊堂例，带枢归里。嗟嗟！靡室靡家，生既微利之空逐；谁亲谁戚，没犹一棺之难归。此则血洒啼鹃，望关山而目断；心凄赋鹏，感霜露以肠回者矣。但作事谋始，筹费宜先。然见义勇为，解囊勿吝，务祈同乡诸公量力捐助，固多多而益善，惟滴滴以归公。聚米可以为山，积沙尤能成塔；当仁不让，有志竟成。作善定降百祥，成裘须集千腋。庶使灵魂返旆，得渴葬而如归；因之旅魄苟安，当衔环而结草。

光绪二十九年，岁次癸卯，新安郡人公具。

新安阖郡劝抽茶箱捐及一文愿启

　　窃维《周官》设除骴之职，《月令》颁掩骼之条，此固圣王之美政，抑亦仁者所乐为。我新安六邑田少山多，经商者十居七八，而浔阳一隅，熙来攘往，服贾者数约百千。少壮老大，实繁有徒；疾病死亡，在所不免。每见身殁异乡，孤魂奚倚；梦游故土，旅榇难归。迨年深月久，骨朽棺倾，非暴露于风雨夕阳，即抛没于荒榛蔓草。我同人心滋戚焉，年前勉力筹费，曾于南门外刘家垅地方购地数区，创造停枢房屋一所，权为厝棺之计，俾无速朽之虞。第恐年复一年，枢上加枢，枢室殡宫，累累盈乎夏屋，天阴雨湿，啾啾哭向秋风。纵死者之无知，亦生人所当悯。爰仿汉皋送枢章程，用师古人归槽遗意。惟事当创始，所在需赀，虽经同乡输助，终形不足，特劝茶商按箱乐助，惟愿善士毋悭囊橐。或一文施愿，而不为少；或百金乐输，而不为多。只冀随缘，不加勉强，但得源源而来，自然多多益善。众擎易举，撮土可以为山；群力兼资，聚沙亦能成塔。敢期如愿相酬，庶几于事有济。从此烦冤鬼免，魂归大好之山，比诸阴德耳，鸣报获无疆之福。祈诸善长同发慈悲，共矢怜生哀死之心，无忘物与民胞之义。此则我同人所恳恳婉商，殷殷属望者也。是为启。

劝捐条款

一、我徽茶商酌议每箱抽捐曹平贰拾肆银五厘。
一、殷实之家及慷慨之士听从酌量输捐，不为限制。
一、随缘输愿，自一文起至数十百文止，听其自便，不加勉强。
光绪二十九年，岁次癸卯孟夏，新安郡人公具。

查选廷经买刘家垅山地各文契

立永卖断民地文契：金杨氏率男登炎，缘有祖遗分授己名下自种民地一处，坐落德化县西乡，土名巴茅巷，计种四斗，大小一连两块，估额市厎租九担二斗。计四止，东止刘姓地磡为界、西止金姓地为界、南止大路地磡为界、北止刘姓地为界，四止开载明白。册载正米一斗一升一合二勺，现在德化乡余启胜户交纳。近因夫亡子幼，无力耕种，兼之用度不敷，问过亲房人等，均不欲买，是以请凭中证，情愿立契出永卖断与新安会馆笃谊堂善举名下为业。经中估值，时价贰拾肆曹平纹银叁拾伍两正。母子亲自经中领足收讫，银契两交，不另立帖，所有中人酒水、画字一并在内。其地自永卖之后，听从买主过手管业，或修造房宇、安葬坟茔，任凭买主收粮过户。虽氏子成人之日，永无取赎、勒增。所有本年上下两忙粮米及以前拖欠钱粮，卖主一力承当了完，不与买主干涉，亦无重张等弊。此系实银实契，并无谋买、勒卖、折算等情。二比心愿，各无反悔，生端异说。恐口无凭，立此永卖断民地文契一纸，当中付与贵会馆善举首士收执，永远存据。

中见在契。

光绪二十一年三月二十日，立永卖断民地文契人金杨氏同男登炎。

立杜断卖民地文契人金登凤，今因正用在急，自愿将祖遗分授己名下大地一块，坐落德化县西乡，土名巴茅巷，计民地四升正，内有萧家塘一口，共用其地。册载粮米五合二勺六，折价粮银壹分叁厘九毫。其地并塘所有四止，左止余姓尖角地为界，前、后、右均以本会馆业为界。今将地界开明，问过亲房人等，无人承买，情愿请凭中证，出永卖与新安书院笃谊堂名下为业。当日凭中估值，时价贰拾肆曹平纹银陆两正。其银当日亲手收足，不必另立收帖。其地应完之粮，前途完清以后，另推过户。听凭买主管业、耕种、竖造、扦葬等事，卖主无得异说。所有地边大路，任凭买主扛抬、车运、公同行走。倘有来历不明，均归卖主承当，不干买主之事。此系二比情愿，不得拖累找价，并无谋勒等情，亦无重复典押之弊。自卖之后，各无悔异。恐口无凭，立此杜卖契付买主执留，永远为据。

中见在契。

遵示注明：卖业人金登凤，德化县卫籍，住德化乡；买业人笃谊堂，徽州府歙县民籍，住通津乡。

光绪二十五年十一月二十日，立杜断卖民田地文契人金登凤。

立杜卖地田文契人刘德和同弟殿祺合口商议，今因正用在急，自愿将身亲置大小地四块，其地坐落德化西乡，土名巴茅巷，计民地三斗正，内有萧家塘一口，其塘四股共用，地内应得一股共用。册载其地每年应完粮米共计三升九合四勺，折价计粮银壹钱零四厘五毫。其地并塘所有四止，前止余姓山为界、后止刘姓田磡为界、左止余姓田磡为界、右止本会馆业为界。今将地界开明，问过亲房人等，无人承买，情愿请凭中证，出永卖与新安书院敦谊堂名下为业。当日凭中估值，时价计贰拾肆曹纹银贰拾四两正，其银当日亲手收足，不必另立收帖。其地应完之粮，前途完清以后，另推过户。自卖之后，任凭买主管业、耕种、竖造、扦葬等事，卖主无得异说。所有地边大路，任凭买主扛抬、车运、公同行走。倘有来历不明，均归卖主承当，不干买主之事。此系二比情愿，不得拖累找价，并无谋勒等情，亦无重复典押之弊。自卖之后，各无反悔。恐口无凭，立此杜断卖契付买主执留，永远为据。

中见在契。

光绪二十五年十一月二十日，立杜卖文契人刘德和同弟殿祺。

遵示注明：卖业人刘德和，系德化县卫籍，住德化乡；买业人敦谊堂，系徽州府歙县民籍，住德化通津乡。

以上赤契三纸，光绪二十九年集众乐输，创造笃谊堂殡所房屋，因绘画全图加粘契末，经会馆董事江仲书禀请署理德化县江公印召棠号云卿赏盖钤印，并颁示勒石，垂禁在案。

乙未至壬寅查选廷经收捐总

新安会馆，输贰拾肆曹纹肆百两；

敦谊堂棺材会，输贰拾肆曹纹叁百两；

成大仁记，输贰拾肆曹纹叁百两；

舒先庚，输贰拾肆曹纹贰百两；

成记，输贰拾肆曹纹叁拾两；

叶克家，输贰拾肆曹纹拾两；

复绪昌栈，输贰拾肆曹纹伍两。

共收贰拾肆曹纹壹千贰百肆拾伍两。

上存捐银子金计贰拾肆曹纹叁拾陆两叁钱伍分贰厘，总共收贰拾肆曹纹壹千贰百捌拾壹两叁钱伍分贰厘。

福兴局，输英洋壹百元；	吴子青，输英洋肆拾元；
吴子敬，输英洋贰拾元；	汪树之，输英洋伍拾元；
汇康庄，输英洋拾元；	利　和，输英洋拾元；
如春行，输英洋拾元；	余慕颜，输英洋拾元；
无名氏，输英洋拾元；	同兴泰行，输英洋拾元；
世昌行，输英洋拾元；	汪衍庆堂，输英洋拾元；
舒四美堂，输英洋捌元；	补过子，输英洋柒元；
平阳汪氏，输英洋陆元；	汪朝珍，输英洋陆元；
谢筠亭，输英洋陆元；	福聚行，输英洋陆元；
余韵笙，输英洋陆元；	谢敬亭，输英洋伍元；
晋大昌，输英洋伍元；	胡文甫，输英洋拾元；
余崇德行，输英洋伍元；	方外无力人，输英洋伍元；
查升平，输英洋伍元；	振大行，输英洋肆元；
同兴泰，输英洋肆元；	汪蟾卿，输英洋肆元；
余辉庭，输英洋肆元；	余砺卿，输英洋肆元；
王益茂，输英洋肆元；	永大行，输英洋叁元；
程天源行，输英洋叁元；	义顺行，输英洋叁元；
程增泰行，输英洋叁元；	汪艺书堂，输英洋叁元；
汪德庆堂，输英洋叁元；	余干臣，输英洋叁元；

补不足氏，输英洋叁元；　　邱星农，输英洋叁元；
苏玉田，输英洋叁元；　　　陈寿堂，输英洋贰元；
永兴行，输英洋贰元；　　　正　和，输英洋贰元；
成美行，输英洋贰元；　　　孙礼和，输英洋贰元；
汪介藩，输英洋贰元；　　　余伯堂，输英洋贰元；
何东樵，输英洋贰元；　　　汪佐周，输英洋贰元；
王济章，输英洋贰元；　　　程耀庭，输英洋贰元；
复盛源，输英洋壹元；　　　金俊卿，输英洋壹元；
无名氏，输英洋壹元；　　　余蔚文，输英洋壹元；
汪福生，输英洋壹元；　　　洪来甫，输英洋壹元；
介眉氏，输英洋壹元；　　　胡益之，输英洋壹元；
程金声，输英洋壹元；　　　孙志业，输英洋壹元；
汪鹤涛，输英洋壹元；　　　谢宝卿，输英洋壹元；
汪厚岐，输英洋壹元。
共收英洋肆百伍拾玖元。

益隆祥，输玖拾捌钱壹百贰拾贰千；　　查选廷，输玖拾捌钱壹百千；
叶配乾，输玖拾捌钱肆拾千；　　　　　胡益大，输玖拾捌钱贰拾陆千；
同泰典，输玖拾捌钱拾伍千；　　　　　吴厚夫，输玖拾捌钱拾千；
怡昌行，输玖拾捌钱拾千；　　　　　　婺东寿慈轩，输玖拾捌钱拾千；
育德堂，输玖拾捌钱拾千；　　　　　　春祥典，输玖拾捌钱伍千；
厚昌典，输玖拾捌钱伍千；　　　　　　恒昌典，输玖拾捌钱伍千；
升昌典，输玖拾捌钱伍千；　　　　　　寿昌典，输玖拾捌钱伍千；
春茂典，输玖拾捌钱伍千；　　　　　　大生典，输玖拾捌钱伍千；
肇大典，输玖拾捌钱伍千；　　　　　　恒吉典，输玖拾捌钱伍千；
吉泰衣庄，输玖拾捌钱伍千；　　　　　方允符，输玖拾捌钱伍千；
新安同业堂，输玖拾捌钱拾千；　　　　谢裕大，输玖拾捌钱伍千；
恒裕庄，输玖拾捌钱伍千；　　　　　　朱维五，输玖拾捌钱肆千；
项颖泉，输玖拾捌钱叁千；　　　　　　许鸿文，输玖拾捌钱贰千；
汪祝三，输玖拾捌钱贰千；　　　　　　吴名芳，输玖拾捌钱贰千；
吴勉斋，输玖拾捌钱贰千；　　　　　　程信芝，输玖拾捌钱贰千；
无名氏，输玖拾捌钱贰千；　　　　　　德和成，输玖拾捌钱贰千；
李守中，输玖拾捌钱壹千伍百文；　　　余俊明，输玖拾捌钱壹千伍百文；
汪文光，输玖拾捌钱壹千伍百文；　　　刘海元，输玖拾捌钱壹千伍百文；
同泰典学生，输玖拾捌钱壹千。
共收钱肆百肆拾陆千。

舒先庚，输城内住屋一所，系舒君禄出业，计价洋壹百元。原契存匣。

乙未至壬寅查选廷经支银洋钱总

支钱五十六千文，买巴茅巷地；

支钱三千七百四十四文，酒水；

支钱五千六百文，中资；

支钱一千文，菜蔬；

支钱三千文，酒席；

支钱三千文，画押；

支钱一千文，代笔；

支钱二百四十四文，糕饼；

支钱八十文，账簿；

支钱七十二文，茶叶；

支钱三千八百六十一文，赴汉劝捐川资；

支钱一千文，还旧粮串；

支钱五百文，抬界址石力；

支钱八百九十二文，兑上下忙粮；

支钱四千一百七十一文，契尾；

支钱二百文，杂用；

支钱一千三百四十四文，刊劝捐板；

支钱一百四十文，账簿；

支钱一千零二十八文，兑丙年上下忙粮；

支钱二百文，刊劝捐帖；

支钱九百九十三文，兑戊年上下忙粮；

支钱八百八十二文，兑丁年上下忙粮；

支钱八百六十文，兑己年上下忙粮；

支钱一千二百五十文，完兵米；

支钱六十五千文，续买巴茅巷地；

支钱四千二百文，印契；

支钱三百文，看山杂用；

支钱叁百千［?］，付木匠；

支钱三百文，门钮；

支钱一千文，上梁；

支钱一千一百零五文，铁门闩；

支钱一百三十五文，吊镫钩；

支钱一千三百九十文，铁门环；

支钱一百二十文，对联铁钩；

支钱七百四十文，枧沟；

支钱六千二百文，洋铁枧；

支钱六千文，神棹联匾；

支钱八十文，铁环；

支钱四百二十文，神镫；

支钱一百二十文，铁钩；

支钱一百二十文，铜匠钉物；

支钱八百三十二文，大门铁皮；

支钱九百二十文，大门板；

支钱五百文，窗槛；

支钱二十六千五百五十文，木匠；

支钱三十二千九百四十八文，杉树；

支钱三十二千八百七十文，苗板并力；

支钱二千三百零二文，铁钉；

支钱四千八百文，杉树；

支钱十五千五百文，杉木；

支钱九百四十八文，起杉木力；

支钱二十四千九百七十文，木匠；

支钱三十九千四百五十文，木匠；

支钱五千六百文，枧沟；

支钱七十千文，砖匠；

支钱一百六十千零八百七十八文，砖瓦；

支钱三百九十七千六百六十四文，砖匠石灰；

支钱一百四十文，大门挑子；

支钱二千八百八十文，砖木石喜钱；

支钱九百四十文，租界挑砖捐；

支钱三千零五十文，砖木石喜钱；

支钱二千一百二十文，铁墙钹；

支钱六百三十三千五百零五文，砖瓦并立；

支钱六百六十文，纸筋；

支钱三十六文，纸筋粉壁；

支钱十六千二百六十文，砖匠工；

支钱十一千六百零九文，砖瓦并力；

支钱一千四百六十文，砖瓦并力；

支钱九千一百二十文，瓦；

支钱三千二百二十四文，瓦匠工；

支钱三百十八文，石灰；

支钱十一千文，筑墙二方；

支钱二千一百八十二文，砖匠工；

支钱九千二百八十六文，砖瓦力；

支钱四百零八文，明瓦；

支钱二百八十文，烟煤粉；

支钱九百四十二文，砖瓦划力；

支钱十二千八百文，石灰；

支钱七千七百四十四文，砖匠工；

支钱一千二百六十文，挑砖力；

支钱三十八千七百二十文，砖匠工；

支钱二千四百二十八文，石灰；

支钱一百二十四千一百十二文，石匠工；

支钱一百六十三千三百七十七文，石匠并挑土；

支钱一千五百二十四文，石界址；

支钱二十七千五百十二文，石匠；

支钱三百文，石匠喜钱；

支钱一千九百三十八文，兑庚辛年上下忙粮；

支钱四百文，纸筋烟子；

支钱十八千二百文，漆匠工；

支钱九千文，石墙脚；

支钱三百九十六文，漆匠中伙；

支钱二百文，刊印并划力；

支钱一百六十文，漆匠点心；

支钱一千四百八十文，神帐并裁工；

支钱四百五十文，缘簿；

支钱五百四十文，宣纸并笔；

支钱二百四十八，划力；

支钱一千二百四十文，条副【幅】并黄纸；

支钱一百十四千八百七十三文，门楼；

支钱一千六百文，裱条副【幅】；

支钱三百二十文，扁钉并喜钱；

支钱一百七十四文，零件杂用；

支钱三十二文，钞【抄】县批；

支贰拾肆纹一百八十两，木匠；

支英洋四十元，砖瓦；

支英洋十八元四角六分七厘，苗板并力；

支英洋陆元，赴汉劝捐川资；

支英洋二元，大条副【幅】。

总共收贰拾肆曹纹壹千贰百捌拾壹两叁钱伍分二厘。

总共收英洋肆百伍拾玖元正。

总共收玖拾捌钱肆百肆拾贰千文。

总共支贰拾肆曹纹壹百捌拾壹两正。

总共支英洋陆拾陆元肆角陆分柒厘。

总共支玖拾捌钱贰千伍百肆拾陆千贰百捌拾叁文。

两抵揭该益隆祥玖拾捌钱贰百零贰千伍百贰拾玖文。

癸卯年集捐建造由立大钱庄如数拨还两讫。

癸卯年重建笃谊堂殡所六邑劝捐首士

婺源王庆余	婺源金籽农
祁门洪味三	休宁吴厚夫
黟县卢献廷	休宁汪舜辅
休宁程继宾	黟县韩履之
歙县程霭庭	黟县查选廷
绩溪吴冠轩	婺源许用卿
黟县舒先庚	黟县胡宝书
黟县胡逸卿	黟县胡聚泉
婺源程子璜	黟县叶配乾
黟县江辅卿	黟县江仲书
黟县汪廷魁	黟县余焕庭
黟县项声和	黟县胡友衡
休宁吴渠卿	

笃谊堂落成，首士绘图粘契请县盖印词

　　具禀新安会馆绅董，花翎三品衔候选道黄镇心、花翎江苏候补府李显猷、拣选知县举人江庆楷、国子监典籍衔韩大端、蓝翎五品衔汪定贵、州同衔王国玙、附贡生许贞、五品衔查达甫，从九衔舒法甲、叶元坤，监生卢元銈、胡守高等，为建屋停柩，绘图请印，公恳颁示勒石、备案垂禁事。

　　窃职等籍隶徽州，懋迁溢浦、四方糊口，实繁有徒。二竖为殃，死亡相继，最惨生离死别，骨肉长暌，那堪物化形销，幽明顿隔。没者不甘瞑目，生者何以为情？或痛子而肠断倚闾，或望夫而心痴化石。嗟彼青磷黯黯，迷离于苦雨酸风；忍教白骨累累，暴露于荒榛蔓草。怅此日家人永诀，泪洒九原；悲他年旅榇难归，魂羁千里。职等谊关桑梓，触目惊心，谋及刍荛，随缘输愿，共明大义，合群力以图成；藉慰幽魂，庶遗孩【骸】之有托。前在宪治南门外先后价买山地一片，土名巴茅巷，即刘家垅，兹仿汉阳新安笃谊堂停柩送榇章程，就地建造殡所义园，为徽属逝者寄厝之地。一坏得所，四界攸分。特防不法狂徒藉端扰害，又恐无知痞棍占业盗厝，或纠合豪强而阻挠出路，或纵放畜牧而触倒墙垣，凡兹杜渐防微，统乞严词厉禁。伏念埋胔掩骼为仁政所先施，哀死怜生亦天良所共具。幸近庇慈云之下，樾荫偕依；遂同抒爱日之忱，葵倾倍笃。仰求钧谕，请三令而五申，俯赐玉成，使千秋如一日，法随言出，恩并威行。惟希泽沛鸿慈，枯骨皆衔恩于乐土；庶免惨遭狐掘，旅魂犹饮泣于重泉。为此详绘地图，粘附契尾，环叩宪公祖台前，恩准印图备案，颁示勒石垂禁，以期久远而杜侵害。功德无量，没存并感，衔结上禀。

　　署理德化县正堂江公印召棠批：该新安会馆契买刘家垅山地，建造停柩义所，事关徽属善举，所请给示勒石垂禁，系杜渐防微起见，应如禀照办，粘呈附地图并盖印，给还执据。着知照。

笃谊堂请示勒碑永禁埠夫勒索词

为厘订旧规，公恳重申禁约、给示勒石、取结饬遵事：窃职等籍隶新安，贸易者众。九江为华洋辐辏之区，徽人之经营于斯者，少长咸集。每遇病亡，辄被夫役揩勒，百般婪索，贫乏之家实属不堪其扰。咸同年间，历经禀请前府、县宪，先后勒碑示禁在案，无如日久玩生，若辈视为具文。比年来巧立名目，把持倍甚，每抬棺夫役多至二十八名、三十六名不等，种种刁难，羁旅莫何。职等前在宪治南门外价买山地一局，土名巴茅巷，即刘家垅，四至分钉界石，兹仿汉口笃谊堂资送旅榇回籍章程，建造停柩义所。集款创办，事属义举，理应绸缪尽善，当此旧规废弛之余，不得不重加厘订。于是援照前碑，量为变通，从优体恤，衡情酌理，务得其平。业经邀同埠头在职等会馆面订条规，均愿允从。第恐该夫役等刁狡性成，积久弊生，仍前不守成规，多方勒索，若非仰荷鸿慈，饬传一、三、四埠头黎运隆等取具遵结存卷，无以昭画一而垂久远。为此粘呈前县宪碑示并新立条规清单，环叩宪公祖台前，恩准给示勒石。一面差传埠夫取结备案，饬令永远恪遵，实为德便。上禀。

署理德化县正堂江公印召棠批：据禀，系杜埠夫把持勒索起见，事属义举，应准照办，候即给示勒石遵守，以垂久远。规条同抄，粘附该房叙稿。速速。

催传埠头具结词

　　时因江公卸任，示禁已颁，遵结未具，
首士等共向代理德化县张公印树森禀催取结

　　为已沐给示勒石，未蒙传夫具结，公恳拘案饬遵、赞成义举事。

　　窃职等籍隶新安，贸易者十居七八。九江为华洋辐辏之区，徽商麇集。老弱既多，死亡不免，无力之家殡殓诸事辄被埠夫捐索。咸同年间，历经禀请前府、县宪，先后颁示勒碑在案，无如日久玩生，益复巧立名目，每遇异乡丧事，夫役纷扰，不下三四十名，种种刁难，羁旅莫何。职等目击心伤，筹集巨款，创立义举，爰仿汉口笃谊堂资送旅榇章程，买山地建造义所，为逝者寄厝之地。规模既具，积弊当除。于是邀齐埠夫面订规条，衡情酌价，务得其平，较之咸同年间碑禁有增无减，已属从优体恤。职等经于闰五月二十三日谨呈规条，禀请前县宪江给示勒石，取结饬遵，业沐批准照办。讵埠头黎运隆听唆逞刁，捏情朦禀，故意迁延，坚不具结，其居心险恶，实视碑示为具文，将来不守成规，百般掯勒，反更有甚于今日者。若非仰荷鸿慈，立传一、三、四埠头黎运隆等大加申饬，勒令具结存卷，何以保义举而垂久远？为此环叩宪老父台，迅赏签差，勒传埠夫，取结备案，功德无量，顶祝上禀。

　　代理德化县正堂张公印树森批：候照案勒传各埠夫头，取结备案。

署代理德化县江、张公给示勒石各卷

赏戴花翎、升用知府、特授鄱阳县、调署德化县正堂江为给示勒石遵守事。

据新安书院绅董，花翎三品衔候选道黄镇心、花翎江苏候补府李显猷、拣选知县举人江庆楷、国子监典籍衔韩大端、州同衔王国玙、附贡生许贞、五品衔查达甫，从九衔舒法甲、叶元坤，监生卢元銈、胡守高等禀称：职等籍隶新安，在九江贸易者众，每遇病亡，辄被夫役措勒，百般婪索，贫乏之家不堪其扰。咸同年间，历经禀请前府、县宪，勒碑垂禁在案。无如日久玩生，巧立名目，把持倍甚，每棺扛夫多至三十余名，刁难万状。职等前买南门外刘家垅即巴茅巷山地，仍照汉口新安笃谊堂资送旅榇章程，建造停柩义所。当此旧规废弛，公同厘订前规，量为变通，从优酌价。业经邀同埠头夫役面订规条，均愿允从。第恐积久弊生，多方措勒，恳恩给示勒石，并传一、三、四埠头具结备案，永远恪遵等情到县。据此除批示并传案具结外，合行示禁，为此示仰该埠头夫役人等知悉：嗣后新安会馆及士庶客商凡遇红白事故，雇倩夫役，务须遵照定章，公平受价，毋许勒索。如在十里以外，按途远近，量为加增，总期与受平允。自示之后，倘敢仍前把持勒措，许该绅董指名具禀，定行拘案重惩，决不宽贷。各宜凛遵毋违。特示。

计开条规

一、凡抬棺到山落定，福、禄每棺给酒钱贰百文，寿、喜每棺给酒钱壹百文。

一、贫乏无力之家，或自行扛抬殓葬，应听丧家自便，埠夫不得把持。

一、凡喜事及寻常雇夫肩送货物、行李等件，仍照旧章。

一、凡扛抬棺殓，分福、禄、寿、喜四等。福、禄两等雇用十六名，寿、喜两等雇用八名，每名给钱叁百文，如在十里以外，按途远近量力酌加。

一、凡丧家棺殓，扯绵用夫四名、不扯绵用夫二名，每名给钱叁百文。如有自行用绵棺殓，亦听丧家之便。

一、凡扛尸入义所堂棺殓者，用夫四名，每名给钱叁百文。

一、凡丧家打空，无论路之远近、棺之厚薄，总给钱四百文。

一、凡丧家用丧舆出殡，酌加二名，每名给钱三百文。

一、凡遇送柩回籍，由义所堂中扛抬下河，无论大关码头、龙开河口，每棺总给贰千文。扛夫以八名为率，应就近雇用看山乡民，埠夫不得阻挠。

一、凡遇新安山已葬之坟，该子孙有愿带柩归葬者，起工给钱八百文；扛棺下河，无论远近，总给钱贰千六百文，均以八名为率。至柩已朽腐，检骨工给钱八百文；送骨匣下河，给钱四百文，亦归看山乡民承揽，与各埠夫无涉。

光绪二十九年六月十六日示。

赏戴花翎、升用知府、特授鄱阳县、调署德化县正堂江为给示勒石垂禁事。

据新安会馆绅董、花翎三品衔候选道黄镇心、花翎江苏候补府李显猷、拣选知县举人江庆楷、国子监典籍衔韩大端、州同衔王国玙、蓝翎五品衔汪定贵、附贡生许贞、五品衔查达甫，从九衔舒法甲、叶元坤，监生卢元鈺、胡守高等禀称：职等籍隶徽州，懋迁溆浦，四方糊口，实繁有徒。二竖为殃，死亡相继，怅此日家人永诀，悲他年旅榇难归。职等谊关桑梓，触目伤心，谋及刍荛，随缘输愿，共明大义，合群力以图成；藉慰幽魂，俾遗骸之有托。前在浔阳南门外先后价买巴茅巷即刘家垅山地一片，就基建造新安义所，为徽属逝者寄厝之地。一坏得所，四界攸分。特防不法狂徒藉端扰害，又恐无知痞棍占业盗厝，或纠合豪强而阻挠出路，或纵放畜牧而触倒围垣。禀恳颁示勒石垂禁，并准印图备案，以期久远而杜侵害等情到县。据此，除将附契地图盖印、给还执据并禀批示外，合行示禁。为此示仰阖邑诸色人等知悉：尔等须知该新安义所为徽属停柩寄厝之地，事属善举。倘有无赖之徒胆敢藉端扰害、占业盗厝，以及阻挠出路、纵放牲畜触坏围垣等事，许该绅董指名具禀，定行拘案重究，决不宽贷，各宜凛遵毋违。特示。

光绪二十九年七月十八日示。

花翎、同知衔、德化县正堂、加十级记录十次张为再行给示遵守事。

案据新安会馆首士花翎三品衔候选道黄镇心、花翎江苏候补府李显猷、拣选知县举人江庆楷、国子监典籍衔韩大端、州同衔王国玙、蓝翎五品衔汪定贵、附贡生许贞、五品衔查达夫【甫】，从九衔舒法甲、叶元坤，监生卢元鈺、胡守高等禀称：职等筹集巨款，仿汉口笃谊堂资送旅榇回籍章程，价买山地，建造义所，以为寓浔同乡逝者寄厝之地。前经邀齐埠夫面订规条，衡情酌价，较之咸同年间所请碑禁有增无减，于闰五月二十三日禀请前县宪江给示勒石在案。讵埠夫黎运隆听唆逞刁，捏情朦禀，故意迁延，坚不具结，直视碑示为具文。将来不守成规，百般掯索，反更有甚于今日者。若非立传一、三、四埠头黎运隆等，饬令出结存卷，何以保义举而垂久远等情到县。据此，即经传据一、三、四埠夫头黎运隆等出具甘结前来，除附卷外，合再给示遵守。为此，示仰各埠夫头人等知悉：嗣后遇新安会馆丧葬事故，夫役钱数务须遵照示定章程，毋许额外婪索。如敢故违，一经指禀，定即拘案究惩，决不姑宽。该会馆商民亦须恪守定章，毋得克扣短少，以示体恤而昭公允。切切。特示。

光绪二十九年十月二十一日示。

埠夫甘结

具甘结三埠夫头郭申文、殷新伍，一埠夫头黎运隆、邹萃水，四埠夫头丁文才、王德茂等，今当大老爷台前，实结得蚁等各埠，嗣后遇新安会馆商民丧葬事故，夫役钱数悉遵示定章程，不敢翻异。如有散夫刁难情事，均惟蚁等是问，愿甘重办。

所具切结是实。

光绪二十九年十月初二日。

具甘结埠夫头黎运隆等押。

乡民承揽字

立承揽字徐仁发、赵章财等，今承到新安会馆笃谊堂中送柩下河，上至大关码头以上、下至龙开河口，每棺愿发钱贰千文，以八人为率，如另添人，不与笃谊堂相涉。再由新安山送棺下河，无论黄土领等处，每棺愿发钱贰千陆百文。如遇已葬之棺，掘棺发钱八百文，送骨匣下河发钱四百文。自此次议定之后，永守成规，决无争论勒索等情事。汉船抵埠即听呼唤，抬送亦不敢借端延误，如有延误，应听笃谊堂禀究。今欲有凭，立此存据。

光绪二十九年闰五月二十一日。

立承揽字徐仁发、赵章财，凭中刘汇洲代笔。

笃谊堂公议条规牌示

一、议建大厅一间，额之曰"笃谊堂"。左旁设东、西两庑，为殡所。殡所之右设余屋数椽，为殡所。三年后出帖知照，该子孙亲属有愿带柩回籍，苦于无力者，本堂照章资送。如期满不带，即照章安葬义山，立碑标识。

一、议堂宇缔造伊始，筹款维艰，赖同乡踊跃乐输，规模式廓。神前理宜洁净，朝夕洒扫。堂丁留心火烛，遇有到堂祭拜者，礼毕随拈香纸，导赴惜字炉，眼同焚化。因司事远隔数里，未能周知，该堂丁责有专属，自当恪守成规，并不准容留匪类酗酒聚赌，如违送官究逐。

一、议送棺入堂，须由该亡人戚属确知来历者作保，董事填给三联堂票，仰保人关照堂丁登簿列号，挨序寄厝。如无堂票，不准停放，以杜混淆。

一、议停柩以三年为限，限满关照保人，令其函催该柩家属。如愿葬义山，本堂照章营葬；其有请送回籍者，原保或不在浔，须央该县诚实可信之人到堂声明挂号，仍凭联票，核对无讹，始准照章资送。

一、议停柩限满，其有戚属者催令料理，其无戚属者即代安葬，不得任意停踞，以防拥挤。

一、议领柩出堂，须将联票对簿查发。倘限满已葬义山，该家属有愿起扦搬回者，亦必凭联票，查明是否该号无讹。经手其事者应细心查验，以免舛错。

一、议送柩回徽，本堂颁发盘费，有盈无绌。柩到之日，该家属但将本堂联票交信足缴堂销差，不必另给分文。倘信客有需索滋扰情事，许该家属指实报明，本堂即据情函告汉口会馆董事，认真整顿。

一、议本堂事属创办，经费未充，其送柩回徽，未另招人承揽，每届春水发动之时，先期函照汉口笃谊堂董事，一律填给资送关照，按途远近批明搬柩川资。一俟汉口信足到浔，领柩领钱，均由本堂知照值年首士核明给发。

一、议限满送柩，该家属有愿领葬费者，央保声明，每棺本堂给英洋叁元。

一、议送柩归汉足兼带，该亡人家属戚属如愿亲自带柩、到堂领费者，必须央请妥保领柩，果无他故，亦照章给发。第恐不肖子孙串通戚友，冒领盘费，移柩抛露，则不如安葬义山之为愈也。

一、议棺木太薄未便入堂，恐秽气熏蒸在近乡邻及堂丁人等，触染成疾，应令自葬义山。日后该家属起扦搬回，央保声明，本堂一体给费。倘年久棺腐，检骨带回，亦酌量津贴。

一、议轻生自尽者，不准入堂寄厝。倘隐瞒混入，凡遇讼端，该亲属应自行理处，本堂概不与闻。

一、议限满领出之枢，不得捏有别情，重送入堂。公同恪守成规，以定限制。

一、议骨匣回徽，视路远近，酌给川资，应照送枢贴三分之一，扛抬下力减半。

一、议骨篓回徽，无论远近，每具助盘费钱壹千文、葬费钱陆百文。

一、议看山乡民遇有到山起扦者，须令该亲属到堂请票，如无堂票，不准轻动。

一、议本堂资送旅榇，所有六邑水陆各程船力、抬力，均照汉口笃谊堂成章，现附汉口信足带送，一切自听汉口堂董批给关照，本堂所刊各板暂置不用。

一、议丧葬事故，每被埠夫需索，恶习可恨。历经咸同年间请官示禁，而日久玩生，视为具文。今量为变通，公议规条已禀奉德化县江公云卿，给示勒石，以垂久远。

一、议汇收一文钱愿，由值年带同堂丁每年集收一次，其银即存殷实店起息，各店轮流交接，上手、下手自应核算清楚，一俟堂费充足即行停收。

一、议值年换班以正月二十日为期，邀集阖郡首士查核账目。经手者交代明白，再付下班，接办设有倒欠，经手固不能辞其责，阖郡首士亦应公同追取，不得瞻徇情面，扶同侵蚀。倘存私见，神鬼纠察。

光绪三十年，岁次甲辰孟春月谷旦，书院董事公具。

录牌示各项规条均照汉口笃谊堂旧章

一、本堂凡送枢进堂编号，给堂丁钱壹百文，出堂销号，亦给堂丁钱壹百文。

一、本堂送枢下河，上至龙开河口、下至大关码头，给抬力钱贰千文，扛夫以八名为率。

一、浔至饶州大船水脚，每棺钱贰千文。神福酒钱在内。现附汉口信足带送，仍照汉到饶批给。

一、饶至祁门驳船水脚，每棺给钱叁千文。外给神福酒钱贰百捌拾文。

一、祁门起埠，抬进暂厝所，每棺抬力钱叁百六十文。

一、祁门落行，每棺行用钱叁百文。

一、祁门抬送渔亭暂厝所，每棺抬力钱叁千贰百文。外给神福酒钱叁百二十文。

一、祁门抬送黟城，每棺抬力照送渔亭例。外加过岭钱肆百文。

一、祁门酬劳行家照应，每棺钱叁百文。着催十日送清，不得久延。

一、祁门管行人照应，每棺钱壹百文。

一、祁门伕头下乡催夫，每棺另给钱肆百文。

一、渔亭借寄暂厝所，每棺进、出堂各给钱贰百文。

一、渔亭暂厝所下河，每棺抬力钱贰百肆拾文。

一、渔亭酬劳行家照应，每棺给钱壹百文。

一、渔亭资送休宁西、北两乡，山路难行，每棺加给抬力钱肆百文。水路照章不加。

一、万安街酬劳行家照应，每棺钱叁百文。

一、万安街资送休东及歙之西、北各乡，山路难行，每棺加给抬力钱叁百文。

一、万安街管行人照应，用帘遮盖，每棺给钱壹百文。

一、六邑各埠头水路炮船，每棺每里钱拾文照算。

一、六邑各埠头上坡，每棺抬力钱贰百肆拾文。

一、六邑各埠头旱路抬力，每棺每里钱陆拾肆文。外给每棺每里酒钱六文四毫。

一、祁门过渔亭附近乡村，直抬下行，不落行家，自渔起算，每棺每里钱六十四文。外给每棺每里六文四毫。

一、饶州至婺源炮船水脚，照到祁门例。旱路上坡，各乡抬力照六邑埠头例给。

一、婺源旅榇或有由休西过武岭者，每棺抬力仍照六邑例给。外加每棺过岭钱肆百文，小心伻伙钱叁百二十文。

一、每棺包捆草索两根。内吊布票，外吊木牌，注明进堂原号、出堂挨号，送至　县

乡　村口交卸。

　　一、本堂给信客护送辛劳钱，每棺贰千文。

　　一、本堂给费外，每棺常香二扎、锡箔一块、钱纸六斤，交信客沿途焚化。

　　一、本堂分送六邑给费之日，该亲属有因亡人家贫请领葬费者，每棺给英洋叁元。

　　一、安葬义山，每棺抬力钱贰千文，土工钱捌百文，石灰叁百斤。倘自备安葬，亦照此例。

　　一、已葬义山起扦者，土工钱捌百文，每棺下河钱贰千陆百文。如年久棺腐检骨者，每棺钱捌百文，骨匣下河力钱每棺肆百文，均归乡民承揽，立有议据。

　　本堂资送六邑旅榇，凡水陆船力、伕力，悉照汉口笃谊堂章程，照数核给，自浔启行，送至各县、各乡、各村口交卸，如有延误，即函请汉口董事查办。他如在浔入殓安葬义山，各款业经本董事厘订旧章，议立规条，请示垂禁，永资恪守。凡我同人，理应共循成规，以保义举。谨此布闻。

　　光绪三十年，岁次甲辰孟春月谷旦，书院董事公具。

新　安　篤　誼　堂

浔第　號新安書院

進堂聯票式　　以備存查票

第　　號暫停棺一口

姓名　　號　　　係　　縣　　鄉　　年　歲

村人殁在地方今送至堂挨號安厝此號書

聯票照樣三紙一紙送堂對號核收一紙書

院存根一紙付本家收執日後繳票領棺如

三年滿無人來領者卽代爲安葬義山立碑

光緒　　年　　月　　日　九江新安書院給

書院司事人　　　　經手　　　　保人

新安篤誼堂

潯第　　號新安書院　　　　　　　　給發司堂票

第　　號暫停棺一口

姓名　　號　　年　係　　縣　歲　　鄉

村人歿在　　　地方今送至堂挨號安厝此

聯票照樣三紙一紙付本家收執日後繳票領一紙書

院存根一紙付本家收執日後繳票領棺如

三年滿無人來領者即代安葬義山立碑

光緒　年　月　日　九江新安書院給

書院司事人　　　　經手　　　　保人

新安篤誼堂

潯第　　號新安書院　　　　　　給發本家票

第　　號暫停棺一口

姓名　　號　　年　係　　縣　歲　　鄉

村人歿在　　地方今送至堂挨號安厝此

聯票照樣三紙一紙送堂對號核收一紙書

院存根一紙付本家收執日後繳票領棺如

三年滿無人來領者即代爲安葬義山立碑

光緒　年　月　日　九江新安書院給

書院司事人　　經手　　保人

篤誼堂旅櫬

旅櫬回籍關照式

潯字第　號　該信足住址

鄉　村　今據　　縣

立收領字篤將寄存　　第　號已故

棺柩一具本年信足　其立承

攬字，護送交帶至　　縣　鄉　　村限

以五月內包抬村口交卸例給由潯下船力

錢沿途水陸盤費酬勞信足等錢業經照章

給訖外另送安葬費英洋　元付保人寄交

回籍關照

該凵人宅上收領蓋恐棺柩到祁沿途久擱

用是票給具報保領人由早信預寄該凵人

宅上望接此照後務須就近探催速送一面

具信寄潯關知棺柩到家並望即具回字交

信足帶潯繳堂銷差

光緒　年　月　日　存照

潯字第　號　給發關照聯票

篤誼堂旅櫬

潯字第　號給發關照聯票

潯字第　號　用是票給具保領人卽由

早信預寄　宅上關照本堂資送旅櫬回

籍今寄存　第　具報立收領字爲

將寄存　央保　號已故　棺柩

一具本年信足　具立承攬字護送交

其帶至　縣　鄕　村限以五月內

包抬村口交卸例給由潯下船力錢沿途水

陸盤費酬勞信足等錢業經照章給訖外另

回籍關照

送安葬費英洋　元付保人寄交該凶人宅

上收領蓋恐棺柩到郷沿途久擱整接此照

後務須就近探催速送一面具信寄知

該信足以及行家牽夫船戶不得任意延捱

致阻善舉棺柩到家並望卽具回字交信足

帶潯繳善堂翁差特給此照知照

住址　縣　鄕　村　　該信足

光緒　年　月　日　給

承攬字式

立承攬字　今爲　縣　鄕　村帶

回巳故　棺柩一具當領到

篤誼堂資助由潯下船力錢

文另承給酬勞錢　文沿途盤費錢

文其柩帶至

村包抬村口交卸並無扶同冒領捏飾等

情出具承攬是實

光緒　年　月　日立承攬人　押

保攬人　押

收領字式

立收領字　縣　爲將寄存　第　帶回

號號巳故　棺柩一具交信足

篤誼堂資助由潯下船力錢

文安葬費英洋　元當卽如數領楚其棺

縣　鄕　村口今憑保人　領到

文沿途盤費錢

實係帶回埋葬並無冒領捏飾等情出具領據是

光緒　年　月　日立收領據人　押

保領人　押

　　　以上各式均经刊板刷印。现在系附汉口信客带送，由本堂函请汉口笃谊堂董事照章办理。该信客到浔，本堂即照汉口资送旅榇关照批定之费，如数给发。除入堂联票外，所有关照、收领、承揽各据，暂置不用。

癸卯、甲辰乐输迓捐总

古黟李惠保堂，输贰拾肆曹纹贰百两；

婺源许创基，输贰拾肆曹纹贰百两；

古黟胡逸卿，输贰拾肆曹纹贰百两；

古黟大盛，输贰拾肆曹纹壹百两；

同顺徽州股下，输贰拾肆曹纹壹百两；

古黟豫大，输贰拾肆曹纹壹百两；

海阳运昌，输贰拾肆曹纹壹百两；

古黟庆昌隆，输贰拾肆曹纹壹百两；

德诚黟县股下，输贰拾肆曹纹伍拾两；

古黟汪廷魁，输贰拾肆曹纹伍拾两；

古黟江辅卿，输贰拾肆曹纹伍拾两；

歙县丰泰，输贰拾肆曹纹伍拾两；

古黟乾泰，输贰拾肆曹纹贰拾伍两

古黟汪树志堂，输贰拾肆曹纹贰拾两；

古黟源顺，输贰拾肆曹纹贰拾两；

古黟志成，输贰拾肆曹纹贰拾两；

海阳永泰福，输贰拾肆曹纹贰拾两；

海阳德新，输贰拾肆曹纹贰拾两；

古黟德丰，输贰拾肆曹纹贰拾两；

古黟元吉昌，输贰拾肆曹纹贰拾两；

古黟永泰祥，输贰拾肆曹纹拾伍两；

古黟义和城内，输贰拾肆曹纹拾两；

古黟益昌隆，输贰拾肆曹纹拾两；

古黟顺生和，输贰拾肆曹纹拾两；

古黟同和祥，输贰拾肆曹纹拾两；

古黟元大，输贰拾肆曹纹拾两；

古黟勤裕，输贰拾肆曹纹拾两；

古黟复绪昌，输贰拾肆曹纹拾两；

海阳程太和，输贰拾肆曹纹拾两；

绩溪慎泰栈，输贰拾肆曹纹拾两；

古黟义和城外，输贰拾肆曹纹拾两；
古黟益泰隆，输贰拾肆曹纹拾两；
古黟汪裕生，输贰拾肆曹纹拾两；
古黟大昌祥，输贰拾肆曹纹陆两；
古黟宝昌，输贰拾肆曹纹伍两；
古黟源大，输贰拾肆曹纹伍两；
古黟德大，输贰拾肆曹纹叁两；
古黟心记，输贰拾肆曹纹叁两壹钱柒分伍厘。
共收贰拾肆曹纹壹千陆百贰拾贰两壹钱柒分伍厘。

婺源王逸甫，输英洋伍元；
肖记，输英洋伍元；
婺源程子黄，输英洋贰元；
余子麟，输英洋贰元；
方积臣，输英洋贰元；
程醉经，输英洋壹元；
婺源潘再腾，输英洋壹元；
不书名，输英洋壹元。
共收英洋壹拾玖元。

海阳兆和，输玖拾捌钱拾贰千文；
古黟吴静山，输玖拾捌钱叁千文；
海阳黄茂亭，输玖拾捌钱叁千文。
共收玖拾捌钱壹拾捌千文。

癸卯一文愿零捐总_{运昌经办}

古黟舒先庚四十愿，输钱壹拾肆千肆百文；

古黟汪廷魁三十五愿，输钱壹拾贰千陆百文；

古黟胡仰圣三十愿，输钱壹拾千零捌百文；

海阳吴厚夫三十愿，输钱壹拾千零捌百文；

古黟吴仲臣二十五愿，输钱玖千文；

古黟吴新云二十五愿，输钱玖千文；

古黟叶鉴泉二十五愿，输钱玖千文；

古黟李国松二十五愿，输钱玖千文；

古黟吴鳌峰二十愿、古黟卢献廷二十愿、古黟胡葆真二十愿、古黟汪丹善二十愿、古黟胡瀚臣二十愿、古黟查选庭二十愿、古黟叶配乾二十愿、古黟孙毓如二十愿、古黟吴启钧二十愿、古黟吴启佑二十愿、古黟胡聚泉二十愿、古黟孙渐逵二十愿、古黟胡益三二十愿、古黟汪继善堂二十愿、古黟叶炳坤二十愿、古黟程瑞堂二十愿、古黟舒相其二十愿，以上各输钱柒千贰百文；

古黟叶茂和十六愿，输钱伍千柒百陆拾文；

古黟汪允贤十五愿、古黟胡岐山十五愿、古黟余南山十五愿、海阳许润章十五愿、古黟舒济大十五愿、古黟叶步高十五愿、古黟王兰芝十五愿，以上各输钱伍千肆百文；

古黟韩克成十四愿，输钱伍千零四拾文；

古黟胡伯安十愿、古黟孙昆生十愿、古黟胡质盦十愿、古黟孙明远十愿、古黟卢诚光十愿、海阳朱维五十愿、歙县汪祝三十愿、婺源王献三十愿、海阳王肇基十愿、海阳杨瑞轩十愿、古黟汪紫卿十愿、古黟潘志千十愿、古黟程春霆十愿、古黟程礼堂十愿、古黟余丽川十愿、黟汪锦峰十愿、海阳程筱卿十愿、古黟胡国荣十愿、古黟李致祥十愿、古黟查振声十愿、古黟汪寿堂十愿、古黟胡志清十愿、古黟黄高纯十愿、海阳程继宾十愿、古黟余焕庭十愿、黟胡友衡十愿、古黟胡采田十愿、古黟万瑞庭十愿、古黟王殿华十愿、古黟孙选青十愿、古黟孙赞臣十愿、古黟奚竹慈十愿、海阳吴渠卿十愿、古黟胡克昌十愿、古黟韩履之十愿、古黟叶友松十愿、古黟余庆平十愿、古黟查玉泉十愿、古黟胡益大十愿、古黟江星鉴十愿、古黟舒松三十愿、古黟舒晋卿十愿、古黟汪寿亭十愿、古黟李晋康十愿，以上各输钱叁千陆百文；

海阳陈淦泉八愿、歙县朱子和八愿、海阳程杏之八愿、古黟王少白八愿、海阳余俊明八愿、歙县项惟贤八愿、海阳巴葵卿八愿，以上各输钱贰千捌百捌拾文；

海阳曹仲山七愿、海阳何敬甫七愿、古黟胡涌泉七愿、古黟项笙远七愿，以上各输钱贰千伍百贰拾文；

古黟胡云浦六愿、古黟胡士诰六愿、古黟胡履祥六愿、古黟胡南辉六愿、古黟胡筱蓉六愿、古黟范蔼如六愿、古黟汪炳蔚六愿、古黟叶达衢六愿、古黟黄高滢六愿、古黟胡士诏六愿、海阳余庭章六愿、古黟汪寿山六愿，以上各输钱贰千壹百陆拾文；

古黟汪吉甫五愿、古黟汪星甫五愿、古黟汪荣甫五愿、古黟汪泽南五愿、古黟汪翰如五愿、古黟汪致康五愿、古黟查荫卿五愿、古黟谢浦如五愿、古黟胡仲和五愿、古黟叶惠卿五愿、古黟胡慎斋五愿、古黟汪圣瑞五愿、古黟金寿康五愿、古黟卢静山五愿、古黟卢仲年五愿、海阳胡英俊五愿、古黟胡锡松五愿、古黟汪砥臣五愿、古黟余荣栖五愿、古黟孙景道五愿、海阳叶俊达五愿、古黟程万氏五愿、古黟汪笏廷五愿、古黟汪贤桂五愿、海阳余利生五愿、古黟汪庆余五愿、古黟胡振声五愿、古黟胡赞臣五愿、古黟汪鹤年五愿、古黟李步洲五愿、古黟江寿三五愿、古黟胡声远五愿、古黟叶育之五愿、古黟江敬伯五愿、歙县蒋咏镛五愿、海阳李守箴五愿、海阳汪文光五愿、海阳汪善卿五愿、海阳刘海元五愿、海阳朱祺寿五愿、海阳查品良五愿、海阳吴士佳五愿、海阳李少阳五愿、歙县许鸿文五愿、古黟舒松林五愿、古黟陈永林五愿、古黟胡筱园五愿、歙县胡信夫五愿、古黟吴遐青五愿、古黟韩集予五愿、古黟史维珊五愿、古黟范翚如五愿、古黟陈润轩五愿、古黟叶克家五愿、古黟舒寿昌五愿、古黟江景荣五愿、古黟吴蔚文五愿、海阳程禹臣五愿、海阳程筱庭五愿、海阳何振庭五愿、古黟胡少卿五愿、古黟余汉漳五愿、古黟江兆丰五愿、古黟汪锦堂五愿、古黟韩永棠五愿、古黟余毓峰五愿、古黟舒兰翘五愿、古黟胡竹仙五愿、古黟汪风宜五愿、古黟汪国荣五愿，以上各输钱壹千捌百文；

古黟吴耀廷四愿、古黟汪锦廷四愿、海阳汪秋樵四愿、古黟胡毓章四愿、古黟程宝书四愿、古黟舒殿杨四愿、海阳汪立根四愿、海阳程郁生四愿、海阳汪舜辅四愿、海阳汪薇洲四愿、海阳余诗舟四愿、古黟余腾甫四愿、古黟黄又圭四愿、古黟汪罗仪四愿、古黟程立基四愿、歙县项善吾四愿、歙县项云程四愿、古黟汪南屏四愿、古黟王廷章四愿、古黟江凤梧四愿、古黟王泽余四愿、古黟余芝庭四愿、海阳黄镜符四愿、古黟胡观海四愿、古黟汪锡侯四愿、歙县汪稷臣四愿，以上各输钱壹千肆百肆拾文；

古黟胡辅廷三愿、古黟汪星垣三愿、古黟汪瑞生三愿、古黟胡康侯三愿、古黟汪次卿三愿、古黟余佩文三愿、古黟胡厚和三愿、古黟江声远三愿、古黟谢祖荫三愿、古黟程子香三愿、古黟汪宜甫三愿、海阳汪灿庭三愿、古黟汪孟侯三愿、古黟吴俊臣三愿、古黟汪兴塽三愿、古黟孙美进三愿、古黟卢兆泰三愿、古黟吴连庆三愿、古黟余永隆三愿、古黟张维基三愿、古黟余定臣三愿、古黟汪鉴湖三愿、古黟金左宜三愿、古黟黄植圃三愿、海阳汪吉元三愿、歙县吴润之三愿、古黟项培基三愿、歙县谢庭芝三愿、古黟余际平三愿、海阳程英峰三愿、歙县吴名芳三愿、歙县方来福三愿、古黟胡维新三愿、古黟王永寿三愿、歙县项彭浩三愿、海阳吴悦来三愿、海阳许如足三愿、海阳吴仙洲三愿、古黟汪威甫三愿、祁门胡子佩三愿、古黟谢高松三愿、古黟查舒氏三愿、古黟程泽甫三愿、古黟黄荣桂三愿、歙县胡宇洲三愿、古黟江从厚三愿、古黟孙英翰三愿、古黟舒芝田三愿、古黟金惟一三愿、歙县许玉芳三愿、古黟李芸山三愿、海阳黄有章三愿、婺源汪昌理三愿、歙县曹纯甫三愿、古黟王镜如三愿、古黟汪坦如三愿、古黟江希道三愿、古黟胡仰先三愿、古黟江松坪三愿、古黟苏玉田三愿、古黟汪慎余三愿、古黟胡畅年三愿、古黟吴明信三愿、歙县黄隆盛三愿、古黟胡蕴山三愿、古黟胡心田三愿、古黟江毓芝三愿、古黟韩鑫平三愿、古黟胡济龄三愿、海阳江济川三愿、古黟谢丙荣三愿、古黟朱瑞廷三愿、古黟范明高三愿、古黟姚吉云三愿、古黟韩元明三愿、古黟汪烘烺三愿、古黟韩锦铭三愿、海阳王锡卿三愿，以上各输钱壹千零捌拾文；

古黟项荫吾二愿、古黟黄荫吾二愿、古黟胡式庄二愿、古黟汪子衡二愿、古黟范融生二愿、海阳程祯祥二愿、古黟胡春园二愿、古黟黄厚卿二愿、古黟黄景刘二愿、古黟汪慎思二愿、古黟孙明远二愿、古黟余品三二愿、海阳朱高林二愿、古黟江蔚文二愿、海阳陈锡元二愿、古黟邵学本二愿、海阳程林祥二愿、古黟胡世夔二愿、海阳赵竹渔二愿、古黟谢伟臣二愿、海阳巴颂周二愿、古黟黄雪涛二愿、海阳程治平二愿、古黟江德懋二愿、古黟汪丹敷二愿、古黟黄荷浦二愿、婺源胡灶昌二愿、古黟胡礼庭二愿、婺源程焕兴二愿、古黟胡树堂二愿、婺源叶锡蕃二愿、古黟金汝明二愿、婺源王炽卿二愿、古黟叶杏甫二愿、婺源方子光二愿、古黟汪懋臣二愿、古黟韩朝五二愿、古黟吴炳林二愿、古黟吴济川二愿、古黟舒学文二愿、古黟余显之二愿、古黟江啸舒二愿、古黟舒懋和二愿、古黟胡开芹二愿、海阳程云生二愿、古黟李笃诚二愿、歙县曹穉宣二愿、古黟舒金文二愿、古黟余松盈二愿、古黟汪旭春二愿、海阳杨丽泽二愿、古黟吴荣海二愿、古黟汪汉卿二愿、海阳许锡福二愿、古黟朱冠群二愿、海阳程绥卿二愿、古黟汪瑞堂二愿、海阳汪慎旃二愿、古黟胡和声二愿、歙县洪瑞芝二愿、古黟谢梦璋二愿、海阳潘寿镜二愿、古黟江福隆二愿、海阳黄英臣二愿、古黟吴金朗二愿、海阳吴君辉二愿、古黟王连发二愿、古黟汪建斋二愿、古黟江汉卿二愿、古黟王质予二愿、古黟汪华堂二愿、古黟范明隆二愿、古黟程星南二愿、古黟谢梦桃二愿、古黟汪葆丞二愿、古黟韩丙寅二愿、古黟孙鹤亭二愿、古黟汪延寿二愿、古黟余焕文二愿、古黟胡锡福二愿、古黟胡凤池二愿、古黟汪焕章二愿、古黟吴灶荣二愿、古黟汪辅卿二愿、古黟查裕庆二愿、古黟孙雨轩二愿、古黟查儒钊二愿、古黟黄惇一二愿、古黟查儒龙二愿、古黟汪武奎二愿、古黟许耀宏二愿、古黟余锡章二愿、古黟方梦良二愿、古黟吴敬兴二愿、古黟余叶继二愿、古黟胡焕廷二愿、古黟吴云卿二愿、古黟王亮畴二愿、古黟潘盛松二愿、古黟胡志夫二愿、古黟吴焕林二愿、古黟叶少华二愿、古黟程松贵二愿、古黟程吉祥二愿、古黟汪丽生二愿、古黟汪延喜二愿、古黟李炽昌二愿、古黟韩树基二愿、古黟汪锦屏二愿、海阳詹美修二愿、古黟汪泾廷二愿、古黟叶惠生二愿、歙县胡恩榜二愿、海阳程舜臣二愿、海阳黄进杰二愿、古黟汪光本二愿、古黟韩四美二愿、古黟江晓书二愿、古黟姚炳炎二愿、海阳金嘉谷二愿、古黟汪锡祺二愿、古黟程燮臣二愿、古黟汪承礼二愿、古黟胡志远二愿、古黟叶锡卿二愿、古黟余社荣二愿、古黟冯得高二愿、古黟杨焕如二愿、古黟查龙禄二愿、古黟胡荣春二愿、古黟孙殿初二愿、古黟叶国远二愿、古黟叶馥如二愿、古黟何在泉二愿、古黟戴春泉二愿、海阳汪钧廷二愿、古黟朱炳坤二愿、海阳汪福海二愿、古黟谢东癸二愿、海阳程采南二愿、古黟汪素行二愿、古黟金鼎新二愿，以上各输钱柒百贰拾文；

古黟金寿全一愿、古黟江显贵一愿、古黟金四达一愿、古黟胡会卿一愿、古黟韩端魁一愿、古黟王耀堂一愿、古黟程连平一愿、古黟吴承涛一愿、古黟胡康龄一愿、古黟孙励愚一愿、古黟胡宝钟一愿、古黟何承禄一愿、古黟江伯卿一愿、古黟江乃渊一愿、古黟胡福基一愿、古黟韩吉生一愿、古黟汪寿春一愿、古黟胡金元一愿、古黟舒嘉济一愿、古黟苏万钟一愿、古黟吴吉臣一愿、古黟江用和一愿、古黟汪德松一愿、古黟何兴淑一愿、古黟卢立锟一愿、古黟黄春生一愿、古黟卢家泰一愿、古黟黄书祥一愿、古黟舒魁元一愿、海阳黄荣彬一愿、古黟江应藩一愿、古黟查虞卿一愿、古黟程渭东一愿、古黟胡永康一愿、古黟程如松一愿、古黟胡景文一愿、古黟汪昌庆一愿、古黟汪松龄一愿、古黟江文侯一愿、古黟胡士熙一愿、古黟郭明德一愿、古黟项天明一愿、古黟胡廷瑞一愿、古黟胡步元一愿、古黟吴灿文一愿、古黟胡祖佑一愿、古黟汪铁山一愿、古黟胡余庆一愿、古黟范和甫一愿、古黟金锡铭一愿、古黟王锡爵一愿、古黟江仲英一愿、古黟程益成一愿、古黟胡宝玉一愿、古黟胡丰年一愿、古黟黄友昆一愿、海阳黄仲耀一愿、古黟余洪全一愿、海阳叶春华一愿、古黟查儒书一愿、海阳吴绪曾一愿、古黟王叶记一愿、歙县吴济川一愿、古黟汪观乐一愿、古黟查观佑一愿、古黟胡坤淦一愿、古黟王全龄一愿、古黟韩来富一愿、古黟黄汝蓁一愿、婺源金天泽一愿、古黟李文远一愿、古黟谢南樵一愿、古黟谢梦桂一愿、古黟方荫卿一愿、古黟叶春华一愿、古黟胡淘浦一愿、古黟汪保枝一愿、古黟王希尧一愿、古黟韩云章一愿、古黟黄英卿一愿、古黟王观金一愿、古黟汪观光一愿、古黟黄丽生一愿、古黟余元禧一愿、古黟张松鳌一愿、古黟李鉴泉一愿、古黟朱润生一愿、古黟吴裕庭一愿、古黟吴水金一愿、海阳李开益一愿、海阳程克昌一愿、古黟黄耀南一愿、海阳徐玉堂一愿、古黟吴柏魁一愿、海阳曹鸿贵一愿、歙县洪镐经一愿、海阳程云甫一愿、婺源金灶开一愿、海阳张天佑一愿、古黟叶自明一愿、古黟汪朝仪一愿、古黟叶茂良一愿、古黟汪炳林一愿、古黟汪竺舫一愿、古黟韩灶玉一愿、古黟汪永卿一愿、古黟韩诒安一愿、古黟韩树立一愿、古黟胡灶禄一愿、古黟程连青一愿、古黟杨延卿一愿、古黟程益春一愿、古黟汪怀之一愿、古黟胡子钰一愿、绩溪程赞谟一愿、古黟程宗泽一愿、祁门曹裕季一愿、古黟金述先一愿、祁门洪筱云一愿、古黟胡尔修一愿、海阳洪少兰一愿、古黟姚声远一愿、古黟金维约一愿、古黟胡学珪一愿、古黟江日长一愿、古黟王雨亭一愿、古黟汪家兴一愿、古黟朱紫廷一愿、古黟汪光铨一愿、古黟汪长椿一愿、古黟邱凤生一愿、古黟杨筱斋一愿、古黟查锦荣一愿、绩溪胡懋纲一愿、婺源王性山一愿、古黟胡选元一愿、古黟叶祝颐一愿、古黟汪维泉一愿、古黟杨彩亭一愿、古黟孙石泉一愿、古黟汪福堂一愿、古黟江在中一愿、古黟韩耀堂一愿、古黟李松年一愿、古黟胡少盦一愿、古黟黄长寿一愿、古黟胡仲簉一愿、古黟吴春第一愿、古黟汪承远一愿、古黟何炳祥一愿、古黟江松屏一愿、古黟汪怀珍一愿、古黟胡廷甫一愿、古黟孙贻申一愿、古黟汪卓彬一愿、古黟叶魁泰一愿、古黟余时铃一愿、海阳汪腾芳一愿、古黟胡灶榜一愿、古黟朱永基一愿、古黟舒寿松一愿、古黟孙文轩一愿、古黟韩良栋一愿、古黟陈友庭一愿、古黟韩永平一愿、古黟汪寿卿一愿、古黟吴顺之一愿、古黟黄观龄一愿、古黟韩金和一愿、古黟汪旺昌一愿、古黟汪福贵一愿、歙县吴文卿一愿、海阳汪光祖一愿、海阳汪起贵一愿、古黟汪丽川一愿、古黟王柏松一愿、古黟叶金贵一愿、古黟舒长寿一愿、古黟汪景星一愿、古黟江鸿书一愿、海阳胡寿芝一愿、古黟李霭如一愿、古黟舒志康一愿、古黟张观发一愿、古黟叶新春一愿、古黟胡廷卿一愿、古黟吴炽其一愿、古黟朱成义一愿、古黟万纯祥一愿、古黟李翕如一愿、古黟李昆明一愿、古黟江炽邦一愿、古黟胡晋卿一愿、古黟黄观正一愿、古黟李云斋一愿、古黟胡明亮一愿、古黟江华甫一愿、古黟丁仁寿一愿、古黟查益三一愿、古黟方梦清一愿、古黟查长寿一愿、古黟史德达一愿、古黟李兴光一愿、古黟史德生一愿、古黟汪金宝一愿、古黟卢友章一愿、海阳汪安吉一愿、古黟江兆俊一愿，以上各输钱叁百陆拾文；

古黟姚联保、古黟李金鳌、古黟孙希鲁，以上各输钱贰百文；

古黟舒长寿、古黟汪朝麻、古黟胡锡安、古黟胡连生、古黟吴志藩、海阳张凤江、古黟范英秀、古黟江锡芳、海阳朱维诚、古黟叶延福、海阳程继起、古黟吴芹春、海阳俞长佑、古黟王成贵、海阳汪必成、古黟金守贤、古黟胡樟桃、古黟查顺廷、古黟汪伯基、古黟吴鹤亭、古黟胡福泽、古黟李福昆、古黟舒仁达、古黟李仕昆、古黟江承勋、古黟汪树德、古黟江仕煌、古黟李兴茂、古黟江国梁、古黟孙竹斋、古黟朱三九、古黟江福康、古黟汪延基、古黟王万生、古黟倪文炳、古黟查大高、古黟查大成、古黟江兴本、祁门程从立，以上各输钱壹百文。

共收愿钱捌百玖拾玖千肆百陆拾文。

癸卯诸茶栈善士经收箱捐总

洪源永，经收箱捐贰拾肆曹纹捌拾壹两玖钱伍分伍厘；

公慎祥，经收箱捐贰拾肆曹纹肆拾玖两贰钱叁分叁厘；

祥泰昌，经收箱捐贰拾肆曹纹壹百肆拾捌两伍钱肆分伍厘；

森盛恒，经收箱捐贰拾肆曹纹陆拾陆两肆钱；

永泰源，经收箱捐贰拾肆曹纹陆拾肆两陆钱肆分伍厘；

天保祥，经收箱捐贰拾肆曹纹壹百拾伍两肆钱捌分伍厘；

谦顺安，经收箱捐贰拾肆曹纹肆拾捌两贰钱叁分伍厘；

森盛恒，经收箱捐贰拾肆曹纹肆两伍钱柒分伍厘。

（整理者注：原书缺第 67 和 68 页各半页。）

支贰拾肆纹壹钱贰分陆厘，进禀挂号；

支贰拾肆纹壹两捌钱，堂丁叶手；

支贰拾肆纹壹两捌分，黄土岭乡民立字中火；

支贰拾肆纹陆拾伍两肆钱；石匠造笃谊堂并礌路；

支贰拾肆纹肆拾叁两贰钱伍分，苏绣缎伞送江大令并牌；

支贰拾肆纹贰拾叁两贰钱陆分，牌缎送张大令；

支贰拾肆纹壹拾两贰钱玖分贰厘，送江大令牌伞门敬杂费；

支贰拾肆纹拾陆两捌钱，赴江西省川资并送牌伞杂费；

支贰拾肆纹贰钱柒分，刷笃谊堂联票簿；

支贰拾肆纹壹钱捌分，会馆邀六邑首士糕饼；

支贰拾肆纹伍钱柒分陆厘，值年收愿中伙；

支贰拾肆纹贰钱柒分贰厘，红布。

共支贰拾肆纹叁百玖拾壹两柒钱贰分贰厘。

共收趸捐贰拾肆纹壹千陆百贰拾贰两壹钱柒分伍厘；

收趸捐英洋壹拾玖元升纹壹拾叁两壹钱；

收趸捐钱壹拾捌千文、收愿钱捌百玖拾玖千肆百陆拾文，二共升纹柒百柒拾肆两叁钱；

收茶箱捐贰拾肆纹伍百柒拾玖两零柒分叁厘。

通共收贰拾肆纹贰千玖百捌拾捌两陆钱肆分捌厘。

除支贰拾肆纹叁百玖拾壹两柒钱分贰厘。

两抵结存运昌贰拾肆纹贰千伍百玖拾陆两玖钱贰分陆厘。公议作八月十五日起息，按月八厘。

　　收运昌贰拾肆息纹玖拾叁两肆钱捌分玖厘，并息统结，实存运昌贰拾肆纹贰千陆百玖拾两零肆钱壹分伍厘。甲辰仍归运昌接办。

甲辰一文愿零捐总运昌接办

古黟舒先庚四十愿，输钱壹拾肆千肆百文；

古黟汪廷魁三十五愿，输钱壹拾贰千陆百文；

古黟胡仰圣三十愿，输钱壹拾千零捌百文；

海阳吴厚夫三十愿，输钱壹拾千零捌百文；

古黟舒相其二十六愿，输钱玖千叁百陆拾文

古黟吴仲臣二十五愿，输钱玖千文；

古黟吴新云二十五愿，输钱玖千文；

古黟叶鉴泉二十五愿，输钱玖千文

古黟李国松二十五愿，输钱玖千文。

以上共输钱玖拾叁千玖百陆拾文。

古黟吴鳌峰二十愿、古黟胡葆真二十愿、古黟卢献廷二十愿、古黟汪丹善二十愿、古黟胡聚泉二十愿、古黟查选庭二十愿、古黟叶配乾二十愿、古黟孙毓如二十愿、古黟吴启钧二十愿、古黟吴启佑二十愿、古黟胡益三二十愿、古黟叶炳坤二十愿、海阳程杏之二十愿、古黟孙渐逵二十愿、古黟汪继善堂二十愿，以上各输钱柒千贰百文；

古黟叶茂和十六愿，输钱伍千柒百陆拾文；

古黟汪允贤十五愿、古黟王兰之十五愿、古黟余南山十五愿、海阳许润章十五愿、古黟叶步高十五愿、海阳金景辉十五愿、古黟胡岐山十五愿，以上各输钱伍千肆百文；

古黟韩克成十四愿、古黟舒松林十四愿，以上各输钱伍千零肆拾文；

古黟卢诚光十愿、古黟孙明远十愿、古黟孙昆生十愿、古黟胡伯安十愿、古黟胡质畲十愿、古黟胡采田十愿、古黟韩履之十愿、古黟胡友衡十愿、海阳程继宾十愿、古黟胡志清十愿、古黟胡克昌十愿、古黟汪紫卿十愿、古黟黄高纯十愿、海阳吴渠卿十愿、古黟余焕庭十愿、古黟孙选青十愿、古黟查振声十愿、古黟汪锦峰十愿、古黟汪寿堂十愿、古黟李晋康十愿、古黟查玉泉十愿、海阳程筱卿十愿、古黟胡国荣十愿、海阳王肇基十愿、古黟余庆平十愿、海阳杨瑞轩十愿、古黟程春霆十愿、古黟万瑞庭十愿、婺源王献山十愿、古黟汪寿亭十愿、歙县汪祝山十愿、古黟余丽川十愿、古黟李致祥十愿、古黟林体芳十愿、古黟胡益大十愿、古黟叶友松十愿、歙县许玉田十愿，以上各输钱叁千陆百文；

古黟王少白八愿、海阳巴葵卿八愿、海阳陈淦泉八愿、海阳余俊明八愿、歙县朱子和八愿、歙县项维贤八愿、古黟胡少卿八愿，以上各输钱贰千捌百捌拾文；

古黟胡涌泉七愿、海阳曹仲山七愿、古黟项笙远七愿、海阳何敬甫七愿，以上各输钱贰千伍百贰拾文；

古黟汪炳蔚六愿、古黟胡筱蓉六愿、古黟胡云浦六愿、古黟范霭如六愿、古黟胡履祥六愿、古黟胡南辉六愿、古黟胡士诰六愿、古黟余庭章六愿、古黟叶达衢六愿、古黟黄高滢六愿、古黟汪寿山六愿、古黟胡士诏六愿、古黟王殿华六愿，以上各输钱贰千壹百陆拾文；

古黟胡仲和五愿、古黟汪致康五愿、古黟金寿康五愿、古黟余荣栖五愿、古黟胡慎斋五愿、海阳胡英俊五愿、古黟汪圣瑞五愿、古黟胡锡松五愿、古黟卢静山五愿、古黟汪砥臣五愿、古黟汪次卿五愿、古黟孙景道五愿、古黟叶育之五愿、海阳余利生五愿、古黟江敬伯五愿、古黟汪笏廷五愿、歙县蒋咏镛五愿、古黟胡竹仙五愿、古黟胡振声五愿、祁门汪凤宜五愿、古黟胡赞臣五愿、古黟吴退青五愿、古黟汪鹤年五愿、古黟范翚如五愿、古黟汪寿三五愿、古黟舒兰翘五愿、古黟李步洲五愿、古黟汪国荣五愿、古黟汪贤桂五愿、古黟胡筱园五愿、古黟汪庆余五愿、古黟舒晋卿五愿、古黟韩永棠五愿、海阳何振庭五愿、古黟余毓峰五愿、海阳吴士佳五愿、古黟叶克家五愿、海阳李守箴五愿、古黟舒寿昌五愿、海阳汪文光五愿、古黟叶惠卿五愿、海阳刘海元五愿、古黟汪星甫五愿、海阳李少阳五愿、古黟汪吉甫五愿、海阳查品良五愿、古黟汪荣甫五愿、海阳汪善卿五愿、古黟汪翰余五愿、海阳朱祺寿五愿、海阳程筱庭五愿、海阳程禹臣五愿、歙县许鸿文五愿、古黟史维珊五愿、古黟韩树立五愿、古黟汪坦如五愿、古黟胡嘉仪五愿、古黟黄锡藩五愿、古黟韩集予五愿、古黟汪兴埦五愿，以上各输钱壹千捌百文；

古黟黄又圭四愿、海阳汪罗仪四愿、古黟吴耀廷四愿、海阳俞诗舟四愿、海阳汪立根四愿、海阳汪秋樵四愿、海阳汪舜辅四愿、海阳陈竺林四愿、海阳程郁生四愿、海阳黄镜符四愿、古黟余腾甫四愿、歙县程立基四愿、古黟余德元四愿、歙县项善吾四愿、古黟舒殿扬四愿、歙县项云程四愿、古黟胡毓章四愿、古黟江凤梧四愿、古黟汪南屏四愿、古黟余芝庭四愿、古黟王廷章四愿、古黟胡燮廷四愿、古黟胡观海四愿、古黟史德达四愿、古黟汪锡侯四愿、古黟吴明信四愿，以上各输钱壹千肆百肆拾文；

古黟胡康侯三愿、古黟汪威甫三愿、古黟余佩文三愿、海阳汪灿庭三愿、古黟胡辅廷三愿、海阳程英峰三愿、古黟江声远三愿、海阳许如足三愿、古黟汪瑞生三愿、海阳汪殿臣三愿、古黟胡厚和三愿、海阳汪吉元三愿、古黟程子香三愿、海阳江济川三愿、古黟汪孟侯三愿、海阳王锡卿三愿、古黟汪宜甫三愿、海阳吴悦来三愿、古黟余永隆三愿、海阳吴仙洲三愿、古黟汪星垣三愿、海阳李保和三愿、古黟卢兆泰三愿、古黟吴连庆三愿、古黟查虞卿三愿、古黟孙美进三愿、古黟余际平三愿、古黟孙英翰三愿、古黟胡维新三愿、古黟韩翰卿三愿、古黟王永寿三愿、古黟韩锦铭三愿、古黟谢高松三愿、古黟黄荣桂三愿、古黟金左宜三愿、古黟谢丙荣三愿、古黟查舒氏三愿、古黟程泽甫三愿、古黟项培基三愿、古黟江从厚三愿、古黟黄植圃三愿、古黟苏玉田三愿、歙县吴润之三愿、古黟余汉漳三愿、歙县吴名芳三愿、古黟江兆丰三愿、歙县方来福三愿、古黟汪锦堂三愿、歙县项彭浩三愿、古黟姚吉云三愿、歙县曹纯甫三愿、古黟汪运周三愿、歙县项维义三愿、古黟胡心田三愿、古黟朱瑞庭三愿、古黟胡济龄三愿、古黟范明高三愿、古黟卢英玉三愿、古黟韩元明三愿、古黟汪慎余三愿、古黟谢祖荫三愿、古黟胡畅年三愿、古黟卢揩书三愿、古黟江毓芝三愿、古黟金维一三愿、海阳吴寿春三愿、古黟叶耀庭三愿、海阳汪吉言三愿、古黟王镜如三愿、古黟江希道三愿、古黟李芸山三愿、歙县胡宇洲三愿、古黟谢浦如三愿、婺源汪昌理三愿、古黟舒哲臣三愿、祁门胡子佩三愿、古黟江理和三愿、古黟胡蕴山三愿、古黟陈润轩三愿，以上各输钱壹千零捌拾文；

　　古黟胡福基二愿、古黟项荫吾二愿、古黟范融生二愿、古黟孙雨轩二愿、古黟江乃渊二愿、古黟孙鹤亭二愿、古黟江蔚文二愿、古黟汪葆丞二愿、古黟邵学本二愿、古黟余焕文二愿、古黟胡式庄二愿、古黟汪子衡二愿、古黟胡春园二愿、古黟汪慎思二愿、古黟黄景刘二愿、古黟余品三二愿、古黟孙明远二愿、古黟黄厚卿二愿、古黟汪武奎二愿、古黟胡朗亭二愿、古黟黄惇一二愿、古黟汪丹敷二愿、海阳陈香山二愿、古黟黄荷浦二愿、海阳陈锡元二愿、古黟胡礼庭二愿、海阳赵竹渔二愿、古黟何乔年二愿、海阳程治平二愿、古黟吴灶荣二愿、歙县朱梓馨二愿、古黟查裕庆二愿、古黟谢伟臣二愿、古黟查儒钊二愿、古黟黄雪涛二愿、古黟查儒龙二愿、古黟程新之二愿、婺源胡灶昌二愿、古黟胡昆耀二愿、婺源程焕兴二愿、古黟江德懋二愿、婺源叶锡藩二愿、祁门吴殿臣二愿、古黟汪瑞堂二愿、古黟韩朝五二愿、古黟江啸舒二愿、古黟金汝明二愿、歙县洪瑞芝二愿、古黟许耀宏二愿、古黟李笃诚二愿、古黟谢梦桃二愿、海阳黄衣言二愿、古黟余锡章二愿、海阳杨丽泽二愿、古黟余叶继二愿、古黟吴焕林二愿、古黟方梦良二愿、古黟汪慎旃二愿、古黟胡笃培二愿、婺源潘盛松二愿、古黟朱冠群二愿、古黟汪懋臣二愿、海阳程采南二愿、古黟吴炳林二愿、海阳汪钧廷二愿、古黟舒学文二愿、海阳汪福海二愿、古黟舒金文二愿、海阳许锡福二愿、古黟汪旭春二愿、海阳吴君辉二愿、古黟汪汉卿二愿、海阳程舜臣二愿、古黟叶焕廷二愿、海阳黄进杰二愿、古黟汪谷人二愿、海阳金嘉谷二愿、古黟汪丽生二愿、海阳黄亦臣二愿、古黟汪素行二愿、海阳潘寿镜二愿、古黟汪锦屏二愿、海阳程云生二愿、古黟汪泾廷二愿、海阳朱鉴秋二愿、古黟汪锡祺二愿、海阳汪炳章二愿、古黟汪承礼二愿、海阳李蓝甫二愿、古黟汪延喜二愿、海阳戴春泉二愿、古黟汪延寿二愿、古黟何在泉二愿、古黟姚炳炎二愿、古黟金友诚二愿、古黟叶锡卿二愿、古黟吴敬兴二愿、古黟叶少华二愿、古黟王亮畴二愿、古黟叶惠生二愿、古黟胡志夫二愿、古黟叶馥如二愿、古黟程吉祥二愿、古黟叶劼庄二愿、古黟韩树基二愿、古黟余社荣二愿、古黟朱声和二愿、古黟吴济川二愿、古黟查康寿二愿、古黟余显之二愿、古黟江晓书二愿、古黟舒懋和二愿、古黟胡晋卿二愿、古黟江福隆二愿、古黟金鼎新二愿、古黟江汉卿二愿、古黟胡丽生二愿、古黟谢梦璋二愿、古黟余松盈二愿、古黟胡锡福二愿、古黟胡志远二愿、古黟林良谟二愿、歙县胡恩榜二愿、古黟吴少亭二愿、歙县曹穉宣二愿、古黟金辅廷二愿、古黟汪星之二愿、古黟胡廷甫二愿、古黟汪无名二愿、古黟孙和轩二愿、古黟许炳翰二愿、古黟舒克柔二愿、古黟黄德余二愿、古黟舒有序二愿、歙县许言本二愿，以上各输钱柒百贰拾文；

古黟胡会卿一愿、古黟韩端魁一愿、古黟金寿全一愿、古黟程连平一愿、古黟金四达一愿、古黟胡康龄一愿、古黟江显贵一愿、古黟吴吉臣一愿、古黟范寿山一愿、古黟王耀堂一愿、古黟舒寿松一愿、古黟吴承涛一愿、古黟舒嘉济一愿、古黟孙励愚一愿、古黟汪寿春一愿、古黟胡宝钟一愿、古黟汪德松一愿、古黟何承禄一愿、古黟江伯卿一愿、古黟胡培龄一愿、古黟卢立锟一愿、古黟何炳祥一愿、古黟卢家泰一愿、古黟胡香如一愿、古黟卢延宜一愿、古黟黄书祥一愿、古黟江应藩一愿、古黟胡廷瑞一愿、古黟舒魁元一愿、古黟孙石泉一愿、古黟韩吉生一愿、古黟汪铁山一愿、古黟胡金元一愿、古黟范和甫一愿、古黟苏万钟一愿、古黟胡永康一愿、古黟卢友章一愿、古黟胡景文一愿、古黟何兴淑一愿、古黟汪松林一愿、古黟黄春生一愿、古黟胡士熙一愿、古黟程如松一愿、古黟程益成一愿、古黟江文侯一愿、古黟项天明一愿、海阳黄荣彬一愿、古黟胡步元一愿、海阳叶春华一愿、古黟胡祖佑一愿、海阳吴绪曾一愿、古黟胡余庆一愿、海阳程凤歧一愿、古黟胡丰年一愿、海阳黄仲耀一愿、古黟胡坤淦一愿、海阳程克昌一愿、古黟胡灶禄一愿、海阳徐玉堂一愿、古黟胡子钰一愿、海阳程云甫一愿、古黟胡尔修一愿、海阳程修伯一愿、古黟胡少盦一愿、海阳张天佑一愿、古黟胡学珪一愿、古黟金锡铭一愿、古黟韩云章一愿、古黟王锡爵一愿、古黟王观金一愿、古黟叶林章一愿、古黟黄丽生一愿、古黟查观佑一愿、古黟张松鳌一愿、古黟王全龄一愿、古黟朱润生一愿、古黟黄汝蓁一愿、古黟方祥魁一愿、古黟黄友昆一愿、古黟吴道山一愿、古黟查儒书一愿、古黟谢南樵一愿、古黟汪观乐一愿、古黟韩来富一愿、古黟汪保枝一愿、古黟李文远一愿、歙县吴济川一愿、古黟汪炳林一愿、歙县洪镐经一愿、古黟黄英卿一愿、婺源金天泽一愿、古黟余兴全一愿、婺源金灶开一愿、古黟韩灶玉一愿、古黟叶春华一愿、古黟韩诒安一愿、古黟查训庭一愿、古黟程叔和一愿、古黟吴罗成一愿、古黟汪炳全一愿、古黟方荫卿一愿、古黟李鉴泉一愿、古黟胡淘甫一愿、古黟汪朝仪一愿、古黟王希尧一愿、古黟吴柏魁一愿、古黟黄耀南一愿、古黟叶自明一愿、古黟孙荣辉一愿、古黟程茂良一愿、古黟李庆寿一愿、古黟杨延卿一愿、古黟汪永卿一愿、古黟汪怀之一愿、古黟程连青一愿、古黟汪日长一愿、古黟汪家兴一愿、古黟邱凤生一愿、古黟汪光铨一愿、古黟查锦荣一愿、古黟程益春一愿、古黟林星斋一愿、古黟吴景云一愿、古黟李学铃一愿、古黟程宗泽一愿、古黟叶祝颐一愿、古黟李丽川一愿、海阳吴子瑾一愿、古黟汪旺昌一愿、海阳汪景珊一愿、古黟金述先一愿、海阳汪腾芳一愿、古黟姚声远一愿、海阳王春九一愿、古黟汪长椿一愿、海阳胡寿芝一愿、古黟杨彩亭一愿、海阳汪起贵一愿、古黟汪福堂一愿、海阳程官松一愿、古黟韩耀堂一愿、绩溪程缵谟一愿、古黟汪承远一愿、绩溪曹裕季一愿、古黟杨筱斋一愿、祁门洪筱云一愿、海阳金维约一愿、古黟江松屏一愿、绩溪胡懋纲一愿、古黟江在中一愿、古黟胡选元一愿、古黟江炳年一愿、古黟胡朗庭一愿、古黟江大祥一愿、古黟胡菊泉一愿、古黟江鸿书一愿、古黟胡灶榜一愿、古黟江景星一愿、古黟胡廷卿一愿、古黟江兆俊一愿、古黟胡仲簏一愿、古黟江春生一愿、古黟胡樟桃一愿、古黟汪天佑一愿、古黟胡明亮一愿、古黟汪卓彬一愿、古黟李松年一愿、古黟汪维泉一愿、古黟黄长寿一愿、古黟汪怀珍一愿、古黟吴春第一愿、古黟韩良栋一愿、古黟吴朗泉一愿、古黟韩永平一愿、古黟吴顺之一愿、古黟韩金和一愿、古黟孙贻申一愿、古黟汪寿卿一愿、古黟叶魁泰一愿、古黟汪福贵一愿、古黟黄佑达一愿、古黟汪光祖一愿、古黟朱永基一愿、古黟汪丽川一愿、古黟孙文轩一愿、古黟汪逊轩一愿、古黟舒寿朋一愿、古黟叶金贵一愿、古黟吴锦堂一愿、古黟叶新春一愿、古黟舒蔼堂一愿、古黟吴文卿一愿、古黟谢仲棣一愿、古黟倪献珍一愿、古黟黄吉本一愿、古黟朱成义一愿、古黟余茂清一愿、古黟李翕如一愿、古黟舒炽康一愿、古黟查长寿一愿、古黟舒观礼一愿、古黟吴裕庭一愿、古黟舒长寿一愿、古黟李兴光一愿、古黟张观发一愿、古黟汪金宝一愿、古黟吴炽其一愿、海阳汪安吉一愿、古黟孙少岩一愿、古黟胡新云一愿、古黟项志宣一愿、古黟汪清寒一愿、古黟杨焕如一愿、古黟汪灶益一愿、古黟程秉文一愿古黟汪天林一愿、古黟叶圣征一愿、古黟方梦清一愿、古黟余元禧一愿、古黟胡戟门一愿、古黟余鸿全一愿、古黟程渭东一愿，以上各输钱叁百陆拾文；

古黟李金鳌，输钱贰百文；

古黟姚联保，输钱贰百文；

古黟舒长寿、海阳俞长佑、古黟汪朝麻、海阳胡连生、古黟胡锡安、海阳张凤江、古黟吴志藩、海阳汪应骙、古黟范英秀、古黟叶延福、古黟汪良端、古黟吴芹春、古黟汤有华、古黟王成贵、古黟朱维诚、古黟金守贤、古黟程进起、古黟孙竹斋、古黟江锡芳、古黟舒仁达、古黟江仕煌、古黟李福昆、古黟胡尚淮、古黟李仕昆、古黟史松九、古黟王万生、古黟倪文炳、古黟汪锡规、古黟汪树德、古黟范国瑞、古黟李兴茂、古黟吴长荫、古黟汪庆昌、古黟黄锡芝、古黟胡舜年、歙县郑春华、古黟汪必成、歙县许顺富、古黟吴鹤亭、祁门程从立、古黟查大成，以上各输钱壹百文。

共收愿钱捌百伍拾玖千伍百文。

甲辰诸茶栈善士经收各茶号茶箱捐总

　　祥泰昌，经收箱捐贰拾肆纹壹百叁拾贰两肆钱肆分伍厘内六十二两四钱四分伍厘由乙巳补收入来，归乙巳结算；

　　天保祥，经收箱捐贰拾肆纹壹百壹拾两零玖钱叁分伍厘；

　　永泰源，经收箱捐贰拾肆纹柒拾陆两伍钱陆分乙巳补收入来，归乙巳结算；

　　洪源永，经收箱捐贰拾肆纹柒拾伍两伍钱捌分；

　　森盛恒，经收箱捐贰拾肆纹陆拾陆两壹钱贰分伍厘乙巳补收入来，归乙巳结算；

　　公慎祥，经收箱捐贰拾肆纹肆拾陆两柒钱捌分贰厘；

　　谦顺安，经收箱捐贰拾肆纹贰拾两零捌钱玖分伍厘

　　恒昌隆，经收箱捐贰拾肆纹壹拾叁两叁钱伍分。

　　共收箱捐贰拾肆纹伍百肆拾贰两陆钱柒分贰厘除贰百零伍两壹钱叁分归乙巳册收。

甲辰支用账

支贰拾肆纹叁百叁拾玖两柒钱柒分陆厘，添造停枢所房间，查选庭经手；

支贰拾肆纹壹拾陆两陆钱柒分，刊堂中各板并刷票；

支贰拾肆纹贰两零捌分伍厘，补埠头具结县差费；

支贰拾肆纹壹拾贰两叁钱叁分贰厘，送黟县西溪枢壹具；

支贰拾肆纹贰两零捌分贰厘，亡人葬费；

支贰拾肆纹壹两柒钱，送枢下河力；

支贰拾肆纹柒两贰钱叁分肆厘，值年收愿钱五天中伙；

支贰拾肆纹捌钱贰分伍厘，完上、下忙钱粮；

支贰拾肆纹陆拾捌两捌钱肆分伍厘，送司事薪水。

共支贰拾肆纹肆百伍拾壹两伍钱肆分玖厘。

共收贰拾肆纹伍百肆拾贰两陆钱柒分贰厘除贰百零伍两壹钱叁分归乙巳册收；

共收愿钱捌百伍拾玖千伍百文升纹柒百陆拾肆两柒钱捌分叁厘。

二共收贰拾肆纹壹千壹百零贰两叁钱贰分伍厘。

除支结存运昌贰拾肆纹陆百伍拾两零柒钱柒分陆厘公议作四个半月息，按月八厘；

上年结存运昌贰拾肆纹贰千陆百玖拾两零肆钱壹分伍厘按月八厘；

二共收运昌息贰拾肆纹贰百捌拾壹两柒钱零玖厘。并息统结，净存运昌贰拾肆纹叁千陆百贰拾贰两玖钱乙巳凭公如数并入会馆。

乙巳并会馆款公议分存运昌、同顺、立大、庆昌隆、豫大、大盛起息。

乙巳一文愿零捐总　　大盛值年

古黟舒先庚四十愿，输钱壹拾肆千肆百文；

古黟汪廷魁三十五愿，输钱壹拾贰千零捌百文；

古黟胡仰圣三十愿，输钱壹拾千零捌百文；

海阳吴厚夫三十愿，输钱壹拾千零捌百文；

古黟舒相其二十六愿，输钱玖千叁百陆拾文；

古黟吴仲臣二十五愿，输钱玖千文；

古黟叶鉴泉二十五愿，输钱玖千文；

古黟吴新云二十五愿，输钱玖千文；

古黟李国松二十五愿，输钱玖千文；

古黟吴鳌峰二十愿、古黟汪丹善二十愿、古黟卢献廷二十愿、古黟胡聚泉二十愿、古黟胡葆真二十愿、古黟胡益三二十愿、古黟查选庭二十愿、古黟孙毓如二十愿、古黟叶配乾二十愿、古黟吴启钧二十愿、古黟叶炳坤二十愿、古黟吴启佑二十愿、古黟孙渐逵二十愿、古黟汪继善堂二十愿，以上各输钱柒千贰百文；

古黟叶茂和十六愿，输钱伍千柒百陆拾文；

古黟余南山十五愿、古黟王兰之十五愿、古黟胡岐山十五愿、古黟汪允贤十五愿、海阳许润章十五愿、海阳金景辉十五愿，以上各输钱伍千肆百文；

古黟韩克成十四愿，输钱伍千零肆拾文；

海阳黄殿臣十二愿，输钱肆千叁百贰拾文；

古黟孙昆生十愿、古黟孙明远十愿、海阳程继宾十愿、古黟胡伯安十愿、古黟胡质盦十愿、海阳吴渠卿十愿、古黟卢诚光十愿、歙县许玉田十愿、古黟胡志清十愿、古黟汪锦峰十愿、古黟胡采田十愿、古黟林体芳十愿、古黟胡国荣十愿、古黟万瑞庭十愿、古黟黄高纯十愿、古黟李晋康十愿、古黟余焕庭十愿、古黟李致祥十愿、古黟查振声十愿、古黟汪紫卿十愿、古黟汪寿亭十愿、古黟汪寿堂十愿、古黟孙选青十愿、古黟韩履之十愿、古黟胡友衡十愿，以上各输钱叁千陆百文；

古黟舒松林九愿，输钱叁千贰百肆拾文；

古黟王少白八愿、海阳余俊明八愿、古黟胡少卿八愿、歙县项惟贤八愿、海阳陈淦泉八愿、歙县朱子和八愿，以上各输钱贰千捌百捌拾文；

古黟胡涌泉七愿、海阳曹仲山七愿、古黟项笙远七愿、海阳何敬甫七愿，以上各输钱贰千伍百贰拾文；

古黟胡云浦六愿、古黟胡南辉六愿、古黟胡履祥六愿、古黟胡士诰六愿、古黟胡筱蓉六愿、古黟叶达衢六愿、古黟范霭如六愿、古黟汪寿山六愿、古黟项炽廷六愿、海阳余庭章六愿、祁门方鹤年六愿、古黟汪炳蔚六愿，以上各输钱贰千壹百陆拾文；

古黟胡慎斋五愿、古黟金寿康五愿、古黟胡仲和五愿、古黟叶惠卿五愿、古黟汪圣瑞五愿、古黟汪致康五愿、古黟卢静山五愿、古黟胡锡松五愿、古黟汪次卿五愿、古黟汪殿臣五愿、古黟卢仲年五愿、古黟叶育之五愿、古黟汪砥臣五愿、古黟江敬伯五愿、古黟孙景道五愿、歙县蒋咏镛五愿、古黟胡振声五愿、歙县许鸿文五愿、古黟胡赞臣五愿、古黟汪鹤年五愿、古黟胡灼香五愿、古黟江寿三五愿、古黟胡筱园五愿、古黟李步洲五愿、古黟胡嘉仪五愿、古黟汪笏廷五愿、古黟吴遐青五愿、古黟程际风五愿、古黟舒兰翘五愿、古黟查汉章五愿、古黟汪国荣五愿、海阳余利生五愿、古黟汪兴壎五愿、海阳程禹臣五愿、古黟韩元明五愿、古黟叶克家五愿、古黟舒晋卿五愿、古黟史维珊五愿、古黟舒寿昌五愿、古黟范翚如五愿、古黟汪星甫五愿、古黟汪坦如五愿、古黟汪吉甫五愿、古黟汪翰余五愿、古黟汪荣甫五愿、古黟汪文光五愿、海阳汪起贵五愿、海阳汪善卿五愿、海阳刘海元五愿、海阳朱祺寿五愿、海阳查品良五愿、海阳吴士佳五愿、海阳李少阳五愿、古黟韩树立五愿，以上各输钱壹千捌百文；

古黟黄又圭四愿、海阳汪舜辅四愿、古黟吴耀廷四愿、海阳汪立根四愿、古黟余德元四愿、海阳程郁生四愿、古黟汪南屏四愿、海阳汪秋樵四愿、古黟舒殿扬四愿、海阳陈赞廷四愿、古黟余腾甫四愿、古黟江凤梧四愿、古黟王廷章四愿、歙县程立基四愿、古黟胡观海四愿、歙县项云程四愿、古黟吴明信四愿、祁门卢季良四愿、古黟汪锡侯四愿、婺源郎裕昌四愿，以上各输钱壹千肆百肆拾文；

古黟胡康侯三愿、古黟程子香三愿、古黟汪威甫三愿、古黟江声远三愿、古黟胡辅廷三愿、古黟胡厚和三愿、古黟汪瑞生三愿、古黟汪孟侯三愿、古黟汪星垣三愿、海阳汪灿庭三愿、古黟余际平三愿、海阳汪吉元三愿、古黟卢兆泰三愿、海阳许如足三愿、古黟金左宜三愿、海阳江济川三愿、古黟胡维新三愿、海阳吴悦来三愿、古黟汪宜甫三愿、海阳吴仙洲三愿、古黟余永隆三愿、海阳吴寿春三愿、古黟查虞卿三愿、歙县吴润之三愿、古黟项培基三愿、古黟黄荣桂三愿、古黟黄植圃三愿、古黟韩翰卿三愿、古黟江从厚三愿、古黟谢祖荫三愿、古黟程泽甫三愿、古黟范明高三愿、古黟谢高松三愿、古黟李茂卿三愿、古黟郭明远三愿、古黟余汉漳三愿、古黟吴连庆三愿、古黟姚吉云三愿、古黟孙美进三愿、古黟江兆丰三愿、古黟孙英翰三愿、古黟汪锦堂三愿、古黟韩锦铭三愿、古黟胡心田三愿、古黟谢丙荣三愿、古黟胡济龄三愿、古黟朱瑞庭三愿、古黟余筱圃三愿、歙县胡宇洲三愿、古黟王镜如三愿、歙县曹纯甫三愿、古黟胡畅年三愿、歙县吴名芳三愿、古黟李芸山三愿、歙县胡恩榜三愿、古黟谢浦如三愿、歙县方来福三愿、古黟卢撺书三愿、歙县项彭浩三愿、古黟胡蕴山三愿、歙县项维乂三愿、古黟江毓芝三愿、古黟汪运周三愿、祁门胡子佩三愿、古黟江希道三愿、婺源汪昌理三愿、古黟汪慎余三愿、古黟查舒氏三愿、古黟江理和三愿，以上各输钱壹千零捌拾文；

古黟项荫吾二愿、古黟胡春园二愿、古黟范融生二愿、古黟黄景刘二愿、古黟胡灶明二愿、古黟孙明远二愿、古黟江乃渊二愿、古黟黄惇一二愿、古黟胡福基二愿、古黟汪保丞二愿、古黟江蔚文二愿、古黟汪武奎二愿、古黟邵学本二愿、古黟孙雨轩二愿、古黟舒懋和二愿、古黟舒尔颜二愿、古黟吴筱云二愿、古黟余焕文二愿、海阳程采南二愿、海阳黄亦臣二愿、海阳汪钧廷二愿、海阳汪必成二愿、海阳陈锡元二愿、海阳程治平二愿、海阳吴君辉二愿、海阳赵竹渔二愿、海阳黄进杰二愿、海阳巴颂周二愿、海阳金嘉谷二愿、古黟汪子衡二愿、海阳戴慎余二愿、古黟汪慎思二愿、海阳程舜臣二愿、古黟汪丹敷二愿、海阳程云生二愿、古黟余品三二愿、海阳潘寿镜二愿、古黟程新之二愿、古黟胡昆耀二愿、婺源程焕兴二愿、古黟胡朗亭二愿、婺源叶锡藩二愿、古黟胡礼庭二愿、祁门吴殿臣二愿、古黟胡名扬二愿、歙县朱梓馨二愿、古黟胡志夫二愿、古黟何乔年二愿、古黟胡志远二愿、古黟吴焕林二愿、古黟胡焕庭二愿、古黟叶咸亨二愿、古黟胡晋卿二愿、古黟江德懋二愿、古黟胡锡福二愿、古黟江啸舒二愿、婺源胡灶昌二愿、古黟朱冠群二愿、古黟谢伟臣二愿、古黟金励卿二愿、古黟黄雪涛二愿、古黟舒学文二愿、古黟黄荷浦二愿、古黟舒金文二愿、古黟许耀宏二愿、古黟汪素行二愿、古黟汪瑞堂二愿、古黟汪旭春二愿、古黟余锡章二愿、古黟汪汉卿二愿、古黟谢梦桃二愿、古黟汪谷人二愿、古黟查裕庆二愿、古黟汪锦屏二愿、古黟查儒钊二愿、古黟汪泾廷二愿、古黟查儒龙二愿、古黟汪延喜二愿、古黟程宗泽二愿、古黟吴敬兴二愿、古黟王亮畴二愿、古黟孙景富二愿、古黟韩树基二愿、古黟朱声和二愿、古黟叶惠生二愿、古黟孙文轩二愿、古黟吴济川二愿、古黟江晓书二愿、古黟程芹芬二愿、古黟叶秀峰二愿、古黟姚炳炎二愿、古黟程燮臣二愿、古黟汪锡祺二愿、古黟余社荣二愿、古黟汪承礼二愿、古黟叶馥如二愿、古黟金鼎新二愿、古黟汪延寿二愿、古黟江汉卿二愿、古黟叶焕亭二愿、古黟李笃诚二愿、古黟孙凤斋二愿、古黟程吉祥二愿、古黟汪丽生二愿、古黟舒以泉二愿、古黟林良谟二愿、古黟金友诚二愿、古黟叶椿茂二愿、古黟程叔和二愿、古黟汪无名二愿、歙县曹稊宣二愿、古黟舒有序二愿、歙县洪瑞芝二愿、海阳黄衣言二愿、古黟何在泉二愿，以上各输钱柒百贰拾文；

古黟胡会卿一愿、古黟金四达一愿、古黟韩端魁一愿、古黟何承禄一愿、古黟程连平一愿、古黟江伯卿一愿、古黟胡康龄一愿、古黟汪寿春一愿、古黟江显贵一愿、古黟舒嘉济一愿、古黟范寿山一愿、古黟吴吉臣一愿、古黟舒寿松一愿、古黟汪德松一愿、古黟王耀堂一愿、古黟卢立锟一愿、古黟孙励愚一愿、古黟卢家泰一愿、古黟胡宝钟一愿、古黟卢延宜一愿、古黟胡培龄一愿、古黟吴炳琳一愿、古黟何炳祥一愿、古黟项罗高一愿、古黟胡香如一愿、古黟项天明一愿、古黟胡树田一愿、古黟韩吉生一愿、古黟胡金元一愿、古黟程如松一愿、古黟胡廷瑞一愿、古黟孙石泉一愿、古黟胡永康一愿、古黟余开贺一愿、古黟胡步元一愿、古黟何兴淑一愿、古黟胡景文一愿、古黟查鸿照一愿、古黟胡士熙一愿、古黟江应藩一愿、古黟胡祖佑一愿、古黟王锡爵一愿、古黟胡余庆一愿、古黟程益成一愿、古黟黄春生一愿、古黟叶林章一愿、古黟黄书祥一愿、古黟查观佑一愿、古黟江文侯一愿、歙县吴济川一愿、古黟余耀远一愿、古黟王全龄一愿、古黟汪铁山一愿、古黟黄汝荟一愿、古黟范和甫一愿、古黟孙开济一愿、古黟汪松龄一愿、古黟黄友昆一愿、古黟金锡铭一愿、古黟叶寿山一愿、海阳黄荣彬一愿、古黟韩来富一愿、海阳黄仲耀一愿、古黟李文达一愿、海阳程凤岐一愿、古黟查训庭一愿、海阳朱维诚一愿、古黟叶春华一愿、海阳俞长佑一愿、古黟吴罗成一愿、海阳俞顺金一愿、古黟方荫卿一愿、海阳程云甫一愿、古黟汪鉴湖一愿、海阳金维约一愿、古黟张松鳌一愿、海阳金凤江一愿、古黟朱润生一愿、海阳汪景珊一愿、古黟王希尧一愿、海阳李新丁一愿、古黟黄英卿一愿、海阳吴楚侯一愿、古黟谢南樵一愿、海阳胡寿芝一愿、古黟查儒书一愿、海阳俞佩堂一愿、古黟余兴全一愿、海阳洪少兰一愿、古黟汪炳全一愿、海阳汪腾芳一愿、古黟李鉴泉一愿、海阳朱寿珊一愿、古黟汪炳林一愿、祁门洪筱云一愿、古黟韩灶玉一愿、绩溪曹裕季一愿、古黟韩诒安一愿、绩溪胡懋纲一愿、古黟郭明德一愿、古黟黄耀南一愿、古黟许兴发一愿、古黟查载光一愿、古黟王子杰一愿、古黟汪永卿一愿、古黟胡厚卿一愿、古黟程连青一愿、古黟叶自明一愿、古黟程益春一愿、古黟叶祝颐一愿、古黟胡子钰一愿、古黟程茂良一愿、古黟程耀钟一愿、古黟李庆寿一愿、古黟金述先一愿、古黟吴景云一愿、古黟胡尔修一愿、古黟邱凤生一愿、古黟姚声远一愿、古黟查锦云一愿、古黟李福昆一愿、古黟汪天佑一愿、古黟叶魁泰一愿、古黟胡灶榜一愿、古黟杨彩亭一愿、古黟汪延喜一愿、古黟汪福堂一愿、古黟汪承远一愿、古黟韩耀堂一愿、古黟杨筱斋一愿、古黟胡少盦一愿、古黟胡朗庭一愿、古黟胡选元一愿、古黟李松年一愿、古黟汪维泉一愿、古黟黄长寿一愿、古黟吴朗泉一愿、古黟韩永平一愿、古黟江松屏一愿、古黟吴顺之一愿、古黟韩金和一愿、古黟黄佑达一愿、古黟汪怀珍一愿、古黟朱永基一愿、古黟汪开元一愿、古黟杨焕如一愿、古黟吴芹春一愿、古黟汪寿卿一愿、古黟汪炳章一愿、古黟汪福贵一愿、古黟汪春鸿一愿、古黟汪逊轩一愿、古黟舒仁达一愿、古黟汪丽川一愿、古黟吴锦堂一愿、古黟叶新春一愿、古黟叶金贵一愿、古黟谢仲棣一愿、古黟舒炽康一愿、古黟汪积善一愿、古黟叶国远一愿、古黟张观发一愿、古黟舒蔼堂一愿、古黟朱成义一愿、古黟江大祥一愿、古黟李翕如一愿、古黟余茂清一愿、古黟奚竹慈一愿、古黟舒观礼一愿、古黟查长寿一愿、古黟吴少记一愿、古黟吴裕庭一愿、古黟江朝仪一愿、古黟胡仲篪一愿、古黟查大高一愿、古黟胡樟桃一愿、古黟江鸿书一愿、古黟胡明亮一愿、古黟江景星一愿、古黟江兆俊一愿、古黟倪献珍一愿、古黟汪天林一愿、古黟汪灶益一愿、古黟吴灿文一愿、古黟汪笃舫一愿、古黟叶灶生一愿、古黟汪积之一愿、古黟史德生一愿、古黟史德达一愿、古黟吴水金一愿、古黟叶炳炎一愿、古黟汪金宝一愿、古黟项志宣一愿、古黟汪清寒一愿、古黟陈友廷一愿、古黟胡戟门一愿、古黟叶圣征一愿、古黟余鸿全一愿、古黟江春生一愿、古黟余元禧一愿、古黟胡晋卿一愿、古黟方祥魁一愿、古黟吴道山一愿、婺源汪香九一愿、古黟程渭东一愿、歙县洪缟经一愿，以上各输钱叁百陆拾文；

歙县胡信夫，输钱壹千文；

古黟姚联保，输钱贰百文；

古黟舒长寿、海阳程进起、古黟胡锡安、海阳程叔英、古黟吴志藩、海阳汪祯祥、古黟范英秀、海阳黄定祥、古黟汪良端、海阳胡连生、古黟江锡芳、海阳汪应骎、古黟汪邦华、海阳舒桃记、古黟韩国宝、歙县朱发祥、古黟孙竹斋、歙县朱荣生、古黟李利川、歙县许顺富、古黟李兴茂、歙县郑春华、古黟汪树德、祁门程从立、古黟叶延福、古黟范国瑞、古黟王成贵、古黟黄锡芝、古黟史松九、古黟王万生、古黟胡尚淮、古黟李士昆、古黟汪锡规、古黟汪庆昌、古黟吴长荫、古黟余富海、古黟胡舜年，以上各输钱壹百文。

共收愿钱柒百伍拾壹千壹百捌拾文。

乙巳诸茶栈善士经收茶箱捐总

祥泰昌，经收贰拾肆纹壹百贰拾贰两陆钱柒分伍厘；

洪源永，经收贰拾肆纹捌拾柒两肆钱陆分；

天保祥，经收贰拾肆纹捌拾肆两壹钱肆分；

森盛恒，经收贰拾肆纹柒拾贰两玖钱壹分；

永泰源，经收贰拾肆纹柒拾壹两壹钱陆分；

公慎祥，经收贰拾肆纹肆拾陆两柒钱零肆厘；

谦顺安，经收贰拾肆纹壹拾捌两肆钱肆分肆厘。

共收箱捐贰拾肆纹伍百零叁两肆钱玖分叁厘。

补收上年森盛恒、祥泰昌、永泰源三栈箱捐贰拾肆纹共贰百零伍两壹钱叁分已拨入甲辰册。

乙巳支用账

支贰拾肆纹陆钱壹分贰厘，刷收茶捐条簿；
支贰拾肆纹壹拾贰两陆钱陆分陆厘，送休宁东乡龙湾柩一具；
支贰拾肆纹壹拾叁两贰钱叁分柒厘贰毫，送黟县北乡胡村柩一具；
支贰拾肆纹壹拾叁两贰钱叁分柒厘贰毫，送黟县北乡胡村柩一具；
支贰拾肆纹壹拾贰两贰钱肆分壹厘，送休宁东乡万安街柩一具；
支贰拾肆纹壹拾贰两玖钱陆分捌厘，送婺源北乡坑口柩一具；
支贰拾肆纹壹拾贰两玖钱陆分捌厘，送婺源北乡龙廷村柩一具；
支贰拾肆纹壹拾贰两玖钱陆分捌厘，送婺源东乡李坑柩一具；
支贰拾肆纹壹拾贰两玖钱陆分捌厘，送婺源北乡坑口柩一具；
支贰拾肆纹壹拾两零玖钱捌分捌厘，送柩下河夫力；
支贰拾肆纹伍钱肆分玖厘，八柩出堂销号费；
支贰拾肆纹壹拾陆两叁钱玖分贰厘，送各柩葬费；
支贰拾肆纹壹拾贰两壹钱肆分陆厘，盂兰会；
支贰拾肆纹陆钱肆分伍厘，完上、下忙粮；
支贰拾肆纹肆拾玖两玖钱陆分柒厘，碎石四十二船并起力；
支贰拾肆纹壹拾捌两肆钱玖分肆厘，沙土十二船并起力；
支贰拾肆纹叁拾陆两柒钱叁分，付石匠铺笃谊堂前地；
支贰拾肆纹叁拾壹两陆钱肆分，付砖匠砖瓦石灰并工；
支贰拾肆纹玖两玖钱玖分叁厘，买瓦；
支贰拾肆纹陆两零陆厘，修堂前路；
支贰拾肆纹壹拾伍两捌钱陆分伍厘，砖匠工；
支贰拾肆纹玖钱陆分贰厘，木匠工；
支贰拾肆纹玖钱伍分捌厘，笃谊堂零用；
支贰拾肆纹陆拾捌两贰钱壹分贰厘，司事薪水。
共支贰拾肆纹叁百捌拾叁两肆钱壹分贰厘。
本年共收愿钱柒百伍拾壹千壹百捌拾文升纹肆百玖拾玖两玖钱叁分叁厘；
本年共收箱捐贰拾肆纹伍百零叁两肆钱玖分叁厘另贰百零伍两壹钱叁分补收上年箱捐；
二共收贰拾肆纹壹千贰百零捌两伍钱伍分柒厘。
除支贰拾肆纹叁百捌拾叁两肆钱壹分贰厘；

两抵结存大盛贰拾肆纹捌百贰拾伍两壹钱肆分伍厘公议作四个半月息，按月八厘。

收大盛息贰拾肆纹贰拾玖两柒钱零伍厘；

并息统结，计存大盛贰拾肆纹捌百伍拾肆两捌钱伍分丙午正月二十日凭公如数并入会馆。

上年并存会馆贰拾肆纹叁千陆百贰拾贰两玖钱应收息纹叁百肆拾柒两柒钱玖分捌厘；

通共结存会馆贰拾肆纹肆千捌百贰拾伍两伍钱肆分捌厘。

丙午并会馆款公议分存庆昌隆、同顺、运昌、立大、豫大、大盛、成大起息。

丙午诸茶栈善士经收茶箱捐总 愿捐停收，运昌值年

新隆泰，经收箱捐贰拾肆纹壹百叁拾肆两玖钱肆分伍厘；

洪源永，经收箱捐贰拾肆纹捌拾柒两叁钱玖分；

天保祥，经收箱捐贰拾肆纹陆拾捌两捌钱壹分；

永泰源，经收箱捐贰拾肆纹陆拾贰两玖钱贰分；

森盛恒，经收箱捐贰拾肆纹陆拾贰两捌钱陆分伍厘；

公慎祥，经收箱捐贰拾肆纹伍拾伍两玖钱肆分陆厘；

谦顺安，经收箱捐贰拾肆纹捌两陆钱陆分伍厘。

共收箱捐贰拾肆纹肆百捌拾壹两伍钱伍分壹厘，补收乙巳愿钱陆千玖百肆拾文，升纹肆两贰钱陆分捌厘。

丙午支用账

支贰拾肆纹壹拾陆两陆钱柒分玖厘，送婺源城内何振翘枢一具；

支贰拾肆纹壹拾贰两叁钱贰分叁厘，送黟县北乡余定臣枢一具；

支贰拾肆纹捌两叁钱柒分伍厘，送黟县西乡孙美冠枢一具；

支贰拾肆纹捌两叁钱柒分伍厘，送黟县西乡孙时卿枢一具；

支贰拾肆纹玖两伍钱陆分柒厘，送休宁南乡陈华卿枢一具；

支贰拾肆纹陆两零肆分叁厘，扛枢下河力；

支贰拾肆纹叁钱零贰厘，堂销号费；

支贰拾肆纹玖钱玖分柒厘，扎棺绳索；

支贰拾肆纹陆钱零肆厘，扎棺夫力；

支贰拾肆纹贰两肆钱伍分叁厘，送伍枢锡箔香纸；

支贰拾肆纹伍钱捌分捌厘，账簿并议单纸；

支贰拾肆纹贰两叁钱伍分叁厘，笃谊堂修理；

支贰拾肆纹陆钱肆分伍厘，停枢所检漏；

支贰拾肆纹壹拾壹两捌钱壹分肆厘，盂兰会杂用；

支贰拾肆纹壹拾壹两零叁钱零伍厘，赠五枢葬费；

支贰拾肆纹柒钱，完上、下忙地粮；

支贰拾肆纹玖分柒厘，造征信录草簿；

支贰拾肆纹陆拾玖两捌钱贰分，司事薪水。

共支贰拾肆纹壹百陆拾贰两零肆分。

本年共收贰拾肆纹肆百捌拾伍两捌钱壹分玖厘。

除支结存运昌贰拾肆纹叁百贰拾叁两柒钱柒分玖厘公议作四个半月算息，按月八厘；

收运昌息贰拾肆纹壹拾壹两陆钱伍分陆厘并息结存运昌贰拾肆纹叁百叁拾伍两肆钱叁分伍厘，丁未正月二十日凭公如数并入会馆；

上年并入会馆贰拾肆纹肆千捌百贰拾伍两伍钱肆分捌厘计息纹肆百陆拾叁两贰钱伍分叁厘；

通共统结，净存会馆贰拾肆纹伍千陆百贰拾肆两贰钱叁分陆厘。

丁未并会馆款公议分存庆昌隆、同顺、运昌、立大、豫大、大盛、益隆祥起息。

重建新安会馆征信录

清汪廷栋等编辑
清光绪三十二年（1906）刻本

目　录

叙···1022

公牍录···1023

图说录···1025

碑记录···1026

馆规录···1031

器具录···1033

收支录···1034

重建新安会馆征信录跋···1041

叙

　　金陵马府街旧有新安会馆一所，咸丰初，寇犯金陵，馆遂毁，翳于榛莽者五十余年矣。歙邑汪芸浦观察精堪舆营造之学，屡过其区，顾而惜之，以为馆基实占胜地，何可令其久废？遂于去夏谋诸郡人士之商宦于金陵者，议复旧观，众皆欢然，并函告外埠同乡。期年得募金三千数百两，成正屋十五间，然占原馆基尚未及三分之一也，因款绌暂止。观察乃手定规条十余事以告来者后之人遵而行之。引其端而竟其绪，是则观察之所深许，而亦郡人士所同深跂望者也。爰书数言，以志缘起。

　　光绪三十一年嘉平月，休邑宁本瑜谨叙。

公牍录

递保甲总局禀一件

具禀布政使衔、江苏候补道张铭坚，二品顶戴、江苏候补道程国熙，二品顶戴、广西补用道程桓生，江苏候补知府柯铭，直隶州衔、江宁北捕查盐通判陈兆荣，补用知府、江苏候补知州程遵道，江苏候补通判孙廷骤，江苏升用知州、候补布政司理问单鸿猷，即补同知、直隶州知州、江苏补用知县周绍斌，同知衔、江苏候补知县王恩培，内阁中书衔、选用直隶知州王枚吉，前颍州府蒙城县教谕王忠，助教衔、即选州学正汪士珍，安徽试用教谕黄士学，江苏试用县丞郑城，五品蓝翎、候选县丞王家谟，前署当涂县训导汪光烈，奎文阁典籍洪福，咨补宜兴县下邾司巡检程恩绶，江苏候补巡检郑白奇，守备衔、两江督标中营候补千总程征三，候选从九吴肇龄，从九品衔宋厚、汪开增、朱梓、詹纺、黄臻林、吴锡安、胡德泉，优贡生汪宗沂，廪贡生章洪纲，附贡生许国桢、胡耀，兼袭云骑尉附生王鉴，附生程仁藻，耆民汪槐森等，禀为公吁勘验给照管业事。

窃职道等籍隶安徽徽州府，向有新安会馆房屋一所，坐落上元县治东北二段马府街地方，计门面十三号，共四进、天井四方、后院一区，前至官衔、后至马府塘沿、东至李姓、西至杨姓屋宇。前遭兵燹，仅遗空基，所有契据均遭遗失。今清出周围老墙脚，凭官尺丈量，计前阔十六丈一尺、后阔十四丈八尺、东边长十六丈、西边长十六丈七尺，理合照章禀认。查东邻李姓业主未回，兹取具西邻杨姓保结，呈请鉴核。公吁饬勘明晰，发给执照，以凭管业，实为公便。上禀。

计呈邻结一纸。

总办金陵保甲总局江苏即补道刘案下施行。

光绪二年五月 日。

杨姓邻结一纸

具邻佑保结杨长庆，今于与保结事实，结到局宪大人台下。窃身邻人新安会馆坐落上元县东北二段马府街地方，计门面十三号，四进，天井、后院俱全，前至官街、后至马府塘沿、东至李姓交界、西至身屋交界。屋遭贼毁，只剩空基，身眼同清出周围老墙角，凭官尺量，前阔十六丈一尺、后阔十四丈八尺、东边长十六丈、西边长十六丈七尺。该绅士等公同禀认。身理合出结，所具保结是实。

光绪二年十月 日，具邻佑保结杨长庆。

递保甲总局禀一件

具禀各衔名同上。

禀为公吁勘明给照饬县立案示禁事。

窃职道等籍隶安徽徽州府，缘新安会馆向有嘉会堂义冢地一区，坐落上元县北平仓地方萨真道院毗连，前至塘、后至大路、东西各有嘉会堂老界。地内旧冢垒垒，墓碑犹有存者。计地面东至西三十七丈五尺，南至北十一丈五尺，旧有围墙，其入墓之路阔四丈、长五丈。萨真道院内向有房屋，为看守役居住。所有契据前遭兵燹无存，理合查明，呈请饬勘明晰、发给执照，以凭管业。并恳赏示永禁侵害，饬交上元县一体立案出示，以慰幽潜，实为公便。上禀。

总办金陵保甲总局江苏即补道刘案下施行。

光绪二年五月　日。

道士保结一纸

具保结朝天宫道士邰修梅，今于与保结事实。结得新安会馆嘉会堂义冢地系身家旧业，四至无误，旧界俱存，毗连皆身家之业，身眼同委董勘明，所具保结是实。

光绪二年闰五月　日，具邻佑保结邰修梅。

执照

江宁善后总局，为给发执照事。今据　省　府　县人新安会馆呈明，城内东北十二甲马府街朝南有旧存房基肆进拾叁号，经保甲局委员履勘明确，原契实系被乱遗失，取具该民人，如敢冒认，愿甘治罪，切结存卷，合行给照。为此，照给收执，准其暂行管业，两年以内不准转典转售。如承领之后另有真业主出来呈明确据，即将在前具结冒领之人枷号两个月，充军四千里，以示严惩，决不宽贷。须至执照者。

右照给新安会馆收执。

光绪二年六月　日给。

义地执照

江宁善后总局，为给发执照事。今据　省　府　县人新安会馆呈明，城内北平仓东北十五甲有嘉会堂义地，经保甲局委员履勘明确，原契实系被乱遗失，取具该民人，如敢冒认，愿甘治罪，切结存卷，合行给照。为此，照给收执，准其暂行管业，两年以内不准转典转售。如承领之后另有真业主出来呈明确据，即将在前具结冒领之人枷号两个月，充军四千里，以示严惩，决不宽贷。须至执照者。

计东西叁拾柒丈伍尺，

南北拾壹丈伍尺，

基地长伍丈、宽肆丈。

右照给新安会馆嘉会堂收执。

光绪二年六月　日给。

总局

图说录

（图略）坐落金陵马府街，原立壬丙偏子午，因为匠工之误，故改坐癸丁偏子午。

基址原形（图略）

基址图说：查地形最忌前宽后窄，谓之虎头蛇尾，居之不利。今将前面西角截去二丈六尺不用，只用宽十六丈九尺作为南面基址。其北面沿塘基址亦按十六丈九尺为则，仍余一丈二尺作为空地，另盖披屋、厕所、车棚、轿棚各三间。其前面作小屋三间，以备看馆人居住。则正屋端整而空地亦有取用矣。

正馆屋格（图略）

东西宽六丈四尺，南北深十七丈八尺。

正中会馆，前后均宽六丈四尺，南北深十七丈八尺。建屋五层，头门、轿厅、大厅均三明两暗四层，船厅三间，左小厨房，右小厕所，五层河厅五间，东西两厢房各三间。墙外留隙地，东边三尺为堆柴之地，西边四尺为下塘出路，边开小门以便横出西院之路，亦因地制宜之意也。所以丈尺不同者，碍于对门之屋，必如此方为两无妨碍，又可前朝天阙、后倚钟山、左有雨花台之龙、右有朝天宫之砂，两旁夹护，局面堂皇，气象端整，世称此处为金陵适中之地，信不诬也。

东馆屋格（图略）

东西宽四丈八尺，南北深十七丈八尺。

正馆之东地形，东西宽四丈八尺，南北深十七丈八尺，拟作正屋五层，层各三间，前三层均作走廊，后两层各作厢房。左边另作偏院，亦起五层，前开耳门，次作客坐，中作厨房，后作偏房。最后留空院以备晾衣之用。可为公馆出租，以为岁时祭祀修理之费，甚盛事也。绌于经费，留待后人。

西馆屋格（图略）

东西宽五丈七尺，南北深十七丈八尺。

馆之西尚有屋基一片，南北深与正馆同，东西宽五丈七尺，拟作正屋五层，头门开左角倒坐三间客房，一间二层轿厅，三四层上房均各三间，上房西边套房各一间，第五层上房五间，厢房两间，大门内另有巷路一道，巷之东作门房二间，大小厨房三间，后留空院，院之西开一小门，以通院外之厕所及下塘之路，可称便捷。亦因费绌，姑俟异日。

碑记录

金陵马府街旧有新安会馆，毁于兵，四十年未能兴复。光绪甲辰夏，予因公过其地，惜之，爰集同乡公议重建。本处人少力薄，又借助于他山，幸赖各埠同乡咸念桑梓，解囊相助。经始于甲辰十月，初竣工于乙巳腊月。杪造成正屋三层，层各五间面南，又西院外小屋三楹面东，共费白金肆千壹百陆拾叁两壹钱，共捐白金叁千陆百伍拾捌两有奇，不足则称贷以益之。既成，因纪其事。至左右两旁地址可各建屋五层以备出租，作岁修之费，则待强有力者为之，予不敏，有厚望焉。

光绪三十一年十二月谷旦，古歙汪廷栋谨识并书，时年七十有六。

计开芳名于后

金陵省城

汪廷栋，捐洋壹百元；

吴祖梅，捐洋捌拾元；

汪嘉棠，捐洋壹百元；

吴廷桂、宋思铨各捐洋伍拾元；

汪　锦，捐洋叁拾元；

程达华、汪以和，各捐洋贰拾元；

巴光鸿、许世华、汪士莼、许恩藻、宋成镛、范俊榤、汪润南，各捐洋拾元；

叶培农、宋成钰、宋成忠、洪　儒，各捐洋伍元。

以上歙县十九名，共捐洋伍百肆拾元。

宁本瑜、黄恩焕、梁登仕，各捐洋壹百元；

汪　璋，捐洋捌拾元；

梁登仕，续捐洋伍拾元；

黄君佐、汪方川、施润芳、张莘伍，各捐洋拾元；

黄丙炎、朱燮卿、汪以和、吴子方，各捐洋伍元；

黄士美，捐洋肆元；

程郎廷、汪润生、吴绣菴、吴勤甫、俞步瀛、吴子延、黄敏章，各捐洋叁元；

黄步瀛、吴继业、陈德贵、戴斌如、黄文龙、吴大寿、朱成爵、胡见思，各捐洋贰元；

汪景运、黄廷庆、程俊生、吴汪记、黄廷芳、程馥卿、章安祥、汪春荣、施秋田、汪惟善、张伯俊、智甫记，各捐洋壹元。

　　以上休宁四十名，共捐洋肆百肆拾叁元。

　　江忠沆，捐银壹百两；

　　汪宜钧，捐洋贰元。

（以上）婺源

　　孙茂德，捐洋壹百元；

　　程西卿，捐洋伍拾元；

　　潘永清，捐规银伍拾两，合洋陆拾捌元贰角；

　　王竹圃，捐洋陆拾元；

　　舒芷庭，捐洋肆拾元。

　　以上黟县五名，共捐洋叁佰拾捌元贰角。

　　祁门试馆，捐银壹百两；

　　张汝钧，捐洋壹百元；

　　胡廷琛，捐洋肆拾元；

　　张希贤堂，捐洋贰拾元；

　　洪述轩捐洋拾元。

　　以上祁门五名，共捐银壹百两、洋壹百柒拾元。

　　邵作宾，捐洋伍拾元；

　　胡位周、胡文骕、曹作云、周汝翔、胡开文利记，各捐洋拾元；

　　胡正泰，捐洋伍元；

　　胡爱棠、胡步洲，各捐洋陆元；

　　胡家淇，捐洋肆元；

　　周懋第，捐洋叁元；

　　曹登瀛、曹秉成、胡祥谦、张增泰、方建鸿，各捐洋贰元；

　　胡玉珊捐洋壹元。

　　以上绩溪十六名，共捐洋壹百叁拾伍元。

　　统计金陵省城，共捐曹平银贰百两、规银伍拾两、洋壹千肆百零玖元。

上海

　　洪伟臣、洪立生、汪峻于、黄雪香、公慎祥茶栈、洪承义堂、洪务本堂、章存德堂，各捐洋壹百元；

　　程德润堂，捐洋叁百元；

　　许介甫、程锦章、胜和成茶号、洪源永茶栈、洪希甫、益和庄、吴俊德、许用卿、永泰源茶栈，各捐洋伍拾元；

万康庄、致祥庄，各捐洋叁拾元；

洪裕大茶号、裕昌馨茶号、同裕昌茶号、张永兴茶号、江述记、恒盛祥茶号、孙慕之、胡哲明、金焕堂，各捐洋贰拾元；

程四箴堂，捐洋叁拾元；

吴心记、潘仁记、潘礼卿、吴华堂、吴寿山、金菊蕃、汪征元、单成德堂、吴肇泰、汪裕泰、公义油栈、瑞生和、曹永茂，各捐洋拾元；

大有茶号、生生泰、李源盛、胡焕章、胡吉之、聚乐园、醉白园、聚和园、汪元复春、曹素功尧记、鼎新楼、聚宾园，各捐洋伍元；

大醵楼、晋泰、五凤楼、畅乐园、大兴园、天乐园、鼎丰园、聚福园、九华园、聚元楼、同乐园、其萃楼，各捐洋叁元；

德元楼、同义，各捐洋贰元。

以上沪埠六十七名、号，共捐洋贰千零伍拾元。

南通州

程叠庆堂，捐洋壹百陆拾元；

毕秀章、毕功甫，捐洋壹百元；

张静甫，捐洋陆拾元；

戴云崖，捐洋伍拾元；

俞介甫、吴琴堂、程尔昭、章维善，各捐洋肆拾元；

黄攀桂、汪重卿、汪晋升，各捐洋贰拾元；

海门新安会馆，捐洋贰拾元。

以上通州十二名、号，共捐洋陆百拾元。

扬州

朱敦厚堂，捐银壹百两；

汪凝远堂、吴公生谦、吴勤贻堂、许慎修堂，各捐洋贰拾元；

许有章、洪敦朴堂、程厚德堂，各捐洋拾元；

许静夫，捐洋捌元；

胡以修、吴沛庭，各捐京平银肆两柒钱，共合曹平银玖两贰分肆厘；

徐卓卿，捐洋陆元；

祁筠亭、罗善甫，各捐洋伍元；

潘树甘、潘掌文、程汇新、何仲平，各捐洋肆元；

宋春翔、罗凌轩、王范吾、汪钧堂，各捐洋贰元；

汪昌麟，捐洋贰元。

以上扬州二十三名，共捐银壹百玖两贰分肆厘、洋壹百伍拾贰元。

东台

洪筱之、方谦泰、程澄叙、程祖颐，各捐洋肆元；

程楫川、黄梓山、易仲翔、巴雨田、巴子晋、吴尧封、汪宝华，各捐洋贰元；

洪子言、洪芷轩、毕南轩、鲍实夫、鲍序生，各捐洋壹元；

汪聘儒、鲍钟五，各捐洋拾元；

鲍伯明，捐洋陆元；

许金门、程养吾，各捐洋肆元；

刘蓬仙、汪静臣、洪竹铭、吴趾卿，各捐洋叁元；

徐桐君，捐洋壹元；

鲍锡余、江逢春，各捐洋壹元。

以上东台二十七名，共捐洋捌拾贰元。

芜湖

新安会馆，捐洋叁百元；

如皋金泰熙典，捐洋伍拾元；

利亨庄、厚生庄，各捐洋叁拾元；

洪晓秋、汪振声、汪仰韩、元大永、慎泰昌、汪堃元、汪少卿、夏志中、汪牧菴、金明远，各捐洋拾元；

同裕号、朱华堂、孙赞侯、茍康、汪裕隆，各捐洋陆元；

程良生、黄韫山、江东梧、许仲仪，各捐洋伍元；

詹永昌、益源坊、志　成、胡开文沅记、信泰漆号、休城胡开文、泰享利、黄义大、保和隆、朱华堂，各捐洋肆元。

以上芜湖三十三名、号，共捐洋陆百元。

汉口

吴冠文，捐洋伍拾元；

怡昌油行、恒隆杂货行、如春行、福聚行、复泰行、同泰行、世昌行、正远行、鼎泰行、德泰行、谊同斋、怡生隆、启大庄、正泰行、聚丰衣庄，各捐洋拾元；

聚丰号，捐洋捌元。

以上汉口十七名、号，共捐洋壹百柒叁元。

九江

立大庄、庆昌隆、大盛号、运昌号、丰泰庄、豫大庄、成大号、德诚号、同顺义，以上各捐洋拾元；

乾泰号、德新衣庄，各捐洋伍元；

勤裕号、兆和号、义生号、源顺号、益隆祥，以上各捐洋叁元；

复恒昌栈、顺生和、永泰祥、德丰号、元大号，以上各捐洋贰元。

以上九江二十一名，共捐洋壹佰贰拾伍元。

安庆省城

新安会馆，捐洋伍拾元；

朱敦义堂，捐银贰拾两；

仁万聚，捐洋贰拾元；

胡开文、义和祥、程怡昌、大顺源、春　祥，各捐洋拾元；

润太隆，捐洋捌元；

李万益、恒　大、吴辅臣、朱左卿、同德生，各捐洋伍元；

恒裕纸号，捐钱肆千文；

谦　吉、日兴隆、恒　裕、舒大成、春仁堂、致和祥，各捐洋肆元；

项静之，捐洋叁元；

大有恒、余种德堂、吴广源、江景莼、乾　太，各捐洋贰元；

恒　丰，捐洋壹元。

以上安庆省城二十八名、号，共捐银贰拾两、洋壹百玖拾壹元、钱肆千文。内张佩之用银贰拾两、洋贰元、钱肆千文，又失去洋贰拾玖元外，实收洋壹百陆拾元正。

馆规录

计开：

一、议此次重建会馆，系为六邑大局计，并非为一人计。凡有往来同乡暂住者，应以一榻为度，至多一月，不得久居，亦不得多占房间。各人自备伙食，不取租金，如愿附搭伙食者，仿照汉口会馆之例，每人每日交钱一百二十文，归常住照应会馆之人经收代办。其房内铺板桌椅不得损坏，违者罚赔。

一、议各处同乡凡办货来宁者，均准存馆屋西边披厦内。如系细软贵重之货，始准堆在轿厅，然须自行看守，出售之日每件出钱一二百文以作修理之费。

一、此次捐建之款均应本地同乡量力输助，不合借助他山，但人少费大，独力难支，不能不呼将伯之助。现计各埠总共捐洋叁千贰百元，连本地官商捐洋壹千伍百捌元，又银贰百玖两肆钱，作洋叁百元，共计合成洋五千元之谱。造成正馆三进，均仗各同乡努力共成此举。其第四、五两进及左右公馆，均拟息借应用，必须另筹有着之款归还方可永远无忧。

一、议四进船厅、五进河厅及两厢房间闲时准借与人为宴客之所。倘遇创办首事得差得缺者交卸回省时，亦准其暂居，以免托足客栈，俟觅得公馆，再行移出，以三个月为限。如非从前首事者不得援例。

一、议凡在宁者毋论官商，每名按年各认一文愿，以作岁修经费。游幕及寄居者听。

一、议会馆全功告成后，六邑各派董事二人轮流管年，其平日常住照应者另派二人，每月各给钱六千文以作辛工。如有不妥者斥退另换。

一、议左右公馆两所均可出租，照金陵现时租价每所应押租洋六七百元，每月行租洋伍陆拾元正，腊及闰月不减。核计两所每年可得租洋壹千贰叁百元，以百洋为岁修之费，其余归还借息，如有盈余，即坐还借本，不得动用。

一、议鼓楼西原有义冢，现时系汪近圣墨店经管、祭祀，今既重建会馆，应仍归会馆经理，所有从前一切账目均须算明，不得置之不理。公同前去踏看，如有暴露，即为培土，若无葬处，亟宜添买地段以备掩埋。

一、议凡六邑之人有流落在此者，查明属实，每人准给路费钱壹千文助其回籍。如系假冒，概不给发。倘已领后仍复逗遛【留】者，即行追回，不准延宕，然须认保方可。

一、凡旅榇无归者，每具准给埋费钱贰千文埋于义地，以免暴弃。其愿搬回原籍者，每具亦给搬费。

分别路程远近开列于后。另列《水路盘费章程》。

一至街口一带，给钱陆千文；

一至深渡一带，给钱陆千肆百文；

一至榔源口一带，给钱陆千捌百文；

一至渔梁，给钱柒千贰百文；

一至休邑屯溪以下一带，给钱柒千文；

一至蓝渡一带，给钱柒千叁百文；

一至黟县、祁门、渔亭一带，给钱柒千陆百文；

一至上下溪口一带，给钱柒千捌百文；

一至婺源由长江而上，给钱柒千肆百文；

一至绩邑临溪，给钱捌千文；

一至绩溪县，给钱捌千肆百文。

再，现在左右公馆两所无款营造，暂作缓图。中间正屋一所尚须出租，归垫所有善举。各节应俟筹有的款再行如议办理。

器具录

计开：

八尺长条桌一张、方搁几两个、大方桌三张、中方桌两张、大椅十二把、平椅八把、大方凳两个、方茶几四个、八尺长门凳两条、牛腿缸一只、砂缸两只、铁火钳一把、大厨房砖灶一堂、大铁锅两口、中铁锅一口、煤炉一座、铁水罐四个。

以上三十一年置办。

炕桌一张、七尺长条几二张、古铜五事件全副、花鱼缸两只、木挂屏八幅、左楹联一续、书楹联对办、方凳两条、续办平椅两把、水缸两口、小厨房砖灶一堂、大锅两口、柴炉一座、二号砂缸四只。

以上三十二年置办。

铺板二十副，长凳四十条，半方桌十张。

以上歙县试馆助。

书桌有屉一张、书架两个、小四仙桌八张、骨牌凳四条、条凳四条、棕棚架床全付、铁火盒两个并木架、瓦痰盂四个、蓝呢四轿一乘并玻璃匣一个又搁凳两条。

以上汪芸浦存。

收支录

计开：

捐款项下

一收歙县十九名，共捐洋伍百肆拾元；

一收休宁四十名，共捐洋肆百肆拾叁元；

一收婺源一名，捐银壹百两；

一收祁门五名，捐银壹百两、洋壹百柒拾元；

一收黟县四名，捐洋贰百捌拾叁元贰角；

一收绩溪十六名，捐洋壹百贰拾陆元。

合计金陵省城，共捐银贰百两、洋壹千伍百陆拾贰元贰角。

一收上海六十九名、号，捐洋贰千零伍拾元；

一收南通州十二名、号，捐洋陆百拾元；

一收扬州二十三名，捐银壹百玖两贰分肆厘、洋壹百伍拾贰元；

一收东台二十七名、号，捐洋捌拾贰元；

一收芜湖三十三名、号，捐洋陆百元；

一收汉口十七号，捐洋壹百柒拾叁元；

一收九江二十一号，捐洋壹百贰拾伍元；

一收安庆二十八号，捐洋壹百陆拾元。

查前项原捐洋壹百玖拾壹元又银贰拾两、钱肆百文，内除张佩之手用去银贰拾两、洋贰元、钱肆千文之外，又失去洋贰拾玖元。

实收洋壹百陆拾元。其执照亦系张手刊发，故公厘内无存根，用特注明。

共收捐银叁百玖两贰分肆厘，洋伍千伍百拾肆元贰角六八五①合银叁千柒百柒拾柒两贰钱贰分柒厘。

房租项下

一收胡佐岐租房八间，每月十六元，计七个半月，共洋壹百贰拾元七角七折扣银捌拾肆两。

借款并集股项下

一收宝善源庄借银伍百两；

① 是苏州码转换成汉字的，意指洋一元折合银 0.685 两。

一收歙县试馆借银贰百两、又洋柒百元七折扣银肆百玖拾两；

一收思源堂借洋伍百元七角七折扣银叁百伍拾两；

一收汪芸浦股银贰百两；

一收洪伟臣股银壹百两；

一收洪会卿股银伍拾两；

一收汪汝言股银伍拾两；

一收江陶圃股银伍拾两。

共计银壹千玖百玖拾两。

统计收银陆千壹百陆拾两贰钱伍分壹厘。

支款项下

一光绪甲辰十月初八日，动土升地基及砌墙脚，并另造小披屋三间，共动用曹平银贰百捌拾陆两柒分玖厘、龙洋壹千柒百玖拾捌元叁分壹厘折合银壹千贰百叁拾壹两陆钱伍分。

据簿载：

收旧砖肆拾叁方陆尺捌寸，又旧砖陆百肆拾块、旧瓦贰百片、碎瓦拾捌方伍尺玖寸、旧石陆拾肆丈，计洋叁百肆拾壹元叁角肆分；

又折开收旧砖贰拾方、每方五六①、五二、四八不等，旧石叁丈捌尺、每丈玖角伍分，计洋壹百拾壹元叁角陆分陆厘；

又复太窑新磨砖贰万壹千柒百柒拾块、每万三六，加高瓦陆千玖百块、每万二八，洋砖叁千叁百肆拾伍块、每万七四，计洋壹百贰拾贰元伍角贰分伍厘；

又乙巳二月初五，另收小砖玖千肆百块、每万三六，大瓦捌千捌百块、每万二八，大砖叁千肆百块、每万七六，计洋捌拾肆元叁角贰分；

又采办木料及水脚行用关捐下力门板、板凳、方桌、水桶等项，计银贰百捌拾陆两柒分玖厘，细数载簿；

又任瓦匠工价，计洋壹百玖拾叁元陆角叁分；

又吴木匠工价，计洋肆拾元；

又石灰，计洋贰百贰元；

又黄泥，计洋拾捌元捌角捌分；

又曹季记伙食，计洋伍拾肆元；

又兑银叁拾伍两柒钱柒分，计洋伍拾壹元壹角；

又升基填土伍百拾方，原议价洋壹元，计洋伍百拾元。

杂用项下

门一对并脚力、锯工，计洋贰元壹角；

锅、碗、绳、钉及芦席，计洋伍元伍角；

大小秤及桐油纸帘，计洋伍元玖角柒分；

---

① 是苏州码转换成汉字的，意指每方旧砖折银为 0.0057 元。下文的"五二""四八""三六""二八"等数字意同。

神福二次，计洋壹元叁角；

司事薪水，计洋肆拾贰元；

赏萧、徐二姓移居，计洋贰元。

共计洋陆拾捌元捌角柒分。

以上均曹手支用，自光绪三十年十月起至三十一年二月止。

一光绪乙巳年七月初四日，动工起造正馆三进，正屋十五间，走廊四披作两间，共十七间，共动用银贰千肆拾两。瓦匠吴万财、木匠李永春包做，每间银壹百贰拾两，外加半皮墙砖及天井石板，计银捌拾贰两。

一采办现石、丁头，计洋贰百玖拾柒元。内：

十八现石壹百贰拾肆丈，计洋贰百贰拾叁元贰角；

十三现石伍拾丈五尺，计洋陆拾伍元陆角贰分；

丁头伍拾肆个，计洋伍元肆角；

六寸小礤拾贰个，计洋贰元贰角捌分。

一各埠劝捐川资，共计洋贰佰捌拾元。内：

甲辰六月，江以和、汪鹤秋二人赴沪往返一月，计洋叁拾壹元贰角；

又汪玉卿赴汉口，计洋叁拾元；

乙巳六月，洪武卿赴通州往返二十日，计洋拾柒元；

乙巳七月，洪武卿赴上海往返八十日，计洋贰拾肆元，又借用贰拾陆元；

乙巳七月，江次和赴上海往返一月，计洋贰拾元；

十月，张佩之赴芜湖，计洋拾陆元；

十月，胡修五赴九江，计洋拾元；

十月，方又山赴汉口往返三个半月，计洋贰拾肆元，又借用贰拾元。

一油漆三进及大门并四字贴金，计洋柒拾元每间叁元。

一置办桌椅凳几，计洋拾贰元。内：

长条香几一架，计洋陆元；

大方桌伍张，计洋拾叁元肆角；

大方杌二张，计洋叁元陆角；

大椅十二张，计洋叁拾贰元肆角；

方茶几四个，计洋伍元肆角；

平椅捌把，计洋柒元贰角；

门凳两条，计洋肆元。

一补砌西边现石一道计六层，南面左两道、右两道各加两层，共用洋捌拾肆元。内：

另办半截旧砖四方八尺二寸，五五，计洋贰拾陆元伍角；

砖瓦片叁方肆尺，一元，计洋叁元肆角；

石灰贰拾陆担陆拾斤，一元，计洋贰拾陆元陆角；

桐油拾斤，黄土九车，油灰肆拾伍斤，瓦工壹百捌工，计洋贰拾柒元伍角。

一杂用等项，共计洋壹百捌拾伍元捌角玖分。内：

锅、罐、铁钳、水缸，计洋伍元柒角肆分；

驻厂照应薪资，计洋叁拾陆元；

碑石两块并托，计洋贰拾肆元；

凿字壹千玖百拾字，每字拾文，计洋拾捌元；

公匣、刻执照、订捐簿、账簿，公启印色等，共计洋拾元陆角伍分；

新灶砖灰工价，计洋拾贰元；

搬木器进馆车力，计洋壹元；

初、叁次集议茶点，计洋陆元；

赏瓦木匠，计洋壹元；

津贴程耀功，计洋陆元；

补墙缺工灰，计洋贰元壹角；

椅垫，计洋叁元；

订簿贰本，计洋肆角；

监工王车马费，计洋伍拾元。

一宝善源庄息银，除两抵外，仍找银贰拾捌两柒钱柒分。

以上共支银壹百伍拾两柒钱柒分，洋玖百贰拾陆元捌角玖分七折合银陆百肆拾捌两捌钱贰分叁厘。系汪芸浦、宁琯香、胡佐岐经手。

一装轿厅东边房，横直两道门板，共计洋贰拾元；

又装前进西边客房地板一间，计洋拾柒元；

又置架床一张连棕棚，计洋贰元捌角；

又床架三个，计洋贰元壹角；

又装三进玻璃窗，计洋拾元玖角柒分；

又轿厅、屏门、糊格扇、字画纸张，计洋贰元捌角玖分；

又大厅挂屏木架八块，计洋陆元捌角；

又监工程耀功九个月薪水，计洋伍拾肆元；

又装第三进上房天花隔板，计洋伍拾元连油在内；

又付漆匠定做联对三副，计洋伍元；

又歙北汪自扬州来告帮，给洋壹元；

又客座钉钩、屏门铜环，共洋叁角柒分；

又床架一副，计洋壹元捌角。

共支用洋壹百柒拾肆元柒角叁分七折合银壹百贰拾贰两叁钱壹分壹厘。

以上系胡佐岐经收，在房租内及梁缙记续捐扣抵。

一光绪三十二年三月，西墙外余地另盖厕所三间，共动用洋伍拾伍元。内：

模砖叁千柒百块，三六，计洋拾叁元叁角贰分；

瓦叁千捌百片，二八，计洋拾元陆角肆分；

石灰肆百斤，一二，计洋叁元叁角；

黄沙土陆尺，计洋贰元肆角；

半截砖计方二丈肆尺，四八，计洋拾壹元伍角贰分；

木料，计洋伍元捌角贰分；

瓦工肆拾工，计洋捌元；

又拆靠塘后墙开门阙，工料洋壹元；

又安尺五踏步石，工料洋贰元。

一四月，拆改轿厅两廊隔墙，换洋砖重砌，共动用工料洋陆拾元。内：

洋砖肆千柒百块，七四，计洋贰拾玖元柒角；

瓦壹千片，二八，计洋贰元捌角；

石灰，计洋捌元陆角；

添阶沿石一丈四尺，计洋贰元捌角；

椽子钉，计洋壹元玖角；

装耳房木料工价，计洋肆元柒角。

瓦木工，计洋玖元伍角。

又通堂安白铁水枧，共动用洋肆拾陆元肆角。内：

托板一方三尺，计洋伍元；

白铁枧三十四丈三尺，一二，计洋肆拾壹元；

桐油二斤，计洋肆角。

一七月，换头门中间、轿厅三间、正厅中间，计伍间，改用木板，共动用工料洋壹百叁拾贰元。内：

木工并板片，计洋捌拾捌元；

瓦工，计洋拾陆元；

加瓦壹万片，计洋贰拾捌元。

一左院围墙加高三尺，并砌南面墙及做栅门，共动用洋壹百壹拾元。内：

模砖壹万片，计洋叁拾陆元；

石灰拾伍担，计洋贰拾壹元；

黄泥一方，计洋肆元；

砖工八十工，计洋拾陆元；

加高瓦壹万片，计洋贰拾捌元；

栅门两扇，计洋伍元。

又重砌西院南墙一道，连移石脚并做栅门，共动用洋伍拾陆元。内：

模砖伍千块，计洋拾捌元；

加高瓦伍千片，计洋拾肆元；

砖工伍拾个，计洋拾元；

石灰陆担，计洋伍元；

栅门两扇，计洋伍元；

黄土一方，计洋肆元。

又西院北墙加高，中砌花墙三洞，并横门，共动用工料洋贰拾贰元壹角。内：

模砖叁千伍百块，计洋柒元玖角；

灰泥，计洋陆元贰角；

瓦工，计洋陆元。

又西边空地另盖披厦六间，木匠包做，共工料银伍拾柒两；又瓦匠包做，工料洋陆拾元。

又大厅后廊铺地，洋砖壹千块，计洋柒元肆角。

以上共洋伍百伍拾壹元玖角，扣银叁百捌拾陆两叁钱叁分又银伍拾柒两。

共动用银肆百肆拾叁两叁钱叁分，系汪芸浦经手添补。

光绪三十二年闰四月十一日，起工接做正屋四五两进并厢房及油漆等项。

一木匠余鸿章承办，工料银玖百伍拾肆两，又外加玖拾伍两。

一瓦匠许洪义工作计壹千伍百个工，共计叁百元，七折合银贰百壹拾两。

一砖瓦、石灰、泥及填地等项，共洋壹千壹百玖拾叁元叁角叁分，七折合银捌百叁拾伍两叁钱叁分一厘。内：

马窑模砖壹万贰千玖百肆拾块，计洋肆拾陆元伍角；

又洋砖肆万壹千贰百捌拾伍块，计洋叁百伍拾伍角；

又加高瓦伍万捌千玖百陆拾片，计洋壹百陆拾伍元。

另买项下

又花瓦头滴水叁百对，计洋拾元；

又伍聚和瓦店洋砖壹万捌千玖百伍拾块，七四，计洋壹佰肆拾元；

又加买洋砖壹万块，七四，计洋柒拾肆元；

又方砖壹千捌拾贰块，六五，计洋柒拾元叁角叁分；

又铺方砖工匠，计洋贰拾肆元；

又石灰贰百捌拾担，计洋贰百伍拾元；

又黄泥五方，计洋贰拾元；

又碎瓦、砖头十六方四尺，计洋柒拾元；

又填地十八方，计洋拾捌元。

一阶沿石二十八丈，礤墩八十八个，计洋壹百拾贰元，合银柒拾捌两肆钱。

一置办器具等项，计洋伍拾伍元伍角，合银叁拾捌两捌钱伍分。内：

砂缸大缸四只、小缸二只、花鱼缸二只，计洋拾肆元捌角；

古铜五件头，计洋贰拾陆元，又加托并匣肆元；

平椅二张、方杌二张，计洋肆元肆角；

条几二张、炕桌一张，计洋陆元叁角。

一杂用项下，共洋壹百贰拾叁元叁角，七折合银捌拾陆两叁钱壹分：

纸筋五担半，每担一八，计洋玖元玖角；

铁一百二十斤，计洋玖元；

神福三次，计洋贰拾元；

搭架，计洋伍元；

犒赏，计洋贰拾元；

烟煤、水胶、绳索、桐油、油灰，共计洋拾伍元贰角；

玻璃二十丈六尺，每七分，计洋肆元贰角；

刊征信录，计洋叁拾元。

一庄息除抵外，仍找银拾壹两肆分叁厘。

通计肆伍两进，共动用曹平银贰千叁百捌两玖钱叁分肆厘，又另做各项合银肆百肆拾叁两叁钱叁分。连前三进，用银肆千肆百叁拾玖两陆钱叁分叁厘。

合共用银柒千壹百玖拾壹两捌钱玖分柒厘。

外退还押租壹百元，合银柒拾两。

重建新安会馆征信录跋

　　光绪三十有一年冬月既望，会馆正屋三进成，费银肆千壹百余金，已辍工、勒石矣。明年春，杨君俊卿创垫款商建西馆之说，予适会办支应局务，由局迁寓馆中，为之精核会计，配合丈尺高下与木工、瓦工。成议而杨君忽退，予势难中止，遂赴沪与洪君伟臣、黄君雪香商，拟仿招股法接造后进，每股限伍拾金，洪君然之，即允百金。返宁，集同人公议，于是宝善源号允伍百金作十股，吾歙试馆存租银贰百金作四股、存洋柒百元作十股，婺邑江君陶圃一股，休邑梁君缙卿原议筹洋伍百元作七股，歙邑洪君会卿、汪君汝言各筹一股，予亦勉承四股，计共集肆拾股，以闰四月十一日兴工。七月初八日葳事，复费银贰千贰百伍拾余金，股不足者筹他款足之。是役也，六邑乡人官于斯、商于斯者人少力薄，胥赖外埠伙助。沪埠茶商极为出力，通州次之，扬州、芜湖、安庆又次之，东台更次之；汉口则捐簿散失，两次派人劝输，仅得洋百柒拾余元，资斧耗其大半；江西竟一毫不拔，原簿退还。义利之见、丰啬之情，不大彰明较著哉！

　　先是甲辰六月，省馆会议，同人争相踊跃，公举任事，予承办绘图布格，宋君雨棠允收捐给照，曹君季龙任升基督工，其余诸君子不时稽督。冬初择吉时开工，予适请假回里，举黄君雪香以代。讵料曹君任意浪使，监修不力，费贰千余洋仅成东北两墙，高只三尺，基地亦未增高，黄君不得已停工，然已大失体面矣。乙巳春，予奉调赴十二圩差，再四缄商诸君子，重申前约，黜退曹君，另与工徒包定，始克告成。其中偷减工料之处所在不免，予亦以牵制过多未便穷诘。故今兹修造身亲经营，而于前不完备之处又重加修葺，边墙之缺陷者补治之，屋瓦之浇薄者加厚之，望砖之剥落者以板易之，地址之低下者购土培之，盖又费伍百余金。总计前后所费几柒千金。缔造厥维艰哉！爰述颠末，敬告来者。

　　光绪三十二年，岁次丙午秋八月，古歙汪廷栋芸浦氏谨识，时年七十有七。

徽商公所征信录

清宣统元年（1909）刊本

目　录^①

征信录序·· 1046

凡例·· 1047

宪批·· 1049

威坪改捐东关免验告示·· 1051

内河章程·· 1053

徽河取树告示·· 1055

具诉内河阻滞禀稿·· 1057

基地房产底据·· 1058

戊申同义兴木行代收沙粮、木捕总目··························· 1061

戊申年同茂兴木行代收沙粮、木捕总目························· 1063

戊申德昌隆木行代收沙粮、木捕总目··························· 1065

戊申巽记木行代收沙粮、木捕总目······························ 1068

戊申年裕大木行代收沙粮、木捕捐洋总目······················ 1070

戊申年同利兴木行代收沙粮、木捕总目························· 1072

戊申隆记木行代收沙粮、木捕总目······························ 1073

戊申生记木行代收沙粮、木捕总目······························ 1075

排甲费·· 1078

菜地·· 1079

自戊申九月至己酉六月有手收账总目··························· 1080

付账总目·· 1081

谦手戊申九月至年终收付各账···································· 1082

宣统元年正月至五月终收付各账································· 1083

本年六月朔账·· 1084

征信录序

　　浙之候潮门外徽国文公祠，即徽商木业公所也。乾隆时创自婺源江扬言先生，其子来喜又于江干购置沙地，上至闸口，下至秋涛宫，共计三千六百九十余亩。盖无公所，事无从叙；无沙地，排无以安。而建立公所、购置沙地，其有裨于木业者岂浅鲜哉！是时沙地浙人有起而争者，以此构讼，自省而部，得全此业，心力交瘁，费多独任，其轻财仗义更有令人景仰于无穷者矣！咸同间，发逆犯浙，公所被焚，木业蹉跎，有一败不可再兴之势。而今则栋宇重辉也，而今则规模重整也，盖得后起诸君子实心实力襄赞其间，卒使开创宏规蹶而复振。至考其底据，则罕存焉。戊戌岁，城业木来浙，查知江裔于兵燹时将各据携归，以防遗失。厥后，人事代谢，顾问无人，蒙业而安者，竟莫知其缘起也。壬寅岁，董事余彝伯司马谋之于城，敬立扬言、来喜贤乔梓及后起诸君神位，以报其功。城因函致江裔，仍将各据和盘托出，以存公所，是何事之善欤！公所向无征信录，人多疑之。今将紧要底据及每年收支逐笔刊明，条分缕晰，俾后继者率由旧章，永维公益，是则木商之大幸也已。

　　宣统元年，岁次己酉季夏月上浣，婺源江城有孚甫识并书。

凡 例

一、溯原始，不没前人创造之功，俾后览者有所观感焉。

一、载底据、地图，以资考镜。

一、每年九月十五日，乃先贤朱子生辰，公所当办香烛、贡献，虔忱礼拜。

一、每年十月朔日，公所内举行盂兰会，以赈孤魂。

一、每年六月朔日，为算账之期，众商咸集，各宜于朱子神前焚香礼拜，然后查核众账，评论是非，公所备席款待。

一、选举董事，必择人品端方，先具知单，各书"可"字为定。

一、董事三年一换，以防日久生变。三年期满，董事先行邀集众商，查明账据，洁身而退。如人品端方、账目清晰，众商力求续理者听。

一、公所收支归董事总理。每年五月下旬，于木商中请善书善算者数人查明，然后誊清、刊行征信录。

一、各董事薪水，每年无得透支，各宜自重。

一、无谓酬应，各董事毋得开支公所。

一、董事轿金，非进衙赴会为公所正事，毋得开支。木帮有事托排解，当遣舆相请。

一、每年正月初六日，各木行将上年代收山客沙粮、木捕捐清单交入公所，以便核对，公所备席款待。

一、山客沙粮捐，向章树价每百洋叁钱柒分伍厘；木捕捐每百洋壹钱，由各木行扣除。现在公所开销日大，嗣后必须递年如数交进公所，以敷公用，毋得照前拖欠。

一、山客捐助旅槥厝所，向章树价每百洋壹钱伍分，由各木行抽除交进。惟善堂收用毋得短少，事关善举，各宜自爱。

一、木捕必须日夜巡查，倘有懒惰嬉游、有名无实，由董事辞出，得钱卖放者议罚。

一、沙粮查数之人，由董事另托，必须逐日查明，毋得遗漏。

一、每年收款，除开销外，倘有多余，存庄生殖。

一、木帮遇有纷争等事，董事秉公排解，毋得怀私袒护。

一、修理公所，需洋拾元上者，各匠工价必要邀集众商同议，毋得一人揽权，开支过分。

一、公所添置物件，必与众商酌议，可省宜省，所置各件必须注册存所。

一、威坪、严州董事每年于五月下旬，先将各账交明公所，以便誊清。

　　一、征信录以上年六月朔后，至本年六月朔前，所有经收各木行沙粮、木捕捐及一切房屋地租洋若干，开销若干，逐笔刊明，刷印钉本，分送各行各客，俾众咸知，以昭信实。

　　婺源江有孚谨识。

宪　批①

特授浙江杭州府钱塘县正堂、加三级纪录八次鲍，为政无偏畸等事。

乾隆四十九年四月初五日，奉浙江布政司兼管南新关部堂盛宪牌，内开：据南正关商人江春初、张庆余、江开仲、黄荣朝、周天郎等呈称，窃商等挟本运木来省，向泊闸口至龙口一带沙地堆贮拆卸，拖塘抵关抽验供课，以免飘失。今沙地俱被民人报佃筑垦，阻碍课木，环吁迅赐禁垦，商课两益等情前来。为查南关专榷竹木板税，今据呈控碍阻商运，自难辄准升佃，仰县官吏迅即会同抽分大使诣地勘明，妥协酌议，不得刻迟等因。下县奉此，当经本县会同抽分大使诣勘，禀请宪示在案。

乾隆五十年五月初二日，奉两浙盐道舒宪牌，内开：四月二十二日，奉巡抚部院福宪牌，案据藩司具禀民人祝惟善等佃垦钱江沙地，阻碍南关课木缘由，行道会同藩司，督率府县，秉公查勘，据实议详，等因。奉此，合行饬知，仰县官吏立即传齐两造人等，于本月初三日伺候会勘，毋违等因。遵即传齐两造人等，本县随同诣勘。

于本月二十日奉本府正堂善宪牌，内开：奉盐道舒宪牌，内开：奉抚宪檄，委本道会同藩司，查勘民人祝惟善等已升钱江涨地商民互争一案，已于五月初三日会同往勘，得自闸口至秋涛宫沿江一带沙地，为木商起运必经之路，虽经留有车路，终于运木有碍。所有堆木逼近江边，设遇水势泛溢，不无飘没之虞；并恐地界毗连，仍致损田禾，日后复多争端。是此处沙地全为关木堆贮之要路，今以百余两之地粮，竟误数万金之关税，核计课额，增减悬殊，自应统归木商全行管理，所有新升课银，即令该商永远承纳，照额推收过户，并将从前已纳之银及开垦工本一并从优偿还。已据陈天禄等允服具结。此地虽系归商，商亦不自私为己业，复行取租各种以及建盖房舍等情。虽取拢簰堆木之便，并能普济各商起运诸货之需。该处续有沙涨，亦不许人开垦，永远勒石遵行，庶与关政有益，而于升粮无缺矣。除经会同藩司禀请督、抚二宪外，合行饬知，仰府遵照，仍俟宪批饬遵，等因。行府下县奉此。

又于六月十九日奉盐道宪牌，奉总督部堂富批，据禀沿江一带沙地，为木商必经之路，未便任民升垦，致误榷税，并将陈天禄等垦价从优给还各缘由，均属妥协。仰候抚部院察核具奏，并勒石永禁。仍将应纳课额并偿还工本确数，另详备案，并候浙抚部院批示缴。

又于七月十四日奉巡抚部院福批，既据节次秉公详查明确，即如详转饬遵查，

---

① 此标题系整理者所加。

妥协办理，仍候朱批分别咨办缴各等因。奉此，合行抄批饬知，仰县官吏遵照，立即取具，不违遵依，并同碑摹详送毋违。

又于九月十六日奉各宪转行奉抚宪案行奏，奉户部议复浙江省沿海沙涨地亩各案分别升科销案折，奉旨依议。钦此钦遵，所有附奏钱江沙地一案，合再抄粘饬办。仰府即便遵照部议，将钱江沙地照依前断，迅速押结取具犁毁，并领钱结状，详送查核销案等因，仰县即便遵照毋违。并奉南关宪札饬：具领木商召还二年应银贰百贰拾壹两伍钱叁分陆厘，饬取南核商户印串并奉饬偿垦户种本钱捌百肆拾叁千陆百文，并取送永禁碑式各等因。此为查钱江沙地，上至闸口起、下至秋涛宫，外至水口、内至江塘。前经民人祝惟善等呈称，前县张通详认垦计丈叁千六百九十贰亩贰分陆厘，每年额征佃税银壹百拾两七钱六分八厘，咨部题准，升垦在案。兹奉南关宪行据木商江春初等呈控，民垦沙地，阻碍课木堆运，有关榷税，诣勘属实，详奉督藩、抚藩、盐各宪檄行节次督勘，确系阻碍商货榷赋，是应统归商升。本县议详，照依祝惟善等原佃四址亩分数目推收过立，南榷商户永远承完升粮，并令木商召还垦户两载应粮，并从优酌偿种本钱文。业据照数呈缴给领押，令垦户犁地毁舍。详奉各宪批准在案，合行勒石永遵。

为此仰商民人等知悉，钱江一带沙地永归木商，取便堆木，通运各货，永不复升垦种、盖造房屋，纵有新涨水沙，亦不准报升垦种。如有牙脚人等搭造柴场、牛舍，许木商指名具控，以凭严拿按究，永远恪遵毋违。特示。

乾隆五十一年五月　日，给正关木商等公立。

汪文漪、江春裕、叶金珍、江鸣周、鲁尔行、江春初、江开仲、陈树五、黄同裕、江于仁、张庆余、程炳文、江兆周、周天朗、杜升墀、黄荣朝、李志瑶、江德芳、胡懋功、商虞瞻、周承五、叶行三、杨耀彩、商觉然，徽浙公所董理汪容川、汪箴三同立。

册定沙地弓步：外至钱江，内至官路心。自化仙桥以下至洪巨成行止，四弓半；自洪巨成以下至淳安公所止，五弓；自淳安公所以下至灵庥庙止，三弓半。

威坪改捐东关免验告示

督办浙江通省厘捐总局司、道为示谕事。

照得徽木自威坪运至江干，经过东关、闻堰两卡，准免照票。东关卡向有补捐，应以前三年收数匀三提一作为定额，责令威坪公所照数认捐一案，前因商人叠控不已，卡员以夹带亏捐为词具禀，业已详明，饬委候补同知庄淦前往东关、威坪，会同地方官及卡员查办在案。兹据该丞禀称，伏查严东关于徽州木籔向章在威坪局完过起捐，到东关收验捐外，另收花色补起一捐，上年改章起验均归威坪，而东关仍加收补起，商情不甚允洽。商人每以威坪既经捐足，何以至东关又令补捐为辞，至东关补起计钱陆千柒百余千文，由威坪局饬徽商加认，事属两歧，此东关向收补起，徽商藉口重捐之情形也。威坪以下淳遂所产之木，确系东关起验之捐，虽徽商禀称专售徽木，向不售运严木，若不截清，难保不相弊混。衢、处下驶之籔，亦系东关照票查验，惟东关所收补起六千柒百余千，据称均系徽木之补，缘衢、处经过多卡向无补起，此东关所禀免其照票窒碍之情形也。卑职行抵威坪，会同钟丞汇传集徽商公所司事，剀切劝导，既蒙宪恩免其东关、闻堰照票，体恤商情至优且厚，虽不能加认补起，自应仰承宪意，共济时艰。该商等情愿在威坪局将正木大、小、中四花及杂木、柏木、鸟皮板片，按起验捐数酌加二成，尖木一项酌加一成，以图报效。由威坪填给捐票外，加一免验单，知照严东关、闻堰两局，仍遵前示，免其照票。该商到卡即将免验单呈验放行，严、闻两卡于木籔过卡填明某月日过卡，无论货色符否，概归江干局遵办。如无免验单之木，即系淳、遂、衢、处之木，应仍归东关照章办理，似此截然分清，两无窒碍。威坪以上尚有本山木植，每年虽捐数无多，亦宜与徽木截清。可否将徽木一项专立联票一本，以便查核？如果徽人有售运本山木植，不由公所点验，即系徽人，不得为徽商，在威坪以上售运，归威坪抽收起验，发给免验单；在淳安遂一带售运，归严东关抽收起验，不得有补起名目。至东关所收补起一项，前札既已划除比较，则威坪所收加捐二成一成亦不得立列入比较，按月由威坪另列一款造册申报，姑候抽收一年，核计捐数，比对能否不相上下，再行核办。徽商既已免其两卡照票，已属从宽，然日久弊生，须防其渐。商徽所用籔头水手，人数亦多，其中良莠不齐，已饬商徽公所另议行规，严禁弊端。该商到杭州检齐捐票并免验单，由所投过塘行家，带同呈送江干局，由局切实查验，如有花色、件数不符以及夹带别项货物，其为偷漏、包揽无疑，除缴正捐外，三倍示罚，江干局亦不得有补捐名目。免验单由江干局汇存，按月申送省局，以杜一票两用之弊。以上各节，商等均各允服，饬具甘给【结】呈送，似可流弊永杜，两得其平，不致争执等情。据此伏查严东关所收木捐补起一项，前据该卡王守禀，以前三年收数匀三提一，核算有六千余串之多。公家捐款岂能因商人渎禀遂成无着，是以责令威坪徽商公所为认捐定额，而公所董事又以严东关木植补捐内有淳遂一带起捐、金衢一带验捐，近三年该卡征收愈加愈多，今该令徽商认补，未能持平，断难认定为词。现在既经该丞查明商情不洽，藉口重捐，业已切实开导，徽商均情愿在威坪卡分别加成报完起验，捐则所加成数即为永远有着捐款。在目前或不能及六千余串之数，将来遇有徽木旺销之年，竟至逾于前数亦未可知。似应照准至东关、闻堰二卡免予照票，窒碍之处拟有威坪卡于捐票外另给免验单，经过二卡，免其照票，呈单验明放行，俾徽木与淳、遂、衢、处之木及徽人售运本山木植皆显然有别，候簰抵杭，再由江干卡查点捐票。如果货票不符及夹带各种货物，即行照章捐罚，不得再有补捐名目。其余各节，均属周妥，系于体恤商情之中，尚寓永杜流弊之意，应请准予照办。除详明饬遵示谕外，合行出示晓谕，为此示仰商民人等一体知悉。自示之后，须知此项徽木准免在严州、闻堰两处照票，系格外体恤，各木商应于应捐处所有加完成数，亦应踊跃输将，毋得夹带、偷漏，致干究罚。各卡司巡如有留难阻滞及需索规费情事，一经发觉，亦即照章严办不贷，其各懔遵毋违。特示。

光绪二十三年四月十五日给。

内河章程

钦加五品衔、督理浙江杭州盐粮水利总巡分府、加六级纪录十二次陆为：

一、木排定例，按三六九拖装，通以十二场为限，不准多装，不准愆期。惟城中城隅各木行及零星小贩木排，定每月逢一、逢八日期拖装，不准与客路木排同日拥挤。如木排极多时，不准迟至次日补拖补装，必限当日肃清。

一、内河木排，必须扎狭长式，不准扎成阔排，免至一路碰撞阻滞。

一、潮汛极险之时，有浮泊外江之木无处堆仓者，木商资本所关。一面禀报本分府，派役督令人夫，应准破格拖入内河，以避潮险。如非潮汛，或以堆仓之木，不得援以为例。

一、杭、嘉、湖各行每往上江自运木排，由课商公所挂号者名为行排，多系散装，索缆不甚坚固，与客排停泊外江待售者有别，应照向例，随到随拖，即行开运，不准在河停泊。

一、撑排夫随装随撑，不准懒惰迟延。

一、省城中木行运货到埠，随时起岸，不准久停。

一、货船当遵向例，船东木西，凡运木日期，货船不得拦截横行，并不准轻船重载及中途逗留斜泊，致碍水道。

一、南星桥下东首横河二条，系木排进抽分厂咽喉要道，凡往来船只，不准在该处停留，庶免阻塞。

一、永昌坝运木，责成坝夫头多派人夫，不准少有停积，如遇货旺之时，不准藉端刁难，致干提究。

一、嗣后添造船只，不准放大尺寸，以期行驶便捷。

以上十条，疏通水道要公，各宜懔遵。切切。

光绪二十二年十二月初一日，勒石立于抽分厂。

钦加五品衔、督理浙江杭州盐粮水利总巡分府、加六级纪录十二次陆为晓谕申禁事。

查木业三公所向有议定规条，本极周备，乃年久疲玩，河道屡患阻塞。本分府巡察不严，忝负职守，心滋疚焉。兹特重申严令，将紧要数条示列于下：

一、查旧章，凡木植售定，当持成票同行户至公所挂号，然后掣签挨次运行，不能越次争先，永无拥挤之弊。访查近来各行户，每不先挂号，或藉口以木数无多，或藉口于路远琐屑，以致开载不能按次运行，相率效尤，成何事体。嗣后无论货之多少、路之远近，必先挂号，方准拖塘。倘仍抗违，照紊乱议罚，或有不服议罚等情，立即禀候提究。

一、查旧章，开载之日，责成行户查明字号，挨次公同掣签，当日起运，不准排夫停泊阻滞，立法可称尽善。岂料狡谲多端，近来竟有借签之弊，嗣后严查行户，倘有私弊将签子借与他人拖运，以及借者、受者各罚洋五拾元。此项罚款，由公所另设一柜存储封锁，以备挑河善举公用。倘有抗不遵罚等情，指名禀候提究。

一、查旧章，逢三、六、九，分期开载，每期木植必须本口拖清，以杜影射、搬运别仓诸弊，不得藉口只有数十余根，迟至次日补拖。违者议罚，拖夫严责。

一、查旧章，船东木西，各分各界，不准船排交错。倘船只向西，咎在船户；木排向东，咎在排夫。嗣后水道东西倘或混淆，严查提究。

一、查旧章，望江门外永昌坝每日出排壹百贰拾甲，无水之时必须雇人夫帮同拽出，总以不能少于此数为度。访查近来永昌坝每日出排不过数十甲，无水之时非特不肯添雇人手，而且坝夫远近旁观，一甲不出。由于该坝夫头把持勒索，惯成积习，其目无法纪，实堪痛恨。嗣后该坝夫头倘不知改悔，仍有前项情弊，立即扭送或禀候锁提，候讯明属实，即送县管押，将该坝夫头另行更换，以昭惩儆。

一、查旧章，外江之木拖入内河，催令排夫随撑，必不至阻碍水道。无如排夫刁悍性成，习于懒惰，访查近来排夫狡狯，竟与坝夫联为一气，喜于坝底前排停积，后排停止，不能先行，任意嬉游，遂成锢习。嗣后排夫倘与坝夫头通同设计，木排搁滞，查出一并提讯。或排夫于半途逗遛【留】，任催罔应，立即扭送。候讯明属实，重惩治，一并送县管押。准许卖客另雇排夫撑运，庶几挽回把持积弊。

一、省河狭隘，小贩木排往往停滞不撑，一经诘责，便推诿于行家，因木价未清，扣留候价，不准放行为词。嗣后小贩木排，如果木价未清，不准拖下塘河，既以下河，即当驱逐，迅速撑行，不得藉端停滞。倘仍故违，先提排夫讯责，并查该行户、商人等，一并提究。

一、查旧章，木排极多之年，漂泊江心，忽然风潮大作，虑其冲散，不能待三、六、九开载。同治年间，前抚宪杨曾饬前分府潘发筹壹百支，名曰救灾筹，若风狂潮涌，即发此筹以救之，限三日缴筹，过期议罚。现查公所尚有旧筹存储，自宜随时察看情形，循旧办理，一面发筹、一面禀报本分府署备案，不得藉口于匆忙，迟至次日补禀。如木植过多，内河不能尽容，必须租地，暂行起岸堆积，随行陆续扎排分运，庶于水道无碍。查旧筹，宜加盖火烙印，以示区别而杜伪造，此筹为救灾而设，不得轻率发筹，宜绝影射诸弊。

以上各条，皆良法美意，永宜守遵，并非添创新例，苛刻为治，务各懔遵毋违，切切。特示。

光绪二十八年七月二十四日示。

徽河取树告示

钦加同知衔、赏戴花翎、特授池州府青阳县、调署徽州府歙县正堂、加十级纪录十次张为给示谕禁事。

据徽属木商公所董事、五品衔、浙江补用知县余家鼎，生员程谦，木商江苏候补通判许钺、江苏候补知县江仁组，指分浙江知县江家瑞、补用知县戴茂椿，职员巴树谦、江承纯、吴嵚、江绥青、余志承、金霭人，附贡生吴创基、宋育宏，职附贡生江城，生员程杰、汪行恕、汪权泰，监生程怀维、程炳章、吴万福、詹礼顺、臧文焕、周秉光、程金声、戴兆祥，抱呈齐升禀称：窃徽港木植运往浙江，被水冲坏，事常有之，近畔村人沿河捞取，亦非今始，其事不过备价向赎，以酬其捞取辛工，从未有居奇勒索、持械逞凶如此次之甚者。不思物各有主，如斯木植，来自千山万水，一路逢卡捐厘，成本浩大，实为身家性命所关，当时非叩冰案，势必酿成巨患。董等由今思远，虽蒙已往之恩，还抱将来之虑。何则？木被水冲，其事递年不免，讼构目前者暂，祸生日后者长，欲解此结，除非定章。董等仰体宪怀，俯恤商艰，欲民无讼，求将本案所断赎价，照同治间浙江前抚宪杨批定章程，正木每根酬英洋叁分、尖木每根酬英洋壹分，作为定章。嗣后徽港近河地方捞取水冲木植，照章取赎，不准将木裁截藏匿并居奇勒索等弊，似此被灾者不至尽归乌有，即捞取者亦不无裨益。章定一时，恩周百世。为此禀请给示，俾众周知，而杜争端等情到县。据此，除批示外，合行给示谕禁。为此，示仰沿河各保居民诸色人等一体知悉，嗣后倘有水冲木植漂至各村河边，随时代为捞取收存，听候木商照章备价取赎。惟不得居奇勒索，亦不准将木裁截藏匿。如敢故违，一经察觉，或被告发，定即提案，从严惩办，勿谓言之不预也。各宜懔遵毋违，切切。特示。

光绪二十八年七月二十五日示。

钦加同知衔、特授江南徽州府休宁县正堂、纪录十次龄为给示晓谕事。

据徽属木业董事五品衔、浙江补用知县余家鼎，江苏补用通判许钺、候补知县江仁组，指分浙江知县江家瑞、补用知县戴茂椿，职员巴树谦、余志承、江承纯、吴嵚、江绥青、金霭人，贡生吴创基、宋育宏，职附贡生江城，生员汪行恕、汪权、吴本诚，监生余焕章、程金声、程炳章、詹顺礼、臧文焕、周秉光禀称：窃徽木一货，在山办做，山险难搬，由河开行，河险难放，千山万水，经年累月，逢卡捐厘，运到浙江。山河之水易涨易退，长【涨】则洪水骤至，退则石壁干滩，每多搁在河中，不在［?］开放，一被水冲，即分漂去，木本折耗，亏苦难言，事常有之。近河村民捞获水冲漂木者，董等备价向赎以酬其劳，间有阻挠。于同治十年禀奉前浙江抚宪杨批，以木簰在河，运放维艰，扎系各件，日久损坏，被水冲散，系属实在情形。近河村民捞获漂木者，存候木商取赎，正木每根着认酬捞力洋叁分、尖木每根认酬捞洋壹分，不得藉捞捐赎，居奇勒索，截解藏匿，似在被灾者不至尽为乌有，则捞获者亦不无沾利，事属两益。从此作为定章，仰即遵照，以杜争端而维商务。等因。由此，浙河有人捞获漂木者，董等遵章向取，迄无争执。去年春夏，歙、休河中冲散甚多，近河村坊捞获漂木者，董等往取，因被土棍从中把持，捐不与赎，将木截解藏匿，前向理阻，持械逞凶，不思此木实为商人身家性命所关。不得已禀，沐歙邑尊仰体商艰，出示劝谕，照章取赎，不得居奇勒索，亦不准截解藏匿。此时获捞水冲漂木之人始允回赎。第此事歙邑既有此示谕，嗣后捞获，照章取赎，不致争端。惟休邑境内河沿村民及船户诸邑【色】人等将来捞获漂木，董等照章备价向取，正木每根酬洋叁分、尖木每根酬洋壹分。恐其藉捞勒索、滋生事端，为此思患预防，粘叩恩鉴，俯恤商艰，赏准给示晓谕。嗣后如有捞获水冲漂木者，务须存候董等遵照前章取赎，以保商本而杜争端，戴德上禀等情，并抄粘歙县告示到县。据此，除批村民捞获漂木，存候原户，给资取赎，徽河既有定章，应准给示晓谕，以保商民而杜争端。抄粘附榜示外，合行给示晓谕。为此仰沿河居民人等一体知悉，嗣后倘有水冲木植漂至该村河边，随时代为捞存，仍候木商照章备资取赎，该村民不得居奇勒索，亦不准截解藏匿。如敢故违，一经察出，或被告发，定即提案，从严惩办，决不宽贷。各懔遵毋违，切切。特示。

　　光绪二十九年三月初二日示。

具诉内河阻滞禀稿

禀为河有旧章，各宜遵守，剖叩明察，以杜蒙蔽事。

窃江干木排出售后，由外江运入内河，向章船东木西，立柱定界，兵燹时界柱被废。货船添造八百余号之多，船身放大，似此狭隘内河，即非运木之日，亦有阻滞之时。每逢开载日期，木排不能即行撑放者，皆由货船拦截于前。如能让开河路一条，则排可通行。凡排通行后，一往无回，船则交错无休，是排有碍于船者不过一日两日，而船有碍于排者时常如是。当日水利分府告示有谓："运木之日，不准货船拦截"。诚以木业同为国课大宗，必求两无所碍方为尽善。再惟外江沙地，上至闸口，下至秋涛宫，共计三千六百九十余亩，皆归木商完粮，而各货到埠，沙地必由，木商从不以此生端，何过塘行竟不思前想后，并不自咎船户之非，而徒归咎于木排，其居心不恕孰甚焉！为此剖叩大宪大人明察，向有旧章，各宜遵守。运木之日，货船不准拦截，排夫随装随放，毋得搁延，则河道自通，事出两全矣。顶祝上禀。

基地房产底据

一、黎殿臣临街直落屋一方：坐落仁和县会保一图兄字六十三号内，计税壹亩壹分壹厘壹毛，东至季家坟、西至官街、南至穆家墙后杨家坟、北至前李家屋地后王家坟。乾隆九年七月置。

一、李相臣临街屋地两间：坐落仁和县会保一图兄字六十八号内，计地壹分贰厘伍毛，东至黎家墙脚、西至官街、南至黎家地、北至本家墙外至王家屋。乾隆九年七月置。

一、穆衡三临街直落土墙石脚连地直落壹带：坐落仁和县会保一图兄字六十四号内，计地肆分肆厘，东至黎家地、西至官街、南至前翁家屋后翁家地、北至黎家地。乾隆九年七月置。

一　胡景韶等本宅石门外封墙墙脚基地壹带：坐落仁和县似兰一图比字八十一号内，计基地直八弓五分、横四尺，前至文公院墙脚地、后至本家正屋石门、左至文公院屋、右至本宅出入巷塘。乾隆十六年置。

一、潘天麟厅房屋一所：地壹亩柒分壹厘，坐落仁和县似兰一图比字号内，前至官街、后至官路、左至本家墙、右至胡家墙，四围墙垣、沿街石板俱全。又连左首征地壹亩肆分玖厘零，又屋后六种菜地贰拾壹亩，自比字一百九十八号至二百八号止，东至官路、西至官河、南至官巷、北至官河，其地上段落并楼屋四间及桑园树木，遂【逐】一开明于后。乾隆十四年置。

一、曹阿氏五椽楼屋一间：坐落工【土】名似兰一图兄字六十九号，计地壹亩正又玖分陆厘陆毛，东至官街、南至买主屋、西至买主地、北至孙家屋。乾隆二十三年置。

一、汪振川场坞基地大小二块：坐落钱塘县栅外一图化仙桥塘上成字二百二十二号、三号、四号，计税办粮征地共壹亩零捌厘，东至倪家地、南至官街、西至陈家地、北至官河。又外江塘口基地一块：坐落成字二百零三号内，计地壹分壹厘，东至陈家地、南至官江、西至刘家地、北至官街，其地土名新地坞外塘。乾隆十年置。图载后。

一、祝怀德新地坞沿江一块：坐落钱邑仁一庄成字二百零三、四号内，共计基地陆厘伍毛零。道光十四年置。图载后。

一、道光十年运课两商派完沙粮议据一纸存匣。运商即徽、浙两商也。

一、文公院背后上首菜地，横十五弓、直十五弓，计地玖分叁厘。执照存匣。

一、文公院户基地、菜地，计贰拾贰亩壹分肆厘伍毫捌丝正。执照存匣。

以上各据，于光绪廿八年婺源江春初裔孙交入公所。

一、王春泉基地：坐落仁邑似兰区图比字号内，土名候潮门外驾回桥上首，坐东朝西临街基地两间，计地壹分捌厘正，东至钱姓界、西至官街、南至金姓地界、北至郭姓地界。光绪十四年置。

一、黄永泉基地：坐落仁邑似兰区图内，土名驾回桥上辄辂大街，坐东朝西，计基地贰分贰厘壹毛正，上至胡姓墙脚毗连、下至陈姓饭铺墙毗连、里至严姓墙脚、外至公所对面大街为界。光绪廿九年置。

一、陈郑氏、陈镇鳌户下屋地一所：计六椽暗阁楼两间，又屋后平厢房两间，屋后墙内竹园一方。又批本产屋地两间：计门面五弓半，计征地肆分贰厘伍毛，坐落仁邑似兰区图，土名候潮门外驾回桥上首辄辂大街，东至陈再兴地界、西至官街、北至文公院界、南至文公院界。光绪三十年十一月置。

一、王何氏：仁邑似兰图，土名候潮门外驾回桥上首，坐东朝西临街七椽楼屋两间，随身灶披过廊，园内平屋六椽，南首墙垣上连椽瓦门窗板壁，前后街沿散石鼓，一应在内。光绪十四年十一月置。

一、光绪二十二年文公院户执照一纸：坐落仁邑似兰区图内，土名候潮门外驾回桥，坐西朝东荒地壹亩伍分，东至官街、南至朱姓、西至俞姓、北至浙东公所。

一、元利布店产：坐保佑坊天字号内，基地壹分陆厘捌毛捌丝正。光绪三十三年补给执照存匣。

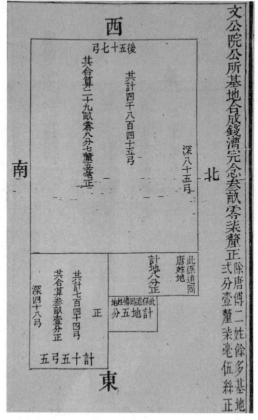

北首迤东有地二方，共计税壹亩叁分正，兵燹后被唐、傅二姓占去，已失多年。癸卯年，董事余彝伯查出控追，经仁和县萧邑尊批准，收回过户，承粮立案。查原地东至官街、西至官河、南至官巷、北至官河，均系文公院业。当日婺源江村江扬言先生贤乔梓，陆续将各姓基地配来，始克方整，后人宜极力保全，弗再为他族侵占是幸。

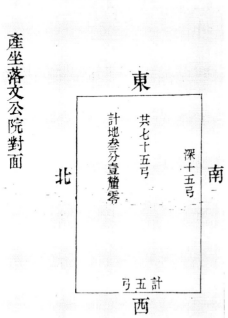

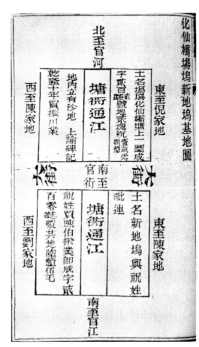

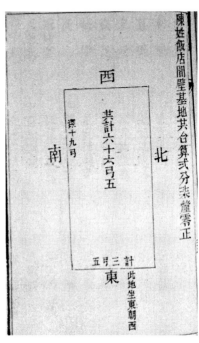

戊申同义兴木行代收沙粮、木捕总目

收恒发祥沙粮捐洋壹元陆角玖，又木捕捐洋肆钱伍。

同有道	伍元肆钱伍	壹元肆钱伍
道生	捌钱柒	贰钱叁
永康	壹元叁钱叁	叁钱伍
利兴	捌钱柒	贰钱叁
同有道	壹元玖钱玖	伍钱叁
同乾益	叁元伍钱	玖钱叁
同茂昌	壹元柒钱伍	肆钱陆
立元	贰元叁钱壹	陆钱壹
同茂昌	壹元柒钱玖	肆钱柒
利成	贰元零伍	伍钱伍
其美	肆元贰钱玖	壹元钱肆
立元	贰元陆钱捌	柒钱壹
森记	贰元柒钱捌	柒钱肆
松字	贰元陆钱柒	柒钱壹
又	贰元柒钱玖	柒钱肆
永隆泰	肆元玖钱壹	壹元叁钱壹
天泰成	壹元叁钱	叁钱肆
汪新茂	伍元肆钱叁	壹元肆钱伍
道生	贰元叁钱陆	陆角叁
又	玖钱玖	贰钱陆
又	壹元柒钱伍	肆钱陆
又	玖钱伍	贰钱伍
永大昌	伍元柒钱陆	壹元伍钱叁
天泰成	贰元捌钱肆	柒钱伍
又	壹元柒钱柒	肆钱柒
来兴	贰元肆钱玖	陆钱陆
汪新茂	叁元零贰	捌钱
同乾益	肆元钱壹	壹元零玖
长茂	壹元零叁	壹钱柒

益三	壹元叁钱捌	叁钱陆
万昌鸿	拾贰元玖钱叁	叁元肆钱肆
又	肆元柒钱肆	壹元贰钱陆
永同泰	贰元贰钱伍	陆钱
又	肆元陆钱	壹元贰钱贰
福隆	肆元贰钱叁	壹元钱叁
和同泰	壹元柒钱伍	肆钱陆
又	捌钱柒	贰钱叁
广孚	肆元伍钱贰	壹元贰钱
又	叁元贰钱伍	捌钱陆
永大昌	贰元钱叁	伍钱陆
同三	壹元柒钱	肆钱伍
本利	壹元贰钱玖	叁钱肆
恒发祥	伍元肆钱肆	壹元肆钱伍
又	伍元肆钱肆	壹元肆钱伍
同永大	贰元贰钱壹	伍钱玖
同茂昌	贰元钱壹	伍钱陆
利元	玖钱玖	贰钱陆

两共付洋壹百柒拾陆元叁角肆分。

戊申　六月　谦手收洋贰拾元，又收垫水灾捐洋拾元。
　　　　　　汝手收洋拾元。
　　　　十二月　有手收洋叁拾元。
己酉　　　　共收洋壹百零陆元叁钱肆分，合讫。
　　　　　　有手共收洋壹百叁拾陆元叁钱肆。

上存未注。

戊申年同茂兴木行代收沙粮、木捕总目

收昌记印沙粮捐洋贰元捌角肆，又木捕洋柒角陆。

同大昌	贰元壹角肆	伍钱柒
汁字	贰元柒钱陆	柒钱叁
采字	伍元陆钱叁	壹元伍角
恒字	叁元零陆	捌角壹
晋昌文	壹元叁钱伍	叁钱陆
同福泰	伍元零肆	壹元叁钱肆
茂春	陆元柒钱壹	壹元柒钱玖
同福泰	陆元捌钱陆	壹元捌钱叁
同福泰	伍元贰钱捌	壹元肆钱壹
汪培记	叁元捌角伍	壹元零叁
又	叁元壹角贰	捌钱叁
汪利川	贰元贰钱陆	陆钱
永大昌	贰元肆钱壹	陆钱肆
进发	肆元伍钱肆	壹元贰钱壹
培根	贰元零伍	伍钱伍
源泰	壹元零肆	贰钱捌
正茂	壹元壹钱捌	叁钱贰
万集	陆元贰钱玖	壹元陆钱捌
恒发祥	叁元零贰	捌钱
同福泰	贰元叁钱肆	陆钱贰
张慎昌	壹元零壹	贰钱柒
同福泰	肆元叁钱陆	壹元壹钱陆
恒发祥	壹元柒钱肆	肆钱陆

两共付洋壹百零贰元肆钱叁分。

戊申

　　　　十月　有手收洋伍拾元，收付保商公会陆拾元，收付水沙叁元贰钱。
　　　　有手共收洋壹百拾元。

上存未注。

同福兴行：上存沙粮捐洋壹百叁拾元零捌角陆分叁。
前德昌隆行：上存沙粮捐洋壹百拾壹元玖角肆。

戊申德昌隆木行代收沙粮、木捕总目

收程金茂沙粮捐洋贰元陆钱玖分，又木捕捐洋柒钱贰。

詹泰来	贰元捌钱壹	柒钱伍
姚永昌	壹元陆钱柒	肆钱伍
恒发祥	叁元柒钱	玖钱玖
周吉生	壹元贰钱贰	叁钱叁
周森盛	玖元捌钱壹	贰元陆钱贰
恒发祥	壹元肆钱伍	叁钱玖
胡生大	贰元柒钱壹	柒钱贰
詹茂盛	柒钱玖	壹钱壹
詹长茂	肆元叁钱	壹元钱肆
汪大茂	肆元叁钱陆	壹元钱陆
程福隆	叁元钱肆	捌钱肆
同乾益	肆元叁钱	壹元钱伍
詹泰来	叁元陆钱肆	玖钱柒
同怡和	陆元钱伍	壹元陆钱肆
詹兴隆	钱捌	伍［?］
汪道生	叁钱玖	钱［?］
和同泰	伍元柒钱叁	壹元伍钱叁
恒发祥	壹元伍钱叁	肆钱壹
王松茂	壹元贰钱壹	壹元陆钱伍
义生	玖钱陆分	贰钱伍
詹长茂	壹元伍钱肆	伍钱壹
同怡和	壹元玖钱肆	肆钱壹
长发祥	叁元捌钱陆	壹元零叁
王松茂	叁元贰钱	捌钱伍
同乾益	陆元叁钱柒	壹元柒钱
汪新茂	叁元陆钱壹	玖钱陆分
王松茂	柒元叁钱伍	壹元玖钱陆
汪生大	壹元陆钱肆	肆钱肆
查金益	肆元贰钱叁	壹元钱贰

王万茂	贰元陆钱捌	柒钱壹
程全茂	伍钱贰	贰钱肆
姚永昌	贰元柒钱壹	柒钱贰
吴俊兴	贰元陆钱叁	柒钱
张慎昌	叁元钱叁	捌钱叁
王万利	壹元玖钱贰	伍钱壹
王恒裕	贰元	肆钱捌分
汪进大	叁元玖钱捌	壹元零陆
汪有生	叁元陆钱叁	玖钱陆
王长茂	叁元叁钱伍	捌钱玖
王理记	伍元叁钱捌	壹元肆钱叁
詹茂盛	叁元零肆	捌钱壹
戴利成	叁元玖钱肆	壹元零肆
胡美昌	肆元贰钱玖	壹元钱肆
邱大祥	捌元陆钱捌	贰元叁钱壹
合记祥	伍元捌钱伍	壹元伍钱陆
利人	伍元钱伍	壹元叁钱柒
朱记	贰元钱	伍钱柒
同怡和	叁钱叁	玖分
进发	壹元伍钱贰	肆钱壹
姚怡昌	伍元伍钱	壹元肆钱柒
吴俊兴	贰元钱壹	伍钱肆
姚永昌	贰元伍钱玖	陆钱玖
德利	叁元钱伍	捌钱肆
恒发祥	陆元零肆	壹元陆钱壹
张慎昌	壹元肆钱捌	叁钱玖
合记祥	贰元肆钱玖	陆钱陆
裕泰	贰钱	伍〔？〕
詹茂盛	陆钱伍	钱柒
汪恒泰	叁元伍钱	肆钱叁
詹长茂	肆元零贰	壹元零柒分
德兴	叁元贰钱肆	捌钱捌
姚怡昌	叁元叁钱	壹元叁钱玖
同怡和	伍元贰钱壹	捌钱捌
合记祥	壹元钱柒分	叁钱壹
吴茂生	叁元肆钱	玖钱壹
启祥	贰元玖钱陆	柒钱玖
合记	贰元柒钱壹	柒钱贰

永同泰　　　　　贰元肆钱陆　　　　　　　　陆钱陆

两共付洋贰百捌拾叁元玖角叁分。

又上该洋拾贰元陆角贰。

戊申　六月　谦手收洋叁拾元，又收垫水灾捐洋叁拾元。

　　　　　十二月　有手收洋伍拾元，收付水沙洋捌角。

己酉　又二月　收洋叁拾元。

　　　　　五月初二　收洋伍拾元。

有手共收洋壹百叁拾元。

仍存洋壹百零五元七钱伍。

戊申巽记木行代收沙粮、木捕总目

收同大成沙粮捐洋壹元玖钱捌分柒，又木捕捐洋伍钱叁。

吴道生	叁元贰钱叁	捌钱陆
程永康	贰元	伍钱叁
同有道	玖钱肆	贰钱伍
詹森茂	壹元钱	贰钱玖
汪协茂	伍钱叁	钱肆
吴裕茂	柒元叁钱壹	壹元玖钱伍
詹茂春	陆元钱贰	壹元陆钱
汪立生	陆元叁钱玖分肆	壹元柒钱
同大成	肆元钱贰分伍	壹元钱
詹森茂	壹元叁钱捌	叁钱柒
吴广茂	伍元肆钱叁	壹元肆钱伍
永祥	壹元柒钱肆	钱捌
春和	壹元陆钱	肆钱叁
同有道	肆元零肆	壹元零柒分玖
同永大	陆钱壹分伍	钱陆
吴裕茂	伍钱陆分	钱伍
鼎兴	贰元陆钱陆	柒钱壹
同永大	伍元玖钱贰	壹元伍钱
吴裕茂	捌元叁钱陆	叁元叁钱肆
永祥	贰元捌钱玖	玖分
永元	壹元贰钱捌	伍钱壹
永祥	叁钱叁	柒钱柒
江克昌	陆元柒钱伍	壹元捌钱
春和	柒元玖钱捌	柒钱柒
和立生	叁元玖钱叁	壹元零伍
江仁字	伍元贰钱	壹元叁钱玖
詹生财	叁元玖钱陆	壹元零伍
王立生	叁元陆钱	玖钱陆
詹福茂	壹元肆钱柒	叁钱玖

三益祥	壹元肆钱伍	玖钱柒
又	贰元贰钱壹	
程福隆	肆元陆钱陆	壹元贰钱肆
同永大	陆元	壹元陆钱
方永兴	贰元捌钱壹	柒钱伍
王万邦	拾元零肆钱肆	贰元柒钱捌
吴广茂	壹元柒钱	伍钱
春益	肆元肆钱	壹元钱柒
江立生	壹元钱柒	叁钱壹
江仁字	壹元钱贰	贰钱
江克昌	壹元陆钱捌	肆钱伍
王万邦	贰元钱柒	伍钱捌
元利	肆元肆钱贰	壹元钱捌
詹生财	壹元捌钱伍	肆钱玖
三益祥	贰元叁钱贰	陆钱贰
吴广茂	壹元叁钱陆	叁钱叁分伍
利元	伍钱陆	钱伍
王万邦	肆元捌钱叁分伍	壹元贰钱玖
同永大	叁元陆钱	玖钱陆
江克昌	柒钱伍	贰钱

两共付洋贰百元零捌钱玖分。

戊申	有手收付严州洋贰拾元	收洋贰元
	收洋贰拾肆元	收洋贰拾元
	收洋拾元	收洋贰拾元
	收洋拾元	
己酉	收洋贰拾元	收洋壹百元
	有手共收贰百贰拾陆元。	
	上存未注。	

戊申年裕大木行代收沙粮、木捕捐洋总目

收顺鼎泰沙粮捐洋叁元钱捌，又木捕捐洋捌钱伍。

宋义成	叁元零捌	捌钱贰
吴广茂	肆元肆钱叁	壹元钱捌
朱立元	柒元钱捌	壹元玖钱壹
宋有兴	叁元叁钱壹	捌钱玖
和泰昌	陆元柒钱肆	壹元捌钱
詹茂春	柒元肆钱贰	壹元玖钱捌
詹森盛	玖元肆钱柒	贰元伍钱叁
戴源泰	肆钱捌	钱叁
詹德盛	壹元叁钱肆	叁钱陆
江道生	玖钱壹	壹钱肆
詹春盛	伍元钱柒	壹元叁钱捌
詹永泰	柒元捌钱玖	贰元钱壹
洪旺兴	贰元零肆	伍钱肆
松字	伍元壹钱壹	壹元叁钱玖
詹茂春	拾玖元玖钱壹	伍元叁钱陆
永隆泰	贰元捌钱叁	伍钱柒
王松茂	拾贰元叁钱柒	叁元叁钱壹
朱立元	肆钱叁	钱壹
詹同昌	肆钱肆	钱贰
戴源泰	贰元壹钱玖	陆钱壹
江盛兴	肆元陆	壹元壹钱叁
启三	伍钱	钱叁
詹进发	玖钱玖	壹钱陆
詹叙盛	玖钱伍	壹钱伍
洪永和	壹钱	伍分
洪万昌	壹元肆钱贰	贰钱捌
詹茂春	贰拾肆元壹钱壹	陆元肆钱伍
戴恒泰	伍元陆钱壹	壹元肆钱玖
汪大详	壹元捌钱伍	肆钱玖

| 詹森盛 | 玖钱叁 | 壹钱伍 |
| 松字 | 壹元柒钱捌 | 肆钱柒 |

两共代收沙粮、木捕捐洋壹百捌拾捌元钱。

戊申十月初六　收洋伍拾元有手。
　　　　　十一月　　收洋肆拾元有手。
　　　　　收垫水灾捐洋叁拾元谦手。
　　　　　收付水沙洋贰元贰钱。
　　　　　收付介堂手洋肆元。
己酉　有手收洋叁拾元。
　　收付保商公会洋陆拾元。
　　收洋伍拾元。
　　有手共收洋贰百叁拾元。
　　上存未注。

同懋生行：上存沙粮、木捕（捐）洋叁百零壹元柒角伍。
吴同大行：上存沙粮、木捕捐洋壹百零玖元玖角肆。

戊申年同利兴木行代收沙粮、木捕总目

收美昌印沙粮捐洋伍角捌，又收美昌印木捕捐洋壹角陆。

合记	壹元伍钱伍	肆角壹
同益祥	伍元贰钱陆	壹元肆钱
成福	叁元肆钱叁	玖角壹
利字	壹元陆角陆	肆钱肆
詹茂春	肆元陆角肆	壹元贰钱肆
松字	叁元贰钱柒	捌角柒
林源	壹元伍钱肆	肆角壹
许源来	陆元贰钱陆	壹元陆角陆
同裕祥	壹元零柒	贰角捌
怡盛祥	玖元钱贰	贰元肆角叁
詹茂春	伍元柒角陆	壹元伍角肆
同有道	伍元肆钱	壹元肆角肆
又	叁元零伍	捌角壹
源有	陆角柒	壹角捌
松字	拾叁元捌角	叁元陆角捌
又	陆元钱捌	壹元陆角伍
贾裕隆	肆元伍钱叁	壹元贰钱壹
吉生	陆元叁钱	贰元零叁
成福	叁元贰钱捌	捌角捌
吴双利	拾壹元柒角陆	叁元钱肆
广信	叁元玖角贰	壹元零肆
天泰成	壹元肆角柒	叁角玖

两共付洋壹百叁拾贰元柒角。

收付水沙共洋贰元陆角。
收汇木捕房租洋陆拾元。
己酉二月初八　收付严州公所洋拾元。
　　　　　　　有手共收洋柒拾元。
上存未注。

同日升行：上存沙粮捐洋叁拾玖元叁钱伍分捌。

戊申隆记木行代收沙粮、木捕总目

收王万茂沙粮捐洋叁元捌钱肆，又木捕捐洋壹元零贰

永茂	贰元肆钱	陆钱肆
王森盛	贰元伍钱	陆钱柒
王裕茂	壹元钱柒	叁钱壹
汪生	伍元捌钱	壹元伍钱肆
詹世昌	伍钱	壹钱叁
周振兴	叁钱玖	钱［?］
王林泰	叁元钱壹	捌钱叁
江恒芬	陆钱肆	钱柒
同大成	贰元伍钱贰	陆钱柒
恒发祥	壹元柒钱	肆钱伍
同兴泰	伍元捌钱叁	壹元伍钱陆
汪隆茂	陆钱玖分	钱捌
程福隆	叁元柒钱壹	玖钱玖
程荣利、程春利	肆元零肆	壹元零捌
王恒裕	壹元伍钱肆	肆钱壹
同福生	贰元肆钱叁	陆钱伍
和同泰	肆元壹钱肆	壹元钱叁
吴俊兴	壹元陆钱壹	肆钱叁
汪共生	壹元陆钱叁	肆钱肆
汪隆盛	贰元壹钱	伍钱玖
允大	壹元钱壹	叁钱
程发太	肆元肆钱肆	壹元肆钱伍
程全太	壹元贰钱伍	叁钱叁
有原	壹元柒钱陆	肆钱柒
汪永生	肆元零肆	壹元零捌
查金益	叁元肆钱叁	玖钱贰
汪震春	壹元陆钱叁	肆钱叁
程金声	陆钱玖	钱捌
洪信昌	肆元柒钱	壹元叁钱陆

合记祥	柒钱	钱玖
江克昌	柒元肆钱捌	贰元
贾裕隆	壹元捌钱壹	肆钱捌
韩金发	捌钱	贰钱贰
詹金茂	伍元贰钱贰	壹元叁钱玖
合记祥	贰元肆钱玖	陆钱陆
程福隆	肆元叁钱玖	壹元钱柒
和同太	贰钱贰	陆分
汪福盛	肆元零玖	壹元零玖

两共付洋壹百叁拾元零伍角。

十月初七　有手收洋贰拾元，十一月十五　收洋捌拾元。

己酉四月初十　收洋贰拾元。

　　有手共收洋壹百贰拾元。

上存未详。

江同和木行：

戊申五月终　揭该沙粮、木捕洋拾肆元钱陆。

　　　　　　六月　　谦手共收贰拾捌元伍钱玖，收付忻梅洋捌角。

又付戊申年沙粮、木捕洋拾玖元伍钱捌。

己酉五月　　有手收洋贰角。

　　仍该洋肆元钱伍。

戊申生记木行代收沙粮、木捕总目

收查金益沙粮捐洋壹元钱贰,又木捕捐洋贰钱玖。

詹新茂	伍元肆钱玖	壹元肆钱陆
吴道生	贰元玖钱壹	柒钱柒
程利祥	叁元捌钱伍	壹元零陆
庄兴文	肆元柒钱柒	壹元贰钱柒
义盛	肆元肆钱贰	壹元钱捌
王利和	贰元捌钱肆	柒钱伍
张合兴	叁元柒钱玖	壹元零壹
曹源兴	陆元伍钱陆	壹元柒钱伍
叶德字	壹元陆钱肆	肆钱叁
松字	陆元叁钱肆	肆元叁钱陆
查金益	叁元伍钱贰	玖钱肆
同兴怡	壹元陆钱捌	肆钱肆
庄兴文	柒元陆钱贰	贰元零叁
汪大有	叁元玖钱伍	壹元零伍
詹茂春	陆元肆钱捌	壹元柒钱贰
程起东	拾伍元肆钱	肆元钱壹
张裕源	壹元肆钱肆	叁钱捌
洪茂兴	叁元捌钱壹	壹元零壹
徐允记	壹元捌钱贰	肆钱捌
詹发盛	玖钱壹	贰钱肆
谢立大	陆元柒钱肆	壹元柒钱玖
查金益	肆元伍钱肆	壹元贰钱壹
松字	叁元贰钱	捌钱伍
詹泰来	叁元肆钱柒分	玖钱壹
王森发	柒元贰钱柒分	壹元玖钱肆
财成	柒元肆钱柒分	壹元玖钱玖
詹和兴	肆元陆钱陆分	壹元贰钱肆
程起东	拾元零捌钱	贰元捌钱捌
汪林源	伍元玖钱柒分	壹元伍钱玖

程荣茂	玖钱玖分	贰钱陆
方集顺	壹元零陆分	贰钱捌
王春山	壹元陆钱壹	肆钱贰
程广孚	陆元伍钱贰	壹元柒钱肆
汪春记	肆元陆钱捌分	壹元贰钱伍
江怡和	拾元零钱肆	贰元柒钱
詹茂盛	肆元零柒分	壹元零柒
利大成	陆元零柒分	壹元陆钱贰
余恒兴	贰元肆钱捌分	陆钱陆
胡德盛	肆元贰钱	壹元钱贰
永顶亨	壹元柒钱柒	肆钱柒
和兴	叁元柒钱伍	壹元
松字	捌元壹钱	贰元钱陆
庄兴文	壹元钱玖	叁钱壹
源升	壹元伍钱柒	肆钱壹
汪允成	壹元陆钱壹	肆钱叁
程森茂	壹元玖钱玖	伍钱叁
罗立本	贰元钱伍	伍钱柒
詹茂春	壹元钱陆	叁钱壹
汪大有	壹元零壹	贰钱柒
程德利	贰元贰钱贰	五钱玖
和泰顺	肆元钱	壹元零玖
罗立本	柒钱伍	贰钱
怡昌	贰元肆钱贰	陆钱肆
张裕源	柒元陆钱陆	壹元陆钱
张合兴	贰元叁钱陆	陆钱叁
詹森茂	肆元叁钱陆	壹元钱陆
同德利	壹元贰钱肆	叁钱叁
姚永昌	壹元柒钱捌	肆钱柒
朱如盛	贰元柒钱捌	柒钱肆
张恒兴	玖钱肆	贰钱伍
同德兴	贰元陆钱玖	柒钱壹
同德利	叁元钱	捌钱贰
程广孚	捌钱叁	贰钱贰

两共付洋叁百贰拾伍元玖钱陆分。

戊申十一月	有手收洋肆拾元，十二月收洋肆拾元、又除夕拾文。
己酉二月	收洋叁拾元，收付严州洋叁拾元。

　　　　五月　　　　收洋贰拾元，又捌拾元。
有手共收洋贰百伍拾元，仍存洋柒拾伍元玖角陆。
上存未注。

新地淤地租洋每年贰拾元自己酉起有手收洋拾元。
元利布店每月租洋叁拾元闰月减半。
自戊申九月至己酉五月有手共收洋贰百捌拾伍元。
朱小桢茶店每月租洋壹元伍角。
周时茂饭店每月租洋叁元伍角。
谦手经收。

排甲费

戊申八月至年终：

阜生	柒元叁钱伍
周发兴	洋叁元零捌
祥兴	伍元
宏兴	叁元钱伍
甡记	柒元肆钱玖

谦手共收洋贰拾陆元零柒分。

己酉正月至五月：

来泰	拾贰元
德隆	捌元
义泰	拾元零陆钱伍
何怡昌	陆元
福兴昌	捌元柒角伍
俞日宣	肆元贰钱柒

谦手共收洋肆拾玖元陆角贰分伍。

菜地 谦手经收

陶念八　每年租钱贰千肆百伍拾文
陈小瑞　肆千玖百柒拾文
张瑞春　陆千玖百文
胡成有　叁千肆百廿文
沈永高　捌千陆百捌拾文
唐双贵　肆千壹百柒拾文
张锦林　地伍分伍厘，壹千叁百肆拾文
傅在廷　贰千玖百肆拾文；又壹亩肆分捌厘，叁千陆百叁拾文
唐锦荣　租洋壹元
傅思有　租洋壹元
王发顺　租洋肆元

自戊申九月至己酉六月有手收账总目

共收各行沙粮、木捕捐洋壹千贰百捌拾贰元伍角肆分；

元利店租洋贰百捌拾伍元；

源兴、鼎裕庄洋贰百伍拾陆元零伍分仍存洋叁百元；

谦手交来水灾捐洋叁拾壹元叁角贰分；

新地淤租洋拾元。

以上共收壹千捌百陆拾肆元玖角壹分。

付账总目

共付严州公所洋叁百陆拾元　　汝宾手贰拾元在外；

木捕工资洋叁百肆拾壹　　戊八月至己五月并油火在内；

木捕房租洋陆拾元；

庆丰关洋壹百元，又席敬洋贰拾肆元，派认凉棚洋二元；

警察局洋贰拾元；

商务总会洋伍拾元；

保商公会壹百贰拾元；

水利分府戊腊、己蒲月节敬洋伍拾陆元；

救生局洋捌拾元；

戊申沙漕粮洋壹百零壹元；

己酉漕粮洋拾元；

谦记薪水并杂支洋壹百玖拾伍元；

有记薪水洋贰百元；

沙粮查数工资洋伍拾元；

谦手经办六月朔酒费洋玖拾陆元玖角玖分叁厘；

征信录刻字店洋叁拾元；

理书洋肆元，取回新地淤户管壹本；

理书并地保弓地两次，洋贰元贰钱伍分；

咏手众用洋柒元叁钱；

账箱、账簿并锁，洋壹元玖角伍分；

谦记议载车洋壹元；

商会茶房肆角；

有记车洋肆元玖角肆分。

以上共付洋壹千玖百拾柒元捌角叁分叁厘。

两比计共垫付洋伍拾贰元玖角贰分叁厘。

谦手戊申九月至年终收付各账

付去有手洋共壹百玖拾伍元；

付上存洋五元叁钱伍（分）柒；

付排甲洋贰拾陆元零柒分；

付朱、周店租洋贰拾元；

付菜地租共洋贰拾叁元钱。

收九月十五朱子诞辰献品洋柒角；

收十月朔焰口共洋伍元伍角；

收派西湖放水洋贰元；

收付纸店洋肆元；

收门丁厨房年包洋贰元；

收付砖匠洋贰元；

收付更夫洋贰元；

收付本身薪水洋贰百叁拾元；

收定己酉新年席洋捌元；

收绍酒洋贰元；

收杂支共洋肆元伍钱陆肆。

以上两比，是年仍存谦洋陆元柒角陆叁。

宣统元年正月至五月终收付各账

付上存洋陆元柒角陆叁；

付收正至五月排甲洋肆拾玖元陆角贰分伍；

付朱、周店租洋贰拾柒元伍角；

收拜年片洋肆角；

收各行贺年信力钱肆百文；

收找新年席洋肆元；

收烟洋壹元；

收柴米洋壹元；

收轿饭钱壹百廿；

收付家人厨房堂名洋玖角；

收付午节门厨包洋贰元；

收付更夫洋叁元；

收客茶烟洋贰元；

收修洋铁枧洋壹元贰钱；

收纸店印联捐票洋肆元；

收杂支共洋叁元零叁；

收付薪水洋陆拾元零玖角贰分捌厘。

收付合讫。

本年六月朔账 谦手经理

酒拾壹席，每捌伍洋陆拾叁元捌角；

贡菜堂名饭洋伍元；

酒洋叁元叁钱；

蒸笼壹元钱；

烟洋叁元叁钱，又钱贰百伍拾陆；

手巾洋叁角贰分，又钱贰百拾贰；

香烛炮贰元钱玖分，又钱柒拾文；

银锭洋肆角，又钱贰百廿；

茶叶钱叁百肆拾贰文；

柴米洋贰元；

烧馒洋贰元叁钱伍；

堂名洋陆元陆角；

酱油、醋洋叁角，又钱玖拾文；

茶箱洋贰元伍角；

厨房门丁洋伍角；

帮忙家人洋贰拾角；

堂名木捕家人点心并车饭共洋陆角，又钱肆百零捌文。

共付洋玖拾陆元玖角玖分叁。

思义堂征信录

清金文藻撰
清宣统三年（1911）石印本

目　录①

重建思义堂序　黄茂荫·· 1089

重建思义堂序　黄大镛·· 1090

安徽思义堂公牍　光绪十一年六月··· 1091

安徽思义堂公牍　光绪十一年七月··· 1092

思义堂刊征信录启··· 1093

思义堂田亩细数·· 1094

田义堂总章八条　光绪丁亥年厘定··· 1096

堂规　光绪丁亥年厘定·· 1097

思义堂收支总数·· 1098

　　光绪十三年丁亥收支总数··· 1098

　　光绪十四年戊子收支总数··· 1099

　　光绪十五年己丑收支总数··· 1100

　　光绪十六年庚寅收支总数··· 1102

　　光绪十七年辛卯收支总数··· 1103

　　光绪十八年壬辰收支总数··· 1104

　　光绪十九年癸巳收支总数··· 1105

　　光绪二十年甲午收支总数··· 1107

　　光绪二十二年丙申收支总数··· 1110

　　光绪二十三年丁酉收支总数··· 1111

　　光绪二十四年戊戌收支总数··· 1112

　　光绪二十五年己亥收支总数··· 1114

　　光绪二十六年庚子收支总数··· 1115

　　光绪二十七年辛丑收支总数··· 1116

　　光绪二十八年壬寅收支总数··· 1117

　　光绪二十九年癸卯收支总数··· 1119

　　光绪三十年甲辰收支总数··· 1120

　　光绪三十一年乙巳收支总数··· 1122

　　光绪三十二年丙午收支总数··· 1123

　　光绪三十三年丁未收支总数··· 1125

　　光绪三十四年戊申收支总数··· 1126

---

①　目录为整理者所加。

　　　宣统元年己酉收支总数 ·· 1128

　　　宣统二年庚戌收支总数 ·· 1129

附刊 ··· 1131

　　　附刊：兰盆会助捐诸君台衔 ··· 1131

　　　附刊：殓衣费助捐诸君台衔 ··· 1132

　　　附刊：协济盘枢费乐善诸君台衔 ······································· 1133

光绪十年至宣统二年给盘枢费名录 ·· 1135

计数 ··· 1141

附刊：协济会公储 ·· 1142

重建思义堂序

　　盖闻谊敦桑梓，异乡须念同乡；气重芝兰，凶事无殊吉事。我新安各属户口蕃滋，冈峦环峙，瘠土迥殊沃土，计乏谋生，离家差胜居家，业多服贾。慨夫天时莫测，世事无常，风餐露宿，征途每多客感之侵；阴伏阳愆，旅馆岂乏沉疴之染。或中年而溘逝，或晚岁而考终。有财者殡殓虽成，灵柩猝难旋里；无力者迁移莫定，遗骸渐至填沟。嗟乎！鹃啼洒血，他乡终滞孤魂；鹤梦迷云，故土未归旅榇。此思义堂公所之由建也。畯田刘公桃源望族，笋里经商，抱与人为善之怀，具见义勇为之概，特先倡议，旋即募捐。爰度地以为基，田开鸳陌；复纠工而举事，屋起鱼鳞；继乃栋宇落成，规模粗就。神所凭矣，两楹间栗主堪栖；鬼无馁尔，一岁中椒糈频奉。既构数椽为停棺之所，又择片壤为营葬之区，期定五年，功兴三节。此慎终之至谊，亦教孝之良模也。绣书詹君承管十余载，倍竭忠忱，收愿数千金，益充经费，兼以六邑司董之运筹，四方绅商之解囊，既积铢而累寸，自踵事而增华，堂基以弥扩而弥恢，规制以愈修而愈备。门墙耀日，阶前则石兽常蹲；屋宇连云，檐际则铜鸥矗立。盖自嘉庆壬申始，迄乎咸丰辛酉终，力尽营谋，法臻美善。噫！慰交情于生死异乡之灵魄，胥安丰祀事于春秋，羁旅之孝思始展，是思义堂之设，其有关于徽属者，洵仁至义尽矣。不意兵燹顿兴，沧桑忽变，焦土可怜，孰是栖神之所？残棺曷厝？谁为掩骼之谋？颓垣碎瓦之场，英魂抱恨；麦秀黍油之地，过客含悲。此乃气运之使然，非意计所能及。然而兴衰任运，举废在人；陈迹堪寻，畴不抚今。而吊昔遗基尚在，胡弗即旧而图新！用是遍集同乡士庶，广咨阖属绅商，值老成凋谢之余，自必别遴新董，幸前事可师之际，何难重整旧规！定议劝捐，卜期兴筑堂宇，重开上续五十年之盛典；规模再造，下垂千百世之丕基。泉壤衔恩，云礽戴德，岂不伟欤！岂不懿欤！

　　同治元年孟冬之月，北野黄茂荫撰。

重建思义堂序

　　安徽地瘠山多，素鲜可耕之壤，人多出外经营。其间游宦者不少，而业贾者尤多，即在浦左计之，殆不下数万人矣。独是离乡背井，千里经营，平生往返，既叹艰辛，设一朝溘逝，岂能狐死正邱、旅榇遽归故里乎？况夫客路谋生，清寒者众，草草薄殓，历时既久，渐至棺朽骨枯，填沟壑者有之矣。嘉庆十八年冬，畯田刘公倡议募捐建思义堂于南邑三十六图，诸同乡踊跃解囊，赞成善举。先是构屋数楹为停棺之所，继又置田数亩为埋葬之基。停棺定限五年，埋葬准期三节。盖以家有令子，五年中尽可扶柩还乡，即不幸而后嗣单微，三节间自必代为安葬。体恤人情，洞达世故，既有以慰异乡之灵魄，复有以全羁旅之孝思。噫！创是堂者其立法为尽善，而用心亦良苦矣。道光二年，刘公谢世，詹君绣书接管堂务，卓著勤劳；十六年春，绣书因年迈告退，程君介福、詹君锡章并掌堂事，大扩前模。虽历年捐数计收不下万余千文，然增建屋宇、续拓基田，需用浩繁，悉归正务，规模、制度亦递进而递臻美备。讵咸丰十一年冬，粤匪煽乱，土寇蜂起，而是堂乃遭毁圮。嗟乎！数间殡舍败瓦云埋，三尺泥封破棺露湿，有志之士所为对景伤怀，歔欷慨叹而不能自已也。兹幸全境肃清，允宜规复旧式，谨于今上御极之年小春谷旦，邀集同袍定议重建。喜遗基之尚在，兴筑非艰；即前事之可师，募捐尤易。行见鸠工集匠，堂宇重新，庶不负创始者之盛德，抑亦合属之光荣也夫。

　　同治元年十月中浣，休宁黄大镛志。

安徽思义堂公牍

为寄棺被刨，投求勘缉事。

切治下新场镇东南三十六图地方，建有思义堂安徽公所，傍连冢地，凡徽籍之物故于此，无力扶榇者代为埋葬，有力之棺寄停堂中以待回籍搬迁。事由职等经理，雇用潘震昌住堂看管。今六月初三日早，据潘震昌来称，昨初二夜四更后睡醒，闻后进响声，因即起身唤同家眷进内照看，见两厢停枢被刨，贼已逸去，追捕不及。职等前住查看行迹，贼从东北撬开后门进入东厢男殡房，刨窃李大源、叶长汝、关钟远、詹晓斋四棺，尚有程庆星一棺亦被凿损，尚未刨。窃贼复撬腰门，穿过正厅入西厢女殡房，刨窃胡朱氏、吴韩氏、吴刘氏、吴陈氏、陈胡氏五棺，尚有王余氏、曹戴氏、程费氏三棺亦被凿损，尚未刨窃。谅闻堂夫声喊，贼即从原路逃逸，当即报知营汛，地保季达夫、关信亦至一同看明。现由职等报知各家属查明殓物，另外开呈外，事关公所寄停棺枢刨窃多具，为开棺枢细号清单赴案呈报。伏乞公祖大人电鉴，俯赐勘缉，获犯严究，沾仁上呈。

光绪十一年六月初四日呈。

南汇县祁批：候诣勘并即饬捕严缉究办。该职员等仍将被窃何物迅速查明，据实开呈，毋迟。

安徽思义堂公牍

　　为案悬未破，再求比缉事。

　　窃遭恶贼刨窃安徽公所寄停棺柩，当经报蒙勘明，男女棺八具盖已离缝，三棺仅被凿损。奉将怠巡捕、保，责交勒缉。职等又将各家属开来殓物粘单呈投，复蒙比捕满堂获贼严办，稍解各家属痛愤之心。岂知捕役疲玩藐视，将今两月案悬未破。窃思堂中寄棺停放殡房，非野田浮厝可比，乃一夜连刨多棺，似非一二贼可知，苟能认真缉捕，何难获解？而该汛捕平日既疏于巡查，致贼胆肆炽，事后犹屡违钧谕，任赃犯消飏，虽奉严谕，仍然塞责。现在各家属以报案多时，日久更难破获，屡来堂中问信，不得不再备情投叩。伏乞公祖大人恩赐，再刻严比勒限，缉获赃贼，按律究办，以肃法纪而靖地方。顶祝上呈。

　　光绪十一年七月二十三日呈。

　　南汇县祁批：候比捕严缉，务获究办。

思义堂刊征信录启

　　《礼》曰："有其举之，莫敢废也。"思义堂创自嘉庆甲戌，赖乡先辈经营规画，以底于完全，前序中缕述之矣。同治纪元，诸同仁又踊跃输将，集捐万缗，重建堂宇。至光绪十三年夏，仿上海思恭堂章程定议，四邑轮流管理。善端所发，众志交孚，不数载即增田五十余亩，添造丙舍，诸废具举，成效昭然，信乎慕义者之众也。岁壬寅，藻读礼家居，荷诸君子不弃荜菲，公推主持堂务。承乏以来，赖诸同事襄赞，幸无贻误，惟斯堂重建已后，费用浩繁，皆出同乡善姓捐助，尚未刊行征信，经理者责无可辞。《中庸》云："无征不信，不信民弗从兹。"将光绪十三年至宣统二年逐年收支账籍汇列成册，镌印征信录，禀呈钧座，分送同乡，以示大信而昭慎重。自同治元年起，光绪十三年三月止，账籍概由胡君湄泉掌管，一俟交出，再行续刊。惟是编急于告竣，叙事草率，尚祈高明鉴谅为幸。

　　宣统三年六月，思义堂司董金文藻谨识。

思义堂田亩细数

思义堂田亩细数

南邑十九保三十六图壹百八十壹号，则田壹亩；
南邑十九保三十六图壹百八十壹号，则田壹亩贰分八厘贰毫；
南邑十九保三十六图壹百八十壹号，则田壹亩；
南邑十九保三十六图壹百八十贰号，则田壹亩叁分叁厘六毫；
南邑十九保三十六图壹百八十号，则田五亩叁厘；
南邑十九保三十六图壹百八十号，则田贰亩贰分；
南邑十九保三十六图贰百叁十壹号，则田贰分；
南邑十九保三十六图壹百八十号，则田贰亩叁分；
南邑十九保三十六图壹百七十八号，则田五厘；
南邑十九保三十六图壹百七十九号，则田壹亩叁分；
南邑十九保三十六图壹百八十号，则田五亩；
南邑十九保三十六图壹百八十九号，则田八亩壹分贰厘；
南邑十九保三十六图壹百九十号，则田七分七厘叁毫；
南邑十九保三十六图壹百七十八号，则田五亩五分五厘贰毫；
南邑十九保三十六图壹百八十贰号，则田五分六厘八毫；
南邑十九保三十六图壹百八十九号，则田壹分四厘七毫；
南邑十九保三十六图壹百八十号，则田四亩；
南邑十九保三十六图贰百四十四号，则田壹亩八分贰厘五毫；
南邑十九保三十六图贰百四十三号，池河壹分贰厘六毫；
南邑十九保三十六图壹百七十叁号，则田壹亩贰厘；
南邑十九保八十二图五百八十二号、五百八十九号，则田七分四厘七毫。
右田四十叁亩五分七厘六毫，田单概存新场胡湄泉处。

光绪十六年续置田亩细号

南邑十九保三十六图壹百七十七号，则田贰亩五分六厘八毫；
南邑十九保三十六图壹百七十六号，则田壹亩叁分八厘四毫；
南邑十九保三十六图壹百七十八号，则田壹分五厘八毫；
南邑十九保三十六图壹百七十叁号，则田壹亩八分五厘；

南邑十九保三十六图壹百七十贰号，则田贰亩六毫。

光绪十六年休宁吴梅溪捐助田亩 单名吴书升

南邑十九保廿八图五百叁十壹号，则田叁亩六分九厘八毫；
南邑十九保廿八图五百廿七号，则田壹亩九分；
南邑十九保廿八图五百叁十贰号，屯田叁亩壹分壹厘七毫；
南邑十九保廿八图五百廿贰号，屯田四亩叁厘；
南邑十九保廿八图五百叁十叁号，屯田四亩七分六厘三毫；
南邑十九保廿八图五百叁十号，屯田壹亩八分七厘九毫。

廿八图租户开列于后

一户康海三赁田六亩，言定常年完米豆四石八斗正；
一户张进基赁田五亩，言定常年完米豆三石五斗正；
一户申淡如赁田六亩，言定常年完米豆四石八斗正；
一户戴敬德赁田六亩，言定常年完米豆四石八斗正。
右租四户，计十七石九斗，休宁吴梅溪助。

光绪十八年续置田亩细号

南邑十九保三十六图四百廿五号，则田四亩七分；
南邑十九保八十八图贰百十壹号，则田七亩七分五厘五毫。
右田十贰亩四分五厘五毫，协济盘枢项下置。

光绪廿七年续置田亩细号

南邑十九保五十七图壹百八十叁号，则田四亩叁分四厘九毫；
南邑十九保五十七图六百五十九号，则田壹亩七分六厘二毫；
南邑十九保五十七图六百六十贰号，则田壹亩六分壹厘四毫；
南邑十九保五十七图六百六十叁号，则田贰亩壹分五厘一毫；
南邑十九保五十七图壹百八十贰号，则田壹分七厘；
南邑十九保五十七图六百六十四号，则田六分壹厘七毫；
南邑十九保五十七图壹百八十七号，池河贰分五厘六毫；
南邑十九保五十七图六百六十五号，池河壹分。

光绪三十一年续置田亩细号

南邑十九保三十六图壹百八十号，则田壹亩叁分。

田义堂总章八条 光绪丁亥年厘定

一、本堂为寄徽商旅槟、敦睦乡谊而设，额曰"思义堂"。

一、堂宇重建非易，端赖诸同人迭次捐款，以底于成。兹宜明定章程，讲求实际，以冀垂远。

一、本堂自今岁始，仿上海思恭堂规例，举歙县、休宁、婺源、绩溪四邑绅商轮流管理，每届二月初二日为交替之期。

一、义举愈推愈广，欲期规模之宏远，尤恃经理之得人。于司年中公举司总一位主持堂务。

一、在堂诸人各宜秉公办事，毋得始勤终怠。遇有应议事件，务必集思广益，捐除己见，善善从长。

一、本堂所入捐愿皆出自善信乐输，理以节省为主。所有修造动作并添办大件什物，悉宜公同商酌，切勿一意擅专。岁终如有赢余数至五百、千以上者，存典生息。

一、堂内各项开支必应实事求是，不得丝毫糜费。司年者每届正月中旬结清总账，即将全年收支细数开贴示众，并于夏季刊征信录分送同人，以昭大信。

一、本堂应用司账、值堂人等，由堂董秉公审择耐劳廉正之人量才试用，不得调剂亲友，应酬情面，致遭物议而造孽障。

堂规_{光绪丁亥年厘定}

一、值堂者每晨洒扫洁净，遇有到堂焚纸者，引至宝藏内焚化；勿得留顿过客醵饮、赌博、私吸洋烟。如违立即驱逐。

一、旅榇进出，司年者经理，惟的实保人方准给票。

一、棺木验明来票然后进堂，如有将别处棺木朦保进堂者，查明后责保人领出，并公同议罚。

一、棺木进堂分别男、女、孩棺，停寄即用白粉笔填写号数；嗣后三节，司年到堂对簿用朱漆笔填写原号，以免日久差误。

一、凡遇薄板四块及松板棺，随到随埋，不准进堂。

一、停棺不葬，本干例禁，向例五年为期；因念远隔数千里，原籍关信为难，兹议六年为期。过期不领者，本堂有义地代葬。

一、如非病故者之棺，不准入堂。

一、本堂水埠上、下大棺，每口给扛力钱四百文；南至扬辉桥、北至扶栏桥，给扛力钱八百文。另给堂役钱七十文。此外并无别费。

一、凡出堂棺木各自持票到堂，领者务要自认明白，恐有差误，为患不小。

一、埋葬乃慎重之事，所需石灰、石碑等物，司年预办齐集，届期公同细心核对注册，分别男、女、孩棺，各冢依次埋葬，每具给石灰二担，按号标立石碑，刊明姓字并干支、年号。

一、既葬之后，如有起棺带回者，至本堂报明亡人姓字、确对号数，切莫草率混起。光绪丁亥以后，葬者前和皆有券砖为证。

一、本堂专寄徽属旅榇，本地棺木概不准寄，如有恃强硬抛者，禀宪究治。

思义堂收支总数

光绪十三年丁亥收支总数

歙邑司事汪裕兴经收

计开

旧管：

以上银钱簿籍概存胡湄泉处。

新收：

收长生愿洋一百零二元，收又钱四十四千六百三十文；

收长生愿洋一百三十元，收又钱六十二千八百四十文；

收房租钱四千文；

收兑洋四十四元，收兑钱二千零四十文。

共收洋二百七十六元，共收钱一百十三千五百十文。

开支：

支三节祭菜，钱四千二百廿四文；

支收愿船钱、伙食，钱十九千一百文；

支兑出，钱四十五千一百六十文；

支桐油，钱五千五百文；

支揩油工，钱三千七百八十文；

支堂夫潘震昌辛资，洋九元、支又钱十二千零九十文；

支完钱粮，洋八元、支又钱二百九十六文；

支石匠工，钱四百文；

支义冢挑泥，钱七百廿文；

支种紫秧，钱五百文；

支石灰，钱三百五十四文；

支水作工，钱三千五百廿文；

支小工，钱九百八十文；

支建木，钱二千二百四十七文；

支木匠工，钱五百文；

支铜千，钱四百七十五文；

支兑出，洋二元；

支提还刨棺案费胡鼎茂经办，洋一百元、支又钱三千六百文。

共支洋一百十九元，共支钱一百零三千四百四十六文。

实存：

计存洋一百五十七元，计存钱十千零六十四文。

光绪十四年戊子收支总数

婺邑司事詹涌源经收

计开

旧管：

收上存，洋一百五十七元，收又钱十千零六十四文。

新收：

收桑梓捐，洋一百八十九元、收又钱一千六百八十文；

收兑，钱一百七十一千三百文；

收长生愿，洋一百三十九元、收又钱六十八千三百三十三文；

共收洋四百八十五元，共收钱二百五十一千三百七十七文。

开支：

支三节祭筵，钱六千七百文；

支堪舆选日，钱六百廿文；

支石碑、石珠，洋二元、支又钱一千九百四十文；

支石匠工，钱一千七百五十文；

支砖瓦、石灰、水作工，洋五元、支又钱七千五百文；

支司更，钱九百八十文；

支给朱姓，钱二千八百文；

支铁钉、铁钩，钱二千二百九十文；

支铜锡器，钱三千二百廿文；

支施女棺，洋十三元；

支殓衣，钱四千三百九十文；

支包造穿堂，洋五十元；

支珠灯，洋一元七角；

支修玻璃灯，钱六百文；

支鼎新瓷器，洋七元、支又钱八百文；

支木榜二方，钱一千零八十文；

支完钱漕，洋十九元、支又钱六百三十文；

支贴役，钱一千文；

支挂屏四扇，钱二千六百文；

支竹垫六扇，洋五元、支又钱三百五十文；

支茶盘、面盆，钱八百四十文；

支神袍纬带，洋五元、支又钱三千一百文；

支账簿、纸等，钱九百八十文；

支红呢披椅坐褥，洋十元、支又钱二千五百廿文；

支待朱文公，钱十千文；

支猪羊架一对，钱二千二百四十文；

支福德神靴帽，钱一千二百六十文；

支给堂夫，钱一千四百文；

支开闸港捐，钱三千九百五十文；

支兑出，洋一百六十六元；

支收愿船钱、伙食，钱六千零四十三文；

支八仙桌九张，洋十六元、支又钱四千二百廿文；

支柏树，钱一千四百四十文；

支畚箕、扫帚，钱五百七十文；

支先董祠神位，钱八千文；

支乍浦行木，洋三十三元、支又钱三百文；

支同升行木，钱十七千一百廿四文；

支木匠工，钱十六千八百文；

支义冢挑泥，钱四百廿文

支桐油，钱二千四百五十文；

支揩油工，钱七百文；

支兰盆会用，洋八十五元、支又钱一百十八千零七十文；

支漆匠工，钱二千一百四十文。

共支洋四百十七元七角，共支钱二百四十三千八百十七文。

实存：

计存洋六十七元三角，计存钱七千五百六十文。

光绪十五年己丑收支总数

绩邑司事胡鼎新经收

计开

旧管：

收上存，洋六十七元三角、收又钱七千五百六十文。

新收：

收桑梓捐，洋四十五元、收又洋七角、收又钱五千四百文；

收长生愿，洋一百廿七元、收又钱七十五千三百四十九文；

收平卖材，洋四十元。

共收英洋二百七十九元，共收小洋十角，共收钱八十八千三百零九文。

开支：

支待福德神及三节祭筵，钱十一千九百八十二文；

支锡箔，钱一千四百六十文；

支桥捐、河捐，钱九百三十二文；

支造穿堂找价，洋八十四元、支又钱九百十文、支又喜钱钱一千四百文；

支水作工，洋十七元、支又钱八千一百九十文；

支桐油，洋二元、支又钱十一千五百七十文；

支揩油工，钱八千五百六十文；

支洋铁水落，洋三十八元、支又钱六十文；

支八角水缸一对，洋七元、支又钱一千二百三十六文；

支神位一座，洋一元、支又钱四百廿文；

支泥戏一堂，洋六元；

支铁丝、铜丝，洋二元、支又钱四百三十二文；

支颜料，钱一千六百七十四文；

支箕、帚、油、灰等，钱一千三百九十文；

支方砖，钱二百四十文；

支轻煤，钱四千零三十二文；

支建木，钱九百十文；

支木匠工，钱八百文；

支漆匠工，钱一千六百文；

支小工，洋二元、支又钱二千三百九十文；

支施材，洋十四元、支又钱一千八百廿文；

支义冢挑泥，钱一百四十文；

支铁镬，钱二百四十文；

支板凳，洋一元、支又钱五百六十文；

支鸡须，钱二千三百文；

支完钱漕，洋十五元、支又洋七角、支又钱一千一百九十二文；

支石灰中瓦，钱三千五百八十文；

支给庄姓，钱一千六百文；

支收愿船钱、伙食，钱七千八百文；

支纸，钱一百六十五文。

共支英洋一百八十九元，共支小洋七角，共支钱七十九千五百八十五文。

实存：

计存英洋九十元，计存小洋三角，计存钱八千七百廿四文。

光绪十六年庚寅收支总数

休邑司事金怡丰经收

计开

旧管：

收上存，洋九十元、收又洋三角、收又钱八千七百廿四文。

新收：

收桑梓捐，洋七元；

收完漕余，钱一百三十八文；

收长生愿，洋一百四十四元、收又洋五角、收又钱六十四千三百零五文；

收兑，钱四十七千二百十文；

收兑，洋三十五元。

共收英洋二百七十六元，共收小洋八角，共收钱一百廿千三百七十七文。

收休邑吴梅溪捐田廿三亩。

开支：

支待福德神及三节祭筵，钱十一千五百七十文；

支文武二圣神座，洋四元、支又钱二百文；

支小石桥捐，钱三千文；

支椅、二堂茶几八张，洋十八元、支又钱四百文；

支开周浦塘田捐，洋四元、支又钱二百三十二文；

支板凳八条，洋三元、支又钱六百五十文；

支修珠灯，钱二百八十文；

支完钱漕，洋十九元、支又钱三百文；

支往南城请示，钱一千二百九十文；

支上年、本年贴役，钱二千文；

支建木，钱三千一百六十八文；

支木工匠，钱五千七百六十文；

支桐油，钱三千六百七十六文；

支揩油工，钱一千五百四十文；

支账台一张，洋二元；

支柏树，洋二元、支又洋三角；

支铁钉、铜圈，钱五百三十文；

支吴姓丧费，洋三十二元、支又钱六百零四文；

支义冢挑泥，钱一千三百七十文；

支石珠，钱一千二百文；

支石碑并凿字，洋一元、支又钱五千六百五十文；

支账簿，钱三百廿八文；

支施材吴姓、庄姓，洋廿一元、支又钱七百文；

支葬材石灰六十担，洋十八元；

支沙泥一百廿担，洋四元、支又钱九百六十文；

支满砖，钱八百三十文；

支葬材工，钱十八千一百六十文；

支收愿船钱、伙食，钱六千零七十二文；

支六灶船钱，钱一千一百四十文；

支大团走力，钱一百廿文；

支置季姓田四亩，洋四十九元、支又钱四百文；

支置田中资，钱三千文；

支置金姓田四亩，洋四十四元，支又钱一百六十文；

支置田中资，钱二千九百文；

支两次置田酒菜，钱一千八百五十四文；

支兑出，洋四十七元；

支兑出，钱三十四千六百五十文。

共支英洋二百六十八元，共支小洋三角，共支钱一百十四千六百九十四文。

实存：

计存英洋八元，计存小洋五角，计存钱五千六百八十三文。

光绪十七年辛卯收支总数

歙邑司事汪裕兴经收

计开

旧管：

收上存，洋八元、收又洋五角、收又钱五千六百八十三文。

新收：

收廿八图租，洋十一元；

收休邑司董垫，洋四十元；

收长生愿，洋一百五十元、收又洋九角、收又钱五十四千六百六十二文；

收兑，钱十千零九十文。

共收洋二百十元零四角，共收钱七十千零四百三十五文。

开支：

支待福德神及三节祭筵，钱十三千六百五十文；

支倪家桥捐，洋二元；

支退佃费胡鼎茂经办，洋十元、支又钱一千五百四十四文；

支石碑，洋二元八角、支又钱一百四十文；

支笔梗椅一堂，洋六元四角；

支季姓田找价，洋九元、支又钱六百四十文；

支建木，钱五百六十四文；

支木匠工，洋一元、支又钱三千七百八十文；

支小工，钱四百廿文；

支漆匠工，钱四千八百文；

支锭缸，洋一元、支又钱六十文；

支石灰，洋十七元、支又钱八百廿文；

沙泥，钱二千四百廿文；

支廿八图田收册完粮，洋六元七角、支又钱六百廿二文；

支完钱漕，洋廿七元、支又钱二百五十二文；

支贴役，钱一千二百文；

支铁钉、铁条，钱一千零八十五文；

支收愿船钱、伙食，洋四元、支又钱七千一百十文；

支青村港船钱，钱一千三百文；

支六灶船钱，钱二千三百五十文；

支还休邑司董垫，洋四十元；

支兑出，洋十元。

共支洋一百三十六元九角，共支钱四十二千七百五十七文。

实存：

计存洋七十三元五角，计存钱廿七千六百七十八文。

光绪十八年壬辰收支总数

婺邑司事詹涌源经收

计开

旧管：

收上存，洋七十三元五角、收又钱廿七千六百七十八文。

新收：

收新置田租，洋廿二元、收又钱一千二百文；

收休邑司董垫，洋六十元；

收售树柴，钱五千八百九十文；

收桑梓捐，洋二元、收又钱四百七十文；

收长生愿，洋一百五十二元七角、收又钱五十千零九十九文；

收鼎茂桐油余，钱二百廿文。

共收洋三百十元零二角，共收钱八十五千五百五十七文。

开支：

支待福德神及三节祭筵，钱十四千四百十六文；

支葬材工，钱十五千二百文；

支送唐浩生到案费胡鼎茂经办，洋六十六元、支又钱三千三百六十文；

支周达卿城用酒饭，钱八百文；

支账簿、印朱等，洋一元；

支石碑并凿字，钱五千五百六十文；

支完钱漕，洋廿二元四角、支又钱一千四百四十五文；

支贴役，钱一千文；

支鼎茂桐油，洋四元；

支裕兴桐油，钱三千六百四十五文；

支揩油工，洋三元、支又钱七百七十文；

支森顺行木，洋五十元；

支木匠工，钱五千零四十文；

支义冢挑泥，钱九百八十文；

支修树工，洋二元、支又钱四千零十文；

支还休邑司董垫，洋六十元。

共支洋二百零八元四角，共支钱五十六千二百廿六文。

实存：

计存洋一百零一元八角，计存钱廿九千三百三十一文。

存胡鼎茂号田租钱五十二千八百三十八文；

又十七年分田租胡鼎茂经收；

又十八年分田租胡鼎茂经收。

光绪十九年癸巳收支总数

绩邑司事胡鼎新经收

计开

旧管：

收上存，洋一百零一元八角、收又钱廿九千三百三十一文。

新收：

收桑梓捐，洋四元、收又洋廿一角、收又钱一千九百文；

收长生愿，洋一百廿八元、收又洋二百四十二角、收又钱四十九千四百九十七文；

收廿八图租，洋廿四元、收又钱六千零六十文；

收盛姓租，洋十四元、收又钱七百文；

收许姓租，洋十一元、收又洋一角、收又钱一百九十五文；

收季姓租，洋十元；

收完粮余，钱六百三十文；

收兑，钱一百十八千文；

收鼎茂交来租，洋七十九元、收又钱九千四百五十七文。

共收英洋三百七十一元，共收小洋二百七十二角，共收钱二百十五千七百七十文。

开支：

支待福德神及三节祭筵，钱十八千八百五十四文；

支皮箱，洋二元；

支铜锁，洋一角；

支棕垫连架，洋一元、支又钱六百廿文；

支板凳，洋三元、支又洋七角、支又钱七十文；

支漆匠工，钱五千一百文；

支炕几坐褥，洋三元、支又洋九角；

支账簿、纸等，钱三百七十文；

支木香棚工料，洋廿一元、支又洋十四角、支又钱九千六百三十文；

支木匠工，钱一千四百四十文；

支鼎新桐油颜料，钱十二千六百文；

支揩油工，钱一千一百廿文；

支砖瓦、石灰、料边，洋三十八元、支又洋廿角零七分、支又钱十千八百三十文；

支水作工，洋十二元、支又钱廿二千七百七十文；

支小工，洋三元、支又洋廿一角、支又钱二千四百五十文；

支义冢挑泥，钱一千四百文；

支石匠工，钱三百文；

支完钱漕，洋廿七元、支又钱四千九百八十五文；

支贴役，钱一千四百文；

支户书收册，洋二元、支又钱六百文；

支铜锡器，钱八百文；

支油灰、铁钉、扫帚，钱五百四十文；

支铁钩、铁条等，钱四千五百文；

支收愿船钱、伙食，钱九千五百八十四文；

支葬材工，洋四元、支又钱三千一百文；

支施材，洋五元、支又钱一千二百四十文；

支局力，钱四百廿文；

支给胡姓，洋四元、支又洋五角、支又钱一千九百文；

支租找，钱二百文；

支兑出，洋一百元、支又洋一百六十角；

支贴水，洋二元；

支鼎茂来单照支，洋七十九元、支又钱九千四百五十七文；

支兰盆会用，洋三十九元、支又洋三十九角、支又钱七十八千八百三十二文。

共支英洋三百四十五元，共支小洋二百六十七角七分，共支钱二百零五千一百十二文。

实存：

计存英洋廿六元，计存小洋四角三分，计存钱十千零六百五十八文。

光绪二十年甲午收支总数

休邑司事金怡丰经收

计开

旧管：

收上存，洋廿六元、收又洋四角三分、收又钱十千六百五十八文。

新收：

收廿八图租，洋廿七元、收又钱九千九百六十文；

收田租，洋七十元、收又洋十二角、收又钱三千九百五十文；

收公益典垫，洋五十元；

收兑，洋十四元；

收长生愿，洋一百三十八元、收又洋二百零八角五分、收又钱五十二千一百九十二文；

收售树柴，钱二千一百四十六文；

收兑，钱一百八十二千九百十文。

共收英洋三百廿五元，共收小洋二百廿四角八分，共收钱二百六十一千八百十六文。

开支：

支待福德神及三节祭筵，钱廿七千九百四十文；

支石灰，洋六元、支又洋廿一角、支又钱一千零廿文；

支天灯铁架，钱八百文；

支账簿、纸等，钱六百八十二文；

支桐油，钱九百六十文；

支建木，钱一千二百六十文；

支木匠工，洋十二角五分、支又钱二千四百五十文；

支水作工，钱九百八十文；

支小工，洋二元、支又钱二百八十文；

支笼格一副，洋一元、支又钱二百文；

支配玻璃，钱二百五十六文；

支请同乡酒筵，洋六元、支又钱一千七百文；

支司更，钱六千文；

支修路，钱五百文；

支祝曹方宋材四具，洋十六元、支又钱十千九百五十文；

支瘞费，钱一千一百文；

支筑围墙詹序春经收，钱一百三十千零一百五十文；

支收愿船钱、伙食，钱九千四百文；

支鼎新磁器，钱一千四百五十文；

支完钱漕，洋十八元、支又钱十三千五百七十四文；

支廿八图钱漕，洋七元、支又钱九千九百六十文；

支贴役，钱一千一百文；

支便民桥捐，洋廿元、支又洋一百角；

支还公益典，洋五十元；

支兑出，洋一百八十元；

支兑出，钱十四千文。

共支洋三百零六元，共支小洋一百三十三角五分，共支钱二百三十六千七百十二文。

实存：

计存英洋十九元，计存小洋九十一角三分，计存钱廿五千一百零四文。

光绪二十一年乙未收支总数

歙邑司事汪裕兴经收

计开

旧管：

收上存，洋十九元、收又洋九十一角三分、收又钱廿五千一百零四文。

新收：

收桑梓捐，洋五元；

收兑，洋五元；

收田租，洋六十九元、收又洋三十六角、收又钱六百四十七文；

收完漕余，钱四百文；

收长生愿，洋一百三十一元、收又洋一百三十六角、收又钱三十六千八百廿文；

收兑，钱二千文。

共收英洋二百廿九元，共收小洋二百六十三角三分，共收钱六十四千九百七十一文。

开支：

支待福德神及三节祭筵，洋三十三角、支又钱廿一千三百八十三文；

支开河工，钱一千四百文；

支司更工，钱六千文；

支更烛，钱六百三十文；

支天灯，洋五角、支又钱五百廿文；

支箕帚，钱三百廿八文；

支煤油，洋一元、支又钱二千二百七十三文；

支户书收册，洋一元、支又洋五角；

支完钱漕，洋三十一元、支又洋廿三角、支又钱一百十文；

支贴役，钱一千三百文；

支册房规，钱二百文；

支夯匠工，钱九百六十文；

支沙泥，洋二元、支又钱三百文；

支中瓦，洋四元、支又洋十五角、支又钱一百七十文；

支水作工，洋二元、支又钱一千零四十文；

支铁钉，钱一百五十文；

支桐油，洋六角、支又钱五百三十六文；

支揩油工，钱四百廿文；

支小工，钱三千文；

支殓费，钱四百五十文；

支修铜千，钱二百十二文；

支账簿、纸等，钱四百十六文；

支张梅生芹仪，洋一元；

支收愿船钱、伙食，洋三元、支又钱三千零廿文；

支义冢挑泥，钱五百六十文；

支兑出，钱五千五百八十文；

支兑出，洋廿一角。

共支英洋四十五元，共支小洋一百零八角，共支钱五十千零九百五十八文。

实存：

计存英洋一百八十四元，计存小洋一百五十五角三分，计存钱十四千零十三文。

光绪二十二年丙申收支总数

婺邑司事詹涌源经收

计开
旧管：

收上存，洋一百八十四元、收又洋一百五十五角三分、收又钱十四千零十三文。

新收：

收休邑司董垫，洋一百元；

收桑梓捐，洋四元；

收田租，洋八十五元三角、收又钱一千五百三十二文；

收长生愿，洋一百九十六元六角、收又钱三十七千四百廿八文；

收完漕余，钱三百九十五文；

收兑，钱一百七十千零七百文。

共收洋五百八十五元四角三分，共收钱二百廿四千零六十八文。

开支：

支待福德神及三节祭筵，钱廿六千九百五十六文；

支福德神袍二件，洋四元；

支洋铅、水落，洋五元；

支桌围椅披，洋二元三角、支又钱三百五十元；

支水烟筒，洋一元；

支砖瓦、石灰，钱三元二角、支又钱三千二百九十文；

支水作工，钱二千文；

支小工，钱一千八百七十文；

支建木，洋六角；

支木匠工，洋一元、支又钱六百六十元；

支鼎新桐油，钱七千一百文；

支揩油工，洋二元、支又钱一千零五十文；

支石匠工，钱一千文；

支施材五具，钱五十五千文；

支完钱漕，洋三十六元七角、又钱六十七文；

支贴役，钱一千一百文；

支册房规，钱二百文；

支司更工，钱九千文；

支天灯油、更烛，钱一千零五十八文；

支木柜，洋五角、支又钱五十文；

支种树，洋四角；

支兰盆会用，洋一百廿六元八角、支又钱七十八千五百廿七文；

支收愿船钱、伙食，洋七元三角、支又钱五千五百十六文；

支兑出，洋一百九十元。

共支洋三百八十元零八角，共支钱一百九十四千七百九十四文。

实存：

计存洋二百零四元六角三分，计存钱廿九千二百七十四文。

光绪二十三年丁酉收支总数

绩邑司事胡鼎新经收

计开

旧管：

收上存，洋二百零四元六角三分、收又钱廿九千二百七十四文。

新收：

收田租，洋八十一元、收又洋十四角、收又钱六百文；

收廿八图租，洋三十元；

收歙邑张卫山捐，钱一百廿千文；

收长生愿，洋一百五十七元、收又洋三百七十六角、收又钱三十四千二百三十三文；

收元丰中资，洋一元四角；

收兑，钱一百零五千六百文。

共收英洋四百七十三元，共收小洋四百角，共收钱二百八十九千七百三十七文。

开支：

支待福德神及三节祭筵，洋十四元、支又洋廿六角、支又钱十六千五百文；

支义冢挑泥，钱一千二百六十文；

支石灰、砖瓦，洋五十九元、支又洋廿五角、支又钱十三千五百六十七文；

支元丰修理，洋二元、支又钱二千九百文；

支水作工，洋四十三元、支又洋一百六十角、支又钱廿二千三百七十文；

支小工，洋十五元、支又洋五十五角、支又钱八千二百十五文；

支木匠工，钱一千三百六十文；

支修阶沿，钱八百四十文；

支桐油，钱廿三千五百五十八文；

支颜料、草边、铜丝等，钱十五千九百八十三文；

支悦来洪缸油，洋二元、支又洋八角；

支铁钉、鸡须等，洋四元、支又洋四十角、支又钱二千零九十一文；

支鼎茂金漆，洋四元、支又钱七百三十五文；

支漆匠工，钱四百文；

支璃壳，钱一千三百八十六文；

支元丰贺礼，钱一千五百三十文；

支煤油、磁器，钱一千零九十文；

支杂物，钱一千零三十二文；

支水龙捐，钱六千文；

支完钱漕，洋三十六元、支又洋七角、支又钱三千七百五十七文；

支贴役，钱一千一百文；

支册房规，钱二百文；

支还休邑司董垫，洋四十五元、支又洋五十角；

支收愿船钱、伙食，洋五元、支又钱十四千一百十三文；

支账簿、纸，钱四百十五文；

支造殡房詹序春经收，钱一百十四千文；

支施材，洋廿六元、支又洋五角、支又钱六百四十文；

支葬材工，洋十二元、支又洋五角、支又钱十一千六百六十二文；

支兑出，洋一百廿元；

支修树工，洋三元、支又洋十角。

共支英洋三百九十元，共支小洋三百九十一角，共支钱二百六十六千七百零四文。

实存：

计存英洋八十三元，计存小洋九角，计存钱廿三千零三十三文。

光绪二十四年戊戌收支总数

休邑司事金怡丰经收

计开

旧管：

收上存，洋八十三元、收又洋九角、收又钱廿三千零三十三文。

新收：

收房租，洋七十一元；

收兑，钱七十三千六百九十文；

收田租，洋八十五元、收又洋二角、收又钱五千六百文；

收长生愿，洋一百四十九元、收又洋三百三十四角、收又钱廿八千九百六十八文；

收休邑司董捐，钱五千三百文；

收售树柴，钱八千二百九十六文；

收兑，洋三十三元。

共收英洋四百廿一元，共收小洋三百四十五角，共收钱一百四十四千八百八十七文。

开支：

支待福德神及三节祭筵，钱三十六千五百十文；

支三节锡箔，钱一千五百三十文；

支福德神袍靴帽全副汪吉堂经办，洋六十八元；

支鼎新磁器，钱二千六百十九文；

支义冢挑泥，钱一千零五十文；

支千头栅木，洋六十元；

支建木房料詹序春经办，洋一百元；

支砖瓦，洋三十一元、支又洋二角；

支铺石路汪启元经手，洋三十元；

支还上年鼎茂桐油，钱二千七百七十七文；

支施材木，洋五十元；

支修树工，洋九元、支又钱五百六十七文；

支铜提，钱四百九十二文；

支账簿、信力，钱四百十二文；

支汪受谷赆仪，洋一元；

支完钱漕，洋廿五元、支又钱十二千一百四十九文；

支册房规，钱二百文；

支贴役，钱一千一百文；

支兑出，洋三十二元；

支箕帚，钱一百十一文；

支收愿船钱、伙食，洋六元、支又钱三千四百廿文；

支施材四具，钱三十六千五百文；

支兑出，洋三百三十角；

支兑出，钱六百六十文。

共支英洋四百十二元，共支小洋三百三十二角，共支钱一百千零零零九十七文。

实存：

计存英洋九元，计存小洋十三角，计存钱四十四千七百九十文。

光绪二十五年己亥收支总数

歙邑司事汪裕兴经收

计开

旧管：

收上存，洋九元、收又洋十三角、收又钱四十四千七百九十文。

新收：

收田租，洋三十七元、收又洋十角；

收田租，钱一千二百八十文；

收廿八图租，洋五十元、收又洋五十四角、收又钱三十一文；

收房租，洋六十元；

收休邑司董垫，洋一百元；

收长生愿，洋一百十六元、收又洋五百八十六角、收又钱廿五千零廿三文；

收造房余，钱一百四十一文；

收兑，钱八千九百文。

共收英洋三百七十二元，共收小洋六百六十三角，共收钱八十千零一百六十五文。

开支：

支待福德神及三节祭筵，钱廿八千二百五十四文；

支挂屏四扇，洋二元、支又洋五角；

支裱工包角，洋一元、支又钱五百六十文；

支铁钩、铁钉，钱一千一百文；

支账簿、锭票，钱五百四十文；

支完钱漕，洋三十一元、支又洋八角、支又钱一千八百四十九文；

支册房规，钱二百文；

支贴役，钱一千三百文；

支兰盆会用，洋一百八十四元、支又洋三十八角、支又钱六百零六文；

支箕帚，钱一百三十文；

支小工，钱五百七十文；

支收愿船钱、伙食，洋六元、支又洋六角、支又钱三千四百八十六文；

支真香八事挽绩邑胡姓，钱九百廿文；

支蓝缎轴同上，洋十六元、支又洋二角；

支金字同上，洋八角；

支施材，钱廿六千五百文；

支兑出，洋十元。

共支英洋二百五十元，共支小洋六十七角，共支钱六十六千零十五文。

实存：

计存英洋一百廿二元，计存小洋五百九十六角，计存钱十四千一百五十文。

光绪二十六年庚子收支总数

婺邑司事詹涌源经收

计开

旧管：

收上存，洋一百廿二元、收又洋五百九十六角、收又钱十四千一百五十文。

新收：

收房租，洋八十二元、收又钱四百廿元；

收田租，洋六十八元、收又洋三角、收又钱十四千二百廿文；

收廿八图租，洋三十八元、收又洋八角、收又钱九十二文；

收长生愿，洋一百三十三元、收又洋二百七十五角、收又钱三十千零三百三十文；

收兑，钱六十九千二百三十文；

收兑，洋一元；

收兑，洋三十五角。

共收英洋四百四十四元，共收小洋九百十七角，共收钱一百廿八千四百四十二文。

开支：

支待福德神及三节祭筵，钱三十二千九百九十二文；

支三节锡箔，洋四元、支又钱一千三百八十文；

支捐票、账簿等，洋十一角；

支建木，洋三元、支又钱一百五十五文；

支木匠工，钱二千七百廿文；

支砖瓦、石灰、料边，洋十三元、支又洋十八角、支又钱十一千五百廿六文；

支水作工，钱十九千七百六十文；

支小工，钱九千九百四十文；

支石碑，洋三元、支又钱二百文；

支桐油等，钱十五千五百四十文；

支漆匠工，钱三百五十文；

支箕帚、铁钉，钱五百七十八文；

支香烛挽詹姓，钱六百九十七文；

支完钱漕，洋四十五元、支又洋十九角、支又钱二千一百四十四文；

支贴役，钱一千三百文；

支册房规，钱二百文；

支葬材，钱三百五十文；

支施材，钱十二千文；

支收愿船钱、伙食，洋四元、支又洋十四角、支又钱四千五百六十五文；

支兑出，洋八百五十二角；

支兑出铜，洋七元；

支兑出小，钱二千二百文。

共支英洋七十九元，共支小洋九百十四角，共支钱一百十八千五百九十七文。

实存：

计存英洋三百六十五元，计存小洋三角，计存钱九千八百四十五文。

光绪二十七年辛丑收支总数

绩邑司事胡鼎新经收

计开

旧管：

收上存，洋三百六十五元、收又洋三角、收又钱九千八百四十五元。

新收：

收田租，洋八十六元、收又洋十二角；

收田租，钱四千七百四十文；

收房租，洋四十九元、收又洋九角、收又钱十八千三百六十三文；

收长生愿，洋一百廿元、收又洋四百十六角五分、收又钱三十一千二百文；

收完漕余，钱五百四十七文。

共收英洋六百廿元，共收小洋四百四十角零五分，共收钱六十四千六百九十五文。

开支：

支待福德神及三节祭筵，洋六元、支又洋九十五角、支又钱廿千零九百七十文；

支三节锡箔，洋一元、支又钱六百九十文；

支置田十一亩，洋三百五十五元，支又中资酒菜洋十元、支又钱九百八十文；

支户书收册，洋四元；

支胡砚锄芹仪，洋二元、支又洋二角；

支砖瓦，洋十元、支又洋九角；

支石灰，钱一千四百文；

支水作工，钱四千二百四十文；

支建木，钱十八千三百三十二文；

支木匠工，钱五百十文；

支箕帚、铁钉，钱四百廿六文；

支账簿、纸等，钱三百八十四文；

支鼎新桐油等，钱九千零七十八文；

支揩油工，洋七元、支又洋十角、支又钱四十文；

支完钱漕，洋四十三元、支又洋十二角、支又钱一千二百零八文；

支贴役，洋一元、支又钱四百三十文；

支册房规，钱二百文；

支收愿船钱、伙食，洋六元、支又洋二角、支又钱二千六百九十文；

支信力，洋三角。

共支英洋四百四十五元，共支小洋一百三十三角，共支钱六十一千五百七十八文。

实存：

计存英洋一百七十五元，计存小洋三百零七角五分，计存钱三千一百十七文。

光绪二十八年壬寅收支总数

休邑司事金怡丰经收

计开

旧管：

收上存，洋一百七十五元，收又洋三百零七角五分，收又钱三千一百十七文。

新收：

收房租，洋六十八元、收又洋四角；

收田租，洋一百十二元、收又洋十八角、收又钱七千三百八十文；

收长生愿，洋一百三十三元、收又洋四百十五角、收又钱廿千零七百四十八文；

收完漕余，洋三角；

收兑，钱一百十一千一百六十文；

收兑，洋廿元。

共收英洋五百零八元，共收小洋七百四十七角五分，共收钱一百四十二千四百零五文。

开支：

支待福德神及三节祭筵，洋十元、支又洋六十二角、支又钱十五千零八十文；

支公兴砖瓦，洋四十二元、支又水脚挑力洋四元、支又洋六角；

支沙泥以上砖瓦等筑畅墙用，洋一元；

支义冢挑泥，钱五千四百六十文；

支酬陈如山，洋二元；

支赁田酒菜，钱四百五十文；

支捐票、账簿等，钱一千二百四十文；

支汪姓赆仪，洋四角；

支施材四具，洋三十三元、支又钱十二千文；

支广锁，钱七百六十文；

支建木，钱一千文；

支木匠工，钱三百六十文；

支蒋东兴砖瓦，洋九元；

支石灰，洋二元、支又洋九角；

支煤皮、料边、水作工、小工等砌浮椁，钱四千四百十四文；

支桐油，洋三元、支又洋十三角、支又钱三百七十六文；

支揩油工，钱一千五百文；

支箕帚、油灰、铁钉，钱七百九十文；

支水烟筒，钱八百四十文；

支石灰葬材用，洋十元、支又洋三角、支又钱五百文；

支葬材工，钱三千三百文；

支水作工，钱七千一百廿文；

支方砖，洋四角；

支小工，钱三千六百文；

支完钱漕，洋五十元、支又洋九角、支又钱一千一百六十七文；

支贴役，钱一千五百文；

支册房规，钱二百文；

支收愿船钱、伙食，钱十二千四百十五文；

支信力，钱二百文；

支大团船钱，钱五百五十文；

支兑出，洋九十元；

支兑出小，钱八百七十三文；

支兑出，洋六百廿二角五分；

支司账辛资、伙食，钱六十四千文。

共支英洋二百五十六元，共支小洋七百三十二角五分，共支钱一百三十九千六百九十五文。

实存：

计存英洋二百五十二元，计存小洋十五角，计存钱二千七百十文。

光绪二十九年癸卯收支总数

歙邑司事汪裕兴经收

计开

旧管：

收上存，洋二百五十二元、收又洋十五角、收又钱二千七百十文。

新收：

收兑，钱七十八千七百十一文；

收兑，洋四十元；

收田租，洋一百廿五元、收又洋十三角、收又钱七百文；

收廿八图租，洋五十元；

收房租，洋三元、收又洋十角、收又钱四十四千四百廿文；

收婺邑吕苑声捐，洋一百元；

收公益典垫，洋一百八十元；

收裕兴垫，洋二元；

收长生愿，洋一百三十二元、收又洋六百角、收又钱十一千一百十三文；

收兑，洋一千二百五十角。

共收英洋八百八十四元，共收小洋一千八百八十八角，共收钱一百三十七千六百五十四文。

开支：

支待福德神及三节祭筵，洋六元、支又洋十六角；

支待福德神及三节祭筵，钱廿一千七百十二文；

支修珠灯，洋一元、支又洋三角；

支锅盖，钱五百五十文；

支修桌椅，钱二千一百十八文；

支义冢挑泥，钱二千三百七十文；

支种树，洋十六角；

支元丰建木，钱一千九百四十二文；

支施材四具，洋十六元、支又钱四十二千五百六十文；

支木匠工，洋十三角、支又钱二百四十六文；

支石灰，洋十六元、支又洋九十二角；

支料边，钱四百四十二文；

支沙泥，洋一元、支又洋四角；

支水作工，洋三十角、支又钱二百十文；

支箕帚等，钱五百廿四文；

支鼎新桐油，洋八元、支又钱六十文；

支油布、洗帚，洋四角、支又钱三十一文；

支揩油工，洋七十五角、支又钱二百三十文；

支葬材工，洋三元、支又洋六十角、支又钱九百四十文；

支印堂票、账簿纸等，钱一千七百廿四文；

支完钱漕，洋四十九元、支又洋三十一角、支又钱二千三百八十七文；

支贴役，洋一元、支又洋三角；

支册房规，钱二百文；

支信力，钱一百八十文；

支兰盆会用，洋四十八元、支又洋八百五十六角、支又钱四十九千五百七十五文；

支还公益典，洋一百八十元；

支还裕兴，洋二元；

支收愿船钱、伙食，洋六元、支又洋廿一角、支又钱三千六百七十三文；

支施棺，洋五元、支又洋五角；

支石碑，洋二元；

支兑出，洋一百九十八元、支又洋七十一角；

支兑出，洋四百十五角；

支兑出钱二千九百十文；

支司账辛资、伙食，洋六十二元、支又洋一百三十角、支又钱二千二百四十文。

共支英洋六百零四元，共支小洋一千八百四十五角，共支钱一百三十六千八百廿四文。

实存：

计存英洋二百八十元，计存小洋四十三角，计存钱八百三十文。

光绪三十年甲辰收支总数

绩邑司事胡鼎新经收

计开

旧管：

收上存，洋二百八十元、收又洋四十三角、收又钱八百三十文。

新收：

收休邑程荫卿捐，洋一百元；

收兑，钱五十八千一百文；

收田租，洋一百三十七元、收又洋十五角、收又钱一千六百七十文；

收房租，洋六十八元、收又洋二角、收又钱一千二百三十二文；

收长生愿，洋一百廿九元、收又洋五百十五角、收又钱十五钱零八十八文；

收兑，洋廿元。

共收英洋七百三十四元，共收小洋五百七十五角，共收钱七十六千九百廿文。

开支：

支待福德神及三节祭筵，洋三元、支又洋三十五角、支又钱廿六千三百六十四文；

支义冢挑泥，洋一元、支又洋七角；

支账簿纸、信力，钱三百九十四文；

支砖瓦，洋五十六元、支又洋六十七角、支又钱八十文；

支鸡须、铁钉，钱一千零廿二文；

支油灰、料边、畚箕，钱三千四百九十文；

支水作工，洋七十元、支又钱四百十文；

支鼎新桐油漆，钱廿一千七百八十三文；

支小工，洋廿二元、支又洋三角；

支洗帚、油布，钱三百十文；

支裱挂屏，洋十四角、支又钱五十二文；

支漆匠工，洋八角；

支建木，钱一千二百十二文；

支木匠工，洋八角、支又钱六十四文；

支许承尧赆仪，洋一元；

支石碑，洋三元、支又洋九角；

支完钱漕，洋五十元、支又洋十五角、支又钱三千三百三十文；

支贴役，洋一元、支又洋三角、支又钱一千文；

支册房规，钱二百文；

支租找，洋五角、支又钱六十七文；

支酬严湘帆，洋一元；

支葬材工，洋一元、支又洋四角、又钱二千三百六十六文；

支施材，洋廿九元、支又钱七十文；

支收愿船钱、伙食，洋八元、支又洋三十二角、支又钱二千三百四十三文；

支种树，洋四角；

支兑出，洋七十元；

支兑出，洋二百角；

支贴水，钱八百文；

支詹宜笙票抵，洋一百七十元；

支司账辛资、伙食，洋五十五元、支又洋八十角、支又钱七千零九十文。

共支英洋五百四十一元，共支小洋四百九十四角，共支钱七十二千四百四十六文。

实存：

计存英洋一百九十三元，计存小洋八十一角，计存钱四千四百七十四文。

光绪三十一年乙巳收支总数

休邑司事金怡丰经收

计开

旧管：

收上存，洋一百九十三元、收又洋八十一角、收又钱四千四百七十四文。

新收：

收休邑司董垫，洋一百元；

收兑，洋五十一角；

收田租，洋一百五十四元、收又洋十八角、收又钱三千八百九十文；

收房租，洋三十八元、收又洋二角五分、收又钱十九千二百七十三文；

收长生愿，洋一百零五元、收又洋二百十六角、收又钱三十三千二百廿四文；

收平卖材，洋十五元；

收上年售树柴，洋三元、收又钱五百文；

收本年售树柴，洋六元、收又钱二百文；

收兑，钱一百十一千六百文。

共收英洋六百十四元，共收小洋三百六十八角五分，共收钱一百七十三千一百六十一文。

开支：

支待福德神及三节祭筵，洋二元；

支待福德神及三节祭筵，洋六十三角、支又钱廿一千八百四十文；

支锭票、捐票，洋六角；

支义冢挑泥，钱二千七百八十文；

支修仪门工料，洋二元、支又洋一角；

支箕帚、油布，钱四百三十五文；

支砖瓦、石灰，洋六元、支又钱九百四十文；

支水作工，洋八角、支又钱一千七百六十文；

支桐油，钱一千零五十四文；

支揩油工，钱九百文；

支建木，洋四元、支又洋五角五分；

支木匠工，钱二千一百六十文；

支茶叶毛巾送张春亭，洋一元；

支鼎茂食锅，洋一元、支又钱七百十文；

支账簿、黄纸，钱五百廿八文；

支施材七具，洋一百零二元；

支修便民桥捐，洋十元；

支鼎新磁器，钱一千一百三十八文；

支兰盆会用，洋一百十一元、支又洋一百角、支又钱四十五千四百三十文；

支完钱漕，洋三十二元、支又洋九角、支又钱九千三百四十六文；

支贴役，钱一千六百文；

支册房规，钱二百文；

支信力，钱四百文；

支上年修树工，洋五元、支又钱一千六百六十文；

支本年修树工，钱七千七百四十文；

支置三十六图田一亩三分，洋十二元，支又中资、官契钱九百八十文；

支请魁星像，洋一元、支又洋二角；

支漆长凳，洋一元、支又钱三百六十文；

支收愿船钱、伙食，钱十三千三百九十文；

支催租船，钱八百文；

支种树，钱一千一百七十文；

支司账辛资、伙食，洋四十元、支又钱廿三千文；

支兑出，洋一百廿五元。

共支英洋四百五十五元，共支小洋一百九十四角五分，共支钱一百四十三千六百六十一文。

实存：

计存英洋一百五十九元，计存小洋一百七十四角，计存钱廿九千五百文。

光绪三十二年丙午收支总数

休邑司事金怡丰经收

计开

旧管：

收上存，洋一百五十九元、收又洋一百七十四角、收又钱廿九千五百文。

新收：

收田租，洋一百零二元、收又洋七角；

收田租，钱四千文；

收房租洋，五十一元、收又洋三角、收又钱二千五百文；

收长生愿，洋一百零五元、收又洋三百八十一角、收又钱廿三千四百四十七文；

收兑，钱八十四千六百文。

共收英洋四百十七元，共收小洋五百六十五角，共收钱一百四十四千零四十七文。

开支：

支待福德神及三节祭筵，钱三十二千零十文、支又锡箔钱八百四十文，

支义冢挑泥，钱一百四十文；

支砖瓦、石灰，洋六元、支又洋三角、支又钱四百三十文；

支水作工，钱六千二百文；

支小工，钱一千七百文；

支账簿，钱二百八十文；

支施材二具，洋三十四元；

支真香六事挽缋邑胡姓，钱七百八十八文；

支桐油，洋八元、支又钱八百四十文；

支揩油工，钱六千六百三十文；

支油桶、油布，钱三百文；

支箕帚、油灰等，钱七百三十文；

支建木，钱九百文；

支木匠工，钱八百文；

支铁钉，钱六十文；

支张菊生芹仪，洋一元；

支完钱漕，洋四十八元、支又洋三十一角、支又钱七百十文；

支贴役，钱一千六百四十文；

支册房规，钱二百文；

支至南城纳税，洋一元、支又钱二千四百八十文；

支印堂票，洋四角；

支银朱纸，钱二百四十文；

支收愿船钱、伙食，钱十三千九百四十文；

支六灶催租船，钱八百文；

支司账辛资、伙食，钱六十五千文；

支信力，钱二百文；

支兑出，洋八十元。

共支英洋一百七十八元，共支小洋三十八角，共支钱一百三十七千八百五十八文。

实存：

计存英洋二百三十九元，计存小洋五百廿七角，计存钱六千一百八十九文。

光绪三十三年丁未收支总数

歙邑司事汪裕兴经收

计开

旧管：

收上存，洋二百三十九元、收又洋五百廿七角、收又钱六千一百八十九文。

新收：

收田租，洋一百十三元、收又洋十七角；

收田租，钱一千一百七十文；

收房租，洋五十二元、收又洋六角、收又钱四千八百九十文；

收长生愿，洋八十三元、收又洋三百十九角、收又钱三十四千三百九十五文；

收兑，钱十六千四百六十文；

收兑，洋四百三十五角。

共收英洋四百八十七元，共收小洋一千三百零四角，共收钱六十三千一百零四文。

开支：

支待福德神及三节祭筵，洋八元、支又洋一百四十三角、支又钱十七千五百廿一文；

支福德神袍、纱帽，洋十四元；

支瓦，洋九元、支又洋七角；

支小工，洋十一角；

支水作工，洋二元、支又洋四十七角、支又钱一百八十八文；

支建木，洋二元、支又洋一角；

支木匠工，洋十五角、支又钱九百八十文；

支桐油，钱一千九百七十文；

支洗帚、油布，洋五角、支又钱七十六文；

支揩油工，洋廿角、支又钱六十文；

支状元桥捐，洋七角；

支石灰，洋十三元、支又钱四百文；

支葬材工，洋廿角、支又钱六百五十文；

支义冢挑泥，洋三十角、支又钱七百三十五文；

支玻璃，钱三百八十四文；

支捐票、账簿、纸等，钱九百六十四文；

支完钱漕，洋五十一元、支又洋三十九角、支又钱二千七百十三文；

支贴役，钱一千四百九十文；

支房捐，钱四千八百文；

支租找，钱二百九十文；

支铁钉、畚箕、毛竹，洋五角、支又钱一百六十文；

支兑出，洋十二元；

支收愿船钱、伙食，洋六元、支又洋五十六角、支又钱二千六百文；

支司账辛资、伙食，洋廿九元、支又洋一百三十角、支又钱廿六千文；

支兑出，洋四十一元。

共支英洋一百八十七元，共支小洋五百三十六角，共支钱六十一千九百八十一文。

实存：

计存英洋三百元，计存小洋七百八十六角，计存钱一千一百廿三文。

光绪三十四年戊申收支总数

歙邑司事汪裕兴经收

计开

旧管：

收上存，洋三百元、收又洋七百六十八角、收又钱一千一百廿三文。

新收：

收田租，洋一百廿七元、收又洋十五角；

收田租，钱二千四百文；

收房租，洋四十七元、收又洋二角、收又钱五千六百八十文；

收休邑杨迎德堂捐，洋八十三元、收又钱四百文；

收休邑司事垫，洋一百零六元、收又钱五百九十文；

收兑，洋五十一元、收又洋一百七十七角；

收长生愿，洋七十一元、收又钱五十二千五百四十五元；

收道场余米作，钱三千三百文；

收兑，钱一百十五千二百零三文。

共收英洋七百八十五元，共收小洋九百六十二角，共收钱一百八十一千二百四十一文。

开支：

支待福德神及三节祭筵，洋二元、支又洋一百十三角；

支待福德神及三节祭筵，钱廿八千九百五十二文；

支福德神添相，洋四元；

支香烛、边炮，钱二百三十八文；

支洋铁、水落，洋五元、支又洋五十八角、支又钱五千七百文；

支料边，钱四百文；

支石灰、瓦，洋九元、支又洋一角、支又钱七千一百文；

支水作工，洋六十二角、支又钱十千零三百三十文；

支煤皮、颜料，钱九百廿六文；

支石碑，洋四元；

支建木，洋一元、支又钱五百十文；

支木匠工，钱三千三百六十文；

支铁钉、火钳，钱五百八十文；

支修笼格，钱六百五十四文；

支箕帚、油灰等，钱五百四十七文；

支洋锁，钱四百三十文；

支桐油，洋九元、支又洋四角；

支洗帚、油布，钱四百五十八文；

支揩油工，钱十千九百八十文；

支小工，钱五百四十文；

支捐票、账簿，钱七百廿八文；

支信力，洋三角、支又钱一百六十文；

支玻璃，钱一百五十文；

支义冢挑泥，钱一千四百四十文；

支徽州水灾赈捐，洋三十元；

支房捐，钱四千八百文；

支完钱漕，洋四十六元、支又洋十六角、支又钱四千七百十一文；

支贴役，钱一千七百文；

支册房规，钱二百文；

支兑出，洋九十八元；

支兑出，洋六百廿六角；

支兰盆会用，洋一百五十元、支又洋五十角、支又钱四十七千二百三十六文；

支收愿船钱、伙食，洋二元、支又钱十三千六百七十九文；

支司账辛资、伙食，洋四十六元、支又钱十五千文；

支兑出，钱八千八百五十文。

共支英洋四百零六元，共支小洋九百三十三角，共支钱一百七十千三百五十九文。

实存：

计存英洋三百七十九元，计存小洋廿九角，计存钱十千零八百八十二文。

宣统元年己酉收支总数

绩邑司事胡鼎新经收

计开

旧管：

收上存，洋三百七十九元、收又洋廿九角、收又钱十千零八百八十二文。

新收：

收廿八图租，洋三十六元、收又洋六角；

收田租，洋一百十三元、收又洋十四角、收又钱一千一百八十一文；

收房租，洋四十四元、收又洋三角、收又钱四千四百八十文；

收长生愿，洋四十二元、收又洋八十一角、收又钱七十五千一百十七文；

收兑，钱十三千七百五十文；

收兑，洋五十角。

共收英洋六百十四元，共收小洋一百八十三角，共收钱一百零五千八百十文。

开支：

支待福德神及三节祭筵，洋二角、支又钱四十三千一百零五文；

支待武圣帝君，洋七角、支又钱九十四文；

支桐油，钱五千一百三十文；

支砖瓦、石灰，洋四十六元、支又洋七十四角；

支水作工，洋十九元、支又洋十角、支又钱二百七十文；

支小工，洋十一元、支又钱九百七十文；

支洗帚、油布，钱三百六十文；

支木匠工，洋一元、支又钱一百三十文；

支铜锁，钱四百文；

支修珠灯，洋一元、支又钱八百九十文；

支账簿、纸等，钱一千八百廿六文；

支局力，钱一百六十文；

支走信力，洋八角；

支租找，洋六角、支又钱三十二文；

支义冢挑泥，洋三元、支又钱一百文；

支完钱漕，洋五十二元、支又洋三十八角、支又钱五百七十文；

支贴役，钱一千七百文；

支册房规，钱二百文；

支房捐，钱四千八百文；

支收愿船钱、伙食，钱十五千八百文；

支柏树，洋三元，支又洋二角；

支铁条、铁钩，钱一千二百八十文；

支司账辛资、伙食，洋四十九元、支又钱三百文；

支兑出，洋十五元。

共支英洋二百元，共支小洋一百四十七角，共支钱七十八千零六十四文。

实存：

计存英洋四百十四元，计存小洋三十六角，计存钱廿七千七百四十六文。

宣统二年庚戌收支总数

绩邑司事胡鼎新经收

计开

旧管：

收上存，洋四百十四元、收又洋三十六角、收又钱廿七千七百四十六文。

新收：

收田租，洋一百四十元、收又洋十八角；

收田租，钱一千一百文；

收廿八图租，洋四十八元、收又洋十角、收又钱八十文；

收房租，洋三十元；

收长生愿，洋五十二元、收又洋一百七十四角、收又钱四十七千八百七十一文；

收完漕余，钱五百八十八文；

收兑，钱五十六千三百廿文。

共收英洋六百八十四元，共收小洋二百三十八角，共收钱一百三十三千七百零五文。

开支：

支待福德神及三节祭筵，洋二元、支又洋十一角、支又钱五十八千二百三十文；

支三节锡箔，洋二角；

支铁镬，钱五百文；

支酒壶、铜千，钱一千二百六十四文；

支石灰、砖瓦，洋廿一元、支又洋廿三角、支又钱一百六十五文；

支水作工，洋三十元、支又洋廿九角、支又钱八百九十一文；

支料边，洋一元、支又钱一千六百五十六文；

支木匠工，钱一千六百八十文；

支箕帚，钱三百三十五文；

支铁钉，钱三百廿文；

支修盘，洋六角；

支漆匠工，钱六百文；

支鼎新磁器、桐油，钱十四千六百九十文；

支鼎茂桐油，钱十四千七百七十一文；

支鼎茂煤皮，洋一元、支又钱三百三十一文；

支小工，洋十八元、支又洋廿八角、支又钱二千四百八十二文；

支洗帚、油布，钱三百九十六文；

支给堂夫，洋六角；

支账簿、锭票、信力，钱九百五十五文；

支租找，洋二角、支又钱六十六文；

支至廿八图催租用，洋十角；

支完钱漕，洋五十四元、支又洋十四角、支又钱一千一百十六文；

支兑出，洋四十四元；

支贴役，洋一元、支又钱四百三十六文；

支收愿船钱、伙食，钱十六千文。

共支英洋一百七十二元，共支小洋一百三十一角，共支钱一百十六千八百八十四文。

实存：

计存英洋五百十二元，内除汪伯华借洋壹百九十元、胡洪奎借洋壹百五十元；计存小洋一百零七角；计存钱十六千八百廿一文。

附　刊

附刊：兰盆会助捐诸君台衔

吴铭立，　　　助洋肆拾元；

杨怀庆堂，　　助洋叁拾玖元、又助钱陆百拾文；

程子如，　　　助钱廿千文；

戴云斋，　　　助洋廿元；

李大福，　　　助洋拾玖元、又助钱贰百肆拾文；

胡大本堂，　　助钱廿千文；

广源典，　　　助洋拾元；

福泰号，　　　助钱拾千文；

方均安堂，　　助钱拾千文；

聚源典，　　　助钱拾千文；

汪裕兴，　　　助钱拾千文；

金怡丰，　　　助钱拾千文；

涌源衣庄，　　助洋陆元；

张仁甫，　　　助钱五千文；

谢子香，　　　助钱五千文；

祥泰衣庄，　　助钱五千文；

各典，　　　　助洋捌拾五元；

章聚兴，　　　助洋叁拾元；

王辅仁，　　　助洋廿五元；

汪映楼，　　　助钱贰千文；

益昌典，　　　助洋壹元；

汪安山，　　　助洋壹元；

程星台，　　　助洋壹元；

胡乾卿，　　　助洋壹元；

张咏庭，　　　助洋壹元；

汪祉卿，　　　助洋壹元；

朱寿民，　　　助洋壹元；

詹涌源，　　　助钱拾千文；

汪吉堂，　　　助洋壹元；

胡鼎新，　　　助洋贰元；

吴楚君，　　　助洋贰元；

胡信泰，　　　助洋贰元；

汪德记，　　　助洋五元；

汪德昌，　　　助洋五元；

王信记，　　　助洋拾元；

黄菊香，　　　助洋肆元；

程义大，　　　助洋贰元；

鼎丰典，　　　助洋叁元；

汪佐田，　　　助洋壹元；

程泽生，　　　助洋贰元；

张祺祥，　　　助洋贰元。

右兰盆会费计：洋叁百贰十贰元，钱壹百拾柒千捌百五拾文。

内付胡荫仙借钱肆百千文，余钱造殡房支用。

附刊：殓衣费助捐诸君台衔

詹恭寿堂，　　助洋五拾陆元；

詹昌泰庄，　　助洋叁拾肆元；

程宜尔堂，　　助洋肆拾元；

章伟卿，　　　助洋廿叁元；

王辅仁，　　　助洋拾壹元五角；

王信记，　　　助洋陆元；

汪咏嘉，　　　助洋壹元；

黄云明，　　　助洋五角；

洽和典，　　　助洋五元；

仁和典，　　　助洋五元；

仁发典，　　　助洋五元；

仁裕典，　　　助洋五元；

会隆典，　　　助洋五元；

元昌典，　　　助洋五元；

同顺典，　　　助洋五元；

永裕典，　　　助洋五元；

信隆典，　　　助洋五元；

同源典，　　　助洋五元；

同兴典，　　　助洋五元；

恒隆典，　　　助洋五元；
均和典，　　　助洋五元；
鼎生典，　　　助洋五元；
公益典，　　　助洋拾元；
鼎源典，　　　助洋拾元；
保源典，　　　助洋拾元；
聚源典，　　　助洋拾元；
张春庭，　　　助洋拾元；
张育德堂，　　助洋捌元。

右殓衣费计洋叁百元，存怡丰、鼎泰、祥泰。

附刊：协济盘柩费乐善诸君台衔

尚志轩，　　　助钱捌拾千文；
黄焕记，　　　助钱五拾千文；
得春轩，　　　助钱五拾千文；
认春舫，　　　助钱叁拾千文；
无名氏，　　　助钱叁拾千文；
致和堂詹，　　助钱五拾千文；
昌泰衣庄，　　助钱五拾千文；
河间康记，　　助钱五拾千文；
怡瑞堂翼记，　助钱肆拾千文；
延陵缉记，　　助钱廿千文；
颍川纯记，　　助钱廿千文；
广泰典，　　　助钱叁拾千文；
义泰典，　　　助钱叁拾千文；
仁泰典，　　　助钱叁拾千文；
信泰典，　　　助钱叁拾千文；
协泰典，　　　助钱叁拾千文；
诸公席省，　　助洋廿元；
金裕兆，　　　助洋拾元；
吴华卿，　　　助钱拾千文；
无名氏，　　　助钱拾千文；
翠升山房，　　助钱柒千文；
不留名，　　　助洋拾元；
仁裕典，　　　助钱拾五千文；
均和典，　　　助钱拾五千文；
仁发典，　　　助钱拾五千文；

同升典，　　　助钱拾五千文；

同昌典，　　　助钱拾五千文；

信昌典，　　　助钱拾五千文；

永裕典，　　　助钱拾五千文；

元昌典，　　　助钱拾五千文；

元源典，　　　助钱拾五千文；

德和典，　　　助钱拾五千文；

公益典，　　　助钱拾五千文；

鼎丰典，　　　助钱拾五千文；

洽和典，　　　助钱拾五千文；

公生典，　　　助钱拾五千文；

公安典，　　　助钱拾五千文；

同兴典，　　　助钱拾五千文；

同源典，　　　助钱拾五千文；

仁和典，　　　助钱拾五千文；

会隆典，　　　助钱拾五千文；

恒隆典，　　　助钱拾五千文；

同昌典众友，助洋肆元；

朱子荣，　　　助洋肆元；

周君选，　　　助洋贰元；

程韦庄，　　　助洋贰元；

黄嗣昌，　　　助洋贰元；

邵淇园，　　　助洋壹元；

邵德基，　　　助洋壹元；

姚静山，　　　助洋壹元；

潘侣鸿，　　　助洋壹元；

王云峰，　　　助洋贰元；

戴云斋，　　　助洋肆元；

邵春浦，　　　助洋贰元；

无名氏，　　　助洋肆元；

永泰典，　　　助洋贰元；

丰泰典，　　　助洋贰元；

同泰典，　　　助洋贰元；

达润楼，　　　助洋叁元；

隐名氏，　　　助钱壹百陆拾千文；

太原郡，　　　助钱肆拾千文。

右协济盘枢费共：钱壹千壹百肆拾柒千文，洋柒拾玖元。休宁绅商公助。

光绪十年至宣统二年给盘柩费名录

今将光绪十年至宣统二年给盘柩费开列于后

具领江瑞贵，保领胡信泰：领寄堂江姓旅榇一具，由信客许华元带回薛坑口埠，当给盘费钱十千零七十文。另助本家葬费钱一千四百文。

具领许其恩，保领胡信泰：领寄堂许姓旅榇一具，由信客许华元带回浦口埠，当给盘费钱十千二百七十文。另助本家葬费钱一千四百文。

具领许其恩，保领汪裕兴：领寄堂许姓旅榇一具，由信客许华元带回浦口埠，当给盘费钱十千二百七十文。另助本家葬费钱一千四百文。

具领姚元镇，保领元源典：领寄堂姚姓旅榇一具，由信客吴子和带回贺川埠，当给盘费钱十千七百七十文。另助本家葬费钱一千四百文。

具领程荣生，保领庄义丰：领寄堂程姓女棺一具，由信客庄利德带回琅园口埠，当给盘费钱十千二百七十文。另助本家葬费钱一千四百文。

具领庄义丰，保领庄泽霖：领寄堂程姓旅榇一具，由信客庄利德带回琅园口埠，当给盘费钱十千二百七十文。另助本家葬费钱一千四百文。

具领张松贵，保领庄义丰：领寄堂程姓旅榇一具，由信客庄利德带回薛坑口埠，当给盘费钱十千零七十文。另助本家葬费钱一千四百文。

具领吴友梅，保领吴竹君：领已葬胡姓旅榇一具，由信客汪声光检骨带回黟县，当给盘费钱五千三百七十文。

具领汪闻卿，保领汪映楼：领寄堂汪姓旅榇一具，由信客吴子和带回下溪口埠，当给盘费钱十千八百七十文。另助本家葬费洋二元。

具领胡际唐，保领金怡丰：领寄堂胡姓旅榇一具，由信客张金茂带回深渡埠，当给盘费钱九千八百七十文。另助本家葬费洋二元。

具领金蓉舫，保领程湘溪：领寄堂黄姓旅榇一具，由信客汪声光带回蓝渡埠，当给盘费钱十千七百七十文。另助本家葬费洋二元。

具领张祥庆，保领汪济川：领寄堂张姓女棺一具，由信客许华元带回渔梁埠，当给盘费钱十千六百七十文。另助本家葬费洋二元。

具领张祥庆，保领汪济川：领寄堂张姓旅榇一具，由信客许华元带回渔梁埠，当给盘费钱十千六百七十文。另助本家葬费洋二元。

具领庄老五，保领汪裕兴：领寄堂庄姓旅榇一具，由信客张金茂带回琅园口埠，当给盘费钱十千二百七十文。另助本家葬费洋二元。

具领谢同源，保领汪裕兴：领寄堂朱姓旅榇一具，由信客张金茂带回渔梁埠，当给盘费钱十千六百七十文。另助本家葬费洋二元。

具领毕雷兴，保领汪裕兴：领寄堂毕姓旅榇一具，由信客许华元带回渔梁埠，当给盘费钱十千六百七十文。另助本家葬费洋二元。

具领庄老五，保领汪裕兴：领寄堂庄姓旅榇一具由信客许华元带回薛坑口埠，当给盘费钱十千零七十文。另助本家葬费洋二元。

具领方舜年，保领张景源：领寄堂方姓旅榇一具，由信客张文秀带回琅园口埠，当给盘费钱十千二百七十文。另助本家葬费洋二元。

具领汪友章，保领胡鼎新：领已葬汪姓旅榇一具，由族人汪友章检骨带回绩溪，当给盘费钱二千三百八十文。另助本家葬费洋二元。

具领庄渭臣，保领汪启元：领寄堂庄姓旅榇一具，由族人庄渭臣带回薛坑口埠，当给盘费钱十千零七十文。另助本家葬费洋二元。

具领江社寿，保领胡际唐：领寄堂方姓旅榇一具，由信客许华元带回渔梁坝埠，当给盘费钱十千六百七十文。另助本家葬费洋二元。

具领汪敬友，保领汪启元：领寄堂汪姓旅榇一具，由族人汪敬友带回浦口埠，当给盘费钱十千二百七十文。

具领胡际唐，保领汪启元：领寄堂胡姓旅榇一具，由信客张金茂带回深渡埠，当给盘费钱九千八百七十文。另助本家葬费洋二元。

具领吴翠园，保领谢子香：领寄堂汪姓旅榇一具，由信客胡天宝带回上溪口埠，当给盘费钱十一千二百七十文。另助本家葬费洋二元。

具领张志熙，保领许益三：领寄堂胡姓旅榇一具，由信客张金茂带回浦口埠，当给盘费钱十千二百七十文。另助本家葬费洋二元。

具领方崇镛，保领张志熙：领寄堂方姓女棺一具，由信客张金茂带回浦口埠，当给盘费钱十千二百七十文。另助本家葬费洋二元。

具领胡善进，保领程星台：领寄堂程姓旅榇一具，由信客吴子和带回龙湾埠，当给盘费钱十千八百七十文。另助本家葬费洋二元。

具领程湘溪，保领程星台：领寄堂金姓旅榇一具，由信客叶汉章带回蓝渡埠，当给盘费钱十千七百七十文。另助本家葬费洋二元。

具领胡振芳，保领汪裕兴：领寄堂胡姓女棺一具，由信客张金茂带回渔梁坝埠，当给盘费钱十千六百七十文。另助本家葬费洋二元。

具领胡毓新，保领胡鼎新：领寄堂胡姓女棺一具，由信客胡俊发带回绩溪，当给盘费钱十一千四百七十文。另助本家葬费洋二元。

具领胡毓新，保领胡鼎新：领寄堂胡姓旅榇一具，由信客胡俊发带回绩溪，当给盘费钱十一千四百七十文。另助本家葬费洋二元。

具领张志熙，保领金怡丰：领寄堂汪姓旅榇一具，由信客张文秀带回琅园口埠，当给盘费钱十千二百七十文。另助本家葬费洋二元。

具领庄渭臣，保领汪裕兴：领寄堂江姓旅榇一具，由信客许华元带回薛坑口埠，当给盘费钱十千零七十文。另助本家葬费洋二元。

具领张宝山，保领汪裕兴：领寄堂张姓女棺一具，由信客张金茂带回薛坑口埠，当给盘费钱十千零七十文。另助本家葬费洋二元。

具领程鹤夫，保领汪映楼：领寄堂程姓旅榇一具，由信客叶汉章带回上溪口埠，当给盘费钱十一千二百七十文。

具领汪荣庆，保领张裕三：领寄堂潘姓旅榇一具，由信客汪春山带回深渡埠，当给盘费钱九千八百七十文。另助本家葬费洋二元。

具领金蓉舫，保领邵子英：领寄堂邵姓女棺一具，由信客叶汉章带回南渡埠，当给盘费钱十千七百七十文。另助本家葬费洋二元。

具领庄老五，保领胡咏庚：领寄堂庄姓旅榇一具，由信客张文秀带回薛坑口埠，当给盘费钱十千零七十文。另助本家葬费洋二元。

具领庄老五，保领汪裕兴：领寄堂庄姓女棺一具，由信客张文秀带回薛坑口埠，当给盘费钱十千零七十文。另助本家葬费洋二元。

具领李大福，保领胡咏庚：领寄堂方姓旅榇一具，由信客张文秀带回琅园口埠，当给盘费钱十千二百七十文。另助本家葬费洋二元。

具领王寿全，保领胡咏庚：领寄堂许姓旅榇一具，由信客张文秀带回渔梁坝埠，当给盘费钱十千六百七十文。另助本家葬费洋二元。

具领江社涛，保领胡咏庚：领寄堂汪姓旅榇一具，由信客张文秀带回渔梁坝埠，当给盘费钱十千六百七十文。另助本家葬费洋二元。具领王寿全，保领胡咏庚：领寄堂许姓旅榇一具，由信客张文秀带回渔梁坝埠，当给盘费钱十千六百七十文。另助本家葬费洋二元。

具领程连城，保领胡鼎新：领寄堂程姓旅榇一具，由信客胡云芬带回绩溪瑞川，当给盘费钱十一千八百七十文。另助本家葬费洋二元。

具领金蓉舫，保领程星台：领寄堂项姓旅榇一具，由信客余锦清带回黟县，当给盘费钱十一千零七十文。另助本家葬费洋二元。

具领金志钧，保领程星台：领寄堂杨姓旅榇一具，由信客叶汉章带回蓝渡埠，当给盘费钱十千七百七十文。另助本家葬费洋二元。

具领汪锦秀，保领詹涌源：领寄堂汪姓旅榇一具，由信客汪汉明带回婺源，当给盘费钱十四千二百七十文。另助本家葬费洋二元。

具领汪锦秀，保领詹涌源：领寄堂汪姓旅榇一具，由信客汪汉明带回婺源，当给盘费钱十四千二百七十文。另助本家葬费洋二元。

具领汪杏齐，保领詹涌源：领寄堂吴行旅榇一具，由信客汪汉明带回婺源，当给盘费钱十四千二百七十文。另助本家葬费洋二元。

具领汪杏齐，保领詹涌源：领寄堂吴姓女棺一具，由信客汪汉明带回婺源，当给盘费钱十四千二百七十文。另助本家葬费洋二元。

具领周瑞福，保领程韦庄：领寄堂周姓旅榇一具，由信客吴子和带回屯溪埠，当给盘费钱十千四百七十文。另助本家葬费洋二元。

具领汪鹏志，保领张宝山：领寄堂郑姓旅榇一具，由信客张文秀带回渔梁坝埠，当给盘费钱十千六百七十文。另助本家葬费洋二元。

具领王文卿，保领汪荫楼：领寄堂曹姓旅榇一具，由信客吴子和带回屯溪埠，当给盘费钱十千四百七十文。另助本家葬费洋二元。

具领胡云溪，保领任荫峰：领寄堂金姓旅榇一具，由信客叶汉章带回蓝渡埠，当给盘费钱十千七百七十文。另助本家葬费洋二元。

具领章筠卿，保领胡际唐：领寄堂方姓旅榇一具，由信客张文秀带回琅园口埠，当给盘费钱十千二百七十文。另助本家葬费洋二元。

具领庄渭臣，保领汪启元：领寄堂庄姓旅榇一具，由信客王振棠带回浦口埠，当给盘费钱十千二百七十文。另助本家葬费洋二元。

具领汪进发，保领汪启元：领寄堂方姓女棺一具，由信客方观友带回琅园口埠，当给盘费钱十千二百七十文。另助本家葬费洋二元。

具领汪进发，保领汪启元：领寄堂方姓旅榇一具，由信客方观友带回琅园口埠，当给盘费钱十千二百七十文。另助本家葬费洋二元。

具领汪德海，保领詹序春：领寄堂詹姓旅榇一具，由信客汪汉明带回婺源，当给盘费钱十四千二百七十文。另助本家葬费洋二元。

具领张东友，保领张志熙：领寄堂方姓旅榇一具，由信客张松林带回薛坑口埠，当给盘费钱十千零七十文。另助本家葬费洋二元。

具领胡善相，保领胡悦来：领寄堂胡姓旅榇一具，由族人胡善相带回绩溪，当给盘费钱十一千四百七十文。另助本家葬费洋二元。

具领周瑞福，保领金怡丰：领寄堂何姓旅榇一具，由信客吴子和带回屯溪埠，当给盘费钱十千四百七十文另助本家葬费洋二元。

具领程宝卿，保领黄舒园：领寄堂程姓旅榇一具，由信客程金发带回屯溪埠，当给盘费钱十千四百七十文。另助本家葬费洋二元。

具领凌炳美，保领胡咏庚：领寄堂凌姓旅榇一具，由信客凌汉卿带回深渡埠，当给盘费钱九千八百七十文。另助本家葬费洋二元。

具领胡际唐，保领张德顺：领寄堂张姓旅榇一具，由信客张松林带回薛坑口埠，当给盘费钱十千零七十文。另助本家葬费洋二元。

具领胡际唐，保领汪启元：领寄堂汪姓旅榇一具，由信客张松林带回薛坑口埠，当给盘费钱十千零七十文。另助本家葬费洋二元。

具领张锡芝，保领汪裕兴：领寄堂张姓旅榇一具，由信客许华元带回小川埠，当给盘费钱九千四百七十文。另助本家葬费洋二元。

具领韩福全，保领舒聚茂：领寄堂王姓旅榇一具，由信客舒蕊香带回黟县，当给盘费钱十一千零七十文。另助本家葬费洋二元。

具领许照汇，保领汪裕兴：领寄堂许姓旅榇一具，由信客张松林带回浦口埠，当给盘费钱十千二百七十文。另助本家葬费洋四元。

具领许照汇，保领汪裕兴：领寄堂许姓旅榇一具，由信客张松林带回浦口埠，当给盘费钱十千二百七十文。另助本家葬费洋四元。

具领汪立夫，保领詹涌源：领寄堂江姓旅榇一具，由族人带回婺源，当给盘费钱十四千二百七十文。另助本家葬费洋四元。

具领方岳来，保领张志熙：领寄堂吴姓旅榇一具，由信客张松林带回瀹潭埠，当给盘费钱十千二百七十文。另助本家葬费洋四元。

具领汪东法，保领张德四：领寄堂汪姓旅柩一具，由信客张松林带回绵潭埠，当给盘费钱十千零七十文。另助本家葬费洋四元。

具领张金生，保领张志熙：领寄堂张姓旅柩一具，由信客张松林带回漳潭埠，当给盘费钱十千零七十文。另助本家葬费洋四元。

具领吴友堂，保领庄启达：领寄堂吴姓旅柩一具，由信客张松林带回薛坑口埠，当给盘费钱十千零七十文。另助本家葬费洋四元。

具领章金顺，保领章韵余：领寄堂章姓旅柩一具，由信客姚启发带回琅园口埠，当给盘费钱十千二百七十文。另助本家葬费洋四元。

具领贺义昌，保领汪裕兴：领寄堂曹姓旅柩一具，由信客汪坤成带回浦口埠，当给盘费钱十千二百七十文。另助本家葬费洋四元。

具领张春亭，保领汪裕兴：领寄堂汪姓旅柩一具，由信客汪坤成带回浦口埠，当给盘费钱十千二百七十文。另助本家葬费洋四元。

具领方炳成，保领汪裕兴：领寄堂汪姓旅柩一具，由信客汪坤成带回浦口埠，当给盘费钱十千二百七十文。另助本家葬费洋四元。

具领程和丰，保领张志熙：领寄堂程姓旅柩一具，由信客张松林带回琅园口埠，当给盘费钱十千二百七十文。另助本家葬费洋四元。

具领汪春有，保领张志熙：领寄堂汪姓旅柩一具，由信客张松林带回南源口埠，当给盘费钱十千二百七十文。另助本家葬费洋四元。

具领胡定奎，保领胡鼎新：领寄堂曹姓旅柩一具，由信客胡洪吉带回绩溪，当给盘费钱十一千八百七十文。另助本家葬费洋四元。

具领胡定奎，保领胡鼎新：领寄堂曹姓旅柩一具，由信客胡洪吉带回绩溪，当给盘费钱十一千八百七十文。另助本家葬费洋四元。

具领汪端儒，保领祥泰庄：领寄堂金姓旅柩一具，由信客汪峻甫带回上溪口埠，当给盘费钱十一千二百七十文。另助本家葬费洋四元。

具领张浩钧，保领汪裕兴：领寄堂方姓旅柩一具，由信客胡尚成带回薛坑口埠，当给盘费钱十千零七十文。另助本家葬费洋四元。

具领王辅臣，保领汪裕兴：领寄堂王姓旅柩一具，由信客王元根带回琅园口埠，当给盘费钱十千二百七十文。另助本家葬费洋四元。

具领张铭山，保领胡定奎：领寄堂姚姓旅柩一具，由信客张日升带回渔梁埠，当给盘费钱十千六百七十文。另助本家葬费洋四元。

具领张铭山，保领胡定奎：领寄堂张姓旅柩一具，由信客张日升带回渔梁埠，当给盘费钱十千六百七十文。另助本家葬费洋四元。

具领张铭山，保领胡鼎新：领寄堂罗姓旅柩一具，由信客张日升带回渔梁埠，当给盘费钱十千六百七十文。另助本家葬费洋四元。

具领张铭山，保领胡定奎：领寄堂方姓旅柩一具，由信客张日升带回渔梁埠，当给盘费钱十千六百七十文。另助本家葬费洋四元。

具领杨静卿，保领程星台：领寄堂杨姓旅柩一具，由信客汪峻甫带回渔亭埠，当给盘费钱十一千零七十文，另助本家葬费洋四元。

　　具领吕锦生，保领金志钧：领寄堂吕姓女棺一具，由信客余七金带回太白思埠，当给盘费钱十千八百七十文。另助本家葬费洋四元。

　　具领吕锦生，保领金志钧：领寄堂吕姓旅榇一具，由信客余七金带回太白思埠，当给盘费钱十千八百七十文。另助本家葬费洋四元。

　　具领张德四，保领张志熙：领寄堂汪姓旅榇一具，由信客张松林带回琅园口埠，当给盘费钱十千二百七十文。另助本家葬费洋四元。

　　具领方炳生，保领张志熙：领寄堂程姓旅榇一具，由信客张祥裕带回薛坑口埠，当给盘费钱十千零七十文。另助本家葬费洋四元。

　　具领张照友，保领张志熙：领寄堂张姓旅榇一具，由信客张祥裕带回薛坑口埠，当给盘费钱十千零七十文。另助本家葬费洋四元。

　　具领张德四，保领张志熙：领寄堂方姓旅榇一具，由信客张祥裕带回浦口埠，当给盘费钱十千二百七十文。另助本家葬费洋四元。

　　具领干利顺，保领胡鼎新：领寄堂吴姓旅榇一具，由信客胡翰章带回深渡埠，当给盘费钱九千八百七十文。另助本家葬费洋四元。

　　具领张德四，保领张志熙：领寄堂张姓旅榇一具，由信客张祥裕带回琅园口埠，当给盘费钱十千二百七十文。另助本家葬费洋四元。

　　具领张德四，保领张志熙：领寄堂汪姓旅榇一具，由信客张祥裕带回琅园口埠，当给盘费钱十千二百七十文。另助本家葬费洋四元。

　　具领张砺山，保领汪裕兴：领寄堂方姓旅榇一具，由信客张彩堂带回瀹潭埠，当给盘费钱十千二百七十文。另助本家葬费洋四元。

　　具领张砺山，保领汪裕兴：领已葬王姓旅榇一具，由信客张彩堂捡骨带回杨村埠，当给盘费钱洋二元、钱六百文。另助本家葬费洋二元。

　　具领詹兆鋆，保领苏久生：领寄堂孙姓旅榇一具，由信客胡天宝带回上溪口埠，当给盘费钱十一千二百七十文。另助本家葬费洋四元。

　　具领姚文岐，保领汪裕兴：领寄堂郑姓旅榇一具，由信客张彩堂带回琅园口埠，当给盘费钱十千二百七十文。另助本家葬费洋四元。

　　具领张德四，保领庄七顺：领寄堂江姓旅榇一具，由信客张文秀带回薛坑口埠，当给盘费钱十千零七十文。另助本家葬费洋四元。

　　具领汪贵财，保领胡鼎新：领寄堂汪姓旅榇一具，由信客张彩堂带回琅园口埠，当给盘费钱十千二百七十文。另助本家葬费洋四元。

　　具领胡定奎，保领胡鼎新：领寄堂吴姓旅榇一具，由信客张彩堂带回深渡埠，当给盘费钱九千八百七十文。另助本家葬费洋四元。

　　总共给钱壹千壹百叁十千壹百三十文、洋贰百柒十二元。

计 数

计收诸君乐输，钱壹千壹百肆十柒千文、洋柒十九元；

付盘柩壹百零柒具，计钱壹千壹百叁十千壹百叁十文、洋贰百柒十贰元；

付施棺十具，计洋壹百元、钱五十肆千贰百文；

付置田十贰亩肆分零，计洋壹百九十贰元；

付造新殡房、修先董祠，计洋五百贰十元。

共付钱壹千壹百八十肆千叁百叁十文、洋壹千零八十肆元。

附刊：协济会公储

　　吴郡新安会馆设诚善局，上海徽宁会馆设登科会，皆为扩充善举起见，该会馆征信录中记载甚详。同治十年，休宁县绅士金瑞棠、王森，仿诚善局章程，捐资设协济会，专为徽籍寒商施棺助葬、盘柩回乡等事。无力回籍之柩，赖以领费、扶回安葬者甚多。其初由发起绅士担任经费，至光绪甲申岁，绅士王森等发议，以事属善举，非筹有的款不足以垂远，因向休邑同人募劝。适值海防戒严，商务减色，历五载而捐款寥寥所收捐数载一百一页至一百四页。得此微数虽聊胜于无，然终虑难以持久。旋于癸巳岁由休邑绅商凑集，公储存典生息，权衡子母，藉支善举之需。从此源源接助，相沿至今。阖属孤寒咸沐其惠光绪十年甲申至宣统二年庚戌给盘柩费并助葬费已详载是编。兹届第一次征信录告成，谨述其缘起并公储款数附刊简端，用呈乐善诸君德鉴焉。

　　计公储：洋贰千四百元、钱贰千贰百五十千文。

　　右协济会休宁绅商公储。

徽宁医治寄宿所征信录

民国五年第五刻

目　录^①

徽宁医治寄宿所序……………………………………………………… 1146

附刊医治寄宿开幕缘起………………………………………………… 1147

汪莲石宣言书…………………………………………………………… 1148

祝词……………………………………………………………………… 1149

江苏淞沪警察厅长统领警备队穆为给示保护事……………………… 1150

上海县知事告示………………………………………………………… 1151

试办简章二十二条……………………………………………………… 1152

附录规则十六条………………………………………………………… 1154

宣统二年至三年乐输…………………………………………………… 1156

壬子年三月至癸丑三月止……………………………………………… 1157

癸丑年…………………………………………………………………… 1158

甲寅乐输………………………………………………………………… 1159

总理……………………………………………………………………… 1160

协理……………………………………………………………………… 1161

各县任事员……………………………………………………………… 1162

病人进所总票处………………………………………………………… 1163

各县病人进所保票处…………………………………………………… 1164

乙卯年乐输医治寄宿所茶捐各宝号及经收各位芳名………………… 1165

民国四年歙邑乐输医治寄宿所长生愿捐芳名………………………… 1184

民国四年休邑医治寄宿所长生愿捐洋数芳名………………………… 1185

民国四年休邑医治寄宿所长生愿捐芳名……………………………… 1186

民国四年休邑医治寄宿所长生愿捐芳名……………………………… 1187

民国四年婺邑医治寄宿所长生愿芳名列后…………………………… 1188

民国四年乙卯黟邑乐输医治寄宿所长生愿捐数芳名………………… 1189

乙卯绩邑医治寄宿所长生愿洋数芳名………………………………… 1191

民国四年旌邑医治寄宿所长生愿芳名………………………………… 1192

民国四年泾邑医治寄宿所长生愿捐芳名……………………………… 1193

乙卯年三月至丙辰三月底止收数大总………………………………… 1194

乙卯年三月至丙辰三月底止支数大总………………………………… 1195

所内收支并医治寄宿名额自乙卯年三月初一日起至丙辰年三月二十九日

　　止清册………………………………………………………………… 1197

----

① 目录为整理者所加。

徽宁医治寄宿所序

凡事莫难于创始，尤莫难于创始之毫无凭藉，而办慈善事抑又甚焉。吾徽宁人士之旅居沪渎者实繁有徒，其安富尊荣者固多，而劳苦食力者奚啻千百计。己酉春，休邑司总吴君韵秋、绩邑司年程君伯埙暨施君维垣、王君云卿等，目击夫乡人中之贫病无依者，良用恻然，而思有以补救之。此议设徽宁医治所之缘起也。适两府绅商捐助戊申徽属水灾项下尚余规元三千有奇，总其事者乃祁邑谢君筠亭，为当今著名慈善家，首先赞同，允以赈余为基础。是前此之毫无凭藉者，而今则有基本三千，经事诸君益为之鼓舞奋发焉。庚戌秋，议营病舍，公推婺邑胡执卿君总理工程，就路左起造平房十五间，左义园而右会馆，屹然介于两大之中，成鼎足形，洵可观也。越明年辛亥落成，额曰“徽宁医治寄宿所”。所成而振余罄，开办与经常费空无所有，乃由余鲁卿、汪莲石、张子谦、朱汉舲诸董发起特别常年茶丝等捐，并担任劝募，首得休邑金君博如慨助特别捐元三百两、泾邑朱君砚涛昆仲允认常年捐洋二百元，为两府倡。然其中尤以茶、丝两帮善士为最热心，茶则每箱捐钱四文、丝则每担捐银五分，业已不无小补，况益以常年折席费耶。查会馆向章，每年秋季公宴茶、丝商一次，叙乡情也。兹从辛亥年起，承两帮先后函嘱，将此项筵资折洋三百元，移为病所经常费。仁浆义粟赓续而来，其嘉惠于乡人中之贫病者岂浅鲜哉！洋时适在会馆供奔走，得随诸乡长后，历见创始之艰难，未尝不叹当事者各富公益心，而尤能以劝谨廉洁相自勖。以此办事何事不举！则今日之聿观厥成也固宜。惟既由经始时期进为开办时期，尤愿劝捐，与理事诸君同心赞助，努力进行，多分一己之余福，以福两府病人，是则旅沪同乡所共祷也。今春适刊报告，谬承各经董以洋随同办理，熟悉情形，嘱纪其颠末，窃不敢以不文辞，爰历叙次以弁于首。至捐者、劝者之衔名则详在征信录，不克全叙，惧赘也。是为序。

中华民国元年岁次壬子暮春月，婺源允辉汪洋谨识。

附刊医治寄宿开幕缘起

　　窃查徽宁医治寄宿所房屋落成，适值民军起义，当时沪上各会馆公所悉为军队所驻扎，而本病所亦驻有工程营焉。然义务所在，不得不然。岂知统一后仍然久假不归，经叠【迭】次严重交涉，乃由江苏都督令调本病所暨会馆各营兵移驻南京，始将房屋交还。于是推举职员从事部署，择今六月三号即旧历四月二十九日之吉行开幕礼。惟费短屋小，不得不酌定名额，先从试办入手。明知规模太狭，难免额满见遗，但章程过宽又恐难乎为继。伏维同乡父老曲体当事者无米为炊之难，而思有以倡导而扶助之，俾经费无虞匮之而善举得以扩充，是则同人等所朝夕颂祷者也。用缀小启，伏维公鉴。

　　同人谨启。

汪莲石宣言书

今日这医治寄宿所开幕，是我徽宁两府在上海成立一件大公益事，亦是我徽宁两府在上海成立一件大有名誉事。论我两府所已成各善举，素来本有名誉，惟不曾设立此项病院，为美中不足。前数年因灾赈余款，休宁吴韵秋先生发此议论，大众均称善。但存款无多，筹款不易，煞费踌躇。休宁金博如先生首先捐助三百两以为之创，鄙人续募得婺源茶客查君捐助二百元，于是两府大慈善家闻风踊跃，力任筹捐，遂于此处兴造。病院落成，额曰"医治寄宿所"。然捐款虽有成数，出息无多，非得有常年出产难于持久。复承茶商慨允每年箱捐，丝客亦乐加年捐，于是常年入款虽不甚丰，却可小试其端，不至立形竭蹶。正待开办，因被民军强借驻扎，迟误年余。极力于交涉退出，赶修房屋，择于今日开幕。今日为此医治寄宿所成立之第一日，鄙人承大众责任总经理，然年老才疏，全仗各县任事诸公群策群力，鄙人惟有效华封人之三祝：一祝开办之后，所有保送进所之病人仗诸位尽义务大医士妙手，藉诸位洪福，药到病除，永无意外不幸之事；二祝在所办事，自经理及医士并看护人等，各精神充足，身体康强，毫无些小不适意；三祝从此事事顺手，使名誉有口皆碑，同乡传播，人人乐输，捐款渐增充足，可以遂【逐】渐推广。但愿今日鄙人之三祝以后均能如愿，以偿敢先。贺曰：徽宁医治寄宿所万岁！

祝　词

今日为徽宁医治寄宿所开幕之第一日，则我旅沪同乡之贫病者最有依赖生全之希望之第一日，亦即我旅沪同乡创见亘古未有之盛举之第一日。凡我乡人，无论少长男妇，均有无上之荣施与非常之希冀焉。溯自乡先辈设立徽宁思恭堂会馆，后先继起，惨淡经营历百数十年，而规模之完备美不胜书。今日复蒙任事诸董本恺悌慈祥之素志，竭力组织医治寄宿所，费几年心血，经几许困难，始克观厥成，其造福于乡人岂浅鲜哉！然洋等犹有进者，伏望各任事董须视人病如己病，如有一病不愈即引为己责，然后乃有真实惠真幸福之可言。而劝捐与捐助各同乡亦应曲体办事者无米为炊之苦衷，思有以群策群力而扶助之。俾经费常充而规模渐广，则乡人胥拜嘉赐焉。谨代旅沪全体同乡敬祝我徽宁医治寄宿所暨总协理任事诸君、将来留所医治各乡人同一无疆之庥。

汪洋允辉、程礼谦肇卿代表全体敬祝。

江苏淞沪警察厅长统领警备队穆为给示保护事

　　案据徽宁医治寄宿所总协理汪岩昌、余芝芹，董事汪龙标等呈称，设立徽宁贫病所、粘附简章，呈请立案给示保护事：

　　"窃董等籍隶徽宁，经商治下，年来同乡之旅居斯土者日益繁众，其成家立业者固不乏人，而佣工度日，或小本经营、自食其力者，尤复不少，一旦沾染疾病，孰肯容留？囊无余资，谁为医治？其情状至为凄惨。董等有鉴于此，特邀同志捐资创立病所，即就二十五保十三图摩字圩一百六十九号徽宁会馆附近业地建筑病房，颜曰'徽宁医治寄宿所'。收留同乡贫病寄宿，代为医治。规模粗具，经费未充，量入为出，踌躇至再。现拟先从试办入手，酌定名额，徐图扩充。深恐内外人等良莠不齐，不能恪守所章，遇事滋扰，殊于慈善前途大有妨碍。除分呈县知事饬令铺甲保护外，相应粘附简章，呈请鉴核，迟赐批示，准予立案，给示保护，以维慈善而杜滋扰。"等情到厅。据此，查该董等捐资创设病院，为贫病同乡共谋幸福，乐善为怀，殊堪嘉许。除批准立案外，为此，示仰内外人等一体查照，其各恪守所章，不得遇事滋扰，致碍慈善前途，倘敢故违，准送厅究惩。切切！此示。

　　中华民国贰年拾月廿六日　示。

上海县知事告示

案据徽宁医治寄宿所总协理汪岩昌、余芝芹，董事汪龙标等呈称：

"窃董等籍隶徽宁，经商治下，年来同乡之旅居斯土者日益繁众，其成家立业者，固不乏人，而佣工度日，或小本经营、自食其力者尤复不少，一旦沾染疾病，孰肯容留？囊无余资，谁为医治？其情状至为凄惨。董等有鉴于此，特邀同志捐资创立病所，即就二十五保十三图靡字圩一百六十九号徽宁会馆附近业地建筑房，颜曰'徽宁医治寄宿所'，收留同乡贫病寄宿，代为医治。规模粗具，经费未充，量入为出，蹰躇至再。现拟先从试办入手，酌定名额，徐图扩充。深恐内外人等良莠不齐，不能恪守所章，遇事滋扰，殊于慈善前途大有妨碍。除分呈淞沪警察厅饬警保护外，相应粘附简章，呈请鉴核，迅赐批示，准予立案，给示保护，以维慈善而杜滋扰。"等情前来。查设立医所事关慈善事业，察核简章尚属妥协，应准备案，给示保护。除批示外，合行布告，仰诸色人等一体知悉，倘有不遵定章，藉端滋扰，一经查实，定干未便，务各遵照。切切！特此布告。

中华民国贰年拾月廿九日　示。

试办简章二十二条如左

第一条　本所经会馆两府董事劝募两府善士捐资集腋成裘始能开办，凡非两府病人未便收养。其确实两府病人来寄宿者，亦须由该县董事等调查明白，为之介绍，亲具印章、保单，注明住址及病人年岁、籍贯、职业，交送书记员查验，照登簿册，以便稽查。

第二条　本所应举总、协理各一位，每县各举任事员数位，均尽义务，不支薪水，任期一年。每年四月二十九纪念日开会公举，被留者仍须连任。

第三条　总理有统属全所人员、综揽一切事务之责任，倘遇紧急问题或重要事须会议，总理有事未到，则由协理代行职务。任事员补助总协理分任庶务，以专责成。

第四条　本所用书记员一位、门政一名、司炊一名、看护带差遣人二三名，均开支薪水。倘病人过多不敷，看护则随时暂雇，事少则行减去。其余各事，本会馆司事、堂丁帮同办理，年终酌给酬劳。

第五条　书记员每日须将病人药方录簿存底，籍【藉】资研究。

第六条　每月朔日，须由任事员两人以上到所查账，递年附在会馆刊造征信录分送，藉供众览。

第七条　本所创办伊始，经费实未充足，暂定寄宿医治额二十名，倘额满仍有实无依赖不得已续来者，由本所任事员查明，得总理、协理认可，方能收留。

第八条　现请有住所义务医生一位，每日为所中病人施治，所有药料、蔬食均备供应。惟本所实为贫病起见，其有病而非贫，不过因职业处不能留养，觅保来所贴费寄养者，医药均须自备，所中惟任茶水、看护，此项贴费病人另入特别养病室招待，其贴费每人每日大洋一角。所以从廉者，本所非牟利起见，不过欲经费稍轻一分，则贫病多获一分之益耳。

第九条　时疫一症传染最易，生死关头甚速。上海善堂无美不备，各同乡有染此不幸送来者，如或不及关照原保，则由本所代送时疫医院。

第十条　残痼、废疾、痨伤、气喘、老咳等症，由医生验明可医者留，倘非医药所能为功者，本所概不收留，或酌量资助由该县董送回原籍，惟临去拍照，所以杜再来。

第十一条　杨梅结毒、跌打损伤外科等症，本所现在无此专科医生，概不收留。如有朦保入所，经医生验出，当即责成原保领去，倘有诈赖等情，即行送官惩治，以为无理取闹者戒。

第十二条　本所房间极少，只收成年男子，凡妇女、幼孩概不收留；或有极贫者，由该县董事具保到所医治，酌给药料，诊毕，该病人即行回去，其中不能寄宿。

第十三条　凡病人到所寄宿，先经医生详验，实在有病方可收留医治，已愈即行出去，不得托词逗留，如有违背定章，均惟保人是问。

第十四条　凡留养之人均宜遵守所中规则，如有吸食洋烟等事，查出即行逐出，不得停留。

第十五条　凡病人服药以慎食、忌口为要，如有妨碍卫生及与病不相宜各食品，不得任意购食。

第十六条　凡病人来所寄宿，如另带看护人，应由该病人备资贴膳，其赏给所中看护人酒资及愿捐助经费，均听自便，惟所中人不得向索分文。

第十七条　本所逢星期日下午二时开职员常会一次，讨论一切应办事宜。如遇紧要问题，须开临时会或大会公决。

第十八条　凡病人来所寄宿，如或自带铺盖，务宜洁净，以重卫生。

第十九条　书记员及看护人等均须住宿所中，预备病人有事便可随时照料。

第二十条　本所延定尽义务医生一位，各同乡中有精明内科医道愿尽义务者，务祈赐教，本所不胜欢迎。

第二十一条　本所开办时应附简章，呈请民政署、淞沪警察厅一体立案，给示保护。

第二十二条　所拟章程所未完备，如试办后确有窒碍不可行者，经任事员三人以上之请求，得总协理之同意，即开大会修改。

附录规则十六条如左

一、本所书记员须常川驻所，不能离开。每日病人所服药方，须加盖总理交执之图章，将方汇齐附折，差人去赎【购】药，赎【购】回逐帖批明号头，交看护人对明药罐字号，煎与病人服，以防错误，是为至要。

一、本所自有病人送进后，一切应用器具并在所人员衣服、铺盖物件甚多，照应一疏，难免遗失。且大门须全日大开，其门政一员责任极重，每日须在门内稽查进出，寸步不能离开。

一、看护人非公事差出及代病人买物，不能擅自出所。每人看护二房间，须和气小心，不得使病人受委屈。至差出，每人轮值一日，以免天气晴雨托规避，如有不能，遵章即行辞歇。

一、司爨人除煮粥饭外，水炉上开水须留心照应，时刻不断。如天气炎热，尤须多备病人浴水。其茶水务要开透，否则有妨卫生。

一、房间各有总字号，内仍须照铺分别号数，标在床架。药罐号头与床架对同服药，方免错误。此书记员责任。

一、送来病人有疑难极重症候，即须报告总理，以便帮同研究。

以上两条为慎重人命起见，本所本年总理略知医道，格外小心。倘期满后所举总理不知医道，又当酌改。

一、病人须忌口，欲购食物，须问过医生方能代购。

一、本所留养以及工役等人数众多，门户尤宜谨慎。每晚十句钟务前后门关锁，钥匙归账房收管。非遇紧急事务，无论何人不能擅自开门出入，以防疏忽。

一、保送到所之病人必须自带换洗衣裤，如未带来，即由原经保人差人往取或代备，以重卫生。

一、凡保送病人进所，以夜间十句钟前为限，过迟则验病等事诸多不便，碍难收受，请谅之。

一、凡同乡介绍请求驻所医士诊治而不留养之病人，必须先赴各该县司票董事处领有送诊券者，方为有效，然亦须二句钟以前，因先生另有门诊，过迟不候。

一、凡保送病人来所医治，必须由原保人伴送到所，不得听病人自持保票踽踽独行，以防路上拥挤倾跌及冒混顶替情事，俾所内亦有所接洽。

一、病人衣服不洁，于卫生大有关碍。换洗宜勤，夏秋尤宜随时洁净。

一、所内各项职务人等须知本所为慈善事业，各宜谨慎和平，不可懒惰偷安，尤不可声色恶厉，如犯有不规则行为及出言不顺情事，查出即行辞歇。然病人亦宜安静自爱。

一、凡送到病人，如果症极危险，即须移入东会馆之平安室，暂行寄宿。

一、凡有未尽事宜，随时变通办理。

宣统二年至三年乐输

休	金博如	捐九八（规）元叁百两
婺	陈绍义	捐洋叁百元
泾	朱怀永堂	辛亥常年捐洋贰百元
婺	查彩辉	捐洋贰百元
婺	胡敦睦堂	捐洋贰百元
休	黄伯惠	捐洋贰百元
祁	谢筠亭	捐洋壹百元
祁	张筱泉	捐洋壹百元
黟	致和堂	捐洋壹百元
黟	余鲁卿	捐洋壹百元
黟	汪遗德堂	捐洋壹百元
黟	郑三义堂	捐洋壹百元
休	祥泰布号	捐洋壹百元
休	汪寿昌	捐洋壹百元
休	吴敏慎堂	捐洋壹百元
歙	张益丰	捐洋壹百元
歙	吴锦波	捐洋壹百元
歙	南聚兴	捐洋壹百元
黟	汪喜记	捐洋伍拾元
婺	洪源永栈	捐洋伍拾元
祁	洪希甫	捐洋伍拾元
祁	张子谦	捐洋伍拾元
休	李达孚	捐洋伍拾元
休	公协泰典	捐洋伍拾元
歙	曹怡大	捐洋伍拾元
歙	曹佐康	捐洋伍拾元

壬子年三月至癸丑三月止

婺　汪益昌　　　捐洋壹百元
婺　詹大有成记　捐洋壹百元
婺　汪汉溪　　　捐洋壹百元
婺　查二妙堂绍记　捐洋伍拾元

癸丑年

歙	吴锦记	捐九八规元伍百两
休	洪承义堂	捐洋叁百元
歙	吴文甫	捐洋壹百元
宁郡	徐积余	捐洋伍拾元
星江	敦梓堂	捐洋伍拾元

甲寅乐输

绩　程伯埙　捐洋伍拾元

绩　程仲篪　捐洋伍拾元

绩　胡汝舟　捐洋伍拾元

绩　胡祥钰　捐洋伍拾元

绩　胡节甫　捐洋伍拾元

绩　胡祥钧　捐洋伍拾元

本所乐输一门数目繁多、巨细不一，议照会馆办法，凡荷各县善士乐输伍拾元以上者永远刊刻，用昭激劝，伍拾元以下者只刻一次，下届征信录恕不再刊，取其简便而免繁琐，伏维两郡乡台谅之。

同人谨启。

总 理

黟邑余芝芹鲁卿

协 理

祁邑张持恭子谦

各县任事员

歙邑：吴省斋、姚鉴明、方嘉德、吴锦波、章鸿翔

休邑：汪宽也、胡春庭、吴韵秋、施维垣、王旭人

婺邑：詹悦庭、胡靖昀、詹松龄、查益生、俞鉴湖、胡子皋、胡芸

黟邑：汪蟾清、余锦镕、汪兰庭、余光麟、余文彬、余润生

祁邑：谢筠亭、张子谦

绩邑：王云卿、路文彬、胡云轩、叶子和、程右泉

宁郡：朱汉舻、陈少舟、鲍子延、崔国昌、朱海如

病人进所总票处

詹大有骏记墨庄

各县病人进所保票处

歙邑：吴汇泰漆号

休邑：福泰衣庄

婺邑：查二妙友记墨庄

黟邑：余芳兰茶号

祁邑：张义兴线庄

绩邑：程裕和茶号

宁郡：鲍启盛漆号

乙卯年乐输医治寄宿所茶捐各宝号及经收各位芳名列左

万和隆宝栈经收

计开：

恒懋祥，捐银壹两捌钱柒分贰厘伍；

万盛祥，捐银捌钱陆分；

陆馨祥，捐银贰钱零贰厘五；

志和祥，捐银陆钱壹分柒厘伍；

永　成，捐银陆钱捌分柒厘伍；

华　胜，捐银叁两玖钱零伍厘；

仁萃昌，捐银壹两柒钱陆分贰厘伍；

吴心记，捐银壹两贰钱零柒厘伍；

源和永，捐银贰两叁钱玖分伍厘；

万宜祥，捐银肆钱零伍厘；

顺和祥，捐银玖钱零柒厘伍；

陆　香，捐银壹两零叁分伍厘；

利　生，捐银壹两贰钱玖分伍厘；

汪广生，捐银壹钱贰分；

恒裕馨，捐银壹两叁钱肆分伍厘；

柏昌福，捐银贰钱陆分贰厘伍；

隆　和，捐银叁钱捌分伍厘；

广兴隆，捐银壹两肆钱；

丽生祥，捐银贰两叁钱伍分；

裕新永，捐银贰钱贰分伍厘；

义兴祥，捐银壹两壹钱叁分；

源和永，捐银贰钱贰分柒厘伍；

义生祥，捐银捌钱零柒厘伍；

吴合利，捐银贰钱贰分贰厘伍；

恒裕祥，捐银伍钱壹分；

亿和昌，捐银壹钱柒分贰厘伍；

最　　新，捐银壹钱陆分伍厘；

利和春，捐银柒钱柒分贰厘伍；

怡和分，捐银伍两肆钱柒分贰厘伍；

新　　盛，捐银捌分伍厘；

潘嬴泰，捐银玖钱柒分贰厘伍；

源馨祥，捐银贰钱叁分贰厘伍；

潘隆泰，捐银玖钱叁分伍厘；

谦和隆，捐银肆两叁钱五分伍厘；

万馨和，捐银叁钱柒分；

志成祥，捐银贰两陆钱贰分伍厘；

桂　　馨，捐银捌钱壹分贰厘伍；

广和隆，捐银贰两贰钱壹分柒厘伍；

新丰利，捐银贰钱柒分伍厘；

万馨祥，捐银贰两叁钱零伍厘；

义成祥，捐银壹两贰钱陆分贰厘伍；

森盛祥，捐银玖钱肆分贰厘伍；

启　　馨，捐银壹钱叁分；

森昌祥，捐银柒钱捌分；

万福春，捐银壹两叁钱肆分；

祥兴恒，捐银陆钱贰分伍厘；

和　　号，捐银玖钱柒分柒厘伍；

义芳祥，捐银贰两五钱零伍厘；

太亨源，捐银壹钱捌分贰厘伍；

怡和春，捐银叁两陆钱；

西珍利，捐银贰两玖钱柒分；

馥馨隆，捐银叁两陆钱伍分伍厘；

新丰永，捐银玖钱叁分伍厘；

德馨隆，捐银叁两叁钱陆分柒厘伍；

馥馨祥，捐银壹钱陆分伍厘；

怡和正，捐银拾贰两叁钱伍分伍厘；

李祥记，捐银贰两叁钱肆分；

萃芳祥，捐银五钱叁分伍厘；

同　　昌，捐银壹钱叁分贰厘伍；

贵　　新，捐银五钱陆分柒厘伍；

福和祥，捐银壹两柒钱肆分贰厘伍；

济　　元，捐银陆分；

陆　　芳，捐银肆钱伍分伍厘；

聚春和，捐银捌钱柒分贰厘伍；

森　康，捐银贰钱；

永兴祥，捐银壹钱零贰厘伍；

森　益，捐银壹钱肆分；

何裕隆，捐银壹两零肆分伍厘；

万太和，捐银壹两陆钱肆分伍厘；

董三益，捐银肆钱玖分贰厘伍；

瑞春恒，捐银五钱柒分柒厘伍；

义隆春，捐银玖钱壹分；

谦昌祥，捐银柒钱伍分；

义芳永，捐银五钱叁分；

源茂益，捐银贰钱肆分贰厘伍；

董利顺，捐银陆钱零贰厘伍；

福康隆，捐银肆钱陆分伍厘；

智昌祥，捐银肆钱柒分贰厘伍；

永万元，捐银叁钱壹分伍厘；

鼎新隆，捐银壹钱玖分柒厘伍；

戴信成，捐银肆钱零柒厘伍；

义芳怡，捐银柒钱陆分柒厘伍；

肇时亨，捐银壹钱壹分柒厘伍；

裕昌祥，捐银叁钱柒分贰厘伍；

义兴福，捐银叁钱玖分贰厘伍；

同　昌，捐银壹钱叁分贰厘伍；

永　昌，捐银壹钱壹分贰厘伍；

恒贞吉，捐银玖钱壹分贰厘伍；

程洪盛，捐银叁钱捌分伍厘；

同新昌，捐银伍钱贰分；

恒昌永，捐银叁钱肆分伍厘；

荣丰隆，捐银伍钱叁分贰厘伍；

戴太隆，捐银玖钱零柒厘伍；

一　香，捐银肆钱叁分伍厘；

益生祥，捐银贰钱伍分柒厘伍；

董隆丰，捐银壹两零贰分柒厘伍；

万顺隆，捐银肆钱壹分柒厘伍；

恒　慎，捐银肆钱肆分柒厘伍；

永信香，捐银壹两零壹分柒厘伍；

志大生，捐银捌钱贰分；

戴和记，捐银肆钱捌分柒厘伍；

董元吉，捐银柒钱伍分贰厘伍；

裕太祥，捐银伍钱壹分柒厘伍；

谦茂祥，捐银伍钱玖分伍厘；

同美利，捐银壹两壹钱捌分。

以上壹百零五户共计九八（规）元壹百拾贰两玖钱五分，当收九八（规）元壹百拾贰两玖钱五分。如数合讫。

荣吉祥宝栈经收

计开：

怡珍祥，捐银伍分伍厘；	景星祥，捐银壹钱叁分伍厘；
永　芳，捐银肆钱肆分；	云裕祥，捐银壹钱柒分伍厘；
日新永，捐银玖分贰厘伍；	新兴隆，捐银陆分柒厘伍；
春生和，捐银壹钱叁分贰厘；	养吉祥，捐银壹钱壹分贰厘伍；
罗立记，捐银壹钱壹分；	慎太和，捐银伍分伍厘；
景　顺，捐银伍分；	玉春永，捐银壹钱柒分贰厘伍；
永馨祥，捐银叁钱伍分伍厘；	吉　记，捐银壹钱肆分；
慎成永，捐银壹钱捌分贰厘伍；	方谦记，捐银壹钱叁分贰厘伍；
谢公记，捐银伍钱玖分；	友新成，捐银陆分伍厘；
傅源兴，捐银壹钱贰分柒厘伍；	志成祥，捐银陆钱叁分；
公益祥，捐银陆分柒厘伍；	永隆祥，捐银壹钱玖分伍厘；
福馨和，捐银壹钱贰分；	乾吉祥，捐银叁钱叁分；
荫元芳，捐银壹钱陆分贰厘伍；	妙　香，捐银贰钱陆分伍厘；
聚芳永，捐银壹钱柒分；	聚春祥，捐银壹钱柒分；
利　记，捐银玖分；	源昌春，捐银贰钱；
恒　春，捐银壹钱贰分柒厘伍；	彦　记，捐银壹钱捌分柒厘伍；
公　记，捐银壹钱壹分伍厘；	查永芳，捐银贰钱叁分柒厘伍；
谦吉祥，捐银壹两叁钱壹分伍厘；	益　芳，捐银壹钱捌分贰厘伍；
怡　兴，捐银柒分伍厘；	义　兴，捐银叁钱零柒厘伍；
德和祥，捐银壹钱贰分伍厘；	万泰源，捐银玖钱叁分贰厘伍；
宝　春，捐银壹钱柒分伍厘；	宝春祥，捐银壹钱柒分；
祥　记，捐银肆钱陆分；	南先春，捐银贰钱柒分柒厘伍；
叶春香，捐银壹钱叁分；	信和祥，捐银壹钱伍分；
义亨祥，捐银贰钱叁分柒厘伍；	豫丰恒，捐银贰钱肆分伍厘；
福　谦，捐银伍分伍厘；	同兴祥，捐银贰钱柒分柒厘伍；
同兴和，捐银贰钱叁分伍厘；	庆　欢，捐银柒分伍厘；
董梯记，捐银贰钱叁分伍厘；	查德隆，捐银壹钱陆分贰厘伍；
洪晋记，捐银壹钱壹分柒厘伍；	震丰祥，捐银陆钱玖分贰厘伍；
瑞　恒，捐银壹钱叁分；	益珍公，捐银贰钱玖分贰厘伍；
永馨昌，捐银壹钱陆分；	同昌春，捐银伍钱贰分柒厘伍；

义　茂，捐银伍钱捌分；

远　香，捐银捌钱肆分柒厘伍；

森昌祥，捐银叁钱陆分柒厘伍；

永珍祥，捐银壹两叁钱肆分伍厘；

同丰祥，捐银贰钱壹分柒厘伍；

元顺隆，捐银壹两伍钱肆分；

天香贵，捐银贰钱捌分伍厘；

裕茂昌，捐银肆钱叁分柒厘伍；

德茂祥，捐银壹钱肆分贰厘伍；

福和祥，捐银叁钱贰分；

树　春，捐银贰钱伍分伍厘；

天吉祥，捐银叁钱陆分伍厘；

公顺和，捐银叁分；

春茂祥，捐银贰钱陆分伍厘；

仲兴祥，捐银壹钱伍分；

同春祥，捐银叁钱伍分贰厘伍；

德兴春，捐银叁钱肆分柒厘伍；

广益祥，捐银贰钱伍分柒厘伍；

广慎祥，捐银壹钱叁分伍厘；

元亨利，捐银叁钱捌分柒厘伍；

裕馨祥，捐银叁钱捌分；

永利春，捐银贰钱叁分伍厘；

义芳和，捐银壹钱玖分；

顺兴隆，捐银伍钱零柒厘伍；

同聚发，捐银陆钱玖分；

豫　丰，捐银壹两壹钱陆分伍厘；

同聚和，捐银伍钱柒分贰厘伍；

恒　裕，捐银贰钱柒分柒厘伍；

万宜祥，捐银肆钱伍分柒厘伍；

詹昌记，捐银壹钱叁分；

怡新和，捐银肆钱伍分；

同馨和，捐银壹钱叁分伍厘；

永大祥，捐银壹钱贰分；

泰和永，捐银肆钱；

怡和分，捐银贰钱零贰厘伍；

广益祥，捐银陆钱贰分；

徐和发，捐银玖钱壹分；

杏　记，捐银壹钱捌分；

广　大，捐银壹两叁钱玖分柒厘伍；

晋和祥，捐银壹两壹钱肆分伍厘；

晋裕祥，捐银肆两叁钱柒分贰厘伍；

桂　馨，捐银柒钱肆分贰厘伍；

谦泰祥，捐银贰两陆钱肆分贰厘伍；

恒春和，捐银陆钱陆分；

华　胜，捐银肆分捌厘伍；

永兴隆，捐银肆钱玖分柒厘伍；

裕生和，捐银壹钱叁分伍厘；

丰　泰，捐银陆钱捌分柒厘伍；

罗公记，捐银壹钱柒分；

三益祥，捐银贰两叁钱玖分贰厘伍；

隆　泰，捐银柒钱柒分柒厘伍；

德吉祥，捐银壹两壹钱叁分；

永芳兆，捐银肆钱壹分伍厘；

同　盛，捐银贰钱叁分柒厘伍；

永泰昌，捐银叁钱叁分伍厘；

亿春芳，捐银壹两捌钱肆分贰厘伍；

信和祥，捐银肆钱陆分贰厘伍；

宝和隆，捐银玖分柒厘伍；

喜益祥，捐银陆钱柒分柒厘伍；

义珍祥，捐银贰两贰钱伍分；

振馨永，捐银陆钱零柒厘伍；

董春芳，捐银壹钱正；

汪朗记，捐银壹钱柒分伍；

林春祥，捐银贰钱陆分；

怡生祥，捐银贰钱捌分伍；

永兴祥，捐银伍钱捌分伍厘；

春　裕，捐银壹两捌钱捌分贰厘伍；

义香永，捐银陆钱壹分贰厘伍；

福生祥，捐银柒钱肆分柒厘伍；

同吉利，捐银陆钱伍分；

森　益，捐银伍两柒钱贰分贰厘伍；

詹仁记，捐银肆钱玖分贰厘伍；

森　元，捐银柒两玖钱柒分伍厘；

义　芬，捐银肆钱贰分柒厘伍；

森　泰，捐银柒两贰钱叁分柒厘伍；

赛春芳，捐银叁钱壹分；

森　康，捐银陆两贰钱伍分柒厘伍；

致中和，捐银肆钱柒分伍厘；

裕馨祥，捐银伍钱壹分；

项　记，捐银壹钱陆分伍厘；

西珍利，捐银陆钱玖分；

谦益祥，捐银叁两零玖分贰厘伍。

义芳永，捐银壹两肆钱零柒厘；

以上壹百肆拾叁户，共计九八（规）元玖拾肆两肆钱柒分，当收九八（规）元玖拾肆两肆钱柒分。如数合讫。

谦泰昌宝栈经收

计开：

万瑞春，捐银五钱贰分；

汪茂昌，捐银肆钱叁分；

隆　泰，捐银柒钱玖分；

义昌祥，捐银捌钱陆分；

永茂祥，捐银壹钱柒分；

标　记，捐银五钱捌分；

天　芳，捐银壹钱捌分；

馨　茂，捐银叁钱正；

福兴祥，捐银叁钱叁分；

公兴仁，捐银贰钱捌分；

永顺祥，捐银贰钱壹分；

詹同茂，捐银贰钱五分；

义馨祥，捐银贰钱玖分；

永兴昌，捐银叁钱五分；

震鼎丰，捐银壹两壹钱肆分；

林庆祥，捐银五钱贰分；

香芽公，捐银贰钱肆分；

裕昌祥，捐银叁钱柒分；

同和永，捐银壹钱；

恒裕祥，捐银陆钱贰分；

和　记，捐银五钱陆分；

永慎隆，捐银捌钱陆分；

益　泰，捐银叁钱肆分；

永慎祥，捐银五钱叁分；

顺和祥，捐银壹两零陆分；

吴贵新，捐银五钱五分；

陆馨祥，捐银叁钱柒分；

吴心记，捐银贰两；

公　益，捐银壹两贰钱；

永昌兴，捐银肆钱五分；

志成祥屯，捐银叁钱捌分；

张利亨，捐银五钱叁分；

馥馨隆，捐银捌钱叁分；

吉　泰，捐银肆钱五分；

张合兴，捐银贰钱叁分；

义生祥，捐银壹两零肆分；

洪志祥，捐银壹钱五分；

恒裕馨，捐银壹两捌钱五分；

益　芳，捐银贰钱柒分；

泰兴春，捐银柒钱贰分；

志成祥娄，捐银壹钱叁分；

永益祥，捐银叁钱；

福生祥，捐银贰钱贰分；

树生祥，捐银壹钱捌分；

怡慎隆，捐银捌钱贰分；

永生隆，捐银陆钱五分；

恒源永，捐银壹两零肆分；

同春祥，捐银壹钱壹分；

源兴生，捐银壹两贰钱肆分；

公和祥，捐银壹钱壹分；

永　泰，捐银柒钱；

查绍记，捐银五钱捌分；

恒裕昌，捐银壹两零五分；

永润祥，捐银壹两捌钱壹分；

练江春，捐银壹钱捌分；

汪恒懋，捐银壹两叁钱肆分；

利　生，捐银壹两五钱五分；

德馨祥，捐银五钱壹分；

永　成，捐银壹两正；

源昌仁，捐银壹两叁钱陆分；

公吉祥，捐银壹钱陆分；

义芳祥，捐银叁两贰钱柒分；

公义祥，捐银叁钱柒分；

广兴隆，捐银壹两零肆分；

瑞　芳，捐银叁钱；

查德茂，捐银叁钱玖分；

怡泰祥，捐银贰钱贰分；

洪　隆，捐银肆两贰钱叁分；

胡源馨，捐银肆钱贰分；

森昌祥，捐银陆钱叁分；

益珍公，捐银柒钱五分；

益珍春，捐银柒钱；

张宏茂，捐银五钱壹分；

德丰祥，捐银壹两贰钱贰分；

泰丰瑞，捐银玖钱玖分；

裕和隆，捐银贰两贰钱柒分；

查德隆，捐银捌钱贰分；

仁萃昌，捐银壹两玖钱；

兴　源，捐银肆两贰钱壹分；

广和隆，捐银叁两陆钱叁分；

云裕祥，捐银贰钱叁分；

公益泰，捐银捌钱壹分；

义兴隆，捐银贰钱肆分；

裕　隆，捐银壹两叁钱五分；

万泰和正，捐银陆两柒钱陆分；

李祥记，捐银五钱玖分；

利芳祥，捐银五钱捌分；

洪裕丰，捐银壹两贰钱；

同聚和，捐银贰两壹钱肆分；

广芬祥，捐银贰两捌钱肆分；

谦和隆，捐银壹两陆钱肆分；

万泰和分，捐银陆两柒钱壹分；

德馨隆，捐银五钱肆分；

利生祥，捐银柒钱捌分；

文　记，捐银捌分；

谦吉祥，捐银壹两零五分；

刘恭盛，捐银贰两肆钱陆分；

查裕隆，捐银壹两壹钱壹分；

震兴祥，捐银贰钱贰分；

裕馨永，捐银壹两零叁分；

益美香，捐银肆钱；

春生和，捐银叁钱玖分；

万顺隆，捐银柒钱贰分；

程合芳，捐银壹两零叁分；

义昌祥，捐银肆钱陆分；

义成隆，捐银壹钱陆分；

洪陆香，捐银壹两玖钱五分；

桂　　馨，捐银贰两壹钱陆分；

义成祥，捐银贰两叁钱玖分；

谦福大，捐银肆两叁钱贰分；

益隆祥，捐银壹两壹钱叁分；

天兴隆，捐银玖钱柒分；

元顺隆，捐银捌钱；

和　　号，捐银贰两叁钱；

豫丰恒，捐银玖钱柒分；

同顺祥，捐银捌钱捌分；

公　　记，捐银陆钱贰分；

森泰昌，捐银五钱；

同　　利，捐银贰钱柒分；

永利成，捐银壹两零壹分；

同裕永，捐银五钱捌分；

瑞芳春，捐银叁钱肆分；

汪大茂，捐银柒两五钱捌分；

新德隆，捐银壹两柒钱五分。

以上壹百贰拾肆户，共计九八（规）元壹百叁拾壹两捌钱五分，当收九八（规）元壹百叁拾壹两捌钱五分。如数合讫。

洪源永宝栈经收

计开：

合兴隆，捐银壹两贰钱；

万馨祥，捐银壹钱五分；

大吉祥，捐银壹两肆钱壹分；

广　　大，捐银叁钱；

亿中祥，捐银叁钱；

志成祥，捐银壹两壹钱五分；

义兴祥，捐银贰两贰钱玖分；

华　　胜，捐银陆钱陆分；

万盛祥，捐银捌钱；

义芳祥，捐银肆钱陆分；

永大祥，捐银贰两陆钱叁分；

义成祥，捐银贰钱柒分；

恒裕祥，捐银陆钱五分；

广兴隆，捐银壹钱肆分；

永盛厚，捐银壹两零玖分；

益泰祥，捐银壹两贰钱玖分；

其　祥，捐银肆钱捌分；

余萃香，捐银壹两叁钱柒分；

春　香，捐银贰钱正；

泰茂香，捐银五钱柒分；

广生春，捐银壹两贰钱柒分；

吉祥隆，捐银五钱壹分；

永馨昌，捐银叁钱五分；

潘畅记，捐银壹两零柒分；

德兴祥，捐银贰钱贰分；

和泰昌，捐银捌钱壹分；

天泰祥，捐银玖钱壹分；

慎和隆，捐银壹两零玖分；

裕春芳，捐银肆钱捌分；

祥馨永，捐银壹两贰钱肆分；

潘和春，捐银柒钱柒分；

林茂昌，捐银贰两贰钱肆分；

詹洪馨，捐银壹两壹钱玖分；

春和永，捐银叁钱玖分；

晋泰祥，捐银柒钱肆分；

慎和永，捐银五两壹钱捌分；

永吉祥，捐银肆钱陆分；

福和永，捐银叁两贰钱壹分；

同利兴，捐银贰钱捌分；

谦吉东，捐银捌两壹钱柒分；

同福馨，捐银肆钱捌分；

福春和，捐银叁钱正；

春　芳，捐银叁钱柒分；

桂　馨，捐银叁钱捌分；

诚泰仁，捐银壹两叁钱贰分；

怡和分，捐银柒钱捌分；

芝瑞翔，捐银壹两五钱；

谦和隆，捐银叁钱柒分；

谦　泰，捐银壹两贰钱玖分；

吴俊记，捐银捌钱壹分；

源　春，捐银贰两捌钱陆分；

永达祥，捐银肆两玖钱；

益泰怡，捐银壹两柒钱五分。

以上五拾叁户，共计九八（规）元陆拾五两壹钱，当收九八（规）元陆拾五两壹钱。如数合讫。

永盛昌宝栈经收

计开：

同和祥，捐钱贰百贰拾肆文；

怡　丰，捐钱柒千肆百叁拾贰文；

德和祥，捐钱叁百五拾贰文；

怡和春，捐钱五千叁百叁拾陆文；

信和祥，捐钱陆百五拾陆文；

春　裕，捐钱玖百零肆文；

赞　和，捐钱肆百肆拾捌文；

怡和正，捐钱肆千壹百五拾陆文；

万宜祥，捐钱陆百肆拾文；

万利祥，捐钱壹千玖百叁拾贰文；

德馨隆，捐钱贰千五百柒拾贰文；

亿中祥，捐钱壹千肆百陆拾文；

怡　裕，捐钱柒千五百五拾陆文；

华　胜，捐钱壹千贰百肆拾文；

丽生祥，捐钱五百玖拾陆文；

怡和分，捐钱陆千贰百肆拾捌文；

怡　泰，捐钱贰千叁百捌拾捌文；

福生祥，捐钱叁百肆拾肆文；

合　利，捐钱壹千柒百肆拾文；

裕生泰，捐钱陆百贰拾肆文；

怡　新，捐钱贰千捌百五拾陆文；

志成祥，捐钱壹千零柒拾贰文；

永盛厚，捐钱贰百文；

馥馨隆，捐钱壹百贰拾肆文；

西珍利，捐钱壹百陆拾捌文；

谦吉祥，捐钱壹百拾陆文；

万馨祥，捐钱五百柒拾贰文；

吴心记，捐钱壹千零柒拾陆文；

福和祥，捐钱叁百肆拾肆文；

森昌祥，捐钱陆拾捌文；

春源永，捐钱壹百玖拾贰文；

万盛祥，捐钱肆百叁拾陆文；

张杏记，捐钱捌拾捌文；

万　和，捐钱肆百柒拾陆文；

公　记，捐钱贰百贰拾肆文；

三　义，捐钱贰百捌拾文；

复　新，捐钱壹千叁（百）贰拾捌文；

彦　记，捐钱贰百贰拾文；

宝盛祥，捐钱叁千贰百肆拾捌文；

俊　记，捐钱贰千零陆拾文；

萃和祥，捐钱肆百玖拾贰文。

以上肆拾壹户，共计钱陆拾贰千肆百肆拾肆文，合九八（规）元叁拾叁两柒钱五分，当收九八（规）元叁拾叁两柒钱五分。如数合讫。

源盛隆宝栈经收

计开：

乾吉祥，捐钱陆百柒拾贰文；

春兴和，捐钱叁百肆拾捌文；

益美香，捐钱五百贰拾文；

义　茂，捐钱壹百玖拾陆文；

江峻记，捐钱叁百零肆文；

益昌永，捐钱五百零捌文；

生和香，捐钱壹百陆拾文；

富春永，捐钱叁百柒拾贰文；

天香贵，捐钱玖百零肆文；

玉春永，捐钱肆百捌拾捌文；

聚芳永，捐钱贰千零五拾陆文；

裕　昌，捐钱叁百拾贰文；

景星祥，捐钱玖百贰拾捌文；

福　记，捐钱壹百玖拾陆文；

馨　香，捐钱五百柒拾陆文；

立生祥，捐钱肆百叁拾陆文；

余庆茂，捐钱贰百柒拾陆文；

同启生，捐钱叁百零捌文；

益昌隆，捐钱玖百肆拾捌文；

同吉祥，捐钱陆百文；

恒懋祥，捐钱陆百肆拾捌文；

荣瑞昌，捐钱叁百捌拾文；

同森茂，捐钱叁百柒拾陆文；

同获利，捐钱贰百零捌文；

福兴永，捐钱肆百柒拾贰文；

瑞　祥，捐钱贰百零捌文；

馥茂祥，捐钱五百拾贰文；

恒泰昌，捐钱玖百五拾陆文；

同利祥，捐钱叁百贰拾文；

天馨富，捐钱壹百零肆文；

天泰祥，捐钱叁百五拾陆文；

元泰荣，捐钱柒百陆拾捌文；

裕春和，捐钱五百捌拾捌文；

贵　新，捐钱肆百零捌文；

妙　香，捐钱肆百肆拾文；

最　新，捐钱壹百肆拾肆文；

聚兴和，捐钱肆百零捌文；

永生祥，捐钱捌百五拾陆文；

同义兴，捐钱贰百肆拾捌文；

永生祥，捐钱玖千贰百拾陆文；

公益祥，捐钱贰百玖拾陆文；

永福昌，捐钱肆千叁百陆拾肆文；

益昌隆利记，捐钱捌拾捌文；

林茂昌，捐钱陆百叁拾贰文；

义　丰，捐钱叁百拾贰文；

志成祥，捐钱玖百肆拾肆文；

同昌春，捐钱肆百贰拾捌文；

李祥记，捐钱贰百陆拾文；

同泰祥，捐钱叁百贰拾文；

李祥记，捐钱壹千壹百零肆文；

义　芬，捐钱叁百陆拾肆文；

福昌祥，捐钱陆千壹百玖拾贰文；

同美利，捐钱贰百柒拾陆文；

怡新和，捐钱壹千叁百捌拾文；

潘鼎泰，捐钱陆百贰拾捌文；

福和祥，捐钱玖百玖拾陆文；

益珍公，捐钱壹百陆拾文；

万盛祥，捐钱壹千壹百捌拾文；

吴心记，捐钱壹千玖百零捌文；

森昌祥，捐钱玖百肆拾肆文；

鼎馨恒，捐钱壹百捌拾捌文；

怡和春，捐钱叁百陆拾肆文；

源馨和，捐钱壹百贰拾肆文；

万馨祥，捐钱叁百肆拾捌文；

永馨祥，捐钱贰百零捌文；

豫　丰，捐钱柒百陆拾肆文；

裕生泰，捐钱玖拾陆文；

徐和发，捐钱贰百文；

贵　新，捐钱壹千贰百肆拾肆文。

以上陆拾玖户，共计钱五拾五千零叁拾陆文，合九八（规）元叁拾两零贰钱柒分，当收九八（规）元叁拾两零贰钱柒分。如数合讫。

洪昌隆宝栈经收

计开：

怡兴祥，捐银壹两贰钱叁分；

松盛祥，捐银叁钱玖分；

岩谷春，捐银壹两叁钱陆分；

聚茂盛，捐银贰钱陆分；

吴益兴，捐银五钱陆分；

公义顺，捐银贰钱玖分；

董松芽，捐银五钱柒分；

隆　和，捐银叁钱捌分；

汪同春，捐银五钱肆分；

同春和，捐银壹两零陆分；

公益成，捐银壹钱贰分；

永茂祥，捐银壹两五钱柒分；

方振兴，捐银贰钱陆分；

义生永，捐银捌钱五分；

王福记，捐银肆钱柒分；

志成祥，捐银叁钱五分；

兴益祥，捐银叁钱贰分；

致和祥，捐银柒钱壹分；

复兴隆，捐银壹钱贰分；

广芬祥，捐银肆钱正；

洪社记，捐银贰钱柒分；

祥泰益，捐银捌钱五分；

肇　新，捐银五两玖钱肆分；

义申永，捐银肆钱柒分；

怡怡和，捐银壹钱叁分；

瑞春恒，捐银壹钱壹分；

朗　记，捐银壹钱正；

豫丰玉，捐银贰钱五分；

济　源，捐银壹钱柒分；

华　胜，捐银贰钱壹分；

泰昌永，捐银肆钱陆分；

隆和公，捐银叁两肆钱壹分；

万盛祥，捐银贰钱捌分。

以上叁拾叁户，共计九八（规）元贰拾肆两肆钱陆分，当收九八（规）元贰拾肆两肆钱陆分。如数合讫。

谦顺安宝栈经收

计开：

林茂昌，捐银五钱正；

裕生泰，捐银玖分；

华　胜，捐银柒分；

林茂昌，捐银五钱；

怡和正，捐银壹钱五分；

齐英美，捐银叁钱肆分；

怡和分，捐银叁钱；

怡　春，捐银捌钱捌分；

森茂昌，捐银贰钱五分；

益隆永，捐银柒钱；

洪利大，捐银五钱五分；

泰昌永，捐银壹两；

万宜祥，捐银壹两叁钱五分；

华　胜，捐银五两捌分；

义森祥，捐银五钱；

义成祥，捐银柒分五厘；

益源怡，捐银叁钱；

华　胜，捐银壹两陆钱；

保泰祥，捐银柒钱；

洪　泰，捐银肆钱。

以上贰拾户，共计九八（规）元拾两零捌钱叁分五厘，当收九八（规）元拾两零捌钱叁分五厘。如数合讫。

公慎祥宝栈经收

计开：

义珍永，捐银贰钱五分；

义芳永，捐银捌钱肆分；

义馨永，捐银陆钱陆分；

义香永，捐银壹两叁钱。

以上肆户，共计九八（规）元叁两零五分，当收九八（规）元叁两零五分。如数合讫。

森盛恒宝栈经收

计开：

李祥记，捐钱叁百文；

正春芳，捐钱贰千柒百拾文；

云裕祥，捐钱肆百贰拾文；

俞永和，捐钱贰千五百肆拾文；

志成祥，捐钱肆百肆拾文；

慎德永，捐钱壹千陆百陆拾文；

义芳祥，捐钱叁百陆拾文；

董三益，捐钱壹千肆百肆拾文；

森昌祥，捐钱肆千肆百五拾文；

快利美记，捐钱陆百柒拾文；

福昌祥，捐钱叁百陆拾文；

夏生记，捐钱壹千零拾文；

恒和祥，捐钱贰千叁百贰拾文；

许快利，捐钱壹千柒百拾文；

祥瑞恒，捐钱陆百文；

共和亨，捐钱壹千壹百玖拾文；

复兴隆，捐钱叁百拾文；

潘益泰，捐钱柒百陆拾文；

和　号，捐钱贰百五拾文；

余怡珍，捐钱壹千壹百陆拾文；

永和公，捐钱柒百贰拾文；

余桂香，捐钱壹千玖百贰拾文；

詹永和，捐钱壹千肆百柒拾文；

广生祥，捐钱壹百柒拾文；

夏茂记，捐钱壹千五百文；

夏茂记，捐钱壹百柒拾文；

王元芳，捐钱柒百陆拾文；

咸　宜，捐钱壹百陆拾文；

程信盛，捐钱壹千叁百捌拾文；

正春芳，捐钱壹百叁拾文；

许义兴，捐钱壹千壹百捌拾文；

余祥和，捐钱贰百贰拾文；

查德茂，捐钱玖百捌拾文；

源发祥，捐钱贰百叁拾文；

单吉泰，捐钱贰千壹百五拾文；

俞永和，捐钱捌拾文；

董信昌，捐钱柒百捌拾文；

夏生记，捐钱壹百五拾文；

祥兴恒，捐钱肆百叁拾文；

程利亨，捐钱壹千零五拾文；

源源永，捐钱壹千零捌拾文；

同慎祥，捐钱五百肆拾文；

福昌隆，捐钱贰百陆拾文；

香芽金记，捐钱壹百拾文；

裕春芳，捐钱陆百文；

王香芽，捐钱捌百五拾文；

万福春，捐钱肆百叁拾文；

同义和，捐钱肆百肆拾文；

程永隆，捐钱贰千肆百捌拾文；

志大成，捐钱柒百肆拾文；

新同馨，捐钱壹千零捌拾文；

吉祥隆，捐钱壹千陆百捌拾文；

查隆春，捐钱壹千玖百文；

俞春芽，捐钱贰千五百捌拾文；

利生利，捐钱壹千柒百陆拾文；

源发祥，捐钱贰千捌百陆拾文；

义隆春，捐钱贰百捌拾文；

董恒生，捐钱壹千陆百柒拾文；

余宏生，捐钱壹千文；

同丰祥，捐钱柒百叁拾文；

余怡珍，捐钱五百陆拾文；

同春祥，捐钱柒百捌拾文；

许露芽，捐钱贰千叁百文；

谦吉东，捐钱玖百玖拾文；

汪怡亨，捐钱捌百贰拾文；

汪香芽，捐钱壹千捌百柒拾文；

恒兴沛记，捐钱玖百五拾文；

程宏泰，捐钱壹千零拾文；

公　平，捐钱壹千陆百文；

江瑞芽，捐钱壹千柒百捌拾文；

裕　源，捐钱贰百文；

天生和，捐钱柒百文；

生大亨，捐钱玖百拾文；

许森芽，捐钱贰千陆百陆拾文；

董咸宜，捐钱壹千陆百贰拾文；

祥兴隆，捐钱壹千零拾文；

翕和祥，捐钱叁千肆百贰拾文；

元　吉，捐钱五百柒拾文；

董利亨，捐钱壹千柒百五拾文；

元　亨，捐钱壹百陆拾文；

同协祥，捐钱贰百捌拾文；

元昌永，捐钱贰千肆百文；

汪隆昌，捐钱玖百拾文；

怡和隆，捐钱柒百陆拾文；

董恒顺，捐钱玖百肆拾文；

元昌永，捐钱肆百捌拾文；

乾泰信，捐钱壹千玖百文；

元顺隆，捐钱肆千贰百捌拾文；

洪日新，捐钱五百玖拾文；

程元和，捐钱玖百贰拾文；

万馨祥，捐钱叁百玖拾文；

六　香，捐钱壹百柒拾文；

俞源馨，捐钱贰千贰百拾文；

永昌和，捐钱肆拾文；

汪乾乾，捐钱陆百贰拾。

以上玖拾五户，共计钱壹百零五千玖百拾文，合洋柒拾捌元肆角五分，当收柒拾捌元肆角五分。如数合讫。

新隆泰宝栈经收

计开：

源昌仁，捐钱陆百陆拾捌文；

瑞　芳，捐钱叁百叁拾陆文；

德　隆，捐钱玖百肆拾捌文；

镒　源，捐钱壹千捌百零捌文；

信　发，捐钱柒百柒拾陆文；

致中和，捐钱肆百五拾肆文；

查德茂，捐钱肆百贰拾肆文；

福康隆，捐钱壹千零肆拾捌文；

益　芳，捐钱陆百陆拾文；

铉新隆，捐钱肆百柒拾贰文；

寰球春，捐钱五百拾陆文；

寰球春，捐钱肆百叁拾陆文；

春馨隆，捐钱柒百拾贰文；

益　芳，捐钱壹百肆拾捌文；

镒新隆，捐钱陆百叁拾贰文；

信　发，捐钱柒百陆拾肆文；

源　馨，捐钱捌百贰拾捌文；

寰球春，捐钱肆百陆拾肆文。

以上拾捌户，共计钱拾贰千零玖拾肆文，合洋捌元、钱捌百玖拾肆文，当收洋捌元、钱捌百玖拾肆文。如数合讫。

大共收九八（规）元五百零陆两柒钱叁分五厘，大共收英洋捌拾陆元肆角五分，又收钱捌百玖拾陆文。

婺源司总胡裕昌经收。

乙卯丝捐森茂德宝号经理

泰康祥，经收丝捐九八元五拾玖两叁钱贰分五厘；

洪慎裕，经丝捐九八元拾叁两陆钱捌分；

葆太和，经收丝捐九八元拾玖两五钱陆分五厘；

同康泰，经收丝捐九八元拾捌两陆钱零贰厘；

瑞生祥，经收丝捐九八元肆拾两零柒钱正。

以上总共收见九八规元壹百五拾壹两捌钱柒分贰厘。

婺邑司总胡裕昌经收。

乙卯乐输

休邑陈祥富，捐洋五拾元；

绩邑邵舜昌，捐洋五拾元；

休邑黄静园，捐洋五拾元。

以上共收见大洋壹百五拾元。

婺邑司总胡裕昌经收。

婺邑胡子皋，捐炭拾担；

婺邑胡义儒，捐炭拾担；

婺邑胡文儒，捐炭拾担。

民国四年歙邑乐输医治寄宿所长生愿捐芳名列后

南聚兴、曹怡大、巨诚昶，各捐洋拾元；

履泰昶、永隆号，各捐洋五元；

章鸿翔、利源仁、吴肇泰、曹素功尧记，各捐洋肆元；

吴锦记、吴世厚堂、叙宾园，各捐洋叁元；

吴汇泰、文源斋、吴永顺、大顺永、方嘉妹、祥云寿、衍庆堂、吴天元南号、源复春、汇源、万源文记、吴志大、方允盛、瀹翠堂，各捐洋贰元；

张浩卿、章南园、章树棠、方仲权、吴鹤峰、汪鉴甫、方晓之、吴秉臣、邵启春、张煦庭、姚桂馨堂、宝源、吴渭清、章怡大、晋秦、振大昌、汪天源、吴润生、仁大、姚正号、同和号、方振之、张庚庭、胡德元、许要春、张益丰、大盛公，各捐洋壹元；

朱万和、叙源馆、朱万钟、张羽仪，各捐小洋捌角；

黄载之、章锦堂、裕隆义、程质文、祥茂号、义源号、和源号、汪福兴、王达邦、胡社泰，各捐小洋五角；

胡子梅、周浩川、方上成、胡安五、程金生、吴兆甫、朱志卿、张顺来、胡景山、张人才、章利甫、张子安，各捐小洋肆角；

方桂生，捐小洋五角。

以上共收见大洋壹百贰拾元，小洋壹百叁拾五角。

南聚兴、吴天元、姚生记、方嘉德经收。

民国四年休邑医治寄宿所长生愿捐洋数芳名列后

　　黄惠任，洋五元；

　　朱敦义堂、福泰庄、李达孚，以上洋肆元；

　　黄雪香，洋叁元；

　　安定典、郑克明、升昶泰、吴惠芬、泰升永，以上洋贰元；

　　汪扬群、程梯吉、胡开文永记、吴逸民、汪安山、胡锡琪、无名氏、宝泰质、乾阳观、昌泰质、方敏甫、裕泰典、黄禹鼎、郑耕禄、周聿修、金用仪、锦纶祥杭庄、爕昌福杭庄、吴介卿、姚荫孙、程用六、老介福、吴连城、汪润余、范守仁、韩蔚人、吴川如、吴洁如、吴灿如、胡涵清、戴友三、金福田、孙缙之、吴锡洪、汪聚顺、汪伟臣、乾元典、裕生典、程紫庭和程雄甫、金培卿、黄辉庭、黄恭寿、方治平歘、范恂如、孙镜湖、张培之、王仰之、俞培之、乾昌当、戴树生、萃昌当、程杏村、吴子鼎、福昌典、汇昌典、戴润芝、胡春生、德泰庄、程杏庄、吴元概、汪仲英、吴均如、金渐卿、程子余、汪子仙、李桂山、吴韵秋、王旭人、良安居士、戴少安、方叔勤、张永卿和张永农，以上洋壹元；

　　吴子云、汪稷香、敏慎堂、李树芬、戴云章、邓立铭、不书名、方秋槎歘、张文伯歘、逸素居、汪步香、王鸿吉、戴心如、程汉卿、朱绍伯、詹仲霞婆、吴德基、陈辛生、冯云卿、吴筱华、程景川婆、李子钦、吴敏生、吴春岩、陈幼松、黄东明、章祥泰、朱厚之、汪云生、方韵甫、程鉴安、济泰押、胡仲麟、吴益进、吴馥荫、刘云清、巴吉庆、吴敬甫、汪细喜、黄仲芳、张应礼、陈震之婆、吴玉林婆、戴少溪、巴瑞庆、吴廷桢、汪季仁、培兰轩、杜雯庠、黄陶卿、吴燕堂、洪允平、方咸山、源泰庄、马子升、程慎修、程心一、黄永康、宁鸣皋、程兰芬、胡伯寅、陈耀庭、黄春华、邵湘泉、戴正裕、朱丰玉、陈竹山、吕瑞庭、黄昌年、程丽堂、金连卿、吕松庭，以上洋半元；

　　汪吉康乙，洋壹元。

　　以上共收洋壹百叁拾玖元。

　　福泰衣庄经收。

民国四年休邑医治寄宿所长生愿捐芳名列后

祥泰布号，捐洋五元；

鸿济典、祥生庄、振大典，各捐洋肆元；

吴序东、胡采生歙、汪海楼，各捐洋贰元；

凤湖山人、程燕贻堂、朱伯谦、金敬予、程品卿婺、仰鸿卿、程友文、汪礼三、金幼曾、胡绣夫、李少之、李裕成、程筠荪、汪奇峰、汪俊臣、汪本如、程恂如，各捐洋壹元；

吴伯襄，捐大洋陆角；

汪克成、戴星甫、程元松、许松如、孙云泉、谢运成、程廷璋、汪声甫、汪良卿、徐质卿、孙鹤俦、程彦华、吴功崇、吴勤斯、唐月秋、宋蔚文、朱积余、施维垣、汪玉章、杨哲甫、程成文、洪进馨、朱瑞光、戴裕民、程慎居、程嗣甫、陈友贤、杨耀华、朱执中、程芳龄、杨子卿、金锦寿、汪吟涛、朱问滨、余绍基、胡昆木、胡盛西、戴襄臣、吴辅卿、汪慎言、汪馥卿、汪成之、洪锦江、汪曙峰、汪晓初、金友棠、陶锦春、程友竹、章谷芗绩、许石如，各捐大洋五角；

程香记布行绩、金达英，各捐小洋五角。

以上共收大洋陆拾五元陆角，小洋拾角。

祥泰布号经收。

民国四年休邑医治寄宿所长生愿捐芳名列后

金菊藩、陈淦泉、章松炎歙、章杉柏歙，各捐洋贰元；

舒雪卿、吴希曾、程铭卿、宋云青、叶生泰、胡森泰，各捐洋壹元；

金梅生、江敬庭，各捐大洋五角；

汪狱生、程泰安，各捐小洋五角；

宋朗轩、程荣卿歙、曹蕴之、程少甫、余镇华，各捐小洋四角；

无名氏，捐小洋贰角。

以上共收大洋拾五元，小洋叁拾贰角。

休邑胡森泰经收。

民国四年婺邑医治寄宿所长生愿芳名列后

查二妙堂绍记，捐洋拾元；

詹彦文、天顺祥、俞鉴湖、詹炳三、余乾泰，各捐洋贰元；

方汉章、方詹氏、余臣五、不知名、查蕴山、吴锦泉、俞金宝，各捐洋壹元；

余钧能、洪缉熙、黄荣卿、俞鉴林，各捐小洋五角；

余信山，捐大洋五角；

洪谷香，捐小洋肆角；

程正和，捐小洋叁角；

詹润甫、老太婆，各捐小洋贰角。

以上共收见大洋贰拾柒元五角，小洋叁拾壹角。

查二妙堂绍记经收。

程钱莱，捐洋拾元；

胡裕昌，捐洋贰拾元；

敦梓堂茶公所，捐洋贰拾元；

聚丰木号，捐洋叁元；

胡云孙堂，捐洋叁元；

胡静逸轩，捐洋叁元；

胡豫兴行，捐洋叁元。

以上共收见大洋陆拾贰元。

胡裕昌木行经收。

民国四年乙卯黟邑乐输医治寄宿所
长生愿捐数芳名列后

汪蟾清，捐洋贰拾元；

余鲁卿，捐洋拾元；

江清甫、吴子敬、吴子云、吴发来祥、孙经臣、程尧丞，各捐洋肆元；

汪兰庭，捐洋叁元；

益顺号、余成岁、郑义兴、程彦辅、郑义盛行、同昌号、公估局、吴鳌峰、郭藩甫、余源茂、汪文德、汪自基、恒兴裕、郑良卿，各捐洋贰元；

程源长，捐洋壹元陆角；

李善之，捐洋拾陆角；

余玉连、余文彬、程连吉、义大号、永泰号、义丰号、余湘涛、汪圣瑞、顺和申庄、豫大申庄、永和号、程永和安记、郑廷柱、叶德润、大盛号、孙明远、丁伯棠、汪慕聃、叶番昌、舒维汉、和大号、恒大号、万洪钦、汪德滋、石道生、吴必森、余丽园、丁友玉、叶达衢、胡兴仁、金伯篪、余关镕、程爕堂、孙玉堁、义盛号、余映堂、李伯扬、郑观仪、苏庆图、何香洲、胡荣甫、永源号、同丰号、郑观涛、郑爕光、郑聊顺、余荣寿、金启高、江霞芝，各捐洋壹元；

叶观光、胡兆和、吴廷章、胡家瑞、黄广涵、程守温、孙炳荣，各捐小洋捌角；

孙励吾、何子文、王寿祺，各捐小洋陆角；

倪恒义、程文珍、程善照、汪尔田、叶育之、汪岩云、江绮文、程澹源、汪立三、吴坤寿、程定邦、舒吉芝、程汝平、汪士魁、黄肇初、孙荫堂、江仲勋、陈金元、胡养吾、汪祥云、吴信之、汪子静、益生祥、詹永庭、程树棠，各捐洋五角；

余贵德、胡尚和、谢树生、郑瑞清、程祝三、黄厚堂、汪朝海、汤乙笙、姚兰卿、王开达、余文远、江焕卿、张理达、汤崇漳、余厚卿、胡石泉、吴文龙、黄秋书、胡选青、程松如、查焕章、程筱村、蔡观顺、胡厚和、胡菊泉、黄茂林、余豫生、王友富、余光钰、胡永康、黄霭云、胡利舟、郑熙朝、余兰生、丁鸣玉、俞琴生、江幼章、胡则初、叶西园、汤益钊、余笏侯、程廷扬、丁雪棠、江升吉、孙岷樵、胡旺业、汤观元、余寿元、余光锡，各捐洋肆角。

以上共收见大洋壹百叁拾五元，小洋肆百拾柒角。

余源茂布号余鲁卿、公平经租账房益顺号、北公估局余芳兰、益盛号余锦镕经收。

万济当，捐叁拾愿；

宋秀山、吴甘伯，各捐拾愿；

李月舟、吴芳谷、金渭贤，各捐五愿；

葛念祖、方征之、吴礼成，各捐四愿；

洪欣泉、吴增增、谢钟祥、程祖成、洪松富，各捐贰愿。

以上共收捌拾柒愿，每愿共合钱叁拾壹千叁百贰拾文，计收大洋贰拾贰元，小洋肆角。

余鲁卿、余锦镕经收。

祁邑张子谦经捐洋拾五元，收入会馆长生愿项下，特此志明。

乙卯绩邑医治寄宿所长生愿洋数芳名列后

汪裕泰老号，捐洋陆元；

程裕和、程裕新、胡松茂、胡开文休城、北裕泰、瑞生和，各捐洋肆元；

新裕泰、茂生和，各捐洋叁元；

胡开文成记、成德泰、曹永茂、大丰永腿号、源顺泰、致诚泰、胡钦明、程裕隆、程裕祥、老胡开文，各捐洋贰元；

王云卿、杨尚廷、胡云轩、程丽卿、程右泉、胡明卿、胡寿康洋货、胡开文仁记、王润之、德泰昌、曹永盛、胡吉泰、胡寿康茶叶、胡万茂、万春、胡万美、生生泰、程大有、乾泰、公茂、胡大生、胡松盛、万丰永、周履堂、阜康、吴子亮、曹子风、叶子和、程瑞卿、程云卿、张春甫、吉祥泰、汪五庭、恒丰泰、胡永泰、万全昌、胡宏景、胡六顺、汪子瑜、李裕兴、李源盛、胡怡芝、胡协丰、裕丰泰、胡毓芝、胡安泰、胡元泰、裕泰丰、胡茂生、鸿顺泰、曹诚渊、胡连运幹、程富生、胡树清，各捐洋壹元。

以上总共捐洋壹百拾元。

绩邑程裕隆、程裕和、胡松茂、程裕新经收。

民国四年旌邑医治寄宿所长生愿芳名列后

王欣儒，捐洋五元；

鲍作英、汪瘦岑、叶级三歟、王骏生、吕玉荪，各捐洋贰元；

朱怡丰、汪吉祥、胡景川、胡旦华、王韫石、郑大有、唐润甫休、鲍宏泰、汪时荣、王宝生、张贵生、张贵麟、刘坤鼎、王祝三、怡和祥歟、江云卿、鲍金海，各捐洋壹元；

汪邦基、方祖荣，各捐小洋五角。

以上共收大洋叁拾贰元，小洋拾角。

旌邑喻焕章经收。

民国四年泾邑医治寄宿所长生愿捐芳名列后

朱怀永堂，捐洋贰百元；

朱振卿、朱智仁，各捐洋五元；

吴晃如、朱云卿、朱汉舣、朱似椿、朱聘之、朱德辉、朱蓉初，各捐洋四元；

曹信义鉴记、曹秀峰、洪芝庭嫠、洪秋圃、朱荣溥、朱迪生、朱环椿、朱荣第、曹恒如，各捐洋贰元；

曹乾吉新记、曹允源、曹永昌和记、朱汉章、洪鉴明嫠、胡云齐、洪子学、朱友三、朱九皋、朱书田、朱吟舫、洪小甫、胡瑞生、崔鹤林太、朱小山、朱梅彬，各捐洋壹元；

汪迎春歙、朱雨亭、洪舜琴嫠、洪礼承嫠、洪谱琴嫠、洪锦云嫠、汪茂昭旌、朱凤山、朱步云、朱瑶庭、朱相华、赵敬韩、俞亨言嫠、朱幼芗、朱海如、戴志衡嫠、朱耀卿、戴荣轩、朱泽霖、焦阳生太、陈尊三太、焦荣廷太、洪济川、洪禹铭嫠、丁磻溪、徐宽义、胡贤宝，各捐小洋五角。

以上共收见大洋贰百柒拾贰元，小洋壹百叁拾五角。

裕源纱厂经收。

乙卯年三月至丙辰三月底止收数大总

  收上届存来九八（规）元陆拾壹两叁钱叁分，大洋壹千五百元零零玖角壹分贰厘；

  收上届存来小洋玖百拾柒角，钱捌千五百肆拾叁文；

  收两郡善士常捐洋壹千零零零壹角；

  收两郡善士常捐小洋柒百柒拾肆角；

  收两郡善士乐输大洋壹百五拾元；

  收茶捐规元五百零陆两柒钱叁分五厘；

  收茶捐大洋捌拾陆元肆角五分；

  收茶捐钱捌百玖拾陆文；

  收丝捐规元壹百五拾壹两捌钱柒分贰厘；

  收茶商筵资移助大洋贰百五拾元；

  收丝商筵资移助大洋五拾元；

  收会馆来存息规元五百陆拾壹两零陆分贰厘；

  收兑进大洋柒百柒拾贰元；

  收兑进小洋壹千壹百贰拾玖角；

  收兑进钱壹千捌百拾文。

  以上共收各款并上存：规元壹千贰百捌拾两零玖钱玖分玖厘，大洋叁千捌百零玖元肆角陆分贰厘，小洋贰千捌百贰拾角，钱拾壹千贰百肆拾玖文。

乙卯年三月至丙辰三月底止支数大总

支胡裕泰木料等，大洋贰拾陆元、小洋玖角；

支福昌铁料，大洋三元、小洋贰角；

支恒泰木料松板，大洋拾叁元、小洋五角；

支松记砂石片，大洋拾陆元；

支许顺泰库门，大洋拾元；

支乔顺兴打笆竹料，大洋拾五元；

支王毛郎砌路瓦筒，大洋叁拾玖元、小洋陆角；

支曹盛昌漆门，大洋壹元；

支有正书局征信录七百部，大洋陆拾柒元；

支万椿白铁，大洋肆元、小洋五角、钱捌拾文；

支豫兴竹头做笆，大洋贰元；

支三和灰行，大洋柒元、小洋叁角；

支祥泰印捐联单肆拾玖本，大洋五元、小洋壹角；

支竹笆做工，大洋肆元、小洋贰角；

支叶永记修理工作，大洋肆拾柒元、小洋肆角；

支寿全堂药账算至年底止，大洋叁百叁拾叁元；

支承德堂药账算至年底止，大洋壹百陆拾元；

支纸账簿，小洋壹角；

支发知单，小洋五角；

支俞戩鸣医生车费到所诊治，大洋壹百肆拾贰元至三月底止；

支韩寿年医生津贴车费，大洋壹百拾元；

支孙培元看护辛工，大洋贰拾捌元；

支陈天赐看护辛工，大洋陆拾五元；

支吴菊如看护辛工，大洋叁拾五元、小洋玖角；

支张志交看护辛工，大洋五元；

支理事辛水，大洋壹百柒拾元；

支庖工工资，大洋陆拾叁元、小洋肆角；

支门政工资，大洋五拾元；

支朱振盛米店账，大洋贰百贰拾叁元；

支协盛和煤柴账，大洋贰百拾叁元；

支大正豆油，大洋肆拾陆元；

支津贴会馆堂丁，理事、更夫，大洋叁拾贰元；

支酬劳方嘉德，大洋肆拾元；

支兑出，规元五百陆拾壹两零陆分贰厘；

支兑出，大洋壹百元；

支兑出，大洋玖角五分；

支所内支款由病所开支细账，大洋贰百五拾壹元玖角壹分贰厘；

支所内支款，又小洋壹千陆百拾柒角；

支所内支款，又钱壹千玖百玖拾柒文。

以上共支各款：规元五百陆拾壹两零陆分贰厘，大洋贰千叁百贰拾陆元捌角陆分贰厘，小洋壹千陆百柒拾叁角，钱贰千零柒拾陆文。

收支两比净存：规元柒百拾玖两玖钱叁分柒厘，大洋壹千肆百捌拾贰元陆角，小洋壹千壹百肆拾柒角，钱玖千壹百柒拾文。

共总揭存：会馆规元柒千柒百玖拾贰两五钱贰分陆厘。

谨将所内收支并医治寄宿名额自乙卯年三月初一日起至丙辰年三月二十九日止开具清册于左

计开

收款项下：

收司总交来，大洋贰百五拾壹元玖角壹分贰厘、小洋壹千陆百拾柒角、钱壹千玖百玖拾玖文；

收婺邑曹克昌入特别室十日，认还膳资大洋贰元，药资小洋柒角带人伺候；

收婺邑叶荣忠入特别室十日，认还药资大洋肆元、小洋肆角，膳资壹元；

收休邑程春楠入特别室肆日，认还膳资大洋肆角，自备药；

收休邑许首初入特别室廿三日，认还药资大洋拾肆元、小洋贰角，膳资大洋肆元、小洋陆角带人伺候；

收黟邑吴云卿入特别室七日，认还药资大洋壹元捌角柒分贰厘，膳资大洋贰元带人伺候；

收婺邑詹关顺入特别室十六日，认还药资大洋陆角叁分叁厘，膳资大洋壹元陆角；

收歙邑曹观启入特别室十一日，认还药资大洋叁元零玖分陆厘，膳资大洋壹元壹角；

收休邑吴静涵入特别室四日，认还药资大洋柒角陆分五厘，膳资大洋肆角；

收婺邑汪明和带人伺候，认还膳资小洋肆角；

收兑进大洋壹元、小洋陆拾陆角、钱玖拾壹千陆百陆拾玖文。

以上共收：大洋贰百捌拾玖元柒角柒分捌厘、小洋壹千柒百零陆角、钱玖拾叁千陆百陆拾捌文。

支款项下：

支兑换，大洋陆拾玖元、小洋肆拾陆角、钱叁拾文；

支菜蔬，小洋捌百叁拾玖角、钱肆拾叁千贰百肆拾五文；

支油盐酱油，大洋陆拾捌元、小洋肆拾叁角、钱捌百捌拾文；

支自来水，大洋贰拾陆元；

支程裕和茶叶，大洋拾元、小洋陆角、钱捌拾文；

支洗病人铺盖衣物，大洋壹元、小洋贰拾柒角、钱拾捌千肆百五拾文；

支重病守夜并报信车费，小洋柒拾贰角、钱五千陆百肆拾文；

支看护司炊、门政等折荤并三节，大洋陆元、小洋肆拾捌角、钱肆千柒百肆拾文；

支旱烟纸张并杂用，大洋贰拾元零玖角柒分五厘、小洋叁百五拾捌角、钱拾五千捌百陆拾玖文；

支添办物件，大洋叁元、小洋五拾陆角、钱肆千五百拾贰文。

以上共支：大洋贰百零叁元玖角柒分五厘、小洋壹千肆百玖拾五角、钱玖拾叁千肆百肆拾陆文。

收支两比仍存：大洋捌拾五元捌角零叁厘、小洋贰百拾壹角、钱贰百贰拾贰文。

以上各款另有逐日细账备查。

医治寄宿名额

入特别室：

婺　曹克昌，三月十二日进所，二月十二日出所，缴还药、膳费；

婺　叶荣忠，五月初十日进所，廿一日转入普通室，缴还药、膳费；

休　程春楠，六月初三日进所，初七日出自药所，缴还膳费；

休　许首初，八月初二日进所，二十五日出所，缴还药、膳费；

黟　吴云卿，十一月初十日进所，十七日出所，缴还药、膳费；

婺　詹开顺，十二月廿七日进所，丙正月十四日出所，缴还药、膳费；

歙　曹观启，丙三月初七日进所，十四日出所，缴还药、膳费；

休　吴静涵，丙三月廿二日进所，二十六日出所，缴还药、膳费。

入普通室：

婺　俞细富，二月十四日进所，四月廿七日出所，服药合洋捌元五角陆分捌厘；

婺　胡桂新，三月初一日进所，二十七日出所，服药合洋叁元柒角壹分捌厘；

歙　潘福田，三月初一日进所，二十一日出所，服药合洋贰元玖角五分贰厘；

婺　余荣发，三月初三日进所，二十一日出所，服药合洋壹元玖角肆分柒厘；

休　汪湘如，三月初十日进所，十二日出所，服药合洋肆角叁分捌厘；

歙　邵有水，三月十八日进所，四月廿七日出所，服药合洋柒元叁角零捌厘；

婺　俞金海，三月廿五日进所，四月廿二日出所，服药合洋叁元柒角陆分玖厘；

绩　汪承沛，三月廿九日进所，四月初七日出所，服药合洋壹元叁角贰分肆厘；

休　汪二宝，三月三十日进所，四月初七日出所，服药合洋九角壹分五厘；

婺　查金荣，三月三十日进所，五月初六日出所，服药合洋五元陆角肆分五厘；

歙　方凤林，四月初二日进所，二十四日出所，服药合洋叁元五角玖分柒厘；

婺　洪培新，四月初九日进所，七月十六日出所，服药合洋拾元零叁角捌分陆厘；

歙　郑启旺，四月十二日进所，十七日出所，服药合洋捌角贰分陆厘；

婺　孙光虹，四月廿一日进所，五月初七日出所，服药合洋肆元叁角壹分捌厘；

歙　邵有顺，四月廿二日进所，五月廿四日出所，服药合洋陆元肆角捌分壹厘；

歙　方柏松，四月廿九日进所，五月初九日出所，服药合洋壹元肆角肆分肆厘；

休　张楫川，五月初五日进所，初十日出所，服药合洋壹元零陆分柒厘；

歙　汪祖善，五月初八日进所，二十日出所，服药合洋叁元捌角肆分陆厘；

婺　查旺丁，五月初八日进所，六月初五日出所，服药合洋肆元壹角柒分肆厘；

歙　程天保，五月初九日进所，二十六日出所，服药合洋五元陆角壹分五厘；

婺　程灶姑，五月初十日进所，十四日出所，服药合洋陆角五分贰厘；

绩　高炳生，五月十三日进所，六月初六日出所，服药合洋叁元零玖角柒厘；

绩　洪和尚，五月十六日进所，七月初一日出所，服药合洋柒元零壹分肆厘；

绩　胡茂如，五月二十六日进所，六月初八日出所，服药合洋壹元柒角贰分贰厘；

歙　柯田安，五月二十九日进所，六月初五日出所，服药合洋柒角贰分柒厘；

休　吴厚昌，六月初一日进所，七月初七日出所，服药合洋陆元柒角捌分肆厘；

绩　胡定贵，六月初六日进所，初八日出所，服药合洋叁角陆分叁厘；

歙　汪大顺，六月初七日进所，十二日出所，服药合洋五角玖分肆厘；

绩　姚进发，六月十二日进所，八月初四日出所，服药合洋拾陆元陆角陆分肆厘；

绩　高富成，六月十二日进所，十八日出所，服药合洋柒角零捌厘；

婺　黄岩武，六月十三日进所，八月廿三日出所，服药合洋拾元零叁角零五厘；

婺　俞金海，六月十八日进所，八月十九日出所，服药合洋柒元陆角叁分叁厘；

歙　方茂荣，六月十九日进所，三十日出所，服药合洋壹元贰角捌分玖厘；

绩　曹灶祥，六月廿一日进所，七月十一日出所，服药合洋叁元零肆分陆厘；

黟　胡绍圭，六月廿五日进所，七月二十日出所，服药合洋肆元捌角叁分五厘；

休　吴鉴平，六月廿六日进所，二十八日出所，服药合洋贰角五分；

婺　查振卿，六月廿六日进所，七月十七日出所，服药合洋贰元柒角捌分肆厘；

婺　洪元龙，六月廿七日进所，八月十四日出所，服药合洋四元柒角肆分贰厘；

　　婺　　朗德山，六月廿九日进所，七月初六日出所，服药合洋捌角壹分；

　　歙　　王四喜，七月十八日进所，八月三十日出所，服药合洋拾元零贰角壹分
陆厘；

　　婺　　洪培新，七月廿四日进所，八月十九日出所，服药合洋叁元五角柒分
陆厘；

　　绩　　胡安生，七月廿四日进所，八月十六日出所，服药合洋五元叁角捌分
捌厘；

　　婺　　程金鸿，七月廿五日进所，九月十二日出所，服药合洋捌元玖角壹分
五厘；

　　休　　程吉春，七月廿七日进所，八月十四日出所，服药合洋五元五角叁分
贰厘；

　　绩　　汪万有，七月廿八日进所，八月十四日出所，服药合洋壹元柒角陆分；

　　休　　李和尚，七月廿九日进所，十月廿五日出所，服药合洋拾肆元贰角肆分
柒厘；

　　婺　　程万发，八月初二日进所，十六日出所，服药合洋壹元捌角捌分；

　　婺　　程灶加，八月初五日进所，十三日出所，服药合洋玖角捌分贰厘；

　　休　　程凤池，八月初八日进所，十月廿四日出所，服药合洋贰元零五分玖厘。

送来危险绝症转入平安室：

　　婺　　余鉴明，服药合洋陆元贰角捌分贰厘；

　　祁　　胡佩芝，服药合洋壹元五角叁分肆厘；

　　婺　　江贵龙，服药合洋肆元柒角五分五厘；

　　婺　　李桂仇，服药合洋壹元玖角贰分贰厘；

　　婺　　单观榜，服药合洋壹角五分陆厘；

　　婺　　叶荣忠，服药合洋壹元壹角贰分玖厘；

　　绩　　朱善德，服药合洋柒元五角五分贰厘；

　　歙　　张健安，服药合洋叁元陆角肆分壹厘；

　　绩　　吴焕武，服药合洋拾叁元零陆分柒厘；

　　婺　　曹泰仇，服药合洋玖角五分贰厘；

　　绩　　章裕兴，服药合洋叁角柒分捌厘；

　　婺　　余同来，服药合洋贰元叁角壹分捌厘；

　　歙　　江元林，服药合洋壹元柒角叁分柒厘；

　　婺　　汪明和，服药合洋陆角捌分；

　　婺　　余永年，服药合洋捌角壹分肆厘；

　　婺　　俞淦善，服药合洋贰元玖角柒分陆厘；

　　黟　　江光祥，服药合洋贰元零陆分捌厘；

　　歙　　张顺喜，服药合洋叁元五角贰分肆厘；

　　歙　　华秋发，服药合洋拾元零壹角柒分贰厘；

　　婺　　臧灶全，服药合洋壹元贰角柒分捌厘；

婺　　詹长能，服药合洋肆元柒角贰分；

婺　　余锦荣，服药合洋肆角叁分肆厘；

宁　　朱大松，服药合洋陆元陆角捌分五厘；

休　　程品芝，服药合洋贰元零五分玖厘；

休　　李勤裕，服药合洋壹角捌分玖厘；

休　　金彤章，服药合洋叁元贰角陆分贰厘；

婺　　张三阳，服药合洋玖角陆分玖厘；

婺　　方社富，服药合洋壹元贰角零捌厘；

歙　　邵四大，服药合洋肆元柒角贰分壹厘；

歙　　张厚基，服药合洋壹元捌角贰分肆厘；

婺　　查进丁，服药合洋贰元捌角叁分贰厘；

歙　　吴华金，服药合洋壹元零叁分叁厘；

婺　　程友德，服药合洋贰元陆角陆分肆厘；

婺　　王淦财，服药合洋肆元壹角陆分壹厘；

休　　金晋庆，服药合洋贰元肆角肆分肆厘；

婺　　查金荣，服药合洋肆元壹角玖分贰厘；

婺　　余永隆，服药合洋五元贰角陆分五厘；

婺　　詹日升，服药合洋叁元零壹分叁厘；

歙　　胡月山，服药合洋叁角叁分陆厘；

婺　　朱观顺，服药合洋壹元玖角零壹厘；

绩　　汪文祺，服药合洋叁元贰角捌分贰厘；

婺　　方时开，服药合洋陆元贰角柒分陆厘；

歙　　罗桂林，服药合洋壹元柒角；

歙　　黄楚瑞，服药合洋五元柒角贰分；

绩　　王社桂，服药合洋壹元五角玖分肆厘。

总共壹百叁拾叁名，除特别室收回外，合药费洋五百零陆元五角捌分五厘。

徽宁思恭堂征信录

民国九年第四拾刻

目　录①

序文……………………………………………………………… 1206

告示……………………………………………………………… 1210

规条……………………………………………………………… 1215

图记……………………………………………………………… 1226

田亩坐落………………………………………………………… 1231

市房坐落………………………………………………………… 1236

股分票…………………………………………………………… 1239

乐输银洋………………………………………………………… 1240

捐启　乐输……………………………………………………… 1243

两府司事………………………………………………………… 1245

茶捐……………………………………………………………… 1248

己未乐输………………………………………………………… 1266

乐输丝捐………………………………………………………… 1267

歙邑长生愿……………………………………………………… 1268

休邑长生愿……………………………………………………… 1270

婺邑长生愿……………………………………………………… 1274

黟邑长生愿……………………………………………………… 1280

祁邑长生愿……………………………………………………… 1282

绩邑长生愿……………………………………………………… 1283

绩邑面业长生愿………………………………………………… 1285

泾邑长生愿……………………………………………………… 1290

南陵长生愿……………………………………………………… 1291

旌邑长生愿……………………………………………………… 1292

太邑长生愿……………………………………………………… 1293

折烛　中金　推广所　寄棺转期……………………………… 1294

房地租　田租　顶首进出　捐存锭会………………………… 1296

己未三月起至庚申三月止支数细录…………………………… 1298

己未三月中至庚申三月中止收支大总………………………… 1308

---

① 目录为整理者所加。

序 文

徽宁思恭堂序

嘉庆丁丑仲春，余赴上海，广文任甫接事，适值文宗校士松江，即须束装赴郡，尔时与诸同乡匆匆一面，旋即话别，于敦睦乡谊盖阙如也。事竣回署，摒挡一切，渐次就绪。越明年，有婺邑胡君炳南，同休邑吴君时斋、程君贻绪、胡君蓉塘，手捧一册进而请曰："此徽宁两郡人作客是邑，置办义冢、公所册籍也。顷已藏事，请弁言简端以垂永久焉。"比即受而存之书案。暇时取阅，爰知斯堂也，自乾隆甲戌，宁郡程公炳临经始其事，越岁己丑，新安张君国嵘酌定章程，适歙邑侍御胡君讳珊者行旌至沪，因颜其堂曰"思恭"，迄今已有六十五年矣。历年既久，功垂成而未成，幸得新安诸乡台输财效力，不惮辛勤，顿使数十年颓废之公事忽然振兴，聿观厥成焉。惟是规模式廓，堂序已底于完全，支应纷繁，日久必期其能继。惟诸乡台谊笃敬恭，情殷桑梓，尚祈同心协力，慕义无穷，设措多方，始终勿替，斯不特盛德普著于里间，而冥感亦永泐于泉壤矣。至若男女异位、阡葬有期、饮助有规、陵越有禁，已具载条例中，兹不复赘。

泾南翟璟耐浦甫谨识。

上海徽宁思恭堂序

在上为乌鸢食，在下为蝼蚁食，此亦漆园过为旷达之语，未足以训后世垂风教也。生有所寄，死有所归，枯朽骸骶必思埋藏得其地，一如生者之寝食居处，了无遗憾，然后仁至义尽，可以赞皇恩，佐圣治也。况首邱莫遂，旅榇迢遥，春野一蔬，秋田几粒，累累荒冢，宿草凄凉，过而览者能无呜咽！沪渎南门外，徽宁两郡思恭堂，前人捐资创建，规模粗定。阅七十年，生监胡宗源、胡炳南、胡蓉塘、程也愚、吴时斋等扩而大之，增所不逮，麦舟共助，马鬣同封，泽及九原，较阳明先生瘗旅文有过无不及，斯亦堪传久远矣。第逾时阅月，狐貒窜伏，风雨飘零，屋宇或致倾颓，坟土亦须培筑，以至岁时奠醊，一切有非预能臆度者。且自上海县南门至思恭堂，路途约数里，偶遇零雨，泥滑难行，今则砌平坦，计程四百余丈。其徽宁两府人有愿解枢回籍而力不足者，堂中帮给钱拾千零，其用意慈祥，情事周到，惟藉董事人引为己责，协力摒挡，斯盛德不忧渐灭，义举与日月长新也，岂不懿哉！岁辛巳冬，予摄篆兹邑，广文翟君系宁郡泾邑人也，以斯堂之端末索予数言，各生等克继前绪，而又愿异日同志之永思不朽也，爰不辞而为之序。

署上海县事、候补直隶州知州、浙江仁和许乃来撰。

郡庠生、候选巡政厅、泾川翟山甫书。

劝捐思恭堂添建西厅及筹备善后经费序

夫掩骼埋胔，古垂经训；助资归殡，谊笃同仁。吾乡徽宁两郡，地处万山，田之可耕者少，人多轻去其乡，往往经商操业，毕世驰驱，彼诚有所不得已也。其幸而运际亨衢，经营尽利，老则言旋故里，殁则归妥乡园，岂不甚善！设不幸而时值艰虞，事多拮据，欲归未得，病殁他邦，殡殓既无所资，亲族或多贫乏，羁魂飘泊，归骨无期，碧血青磷，可胜之邑。余自髫龄侍先大夫游宦春明，经理休宁会馆，一切章程沿乡先达之旧而扩充之，规模益以大备，复于广渠门内创建新阡，以为乡人归骨停榇之所。维时都人士谬相推许，多有仿其成式而行之者。洎年来，宦辙所经羊城，则有新旧新安会馆二所，旅榇咸资助送吴郡，则旧立积功堂为同乡旅殡之地，继复另设诚善局捐资以助归丧，其收厝盘送诸事，宜悉与京师无异。夫以数十年前禀承庭训，厘定成规，而后此在越在吴，复得偕诸乡台讲求任恤，培植福田，益以信梓桑之尚义者多，而怵惕恻隐之念历异地而如见同心也。比于道光丙申，春杪奉檄，护篆上洋，下车伊始，黄君兰甫、程君水坪并以世交姻娅，握手如平生欢，具述城南有思恭堂，建自乾隆甲戌，迄今八十余年，溯其草创之初，只为收埋旅榇而设，后多君子不懈益勤而规制乃以完善。爰就所编征信录全册读之，其间男女异位，阡葬以时，异籍不得冒名，土工毋许横索，以及无力而并为施棺，扶归则助之程费，踵前贤之义举而精益求精，洵可慰旅魂而泽枯骨矣。堂奉武圣神像，爰诹吉亲诣拈香，为乡人祈福。徘徊瞻仰于其间，虽经营已极周详，而墙宇尚未为宏峻，除中堂供奉神像外，所余屋舍无多，每遇寒食、中元、小春诸节，诵经谶度，梓乡人各以亲故携挈陌钱、盂饭，浇奠荒茔者，肩相摩、趾相错也。间值风雨不时，更无栖息之所，保无惮于跋涉，转以阻其好善之机，是乌可不预为筹度哉？询知堂西旧有隙地，可以葺构轩楹，用备施放焰口及到堂焚纸者市筵展拜，妥荐幽魂。司其事者屡经议及，特经费究非宽裕，未即举行，且年来施棺盘枢，支用频频。欲期匮缺之无虞，必先绸缪于未雨，尤不可不广筹集脞，用资经久之谋。谨先节省禄入所，余首捐洋银五百元为倡，尤望同乡同仁踊跃乐输，众擎共举，俾前人善果益以恢其规画而浮屠合尖也，是则余所厚望也夫。

护理江南苏松太兵备道、苏州府知府、休宁汪忠增谨启。

上海徽宁思恭堂记

宣歙多山，荦确而少田，商贾于外者什七八。童而出，或白首而不得返，或中岁萎折，殁无资、殡无所，或无以归葬，暴露于野，盖仁人君子所为伤心，而况同乡井者乎！沪邑濒海，五方贸易所萃，宣歙人尤多。乾隆中，好义者置屋大南门外备暂殡，此思恭堂所托始也。然区隘，苦无以给。嘉庆间，诸司事捐资，又广劝乐善者，以次扩充之，始有厅事、丙舍以便办公，增冢地以广埋葬，储费以施归枢。道光中，休邑汪方川太守摄观察至沪，善之，乃倡建西堂，请免地征，诸茶商助施衣衾，复捐厘置产以裕经费，于是堂之制益扩充矣。今夫作事谋始，固人所难，然有其举之而继长增高以底于美备，非实心力以任劳者，孰能之！若夫美矣备矣，而深思远虑，即事应变，俾前人之功不堕，而后于我者有所遵循而无废弛，则尤有难者。当咸丰癸丑、庚申间，沪两遇寇乱，堂中停柩千余，司事者谋出，仓卒毅然埋之。贼至，堂屋为所毁，而槥得无恙，呜乎！其功德所保全众矣。然乡非此堂又何所藉手乎？迄贼退，兴修重葺，费逾万千；不劳而集，焕然如故。议者以为非倡始者无以资后人之缘起，非继事者无以成今日之宽裕，又非敏达善任者无以从容遇变而不失其常。诸君子以予乡人，请为记。予窃慕方川观察之高谊，又适承乏是邦，不敢辞，如其实书之。若其条例之善，与诸君子姓名，则征信录具矣。

同治九年岁在庚午春二月，观察苏松太使者，六安涂宗瀛志。

劝募茶捐序

夫泽及枯骨，仰见前辈仁风；功深不朽，尤赖后之君子。上海徽宁思恭堂为两郡诸同乡前辈捐建，自乾隆甲戌始，历今将及百年，其所见惠于梓乡者，如掩埋无归之骸，助盘还乡之柩，施送无力成殓之棺，种种善举，俱堪为法。近因遭兵燹之后，捐数不能如前之盛，故常年经费未免不敷，虽尚渐有蓄积，然终非不竭之源，司事者安得不为之绸缪乎？幸现当与外洋通商之际，又得吾乡茶商诸君云集而至，咸以同仁为念，故敬邀共议，于出洋绿茶每箱提捐拾贰文、红茶贰拾文以佐常年经费，庶斯堂可永无匮缺之虞，而义举亦足以继前贤，为德岂鲜薄哉！故掇数言于首，以志缘起云。

道光二十四年甲辰嘉平中浣，上海徽宁思恭堂司事公同谨识。

劝捐长生愿序

盖闻创始维艰，守成不易。吾徽宁两郡之有思恭堂也，起自乾隆甲戌，迄今百有余年，多赖前辈诸君子，规模妥善，义范仁风，步尘继美，征信录已缕述之矣。然功深阕替，固非经费常盈，不足维持久远。忆自咸丰癸丑、庚申间，沪城两遭寇乱，房产多被焚毁，进款渐形短绌，堂宇半遭颓废，埋槥更费巨资。幸诸同乡经商于此，乐善者众，解囊相助，媲美前人。后得茶捐乐输，相继而起。频年蓄积日稍羡余，故置房产、修堂宇、添厝屋、买田亩、备什物，以及逐年施棺衾、厚掩埋、盘柩回籍、上山葬费，皆得一一如愿办理。虽然用出之经费既有常规，羁旅之贫寒更难悉数，而每年施棺盘柩诸用款，惟房产、微捐之是赖，则此两项亦非不竭之源，是以司事欲图永久之计，曾劝有长生愿一捐。在助者随缘种福，不论多寡；在受者篑土成山，众擎易举。第行之数载，渐见薄收。诸君子见义解囊，既发善愿于前，尚祈踊跃于后，俾经费有盈靡绌，穷困永荷深仁，则诸乡台之功德，直与斯堂同不朽云。

司事谨启。

盖见义勇为，道垂古训，当仁不让，德重前修，自来仁义之端，实为人生之本也。居今之时而能效法乎古人，舍巨金以成善举者，殆戛戛其难哉！同乡程太守谨轩，古歙名家，申江作客，素有仁义之风，其乐善有心，久为桑梓所钦仰。戊戌岁，徽宁思恭堂重建武圣大殿，规模宏敞，气象聿新，时值落成，程君以殿墀下无宝鼎峙立其间，不足以崇庙貌而壮观瞻也，勇以自任，输千金铸大鼎，高约寻丈，重计万斤，且另助五十金以备岁修宝鼎之费。庚子岁，不意程君遽归道山，同人每惜其志之有未尽，其夫人吴氏与哲嗣源铨、锾、钟，克承先志，又慨助规银五千金，商诸堂中同人，请将施送棺木、衣灰等项，从此益加丰厚。公舍寄柩宽限一年，俾旅榇之家得以从容归葬，辛丑冬业已举行。兹当重刻征信录之期，同人喜程君之继起有人，方兴未艾，诚肯堂肯构之基也。特识其事，并勒石以垂不朽云。

　　光绪二十八年壬寅夏五月，徽宁思恭堂司事同识，歙邑附生曹薇垣书。

告　示

　　即补同知直隶州、调署江苏松江府上海县正堂加十级纪录十次黄为置田作义冢等事。

　　案据徽宁思恭堂董事职员叶承修、胡炳初，监生鲍兰溥、余菴、胡成锦、俞光业、沈树芄、陈世澄、吴宇绅、郑世瀚、胡锡琛、鲍宏庆等呈称：职等籍隶徽宁，来治贸易，往往有客殁在外归榇不及者，家乡既远，暴露堪伤。职等因分立思恭堂局，捐置二十五保十三图靡字圩各号田二十九亩八分二厘四毫作为义冢，绘图造册，呈叩查勘，通详将田拨入官字图承粮等情。案经本县亲诣勘丈，通详各宪批准立案，并谕饬该堂董等竖石钉界，将埋葬事宜次第举行外，合行给示勒石。为此，示仰该地保、田邻、看管人等知悉，如有棍徒在于冢地纵放牛羊、马匹践扰，以及砍伐柴草树木、侵削地亩者，许即指名禀县，以凭严拿究治，该保、邻等如敢徇庇滋事，定干察究，均各凛遵毋违。特示。

　　道光十六年十一月二十日示。

　　护理江南、分巡苏松太兵备道兼管海防、水利、驿盐事务，加三级、随带加二级、纪录十二次汪为示谕禁约事。

　　照得徽州、宁国两郡客商，因念同乡之在上海贸易，故殁者棺木每多暴露，在于二十五保十三图内捐置田亩建立思恭堂，以为暂时寄棺之所，并设义冢于旁，每年将在堂各棺清理，如有无力扶回故土者，即就冢埋葬，立石标记，议定章程，司董按年轮值经理。本护道前经亲诣该处查验，并核其所议条规，办理均属妥善，所有捐置冢地已据该堂董报县勘明，通详免粮立案，其堂西余地经本护道倡捐银两，并两郡同乡一律捐资，添建厅屋以为久大之模。惟该处坐落荒郊，地属公所，恐有匪徒践扰情事，除谕令该堂司董实力经理稽查外，合行出示禁约。为此，示仰该图地保及田邻、看堂人等知悉，如有不法棍徒在于堂及义冢地内藉端作践骚扰者，许该保等告知堂董，指名禀道，以凭饬县严拿究治，决不姑宽，该保等徇隐，一并查究不贷。各宜凛遵毋违。特示。

　　道光十七年四月二十日示。

　　五品衔、代理江苏松江府上海县事、元和县正堂，加十级记录十次姚为出示谕禁事。

　　据思恭堂司董叶荫青、朱瑞堂、程士俊、胡淼、胡景曾、余忠、胡明扬、程凤庭、鲍茂华等呈称，原籍徽、宁，投治贸易，缘有客商在外病故，归榇不及，家乡远隔，前经同乡集议，公置在上邑二十五保十三图内民田若干亩，同人分立徽宁思恭堂，暂停客殁棺柩公所，并设义冢以便埋葬，无力扶回之棺立石标记，生等司事轮年管理堂务。经今廿载，所议堂规前呈备案，诚恐无知之徒作践，禀奉各前宪常年示禁，复奉前道宪汪诣验、捐廉倡始，添建厅房，给示谕禁，兹又奉仁宪禁约，各在案。前议同乡客殁无力收殓者，该亲族报堂，查确无冒，由堂捐棺给票，拨用堂夫扛送，尸家承值收殓，并准将棺权寄丙舍暂停，至期任听该尸属扶回，或就冢地埋葬。倘有自备尸棺，抛停别处，报堂查确，一体给票，准与暂寄。乃各码头、城乡内外地方每有无知土工、脚夫欺压客民，往往有扛棺霸持、聚众勒索情事，实属违抗，为此环求谕禁等情到县。据此，除批示外，合行出示谕禁。为此，示仰该地保甲人等知悉，自示之后，毋许各路口脚夫人等向该堂再有勒索滋扰情事，如敢故违，许该堂夫地甲即报堂董，指名禀县，以凭立提究治，决不姑宽；该地保甲庇匿不报，一经本县访闻，或该堂告发，定即并究不贷。均各凛遵毋违，特示。

咸丰元年七月初八日示。

正堂示谕：该地甲人等知悉，此处徽宁捐棺公所，任听该堂董拨用堂夫扛抬，毋许脚夫持强勒索，倘敢故违，立拿严究。特示。

正堂示：徽宁旅榇、无力收殓、集资捐地、停葬同乡、或缺衣棺、报堂取给，扛抬进出、悉用堂夫，地段脚夫、不得阻扰，倘仍霸阻、定即严究，业经示禁、永遵勿废，如敢藐玩、提惩不恕。

奉宪谕：徽宁两郡客殁尸棺，不用路口、脚夫土工，概用堂夫，给票为凭，查察假冒，验明病故，若非病故，不准收殓，承值收殓，扛抬进出，倘有工人，拦阻勒索，指明交、保送官究治。

特用直隶州调补松江府上海县正堂莫为出示谕禁事。

据职董李振玉、黄燮、黄大铺、胡济龄、陈美初、郑殿、汪亦春、赵昌、朱懋寅、胡琨禀称，窃职等籍隶徽、宁两郡，昔于乾隆年间在治二十五保十三图地方设立思恭堂，为寄存同乡旅榇施棺、助费盘柩回籍之所，续经好义各善士互为商劝，慷慨集捐，置买朱姓市房并出浦基地一处，坐落大东门外十六铺新码头地方，爰因新码头年久失修，桩朽石坍，每遇大雨或值潮涨，路几成河，往来行人以及船只起运货物诸多窒碍，故于上年商集同乡捐资重建码头，并于向直大街中接砌阴沟四十丈有奇。查码头原向庚甲，阔一丈六尺，业经一律铺石修砌，庶便行旅，当经禀蒙，给示修葺在案。兹已工竣齐全，核计需用，桩木、石条、砖灰、工料共钱柒百柒拾玖千肆百陆拾壹文，统系职等同乡捐给，附近房主铺户并未捐助分文，但恐往来船户不知集捐艰难，任意糟蹋，求赐勒石谕禁等情到县。据此，前据该职董等禀报，开工业经给示，兴办在案，据禀前情，合再出示谕禁。为此，示仰该处地甲及附近码头居民、船户人等知悉，尔等须知新码头、街道以及出浦阴沟、街石，现经李董振玉等捐资，一律铺修完整，凡尔船户、担夫人等务当共存爱惜之心，毋许任意糟蹋，倘敢违，察出定干提究，各宜遵照毋违。特示。

光绪四年七月二十九日示。码头勒石。

特用直隶州调补松江府上海县正堂莫为出示谕禁事。

据思恭堂职董黄大铺、胡琨、朱懋寅、方声远、郑殿、赵昌、胡济龄、陈美初、汪亦春等禀称，职董籍隶徽、宁，投治贸易，向有徽宁思恭堂公所为暂停客殁之柩，出入皆由堂夫扛抬，叠奉各前宪示禁，毋许地方脚夫把持滋扰在案。兹于上年十二月间，有休宁金姓送柩进堂，仍由堂夫扛抬，讵料八铺地方夫头等胆敢纠众拦阻，索扰不休。职等因事已过去，遂不追究，不意该夫头等复约同土，作欲以此次勒索之钱作为定例。窃思该堂于咸丰元年奉宪示禁，并将各项规条禀明在案，今该脚夫等如此持强勒索，实属目无法纪。禀请示禁等情到县。据此，除批示外，合行出示谕禁。为此，示仰该地保甲人等知悉，自示之后，徽宁客殁尸棺概归堂夫扛抬，毋许各路口脚夫人等把持勒索滋扰，如敢故违，许该堂董指名禀县，以凭提究，决不姑宽，该地保甲容隐，察出并处，各宜凛遵毋违。特示。

光绪五年二月三十日。

钦加府衔、署理上海租界会审事务、江苏即补分府、随带加三级记功六次黄为谕饬事。

准驻扎日本国神户正理事官黎，移据寓居日本神户三江公所华商鼎泰号禀称，商等查历年流寓神户病故客商灵柩均暂厝于中华山庄，为地窄狭，势难久停，向由各帮董事募捐送回原籍以安其灵。数载以来又积至十余具，若不趁今运送回国，将来日增月积，更难擎举。现于本埠同乡各商中极力劝募，拟于年内将各灵柩运送回国。惟查各樣原籍不同，相去动数千里，有无亲丁，一时尚难查考。各樣到沪势难立即送回本籍，应暂停放各该本籍善堂，以待查明各家属里居，再行运送。诚恐各善堂仍如上届故事不肯收留，则商等无所寄托，反致进退为难。叩求移请谕饬各原籍善堂，不得推诿，暂准停放，俟商等查明各家属即行转送各本籍地方安厝。在该善堂固惠而不费，而商等海外送归存殁均感等情，移请谕饬等因，并送各柩姓名、籍贯单前来。准此，合行谕饬，谕到该董等即行遵照毋违。特谕。

计粘单。

右谕徽宁会馆董事，准此。

光绪九年十二月二十八日谕。

知府用、升补通州直隶州上海县正堂、卓异加一级随带加八级裴为出示晓谕事。

据徽宁思恭堂董事李振玉、陈美初、黄大铺、汪炳、余邦瞻、朱懋寅禀称，窃董等徽、宁两郡向有思恭堂一所，在大南门外二十五保十三图地方旁置义坟，后附丙舍以为同乡客死停置棺木并代茔葬之区。近来两郡之人来贸者日众，因而病故者日益多，致丙舍不敷停置，又限于地位不能扩充，拟将正厅及门房移出改造，后面再添丙舍数楹，而门外左侧向有井亭一所，为前邑绅曹垂灿所建，休息行人，兹欲移出，则有碍井亭，缘商之文生曹日新、职员曹松等将井亭移造马路右旁，重加高大，工料经费均田本堂开支，如此办理，丙舍既可扩充，而于前绅遗迹更可重新以垂永久，一举两得，金以为然，两无异议，爰拟择日兴工，恐有无知之徒，藉端阻挠，有妨善举，环求给示禁止等情到县。据此，除批示外，合行出示晓谕。为此，示仰该处地保、居民人等一体知悉，尔等须知该董等添造丙舍，并将井亭移建实系地方善举，自示之后务当共相保护以垂久远，倘有无知棍徒藉端阻挠，许该董等指名禀县以凭提究；地保容隐，察出并干究处，均不稍宽。各宜凛遵毋违。特示。

光绪十五年十一月初六日示。

钦加四品衔、补用直隶州调署松江府上海县正堂兼袭云骑尉王为出示晓谕事。

案据徽宁思恭堂司董职监方声远、姚绍志、汪昺吉、胡琨、汪炳、郑全魁等禀称，职等籍隶徽、宁，在治贸易，前经同乡捐资置买二十五保十三图民田建立思恭堂为同乡寄柩之所，并买义冢，设有无力回籍者埋于冢地，立石标记，恐有棍徒进内滋扰，禀请谕禁等情节。经晓谕在案，诚恐日久玩生，合行查案示谕。为此，示仰地保、居民人等知悉，自示之后，毋许棍徒到堂滋扰，亦不得纵放牛羊马匹作践冢地，如敢故违，许该堂董指名禀究，地保容隐，察出并处，各宜凛遵毋违。特示。

光绪二十五年二月　日示。

具呈上海徽宁会馆董事朱枬、曹裕衡、汪声洪、胡瑛、余之芹、程之翰等为义冢地亩窎远，声请立案永保事。

窃敝会馆建设上海百有余年，因同乡旅沪人多，故广购地亩掩埋客毙，所置义冢颇称广袤。而贵县江湾地方敝同乡之客居者亦众，曾由乡友王照华热心慈善，自行购买二十五图人字圩四十二号第一十丘荒地贰亩壹分五厘四毫，为收葬旅居该处同乡客毙义冢，至今已掩埋二十余棺，而空地绰有余裕。知会馆内寄厝待葬之棺颇多，愿将该地捐入会馆充作公用。王君乐善好施，以个人义举助作两府公益，则该冢地已为会馆公产，应担执业保护责任。惟由上海至江湾路隔数十里，且地属宝山，已隔县治，诚恐照管未能周到，相应声请贵知事准予立案，俾得永远保护，藉资掩埋，实为政便。公同上禀。

上海斜桥徽宁会馆董事朱枬等禀批禀悉。王照华以自置田贰亩壹分五厘肆毫捐作贵会馆冢地，诚热心于慈善事业，应照准备案，至所请将方单转思恭堂户，查本县清丈局通例，凡立户用堂名均须冠以某姓，不如径立徽宁会馆户，较有查考，希特批向该户书改注，并取具证明书至清丈局换给代用方单可也。此批。

民国元年十二月二十四日，宝山县知事批。

上海县知事公署布告第一伯【佰】三十二号：为布告事。

案据徽宁会馆董事余诚格、汪龙标、汪锡采、余之芹、朱锟、徐乃昌、曹裕衡、汪岩昌、谢上松、程之翰等呈称，窃西门外斜桥南首敝会馆思恭堂，建自前清乾隆甲戌年间。嗣经继续扩充，如同乡男女寄棺殡舍暨满期棺木掩埋义冢等事，均已次第兴办，粗具规模。曾于道光十六年查照各会馆善堂章程，禀由黄前县通详立案。

复于咸丰元年禀请前县姚批准出示，凡属本会馆棺材进出，概用堂夫扛抬，他人不得藉端霸阻。并历蒙各前县给示，严禁乡民，不准纵放牛羊马匹践踏义冢暨在堂内骚扰生事等情，各在案。惟迭经各前县示禁之后，相安已阅数十年，讵日久玩生，年来竟有一般【帮】无赖棍徒，每逢时节或扫墓之期，三五成群混入殡所，肆行诈扰；而新旧所葬二十五保十三、十五图义冢亦时有牛羊践踏等事。因思会馆系为筹办善举之地，义冢即为掩埋羁骨之区，乃敢任意滋扰摧残，实属目无禁令。除分请淞沪警察厅立案示禁外，理合备由呈请俯赐鉴核，准予查照，每年给示前案出示，禁止纵放牛羊马匹残害义冢，以及路口土夫毋许霸阻扛抬，并毋许棍徒肆意滋扰，并乞饬令地甲人等随时认真保护，以维善举而慰羁魂等情。据此，除饬令地甲随时保护外，合行布告。为此，仰居民人等一体遵照毋违，切切。特此布告。

中华民国六年六月二十八日，上海县知事沈宝昌。

江苏淞沪警察厅布告：为布告事。

案据徽宁会馆董事余绅诚格等呈称，窃西门外斜桥南首敝会馆思恭堂建自前清乾隆甲戌年间，嗣经继续扩充，如同乡男女寄棺殡舍暨满期棺木掩埋义冢等事，均已次第兴办，粗具规模，曾于道光十六年查照各会馆善堂章程，禀由前上海县黄通详立案，复于咸丰元年禀由前县姚批准出示，凡属本会馆棺材进出概用堂夫扛抬，他人不得藉端霸阻，并历蒙各前县给示，严禁乡民不准纵放牛羊马匹践踏义冢暨在堂内骚扰生事等情各在案。惟迭经县署示禁之后相安已阅数十年，讵日久玩生，年来竟有一般【帮】无赖棍徒每逢时节或扫墓之期三五成群混入殡所肆行诈扰，而新旧所葬二十五保十三、十五图义冢亦时有牛羊践踏情事。因思会馆系筹办善举之地，义冢即为掩埋羁骨之区，既敢任意滋扰摧残，实属目无禁令，除分请县公署查案示禁外，理合备由，呈请鉴核，准予立案，给示保护，禁止纵放牛羊马匹残害义冢，以及路口土夫毋许霸阻扛抬，并毋许棍徒肆意滋扰，伏乞饬令警察地甲人等一体随时认真保护，以维善举而慰羁魂等情。据此，除批复外，合亟布告周知，仰该处居民一体遵照，自后不准纵放牛羊马匹践踏该会馆义冢，并毋许路口土夫霸阻扛抬，更不准土棍流氓藉端滋扰。倘敢抗违，一经察觉或被告发，定即按名拘案究惩，决不宽贷，其各凛遵勿违。特此布告。

华民国六年六月二十九日，厅长徐国梁。

规　条

公议堂中规条

一、议堂宇。自重建工程非易，均赖同乡善信踊跃乐输得成规范，值堂者务须朝夕留心照管，每晨洒扫洁净，遇有到堂焚纸者须于宝藏焚化，更宜加意火烛。况各司事远隔乡城，未能时刻在堂照料，守堂者恪守恒规，勿得留顽匪类燕饮聚醵赌博等事。如违，立即鸣官究逐更换，断不姑容。

一、议司年。歙、休、婺、黟、绩、宁郡，五县一郡，各司一年，轮流管理。宴待祀享，每月朔日恭诣神前，拈香瞻拜毕，并查察堂中一切并家伙什物底册，损坏即注补备，不得任意作践，私自借出，违者守堂赔偿。

一、议棺枢。到堂验明来票，棺上姓名号数，合符方准进堂，如无来票或注即埋之棺，一概不准进堂，倘有私将别郡棺木蒙混冒保进堂者，查出后，除先责成保人领出，并公同议罚。

一、议棺木。抬进堂中分别男、女、孩棺，安置明白，即用白粉笔填明号数，嗣后清明、中元、十月朝三节，司年者上下环轮，到堂对簿核明，用漆笔填明原号以免日久差误，慎勿疏忽。

一、议大小棺木。凡遇薄板四块及松板棺，随到随埋，不准进堂以防损坏，徇情留停者，将值堂之人从重议罚。

一、议大棺进堂久停不葬，本干例禁，向例三年为期，因念远隔千里，原籍关信为难，勉议六年为期。小棺一年，如有过期不领者，照议掩埋，不准叨情，亦不得浮厝冢地，以背严例。

一、议如非病故者，向例不准入堂，并不准领棺，倘有隐情冒混，一遇事端，保领者自行理直，与本堂无涉，再行议罚。此条民国五年公议变通办理，另议乙条列后。

一、议凡出堂棺木，各自持票到堂，领者务要自认明白。而司事者城乡远隔，不能照料，恐有差误，为患不小。

一、议进出堂棺木给票。本应司年者经理，因向在大东门内大街中市汪祥泰布号给发多年，人所共悉，今仍公托经理，惟的实熟识保人方准给发。

一、议棺木殓抬进出。向已禀县在案，于薛家浜、董家渡、陆家浜及本码头上下，统归本堂自拨堂夫值办，该地段脚夫不得阻当【挡】，如违禀究。

一、议领费。出堂者，每具由堂给发脚费足钱捌百四十文，宣统三年改章下力给洋壹元零五分，不得节外生枝，永远为例。如停泊别码头，不在议条内。凡有自盘归里者，先持改章洋壹元零五分交给票处，再领发棺票，以杜争论。进出堂者领票，另给守堂人钱七拾文，宣统三年改章洋七分，并无别费。

一、议埋棺。慎重之事，所需石灰石签等物，司年预备齐集，届期公同细心核对注册，分别男、女、孩棺，各冢挨次排葬，每具给石灰一石，按号标立亡人石签，按年挨定干支年号，有起回者，所余空处挨次补埋注册，以便日后核对，毋得就便混乱，亦不得迷信风水，紊乱向章。

一、议随到随埋之棺。责成守堂人分别男、女、孩棺，各冢挨次排葬，每具给石灰一担，葬毕至司年处报明领费。大棺给埋工钱叁百叁十文，小棺一百六十五文，不得任意草率。司年者按月详查，如见有潦草完事，罚去葬费。每次掩埋所需人夫多寡，听本堂慎选雇觅，毋得恃强霸勒，有干未便。

此条现时大棺薄者少而孩棺间有薄板者，仍照章即理，于宣统三年始改章，每具孩棺给守堂人工洋叁角。

一、议既葬之后，如有起棺带回者，务至本堂报明亡人姓字，确对牌号。自嘉庆戊寅年以后，埋者棺头填有朱漆号数为准，切莫草率掘起，以免骨殖倒乱。

一、议男女棺分冢埋葬，由来有年，可谓善矣。惟内有夫妇合葬处，间有混杂，终未尽善。今公同酌议，另立夫妇合冢，每穴隔开二尺，挨次埋葬，不准舍前取后，紊乱条规。倘夫妇亡年先后，一具既经先葬，一具恰逢满期，必须亲属持进堂票来报告，准可通融迁葬合墓，而先葬者起葬之费概归自认，若夫妇早年葬定，则不能重迁合墓，以免烦琐。

一、议领施棺及领盘柩回籍，助费两端最要事件，必得就本邑司事确具保领据，交祥泰布号收执方准给发，如有冒领及留滞中途者，即责成经保董事追回施棺助费钱文外，必将冒领舞弊人送官究处，决不宽容。

一、议本堂保领棺据上注明乡籍、年纪、姓名，如未成丁者不准给领此条。孩棺向无成例，曩年均由胡裕昌施助，自光绪三十四年胡春庭发起劝募经费，始行归堂施送，从此孩棺亦照保领。

一、议乙巳年起，施棺送到给扛力钱贰百四十文，堂夫收殓扛抬进堂给钱壹千贰百文，由本堂发给，一概不许自扛自抬，庶免冒领弊窦。此条施棺殆力，宣统三年起改给大洋壹元陆角、封口壹角，孩棺减半。

一、议于丙午年起，领棺者加给衣衾、鞋袜、帽子、石灰、皮纸、草纸全副。

一、议诵经荐度，向例三年一举，以掩埋后专设一坛诵经三永日，并放焰口，悉遵旧章。

道光三十年庚戌十月公议增定章程

一、议歙、休、婺、黟、绩、宁五邑一郡，各司一年轮流，公同选择殷实之家管理大总，经办堂中各项收支银钱出入，并收掌田房契据租息等折，每年清明节届结清总账，检点单契，不准短少分文，悬宕挂欠，公同照数交明下首接管，仍于每季邀集各邑司事核算查理。

一、议堂中每年收进银钱，除支用各项悉遵旧章开销，逐年定于夏季刊刻征信录通送备查外，如有盈余数至五百、千以上者，公同存于庄典生息，以期充裕置产。

一、议堂中经费皆由善信捐输，理应节省为主，所有修造动作并添办大件什物悉宜公同商酌，不得一意擅专，如有任意专办者，此项支用责成自捐，不准开销公项。

一、议在堂诸人各宜秉公办事，毋得始勤终怠，倘逢应议事件，务必集思广益，捐除己见，幸勿徇情恭敬不如颟顸，庶几规模日广，永久弗衰也。

一、议本堂茶捐，自道光二十三年通洋交易，两郡客商初抵沪城，杂费烦重，因集同人在于思恭堂议立章程，删减浮费，情愿提红茶厘每箱二十文、绿茶厘每箱十二文、关东茶于戊辰年复起每件提钱十二文，以助堂中善举。迩年以来，茶业大盛，人数益众，堂中经费愈加浩繁，务望贵商如数照捐，是荷是祷。

一、议本堂收取茶厘，皆有徽宁思恭堂图章对同联票为凭，收钱发票如无此票者，与堂无涉。

一、议棺木入堂，向有章程，别郡之棺不得冒进，今因堂内存棺竟有异境地名，显系冒籍，致乱成规，爰亟公议，嗣后设有据称旧籍徽宁者，必须详细确实方准作保，幸勿徇情，倘有朦混，则照旧章，除先责成保人领出外，公同议罚。戊辰增议。

一、议本堂施棺之柩停寄期限，议定从宽，自同治七年十月起以停寄两年为期，如逾期不领回籍者，十月朝节挨次掩埋。

此条光绪二十七年公议宽展一年，以三年期为限，满期照章即理。

一、议已葬之椁，每见本家起回籍者棺木湿朽，须加整饬方可扶行，或因未即遇便，暂待时日，故于堂西另建厝屋三间专为暂寄之所，庶免暴露，议存三个月为满，事前必经司事作保，报明籍、姓方准异进，起费扛工均自给发，倘有愆期不来领去，向保是问。戊辰始增。

一、议自咸丰庚申发逆窜沪，堂宇先被贼损，继住难民再寓兵勇，蹂躏难堪，墙坏屋颓，续来之椁不敢留存，故皆一概掩埋，其时路途梗塞，茶捐无收，支用不敷，暂将助盘棺费、衣衾停止，至乙丑兴修堂屋未及完工，复寓营兵，因循三载，至戊辰孟夏捐数稍裕，始得兴工大修，兼添建停棺屋，秋末各工告竣。两次修葺计费万千，所有助盘归柩及送衣衾等费已于戊辰春起照旧举行，其余一切事宜，今公议照旧章，讲究实济，以冀垂远。

一、议检骨，露天暴日，殊属惨目，今议添置大布篷一幅，遇有检骨者，先着堂夫搭起遮盖，方可动手，以免暴露。

资助无力盘棺小引条约

谨启：本堂自重建后，一切稍定章程，惟带无力回籍之棺一事措办未周，前诸同人曾立登科会，专为筹画带棺，奈同乡殷实者寡，绵力者众，尚乏三股之二。己卯夏，征信录告成，公议复集一文愿、糖茶等捐，赖诸君子好善之心踊跃如前，转瞬之间善举广焉，则带棺不得不亟为料理。今公议即于庚辰年起，两郡盘回之棺至水道各总埠头并上海下船抬力及给本家上山费，一切章程细列于后。

一、公议资助无力盘棺一事，情谊深重，领费者至本堂司事处报明，就各邑司事央保，具收据交堂，然后给费，倘或领出后有中途停止等情，一经察出，着保追还领费，并鸣官究治，以杜冒领及沿途抛弃等弊。

一、议当此戒严时期，本埠设遇有非经本堂堂夫殡殓之枢，一概不便入堂。

一、议当此戒严时期，外埠运来之枢进堂，保人须完全负责。

一、凡进堂棺木甚夥，间有无力，板薄钉稀者不少，徽宁两郡山路崎岖，或棺木朽腐，沿途抬运犹恐损裂，万不得已，检骨回里，情实可悯，从中酌给路费足钱壹千四百文、上山费柒百文，以期稳妥。

此条宣统三年公议，改给路费、上山费洋叁元柒角，另议一条列后。

一、议盘棺照苏郡积公堂条规，而上洋遥远，一日之程每具酌加钱若干，各埠价目开明于左。

此条向系给发钱数，因洋价铜元日大而盘费水脚又渐增提，是于宣统三年公议，按照钱改为洋码发给：

一、上海董家渡口下船抬力，洋壹元零五分；

一、至界口米滩小川、大川，洋陆元；

一、至镇口埠，洋陆元贰角；

一、至深渡埠，洋陆元四角；

一、至縣潭雪坑口，洋陆元陆角；

一、至琅园口、梅口、浦口，洋陆元捌角；

一、至渔梁桥，洋柒元贰元【角】；

一、至绩邑临溪埠，洋捌元；

一、至雄路埠，洋捌元贰角；

一、至绩溪县，洋捌元四角；

一、至休邑屯溪、临溪埠，洋柒元；

一、至蓝渡埠，洋柒元叁角；

一、至黟县、祁门、渔亭埠，洋柒元陆角；

一、至下溪口埠，洋柒元四角；

一、至上溪口，洋柒元捌角；

一、至婺源由长江上运，洋柒元四角；

一、至宁国府由东坝上运，洋柒元四角；

一、给本家上山费，洋叁元。

一、议以上盘棺至两郡各埠皆定规则，井井有度，本无更改，原从其旧，兹为匪乱之后，船价扛费各处较前昂大，所助之费不敷盘归，公同酌议自戊辰冬起额外加助。歙、休、黟、祁、绩五邑盘棺每具暂加盘费洋壹元四角，而婺邑迳因长江不便，多由徽港前往，兼有越岭艰险，每具暂加盘费洋叁元，其宁郡较徽程远，每具暂加盘费洋贰元；如有检骨还乡者，原因乱时即埋，棺木朽腐，情殊怜悯，不爱前例，今议每具暂给路费洋叁元，其检工、木匣、下力自理，另给上山费洋柒角以资白骨归安故土。故此议增。

宣统三年七月起，公议盘棺费暂改洋码，内扣留带费洋叁元，俟持枢主的确回信并经原保人签押方可照付，以防带棺人中途舞弊，如有弊混，查出向保人是问，加倍议罚。

遵照定章期满之棺，保出暂存三间所三个月，为期如不带回籍者，清明即埋，抑或领费仍照检骨旧章付给。

本堂谨白。

光绪二十七年十月朝起，领棺寄堂向有旧规，二年期满十月朝日一律掩埋。今于十月朔日掩埋之期，公同议定，宽展一年，三年足期满，如不回籍，一律掩埋，概不留情。

今于二十八年二月起公同议，领棺者加石灰壹包。

公议自棺入殓扛抬进出条规

本堂棺木进出以及收殓概用堂夫，向有旧章，恐诸乡台未及周知，特标明于左：

一、议着衣入殓，不用丝绵。每具五名，给洋四角五分。

一、议着衣入殓，用绵一斤至三斤。同上，给洋柒角。

一、议着衣入殓，用绵三斤以外。每名加给洋柒分。

一、议着衣入殓，用绵当日不进堂。每名加给洋壹角四分。

一、议扛抬空材，远及重者酌加。每具四名，给洋贰角四分。

一、议扛材进堂，添夫每名叁角，远及重者酌加。每具五名，给洋壹元五角。

一、议本堂出棺，斜桥埠。每具五名，给洋五角贰分半。

一、议本堂出棺，沪枫车站、徽宁码头、薛家浜、陆家浜、董家渡五处。每具五名，给洋壹元零五分。

一、议本堂出棺，金利源码头。同上，给洋壹元五角柒分五。

一、议本堂出棺，老闸埠。同上，给洋贰元壹角。

一、议本堂出棺，新闸虹口埠，再远酌加。同上，给洋贰元贰角五分。

一、议义冢起棺，检骨加洋叁角五分。每具给洋叁角五分。

一、议棺木进出，另加开门洋。每具给洋柒分。

外无别费。

本堂谨白。

宣统二年公议，堂夫施棺封口，每具加给小洋壹角，然加给壹角原为封口，须当紧密以防泻气，此后如有疏忽，公同议罚。

宣统三年公议，施棺进堂，每具给洋壹元陆角；领费出堂，每具给洋壹元零五分。

领棺式

領棺式

立領據　今有因病身故亡人係

府　縣人氏寄居　無力

收殮就本邑司事　加保領到

恩恭堂棺木一具衣衾石灰等全副內中

並無冒領　等事領據是實

年

月

日立領據

經手　押

保領司事　押

立收領　今領到

恩恭堂寄存己故　棺柩一具並上海下力通尺洋壹元零五分盤費

水腳洋　外資助本家上山費洋叁元當即領楚交水腳

帶回　坪內並無冒領割扣等情領據是實

中華民國　年　月　日立領據

保領司事　押

本堂給照式

本堂给照式

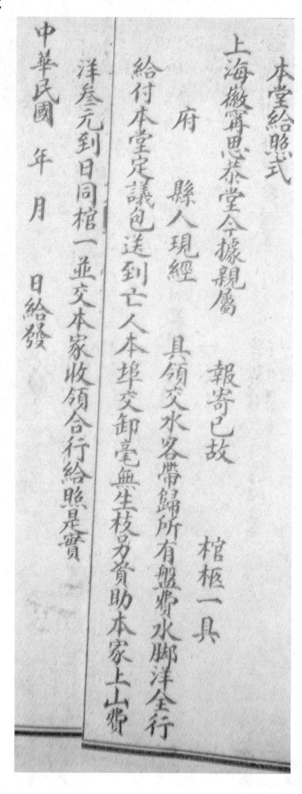

本堂給照式

上海徽寧思恭堂今據親屬

　　府　　縣人現經　　報寄已故

給付本堂定議包送到亡人本埠交卸毫無生枝另資助本家上山費

　　　　　　具領交水客帶歸所有盤費水脚洋全行

　　　　　　　　棺柩一具

洋叁元到日同棺一並交本家收領合行給照是實

中華民國　年　月　日給發

灵枢进堂保票式

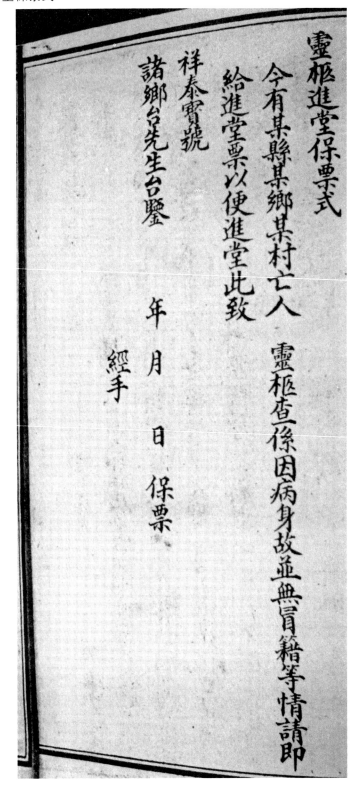

靈柩進堂保票式

今有某縣某鄉某村亡人　　靈柩查係因病身故並無冒籍等情請即

給進堂票以便進堂此致

祥泰寶號

諸鄉台先生台鑒

　　　　　年　月　日　保票

　　　　　　經手

立保单

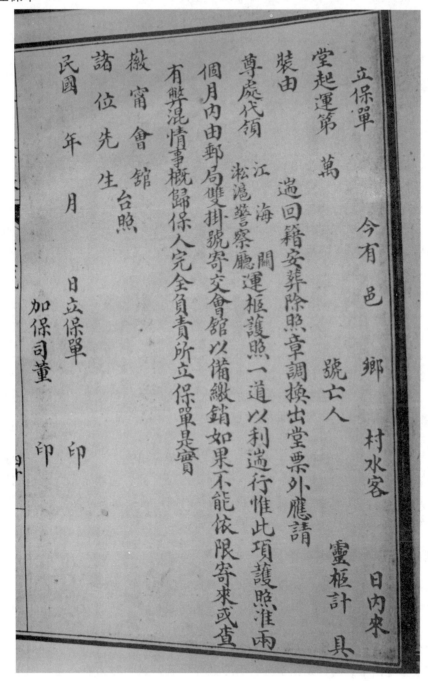

立保單

今有邑　　鄉　　村水客　　日內來
堂起運第　萬　　　號亡人　　靈柩計　具
裝由　　　遄回籍安葬除照章調換出堂票外應請
尊處代領　江海關　淞滬警察廳運柩護照一道以利遄行惟此項護照准兩
個月內由郵局雙掛號寄交會館以備繳銷如果不能依限寄來或查
有弊混情事概歸保人完全負責所立保單是實
徽甯會舘
諸位先生台照
民國　年　月　日立保單
加保司董　印
印

推广殡房寄棺规条列左

一、议本殡房系在义园西偏，为两郡体面绅商寄存男女棺柩起见，特别推广，营造费巨，不得不酌收租金稍资补助，其租金作为本人乐输，用昭激劝。

一、议外帮灵柩概不寄存，以符旧章。

一、议每间摆柩叁具，每具应缴乐输洋壹百元，以六年为期，期满即葬，悉照本堂章程以归划一；如有满期转期者，再捐洋壹百元，以符定章。

一、议寄存本殡房之柩，应先将乐输洋如数缴交值年司总，随将司总收条并保进堂之票带交祥泰布号知照，注明进堂簿票，以防紊乱。

一、议各间灵柩如摆满，则尽先进者挨次合并，腾出空间，以备续寄者安置，而符每间叁具之原议。

新造女殡所寄棺规条列左

一、议本女殡所系将会馆东隅余地圈入新造，较诸丙舍实为宽畅，每棺酌收租金英洋贰拾元，藉资补助，亦作为乐输，如有不愿缴费者，仍厝丙舍，不得擅入。且男棺一概不许抬进，用示区别。

一、议本女殡所，如有期满转期，须按本堂定章缴转期洋三十六元，方能转票，不能借口援进所之例。盖进所之二十元原以劝作乐输，转期非可比例。

一、议设有在统间满期之女棺，如欲转入女推广所，须先捐乐输洋二十元，再缴转期洋叁拾六元，以符规例。

一、议本堂满期已经出堂之女棺，如再捐入女推广所，须先捐乐输洋二十元，再缴转期洋叁拾陆元，保人不得徇情。

一、议年限仍以六年为期，期满即葬，悉照本堂章程，以归划一。

一、议外帮灵柩概不寄存，以符旧章。

一、议寄存本殡所之柩，应先将寄费洋如数交缴值年司总处，随将司总收条连同进堂保票，带交祥泰布号知照，注明进堂簿票，以防紊乱。

宣统三年七月　　日，两郡司事公议。

谨启者：本堂义园内创有先董椁所，专为先董停棺之需，其余一概不得徇情混入，至于女棺照章应摆女棺处，以示区别而免混杂。此皆前辈定章，永远勿废。现经两郡司董公议，照旧遵行，犹恐诸乡台未及周知，用特标明，各宜鉴谅是幸。

光绪十六年夏六月　　日，司事同人公启。

同乡乐捐长生愿收票改良

光绪乙巳三十一年五月公议，经收两府长生愿捐，向由经手人出收票交与乐输善士存照，其票均未留根，似非良法，今自本年起特刻三联票为证，一付乐输善士收执、一付经手者收执、一存本会馆备查，以昭慎重，所有以前空白收票作废不凭，乞各位善士均鉴。

查本堂施棺中，间有先领堂材然后缴回原价者，缘临时力有不逮，嗣由亲友设法筹措备价缴还，其心已属可敬，若再令其自向各号收回发票，恐路径不熟，未免强人所难。以后如有缴还领棺费者，请照左列数目缴交大东门内汪祥泰布号，饬由堂夫代向各号收回本堂棺衾等票，较为简便而免烦琐。今将应缴各项价目列左：

一、胡裕昌怒木行堂材一具并石灰、皮纸、锭榫、响唁，计洋二十元零壹角；

一、章聚兴漆号生漆半斤，计洋肆角；

一、堂夫抬空棺殓进堂等费，计洋壹元柒角；

一、福泰衣庄寿衣一套，男衣计洋捌元四角、女衣计洋柒元正；

一、堂夫将该棺移入统间，照章补给移棺费计洋捌角。

以上共计应缴男棺衾等费洋叁拾壹元四角、女棺衾等费洋叁拾元正。

民国二年癸丑三月　　吉日，司事同人公启。

窃查本堂向章，凡非病故者指死而不明者言，不得入堂，并不得领棺，原所以杜枝节而防朦混起见。惟近今情形殊非昔比，自此以后公议上项章程似宜通融办理，或同乡突遭意外不测者，应由原保人暨本县董事另具正式理由书，切实声明致死情由，并担任确无别情，如有发生他项事端，应归原保力负完全责任，方可变通旧章，否则仍难徇情，以防冒混。此志。

民国五年丙辰四月吉日，同人公启。

停办各节饮福缘起

凡人对于同乡公共事业，苟能牺牲一部或全体一切不急之务，勉为公家经济留有余，此盖纯以节缩主义而为根本之维持者。顾虽一饮一酌之微，究于此方省一份支销，即于他方增一份实惠，是非真能热心公益者未足以语此，斯其功诚足称焉。原前辈当日以两府旅沪同乡散处南北，平时殊少接洽，而于建筑会馆、办理码头公产诸般交涉，乡人士奔走筹画，颇具热诚，即如木业同乡亦与有力。因师古人乡饮遗意，每节宴饮同乡一次，以联乡谊而寓酬庸，诚盛事也。不图历年既久，人渐众多，大有山阴道上应接不暇之概，此即建议停办各节饮福之由来也。惟事既由各县多数赞成，而木业同乡又多洞明事理之人，亦即乐与同意，于是停办之议乃克实行，将见节此不急之赀，留为他日扩张公益之费，是一转移间，而一般贫苦同乡永拜嘉赐，岂不美欤！因特志其缘起，以为后来者告。

民国四年岁次乙卯夏月既望，同人谨志。

戊午新增规条

本堂存棺向取散放主义，惟年来存棺日益加多，不但发棺者动形困难，即对号查存亦殊不易。今为划一年期起见，从本年十月朔起截至次年九月底止为一年，全年进堂之棺规定共摆一处，并先将外进出空为表率，一年一处，由此类推，除转期者准放原处外，其余灵柩应由堂夫照章妥为搬移，毋许徇情延搁。自今以往，凡属进堂之棺，当以先后为安放次序，不得任意乱摆，尤不得指地而放，如有以上情弊，一经查出，应惟堂夫是问，重罚不贷。庶几六年以后有条不紊，秩序井然，稽查者固可一望而知，而寄棺章程从此盖臻整肃，所谓一劳永逸者，其斯之谓乎！惟诸乡台谅之。

一、查上坟人往往有以纸锭等物焚在材间地上，究属不免危险，兹就各天井内添造大小锭炉多座，以备同乡化锭之用。要知此举系为预防火烛起见，尤应责成堂夫随时认真稽查，倘敢视同具文，定即从严议罚，以为玩视堂规者戒，惟诸乡台亦宜各自体谅，毋使他人代为受过，是所至盼。

民国七年，岁次戊午孟冬月，同人公议。

图 记

徽宁思恭堂图　　民国贰年癸丑新春之吉，宁郡崔国昌画。

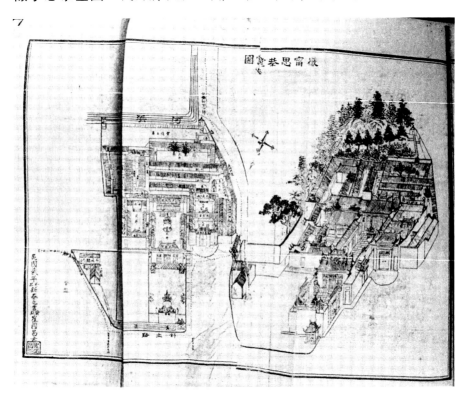

徽宁会馆地图　中华民国七年戊午春旺之吉，太平崔国昌绘。

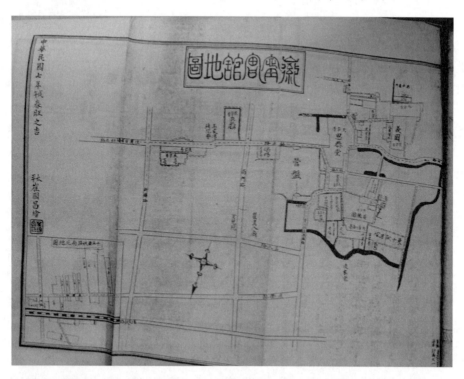

徽宁义园图　民国七年孟春，太平崔国昌增画。

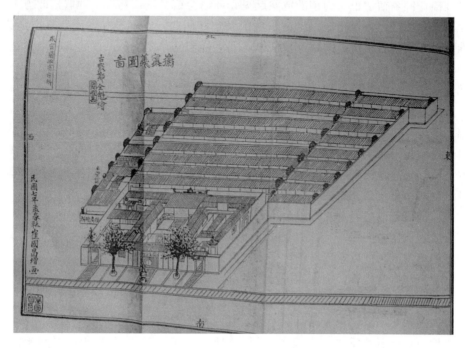

徽宁会馆全图记

徽宁思恭堂成立已百数十年，其初两郡旅沪人无多，先辈见客死他乡者寄棺乏地，于是合群策群力建屋数椽、购地数亩以备寄棺埋葬之用。复经后贤逐渐推广，以次施棺、掩埋、归榇，诸善举迭兴，房屋渐添，规模粗具。华洋互市以后，商务日渐繁盛，人才蔚起，财政稍裕，故于光绪戊子年改建西厅，奉朱文公神位于前，进而以后进为先董祠，旁添内外两三间为办事处，翻造正殿为武圣大殿，得歙邑程君谨轩助一大鼎立于墀下，高耸如塔，气象巍然。殿前建戏台一座，金碧辉煌，照耀人目，游廊配以看楼十二间。殿外余地圈成天墀，环以照墙，两旁设东西辕门，中浚蓄水池，其上亦峙一宝鼎，阶前石狮对立，其石坚洁可爱，购自浙之茶园，颇具壮观，该宝鼎与石狮均绩邑馆业所助。丁未春，同人议将殿东空地建东厅两进，为徽国文公专祠，由各殿实垫资兴造，故公家经费虽绌无伤也。越明年落成，屹然与西厅对峙，前为思恭堂正厅，驻堂办公在是焉。沪上为各帮会馆荟萃之地，大都注重华美，若论工料之坚实、布置之周妥，实为诸会馆冠。盖婺邑胡君执卿广有房产，于建筑事业阅历多而用心细，经两郡前董举任工程总理，君不辞劳瘁，虽严寒酷暑必亲临监督，纤悉无遗，十余年如一日，此工程之所以坚固而总理之功愈不可泯也。文公祠成，各县书献匾对，其神座龙龛与全堂灯盏则由婺邑各业敬助，烛光辉映，色色俱新，于是奉升神位于新祠，腾出西厅为两府团拜处。又会馆东面转角马路曲折狭窄，向逢龙华香市时游人稍多，自沪嘉铁路成而此路遂为南北通衢，车马往来，无日不喧阗，如五都之市，稍不介意，碰撞堪虞。江南制造局总办合肥张京卿焌楼，同乡宿学也，为预防危险起见，商诸会馆经董，劝将该处墙角改方为圆，以免车马之相撞。各经董亦以会馆东偏中段围墙屈曲，既不雅观，而墙外空地废弃亦殊可惜，适胡君执卿捐助路左地三分，藉为推广马路之预备，以故议将墙角让进，而中段墙外余地应归会馆收回圈入，更将领棺殡所靠路业地划出数尺，放阔公路。盖此处马路工程向归制造局主政，屡经会议磋商，本会馆雅重张京卿好行其德，亦不惜数尺地以利行人，于是定议，议成动工，一转移间，不但于路政尽善尽美，即会馆之墙垣亦藉以整齐。今夏工竣，行人称便。墙内添造殡房拾壹间、更房壹间，盖自此而会馆一切大工可云美备矣。兹因工程改换，与前董所绘故址之图相悬殊，今岁适造征信总录之期，承施君维垣、王君云卿、胡君云轩、余君锦镛、王君旭人及各乡台属余重绘现在之图，又得方君嘉德相助为理，绘成正式偏式两图，雅荷同乡称许，谓可与已故经董郑惟善公所绘义园之图相辉映矣。因思戊子重建西厅迄至辛亥全堂告成，由一椽半亩之初基，循序而成完全之美构，使非胡总理热心筹画，各司董和衷赞助，何以克臻斯诣！爰不揣鄙陋，略纪其始末云。

宣统三年夏月吉日，宁郡崔国昌、歙县方嘉德同志。

南大路，北出滨，东大路，西园地。堂西新添叁间暂棺处，戊子重建西厕厅六间、厕壹所，己丑新建西高堂楼房五间、厝所十七间，并移丁亥所建叁间于西侧，辛亥将东面围墙外空地圈入，添造女殡房拾壹间。各处义冢不及绘图，略纪其概。

堂之直南凌家宅后为老冢，老冢之东男冢，老冢之西女冢、孩冢。堂之北旧冢，东南男冢，男冢之后夫妇合冢，合冢之东新葬男冢。堂之直南男冢，冢后新葬孩冢，男冢西侧新葬女冢。堂之大路直西路北新葬男冢，冢之再西路南左葬男冢、右葬女冢，铁路之北新葬孩冢。

徽宁义园图记

盖沪上徽宁思恭堂为两郡先董创立，百余年矣。一则曰徽宁会馆以叙桑梓之情，再则曰丙舍以厝棺木之所。近年来，在沪为宦为商者济济多人，恐不幸一病寿终，致临渴掘井情何处？此正不得不思患而预防之。惟愿生则言旋故里，死则落在家乡，则幸甚焉。溯光绪辛卯春，同人又见老屋正厅倾坏有日，为此齐集妥议，堂东首置有高田十亩，公举胡君执卿暨赵君怀甫协同指挥建造，额曰"徽宁义园"，将旧料择善取用，可谓两全其美。计起造头进大门一大间，东西两边各两间，与堂夫居住管理。二进东西各一间，东为账房，西为堂夫厨下。三进造三间大厅，其中供土地神位，护理同人清吉，两边对照厅各三间。又东围墙、东狮子亭，亭后三间为大厨房，掘井一口，甚便益。西边造三间，有敬慎堂额，以便官商殡殓之用。正厅两旁十间为先董樣所，后分八进以厝棺木，头进、二进每排十三间，以后皆十五间，列号曰孝悌、忠信、礼义、廉洁。乙巳夏四月，修二十九刻，列征信录，同人嘱余绘图，事毕略记数言，仰见胡、赵二君布置井井有方，特书其左以志之耳。

黟邑后学郑全魁谨识。

录地址数亩

其地在上海大南门外二十五保十三图靡字圩第伍百捌拾叁、伍百玖拾陆号，田十亩零壹分肆厘贰毫。

注：原业户系陆姓一区田，壹亩柒分柒厘捌毫；蔡姓田壹区田，贰亩正；孙姓二区田，贰亩壹分柒厘柒毫、田二亩九毫；陆姓壹区田，贰亩壹分柒厘捌毫；新置陆徐氏一区伍百柒拾柒号，田捌分，在义园西首，现已造推广殡所；朱周氏、朱俞氏一区伍百玖拾陆号，田二亩九毫，在义园后边，仍有余地，皆有石界标明，一览便知。

营租民田图记

本会馆西南隅，自洪杨之役，前清淮军在该处扎营，借用民地计陆拾余亩，中占会馆有凡拾五亩五分陆厘五毫，年深月久，界石仅存其二，余被拔弃，会馆契据虽全，却无图说，而地保复巧混诬指，以致界限亦不分明。光复时，民军不敷驻扎，因隳泥城并夷沟濠，推广建筑，两郡司董阻之，公推汪君汉溪、汪君蟾清与会馆司事汪君允辉督理其事。诸君不辞劳瘁，详细查明，绘成图说，呈请上海县知事，委任主计科长朱君福田迭往履勘，逐一丈量，计圈用本会馆上邑二十五保十三图靡字圩五十七号曹振华户名一亩三分一厘八毫，思恭堂户名二亩六分三厘，曹御臣户名一亩三分一厘七毫、内有一亩一分一厘七毫归思恭堂户名，又五十九号陶秀荣户名二亩一分五厘、陶裕祥户名二亩三分五厘，又八十号陈桂南户名二亩、陈荣生户名二亩、陈戴生户名二亩，共计十五亩五分六厘五毫无误。呈请江苏都督、民政长、上海县知事立案，并每亩发给年租。内有靠会馆墙外西南隅空地一方，计一亩三厘六毫，即五十七号思恭堂户名者，由本会馆总代表汪汉溪君商准该营梁团长、上海县吴知事，将空地收回，在国家可省一亩有零应出之地租，而会馆则收一亩有零业地之实用，公私两有裨益。除去收回一亩三厘六毫外，计租与该营仍有十四亩五分二厘九毫。兹将全图绘列于后，并纪颠末以备考核云。

田亩坐落

田亩坐落

田贰亩正，廿五保拾叁图靡字圩四十壹号，乾隆廿叁年置；
田四分，廿五保拾叁图靡字圩四十壹号，乾隆廿六年置；
田五分四厘贰毫，廿五保拾叁图靡字圩壹百六十三号，乾隆三十二年置；
田贰亩贰分，廿五保拾叁图靡字圩壹百六十四号，乾隆三十五年置；
田陆分五厘五毫，廿五保拾叁图靡字圩壹百六十四号，乾隆三十五年置；
田四分，廿五保拾叁图靡字圩壹百六十五号，乾隆四十四年置；
田壹亩四分贰厘壹毫，廿五保拾叁图靡字圩壹百六十六号，乾隆四十四年置；
田八分五厘五毫，廿五保拾叁图靡字圩六十五号，乾隆五十年置；
田壹亩，廿五保拾叁图靡字圩壹百六十四号，嘉庆元年置；
田六亩四分贰厘五毫，廿五保拾叁图靡字圩四十三号，嘉庆三年置；
田七厘，廿五保拾叁图靡字圩六十五号，嘉庆十三年置；
田叁亩四分叁厘四毫，廿五保拾叁图靡字圩三十六号，嘉庆十五年置；
田九分贰厘，廿五保拾叁图靡字圩六十五号，嘉庆十六年置；
田贰分四厘七毫，廿五保拾叁图靡字圩三十七号，嘉庆十六年置；
田壹亩八厘五毫，廿五保拾叁图靡字圩五号，嘉庆廿四年置；
田壹分，廿五保拾叁图靡字圩壹百六十四号，嘉庆廿五年置；
田壹亩七厘贰毫，廿五保拾叁图靡字圩三十五号，嘉庆廿五年置；
田叁亩七厘，廿五保拾叁图靡字圩三十五号，嘉庆廿五年置；
田壹亩六分八厘叁毫，廿五保拾叁图靡字圩四十二号，道光五年置；
田贰亩贰毫，廿五保拾叁图靡字圩六十四号，道光十三年置。
以上堂基冢地，共田贰拾玖亩捌分贰厘四毫，曾于道光十六年呈报通详，督宪批准拨入官字图免征立案。复于咸丰五年更新方单，复丈少去田贰分四厘叁毫。

大路田亩列后

田九厘六毫，廿五保拾叁图靡字圩壹百六十七号；
田五厘八毫，廿五保拾叁图靡字圩壹百六十七号；
田六厘，廿五保拾叁图靡字圩壹百七十三号；
田九厘五毫，廿五保拾叁图靡字圩壹百七十八号；

田壹分五厘六毫，廿五保拾叁图靡字圩壹百七十九号；
田壹分六厘九毫，廿五保拾叁图靡字圩壹百八十号。
以上六号，共田陆分叁厘四毫，另有地图存查。
光绪十九年癸巳夏月，经宁郡泾邑潘继志堂置助加阔义园大路，呈请县宪立案，以垂久远。

续置冢地列后

田贰亩贰厘，廿五保拾叁图靡字圩五十六号，乾隆五十九年置；
田贰亩壹厘叁毫，廿五保拾叁图靡字圩五十六号，嘉庆廿五年置；
田八分叁厘四毫，廿五保十三图靡字圩五十五号，道光二年置；
田贰亩正，廿五保拾叁图靡字圩五十五号，道光三年置；
田贰亩八分叁厘五毫，廿五保拾叁图靡字圩五十五号，道光三年置；
田四亩壹分，廿五保拾叁图靡字圩五十六号，道光三年置；
田贰亩六分叁厘，廿五保图拾叁靡字圩五十七号，道光三年置；
田壹亩七分叁厘叁毫，廿五保拾叁图靡字圩三十三号，道光三年置；
田贰亩五分叁厘叁毫，廿五保拾叁图靡字圩三十三号，道光三年置；
田柒分壹厘，廿五保拾叁图靡字圩壹百六十八号，道光三年置；
田六分贰厘叁毫，廿五保拾叁图靡字圩三十四号，道光三年置；
田壹亩叁分九厘五毫，廿五保拾叁图靡字圩壹百六十二号，道光十六年置；
田九分正，廿五保拾叁图靡字圩壹百六十八号，道光二十年置；
田五亩四分七厘四毫，廿五保拾叁图靡字圩六号，道光二十二年置；
田四亩五分，廿五保拾叁图靡字圩七号，道光二十四年置；
田贰分五厘八毫，廿五保拾叁图靡字圩壹百五十六号，咸丰五年置；
田叁分六厘五毫，廿五保拾叁图靡字圩壹百六十二号，咸丰五年置；
田壹亩六分八厘叁毫，廿五保拾叁图靡字圩四十二号，咸丰八年置；
田壹分五厘，廿五保拾叁图靡字圩壹百六十二号，咸丰八年置；
田壹亩九厘九毫，廿五保拾叁图靡字圩壹百五十八号，咸丰十年置；
田六亩正，廿五保拾叁图靡字圩八十号，同治二年置；
田六亩贰分八厘六毫，廿五保拾叁图靡字圩壹百四十二号，同治二年置；
田叁亩壹分九厘叁毫，廿五保拾叁图靡字圩壹百四十三号，同治二年置；
田四亩五分正，廿五保拾叁图靡字圩五十九号，同治二年置；
田壹亩叁分壹厘八毫，廿五保拾叁图靡字圩五十七号，同治三年置；
田五分正，廿五保拾叁图靡字圩壹百六十五号，同治四年置；
田四分六厘四毫，廿五保拾叁图靡字圩壹百六十七号，同治四年置；
田壹亩正，廿五保拾叁图靡字圩六十四号，同治四年置；
田贰厘贰毫，廿五保拾叁图靡字圩壹百六十六号，同治十年置；
田五厘七毫，廿五保拾叁图靡字圩壹百六十九号，同治十年置；
田五厘九毫，廿五保拾叁图靡字圩壹百六十九号，同治十年置；

田五厘四毫，廿五保拾叁图靡字圩壹百六十九号，同治十年置；

田四厘，廿五保拾叁图靡字圩壹百七十号，同治十年置；

田七厘叁毫，廿五保拾叁图靡字圩贰百六十三号，同治十年置；

田壹分四厘，廿五保拾叁图靡字圩贰百六十三号，同治十年置；

田五厘，廿五保拾叁图靡字圩贰百四十九号，同治十年置；

田贰分贰厘九毫，廿五保拾叁图靡字圩贰百六十一号，同治十年置；

田四厘四毫，廿五保拾叁图靡字圩贰百七十八号，同治十年置；

田六分九毫，廿五保拾叁图靡字圩贰百六十八号，同治十年置；

田七分六毫，廿五保拾叁图靡字圩壹百六十七号，光绪二年置；

田叁亩四分，廿五保图拾叁靡字圩壹百六十九号，光绪七年置；

田贰亩四分壹厘五毫，廿五保十三图靡字圩壹百七十六号，光绪九年置；

田壹亩贰分贰厘，廿五保拾叁图靡字圩壹百六十八号，光绪九年置；

田叁亩贰分参厘五毫，廿五保拾叁图靡字圩三十四号，光绪十二年置；

田七分四厘六毫，廿五保拾叁图靡字圩三十三号，光绪十二年婺邑陈云泉助；

田四分贰毫，廿五保拾叁图靡字圩三十三号，光绪十三年置；

田壹亩正，廿五保拾叁图靡字圩壹百六十九号，光绪十二年置；

田壹亩九分八毫，廿五保拾叁图靡字圩壹百七十号，光绪十三年置；

田壹亩贰分九厘，廿五保拾叁图靡字圩壹百六十八号，光绪十三年置；

田壹亩正，廿五保拾叁图靡字圩三十三号，光绪十四年置；

田五分七厘，廿五保拾叁图靡字圩三十三号，光绪十五年置；

田壹亩七分七厘八毫，廿五保拾叁图靡字圩壹百八十三号，光绪十五年置，徽宁义园基地；

田壹亩壹分壹厘七毫，廿五保拾叁图靡字圩五十七号，光绪十五年置；

田七分四毫，廿五保拾叁图靡字圩三十四号，光绪十五年置；

田七分五厘，廿五保拾叁图靡字圩二十六号，光绪十五年置；

田九分三厘六毫，廿五保拾叁图靡字圩二十七号，光绪十五年置；

田壹分贰厘，廿五保拾叁图靡字圩壹百六十七号，光绪十五年休邑杨姓捐入，言明日后任从葬地一穴；

田贰亩正，廿五保拾叁图靡字圩壹百八十三号，光绪十六年置，徽宁义园基地；

田壹亩六分八厘，廿五保拾叁图靡字圩壹百五号，光绪十六年置；

田叁亩五分壹厘六毫，廿五保拾叁图靡字圩壹百廿八号，光绪十六年置；

田壹亩九分八厘七毫，廿五保拾叁图靡字圩壹百廿九号，光绪十六年置；

田壹亩贰分九厘六毫，廿五保拾叁图靡字圩壹百六号，光绪十六年置；

田壹亩叁分九厘，廿五保拾叁图靡字圩壹百廿四号，光绪十七年置；

田贰亩壹分壹厘壹毫，廿五保拾叁图靡字圩壹百廿五号，光绪十七年置；

田贰亩壹分七厘七毫，廿五保拾叁图靡字圩壹百八十三号，光绪十七年置，徽宁义园基地；

田贰亩九毫，廿五保拾叁图靡字圩壹百九十六号，光绪十七年置，徽宁义园基地；

田贰亩壹分七厘八毫，廿五保拾叁图靡字圩壹百八十三号，光绪十七年置，徽宁义园基地；

田贰分七厘，廿五保拾叁图靡字圩五号，光绪十七年置。

田壹分，廿五保拾叁图靡字圩五号，光绪十七年置；

田贰亩正，廿五保拾叁图靡字圩壹百七十六号，光绪十七年置；

田壹亩叁分贰厘七毫，廿五保拾叁图靡字圩三拾四号，光绪十七年置；

田四亩壹分叁厘，廿五保拾叁图靡字圩壹百九十七号，光绪十九年置；

田壹亩正，廿五保拾叁图靡字圩拾四号，光绪十九年置。此田壹亩系婺邑胡懋森自用叁分，余田七分助入堂内以作完赋；

田六厘五毫，廿五保拾叁图靡字圩壹百六十七号，光绪十九年置。此田即陈氏菩提庵门前大路；

田贰分壹厘五毫，廿五保拾叁图靡字圩壹百六十七号，光绪十九年置；

田壹亩叁分，廿五保拾叁图靡字圩壹百廿四号，光绪二十年置；

田壹亩七分四厘叁毫，廿五保拾叁图靡字圩壹百九十七号，光绪二十一年置；

田壹分叁厘五毫，廿五保拾叁图靡字圩壹百八十三号，光绪二十一年置；

田壹亩七厘壹毫，廿五保拾叁图靡字圩二十七号，光绪二十三年置；

田贰分六厘叁毫，廿五保拾叁图靡字圩拾贰号，光绪十四年置。此田贰分六厘叁毫系胡姓所买葬坟，余田助入堂内，另有地图存查；

田八分，廿五保拾叁图靡字圩壹百八十七号，光绪廿九年置推广殡房基地；

田壹分五厘，廿五保拾叁图靡字圩三十八号，光绪廿九年置。此田壹分五厘，张姓用去五厘，余田助入堂内以抵完赋；

田贰亩九毫，廿五保拾叁图靡字圩壹百九十六号，光绪三十年置；

田叁分五厘六毫，廿五保拾叁图靡字圩壹百八十七号，光绪三十一年置；

田叁亩四分五厘，廿五保拾叁图靡字圩壹百六十九号，光绪三十三年置；

田壹亩八分五厘贰毫，廿五保拾叁图靡字圩壹百九十号，光绪三十四年置；

田壹亩正，廿五保拾叁图靡字圩壹百九十六号，光绪三十四年置；

田叁分，廿五保拾叁图靡字圩壹百七十九号，宣统二年置。此田叁分向为他姓不卖之产，而横亘本会馆业地之中，被其阻隔，西向遂致不能通达马路为嫌，现由婺邑司董胡执卿认昂价值置进，助于堂内以便随时取用云。本堂司事谨识；

田七分叁厘，廿五保拾叁图靡字圩壹百七十七号，民国四年置；

田七分六厘叁毫，廿五保拾叁图靡字圩壹百八十一号，民国五年置，添造推广殡房。

廿五保十五图己字圩田亩

田贰亩正，廿五保拾五图己字圩叁百八十三号，光绪三十二年置；

田五亩正，廿五保拾五图己字圩叁百七十五号，光绪三十二年置。此田经苏省铁路局用去四亩，单上注明，实存一亩正；

田壹亩四分，廿五保拾五图己字圩叁百五十八号，光绪三十二年置；

田叁亩壹分四厘五毫，廿五保拾五图己字圩叁百六十号，光绪三十二年置；

田七分八厘贰毫，廿五保拾五图己字圩叁百六十五号，光绪三十二年置；

田四亩九分八厘九毫，廿五保拾五图己字圩叁百九十八号，光绪三十二年置；

田壹亩四分，廿五保拾五图己字圩四百号，光绪三十二年置；

田壹亩七分七厘七毫，廿五保拾五图己字圩四百号，光绪三十二年置；

田壹亩八分九厘，廿五保拾五图己字圩四百六号，光绪三十二年置；

田八分七厘八毫，廿五保拾五图己字圩叁百六十六号，光绪三十三年置；

田贰亩贰分八厘七毫，廿五保拾五图己字圩叁百七十九号，光绪三十三年置；

田七分五厘，廿五保拾五图己字圩叁百七十九号，光绪三十三年置；

田壹亩正，廿五保拾五图己字圩叁百九十九号，光绪三十三年置；

田贰亩九分五厘，廿五保拾五图己字圩叁百九十九号，光绪三十三年置；

田壹亩壹分七厘五毫，廿五保拾五图己字圩叁百六十五号，宣统元年置；

田壹亩七分五厘七毫，廿五保拾五图己字圩叁百六十六号，宣统元年置；

田贰亩正，廿五保拾五图己字圩叁百六十号，民国三年婺邑胡俊卿遗捐本堂；

田壹亩叁分，廿五保拾五图己字圩叁百五十八号，民国三年置；

田壹分七厘贰毫，廿五保拾五图己字圩四百号，民国四年置；

田壹亩七分四厘八毫，廿五保拾五图己字圩叁百六十五号，民国五年置。

市房坐落

市房坐落

市楼房上下四间　　在四牌坊，坐东面西，二十五保八图头铺圩壹百廿叁号，计地壹分；

市楼房叁拾叁幢，披屋拾四间　　即本城北门内福佑桥西沿滨及邑庙东首天主堂东巷内，廿五保一区六图叁四铺能字圩地基，计壹亩叁分五厘，因老屋原有三十九间，年久朽坏，不堪修理，公议于宣统二年折旧翻造，名曰徽宁里。向北门面出福佑路又向东石库门五宅，由徽宁里北通福佑路，南通邑庙东首天主堂巷；

市楼房上下八间　　在小东门内四铺管驿巷，坐西朝东；

市楼房上下拾间　　在小东门内四铺管驿桥西首滨上巷内，坐北面南，门庭西向出入；

市楼房上下四间　　在小东门内四铺管驿巷北，嘴角面东；

市楼房上下计九间，坑井俱全　　在城内二十五保五图四铺馆驿巷内，计基地三分八厘，得字圩七号；

楼房上下四间，高平房三间，厢房两间，披厢一间，天井一方　　在城内馆驿巷内，二十五保五图四铺，得字圩第七号，计地壹亩二分四厘壹毫；

市楼房上下四间，北厢楼上下二架　　在小东门内益庆桥南，二十五保七图莫字圩二十四号，地基八厘；

市楼房上下拾六间，披屋二间，天井三方　　在画锦坊坐南朝北，得字圩第十七号，基地四分九厘，民国九年置，柴姓售出；

市楼房上下两间半披　　在画锦坊，坐南朝北，二十五保五图八铺，壬戌年本堂出价钱四十叁千九百六十文，余价思永堂茶锅捐来，地税壹分三厘，得字圩；

石库门楼房上下三十二间　　在小东门内三牌楼四八铺，坐北朝南，得字圩七号，计地一亩二分四厘一毫，前管驿巷楼房共计三处，号税在内；

市楼房上下四间，前后披厢楼二间　　在小东门内察院东首隔壁，坐北朝南，二十五保七图十铺，莫字圩六十九号，计地一分三厘；

市楼房上下过厢六间，一披二天井　　在小东门内察院东首第二家，坐北朝南，二十五保七图十铺，并三分六厘五毫；

市楼房上下二十一间　　在小东门内察院东首，坐北朝南，二十五保七图十铺，并三分六厘五毫；

市楼房前进上下四间，后进上下六间　　在小东门内察院西首，坐南朝北，二十五保七图十铺莫字圩四十一号，计地一分三厘五毫，民国甲寅年建造；

　　市楼房上下四间　　在蔓笠桥北首，面东，二十五保八图十五铺忘字圩六十号；

　　市楼房上下七间　　在蔓笠桥北首，面东，二十五保八图十五铺忘字圩五十号，计地一分七厘五；

　　市楼房上下八间　　在东姚家巷口，面西，二十五保七图十五铺莫字圩四十一号，计地一分四厘；

　　市楼房上下二十四间　　披屋四间，又戊午年添西边上下四间，在彩衣街中市，面北，二十五保八图十五铺忘字圩四十七号，计地三分六厘六毫，又忘字圩四十六号，计地一分二厘；

　　市楼房上下十二间，两披　　在大东门内中市，坐北面南。此房本堂买得四股之三、陈宅四股之一，合业，二十五保八图忘字圩五十九号，计地二分六厘二毫；

　　市楼房上下六间　　在宫端坊北首，坐西朝东，二十五保七图十五铺莫字圩二十四号，计地一分二厘；

　　市楼房上下十间，一披　　在大东门内东街，坐西朝东，二十五保八图十五铺，歙邑吴鸣岐捐房价钱二百五十千文，合买在内，计地四分一毫。

　　市楼房上下三十四间　　在大东门内大街中，二十五保一区八图十五铺，坐北朝南，忘字圩五十九号，计地八分；

　　市楼房上下十二间　　在大东门内大街，二十五保一区八图十五铺，面南，忘字圩一百六十八号，计地一分五厘；

　　市厅楼平房上下五十七间，余地壹方　　在大东门内彩衣街，坐北朝南，二十五保八图十五铺，东侧门直通毯子巷北，后门通姚家巷，于光绪癸未年后面余地添造四楼四底，计随屋地基壹亩八分贰厘一毫，忘字圩八十号，计地八分，又八十一号，计地一亩二厘一毫；

　　市楼房上下十间，更楼一间　　同上；

　　市楼房上下四间　　在大东门内彩衣街，坐北朝南，二十五保八图忘字圩第九十八号，随屋基地八厘，民国八年置，吴姓售出；

　　市楼房上下十间，一披　　在大东门外杨家渡大街，二十五保八图十六铺，坐西面东，（计）地六厘；

　　市楼房上下十六间，平屋三间，后面余地一方并前出浦地　　在大东门外新码头，二十五保十六图长字圩七十一号，坐西面东，计地二亩正；

　　市楼房上下三十三间，三披　　在大东门外十六铺新码头，二十五保十六图长字圩七十一号，计地一亩五分正；

　　市楼房上下八间，一披　　在大东门外十六铺新码头，坐西朝东，二十五保十六图长字圩七十一号，计地一分二厘；

　　市楼房上下二间，一披　　在大东门外十六铺新码头，面北，二十五保十六图，随屋基地三厘，在藩字圩七十一号内；

　　市楼房上下四间，后披一架，天井一方，后门一个　　在大东门外大码头中市，坐南朝北，二十五保八图十六铺藩字圩一百零一号，八厘；

　　市楼房上下十六间　　民国九年拆旧翻造，计二间一厢，石库门四宅，广式六宅，在大东门外，二十五保十六图十六铺郎家桥东首梅园街南徽宁里，长字圩第四十四号，基地四分一厘八毫；

升科　　坐落二十五保十六图新码头路内，余地一方，计共英尺三千七百五十四尺，缴付升科银三千零三两二钱，执有上字第七十八号印照，永远管业；

升科　　坐落二十五保十六图新马路内，余地一方，共英尺七千七百四十七尺二分五厘，缴付升科银六千一百九十七两八钱，执有上字第四十八号印照，永远管业；

市楼平房上下壹百拾壹间、披屋二间、坑厕二所，又里马路东边楼屋七幢、披屋七间　　在本城小南门外二十五保廿三铺十六图长字圩，芦课廿八亩三分四厘五毫，内有光绪癸未年报升涨滩，朝东出浦起造徽宁码头一座，因光绪末年该处大火致老马路以外之楼平屋七十间全毁于火，嗣后仅造楼屋七幢、披屋七间，余地由豫兴竹行承租，民国四年因浚浦，拆去码头，售去旧料，上届收支款内有账备考；

房屋壹所，连平房十二间，并地上树木枝杨竹笆等件　　此屋在本堂东首，二十五保十三图靡字圩第一百六十六号、一百六十七号，计地二亩零六厘五毫。

股分票

　　新置苏省铁路优先股票，共壹百六十股，每股洋五元正：

　　第壹千六百拾叁号壹张，计壹百股；

　　第贰千六百七十二号壹张，计贰拾股；

　　第贰千六百七十三号壹张，计贰拾股；

　　第贰千六百七十四号壹张，计贰拾股。

　　合共四张，因铁路用去己字圩三百七十五号田地四亩，以股推作地价买进，另有息单四张，息已收过三期。

　　辛亥添置苏省铁路股分共五十六股，每股洋五元：

　　第八千壹百五十二号壹张，计五十六股　另附息单。

　　此即前四号第三期股息洋买进。

　　宁绍商轮股票两股，每股洋五元正，黟邑同人助。余锦镕经劝第十六号腾字壹张，计两股　另附息单。

　　浙省铁路优先股票壹股　计股洋五元正。

　　第贰千零叁拾号壹张　另附息单，收过三期息。

乐输银洋

光绪二十一年

泾邑朱鸿度上先董神位，捐输规银五百两　　赵怀甫经手。

光绪二十二年

黟邑吴子青，捐助施棺并盘费洋壹百元；

黟邑洪友三土地祠上位，捐钱壹百千文。

光绪二十五年至三十一年

婺邑洪社旺，英洋五拾元；

歙邑曹锡山，英洋五拾元；

歙邑程源缓、汪斗恒、汪长源交来此洋存堂生息，作香炉修费，洋五拾元；

歙邑程谨记，规元五千两；

绩邑章社和，英洋壹百元；

绩邑路文彬，英洋壹百元；

婺邑洪桂清，英洋壹百元；

婺邑祥泰昌，规银五百两；

绩邑路文彬、章社和，经劝馆业同人乐助施棺费，英洋壹百八十壹元、小洋壹千三十五角；

绩邑路文彬、郎士元、章社和，经劝馆业同人敬助石狮，英洋八百八十四元、小洋壹千六百五角；

婺邑胡德儒，遗捐规银五百两；

婺邑詹允成，规银五百两；

婺邑程锦章，英洋贰百元；

婺邑汪日庭，英洋壹百元；

祁邑洪味三，英洋贰百元；

祁邑谢筠亭，英洋壹百元；

黟邑吴子青，乐输施棺英洋贰百元　　余光麟经劝。

光绪三十一年至三十四年

黟邑颐寿堂余，英洋壹百元；

绩邑程炳贤，敬助枢头列号木牌，长年所用，额数不计，随棺而助；

泾邑朱砚涛，规银五百两；

休邑程瑞陇，英洋五拾元；

黟邑司董，英洋贰百元；

婺邑詹大有公记，规银叁百两；

歙邑胡蕴之，英洋壹百元　　洋泰经收；

绩邑面馆同业，英洋五拾元　　此款存堂生息，作香炉修费；

绩邑胡松茂，英洋五拾元；

绩邑程作，英洋五拾元；

休邑飞鹤山人，英洋五拾元；

婺邑胡裕昌，英洋八十六元。

光绪三十四年至宣统三年

婺邑洪社旺，英洋五拾元；

休邑伦序堂，英洋贰百元；

歙邑吴渭川，英洋贰百元；

黟邑吴子敬，英洋叁百元；

休邑汪寿昌，英洋贰百元；

旌邑王骏生，英洋五拾元。

民国元年至二年

黟邑查荣来，捐土地祠牌位，洋七十七元；

绩邑程裕和，英洋陆拾元；

婺邑胡执卿，遗捐规银五百两。

民国二年至三年

宁郡徐积余，英洋五拾元；

泾邑裕源纱厂，孩棺洋陆拾元；

婺邑胡则曾，遗捐推广祠上位，壹百元。

民国三年至四年

黟邑程春圃上先董神位，捐九八（规）元五百两；

歙邑南聚兴，捐洋陆拾元；

宁郡崔国昌，敬助枢头列号木牌，长年所用，额数不计，随棺而助。

捐存锭会

休邑黄吴氏，丁酉年捐钱壹百千文　　每年按节焚锭壹百球。

黟邑查许氏，甲寅年捐钱壹百千文　　待百年后每年按节焚锭壹百球。

黟邑查根弟，甲寅年捐钱壹百千文　每年按节焚锭壹百球。

民国四年至五年

休邑陈祥富，捐洋五拾元；
太邑罗汪氏，捐洋壹百元。

民国五年至六年

黟邑吴国勋上先董神位，捐九八（规）元五百两；
黟邑吴子敬，遗捐洋五百元；
婺邑胡裕昌，捐洋六拾元；
歙邑吴春水，捐洋五拾元零叁角。

民国七年

太邑汪少钦，捐九八（规）元五百两正上先董位，陈少舟手；
戊午绩邑程裕和，捐洋六拾元。

启者：本会馆银洋乐输一门，历年刊刻报告，因年湮代远，数目繁多，反觉琐屑，兹经公议，宜从简便办法。自本年为始，凡荷两郡诸善士乐输英洋五拾元以上者永远刊刻，以示优异而昭激劝，五拾元以下者只刻一次，下届征信录恕不再刊，特先声明。再两郡同乡历年乐助本会馆物件，屡次刊刻报告，奈年久物多，殊形琐屑，兹经公议，所有各善士捐助物件，特用白粉版【板】详细书明，分别悬挂武圣、文公大殿及西厅两旁，并登记总簿，以垂久远，征信录恕不再刊，特此声明。伏维公鉴，幸祈垂谅。

中华民国元年，两郡司事谨志。

捐启　乐输

劝捐幼孩棺木启

本堂创办各善举有年，规条井井，惟施孩儿棺木一项，向无此例。忆数年前，鄙人曾为同乡朱姓带【代】领幼棺，始知堂中缺此条目，转向胡君执卿处乞取，深抱不安。凡人钟爱子女，至领此项义棺，大都典贷无门，不得已求此下策，为之恻然。本堂两府共擎善举颇多，而幼棺之未备，谅由从前经商流寓挈眷者少，兵燹以后较之曩时约增数倍，似宜将幼棺一项补缺添备。每年所费无多，种福非浅，谅诸乡台俱存矜孤乐善之婆心焉。随意解囊。谨启。

休邑胡晋禄敬募。

本堂历因经费支绌，故当年于施孩棺一项暂付缺如。凡有请领此项棺木者，向由婺邑胡裕昌木行主热心致助，历年已久，为数难稽。嗣经休邑胡君春庭创议，以本堂凡有善举俱已粗备，则孩棺之助似宜视为当务之急，不可独令向隅，此则本堂从光绪三十四年以后添施孩棺及劝捐经费所由来也。然则是年以前之幼殇者，设非该行主胡执卿君见义勇为、慷慨施助而谁助哉！吾闻古之人有泽及枯骨者，今该行主泽及孩骨矣，以此例彼何多让焉。爰撮数语以纪缘起云。

思恭堂同人谨志。

谨将光绪三十三年各邑乐输孩棺经费总数列后，以垂久远：

歙邑各善士，乐输共计洋叁百元正；

休邑各善士，乐输共计洋叁百零九元五角；

婺邑各善士，乐输共计洋贰百九拾四元、小洋贰百叁拾九角、钱贰千捌百六十文；

绩邑各善士，乐输共计大洋肆拾元、小洋贰百角；

祁邑各善士，乐输共计洋壹百拾元；

黟邑各善士，乐输共计大洋贰百十七元、小洋拾角。

启者：乐输孩棺各县捐数，历年分别刊刻，兹经公议，宜从简便办理，只刻总数。伏维公鉴。

歙邑南聚兴漆号，从宣统三年起，敬助本堂棺封口生漆，每具半斤，随棺而助，不定数目。

查生漆封口，原防内气外泄有碍卫生，而于施棺尤宜加厚，毋稍靳焉。今聚兴宝号有鉴于此，愿长捐助封口漆，每具半斤，不但节省本堂此项经费，而凡领棺之亡人胥受其赐，诚所谓一举而两善备焉。此志。

两府司事

司总

| 歙邑曹裕衡 | 麟伯 | 休邑汪锡采 | 赞周 | 婺邑汪岩昌 | 连石 |
| 黟邑余之芹 | 鲁卿 | 绩邑程 | 作伯坝 | 宁郡朱 锟 | 砚涛 |

两府司事总代表

汪龙标　汉溪

洋庄茶商司事

| 洪冀昌 | 希甫 | 金廷蔚 | 介堂 | 许 源 | 协铭 |
| 胡思蘧 | 哲明 | 洪维璋 | 瑞侯 | | |

两府司事

歙邑

吴其钊	毅甫	黄云龙	汉舟	曹恩堂	锡山
吴世忠	省斋	程源绥	友兴	姚宗烜	鉴明
方绪辉	嘉德	章恒熙	缉于	张志杲	建卿
程源铨	龄苏	吴亦梁	庸甫		

休邑

黄镇心	静园	金恩溥	博如	汪声洪	宽也
金 焘	吟斋	吴成勋	韵秋	施志镛	维垣
李智裕	达孚	王世晖	旭人	王佐才	良卿
汪明坚	敬庭				

婺邑

胡光点	靖畇	查济鐄	益生	詹 祺	松龄
汪国章	少冈	詹 堃	悦庭	詹 爵	伟卿
查济杰	襄生	胡光鸣	子皋	胡光骅	义儒

婺邑茶帮司事

| 吴镛舫 | 锦章 | 洪社旺 | 鉴亭 | 汪汉川 | 礼斋 |

祁邑

洪书文	味三	谢仁洲	淮卿	许大椿	筱甫
张鲁修	蔚云				

黟邑

余光麟	丽园	汪　滢	蟾清	余肇德	文彬
汪松楹	兰庭	郑忠堡	观涛	余光德	锦镕

绩邑

路承裕	文彬	章葆庭	子萱	胡恩佳	鉴卿
王　达	云卿	胡祥琳	云轩	胡祥钰	子勤
程秉衡	纯臣	程应龙	雨生		

宁郡

余诚格	寿平	徐乃昌	积余	陈仁梅	少舟
鲍钦祥	子延	喻正荣	焕章	汪彭年	寿丞
李志元	幼民	胡銮书	少青	崔静臣	国昌
朱成福	海如	朱宗理	智仁		

木业司事

程炳贤　　吴焕文　　汪素开
章义文　　汪鸿庆　　汪贵宝
曹莲安　　洪根闳

司进出棺簿票及施棺票

休邑汪祥泰布号

司助盘棺费

轮年司理大总处给发

司施棺木

婺邑胡裕昌木号

司给衣衾

休邑福泰衣庄

司给生漆

歙邑章聚兴号捐助

司给领衣棺及盘棺费保票

歙邑章聚兴漆号

休邑福泰衣庄

婺邑查二妙友记墨庄

黟邑余源茂布号

祁邑张义兴线号

绩邑程裕和茶号

宁郡义泰漆号

司簿籍

金祖圻	张永卿	詹芝眉	俞鉴湖	程肇卿
吴听彝	章利甫	盛觐棠	叶子和	胡炳生
朱笑黼	黄秋书	程右泉	李懋生	吕赞安
曹子封	余阶升	程楚善	詹秉之	方楚书
程振丹	罗元生	汪允辉	詹润甫	鲍伯湘
张宇华	俞亮臣	吕仲安	曹序东	王达邦

茶捐　己未年乐输茶捐各宝号及经收各位芳名列左

荣吉祥宝栈经收

计开：

万宜祥，捐银九钱叁分；

郎慎泰，捐银九钱；

义馨永，捐银五钱七分；

慎泰和，捐银壹两五钱五分贰厘五毛；

义方永，捐银叁钱七分五厘；

承　记，捐银七钱壹分；

志成祥，捐银六钱六分；

怡芳和，捐银壹钱壹分；

怡和分，捐银八钱七分；

同丰祥，捐银四钱三分；

义同祥，捐银叁钱四分四厘；

谦道生，捐银壹两零四分贰厘五毛；

查益茂，捐银五钱三分贰厘五毛；

烈　记，捐银壹两五钱七分五厘；

益茂祥，捐银叁钱六分；

芳　祥，捐银壹钱五分；

维　新，捐银壹两九钱八分；

瑞　和，捐银贰钱四分七厘五毛；

群芳祥，捐银壹两零七分贰厘五毛；

怡　茂，捐银壹两四钱七分；

义生利，捐银壹两贰钱六分七厘五毛；

义芳永，捐银壹钱五分；

利　华，捐银叁钱五分贰厘五毛；

晋和祥，捐银贰两四钱九分；

灶　记，捐银四钱叁分五厘；

谦益祥，捐银四两六钱零五厘；

同春和，捐银壹两五钱九分七厘五毛；

德兴春，捐银六两五钱五分七厘五毛；

恒益升，捐银贰两零七分；

公　泰，捐银贰两八钱六分五厘；

震　祥，捐银九钱贰分贰厘五毛；

群　益，捐银壹两五钱五分七厘五毛；

义芳怡，捐银壹两五钱八分贰厘五毛；

大顺祥，捐银八钱壹分七厘五毛；

集　成，捐银壹两九钱五分；

亿春芳，捐银叁钱七分五厘；

德顺和，捐银五钱壹分；

震益隆，捐银壹两壹钱零贰厘五毛；

宝元春，捐银六钱叁分；

西珍利，捐银贰两贰钱七分贰厘五毛；

永生昌，捐银五钱贰分五厘；

森　元，捐银捌两三钱七分七厘五毛；

丰　泰，捐银壹两七钱贰分五厘；

森　泰，捐银九两五钱七分；

谦昌祥，捐银六钱九分；

顺兴隆，捐银四两贰钱八分贰厘五毛。

以上四拾六户，共计九八（规）元七拾五两壹钱五分七厘。如数收讫。

永盛昌兴记宝栈经收

计开：

洪斌记，捐银壹两贰钱贰分贰厘五毛；

滕桂香，捐银壹两叁钱四分贰厘五毛；

福　昌，捐银贰两叁钱叁分贰厘；

三镒祥，捐银叁钱零七厘四毛；

余松记，捐银壹两零零五厘；

怡芳和，捐银七分五厘；

回　春，捐银贰钱九分贰厘五毛；

滕桂香，捐银贰钱七分；

洪社记，捐银贰两五钱五分七厘五毛；

吕华记，捐银八钱七分；

合　利，捐银四两零贰分；

义芳永，捐银叁钱；

丽生祥，捐银七两九钱贰分七厘五毛；

永昌祥，捐银叁钱；

义成祥，捐银五钱九分贰厘五毛；

万馨祥，捐银七钱五分；

永　芳，捐银八两四钱九分七厘五毛；

万盛祥，捐银六两壹钱零五厘；

义盛昌，捐银叁钱贰分贰厘五毛；

裕春芳，捐银四钱八分；

正　康，捐银九钱六分；

谦吉东，捐银拾两零五钱八分贰厘五毛；

馨　香，捐银壹两零七分贰厘五毛；

永生昌，捐银拾九两贰钱五分贰厘五毛；

怡兴公，捐银五钱壹分七厘五毛；

丽生祥，捐银六钱九分；

万生和，捐银九钱零七厘五毛。

以上贰拾七户，共计九八（规）元七拾叁两五钱五分贰厘，当收大洋九拾九元九角七分。如数收讫。

谦泰昌宝栈经收

计开：

广　盛，捐银贰钱八分；

同兴香，捐银四钱五分；

同源永，捐银六钱壹分；

同兴隆，捐银贰钱七分；

怡春祥，捐银八钱五分；

顺和德，捐银七分；

裕昌和，捐银五钱；

恒裕昌，捐银贰钱五分；

源　馨，捐银六钱四分；

裕丰祥，捐银叁钱八分；

聚成祥，捐银八钱九分；

恒馨祥，捐银七分；

隆吉祥，捐银六钱；

隆　泰，捐银叁钱；

同兴永，捐银贰钱六分；

顺和祥，捐银四钱六分；

义生祥，捐银贰钱七分；

春和祥，银五钱四分；

同吉祥，捐银四钱；

永昌祥，捐银贰钱；

洪裕大，捐银五钱四分；

广丰隆，捐银五钱三分；

洪　隆，捐银九钱九分；

广兴隆，捐银五钱；

云瑞祥，捐银六钱；

义泰隆，捐银壹钱九分；

公和协，捐银壹两六钱五分；

利生祥，捐银壹两零贰分；

怡　珍，捐银壹两壹钱六分；

施协成，捐银贰两八钱贰分；

同春永，捐银贰钱八分；

震鼎丰，捐银叁钱八分；

合兴隆，捐银壹两；

福　记，捐银贰钱叁分；

正兴隆，捐银五钱八分；

正盛义，捐银贰钱七分；

张广芬，捐银壹钱贰分；

吴心记，捐银贰两零五分；

三　益，捐银九钱；

新德隆，捐银贰钱四分；

查德茂，捐银壹两叁钱七分；

新升昌，捐银叁钱壹分；

义芳永，捐银九钱六分；

江恒利，捐银贰钱壹分；

怡芬永，捐银壹两四钱贰分；

树生祥，捐银五钱八分；

查茂丰，捐银壹两零壹分；

得吉祥，捐银四钱八分；

森昌祥，捐银贰钱叁分；

汪森源，捐银贰钱八分；

义芳祥，捐银四两零八分；

志大生，捐银壹两四钱八分；

同美利，捐银贰钱；

董利顺，捐银壹两壹钱五分；

江恒懋，捐银贰钱四分；

恒贞吉，捐银壹两贰钱七分；

万吉祥，捐银叁两五钱壹分；

董三益，捐银壹两五钱叁分；

明　允，捐银贰两叁钱贰分；

董兰记，捐银壹两五钱四分；

益　裕，捐银壹两五钱七分；

恒　利，捐银壹两九钱四分；

李永洪，捐银贰钱七分；

戴泰隆，捐银贰两零贰分；

同发祥，捐银壹两七钱贰分；

怡祥隆，捐银叁钱七分；

震鼎丰，捐银贰两壹钱五分；

利生祥，捐银四两叁钱八分；

俞镒源，捐银壹两零八分；

怡茂馨，捐银贰两八钱九分；

荫和祥，捐银壹两五钱壹分；

宏吉祥，捐银叁钱壹分；

洪　隆，捐银叁两四钱六分；

同德祥，捐银七钱壹分；

正盛义，捐银壹两壹钱八分；

詹源聚，捐银壹两零八分；

正盛义，捐银四两贰钱八分；

戴信成，捐银五钱九分；

公和协，捐银贰两九钱叁分；

卫生芽，捐银五钱八分；

施协成，捐银壹两叁钱四分；

共和亨，捐银壹两五钱壹分；

益珍公，捐银贰钱五分；

荣　记，捐银壹两零贰分；

汪广生，捐银七两叁钱叁分；

江荣芳，捐银四钱七分；

仁昌永，捐银壹两贰钱七分；

永吉祥，捐银叁两八钱九分；

齐英美，捐银壹两叁钱贰分；

同吉祥，捐银壹两叁钱六分；

徐泰兴，捐银贰两九钱五分；

震益隆，捐银壹两叁钱九分；

万　春，捐银贰两五钱六分；

义隆春，捐银贰两七钱叁分；

祥兴恒，捐银壹两五钱九分；

裕　生，捐银叁两六钱叁分；

夏昌记，捐银壹两五钱叁分；

义和祥，捐银六钱；

查德茂，捐银壹两七钱叁分；

汪源记，捐银五钱叁分；

义森祥，捐银四钱贰分；

吉　泰，捐银贰两贰钱五分；

信　茂，捐银六钱七分；

益珍公，捐银壹两五钱四分；

云瑞祥，捐银壹两贰钱叁分；

永裕祥，捐银壹两六钱七分；

利生祥，捐银五钱四分；

陆馨祥，捐银贰两零贰分；

恒和分，捐银拾四两壹钱七分；

顺昌隆，捐银贰两六钱四分；

何裕隆，捐银四两五钱六分；

瑞馨源，捐银壹两五钱九分；

萃和祥，捐银五两贰钱四分；

恒和祥，捐银贰两八钱贰分；

同义兴，捐银壹两七钱七分；

怡丰永，捐银五两零四分；

协　昌，捐银壹两壹钱四分；

利生祥，捐银叁两九钱七分；

恒馨祥，捐银九钱八分；

正馨隆，捐银四两七钱贰分；

义和祥，捐银叁两壹钱八分；

福　余，捐银贰两八钱四分；

瑞凝馨，捐银贰两贰钱七分；

春和祥，捐银叁两五钱七分；

义兴祥，捐银四两壹钱五分；

吴恒泰，捐银贰两六钱壹分；

裕馨祥，捐银壹钱壹分；

合兴隆，捐银六两六钱壹分；

广生祥，捐银五钱；

义泰隆，捐银四两叁钱七分；

德兴和，捐银八钱九分；

恒裕昌，捐银四两八钱五分；

义隆春，捐银四两零六分；

聚成祥，捐银九钱叁分；

胡德隆，捐银七两零八分；

永吉祥，捐银八钱六分；

元丰祥，捐银贰两五钱六分；

恒　兴，捐银壹钱壹分；

义生祥，捐银四两贰钱八分；

一品芳，捐银四钱六分；

益芳祥，捐银七两零贰分；

金兴隆，捐银贰钱五分；

江恒利，捐银壹两叁钱；

义盛昌，捐银壹两七钱贰分；

致祥和，捐银壹钱六分；

谦昌祥，捐银六两九钱壹分；

林庆祥，捐银五钱贰分；

桂　记，捐银贰钱四分；

义成祥，捐银叁两贰钱叁分；

万　记，捐银五两八钱贰分；

义　记，捐银壹两八钱；

允　成，捐银八钱；

裕春和，捐银壹两零四分；

义成祥，捐银贰两七钱四分；

广生祥，捐银壹钱贰分；

万泰和，捐银八两六钱四分；

恒裕馨，捐银壹两贰钱七分；

万福源，捐银五两九钱六分；

万吉祥，捐银六两叁钱贰分；

万　生，捐银九钱四分；

洪　隆，捐银壹钱九分；

桂　馨，捐银叁两贰钱五分；

和　号，捐银壹两四钱壹分；

万福春，捐银四钱贰分；

和　号，捐银四两七钱贰分；

祥　春，捐银八分；

同兴永，捐银四两零六分；

源兴生，捐银壹两零贰分；

义香永，捐银壹钱壹分；

吴心记，捐银五两零七分；

永生昌，捐银贰两零四分；

永大隆，捐银贰两贰钱六分；

义芳祥，捐银五两壹钱；

永春祥，捐银叁两壹钱壹分；

萃和祥，捐银叁钱五分；

胡源馨，捐银叁两壹钱；

义兴昌，捐银六钱贰分；

三镒祥，捐银壹两壹钱贰分；

同丰祥，捐银壹两零九分；

程元记，捐银六钱七分；

戴和记，捐银贰钱壹分；

隆吉祥，捐银八钱七分；

恒　益，捐银叁钱壹分；

程广盛，捐银贰钱壹分；

同德昌，捐银贰两七钱五分；

同薪昌，捐银贰两七钱贰分；

益和昌，捐银六钱贰分；

何蕙芳，捐银叁钱叁分；

同和昌，捐银五钱；

义芳永，捐银四两六钱壹分；

恒　丰，捐银贰两零四分；

和　号，捐银六钱九分；

元丰祥，捐银壹两五钱七分；

瑞　馨，捐银五钱七分；

裕　馨，捐银壹两四钱七分；

怡祥隆，捐银贰钱叁分；

益春祥，捐银壹两叁钱；

致中和，捐银壹两四钱八分；

元　丰，捐银叁两叁钱九分；

大成昌，捐银壹两叁钱叁分；

丰　大，捐银叁两四钱八分；

同泰昌，捐银贰两八钱八分；

泰　丰，捐银贰两四钱；

同寅祥，捐银壹两六钱八分；

永吉利，捐银壹两八钱六分；

瑞生祥，捐银贰两六钱五分；

瑞　芳，捐银贰两叁钱五分；

万福春，捐银五钱六分；

馥馨昌，捐银贰两八钱六分；

义昌隆，捐银壹钱；

义兴祥，捐银贰钱七分。

以上贰百拾壹户，共计九八（规）元叁百八拾叁两叁钱五分。如数收讫。

同春宝栈经收

计开：

徐和发，捐钱壹百九拾文；

俞镒源，捐钱壹千八百八拾文；

祥兴恒，捐钱壹千八百叁拾文；

益兴隆，捐钱贰千壹百拾文；

芸香仰，捐钱贰千四百拾文；

恒泰和，捐钱贰千文；

张万泰，捐钱壹千零叁拾文；

同福馨，捐钱壹千八百拾文；

戴信成，捐钱壹千八百文；

永顺祥，捐钱壹千九百叁拾文；

义芳怡，捐钱壹千五百七拾文；

德丰祥，捐钱五千叁百贰拾文；

施益记，捐钱四千零四拾文；

春　元，捐钱叁百贰拾文；

源生信，捐钱八百贰拾文；

益丰昌，捐钱壹千壹百八拾文；

祥馨永，捐钱壹千五百六拾文；

永大隆，捐钱七百贰拾文；

夏标记，捐钱四千零贰拾文；

四　喜，捐钱七百文；

绿云春，捐钱贰千九百六文；

新　元，捐钱贰千七百文；

洪春芽，捐钱壹千八百拾文；

永生昌，捐钱贰钱叁百五拾文；

萃和祥，捐钱五千壹百贰拾文；

义和祥，捐钱壹千七百七拾文；

福　余，捐钱五千六百贰拾文；

张益森，捐钱贰千四百四拾文；

宝盛祥，捐钱八千六百贰拾文；

生大亨，捐钱壹千九百九拾文；

裕和隆，捐钱八百五拾文；

董三益，捐钱九百文；

王福记，捐钱贰千壹百七拾文；

聚春和，捐钱九百拾文；

慎和昌，捐钱贰千四百七拾文；

单吉泰，捐钱叁千壹百贰拾文；

德泰和，捐钱壹千贰百六拾文；

吉和隆，捐钱贰千叁百七拾文；

益馨昌，捐钱壹千七百七拾文；

程信盛，捐钱叁千五百四拾文；

程广盛，捐钱贰千零九拾文；

春兴隆，捐钱七千六百九拾文；

王兰芽，捐钱壹千七百六拾文；

江瑞芽，捐钱叁千零七拾文；

泰茂香，捐钱五千叁百六拾文；

俞春芽，捐钱八千壹百贰拾文；

正春芳，捐钱七千四百七拾文；

程永隆，捐钱叁千七百四拾文；

永信香，捐钱叁千六百文；

永　泰，捐钱叁千贰百七拾文；

慎德永，捐钱贰千零八拾文；

俞永和，捐钱七千五百七拾文；

吉祥隆，捐钱五千四百六拾文；

程和春，捐钱贰千七百四拾文；

俞源馨，捐钱贰千七百五拾文；

祥茂馨，捐钱贰千叁百五拾文；

公信平，捐钱贰千五百贰拾文；

长　美，捐钱贰千四百叁拾文；

利生祥，捐钱六千零八拾文；

潘诚春，捐钱贰千叁百七拾文；

董恒顺，捐钱贰千八百四拾文；

董隆丰，捐钱四千四百四拾文；

汪怡亨，捐钱贰千叁百文；

快利美，捐钱贰千壹百九拾文；

董同昌，捐钱贰千四百拾文；

同协祥，捐钱壹千贰百文；

洪春芳，捐钱壹千零叁拾文；

北山芽，捐钱壹百贰拾文；

俞祥馨，捐钱四千壹百四拾文；

仁和昌，捐钱叁百七拾文；

董咸宜，捐钱贰千七百四拾文；

瑞　芳，捐钱九百六拾文；

曹瑞魁，捐钱贰千九百四拾文；

天生成，捐钱八百文；

新同馨，捐钱四千九百四拾文；

俞源馨，捐钱六百七拾文；

詹胜春，捐钱壹千六百九拾文；

日兴昌，捐钱叁百贰拾文；

源发祥，捐钱七千五百八拾文；

义芳怡，捐钱四百四拾文；

协丰祥，捐钱七百六拾文；

华　胜，捐钱贰千五百八拾元；

同春永，捐钱四千九百五拾文；

程和春，捐钱五百文；

绿云春，捐钱六百四拾文；

隆　泰，捐钱四百四拾文；

汪广生，捐钱九百六拾文；

江瑞芽，捐钱叁百七拾文；

董恒生，捐钱五百文；

万泰和，捐钱九百叁拾文；

顺成泰，捐钱叁千七百七拾文；

李永洪，捐钱叁百拾文；

董泰来，捐钱叁百文；

裕泰丰，捐钱贰千叁百七拾文；

益和昌，捐钱壹千壹百文；

协丰祥，捐钱六百拾文；

益春祥，捐钱壹千四百七拾文；

慎昌隆，捐钱六百四拾文；

裕　馨，捐钱壹千七百五拾文；

俞镒源，捐钱壹千贰百文；

新泰熙，捐钱七百贰拾文；

同兴祥，捐钱壹千九百六拾文；

新泰熙，捐钱叁千八百六拾文；

源协祥，捐钱九千壹百八拾文；

永　丰，捐钱四百八拾文；

同人豫，捐钱贰千叁百六拾文；

晋　和，捐钱五千八百文；

源协祥，捐钱叁千六百拾文；

益和祥，捐钱叁千壹百八拾文；

大成茂，捐钱贰千零拾文；

同德昌，捐钱五百文；

均和安，捐钱贰千贰百九拾文；

同德昌，捐钱壹千零贰拾文；

同茂永，捐钱五千四百叁拾文；

恒馨祥，捐钱四百拾文；

永　丰，捐钱叁千零四拾文；

恒馨祥，捐钱八百七拾文；

福生祥，捐钱贰千叁百七拾文；

新同馨，捐钱壹百四拾文。

以上壹百贰拾户，共计钱贰百九拾五千文，当收英洋贰百拾六元九角。如数收讫。

洪源永宝栈经收

计开：

公　馨，捐银九钱九分；

隆裕昌，捐银壹两八钱；

成　馨，捐银贰两叁钱叁分；

同志祥，捐银壹两八钱六分；

吉善长，捐银七两八钱叁分；

维新泰，捐银壹两九钱四分；

怡昌祥，捐银七两贰钱叁分；

同升昌，捐银叁两六钱叁分；

冠群芳，捐银五两七钱五分；

兰春祥，捐银贰两五钱贰分；

吉顺昌，捐银四两五钱壹分；

源泰祥，捐银壹两四钱贰分；

德和祥，捐银叁两六钱壹分；

春　馨，捐银壹两四钱贰分；

源丰永，捐银叁两九钱五分；

集大成，捐银贰两八钱八分；

润康祥，捐银贰两叁钱七分；

恒德祥，捐银叁两零六分；

薏丰祥，捐银叁两贰钱；

同馨昌，捐银四两零贰分；

瑞馨祥，捐银壹两八钱；

永同昌，捐银贰两零五分；

同新昌，捐银八钱；

荣昌祥，捐银四两贰钱四分；

同大昌，捐银贰两五钱；

成顺昌，捐银贰两零壹分；

合　群，捐银叁钱壹分；

同升祥，捐银四两四钱六分；

利　群，捐银贰两壹钱叁分；

益　升，捐银四两；

大成茂，捐银贰两五钱贰分；

福和隆，捐银贰两叁钱；

大成昌，捐银六钱九分；

振华祥，捐银叁两叁钱；

坤大祥，捐银八钱八分；

义生和，捐银叁两壹钱八分；

永吉利，捐银五两壹钱捌分；

吴心记，捐银四两零八分；

元春祥，捐银贰两壹钱八分；

恒馨祥，捐银叁两九钱壹分；

益和昌，捐银八钱七分；

合兴隆，捐银六两贰钱叁分；

永馨福，捐银四两贰钱；

广生祥，捐银五两零壹分；

愉　丰，捐银贰两九钱；

源　裕，捐银叁两贰钱八分；

源泰祥，捐银四两零叁分；

仁和昌，捐银叁两四钱七分；

永大祥，捐银五两六钱壹分；

永裕祥，捐银壹两九钱；

吴怡和，捐银贰拾九两九钱六分；

瑞馨祥，捐银贰两九钱四分；

义兴祥，捐银四两五钱八分；

慎兴永，捐银五钱贰分；

恒盛昌，捐银五两九钱六分；

永盛厚，捐银贰两六钱六分；

永达祥，捐银拾九两零四分；

慎和永，捐银拾两零九钱七分；

洪福泰，捐银八钱八分；

怡　新，捐银贰两九钱八分；

一家春，捐银壹两零五分；

永茂祥，捐银五两九钱；

福森永，捐银五钱贰分；

益昌祥，捐银四钱七分；

福森昌，捐银五钱；

福和永，捐银四两贰钱叁分；

义升永，捐银八钱壹分；

福益祥，捐银贰两八钱四分；

福　昌，捐银贰两五钱五分；

瑞　芳，捐银贰两八钱七分；

永昌福，捐银七两五钱；

兰　芳，捐银叁钱壹分；

怡广和，捐银叁两贰钱七分；

顺天祥，捐银七钱四分；

春　记，捐银叁钱五分；

永生昌，捐银贰两零五分；

陆馨祥，捐银五钱贰分；

义　记，捐银壹两贰钱壹分；

正　康，捐银四钱四分；

和泰昌，捐银贰两九钱壹分；

怡和分，捐银八两四钱七分；

谦馨怡，捐银壹两七钱；

益泰怡，捐银五两九钱六分；

吉和隆，捐银贰两贰钱叁分；

德隆和，捐银壹两六钱壹分；

和兴永，捐银壹两叁钱五分；

许森芽，捐银贰两九钱八分；

三　义，捐银六钱壹分；

詹洪馨，捐银叁两五钱贰分；

益泰祥，捐银五两四钱四分；

和兴隆，捐银壹两壹钱九分；

李诚记，捐银叁钱五分；

利和春，捐银壹两四钱五分；

曹锦和，捐银五钱壹分；

信　发，捐银壹两七钱九分；

慎和昌，捐银贰两壹钱贰分；

田　升，捐银壹两壹钱壹分；

芝瑞翔，捐银叁两五钱；

恒泰昌，捐银贰两六钱叁分；

诚泰仁，捐银叁两叁钱壹分；

同春和，捐银叁钱七分；

潘畅记，捐银贰两八钱；

夏仙芽，捐银叁两贰钱七分；

谦吉东，捐银叁两八钱叁分；

程宏泰，捐银壹两六钱贰分；

群　益，捐银贰钱八分；

吉祥隆，捐银壹两四钱；

同昌成，捐银壹两六钱叁分；

万盛祥，捐银壹两七钱叁分。

以上壹百零九户，共计九八（规）元叁百四拾七两壹钱壹分。如数收讫。

谦顺安宝栈经收

计开：

源和永，捐银贰钱五分；

怡　春，捐银七钱七分；

怡　泰，捐银贰钱五分；

复新祥，捐银壹两五钱；

承　义，捐银壹两五钱；

益隆永，捐银六钱七分；

吴怡和，捐银五钱；

仁兴祥，捐银六钱；

福昌祥，捐银贰两壹钱；

庆吉祥，捐银六钱贰分；

承　义，捐银壹两五钱五分；

正　元，捐银壹两八钱；

广　兴，捐银叁钱；

震　祥，捐银壹两五钱；

福昌祥，捐银壹两零五分；

盛有祥，捐银四钱五分；

德源隆，捐银叁钱；

春和祥，捐银四钱五分；

义芳祥，捐银九钱；

永泰祥，捐银七两五钱七分；

怡　泰，捐银壹两零五分；

汪宏达，捐银六两九钱；

承　义，捐银五钱贰分；

怡　盛，捐银七钱壹分；

景德春，捐银叁钱；

陆顺祥，捐银壹两七钱八分；

同和永，捐银壹两五钱；

义成祥，捐银五钱叁分；

奇　珍，捐银叁两九钱。

以上贰拾九户，共计九八（规）元四拾四两壹钱叁分。如数收讫。

恒记宝栈经收

计开：

春裕和，捐银六钱八分；

叶益昌隆，捐银壹两六钱叁分；

吴怡和，捐银叁两零壹分；

益兴隆，捐银壹两八钱九分；

仁　记，捐银壹两贰钱壹分；

怡　记，捐银四钱；

致中和，捐银九钱六分；

元泰荣，捐银贰两四钱；

董松芽，捐银壹两九钱五分；

合春和，捐银九钱六分；

汪隆昌，捐银壹两壹钱五分；

合春和，捐银叁钱五分；

程利亨，捐银壹两九钱贰分；

义兴隆，捐银壹两四钱六分；

王者香，捐银四两七钱叁分；

公利永，捐银六钱叁分；

叶同兴隆，捐银五钱壹分；

公　美，捐银壹两壹钱六分；

乾吉祥，捐银壹两零五分；

永义盛，捐银九钱八分；

震丰祥，捐银壹两六钱八分；

震益隆，捐银八钱七分；

公益和，捐银五钱七分；

义申永，捐银八钱贰分；

公兴永，捐银壹两零四分；

春　芳，捐银贰两四钱四分；

庆昌源，捐银壹钱五分；

信益仁，捐银九钱八分；

叶春香，捐银九钱贰分；

云谷香，捐银五钱四分；

芳且鲜，捐银九钱；

德昌隆，捐银五钱贰分；

荣同发，捐银贰两壹钱叁分；

春　兴，捐银五钱；

俞蔚记，捐银六钱壹分；

王福记，捐银壹两壹钱六分；

汪荫和，捐银叁钱叁分；

卫生芽，捐银四钱五分；

俞松记，捐银六钱贰分；

绿云香，捐银贰钱；

程信盛，捐银贰钱六分；

詹益昌隆，捐银贰两叁钱五分；

馨　香，捐银九钱贰分；

万昌春，捐银壹两七钱；

俞同兴隆，捐银八钱七分；

广　大，捐银八两九钱七分；

汪同春，捐银贰两四钱贰分；

同吉祥，捐银七钱叁分；

怡祥隆，捐银五两壹钱；

均有益，捐银九钱；

福兴永，捐银九钱四分；

春裕和，捐银四两七钱六分；

永兴祥，捐银壹两壹钱七分；

许九记，捐银六两七钱贰分；

庆成春，捐银五钱贰分；

万盛祥，捐银六钱贰分；

潘怡泰，捐银贰两五钱贰分；

正　康，捐银贰两叁钱贰分；

余馨芽，捐银叁两四钱八分；

同昌春，捐银壹两五钱叁分；

任昌馨，捐银壹两七钱五分；

聚芳永，捐银贰两六钱四分；

汪恒懋，捐银贰两五钱壹分；

震　记，捐银壹两贰钱叁分；

徐和发，捐银壹两壹钱贰分；

程洪盛，捐银壹两五钱四分；

裕和隆，捐银壹两七钱四分；

永桢祥，捐银拾六两零八分；

同兴祥，捐银九钱四分；

瑞　芳，捐银叁两贰钱五分；

永生昌，捐银贰两六钱八分；

吴怡和，捐银五两五钱五分；

李隆昌，捐银五钱贰分；

明　允，捐银壹两叁钱七分；

秀隆熙，捐银壹两壹钱七分；

恒春和，捐银壹两叁钱八分；

李永兴，捐银八钱；

怡兴祥，捐银叁两五钱八分；

聚兴和，捐银壹两六钱；

岩谷春，捐银叁两九钱九分；

庆元祥，捐银四两壹钱六分；

天香贵，捐银贰两叁钱七分。

以上八拾贰户，共计九八（规）元壹百五拾七两贰钱叁分五厘。如数收讫。

以上共收九八规元壹千零零六两九钱八分贰厘、大洋叁百拾六元八角七分。歙邑司总章聚兴经收。

己未乐输

泾邑恒丰祥，捐大洋六拾元助孩棺经费；

婺邑江金发，捐大洋壹百元；

歙邑周焜如，捐大洋拾元；

歙邑章缉于，捐大洋五拾元助施棺经费；

泾邑曹永璿，捐大洋壹百元恒丰祥经手；

泾邑周寿园，捐大洋贰拾元助施棺经费；

黟邑郑震坤，捐大洋贰拾元助施棺经费；

太邑陈丽春，捐大洋五拾元；

太邑崔禹民，捐大洋五拾元助寄宿所，因账已结，候明年过入，病所捐下。

以上共收大洋四百六拾元正。

歙邑司总南聚兴经收。

乐输丝捐 <small>民国八年己未乐输丝捐各宝号及经收芳名列左</small>

泰康祥丝栈洪少山经收

洪慎裕，捐元叁两六钱贰分五；
吉祥生，捐元拾两零壹钱五分；
森　茂，捐元叁拾四两九钱贰分五；
生昌祥，捐元叁两八钱；
森茂德，捐元廿五两八钱六分。

宝源祥丝栈经收

厚　记，捐元拾叁两五钱。

益昌祥丝捐经收

生昌祥，捐元叁拾七两壹钱；
泰昌祥，捐元廿六两八钱五分；
大成荣，捐元五两壹钱；
恒　记，捐元叁钱五分；
致昌祥，捐元壹两八钱五分；
荣　记，捐元贰钱五分；
和　记，捐元贰两壹钱五分。

葆太和丝栈经收

厚　记，捐元壹钱；
生昌祥，捐元六两正。

以上共计九八（规）元壹百七拾壹两六钱壹分。
泾邑恒丰祥经理，歙邑司总章聚兴经收。

歙邑长生愿

民国八年歙邑长生愿捐芳名列后

吴锦记、吴肇泰、汪金源、曹怡天、源馥春、曹素功尧记、新悦来、程源绶、大有春、张建卿、天元栈，各捐拾愿；

汪利昌婺、吴润昌，各捐拾元；

金敦善堂，捐洋六元；

黄吉文，捐洋五元；

大顺永、吴青筠、聚　源、吴寿山、吴汇泰、方德新、老嘉泰、吴仁大、吴志大、吴乾元、宏泰昌、张益丰北号、吴万源、吴万顺，各捐五愿；

宝　源，捐六愿；

曹惟明、晋　泰、曹物恒，各捐四愿；

张益丰南号、衍庆堂、南天元、吴星垣、祥云寿、盛觐唐、文源斋、祥　茂、吴文甫，各捐叁愿；

鸿顺泰、鸿怡泰，各捐贰元；

吴清泰、周信义、方志臣、许要春、胡德元、吴世德堂、汪慎山、罗声远、义源、张同泰、利源仁、朱兆福、曹海珊、同　春、汪辅仁、汪氏采芝庐、郑培根、姚桂馨堂、胡伯陶、顺　泰、胡开文立记、汪德记，各捐洋壹元；

汪彩堂、汪福堂、叶益之、邵启泰、张煦庭、吴俊之、万和楼、罗锦堂、曹涵卿、汪成达、曹德聪、曹见秋、叶浣初、鸿　祥、叙顺源、程质文、吴渭记、方桂兰、恒丰泰、宏　源、和　源、汪天源、朱万钟、方文炳、汪福兴、张瑞吉、其萃楼、凌桂芬、凌齐水、元昌德、汪广衡、姚子惠，各捐贰愿；

吴永和，捐小洋五角；

老义盛，捐小洋叁角；

汪永裕、胡咨善、方鉴卿、方子敬、刘光甫、张德福、汪炜卿、许仲芳、王润泉、潘荫庭、张铭卿、方鉴文、张金闳、方静山、庄南山、庄桂池、胡社泰、吴凤庠、江志良、方良友、方盛余、方来余、方银海、汪永河、胡德本、胡心浚、胡原钰、张健初、洪润生、汪德本、姚爵臣、汪子和、叶咏春、汪顺泰、姚根福、邵启春、吴广川、方茂林、方增贵、方和尚、邵林泉、邵四贵、方炳鸿、方恒寿、方相金、方玉堂、凌启瑞、张百福、王光泗、胡云泉、乾泰兴、潘叙才、张子安、曹竹林、王仲宣、孙深甫、曹受勋、程尧卿、汪灶有、王锦洲、汪吉安堂、汪俊臣、汪荫庭、吴耀庄、吴星乔、姚同泰、王鉴清、张德泰、姚法记、姚宏泰、吴九源、洪福魁、张汉卿、姚旭初、吴金泰、汪锡晋、吴少鹤、张瑞卿、方连友、洪宝林、吴植康、张坤山、方瑞庭、程焜明、吴万兴、姚韫山、张天荣、张关赐、张宏泰、黄德昌、吴志清、邵恒寿、洪永生、吴建候、姚蔚农、张惠卿、姚日新、吴道生、潘春寿、吴吉庭、姚源昌、吴桂华、姚日延、程文庆黟、洪灶春、张源水、吴连寿、张鸿松、朱顺祥、凌上贵、凌观竹、吴吉庆、方海桂、张佛明、凌齐杭、凌观寿、郑叙林、吴路来、冯灶福、吕长顺，各捐壹愿。

共计大洋五拾七元、小洋八角，又计四百零九愿每愿四角，入小洋壹千六百叁拾六角八八入。

以上共收现大洋贰百零壹元、小洋七角、钱八十文。

歙色曹素功、吴锦记、吴天元、张益丰经收。

民国八年己未歙邑长生愿捐芳名列后

南聚兴，捐洋叁元；

章缉于、曹振华、汇源号、孙星三、孙宗棠、胡献南，各捐洋贰元；

周云清戊午、周云清、汪与卿、吴竹斋、方善舒、吴润生、汪寿山、恒源泰、王金根、王银根、裕生泰、程治荣、诚济医院、江周海、吴元利、张元昌、胡勋锴、江庆丰、方义固、张新铨、寿成泰、江星朗、章恒兴、章衡甫、章树棠、章松炎、章南园、章承德堂、王达邦、黄载之，各捐洋壹元；

巨城昶，捐小洋四拾角；

永隆号、履泰昶、怡源号，各捐小洋廿角；

汪鉴甫、方晓之、方子弢、方振之、张赓庭、方仲权、吴鹤峰，各捐小洋拾贰角；

孙仪之、吴秉臣、程秀文、洪双田、方贻卿、方华生、方桂生、江文藻、江锦文、汪树斋、洪新发、吴一纯、大盛公，各捐小洋八角；

罗锦堂，捐大洋五角；

章锦棠、吴四顺、潘贞义、潘正明，各捐小洋五角；

汪允宜、胡盛森、汪全禄、章茂生、汪应惠、汪如松、汪宝昌、汪润生、汪德建、汪善才、汪贵全、洪要田、方文彬、方秀庭、张寿生、程景范、章光炳、汪仁卿、蒋宝儒、方庆宝、方佛庆、方养浩、方明斋、方春木、方金榜、程汇生、程鹤林、李文炳、汪仲林、汪根来、洪顺桂、洪协和、洪四海、程震昌、姜观荣、姜金松、方万福、王守衡、王文斌、王文鉴、汪玉元、张连贵、庄鑫和、冯梓良、张和顺、郑容如、胡镛笙、福泰茶号、程金水、瑞盛恒、胡季善、方籽敖、王文卿、黄瑞庭，各捐小洋四角；

叶幼如、黄喆人、郑冠英，各捐小洋叁角。

以上共计大洋四拾五元五角、小洋五百叁拾叁角。

共收现大洋四拾五元、小洋五百叁拾八角、钱八拾文。

歙邑南聚兴、方嘉德、章利甫经收。

歙何杏林，捐洋壹元；

歙凌荣福，捐洋五元。

休邑长生愿

民国八年岁次己未休邑长生愿捐洋数芳名列后

祥泰布号，捐贰拾愿；

正记染坊，捐六愿；

程廷章、戴星甫，以上各捐贰愿；

程书堂、汪声甫、孙云泉、许如松、杨哲甫、朱瑞光、汪天佑、徐质卿、戴裕民、朱华德、吴佛麟、朱执中、程嗣甫、朱鸿翰、朱善卿、汪至宾、吴辅臣、周茂生、黄仰贤、吴佛基、朱恩荣、邹培坤、汪天益、程六舟、程管青、邵陶之、洪焕章、程元松，以上各捐壹愿；

鸿济典，捐洋四元；

振大典、胡采生歘、佘蓝田、汪海楼、汪宽也，以上各捐贰元；

朱伯谦、程香记绩、汪显光、林子青、金玉书、吴序东、程友文、李裕成、汪鸿魁、巴右箴歘、汪焕文、金敬予、程恂如、胡绣夫、汪礼三、汪吟涛、金舜臣、陈子云、吴伯襄、程品卿、程香记绩补戊午，以上各捐壹元；

汪秋岩、汪介眉、夏恂如、汪俊臣、汪学宏、汪和甫、程友竹、汪铸九、汪青浦、汪甘泉、金寿波、汪俊臣、施鉴华、吴辅卿、汪慎言、汪馥卿、金达英、洪锦江、黄纫秋、戴襄臣、俞家麒娄、俞灶发娄、胡昆木、程献瑞、朱士元、吴彩章、汪成之、倪云书、章谷芗、孙鹤俦黔、金介眉、王介堂、洪万泰、汪伯勤，以上各捐半元；

吴廷扬、汪友如、程悌吉、程　云、汪积宝，以上各捐小洋五角；

叶均寿、宋杰荣、程彦华、金锦寿、谢运成、陈友贤、洪进馨、程贡禹、朱嘉富、程成文、施维垣、王良卿、杨子卿、胡宪庭、吴惠民、汪康生、杨耀华、张子承、金茂生、吴星桥，以上各捐小洋四角；

胡绣岩，捐小洋叁角。

五拾八愿每愿叁角六分，入钱贰拾千零八百八拾壹百叁拾七合洋。

以上大洋五拾贰元、小洋壹百零八角壹百贰拾贰。

以上共收现大洋七拾贰元、小洋五拾四元、钱七拾文。

休邑祥泰布号经收。

民国八年岁次己未休邑长生愿捐洋数芳名列后

朱敦义堂、泰永生、郑克明，各捐洋五元；

安定典、乾元典、萃昌典、乾昌典、福泰庄，各捐洋叁元；

汪安山、吴芝鼎、吴大隆、杨仲和、黄雪香、戴子明、邵念祖、余挺生、福昌典、万济典、老介福、程瑶笙、郑耕禄戊、李达孚，各捐洋贰元；

宝泰质、吴惠芳、协泰典，各捐大洋壹元五角；

汪扬群、程养涵、陈晴孙、张少山、邓立铭、汪殿臣、黄必达、吴稷臣、汪韵笙、乾阳观、吴德璋、金守贵、汪厚昌、黄禹鼎、程子余、汪子仙、程瑞卿、黄少章、黄显廷、王桂林、杜友梅、戴鲁卿、邵湘泉、戴玉苍、汪甄清、戴润芝、戴少安、黄明俊、汪伟臣、胡桂林、黄焕章、程步青、孙瑞兰、昌泰典、萃源庄、黄晓清、郑冠京、汪德昌、方尉农歙、方治平歙、范恂如、开泰典、罗致和戊己、歙、裕生典、汪继先、吴文镇、程雄甫、程紫庭、张瑞卿、金福田、胡春生、程心一、程杏村、汪镜湖、吴甘伯、姚荫孙、程用六、吴麟生、程麟书、程哲生、吴鼎如、程亦廉、汪佩珍、王鸣吉、程凤鸣、吴心愉、汪葆原、程镜庵、程亨九、庄世培歙、黄秋书、程杏庄、吕瑞庭、吴介卿、吴寿伯、程惠田、程靖波、吴树滋、程振先、裕泰典、升昌泰、方敏甫、金翼心、俞益卿、黄恭寿、汪聚顺、万济泰、程肇生、程友诚、潘慎修、胡涵清、汪慎先、王鑫源、吴文镛、戴正裕、余和梅、胡宪章、程来富、黄耀庭、金培庆、吴连城、方祥馨、金鸣九、程沅庭、汪芷庭、方丽卿、许介眉、鸿顺典、黄辉庭、吴心泉、姚荩臣、吴菊卿、金经一、退盦氏、韩寿年戊、汪筱斋、金星炳、程云楼、胡振豫、和泰庄、程信甫、刘钿章、陈贞之、吴韵秋、王旭人、吴同文、潘子勤、程汉记，以上各捐洋壹元；

金健中，捐大洋七角；

汪稷香、李树芬、程诵三、陈质儒、程仲康、戴云章、胡绳武、苏锦园、盛杏桥、程文清、程锡章、程锦文、程松岩、姚兰卿、姚爱棠、张协臣、汪步云、陈德辉、陈烈杰、朱汉我、方秋槎歙、张文伯歙、宁雪蕉、胡伟卿、黄坤基、汪元茂、吴洪宾、吴长生、汪焕云、陈虎臣、程慎修、程云卿、黄锡纯、戴鲤庭、朱静波、宁少卿、张正心、汪端甫、许海珊、陈永昌、施廷桂、杜雯庠、项长生、黄思兰、吴廷桢、王鸿吉、余牧卿、程子禹、程荣卿、胡璧如、刘云清、徐雨章、余振声、范子政、程轩甫、余观启、汪守青、程迪斋、吴礼臣、邵光祖、程雨农、唐普明绩、程慎之、汪殿纯、吴朴堂、程宏声、郑叔明歙、胡懋荫、金子芳、方韵甫、毕子修、戴仲仙、程鉴安、吴筱楼、吴朗仙、程纯夫、毕有均、俞开元、黄广泉、张子怡、黄春华、许子渊、张应礼、张筱峰、汪友记、戴友三、增源押、李静园戊、李韵笙、黄永康、程清余、李月舟、金渭贤、吴礼成、吴泽远、汪平波、吴文龙、程松如、程兆申、陈耀庭、程殿卿、黄东明、程贤忠、朱丰玉、吴鼎年、程升甫、杨少舫、金锡卿、吴诵芸、项品璋、黄述甫、程汝孚、程普生、曹荫孙、朱森棠、潘少衡、程璧卿、程洪泰、俞耀堂、协康押、张瑞生、朱霞辉、李禄基、张永仁、凌申如、程懋吉、程焕彩、程滋生、施珊沅、宋　侏、胡金生、程云仙、张友帆、汪显坪、汪慎卿、程丽堂、方子明、吴蔚清、黄松泉、程钟梁、汪冠卿、刘镜泉、程芝树、汪济臣歗、吴海光、黄　连、程镜清、宁亦新、胡敬夫，以上各捐洋半元；

张仰之、程永颐、程瑞靖、毕慕韩、汪丽生、潘政和、金松年、郑紫明、吴听彝、宁静波，以上各捐大洋叁角；

潘以贞歗，捐小洋六角；

施继卿、戴恕尘、王粤若、金鲁甫、王正清歗、张灶成歗、洪九皋、金俊义、吴以竹、何子征、查季仁、方身白歗、吴蔚臣、吴仲卿、程志云、金云清、程子骏、吴咸庆、巴吉庆、孙维周、张鹤峰、吴象贤、吴敬甫、汪鹤皋歗、许位卿歗、方善祥、李星五、黄翰臣、张铭之、吴翰卿、程子琴、程以敬、程益三、汪汉臣、吴汝白、张耀堂歗、程继祥、汪秉忠、戴德芳、施国均、潘鸿仪、戴心境、吴麒生、吴省初、吴吉生、程静兰、汪泳泉、程瑞庭、吴质人、金嘉生、李敦厚、方蔚卿、曹茂根，以上各捐小洋五角；

程质君、曹耀焜、程轶凡、毕立信歗、詹步云娑、詹光甫娑、李槐卿、毕仰韩、吴燮池、黄西伯、朱宝臣、程澳泉、黄芝生、张观定、李耘诗、黄克坚、汪立钦、程步青、程鹤清、汪志刚、朱其生、胡连生、吴吉孚、张理达、黄干生、汪旭廷、汪骏生、程寄鸿、金翰臣、汪彩年、张莲舫、姚厚生、张云舫、王贞祥、程渭臣、戴寿祥、俞春发、程吟庆、程鉴堂、吴善培、黄荫南、汪文藻、张留一、程亭川、刘长生、王敬康戊、詹步云戊、程兴记、朱荫记，以上各捐小洋四角；

程德修、王星旦、汪静涛、汪番玉、汪仁芬、吴鉴堂、朱树芬、汪寿山、汪顺基、胡厚昌、朱达卿、程逸明、宁佩三、冯叙善歗、张松林歗、汪英新、胡松涛、许子奇、许吉亨、吴紫珊、许澄之、方鸿善、汪达夫、许应隆、朱筱梅、俞厚斋、韩伯芬、汪受卿、张鸿福歗、符品珍戊、黄晋珊、黄曙卿、陈开泰、方惠卿、范松生、吴培堃、洪文彬、黄琴堂、宋春山、汪朗轩、胡耘菁、金仁义、余厚斋、吴侍元、程兰甫、吴余青、程文义、叶厚芝、戴肇基、胡祥复、宋士轸、汪明耀、吴增增、洪松富、吴培昌、金振裕、胡颂尧、程兰生、金荣华、戴寿昌、许子鸿、程茂芳、黄绍裘、赵晓旭、程子刚、戴庆祥、吴楚善、张海舟、汪运生、程永庆、潘守和、金达人、詹复初、邵永基、吴锡清、汪耀庭、汪英和、程吉甫、郑　瑛、程元奎、宁徽五、李佩绅、汪云峰，以上各捐壹愿。

以上共八拾四愿每愿叁角六分，入钱叁拾千零贰百四拾文，壹百叁拾七合大洋贰拾贰元、钱壹百文；大洋贰百六拾八元七角、小洋四百六拾七角。

以上共收现大洋贰百八拾九元、小洋四百八拾六角、钱壹百四拾贰文。

休邑福泰衣庄经收。

民国八年岁次己未休邑长生愿捐洋数芳名列后

金菊蕃、程炳奎，各捐洋叁元；

胡锡琪、鸿兴典、陈淦泉、叶生泰、范季美、胡森泰、吴介人、汪殿臣，各捐洋贰元；

许鼎夫歗、吴思九、张紫春、胡钧达、程云孙、丰济当、吴观升、余承裕、金仲华、金霭人、吴仲林、汪星一嫠、潘卫廷、余远钦、黄汉英、吴敬臣、程圣征、汪少荃、汪仲英、孙荣卿、吴川如、吴翼如、吴洁如、吴灿如、詹振伟嫠、吴鼎芬、汪中秋、同和押、德源押、震昌典、叶兰林、李桂山、范锦堂、吴诗鸿、庄宝昌歙、汪梅笙、王仰之、金用仪、王焕章嫠、鼎昌典、巴友仙、汪季伦、汪静山、汪秋涛、汪岳生、邵洪源、胡云卿、胡开文永记、吴逸民、汪秋池、项绍诚、汪根生、吴钧和、程祖金绩，各捐洋壹元；

程友梅、章联芳、程继生，各捐小洋六角；

何九峰、汪辅贤、程迎春、许勋卿、程星耀、戴植青、吴筱华、许石如、程杏园、俞蓉卿、邵钟英、朱鸣鸾、吴燕堂、夏作甫、黄树伯、宁仁康、金梅生、吴介眉、范仰高、吴敏生、许振燕、邵德基、程杏邨、汪锦丰嫠、朱锡坤、潘登瀛、宋朗轩、吴载之、陈辛生、陈德载、巴瑞庆、程少甫、汪鉴堂、沈虞卿、汪铸生、江敬庭，各捐大洋半元；

刘裕昌、程宜周、汪云生、金杏生、张庆钰、舒光远黟、吴德基、吴清枝、洪朗斋、吴溶卿、万伯钧、俞森荣嫠，各捐小洋五角；

金牖民、潘宰琴、唐普云、张衡如、苏耀周、程建章、胡金福绩、李康甫、朱钦瑞、程永昌、汪舜棠、汪柏馨、宁祖培、朱锡卿、金式斿、汪朗夫、李顺兆黟、陈达五、余华镇、汪程氏、吴献卿、朱子贤、詹廷英、宋家增、吴子卿，各捐小洋四角；

陈仲衡，捐大洋叁角；

戴瑞芝、吴柏兰、黄福保、郑关寿、吴本柟、汪舜卿、张文彬、李衡初、潘君萍、汪润身、汪蔚文、张瑞芝、汪受昌、戴心如、黄本钧、方普卿、方善庆歙、戴长萱、汪以简、李有志黟、朱裕庆、邱聚财，各捐小洋叁角；

洪平斋、程念祖、汪锡光、胡锡卿、潘志鸣，各捐壹愿。

以上共捐大洋九拾四元叁角、小洋贰百四拾四角、钱壹千八百文。

共收现大洋九拾四元整、小洋贰百四拾四角、钱贰千贰百拾文。

休邑胡森泰、江敬庭经收。

婺邑长生愿

民国八年己未婺邑长生愿捐数芳名列后

程友恭堂、程锦章、程竟成堂、三兴公司、聚丰号、瑞昌号、董西钦、胡裕昌、恒昌木行、森大锠，以上各捐洋叁元；

胡预兴、汪莲石、宝大行、汪鉴泉、程幼谷，以上各捐洋贰元；

胡竹隐叟、胡仁记、汪允辉、单连生、胡明德堂、张继述堂、程汉卿、汪子文、黄佩尧、程肇卿、俞醴泉、胡静逸轩、俞静泉、胡祖荫堂、洪慎其、胡云孙堂、程楚善、程荫庭、张北辰、潘荣根、孙荫轩、胡承德堂、汪植庭、董登甫、干士隆、达亨昌、俞紫标、俞丰爵、俞润川、程泉庆、汪戊生、洪言思堂，以上捐洋壹元；

胡子宽、胡子卿、胡耀宗、汪沛云、汪霁民、洪贵生、吴子卿、汪干臣、金晓书、汪履安、胡松年、吴焕卿、俞秉烛、施志阳，以上各捐洋五角；

俞润卿，捐洋四角；

程仁溪、陈裕坤、汪易安、汪福荣、叶喜生、张汝高、许根荣、俞联顺、程旺林、程焕庭、汪灶根、俞开泰，以上各捐洋叁角。

以上共收现大洋七拾贰元、小洋壹百拾角。

婺邑胡裕昌经收。

汪礼斋，捐洋四元；

汪芸轩，捐洋叁元六角；

洪志勤、汪汉南、洪新梅、曹发高，各捐洋贰元；

张伯俊休、洪椿泉、俞允贤、李灶坤、汪余寿、俞松茂、洪椿桂，各捐洋壹元；

孙广文，捐洋六角；

姚保仞、洪金时、单荣馨、陈栋才、洪寿桂、江文京、汪观保、胡锡元、李树仞、洪新开、孙吉仞、王发仞、方应中、曹子清、詹立生、汪再全、詹泰仞、江休龙、汪春和、洪荣元，各捐洋五角；

洪如三、江德保、孙长沛，各捐洋四角；

孙冬发、汪世宝、汪兴富、孙启贯、汪三和、汪天喜、汪细里、单宋仞、汪荣生、孙三沛、汪旺森、汪顺泰、詹顺登、叶社登、洪观发、陈华裕、詹天赦、洪元昌、江连元、叶有富，以上各捐叁角。

以上共收现大洋四拾元、小洋四角，又太邑黄锡之捐洋壹元。

婺邑汪礼斋经收。

查二妙友记，捐洋六元；

汪添友，捐洋拾元；

詹芝轩、查礼庭、程秀山、程林树、查香德、查星垣、詹绰彬、俞青发、余灶顺、方炳午，以上各捐壹元；

查炎甫、余双龙、查和馨、胡承仁，以上各捐六角；

朱旺开、俞坤元、汪杏云、程顺生、詹起盛、詹兴富、胡百银、汪锦和、洪朗辉、胡荣盛、胡关茂、余汪瑞、余兆龙、余灶旺、詹关英、查满荣、詹佐贤、俞鉴林，以上各捐洋五角；

程有林、洪成欢、汪万盛、程松林、程月生、洪得来、汪长高、吕德俊、余兴泰、汪金富、余邦起、汪学如、汪添庆、潘有仪、詹裕宏、詹进生、程文荣、俞岩丁、洪富兴、余焕卿、查子儒、詹瑞成、詹炳之、程金和、查志标、詹得三、俞关暄、詹关达、詹松庭、查尧阶、詹必志、詹灶全、余旺印、汪倍兆、余细芝、余新发、查志元、俞亮根、詹章保、俞春发、俞华月、江根财，以上各洋叁角；

詹添生、查钦礼、詹天保、查竟成、吴细发、余必成，以上各捐洋贰角。

以上共收现大洋贰拾六元、小洋贰百五拾贰角。

婺邑查贰妙堂友记经收。

臧祥亨，捐洋拾六元；

李灶金，捐洋八元；

郑鉴源，捐洋六元；

金德基，捐洋叁元；

孙再欣，捐洋贰元贰角；

詹晓山、胡筱周夥、李振声、王桂成、詹仰山、臧忠生、洪永泰、俞锦棠、王社开、臧三芝、胡松生、俞晋喜、俞景昭、俞叔农，以上各捐洋贰元；

吴锦章、李益亭、周益松、洪永益、洪荣发、李香林、李永清、李观坤、李贞甫、李灶福、胡灶森、朱灶保、许新民、许容盛、许源盛、汪樹兴、吕庆全、许华唱、方金林、程添进、李得金、滕润生、俞益馨、方隆茂、程启平、王培林、俞岩来、汪得荣、李炳元、李观荣、李观能、张发登、张林喜、石碧源、王阿顺、潘观能、吴松茂、吴兴茂、吴桂荣、李　魁、李华宾、程郁文、程高升、程新来、吴怡生、吴得春、吴兆荣、詹旺新、滕双全、毕牛栏、王隆馨、程新淇、俞　乐、胡锦堂、李旺金、黄全美、俞翰文、金红来、金益庭、金春远、俞灶焰、俞兆保、张添喜、王三德、万灶新、俞鉴仂、曹德寿、詹启兴、汪观养、詹发生、王金寿、章灶林、臧灶贤、戴观焰、潘益安、王灶开、臧华元、俞生兆、黄明亮歁、许平印、洪凤山、汪灶喜、胡润州、臧金鉴、黄云轩、潘柏生、胡灶炎、李彬旺、单福开、俞灶仁、周中泰、程谓孚、程振桂、程灶泉、程兆富、曹永志、滕志辉、臧盛根、李永旺，以上各捐洋壹元；

俞德发、张灶林，各捐洋七角；

程　科，捐洋六角；

汪养源、李裕兆、黄金田、胡汪宏、俞柏卿、俞日高、俞筱裕、俞荣科、李森泰、余灶喜、余五成、程君富、李松能、余海罗、程炳元、李金顺、李接发、李灶生、李细保、李顺开、李灶佑、李盛仍、李灶金、李桂仍、李社林、俞饭仍、许细小、许外阳、许文琴、许思舜、周根瑞、夏亦顺、詹观顺、俞进美、程焕文、臧周华、许其详、许华义、汪金浜、胡瑞庭、李富保、李章秀、李观鉴、江顺聚、江灶加、江荣泰、江万青、程福全、程银富、程新乔、程明达、俞乐平、俞文炳、俞　寿、俞子英、俞明老、胡万寿、胡泰周、江安泰、李金生、程桂焰、程桂芳、程坤喜、程明生、方华灶、汪长兴、朱屯溪、金嘉盛、余尔钧、汪金富、李锦芳、吴树桂、金钦泰、俞关佑、俞庆根、王　灶、俞赞辰、程海树、许桢福、叶德林、王灶福、张燮卿、臧旺舟、金起祥、金兆秋、王春云、王新树、俞锦棠、曹旺仍、曹如茂、胡顺庆、陈德配、陈叙仍、江麻九、洪酉才、江永焕、江永泉、俞开仍、孙广生、詹锡崇、詹连桂、詹银桂、汪灶时、朱润清、程灶登、方观富、方启焕、俞占魁、俞观宝、俞茂时、俞日余、汪家祥、胡欣仍、臧林接、查庆隆、胡有源、胡荣进、詹有富、查鸣盛、罗社旺、胡舜卿、江裕明、夏有秋、詹必智、潘清瑞、詹观香、程伯岐、俞成开、程烈辉、詹太平、许月明、王新圃、王春新、王岩寿、王树荣、王品章、吴望涛、叶松林、汪坤致、吴春发、程富印、朱接生、臧灶焰、汪云卿、俞益辉、江细保、余汝和、潘有源、金祥瑞、程林树、汪得香、程启三、洪岩保、胡敦甫、胡福仍、王有文、俞细六、俞荣顺、俞玉辉、郎玉全、王荣根、俞友新、汪炳魁、汪如茂、曹长寿、查灶九、程灶生、戴连庚、汪兆桂，以上各捐洋五角；

俞金保、俞灶金，各捐洋四角；

俞俊来、俞炳识、曹顺全、陈德崇、程盛隆、王接旺、洪义春、江永琴、张永欢、余喜福、俞俊欣、江　茂、许位修、滕关汉，以上各捐洋叁角；

王子乐、洪三仍、胡祥仍、周细女、叶长发，以上各捐洋贰角；

江九喜、程锦川、李细旺、李福昌、俞永泰、俞观发、朱福全、程荣泰、李仁勇、郑观治、郑成功、郑丁保，以上各捐钱叁百六拾文。

共总计大洋贰百五拾四元七角、钱四千叁百贰拾文。

以上共收现大洋贰百五拾七元九角。

婺邑吴锦章经收。

无名氏，捐洋五元；

荣泰祥、洪瑞侯、汪鉴清、李松如、汪益昌，以上各捐洋四元；

汪献庭、天祥仁记、江爱棠、洪启新，以上各捐洋贰元；

阜裕参号、汪有章、汪慎兴、汪月如、汪瀛昌、汪发祥、詹少庭、洪林贵、戴灶旺休、詹灶树、江智奎、俞乾茂、洪鉴庭、詹春华、朱来发休、吴社明、詹春印、胡六金、汪焕其、查川流、余国忠、曹尹孚、洪渭泉、詹万珍、詹丽华、詹树德、汪敬先、汪子瑜、汪耀之、汪秀泉、詹晴初、胡焕荣、詹少年、戴春林信记、詹焕章、江光南歙、汪致春、汪致琴、汪可三、汪济川、成丰米号、汪禹卿、汪再寿、宏济质、王锡祥、查信甫、詹福熙、曹素功敦记、李兰荪、洪永益、江二梅歙、叶连兴、汪少村旌、汪质文旌、高荣生、曹子华、詹笑予、詹志清、汪月生，以上各捐洋壹元；

时桂生，捐小洋七角；

汪茂时、汪鹤龄、詹志忠，以上各捐小洋六角；

程绍南，捐大洋五角；

洪瑞芬、洪启瑞、詹业田、朱宝成休、陈祥麟休、洪元龙、汪庆寿、王声洪、余旺丁、韩启美、查金和、汪忠桃、汪连寿、程德开、符文富、余鹤亭、詹余庆、汪子余、汪瑞庭、詹灶裕、程百霞、詹雪华、汪东茂、汪三义、汪秀华、汪梅峰、詹竹斋、程启榜、程灶能、詹炳林、詹德祥、王珍林、胡洪基、程瑞祥、庆云阁、詹干斋、吴夑卿休、查松奇、詹凯元、汪绸堂、王文台、洪镜泉、王日南、洪锦云、洪立子、汪德光、詹嵩涛、汪福星、汪庭盛、汪启春，以上各捐小洋五角；

汪益茂、汪质文、汪德清、汪长生、詹再林、詹翼之、洪洋春、洪天送、周进元、余幼琴、臧贵庚、俞秉行、汪新发、黄迪生绩、胡寿禄绩、余有富、查春养、查竟成、詹英祺、吴松柏歙、詹长寿、洪义祥、洪志君、詹灶祥、查桂松、俞贤登、曹长城、查文宝、詹仲荣、宋宏泰、郎熙甫、洪汉荣，以上各捐小洋叁角；

查嗣生、江海水、詹春芳、江长寿、余庆寿，以上各捐小洋贰角。

捐锭余力大洋壹元、小洋拾壹角、钱八拾文。

以上共收现大洋九拾叁元五角、小洋叁百九拾贰角、钱八拾文。

婺邑汪益昌经收。

查二妙绍记，捐大洋五元；

宋少云、詹斗山，各捐大洋四元；

詹炳三、詹人安、詹谦甫、王允清、宋钧荣、天顺祥，以上各捐洋贰元；

詹烈臣、查蔚培、詹美记、詹硕臣、汪寿山歙、查慎斋、宋世荣、王兰田、朗桂山、詹方寰、裕泰良、俞鉴林、程宴卿、胡泰厚、俞槐元、查开祥、詹集能、洪尚保、查春养、胡诚美、詹义源、程庆达、詹进怡、戴棉庚、汪天养、詹天生、詹天福、余厚躬、余乾泰、潘美兴、俞加善、俞宝善、汪嘉志、戴春林和记、查贵生、汪庆棠、查信之，以上各捐洋壹元；

吴詹氏、江吴氏，各捐洋半元；

俞云卿，捐小洋六角；

汪荣桂、郎兆熊、余植成、胡桂喜、方德富休、余灶瑞、詹鉴卿、詹柏旺、余新福、詹清来、查应贤、李旺来、李兆标、查春荣、洪义登、俞灶金、俞培盛、汪酉保、洪明开、詹成茂、宋立生、查祖德、江东生、汪周林、宋钦明、詹宏甫、程耀先休、潘永达、东升阳、詹子翰、詹益泉、查春发、张友柏、汪来兴、詹坤兆、汪阳生，以上各捐小洋五角；

郎汪能、吴福康、胡泰翰、詹兴祖、余筱甫，以上各捐小洋四角；

詹文华、戴贞寿、汪有余、郎华兴、叶开祥、查岩寿、詹冬九、劣　子、詹祖良、查登科、余晓庭、张德美，各捐小洋叁角；

余福生、查全开、游福安、查顺元、程接开、江根寿、臧平养、詹炜庭、程裕荣、郎三荣、詹光华、汪登富、何灶祥、汪荣华、詹旺泉、查亮华、胡兆阳、俞康顺、夏涌发、汪来宾、洪滨臣、汪荣达、查有新、詹定泉、俞天燕、张应丰、俞观红、詹连华、余章善休、余良才、詹复章、詹大庆，以上各捐小洋贰角；

潘旺生，捐小洋壹角。

以上共收现大洋六拾叁元、小洋叁百零七角。

婺邑查贰妙绍记经收。

詹大有悦记，捐洋拾元；

詹铭珊，捐洋拾元；

王秋甫、俞茂昌、查竟周、汪新斋，各捐小洋贰元；

无名氏、詹鹤鸣、詹以和、詹仲和、余云泉、詹文方斋、詹仲贤、潘美兴、詹懋庭、王敬甫、汪昱庭、汪松庭、汪爱庭、程文标、余镜明、汪锦堂、王宽宏、吴柏如、余有元、汪仲山、戴根焰，以上各捐洋壹元；

余幸淑、洪为先、詹厚卿、詹建衡、程寿能、程志根、程淦泉、詹仲霞、詹厚清、胡灶根、詹志珊、余新荣、吴鼎元、俞灶明、洪祖乾、黄时中、文　祥、詹芝三、程灶盛、汪子振、程鸿泰，以上各捐洋五角；

洪天佑、吴顺发，以上各捐洋四角；

胡兴福、詹尚志、宋永清、余祝三、洪义生、詹灶开、詹松茂、王章通、程锦秀、程圭元、查灶贺、臧灶林、俞金桂、汪成泰、汪德来、吴立元、余元鼎、洪新泰　程顺富、戴灶福、俞养源、宋云泰、查文炳、詹子贤、汪金瑞、鲍志泽，以上各捐洋叁角；

查森丁、詹阿六、洪桂英、程志鸿，以上各捐洋贰角。

以上共收现大洋四拾九元、小洋壹百九拾九角。

婺邑詹大有悦记经收。

詹大有成记，捐叁拾愿；

詹松龄、詹伟卿、詹思远、詹道三，各捐拾元；

詹学武、詹学士，各捐五愿；

曹云甫，捐洋贰元；

潘耀南、潘敬斋、詹学胜、詹学雄、詹学昌、詹学高、詹学龙，各捐洋壹元；

余玉光、余观暄、詹利君、汪启明歘、朱今铎绩、张润之歘，各捐五角；

黄细闳绩，捐小洋四角

曹寿基绩、汪阿富绩、金福海歘、程进顺绩、黄金魁歘、查春舫、单玉麟、曹世球、宋双喜、余观泉、余执中、叶经祥、郎荣辉、吕根富、王炎德、詹福龙、王世盛、孙观旺、汪长兴、程鉴明、余旺全、郎祥福、程兆兴，以上各捐小洋叁角；

余六金，捐小洋五角；

李根发、戴柏能，各捐小洋贰角。

以上共收现大洋叁拾元、小洋壹百拾贰角、钱叁拾文。

婺邑詹大有成记经收。

黟邑长生愿

民国八年己未黟邑乐输长生愿芳名列后

汪蟾清、汪兰庭，各捐洋八元；

吴　发来祥，捐洋七元；

余源茂，捐洋五元；

益　顺、孙经臣、江清甫、胡哲明、郑义兴，各捐洋四元；

余鲁卿、程松山、吴依德，各捐洋叁元；

吴必森、汪文润、汪自基、吴发仁、余成岁、丁友玉、胡德馨、胡含章、吴兰舫、程彦辅、汪治文歈、郑廷柱、万洪钦、黄冕周、汪二陶、郑观涛，各捐洋贰元；

程源长，捐洋壹元、小洋五角；

恒兴裕、余芳兰，各捐小洋拾六角；

江焕卿，捐洋壹元、小洋叁角；

汪岩云、蔡文蔚、江绮文、大　盛、黄春生、永和申庄、豫大申庄、顺和申庄、卢象山、吴鳌峰、汪圣瑞、何香洲、舒维汉、叶德润、孙谦泰、汪德滋、金伯虎、王寿祺、汤荣漳、胡兴仁、吴云亭歈、何子文、程定邦、李涵谷、同　昌、程莜村、程汲高、恒大布号、叶藩昌、余玉莲、义　丰、永　泰、余湘涛、胡宏猷、叶达衢、程圣章、吴达渠、余关镕、江升吉、汪辉远、汪长余、程继生、和　大、胡荣甫、余阶升、余贵德、吴光箓、余汪氏、余丽圆、同丰押、莫华春、程永和安休、王蓉荪、余继述堂、何息卢、张荣华休、程作邦、汪怡安、汪尔田、余文彬、程树棠、郑观仪、郑雪光、余暎堂、余荣寿、郑良卿、吴子芬、蔡履陶、程廷飓、黄肇初、吴广源、天　成、公　兴、郑鹤书泾、左琢臣泾，以上各捐洋壹元；

胡兆和、孙励吾、汪朝海、吴廷章、孙熙桢、叶观光、黄茂林、胡穉生，以上各捐小洋八角；

汤益钊，捐小洋七角；

叶育之，捐小洋六角；

卢宜珍、汪沾仁、王桂生、汪祥云、余松石、余焕卿、何子藩、汪云浦、程瑞荣、程长卿、吴信之、程起来、余根生、余祥生，以上各捐五角；

汪伯儒、汪宝书、汪旋甫、汪兆淦、汪子静、王春沂、叶文波、余豫生、王锡云、余荣元、益生祥、孙振堂、孙萼堂、孙春庭、孙德保、江石生、余曜卿、程问樵，以上各捐小洋五角；

胡厚和、胡兴让、查焕章、胡立道、余芴侯、胡履初、胡笃余、余文康、叶竹坪、汪春文、胡汪业、余兆寿、余光锡、胡尚和、汪松龄、王开达、胡菊泉、余羡章、程春山、胡张兴、余起文、余厚卿、余章发、余常盈、余喜宝、谢瑞生、王志清、孙炳生、汪凤鸣、郑观荣、李竟成、王幼章、孙守辱、江华坤、余荣茂、叶西庚、余星五、余复白、汪卉生、舒观林、余镛轩、胡选青、吴佩之、胡则初、叶西园、胡培初、余芷庭、郑春年、郑熙朝、叶丽章、胡永康、余莜臣、余兰生、李静波、郑声堂、李善之、余范文、胡赞青，以上各捐小洋四角。

以上共收大洋壹百七拾叁元、小洋四百四拾七角。

公估：余源茂、余鲁卿、余锦镕，公平：益　顺、余文彬、余阶升，经收。

祁邑长生愿

民国八年己未祁邑长生愿捐芳名列后

洪希甫，捐洋十元；

许莜甫、洪静斋，各捐洋四元；

义兴丝庄，捐洋叁元；

洪剑平、洪宏章、洪慎之嫂、汪仁之、李鸿宾、汪仲甫、张蔚云、汪幼泉休，各捐洋贰元；

胡厚秋，捐大洋壹元、小洋叁角；

方润甫、张亦璋、叶树滋、李惠和、倪继元、黄殿华、张彦臣、张鸿宾，各捐洋壹元；

张介臣、张德建、黄良甫、方沧海、李子荫、汪石生、陈怡宾、叶庆云、马鼎臣、谢宪峰、汪益明、李华生、张棨雄、张戟仙、张靖夷、张旦华、程攀烈、叶映之歟、江珊元嫂、汪钊庭嫂、汪荣昌嫂，各捐小洋五角；

张德镇、胡德初、朱奎祥、许静轩、李庆云、张文郁、程健甫嫂，各捐小洋叁角。

以上共收现大洋四拾六元、小洋壹百廿九角。

祁邑张义兴、张蔚云、许筱甫经收。

周健甫、洪倬云、洪味三，各捐洋贰元；

周星五、胡莱峰、王寿人、王向人、方勉如、谢韵涛、谢淮卿，各捐洋壹元；

谢杼章、谢漪川、汪筠轩、谢明初，各捐小洋五角。

共收现大洋拾叁元、小洋贰拾角。

祁邑谢淮卿经收。

绩邑长生愿

民国八年绩邑长生元捐洋数目芳名列后

老汪裕泰，捐洋六元；

潘晋元婺，捐洋五元；

屯镇胡开文、休城胡开文、汪耀山，以上各捐四元；

胡松茂，捐洋叁元；

程裕和、程裕新、成德泰、胡茂生、胡树清、程富生、瑞生和裕记，以上各捐两元；

胡万茂，捐大洋壹元、小洋两角；

曹永茂、大丰永、程大有、生生泰、胡吉泰、王聚泰、胡开文成记、汪子瑜、汪友松、胡万美、胡晋卿、胡钦明、胡松盛、程裕隆、李裕兴、胡观培、裕丰泰、李源盛、胡毓芝、程怀淦、胡益生、恒丰泰、晋　丰、馥　泰、汪裕泰四号、胡茂堂、胡卓林、德　和、胡茂春、汪蓝润、万丰永、周履堂、北裕泰、吉祥泰、茂生和仁记、老胡开文、万全昌、新裕泰、胡汝琪、胡启泰、吴子亮歙、叶金和、胡义雄、程炳贤，以上各捐洋壹元；

乾　泰，捐洋拾角；

曹永盛、胡公茂、胡大生、胡协丰、胡炳林、源　昌歙、阜　康、胡永泰、勤大，以上各捐洋八角；

胡大生茶号，捐洋六角；

汪介仁歙、程天生、程长林、胡广泰、曹宏灶、程庆荣、程庆富，以上各捐洋五角；

胡子梅、葛和尚、章益卿歙、汪云卿、胡云轩、杨尚廷歙、方嘉林歙、程粹庄、胡昭泰、胡棣宣、程运生、姚灶炳、曹立根、李金聚、胡汝钦、程道生、程右泉、胡明卿、程雨生、胡茂谭、方天祥歙、汪盘福歙、汪仲英歙、程麓卿歙、程彦卿、程宗道、曹珊福、胡念农、程德洪、冯竹君、冯善汉、胡茂楚、程金泉、胡观松、曹笑如、程儒珍、程宗毓、江济明歙、胡毓赛、胡毓瓒、胡耕桃、胡荣璜、凌德茂、吴锦文、胡禹时、王观格、德泰昌、汪云卿、柯良敬、曹立峰、曹圣荣、汪协源、汪德成、汪义成、曹起明、王长春、曹灶光、胡三如、胡全三、潘功安歙、叶子和婺、程茂泰、程华闲歙、吴炳荣歙、汪钰成、程纯臣、洪观翠、胡观鉴、叶寿铨婺、汪寿生、胡怡芝、程文铎、胡根弟、复生祥、柯祥奎、胡懋囊、黄楚桂歙、胡成铭、王成辉、黄楚廷、黄本体、汪福元、吴国元休、汪荣良歙、胡以前、程贵发歙、庄祖德、胡凤岐、程子安、姚新镇、程廷干、汪善承、程观仲、张锦堂、胡振声、程沛云、胡汝舟、胡曜辉、胡万达、曹子风、程天鹤、曹时敏、胡成德、胡观奇、程士傅、查子元婺、程志兴、程品三、程开柱、江启法、方荫轩、程云卿、程敏斋、汪干卿、张春甫、叶　竣婺、汪振铎、汪庆泰、汪五廷、胡伟桃、胡满奎、胡星泰、胡宏晟、程运焕、胡杏甲、叶聚泰、吴继根、胡德富、胡正奎、杨秋九、许维新、胡洪开、汪胜奎、胡祥钧、胡宏景、胡楚善、胡润泉、程万华、胡功焕、胡泽甫、胡观云、胡洪发、汪栢林、姚树培、程瑞卿、汪开理、曹百祥、胡必达、胡安泰、程芝柏、胡懋恒、胡厚福、胡六顺、胡祥枝、方成盛歙、胡肇康、胡瑞卿、胡善余，以上各捐洋四角；

朱乐君，捐大洋壹圆。

以上共收现大洋八拾六元、小洋七百五拾七角。

绩邑程裕和、程裕隆、程裕新、胡松茂经收。

绩邑面业长生愿

民国八年绩邑馆业长生愿数目芳名列后

南大酺楼，两愿；

汪光和、许云奎、许灶春、胡运格、汪荣根、方德长、邵在台、鲍志奎、胡汪寿、许福田、洪汪福、汪庆安、张观洪、戴明有、胡广泰、许汪生，以上各捐洋四角；

醉百园，五愿；

张子萱，两愿；

汪煌贵、程华安、黄炳春、程远达、胡福寿、姚炳祥、张渭河、张金鉴、邵运印、邵开桃、邵玉宝、方忠和、吴志达、章灶宏、邵发定、程汪全、邵在柏、姚庆善、章本奎、章傅熙、汪万林、胡忠顺、耿恒甫，以上各捐洋四角；

同庆园，五愿；

程兴铭，两愿；

冯永富、程观俊、冯锦泉、邵之宝、邵运贵、周启瑞、舒观善、程宗卿、周启林、汪灶杏、冯文学、章兴邦、胡均辉、程金熙、戴礼辉、程鉴桃、程兴如、程振荣、胡肇茂、邵金生、邵在渡，以上各捐洋四角；

民乐园，四愿；

邵在雄，两愿；

邵之桂、汪本立、邵运鹤、胡肇铺、程观汪、邵和尚、汪承云、耿观铎、邵忠全、胡锦文、许振华、邵在亨、程仰铨、耿观忠、胡灶云、汪裕雄、邵在高、邵灶清、汪桂生、章灶亨、戴明顺、章汪顺、许元汉、高耀庆、高广成、邵运相、高广洲、洪裕光、程安云，以上各捐洋四角；

同乐园，叁愿；

唐永庆，两愿；

胡德柱、周志发、高耀镇、程定钧、方广盛、胡廷富、程康祥、程康安、唐廷耀、程观杭、胡良洞、黄开金、黄观春、王德堃、胡寿祥，以上各捐洋四角；

老天乐园，两愿；

唐石卿、程渭仁、成定金、邵炳球、程安朋、张观顺、程本家、胡清河、程安道、章和元、高耀安、汪道宽、程本海、黄青云、程信文、张灶生、许灶留，以上各捐洋四角；

宴宝楼，两愿；

章振通，两愿；

汪祥根、章王高、黄文举、许振旺、章渭祺、张有光、叶元桂、程观玉、程正安、胡灶高、胡五宝、吴祥田、邵灶彬、冯森泉、章社灶、黄开钧歘、邓慎之，以上各捐洋四角；

民心楼，拾角；

葛金林、胡锦文、胡德林、胡汪桂、汪生炎、洪明荣、高汪先、胡熙准、阿宝、先福、万和、高观铎、邵明贤、准熙、胡王宝，以上各捐洋四角；

聚元楼，两愿；

朱坤泉，两愿；

张祥生、邵顺元、邵华海、邵华贵、张支明、汪庆旺、张支发、邵观光、程训熙、张支桂、歘邵灶文、邵春松、歘吴上森、江玉昆歘、程宗棠，以上各捐洋四角；

东大酺楼，两愿；

黄荣宝，两愿；

洪裕光、唐昭通、方德泰、方德桂、程灶根、周观桂、胡松林、程观主、唐观月、程介云、周永顺、程复生、周庆余、邵在合、程华文、许文志、何学云、胡树炎、胡正和、胡先铎，以上各捐洋四角；

亦乐园，两愿；

张华顺，两愿；

程信佛，两愿；

章灶杏、程灶留、程裕水、邵炳汉、程海林、胡良泰、胡灶富、葛上春、吴运林、汪成祥、程助桂、吴金桂、成安华、高耀铎、胡玉桂、胡美禄，以上各捐洋四角；

大庆园，两愿；

邵运家、邵之光、邵增明、邵福祥、胡瑞卿、张庆寿、胡顺海、胡三和、章本堂、姚桂红、方裕和、胡潘柏、王观如、洪华寿，以上各捐洋四角；

聚宝园，两愿；

李根宝、章本佳、路桂堂、胡秀星、张华永、胡福田、汪观清、汪王寿、张国有、程观灶、程裕寿、胡礼宝、汪生财、周炳桂、方辉定、汪林春、吴运炳、张德杰、高观盛，以上各捐洋四角；

大和楼，两愿；

张仲芳、汪景元、吴志堂、洪才棠、洪观林、胡社福、黄柏罗、邵福禄、张灶贵、章全定、方应树、高叙福、洪炳海、胡林和、胡炳桂、汪大有、胡椿海、程康福，以上各捐洋四角；

鼎新楼，五愿；

洪泰松，拾角；

汪入茂，两愿

胡顺光、章铉甫、周炎哲、汪芝文、章渭山、程鉴新、章炳武、洪明荣、胡观荣、许文瑜、胡顺祥、许社良、唐昭奎、胡少山、程桂生、邵观宝、程裕成、汪灶福、张灶富、程广泰、胡王桂、葛广宏、程灶明、邵王苟、邵增虎、邵观福、邵观炎，以上各捐洋四角；

鼎丰园，叁愿；

唐杏卿，两愿；

唐廷魁、唐廷田、唐廷镳、唐廷元、唐昭海、耿树仁、邵顺天、程运焕、程康金、胡淳高、胡社祥、胡三闳、高炳灶、汪承标、汪和民、邵玉远，以上各捐洋四角；

庆福楼，两愿；

章安生，两愿；

唐献家、张瑞全、汪贺通、胡年生、黄灶闳、程观旺、柯海珊、章日庆、张世林、章王灶、章汪元、章观闳、胡灶为、胡祥华、王社贵、汪社明、邵寿寿、邵美信、邵新旺、洪长贵、叶本宝、张四九，以上各捐洋四角；

春华楼，两愿；

章震通，两愿；

程锦章、绍静山、邵明元、邵之正、邵德高、邵在福、邵和生、邵在灶、邵在光、章炳五、章桃发、程裕仲、程天金、余　化、胡良保、吴金水、汪富贵、程元通，以上各捐洋四角；

聚丰园，两愿；

绍光远、邵观全、朱锡富、邵福美、罗全有、王观海、胡其严、邵美正、章社富、潘瑞隆、胡信富、丁华彰、朱悦昌，以上各捐洋四角；

同春园，拾角；

邵华寿，两愿；

邵顺灶、高福海、邵少义、汪顺生、绍灶元、高耀灿、程绍年、邵光前、汪孝来、胡义春、程裕烈、汪社贵、程敬德、汪承目、胡廷鉴、张万安、邵运彤，以上各捐洋四角；

聚和园，两愿；

邵华寿，两愿；

章观光、邵社吉、邵之法、程士富、章杏林、绍光哲、邵秋春、成定安、绍光永、邵二宝、方社灶、邵华顺、邵树生、邵可爱、邵裕奎、邵树廷、章汪德、程华桂、邵培铎、邵光灶，以上各捐洋四角；

七星楼，五愿；

张灶安，两愿；

周清吉，两愿；

胡金义、邵钟然、许王松、程正文、汪德春、胡观长、许炳佳、邵社闳、胡金来、程兆朋、胡灶顺、周正富、章辅廷、程福全、邵明炎、程银托、胡观辉、吴和尚、汪观政、邵增安、张支亮，以上各捐洋四角；

最乐园，两愿；

张家传、胡渭成、洪灶贵、洪文源、胡松锦、叶海林、汪进和、方名流、邵增亮、高聚寿、章渭时、葛观永、胡招寿，以上各捐洋四角；

畅乐园，两愿；

张仲芳，两愿；

张宗生、张汪淦、邵观助、许灶发、胡观德、王松元、歙方泉如、胡树生、黄运海、章渭通、歙吴益昌、许灶苟、姚康林、洪观喜歙、胡祥富、胡观阆、姚庆和、程敬家、胡在华、胡汪祥，以上各捐洋四角；

老大醣楼，两愿；

许贺六、许文彪、方忠海、程裕栋、陈福生、郎良宝、汪万玉、邵之乾，以上各捐洋四角；

同福园，两愿；

邵运家，两愿；

邵树夏、邵明淦、叶东甫、邵炳义、胡观亮、谢顺平、方名金、金裕喜、丁惠彪、邵在生，以上各捐洋四角；

新民园，两愿；

邵之云、邵之熊、许云兴、汪河清、章汪铎、章传高、邵之茂、章本柯、邵社桂、葛桂永、胡厚德、许士铭、章德福、章德来、程观昌、黄裕开、邵之寿、方福根、高志春、胡福柱、胡锦泉、章熙银，以上各捐洋四角；

同义园，两愿；

邵长寿，两愿；

邵俊跂、汪庆桃、张亿生、胡汪进、成在长、胡祯祥、程观来、汪金介、吴均安、邵在东、许嘉祥、汪生辉，以上各捐洋四角；

中华楼，叁愿；

程如麒，两愿；

高广有、高福正、唐廷生、章德生、程菊宝、邵在元、洪春桃、汪有桂、汪灶寿、戴　桃、邵永元、高茂柏、邵志祥、汪万然、章德寿、胡灶永、邵运罗、程光胜，以上各捐洋四角；

老聚乐圆，五愿；

路文彬，五愿；

路云光、程松山、章灶和、路观成、许慈福、高福全、路社根、邵志泉、程光烈、章洪杰、路树根、唐献鼎、程枫顺、张灶清、邵金奎、路本泽、胡本林、程念五、胡志安、程桂林、路云卿、路金海，以上各捐洋四角；

汪灶春，两愿；

章本林，壹愿；

方福林，陆元；

章友三，两元；

胡廷钰，壹元；

胡少安，壹元；

洪正祥，壹元；

耿洪义，壹元；

姚庆元，壹元。

以上总共六百廿愿半四角计小洋贰千四百八拾贰角，特别捐洋拾叁元。

总共计合大洋贰百五拾元、小洋拾柒角、钱柒拾文。

绩邑面邑长生愿，路文彬经收。

泾邑长生愿

民国八年己未泾邑长生愿捐数芳名列后

朱砚涛、朱幼鸿、朱三畏堂，各捐洋廿元；

朱珏瑞堂、朱智仁、朱成章、歙洪明度，各捐洋拾元；

朱振卿、朱聘之、朱传之、朱云青、贺敏斋、吴乐山，各捐洋五元；

朱德辉、朱蓉初、朱环春、朱云僧，各捐洋四元；

曹文发鸿记、元　升，各捐洋叁元；

朱同侯、朱瑞甫、朱博渊、王性甫、王锡林、王锡嘉、卫授经、曹允源、曹信义鉴记、胡锡之、太张金山，各捐洋贰元；

朱吟舫、朱焕章、朱子馨、朱小珊、朱希曾、朱汉卿、朱振轩、朱福山、朱镜蓉、曹允吉、曹锦隆、曹云舫、曹义发云记、曹星五、曹芷衡、曹义发俊记、曹次谨、曹宝成号、曹辉源、曹乾吉、曹秀峰、曹秀记、曹恒源步记、曹步蟾、胡云斋、洪子学、陈幼堂、陈椿年、陈春记、休黄滋生、汪苌臣、旌汪子培、太焦荣廷、洪实园、源升祥、张谦生、婺王东村、胡仲明、汪六吉、汪宗儒、沈文鉴、章柳泉、张汪洋、朱耀卿、曹栋承、曹云九、李省三、赵幼卿、协吉和、张大生、源兴祥，各捐洋壹元；

胡思义，捐洋六角；

朱大坚、朱彬山、朱静安、朱智十、朱乔甫、朱德昭、凤子阳、汪秉忠、洪粹夫、彭卓人、朱大意、王云臣，各捐洋五角；

朱云章、查少轩、倪芳林、汪旭东、胡少甫、董少山、郑炳荣、彭秀斋、董华堂，各捐洋四角。

共收现大洋贰百廿五元、小洋壹百另贰角。

泾邑恒丰祥经收。

南陵长生愿

南陵县长生愿捐芳名列后

徐积余，捐洋十元；

徐　崇，捐洋贰元；

马淑畹、吴　慧、徐蕊珠、徐　绮、徐　佑、徐　姮、徐　馥、徐　嫨，各捐洋壹元。

共收现洋贰拾元整。

徐积余经收。

旌邑长生愿

旌邑长生愿捐芳名列后

义　泰，捐洋叁元；

汪云记、章云生、蒋乐柏，各捐洋壹元；

方梓芗，捐洋五角；

俞天顺，捐拾愿；

俞祥顺、俞正泰，各捐五愿；

吕德成，捐叁愿；

俞昌其，捐壹愿。

共收现大洋贰拾元、小洋玖角。

鲍子廷经收。

吕荫任，捐洋五元；

鲍作英，捐洋四元；

吕玉荪、王欣儒、王韫石、王骏生、胡滕容、胡景川、汪瘦岑、申泰祥，各捐洋贰元；

胡俊荣、鲍金海、永　源歙、叶级三歙、江干卿、吕皋俞、葛鲁贤绩、怡和祥歙、喻正和、王得瑶、汪介卿、吴子梅、张贵生、张贵麟、郑大有、俞绍佑、刘坤鼎、王鉴臣、王银和、胡旦华、俞长源、汤永记、汪　洋、汪吉祥、程祯祥休、方美南、吴文卿、吕绍英、胡森庭、吕颂庭、广　元、喻鸿泉、喻鸿逊、胡慎严、鲍基明、胡康侯、胡翰香、方瑞章、黄钊奎绩，各捐洋壹元；

方祖荣、汪士炽、俞鸿远、喻鸿逵、汪邦基，各捐洋五角。

共收现大洋陆拾四元、小洋贰拾五角。

旌邑喻焕章经收。

太邑长生愿

太邑长生愿捐芳名列后

陈少舟、崔南山、崔禹民，各捐洋四元；

义康隆、信和祥、致和祥、锦　华、德裕昌、复昌恒、李清泉、汪世潘、汪世泽、陈少堂、赵瑞麟、谭少屏，各捐洋贰元；

陈仪之、崔廉臣、汪子云、赵福田、萃　和、崔紫卿、陈丽春、方汉臣、江经五、崔少甫、陈勋甫、项显廷、项剑秋、谭雨春、汪夏廷、陈熙廷、赵鑫斋、孙孚之、孙德轩、焦旭初、庆裕厚、崔维周、胡紫林、崔澄先、胡盛安、汪美甫、崔松如、崔雨民、崔叔和、崔同豫、通　和、李鼎轩、汪松轩、项子荣、赵聚轩、汪逸仙、赵积安、崔瑞麟、黄炳奎、汪济川、陈培初、陈沪生、吕哲记旌、刘致君泾，各捐洋壹元。

共收现洋捌拾元整。

太邑项显廷、陈少舟经收。

崔国昌，捐洋贰元；

崔子文，捐洋贰元；

胡泰福、曹吉甫，各捐洋壹元；

李玉笙、李荣庭、崔礼卿、崔仲文，各捐大洋五角。

以上共捐大洋捌元，共收现大洋八元正。

太邑崔国昌经收。

己未两郡长生愿大总共收小洋四千贰百拾壹角、大洋贰千叁百拾六元四角、钱贰千七百六拾贰文。

歙邑司总南聚兴经收。

折烛　中金　推广所　寄棺转期

诞节各司董折敬香烛纸帛

己未五月收敬神香烛，小洋五拾七角；

己未七月收折锭帛，　大洋贰元、小洋贰拾壹角；

己未九月收敬神香烛，小洋七拾壹角；

己未十月收折锭帛，　大洋叁元、小洋贰拾壹角；

庚申正月收敬神香烛，小洋叁拾壹角；

庚申贰月收敬神香烛，大洋壹元、小洋六拾七角；

庚申上元收折锭帛，　大洋叁元、小洋贰拾四角。

以上共收大洋玖元、小洋贰百九拾贰角。

董事义务捐中

己未收寿成泰租屋中金，　　大洋捌元捌角；

己未收孙炳珍租屋中金，　　大洋贰元、小洋壹角；

庚申收方书玉租屋中金，　　大洋贰元七角九分八厘；

庚申收阎庆庖租屋中金，　　大洋叁元壹角九分七厘；

庚申收吴爱堂祖屋中金，　　大洋贰元七角九分八厘；

庚申收王有法租屋中金，　　大洋贰元七角九分七厘；

庚申收周意兴租屋中金，　　大洋贰元七角九分七厘；

庚申收岳子珍租屋中金，　　大洋贰元七角九分七厘；

庚申（收）朱运涛租屋中金，大洋七元九角九分贰厘；

庚申收章衡记租屋中金，　　大洋伍元八角；

庚申收章南园租屋中金，　　大洋伍元八角；

庚申收王云卿租屋中金，　　大洋伍元八角；

庚申收黄义茂三户租屋中金，大洋壹元八角。

以上共收大洋五拾五元壹角七分六厘、小洋壹角。

推广殡房

己未收歙汪方氏，捐洋壹百元；

己未收休吴荣轩，捐洋壹百元；

己未收泾朱江氏，捐洋贰百元；

己未收歙罗蒋氏，捐洋壹百元；

己未收休吴杨氏，捐洋壹百元；

己未收休朱刘氏，捐洋壹百元；

己未收旌王俞氏，捐洋壹百元；

己未收休程铭卿，捐洋壹百元；

己未收婺胡王氏，捐洋壹百元；

己未收旌吕瞻甫，捐洋壹百元；

己未收泾朱徐氏，捐洋壹百元；

己未收歙胡孙氏，捐洋壹百元；

己未收泾朱王氏，捐洋壹百元；

己未收泾朱李氏，捐洋壹百元；

庚申收旌俞吴氏，捐洋壹百元；

庚申收太汤海纳，捐洋壹百元；

庚申收休金阿茂孩棺，捐洋六拾元。

右推广所

己未收婺程俞氏，捐洋叁拾元；

己未收婺汪陈氏，捐洋贰拾元；

己未收太赵许氏，捐洋贰拾元；

庚申收歙张毕氏，捐洋贰拾元。

以上两推广所共收洋壹千八百五拾元正。

寄棺转期 附还棺衾费

收泾邑胡筱堂，捐洋叁拾六元；

收黟邑余汪氏，捐洋叁拾六元；

收黟邑王文楷，捐洋叁拾六元；

收歙邑吴顺和，捐洋叁拾六元；

收泾邑朱胡氏，捐洋叁拾六元；

收婺邑胡徐氏，捐洋叁拾六元；

收婺邑胡少川，捐洋叁拾六元；

收太邑陈红姑，捐洋叁拾六元；

收休邑汪叔麟，捐洋叁拾六元。

收黟邑王少泉，还棺衾费洋叁拾元。

以上两项共收大洋叁百五拾四元正。

房地租　田租　顶首进出　捐存锭会

房地租表

收己未四月房地租，大洋壹千八百叁拾八元六角四分、小洋九拾九角、钱壹千壹百文；

收己未五月房地租，大洋壹千六百八拾九元、小洋壹角、钱九拾文；

收己未六月房地租，大洋壹千五百七拾六元、小洋五拾九角、钱壹千另七拾六文；

收己未七月房地租，大洋四百廿八元、小洋拾壹角、钱四拾文；

收己未又月房地租，大洋贰百四拾四元、小洋拾叁角、钱壹百四拾文；

收己未八月房地租，大洋壹千五百七拾四元、小洋拾叁角、钱壹百拾六文；

收己未九月房地租，大洋壹千六百八拾八元、小洋叁拾九角、钱贰百五拾文；

收己未十月房地租，大洋六百七拾九元、小洋叁拾贰角、钱贰百文；

收己未十一月房地租，大洋壹千五百八拾七元五角、小洋六拾叁角、钱七百五拾贰文；

收己未十二月房地租，大洋壹千九百拾四元八角五分、小洋九拾四角、钱壹千七百贰拾文；

收庚申二月房地租，大洋壹千七百四拾五元、小洋四拾七角、钱贰百八拾文；

收庚申三月房地租，大洋六百六拾七元、小洋廿九角、钱壹百九拾文；

收己未营地租，大洋叁拾五元壹角六分六厘。

以上房地营小租，共收小洋五百拾角、大洋壹万五千六百六拾六元贰角五分六厘、钱五千五百五拾四文。

田租表

收成大染坊晒地租，大洋叁拾叁元整；

收顾纪山田租，大洋壹元、小洋四角；

收铁路边各户田租，大洋贰拾元、小洋贰拾叁角、钱贰拾文；

收本堂近段地租，大洋贰拾元、小洋八角。

以上共收田租大洋七拾四元、小洋叁拾五角、钱贰拾文。

顶首进出

收寿成泰顶首，大洋壹百叁拾贰元；
收周森昌顶首，大洋廿四元；
收孙炳珍顶首，大洋拾元另五角；
收李仁贵顶首，大洋六元；
收梁正发顶首，大洋六元；
收黄义茂顶首，大洋六元；
收方书玉顶首，大洋廿壹元；
收阎庆庖顶首，大洋廿四元；
收吴爱棠顶首，大洋廿壹元；
收王有法顶首，大洋廿壹元；
收周意兴顶首，大洋廿壹元；
收岳子珍顶首，大洋廿壹元；
收朱运涛顶首，大洋六拾元；
收张衡记顶首，大洋四拾贰元；
收章南园顶首，大洋四拾贰元；
收王云卿顶首，大洋四拾贰元。
付还顺昌恒顶首，大洋壹百叁拾贰元；
付还成茂顺顶首，大洋壹百六拾壹元八角。
以上共收顶首大洋四百九拾九元五角。
以上付还顶首大洋贰百九拾叁元八角。

捐存锭会

收休邑公众捐存锭会，大洋六拾叁元。

己未三月起至庚申三月止支数细录

清音宴待圣诞福德并三元享祀

己未五月宴待大帝，支大洋八元七角九分贰厘、小洋叁拾叁角、钱贰千六百六拾文；

己未九月宴待大帝，支大洋拾壹元六角四分、小洋叁拾七角、钱七千叁百廿文；

己未九月宴待朱子，支大洋八元八角四分、小洋廿八角、钱壹千四百拾文；

己未中元节菜蔬，支大洋五元、小洋廿角、钱贰千六百拾文；

己未下元节菜蔬，支大洋五元、小洋叁拾九角、钱叁千四百四拾文；

庚申贰月宴待福德，支大洋廿壹元八角八分、小洋叁拾四角、钱五千五百四拾文；

庚申贰月先董升座、酒宴五席，支大洋廿五元；

庚申上元节菜蔬，支大洋五元六角六分、小洋叁拾五角、钱八千七百四拾文。

以上共支大洋九拾壹元八角壹分贰厘、小洋贰百廿六角、钱叁拾壹千七百贰拾文。

民国八年三月十五日起至九年三月十五日止助盘棺费

歙罗姓，给大洋拾贰元四角五分；	婺汪姓，给大洋拾四元八角五分；
休汪姓，给大洋拾贰元四角五分；	歙潘姓，给大洋拾贰元四角五分；
歙吴姓，给大洋拾壹元八角五分；	歙姚胡氏，给大洋拾贰元零五分；
歙胡姓，给大洋拾壹元八角五分；	歙绍姓，给大洋拾壹元八角五分；
歙方姓，给大洋拾壹元八角五分；	歙汪胡氏，给大洋拾壹元八角五分；
婺陈姓，给大洋拾四元四角五分；	婺李姓，给大洋拾四元四角五分；
婺王姓，给大洋拾四元四角五分；	婺王吴氏，给大洋拾四元四角五分；
婺张姓，给大洋拾四元四角五分；	婺王姓，给大洋拾四元四角五分；
婺胡姓，给大洋拾四元四角五分；	婺孙姓，给大洋拾四元四角五分；
婺余姓，给大洋拾四元四角五分；	婺汪姓，给大洋拾四元四角五分；
婺俞姓，给大洋拾四元四角五分；	婺俞姓，给大洋拾四元四角五分；
婺余姓，给大洋拾四元四角五分；	婺汪风弟女，给大洋拾四元四角五分；
婺江姓，给大洋拾四元四角五分；	婺曹詹氏，给大洋拾四元四角五分；
婺曹姓，给大洋拾四元四角五分；	婺程姓，给大洋拾四元四角五分；

婺程姓，给大洋拾四元四角五分；　　婺李姓，给大洋拾四元四角五分；

婺李姓，给大洋拾四元四角五分；　　婺俞姓，给大洋拾四元四角五分；

婺洪姓，给大洋拾四元四角五分；　　婺詹姓，给大洋拾四元八角五分；

婺余姓，给大洋拾四元八角五分；　　婺詹姓，给大洋拾四元八角五分；

婺詹余氏，给大洋拾四元八角五分；　婺詹姓，给大洋拾四元八角五分；

婺詹姓，给大洋拾四元八角五分；　　婺查姓，给大洋拾四元八角五分；

歙方姓，给大洋拾贰元零五分；　　　歙黄姓，给大洋拾贰元贰角五分；

歙叶姓，给大洋拾贰元贰角五分；　　歙庄姓，给大洋拾贰元零五分；

歙叶姓，给大洋拾贰元贰角五分；　　绩胡姓，给大洋拾叁元八角五分；

绩程姓，给大洋拾叁元八角五分；　　绩李姓，给大洋拾叁元八角五分；

绩石姓，给大洋拾叁元八角五分；　　绩胡姓，给大洋拾叁元八角五分；

绩王姓，给大洋拾叁元八角五分；　　歙柯姓，给大洋拾叁元四角五分；

歙曹姓，给大洋拾叁元四角五分；　　歙江汪氏，给大洋拾贰元四角五分；

歙胡姓，给大洋拾贰元贰角五分；　　歙汪姓，给大洋拾壹元八角五分；

歙江姓，给大洋拾壹元八角五分；　　歙张王氏，给大洋拾壹元八角五分；

歙徐姓，给大洋拾壹元八角五分；　　歙汪姓；给大洋拾壹元八角五分；

歙方姓，给大洋拾壹元八角五分；　　歙方姓，给大洋拾贰元贰角五分；

绩方姓，给大洋拾叁元八角五分；　　绩程姓，给大洋拾叁元八角五分；

绩高姓，给大洋拾叁元八角五分；　　绩郎姓，给大洋拾叁元八角五分；

绩张姓，给大洋拾叁元八角五分；　　婺余姓，给大洋拾四元八角五分；

休张姓，给大洋拾四元八角五分；　　婺胡姓，给大洋拾四元八角五分；

黟江姓，给大洋拾叁元零五分；　　　黟江姓，给大洋拾叁元零五分；

黟孙姓，给大洋拾叁元零五分；　　　黟王姓，给大洋拾叁元零五分；

黟程姓，给大洋拾叁元零五分；　　　黟程蓝氏，给大洋拾叁元零五分；

黟李姓，给大洋拾叁元零五分；　　　休吴姓，给大洋拾贰元七角五分；

休胡姓，给大洋拾贰元八角五分；　　休金姓，给大洋拾贰元七角五分；

泾胡姓，给大洋拾壹元四角五分；　　休汪姓，给大洋拾叁元贰角五分；

休朱姓，给大洋拾叁元贰角五分；　　休葛姓，给大洋拾贰元八角五分；

歙吴姓，给大洋拾叁元四角五分。

自四千贰百九拾叁号起至四千叁百七拾七号止，共计八拾五具，共计大洋壹千壹百四拾六元四角五分。

以上盘棺共支付出大洋壹千壹百四拾四元贰角五分、小洋廿角、钱贰百六拾文。

己未三月十六日起至庚申三月半止施棺总数

绩邑吴姓、婺邑王姓、婺邑詹姓、休邑吴姓、婺邑李姓、歙邑余姓、婺邑王姓、歙邑江姓、歙邑方姓、休邑汪姓、休邑胡姓、婺邑江姓、休邑盛姓、休邑朱姓、歙邑胡姓、歙邑汪姓、绩邑胡银林女中孩、歙邑潘小女小孩、婺邑李姓、婺邑程兴、绩邑汪徐氏、绩邑胡姓、歙邑黄姓、休邑胡陈氏、婺邑汪三宝女、歙邑张姓、泾邑胡曹氏、婺邑程姓、歙邑张王氏、绩邑柯姓、黟邑余赛珍女大孩、歙邑徐姓、歙邑胡汪氏、婺邑黄姓、泾邑胡姓、歙邑姚潘氏、绩邑张姓、绩邑方姓、歙邑焦吕氏、绩邑章姓、歙邑吴姓、婺邑詹姓、休邑陈姓、歙邑庄姓、绩邑胡姓、婺邑胡姓、歙邑汪姓、婺邑吴姓、黟邑李姓、歙邑洪姓、休邑程姓、婺邑宋姓、婺邑王姓、婺邑李姓、婺邑詹姓、婺邑程姓、歙邑李姓、休邑程姓、休邑詹姓、歙邑朱姓、婺邑俞姓、婺邑程姓、婺邑程姓、歙邑张姓、歙邑毕姓、婺邑臧姓、歙邑吴芙蓉女、休邑朱姓、婺邑余姓、泾邑吴姓、休邑张姓、婺邑詹姓、绩邑曹高氏、歙邑江姓、休邑张姓、婺邑汪姓、婺邑詹姓、歙邑张姓、黟邑王姓、婺邑王姓、婺邑程姓、婺邑洪姓、婺邑余姓、绩邑胡姓、歙邑程姓、婺邑汪姓、黟邑吴姓、歙邑汪姓、歙邑汪姓、婺邑程姓、歙邑徐姓、婺邑洪姓、歙邑叶姓、婺邑余姓、歙邑洪姓、婺邑孙姓、婺邑程姓、休邑汪姓、婺邑张姓、绩邑汪金氏、休邑吴姓、婺邑戴姓、绩邑郎姓、歙邑庄姓、歙邑罗姓、绩邑程姓、旌邑俞姓、歙邑程姓、婺邑汪姓、歙邑汪姓、旌邑王姓、婺邑陈姓、婺邑董姓、婺邑胡姓、绩邑胡姓、歙邑张姓、婺邑吴姓、歙邑凌孔氏、旌邑王姓、歙邑叶姓、歙邑冯姓中孩、歙邑胡江氏、休邑毕蔡氏、休邑余姓、婺邑俞姓、婺邑胡姓、泾邑王姓、绩邑程姓、婺邑汪姓、黟邑倪姓、歙邑冯月明女、婺邑余姓、歙邑叶姓、婺邑江姓、歙邑吴姓、黟邑胡姓、旌邑方姓、绩邑汪姓、婺邑洪姓、婺邑汪姓、休邑程姓、休邑王姓、休邑李姓中孩。

以上共计壹百四拾叁具内孩棺五具。因有贰号自备，还款，原票退回。自五千壹百五拾九号至五千叁百零叁号止。

付胡裕昌大材壹百叁拾八具，支大洋贰千六百四拾九元六角；

付胡裕昌大孩棺一具、中孩棺三具、小孩棺一具，支大洋叁拾六元；

付又石灰、皮纸壹百叁拾八付，支大洋八拾贰元八角；

付又孩棺、石灰、皮纸五付，支大洋壹元五角；

付又定胜响嗸壹百叁拾八付，支大洋四拾壹元四角；

付又枢头刻字八拾叁具，支大洋八元、小洋叁角。

以上共支大洋贰千八百拾九元叁角、小洋叁角。

衣衾殓力

寿衣上【尚】存拾九付男四女五，添壹百五拾叁付男壹百叁拾肆女拾玖。发出壹百叁拾八付，仍存叁拾四付，内男廿五付、女九付；

付福泰做成寿衣壹百五拾叁付，支大洋壹千贰百八拾九元四角；

付进堂殓力大壹百叁拾八具，支大洋壹百叁拾八元、小洋八百廿八角、钱拾贰千四百廿文；

付孩棺进堂殓力六具，支小洋五拾壹角、钱叁百九拾文；

附加给封口大壹百叁拾八、小六具，支小洋壹百四拾壹角。

以上共支大洋壹千四百贰拾七元四角、小洋壹千零廿角、钱拾贰千八百拾文。

内有孩棺壹具，棺票归下属报销。

掩埋

收各户让石灰、石碑，大洋贰拾贰元、小洋八角；

付买存许顺泰石碑，大洋贰百七拾元计石碑六百块；

付石泰昌石灰，大洋壹百拾七元、小洋九角；

付许顺泰开面、刻字壹百贰拾四块，支大洋廿元、小洋壹角；

付掩埋大棺铁路旁叁拾贰具、王家湾叁拾具，支大洋贰拾五元五角；

付掩埋孩棺铁路旁五拾具，支大洋拾五元；

付修冢壹百六拾四工，支大洋贰拾九元五角二分；

付即埋孩棺拾壹具，支大洋叁元、小洋叁角、钱五拾文；

付司年经办、埋葬福食，支大洋四百零八元八角八分八厘、小洋叁百廿角。

以上共收埋葬部大洋贰拾贰元、小洋八角。

以上共支埋葬部大洋八百八拾八元九角零四厘、小洋叁百叁拾叁角、钱五拾文。

两郡锭会

付公例，己未中下、庚申上元节锭帛，每壹千零五拾球，支大洋四拾贰元、小洋贰拾壹角；

付歙邑众三元节锭会，每四千文、埋葬加八百文，支大洋四元、钱叁千叁百六拾文；

付休邑众三元节锭会，每六千文、埋葬加贰千文，支大洋拾六元、小洋壹角、钱六拾八文；

付婺邑众三元节锭会，每五千文，支大洋拾壹元、钱四拾文；

付黟邑众三元节锭会，每叁元贰角，支大洋九元、小洋六角；

付绩邑众三元节锭会，每四千文，支大洋九元、钱叁拾文；

付宁郡众三元节锭会，每七千贰百五拾九文，支大洋五元、小洋叁角、钱壹千零六拾九文；

付太邑众三元节锭会，每叁千叁百叁十叁文，支大洋六元、小洋五角、钱壹千贰百五拾八文；

付木业众三元节锭会，每贰千文，支大洋贰元、小洋五角、钱贰千七百拾五文；

付歙邑胡正福三元节锭会，每五百七拾六文，支小洋四角、钱壹千贰百四拾八文；

付泾邑洪国正三元节锭会，每六百七十二文，支小洋五角、钱壹千四百拾六文；

付旌邑王祥枝三元节锭会，每四百文，支小洋贰角、钱九百六拾文；

付太邑汪子兰、汪天喜三元节锭会，每叁千另八拾文，支大洋六元、小洋叁角、钱五百八拾文；

付三友轩庚寅、古墓三元节锭会，每壹千六百文，支大洋叁元、小洋六角、钱拾二文；

付婺邑胡懋森、胡少山三元节锭会，每壹千文，支大洋壹元、小洋拾叁角、钱壹百零六文；

付婺邑洪敦甫三元节锭会，每四百文，支小洋拾角、钱五拾文；

付休邑郑锦堂三元节锭会，每四百文，支小洋五角、钱六百文；

付司年办汪隆泰常年元宝、锭串，支大洋四拾贰元六角八分、小洋九角。

以上锭会共支大洋壹百六拾六元六角八分、小洋九拾八角、钱拾叁千五百拾贰文。

印征信录

付锦章书局订六百部，支大洋贰百元整；

付义昌印格子五百张，支大洋壹元壹角；

付司年经支福食，支大洋贰百四拾壹元、小洋七拾贰角；

付司年经支酬劳，办事、文总、筵席，支大洋壹百拾壹元、小洋贰拾四角。

以上共支大洋五百五拾叁元壹角、小洋九拾六角。

堂内修理

付生泰昌砖瓦等，支大洋叁拾叁元；

付陈福记黄泥，支钱贰千七百贰拾文；

付王毛郎瓦筒，支大洋廿四元；

付王毛郎修理工资，支大洋四拾贰元、小洋九角；

付曹盛昌漆器具工料，支大洋壹百叁拾叁元、小洋叁百六拾四角；

付窦合顺修理水落，支大洋拾八元、小洋四角；

付福昌铁定炉门，支大洋四拾五元；

付查二妙烟煤广胶，支大洋六元、小洋拾角、钱九拾五文；

付崔国昌修理台凳，支大洋柒元贰角；

付叶永记戊年八月至年终修理工料，支大洋壹百零八元；

付叶永记己未全年修理工料，支大洋壹百四拾壹元。

以上共支大洋五百五拾七元贰角、小洋叁百八拾七角、钱贰千八百拾五文。

市房修理

付聚丰木行各户用木料，支大洋四拾六元、小洋廿壹角；

付泰号永砖瓦各用户，支大洋九拾壹元；

付窦合顺各用户水落做新修旧，支大洋七拾元、小洋六角；

付协太丰修理晒台，支大洋拾元；

付赵新记玻璃余元茂用，支大洋壹元、小洋六角；

付刘合昌修门窗，支大洋贰元八角；

付工程局派修梅园街路，支大洋廿五元；

付王正大修阴沟，支大洋壹元四角；

付王毛郎修理各户，支大洋五元、小洋壹角；

付云记修理墙壁，支大洋壹元五角；

付叶永记代配玻璃，支大洋九元；

付叶永记戊年八月至年终修理工料，支大洋廿七元；

付叶永记己未全年修理工料，支大洋壹百廿七元、小洋八角。

以上共支大洋四百拾六元七角、小洋叁拾八角。

翻造梅园街楼房双间，石库门四座壹间、广式六座

付叶永记承包工料第一期，支九八元壹千两；

付叶永记承包工料第二期，支大洋贰千七百廿壹元；

付叶永记承包工料第三期，支大洋壹千元；

付叶永记承包工料第三期，支大洋壹千壹百八拾元；

付叶永记承包工料第三期，支九八元四百两；

付叶永记承包工料第四期，支九八元五百两；

付叶永记承包工料第四期，支大洋壹千壹百七拾元；

付叶永记承包工料添装，支大洋贰百七拾元；

付装自来水接管并龙头，支大洋贰百贰拾元。

以上共支九八（规元）壹千九百两正、大洋六千五百六拾壹元。

新殡房工程

付王毛郎填殡房五拾间泥土工料，支大洋贰百七拾五元、小洋壹角；

付生泰昌砖石灰等，支大洋壹百拾五元、小洋贰角；

付许顺泰石作做殡房工料，支大洋贰百元整；

付堂夫迁并材间移力贰百拾贰具，支大洋廿壹元贰角；

付李阿木打竹芭工料，支大洋叁元、小洋贰角。

以上共支大洋六百拾四元贰角、小洋五角。

完纳漕粮忙钱

付廿五保五、六、七、八、十三、十五、十六图上忙，支大洋廿五元、小洋叁角；

付廿五保五、六、七、八、十三、十五、十六图下忙，支大洋廿四元、小洋贰角；

付廿五保五、六、七、八、十三、十五、十六图漕粮，付大洋八拾元；

付廿五保十六图芦课，支大洋柒元柒角四分；

付补崇义堂四年至八年份上下忙，支大洋五元、小洋拾角、钱壹百文；

付补崇义堂四年至八年份漕粮，支大洋六元、小洋叁角；

付江湾七、八年份上下忙并漕粮，支大洋贰元、小洋柒角、钱六拾文。

以上共支大洋壹百四拾九元柒角四分、小洋廿五角、钱壹百六拾文。

图甲年规

付十六图年规，支大洋四元、小洋四角、钱六拾叁文；

付五图年规，戊午、己未二年，支小洋拾角；

付八图册房年规，支大洋叁元、小洋九角、钱八拾文；

付七图册房年规，支小洋拾角、钱七拾文；

付十三图年规，支大洋四元；

付七、八图年规，支大洋壹元；

付六图戊午、己未二年年规，支小洋六角。

以上共支大洋拾贰元、小洋叁拾九角、钱贰百拾叁文。

堂前施茶　　茶叶程裕和助

付夏季给堂丁烧茶工，支大洋六元。

理事辛金

付经租账房辛水，支大洋壹百零四元；

付书记员辛水，支大洋四百廿元；

付酬润上年宁郡司总，支大洋六拾元；

付司年驻堂干事辛水，支大洋七拾八元；

付方嘉德驻堂代表各董查察事务并病院事宜，支大洋六拾元。

以上共支大洋七百廿贰元。

巡更工资

付更夫四名每月五元，支大洋贰百六拾元自己未三月朔起至庚申二月底止；

付帮冬更夫两名两个月，支大洋贰拾元；

付庖工每月四元，支大洋五拾贰元自己未三月朔起至庚申二月底止；

付堂夫工资四名，支大洋八拾元、小洋八角；

付堂夫还田津贴，支大洋廿元、小洋四角。

以上共支大洋四百叁拾贰元、小洋拾贰角。

司总经支杂用

付曹长生发知单等，通年续给小洋壹百拾贰角；

付徽宁里灯油，支大洋廿六元；

付收租车资午膳，支大洋六元、小洋四拾壹角、钱贰千七百四拾文；

付置吴姓房产成契筵席，支大洋拾四元、小洋四角；

付置柴姓房产成议筵席，支大洋八元八角八分；

付西园会议茶资并杂用，支大洋叁元四角；

付照例津贴收茶捐车点费，支大洋廿元；

付照例停宴茶商筵资移助病院经费，支大洋贰百五拾元；

付照例停宴丝商筵资移助病院经费，支大洋五拾元；

付纸张账簿并印捐册五拾本，支大洋拾四元贰角八分、小洋拾叁角；

付曹盛昌做先董牌位，支大洋六元、小洋六角；

付廿五保地保夋礼，支大洋壹元；

付给堂夫四季收租掮斗，支大洋四元；

付三和灰行零件，支大洋贰元、小洋九角；

付梅园街自来水，支大洋拾四元、小洋拾贰角、钱贰百叁十。

以上共支大洋四百拾九元五角六分、小洋壹百九拾七角、钱壹千九百七拾文。

司年酒筵杂用

付酬送各茶栈酒筵七席，支大洋六拾四元、小洋壹角；

付新年敬神及团拜，支大洋叁拾八元七角七分九、小洋四拾叁角、钱六千壹百五十四；

付添办敬神香烛，支大洋叁拾七元四角壹分四、小洋拾八角、钱七千九百叁十；

付议事茶点，支大洋八元五角六分、小洋五拾四角、钱贰千五百九十；

付本堂自来水，支大洋叁拾五元壹角；

付旱烟纸张杂费，支大洋拾六元叁角九分、小洋五百六拾五角、钱拾四千叁百七拾九；

付驻堂司事月规折荤，支小洋壹百零四角、钱九千壹百八拾四；

付茶担帮工，支小洋九拾壹角；

付裱画，支大洋四元；

付修明角灯，支大洋叁元；

付欢迎王同乡西席宴会并杂用，支大洋六拾八元贰角叁分、小洋拾七角；

付拍照，支大洋拾五元、小洋六角；

付置买市房立契酒筵，支大洋五元。

以上共支大洋贰百九拾五元四角七分叁、小洋八百九拾九角、钱四拾千零贰百叁拾七。

堂内福食、油盐、柴米、煤炭、茶叶

付堂内逐日福食并议事午膳，支大洋四拾八元壹角贰分、小洋七百角、钱壹百廿四千叁百五拾文；

付协成和、恒隆泰柴煤，埋葬、公醮在内，支大洋四百柒拾壹元、小洋拾四角；

付周易大、乾昌米，埋葬、公醮在内，支大洋贰百六拾元零四角、小洋贰拾贰角；

付王宝和酒，埋葬、公醮用，支大洋壹百八拾八元六角；

付周易大豆油贰篓，支大洋壹百拾四元；

付公顺肉庄，支大洋八拾八元五角、小洋拾角；

付西春记肉庄，支大洋壹百拾四元；

付欲康酱油，支大洋廿八元、小洋贰角、钱八百文；

付堂内盐酱、料酒等，支大洋拾贰元、小洋壹百零八角、钱九百八拾文；

付程欲和茶叶，支大洋拾五元叁角六分。

以上支大洋壹千叁百叁拾九元九角八分、小洋八百五拾六角、（钱）壹百廿六千壹百叁拾文。

置办物件

付施茶白铁箱壹只，支大洋五元、小洋四角；

付做铁蜡干灯盘八拾副，支大洋廿五元；

付材间石凳五拾间工料，支大洋四百九拾八元、小洋四角；

付买铜暖锅壹只，支大洋壹元四角；

付买洋锁壹打，支大洋贰元五角；

付买白铜羹匙拾只，支大洋壹元；

付买元椅垫七只，支大洋贰元四角；

付买茶碗壹同，支大洋壹元六角；

付买红洋标彩三丈三尺，支大洋四元四角；

付拜垫壹只，支大洋壹元、钱廿文；

付铜瓢铁罐钵头，支小洋廿贰角、钱六拾文；

付厨房杂用物件，支大洋壹元七角、小洋拾九角、钱壹千五百叁拾（文）。

以上共支大洋五百四拾四元、小洋四拾九角、钱壹千六百拾文。

置产印契

付置馆驿巷蒋姓房屋壹幢壹披、连中费在内，支大洋四百四拾元；

付置彩衣街吴姓房屋上下四幢、连中费在内，支大洋壹千壹百七拾九元；

付吴姓税契过户，支大洋六拾四元；

付蒋姓税契过户，支大洋廿八元；

付崇义堂田产过户，支大洋六拾元；

付预付黄姓田价候立契找价，支大洋壹百元。

以上共支大洋壹千八百七拾壹元。

存款支息

收病院存来大洋八百元，合元五百九拾零八钱；

收病院存来九八（规）元四百零九两贰钱；

收胡春记存来九八（规）元叁拾九两正；

付茶业公所息元贰百叁拾四两自己未四月朔起至庚申三月底止；

付胡春记息元叁拾九两自己未四月朔起至庚申三月底止；

付病院息元柒百八拾两自己未四月朔起至庚申三月底止。

以上共收大洋八百元整、九八（规）元四百四拾八两贰钱。

以上共付九八（规）元壹千零五拾叁两。

太平公醮　循例三年一次

付和尚经忏焰口口金，支大洋柒拾叁元、小洋八角；

付先董锡箔冥箱并折锭工，支大洋壹百四拾叁元六角、小洋六角；

付香烛纸灯等，支大洋拾四元、小洋六角；

付福食庖工茶担等，支大洋壹百零壹元七角、小洋叁拾九角；

付办铁锅碗盏等，支大洋叁拾壹元七角、小洋九拾贰角；

付各邑捐送锭到堂给力，支大洋廿壹元、小洋拾九角。

以上共支大洋叁百八拾五元、小洋壹百七拾角。

填各冢老碑　循例三年一次

付南聚兴光油、广丹、银朱，支大洋叁拾壹元、小洋六角；

付填碑工八千六百廿叁块、每块八文，支大洋五拾元壹角。

以上共支大洋八拾贰元壹角、小洋六角。

己未三月中至庚申三月中止收支大总

己未三月中至庚申三月中止收数大总

收茶捐，规元壹千零零六两九钱八分贰厘、大洋叁百拾六元八角七分；

收丝捐，规元壹百七拾壹两六钱壹分；

收两郡善士乐输，大洋四百陆拾元；

收两郡善士长生愿，大洋贰千叁百拾六元四角；

收两郡善士长生愿，小洋四千贰百拾壹角；

收两郡善士长生愿，钱贰千七百六拾贰文；

收两郡司董折敬香烛，大洋九元、小洋贰百九拾贰角；

收董事义务中金，大洋五拾五元壹角七分六厘、小洋壹角；

收两推广所捐，大洋壹千八百五拾元；

收寄棺转期并还棺衾费，大洋叁百五拾四元；

收房地营租并小租，大洋壹万五千六百六拾六元贰角五分六厘；

收房地营租并小租，小洋五百拾角；

收房地营租并小租，钱五千九百五拾四文；

收田租，大洋七拾四元、小洋叁拾五角、钱廿文；

收租房顶首，大洋四百九拾九元五角；

收捐存锭会，大洋六拾叁元；

收掩埋各户让石灰石碑，大洋廿贰元、小洋八角；

收各存款，大洋八百元正、规元四百四拾八两贰钱；

收兑进，规元壹千贰百五拾八两六钱七分五厘、小洋八百叁拾五角、钱贰百廿千零七百四十六。

以上大总共收，规元贰千八百八拾五两四钱六分七厘；

以上大总共收，大洋贰万贰千四百捌拾六元贰角零贰厘；

以上大总共收，小洋五千八百九拾贰角；

以上大总共收，钱贰百廿九千四百八拾贰文。

收上届存来，规元六拾七两五钱叁分叁厘、大洋叁千贰百四拾五元零叁分五厘；

收上届存来，小洋五千五百廿八角、钱拾千零五百拾六文。

以上连上届共收进，规元贰千九百五拾叁两正；

以上连上届共收进，大洋贰万五千七百叁拾壹元贰角叁分七厘；

以上连上届共收进，小洋壹万壹千四百廿角；

以上连上届共收进，钱贰百叁拾九千九百九拾八文。

己未三月中至庚申三月中止支数大总

付宴待圣诞福德三元享祀，大洋九拾壹元八角壹分贰厘；

付宴待圣诞福德三元享祀，小洋贰百廿六角、钱叁拾壹千七百廿文；

付盘棺，大洋壹千壹百四拾四元贰角五分；

付盘棺，小洋廿角、钱贰百六拾文；

付施棺，大洋贰千八百拾九元叁角、小洋叁角；

付衣衾殓力，大洋壹千四百廿七元四角；

付衣衾殓力，小洋壹千零廿角、钱拾贰千八百拾文；

付掩埋，大洋八百八拾八元九角零四厘；

付掩埋，小洋叁百叁拾叁角、钱五拾文；

付两郡锭会，大洋壹百六拾六元六角八分；

付两郡锭会，小洋九拾八角、钱拾叁千五百拾贰文；

付上届做征信录，大洋五百五拾叁元壹角、小洋九拾六角；

付堂内修理，大洋五百五拾七元贰角；

付堂内修理，小洋叁百八拾七角、钱贰千八百拾五文；

付市房修理，大洋四百拾六元七角、小洋叁拾八角；

付翻造梅园街楼房，规元壹千九百两正；

付翻造梅园街楼房，大洋陆千五百六拾壹元；

付新殡房工程，大洋陆百拾四元壹角、小洋五角；

付完纳漕粮上下两忙，大洋壹百四拾九元七角四分、小洋廿五角、钱壹百六拾文；

付图甲年规，大洋拾贰元、小洋叁拾九角、钱贰百拾叁文；

付堂前施茶，大洋六元；

付理事辛金，大洋柒百廿贰元；

付巡更工资堂丁、庖工，大洋四百叁拾贰元、小洋拾贰角；

付司总经支杂用内有丝茶商停宴筵资洋叁百元移助病院，大洋四百拾九元五角六分；

付司总经支杂用，小洋壹百九拾七角、钱贰千九百七拾文；

付司年杂支，大洋贰百九拾五元四角七分叁厘；

付司年杂支，小洋八百九拾九角、钱四拾千零贰百叁拾七文；

付堂内油盐柴米福食，大洋壹千叁百叁拾九元九角八分；

付堂内油盐柴米福食，小洋八百五拾六角、钱壹百廿六千壹百叁拾文；

付置办物件，大洋五百四拾四元、小洋四拾九角、钱壹千六百拾文；

付置产印契，大洋壹千八百七拾壹元；

付存款支息，规元壹千零五拾叁两；

付太平公醮，大洋叁百八拾五元、小洋壹百七拾角；

付填碑，大洋八拾贰元壹角、小洋六角；

付还顶首，大洋贰百九拾叁元八角；

付兑出，大洋壹千九百廿四元壹角五分壹厘。

以上大总共支出，规元贰千九百五拾叁两整；

以上大总共支出，大洋贰万叁千柒百拾七元叁角五分；

以上大总共支出，小洋四千四百柒拾九角；

以上大总共支出，钱贰百叁拾贰千四百八拾七文。

收付两比滚结存，大洋贰千零拾叁元八角八分七厘；

收付两比滚结存，小洋陆千九百四拾壹角；

收付两比滚结存，钱柒千五百拾壹文。

歙邑司总章聚兴经理。

各户存款

一、该茶叶公所，规元叁千两正；

一、该胡春记，规元五百叁拾九两；

一、该养病院，规元壹万壹千两；

一、该詹大有公记，丙午规元壹千两此系詹大有公款自愿存堂免息；

一、该胡念修堂，己酉规元四千两此款存堂以息抵交地租；

一、该胡裕昌，丁巳规元壹千两此款存堂以息抵交地租。

以上共该规元贰万零五百叁拾九两。

　　敬启者：伏查道光三十年增刻简章第二条，载有逐年定于夏季刊刻征信录，通送备查等语，系征信录一年一刻之明征也。后改三年一刻，不知始自何时，惟体例简略，殊难稽考。然其中尤以钱码为根据、为最烦琐，此皆因时制宜之故。岁辛亥，轮值绩邑司总、休邑司年提议改良，嗣经公议仍照道光年间章程，每年以清明节后由老总邀集大众将账目核算明白，分条列表于前、总结收支于后，分门别类、醒眉目而便稽查，然后抄成样本移交新总，刷印分送等因。公同议决，亟宜实行，敝司理等责无旁贷，只得勉为其难。幸赖在事人员谨慎从事，虽不敢谓条分缕晰足为模范，然向之以钱码为标准者今则银洋钱角，各收各支既无钱串之短长，又免扯折之烦扰，纲举目张，头绪清晰，且与前辈办事之意旨亦极相同，愿后来诸君子逐年照办，永垂勿替，则无任馨香祷祝焉。

　　民国元年三月吉日，休邑司年福泰衣庄、绩邑司总程裕和号同志。

　　凡上进出各款，悉系汇结总数，子目繁多，原难尽录，惟进出收支各类均经同人等分别核过细账。善举公款固应谨慎从事，所有一切全账均已检核存箱储堂，藉备远年查考。

　　休邑俞益卿经印。

新安思安堂征信录

黟县旅休同乡会编

民国九年第一刻

目 录①

序…………………………………………………………… 1314

休宁县公署布告……………………………………………… 1315

屯溪警察专局布告…………………………………………… 1316

董事………………………………………………………… 1317

地亩坐落…………………………………………………… 1319

山亩坐落…………………………………………………… 1321

田亩坐落…………………………………………………… 1322

民国六年丁巳至己未旅沪乐输特别捐芳名……………… 1323

民国七年戊午旅沪黟邑长生愿捐芳名…………………… 1324

民国八年长生愿捐数芳名………………………………… 1325

民国七年戊午至己未腊月旅休乐输特别捐名…………… 1326

民国七年戊午旅休黟邑长生愿捐芳名…………………… 1331

民国八年己未旅休黟邑长生愿捐芳名…………………… 1333

收支数大总………………………………………………… 1335

筹备思安堂事宜附陈……………………………………… 1337

---

① 目录为整理者所加。

序

　　黟僻居黄岳之西，环县皆山地，四达不百里而尽，可耕之土无半岁资，而井灶之密，生齿之繁，于徽为甲县。家食者士、农、工得什之二三，妇稚守户，自余皆商也。资生之术，既限于地如此。诸为商者童而出、耄而归，犹有天幸焉。盖大江以南之穷处，过其境者且以武陵桃源目之。余少孤而识字，身不出里巷，中岁宦学，始游浙闽，晚历沧桑，寓居沪渎间。溯大江、浮淮泗、渡彭蠡，所历城郭廛市，时闻故土音声，岂吾黟人皆轻去其乡，不得已也。通都巨镇，成业寥寥，商而佣者十居八九，小失意辄罢归，归又旋出，客死者一岁中常数百十人，故所在有会馆之设，以董理其事。黟人好义，是以有声吴楚间，亦势使然矣。其中规制完密、董督周详，自以汉笃谊、沪思恭两堂为最。思恭寄枢数以千计，寄而三年，限满者瘗之义地。地滨海斥卤，又当中外冲，道路、沟渠、水泉、地风之患必无以免，余亲见其葬事之善而惜其朽之速也，为愀然者久之。岁丁巳，海上乡善倡为限满迁瘗之议，集赀买地于休之珠塘铺，建设善堂，颜曰"思安"，旁启丙舍，置义山，一仿沪、汉旧制而随宜增损。旅休同乡复构会所于堂之东偏，为联络集议之地，思深哉！彼愤世之徒视生也若浮死也，若休与乌鸢、蝼蚁同其命者，不惟伤人，道亦乖天和矣。余先世多业商，旅殡者数，今又方葺一巢于休，去家百里，何问余事，幸斯举之以义起也，悲喜交集。适征信录成，谨识其端，以存古友死无归曰：於，我殡之义。是为序。

　　夏历庚申岁四月朔，何修谨序。

休宁县公署布告　第　号

为布告保护事。

案据旅沪公民余鲁卿、汪蟾清、吴鳌峰、余锦镕、余文彬，旅休公民吴仲和、孙幕之、程醴泉、程载功、程旭初、王甸清、胡达夫、胡国廷、李达瀛、项茂庭、胡协中、胡子腾、查以衡等禀称："窃公民等原籍黟县，旅居沪江、休屯等处多年，现经同意集资在十六都珠塘铺地方建设善堂，额曰'思安'，有丙舍以起停由沪运屯旅榇及为在屯同乡殡所，附设同乡会以为私团研究、进行慈善之会议场，至于殡厝满期，照章掩埋，则于堂之左近山麓置有义冢，旅榇到埠起卸、抬扛以及殓埋，旅屯同乡则于本堂设立堂夫，所经用之埠头路线量为修葺，以安行人，此皆慈善范围，业经动工，定期告成。惟查上海思恭善堂成案，请有地方官厅给示保护。今在治下建设慈善事业，理应环求示护，以驱障害：一请禁土客流氓拦【澜】入善堂喧哗滋扰，及三五成群，每逢冥节混入殡所任意诈索；二请禁该地火夫霸分地段，妨害本堂夫之应尽义务；三请禁无知地邻，纵放牛马羊猪践害本堂义冢及所养柴草树木任意偷折；四请禁地痞挖害埠头路石及掘断路线，阻碍行人。以上不惟善举之蟊贼，抑亦法律所诛锄，与其遏之于临时，不如杜之于先事。为此，缮呈粘单，环吁给示，勒石垂后。"等情到署。据此示外，合亟布告。为此，仰远近诸色人等一体知悉：须知该公民等建设善堂、同乡会，系为殡厝、掩埋尸棺、研究进行慈善事业，嗣后如有土客流氓拦【澜】入滋扰索诈、火夫霸地妨害、痞棍挖断石路、纵畜践毁义冢、偷砍柴薪，一经察觉或被指禀，定即提案讯明究惩，决不姑宽！毋违，切切！此布。

中华民国八年一月十七日示。

县知事刘荣椿。

屯溪警察专局布告

为布告保护事。

案据旅沪公民余鲁卿、汪蟾清、吴鳌峰、余锦镕、余文彬，旅休公民吴仲和、孙幕之、程醴泉、程载功、程旭初、王甸清、胡达夫、胡国廷、李达瀛、项茂庭、胡协中、胡子腾、查以衡禀称为建设善堂、同乡会，环请示护以驱障害而垂久远事："窃公民等原籍黟县，旅居沪江、休屯等处多年，现经同意集资在十六都珠塘铺地方建设善堂，额曰'思安'，内有丙舍以起停由沪运屯旅榇及为在屯同乡殡所，附设同乡会以为私团研究、进行慈善之会议场，至于殡厝满期，照章掩埋，则于堂之左近山麓置有义冢，旅榇到埠起卸、扛抬以及殓埋，旅屯同乡则于本堂设立堂夫，所经用之埠头路线量为修葺，以安行人，此皆慈善范围，业经动工，定期告成。惟查上海思恭堂成案，请有地方官警给示保护。今在辖境建设慈善堂事业，理应环求示护以驱障害：一请禁土客流氓拦【澜】入善堂喧哗滋扰及三五成群，每逢冥节混入殡所任意诈索；二请禁该地火夫霸分地段，妨害本堂夫之应尽义务；三请禁无知地邻，纵放牛马羊猪践害本堂义冢及所养柴薪树木任意偷折；四请禁地痞挖害埠头石路及掘断路线阻碍行人。以上不惟善举之蟊贼，抑亦警章所诛锄，与其遏之于临时，不如杜之于先事。为此，环求给示布告保护。"等情前来。据此，查该公民等所陈建设善堂，附有同乡会，事关慈善，适在本局所辖境内，应有保护之责。除饬警随时巡察外，为此布告，仰附近居民人等一体知照：毋得任意入堂滋扰及纵放牛马践踏义冢情事，倘有竟敢违犯，一经查觉或被告发，定干带案，罚办不贷！切切！此布。

中华民国八年三月五日示。

局长翟其灼。

董　事

旅沪董事

余之芹鲁卿、汪滢蟾清、余光德锦镕、吴发元鳌峰、余忠陛阶升、余文彬、余成美厚卿、万洪钦、余成岁润生、李超群、余士修、余笏侯、汪兰庭、汪德滋。

旅休屯溪董事

何修兰石、吴字愉仲和、程崇清醴泉、王邦杰甸清、胡协中、孙熙义慕之、程安熺旭初、胡国廷、程载功、韩珍介维、胡达夫、朱春浦、吴慎仪、江连浦、胡利宾、余仰文、胡克修、徐馨山、洪　祥、查卓卿、胡仪廷、胡子腾、余光琦文珍、余吉卿、胡御珍。

屯埠锡业董事

胡云卿、吴品三、余境如。

休城董事

李达瀛、项茂廷。

万安董事

孙丽生、胡植夫。

龙湾董事

唐廉夫。

上溪口董事

查以衡、孙绳俭。

瑶溪董事

胡光廷。

司进出棺票簿四镇街

瑞和祥布号。

司稽查簿籍

胡国廷、吴慎仪、朱璧明、查保康、胡新如、程旭初、胡光财、徐馨山。

地亩坐落

地税壹分六厘五毫、步叁拾叁步，拾六都拾壹图拾甲服字圩壹千八百五拾四号，民国六年置。

地税六厘六毫五丝、步拾叁步叁分，拾六都拾壹图拾甲服字圩壹千八百四拾六号，民国六年置。

地税贰分七厘七毫六丝五忽、步六拾九步四分壹厘叁毫五丝，拾六都拾壹图拾甲服字圩壹千八百四拾八号，民国六年置。

地税五分壹厘四毫贰丝五忽、步壹百零贰步八分五厘，拾六都拾壹图拾甲服字圩壹千八百五拾壹号，民国六年置。

地税四分九毫五丝七忽五微、步捌拾壹步九分壹厘五毫，拾六都拾壹图拾甲服字圩壹千八百四拾九号，民国六年置。

地税壹厘九毫叁丝五忽四微、步四步八分五厘，拾六都拾壹图拾甲服字圩壹千八百五拾贰号，民国六年置。

地税七分贰厘五毫、步壹百四拾五步，拾六都拾壹图拾甲服字圩壹千八百五拾五号，民国六年置。

地税五厘五毫六丝贰忽五微、步拾壹步壹分贰厘五毫，拾六都拾壹图拾甲服字圩壹千八百五拾五号，民国六年置。

地税六厘六毫五丝、步贰拾九步，拾六都拾壹图拾甲服字圩壹千八百四拾六号，民国六年置。

地税六分八毫贰丝五忽、步壹百贰拾壹步八分五厘，拾六都拾壹图拾甲服字圩壹千八百五拾四号，民国六年置。

地税四厘贰毫五丝、步八步五分，拾六都拾壹图拾甲服字圩壹千八百五拾四号，民国六年置。

地税五厘、步拾步，拾六都拾壹图拾甲服字圩壹千八百五拾五号，民国七年置。

地税壹分壹厘贰毫九丝贰忽五微、步贰拾贰步五分八厘，拾六都拾壹图拾甲服字圩壹千八百五拾五号，民国七年置。

地税九厘七毫五丝壹忽五微、步拾八步五分四厘，拾六都拾壹图拾甲服字圩壹千八百五拾九号，民国八年置。

地税壹分壹厘叁毫七丝壹忽七微、步贰拾壹步六分贰厘，拾六都拾壹图拾甲服字圩壹千八百六拾号，民国八年置。

地税八厘五毫四丝、步贰拾步五分，拾六都拾壹图拾甲服字圩壹千八百五拾七号，民国八年置。

地税贰分壹毫五丝、步四拾八步叁分六厘，拾六都拾壹图拾甲服字圩壹千八百五拾七号，民国八年置。

地税七厘壹毫五丝、步拾四步叁分，拾六都拾壹图拾甲服字圩壹千八百四拾六号，民国八年置。

地税壹分九厘六毫、步叁拾九步贰分，拾六都拾壹图拾甲服字圩壹千八百六拾号，民国八年置。

以上堂基余地共计叁亩八分七厘八毫七丝陆忽壹微。

山亩坐落

山税贰亩，拾六都拾壹图拾甲服字圩七百零叁号，民国七年置。
山税贰分八厘叁毫，拾六都拾壹图拾甲服字圩七百零叁号，民国七年置。
山税九分八厘，拾六都拾壹图拾甲服字圩七百零贰号，民国七年置。
山税壹亩四分八厘，拾六都拾壹图拾甲服字圩七百零叁号，民国七年置。
以上冢山共计四亩七分四厘叁毫。

田亩坐落

田税六分八厘五毫九丝，拾六都拾壹图拾甲服字圩壹千八百五拾九号，民国八年置。

民国六年丁巳至己未旅沪乐输特别捐芳名列后

　　山世氏，捐洋四百元。

　　吴积善堂，捐洋叁百元。

　　万洪钦，捐洋叁百元。

　　吴发来、吴发祥，捐洋叁百元。

　　程承荫堂，捐洋壹百元。

　　万湘泉，捐洋壹百元。

　　汪遗德堂，捐洋陆拾元。

　　余鲁卿、吴鳌峰、北公估局、叶蕃昌，以上各捐洋五拾元。

　　孙霓德堂、江清甫、孙慕之、胡绥福堂、胡哲明、汪德滋、大盛号、豫大号、王寿祺、源茂布号，以上各捐洋叁拾元。

　　同昌号、金伯篯、恒大号、汪圣瑞、永和号、顺和号、汪在记，以上各捐洋贰拾元。

　　胡兴仁、胡宏猷、程彦甫、益顺号、金润生、金蕃莆、程定邦、丁友玉、叶达衢、舒维翰、郑廷柱、何石叟、吴必森、吴子芬、郑观仪、汪绍芬堂，以上各捐洋拾元。

　　程椿年、徐楼轩、恒兴裕、吴廷章、程树堂、余玉莲、汪士魁妻舒氏、汪升吉、吴信之、义丰号、郑义兴、和大号、孙鹤筹，以上各捐洋五元。

　　余光麟，捐洋四元。

　　永泰号、何叔明、王坤泉、则西培，以上各捐洋叁元。

　　汤乙笙、益生祥、汤荣漳，以上各捐洋贰元。

　　舒轶臣、余厚卿、胡石泉，以上各捐洋壹元。

　　以上共收大洋贰千四百五拾元。

民国七年戊午旅沪黟邑长生愿捐芳名列后

万洪钦、汪遗德堂、吴发来、吴发祥，吴润身，以上各捐洋五元。

吴发仁，捐洋四元。

叶蕃昌，捐洋叁元。

汪文润、汪自基，合捐洋叁元。

余源茂、郑廷柱、吴必森、郑义兴、余鲁卿、汪兰庭、程松山、黄冕周、丁友玉，以上各捐洋贰元。

程源长，捐大洋壹元、小洋五角。

方伯宣、恒大布号、益顺号、余成岁、余曜卿、恒兴裕、同昌号、程汲高、和大布号、同丰号、余陞升、义丰号、江霞芝、吴鳌峰、汪德滋、卢象三、查膺荣、顺和栈、豫大、永和栈、大盛、黄又圭、叶德润、舒维翰、郑观仪、程作邦、程廷扬、江清甫、胡德馨、胡含章、郭蕃甫、陈彦辅、金伯篯、程圣章、叶达衢、胡兴仁、胡哲明、吴兰舫、江升吉、德大庄、汪圣瑞、何香洲、程定邦、李涵谷、何子文、程渠生、孙经臣、金羽仪、金暎堂、程贵清、胡宏猷、蔡履陶、吴子芬、王蓉荪、胡荣甫、焦桂卿、余关镕，以上各捐洋壹元。

郑熙朝，捐洋拾角。

孙熙桢，捐洋八角。

汤益钊，捐洋七角。

余玉莲、余松石、余笃初、汤荣漳、王桂生、胡华庭、程伯渊、汪云甫、汪允明、黄静江，以上各捐洋半元。

王锡云、汪慎余、程翰丞、益生祥、俞琴生，以上各捐小洋五角。

黄茂林、余豫生、余笏侯、胡履和、胡兆和、余益祥、余焕卿、汪卉生、何子藩、余星五、胡鞿卿、罗元生、郑继光、胡履安、吴廷章、汪朝海、吴荣銮、汪凤鸣、吴益祥、孙励吾、孙炳生、郑瑞清、程祝三、余伯仁、余荣茂、叶西庚、谢瑞生、汪志清、程筱村、胡立道、孙振堂、朱钦瑞、张文钧、李竞成、罗观鑫、胡则初、胡陪初、叶希园、叶观光、程春山、黄厚堂、余起文、胡张兴、舒轶臣、李善之、吴寿庆、胡厚和、孙岷樵、胡石泉、程继生、余兰生、李良宽、王坤泉、舒仰乔、程善元、余厚卿、朱丽章、余介石，以上各捐洋四角。

以上共收大洋壹百拾壹元、小洋贰百八拾七角。

民国八年长生愿捐数芳名列后

汪遗德堂，捐洋八元。

吴发来、吴发、万洪钦、吴润身，各捐洋五元。

吴发仁，捐洋四元。

叶蕃昌，捐洋叁元。

汪文润、汪自基，合捐洋叁元。

汪兰庭、余鲁卿、吴必森、程松山、郑义兴、余源茂号、郑廷柱、黄冕周、汪二陶、程源长，各捐洋贰元。

大盛号、黄春生、永和申庄、豫大申庄、顺和申庄、卢象三、吴鳌峰、汪圣瑞、何香洲、舒维翰、叶德润、汪德滋、汤荣漳、金伯篦、胡兴仁、金羽仪、程渠生、何子文、程定邦、李涵谷、同昌号、程汲高、恒大号、益顺号、余成岁、义丰号、永泰号、恒兴裕号、胡宏猷、叶达衢、程圣章、吴达渠、余关镕、江升吉、丁友玉、孙经臣、和大号、无名氏、江清甫、胡德馨、胡含章、胡哲明、吴兰舫、程彦辅、胡荣甫、余阶升、余曜卿、方伯宣、同丰押、王蓉苏、张荣华、程作邦、程树棠、汪尔田、郑观仪、郑观涛、郑雪光、余暎堂、志成号、吴子芬、蔡履陶、程廷扬，各捐洋壹元。

郑锡朝，捐小洋拾角。

孙熙桢、汪朝海，各捐小洋八角。

汤益钊、余兰生，各捐小洋七角。

余筱臣，捐小洋六角。

叶育之、汪沾仁、王桂生、汪祥云、余玉莲、余贵德、余菘生、余焕卿、何子藩、汪云浦、程长卿、程起来，各捐洋半元。

黄茂林、王锡云、益生祥、余湘涛、孙振堂、俞琴生、李静波、郑馨堂，各小洋五角。

余豫生、余笏侯、胡履初、余成材、胡兆和、余益祥、胡菊泉、王开达、余荣元、余炳桃、黄厚棠、胡张兴、余启丈、余厚卿、余仲林、余章发、谢瑞生、汪志清、孙励吾、孙炳生、汪凤鸣、汪秉荫、吴廷章、吴荣鎏、朱钦瑞、张文钧、李竟成、叶观光、余荣茂、叶西庚、汪卉生、罗元生、余星五、余镛轩、胡选青、吴佩之、胡则初、叶希园、胡培初、叶竹坪、王锡鸿、王有贵、朱丽章、程瑞荣、黄静江、胡永康、郑继光、李善之、胡厚和、吴寿庆、卢子坚、卢宜珍、胡兴让、胡祉庵、程筱村、胡立道，各捐小洋四角。

以上总共收大洋壹百廿壹元、小洋叁百拾角。

民国七年戊午至己未腊月旅休乐输特别捐名列后

北成布栈、余福泰，各捐洋五拾元。

瑞和祥，捐洋叁拾元。

同德仁，捐洋贰拾五元。

胡永丰，捐洋贰拾元。

汪同有、怡祥纸栈、吴仲和、集古轩、程醴泉、鸣德堂、胡协中、胡国廷、胡集善堂、程载功，以上各捐洋拾五元。

广兴祥、和顺锡栈、源同兴、协泰和、成泰栈、道源栈、吴张良、余德泰、致诚布、王吉祥、公和栈、万成布、裕元栈、余少记，以上各捐洋拾元。

孙养泉、锦章祥、舒绩善堂，以上各捐洋七元五角。

朱源和，捐洋六元。

赵镜贞、吴经魁、和丰栈、程德馨、源昌衣、金子羽、胡同和、洪吉昌、吉泰衣、益生仁、大成永、吴受之、胡辅仁、胡道五、徐大道、胡利宾、余伯陶、大生源、张成芳、江莲浦、胡御珍、李善为、余仰文、黄鹤善、元发堂、吴显臣，以上各捐洋五元。

万利祥、汪作霖，以上各捐洋叁元。

余荫堂、查源兴、吴立棠、王生甫、徐圣书、程贡珍、李耀璇、胡克修、朱春甫、胡仲簧、余献云、福春祥、中西药房、太和药房、金源隆炉、金日升炉，以上各捐洋贰元五角。

胡泰隆、胡汝豪、余文珍、吴显臣、汪达臣、程南山、元泰祥、许荫臣、元兴祥、孙源成、舒吉泰、汪寿廷，以上各捐洋贰元。

吴弼臣、朱伯孚、余文润、胡光财、程鸣皋，以上各捐洋壹元五角。

舒莲卿、李少卿、余福生、谢辅仁、江南林、余元芝、余茂庭、程文彬、余蕴山、金德丰炉、余云翔、云和坊、孙穉兰、吴氏、汪德鸿、汪大盛，以上各捐洋壹元。

胡汪氏、余柏轩、孙明怀、吴廷辅、孙华棠、叶新高、胡荣元、汪样光、金日茂、黄殿恩、张厚孚、舒锦堂、聚和楼、撒廷梁、程鉴堂、程培轩、振华书局、余仁让堂、胡国仪、程毓峰、程显伯、李永霖、余子祥、程伯和、吴长庆、汪积昌、项日成，以上各捐洋五角。

瑶溪闵口

胡源和、汪德祥，各捐洋拾元。

黄仰仪，捐洋五角。

龙湾五城下溪口

胡源昌复，捐洋拾元。

胡俭茹、胡福元，各捐洋贰元五角。

余德兆、唐廉夫、吴廷杰，各捐洋贰元。

吴宗黎、吴长发，各捐洋壹元五角。

吴礼志、汪焕彩、汪厚政、汪长全、李福元、汪丽南、汪庆龙、查耕心，以上各捐洋壹元。

孙紫云，捐洋七角五分。

吴坤大、方重阳、汤贵达、吴立启、李鸿宾、卢鉴平、吴永康、胡凤仍、江永成、胡桂昌、程以和、胡在邦、余友斋、谢永昌、吴进本、唐春荣、吴德坚、胡的君、吴长隆、程振扬，以上各捐洋五角。

默林隆阜新屯

倪长泰，捐洋五元。

罗吉卿，捐洋贰元五角。

查志诚，捐洋壹元。

万安街

孙礼成、孙庆成、孙牲继、叶益隆，各捐洋拾元。

胡大生厂，捐洋五元。

厚益，捐洋贰元五角。

汪坤和，捐洋壹元。

方松记、鲍长庆，各捐洋五角。

休城

洪顺布，捐洋拾五元。

何必名、源隆衣庄、和聚衣庄，各捐洋拾元。

仁和祥、胡永盛，各捐洋五元。

永记，捐洋贰元。

苏云卿，捐洋壹元五角。

项茂庭、方让林、吴英山、倪新州，以上各捐洋壹元。

何光治、吴南山、金辉之、余广培、王惠臣，以上各捐洋五角。

上溪口

道生布、福成布、聚昌布，各捐洋拾元。

德兴染坊、天成染坊、金义记炉，各捐洋贰元五角。

朱怡发，捐洋壹元五角。

舒元昌、查奎泰、朱太极、胡源隆、查广成，各捐洋壹元。

查灶荣、许三元、余汝霖、广丰祥、程兆金、陈明廷、唐菊轩，以上各捐洋五角。

余轶群，捐洋壹元五角。

黟县

范汉生，捐洋贰百四拾元。

程选卿、程伯骞，各捐洋贰拾元。

程汪氏，捐洋拾元。

胡穉斋、乏力子，各捐洋贰元五角。

吴桂馨庭，捐洋贰元。

卢仲园、源达祥、和裕隆、义昌，以上各捐洋壹元。

余茂珍、永成、泰茂、源昌、无名氏、恒丰泰、汪兴源、豫亨祥、范友石，以上各捐洋五角。

吴培德堂、吴培桂堂，各捐洋贰元五角。

吴三余堂、吴存德堂、吴尧敷，各捐洋壹元。

渔亭

金荣卿，捐洋拾元。

鼎泰典、吴诒翼堂、义源、汪鸣皋、汪亦政堂、义盛、大丰布栈、义达、吴义生，以上各捐洋五元。

同德仁、益达、谢寿南、舒裕裔堂、元泰和，各捐洋贰元五角

江宏甫，捐洋拾元。

胡郑三、郑品珊，各捐洋五元。

江永卿，捐洋贰元。

江康保，捐洋贰元五角。

方荣魁、胡新达、孙景棪，以上各捐洋壹元。

江西景德镇

无名氏，捐洋壹百元。

叶德润、隆元、大有恒、元兴昌，各捐洋五拾元。

叶道生、元兴祥、永和布、顺和栈，各捐洋叁拾元。

大源长、黄全泰、利济、和生、时生、恒顺、余春暄，以上各捐洋廿元。

大生厂、广友、何廷芝、坤和、胡信诚、元康、怡诚栈、润济、宏发、汪光远，以上各捐洋拾元。

恒和源、瑞丰、顺昌，各捐洋八元。

恒足、恒和昌、人和、中西药房、裕成、集成、公和豫，以上各捐洋六元。

舒志成、元成永、启泰和、胡宏发、汪福昌隆、韩甘霖、何祥记、久昌、德兴、华丰、同春、文明楼、致昌、裕成福、胡长大、义生、福昌、致祥、天和、邦达、裕昌、志兴、德元、大昌源、源通、泰亨，以上各捐洋五元。

泰和永、恒丰、同成德、鼎兴、同兴、通裕、新泰园、致和、谦益、义兴顺、万源隆、益美永、裕隆、益裕、维新、五洲药房，以上各捐洋四元。

江立济、李大有、恒达、怡隆、同益、志大、福和、生泰、永高、立兴、长泰和、张天祥、吴源甡、肇元、元和、润生、广茗珍、同和、屈臣氏、隆裕、春发祥、天祥发、时原美、黄义和、泰成、和盛祥、裕丰、震泰恒、永义隆、汪恒隆、同余、

贸昌、裕长厚、汪仁发、源大顺、义成、义昌、裕泰、怡昌、瑞和、茂记、大兴、松和，以上各捐洋叁元。

义和源，捐洋贰元。

怡源，捐洋壹元。

志成、永兴恒，各捐洋拾五元。

江西贵溪县

范大源、和记、汪洪生、隆昌、大丰恒，以上各捐洋拾元。

同和、同昌、志成，各捐洋六元。

大生、同义、龙兴铺、源记、同泰、裕隆、祥和、永昌、汤元生、豫立厚，以上各捐洋四元。

益亨、豫丰、叶怡祥、致和、范福元、厚余，以上各捐洋叁元。

怡丰隆、怡祥生，各捐洋贰元。

东亭

永生隆、刘仲麟，各捐洋壹元。

兰溪

王顺兴、丁怀德堂、詹源生、程敦本堂，以上各捐洋贰元。

刘永安、余体仁，各捐洋壹元。

淳安

金天和，捐洋五元。

金寿之、王长顺、金少文，各捐洋贰元。

港口

金福元、金蔚长，各捐洋五元。

金式周、朱玉华，各捐洋叁元。

金敬三、李鹤鸣、金子厚，各捐洋贰元。

胡廷发、金仁发、王金淦、万泰昌、金次功，各捐洋壹元。

茶园

方信茂，捐洋叁元。

董长发、方复茂，各捐洋贰元。

孙光祖，捐洋壹元。

严州

余敏功，捐洋贰元。

韩俊卿、韩增福、汪宝衡、汪鼎和，各捐洋壹元。

桐庐

叶来泰，捐洋拾元。

汪正隆，捐洋贰元。

富阳

黄树堂，捐洋壹元。

无锡

汪文权，捐洋贰拾四元。

余干卿、江辅廷，各捐洋贰拾元。

新市

汪恒记，捐洋贰拾元。

金义昌，捐洋贰元。

协泰元、金咸昌，各捐洋壹元。

吴顺明、孙笙寿、汪受之、戴子堂，以上各捐洋五角。

遂安

程大丰，捐洋贰拾元。

德兴和、余丽泉、金式玉、福兴、永兴隆、金美斋、金德元、金福和、胡庆裕、程克仁、余建侯、德和祥、永生和、德丰昌，以上各捐洋拾元。

金作谋、益生祥、金云培、金伯绳，以上各省捐洋六元。

万生和、金幼文、金正丰、福昌公司、恒生协，各捐洋五元。

亦茂生、金树珊、胡毓之，各捐洋四元。

金湘甫，捐洋叁元。

汪仰松、舒松泉、胡瑞卿、王有章、吴祝三、胡启宗、金舜年、吴德记、余文侯、金善如、余克承、金善征、吴立斋、陆德荣绍兴慈善人心愿、周颖生、汪美辉、日生信、何彩臣、叶明轩、金梓庭，以上各捐洋贰元。

大元祥、程允升、胡芳达、吴永卿、韩焕章、周子卿、胡嘉寿、鲍培玉、汪鸿钧、倪舜廷、许肃南、倪晋卿、金体存、余干明，以上各捐洋壹元。

民国七年戊午旅休黟邑长生愿捐芳名列后

孙慕之、程醴泉、程载功，各捐洋六元。

胡云卿，捐洋五元。

程旭初、吴仲和、胡集善堂，以上各捐洋四元。

胡国廷、同德仁、兆成栈、余福泰，以上各捐洋叁元。

余文珍、胡克修、李霖川、永泰号、吴受之、和顺锡栈、源同兴栈、协泰和栈、赵镜贞、成泰栈、公和栈、裕源栈、道源栈、三省氏、广兴祥、瑞和祥、朱春浦、大成永、怡祥栈、源昌衣、孙养泉、胡辅仁、胡仲簧、胡道五、江同有、余献云、余德泰、洪顺布、和聚衣、源隆衣、胡达夫、余伯陶、余少记、张成芳、江莲浦、朱源和、黄仰仪，以上各捐洋贰元。

吴耀彩、胡礼康、金春田、余镜如、吴经魁、程德馨、叶成之、王永昌、吴慎仪、胡命侯、汪子陶、李少卿、吴怀之、汪润之、孙佑邦、江达臣、孙明怀、胡麟瑞、叶聚斋、余朗明、程涤臣、吴麟书、汪样光、李敦杰、程寿臣、韩仲山、王桢侯、吴聚兴、查源兴、何兰甫、吴成科、胡清泉、程燮卿、益生仁、胡笃吾、吕德中、吴贵年、吴立棠、何宝华、江允生、吴弼臣、程南山、元泰祥、余福生、谢辅仁、卢镜初、程佛泰、余廷桂、金锡年、万利祥、郭社文、焦康元、江南林、汪杰如、张次生、邵星聚、卢济川、胡燮廷、邰廷标、金子羽、余元之、朱伯孚、舒筱川、李连培、孙华棠、程龙光、胡泰隆、舒莲卿、许荫臣、余茂庭、胡兆丰、胡同和、王观洪、汪德祥、李耀璇、胡汝毫、洪吉昌、项日成、吉泰衣、倪长泰、仁和祥、项茂庭、吴南山、余聚峰、余炳业、吴谷荪、张禹卿、项步云、李德生、胡永盛、汪南山、李南山、王惠臣、程冠卿、吴亦山、倪新州、何光治、黄华芝、汪耀南、余少三、孙礼成、孙甡继、汪静棠、汪宗和、汪松庭、方松记、万友萱、孙庆成、李翰臣、叶益隆、何福田、福春祥、何睦、李紫卿、余蕴山、锦章祥、何光远、查卓卿、大道布、胡利宾、王廷宣、胡九如、中西药房、大和药房、郑培轩、邵东卿、邵伯阳、胡祝三、王佐卿、余秉衡、余学楦、吴克明、谢利元、程美祥、胡观寿、致诚布、王生甫、徐圣书、李佛善、金源隆炉、吴大森、金德丰、金日升炉、黄殿恩、张厚孚、舒锦堂、元兴祥、聚和楼、撒廷梁、程鉴堂、程培轩、万成布、元和坊、大生源、振华书局、程如登、程鸣皋、胡宿溪、胡发达、程崇清、余丈润、胡春泉、程荣泰、程耀明、董俊卿、胡相如、卢仲园、汪时海、胡青圃，以上各捐大洋壹元。

余茂龙、卢碧梧，各捐洋五角。

　　胡廷龙、胡顺庆、余景川、朱璧明、余显三、徐荣林、邵观培、胡大全、黄进宝、余祖成、金日茂、余肯堂、余新周、邵顺茂、方玉卿、黄连发、吴礼志、吴廷杰、胡福元、李福元、汪丽南、程志扬，以上各捐洋五角。

　　吴坤大、方重阳、江旺林、余德兆、汤贵达、孙紫云、李鸿宾、卢鉴平、吴永康、汪焕彩、胡桂昌、程以和、余友斋、吴宗梨、吴进本，以上各捐洋叁角。

　　汪学翰、王永熺、汪家昭、余德孝，以上各捐钱叁百六拾文。

　　舒顺祥、周观全，各捐钱四百文。

　　吴长发，捐洋九角。

　　江永成，捐钱叁百九拾文。

民国八年己未旅休黟邑长生愿捐芳名列后

程载功、程醴泉、孙慕之、吴仲和，各捐洋六元。

和丰锡栈，捐洋五元。

程旭初、胡协中、胡集善堂，各捐洋四元。

兆成布栈、胡国廷、同德仁、余福泰，以上各捐洋叁元。

李善为、江莲甫、胡御珍、胡辅仁、胡仲簧、胡道五、孙养泉、胡克修、余文珍、吴受之、余仰文、源同兴、江同有、和顺栈、余少记、公和栈、成泰栈、裕源栈、道源栈、协泰和、赵镜贞、瑞和祥、黄永忠、源昌衣、朱春浦、朱源和、广兴祥、怡祥福、余德泰、余献云、程德馨、胡达夫、余伯陶、洪顺布、和聚衣、吴显臣、舒子席、张成芳、黄仰仪，以上各捐洋贰元。

程崇青、程康桂、程秉坤、汪元甫、胡增荣、汪仲衡、程伯和、金春宣、程鸣皋、胡宿溪、胡发达、余文润、程必松、吴立棠、何宝华、孙穉兰、胡礼康、金春田、吴文森、孙源成、汪作霖、黄辅臣、吴经魁、余镜如、余蕴山、查保康、孙景恭、舒鼎达、姚如心、胡伯苏、吴云章、胡仲彤、吴恕安、吴慎仪、胡命侯、汪子陶、胡国仪、张卓甫、吴聚兴、叶聚斋、余朗明、程寿臣、李敦杰、吴麟书、汪伯和、孙卓辉、韩仲山、太和药房、程龙光、胡泰隆、李雨若、汪大盛、胡同和、胡兆丰、锦章祥、查卓卿、何光远、李浚之、李秉仁、汪世英、孙明怀、邵廷康、李少卿、孙佑邦、汪达臣、金日升、舒景堂、舒来庆、查永福、吴有清、张厚孚、黄殿恩、孙华堂、李竹泉、汪南林、汪尚志、程毓峰、余源松、叶成之、王永昌、吉泰衣、徐大道、大生源、胡利宾、王廷宣、舒筱川、朱伯孚、胡九如、余元之、卢梓才、程鉴堂、万利祥、郭社文、金子羽、福春祥、何睦、胡振祥、汪锡五、中西药房、郑培轩、黄鹤善、余福生、元泰祥、程南山、程仲宽、张次生、邵星聚、程佛泰、余谷人、汪茂如、三省氏、怡生和、程燮卿、程燮涛、胡笃吾、吴贵年、吕德中、胡福成、汪润之、致诚布、王生甫、徐圣书、谢利元、程美祥、胡观寿、洪吉昌、苏吉泰、万成布、王礼清、查元兴、胡永丰、吴弼臣、何兰甫、吴成科、金源隆、程培轩、汪德祥、胡汝毫、倪长泰、元和坊、邵伯扬、胡祝三、余秉衡、王佐卿、吴克明、余轶群、王吉祥、王甸青、程显伯、洪声如、舒天鑫、舒莲卿、许荫臣、余茂庭、万友萱、叶益隆、李干臣、孙甡继、汪静堂、汪忠和、孙庆成、松记、孙礼成、查以衡、卢佐廷、孙绳俭、卢振棠、余毓之、汪南山、江受之、舒翰香、谢侨生、叶济泽、韩介维、仁和祥、项茂庭、吴南山、余聚峰、项步云、吴谷荪、余炳业、吴亦山、倪新州、黄怀之、王惠臣、程干卿、江耀南、何先治、余少

三、永盛、李德生、源隆衣、李南山、张永清、胡庆祥、谢辅仁、卢敬春、余柏轩、胡菊甫、江宏甫、和生、胡郑三、郑品珊、江永清、孙景椒、唐廉夫、胡俭如、汪庆隆、查耕心、查至诚、邱永庆、余筱园、舒积善堂、项日成、胡青圃、程耀明、倪守基、金德丰、余轶群，以上各捐洋壹元。

李汝霖、王桂生、金鉴清、查茂华、胡良玉、韩坤泉、胡眉曾、吴步仪、卢寿奴、金日茂、邵干廷、叶友之、刘惠卿、汪荣卿、程舜卿、程康庆、李紫卿、余宏桢、余腾祖、余肯堂、洪九垣、汪金寿、黄进宝、余祖成、胡庆年、余景川、余显之、余新州、胡廷生、徐荣林、邵观培、胡大全、董寿祺、余恒甫、程顺铨、胡秋炎、李万玉、汪锡奎、胡道存、胡进喜、余云翔、邵继培、余茂龙、江梓卿、吴南辉、万松如、查益樊、卢鲁卿、金义记、朱怡发、朱太极、余汝霖、查灶荣、胡源隆、陈明廷、查广成、吴翰声、任逢如、查寿卿、吴幼臣、汪禄信、江康保、胡贡生、朱璧明，以上各捐洋五角。

七年大总共收大洋叁佰拾壹元叁角七分贰厘。

八年大总共收大洋叁佰捌拾壹元五角。

特别输助

收胡云卿，乐输锡茶船拾个。

收万洪钦，乐输热水瓶壹个。

收支数大总

戊午年起至庚申年三月底止收支数大总

收申江善士乐输，大洋贰千四百五拾元；

收申江暂记息，大洋贰拾壹元、小洋拾叁角、钱壹百六拾五文；

收申江七年善士长生愿，大洋壹百拾壹元、小洋贰百八拾七角；

收申江八年善士长生愿，大洋壹百另九元、小洋壹百贰拾九角；

收屯募乐输，大洋叁千另叁拾壹元贰角五分；

收旅休七年善士长生愿，大洋叁百拾壹元叁角七分贰厘；

收旅休八年善士长生愿，大洋叁百八拾壹元五角；

收屯溪七、八年客籍暂棺租，大洋七拾八元；

收通裕庄两抵净息，大洋九拾七元四角。

以上大总共收大洋六千五百九拾元另五角贰分贰厘；

以上大总共收小洋四百贰拾九角；

以上大总共收钱壹百六拾五文。

　　付杂支，大洋叁百另五元九角七分叁厘、小洋壹百叁拾贰角、钱贰拾贰千六百九拾文，掩埋货工、石灰等件一并在内，另有细账；

　　付办各物，大洋贰百叁拾七元壹角八分四厘、小洋五拾八角、钱八千叁百八拾五文，另有细账；

　　付纳七、八年粮，大洋贰元九角四分八厘；

　　付买六、七、八年份山场、田地，大洋壹千贰百贰拾壹元五角贰分四厘、钱贰千贰百八拾文；

　　付建筑丙舍殡所、石匠买料并工，大洋八百七拾八元四角四分，另有细账；

　　付木匠买料并工，大洋九百九拾壹元壹角五分，另有细账；

　　付泥水匠买砖瓦并工，大洋壹千七百七拾元另七角贰分、小洋拾角、钱壹百文，另有细账；

　　付七、八年祭祀费，大洋贰拾九元五角叁分八厘；

　　付戊午年起至庚申三月止津贴驻堂办事员，大洋叁百元正；

　　付厨司水，大洋五拾五元；

　　付七、八年出募途费，大洋壹百拾元另九角、小洋四拾八角、钱拾四千五百七拾四文；

付戊午年起至庚申年三月底止福食，大洋贰百贰拾六元贰角七分七厘。
以上大总共支出大洋六千壹百贰拾九元六角五分四厘；
以上大总共支出小洋贰百四拾八角；
以上大总共支出钱贰拾七千六百另八文。

收付两比，滚结存大洋四百六拾元另八角六分八厘；
收付两比，滚结存小洋壹百八拾壹角　八八扣大洋拾五元九角贰分八厘；
收付两比，滚透钱贰拾七千四百四拾叁文　七五扣入大洋贰拾元另五角八分贰厘。
存款
一、存通裕钱庄，大洋四百元正；
一、存本堂，大洋五拾六元贰角壹分四厘。

筹备思安堂事宜附陈

公鉴：

一、思安堂建筑准俟各埠善士捐集后即日兴工，如建费不敷，应由旅休同人广为劝募，输财尽力，以观厥成。

一、思安堂条规按照汉笃谊堂、沪思恭堂义例，随地随宜酌为增损，暂布同乡会所，一俟堂屋落成再事修改，补刊下届征信录中。

一、思安堂进行事件俱由旅休同人分部担任，各尽义务，不得推诿。

一、堂屋告成后别建后楹，分设三龛以奉诸乡善长生禄位，百元以上者居中龛、百元以下至五十元者列左右龛、不及五十元者不设位。如不愿以本身入，追供其祖考神主者，各从其便，惟一名一位，不得牵分，捐及额而书店铺牌号于堂名者不在此例。春秋两祀则由旅休同人恪恭将事。

一、堂东地址俟同乡会附置，已建会所，原以补助思安堂慈善事业，一应堂务由会所常川经管，慎重推行。

一、堂西余址宏敞，将来经费充裕，或建大厅，前祀徽国文公、后祀董事先达，以崇体制，以彰前劳。

一、渔亭一埠在黟界内，拟推广设一古黟旅榇公所，并置义山，俾死者子孙从便返葬，费约千金，或集腋筹备，或大好善家独力维持，事在人为，以光义举。

右筹备事宜多所未尽，容俟修正。惟思安堂址及丙舍、义山已购置完善，近两岁旅榇之来屯者分别安葬，既固既安，以利其嗣，董其事者余君锦镕之力为多。所愿各埠同乡乐善诸君子，好义输财，共成斯举，匪特同人之幸，允为一邑之光，长生未央，心者以祝。

旅休同人附识。

旅溧新安同乡会简章

民国（1912—1949）刊本

第一章　总纲

第一条　本会以旅溧新安同乡组织之定名为"旅溧新安同乡会"。

第二条　本会以联络乡谊、维持公益、发挥互助精神、增进同乡幸福为宗旨。

第三条　本会任务如左：

（一）关于新安旅溧同乡各界事业之盛衰、生计之发展，本会有指导扶持之任务。

（二）关于新安旅溧同乡公益慈善诸事业，本会有提倡筹备之任务。

（三）关于新安旅溧同乡生命财产如遇外界之压迫、侵略、损害，本会有共同援助之任务。

（四）关于新安各县地方上之治安、农工、教育、交通、水利，本会有调查督促之任务。

第二章　会员

第四条　凡旅溧同乡年龄在十六岁以上，依照本会章程、遵守本会纪律，皆得入会为本会会员。但有下列条款之一者不准加入：

（一）因人格坠落而失职业者。

（二）宣告破产或褫夺公权者。

（三）有精神病者。

第五条　会员权利如左：

（一）会员有受屈情事，有请求本会力争伸雪之权利。

（二）会员与会员间发生争执时，有请求本会代为排解之权利。

（三）本会将来设立旅溧公学，会员子弟或本身有享受免费之权利。

（四）本会开会时会员有发言权、建议权、表决权。

（五）会员有选举及被选本会职员之权。

第六条　会员之区分如左：

（一）凡未入会之男女，本会每年须详细调查，登记入同乡录，以备稽考而资保护，惟不取会费，亦无享有权利。

（二）有原籍新安、旅外年代久远确未脱离原籍，志愿入会者，经本会会员三人以上之介绍亦可入会为本会会员。

（三）凡旅居邻县宜兴、金坛、高淳、郎溪境内之同乡志愿入会者，照第六条第二项规定亦可入会为本会会员。

第七条　入会手续：

凡入会会员，先由会中发给志愿书，缮具交会，列入会员名册，发给会章。缴入会费及常年费时，会中当给收据为凭。

第八条　出会：

（一）会员如有品行不端、丧失本会章程第四条所定消极资格之一者，或不缴会费、放弃职权者，本会当由评议部议决，取消其会员资格。

（二）会员因离去溧阳或其它事由自请出会者，应由理事部提交评议部议决。

第三章　会费

第九条　本会会员应纳入会费五角，经常费每年分为五角、一元、二元三种，由各人经济之环境自行认定，每年于开大会时一次缴足。会员无阶级，一例平等。

第十条　本会有特例需要时，得募集特别捐。如能捐助特别费五十元以上者，本会当给以荣誉奖章，以资鼓励。

第四章　组织

第十一条　本会组织分为评议、理事二部，以冀分工合作，殊途同归。

第十二条　评议部组织法如左：

（一）评议部设评议委员十五人，由会员用记名投票法选举之，以得票最多数者为当选；并设候补委员七人，以得票次多数者为当选，于评议委员缺额时依次递补之。

（二）评议部设评议委员长一人、副委员长二人，由评议委员互选之。评议委员长总理全部一切事务；评议副委员长襄理全部一切事务，如评议委员长有事不得出席时得代理之。

（三）评议部常会每月两次，如遇有特别事故发生时，由评议委员五人以上提议，得召集临时会议。理事部认为必要时亦得函请召集之。

（四）评议部议事非得评议委员过半以上同意，不得议决。

（五）评议委员均系名誉职，不支薪水，亦不得兼任理事部职务，任期一年，继续被选得连任之。

（六）评议部议事细则由评议委员自定之。

第十三条　评议部行使左列职权：

（一）议决理事部之提案。

（二）理事部处理事务失当时得提出质问，如理事部提出理由不充分，得撤销其措施。

（三）答复理事部之咨询，并提出建议案。

（四）议决本会预算、决算及本会基金或不动产之处分。

（五）受理会员请愿。

（六）议决其它依本章程属于评议部之事务。

第十四条　理事部组织法如左：

（一）理事部暂设执行委员二十一人，由会员用记名投票法选举之，以得票最多数者为当选。并设候补委员九人，以得票次多数者为当选，于执行委员缺额时依次递补之。

（二）理事部设执行委员长一人、副委员长二人，由执行委员互选之。执行委员长总理全部一切事务，理事部集会时为主席；副委员长襄理全部一切事务，如执行委员长有事不得出席时得代理主席。

（三）理事部总理本会事务，执行评议部议决案。

（四）理事部设（一）庶务、（二）财政、（三）文书、（四）交际、（五）调查五股，每股设正副主任各一人，由理事部议决分配，分科办事，执行会务。

（五）理事部常会每月二次，于评议部常会后一日举行之。如遇有特别事故发生时，由理事部执行委员五人以上提议，得召集临时会议。

（六）理事部会议非得执行委员过半以上同意，不得议决。

（七）理事部执行委员均系义务职，不支薪水，但常川驻会执行委员一人，得酌给津贴，其数额由理事部决定之。

（八）理事部各股办事细则，由理事部提交评议部议决施行之。

第十五条　理事部各股管理之事物如左：

（一）庶务股
关于评议部、理事部之选举及开会布置事项。
关于养病院、学校之筹备及扩充义冢、厝所事项。
关于常川驻会用人事项。
关于流落同乡资遣事项。

（二）财政股
关于会费之征收及保管事项。
关于本会财政整理事项。
关于会费出纳事项。
关于编制预算、决算事项。

（三）文书股
关于议案之编制整理事项。
关于文件起草及保存收发事项。
关于记录事项。
关于通告会期事项。
关于对外交际事项。

（四）交际股
- 关于本埠各机关代表出席事项。
- 关于各埠征求会员及会员之入会、出会接洽事项。
- 关于开大会时招待来宾事项。
- 关于本外埠同乡户口事业之情况报告事项。

（五）调查股
- 关于会员之情况报告事项。
- 关于新安六县治安政治之调查建议事项。
- 关于新安六县农工、交通、水利之调查促进事项。

第五章　会期

第十六条　本会每年春季开选举委员大会一次，十日前先行通告。凡我会员届期均应到会，毋得放弃天职。

第十七条　每逢开大会时，全年出纳会费均可审查，以表用途公开。会员如有建议，有十人以上副署可以提出议案，由评议部议决施行。若遇紧急事故，有会员十人以上请求、三分之一出席，得召集紧急会议。

第六章　附则

第十八条　本会成立以后，应与苏沪等处同乡会联络声气，以冀互相援助，便利进行。

第十九条　本会与新安会馆界限分别，所有新安会馆产业及祭祀等事仍由新安会馆原定之章程处理之。

第二十条　本章程如有未尽事宜，得由大会时提议修改之。

安徽旅通同乡会章程

民国（1912—1949）刊本

第一章　总纲

第一条　本会以旅居南通县安徽同乡组织而成，定名曰"安徽旅通同乡会"。

第二条　本会宗旨如左列之六义：

（一）联合良好情谊；

（二）增进开明智识；

（三）担任应尽义务；

（四）保存固有权利；

（五）共谋团体公益；

（六）恪守民国法律。

第三条　本会暂借海阳会所为会所（在南通县邑庙八仙宫内），俟经费充裕再行建筑、移置。

第二章　机关

第四条　本会机关分左列之三部：

（一）总务部；

（二）干事部；

（三）评议部。

第五条　本会总务部应设之职员如左：

（一）理事三员；

（二）名誉参事若干员（无定额）。

第六条　本会干事部应设之职员如左：

（一）会计董二员；

（二）书记二员；

（三）会计一员；

（四）庶务一员（暂由会计员兼任）；

（五）调查若干员（无定额）；

（六）交通若干员。

第七条　本会评议部应设之职员如左：

（一）评议二十五员；

（二）参议若干员（无定额）。

第三章　资格

第八条　本会理事须具有左列之资格：

（一）现为本会职员或会员；

（二）品学纯正；

（三）德望交孚；

（四）言行无私；

（五）经验有得。

第九条　本会名誉参事须具有左列之资格：

（一）现为本会职员或会员；

（二）乡望素孚；

（三）热心会务。

第十条　本会会计董须具有左列之资格：

（一）现为本会职员或会员；

（二）信用素著；

（三）操持不苟。

第十一条　本会书记员须具有左列之资格：

（一）现为本会职员或会员；

（二）熟识公牍；

（三）明白事理；

（四）素敦品行。

第十二条　本会会计员须具有左列之资格：

（一）现为本会职员或会员；

（二）簿记娴习；

（三）操持可信。

第十三条　本会庶务员须具有左列之资格：

（一）现为本会职员或会员；

（二）勤干有识；

（三）能任劳怨。

第十四条　本会调查员须具有左列之资格：

（一）现为本会职员或会员；

（二）性情和平；

（三）事理透彻；

（四）梓桑有感情；

（五）社会有信用。

第十五条　本会交通员须具有左列之资格：

（一）现为本会职员或会员；

（二）交游广而有感情；

（三）居留久而有信用。

第十六条　本会评议员须具有左列之资格：

（一）现为本会职员或会员；

（二）事理通达；

（三）言论公正；

（四）品行端方。

第十七条　本会参议员须具有左列之资格：

（一）现为本会职员或会员；

（二）识见无偏；

（三）言论不悖。

第十八条　本会会员须具有左列之资格：

（一）安徽人；

（二）营业正当；

（三）热心公益。

第四章　职务

第十九条　本会理事之职务如左：

（一）得主持本会一切事务；

（二）得按本章程第八章第四十四条召集开会；

（三）得提议案交付评议；

（四）得临议场轮次主席。

第二十条　本会名誉参事之职务如左：

（一）得于总务部赞助一切事项；

（二）得于干事部监察一切事项。

第二十一条　本会会计董之职务如左：

（一）筹画财政之扩充；

（二）监察出纳之当否；

（三）报告年计、月计预算、决算之确数。

第二十二条　本会书记员之职务如左：

（一）文牍、书简收发及草缮；

（二）簿籍、表册编制及誊录；

（三）会场速记；

（四）议场记事；

（五）案卷检存及整理；

（六）图记掌管及钤用。

第二十三条　本会会计员之职务如左：

（一）司理收支款项；

（二）登记各项账簿；

（三）编造月计、年计预算、决算表册；

（四）检存一切契约。

第二十四条　本会庶务员之职务，凡他职员未有专职者均属之。

第二十五条　本会庶务员之职务如左：

（一）统计各区同乡之人数；

（二）侦探发生事件之真相。

第二十六条　调查员虽有第二十五条两项职务，然必承受理事临时之委托始得出发执行。

第二十七条　本会交通员之职务如左：

（一）绍介同乡为会员；

（二）传述会中往来函件及接洽事项；

（三）联络内外部交际；

（四）辅助调查员调查一切事项。

第二十八条　本会评议员之职务如左：

（一）代表会员言论及意见；

（二）可决、否决提议、请议及交议各案；

（三）自提议案；

（四）监督理事执行决议各事项。

第二十九条　本会参议员为评议员之补助，其职务一如评议员。

第五章　会员权利及义务

第三十条　本会会员有左列之权利：

（一）得为选举人及被选举人，但十六岁以下者不得被选举；

（二）得于全体会场发言决议；

（三）凡关于全体重要事件，得发表意见、请交评议或请召集特会；

（四）凡与人交涉有正当理由，得报告本会要求保护。

第三十一条　本会会员有左列之义务：

（一）担任本会常费；

（二）稽核本会财政；

（三）匡正同会人行为；

（四）周恤同乡人急难。

第六章　选举

第三十二条　本会理事会计董、评议员均由全体会员于周年大会时投票选举。

第三十三条　凡选举，理事每一票限三人，会计董每一票限二人，评议员每一票限五人，均以得票最多数而合本章程第三章第八条、第十条、第十六条之资格者为当选。

第三十四条　凡选举，得票次多数者为当选、备补员。

第三十五条　凡当选及当选备补各员之姓名与所得票数，除宣示外，均详载速记录，三日内由理事列表公布，并将评议员席次、号数制签，编定具函通知。

第三十六条　凡届选举时期，应先由会登报通告，并由书记按照邮程远近，前二十日、或十五日、或十日将选举票盖用图记，分别函寄各区交通员，转致各会员，城区则五日前由会公布。

第三十七条　凡会员接得选举票后，应将被选及选举人姓名明白填注票内，或亲投、或函投，均须在开瓯（开瓯期见三十九条）至迟亦以先一日为限。

第三十八条　凡选举票公布之后一日，即设投票所置设投票瓯三（理事、会计董、评议员各一，具均封锁），各区会员函投之票得拆封检视，分别代投入瓯，其自投者亦得指导分瓯投入，由理事委任临时专员管理之。

第三十九条　开瓯期间（即周年大会日），应由理事委任临时专员管理开瓯及读票事项。

第四十条　开瓯员开瓯后，读票员即将票内被选及选举人之姓名逐一朗读，如有无效之票，应即宣告无效之理如左：

（一）选举人非会员；

（二）被选举人非会员；

（三）选举人未记名及记名不清；

（四）被选举人姓名有伪误；

（五）字迹模糊不可辨认；

（六）被选举人逾票内限数；

（七）票内无本会图记。

第七章　任期及补任

第四十一条　本会理事、会计董、评议员均以一年为一任期，得续举续任。

第四十二条　本会职员除前条规定外，余均推任或委任，概无任期。

第四十三条　本会理事、会计董、评议员缺额时，以当选备补得票次多数者递补之，票数相同以齿序之，齿相同更制签以定之。

第八章　集会

第四十四条　本会集会分左列之四种：

（一）评议常会；

（二）评议特会；

（三）周年大会；

（四）特别大会。

第四十五条　评议常会时方法及主席缺席之规定：

（一）时期：每月一号、十六号召集全体评议员举行之，但须过半数出席始能开议。

（二）方法：先期三日由书记将交议、提议各案由编印成帙，公布各评议员豫加讨论。届期出席议决，而取决于多数。可决、否决同数，得由主席加入决权，或交付审查审查员临时推定。

（三）主席：议场主席以理事三人之一轮值之。

（四）缺席：凡主席因疾病、事故不能应值时，得委托他理事或评议员代表。受委托者倘亦同时有故不能负代表之责任，即以评议员当选最多数者代之。评议员缺席时亦须具告假书说明事由，或具委托书委托其他职员或会员代表。主席、评议员如连续三次缺席既未告假又无代表者，得取消其职位。

第四十六条　评议特会之制限及规定：

临时发生特别紧要之事亟须决议执行不及待至常会者，经评议员或会员五人以上同意之请愿，得召集全体评议员举行之。其主席及开议之规定同前条第一、第三项。

第四十七条　凡评议常会、特会议事时，当事人及证人皆得入指定之席。豫备咨询其他职员或会员亦得入旁听席，旁听但无自由发言权，不得干议，并须依从本章第五十一条第一、第二、第三、第九、第十项之规约。

第四十八条　周年大会之时期：

每年阳历一月定期召集全体会员举行之，但出席人数须逾全体之半始得开会。

第四十九条　周年大会之秩序：

（一）鸣铃开会；

（二）报告上年执行会务之成绩及出入账目；

（三）演说；

（四）开选举瓯；

（五）读选举票；

（六）宣示当选人姓名及票数；

（七）提议改良及进行一切事项；

（八）鸣铃闭会。

第五十条　特别大会之制限及秩序：

发生重要问题而于全皖或全会公安公益有极大之关系者，必得会员十人以上之请愿而经理事三人之二之认可、评议员三分之二之议决、全体会员过半数之赞成或默许，乃得召集举行之，其秩序临时专定。

第五十一条　左列集会普通之规约为会场公共之服从，一不服从得由主席鸣铃戒止，再则得令退席：

（一）勿喧哗笑谑；

（二）勿咳嗽嚏唾；

（三）勿强辩忿争；

（四）勿踞坐发言；

（五）勿发言于他人既发之顷；

（六）勿退席于众人未退之前；

（七）勿阁置本题而牵涉他案；

（八）勿偏徇私见而抹煞公言；

（九）勿吸烟当席；

（十）勿醉酒入场。

第五十二条　凡周年及特别大会各会员到会时，须携带入会证书，由签名发券员检视后簿记姓名、予以入场券，经验券员验明、通知招待员招待入席。签名、发券、验券、招待等职员，均由理事临时委任。

第五十三条　凡会员临大会时均须服从本章第五十一条之十项规约。如不服从，得由纠察员鸣笛警止或干涉。不受干涉者，得据本章五十一条办理。纠察员理事临时委任。

第五十四条　凡大会时来宾及新闻记者，皆得凭券各入专席旁听记录，亦得于演说时出席演说，但不得逾越本会主旨。舍演说外无发言权。并须依从本章第五十一条第一、第二、第三、第九、第十项之规约，不依从者得据本章第五十一第、五十三条办理。

第五十五条　凡全场主席及各职员于职务上有缺点，得由纠察员纠正之。

第五十六条　纠察员有缺点，亦得由主席纠正之。

第九章　入会出会之取缔

第五十七条　凡合本章程第三章第十八条之资格而能担任第五章第三十一条第一项之义务者，皆得入会为会员。

第五十八条　凡会员入会须自具愿书，并须会员二人或一人介绍出具介绍书，由理事认可，予以证券。

第五十九条　凡会员放弃本章程第五章第三十一条第一项之义务者，不得享有第三十条之权利。

第六十条　凡会员有违背法律、侵害自由、损失名誉、破坏团体及一切不正当之行为，由会员二人以上之举发，得削除会籍，追还证券，由理事告评议部决行。

第十章　经费

第六十一条　本会岁入经费止会费一项，约分甲乙丙三种，任入会人量力自认：

（甲）每年银币一圆；

（乙）每年银币五角；

（丙）每年银币二角。

第六十二条　凡会员担任之会费，首年于入会时缴纳，每年均于周年大会期前缴纳，缴纳后由会计员予以收据。

第十一章　信守

第六十三条　本会特制橡皮质扁圆形图记一颗，中镌安徽旅通同乡会七字，边译英文，其原式如下（图略）。

第六十四条　本会启事函牍均用特制之信，用笺由理事署名加盖右式之图记。

第十二章　附则

第六十五条　推任、委任职之区别：

本会名誉参事、交通员、参议员由理事或评议员推定，书记员、会计员、庶务员由理事委任，但均须交评议会决行。

第六十六条　联合之关系：

凡他处皖人所设之同乡会及皖省界内公私各法团，但与本会宗旨相同者，均得承认、联络，以表同志而厚团力。

第六十七条　布告及陈述：

本会成立及理事改任时，须报告皖省、苏省行政长官并所在地之行政官厅立案保护。苏、皖两省官厅如有委托咨询事件，亦得陈述意见，以为政见之补助。

第六十八条　进行之豫计

本会经费充裕时，当陆续组织法政研究所、旅通小学校及一切工艺、实业，并延聘律师，以图公益而保人权。

第六十九条　薪资之规画：

本会职员除常川驻会办事之书记员、会计员、庶务员应额支薪水、伙食，调查员出发应临时酌支川资外，余均尽纯粹之义务。但将来经费充足时，亦得酌支车马之津贴。

第七十条　邮票费之垫还：

本会各区交通员承递本会往来函件所垫邮票费若干，得按月开单函告会计员核实支还。

第七十一条　职员之戒则：

本会理事及各职员对于会事如有放弃本章程第四章第十九条至第二十九条之职务而丧失第三章第八条至第十七条之资格者，均予解职。

第七十二条　章程执行及修改：

本章程经评议通过后公布实行之。如有不便实行之处，得由职员或会员说明理由，取决评议部同意修改之。

后　记

从这批文献的寻访、搜集，整理、标点，到校对、出版，我们前前后后、陆陆续续共花费了十一年的时间。在文献搜集整理、校对出版的过程中，既有艰辛和无奈，也有感动和温暖。

2005年，王世华教授率领我们安徽师范大学徽学研究团队承担了国家清史纂修工程项目《清代徽商资料丛编》，其中的一个子项目"清代徽商会馆公所征信录汇编"则交由我来负责，至此我和这个项目结缘。在项目执行的过程中，我们感到艰辛和无奈的是，一些图书馆、博物馆、档案馆等进行资料封锁，给我们设置了重重障碍，使我们虽费时费力甚多但进展不顺。使我们备尝感动和温暖的是，一些学界同仁，如南京大学范金民教授，中国社会科学院历史研究所卜宪群所长，安徽大学陈联博士、张小坡副研究员，黄山学院马勇虎教授、冯剑辉教授等，均无私地为我们提供了他们自己珍藏或所在单位收藏的宝贵资料。谨向无私帮助和支持我们的学界同仁们表达衷心感谢！

前期的资料搜集、电脑输入和初步整理，是在梁仁志博士指导和参与下，由汪建萍、程慧、方旭玲、门亮、孙新文、卢婷、赵忠仲、齐杨锟、陈君、姚雪梅、侯彤、孟颖佼、董知顺、徐和阳、李婷婷等青年教师和研究生完成的。周惊涛、丁希勤博士、郭睿君、李曼曼博士生，刘伟、张云龙硕士生参与了部分文献的校对工作。梁仁志博士实际主持并亲自参与了整个工作过程，劳心费力最多。后期，我用了数月的时间，对收入《汇编》的每一种文献，对照原文，进行了逐字逐句的审核，并对出版社的校样稿进行了最终确认。所以，如果《汇编》中存在有这样或那样的问题，主要责任应该由我来承担。在这里，我们也要向付出辛勤劳动的青年教师和研究生们表示感谢！

《汇编》的最终出版还要感谢人民出版社的贺畅编审。2012年5月，国家清史纂修工程项目顺利结项，此事算是告一段落，加之我行政事务繁忙，一时也无暇顾及，这批资料就放下了。2015年初，贺畅提议，就《汇编》的出版事宜，由人民出版社牵头申报国家古籍整理出版专项经费资助项目，竟顺利获准立项。在后续资料的补充收集、整理、点校、核对过程中，她又不断催督，并提出许多好的意见和建议。可以说，没有她的紧盯不放，《汇编》也不可能现在就顺利出版。为此，我们也要向她表达诚挚谢意！

《汇编》的整理、出版，还得到安徽师范大学历史与社会学院王世华教授、徐彬教授和刘道胜教授等的关心和支持，特此致谢！

由于徽商会馆公所类征信录文献分散在公、私之手，搜集不易，完整地复印或拍照也很困难，有些部分是研究生们分头抄录的，再加上我们学识、水平有限，《汇编》中出现错误在所难免，恳请方家不吝指正，以便我们在重版时修改。

《汇编》是国家古籍整理出版专项经费资助项目、全国高校古籍整理研究工作委员会直接资助项目、国家清史纂修工程项目《文献·清代徽商资料丛编》子项目，《汇编》还是国家社科基金重大项目《六百年徽商资料整理与研究》和文化名家暨"四个一批"人才工程资助项目《徽州文书文献整理与研究》的阶段性成果。特予注明。

对我们安徽师范大学徽学研究团队而言，此文献汇编的整理出版只是一个新的开始，以这批文献资料为基础展开新的研究，从而推动徽商乃至徽学研究新的发展才是目的。我们也真诚期待这批徽商会馆公所类征信录文献的出版，能够吸引更多的有志之士加入到徽商和徽学研究的队伍中来，共同促进徽商和徽学研究"再出发"。

李琳琦
2016 年 12 月 18 日

责任编辑:贺　畅　黄煦明

封面设计:周涛勇

责任校对:吕　飞

图书在版编目(CIP)数据

徽商会馆公所征信录汇编/李琳琦,梁仁志 整理. —北京:人民出版社,2016.12

ISBN 978 - 7 - 01 - 016740 - 4

Ⅰ.①徽…　Ⅱ.①李…②梁…　Ⅲ.①徽商-商业史-史料　Ⅳ.①F729

中国版本图书馆 CIP 数据核字(2016)第 230975 号

徽商会馆公所征信录汇编

HUISHANG HUIGUAN GONGSUO ZHENGXINLU HUIBIAN

李琳琦　梁仁志　整理

人民出版社 出版发行

(100706　北京市东城区隆福寺街99号)

北京盛通印刷股份有限公司印刷　新华书店经销

2016 年 12 月第 1 版　2016 年 12 月北京第 1 次印刷

开本:787 毫米×1092 毫米 1/16　印张:86

字数:1875 千字

ISBN 978 - 7 - 01 - 016740 - 4　定价:497.00 元(上、下)

邮购地址 100706　北京市东城区隆福寺街 99 号

人民东方图书销售中心　电话 (010)65250042　65289539